土地住宅の法理論と展開

藤井俊二先生古稀祝賀論文集

[編集委員]
花房博文
宮﨑淳
大野武

成文堂

藤 井 俊 二 先 生

謹んで古稀をお祝いし

藤 井 俊 二 先生

　　に捧げます

執筆者一同

はしがき

　藤井俊二先生は、2019 年（平成 31 年）1 月 23 日にめでたく古稀を迎えられ、同年 3 月をもって創価大学をご退職されました。

　藤井先生は、1985 年（昭和 60 年）3 月に早稲田大学大学院法学研究科民事法専攻博士後期課程を満期退学され、2007 年（平成 19 年）9 月に借地権・借家権の存続保護に関するご研究で早稲田大学より博士（法学）の学位を取得されました。先生ご自身のお話によりますと、神奈川大学法学部の学生として在籍していた当時、非常勤講師として来られていた篠塚昭次先生のゼミに所属し、その際に賜ったご指導が借地借家法研究を志す最初の契機であったとのことです。その後、早稲田大学大学院法学研究科に進学され、同先生のもとで民法学、借地借家法学の研究を本格的にスタートされることになりました。

　また、1985 年（昭和 60 年）4 月に「日本不動産学会」における共同研究会を母体とした「都市的土地利用研究会」が発足し、その座長であった東京大学の稲本洋之助先生のもとで、その中心メンバーとして、土地住宅の適正利用に関する外国法の比較研究と実践的な法解釈論の発展に大いに貢献されました。

　さらに、1996 年（平成 8 年）4 月から 1 年間、ポツダム大学の Werner Merle 先生のもとで、ドイツにおける借地法・借家法をご研究され、以来、ほぼ毎年のように、ドイツの学会に参加されています。

　このように泰斗から直接ご指導を賜ってきたことと、今日のわが国の民法学を支える篠塚門下の素晴らしい先生方と同時期に机を並べて研鑽されてきたことが、藤井先生のご研究の基礎をなすものであり、先生ご自身、こうした 1 つ 1 つの学問的な交流が居住権の研究にとても重要な意味を持つものであった、と常々語られています。

iv

　藤井先生は、研究成果として『現代借家法制の新たな展開』（成文堂、1997年）、『借地権・借家権の存続保護』（成文堂、2006年）、『クルツレーアブーフ民法総則』（成文堂、2001年）、『ドイツ借家法概説』（信山社、2015年）ほか250稿を超えるご著作やご論考を執筆されています。

　また、教育者としては、いくつかの大学で教鞭をとられた後、2000年（平成12年）4月に創価大学に法学部教授として赴任され、法科大学院の開設と同時に専任教授に着任されました。ご担当は、財産法全般にわたる民法の講義科目であり、比較法や実務の状況にも言及した体系的な講義でありながら、膨大な講義資料を使って、とても分かり易いとの定評ある講義でした。その傍ら、法学研究科博士課程でのドイツ法や借地借家法の講義においても、佐藤元弁護士をはじめとする後進の指導に多くの時間を費やされ、数多くの法曹や研究者の育成にご尽力されました。

　さらに、社会活動でも、「日本マンション学会」元副会長・前監事、「日本土地法学会」監事・関東支部長、「山梨県不動産鑑定士協会」顧問、「都市的土地利用研究会」前代表・顧問、「地籍問題研究会」幹事、「居住福祉学会」元理事の要職を務められ、さらに「日本私法学会」、「比較法学会」、「日本農業法学会」、「日本不動産学会」と、日本の土地・住宅法制に関わる学会で中心となって幅広くご活動されてきました。

　今回、こうして藤井先生のご研究を辿らせて頂くと、生涯を通して学恩に応えるべく、その責務を全うされようとする誠実な研究姿勢と、社会的弱者への深い情愛をご論考の中に感じずにはいられません。

　わが国の借地借家法に関する様々な法律問題の提起、制度的な比較を踏えてドイツ法をドイツ人の視点として検討されようとする意味、住宅政策論にとどまらず人の権利として居住環境の適正配分の必要性を説かれている論考内容、現地に足を運んでそこでの議論を持ち帰られる研究姿勢等々、そのいずれもが、恩師の教えや手法であり、藤井先生のご研究そのものであります。恩師の研究を継承・発展され、なお追究される誠実なお人柄は勿論、法学者にとって最も大切な人間性や情愛が、藤井先生の問題提起や法解釈論の中に溢れ出ているように感じます。

こうして 34 名もの先生方が本企画に賛同されてご寄稿くださったことが、何よりの証左であり、藤井先生のご研究の影響の大きさがうかがわれます。そのような先生の研究姿勢を間近で学ぶことができたことを、ただ感謝するばかりです。

　藤井先生におかれましては、いつまでもご健康に恵まれ、公私ともにご活躍されますことを執筆者一同、心より祈念しまして、本祝賀論文集を献呈させて頂きます。

　最後になりましたが、ご多用中にもかかわらず、本論文集に貴重なご玉稿をお寄せ頂きました執筆者の皆様に心より御礼申し上げます。また、厳しい出版事情の中で本論文集の出版をご快諾頂きました成文堂の阿部耕一会長、阿部成一社長、編集作業にご尽力いただきました飯村晃弘様、松田智香子様には、執筆者を代表して心より感謝申し上げます。

2019 年（令和元年）12 月吉日

藤井俊二先生古稀祝賀論文集編集委員一同

花房　博文

宮﨑　淳

大野　武

目　次

はしがき

大規模災害の被災地における居住権の保護 ……………………… 鳥谷部茂　*1*

不動産賃借権の存続保障と自由意思
　　──借地借家法の市民法的側面── ……………………………… 湯川益英　*37*

借家権の存続保護における利益の比較衡量の構造に関する一考察
　　──ドイツにおける最近の見解を契機として── ……………… 田中英司　*69*

民法改正後の不動産賃貸借における賃借人の交代について
　　──ドイツの住居共同体との比較── …………………………… 小西飛鳥　*93*

目的物の利用不能・制限と賃料支払義務の関連
　　──仏民法典・旧民法典・明治民法── ………………………… 小柳春一郎　*111*

借地権マンションにおける地代等支払債務と管理組合
　　──日本法の解釈論とドイツ住居地上権（Wohnungserbbaurecht）にお
　　ける議論── ……………………………………………………… 佐藤　元　*129*

敷金より生ずる利息の帰属に関する一考察 ……………………… 太田昌志　*157*

被災者向け借上住宅における公営住宅法と借地借家法の関係
　　──神戸市借上住宅訴訟を素材として── ……………………… 鎌野邦樹　*195*

物権債権峻別論の法的基礎
　　──ローマ法の考察を通じて── ………………………………… 大場浩之　*223*

わが国物権的期待権（私見）と物権的効力を伴わない
　　ドイツ物権的期待権 ……………………………………………… 松田佳久　*241*

抵当権の法的性質に関する一考察

——平成期の判例法の変更を中心にして—— ……………… 相川　修　267

意思表示法の現代的状況

——ドイツ契約法の実質化とその射程—— ……………… 内山敏和　299

高齢者の介護事故をめぐる安全配慮義務違反

——転倒事故事例に関するこれまでの裁判例を中心として——

……………………………………………………………… 太矢一彦　327

数量超過売買と改正民法の影響

——土地売買における面積超過事例を中心に—— …………… 大木　満　353

不動産使用貸借の終了原因と要件事実 ……………… 田村伸子　371

建築瑕疵の民事責任と自然災害 ……………………… 松本克美　403

民事法上の「まちづくり権」について ……………… 牛尾洋也　421

集合住宅等における民事名誉毀損に関する近時の裁判例の動向

……………………………………………………………… 土平英俊　451

国家賠償法1条1項が適用される教員の個人責任について

……………………………………………………………… 山田創一　483

区分所有法制定前史

——市街地改造法のための立法ではなく、
借地借家法改正の一環としての立法—— ……………… 大山和寿　501

マンション区分所有者団体の法的性質に関する一考察

——区分所有関係の法解釈基準として—— ……………… 野口大作　519

区分所有者の集会の決議と定足数を考える

——オーストラリア法の考察—— ……………………… 岡田康夫　549

区分所有法6条1項及び57条1項の権利義務についての一考察

……………………………………………………………… 本間佳子　577

目　次　ix

マンション管理組合の保管文書の閲覧・謄写請求 ……… 大野　武　601

マンション高圧一括受電方式の法的問題
　　──最高裁平成31年3月5日判決を契機として── ……… 土居俊平　615

「社会的賃借権」は事業者にも認められるか？
　　──ドイツ法における事業用空間の賃借人の保護について──
　　………………………………………………………… Martin Häublein
　　　　　　　　　　　　　　　　　　　　　　（訳）藤巻　梓　639

農地取引規制をめぐる近年の動向
　　──ドイツ農林地取引法を中心として── ……………………… 髙橋寿一　663

フランスのマンションの管理の正常化にあたる法律専門職の働き
　　──裁判所選任支配人（administrateur judiciaire）に焦点を当てて──
　　…………………………………………………………… 寺尾　仁　693

韓国における「土地公概念」についての一考察
　　──憲法裁判所の決定例と2018年憲法改正案を中心に──
　　………………………………………………………………… 尹　龍澤　709

不動産契約における相手方選択の自由に関する比較法的考察
　　………………………………………………………………… 周藤利一　737

不動産を利用する権利の存続期間と価格に関する一考察
　　………………………………………………………………… 中城康彦　765

マンション管理の現状と課題
　　──ハーフ古稀マンションの現状と法への期待── ………… 齊藤広子　781

不動産の賃貸借契約における障害者差別解消法の適用
　　及び高齢者・障害者リスクの救済措置について ……… 角田光隆　813

土壌汚染対策法における地下水汚染対策の現状と課題
　　──土壌汚染に起因する地下水汚染の対策を中心に── … 宮﨑　淳　837

藤井俊二先生　略歴・主要業績目録 ……………………………… 857

大規模災害の被災地における居住権の保護

鳥 谷 部 　 茂

> I　本稿の対象及び視角
> II　罹災法の沿革と判例法理
> III　罹災法適用・不適用の前提問題
> IV　東日本大震災に対する対応
> V　南海トラフ大地震による津波等被災地への対応
> VI　今後の課題

I　本稿の対象及び視角

1　本稿の対象

　本稿では、約8年前の大規模災害である東日本大震災（2011年3月11日）を中心に、被災後における借家権及び借地権に関する法的対応について検討する。最後に、南海トラフ大地震による津波被災地の居住権保護について模索する。

　本稿では、あえて居住権という用語を使用している。それは、第1に、不動産の借地・借家の居住についてであること、第2に、法律又は判例等により何らかの権利が与えられていたものであること、を前提としている。具体的な法的保護としては、例えば、適法な賃借権の更新（正当な理由がないのに更新を拒絶する場合）や借地借家法10条の建物登記や借地借家法31条の引渡しなどであり、法律上明確に保護されているものであり、このような権利の侵害を排除することを居住権の保護と呼ぶこととする[1]。そして、このような

（1）　鳥谷部「東日本大震災をめぐる立法と課題―居住権保護・原発事故責任・備えの重要性」広

権利を大規模災害発生後にどのように保護すべきかが本稿の居住権の保護の問題である。

東日本大震災において、借地借家に関する相談件数は非常に多かった。[2]しかし、罹災都市借地借家臨時処理法（以下、罹災法と略す）は東日本大震災にはほとんど適用されなかった。[3]これに対して、阪神淡路大震災（1995年1月17日）には罹災法が適用され、多くの裁判例（多くは非訟手続における裁判所の決定）が示されている。[4]また、新潟中越沖地震（2004年10月23日）にも罹災法は適用された。[5]前述のように、東日本大震災には、罹災法が適用されず、また2013（平成25）年6月19日に成立した「大規模な災害の被災地における借地借家に関する特別措置法」（以下、被災借地借家法と略す）もほとんど適用されなかった。すなわち、東日本大震災の被災者には、そのどちらの法律

島法学38巻4号25頁（2015年）参照。なお、福島原発事故においても居住権など被害は甚大であるが、原子力損害賠償法との関係もあり、本稿では対象外とする。

（2）　日本弁護士連合会『東日本大震災無料法律相談事例集』（2013年）参照。日弁連が集計した法律相談件数は、大震災から約1年後の2012年5月時点で40,396件に及ぶ。各県全体での不動産賃貸借の相談内容割合（借地・借家合計）は、岩手県では7.4%（借地2.4＋借家5.0）、宮城県では21.7%（0.9＋20.8）、福島県では9.4%（1.9＋7.5）、茨城県では14.9%（3.4＋11.5）、千葉県では16.3%（3.5＋12.8）であった。各県全体の相談数の分母は、前掲事例集に明示されているものは、岩手県4,925件、宮城県17,736件、千葉県は515件であった。事例集では相談内容を24種類に分類し1,000件について簡単な概要を整理している。

（3）　福島県双葉郡大熊町に、2013（平成25）年12月26日「災害の被災地における借地借家に関する特別措置法」が政令公布・施行された（岡山忠広『一問一答被災借地借家法・改正被災マンション法』229頁（商事法務、2014年）（以下、『一問一答』と略す）を参照。大熊町は、福島原子力発電所の1号機から4号機の所在地である。大熊町等は2019年現在も「帰宅困難区域」にあたるため、自由に居住できる状態にない。2019年4月に大熊町の一部が避難指示の解除が行われたが、新法8条の通知については、政令施行から3年以内に建物の賃貸を勧誘する場合に適用される。その3年は2016年12月に経過している。

（4）　阪神淡路大震災に関する文献として以下のようなものがある。近畿弁護士連合会編『地震に伴う法律問題Q&A』（商事法務、1995年）、西原道雄監修『罹災法の実務Q&A─罹災都市借地借家臨時処理法の法律相談』（法律文化社、1996年）、神戸弁護士会震災復興対策本部『震災復興のまちづくりと法』（三省堂、1996年）、升田純『大規模災害と被災建物をめぐる諸問題』（法曹会、1996年）、塩崎勤＝澤野順彦編『裁判実務大系28震災関係訴訟法』（青林書院、1998年）（以下、塩崎＝澤野『裁判実務大系』と略す）、甲斐道太郎編『大震災と法』（同文館、2000年）、小柳春一郎『震災と借地借家』（成文堂、2003年）、津久井進「災害復興理念を生かした罹災法のあり方」災害復興研究1号（2009年3月）、早川和男＝井上英夫＝吉田邦彦『災害復興と居住福祉』（信山社、2012年）などがある。

（5）　2005年4月15日に政令が公布され、長岡市、柏崎市のほか、川口町、刈羽村、西山町など7市3町村に適用された。

によっても居住権について司法サービスを受ける機会が与えられなかった。[6]これに対して、改正被災マンション法（2013 年 6 月 19 日成立）は、東日本大震災に遡及適用され、この改正法に基づき若干のマンション再築例が報告されている。また、阪神淡路大震災においてはマンションの被害が甚大であった。ただし、本稿では、被災マンションについては立法の空白はなく、紙幅の関係もあり、被災区分所有建物の問題についての検討は割愛する。

　本稿の検討は、上記のような問題に対する「一貫性のない立法」の対応が対象となる。[7]罹災法の不適用は、2011 年 9 月 30 日法務省と国土交通省の協議の上不適用が決定され公表された。その前に日本弁護士会及び仙台弁護士会等による罹災法不適用の意見書が出されていた。また、復興事業を担当する側である被災自治体からも罹災法不適用の意見が提出されていた。今後の立法や法改正において、どのような意見をどのように扱うべきか重要な資料を提供している。[8]

2　本稿の視角

　従来の視点は、戦後の住宅難の際に借地法、借家法、建物保護法による賃借権保護の要請が強く、学者、法曹、裁判例が賃借人の保護を重視してき

（6）　私法学会シンポジウム「震災と民法学」私法 76 号 34 頁〔鳥谷部発言〕（2014 年）参照。東日本大震災に関する文献としては以下のようなものがある。関西大学社会安全学部編『検証　東日本大震災』（ミネルバ書房、2012 年）、鳥谷部「東日本大震災をめぐる立法と課題―居住権保護、原発事故責任、備えの重要性」広島法学 35 巻 3 号 25 頁（2012 年）、山野目章夫「賃借建物の全部滅失という局面の解決―なぜ優先借家権は廃止されたか」論究ジュリスト 6 号 23 頁以下（2013 年）、福井康太「東日本大震災復旧・復興と共助・協働」法律時報 85 巻 3 号 90 頁（2013 年）小柳春一郎『災害と法』93 頁以下（国際書院、2014 年）、塩崎賢明『復興〈災害〉』（岩波新書、2014 年）、日本住宅会議編『東日本大震災　住まいと生活の復興』（ドメス出版、2013）、津久井進「被災地の住宅問題と法」法律時報 88 巻 4 号 13 頁（2016 年）など参照。

（7）　罹災法や被災借地借家法が適用されるか否かは、大規模災害について、住民団体・自治体からの政府への要望・陳情や弁護士会等からの意見書等により、政府の判断により政令によって定められる。被害が地理的な面においても広範囲で、かつ、死者、建物全壊等の程度においても大規模であり、借地借家の相談が極めて多かった東日本大震災に対し、より規模の小さい震災に適用されたにもかかわらず、罹災法も適用されず、この罹災法を廃止して制定された新法も適用されなかったことを「一貫性のない立法」と呼んでいる。

（8）　多くの多様な意見を収集し整理することはきわめて重要なことである。ただし、単に多数意見を採用するのではなく、法の目的を明らかにし、その目的に従い、どの意見が採用され、又は採用されないのか、その目的との整合性、目的の実現性を明示する必要がある。

⁽⁹⁾
た。これに対して、近時は、住宅の供給過剰が常態となり、当該住宅以外にも賃借人は多くの他の住宅を自由に選択できることを前提に賃借人に過剰な保護を与えるべきでないという考え方が一般的になっている。このような見解が賃借人の権利に対する学者、法曹の平常時の考えになっており、立法にも影響を与えている⁽¹⁰⁾。

　そこで、本稿は、**第1に、大震災による非常時の視点から考える。**大震災で広い地域の住民の家屋が滅失し家財等をすべて失ったような場合には、衣食住のすべてを被災者の自力で対応すべきだということはできない。それどころか見渡す限り家屋ごと津波にさらわれた地域では、住む場所もない、家族の行方も判らない、沿岸部一帯の隣接市町も同じであるという状態である。このような場合には、平常時と異なる一定の基準で法が支援する必要が生ずる。このような大震災の場合に、適用区域を政令で指定することにより、建物の借主の申出により、同敷地又は換地に新たに築造された建物について、相当な借家条件（家賃など）で優先的借家権を与え、又は敷地所有者が使用せず拒絶事由もない場合において、相当な借地条件（地代など）で建物の借主に対して借地権を与えるというのが罹災法であった⁽¹¹⁾。このような被災地に居住権を有していた罹災者に対して、平常時の理論や感覚で賃借人を保護しすぎるといえるであろうか⁽¹²⁾。

---

(9)　鈴木録弥『居住権論』（有斐閣、1959年）、同『借地法上巻』（青林書院新社、1971年）、篠塚昭次『借地借家法の基本問題』（日本評論社、1962年）、水本浩『借地借家法の基礎理論』（一粒社、1966年）、星野英一『借地・借家法』（有斐閣、1969年）などを参照。

(10)　山野目章夫「賃借建物の全部滅失という局面の解決—なぜ優先借家権は廃止されたか」論究ジュリスト6号23頁（2013年）、吉政知広「被災地借地借家法における借地権に関する特例」ジュリスト1459号46頁（2013年）、安永正昭ほか「震災復興と民事法制（上）（中）（下）」ジュリスト1314号116頁、1315号117頁、1316号148頁（2006年）、山田誠一ほか「座談会・震災からの復興と被災関連二法」ジュリスト1459号（2013年）12頁など参照。

(11)　罹災法14条、2条参照。

(12)　村田博史「大震災時における借地・借家関係」法律時報69巻12号29頁（1997年）は、異常時の賃借人保護は継続的契約によって平常時の将来においても負担を課すことになると指摘する。罹災法では、所有者の建築計画が具体化されれば罹災賃借人の利用は拒絶できる。罹災法の趣旨は、賃借人が使用したいのに所有者によって使用されずに放置されることや、反対にブローカーに売却されて高額な土地取引の対象になることが早期復興の妨げになるということであった。さらに、土地所有者が建物を建築するか罹災賃借人が建築するかは別にして、罹災賃借人が使用できれば知人の多い同じ場所で居住又は営業ができ、孤独死などの問題も緩和できることになる。問題の「相当の価格等の条件」は、後述のように、非訟手続で裁判所が比較的短期間で決

第2は、阪神淡路大震災と東日本大震災の差異についての視点である。両者は、震災の態様、地理的環境、生活環境、交通機関などの点で大きく事情が異なる。東日本大震災に罹災法を適用した場合に、被災賃貸人と被災賃借人の間に阪神淡路大震災におけるような混乱が生じたのであろうか。東日本大震災に罹災法を適用した場合、これが原因で復興が阻害されたのであろうか。大地震による建物の倒壊などで居住等を失うことは阪神淡路大震災も東日本大震災も同じであるが、両地域の震災復興には、これら各種事情の差異を踏まえたうえでの判断が必要ではないだろうか。

第3は、居住権保護と復興促進の関係である。罹災法は、その両者の関係をどのように調整しようとしたのか。関東大震災では混乱があった。そのために、借地借家臨時処理法及び罹災法が制定された。後述のように、罹災法自体には地震災害や津波災害にマッチしない点があったことは事実である。しかし、法の趣旨は、被災者に居住の保護を与え無用の混乱を調整したうえで、復興を促進させるということにあった。罹災法の適用は復興の妨げになるということは適切な指摘といえるであろうか。罹災法を適用した阪神淡路大震災の復興と罹災法を適用しない東日本大震災の復興の推移（居住者への司法サービスと復旧・復興・発展の時期等）を比較しなければならない。

第4に、法の空白は何故生じたのか。東日本大震災の被災者に罹災法も適用されず、新たな改正借地借家法もほとんど適用されなかった。このことは、東日本大震災の被災者に対しては、結果的に被災特別法の完全否定論を実現したことになる。被災者の居住に関する人権を尊重すべき弁護士会（意見書）の意図するところなのであろうか。阪神淡路や新潟中越の被災者と比較して、東日本大震災の被災者に何か落ち度があったからか。むしろ立法当局や法曹、その他の立法関係者に怠慢があったのではないか。阪神淡路大震災（1995年）前後に法改正が必要なことが議論されてから改正法成立の2013年まで18年以上も立法されなかった。それ以前にも改正案があった。それ

定することができた。

(13) 阪神淡路大震災の被災者の居住に関する論稿の多くは、罹災法の改正が必要であることを、問題点ごとに具体的に提案していた。

(14) 借地借家法改正準備会による昭和35年7月決定の「借地借家改正要綱案」には、戦災ではなく、「賃借建物が火災、震災、風水害その他の災害により滅失した場合」について、「第3章

は法曹や立法関係者の怠慢に因るものではないか。改正法の政令適用と同時に罹災法を廃止するのであればまだ理解できる。また、罹災法に不備があるとしても、阪神淡路大震災前の震災だけではなく、阪神淡路大震災に適用したことによって形成された判例法を適用するという方法もあった。そのような立法関係者が、罹災法の適用は復興の妨げになると繰り返し言うことができるのだろうか。[15]

第5に、南海トラフ大地震による津波等被災地への対応

　本年8月中旬、東北の被災地を追跡調査のために訪問した。津波被害のあった宮古市田老地区、山田町地区、大槌町地区、鵜住居地区、陸前高田地区、気仙沼地区である。詳しくは別稿に譲るが、いずれの地域も嵩上げは終了しているが、多くの被災地の区画整理等はこれからである。田老地区は、隣接高台に一括移転し、復興住宅への入居もほぼ完了し、被災地の旧堤防の海辺に、白いコンクリートのより高い第2堤防が建設されている。また、大槌町のように区画整理が終了した地域でも住宅等の建設は2割から3割程度であり、住民が戻ってきていない。他の地域は、嵩上げは終了したが、まだ区画整理に着工していないか、着工したが終了していない場合が多く、住宅建築も進んでいない。これが津波被害から8年経過した時点での現状であり、罹災法を適用せず、被災者を被災地から遠ざける法制の影響でもある。

　南海トラフ大地震が発生した場合[16]、現在の被災借地借家法では、借家人は従前地に何の権利も有しない。東海地区、阪神地区、中四国・九州地区の各沿岸部の津波被災者も、上述のような東北の被災者と同じように、罹災法による司法サービスを受けることができない。所有者との利益を調整し、当事者間で解決できない場合に、迅速に非訟手続による決定がなされ、その後の復興を促進するような法改正が必要である。

　　罹災建物の賃借人の保護」として、第44条（借地権設定等の請求）から第52条（登記の嘱託）までの改正条文案が準備されていた。
(15)　『一問一答』5頁、6頁、9頁、24頁、25頁を参照。ここでは、どのような意味で復興の妨げになるのかについて明らかにされていない。
(16)　南海トラフ大地震では、東海地区から九州沿岸地区まで大津波が発生し、30年以内に60％〜80％の確率で発生すると予想されている。また、内閣府のホームページで、大地震発生からの津波の到達時間と津波の高さが各地区ごとに公表されている。

II 罹災法の沿革と判例法理

1 罹災法の沿革・趣旨

(1) 罹災法の沿革

大正12年の関東大震災による借地借家関係の混乱が生じ制定されたのが借地借家臨時処理法であった。さらに、第二次大戦後この借地借家臨時処理法の精神を受け継ぎ、昭和21年9月30日に廃止される戦時罹災土地物件例の善後措置を図るものとして制定されたのが、罹災都市借地借家臨時処理法であった。[17] 制定当時は、空襲その他戦争によって被災滅失した建物（その敷地）等の係る紛争を解決するためのものであり、応急的かつ時限的な立法であったが、その後、法律又は政令で定める火災、震災、風水害その他の災害のために滅失した建物についても準用されることとなったため、恒久的な性格のものになった（『中川コンメンタール』525頁参照）。

(2) 罹災法の趣旨

罹災法の立法趣旨は、「借地借家関係を円満に持続せしめ、延いては都市復興をうながすことを目的として制定された[18]」とする。また、「災害前の権利の復興がひいては罹災地の迅速な復興につながることを目的としている」とされている。[19]

罹災法は、前述のように、「借地借家関係を円満に持続し、罹災地の迅速な復興を重視した法律である」ことが多くの文献で確認されている。[20] そのた

---

(17) 廣瀬武文『法律学体系コンメンタール篇19借地借家法』273頁（日本評論新社、昭和25年）〔以下、『広瀬コンメンタール』と略す〕、中川淳編『判例コンメンタール＜特別法＞借地借家法』525頁（三省堂、昭和53年）〔以下、『中川コンメンタール』と略す〕参照。

(18) 『広瀬コンメンタール』273頁参照。また、『中川コンメンタール』525頁は、罹災法の趣旨を「本法は、罹災都市における借地・借家関係について措置を講じ、罹災都市の復興を図るためのものであ」るとする。また、近畿弁護士会連合会編『地震に伴う法律問題Q&A』33頁（商事法務、1995年）も、罹災法について、「家を失った借地人、借家人を保護するための措置を講じ、復興を図ることを目的としたものです」。さらに、升田・前掲書66頁は、「罹災都市借地借家臨時処理法は、借地人、借家人の権利を保全、確保することによって、被災地における早期の復旧、復興を図ることも目的としているから、その観点からも、同法の適用の有無について早期の決定が必要になるのである」とする。升田・前掲書137頁も参照。

(19) 小柳・前掲『震災と借地借家』9頁参照。

(20) 『広瀬コンメンタール』273頁、『中川コンメンタール』530頁参照。

めに罹災法は、土地所有者がみずから当該土地を使用する場合には拒絶権を
与え、使用しない場合に借家人に地代などの条件が合意できた場合に借地権
を与えているのである。これに対しては、建物の賃借人が土地の賃借権を取
得できるのは保護しすぎるとの意見がある。確かに、平常時の法理論ではそ
のようにいえるであろう。しかし、所有者が土地を使用する意欲がない場合
に、旧借家人が地代を支払って建築するということは、迅速な復興を促進す
ることになりうる。また、賃借権があることが所有者による自己使用を刺激
し、所有者による再建を促進することにもなる。被災者にとっては、被災地
に権利が残り、被災地周辺に留まっていて、諸制限（建築制限等）が解かれた
時点で戻ってくることが復興（自宅又は商店等の建築、営業、雇用、自治会設立、
税収など）を促進することになるからである[21]。

　罹災法の趣旨は、鈴木録弥・前掲書286頁・『広瀬コンメンタール』273
頁は罹災都市の復興を図るためのものである。『中川コンメンタール』525
頁は復興を図るためのものである。升田純・前掲書167頁・関東弁護士連合
会編・前掲書129頁は同じ場所に住み続けられるように被災者を保護するこ
とにある。近畿弁護士会連合会編・前掲書33頁は復興を図ることを目的と
する、ことにあるという。

　阪神淡路大震災と東日本大震災は、後述（Ⅲ1）するように、震災の態様等
において大きな差異がある。被災者の避難においても災害復旧・復興におい
ても対応が大きく異なりうる。したがって、これらの差異を配慮して法的対
応、被災者支援を考える必要がある。

2　阪神淡路大震災前の判例法理

　罹災法に関する裁判例は古くから阪神淡路大震災におけるものまで多数存
在する。以下では、特に近時の学説において争いのある、敷地優先賃借権の
成立・要件・効力（罹災法2条）、借地権の優先的譲受権・承諾擬制（同3・4
条）、罹災借地権の対抗力（10条）、存続期間（11条）、建物優先賃借権（14条）
について、判例を整理する[22]。以下のように、罹災法の規定を裁判例により制

---

(21)　木佐貫愛巳「被災借地借家法制定までの歴史的背景及びその考察」広島大学法学部民法教室
　　　『大規模災害のボランティア活動と法的支援』105頁（2018年）参照。

限的に修正したものを「罹災判例法」と呼ぶこととする。

(1) 敷地優先賃借権の成立・要件・効力（罹災法2条）

第2条の趣旨は、土地の所有者が自ら使用することを必要としない場合において、罹災した建物の借主が建物建造の意思と資力を有するときは、罹災建物の借主は、建物所有の目的で賃借の申出をすることにより、他に優先して、相当な借地条件で、その土地を借地することができるとし、その居住と営業の安定を期し、罹災都市の復興を促進しようとするものであるとされている。実際の申立人となるのは、共同住宅又は連棟住宅、生活用品店、飲食店やコンビニ等の建築予定者になる場合が多い。

i 優先的借地権の申出・申出権者・相手方（同条1項）

申出権者（旧建物の借主）の意思表示は、本条による申出であることが認識できる程度に明確な意思表示であればよい（最判昭和46・6・24民集25巻4号619頁）。申出権者は、罹災建物につき適法な使用権を有する者でなければならない。使用貸借権や一時使用も含む（最判昭和32・11・1民集11巻12号1842頁）。適法な転借人や共同賃借人も申し出ができる。

申出の相手方は、罹災建物の敷地又は換地の申出時の所有者である（東京高決昭和27・11・29高裁民集5巻12号593頁）。換地とは都市計画法などの法律上の換地処分による土地をいう（Ⅲ2(1)参照）。

当該土地を権限により建物所有の目的で使用する者（他の使用者）があるときは、申出ができない。土地所有者が自ら使用しても良い（最判昭和28・4・16民集27巻4号321頁）。他の使用者は、建物の完成までは必要でないが、建築工事に着手していることが必要である。建築用地として使用する旨の立札をしたのみでは足らない（東京地判昭和25・12・26下民集1巻12号2041頁）。申出権者は、所有者、賃借人など使用権限があれば足り、その権限につき対抗要件を必要としない（最判昭和29・4・2民集8巻4号808頁）。ただし、その土地上の建物の建築に許可が必要なときは、その許可がなければ申出ができない（最判昭和29・9・6民集8巻7号1329頁）。

---

(22) 鈴木・前掲借地法268頁、『広瀬コンメンタール』273頁、『中川コンメンタール』530頁、塩崎＝澤野『裁判実務大系』169頁（小島正夫執筆）、小柳・前掲書211頁、秋山靖浩「借家の帰趨―建物の滅失の概念を中心として」ジュリスト1434号26頁（2011年）など参照。

(23) 『広瀬コンメンタール』277頁、『中川コンメンタール』525頁、550頁参照。

10

ii 所有者の拒絶・正当事由（同条2項・3項）

　土地使用者が一定の期間内に申出拒絶の意思表示をし、正当な拒絶事由があるときは、2条の優先的賃借権は成立しない。正当な理由の存否は、土地所有者、賃借申出人それぞれの土地使用を必要とする程度、その他双方の側の諸般の事情を考慮すべきである（最判昭和29・4・30民集8巻4号873頁）。この正当事由の存否は、阪神淡路大震災の裁決例で詳細となる（次の**3**を参照）。

(2)　借地権の優先的譲受権・承諾擬制（罹災法3・4条）

　第3条は、罹災建物の借主に対して、土地に賃借権がある場合には、その賃借権を優先的に譲り受けることを認めたものである。譲渡を受けることができるのは、前条と同様に、罹災建物の罹災当時の借主のみである。第3条による借地権優先譲渡申出権は、罹災者たる借家人に特に付与された請求権であるから他に譲渡することができない（東京高判昭和30・12・24高裁民集8巻10号739頁）。第4条は、同3条において借地権の譲渡を受けるには、本来賃貸人の承諾を必要とするが、例外的に、罹災建物の借主に対してのみ、承諾の付与を擬制するものである。この場合に譲受人は賃貸人に譲渡を受けたことを通知しなければならないとするが、判例は、本条の通知がなくても、賃貸人に対抗できるとする（東京高判昭和29・9・4高裁民集7巻10号737頁）。

　罹災法3条の趣旨は、同2条と同様に、建物建造の意思と資力を有する罹災建物の借主に優先的借地権を与え、その居住と営業の安定を期し、罹災都市の復興を促進しようとするものである。⁽²⁴⁾その結果、同2条の賃借権者および同7条の賃借権譲受人に、宅地使用を開始する義務を負わせ、これに反するときは、借地権設定契約又は借地権譲渡契約を解除することができるとしていた。⁽²⁵⁾

(3)　罹災借地権の対抗力（罹災法10条）

　前述のように、法2条・3条は、被災地等の早急な復興を図るために、ブローカーに譲渡されるよりは現実に土地を利用して居住や店舗用の建物を建築する必要性があり、かつ、その能力がある者に借地権を与える途を開いている。本条は、それと並べて、借地権を有していた者は一定期間借地の譲受

---

(24)　『広瀬コンメンタール』277頁、299頁参照。

(25)　『広瀬コンメンタール』324頁参照。

人に対抗できることとし、その者をして借地上に建物を建築させうるような基盤を与えたものである[26]。

罹災前の借地権は対抗力を有していたことが必要かについては、建物登記等の対抗要件の具備を必要とする判決（東京地判昭和26・4・10下民集2巻4号503頁、東京高判昭和27・10・6高裁民集5巻13号637頁）と必ずしも対抗要件の具備を要しないとする判決（東京地判昭和27・5・29下民集3巻5号707頁、東京高判昭和29・10・25高裁民集7巻11号901頁、最判昭和31・1・31民集11巻1号150頁等多数）に分かれていた。後者が多数であるが、罹災前から混乱状態があり建物登記等の具備を期待できない場合には罹災前の対抗要件を要しないとする傾向にある。

この対抗力は、災害発生後政令施行から5年間認められるものであるが、この期間経過後に権利を取得した第三者には対抗できない（東京高判昭和31・10・5下民集7巻10号2818頁）。ただし、信義則に反する場合を除く（最判昭和33・10・17民集12巻14号3194頁[27]）。

なお、本条の対抗力を有する賃借権が第三者によって侵害された場合、賃借人は、その賃借権に基づき妨害排除請求権を行使できるか問題となった。判例には、否定例も存するが、多くは、違法に侵害する者に対しては直接妨害の排除（建物収去・土地明渡等）を求めることができるとする（東京高判昭和27・11・28下民集3巻11号1678頁、東京高判昭和31・5・14東高民時報7巻5号100頁[28]）。

(4)　存続期間（罹災法11条）

震災の場合に賃借権の残存期間が10年未満である場合、罹災法11条は、政令施行の日から優先的借地権の期間を10年とし、10年未満の合意を無効とする。また、判例は、10年を超える建物を建築しても義務違反とならないとする。一時使用の場合には、本条は適用されない。本条の適用と借地法

---

(26) 『中川コンメンタール』550頁参照。升井・前掲書112頁「このように、罹災処理法10条は、災害によって借地上の建物が滅失し、対抗要件を失った借地権について、政令施行日から五年間、対抗力を法律上認めているが、これは、借地人の法的地位を安定させ、建物の早期の復興のために特別に認められたものである」とする。

(27) 『中川コンメンタール』558頁、升井・前掲書106頁参照。

(28) 升井・前掲書111頁参照。

12

4条ないし6条（更新）の適用との関係について、本条の期間が満了した場合には借地法6条2項の適用があるとする（最判昭和36・2・14民集15巻2号231頁）。賃借権に少なくとも10年の存続期間を保障することによって地位を安定させ、建物築造を促し罹災地の復興に協力させることを目的としている。

(5) 建物優先賃借権（罹災法14条）

本条は、建物築造の資力を有しない借主のために、建物優先賃借権を付与し救済の途を開いたものである。[29] 本条の賃借権申出も、法2条の申出権と同様に、形成権的性質を有する。相当の借家条件（家賃等）が一致しない場合には調停により裁判所が決定する（法15条）。建物がすでに第三者に引き渡されている場合でも、他に優先するから、貸主に対して賃借権に基づき建物の引渡しを求めることができるとする（最判昭和25・1・17民集4巻1号1頁）。

3 阪神淡路大震災における罹災法に関する判例法理

罹災法に関する阪神淡路大震災前の判例に続き、阪神淡路大震災に関する裁判例を整理する。[30]

(1) 敷地優先賃借権の申出と裁判（決定）（罹災法2条）

敷地の優先的借地権に関する裁判所の裁決例として、22例が紹介されている。[31] 22例のうち賃借人の賃借申し出に対する拒絶の正当事由について、正当事由ありとするもの12件、正当事由なしとするもの5件、申し出を無効とするもの5件である。

阪神淡路大震災は1995（平成7）年1月17日に発生し、罹災法適用の政令は同年2月3日に制定され、同月6日に公布施行された。多くは、借主により同年2月から同年9月までに賃借申出（10件）が行われている。翌平成8

---

(29) 『広瀬コンメンタール』354頁、『中川コンメンタール』569頁、塩崎＝澤野『裁判実務大系』170頁以下（小島正夫執筆）など参照。

(30) 塩崎＝澤野『裁判実務大系』173頁（小島正夫執筆）、小柳・前掲書369頁参照。訴訟か非訟かの問題がある。高等裁判所までの事件はほとんどが決定案件である。権利の存否ではなく、罹災法で権利自体は存在するという前提で、当事者間の権利関係を調整する機能を果たしている。実務的には、和解的な進行になるとのことである（安永他・前掲「震災復興と民事法制（中）」ジュリスト1315号132頁参照）。

(31) 升井・前掲書140頁以下、小柳・前掲書369頁参照。

年の申出が3件で、他は申出日不明である。

　申出を無効とするものが5件あり、賃借権の不設定が2件、建築許可の無いものが1件、独立の利用権が無いものが1件、妻の母親名義の建物に居住していた夫からの申出が1件であった。

　優先的賃借権の申出から裁判（決定）までは、12件中9件が約半年、2件が11ヶ月から1年、2件が約2年の期間で優先的借地権が認められるか否かの結論が出ている。したがって、優先的借地権の主張をしたからといって必ずしも復興の妨げになっているとは言えない。東日本大震災の被災地では、被災の範囲は異なるが、8年目になっても、大槌町、鵜住居地区、陸前高田市、気仙沼市、南三陸町等、土地の嵩上げは終わっても土地区画整理は終わっておらず、復興したとは言えないどころか、まだ復旧の途中の箇所も少なくないからである。

(2)　優先借地権拒絶の正当事由

　優先的賃借権の申出に対する土地所有者による拒絶の正当事由について、正当事由ありとするものが12件、正当事由なしとするものが5件である。裁判では、罹災借主側と土地所有者側の事情を総合的に比較している。

　土地所有者による拒絶に正当事由があるとされたものとして、土地所有者が具体的な建築工事契約をしていた、ビルを再築することによる営業と居住の意向がある、共同住宅再築の計画がある、別の土地で建物建築計画が具体的にあり建築確認申請中である、建築計画の遅延が建築会社の原因によるものである、土地売却の予定があり賃借権が設定されると価格が下がる、土地所有者が代替家屋を提供する、という事情があることが判断された。

　土地所有者の側に拒絶する正当理由が無いとされたものとして、長年居住の借主が平屋建てを2階建てにすること、土地所有者が高齢で建物建造意向はあるが建築計画は具体的ではない、借主が好適立地でそばうどん店を営業していた、借主が長年の居住地に戻りたい、借主が自宅として居住しており他に不動産を所有していない、という事情があることが判断された。

　阪神淡路大震災前の裁判例では、正当事由の存否について、罹災借主と土地所有者の双方の事情を総合的に判断するというものであった（前述 2 (1) ii を参照）。上記の阪神淡路大震災における正当事由の判断においても、この

判例法理を維持している。比率的には罹災賃借人に若干厳しい結果になっているが、重要なことは、土地所有者に具体的な建築計画があることやその着手が行われていることが正当事由となっている。反対に、土地所有者に具体的な建築計画がない場合において、罹災賃借人に長年居住してきた土地に戻りたい、以前の営業を継続したい場合等に土地所有者に拒絶の正当事由がないとされている。以上の結論はきわめて妥当なものである。決して土地所有者に不当な負担を課すためのものではなく、土地所有者の建築意欲を損なうものでもない。当事者の権利関係を明確にしたうえで、建築の意欲や資力のある者によって復興を促進させるという罹災法の趣旨に合致しているということができる。この場合には、この権利を頼りに周辺に留まり復興に参加することになり、罹災賃借人が長年住みなれた場所にもどれるため故郷や従前の人間関係を失わずに済む。もちろん、罹災賃借人は、相当の対価等を土地所有者に負担することになる。

「相当の借地条件」は、客観的に判断される合理的な条件を言うとされる。当事者で合意に至らないときは、当事者は、裁判所に借地条件確定の申立をして、裁判所の合理的な判定を待つことになる（法15条）。また、借地条件の変更についても同様である（法17条）。法17条の借家条件の範囲は、地代、家賃、敷金、権利金、修繕費の負担、存続期間など一切の借地条件に及ぶとされている。

(3) 借地権優先的譲受権と相当の対価（罹災法3・4条）

借地権の優先的譲受権行使の決定例が6件あり、法3条の優先的譲受権の行使について「相当の対価」を決定したものが3件、特殊の事情を考慮して対価を定めたものが3件あった。相当な対価の算出方法について、神戸地決平成8・3・21判例時報1596号100頁は借家権価格と承諾料を考慮し、神戸地決平成8・11・5判例時報1624号102頁及び神戸地決平成8・7・18決定

---

(32) 故郷喪失の問題でもある。阪神では多くのトラブルが生じたとされるが、以前居住していた罹災賃借人が優先的に居住できるとするのは、ブローカーに高額に転売されるというよりは、多くの点で望ましいのではなかろうか。

(33) 『広瀬コンメンタール』290頁、360頁、『中川コンメンタール』571頁など参照。

(34) 『広瀬コンメンタール』354頁、『中川コンメンタール』368頁、塩崎＝澤野『裁判実務大系』42頁（林武執筆）参照。

例集 90 頁は、借地権価格から借家権価格の 2 分の 1 を控除し譲渡承諾料を控除する方式を妥当とする。複数人の借地権譲渡の申出があった場合の割当については、神戸地決平成 8・11・5 判例時報 1624 号 102 頁、大阪高決平成 9・6・19 判例時報 1624 号 102 頁は、間口と奥行きを調整して割合を決定した。[35]

(4) 優先借家権（罹災法 14 条）

優先的借家権に対する決定例が 7 件あり、建物所有者の拒絶に正当事由を認めなかった例が 1 件、拒絶の正当事由を認めたのが 2 件、賃貸借の条件を決定したのが 2 件、罹災建物の借主に当らず優先賃借権の申出不可とするものが 1 件、その即時抗告を棄却するものが 1 件であった。以上の 7 件は、平成 7 年 1 月の震災発生に対して、平成 9 年以内に高裁決定で終結している。

正当事由の判断では、建物が経済的滅失であり建物の優先借家権について建物所有者に拒絶の正当事由を認めなかった。これに対して、土地所有者が建築計画を提示したため優先借地権申出の拒絶に正当事由を認め、優先借家権を確認したもの、クリーニング業再開の優先借地権申出は重視すべきであるがそれ以上に土地所有者の本件土地使用の必要性が高いことを理由に拒絶に正当事由があることを認めたものがある。

いずれも一方的に優先借家権の拒絶を認めているのではなく、双方の使用の必要性と具体的計画によって判断しているので、裁決によって短期間に権利関係が決定されれば、同じ場所での居住又は営業が再開でき、早期の復興に資することになる。[36]

4 学説

阪神淡路大震災について罹災法を適用すべきかどうかについて、学説は対立していた。[37] その際、罹災法の趣旨を明確に捉えているかどうか疑わしい。

(1) 罹災法廃止説及び罹災法適用否定説

阿部泰隆教授は、[38] 優先的借地権について、この権利の成立は紛争を増加さ

---

(35) 小柳・前掲書 388 頁、393 頁参照。

(36) 塩崎＝澤野『裁判実務大系』21 頁（伊藤浩執筆）。

(37) 小柳・前掲書 351 頁以下参照。

(38) 阿部泰隆『大震災の法と法学—阪神・淡路大震災に学ぶ政策法学』（日本評論社、1995 年）

せる、借地権が成立しても地代や権利金が高くなり割に合わない可能性が高い、マンションに適合しない、都市計画に適合的でないことなどを理由に挙げる。

また、優先借家権については、家主が建築意欲を失う、借家供給の阻害要因になる、などを理由に挙げ、罹災法の廃止を主張する。

ただし、個人の生活再建・住宅再建に公金を注ぎ込むことは原理的に不可能である、公金による支援措置によって嵩上げされる被支援者の生活水準は他の市民の最低限以下でなければならない、焼け太り禁止の原則に反するなどの阿部教授の見解[39]に対しては、池田恒男教授により、「このような論説は、これまで先達が営々と築いてきた学問的成果を何重にも無視する立論である」との批判がある[40]。

他方、最近の学説には、前述のような、罹災法の趣旨、実際の修正判例法理、修正適用説に言及することなく、上記廃止説の理由の一部を引用して、罹災法の適用を消極的に結論づけようとする傾向もある。

(2) 罹災法修正適用説

西原道雄教授[41]は、優先的借地権・優先的借家権は被災者の住生活の保障を通じて地域の復興に有効である、被災者が同じ場所で居住又は営業を継続することができる、所有者が具体的な使用計画がない場合に罹災賃借人に優先権を与えているに過ぎない、被災者への優先権がなければブローカー等に高額に転売されることになる（この場合のほうが都市計画等の妨げになる）、罹災法が都市計画や区画整理の妨げになるとは限らないなどの理由で罹災法の適用に賛成する。

大島幸男弁護士（神戸弁護士会で罹災法の実務を担当）は、阪神淡路大震災に罹災法を適用することについて、都市計画等で震災復興の優先を主張する人たち、地主層からは罹災法の適用は誤りであったとの主張はあるが、「罹災

319頁参照。

(39) 阿部・前掲書319頁参照。

(40) 池田恒男「震災対策・復興法制の展開軸と震災法学の課題1」法律時報69巻12号9頁（1997年）。池田教授は、より詳細に、三つの論点について反論を展開している。

(41) 西原道雄監修・前掲『罹災法の実務Q&A』353頁、甲斐道太郎編・前掲『大震災と法』28頁など参照。

都市法は戦後復興のため50年近く前に制定された法律であり、法律自体の歴史的限界は存在していたが、今回の罹災都市法の適用自体は決して誤っていなかったと考える。今回の震災に罹災都市法を適用しなければ被災地には「地震売買」がはびこっていたであろうし、罹災借地人借家人らの避難所、仮設住宅への円滑な移転ができなかったのではなかろうか。この意味でも罹災都市法の適用は意味があったと考える」[42]。

　升田純参事官は、震災発生当時の法務省民事局参事官として罹災法の施行等に対応した。罹災法は、戦災からの復興を前提とするもので、社会状況が異なる阪神淡路大震災に適用することに消極論があった中で、同震災によって様々な問題が生起し対応に迫られていること、適用しないことが不公平であること、地震売買等の弊害が生ずるおそれがあることなどから、生活や事業の基盤である居住関係を早期に安定させるためには、早期に罹災法を適用することによって都市開発等の実施に支障もないことを考慮して、法務省、建設省、被災自治体等の意向を確認して政令を制定することが決定された[43]。罹災法の適用に当っては、裁判例等を踏まえながらも新たな事態を考慮して、事案ごとに適切に適用することが望まれるとする。

　津久井進弁護士は、阪神淡路大震災での法曹経験を踏まえて罹災法の問題点を指摘し改正案を提示している[44]。結論として、「現代においても、大規模災害への罹災法の適用が実務上定着した運用であることは間違いない」として、廃止ではなく改正が必要なことを述べた上で、その課題を1つ1つ検証し新たな提案を行なっている。

　安永正昭教授は、「罹災法にいう借地人・借家人の保護の趣旨は結構であり、なお有用と思われるが、とりわけ旧借家人の保護に関する諸規定には不明な点が多すぎて運用にかなりの不安が残る。旧借家人が地震前にその「場所」で築き上げてきた生活・営業を再建するにつき後押しをするという法の

---

(42)　大島幸男「阪神・淡路大震災にうおける罹災都市法適用の問題点と展望」神戸弁護士会震災復興対策本部編『震災復興のまちづくりと法』222頁（三省堂、1996年）参照。

(43)　升田・前掲書61頁、68頁以下参照。

(44)　津久井・前掲論文25頁、34頁など参照。ただし、その論文の後半では、公的支援制度の充実を提案され、罹災法での保護制度に消極的な見解を示されている。阪神淡路大震災を前提とする罹災法規定に関する指摘としては理解できるが、そこでの判例法や東日本大震災の8年目の現状から見た場合、本来の罹災法の趣旨が生かされているといえるのであろうか。

18

趣旨に対して、関係当事者間で冷静に協議し合意の形成によって諸関係を調整することが強く期待される」[45]。その他にも、多くの見解が示されているが、割愛する[46]。

III　罹災法適用・不適用の前提問題

1　阪神淡路大震災と東日本大震災の差異

次に、東日本大震災への罹災法又は改正法の適用の是非を考える前に、阪神淡路大震災との異同を確認しておくことが必要である。

(1)　震災の態様の差異

阪神淡路大震災は、地震によるものであり、建物倒壊による圧死と火災による焼死が多い。これに対して、東日本大震災は、地震後の津波による溺死が多い。家屋も大規模滅失が10万棟に及んでいる。両者の差異によって、防災減災の対応が異なる。

(2)　地理的環境

阪神淡路大震災は、大都市における建物等の倒壊・焼失による被害であり、地震による震源地上の一定範囲に限られている。これに対して、東日本大震災は、太平洋沖が震源地であり、それによって生じた津波が広範囲の沿岸地域に及んでいる。

(3)　住宅・生活環境（住宅、職場、学校、病院など）

阪神淡路大震災では、兵庫県神戸市、芦屋市、尼崎市、明石市など10市11町、大阪府大阪市、長田区など神戸市の特定の地区の住宅、職場、学校、病院などが倒壊（全壊）した。ただし、周辺の住宅、職場、学校、病院などは全壊半壊を免れた。東日本大震災では、各沿岸部ごとに住宅、職場、学校、病院などが津波に流され全壊したか、津波が建物を突き抜け全壊又は半壊となり、沿岸から山岸まで被害が広範囲に及んでいる。

---

(45)　安永・前掲論文ジュリスト1070号158頁参照。
(46)　罹災法が適用された場合にも、罹災法の各条項について多くの見解が提示されている。近畿弁護士連合会編『地震に伴う法律問題Q&A』（商事法務、1995年）、神戸弁護士会震災復興対策本部編・前掲書132頁以下、関東弁護士連合会編『Q&A災害時の法律実務ハンドブック〔改訂版〕』129頁以下（新日本法規、2006年）等参照。

また、阪神地域の家屋全壊地域は居住が密集していること、土地の価格が全般的に高額であること、住宅商業地域として需要が高いことなどが挙げられる。これに対して、東日本大震災では家屋全壊地域が岩手県の北部沿岸から茨城県の北部沿岸と広範囲に分散していること、土地は一般的には高くないこと、住宅商業地域は一部分に限られていることなどをあげることができる。

(4) 交通機関

阪神淡路大震災では、阪神高速道路、JR新幹線・在来線のほかにも複数の私鉄が運行されているが、3ヶ月から2年半で復興したといわれている。これに対して、東日本大震災では、各沿岸を南北に結ぶJR在来線が1本のみで壊滅状態となった。8年経ってようやくJR三陸鉄道リアス線が開通した。沿岸部と県庁所在地を東西に結ぶ線路も道路（国道106号線）も寸断された。また、東北新幹線は内陸部を南北に走行しているので、それほど大きな被害はなかった（仙台駅は駅舎の天井が崩壊した）が、太平洋沿岸を南北に走る高速道路は9年目の2020年に開通予定である。人口も住宅も就労場所等も多い阪神のような大都市とは、人口も住宅も就労場所等も少ないリアス式沿岸の中小都市[47]とでは、復興するための地理的条件や人的・物理的事情が全く異なることに留意すべきである。

2　被災地の利用に関する行政の問題

(1)　行政による被災地への対応制度

大規模災害後の行政の対策として、災害対策基本法に基づく各種の特別措置法や災害救助法による避難所・応急仮設住宅の設置、さらに被災者生活再建支援法等による住宅損壊程度による支援金や災害弔慰金法による見舞金の支給等が行われる[48]。その後の災害復旧・復興については、阪神淡路大震災の場合は被災市街地復興特別措置法（平成7年2月24日―震災43日後）が制定され、東日本大震災の場合は災害復興基本法（平成23年6月24日―震災103日後）

---

(47)　三陸沿岸の人口は、宮古市5万4千人、山田町1万4千人、釜石市3万4千人、陸前高田市1万8千人、大船渡市3万5千人、気仙沼6万1千人である。他方、阪神地区の被災関係都市では明石市29万人、神戸市153万人、西宮市48万人、尼崎市45万人、大阪市269万人である。

(48)　鳥谷部・広島法学35巻3号132頁（2012年）参照。

20

が制定され、さらに東日本復興区域法（平成23年12月26日）が施行された。[49]
これらの場合に、災害地の所有権、借地権、借家権がどのように処遇される
のであろうか。

i　建築制限

　建築基準法39条は、地方自治体が災害危険区域に指定した場合には居住
用の建物の建築は禁止され、詳細は条例に委ねられる。さらに、同法84条
は、市街地の災害の場合において都市計画又は土地地区画整理事業に必要が
あると認められるときは、指定地域内に2ヶ月の建設制限が行われ、東日本
大震災では、建築制限特例法に基づき延長を重ねた結果、自治体によっては
2011（平成23年）11月11日まで延長が可能となった。しかし。復興計画が
思うように進まないため、ほとんどの区域で建築制限が解除されないことと
なった。

　上記の建築制限期間経過後、岩手県及び宮城県の被災各市町村は、2011
年11月11日までに各地域に被災市街復興特別措置法に基づく「被災市街復
興推進地域」指定を行った。その上で、2012年9月以降同市町村の地区ご
とに「災害危険区域」を指定すると同時に都市計画を決定し、災害発生から
2年間の建築制限をかけ、これに対する被災市街地復興土地区画整理事業が
2013年3月11日以降に認可されている。福島県いわき市も同様のスケジュ
ールで事業認可されている。ちなみに、復興計画は、おおむね最初の3年間
を復旧期、次の3年～4年間を復興期、その後の3年間を発展期とする市町
村が多かった。震災から3年経過後の2013年3月11日に復旧期が終わり、
復興期の始まりとともに、建築制限も解除される予定であった。

ii　都市計画法・土地区画整理方式

　都市計画の施工手続として土地区画整理方式が利用される。[50]実体関係は、
旧土地に存した権利は換地に移転することになる。この点で、国や市町村の
任意買収又は強制収用（原始取得）によって従来の所有権やその他の権利が
消滅する土地収用制度と異なる。

---

(49)　坂和章平『大震災対策・復興をめぐる法と政策』2頁、17頁、75頁、18頁、148頁（2016
　　年）参照。
(50)　塩崎＝澤野『裁判実務大系』287頁、296頁（安本典夫執筆）参照。

しかし、この土地区画整理の手続も複雑なので、都市計画事業の範囲内で、復興法の特例によって、土地区画整理手続を簡素化して施行することができる。とくに、堤防近くの市街地を一体として高台に移転する集団移転促進事業の特例も定められている。

iii　土地収用制度

復興整備事業の用地取得については、国や市町村の任意買収又は強制収用（原始取得）によって従来の所有権やその他の権利を消滅させ、その代価を補償する土地収用が利用されている。[51] とくに所有者の所在不明や相続登記が未登記のため交渉が困難な場合がある。この場合に、その手続が用意され特例が定められている。すなわち、事業を緊急に施行する必要があり、明渡し裁決が遅延することによって、事業の施行が遅延し、公共の利益に支障が生ずる虞があるときには、起業者に担保を提供させて上で、当該土地の使用（1年間）を許可することができるとするものである。従前に比して、土地収用実務における所有者の存否や所有者不明の認定が緩やかになりつつあるように思われる。

また、制度は異なるが、被災地等の迅速な土地利用のために、「所有者不明土地の利用の円滑化等に関する特別措置法」[52] が制定・施行され、関係学会等でも議論の対象になっている。

iv　各自治体の対応

同じ場所への住宅の建築は再度の津波の虞があるから危険ではないかとの意見がある。これについては、海沿いに約 10m 以上の高さの防波堤を作り、沿岸部を道路、公園、倉庫などの事業施設用地とし、その山側の地盤を 5m 程度の嵩上げをして土地区画整理を実施し、所有権その他の権利者（賃借権も）に換地処分をしたうえで、山側に登る避難路を開設するという方法によってある程度までは対応することができる（堤防、嵩上げ、避難路を津波防災3点セットと呼ぶ）。嵩上げをしない海沿いの地域は産業用地とし、水産業、加工業、倉庫業その他の事業用地とし、従業員等がその地域内の防災用避難建物などの非難場所への迅速な避難ができるようにする。このような対応を考

---

(51)　塩崎＝澤野『裁判実務大系』362 頁（国府泰道執筆）など参照。

(52)　NBL1127 号 14 頁、同 1128 号 64 頁、民事月報 73 巻 11 号 6 頁など参照。

22

えない限り、中小都市では被災者が地元に戻る割合が低く、いつまでも復興どころか復旧もできないことになる。

(2)　罹災法の適用と借地権・借家権の処遇

　震災直後に建築制限が掛けられ、さらに平成25年頃の復興事業開始から完成まで建築制限は実際には解除されない。これは借地人や借家人の問題ではない。被災者は、権利があれば建築制限の間、地域周辺の仮設住宅や知人宅その他に留まり、その間に権利関係（裁判も含め）を確定し、解除とともに権利の行使ができ、復興に加わることになる。しかし、罹災法の不適用では、所有者以外は権利が与えられないから、周辺に留まることは困難である。その結果、県庁所在地でもある盛岡市や仙台市に学校や職場を得て定着することは、被災地から被災者を遠ざけることになる。

　都市計画、土地区画整理、土地収用のいずれであっても、交渉の中心は所有者である。その所有権に抵当権や賃借権等がついている場合は、交渉の手続と負担が増えることは事実である。しかし、当事者の権利関係が、当事者の交渉、行政手続、非訟事件手続によって早期に決定されれば、その後の復興は早まるというのが罹災法の趣旨である。

　土地区画整理が終了したが、戻ってくる旧住民が減少するという影響が生じている。罹災法の不適用は、住民を復興に参加させる復興ではなく、住民を被災地の復興から遠ざける法制であったということができる。[53]

3　罹災法適用の問題点

　阪神・淡路大震災においては、震災から20日後に罹災法の適用があり、被災者は、司法サービスを受けることができた。具体的な内容としては、罹災借家人に対しては優先借家権（罹災法14条）、優先借地権の取得（罹災法2条・3条）を認め、罹災借地人の借地権に対抗力を付与（罹災法11条）、残存期間10年未満の借地権に借地期間の延長（罹災法11条）などが行われた。

　法律実務家の間では上記のような権利が保証されたことにより、借家人を中心とした被災者に「元の場所に戻れる」という安心感を与え、地震売買等

---

(53)　津久井・前掲論文災害復興研究1号25頁の表題が示すような「災害復興理念を生かした罹災法のあり方」を被災借地借家法に取り込む改正が必要である。

の借地借家をめぐる無秩序状態の惹起を抑えたという点で罹災法の適用は有意義であったとの評価は多い。

　また、判例の集積によって従来の罹災法の解釈を大きく転換する解釈の集積と運用が打ち立てられたともいえる。しかしながら、罹災法にはさまざまな立法の不備がありこのような批判を踏まえ、弁護士会などから以下のような問題点があると指摘されていた。

①優先借地権（罹災法2条）

　優先借地権は、滅失した罹災建物の借家人が、建物を建築することを目的として土地所有者に申し出ることにより他の者に優先して土地を賃借できる権利である。優先借地権は、罹災前には借家権に過ぎなかった権利が、罹災することによって借地権に昇格するという点が、罹災法が制定された戦後直後の経済状況に照らすと、現代の借地権の経済的価値の高さに見合っておらず、土地所有者に過度に重大な負担を強いるものになってしまうとの指摘があった。

　しかし、このような意見は、前述のように、罹災法が目的とした立法趣旨とはまったく異なる。このような優先借地権がなければ、前述のような東日本の中小都市では、復興など不可能に近いほど困難であるということができる。借家権・借地権が与えられることにより、建築制限が解除された後、小売店、加工業、賃貸業が再建されることにより、雇用、住宅、飲食店、コンビニ等の建設が促進され、さらに所有者による自己再建意欲を刺激することになる。

②借地権優先譲り受け権（罹災法3条）

　借地権の優先譲り受け権も、上記の優先借地権と同様に借家権が借地権に昇格する点で問題であるといわれてきた。

　しかし、このような借地権優先譲り受け権がなければ、被災して借地上建物を失い地主から借地の更新を拒絶され、二重ローンを抱えることになる被災者は、故郷に住宅を得ることはできない。住宅が必ずしも必要のないブローカーが利殖のために土地を買い漁り、値上がりした時期になって高く販売することを推奨していることになる。[54]

---

(54)　民法612条及び借地借家法19条と罹災法4条との差異について、塩崎＝澤野『裁判実務大

③優先借家権（罹災法 14 条）

優先借家権は、罹災滅失建物の借家人が、新たに完成する建物の所有者に対して申し出ることで、他の者に優先して相当な借家条件で、当該建物を賃借することができるようにすることで「これまで住んでいたところに、引き続き住むことを可能にする権利」を保護する制度である。確かに優先借家人には、貸家人がどのような建物を再築するかについて必ずしも意見を反映させられるとは限らない。しかし、所有者は、少なくとも自分で利用する再築計画を建てなければ借家人に優先借地権が発生することになるから建物は建築されることになる。また、新築のアパート・マンションが立った場合、神戸地区のように高額になるとは限らない。被災地に限定した家賃制限を採用することも考えられる。優先借家権は、建物の完成の時点までに、申し出を行えば良いことになっている。所有者にとって不安であれば、事前に旧借家人に居住するか否かの催告をすることも考えられる。

④借地権の対抗力の問題（罹災法 10 条）

罹災法においては、建物滅失後も借地権の対抗力は登記なくして存続することになる。阪神淡路大震災においては、有効に機能していたと評価されている。これに対しては、借地借家法 10 条 2 項が公示を対抗力の要件としており、罹災法 5 条のように 10 年とするのは借地借家法からみても不自然ではない。むしろ、被災借地借家法のように、被災者に対して、政令施行から 2 年までの間に 5 年以内とする更新のない短期借地権は、どのような建物を何のために建築するのであろうか。

また、8 年経った時点での東日本大震災の復興状況を見れば解かるように、津波被害土地の建築禁止の解除まで 2 年、その後の土地区画整理による建築制限解除まで 2 年から 6 年又はそれ以上の期間がかかっている。対抗力を 5 年間与えても東日本大震災のような被害には役に立たない。復旧前にすでに 8 年経過しているのである。

⑤不当な主張による混乱

阪神淡路大震災の場合には、「法の適用により有用な目的を達成できる件数よりも、法の適用により誘発されたいらざる紛争の件数のほうが多いとい

系』102 頁（鎌野邦樹執筆）参照。

うことにならないことを望むものである」との指摘がある[55]。それほど多くの混乱が生じたということである。それは、賃貸人と賃借人の当事者間レベル、法律相談件数、非訟手続、裁判手続の数からも伺うことができる。その中には、きわめて強引で不当な勢力が関与することもあったようである。

しかし、上記の地形的な差異、すなわち2万から5万人の沿岸部の市において、数百万都市である阪神地域のような混乱が生ずるとは限らない。ある程度の混乱があっても、このような場合にこそ司法サービスを行い、居住権保護の肯定例も否定例もその情報を集積することにより全体で共有することが重要である。

自治体にとっても、建築制限等が解除されたときに権利を行使できるということで被災者が近隣に留まるか、又は残された権利を頼りに遠方から戻ってくる方が復興に寄与することを期待できる。

Ⅳ　東日本大震災に対する対応

1　震災後の動き

1995年1月の阪神淡路大震災及び2004年10月の新潟中越沖地震には適用された。日弁連等の対応もこれを支援するものであった（平成17年1月11日）[56]。

これに対して、2011年3月の東日本大震災には罹災法は不適用となり、かつ、新たな改正借地借家法も遡及適用されなかった。東日本大震災に対しては、日本弁護士連合会の意見書（2010年10月20日）、仙台弁護士会等の意見書（2011年5月25日）、日本弁護士連合会の意見書（2011年5月26日）があった[57]。

---

(55)　安永正昭「大震災に伴う借地・借家の法律関係」ジュリスト1070号158頁参照。安永教授は、罹災法立法時は「急速な応急的復興の促進」であるが、今日では「従前の生活関係を保障する特別規定と位置づけなければならない」（同156頁）とし被災者の保護を重視するようであるが、他方では、「罹災法にいう借地人・借家人の保護の趣旨は結構であり、なお有用と思われるが、とりわけ旧借家人の保護に関する諸規定には不明な点が多すぎて運用にかなりの不安が残る」（同158頁）と借家人の保護に消極的である。

(56)　その後の同3月7日の市町村の適用申請書が国土交通省に進達されている。

(57)　座談会で山谷澄雄弁護士（仙台弁護士会）は「仙台弁護士会では日弁連意見書が念頭にあっ

日弁連及び各県の弁護士会は、『事例集』にあるように無料法律相談を行った。[(58)]同 19 頁には、大いに貢献したと記述されている。このような活動は、高く評価されるべきである。その『事例集』の集計では、借地借家に関する相談が非常に多かったという。この居住に関する相談者の多くは、内容は多岐に渡るであろうが、共通する思いは同じ場所又は地域に続けて居住したい、それができるのであろうかとの思いをもって相談に来たのではなかろうか。前掲『事例集』の相談内容（借地 45〜56、借家 57〜141）には、修理費用の負担、敷金返還、半壊認定への不服、貸主の退去要求など多様であるが、それらに中には、貸主は家を建て直したいので退去を請求するが、夫は入院中で行き先が見つかっていない。建物が地震で修繕が必要、貸主に直してもらえないか。借主が無断で避難してきた身内の 3 名を住まわせ始めた。借りていた店舗が全壊したなど、貸主からの再築、借主からの賃借継続など罹災法等（改正法を含めて）の適用や居住継続の意図を汲み取ることができる。しかし、罹災法（改正法を含む）適用や居住の継続という相談内容の項目は挙げられていない。居住の相談に応ずる場合に、罹災法等の適用（優先借地権や優先借家権等）がある場合を前提とする法律相談と被災特別法の適用がない場合の法律相談では、説明内容に大きな差異が生じうる。

　本稿との関係では、継続して同じ土地又は地域に居住したいとの相談にはどのように対応したのかは触れられていない。しかし、前述のように、仙台弁護士会は同年 5 月 25 日付けで、日弁連は同年 5 月 26 日付で罹災法を適用すべきでないとの意見書を出している。また、多くの被災自治体からも罹災法適用について消極的な意見があったという。

　弁護士会の意見書の意図は、東日本大震災の被災地（賃借人）には罹災法を適用すべきでない、新たに制定された被災借地借家法も適用すべきでないという趣旨であったとは考えられない。しかし、結果的にはどちらも適用されなかった。賃借人の保護、居住権の保護は、人権の保護を目的とする弁護士会における司法サービスの根幹ではなかったのではなかろうか。

た」との発言をしている（「座談会・震災からの復興と被災関連二法」ジュリスト 1459 号 17 頁（2013 年）参照）。仙台弁護士会が意見書を提出した経緯が語られている。
(58) 『事例集』については、前掲注 1 のほか、永井幸寿＝津久井進「東日本大震災における弁護士の被災者支援の軌跡」災害復興研究 4 号 67 頁など参照。

最終的には、前述のとおり、2011年9月30日、法務省と国土交通省の協議により、罹災都市借地借家臨時処理法の不適用が決定され、報道された。

2 罹災法不適用の理由──「復興の妨げになる」

復旧・復興事業を行う場合に、所有者や利用権者の権利は妨げになるのか。法務省民事局で立案事務に関与した担当者は、改正法の制定経緯に関する説明として「阪神・淡路大震災に旧法を適用した結果として、旧法の定める制度が復興の妨げになりかねず、現代的ニーズにも対応していないと指摘されるようになりました(59)」、さらに、「今後想定される大規模な災害に備え、復興の妨げになりかねない制度を廃止するとともに、現代的ニーズに対応する制度を創設することは、喫緊の課題でした(60)」と述べている。すなわち、罹災法は復興の妨げになりかねないから廃止し、新法すなわち改正被災借地借家法が喫緊の課題に対応できるように制定されたものであるというものである。

この指摘によれば、罹災法が適用された阪神淡路大震災は復興が遅れ、罹災法が適用されない東日本大震災は復興が早いことになる。そもそも大震災がどのような地域に発生した、どのような災害かによって、被災者への対応も異なること、東日本大震災の被災がこの当時どのような状態にあったのかを考えれば、このようなことは言えないのではなかろうか(61)。この出版は2014年7月のものであり、東日本大震災から3年余り後のものである。法務省（民事局、当時の関係者）は、東日本大震災の被災者に対して、罹災法も被災借地借家法も適用されないとした最終決定者である。その理由を、「紛争の原因となり、ひいては復興の妨げとなりかねない」とした。

被災地の復旧・復興について、地方公共団体は、多くの復興関連事業を策定することができる。多様な建築制限、土地収用、都市計画、土地区画整理

---

(59) 『一問一答』6頁、山田誠一他「座談会・震災からの復興と被災関連二法」ジュリスト1459号16頁。

(60) 『一問一答』6頁、山田誠一他「座談会・震災からの復興と被災関連二法」ジュリスト1459号16頁。

(61) このような目的で制定された改正法は、その後の幾多の大災害に適用され、罹災法以上に機能を発揮し、法律として歓迎されたのであろうか。

の推進などである。賃借権などが付いていても土地収用や都市計画の場合は収用裁決、不明裁決ができ、妨げになるとは限らない。土地区画整理では、例外はあるが、所有権も利用権も換地に移転する。地方公共団体が恐れているのは、手続が面倒になるということではないか。

自治体職員も被災者である。自宅ごと津波にさらわれ住むところもない被災者に対して、被災者の保護は復興の妨げになるということはあるのであろうか。

法曹ならば、このようなときに司法サービスに徹してこそ法曹の役割を果たしていることになる。被災者が殺到し混乱が生じているときこそ存在意義があるのではないか。

3　復興計画と復興状況

東日本大震災の場合、市町は3年の復旧期、3年から4年の復興期、3年の発展期と分けて復興計画を立ててきた。しかし、8年目でも岩手県山田町、鵜住居地区、大船渡市、陸前高田市、気仙沼市、南三陸町などは嵩上げが終了しただけで、まだ復旧（まだ元の町並みレベルに戻っていないという意味で）に至っていない。

大槌町のように、土地区画整理まで終了し、宅地造成をしたが、3分の1も埋まらないなどの地域も多い。仙台市や盛岡市の職場や学校に落ち着いて定着しているのに、わざわざ職場、学校、病院、ショッピング施設のない場所に戻ることが不安であるということである。最近の復興計画・復興状況については、別稿に譲る。

4　罹災法以外の問題

罹災法以外にも居住に関わる問題が多く存在するが、本稿では項目のみ指摘するにとどめ、詳細は省略する。

第1　各種の公的支援

阪神淡路大震災における公的支援よりも、東日本大震災の被災者に多くの支援行われているといわれている。家族死亡、建物全壊などの場合に多くの支援金が給付されるようになった。この制度は、きわめて意義のある公助制

度であると考える。そして、身内が死亡し、家屋が全壊した場合、その給付金をもって仙台や盛岡での生活資金とすることは当然であり、家屋全壊に対する補助金はそこでの家屋を取得する資金としても利用できる。これと合わせて、住宅を再築する場合には別途加算支援金が給付されるが、この支援金にも地域制限がない。しかし、これらの比率によっては、被災地域に戻って復興を促進することにはならない。今後の検討課題であろう。

第2　大震災と耐震化

大地震と耐震化の問題は、阪神淡路大震災時の建築物やその後の耐震偽装問題などでも注目された。地震に対する耐震化に加えて、津波に対する耐震化の対策も別途必要であろう。それぞれ異なる災害であり、その被災に応じた建築構造があると考えるからである。[62]

第3　二重ローンの問題

二重債務問題については、2001年に法人企業向けのガイドラインが作成されていたが、東日本大震災後に個人債務者の私的整理に関するガイドライン「個人版私的整理ガイドライン（2011年7月15日）」が作成された。[63]当初は利用件数が非常に少なかったが、3度の運用見直しによって相談件数や合意成立件数が増加したといわれている。住宅の倒壊から8年以上経過した今、まだ土地区画整理が行われていない宅地造成地について、旧住宅へのローンがどのように扱われているのか、新築する場合にどのような対応になるのか課題が残されている。

第4　仮設住宅の問題・公営災害住宅[64]

仮設住宅への入居について、当初は機械的に抽選するのが公平であるとの考えから、小規模の仮設に被災者が分散するため、孤独死の増加を防ぐこと

---

(62)　永岩慧子「建築物の耐震化と法制度」広島大学法学部民法教室『大規模災害のボランティア活動と法的支援』81頁（2018年）は、阪神淡路大震災や熊本大地震における耐震基準と倒壊率、さらにはその瑕疵責任などについても言及している。個人向けには「自然災害による被災者の債務整理に関するガイドライン」、企業向けには「グループ補助金制度」が相当の実績をあげている。

(63)　金鉉善「大規模災害と二重債務問題」広島法学40巻1号228頁（2016年）は、二重債務に対する様々な対応策を整理しその課題を指摘している。

(64)　藤井俊二「みなし仮設住宅の現状と課題―これからの制度設計のために」不動産法学会誌27巻4号（2013年1月）参照。金旼妹「東日本大震災における建設仮設住宅の利用関係」広島大学法学部民法教室『大規模災害のボランティア活動と法的支援』147頁（2018年）では、仮設住宅の利用、維持管理及び改善事項等について整理している。

ができなかった。この点は改善されているようであるが、孤独死自体はまだ少なくなく、精神的なケアーも含めて多くの課題が残っている。

　最近の大震災では、借り上げのみなし仮設住宅の割合が増加している。個別の住宅が分散しており、精神的、身体的、物理的管理などについて、多くの人的、経済的対応が必要となる。また、使用期間の延長を繰り返し、最終的には明渡を求めることになるが、行政から居住者に対する建物明渡訴訟の提起も行われている。

第5　復興災害[65]

　被災したが助かった被災者の災害関連死が増加している。阪神淡路大震災においても指摘されていた。熊本大地震においては災害関連死の割合が非常に高い。東日本大震災や最近の西日本豪雨災害においても少なからず発生している。孤独死と同様に、被災者に対する見守りと気づき、被災以降の医療ケアーなど多くの課題が残されている。

V　南海トラフ大地震の津波等被災地への対応

1　被災借地借家法の評価

(1)　被災借地借家法の規定内容

　被災借地借家法に罹災法の各種被災者保護規定がなぜ導入されなかったのか。新法である被災借地借家法第1条には、その趣旨として、「借地権者の保護等を図るために借地借家に関する特別措置を定める」とある。

(2)　被災借地借家法における被災借家人、被災借地人保護規定

　被災借地借家法に被災借家人・被災借地人に対する保護はあるのか。前述のとおり、同法8条の賃借人に対する通知は被災者を知っている場合は義務であるが、知らない場合は通知義務はない。したがって、必ずしも旧借家人にとって法的な保護と言えない。

　借地人にとってはどうか。同3条の解約特例は法令施行日から1年以内で戻ってくる場合の保護にはならない。同4条の対抗力は法令施行日から6ヶ月で建物築造を掲示したときは法令施行日から3年以内、同5条の借地権譲

―――――――――――――――――――――――

(65)　塩崎賢明「復興＜災害＞―阪神・淡路大震災と東日本大震災」（岩波新書、2014年12月）。

渡・転貸許可は政令施行日から1年以内、7条の短期借地権（存続期間5年以内）は法令施行日から2年以内でなければならないとする。

阪神淡路大震災を前提とすれば若干現実性があるかもしれないが、東日本大震災の被災地には、罹災法の基準と比較した場合、借家人保護は全く存在しないし、借地人にとっても実効性のほとんどないものばかりである。

(3) 通知制度は優先借家権の代替措置か

被災借地借家法が罹災法の代替措置といえるのか。小柳教授は、東日本大震災には適用されなかったのであるが、この通知制度について「罹災都市法にあった罹災建物借主の優先借家権の代替措置である」と説明している。また、同法3条から7条までについては、「災害後の暫定的な土地利用に用いられることが想定されている」と結論づけている。被災地に建築制限がかかり土地区画整理が始まるまで4年以上経過している場合で、かつ、罹災法でできた非訟手続の対象となる権利も制度も存在しないのに、果たして実現できるのであろうか。

(4) 被災借地借家法の適用状況

被災借地借家法は実際に適用されたか。前述のように、罹災法は、阪神淡路大震災（1995年1月）、新潟中越地震（2004年10月）に適用された。しかし、被災借地借家法は、東日本大震災（2011年3月）（福島県大熊町のみ適用、改正被災マンション法は遡及適用）、広島土石流災害（2014年8月）、熊本大地震（2016年4月）、西日本豪雨災害（2018年6月）のいずれにも適用されていない。

このような適用状況からは、罹災法と比較して、全く機能していない法律であるということができる。しかし、南海トラフ大地震では、太平洋沖を震源とする地震そのものよりも、津波被害が中心となり、東日本大震災と類似の被害が発生することが予想されている。

---

(66) 小柳春一郎「被災不動産の法的諸問題」澤野順彦『不動産法論点大系』（民事法研究会、2018年）672頁参照。

(67) 小柳・前掲論文674条参照。

(68) ただし、津波が競り上がる東北三陸のリアス式海岸と南海トラフ地震被災予想地の地形は異なる。また、東海、近畿、四国、中国、九州沿岸の地形によっても津波の影響は異なりうる。凹凸のある地形の凹部分や川を遡上する点では共通する現象も生じうる。

(5)　南海トラフ大地震に対する被害対策

　南海トラフ大地震については、すでに地震防災対策推進計画が作成され対応が行われている。南海トラフ法が策定されている[69]。それによれば、「人的被害の軽減に関し、想定される死者数を約 33 万 2 千人から今後 10 年間でおおむね 8 割を減少させること、物的被害の軽減に関し、想定される建築物の全壊棟数を約 20 万棟から今後 10 年間で概ね 5 割減少させることを減災目標とする[70]」。

　このような被害予想の中で、被災者には元の故郷に戻るための繋がりがなければ、東日本大震災の 8 年目と同じ状態になってしまうのではなかろうか。

2　被災借地借家法への判例法の導入

　前掲 II 2 及び 3 では、判例法で罹災法が裁判によってどのように適用されたかを整理した。被災借地借家法の改正には、この判例法を採用することが考えられる。

　以上の点を踏まえて、改正被災借地借家法がより実用的な法律になるためには、どのように改正されるべきだろうか。

　第 1 に、はじめに優先借地権から検討していきたい。優先借地権は、災害時において、所有者が利用せず、拒絶権を行使しない場合に限り、借家人が一定の借地条件のもとで当該敷地を使用することができる。

　第 2 に、借地権優先譲受権については、被災地における被災者の居住権を保護することを目的とすべきであって、他の者への取引の対象とすべきでない。

　第 3 に、優先借家権については、優先借地権のように権利が昇格し地主に過度の負担を強いるものではなく、西原道雄教授が述べるように、本来守られるべき権利を守るものにすぎない。よって、この制度を被災借地借家法改

---

(69)　坂和章平『大震災対策・復興をめぐる法と政策』411 頁（民事法研究会、2016 年）、田結庄良昭『南海トラフ地震・大規模災害に備える』（自治体研究社、2016 年）など参照。

(70)　坂和章平・前掲書 424 頁参照。東日本の各沿岸自治体では、命を守る対応として、前述の津波防災 3 点セット（III 2 (1) iv）を建設中である。南海トラフ大地震による津波対策としても、各沿岸自治体に相応しい対応が必要である。

正の中心的な制度としていくべきである。ただし、地主や家主に再建を促す制度がないとされている。その被災地における建物の再築を促すためには、上記第1や第2のように、土地所有者の利益と調整したうえで、再築される建物に旧借家人の権利を認め、所有者が再築しない場合にはその敷地や換地に権利を認めることにより、土地所有者自身の再築意欲を刺激すべきである。また、現在の住宅建築につき200万円の加算支援金制度を被災地に再築する場合の誘導策とするべきである。さらに、新築予定の所有者はその完成まで不安定な地位におかれる。この点に関して、建物の建築者に旧借家人に対して、賃借の申し出をするか否かについての催告を認める制度を設けるべきである。⁽⁷¹⁾

第4に、借地権は上記のとおり、借地借家法10条2項の類推適用を認め、運用することも考えられるが、法文中にその旨を記載することも検討すべきであろう。

以上のほかに細部の検討が必要である。大枠が改善されれば、被災借地借家法は、被災者の居住権を守るための制度に変化することも可能となるだろう。

被災借地借家法は、法制定以来ほとんど利用されていない。今後いつ南海トラフ大地震などが起こるかわからない以上、被災借地借家法は早急に改正がなされるべきである。

VI　今後の課題

前述（IV3）したように、本年8月中旬にこれまでのボランティア活動の追跡調査として、宮古市田老地区から気仙沼市まで各市役所や社協での聞取り調査と復興状況の見学を行った。例えば、陸前高田市は奇跡の一本松で有名であるが、広大な被災地の中央付近にあるコンビニから四方をみると東側は2〜3キロかなたの堤防まで、西・南・北側は2〜4キロある山岸まで嵩上げは終了したが土地区画整理も行われておらず、30センチ〜50センチの雑草

---

(71)　罹災法12条に、土地所有者は、借地権者に対して、借地権を存続させる意思があるかないかを申し出るよう催告できるとする規定があった。

が生える雑種地の形状となっている。山岸には住宅が見える。また山岸から遠くない一角に真新しい商店街も建設されていた。これが震災から8年目の姿である。大規模な被災地は、各地とも復興が大幅に遅れている。[72] 仙台や盛岡に行った被災者の多くは戻ってきていない。

罹災法には現代社会とマッチしない点があったのは事実であるが、賃借権の保護に有益であると評価された条項も存在した。大震災後の非常時に罹災法の各条文が何を実現しようとしたのか。被災者の居住権を与えることによって、被災者を周辺に留め、被災者に戻りやすいような方策を考えるべきであった。[73] 平常時の法理論から「復興の妨げになる」、災害による賃借人の「焼け太り」が生じる、という被災者を遠ざける法律状態を法律家が実現したのではないだろうか。

私見は、平常時の理論を前提として非常時の居住権保護を判断するのではなく、大震災という非常時における迅速な復興促進[74]という視角から、以下のような結論を導いた。

第1に、日本弁護士会、東北の各弁護士会、地方自治体、立法当局の行動が必ずしも適切ではなかった。法曹界は、多少の混乱があっても、居住権の保護のために、徹底した司法サービスを提供する制度立案に邁進するべきであった。[75] 地方自治体は、住民が戻って来易いように居住権を保護し、復興に参加できるようにすべきであった。立法当局は、平常時の理論にとらわれることなく、災害時における罹災法の立法趣旨（その判例法）を活かすような法改正を行うべきであった。

第2に、阪神淡路大震災と東日本大震災は異なる災害であり、被災者の生活環境等も異なっていた。罹災法は、東日本大震災にあてはめると、東日本

---

(72) 今回の訪問で市や社会福祉協議会の担当者から4～5年ならばまだ戻ってくるが、8年も経つと戻ってこないとの指摘があった。被災者の法律問題の解決について、非訟手続を含む迅速な解決制度が望まれる。

(73) 西原道雄教授の見解（Ⅱ4 (2)）が思い起こされる。西原道雄監修・前掲『罹災法の実務Q&A』ⅴ頁参照。また、甲斐道太郎編・前掲『大震災と法』28頁、池田恒男・前掲論文法律時報69巻12号9頁など参照。

(74) 前掲Ⅰ2本稿の視角の第1と第3を参照。

(75) 被災後の各弁護士会が行った多くの無料相談活動には敬意を表したい。ただし、法律相談の源となる罹災法修正法が適用されない相談内容は被災者の期待に応えられたであろうか。

沿岸部で広範囲に住宅が分散し、津波被害で周辺に住宅も学校や就労場所も交通機関も存在せず、津波被害地で建築制限がかかっている場合にこそ適用し、所有者または賃借人等の復興の意欲のある者に権利を与え、この間に権利関係を迅速（非訟手続等）に確定し[(76)]、建築制限の解除後の復興事業に被災者が参加することにより、復興を促進するということにある。

　第3に、被災借地借家法は、より内容を充実させた上で、東日本大震災に遡及適用されるべきであった。東日本大震災に、罹災法も被災借地借家法も適用されないのは立法の欠如・空白であり、これは被災者の責任ではなく、法曹や立法担当者の責任である。歴代の法律関係者は、名前は変わるが、震災多発国であるわが国で明治・大正以来、震災被災者に対する特別法の空白時期は無かった。東日本大震災に対してのみ、被災賃借権の保護に関する如何なる特別法も存在しなかったことになる。あえて罹災法を不適用とし、かつ、あえて罹災法を廃止し、同時に改正借地借家法を遡及適用しなかった結果である。当時の立法関係者の震災被災者に対する責任感の欠如ということができる。

　第4に、被災借地借家法には、罹災法や罹災判例法、罹災法改正案等をより適切に実現できるように変更して、規定の多くを取り込むべきであった。新法である被災借地借家法は借家人に役立つ規定はほとんど存在しない。その証左として、東日本大震災後も多くの災害が発生しているが、被災借地借家法は、ほとんど適用されておらず、機能していないということができる。

　第5に、ほとんど機能しない被災借地借家法は、今後の大震災に備えて、改正されるべきである。南海トラフ大地震により、東海、近畿、中国、四国、九州の各沿岸地区の中でも、中小規模の都市では、被災者を被災地に留め、被災者を取り込む復興政策でなければ、大都市に移住した被災者は戻ってこないからである。居住に関して言うならば、仮設住宅や復興災害住宅、公的支援制度、災害関連死防止対策、被災者の有していた借地権・借家権と所有者・賃貸人の利益を調整する被災借地借家法、土地収用制度や都市計画

---

(76)　罹災法を廃止したため、被災者が迅速に裁判上の解決を行うための非訟手続（鑑定委員会）など司法サービスを受ける機会を減少させたことになる。罹災法の非訟手続における鑑定委員会について、塩崎＝澤野『裁判実務大系』203頁（三浦洲夫執筆）参照。

法と利用権の調整、その間の罹災者の自助・共助・公助による生活再建（故郷再生）などの連携を念頭に置いた法体系を早急に検討すべきであろう。そのためには、居住権紛争決定に関する迅速な裁判制度（非訟手続など）により復興の促進を目的とする「被災者を取り込む復興」、すなわち被災者を被災地に留め、被災者を取り込む復興政策を採用すべきである。

不動産賃借権の存続保障と自由意思
──借地借家法の市民法的側面──

湯 川 益 英

> I 初めに
> II 民法上の不動産利用権と特別法
> III 借地借家法の現在についての諸見解──建物賃借権の存続保障を中心にして──
> IV 不動産賃貸借契約の解釈
> V 結語──不動産賃貸借契約の解釈と借地借家法──

I 初めに

1 問題の所在

1) 民法は他人が所有する不動産の利用のためにふたつの制度を用意している。

ひとつは第二編・物権編の中に置かれている用益物権制度であり、もうひとつは第三編・債権編の中に置かれている賃貸借契約制度である。

前者が土地に限って、使用収益権能を特定の目的に限定して、当初から長期の利用が予定されているのに対して、後者は動産・不動産に限られずに広く物一般の利用に向けられており、使用収益の内容も利用期間も限定されておらず、長期利用も可能である。

もっとも、賃貸借契約に基づく不動産の利用においては、短期ないし期間の定めのないものが多かったのが現実である。

2) ところで、民法上、賃貸借契約においては契約両当事者は平等であり、そこには自由意思に基づく契約自由の原理が貫徹されるはずであるが、

不動産の賃貸借契約については、地上権ニ関スル法律（明治33年）、建物保護ニ関スル法律（明治42年・以下、建物保護法と略記する）、借地法（大正10年）、借家法（大正10年）、借地借家法（平成3年）によって契約自由が制限され、不動産賃借権の存続保障や対抗要件の付与といった形で一方当事者である賃借人の保護が図られてきている。

　これらの諸法は、社会的・経済的に強者である賃貸人と弱者である賃借人との実質的な公平・平等を担保するための社会法的な側面を有するものであったとされる。[(1)]

　3）　しかしながら、今日の社会的・経済的状況においては、賃貸人＝強者・賃借人＝弱者といった構図はもはや一般に成立し得ないのではないかとの疑問が呈されるに至っている。[(2)]

2　本稿の目的と限定

　1）　本稿は、借地借家法における不動産賃借権の存続保障が今日的意義を有し得るのか否かを検討し、よってもって同規範の法的意味を明らかにすることをその目的とする。[(3)]

　2）　右の目的に対して、本稿は、主として居住を目的とする不動産賃借権の存続保障制度を中心に、以下の論点について究明を図る。

　すなわち、まず、民法上、土地の利用権が用益「物権」と位置づけられ、

（1）　川村泰啓「物権化の市民法的構造と社会法的構造」（民商法雑誌36巻3号）330-345頁、同「解約『自由』の原則とその『制限』―『正当事由』の明確化と関連して―」（ジュリスト118号）2-9頁、同「日本における借家法の構造（一）―借家法昭和十六年改正の法社会学的分析」（法学新報62巻4号）27-83頁、同「日本における借家法の構造―借家法昭和十六年改正案審議を中心に―」（私法13号）64-74頁、同「法律学150講　民法〔総則・物権法〕10　用益物権」（法学セミナー19号）13-18頁、橋本文雄『社会法と市民法』（昭和32年）257頁以下、川島武宜『民法Ｉ』（昭和35年）220頁以下、星野英一『借地・借家法』（昭和44年）1-4頁、吉田克己『市場・人格と民法学』（2012年）169頁以下、鈴木禄弥『居住権論〔新版〕』（1981年）5頁などを参照。なお、川村泰啓『個人史としての民法学』（1995年）16-20頁、同「市民法と社会法について」（法律時報30巻4号）、同「借地権と地役権」『新民法演習（物権）』、同「借家の無断転貸と民法612条（一）」「同（二）」法学新報63巻2号・3号を併せて参照されたい。

（2）　水本浩『転換期の借地・借家法』（1988年）3頁以下、鈴木・前掲（註1）57頁、内田貴『契約の時代　日本社会と契約法』（2000年）242頁など。

（3）　不動産賃借権の存続保障については、比較法的な考察と定期借地権・定期建物賃貸借権固有の問題をも含む精緻な総合研究として、藤井俊二『借地権・借家権の存続保護』（2006年）がある。

利用者の保護が図られていることの意味について考察し、賃貸借契約における「債権」としての利用権との相違を明らかにする。

つぎに、賃貸借契約を媒介とした不動産の利用権も、地上権ニ関スル法律・建物保護法・借家法・借地法・借地借家法といった特別法によって、その保護が図られるようになった（継続保障を含む、いわゆる「物権化」がなされた）経緯を概観する。[4]

さらに、現在の社会的・経済的状況の下での借地借家法による借主の保護の要否をめぐる学説の対立を概観する。

そうして、今日の法状況下で不動産の賃貸借契約がいかに解釈されるべきかを検討し、右との連関において借地借家法の不動産賃借権の存続保障制度がいかに評価さるべきかについて試論してみたい。

II 　民法上の不動産利用権と特別法

1　民法上の不動産利用権

(1)　物権としての土地の用益権

1)　近代民法は、物権と債権を対置し、非所有者が所有者の物を利用する際の原則的＝一般的な方法を、契約を媒介にした債権としての賃借権の行使によるものと把握している。

他方、物権法定主義の下で、一定の範囲で物権としての土地の用益権を承認する。

日本民法において、第二編・物権編の中に置かれている地上権・永小作権・地役権がそれである。

2)　このうち、地上権は「他人の土地において工作物又は竹木を所有するため、その土地を使用する権利」であり（民法 265 条）、永小作権は「小作料を支払って他人の土地において耕作又は牧畜をする権利」である（270 条）。

土地の利用権が、何ゆえ賃貸借契約に基づく債権（＝人権）ではなくて設定行為によって物権とされなければならないのかについてのいわゆる「立法

（4）　「物権化」という術語は、存続保障のほか、対抗力の付与、譲渡性・建物買取請求権・造作買取請求権・妨害排除請求権の承認の際にも用いられる。

40

者意思」は概ね次のようなものである[5]。

　すなわち、木造の建物と石造りの建物とでは長短に違いはあっても、相当に長い寿命を有する建物を所有するために土地を借りるようなときには、借地自体の利用も同様に長期にわたって存続を確保される必要がある。苗を植えてから長い生育期間を要する植林の場合等も同様である。

　そのためには、まず存続期間自体が長期にわたって保障されなければならない（民法268条・278条）。

　さらに、長期の存続期間の保障によって、所有者が土地を売ったり、利用者が建物や成育中の樹木を売ったり、あるいはそれらを担保に供したりする何らかの事情が生じる可能性があろう。

　こうした所有者や利用者の要請を貫き、利用権の継続が破られないようにするためには、所有者と利用者の法的な関係を「人権」（＝所有者と非所有者の間の債権・債務関係）とする構成は妥当ではない。

　そこで、他人の土地に対するある種の利用権については、貸主としての所有者と借主としての非所有者という人を媒介とする間接的な利用関係ではなく、物自体に直接的に結合する所有権的な物支配の構成が擬制されることになる[6]。

　3)　つまり、一定の土地利用権に用益「物権」という法律構成が付与されているのは、存続期間の長期的な保障を中心にして、それを援護するためであると解されている[7]。

(2)　債権としての賃借権

　1)　賃貸借契約を介しての非所有者による所有者の物の利用関係は、契約的債権＝債務関係として構成される。

　したがって、そこでは賃貸人と賃借人双方の法における自由意思（所有権

（5）　「立法者意思」がどのように把握さるべきかについての私見は、湯川益英「制定法の解釈における『立法者意思』の存在意義―歴史法学のパースペクティブの中での立法者意思―」月報司法書士531号33頁以下を参照されたい。

（6）　法務大臣官房司法法制調査部監修『法典調査会民法議事速記録二第27回―55回』（社団法人商事法務研究会）158-324頁。

（7）　川村泰啓・前掲（註1）「物権化の市民法的構造と社会法の構造」333-338頁、同・前掲（註1）「法律学150講　民法〔総則・物権法〕10　用益物権」15頁、川島武宜『所有権法の理論』（昭和24年）51-56頁。

の自由・契約の自由）が最大限に留保されている。

2）　このことは、例えば「当事者が賃貸借の期間を定めなかったときは、各当事者は、いつでも解約の申入れをすることができる」とする民法617条に「解約自由の原則」として表され、「賃借人は、賃貸人の承諾を得なければ、その賃借権を譲り渡し、又は賃借物を転貸することができない」とする民法612条によっても賃借権の処分における「所有権の自由」という原則として表されている。

借地権の登記が賃貸人の協力なしには不可能であることもその一環であろう。

3）　例えば、賃貸人が市場価格を超過する不当な賃貸料を要求してきた場合、賃借人は別の賃貸人のところへ逃げることができるから、借主は市場における客観的な価格以上の賃借料を貸主に不当に支払う必要はない。

そうして、上記のごとく当事者の自由意思が保障されていることによって、例えば、ある商品が不足すればその市場価格が高騰して当該商品の生産・新規供給を刺戟し、逆に供給が多すぎたときには市場価格が下落してそれを手控えさせることになる。

このようにして、自由意思に基づく賃貸借契約によって、賃借物の需・給の均衡がもたらされ、給付・反対給付間の等価的均衡がもたらされることになる。

4）　したがって、所有権の私的性質と社会的性質の分離・独立を基礎＝基点とする商品生産社会の下では、物の利用関係を含めて、右のような経済的な営為の全てを契約法的な自由意思の論理にゆだねてゆく債権法の構成がもっとも合理的であると謂い得る。[8]

2　不動産の利用権に関する特別法の成立と変遷

(1)　借地法制

1）　前節にみたように、民法の立法者は、例えば、建物を所有するために他人の土地を利用する関係については、こうした土地利用の関係が本来的に

（8）　川村・前掲（註1）「物権化の市民法的構造と社会法的構造」334-335頁、川島・前掲（註7）23-62頁。

内在している利用関係の固定化の要請に応じるため、債権としての賃借権とは異なる地上権という物権を特別に設けた。

しかし、物権としての地上権は債権としての賃借権と並存していたため、個別具体的な借地に関しては、両者のいずれが選択されるのかは契約両当事者の合意に委ねられていた。

おそらく、建物所有のための他人の土地利用においては、地上権制度が採用されることを立法者は意図していたものであろう[9]。

しかしながら、都市における宅地需要が宅地供給を不断に上回ってくる市場状況下では、必然的に貸主側が借主側に対して優位に立つことになり、地上権の設定か賃貸借契約の締結かの選択についても、貸主側の利益を反映して賃貸借契約を介して行われるものが大半となった。

すなわち、建物所有を目的とする借地関係については、それが本来的に内在している利用関係の固定化の要請に応じるために立法されたはずの地上権という物権的な枠組みは使われることなく、債権的＝流動的な枠組みが使われることになった。

そうして、かかる矛盾の解消のために諸々の特別法が立法されることになる。

2)　上記のような市場状況は、日清・日露戦争後の資本主義の高揚期に、大都市において発生し、土地の賃借権に必ずしも対抗力がないことから、底地が売買された場合、登記を単独では具備することのできない借地人は新しい貸主（＝地主）に対して賃借関係を主張できず、貸主（＝地主）は、貸地の第三者への売却をほのめかし、また実行することによって、不当な明渡請求や賃貸料の値上げ請求を行い、当地上の建物所有者（＝借主）はこれに応じざるを得ないことになった。

いわゆる「地震売買」である。

明治42年の建物保護法は、こうした矛盾に対処するために制定され、建物所有のための賃借権および地上権のために、賃借人が借地上に所有する建物の保存登記を経由すれば、同時に借地の賃借権の対抗力が得られるとされた。

（9）　湯川・前掲（註5）参照。

3)　さらに、第一次世界大戦によるわが国の資本主義の発展に伴って、ふたたび都市における住宅需要が急激に膨張し、建物所有のための借地に内在する用益関係の固定化への要請と土地の賃貸借の流動的構成の間の矛盾が現象する。

存続期間や期間満了時をめぐる諸問題への対処が建物保護法から洩れていたこともあって、この時期には、地主は自身を利するために民法604条で短期に定められた存続期間や617条1項の解約自由の原則を理由に、建物収去・土地明渡を請求することになる。

大正10年の借地法はこの矛盾に対処するために、建物所有のための賃借権と地上権を借地権として統合し、借地法の効果が両者に共通して帰属するものとした上で、同法2条以下において、地上権よりも強力でヨリ具体的な存続期間の保障をあたえた。

そのほか、借地人の建物買取請求権や存続期間の固定化の下で地代の等価性を担保するための地代増減請求権が立法化された。

4)　昭和16年に借地法は改正され、借地権の存続保障に関する正当事由制度が導入された。

すなわち、土地賃貸借の期間満了に際して、借地人から更新請求がなされたとき、あるいは借地人が土地の使用を継続するとき、地主は自ら当該土地を使用することなどの正当事由がなければ賃貸借契約の更新を拒絶することができないとされた。[10]

5)　昭和30年代に至ると、近代都市建設の要請が高まり、借地権を担保とした建物建設資金の融通や都市不燃化への対応として非堅固建物を堅固建物へと建替えることが必要になり、昭和41年の借地法の改正においては、借地条件変更の裁判や土地の賃借権の譲渡・転貸等についての裁判所の許可制度が設けられた。

この改正によって、例えば、堅固建物の建設が借地契約によって制限されているときでも、防火地域の指定等の事情の変更によって借地権を設定する場合、堅固建物目的の借地権の設定が妥当であるときには、当事者の申し立てによって裁判所が借地条件の変更をすることが可能になった。

---

(10)　詳細は、星野・前掲（註1）88頁以下等。

また、その際に、裁判所が地代の値上げを認めたり、承諾料を支払わせたりすることも可能となった。[11]

6）　その後、借地法は昭和41年以降長らく改正がなされなかったが、借地法の正当事由規定が借地権の保護に過ぎ、新規の借地の供給の障碍になっているという批判、借地法における借地権の存続保障はバランスを失するほどに過剰であり、立退料が高額化することになって借家の建て替えの阻害原因となり、また市街地の再開発の障碍になっているとの批判がなされるようになった。

このような状況を背景にして、建物保護法・借地法・借家法は廃止され、それらを統合した借地借家法が平成3年に制定され、翌年施行される。

7）　借地借家法における借地権は、旧借地法の下で唯一存在していた更新の認められる借地権とほぼ同内容の「普通借地権」に加えて、平成19年の一部改正を経て、更新が認められない三つの新しいタイプの「定期借地権」が設定可能になり、現在に至っている。[12]

8）　「普通借地権」は、存続期間を30年とし、契約でこれより長い期間を定めたときは、その期間を存続期間とする（同法3条）。また、旧借地法と異なり、建物の構造とは無関係に期間を定めることができる。

「普通借地権」は、建物が存続する限り期間満了時の更新が可能であり、借地権の設定者が更新を拒絶する場合には遅滞なく異議を述べなければならず、異議が認められるか否かは正当事由があるか否かによって決せられる（同法6条）。[13]

---

(11)　建物保護法および借地法の制定から、昭和41年の改正に至る経緯については、川村泰啓『商品交換法の体系　上』（1967年）521-533頁、同・前掲（註1）「物権化の市民的構造と社会法的構造」338-343頁、来栖三郎『契約法』（昭和49年）370-377頁、星野・前掲（註1）5-444頁、川井健『民法概論④債権各論』（2006年）230頁以下、近江幸治『契約法〔第3版〕』208-219頁等を参照。

(12)　定期借地権の前史と理論、その評価と将来の展望については、稲本洋之助『定期借地権の将来展望』（1996年）が明解かつ本質的である。なお、藤井・前掲（註3）9頁以下、佐藤隆夫・上原由紀夫編著『現代民法Ⅳ【債権各論】』（1999年）207-208頁・221-226頁（藤井俊二執筆分）、宮本健蔵　編著『マルシェ債権各論』（2007年）199-201頁（藤井俊二執筆分）を併せて参照。

(13)　借地借家法における借地権の更新拒絶の正当事由については、藤井・前掲（註3）10頁以下。

なお、更新がなされたときには、その後の存続期間は最初が20年であり、2回目以降は10年であると規定される（同法4条）。

9) 他方、定期借地権には、一般定期借地権のほかに建物譲渡特約付借地権・事業用定期借地権があり、一般的定期借地権は存続期間が50年以上で、契約の更新・建物築造による存続期間の延長や建物買取請求権がない旨が特約されたものである。なお契約の成立には公正証書等の書面が必要になる（同法22条）。

事業用定期借地権は、存続期間が30年以上50年未満であり、事業の用に供するものとされる。一般定期借地権と同じく契約の成立には公正証書等の書面が必要になる（同法23条1項）。なお、同じく事業の用に供する建物の所有を対象にした、期間10年以上30年未満の事業用借地権も併存する（同法同条2項）。

建物譲渡特約付借地権は存続期間が30年以上で、建物を相当の対価で借地権設定者に譲渡することが要件となる（同法24条）。

10) 土地の利用権に関する特別法の変遷の概略は上記のごとくであり、「1966年までの改正は、借地権の存続を保護する方向で改正されてきたのであるが、1991年の借地借家法改正は、借地関係を解消しやすくする方向に努力し、それを貫徹したといえる」と評される[14]。

(2) 借家法制

1) 土地の賃借権と異なり、建物の賃借権に対しては、用益物権的な観点から物権として構成されることは一般には要請されていない。

賃労働者・給与生活者の借家は、勤務先から得た給料で営まれる家族の消費の場にすぎず、商人資本や生産資本が借家の上に資本主義企業を営んでいるときのように無形の顧客関係や有形の企業設備の存続が現在の借家関係の存続に依存しているという事情が存在しないため、借主は貸主＝家主が不当な要求をつきつけてきたら、別の借家に移ることが本来容易に可能であるからである[15]。

---

(14) 藤井・前掲（註3）24頁。なお、藤井教授は1991年の改正によって、「普通借地権も『貸したら、返ってくる』借地権に変化したものといえる」とされる（同書25頁）。

(15) 川村・前掲（註11）『商品交換法の体系 上』534頁以下。もっとも、川村教授は、このような借地関係における物権化と借家関係における物権化という「理念型的に把握された二つの類

しかし、借家権も大正10年の借家法以来、昭和16年の改正・昭和41年の一部改正を経て次第に物権化されてきている。[16]

2) すなわち、資本主義の発展に伴って恒常的・持続的に借家の需要が供給を上回る当時の社会・経済的状況下では、貸主との関係において借主一般の立場が弱くなる。貸主が不当な要求をしてきた際には借主はいつでも別の貸主に向かって逃げられる自由を担保していた所有権＝契約の自由の行使は機能せず、借主の「逃げる自由」は貸主の「追い出す自由」に転化し、建物賃貸借契約における債権的構成は、事実上、貸主だけの自由を一方化してくることになる。また、借家市場における借主間相互の激しい競争に媒介されて、借家の市場価格はつり上げられ固定化することにもなる。

そうして、小市民の住宅難が、彼らのこのような劣弱な経済力に起因するものであり、賃借人の劣弱な経済力と現実の市場価格との格差を埋めてかかる困難を取り除くために賃借権の物権化が必要とされたのである。[17]

その意味で、建物賃借権の物権化は、外部的な要因による言葉の厳密な意味での「借主の法的な保護」であり、この時点での借家法は社会法として存在意義を有するものであったといえよう。[18]

3) ところで、高度経済成長を経て、借家をめぐる社会・経済状況も変容

型をわが国の現実の中にどう具体化するかという困難が存在して」おり、「たとえば、借地ひとつをとってみても、わが国にふつうにみられる小市民借地においては、二系列の矛盾が重畳してあらわれている」ことを指摘される（川村・前掲（註1）「物権化の市民法的構造と社会法的構造」343頁）。その上で、「この両観念は、現実の法関係の多元的な側面のひとつひとつを索出してくるインデックスとしてのみ役立ちうるものであって、しかし、逆にそのようなものとしてならばその効用は大いに期待できるのではないか」とされる。

(16) 昭和16年の改正によって、存続保障制度の中核となる正当事由制度が導入される。この間の経緯の詳細については、川村・前掲（註1）「日本における借家法の構造（一）」27-83頁、同・前掲（註1）「日本における借家法の構造」64-74頁、同・前掲（註11）『商品交換法の体系 上』534-545頁。なお廣瀬武文『借地借家法』(1950)、鈴木禄弥『借地・借家法の研究 I』(1984年)等を併せて参照されたい。

(17) わが国における借家法制の客観的範囲とその限界について、ドイツ法との比較法的考察も交えつつ検討するものとして、藤井俊二『現代借家法制の新たな展開』(1997年) 3-22頁。

(18) 川村・前掲（註1）「物権化の市民法的構造と社会法的構造」338-343頁、同・前掲（註1）「解説『自由』の原則とその『制限』」2-9頁、特に6-8頁、同・前掲（註11）『商品交換法の体系 上』521-533頁。川村教授は、借家法によるこうした賃借権の物権化が「必要ではあるが、しかし第二次的な意義しかもっていない、ということを示唆している」とされる（「物権化の市民法的構造と社会法的構造」341頁）。

に至る。

すなわち、住宅難が相対的に緩和されたこと、定着型の借家人層が減少し、流動性の高い若年の借家人層が増加したこと、借家をめぐる社会＝経済状況の変化によって存続保障を必要とする「弱者としての賃借人」の存在に疑問が呈されるようになったこと、住宅問題の解決は公的な住宅の建設や家賃の補助などによって行われるべきであり、借家法の存続保障制度によってこれを代替することは不当であることが改めて認識されるようになったこと等を反映して、旧借家法は廃止され、平成3年に新たに借地借家法へと統一され（施行は平成4年）現在に至っている。

借地借家法において、建物の賃貸借は「期間の定めがある場合」には、期間満了の1年前から6か月前までの間に、相手方に対して「更新をしない旨の通知、または条件を変更しなければ更新をしない旨の通知」をしなかったときは、従前の契約と同一の条件で契約を更新したものとみなされ、その場合、その期間は定めがないものとされる（借地借家法26条1項）。また、上記の通知をした場合であっても、期間の満了後、建物の賃借人が使用を継続する場合にも、建物の賃貸人が遅滞なく異議を述べなかったときには、上記と同様の更新をしたものとみなされ、このことは転貸借の場合にも準用される（同法同条2項および3項）。さらに更新の拒絶は、「正当事由」があると認められる場合でなければできない（同法28条）。

「期間の定めがない場合」には、各当事者はいつでも解約の申入れをすることができ、その際には賃貸借は3か月後に終了するが（民法617条1項2号）、家主が解約の申入れをするときには解約申入れの日から6か月後に終了する（借地借家法27条1項）。借家契約の終了後になお建物の賃借人が使用を継続し、賃貸人が遅滞なく異議を述べなかったときは、更新したものとみなされて期間の定めのない借家となる。また、このことは転貸借の場合にも準用される（同法27条2項）。

なお、建物の賃貸人が解約の申入れをするには、更新拒絶の制限の際と同じく、「正当事由」がなければならない（同法28条）。[19]

---

(19) 同条における正当事由は、それまで積み上げられてきた借家法下の裁判規範を踏襲するものであって、正当事由の有無の判断を一般人に分かりやすくするために、顧慮すべき諸ファクター

3) 加えて、平成 12 年に、借地借家法は、契約の更新がなく期間の満了によって終了する建物賃貸借を「定期建物賃貸借」として規定した。[20]ただし、当該契約は公正証書によって行われなければならず、期間が 1 年未満であっても同法 29 条 1 項の建物賃貸借の期間の規定は適用されない。

また、定期建物賃貸借契約を締結しようとする際には、建物の賃貸人は賃借人に対して、契約期間の更新がなく期間の満了によって賃貸借が終了する旨を記載した書面を交付して説明をしなければならず、これを怠ったときには契約の更新がないとする定めは無効になる（同法 38 条）

以上の要件を具備しない建物賃貸借契約は定期建物賃貸借にはならず、正当事由によって制約される普通借家契約となる。

Ⅲ　借地借家法の現在についての諸見解
——建物賃借権の存続保障を中心にして——

1　序説

1)　前節に概観したように、借地法・借家法における不動産賃借権の存続保障制度は多義的な存在意義を有する。

借地については、借主が借地上に有する価値ないし「資本」がこわされないように保障することは所有権の私的性質の実質的な貫徹であり、本来、市民法として物権的な構成が相応しいにもかかわらず、立法者の企図に反して、非所有者による所有者＝貸主の土地の利用のために、地上権の設定契約ではなく賃貸借契約が多用された現実への対処という意味と、借地市場にお

を列挙した一般条項的なものにすぎないと評される（稲本洋之助・澤野順彦篇『コンメンタール借地借家法』（2010 年）〔本田純一執筆分〕を参照）。なお、正当事由の有無についての判例・裁判例の変遷・動向については、本田純一『借家法と正当事由』（1984 年）、川口誠・岡田修一篇著『判例データブック　借地借家の正当事由・立退料』（平成 29 年）、本田純一「借家関係における正当事由の判断要素の明確化」ジュリスト 939 号 130 頁、同「建物利用権の保護」法律時報 58 巻 5 号 82 頁。また、開発や建替え、建物の近代化等による土地の有効利用が正当事由と解さるべきか否かについての比較法的研究として、藤井・前掲（註 17）23-32 頁および 213-224 頁を参照。

(20)　定期建物賃貸借の導入の経緯については、藤井・前掲（註 3）220 頁以下が詳しい。なお、藤井・前掲（註 17）33-59 頁、宮本・前掲（註 12）205-207 頁（藤井俊二執筆分）も併せて参照されたい。

ける需給関係の適正化を図るという社会法的な意味を有する。

借家については、本来、賃貸借契約を介して行われるのが適当であるものの、借家市場における需給関係の適正化を図るという社会法として借家法が存立している。

2) そうして、現行の借地借家法においては、正当事由制度に基づく不動産賃貸借権の存続保障は維持されているものの、社会・経済状況の変化によって定期借地権・定期建物賃貸借制度が導入されるに至っている。

3) 上記のごとく、土地の賃借権の存続保障は、社会・経済の状況によっては社会法的機能を果たすこともあるが、本来市民法の原理に根ざすものであることは判明であり、普遍性をもつ。

一方、建物の賃借権の存続保障は、本来、物権として構成されるにふさわしくなかった利用権の物権化「現象」の一環であり、言葉の厳密な意味で、借主を「保護」するための社会法であるとされる。[21]

それゆえ、借地借家法における今日の不動産賃貸借権の存続保障が有意義か否かについての議論は、建物の賃貸借において先鋭化することになる。

そこで、本章においては、主に建物の賃借権について、存続保障制度の中核である正当事由制度を中心にして、その意味と存在意義をめぐる諸見解を概観する。[22]

2 建物賃貸借における存続保障制度をめぐる諸見解
——正当事由制度を中心にして——

(1) 正当事由制度と建物賃借権の存続保障

1) 不動産の賃貸借における正当事由制度は、導入以来、戦中・戦後にお

---

(21) 例えば、川村教授は、借家法によるこうした賃借権の物権化は「必要ではあるが、しかし第二次的な意義しかもっていない、ということを示唆している」と評され（前掲（註1）「物権化の市民法的構造と社会法的構造」341頁）、鈴木禄弥教授は、借家法の法的性質を「家主の犠牲による社会住宅立法」と評される（鈴木禄弥『居住権論〔新版〕』〈1981年〉5頁）。なお、土地の賃借権と建物の賃借権とのこのような類型化については、川村・前掲（註1）「物権化の市民法の構造と社会法的構造」343頁。

(22) 借地関係における正当事由制度と借家関係におけるそれとを同一視することはできないが、両者が居住や事業目的で成立することはもとより、たとえば、旧借地法・借家法が社会法的意義をもって定立された点、定期借地権・定期借家権の導入に際して、それが法政策的側面を重視して議論された点で、共通する部分も少なくないと思われる。

ける国民の居住の安定を図るものであり、借地人・借家人を保護する制度として重要な役割を果たしてきた。

しかしながら、借家における正当事由制度による解約の制限は、低廉で大規模な借家を軽減させ、ワンルーム借家の肥大化をもたらし、一般市民にとっての豊かな居住の実現を阻害してきたと言われ、住宅難が解消されている今日においてはその役割をすでに終えているとする批判がある。

そうして、規制緩和と市場メカニズムを重視する経済政策の観点から、主に経済学者によって主張されたかかる批判を反映して、正当事由制度の事実上の排除を目的として定期建物賃貸借制度の導入が提唱され、借地借家法38条以下として定立される。

2) こうした見解と定期建物賃貸借制度の導入に対しては、なお生活弱者の保護が必要であるとする見地・不動産賃借権の本質を直視する見地から、多くの民法学者による反対があり、これに賛成する既述のような規制緩和論・自由化論と対立する。[23]

(2) 正当事由制度に否定的な見解

1) 阿部教授、八田教授、福井教授ほか、定期建物賃貸借制度を積極に評価する見地は、借地借家法の正当事由制度を概ね次のように批判する。

従来の借地借家法の建物賃貸借における正当事由制度においては、期間満了によって契約が必ずしも確定的に終了しないゆえ、いったん建物を賃貸すると賃貸人が借家関係を終了させることが極めて困難になり、比較的規模の大きい良質な家族向けの借家の供給が妨げられ、貸借期間の予想を立てやすい単身者向けのワンルームマンション等の狭小な賃貸住宅の供給が増大する。

転勤等で一定期間だけ利用できなくなる持家や高齢者が管理をもてあます広い持家があるときでも、いったん貸したら返ってこないという不安があるため賃貸することが躊躇され、良質な持家のストックがあっても借家化が阻害され、資産の有効活用が妨げられる。

また、賃貸人からの借家関係の終了の困難は入居段階での借家人の選別に

---

(23) 正当事由制度をめぐる経済学者と民法学者の対立の学問的背景については、内田・前掲（註2) 229-231頁。また、ジュリスト1124号における座談会「定期借家権論をめぐって」には、かかる対立が具体的に現れていて興味深い。

つながり、高齢者世帯や母子家庭の世帯等は賃料の支払能力があっても敬遠されがちになる。

　加えて、賃貸人からの立退料の提供が正当事由を補完するものとなっているために賃借人は契約後に多額の経済的負担を負う可能性があり、新規の家賃が高額に設定されたり、礼金等の一時金が入居時に要請される結果となる。

　さらに、正当事由制度による建物賃貸借の存続保護は、民間賃貸住宅の円滑な建て替えを阻害する要因にもなる。

　そもそも、住宅弱者の救済は、正当事由制度によって賃貸人に負担させるべきではなく、公的機関による住宅供給の政策にゆだねられるべきである。[24]

　そうして、かかる見地からは、こうした正当事由の規制による弊害を解消し、低廉で良質かつ多様な住宅サービスの提供の促進等、良質な賃貸不動産市場の育成へのインセンティブとして、期間の満了により、契約が更新されることなく終了する定期建物賃貸借制度が積極に評価される。[25]

　2）　すなわち、右の見地は、定期建物賃貸借制度が、家族向けの借家の供給、借家市場における家賃の低下、空家やミスマッチになっている持家のストックの借家化を促進させ、今日のライフスタイルに適用した多様な住宅の選択を可能にするものであり、借家人の居住水準の向上に寄与し、ひいては不良債権の処理の促進・不動産の証券化といった市場全体の活性化や景気の浮揚効果を有するものであると主張し、その根拠を契約自由の原則に求める。[26]

(3)　正当事由制度に肯定的な見解

　1）　既述のごとく、今日の日本では、借家契約において、オフィスビルを

---

(24)　福井秀夫他篇『実務註釈定期借家法』（2000年）3頁。

(25)　こうした批判に対して、経済学の視点にも依拠しつつ、民法学の立場から反論を加えるものとして、本田純一「『定期借家権導入論』とその問題点」ジュリスト1088号30頁以下を参照。

(26)　例えば、久米良昭・福井秀夫「定期借家構想の経緯と意義」など、阿部泰隆他編『定期借家権』（1998年）所収の諸論文にかかる主張が顕著にみられる。なお、福井秀夫「借地借家の法と経済分析」八田達夫・八代尚宏編『東京問題の経済学』（1995年）、岩田喜久男「借地借家の自由化」岩田喜久男・小林重敬・福井秀夫『都市と土地の理論』（1992年）、野口悠紀雄「日本の都市における土地利用と借地・借家法」宇沢弘文・堀内行蔵編『最適都市を考える』（1992年）、八田達夫「『定期借家権』はなぜ必要か」ジュリスト1124号53頁以下等も同旨。

借りる会社はもとより、住宅を借りる一個人についても、多くの場合、彼らを「弱者」と位置づけ、借地借家法を弱者救済のための社会法と位置づけることには疑義・違和感があり、困難であるとさえ考えられている[27]。

そこで、なお借地借家法における存続保障制度を必要と考える見地は、それに社会法としての根拠に止まらない普遍的な意義を見出す。

2)　内田教授は、賃貸借契約が継続的な債権・債務関係を生じさせる法律行為であることを理由に、そこに存在する規範を「継続性原理」と呼び、次のように主張する。

すなわち、継続性原理は、契約の継続性に対する当事者の合理的な期待を保護し、恣意的な契約の解消を制限する規範である。

「人間の合理的判断能力には、現実には限界があるから、長期的取引において将来生じうる事情の変化を予測してあらかじめそれに対する対応を合意しておくことは、きわめて困難であるし、コストも高くつく。そこで、長期的取引における合理的行動は、契約締結時にすべての条件を合意するというものではなく、当事者間に信頼関係を形成し、これを基礎として、契約の継続性に対する当事者の合理的期待を尊重しつつ、再交渉によって柔軟に契約の内容を状況の変化に適応させていくというもの[28]」である。「借家契約は典型的な『継続的契約』であり、そして継続的契約には、『やむを得ない事由』等がなければ契約関係を解消できないという独自の法理が存在する[29]」。

また、「継続的契約に契約自由の原則を厳格に適用し、明確な特約があれば完全な拘束力を認める、という発想にも違和感がある[30]」とされる。

3)　また、正当事由制度の意義を、住居を基盤とした社会関係の継続発展という価値の普遍的意義から導出し、賃借人やその家族が借家において形成してきた社会的関係の継続・発展に求める見地がある。

佐藤教授は、人は「それぞれの住宅を中心に、職業・教育・趣味・社会参

---

(27)　内田・前掲（註2）242頁。

(28)　同上243頁。

(29)　同上227頁。なお、賃貸借契約に基づいて発生してくる双務関係が「継続的」債権＝債務関係として規定される事情については、川村・前掲（註11）『商品交換法の体系　上』440-442頁、とくに441-442頁の註1を参照されたい。

(30)　同上228頁。

加・コミュニティ活動などさまざまな社会関係・人間関係を形成している。正当事由制度は、借家関係の終了についての正当な理由（正当事由）が存在しない場合には借家関係の継続を保障することによって借家（居住）を中心として借家人およびその家族が形成している社会関係の継続・発展を保障するというものである」とされる。[31]

4) そのほか、建物が居住のために使用される点に着目して、居住・移転の自由を奪うような（例えば、意に反した立ち退きを可能にするような）条項が賃借人に強制されないような状態を実現し、賃借人が実質的に居住・移転の自由を享受できるようにすることが正当事由制度の存在意義であると説くもの[32]や、住居を人格形成の場と把握し、それが人格的財産としての性質を帯びるゆえに、正当事由制度は、単発的な合意志向ではなく長期の居住における生活関係志向的な要請を実現するためのものであるとする見地などがある。[33]

なお、借家法制の社会法としての意義が大きかった時代にも、居住地域への精神的な愛着に正当事由制度の必要性の根拠を求めようとするものがあった。[34]

Ⅳ　不動産賃貸借契約の解釈

1　序説

前章までに概観・検討したとおり、不動産の賃借権の存続保障制度の根拠は多様であり、歴史的に変遷もしている。

しかしながら、その社会法的意義の土台が失われているとされる今日、不動産の賃借権の存続保障制度の要否およびその根拠は、本来の不動産賃貸借契約という法律行為の解釈によって判別され、また求められるべきであろう。

---

(31)　佐藤岩夫「社会的関係形成と借家法」（法律時報70巻2号）27-32頁、同「定期借地権・定期借家権」内田貴・大村敦史編ジュリスト増刊『新・法律学の争点シリーズ1』242-243頁。
(32)　内田勝一『現代借地借家法学の課題』（1997年）25頁以下。
(33)　吉田邦彦『民法解釈と揺れ動く所有権』（2000年）343頁以下。
(34)　篠塚昭次『借地借家法の基本問題』（1962年）。なお、藤井俊二「定期借家権論について―ドイツの定期賃貸借との比較において」ジュリスト1124号88頁も同旨と思われる。

54

　本節では、契約＝法律行為解釈論の観点から、前節での概観・検討も踏まえつつ、現代社会における当該制度の要否について検討する。

　まず、契約＝法律行為の解釈方法について私見を述べた上で、その枠組みに準拠しつつ、不動産賃貸借契約がどのように解釈さるべきかについて、存続保障の問題を中心に試論する。

2　契約＝法律行為の解釈

　1)　個々人の、自分自身の意思に従った、法律関係の自己形成の原理が私的自治である。

　私的自治は、法律関係の創造的な形成において、個々人の自主性を承認する。

　私的自治は、「人間は他からの制約なしに自分自身を規定する（Selbstbestimmung)」という一般的な原理の一側面であり、法の根本原理である法的理性、すなわち自ら決断したところのものを自ら引き受けるという自由意思の原理によって、法秩序（Rechtsordnung）に先立って、法秩序の中で実現される価値である。

　つまり、私的自治的な（行為）形成は、その形式・内容において法秩序によって規定されており、私的自治と法秩序とは、私的自治的行為が妥当するための法的な根拠として、密接不可分である。[35]

　そうして、法律行為は私的自治的行為の典型である。

　2)　契約は法律行為の具体的展開のひとつであり、各々の締約者が自己規定において約束したゆえに、約束されたものが法として妥当する。契約＝法律行為としての規制は、当事者の契約締結によって、共同で決定される。

　契約両当事者は、契約法（lex contractus）を法的に妥当せしめるが、それ

---

(35)　Flume, Allgemeiner Teil des bürgerlichen Rechts, Bd. 2. Das Rechetsgeschäft, 4. Aufl., 1992, 1-340., insb. S. 1ff., 291ff. なお、契約解釈に関する以下の私見は、右の著作に代表されるフルーメの法律行為論、サヴィニーの意思表示論（Savigny, System des heutigen römischen Rechts, Bd. 3., 1840.; ders. Obligationenrecht, Bd. 2., 1855)、ラーレンツによる法律行為解釈の方法論（Larenz, Die Methode der Auslegung des Rechtsgeschäfts, 1930）に多くを負っている。詳細は、湯川益英「契約＝法律行為解釈における『私的自治』と『法秩序』— Werner Flume の規範的契約解釈理論—」獨協ロー・ジャーナル第7号83頁以下、同「サヴィニーの『意思＝表示』理論について」『契約関係の変容と契約法理』（2000年）236頁以下を参照されたい。

を自己の利益に相応したものと考えるか否かは各々の問題である。契約することによって、両当事者は、その内容が法であることを現すのである。

　法律関係の私的自治的形成は、法秩序によって承認された行為類型（Akttypus）においてのみ可能であり、こうした行為が法律行為である。契約＝法律行為は、規則を設定することによって、法律関係の変動を目的として行われる。目的的な法律関係の形成行為は、個人の自己の意思による形成行為として、規則を妥当させる意思の表明を必要とする。

　3）　上記のように、法律行為によって規則が妥当せしめられ、そこから法律関係の変動が生ずるのであるから、その内容から、法律行為は法的妥当の表示（意思＝表示）である。

　すなわち、法主体（Rechtssubjekt）としての表意者が付与（verursachen）することができるのは、意思表示の「基体（substrat）」であって、その「意味」ではない。

　意味としての法律効果は、法によって表示に関連づけられる（zuordnen）。こうした構造においては、当事者は、行為としての表示のみを意思し、それを通じて法律効果を意思し得ると謂える。

　つまり、意思表示は、存在する意思について述べたものではなく、実現さるべき法律効果を目指した情動的な表明（emotionele Außerung）であり、情動的な意味形象としての、意思表示の、法的な意味についての表現である。

　4）　このような「妥当表示（Geltungserklärung）」としての意思表示は、主観的な意味（＝意思行為）と客観的な意味（＝意味表示）との統一であり、意思の探求とその解釈とは明らかに別の作業である。解釈とは、意思の関係や意思と表示との関係を問題とするものではなく、表示のもつ可能な意味のみを問題とするのである。解釈は、法的な基準となる表示の意味の確定であり、当事者間の客観的かつ衡平な理解可能性を考慮しつつなされなければならない。

　意思表示＝法律行為においては、意思と表示が、本質的に結合されて在り、それは単なる内的意思の通知（Mitteilung）ではなく、意思の実現（Willensvollzug）である。

　つまり、意思表示を、「妥当表示（Geltungserklärung）」と考えることは、意

思＝表示を前提とする「意思主義」と矛盾しない。[36]

　5）　ところで、表意者と受意者が共通の理解でひとつの規制を設定した場合（契約当事者のみで第三者が介在しないとき）には、表示によって設定された規制を、そのまま、当事者間に共通の事実上理解された意味で妥当させるべきである。

　しかし、どのような事実上の理解に基づいて表示がなされたのかが不明のときや、表示関係者の多数が共通の理解を得ていたことが確定できないときには、規範的な解釈（normativ Auslegung）が必要になる。

　契約＝法律行為の規範的解釈は、「意思」の確定ではなくて、法律行為的規制の内容の確定である。

　上記のごとく法律行為は自己規定による法律関係の意的形成行為であるから、規範的解釈も意思的形成の表明としての、法律行為的表示を評価（werten）すべきである。すなわち、どのような法律行為的規制が「意思された」ものとして理解されるべきかを追求しなければならない。

　規範的解釈においては、法律行為的表示の周辺にある諸々の事情が考慮されるべきであるとする見地があるが、考慮の対象となる諸事情は、相手方その人によって規定されてはならない。そこで基準になるのは、表意者の「表示の」諸事情である。

　つまり、私的自治によってなされるのは、法秩序によって承認された行為類型（Akttypus）を決定する「行為（Akt）」であり、「指示（Verweisung）」・「選択（ob）」である。また「沈黙（Schweigen）」によって示されるそれらの「認容（Duldung）」である。

　なお、「法秩序によって承認された行為類型」とは、主に「契約類型」のことである。[37]

　それゆえ、契約＝法律行為によって設定されるのは、各々の契約類型に則

---

(36)　Larenz, Die Methode der Auslegung des Rechtsgeschäfts, 1930, S. 34-69.
(37)　フルーメは、法律行為の構成要素を、「重要な条件（essentialia negotii）」、「自然な条件（naturalia negotii）」、「偶然の条件（accidentalia negotii）」の三つに分類し、表意者個人の裸の意思が、法秩序によって承認された法律行為類型を決定する「重要な条件（essentialia negotii）」を満たしていれば契約＝法律行為は形成されるとする（Flume, a.a.O., S. 80f.）。この記述からも、フルーメが、契約解釈において、当事者間の裸の意思関係の探求を、個別具体的な契約内容の確定のための作業と位置づけていなかったことは判明であろう。

した「規則」であって、それは個別具体的な契約内容そのものではないとの理解が帰結される。

　6）　したがって、契約に付与した意味に契約両当事者間で齟齬が生じた際に、契約内容の確定に際して追求さるべき裸の意思関係は、「規定」が自発的に確定されたか否かであり、それは法秩序によって承認された契約＝法律行為類型の決定に外ならない。具体的には、たとえば、賃貸借契約という契約＝法律行為類型が表意者によって選択されることである。

　ところで、既述のごとく、表意者と受意者が共通の理解でひとつの規制を設定した場合（契約当事者のみで第三者が介在しないとき）には、表示によって設定された規制を、そのまま、当事者間に共通の事実上理解された意味で妥当させるべきである。しかし、どのような事実上の理解に基づいて表示がなされたのかが不明のときや、表示関係者の多数が共通の理解を得ていたことが確定できないときには、規範的な解釈が必要になる。

　ここで解釈の対象とされている合意＝「共通の理解」は、あくまで「ひとつの規制」の「設定」についての合意＝「共通の理解」であり、裸の合意内容そのものについてのそれではない。[38]

　契約＝法律行為の解釈においては、私的自治と「法秩序」の協同が必要になる所以である。

　裸の意思関係の形成行為としての私的自治は、契約解釈の場で、重要ではあるが、「規定が自主的に確定されたものか否か」というテストとして、ごく一部において関与するにすぎない。

　したがって、個別具体的な契約がいかなる内容をもって成立したのかを確定するためには、「法秩序」の役割がきわめて大であると言い得る。

　7）　「法秩序」とは、実定法、判例として濾過された社会秩序や慣習法であり、さらに、法意識や一般的な社会秩序そのものも「法秩序」概念に含まれる[39]

　そうして、これらの「法秩序」は、私的自治と対立するものではなく、市

（38）　したがって、契約両当事者間の裸の合意内容に齟齬が生じなかったときでも、それが「法秩序」に違背する場合には、規範的な契約解釈が機能する余地がある。

（39）　このことは、「事実的契約関係」論や「契約締結上の過失」理論へのフルーメの批判や、彼の「黙示の意思表示」理論、「法的に重要な態様」論にも垣間見える。

民の自由意思によって定立されたという意味で、あるいは市民社会に「生きている」という意味で、私的自治的に形成された規定である[40]。

すなわち、個別の表意者の主観的な意思が関与して契約類型が自己決定されることによって、個別具体的な契約内容は、市民としての表意者間で既に共同主観的に存立されて有る法秩序に則して自ずから確定されることになる。

8) 人は、個として在るとともに、市民として市民社会の中に在る。このことを反映して、表意者個々の裸の意思の表明として私的自治が在るとともに、間接的な私的自治であり、市民の自発的な意思の表明としての法秩序が在る。

そうして、これが、契約＝法律行為解釈における、あるべき準拠枠組みにほかならない。

すなわち、民法（市民社会法）の世界における「人」は、個々の独立した意思を有すると同時に、市民としての意思を有し、両者の重ね合わせにおいて、初めて自らの自由意思を正当に表示することが可能になる。

したがって、そのような意味での自由意思に基づく「意思＝表示」こそが契約解釈の対象とされなければならない[41]。

3 不動産賃貸借契約の解釈

1) 前款に提唱した契約＝法律行為の解釈方法にあてはめれば、契約当事者間で「自己規定（Selbstbestimmung）」によって不動産賃貸借契約が合意され、その意思表示＝法律行為の解釈をめぐって齟齬が生じたときには、両当事者の共同主観において、どのような「法秩序（Rechtsordnung）」が間接的な私的自治として存立すべきであるのかが追求されなければならない。

このことを不動産の賃貸借契約について明確にするためには、次のような要素について考慮する必要があると考える。

---

(40) フルーメの契約＝法律行為解釈論について、しばしば社会的な視点の欠如が指摘されるが、少なくとも同時代の社会秩序は、このような形で「法秩序」へと昇化され、それを介して契約解釈のための準則となっている。

(41) Savigny, System des heutigen römischen Rechts, Bd. 3., 1840., S. 237ff；ders.Obligationenrecht, Bd. 2., 1855. S. 7-13.

2）　まず、賃貸借契約そのものが具有している以下のような法的性質は原則的な「法秩序」の一環であり、契約両当事者間の共同主観において生きている。

3）　売買契約によって購入した物の利用は所有者による所有物の利用に他ならず、それは所有・「非」所有の対抗関係の中で貫徹される所有者による物支配につきるが、借りた物の利用関係は利用者と物との関係であると同時に、所有者との契約関係に媒介された物支配である。

すなわち、物の利用は所有権を構成している権能のうち使用・収益権能を唯一の法的根拠とするゆえ、借主による物の利用も所有権の内容を構成する使用・収益権能を根拠としてのみ法的に正当化される。

そうして、所有者と非所有者との間の賃貸借契約は、使用・収益権能の時間を区切った移転を媒介する法律行為であり、移転を受けた使用・収益権能に基づく他人の物の利用が借主と物との関係である。

このことは、賃借人による利用関係が、そのかぎりで、所有者自身による使用収益の場合と同様に、権利・「非」権利の対抗関係において貫徹される物支配であることを意味する。

4）　さらに、借主の「利用」が、所有権から派生し賃貸借契約期間の経過後はふたたび所有権に吸収される所有権の一部権能（使用・収益権能）の移転を唯一の法的根拠とするものであるために、借主の利用を媒介する貸主による使用・収益権能の移転義務が、売買契約の際の売主の所有権移転義務のように一回の積極的給付だけによって完結することができず、移転後も、最小限度、引き続き移転したままの状態で、置く、つまり直ちに返還請求ができないという消極的な内容において存続することが不可欠である。[42]

すなわち、賃貸借関係は、程度の差はあれ、継続的な債権＝債務関係であることがその宿命である。

5）　建物の所有を目的とする借地については、少なくとも借地上の当該建物の利用が見込まれるかぎり借地の賃借権も存続が企図されることになろう。

---

(42)　川村・前掲（註11）『商品交換法の体系　上』440頁以下、同・前掲（註1）「解約『自由』の原則とその『制限』」3-6頁。

したがって、借地権についての存続保障（＝正当事由制度の存在）は、民法の物権編に規定されている地上権と同値であり、市民法上の必然であることになると考える。

また、このような認識は、借地契約を締結する当事者に共通の意味基盤においても認められる。

6）　借家については、建物所有を目的とする借地のような意味での存続期間についての制約は不要であり、借家権の存続期間は契約両当事者の「締約時の合意」によって自由に決めることができるように思われる。

しかしながら、既述のように、賃貸借一般において、所有権と契約の分裂と対立を克服する必要が生ずることに鑑みると、債権である借家権の継続も、解約を制限することによって一定の範囲で保障されることは法的な必然であると謂い得る。[43]

7）　また、借家の場合にも、その根拠となっている賃貸借契約から発生する債権＝債務関係は継続的な債権＝債務関係に他ならない。

したがって、締約時の利害状況が借家関係の終了時のそれと相違する可能性があり、将来の予測が難しいことは両当事者において判明であるから、そうした前提で借家契約は解釈されなければならない。

それゆえ、建物の賃貸借契約が「合意した期間なのだから、それを遵守しても損害を被ることはないはずだ」という意味・内容の契約ではなく、契約[44]の継続性に関する当事者の合理的な期待に配慮するものであることは、締約時の契約両当事者の共通の意味基盤である。

8）　さらに、賃貸借が継続的な債権＝債務関係によって実現されざるを得ないことに規定されて、賃貸借期間中に借地や借家から様々な社会関係や利害関係が派生する。例えば、職業・事業・教育・趣味・社会参加・コミュニティ活動などのさまざまな社会関係・人間関係がそれである。[45]

こうした借家人およびその家族が形成してきた（また現に形成しつつある）社会関係の継続・発展が、その維持という形で配慮されなければならないこと

---

(43)　川村・前掲（註11）『商品交換法の体系　上』442頁。
(44)　内田・前掲（註2）228頁。
(45)　佐藤・前掲（註31）「社会的関係形成と借家法」27頁以下、同「定期借地権・定期借家権」242-243頁。

もまた契約当事者間に共通の意味基盤の中にある。[46]

9) そうして、上記のような不動産賃貸借契約の法的性質に鑑みれば、不動産賃借権の存続保障は、当事者間の主観の共通性において存立すべきものであり、契約両当事者の自由意思に基づく同契約の解釈から導出されるべきであると考える。[47]

4 定期借地契約・定期建物賃貸借契約の解釈

1) 不動産賃借権の存続保障は、既述のとおり不動産賃貸借契約の解釈から導出されるものであるゆえ、契約両当事者の合意によって、これを排除することも可能である。

定期借地契約あるいは定期建物賃貸借契約が締結されたときには、借主は、賃貸借期間の満了にともなう契約関係の終了によって、借地・借家における居住に伴う生活利益や営んできた事業の継続が不可能になる。借地人は建物買取請求権も失うことになる。

しかし、これは定期借地契約・定期建物賃貸借契約を選択した賃借人の「自己規定 (Selbstbestimmung)」によるものであるから、そこでは両当事者の裸の意思が合致しており、そのかぎりで契約の解釈によってあるべき契約内容を付与するには及ばないと考える。[48]

すなわち、契約解釈から導出される定期借地契約・定期建物賃貸借契約の終了後の賃借権の存続についての規範は、当事者間の共同主観性において存立している「法秩序」である民法619条に規定されているかぎりで考慮され

---

(46) この点で、経済合理性を考慮したうえでなされるべき事業を目的とした借地・借家はともかく、一般の居住用の借地・借家において、立退料の支払が正当事由のひとつとされることには疑義がある。なお、住居と事業所をかねている借家の扱いにおいては複合的な判断が必要になろう。

(47) したがって、私見によれば、定期借地・借家権の導入論の際に援用された「正当事由制度は私的自治の制限であり、定期借地・借家制度は私的自治の原則に則したものである」とする見地は不合理である。

(48) ただし、これはあくまで自由意思に基づく契約解釈論としての私見であり、立法論としての見解ではない。もっとも、定期借地についての借地借家法22条における「50年以上」という存続期間の要件は、借地・借家上の建物の居住・事業等の存続に配慮した法定立であると言い得る。また、借地借家法35条もその一環であろう。

(49) 2020年に施行される改正民法においては現行619条のうち2項が改正される。しかし、それは改正民法における622条の2（敷金に関する規定）が新設されることによる形式的なもので

るに止まることになろう。(50)

2) もっとも、このことは、締約時の借主側に、定期借地契約・定期建物賃貸借契約の内容（とりわけそのデメリット）が十全に理解されていたことが前提になる。(51)

そのためには、多くの場合、締約誘導を行う不動産業者を含む貸主側に説明義務が課せられることになると考えられる。(52)

3) 私見によれば、定期借地契約・定期建物賃貸借契約制度の導入は、市民生活の多様な展開のための市民の活動を可能にする法整備であり、意義なきものではない。

4) ただし、賃貸借の本質において、先述したように所有権と契約との癒着が生じること、契約から生じる債権＝債務関係が継続的な債権＝債務関係として存立せざるを得ないことには変わりはなく、その意味で、定期借地・定期建物賃貸借においても、継続保障の要請は（少なくともそれへの配慮は）考慮されるべきであろう。(53)

定期借地契約・定期建物賃貸借契約においても、同契約の終了時の状況によっては、不動産賃借権の存続保障への配慮が必要となる局面は残されているようにみえる。(54)

あり、実質的な変更はない。したがって、同条については従来の解釈がそのまま維持される。

(50) 藤井・前掲（註3）252頁以下。藤井教授は、期間の終了後も借主が借家を占有したまま家賃を払い続け、貸主も悪意でこれを受け取っていたときには、定期借家契約においても「当事者には賃貸借契約を継続しようとする意思が認められるであろう」から、「当事者意思を推測したものである」と解されている「民法619条の適用は排除されないと解すべきではなかろうか」とされる（同255頁）。

(51) 借地借家法22条-24条、同法38条2項はこのことの具現化であろう。

(52) 契約の準備交渉段階における説明義務のあり方に関する私見については、湯川益英『契約規範と契約の動機』（2011年）を参照されたい。

(53) 継続的債権＝債務関係の特質・本質が、継続期間の長短ではなく、時の経過の中での給付の継続性そのものにあることについて、飯島紀昭「継続的債権関係と告知について（1）－（3・完）」成蹊法学15号・16号・18号、とりわけ18号128頁以下、同「継続的供給契約の『解除』の性質」東京都立大学法学会雑誌15巻1号101頁以下、同「継続的債権関係と告知」ジュリスト増刊・民法の争点II 104頁を参照。なお、定期の不動産賃貸借をめぐる諸問題については、先行するドイツの法状況との比較が有意義であり、以下の私見の形成において、藤井・前掲（註17）40頁以下、同140頁以下、藤井・前掲（註3）265頁を参照した。

(54) 例えば、藤井教授は、ドイツにおいて借家人保護法が廃止される一方で「住居を失うことによって借家人に社会的苛酷 soziale Härte が発生した場合には、その苛酷が賃貸人のすべての事情を考慮してもなお解約告知を正当としない場合には、賃借人は、解約告知に異議を述べ、賃貸

5) そうした局面に対して、例えば、契約当事者関係に基づく契約法解釈理論の展開のためのひとつの契機として、再交渉義務（新交渉義務）に着目する見地がある。⁽⁵⁵⁾

再交渉義務とは「合意によって締約時からの環境の変化に、継続中あるいは終了時を迎えた契約を適合させるために、相互に交渉を行うべき契約両当事者の義務」である。

継続的な債権＝債務関係や長期契約においては、当事者間の終了利益（Beendigungsinteresse）のほかに、締約時からの事情変更・行為基礎の喪失が生じた場合などに存続利益（Bestandsinteresse）が生じることがあり、その際には適合利益（Anpassungsinteresse）が生じる。⁽⁵⁶⁾

そうして、適合利益への配慮のためには、終了利益と存続利益とを当事者間の新交渉によって調整することが契約法解釈の展開の方向としては望ましい。

すなわち、継続的債権＝債務関係のひとつである定期借地契約・定期建物賃貸借契約においても、既存の契約の拘束性・安定性の要請とともに、事情変更・行為基礎の喪失の場合はもとより、借家人が病気・貧困の場合、借地上に賃借中に相当の周辺利益が付着した借地人所有の建物が存続しており、

借関係の延長を請求することができるという規定」がドイツ民法に置かれていたことに言及され、日本においても同様の配慮がなされるべきであったことを指摘され、権利濫用の法理の活用を主張される（藤井・前掲（註3）264-265頁、なお、同・前掲（註17）40頁以下を参照されたい）。そのほか、存続期間延長の特約や予約といった手段による存続期間満了後の借主の保護が提唱されている（例えば、山野目章夫『定期借地権論—定期借地制度の創設と展開』（1997年）38頁ほか）。また、定期借地契約終了後の借主への配慮については、藤井・前掲（註3）29-46頁を参照。

(55) 再交渉義務（新交渉義務）についての以下の私見の形成は、私が大学院在学中に飯島紀昭先生からいただいたご教示と、その際に紹介してくださり、また貴重なお時間を割いて個人的に私の訳読におつきあい下さったノルベルト・ホルンの緒論稿（Norbert Horn, Vertragsdauer, Gutachten und Vorschläge zur Überarbeitung des Schuldrechts, hreausgegeben vom Bundesminister der Justiz Band Ⅰ；ders. Neuverhandlungspflicht, AcP 191；ders. Vertragsbindung unter veranderten Umstanden, NJW 1985, 1118）に多くを負っている。また、私法学会で個別報告を行った際に、下森先生からいただいた契約改訂権についてのコメントからも、多くの貴重な示唆を受けた。なお、ホルンの上記 BGB 債務法改正に関する鑑定意見と提言については、飯島紀昭「継続的債権関係論の新たな展開—ホルンの鑑定意見の紹介—」成蹊法学第 26 号 71 頁以下が詳しい。

(56) Norbert Horn, Vertragsdauer, Gutachten und Vorschlage zur Überarbeitung des Schuldrechts, hreausgegeben vom Bundesminister der Justiz Band Ⅰ, S. 563-569.

かつ貸主に当地の使用の予定がない場合、その他、賃貸借の終了によって賃借人が締約時には予期し得なかった苛酷な状況に陥る場合などにも、環境の変動に対応した契約内容の修正が望まれることも多く、このふたつの調整は当事者間の自由な交渉に委ねられるべきであろう[57]。

6) したがって、そうしたときには、定期借地契約・定期建物賃貸借契約においても、賃貸人に対して、少なくとも、新たな賃貸借契約の締結という形での従来の賃貸借契約の存続に向けた賃借人からの再交渉に応じる義務や契約の相手方の利益への配慮義務、契約の相手方の提案を真摯に検討する義務、場合によっては同意義務が観念されても良いと思われる[58]。

V 結語──不動産賃貸借契約の解釈と借地借家法──

1) 借地借家法における不動産賃借権の存続保障制度の機能には歴史的な変遷もあり、またそれは同時代において多義的でもある。

しかしながら、その社会法的意義が薄れている今日の社会・経済状況下では、不動産賃借権の存続保障の普遍的な存在意義の存否は、自由意思に基づく不動産賃貸借契約の解釈そのものにおいて判別されなければならない。

2) 法における自由意思は、心理学が対象にするような当事者間の裸の意思関係ではない。

それは、自己規定と法秩序によって規範的に画定される意思=表示の意味・内容である。

したがって、不動産賃貸借契約の解釈も、同契約の締結を「自己規定」した契約当事者間に共有されて在るべき自由意思の現れとしての「法秩序」を明確にすることによってなされなければならない。

---

(57) Norbert Horn, a.a.O., S. 551-645, insb. 570-642. なお、賃貸人─賃借人間の相対的な「交渉力」という観点からこの問題にアプローチするものとして、森田修「定期借家権と交渉」ジュリスト 1124 号 66 頁以下がある。森田教授によれば、定期借家制度の下での契約更新時の借家人の交渉力の劣化は著しく、借家人は著しい交渉力の格差を覚悟しなくてはならない。

(58) Norbert Horn, Neuverhandlungspflicht, AcP 191 S. 283. ホルンによれば、再交渉義務の具体的内容は、交渉に応じる義務、情報提供義務、契約の相手方の利益への配慮義務、自発的な提案をする義務、契約の相手方の提案を真摯に検討する義務、交渉を遅らせない義務、交渉の継続を不可能にする既成事実を作らない義務、仲裁鑑定人の利用義務、同意義務などである。

3) 不動産賃貸借契約における間接的な私的自治の規範としての「法秩序」とは以下のようなものであると考えられる。

① 所有者と非所有者との間の賃貸借契約は、使用・収益権能の時間を区切った移転を媒介する法律行為であり、移転を受けた使用・収益権能に基づく他人の物の利用が借主と物との関係であるから、賃借人による利用関係が、そのかぎりで、所有者自身による使用収益の場合と同様に、権利・「非」権利の対抗関係において貫徹される物支配である。[59]

② 借主の「利用」は、所有権から派生し賃貸借契約期間の経過後はふたたび所有権に吸収される所有権の一部権能（使用・収益権能）の移転を唯一の法的根拠とするものであるために、借主の利用を媒介する貸主による使用・収益権能の移転義務は売買契約の際の売主の所有権移転義務のように一回の積極的給付だけによって完結することができず、移転後も、最小限度、引き続き移転したままの状態で置くことが必然であるから、直ちに返還請求ができないという消極的な内容において存続することが不可欠である。

すなわち、継続性は、不動産賃貸借の必然的な属性である。

③ 人間の合理的判断能力には、現実には限界があるから、長期的取引において将来生じうる事情の変化を予測してあらかじめそれに対する対応を合意しておくことは、きわめて困難である。

したがって、一定期間の不動産の賃貸借における合理的行動は、契約締結時にすべての条件を合意するというものではなく、当事者間に信頼関係を形成し、これを基礎として、契約の継続性に対する当事者の合理的期待を尊重しつつ、再交渉によって柔軟に契約の内容を状況の変化に適応させていくというものである。

④ 不動産の賃貸借が継続的な債権＝債務関係によって実現されざるを得ないことに規定されて、借地人による借地上の建物所有はもとより、賃貸借期間中に借地や借家での居住から様々な社会関係や利害関係が派生する。

---

(59) このことからは、市民法における不動産賃借権の存続保障の必然性のみに止まらず、その「物権化」の必然性が導出されることになろう（川村・前掲（註1）「物権化の市民法的構造と社会法の構造」334-348頁、同「解約『自由』の原則とその『制限』」5-6頁、同・前掲（註1）「法律学150講 民法〔総則・物権法〕10 用益物権」14-16頁、川村・前掲（註11）『商品交換法の体系 上』439-443頁を参照）。

例えば、職業・事業・教育・趣味・社会参加・コミュニティ活動などのさまざまな社会関係・人間関係がそれである。

借地人による借地上の建物所有の存続が保障されなければならないことは言うまでもないが、上記のような賃借人およびその家族が形成してきた（また現に形成しつつある）社会関係の継続・発展も、その維持という形で配慮されなければならない。

そうして、上記の①から④の要素を省みると、不動産賃借権の存続保障・解約自由の制限は、逆説的ではあるが、自由意思に基づく契約自由の原則の現れにほかならず、不動産賃貸借契約の解釈それ自体から導出されると考える。

4)　すなわち、正当事由制度をその中核とする不動産賃借権の存続保障は、上記のような意味での不動産賃貸借契約の解釈から導出される自由意思の意味・内容であり、借地借家法は、単に社会法的な意義を有するに止まらず、不動産賃貸借契約における市民法の原理を具現化した普遍的な側面を有するものであると考えられる。[60]

5)　なお、定期借地契約・定期建物賃貸借契約においては、一定の期間に限定された不動産の利用が当事者間に共通の意味世界であるから、正当事由制度による不動産賃借権の存続保障は排除されるものの、それは「自己規定」と両当事者の共同主観的な「法秩序」に則したものである。

また、当制度の導入は、市民生活の多様で自由な展開のための市民の活動を可能にする法整備として相当の意義を有するものであると思われる。

しかしながら、定期借地・定期建物賃貸借においても、不動産の賃貸借が「物」の排他的な利用（使用・収益）を目的とした継続的な債権＝債務関係であること自体に変わりはない。

それゆえ、賃借人の側の事情変更や行為基礎の喪失、あるいは想定外の契約環境の変化（例えば、借地上に賃借中に相当の周辺利益が付着した借地人所有の建物が存続しており、かつ契約終了時に貸主に当地の使用の予定がない場合、契約終了時の借

---

(60)　藤井教授が「住居賃貸借法の kernstück たる正当事由制度を民法に組み入れることが検討されるべきであろう」とされるのは、借地借家法制の市民法的側面に着目されたものであると思われる（藤井俊二「正当事由制度の実態と課題」松尾弘・山野目章夫編『不動産賃貸借の課題と展望』〈2012 年〉136-137 頁）。

家人の病気・貧困など、賃貸借の終了によって賃借人が締約時には予期し得なかった苛酷な状況に陥るとき等）が認められるときには、賃貸人に対して、少なくとも、新たな賃貸借契約の締結という形での従来の賃貸借契約の存続に向けた賃借人からの再交渉に応じる義務、賃借人の利益への配慮義務、賃借人の提案を真摯に検討する義務、さらには同意義務の存在が契約法上観念されても良いと考える。

借家権の存続保護における利益の比較衡量の構造に関する一考察
——ドイツにおける最近の見解を契機として——

田 中 英 司

Ⅰ　問題の所在
Ⅱ　ドイツにおける最近の見解
Ⅲ　連邦通常裁判所と連邦憲法裁判所の裁判例の考察
Ⅳ　結びにかえて

Ⅰ　問題の所在

　わが国における借家権の存続保護に関する判断枠組み（総合判断方式・利益比較原則）は、第二次世界大戦中の大審院判決にはじまり、1950 年代に判例法理として確立された後[1]、借地借家法 28 条において法文化された。当該判断枠組みにおいては、賃貸人の更新拒絶の通知または解約申入れに必要とされるところの正当事由の認否の判断にあたって、賃貸人および賃借人が建物の使用を必要とする事情のほか、諸般の事情が比較衡量され、総合的に判断されることになる。

　これに対して、本稿において比較考察するドイツ法においては、わが国の居住を目的とする借家権に対応する住居使用賃借権の存続保護に関して、かなり長い立法の展開過程が反映しているところのドイツ民法典（以下、BGB）の二つの規定を柱とする「二重の存続保護」という法的仕組みが存在する。

---

(1)　大判昭 19・9・18 法律新報 717 号 14 頁、最二判昭 25・2・14 民集 4 巻 2 号 29 頁、最二判昭
　　25・6・16 民集 4 巻 6 号 227 頁等。佐藤岩夫「日本民法の展開（2）特別法の生成―借地・借家
　　法」広中俊雄・星野英一編『民法典の百年　Ⅰ』（有斐閣、1998 年）246 頁。

「二重の存続保護」という法的仕組みにおいては、期間の定めのない住居使用賃貸借関係が賃貸人の通常の解約告知によって終了するためには、第一に、BGB573条における賃貸人の「正当な利益」が肯定され、第二に、BGB574条における賃借人にとっての「苛酷さ」が否定されなければならない。したがって、ドイツ法においては、まず第一に留意すべき点として、住居使用賃貸借関係の終了にあたって、二段階の法的判断が必要とされるという構造が存在する。

次に、「二重の存続保護」という法的仕組みにおいて中核的な役割を担っているのは、BGB573条であり、BGB574条は、今日、補充的な機能のみを有している、と理解されている。したがって、住居使用賃貸借関係の終了にあたって、より重要となる法的判断は、第一段階における賃貸人の「正当な利益」の認否をめぐる法的判断である。そして、第一段階における賃貸人の「正当な利益」の認否をめぐる法的判断においては、もっぱら、賃貸人の利益のみが基準とされ、賃借人の個別的・具体的な利益との比較衡量は行われない構造となっている。第一段階においては、自己の生活の中心点を維持するという賃借人の一般的な利益のみが考慮される、と理解されている。他方において、賃借人の個別的・具体的な利益は、第二段階における賃借人にとっての「苛酷さ」の認否をめぐる法的判断においてはじめて考慮されることになる。以上の点が、第二に留意しなければならないドイツ法の構造である。[2]

ところで、住居使用賃借権の存続保護に関するドイツ法の構造について、最近、看過することができないと考えられるところの見解がドイツにおいて見出された。当該見解は、住居使用賃借権の存続保護に関するドイツ法の構造を問題とし、ドイツ法の構造の基礎を形成しているところの連邦通常裁判所の法理を、連邦憲法裁判所の法理との関連において再考することを主張する。

そこで、本稿においては、ドイツにおける最近の見解を契機として、はじめに、ドイツにおける最近の見解の要点を整理し（Ⅱ）、そのうえで、当該見解において取り上げられているところの連邦通常裁判所と連邦憲法裁判所

（2）　住居使用賃借権の存続保護に関する以上のドイツ法の構造については、特に、拙著『住居をめぐる所有権と利用権―ドイツ裁判例研究からの模索―』（日本評論社、2013年）7-10頁参照。

の裁判例を考察することにする（Ⅲ）。それらの作業を通して、わが国における借家権の存続保護に関する判断枠組みに関しても、何らかの考察を行うことができると考えられるからである。

Ⅱ　ドイツにおける最近の見解

　それでは、ドイツにおける最近の見解、すなわち、ブランクの見解[3]の要点を整理しておきたい。

　BGB573条1項1文は、「賃貸人は、その賃貸借関係の終了について、正当な利益を有するときにのみ、解約告知することができる。」、と規定する。賃貸人の「正当な利益」という概念は、不確定・不特定な概念であるため、BGB573条2項は、住居使用賃貸借関係の終了についての賃貸人の「正当な利益」にあたる場合を具体的・明確に規定上の例示をもって列挙している。このうち、ブランクの見解において問題とされるところのBGBの例示規定は、「賃貸人が、自己、その家族構成員、または、その世帯構成員のために、それらの空間を住居として必要とする場合」（BGB573条2項2号）である。さらに、BGB574条1項1文によると、「賃借人は、その賃貸借関係の終了が、賃借人、その家族、または、その世帯の他の構成員のために、賃貸人の正当な利益を評価しても正当化されることができないところの苛酷さを意味するときには、賃貸人の解約告知に異議を述べ、賃貸人にその賃貸借関係の継続を請求することができる。」、と規定されている。

　ブランクは、賃貸人の「自己必要」を理由とする解約告知にもとづく当該住居の明渡し訴訟において、当該住居を維持することについての賃借人の利益、特に、賃借人の一般的な利益は考慮に入れられうるのかどうか、場合によっては、どのように考慮に入れられうるのかという問題を設定し、次のように論を展開した。

　たとえば、ベルリン地方裁判所 2016 年 12 月 1 日判決においては、賃貸人[4]

（3）　Hubert Blank, "Das Interesse des Mieters am Erhalt der Wohnung im Räumungsprozess wegen Eigenbedarfs", NZM, 2017, S. 352ff.
（4）　LG Berlin NZM 2017, 290.

の「自己必要」を理由とする解約告知にもとづく当該住居の明渡し訴訟において、当該住居の取戻しについての賃貸人の利益も、当該使用賃貸借関係の継続についての賃借人の逆方向の利益も、考慮の外に置かれた。ただし、このことは、連邦通常裁判所の裁判例に対応する。連邦通常裁判所は、すでに、1988年1月20日決定（Ⅲで考察）において、「自己必要」を理由とする解約告知のためには、賃貸人がこのために筋の通る理由を有したときに十分であることを論じた。そして、連邦通常裁判所は、今日まで、この法理を維持している。連邦通常裁判所2015年3月4日判決（Ⅲで考察）がその例である。

　連邦通常裁判所2015年3月4日判決にしたがうと、裁判所は、最終的に、次の点だけを審理しなければならない。すなわち、賃貸人の利用の意思が、筋の通り、あとづけることができる考慮によって支えられていたのかどうかという点、賃貸人の居住の必要が、「はるかに過大」であるのかどうかという点などである。それとともに、「自己必要」という審理は、事実上、権利の濫用というチェックに限定される。賃貸人によって主張された居住の必要は、相当性にもとづいてではなく、むしろ、権利の濫用にもとづいてのみ審理されなければならない。この点でもまた、連邦通常裁判所1988年1月20日決定にしたがって、広い自由裁量の余地が必要を量るときに賃貸人に認められている。このことは、賃借人の存続についての利益とはかかわりなく妥当する。当該住居を維持することについての賃借人の諸々の利益は、連邦通常裁判所の裁判例にしたがって、BGB573条の枠組みにおいてではなく、むしろ、もっぱら、当該解約告知に対する賃借人の異議にもとづいて、BGB574条にしたがって考慮に入れられなければならない。

　BGB574条は、「苛酷さ」という概念を用いる。「苛酷さ」という概念は、「利益」という概念と一致していない。その理由から、当該住居の喪失と結びつけられた通常の苦労・不利益、たとえば、住居を探す苦労、転居の費用、あるいは、代替住居を修繕する費用はBGB574条によって把握されないこともまた、裁判例・学説において、正当と認められている。BGB574条は、社会的な窮境の防御にだけ役立つのであり、それに応じて、実務においてまれであるところの一定の賃借人の特別な利益だけを把握し、実際にはし

ばしば起こるところの平均的な賃借人の一般的な利益を把握しないのである。

　場合によっては、BGB574条から、苛酷さの理由より低い位置にある利益は当該解約告知において役割を演じないことが導き出されなければならない。しかし、連邦憲法裁判所1993年5月26日決定（Ⅲで考察）のように、使用賃貸借にもとづく賃借人の占有権のなかに同じく基本法14条の意味における所有権を認めるならば、このことは、むしろ、基本法14条によって保護されたところのそのときどきの諸々の利益の比較衡量に有利な材料を提供する。このような比較衡量は、その場合、BGB573条の枠組みにおいてのみ行われることができる。BGB573条1項によって必要な正当な利益が、契約の終了を正当化するために十分に重大であるのかどうかという点は、最終的に、賃借人の利益との比較衡量を通してのみ確認されることができる。この点では、賃貸人の利益は賃借人の逆方向の利益と同じくらいに多様であることが考慮されなければならないし、その結果、現在なお実地に適用されたところの「筋の通り、あとづけることができる考慮」という型に賃貸人の利益をはめこむことは適切ではないのである。

　ここで素描されたモデルは、連邦憲法裁判所1988年1月18日決定（Ⅲで考察）に依拠する。当該決定にしたがって、賃借人の利益が対置され、重要さの程度が判定される前に、賃貸人の利益が他との関連なしにその正当さに向けて審理される場合には、そのことは所有権の保障に違反する。憲法上の原則にしたがって、対立する利益（取戻しについての利益と存続についての利益）は、釣り合いのとれていることということという原則を顧慮して、調整へともたらされなければならない。しかし、そのことは、対立する利益が具体的に互いに比較衡量されることによってのみ行われることができる。両方の側の一方だけを他との関連なしに評価することは、許されていないのである。

　連邦憲法裁判所1988年1月18日決定は、連邦通常裁判所1988年1月20日決定と矛盾する。もっとも、連邦憲法裁判所は、より後の連邦憲法裁判所の決定において、連邦通常裁判所の法的見解を基礎に置いた。しかし、この方向転換は、説得力のあるものではない。「自己必要」を理由とする解約告知に関する決定において賃借人の「簡素な」利益を除外することは、所有権

74

という基本権とほとんど一致していないといってよいだろう。とりわけ、住居の交替と結びつけられた経済的な負担は、相当なものでありうる。連邦憲法裁判所 1993 年 5 月 26 日決定が時間的に連邦通常裁判所 1988 年 1 月 20 日決定の後に下されたことを考慮すると、連邦通常裁判所 1988 年 1 月 20 日決定の基礎にある考慮を再考することが適切である。

III　連邦通常裁判所と連邦憲法裁判所の裁判例の考察

　次に、以上のブランクの見解において取り上げられているところの連邦通常裁判所と連邦憲法裁判所の裁判例を考察しておきたい。

1　連邦通常裁判所 1988 年 1 月 20 日決定

　ブランクによると、連邦憲法裁判所によっても確認されたところの現在の連邦通常裁判所の法理の出発点となった裁判例が、連邦通常裁判所 1988 年 1 月 20 日決定[5]である。当該決定についてはすでに拙著において考察したが[6]、本稿の観点から重要である点を改めて考察しておきたい。

　本決定は、上級地方裁判所から連邦通常裁判所に提出されたところの、「賃貸人または家族構成員が解約告知された住居に入居するつもりであることは、居住の必要を是認するために十分であるのか。あるいは、さらに加えて、賃貸人または家族構成員が現在不十分に居住させられていたことが必要であるのか。[7]」という法的問題に対して、連邦通常裁判所によって下された決定である。

　事案の概要は、次のとおりである。原告は、K に存在する本件住居所有権を被告に賃貸していたが、次のような理由にもとづいて、被告との本件使用賃貸借関係を解約告知した。原告は、本件住居所有権を彼女の 22 歳の息子のために必要とした。原告の息子は、現在、K から 10 キロメートル隔たった L に存在する両親の建物に所在するひとつの部屋に居住し、K の専門

（5）　BGHZ 103, 91.
（6）　拙著・前掲注（2）33-41 頁、98-99 頁、111-112 頁参照。
（7）　BGHZ（Fn. 5）, S. 92f.

大学で学び、Kにおける父の事業を後に引き継ぐことを顧慮して、現在すでに、そこで手伝いをしていた。

連邦通常裁判所は、立法の展開過程における連邦政府草案の提案理由および立法過程における議論に裏づけられたところの徹底した論証を展開し、結論として、「自己必要は、賃貸人が、当該住居を自己または優遇された人のために要求することに関して、筋の通り、あとづけることができる理由を有する場合には、受け入れられなければならない。賃貸人が不十分に……居住させられていたのかどうかという点は、重要ではない[8]」、と論じたことによって、賃貸人の「自己必要」という概念について、その解釈の一定の枠をきわめて明確な形で提示した。さらに、連邦通常裁判所は、賃借人の利益の取扱いに関して、「自己必要が受け入れられうるのかどうかという点を決定する場合には、もっぱら、賃貸人の利益が重要である。個々の事案において存在するところの当該使用賃貸借関係を維持することについての賃借人の利益は、BGB556a条（現行BGB574条に対応する）にしたがった当該解約告知に対する賃借人の異議にもとづいてはじめて顧慮されなければならない[9]」、と論じたのである。

連邦通常裁判所は、以上の法理を述べるにあたって、本稿の観点から重要であると考えられるところの論述をいくつか行った。

第一に、「賃貸人の解約告知権は、BGB564b条（現行BGB573条に対応する）にしたがって、2項2号にしたがって自己必要が存在する場合に受け入れられなければならないところの正当な利益の存在に依存している。解約告知権をこのように制限することによって、賃借人は、恣意的な解約告知に対して保護される。当該住居は、賃借人にとって、生活の中心点を意味する。あらゆる住居の交替は、賃借人にとって、個人的、家族的、社会的、および、経済的な観点において、著しい有害さを必然的にともなう。その理由から、賃貸人は、注目すべき理由なしに当該使用賃貸借契約を解約告知する権限はない[10]」、第二に、「当該解約告知を賃貸人の正当な利益という努力に結びつける

---

(8) BGHZ (Fn. 5), S. 100.
(9) BGHZ (Fn. 5), S. 96.
(10) BGHZ (Fn. 5), S. 96.

必要性は、むしろ、賃借人が、BGB556a条の意味における苛酷さの存在を引き合いに出すことができない場合にも、住居の交替が必然的にともなうところの不愉快さに対して保護されなければならないことをもって正当化されている[11]、第三に、「自己必要が受け入れられうるのかどうかという点に関して決定する場合には、賃貸人の利益は、賃借人の利益に対して比較衡量されなければならないわけではない。あらゆる賃借人に存在するところの当該住居を維持することについての利益は、賃貸人の当該解約告知が自己必要という要件に依存させられている……ことを通して、すでに考慮に入れられている[12]」、という論述である。

　以上の連邦通常裁判所の論述によると、あらゆる賃借人に存在するところの当該住居を維持することについての一般的な利益は、賃貸人の解約告知権が、賃貸人の「正当な利益」という要件、たとえば、賃貸人の「自己必要」という要件に依存させられていることによって、すでに保護されているのであり、賃借人にとっての「苛酷さ」という概念によって把握されるところの賃借人の利益は、あらゆる賃借人に存在するところの当該住居を維持することについての一般的な利益とは異なるレベルの利益であることになる。

2　連邦通常裁判所 2015 年 3 月 4 日判決

　ブランクによると、1において考察したところの連邦通常裁判所の法理は今日まで維持されており、その例が連邦通常裁判所 2015 年 3 月 4 日判決[13]である。

　事案の概要は、次のとおりである。被告らは、原告の母親と締結されたところの本件使用賃貸借契約にもとづいて、2000 年 9 月 1 日以来、カールスルーエに所在する 4 つの部屋から構成されていた本件住居を賃借していた。本件住居は、125 ないし 136 平方メートルの居住面積であった。原告は、2010 年に母親が亡くなったときに、母親の単独相続人として本件使用賃貸借関係に入った。原告は、2012 年 10 月 25 日付の書面をもって、当時 22 歳

---

(11)　BGHZ（Fn. 5）, S. 98.
(12)　BGHZ（Fn. 5）, S. 100.
(13)　BGHZ 204, 216.

の原告の息子のための「自己必要」を理由として、2013年6月31日付で、本件使用賃貸借関係を解約告知した。本件解約告知のための具体的な理由は、①原告の息子は、カールスルーエのデュアル大学において勉学（電気工学）を始め、中国における3ヶ月の外国実習を2012年9月までに修了し、ドイツへの帰還の後、自己の世帯を構えるつもりであったこと、②原告の息子は、たぶん2013年の終わりに、学士の学位をもって勉学を修了し、それに引き続いて、カールスルーエ専門大学における2年間のマスターの勉学を確保した。電気工学の勉学の枠組みにおいては、実際の作業は大学および相手方企業の範囲外においても自宅で片づけられなければならなかったが、原告の息子には両親の自宅において彼の子供部屋だけが自由に使え、しかし、当該子供部屋はそのような作業のために十分ではなかったこと、③本件住居への入居によって、原告の息子にとって、デュアル大学および専門大学への道のりもまた、本質的に短くなること、④原告の息子は、少なくともひとりの同居者とともに本件住居を利用することが計画されていたことであった。原告は、本件住居の明渡しと返還を求める訴えを提起したが、その際、補足的に、④に関して、原告の息子は、同じような勉学をやりとげるところの長年の友人とともに本件住居に入居するつもりである、と申し立てた。

　区裁判所は、本件明渡しの訴えを認容したが、地方裁判所は、本件明渡しの訴えを棄却した。これに対して、原告は、連邦通常裁判所に上告した。連邦通常裁判所は、控訴審判決を破棄し、本件訴訟を控訴審裁判所に差し戻した。

　連邦通常裁判所は、控訴審裁判所の判断は、「連邦憲法裁判所の裁判例にしたがってBGB573条2項2号の解釈と適用において顧慮されなければならない憲法上の基準を無視したし、当該規定の法的な内容を不十分に認識した[14]」、と結論づけたが、問題視されたところの控訴審裁判所の判決理由は、次のようであった[15]。

　「賃貸人は濫用的なやり方においてはるかに過大な自己必要を主張してはならない」という基準にしたがうと、「原告は、もっぱら原告の息子だけの

---

(14)　BGHZ（Fn. 13), Rn. 11.

(15)　BGHZ（Fn. 13), Rn. 7-10.

78

ために、少なくとも 125 平方メートルの広さの本件住居の全部のために居住
の必要を主張することはできなかった。裁判例においては……特別な理由が
相当な収入をもたないひとり暮らしの人によるこれほどに広い住居の利用を
正当化しない場合には、100 平方メートルからの広さの住居が通常不相当で
あると考えられていた。しかし、原告は、原告の息子に存在し、より高い必
要を正当化したところの特別な理由を主張しなかった。特に、本件住居にお
いて長年の友人と住居共同体を創設するという原告の息子の計画は、より高
い居住の必要を理由づけなかった。……確かに、BGB573 条 2 項 2 号は、当
該住居を第三者と利用するという構成員の願望をも考慮に入れることを排除
しない。しかし、その場合に、第三者と同居するという構成員の願望は間接
的にだけ保護されていることが顧慮されなければならない。賃貸人自身が意
図された同居について正当な利益を有することが必要である。……裁判例は、
当該第三者のために、長く続く同居にもとづいて展開された、安定性のある
生活関係が存在するときにのみ、高められた自己必要を正当と認めた。……
しかし、長年の友人と住居共同体に入るという原告の息子の願望が原則とし
てより高い居住の必要を正当化するために適当であった場合さえも、被告ら
の利益は優位にあるだろう。というのは、計画された住居共同体も、原告の
息子自身の利用の願望も、長期間にねらいを定められていなかったからであ
る。……原告の息子の申立てにしたがって、原告の息子の勉学はたぶん 2015
年 9 月に完結され、その結果、現在主張された理由にもとづく必要は、なお
ほぼ 1 年半の間だけ存在するであろう。……」。

　これに対して、連邦通常裁判所は、第一に、「控訴審裁判所は、法的に誤
って、はるかに過大な居住の必要を主張しているという理由で、自己必要を
理由とする本件解約告知を権利の濫用であると評価した。その場合に、控訴
審裁判所は、憲法上の基準を十分に顧慮しなかった[16]」、と論じた。

　この第一の点に関して、連邦通常裁判所は、はじめに、これまでの連邦憲
法裁判所と連邦通常裁判所の裁判例によって形成されたところの抽象的・一
般的な判断の基準、すなわち、法理を次のように確認した[17]。

---

(16)　BGHZ（Fn. 13), Rn. 12.
(17)　BGHZ（Fn. 13), Rn. 13-16.

「BGB573条2項2号の解釈と適用において、裁判所は……賃貸人の取戻しについての利益と賃借人の存続についての利益との間の立法者の利益の比較衡量を、両方の側の所有権の保護を顧慮し、両方の側の利益を釣り合いのとれた調整へともたらすというやり方において、あとづけなければならない。……裁判所は、賃貸されていた当該住居を、今や自分で利用し、あるいは……特権を与えられた第三者の範囲によって利用せしめるという賃貸人の決心を、原則として尊重しなければならないし、裁判所の法発見の基礎に置かなければならない。全く同様に、裁判所は、原則として、賃貸人がどのような居住の必要を自己あるいは賃貸人の構成員のために相当であると考えるのかという点を尊重しなければならない。そのことから、裁判所は、拘束力をもって相当な居住に関する裁判所の考えを賃貸人（あるいは賃貸人の構成員）の人生の計画策定に代えて置くという権限はないのである。もっとも、賃貸人の取戻しについての願望に対し、賃借人の正当な利益を維持するために、限界が置かれている。裁判所は、賃貸人の自己使用の願望を次の点にもとづいて審理してしかるべきである。すなわち、当該願望が真摯に追求されたのかどうかという点、当該願望が、筋の通り、あとづけることができる理由によって支えられていたのかどうかという点、あるいは、当該願望が権利の濫用であったのかどうかという点である。……さらに、賃借人は、BGB574条のいわゆる社会的条項を通して、賃借人が苛酷さの理由を持ち出すことができることによって保護される。その場合に、賃借人は……賃借人の占有権が同じく基本法14条1項によって保護されていることを顧慮して、次のことを請求することができる。すなわち、裁判所が、自己使用の願望および主張された居住の必要に対して申し立てられたところの賃借人の抗弁を、賃借人の存続についての利益の意義と射程範囲を正当に評価するというやり方において究明しようとすることである。当該取戻しについての願望をもって、はるかに過大な居住の必要、それとともに、権利の濫用であるところの居住の必要が主張されたのかどうかという点を審理するときには……裁判所は、両方の側の利益を比較衡量して、客観的な基準をもとにして、個々の事案の事情の具体的な評価のもとで、裁判所の評価を行わなければならない」。

---

(18) 基本法14条1項1文は、「所有権および相続権は、保障される。」、という法規範である。

本稿の観点からは、①賃貸人の自己使用の願望を「筋の通り、あとづけることができる理由」という定式にもとづいて審理することは、賃貸人の取戻しについての願望に対して、賃借人の正当な利益を維持するために置かれた限界であること、②いいかえると、「筋の通り、あとづけることができる理由」という定式は、賃貸人の取戻しについての利益と賃借人の存続についての利益との間の比較衡量を釣り合いのとれた調整へともたらすための定式であると理解できること、③裁判所は、両方の側の利益を比較衡量して、個々の事案の事情の具体的な評価のもとで裁判所の評価を行わなければならないが、BGB573条2項2号の解釈と適用において考慮されるところの賃借人の利益はあくまで一般的な利益であり、賃借人の存続についての利益の意義と射程範囲が正当に評価されるのはBGB574条の解釈と適用の場面であることに留意しなければならない。

さて、連邦通常裁判所は、以上の法理にてらして、控訴審判決は法的に誤っていた、と判断したが、本稿の観点から重要な理由は、次の3つの点である。

①控訴審判決の見解は、「一定の基準値から、はるかに過大な居住の必要を受け入れ、はるかに過大な居住の必要を一掃することを特別な理由の説明に依存させた……（しかし、）当該見解は、基本権として保障された所有権の保障を顧慮して、必要性を量るときに広範な自由裁量の余地が賃貸人に認められていることを十分に考慮に入れなかった[19]」、という点である。

②控訴審判決の見解は、「はるかに過大な居住の必要が認められていたのかどうかという点は……もっぱら要求された居住面積か部屋の数にだけ依存するのではなく、むしろ、事実審の裁判官によって確認されなければならないところの個々の事案の全部の事情の包括的な評価に依存することを顧慮しなかった[20]」、という点である。この点について、連邦通常裁判所は、居住面積・部屋の数のほかに、「たとえば、当該住居の様式および設備、必要性のある人の需要、必要性のある人の人生の構想および人生の計画策定、必要性のある人および（場合によっては扶養義務のある）賃貸人の個人的・経済的な諸

---

(19)　BGHZ（Fn. 13), Rn. 19.
(20)　BGHZ（Fn. 13), Rn. 21.

関係、住居市場の状況、必要性のある人によって支払われなければならない賃料あるいは賃貸人によって免除される賃料の金額、ならびに、解約告知された当該住居が時おりだけ利用されるのかどうかという問題……特に、原告によって説明されたところの実際的な作業のための分離された仕事部屋の必要」などが重要でありうる、と論じた。当該論述からすると、「筋の通り、あとづけることができる理由」という定式にもとづく審理と多様であるところの賃貸人の個別的・具体的な利益との比較衡量は両立しうることになる。

　③「控訴審裁判所は、不当に……賃貸人の構成員と第三者との計画された同居において、高められた居住の必要は、当該第三者のために、長く続く同居にもとづいて展開された、安定性のある生活関係が存在するときにのみ、正当と認められなければならないことを演繹した。……このような限定的な要求をもって、控訴審裁判所は、BGB573条2項2号において具体化された……賃貸人の正当な利益の射程範囲を見誤り、同時に、憲法上保障され、裁判所によって原則として尊重されなければならないところの、自己の住居を構成員によって利用せしめ、このために相当な住居を自己責任によって定めるという賃貸人の権限と矛盾した」、という点である。この点について、連邦通常裁判所は、「裁判所は、賃貸人の（家族）構成員の利用についての考えを尊重するという賃貸人の決定を……原則として尊重しなければならない。裁判所には、拘束力をもって相当な居住に関する裁判所の考えを所有権者あるいは所有権者の構成員の人生の計画策定に代えて置くことが禁じられている。賃貸人が、自分の世帯を構え、しかし、ひとりで居住するのではなく、長年の友人かつ学生仲間と住居共同体を形成するというひとり暮らしの成年の息子の願望をわがものとし、この基盤にもとづいて賃貸人の観点から相当な居住の必要を量るならば、当該決定は、原則として、正当と認められなければならない」、と論じた。

　最後に、連邦通常裁判所は、第二に、「本件解約告知をもって一時的な必要だけが主張されたという理由でも自己必要を理由とする本件解約告知は許

---

(21)　BGHZ (Fn. 13), Rn. 21-22.

(22)　BGHZ (Fn. 13), Rn. 24-25.

(23)　BGHZ (Fn. 13), Rn. 27.

容できなかったという控訴審裁判所の見解は、法的な誤りのないものではなかった[24]」、と判断した。

この第二の点に関して、連邦通常裁判所は、「当該自己必要の長さだけが、当該利用の願望が……筋の通り、あとづけることができる理由に依拠したのかどうかという問題にとって決定的ではない。むしろ、個々の事案の全部の事情が決定的である。その際、計画された利用の長さのほかに、これ以外の多くの要素が意義をもちうる。たとえば、賃貸人が再び当該住居を明け渡すことができる厳密な時点が最終的に確定しているのか、もしくは、予定されているだけなのかどうかという点、賃貸人が、まさしく、賃貸されていた当該住居の取戻しについて特別な利益を有したのかどうかという点、あるいは、経済的な理由が、賃貸人にとって、当該自己必要の主張のきっかけとなったのかどうかという点は、ひとつの役割を演じうる[25]」、と論じたのである。当該論述からも、多様であるところの賃貸人の個別的・具体的な利益との比較衡量が重要視されているといえる。

3 連邦憲法裁判所 1988 年 1 月 18 日決定

ブランクによると、1 および 2 において考察したところの連邦通常裁判所の法理はこれまでの法理を転換させたものであると理解されている。これに対して、連邦憲法裁判所 1988 年 1 月 18 日決定[26]は、ブランクがいうところの方向転換が行われる数日前の裁判例であり、かつ、ブランクが高く評価する裁判例である。当該決定についてもすでに拙著において考察したが[27]、本稿の観点から重要である点を改めて考察しておきたい。

本決定は、賃貸人の「自己必要」を理由とする解約告知にもとづく本件住居の明渡しの訴えが地方裁判所によって棄却されたことに対して、賃貸人が基本法 14 条 1 項等の違反を理由として申し立てたところの憲法訴願[28]に関して下された決定である。

---

(24) BGHZ (Fn. 13), Rn. 30.
(25) BGHZ (Fn. 13), Rn. 32.
(26) BVerfG NJW 1988, 1075.
(27) 拙著・前掲注 (2) 55-58 頁、98 頁参照。
(28) 憲法訴願については、たとえば、拙著・前掲注 (2) 12 頁参照。

事案の概要は、次のとおりである。異議申立人・賃貸人は、本件多世帯用住宅の所有権を取得したが、その時点において、被告・賃借人は、単身者として、本件住宅の1階に所在し、5つの部屋から構成されていたところの146平方メートルの広さの本件住居に居住していた。異議申立人は、次のような理由にもとづいて、被告との本件使用賃貸借関係を解約告知した。異議申立人は、これまで、妻とともに、妻が所有していた3家族用住宅の1階に居住していたが、今や、自己が所有する別の住居に転居し、妻と別居した。その後、異議申立人の妻は、生計費を調達するために、当該3家族用住宅を売買した。そこで、異議申立人は、別居した妻がそこに居住するために本件住居を必要とした。

地方裁判所は、異議申立人の妻のために「正当な自己必要」は受け入れられることができなかったという理由にもとづいて、本件明渡しの訴えを棄却した。これに対して、異議申立人は、憲法訴願を申し立てた。連邦憲法裁判所は、地方裁判所の判決は基本法14条1項1文等に違反する、と結論づけ、控訴審判決を破棄し、本件訴訟を控訴審裁判所に差し戻した。

その決定理由において、連邦憲法裁判所は、次の2つの点において、控訴審判決が、基本となる最初の連邦憲法裁判所の裁判例であるところの連邦憲法裁判所1985年1月8日決定と矛盾する、と論じた。[29]

第一に、連邦憲法裁判所は、「連邦憲法裁判所1985年1月8日決定にしたがって、賃貸人が、自己およびその構成員のために、どのような居住の必要を相当であると考えるのかという点を決定することは、所有権（基本法14条1項1文）から結果として生じるところの賃貸人の単独の権限の支配下にある。賃借人は、（基本法14条2項[30]の枠組みにおいて、）恣意的な解約告知に対してのみ保護されている。自己必要をもたらす状況にどうやって至ったのかという点をさらに進んで審理することは、基本法によって保護された所有権を侵害する[31]」、と論じたうえで、「そのことは、地方裁判所によって……原則とし

---

(29)　BVerfGE 68, 361. 当該決定については、拙著・前掲注（2）25-33頁、55頁、98頁、213-214頁参照。

(30)　基本法14条2項は、「所有権は、義務づけられる。所有権の行使は、同時に、公共の福祉に役立つべきである。」、という法規範である。

(31)　BVerfG NJW (Fn. 26), S. 1076.

て見誤られた。恣意的な、言い換えると、あとづけることができる考慮によって支えられていない解約告知は、そこでは想定されなかった。このことを超える考慮は、基本法14条1項1文に違反する[32]」、と判断した。この第一の点について、連邦憲法裁判所1988年1月18日決定は、連邦通常裁判所の法理と矛盾することはない、と考えられる。

　第二に、連邦憲法裁判所は、「地方裁判所は、賃借人の利益が対置され、重要さの程度が判定される前に、賃貸人の利益は、他との関連なしに、その正当さに向けて審理されなければならない、と考えた。そのことは、同じく、所有権の保障に違反する。連邦憲法裁判所1985年1月8日決定においては、裁判所は、BGB564b条1項、2項2号（現行BGB573条1項、2項2号に対応する）の解釈と適用においても、対立する利益（取戻しについての利益と存続についての利益）を釣り合いのとれていることという原則を顧慮して調整へともたらさなければならないことが説明されている。しかし、そのことは、対立する利益が具体的に互いに比較衡量されることによってのみ行われることができる。両方の側の一方だけを他との関連なしに評価することは、許されていない。賃借人の利益を異なるより高い次元に移す根拠は認識できない[33]」、と論じた（傍点は筆者）。この第二の点について、連邦憲法裁判所1988年1月18日決定は、確かに、連邦通常裁判所の法理と矛盾するとも考えられる。

　しかし、これまで考察してきた法理からすると、住居の交替が必然的にともなう賃借人にとっての不利益は、あらかじめ、賃貸人の「正当な利益」という要件によって賃貸人の自由な解約告知権が制限されることによって考慮されている。このような形で、当該住居を維持することについての賃借人の一般的な利益は、抽象的に、BGB573条によって保護されている。これに対して、そのことを超えるレベルの賃借人の個別的・具体的な利益は、「二重の存続保護」の第二段階において考慮される。連邦憲法裁判所1985年1月8日決定もまた、賃借人の個別的・具体的な利益が「二重の存続保護」の第一段階において考慮される、とは述べていない。連邦通常裁判所と連邦憲法

---

(32)　BVerfG NJW（Fn. 26）, S. 1076.
(33)　BVerfG NJW（Fn. 26）, S. 1076.

裁判所が、BGB573 条 2 項 2 号の解釈と適用において、「賃貸人の取戻しについての利益と賃借人の存続についての利益を釣り合いのとれた調整へともたらさなければならない」と述べるときにも、賃貸人の個別的・具体的な利益と賃借人の一般的な利益との比較衡量が想定されている。連邦憲法裁判所 1988 年 1 月 18 日決定の第二の点についての論述は、当該決定が連邦憲法裁判所判例集に登載されていないことからも、あまり重要視されるべきではないのではなかろうか。

4 連邦憲法裁判所 1993 年 5 月 26 日決定

連邦通常裁判所 1988 年 1 月 20 日決定の基礎にある考慮を再考することが適切であるというブランクの見解において、当該見解を補強すると位置づけられた裁判例が、連邦憲法裁判所 1993 年 5 月 26 日決定である。当該決定についてもすでに拙著において考察したが、本稿の観点から重要である点を改めて考察しておきたい。

本決定は、賃貸人の「自己必要」を理由とする解約告知にもとづく本件住居の明渡しの訴えが民事裁判所によって認容されたことに対して、賃借人が基本法 14 条等の違反を理由として申し立てたところの憲法訴願に関して下された決定である。

事案の概要は、次のとおりである。異議申立人は、本件二戸建住宅の一戸の建物の 3 階に所在する本件住居の賃借人であった。原告は、本件二戸建住宅の一戸の建物の所有権者かつ本件住居の賃貸人であり、本件住居の下の 2 階に所在する住居に居住していた。他方、原告の息子は、本件二戸建住宅の他の一戸の建物の 2 階に所在する住居に居住していたが、当該住居は、原告の住居と同じ階にあり、両方の住居は直接に隣接していた。原告は、次のような理由にもとづいて、異議申立人との本件使用賃貸借関係を解約告知した。原告は、彼女の健康状態にもとづいて、自己の所帯を単独で切り盛りする状況にはもはやなく、息子が原告を助け、原告の世話をできるために、息子をすぐ近くに居住させることに頼らざるを得なかった。そこで、原告は、

---

(34) BVerfGE 89, 1.
(35) 拙著・前掲注 (2) 84-93 頁、235-238 頁参照。

息子のために本件住居を必要とした。

　区裁判所は本件明渡しの訴えを認容したが、地方裁判所もまた、原告によって主張された「自己必要」は「筋の通り、あとづけることができる理由」であったという理由にもとづいて、賃借人であった異議申立人の控訴を棄却した。これに対して、異議申立人は、憲法訴願を申し立てたが、連邦憲法裁判所は、いずれの民事裁判所の判決に対する憲法訴願も棄却した。

　連邦憲法裁判所の決定理由において、本稿の観点から重要であるところの論述は、次の２つの点である。

　第一に、連邦憲法裁判所は、賃借された住居についての賃借人の占有権が賃貸人の所有権と同様に基本法14条１項１文の意味における「所有権」にあたることを詳細に論証したうえで、「裁判所は、BGB564b条１項、２項２号の解釈と適用において……所有権の保障を通して引かれた限界を顧慮しなければならないし、憲法にしたがった基礎にもとづいて法律のなかに表現された利益の比較衡量を、両当事者の所有権の保護を顧慮し、所有権に対する過度の制限を避けるというやり方において、あとづけなければならない。……

　したがって、賃借人の所有権の保護は、占有権に関する基本法14条１項１文の意義と射程範囲を見誤るところの裁判所の判決と対立している。この点でも、賃借人の所有権の保護は、その構造において、賃貸人の所有権の保護と区別されないのである。……賃貸人の利益が、筋の通り、あとづけることができる、真摯な取戻しについての願望を明らかにするのかどうかという点にもとづいて審理されなければならない限りでは、賃借人は、裁判所が、存続についての賃借人の利益の意義と射程範囲を正当に評価するというやり方において、これに対して向けられた抗弁を究明しようとすることを要求することができる。したがって、たとえば、裁判所が、自己使用の願望は真摯に追求されたのかどうか、主張された居住の必要ははるかに過大であったのかどうか……という点を審理することを、賃借人は要求することができる。そのほかに、賃借人は、裁判所が、BGB556a条という社会的条項の適用、および、そこに含まれる不確定な法概念、特に、『苛酷さ』という概念の解釈において、賃借人の存続についての利益の意義と射程範囲を十分に理解

し、考慮に入れることを要求することができる[36]」、と論じた。

　第二に、連邦憲法裁判所は、第一の論述を踏まえたうえで、地方裁判所の判決について、「地方裁判所は、当該住居を再び自分で利用するという賃貸人の単なる意思は、賃借人の逆行する利益に打ち勝ち、当該住居の喪失を正当化するに十分ではないということを見誤らなかった。地方裁判所は、賃貸人の自己使用の願望は、賃借人が退かなければならないように、筋の通り、あとづけることができなければならないことを明確に指摘した。主張された必要が、あとづけることができ、筋の通ったものであるという地方裁判所の熟慮は、憲法上、異議が述べられることはできなかった。というのは、原告は、自己の重大な罹病にもとづいて、自己のことを気づかうことがもはやできなかったし、その理由から、看護人が自己の住居のすぐ近くに居住することに頼らざるを得なかったからである。地方裁判所は、その場合に、原告の息子は、隣接する本件二戸建住宅の他の一戸の建物のなかの住居を占有し、それとともに、すでに、原告の近くに居住していたのであるから、原告の必要は、解約告知された本件住居を要求することなしに満たされうるのかどうかという当然の問題をも究明しようとした。それにもかかわらず、地方裁判所は、存在する状況を変えることを必要不可欠であると考えた。というのは、このようにしてのみ、存在する空間的な分離が減少させられ、原告は容易にされた条件で看護されうるからである。……地方裁判所は……賃借人の利益を完全になおざりにしたのではなく、むしろ、賃借人が、十分に理由づけられていない明渡しの請求、すなわち、注目すべき理由なしに追求された明渡しの請求に対して保護されなければならないことを顧慮したのであり、異議申立人の抗弁にもとづいて、当該明渡しの請求が注目すべきことを審理したのである[37]」、と論じた。

　以上の連邦憲法裁判所 1993 年 5 月 26 日決定の二つの論述から考えられることは、次の点である。連邦憲法裁判所は、確かに、「二重の存続保護」の第一段階において、裁判所は両当事者の所有権の保護を顧慮しなければならないし、賃借人は、裁判所が、存続についての賃借人の利益の意義と射程範

---

(36)　BVerfGE（Fn. 34），S. 9-10.
(37)　BVerfGE（Fn. 34），S. 10-11.

囲を正当に評価するというやり方において、賃借人の抗弁を究明しようとすることを要求することができる、と論じる。しかし、そのことから、賃借人の個別的・具体的な利益が「二重の存続保護」の第一段階において考慮されることは導かれていない。「二重の存続保護」の第一段階においては、賃借人の一般的な利益が抽象的に保護されることが維持されている。連邦通常裁判所と連邦憲法裁判所の法理と異なる点は、連邦憲法裁判所 1993 年 5 月 26 日決定には含まれていない。したがって、連邦憲法裁判所 1993 年 5 月 26 日決定は、ブランクの見解を実質的に補強する裁判例ではない、と考えられる。むしろ、連邦憲法裁判所 1993 年 5 月 26 日決定によって住居使用賃借人の占有権も基本法 14 条 1 項 1 文の意味における「所有権」であると捉えられたことによって、連邦通常裁判所と連邦憲法裁判所の法理はより説得力をもって再確認された、と考えられるのである。

Ⅳ　結びにかえて

　以上、本稿においては、住居使用賃借権の存続保護に関するドイツ法の構造について、ドイツにおける最近の見解の要点を整理したうえで、当該見解において取り上げられているところの連邦通常裁判所と連邦憲法裁判所の裁判例を考察した。

　ドイツ法においては、日本法の判断枠組みとはかなり異なるが、住居使用賃借権の存続保護に関して、「二重の存続保護」の第二段階において、賃貸人の個別的・具体的な利益と賃借人の個別的・具体的な利益との実質的な比較衡量が行われるが、その前に、「二重の存続保護」の第一段階において、賃貸人の「正当な利益」という要件にしたがって、賃貸人の個別的・具体的な利益が賃借人の一般的な利益と形式的に比較衡量される。

　このようなドイツ法の構造について、ブランクは、BGB574 条は、「利益」という概念ではなく、「苛酷さ」という概念を用いるために、一定の賃借人の特別な利益だけを把握し、社会的な窮境の防御にだけ役立つのであり、平均的な賃借人の一般的な利益を把握しないという認識を前提として、BGB573 条の枠組みにおける比較衡量を実質的に行うことを主張する。すな

わち、「二重の存続保護」の第一段階において、賃貸人の利益は賃借人の利益との関連なしにその正当さに向けて審理されてはならないのであり、賃貸人の取戻しについての利益と賃借人の存続についての利益が具体的に互いに比較衡量されなければならないこと、および、賃貸人の利益は「筋の通り、あとづけることができる理由」という定式にもとづいて審理されるのではなく、賃貸人の利益の多様さが考慮されなければならないことが主張される。

　しかし、ブランクの見解において取り上げられているところの連邦通常裁判所と連邦憲法裁判所の裁判例を考察した結果、次の４つの点を指摘することができる、と考えられる。

　①立法趣旨によると、あらゆる賃借人に存在するところの当該住居を維持することについての一般的な利益は、賃貸人の解約告知権が賃貸人の「自己必要」という要件に依存させられていることによって、あらかじめ考慮されているのであり、このような形で、賃借人の一般的な利益は、抽象的に、BGB573条によって保護されている。

　②賃貸人の自己使用の願望を「筋の通り、あとづけることができる理由」という定式にもとづいて審理することは、賃貸人の取戻しについての利益と賃借人の存続についての利益との間の比較衡量を釣り合いのとれた調整へともたらすことになる、と理解されている。

　③「筋の通り、あとづけることができる理由」という定式にもとづく審理と多様であるところの賃貸人の個別的・具体的な利益との比較衡量は両立しうる。

　この点は、連邦通常裁判所 2015 年 3 月 4 日判決の判決理由から考えられるだけではなく、筆者がすでに包括的な比較裁判例研究において明らかにしたことでもある。[38] すなわち、賃貸人の「自己必要」を理由とする住居使用賃貸借関係の解約告知に関する裁判例において、「筋の通り、あとづけることができる理由」にあたると判断された事案は、賃貸人の側に、居住にかかわるさまざまな観点からみて、適切ではない状態が埋め合わされる必要性が実際に存在した場合であったが、当該必要性が実際に存在した場合は多様であった。それらの場合は、量的な観点から必要性がある場合、質的な観点から

---

(38)　拙著・前掲注（2）176 頁以下参照。

必要性がある場合、純粋に個人的な人生形成の観点から必要性がある場合、健康上の観点から必要性がある場合、職業上の観点から必要性がある場合、および、経済的な観点から必要性がある場合という6つの類型に及んでいたのである。

④連邦憲法裁判所1988年1月18日決定（遡れば連邦憲法裁判所1985年1月8日決定）からも、連邦憲法裁判所1993年5月26日決定からも、賃借人の個別的・具体的な利益が「二重の存続保護」の第一段階において考慮されることが導かれることはできない。特に、連邦憲法裁判所1993年5月26日決定は、連邦通常裁判所と連邦憲法裁判所の法理をより説得力をもって再確認した裁判例である。

確かに、ドイツにおいては、近時、BGB573条2項2号の賃貸人の「自己必要」を理由とする住居使用賃貸借関係の解約告知をめぐる裁判例の展開において、法律上の要件の「軟化」が指摘されている[(39)]。しかし、本稿において考察したところの住居使用賃借権の存続保護に関するドイツ法の構造について、大きな変化は認められない。そうすると、賃借人の存続についての利益の意義と射程範囲が正当に評価されるのはBGB574条の解釈と適用の場面であることになる。ここでは、賃貸人の個別的・具体的な利益との実質的な比較衡量のなかで、当該住居を維持することについての賃借人の利益が一般的な利益の領域にとどまるのか、それとも、一般的な利益の領域を凌駕するのかという点が判断されることになるのである。

筆者は、近時、ドイツの住居使用賃借権の存続保護という法領域に関して、包括的な比較裁判例研究にもとづいて、ドイツ法の判断枠組みを実証的に明らかにする作業を行っている。しかし、ドイツ法の判断枠組みの全体像を明らかにするためには、筆者の既存の研究とあわせて[(40)]、「二重の存続保護」

---

(39) たとえば、Friedemann Sternel, "Ist der duale Kündigungsschutz nach §§573, 574 BGB noch zeitgemäß?", NZM, 2018, S. 474. 法律上の要件の「軟化」の一例については、拙稿「正当事由条項の構造に関する一考察—近時のドイツの裁判例と批判的な見解を素材として—」西南学院大学法学論集48巻1号（2015年）59頁以下参照。

(40) 拙著・前掲注（2）の研究、および、拙稿「住居の賃貸借と経済的利用の妨げ（一）～（十・完）—ドイツ裁判例研究からの模索—」西南学院大学法学論集48巻3・4合併号（2016年）1頁以下、49巻1号（2016年）1頁以下、49巻2・3合併号（2017年）1頁以下、49巻4号（2017年）1頁以下、50巻1号（2017年）127頁以下、50巻2・3合併号（2018年）248頁以下、50巻

の第二段階であるところの BGB574 条に関する包括的な比較裁判例研究を行うことが必要である。そして、ドイツ法の判断枠組みの全体像が明らかになることによって、はじめて、わが国における借家権の存続保護に関する判断枠組みに関しても、学問的な示唆が得られ、より説得力のある判断枠組みの再構成が可能になるのである。

（2018 年 10 月 24 日脱稿）

---

4 号（2018 年）245 頁以下、51 巻 1 号（2018 年）103 頁以下、51 巻 2 号（2018 年）67 頁以下、51 巻 3・4 合併号（2019 年）245 頁以下の研究（2019 年度に著書として刊行する予定である）である。

民法改正後の不動産賃貸借における
賃借人の交代について
——ドイツの住居共同体との比較——

小 西 飛 鳥

> Ⅰ　はじめに
> Ⅱ　ドイツ法における不動産賃貸借契約
> Ⅲ　ドイツの住居共同体の法律関係
> Ⅳ　日本法への示唆
> Ⅴ　終わりに

Ⅰ　はじめに

　筆者は以前、住居共同体（Wohngemeinschaft）における賃借人の交代をめぐるドイツの議論を紹介したが、わが国との比較検討をすることができなかった。ドイツでは、主に学生や若者が、1戸の戸建住宅またはアパートに数名で家を借りて住む居住形態が見られるが、このような住まい方は住居共同体（＝WG（ヴェーゲー））と呼ばれている。これに対して、日本のシェアハウスのように、企業を中心とした賃貸人がシェアハウスを用意して、その賃貸人と各個人が個別に賃貸借契約を結ぶ形式は、学生寮として元々作られている

（1）　拙著「不動産賃借権の譲渡について—ドイツのシェアハウスを参考に—」『民事責任の法理　円谷峻先生古稀祝賀論文集』所収（成文堂、2015年）241頁以下。その際は、ドイツのシェアハウスと記載していたが、わが国におけるシェアハウスとはそもそもの法律構成が異なると考えられることから、本稿では、その法律構成に合わせて住居共同体との表記に改めている。
（2）　ドイツの学生の住まい方について、家族以外の人と住む（これには学生寮なども含まれている）35％、パートナー、子どもと一緒に住む19％、一人住まい22％、両親と住む24％となっており、同様の傾向はスロバキア、アイルランドでも見られる。"Deutsche wohnen in WGs und Italiener bei Mama", Die Welt, 23. März 2015.

94

住居を除きドイツにおいては一般的ではない。

　ドイツの住居共同体においては、賃借人が組合契約を結んだうえで、賃貸人との間で賃貸借契約を締結していると構成されることになる。学生などは大学の卒業によりこの契約から脱退し、また新たな学生が賃借人として加わることが想定される。本稿では不動産賃貸借における賃借人の交代について、ドイツの住居共同体における法律構成及び法的問題を改めて参照し、わが国への何らかの示唆を試みるものである。

II　ドイツ法における不動産賃貸借契約[3]

1　賃貸目的物の種類

　ドイツ法においては、賃貸目的物により、住居賃貸借と事業用賃貸借とに区別される[4]。住居賃貸借とは、居住の目的で賃貸された空間に関する賃貸借をいい、事業用賃貸借とは、居住以外の目的で賃貸された空間すべてを指す。例えば、店舗、倉庫、事務所、病院、ガレージなどの賃貸借である。この住居用と事業用の区別の基準は、実際の利用状態ではなく、契約当事者が契約の中で合意した目的により判断される[5]。

2　賃貸借期間

　住居賃貸借の場合、原則として、期間を定めて賃貸借関係を設定することはできない[6]。期間の定めのある賃貸借（定期賃貸借）は、BGB（ドイツ民法）575条に定めた要件を充たす場合にのみ、可能である[7]。

3　第三者への使用の移転

（1）　配偶者またはその他の家族構成員との同居

　賃貸借は、人的な関係に基づくことから、賃借人は賃貸人の承諾なしに賃

（3）　ドイツの借家法については、藤井俊二『ドイツ借家法概説』（信山社、2015年）が詳しい。
（4）　Claus Cramer, Mietrecht, 2019, Rz.A 27, 31.
（5）　Claus Cramer, a.a.O., Rz.A 27.
（6）　Claus Cramer, a.a.O., Rz.B 56, 前掲注3）22頁。
（7）　Claus Cramer, a.a.O., Rz.H 7f, 前掲注3）24頁～30頁。

借物の使用を第三者に委ねることはできない（BGB540条1項[8]）。

　賃借人は、基本法6条1項による婚姻及び家族の特別の保護により、その配偶者、子および継子を家族構成員として賃貸人の承諾がないときであってもその住居に同居させることができる[9]。これに対して、婚約者、賃借人の兄弟姉妹は家族構成員の中には含まれず、賃貸人の承諾なしに同居させることはできない[10]。

(2)　転貸借

　転貸借とは、賃借人が、賃借人自身は使用せず、賃借物件をさらに第三者に転貸することである。この場合も賃貸人の承諾が必要である（BGB540条1項）。賃貸人の承諾なしに転貸借契約を締結した場合には、原賃貸借契約に違反する行為であるが、原賃借人と転借人との間の賃貸借契約自体は有効である[11]。

　この点について、住居を目的とする賃貸借については特則が置かれている。すなわち、賃借人が住居の一部（例えば、個別の部屋）を第三者に転貸するときは、賃借人は、転貸に対する承諾の付与請求権を、BGB553条に基づき取得する。BGB553条において、①賃借人が第三者を賃借住居に受け入れることについて正当な利益を有すること、②この利益が賃貸借契約締結後に発生したこと、③賃借人の利益に優越する転貸借に反対すべき利益が賃貸人にないことを要件に、転貸に対する承諾の付与請求権が認められる。この場合において、承諾が拒絶された場合には、賃借人に解約告知権が認められる（BGB540条1項[12]）。

(3)　契約当事者の交代

　契約当事者の法律上の地位の移転について、BGBには明文で定められていない。BGB540条の基本思想から、BGB535条の賃借権を譲渡するについてもBGB399条及び540条が適用される[13]。ドイツ連邦裁判所の判例によれ

（8）　Claus Cramer, a.a.O., Rz.C 56.

（9）　BGH, NJW 1991, 1750, 1751.

（10）　BGH, NJW 2004, 56; Bay ObLG, ZMR 1984, 87.

（11）　Bernhard Gramlich, Miethecht Bürgerlíones Gesetzbuch（§§ 535 bis 580a）Betriebskostenverordnung Heizkosten venordnung, 15. Aufl., 2019, § 553, Rz. 13.

（12）　Claus Cramer, a.a.O., Rz.C 59, 前掲注3）165頁。

ば、契約当事者の権利と義務の第三者による引受けは、賃貸人、貸借人及び第三者が合意すれば、新しく契約を締結しなくても可能とされる。[14] 賃借人の交代の場合にも、賃貸人の承諾が必要である。賃借人から賃貸人に対する承諾の付与請求権は、当初の賃貸借契約で明示していない限り、認められない。[15]

4 賃貸借関係の終了

解約告知により、賃貸借関係は終了する。解約告知は、複数の当事者がいる場合には、全員に対してなされなければならない。当事者が複数いる場合、そのうちの一人にだけ解約告知の意思表示をしても、その効力は生じない。賃貸借関係は契約当事者すべてについて同時に終了しなければならないからである。[16]

複数の者に1戸の住居が賃貸され、そのうちの1人がすでに転居している場合であっても、解約告知の統一性の確保のため、すべての賃借人に解約告知をしなければならない。[17] 複数の契約当事者の一人に対して解約告知をしても、全体として無効となる。ただし、賃借人が転居してからかなり時間が経過しており、転居した賃借人はもはやその住居に何らの関わりも持たないという意思を有する事情が生じた場合には、転居した賃借人に解約告知をする必要はない。[18]

5 賃借人が死亡した場合における権利の承継

(1) 権利の承継を認める理由

死亡した賃借人と同居する者としての特別の結びつきがあった者の利益のために、賃貸借関係の存続を保護することにある。すなわち、次の優先順位で権利が承継される。[19]

第1位 賃借人と住居において共同の世帯を営んでいた配偶者（BGB563条

---

(13) Claus Cramer, a.a.O., Rz.G 2.
(14) BGH, NJW 1998, 531; BGH, NJW 1985, 2528.
(15) Claus Cramer, a.a.O., Rz.G 6.
(16) Claus Cramer, a.a.O., Rz.H 67., 前掲注3）214頁。
(17) BGH, NJW 1958, 421, 421.
(18) OLG Frankfurt WuM 1991, 76, 前掲注3）214頁。
(19) Claus Cramer, a.a.O., Rz.G 43ff.

1項）及び生活パートナーシップ法に定める生活パートナー（BGB563条1項）。

第2位　住居において賃借人と共同生活を営んでいた賃借人の子（BGB563条2項）及び住居において賃借人と共同の世帯を営んでいたその他の家族構成員及びすべての者（BGB563条2項2文）

賃借人が複数いる場合には、賃貸借関係は、生存している賃借人と承継人が共同して賃貸借契約を継続する（BGB563a条1項）。承継人がいない場合には、賃貸借関係は、相続人との間で継続する（BGB564条）[20]。

(2)　承継の効果

法定的特別承継である。賃借人の交代は、法定的に効果が生じるから、承継人から賃貸人に対する通知等は不要である[21]。

承継人は、死亡した賃借人と賃貸人の間の賃貸借契約における基本的権利義務を承継する。賃貸借上の占有に伴う請求権は、承継人に移転する。賃借人の死亡までに発生した賃借人の債務は、原則として遺産債務であるから、相続人が責任を負う（BGB1922条）が、それと並んで、承継人も連帯債務者として共同して責任を負うことになる（BGB563条）。賃借人死亡後に発生した債務については、承継人が、単独で責任を負う[22]。

Ⅲ　ドイツの住居共同体の法律関係

1　組合契約の成立

次に、ドイツの住居共同体における法律関係について具体的な例をもとに考えてみることにする。以下の例は、Jörn Jacobs の論文を参考にしている[23]。

住居共同体の成立について（例1）

学生A、B及びCは、1戸の住居に住居共同体として住もうと計画した。その後、3人は3つの個室、台所及び風呂のついた住居を大学通り40番地に見つけた。BとCはAに代理権を付与し、Aは賃貸人Vとの間で賃貸借

---

(20)　Claus Cramer, a.a.O., Rz.G 56, 59f., 前掲注3）311頁。

(21)　前掲注3）314頁。

(22)　Claus Cramer, a.a.O., Rz.G 59, 前掲注3）315頁。

(23)　Jörn Jacobs, Haftung der（studentischen）Wohngemeinschaft nach Anerkennung der Rechtsfähigkeit der Außen-GbR, NZM 2018, S. 111ff.

契約を締結した。賃貸借契約書において、契約当事者は賃借人 A、B 及び C であること、住居共同体は A、B 及び C から構成されていること、この住居共同体は大学通り 40 番地であることが記載されている。

住居共同体は、BGB705 条以下に定める組合関係であると解されている（通説）。複数の者が、ある物を維持し（例えば住居）、管理するということを共同の目的とすることを合意した場合、それは組合関係を形成したことになる。この組合契約は明示されている必要はなく、共同の目的をもっていれば組合契約が成立する。

2　賃貸借契約の当事者

組合契約は、あくまでも住居共同体構成員の内部的な規律であり、住居共同体構成員間の関係は、民法上の組合法によって規律される。

ドイツ法では、内的組合と外的組合とを明確に区別している。内的組合の場合、住居共同体の構成員は、多数当事者（賃借人）として、自身が賃貸借契約の当事者となる。これに対して、外的組合の場合、執行権及び代理権を有する者が組合の名で、契約を締結する。外的組合の判断は、組合が組合であると第三者に認識できるかどうかではなく、組合が組合の名で法律行為をするかどうかによる。この場合、組合の構成員が交代するか否かは関係しない。

わが国では組合とはドイツ法でいう外的組合を指しており、ドイツ法の内的組合はそれに準じたものであると理解されている。民法改正でも内的組合の条文化が検討されたが、匿名組合との区別の不明瞭性など明文の規定を設けるに機が熟していないことを考慮して、条文化されなかった。

---

(24)　Jörn Jacobs, a.a.O., S. 111; Emmerich/Sonnenschein; Miete, 10. Aufl., 2011, Rz. 30

(25)　Jörn Jacobs, a.a.O., S. 112.

(26)　Jörn Jacobs, a.a.O., S. 112.

(27)　山本豊編『新注釈民法（14）債権（7）』（有斐閣、2018 年）470 頁～473 頁（西内康人）、川井健『民法概論④債権各論［補訂版］』（有斐閣、2010 年）328 頁～329 頁など。

(28)　山本編・前掲注 27）471 頁。

3　住居共同体の構成員の責任

(1)　構成員としての責任

住居共同体の構成員は、賃貸人との関係では賃借人であることから、賃貸借契約にもとづき賃借人としての責任が生じる。すなわち、内的組合（BGB427、421条）であるか外的組合（HGB（ドイツ商法）128条2文類推）であるかに関係なく、賃貸人は、各構成員に対して直接、すべての範囲にわたり請求できる。賃貸借契約において賃借人が負う主たる債務は賃料債務であり、例1の場合、A、B、Cは内的組合であっても、外的組合であっても、賃料について無制限に責任を負う。[29]

賃貸借契約から生じる従たる責任として、例えば賃貸人の所有権を侵害した場合などが考えられる。これについては、内的組合と外的組合とでは結論が異なる。すなわち、内的組合の場合、賃貸借契約上の義務違反をした者が、BGB535、280条1項、425条に基づきその者のみが責任を負う。これに対して、外的組合の場合、HGB128条の類推により住居共同体の構成員が連帯して責任を負う。例1の場合、住居共同体の構成員Cが賃貸借契約上の義務違反をしたとき、内的組合の場合には原則としてCのみが責任を負う。これに対して外的組合の場合には、住居共同体自体が契約の相手方であるので、住居共同体自体がCの義務違反に対してBGB278条またはBGB31条の類推により責任を負う。その結果、A、B、CはHGB128条により連帯して責任を負うことになる。[30]

(2)　脱退した構成員及び新しく加入した構成員の責任

次に、住居共同体の構成員の交代から生じる問題について見ていくことにする。以下の例も、Jörn Jacobs の論文を参考にしている。[31]

①賃貸人の承諾の有無について（例2）

例1において、Cが学期の終了後勉強する場所を変えたいと思い、それ故、住居共同体から引っ越した。[32]Cは、学生Dを自分の後にこの住居共同体を承継する者として紹介した。Cは2019年3月31日に引っ越した後、D

---

(29)　Jörn Jacobs, a.a.O., S. 113.

(30)　Jörn Jacobs, a.a.O., S. 113.

(31)　Jörn Jacobs, a.a.O., S. 114.

(32)　ドイツではセメスター終了ごとに大学を移動することが可能である。

は 2019 年 4 月 1 日に引っ越してきた。賃貸人 V は、住居共同体の構成員の
交代には、賃貸人 V の承諾が必要であると考えていたのに、賃貸人 V の承
諾は得られていなかった。賃貸人 V は、住居共同体の構成員の交代に対す
る承諾を賃貸借契約において明示的に留保していたかどうかは、関係するで
あろうか。

②住居共同体から脱退した者の責任について（例3）

例 2 において、賃貸人 V は、2019 年 3 月 31 日に引っ越した C に対して
2019 年 6 月分の賃料債権の履行を請求した。これは可能であろうか。構成
員の交代は賃貸人 V の承諾がなければ認められないことに関係するであろ
うか。

③住居共同体へ新しく加入した者の責任について（例4）

例 3 において、V は、2019 年 4 月に引っ越してきた D に対して 2019 年 3
月の賃料債権の履行を請求している。その他の構成員が未だこの賃料債権を
履行していなかったとき、これは可能であろうか。ここでも構成員の交代は
V の承諾がなければ認められないことに関係するであろうか。

a)　内的組合の場合

①の賃貸人の承諾の有無について、住居共同体の構成員の交代は、賃貸借
契約の内容的な変更にあたる。賃借人の交代は、契約引き受けの方法で行わ
れる（BGB311 条）。内容の変更に当たるため、契約当事者に影響があること
から、賃貸人の承諾が要件となる（BGB414、415 条[33]）。

この場合、本来、賃貸人が承諾するか否かは、賃貸人の自由な判断に委ね
られている。しかし、賃貸人が契約締結時にこの住居共同体が学生で構成さ
れていることを知っていたとき、つまりそもそも構成員の交代が予定されて
いるときは、別であるとされる。構成員の交代に際し、賃貸人の明示の承諾
がなくても、住居共同体の構成員の交代について黙示の承諾がなされている
と構成される。例 2 については、賃貸人 V には、D に対して承諾する義務
があると解される[34]。

②の住居共同体から脱退した者の責任について、住居共同体から脱退した

---

(33)　Claus Cramer, a.a.O., Rz. G2ff.
(34)　Jörn Jacobs, a.a.O., S. 114f.

者（原賃借人）は、脱退により賃貸借関係から自由になることを意図している。しかしながら、賃貸人の承諾なしに出て行った場合は、賃貸借関係からの拘束力が及んでいると解されている。（BGB427、421条以下）。

　例3のCは、Vの承諾なしに出て行ったため、賃貸借契約の拘束力が及んでいる。そこでその拘束力が及んでいる間の責任を負うことから、Cは2019年6月の賃料債務を負うことになる。これに対して、Vが承諾した場合、賃貸借関係からは離脱し、脱退までの賃貸借関係から生じた債務を負うのみとなる。その結果、2019年6月の賃料債務は負わない。[35]

　③住居共同体へ新しく加入した者の責任について、契約引き受けの原則によると、新しく住居共同体の構成員となった者は、その者が加入前に生じていた賃貸借関係についても拘束される。しかし、これは新しく加入する者の意思及び利益に反する。そこで、賃貸人の承諾は、賃貸人の交代及び交代前の旧債務について新しく加入した者には及ばないことを承諾したと解される（BGB133、157条）。

　例4のDは契約引き受けによって賃貸借関係に入ったが、引き受け前に生じた債務については責任を負わない。つまり、2019年3月の賃料債務は負わない。[36]

b)　外的組合の場合

　住居共同体の構成員の交代について、外的組合が契約当事者となっている場合、住居共同体の構成員が交代しても、賃貸借契約の内容には何の変更も及ばない。[37]

　①の賃貸人の承諾の有無について、例2の住居共同体が賃貸借契約の当事者となっている場合（外的組合の場合）、CからDへの構成員の交代は、BGB398、413条に基づく住居共同体の構成員間の承諾という組合契約法上の原則に基づいて行われる。賃貸借契約の当事者が、住居共同体である以上（その同一性は変わらない）、Vの承諾は原則として不要である。但し、Vが承諾について賃貸借契約の中で明示的に留保していた場合は除くとされる。[38]

---

(35)　Jörn Jacobs, a.a.O., S. 115.
(36)　Jörn Jacobs, a.a.O., S. 116.
(37)　Jörn Jacobs, a.a.O., S. 116.
(38)　Jörn Jacobs, a.a.O., S. 117.

このとき、賃貸人が承諾を留保していなかった場合の構成員の交代の場合、②住居共同体から脱退した者の責任について、脱退した住居共同体の構成員は、BGB736条2項により責任を負う。その時期は、債権者が脱退の事実を知った時であるとされる（通説）。

　例3のVの承諾が構成員の交代と関係していない場合には、Cは2019年7月の賃料債権について責任を負う可能性がある。

　③住居共同体へ新しく加入した者の責任について、新しく加入した住居共同体の構成員は、HGB130条により責任を負う。例4のVの承諾が構成員の交代と関係していない場合には、Dは2019年3月の賃料が未払いであるとき、その賃料債務について責任を負う。

　次に、賃貸人が承諾を留保していた場合の構成員の交代の場合、②住居共同体から脱退した者の責任について、例3の住居共同体が賃貸借契約の当事者で、Vが住居共同体の構成員の交代に承諾を必要とすることを合意していたとき、Vが承諾をした後、Cは2019年6月の賃料債務について責任を負わず（BGB736条2項）、③住居共同体へ新しく加入した者の責任について、例4の住居共同体についても、Dは2019年3月の賃料債務について責任を負わない（HGB130条）。つまり、Vの承諾により、C及びDの責任は黙示的に失効したと解される。

Ⅳ　日本法への示唆

　現在空き家となっている住居を活用するために、ドイツの住居共同体のような住まい方及び賃貸借契約をわが国においても積極的に勧めてもよいのではないだろうか。以下でわが国においてドイツの住居共同体でモデルにした例1から例4をもとに検討する。

---

(39)　Jörn Jacobs, a.a.O., S. 117; Münchener Kommentar, 7. Aufl., 2017, §736, Rz. 27.
(40)　BGHZ 154, 370 = NJW 2003, 1803.
(41)　Jörn Jacobs, a.a.O., S. 119.

1　賃借人間の法律関係

例1の場合、わが国においても学生A、B、Cは組合契約を締結したと考えられる（民法667条1項）。すなわち、学生A、B、Cが、住居を維持し管理するということを共同の目的とすることを合意し、かつそのための労務を提供していれば、それは組合関係を形成したことになる[42]。わが国においても、この組合契約は明示されている必要はなく、共同の目的をもっていれば組合契約が成立すると考えてよいであろう。

2　賃貸借契約の当事者

日本法でも対外的に組合として現れている場合には（外的）組合が成立し、当事者間でのみ組合契約が締結されている場合には内的組合が成立していると考えてよいのではないだろうか。賃貸人との間で住居共同体という形態で賃貸借契約を締結するのであれば（外的）組合であり、ただ単に複数の賃借人が1戸の住宅を借りるのであれば内的組合が成立していると考えることになる。

（外的）組合の場合には、住居共同体である組合と賃貸人Vとの間で賃貸借契約が成立し、内的組合の場合には、組合員全員が法律行為の当事者、つまり、A、B、Cを多数当事者として賃貸人Vとの間で賃貸借契約を締結したことになる。

3　住居共同体の構成員の責任

(1)　構成員としての責任—賃貸借契約から生じる主たる責任—

賃料債務について、（外的）組合の場合、組合が賃貸人Vに対して賃料債務を負っていることになる。組合員の責任は分割責任が原則である（675条2項）[43]。これに対して、内的組合の場合、A、B、Cは連帯債務を負っていると考えられる（現行432条、新436条）[44]。住宅を共同で借りて維持管理するという共同事業を行っている賃借人A、B、Cの3人が、賃貸人Vとの間で全員が

---

(42)　川井・前掲注27) 328頁。
(43)　山本編・前掲注27) 563頁。
(44)　山野目章夫『新しい債権法を読みとく』（商事法務、2017年）119頁〜120頁。

賃料全額について弁済の義務を負う合意がなされると考えられるためである[45]。賃貸人Ｖは、Ａ、Ｂ、Ｃの全員に対して全額を請求できる。

(2) 脱退した構成員及び新しく加入した構成員の責任

①賃借人の交代に伴う賃貸人の承諾

　例２の学生ＣからＤへの交代について、(外的) 組合の場合には、住居共同体という組合と賃貸人Ｖとの間で契約を締結していることから、その構成員の交代についてはＶの承諾は不要と考えられる。これに対して内的組合の場合には、Ｖとの賃貸借契約上は契約当事者の交代になるということ及び賃借権の譲渡にあたることから、Ｖの承諾が原則として必要となると考えられる（現612条１項）。本来的には賃貸人であるＶが承諾するか否かは賃貸人の自由な判断であるが、賃貸人が契約締結時に住居共同体であることを知っていたとき、つまり構成員の交代が予定されているときには、ドイツ法と同様にこの住居共同体の特性からあらかじめ、賃貸人は賃借人の交代について包括的に黙示の承諾をしていたと解釈する余地があるのではないだろうか。

②住居共同体から脱退した者の責任について、例３の学生Ｃは脱退後の賃料債務を負うか否かであるが、脱退後は、原則として他人の債務の履行となるから、2019年６月の賃料債務は負わない（新680条の２第１項）。またＣが賃料を支払った場合には、組合に対して求償権を行使できることになる（新680条の２第２項）。この点について、内的組合の場合、賃貸人Ｖの承諾を得られるまでは賃貸人との間では賃貸借契約の拘束力が及んでいると考えられる。ＶはＣに対して2019年６月の賃料を請求できる。

③住居共同体へ新しく加入した者の責任について、例４の学生Ｄが加入前の賃料債務を負うかについては、加入前の債務については及ばないと考えられる（新677条の２第２項）。

　この点について、内的組合の場合、ドイツ法と同様に賃貸人Ｖの承諾により契約関係に新たに入ったときには、Ｄは黙示に旧賃料債務を負わない旨の合意があったと考えるのが妥当であろう。

　賃料債務の負担については、わが国ではそもそも賃借人以外に賃貸人が連

---

(45)　改正前の判例では、不可分債務とされていた（大判大正 11・11・24 民集 1・670）。

帯保証人を求めることが一般的であることから実務上はそれほど問題にならないともいえる。

V　終わりに

　賃貸人との間で最も問題が生じる可能性があるのは、賃借人の交代、すなわち賃借権の譲渡の場面である。この場合、賃貸人との間で賃借人が住居共同体を目的とする組合であることを明確に示しておくことにより、賃借人のスムースな交代を可能にするであろう。

　そうではなく、内的組合として賃借人契約を締結した場合には、ドイツ法と同様にあらかじめ住居共同体としての住まい方であることを賃貸人に示しておく必要があるであろう。それにより、賃貸人の黙示の承諾があったと解する余地が認められるように思われる。

　現在、空き家となっている住居の活用については、組合契約を賃借人間で締結し、これを賃貸人に示すことにより賃借人は安心して賃貸借契約の拘束力から逃れることができると解される。このような住まい方は、ただ空き家にして住居の荒廃を招くことにつながることを防げると考えられることから、賃貸人にとっても利益があると思われる。

［参考資料］

BGB（ドイツ民法）

第 31 条［機関に対する社団の責任］

　理事会、理事会の構成員またはその他の定款に基づく代表者が自己の権限に基づく業務の執行において生じた損害賠償を義務付けられる行為を第三者に与えた場合、社団はその損害に対して責任を負う。

第 133 条［意思表示の解釈］

　意思表示の解釈は、真の意思の探求によるのであって、表示された文字の意味にのみよるのではない。

第 157 条［契約の解釈］

　契約は、取引上の慣行を考慮して、信義誠実が求めるように解釈されなければならない。

第 278 条［第三者に対する債務者の責任］

　債務者は、法定代理人及び自己の債務を履行するために用いた者の過失について、自己の過失と同様の範囲で責任を負う。276 条 3 項の規定は適用されない。

第 280 条［義務違反に基づく損害賠償］

(1) 債務者が債権関係に基づく義務に違反したとき、債権者はそこから生じた損害の賠償を請求できる。しかし、債務者が自己の責めによらずに義務に違反したときは、適用されない。

(2) 省略

第 311 条［法律行為上および法律行為類似の行為上の債務関係］

(1) 法律行為による債務関係の設定並びに債務関係の内容変更のためには、法律が別段の定めをしない限り、当事者間の契約が必要である。

(2) 項以下省略

第 398 条［債権譲渡］

　債権者は、債権を他の者に譲渡するという契約をその者と結ぶことによって譲渡する（債権譲渡）。契約の締結によって、新債権者は、これまでの債権者の地位を譲り受ける。

第 399 条［内容の変更または合意による譲渡の排除］

　その内容を変更することなしに、旧債務者以外の者に給付をすることができない場合または合意による譲渡が債務者に排除された場合、債権は譲渡することができない。

第 413 条［他の権利の譲渡］

　債権譲渡に関する規定は、法律が別段の定めをしない限り、他の権利の譲渡についても適用する。

第 414 条［債権者及び引受人との間の契約］

　第三者がこれまでの債務者の地位を引き受けるという方法により、債務は債権者との契約により第三者に引き受けられる。

第 415 条［債務者及び引受人との間の契約］

(1) 第三者による債務引受が債務者との間で合意されたとき、その債務引受の有効性は、債権者の同意に依存する。この同意は、債務者又は第三者が債務引受について通知して初めて、効力を生じることで可能となる。この同意がなされる時まで、当事者は契約を変更し又は解消することができる。

(2) 項以下省略

第 421 条［連帯債務者］

　複数の者のうち次の方法で履行する負担を負っている場合、各人が全部の履行を

する義務を負うが、債権者は履行を一度のみ請求できる権限を有しているとき（連帯債務者）、債権者は各債務者に対して履行の全部またはその一部を請求できる。全部の履行が完了するまで全ての債務者は履行を義務付けられる。

第425条［その他の事実の効力］

(1) 422条から424条までに掲げられている以外の事実は、債権関係から別のことが導かれない限り、それが生じた連帯債務者についてのみ効力を生じる。

(2) 前項の規定は、特に、告知、遅滞、有責性、連帯債務者の一人に生じた給付の不能、消滅時効、その中断と停止、満期の阻止、債務と債権の混同、既判力ある判決に適用される。

第426条［連帯債務者の求償義務］

(1) 連帯債務者は、別段の定めのない限り、その相互関係においては平等の割合で義務を負う。連帯債務者の一人からその負担部分を取り立てることができない場合には、求償につき義務を負う他の債務者がその不足部分を負担する。

(2) 連帯債務者の一人が債権者に満足を与え、かつ、その他の債務者に対して求償することができる場合、その他の債務者に対する債権者の債権はその債務者に移転する。この移転は、債権者の不利益において主張できない。

第427条［契約による義務の連帯］

　数人が契約により可分の給付を義務付けられたとき、その数人は疑わしい場合には連帯債務者としての責任を負う。

第535条［賃貸借契約の内容と主たる義務］

(1) 賃貸借契約により、賃貸人は、賃貸期間中、賃借人に賃貸物を使用させる義務を負う。賃貸人は、契約に定められた使用をするに適した状態で賃貸物を賃借人に委ね、かつ賃貸期間中その状態を維持する義務を負う。賃貸人は、賃貸物から生じる負担を負わなければならない。

(2) 賃借人は、合意された賃料を賃貸人に支払う義務を負う。

第540条［第三者への使用移転］

(1) 賃借人は、賃貸人の承諾なしに、賃借物の使用を第三者に委ねること、とくにその賃借物を第三者に転貸することはできない。賃貸人がその承諾を拒否した場合、賃借人は、第三者に重大な事由が存しない限り、法定の期間内に、賃借関係を特別に解約告知することができる。

(2) 賃借人が第三者に賃借物の使用を移転した場合、賃貸人がその使用移転を承諾している場合であっても、その使用に際する第三者の過失について責めを負う。

第553条［第三者への使用移転の許可］

(1) 賃貸借契約の締結後、賃借人に、住居の一部を第三者に使用させる正当な利益

が生じた場合、賃借人は、賃貸人にこれに対する承諾を請求することができる。第三者の人物に重大な事由が存在するとき、住居が不当に使用されるとき、または、その他の理由から賃貸人に移転の承諾を求めることが正当と認められないときは、この限りでない。

(2) 賃料の相当な増額の場合にのみ、賃貸人に第三者への使用移転を請求できるときには、賃貸人は、賃借人がそのような賃料の増額に同意を表示することを条件として、第三者への使用移転を承諾することができる。

(3) 賃借人の不利益となる合意は、無効である。

第563条［賃借人死亡の際の権利の承継］

(1) 賃借人と共同の世帯を営んでいる配偶者又は生活パートナーは、配偶者又は生活パートナーが賃貸借関係に加わっていないときでも賃借人の死亡と同時に賃貸借関係に加わる。

(2) 貸借人の子が共同の世帯を営んでいる場合には、配偶者又は生活パートナーが賃貸借関係に加わっていないときに、この者が賃借人の死亡と同時に賃貸借関係に加わる。賃借人と共同の世帯を営んでいるその他の家族構成員は、配偶者又は生活パートナーが賃貸借関係に加わっていないときに、賃借人の死亡と同時に賃貸借関係に加わる。賃借人と長年、共同の世帯を営んでいる者もまた同様である。

(3) 項以下省略

第563a条［生存賃借人の継続］

(1) 第563条の意味する多数の者が共同賃借人であるときは、賃借人の一方の死亡により、生存賃借人とともに賃貸借関係は継続する。

(2) 項以下省略

第564条［相続人による賃貸借関係の継続、特別告知］

　賃借人の死亡により賃貸借関係において第563条に意味する者がいないとき、または第563a条に該当する者が継続しないとき、相続人につき継続する。この場合、相続人も賃貸人も賃借人の死亡及び賃貸借関係への参加またはその継続が生じていないことを知った後1か月以内に、法定期間の定めにより特別に賃貸借関係を告知することができる。

第705条［組合契約の内容］

　組合契約により、組合員はお互いに契約で定められた方法で共同の目的を達するために促進すること、出資をすることを義務付けられる。

第736条［組合員の脱退、脱退後の責任］

(1) （省略）

(2) 脱退後の責任の限界に関する人的組合に適用される規定は、ここでも同様に適

用される。

第 1922 条［包括承継］

(1) ある者の死亡により（相続開始）、その者の財産（相続財産）は、一人又は複数の者（相続人）にその全てが移転する。

(2) 共同相続人の持分（相続分）に対し、相続財産に関わる規定が適用される。

HGB（ドイツ商法）

第 128 条［社員の人的責任］

社員は会社の債務につき債権者に対し連帯債務者として人的に責任を負う。これに反する合意は、第三者に対して効力を有しない。

第 130 条［加入する社員の責任］

(1) 会社に加入する者は、会社が変更を受けると否かとを区別することなしに、加入前に生じた会社の拘束性に対し 128 条及び 129 条の基準により他の社員と同様の責任を負う。

(2) これに反する合意は、第三者に対しては効力を有しない。

目的物の利用不能・制限と賃料支払義務の関連
——仏民法典・旧民法典・明治民法——

小 柳 春 一 郎

```
はじめに
Ⅰ　仏民法典・旧民法典・明治民法・改正民法の賃借物滅失規定
Ⅱ　仏民法典における賃借物滅失
Ⅲ　旧民法典と明治民法における賃借物滅失
おわりに
```

はじめに

　本稿は、目的物の利用不能・制限と賃料支払義務の帰趨の問題についての
フランス法のあり方を検討する。[1]これは、近年議論の多い、賃料債務の発生
時期に関連する検討である。近時、森田宏樹は、賃借物滅失に関する日本の
判例・学説を検討した成果として、売買契約では、買主は、契約締結により
代金債務を負うのに対して、賃貸借契約では、賃料債務は、「賃貸人の使用
収益させる債務の反対給付」としての性格を有することから、「賃料債権は
契約の成立と同時に一括して発生するのではなく、時の経過に応じて日々発
生すると捉えるのが理論的に見て適当である」と論じた。[2]これは、星野英一
などが述べていた見解を体系的に展開したものであるが、「通説」としての
地位を得て、債権法改正にも影響を与えている。この点に関する比較法的検

（1）　債権法改正に際しての議論については、拙稿「目的物の利用不能・制限と賃料支払義務の帰
　　趨」『債権法改正講座 4』（日本評論社、近刊）参照。
（2）　森田宏樹『債権法改正を深める――民法の基礎理論の深化のために』（有斐閣、2013 年）
　　111 頁、なお参照 118 頁等。

112

討が必要になるが、白石大は、フランスの倒産法理の検討を中心にしつつ、賃料債務の発生について「わが国では多数説である反対給付履行時説（森田説のこと…小柳注）が、フランスでは近年あまり支持されていない」と述べている。これもまた、重要な指摘であるが、森田が賃借物滅失等を手がかりに議論を展開するのに対し、白石は、フランスの倒産法理を中心に検討し、賃借物滅失等に関する規定（仏民法典1722条、1741条等）を検討していない。本稿がこれらの規定を論ずる意義があると考えられる。なお、本稿は、森田の考え方を「使用収益・賃料連結法理」という（「反対給付履行時説」に比べ直感に訴えうる名称と考える。）。

　以下では、まず、仏民法典・旧民法典・明治民法・改正民法の賃借物滅失に関する規定を概観し、明治民法だけが、賃借物の全部滅失に関する賃貸借規定を欠き、それ故、実際上疑問が生じ、議論が不可避であったことを指摘する（⇒Ⅰ）。次いで、仏民法典における賃借物滅失規定である1722条及び1741条を取り上げ、賃借物全部滅失については、賃貸借契約が終了する旨の明文があること、一部滅失では、当然減額ではなく、請求減額と解除の選択制度であること、などから、一部の例外はあるものの、反対給付時履行説のような賃料債権の発生に対する考え方は主流でないことを論ずる（⇒Ⅱ）。最後に、ボワソナードが原案を起草した旧民法典は、仏民法典の条文を整理しつつ、賃借物の全部滅失では賃貸借契約の当然終了を規定したが、明治民法編纂の際に、当然のこととしてこの規定が削られ、その後の議論のもととなったことを指摘する（⇒Ⅲ）。

Ⅰ　仏民法典・旧民法典・明治民法・改正民法の賃借物滅失規定

1　諸規定の概要

　仏民法典・旧民法典・明治民法・改正民法の賃借物滅失規定の概要は、次の通りであり、明治民法のみが賃借物全部滅失の明文規定を欠いている（表中の太字参照）。

（3）　白石大「債権の発生時期に関する一考察（6・完）」早稲田法学89巻2号（2014年）36頁。

表1　賃借物滅失に関する賃貸借規定

	全部滅失		一部滅失	
	双方無過失	一方当事者過失	双方無過失	一方当事者過失
仏民法典	1722条⇒当然終了	1741条⇒（当然）終了	1722条⇒賃借人は賃料減額請求・解除可能	規定なし
旧民法典財産編	145条1項1号⇒当然終了		146条⇒3分の1以上の減失で賃借人は賃料減額・解除	規定なし
明治民法	賃貸借に規定なし（危険負担債務者主義536条で当然終了）	賃貸借に規定なし（⇒当然終了の判例）	611条⇒賃借人は賃料減額請求・解除可能	611条⇒賃貸人過失は賃料減額解除可能 ／ 賃借人過失は規定なし
改正民法	616条の2⇒当然終了	616条の2⇒当然終了	新611条⇒賃料は当然減額、解除も可能	新611条⇒賃貸人過失では解除・減額可能 ／ 新611条⇒賃借人過失では、減額不可・解除可能

2　関連条文

以上の表に関連する条文は、次のとおりである。[4]

- 仏民法典1722条「賃貸借の期間中に賃借物が偶然事によって全部について滅失する場合には、賃貸借は、当然に解除される。賃借物が一部についてのみ滅失する場合には、賃借人は、状況に従って、あるいは、賃料の減額を、あるいは賃貸借の解除をも請求することができる。いずれの場合にも、いかなる損害賠償も生じない。(Si, pendant la durée du bail, la chose louée est détruite en totalité par cas fortuit, le bail est résilié de plein droit ; si elle n'est détruite qu'en partie, le preneur peut, suivant les circonstances, demander ou une diminution du prix, ou la résiliation même du bail. Dans l'un et l'autre cas, il n'y a lieu à aucun dédommagement.)」
- 仏民法典1741条「賃貸借契約は、賃借物の滅失によって、また、賃貸人及び賃借人それぞれの約務の履行の欠如によって解除される（Le contrat de louage se résout par la perte de la chose louée, et par le défaut respectif du

---

（4）　仏民法典の翻訳については、法務省司法法制調査部編（稲本洋之助他訳）『フランス民法典〈物権・債権関係〉』（法曹会、1982年）に従った。

bailleur et du preneur de remplir leurs engagements.)。」

・旧民法典財産編 145 条 1 項「賃借権ハ左ノ諸件ニ因リテ当然消滅ス　第一　賃借物ノ全部ノ滅失　第二　賃借物ノ全部ノ公用徴収（以下略）（Le bail finit de plein droit；1° Par la perte totale de la chose louée, 2° Par l'expropriation totale de la chose pour cause d'utilité publique）[5]」

・旧民法典財産編 146 条「①意外又ハ不可抗ノ原因ニ由リテ賃借物ノ一分（当時の法文の用語…小柳注）ノ滅失セシトキハ賃借人ハ第百三十一条ニ記載シタル条件（「毎年ノ収益ノ三分一以上損失ヲ致シタル」こと…小柳注）ニ従ヒテ賃貸借ノ解除ヲ要求ス又ハ賃貸借ヲ維持シテ借賃ノ減少ヲ要求スルコトヲ得（Dans le cas de perte partielle de la chose louée, par cause fortuite ou majeure, le preneur peut demander la résiliation du bail, ou son maintien avec diminution du prix, sous les conditions portées à l'article 131.）②公用ノ為メ賃借物ノ一分カ徴収セラレタルトキハ賃借人ハ常ニ借賃ノ減少ヲ要求スルコトヲ得」。（参照旧民法典財産編 131 条「①妨害カ戦争、旱魃、洪水、暴風、火災ノ如キ不可抗力又ハ官ノ処分ヨリ生シ此カ為メ毎年ノ収益ノ三分一以上損失ヲ致シタルトキハ賃借人ハ其割合ニ応シテ借賃ノ減少ヲ要求スルコトヲ得但地方ノ慣習之ニ異ナルトキハ其慣習ニ従フコトヲ妨ケス　②又右ノ妨害カ引続キ三个年ニ及フトキハ賃借人ハ賃貸借ノ解除ヲ請求スルコトヲ得建物ノ一分ノ焼失其他ノ毀滅ノ場合ニ於テ所有者カ一个年内ニ之ヲ再造セサルトキモ亦同シ」)

・明治民法 611 条「①賃借物の一部が賃借人の過失によらないで滅失したときは、賃借人は、その滅失した部分の割合に応じて、賃料の減額を請求することができる。

②前項の場合において、残存する部分のみでは賃借人が賃借をした目的を達することができないときは、賃借人は、契約の解除をすることができる」

・改正民法 611 条「①賃借物の一部が滅失その他の事由により使用及び収益をすることができなくなった場合において、それが賃借人の責めに帰することができない事由によるものであるときは、賃料は、その使用及び収益をすることができなくなった部分の割合に応じて、減額される。

（5）　仏文は、Code civil de l'Empire du Japon：accompagné d'un exposé des motifs：traduction officielle, t. 1, Texte, 1891, p. 56 による。なお、旧民法典編纂過程の諸法案、審議、プロジェに
ついては、「明治民法情報基盤 Legal Information Platform」（http://www.law.nagoya-u.ac.jp/jalii/meiji/civil/）及び佐野智恵『立法沿革研究の新段階――民法立法・改正過程の情報把握の仕組み』（信山社、2016 年）が極めて有益である。

②賃借物の一部が滅失その他の事由により使用及び収益をすることができなくなった場合において、残存する部分のみでは賃借人が賃借をした目的を達することができないときは、賃借人は、契約の解除をすることができる。」
・改正民法616条の2「賃借物の全部が滅失その他の事由により使用及び収益をすることができなくなった場合には、賃貸借は、これによって終了する。」

Ⅱ　仏民法典における賃借物滅失

仏民法典（Code civil）は、賃借物の滅失について、1741条と1722条が定める。

1　1741条・1722条の成立

(1)　1741条（フォートによる賃借物全部滅失）

1741条は、現在では、賃借物の全部滅失で賃貸借契約が当然終了する旨に理解されている（後述）。しかし、1741条には、1722条と異なり、当然終了の明文がない。1741条は、書きぶりに問題が残る条文である。1741条の後半は、「賃貸人及び賃借人それぞれの約務の履行の欠如によって賃貸借契約は、解除される（Le contrat de louage se résout）」と規定しているが、この場合の解除は、当然解除でなく、判決や意思表示等が必要である。

1803年12月31日に国務院に提出された1741条の原案（国務院提出案47条）は、成立した1741条と同じであった[6]。国務院、護民院を通じて、この条文については議論が殆ど無い。重要なのは、護民院での報告者ムリコ（M. Mouricault）の1741条に関する説明であり、「賃貸借契約は、定められた期間が経過することにより終了するが、それだけでない。賃貸借契約は、また、賃借物の滅失によって終了する（il cesse encore par la perte de la chose louée.）。更に、賃貸借契約は、契約上の債務の不履行がある場合に、解除によっても終了するが、解除は、一方又は他方当事者が請求しなければならない。」と述べた[7]。ムリコは、賃借物全部滅失では、当然終了するのに対して、一般的

（6）　P.-A. Fenet, Recueil complet des travaux préparatoires du Code civil, t. 14, 1827, p. 224.

（7）　Fenet, op. cit. (note 6), p. 330. これは、ポルタリスなど4人の起草委員による委員会案——4人の共和暦8年（1800年）任命から4か月で成立した案——「賃貸借」52条（Fenet, Recueil,

な債務不履行では、解除請求により終了すると位置づけていた。とすると、法文上明瞭ではないが、1741条は、全部滅失による賃貸借当然終了を念頭に置いた規定であったと考えられる。

(2) 1722条（偶然事による賃借物の全部又は一部滅失）

仏民法典1722条は、偶然事による賃借物全部滅失で賃貸借契約が当然終了する旨を明文で規定している。これは、条文成立時の護民院における修正による。1803年12月31日国務院提出の1722条原案（国務院提出案28条）は、次のようなものであった。[8]

> 「賃貸借の契約期間中に賃借物が偶然事によって全部について又は一部について滅失するときは、賃借人は、状況に従って、あるいは賃料の減少或いは契約の解除を請求することができる（Si pendant la durée du bail, la chose louée est détruite en tout ou en partie par cas fortuit, le preneur peut, suivant les circonstances, demander ou une diminution du prix, ou la résiliation même du bail.）。しかし、いずれの場合もいかなる損害賠償も生じない。」。

国務院提出案は、賃借物の全部滅失と一部滅失を区別せずに書いている。それ故、全部滅失であっても、賃貸借の当然終了にはならず、賃借物一部滅失の場合と同様に、解除請求が必要になりかねないが、元老院では、提出案が議論なく採択された。[9]

護民院立法部（la section législative du Tribunat）は、護民院提出案15条（1722条の原型）について、「賃貸借の期間中に賃借物が偶然事 cas fortuit によって全部について滅失する場合には、賃貸借は、法律上当然に解除される。（Si pendant la durée du bail, la chose louée est «détruite en tout par cas fortuit, le bail est résilié de plein droit.）」との当然解除規定を付け加えた。報告書は、こ

---

t. 2, p. 358) から、文末の「前項に規定されているように」を略した以外は、同じである。委員会案について、松本英実「民法典序章——古法と現代をつなぐもの」北村一郎編『フランス民法典の200年』（有斐閣、2006年）43頁。

（8） Fenet, op. cit. (note 6), p. 221. 更に、Recueil complet des discours prononcés lors de la discussion du code civil, par les divers orateurs du conseil d'état et du tribunat, et discussion particulière de ces deux corps avant la rédaction définitive de chaque projet de loi, tome 2, Discussion, 1841, p. 587. これは、委員会案「賃貸借」31条（Fenet, Recueil, t. 2, p. 355）と同じである。

（9） Fenet, op. cit. (note 6), p. 245.

の点について、「この修正の理由は、原案が、賃借物の全部滅失と一部滅失とを混同していることである。修正により、この２つの場合についての適切な区別を行うことができた。」と述べている。更に、1804 年３月５日になされた護民院報告でムリコは、次のように述べた。「さきにみた修繕受忍義務（1724 条のことで 40 日以上の修繕行為のある場合の解除権）と同様に、もしも、賃貸借契約期間中に、偶然事により賃借物が完全に滅失すれば、賃貸借は当然に失権する（le bail est de plein droit anéanti.）。もしも、賃借物が、部分的に滅失した場合には、賃借人は、状況に応じて、あるいは、賃料の減額を請求すること、あるいは契約の解除を請求することができる。しかし、いずれの場合においても、損害賠償を請求することはできない。」と述べた。

2　判例・学説の展開

　以下では、全部滅失の場合（1741 条と 1722 条）に続けて、一部滅失の場合についての判例、学説を概観する。

(1)　全部滅失

（ア）1741 条における賃借物滅失と契約当然終了

　学説は、仏民法典起草時のムリコと同様に、早くから、1741 条の全部滅失では契約は当然に終了すると指摘した。例えば、デュラントンは、次のように論じた。

　　「賃貸借は、賃借物の滅失により終了する（1741 条）。もしも、賃借物が一部しか滅失しないのであれば、1722 条及び 1724 条の最後の項を適用する。賃貸借は、賃借人のフォートが原因で滅失しても、損害賠償の点を別とすると、終了する。というのも、目的物のない賃貸借契約というのは考えることができないからである。

　　最後に、賃借物は、賃貸人又は賃借人の義務違反によっても終了する（1184 条、1741 条）しかし、この場合は、解除の原因になるのであり、当然の終了

---

(10)　Fenet, op. cit. (note 6), p. 280.
(11)　仏民法典 1724 条は、日本民法 607 条（賃借人の意思に反する賃貸人による保存行為における賃借人の解除権規定）の前身であるが、1724 条は、修繕行為が 40 日を超えて継続する場合には賃料の減額を請求でき、居住不可能になった場合には解除しうることを規定する。逆に言えば、40 日までの修繕行為による不利益については、賃料減額を請求し得ない。
(12)　Fenet, op. cit. (note 6), p. 326.

事由ではない。」[13]

　多くの論者は、この見解に従った。裁判例でも、1855 年 7 月 25 日メス控訴院判決（Metz, 25 juillet 1855, D., 1856, 2, 212）のダローズ誌の注釈 1 は、「目的物が存在しなくなれば、賃貸借契約も存在しなくなる」と述べ、デュラトンの以上の指摘を引用している[14]。近時でも、例えば、破毀院 1997 年 1 月 22 日判決（Cass. 3e civ., 22 janv. 1997：Loyers et copr. 1997, comm. 130；JCP 1997, II, 22943, note Djigo）は、「鑑みるに、賃貸借契約は、賃借物が完全に滅失したときは、偶然事による滅失か、一方当事者のフォートによる滅失であっても、当然に終了する（Attendu que le bail prend fin de plein droit par la perte totale de la chose survenue par cas fortuit ou même par la faute de l'une des parties）。フォートによる場合には、滅失について有責とされたものの損害賠償義務が生ずることになる。」と述べている[15]。

　（イ）再築義務の不存在

　賃貸人は、全部滅失の場合には、再築義務を負わない。これは、既に、19 世紀に確立した法理であった[16]。プラニオルとリペールとアメルは、このことを賃貸借契約が当然終了したから、もはや賃貸人は再築等の義務を負わないとして、賃貸借契約当然終了の帰結として位置づけている[17]。破毀院も「確かに、賃貸人は、賃貸した物について、その物が享受の対象となるように維持する義務を負うが、しかし、だからといって、全部滅失では再築の義務はない（Cass. com., 11 mai 1955：JCP G 1955, II, 8953. - Cass. 1re civ. 21 nov. 1961：Bull. civ.

---

(13)　M. Duranton, Cours de droit français suivant le Code civil. Tome 17, 1833, n. 129.

(14)　なお、ポティエは、「309. 賃貸借は、その契約期間前であっても、両当事者の合意なくして、解除される場合があり、それは、偶然事により目的物が消滅した場合である。例えば、天からの火により、家が焼けた場合がこれに該当する。しかし、もしも、家が賃借人の過失により消失したのであれば、賃借人は、その後、義務から解放されない（Mais si c'était par la faute du locataire, il ne serait pas libéré）」（Œuvres de Pothier, annotées et mises en corrélation avec le code civil et la législation actuelle, par M. Bugnet, t. 4, Contrat de louage, p. 109, n° 309）。

(15)　Béatrice Vial-Pedroletti, «Art. 1708 à 1762 - Fasc. 286：Bail d'habitation. - Locations régies par le droit commun du louage (Code civil). - Fin du bail：perte de la chose louée», n° 40；M. Planiol et G. Ripert, Traité pratique de droit civil français, 2e éd., Tome X, Contrats civils, 1re partie, par J. Hamel, F. Givord et A. Tunc, n° 642.

(16)　G. Baudry-Lacantinerie et A. Wahl, Traité théorique et pratique de droit civil, Contrat de Louage, t.1, 2e édition, 1900, n° 352.

(17)　Planiol et Ripert, op. cit., n° 642.

I, n° 543 等)。」と説示している[18]。この場合の滅失（修繕義務の対象外）には、荒廃も含まれる。なお、火災による滅失で、賃貸人が火災保険に加入して保険金を受領しても焼失建物再築義務はない（Cass. 3e civ., 11 juill. 1990：Loyers et copr. 1990, comm. 384；JCP N 1991, II, p. 153）。

滅失が修繕義務対象外となると、何を以て滅失と判断するかが問題になるが、これは、事実審裁判官の裁量的判断権の対象となる。そして、「一般的には、裁判例は、賃貸物の価格と比べて、工事に必要な費用が過大であると、これは修繕ではなく、再建築だけが問題になる〔が、再建築義務はない…小柳注〕と判示している。」とされる[19]。

（ウ）証明責任

滅失の場合には、証明責任が問題になりうる。全部滅失がおこったとしても、偶然事に関する1722条の適用によれば、損害賠償責任が生じない。問題とされたのは、滅失後、賃借人が賃貸人に滅失について過失があったから1722条の適用を受けないとして、賠償責任を追及した例である。これに関して、対立した2つの破毀院判決がある。一つは、賃貸人に滅失が不可抗力によるとの証明責任があるとする破毀院民事第1部1966年11月15日判決（Cour de cassation, chambre civile 1, en date du 15 novembre 1966, Bull. N. 510, D. 67.490 note J. Mazeaud, Revue trimestrielle du droit civil, 1967, p. 839, obs. G. Cornu）である。本判決は、賃借人Xに賃貸された不動産が完全に滅失したときに、賃借人Xが賃貸人会社に損害賠償を請求した事例である。控訴院は、賃借人Xの請求を斥け、賃借人は、「賃貸人会社の側のフォート（過失）を証明しなければならない」と述べた。これに対して、破毀院は、「1722条を見るに、その原因がいかなるものであれ、賃貸物の滅失により賃貸借契約は解除されるが、その場合、賃貸人の賃借人に対する責任を免れるのは、賃貸人が、偶然事または不可抗力または賃借人のフォートが滅失の原因であることを証明したときに限られる（la responsabilité du bailleur à l'égard du preneur n'est écartée que s'il établit que la perte est due à un cas fortuit ou de force majeure ou à la faute du

---

(18) B. Vial-Pedroletti, «Fasc. 270：Bail d'habitation. - Locations régies par le droit commun du louage (Code civil). - Obligations des parties：entretien et réparations «JurisClasseur Bail à loyer, Date du fascicule：11 Octobre 2016, n° 20.

(19) Vial-Pedroletti, op. cit. (note 18, «Fasc. 270), n° 21.

preneur)」と述べ、控訴院は 1722 条を誤って解釈したとして、控訴院判決を破毀、差戻しをした。全部滅失についてであるが、賃貸人は、自らの責任を免れるには、それが建物滅失が重大事に起因することを証明する責任を負うとするものであり、この破毀院判決を主導した報告者マゾーは、賃貸人は、手段債務ではなく、結果債務を負うとしてこの結論を正当化している。

　もっとも、これと異なる破毀院 1997 年 5 月 28 日判決 (Cass. 3e civ., 28 mai 1997 : 95-14352, Bull. civ. 1997, III, nº 115) もある。本判決の要旨は、「建物の荒廃は、ある階の崩壊状態から具体化しているから、損害賠償を請求する賃借人こそがこの荒廃状態が賃貸人の過失によるもので不可抗力に由来するものではないとの証明責任を負う (c'est au locataire, demandeur en indemnisation, qu'incombe la charge de la preuve que cette ruine est due à la faute du bailleur et non au cas fortuit.)」と述べている。[20]

(2)　一部滅失

（ア）再築義務の有無

　一部滅失では、賃貸人に再築義務が存在する場合と存在しない場合とがある。全部滅失では、賃貸借契約が終了したとの理由で、再築義務が存在しなかったのに対して、一部滅失では、契約関係が存在するから、賃貸人の使用収益させる義務も存続しうる。

　それ故、賃貸人過失による一部滅失では、賃借人は、賃貸人に再築を請求しうる。ボドリ・ラカンチヌリエとヴァールは、これについて、「もしも、

---

(20)　原審は、1994 年 6 月 11 日エクス・アン・プロヴァンス控訴院判決である。商業施設所有者 S が賃借人 X に対して、施設の荒廃を理由に解約通知をしたところ、賃借人 X は、これに対して、不動産の状況が賃貸人の維持管理義務違反に基づくものとして争った。賃借人 X の破毀申立理由は、原審は当該施設の賃貸借契約は 1722 条に基づき当然に終了したと判示したが、賃貸人は、自らの収益させる義務違反がないことについて証拠を示していないから、「控訴院は、(本来賃貸人が負うべき) 証明責任を逆に適用した (cour d'appel a renversé la charge de la preuve)。証明責任は、重大事又は不可抗力により目的物が滅失し、契約は当然に終了し、賠償責任を負わないと主張している賃貸人が負う」(1966 年破毀院判決の法理に従うべきであるとの趣旨…小柳注) と主張した。これに対して、破毀院は「賃借人は、賃貸人に過失があると主張し、賃貸人による賃貸借当然解除の主張を否定しつつ、1953 年 9 月 30 日デクレ 9-2º 条に基づく損害賠償請求権の存在を主張しているのであり、建物の荒廃そのものは、2 階の崩壊状態にあることについて、賃借人も争っていない。それ故、控訴院は、証明責任について転換することなく、その裁量に基づき、退去命令を出したのであり、それ故、その一点だけでも、その判決は正当なものである」と述べ、破毀申立を斥けた。

賃借人がそれを望むのであれば、賃借人は、一部滅失賃借物の再築を請求しうる。その理由は、それがなす債務不履行の当然の制裁であるからである。全部滅失では賃貸人に再築義務がないが、それは、全部滅失の特性による。また、偶然事による一部滅失でも再築義務がないが、それは、法律の規定があるからである（1722条は、賃貸人に再築請求権を規定せず、賃料減額請求、解除権のみを規定していることを指す…小柳注[21]）。」と述べる。

このように、偶然事による一部滅失では、賃借人は、賃貸人に対する再築請求権を有さない。既に1864年2月10日破毀院判決（Req. 10 fevrier 1864, D. 64.1.234）[22]がこのことを明らかにしている。プラニオルとリペールとアメルは、次のように述べる。「1722条の賃借人選択権（減額・解除の選択権）から、賃借人には、それ以外の権限は認められない。とりわけ、賃貸人に対する再築請求権はない。賃貸人は再築を強制されない。この点については、全部滅失の場合と同じである。それ故、実際上、一部滅失と単なる賃借物劣化――賃貸人の修繕義務の対象――との区別が重要になる。…もしも、賃借物の滅失が賃借人のフォート（過失）による場合は、賃貸人は、契約解除を請求できるが、それは、1722条に基づくものではなく、1184条に基づくものである。」[23]

最後に、賃借人過失による一部滅失では、賃借人は、再築を要求できない。賃貸人は、そのままの状態での賃貸を行うことができる。[24]

なお、滅失と劣化の区別について、プラニオルとリペールとアメルは、「一部滅失と、単なる状況の劣化――劣化では賃貸人は、義務から開放されず、むしろ義務履行が必要になる――の区別は、微妙（délicate）である。おそらくその基準は、復旧のための工事がどの程度になるかにあるようであり、一方では賃貸人が費やすであろう費用、他方では、賃借人にとって利用ができないことになる不便を考慮して決まる。」と述べている。

---

(21)　Baudry-Lacantinerie et Wahl, op. cit. (note 16), n° 369.
(22)　公道との道路境界確定のために営業用建物の一部が除却された例であった。破毀院は、賃貸人は、損失補償を得たが、この点には変わりがない。
(23)　Planiol et Ripert, op. cit. (note 15), n° 642.
(24)　Planiol et Ripert, op. cit. (note 15), n° 509.「一部滅失は、もしそれが過失によるものであれば、賃貸人は、その義務を免除されない。」。また、Baudry-Lacantinerie et Wahl, op. cit. (note 16), n° 356.

（イ）給付と反対給付の関係

　修繕可能な劣化であるとされると、賃貸人に修繕義務が発生する。賃貸人が修繕義務を履行しない場合、賃借人の賃料義務が問題になる。学説の中には、この場合に、賃料不払を認めるものもあるが、判例は、伝統的に、「賃借人は、1728条に従い、支払期に賃料を支払う義務を負うのであり、賃貸人の必要な修繕義務不履行を以て不払の理由とすることはできない」（Cass. req., 26 oct. 1925：DH 1925, p. 627）などと判示し、全部滅失に至らないときには、賃借人は、賃料を全額支払う義務を負い、賃貸人の義務違反には、解除、損害賠償、履行の強制等で対応すべきであるとしている。近時もレナールとスーブは、「伝統的には、不履行の抗弁（賃料不払）は、賃借場所が全く利用できない場合に限られている」と論ずる。判例を支持する学説は、支持の理由として自力救済禁止法理（nul ne peut se faire justice à soi-même）や賃借人による濫用的不払の危険性を指摘している。この点は、後述の日本の要件事実実務に近い扱いである。フランス法は、森田の説く「使用収益・賃料連結法理」を賃借物の一部滅失・要修繕状態発生では、基本的に採用していないと考えられる。

　もっとも、仏法における賃貸人の修繕義務については、更に3点の注意が必要である。第一に、約定で、賃貸人に修繕義務を課し、賃借人が修繕義務を負わないとしていることがしばしばある。第二に、居住用賃貸借については、「品位ある住宅 logement décent」供給義務（強行法規）が近時政策的に強調され、賃貸人の「品位ある住宅」供給義務違反の場合には、裁判官が賃料減額を認めうる旨の居住用借家法改正が行われている（仏民法典1719条1°、1989年7月6日居住用借家法20-1条）。第三に、近時は、仏民法典新々1223条に

（25）　J. Raynard et J.-B. Seube, Droit des contrats spéciaux, 9e édition, 2017, n° 348.

（26）　Vial-Pedroletti, op. cit. (note 18), Fasc. 270, n° 36.

（27）　Raynard et Seube, op. cit. (note 25), n° 347. もっとも、近時のピネル法（Loi Pinel, loi n° 2014-626 du 18 juin 2014 と関連デクレ décret n° 2014-1317 du 3 novembre 2014）により、商事賃貸借について、民法典606条に規定する壁等の大修繕について、特約をもってしても賃貸人に修繕義務を課することはできないことになった（Jacques Lafond, «Bail－Fasc. 36：BAIL.－Régime du Code civil.－Travaux et réparations.－Étude de clauses», JurisClasseur Notarial Formulaire, Date du fascicule：15 Mai 2016, n° 75）。

（28）　「品位ある住宅」について、寺尾仁・阿部順子「フランスにおける新たな「不適切住宅」の実態と対策の研究―日本の空家・管理不全マンションを考える示唆―」住総研研究論文集・実践

よる減額請求の可能性が議論されている。2018年4月20日法律2018-287号（loi n° 2018-287 du 20 avril 2018）による再改正後の仏民法典（新々）1223条は、「①給付の不完全な履行の場合、債権者は、付遅滞の後及び（反対）給付の全部または一部を履行していないときは、債務者に代金の比例的減額の決定を、出来るだけ早く通知することができる。債権者（提示）の代金減額の決定に対する債務者による承諾は、書面によってなされなければならない。②すでに、債権者が（減額のない）代金を支払った場合には、債権者は、訴えにより、代金の減額をなしうる。」と定める。この条文は、給付と反対給付の連結性を強調するものであり、「新1223条は、賃借人が、不完全履行を受け入れつつ、代金減額をなしうるとの規定である。この規定は、賃借人に『新たな武器』を与え、一方的賃料減額をなしうる可能性が生まれた」との指摘や、「荒廃商業モール（centres commerciaux en déshérence）の賃借人の賃料減額のため役立つであろう。」との指摘がある。

（ウ）賃借人過失の一部滅失と賃料減額

多くの論者、例えば、19世紀の注釈法学者ボードリ・ラカンチヌリとヴァールは、賃借人過失による一部滅失について、賃料減額を認めない。その理由について、次のように述べる。「1722条は、重大事による滅失について規定している。もしも、〔賃借人過失の際に賃借人に解除権を認めると、〔過失のないときに限り認めていた権利を〕、過失がある場合に認めるのは奇妙なことである。そうではなく、賃借人過失に基づく一部滅失によって賃貸借契約は影響を受けないのである。それ故、賃借人は、賃料を支払い続けなけ

研究報告集44巻（2018年）特に52頁。

(29) 訳については、荻野奈緒・馬場圭太・齋藤由起・山城一真訳「フランス債務法改正オルドナンス（二〇一六年二月一〇日のオルドナンス第一三一号）による民法典の改正」同志社法学69巻1号（2017年）279頁以下を参照した。

(30) Raynard et Seube, op. cit. (note 25), n° 348.

(31) Sébastien Legrix de la Salle «La pratique des baux commerciaux après la réforme du droit des contrats» https://www.dsavocats.com/sites/default/files/2018-07/Pages%20de%20BRDA1813.pdf

(32) なお、仏民法典1722条の不可抗力一部滅失解除では、解除が認められるかは裁判官の裁量に委ねられ、これと関連して、一部滅失解除の効果は、判決の確定時から生ずる（Béatrice Vial-Pedroletti, «Fin du bail – Perte de la chose louée», Loyers et Copropriété n° 2, février 2017, comm. 34）。

ればならないのであり、賃料減額請求権も有さない。もしも、減額請求権を認めるとすると、賃借人は自らの過失があるのに、賠償を得られることになってしまう。[33]」

これに対して、やはり19世紀の注釈法学者ローランは、賃借人過失の一部滅失でも賃料減額を肯定して、次のように述べる。「賃借人過失により賃借物一部滅失が起こった場合に、賃借人は、状況に応じて、契約の解除や賃料減額を請求できるのか？我々の信ずる原則によれば、賃借人の解除権や賃料減額権を肯定すべきである。この場合、賃借人は、自らの契約の目的である賃借物の享受ができない。もしも、同額の賃料を支払うとすれば、コーズ（cause）のない義務になってしまう。コーズがなければ義務は存在しないはずである（1131条）。よって、一部滅失は、仮にそれが賃借人の過失に基づくものであっても、割合に応じた賃料減額を結果としてもたらさなければならない。もしも、一部滅失が相当の程度であって、契約がその目的を達することができないようであれば、その過失が誰のものによろうとも、賃借人は、解除を請求しうる[34]」。

ローランの見解は、コーズを中心概念にしながら、使用収益と賃料との対応関係を強く見るものであり、森田の説く「使用収益・賃料連結法理」を彷彿させる。もっとも、この見解は、少数説に終わった。近時でも、端的に、賃借人有責の場合は、賃料減額請求等は許されないと述べるものがある。[35]この点も、フランス法では、森田の説く「使用収益・賃料連結法理」が主流でないことと関連する。

Ⅲ　旧民法典と明治民法における賃借物滅失

1　旧民法典における賃借物滅失関連規定

(1)　財産編145条（全部滅失）

ボワソナード原案起草による旧民法典は、財産編145条1項で、「賃借物

---

(33)　Baudry-Lacantinerie et Wahl, op. cit. (note 16), n° 356.

(34)　F. Laurent, Principes de droit civil, t. 25, 1878, n° 402.

(35)　Vial-Pedroletti, op. cit., (note 15, Fasc. 286), n° 44.

ノ全部ノ滅失」などが賃借権の「当然消滅」をもたらすと規定した。同 145
条は、仏民法典 1722 条及び 1741 条に由来する規定であるが、ボワソナード
はそれを一本の規定とした。ボワソナードは、旧民法典公式版注釈で、賃借
物の全部滅失が賃貸借の当然終了となる理由を次のように述べる。

　「ここでは、簡単に、5 つの賃借権消滅原因について論ずる。ここでの賃借
　権消滅は、当然に生ずるものであり、判決の言渡しは不要である。まず、注
　目すべきことは、ここでは、単に賃借人の権利が消滅するだけでなく、同時
　に、賃貸人の権利も消滅することであり、結果として、賃貸借契約すべてが
　消滅することである。
　　1°　ここ（第一）で問題になっているのは、賃借物全部の滅失である。もし
　も、滅失が一部のものにとどまるのであれば、賃料の減額や解除への権利が
　成立する（138 条及び 158 条）。しかし、それが生ずるのは、裁判所の判決ま
　たは両当事者の合意によってである。もしも、賃借物の滅失が一方当事者の
　フォート（過失）によって生ずるのであっても——おそらくは賃借人の過失
　（フォート）によるのであろうが——賃貸借契約はやはり終了する。この場合
　には、フォート（過失）をおかした者に対する損害賠償があり得る。
　　2°　賃借物の全部の公用収用は、賃借物の滅失と類似したものである。公用
　収用の場合には、法律に基づき、賃借物の収益が不可能になる。滅失では、
　自然の作用で、収益が不可能になるのと違うだけである。」(以下略)

(2) 財産編 146 条（3 分の 1 要件を加味した一部滅失規定）

　旧民法典財産編 146 条は、賃借物の一部滅失について、仏民法 1722 条
（不可抗力一部滅失の際の請求減額）に従いつつ、滅失が 3 分の 1 以上になること
（財産編 132 条）を要件として付加した。滅失が 3 分の 1 未満の場合には、そ

---

(36)　Raynard et Seube, op. cit. (note 25), n° 382 ; Vial-Pedroletti, op. cit., (note 18, Fasc. 286),
　　n° 41.
(37)　注釈は、Code civil de l'Empire du Japon : accompagné d'un exposé des motifs : traduction
　　officielle, t. 2, Exposés des motifs du Livre Des Biens, 1891, p. 142 によった。なお、M.
　　Boissonade, Projet de code civil pour l'Empire du Japon accompagné d'un commentaire,
　　Nouvelle édition, augmentée, t. 1ᵉʳ, Des droits réels, 1890, n° 208. 以上の記述は、プロジェ初版で
　　も同様である（Boissonade, Projet de code civil pour l'Empire du Japon. Accompagne d'un
　　commentaire. t. II, 1880, p. 56)。
(38)　仏民法 1722 条の請求減額は、減額事由発生時に効果が遡及する（Baudry-Lacantinerie et
　　Wahl, op. cit. (note 16), n° 360)。

もそも減額請求等をなしえない。ボワソナードは、その理由について、次のように述べている。

「賃借物の滅失が、偶然事によるものであれ、重大事によるものであれ、〔本法案の〕賃借権が物権であるということから、それは、賃借人の負担に帰するということにはならない。というのも、賃貸人は、目的物を継続的に収益させる義務を負っているからである。更にまた、わずかな滅失を理由に、賃貸人が賃貸借契約解除や賃料減額請求を請求できるようにするべきでもない。かくして、本法案は、この点について区別を行っている。もしも、損失が3分の1未満であるときは、賃借人は、解除も賃料の減額も得ることができない。もしも、損失が3分の1以上であるときは、賃借人は、3分の1の賃料減額を得ることができるし、損失に応じて比例的な賃料の減額を請求することができる。また、賃借人は、賃貸借契約の解除請求をなしうるが、この場合、138条の解除請求には3年の減収が必要であったのと異なり、3年を待つことなく、〔直ちに〕契約の解除をなしうる。[39]

ボワソナードは、賃借人による賃料減額について、軽微な滅失の場合には認めない。[40]ボワソナード草案は、賃借権を物権として構成したことで知られ、それ故、ボワソナード民法を賃借人保護立法として評価するのが一般的である。しかし、少なくとも、賃借人の減額請求権については、ボワソナードは、3分の1以上の滅失を要求する点で、仏民法典よりも賃借人に厳しい。ボワソナードは、賃借権を物権とした代わりに、賃借人に一定の負担を要求したとも考えられる。[41]

---

(39) Code civil (note 43), p. 143. なお、M. Boissonade, op. cit. (note 37), n° 209（初版でも同様である。初版第158条についての注釈 (p. 58)）。

(40) 賃借権物権論を提唱してボワソナードに影響を与えたトロロンは、「賃借物の全部滅失であるが、不可抗力 (la force majeure) による場合には、賃貸借契約は、当然に解除される。というのも、契約の目的物が失われるからである (le bail est résolu de plein droit ; car il manque désormais de sujet)。」と論じ、それが、ローマ法以来の解決であるとする (Troplong, De l'Échange et du louage, commentaire des titres VII et VIII du livre III du Code civil, 3ᵉ edition, t. 1ᵉʳ, 1859, n° 202)。また、1741条による賃借物全部滅失では、賃貸借は、当然に終了すると述べる (n° 391)。

(41) 旧民法典財産編131条は、仏民法典1769条以下の不可抗力による不作等の場合の小作料減額規定を元にしたものである（拙著『近代不動産賃貸借法の研究』(信山社、2003年) 323頁)。

2 明治民法における賃借物滅失

(1) 全部滅失規定の「削り」

全部滅失について、民法起草の際、梅謙次郎は、「(旧民法典) 第145条ヲ削リマシタ之ハ何モ云フヲ俟タナイコトデアルト考ヘマシタ…知レ切ツタ事ヲ列挙スルト云フコトハ是迄モ例ガナイノデ削リマシタ外国ニハ随分例カ多クナイデハアリマセウガ矢張リ削リマシタ」と述べた。この梅の説明から見ると、賃借物全部滅失で賃貸借契約が終了するのは、「知レ切ツタ事」であったようである。もっとも、明治民法成立後の判例は、「知レ切ツタ事」を説明するために苦労することになる。

(2) 611条 (一部滅失で3分の1要件削除)

一部滅失について、旧民法典と明治民法典とでは、適用領域、及び適用要件について違いがある。適用領域に関して、旧民法典が不可抗力のみを規定していたのに対して、明治民法611条は、賃借人の責に帰すことのできないと規定している。それ故、明治民法は、賃貸人有責の場合にも適用される。この点については、梅は説明をしていない。

適用要件に関して、旧民法典は、滅失3分の1要件を課していたが、明治民法611条はこれを設けていない。梅は、旧民法典の滅失3分の1以上要件について変更が必要であると論じた。理由は、2つある。第一は、3分の1未満の滅失でも賃借人の救済が必要と考えられることである。梅は、3分の1滅失要件は、「余リ小サナ滅失デ直グ借賃ノ減少ヲ請求スルコトガ出来ルト云フノハ実際五月蝿イ」ことが理由であろうが、小さな滅失でも減額請求可能な方が適切であると述べた。それ故、梅は、滅失が3分の1未満でも賃料減額可能な旧611条を起草した。その際、梅は、減額請求可能な理由として「契約ノ性質カラ考ヘテ見マスルト云フト元々物ノ使用ト借賃ト云フモノハ相俟ツテ離ル可ラザルモノト云フコトニ当事者ノ意思デモナツテ居ル」と指摘している。これは、一面では、使用収益・賃料連結法理を彷彿させる位置づけであるが、同時に減額を「当事者ノ意思」という形で基礎づけても

---

(42) 法務大臣官房司法法制調査部監修『法典調査会民法議事速記録4巻 (日本近代立法資料叢書4)』(商事法務、1984年) 422頁、学振版33巻144丁。

(43) 第96回典調査会明治28年6月21日学振版法典調査会民法議事速記録第33巻69丁以下。

(44) 法務大臣官房司法法制調査部・前掲注 (42) 383頁。

いる。第 2 の理由は、売買契約における数量不足担保責任規定との「権衡」
である。

おわりに

　明治民法後で問題になったのは、賃借物の全部滅失に関する規定が賃貸借
規定に存在しないことである。とりわけ、賃貸人過失の全部滅失等で賃貸借
が終了するかは明らかでない。結局、裁判所は、大判大正 4 年 12 月 11 日民
録 21 輯 2058 頁（賃貸人の修繕義務不履行による賃借物の使用収益全部不能の例）で、
「目的物カ使用収益ニ適スル状態ヲ回復セサル間ハ賃貸借ノ期間中ト雖モ賃
借人ハ賃料支払ノ義務ヲ負ハサルモノトス」と判示した。もっとも、裁判実
務、とりわけ司法研修所の要件事実論は、一部利用不能・制限では賃料の当
然減額をもたらさないとし、「使用収益・賃料連結法理」に一定の制限を加
えた（賃借人無過失の場合に、賃借人からの 611 条による賃料減額請求は可能）。これ
に対して、星野英一や内田貴は、使用収益・賃料連結法理を一部利用不能等
にも適用し、賃料当然減額が妥当と論じ[45]、森田宏樹は、この法理を一層展開
した[46]。この結果、議論は、具体的な問題の解決にとどまらず、賃料債権の意
義にまで及んだ。

　本稿は、フランス法では、「使用収益・賃料連結法理」は、賃借物滅失の
場面では、有力でないことを指摘した。もっとも、フランスでも、過去に
は、ローランのように、賃借人過失の場合でも賃料減額が可能であると主張
する論者もあり、また、近時は、債権法改正による 1223 条のように、給付
と反対給付の密接な関係を強調する立法も存在する。この問題は、広範な観
点からなお検討が必要である。

　〔本稿には、科研費基盤研究（C）19K01267、同（A）19H00573 を得た。〕

---

(45)　星野英一『借地借家法』（有斐閣、1969 年）219 頁、内田貴『民法Ⅱ債権各論（第 3 版）』
　　（東京大学出版会、2011 年）204 頁。
(46)　森田・前掲注（2）118 頁。

借地権マンションにおける地代等支払債務と管理組合
——日本法の解釈論とドイツ住居地上権
（Wohnungserbbaurecht）における議論——

佐　藤　　　元

```
Ⅰ　はじめに
Ⅱ　問題点の整理
Ⅲ　管理組合による地代等徴収・支払業務及び立替払いが許されること
Ⅳ　ドイツ住居地上権における地代等支払債務と住居所有権者共同体
Ⅴ　おわりに
```

Ⅰ　はじめに

　わが国における分譲マンションストック戸数は、平成30年末において654.7万戸に達しているが[(1)]、いわゆる借地権マンションのストック戸数は、多くはない[(2)]。しかしながら、借地権マンションは、権利構造の複雑性や当事者が多数であることによって、複雑な問題を多く抱えており[(3)]、ストック戸数は少ないながらも、法解釈や立法論によって解決策を提示すべき必要性は高い[(4)]。

（1）　国土交通省ウェブサイト（https://www.mlit.go.jp/common/001290993.pdf）参照。
（2）　定期借地権マンションのストック戸数については、齊藤広子＝中城康彦「定期借地権マンションのストックの状態と管理上の課題と対応」公益社団法人日本都市計画学会都市計画論文集Vol. 51 No. 3（2016年）821頁（820頁）参照。2014年時点での定期借地権マンションの総戸数が約2.4万戸であり、日本のマンションストック全体の0.4％と、占める割合は少ない、とされる。
（3）　拙稿「借地権付マンションの法律問題—借地法制と区分所有法制の交錯—」マンション学57号172頁参照。
（4）　小澤英明『企業不動産法』（商事法務、第2版、2018年）143頁において、「私自身、定期借地権マンションの法律相談を本格的に受けたことがない」と述べられているとおり、確かに、実務的には、頻繁に発生する問題ではないと思われる。しかし、筆者は経験上、借地権マンション

借地権マンションを巡っては、これまで多くの研究成果があるが、本稿[5]は、借地権マンションをめぐる多くの問題のうち、地代または土地の借賃（以下、「地代等」という）をめぐる問題をとりあげる。特に、借地権者である個々の区分所有者が、借地権設定者である土地所有者に対して、借地権設定[6]契約に基づいて履行すべき地代等を、マンション管理組合（以下「管理組合」[7]という）が、各区分所有者から徴収し土地所有者に対して支払ってよいか、

の相談を受けたことがあるし、近時の実務上及び理論上の問題状況は、藤井俊二ほか「定期借地権付マンションの現状と課題」マンション学54号（2016年）155頁以下、同「借地権付マンションの現状と課題」マンション学57号（2017年）155頁以下、同「借地権付マンションの法的諸問題」マンション学60号（2018年）53頁以下において研究されている。また、大木祐悟『マンション再生』（プログレス、2014年）142頁以下においては、マンション建替えの場面では敷地利用権が借地権であることが建替えの手続を複雑化させていることが指摘されている。その他にも、借地権マンションの問題状況を紹介するものとして、「＜ルポタージュ管理組合の現場から＞底地権の買取りでマンションの資産価値向上に取り組む―借地権付から土地所有権マンションに向けて」マンション管理センター通信353号（2016年3月号）10頁がある。

（5）　わが国における借地権マンションの先行研究としては、他の箇所で引用するもののほか丸山英氣『叢書民法総合判例研究65 I　区分所有法 (1)』（一粒社、1987年）108頁以下、玉田弘毅『建物区分所有法の現代的課題』（商事法務、1981年）125頁以下、同『注解建物区分所有法(1)』（第一法規、1979年）307頁以下、篠塚昭次『論争民法学3』（成文堂、1971年）201頁以下、鈴木禄弥「区分所有建物の借地権の準共有について」民事研修150号69頁、同『借地法(上)』（青林書院新社、1971年）161-170頁、鷹巣信孝『財産法における権利の構造』（成文堂、1996年）232頁以下等がある。また、平成4年の借地借家法改正による定期借地権導入後においては、定期借地権マンションの普及のため、定期借地権マンションの研究が進められ、この時期に借地権マンションの議論は特に実務的側面において深化した。その代表的なものは、建設省（現国土交通省）の委託により、稲本洋之助東京大学教授（当時）を座長として設置された「定期借地権活用住宅研究会」による研究であり、研究成果は、土地総合研究所定期借地権活用住宅研究会編『定借マンション・ガイドブック』（ぎょうせい、1997年）（以下、「定借マンションガイド」と引用する）にまとめられている。また、建設省は同じく稲本教授を座長とする「定期借地制度研究会」を設置し、マンションも含めた定期借地権設定契約のあり方について研究成果を公表している（稲本洋之助編著『定期借地住宅の契約実務』（ダイヤモンド社、1995年））。定期借地権マンションについては、以上の研究以外にも、山岸洋「定期借地権分譲マンションをめぐる諸問題（上）（中）（下）」NBL594号18頁、595号23頁、601号43頁（1996年）、財津守正『定期借地権マンションの法律』（ぎょうせい、1999年）等がある。

（6）　本稿では、借地権設定者のことを土地所有者と表現する。

（7）　本稿においては、説明の便宜上、いわゆる「管理組合」を区分所有法3条に基づく区分所有者の団体と同義として扱う。理論上、実務上、「管理組合」と区分所有法3条の団体とを同一のものとして扱ってよいかについては問題がある（このような問題を指摘するものとして柄澤昌樹『分譲マンション区分所有建物紛争の法律実務』（青林書院、2018年）3-10頁）。しかし、多くのマンションでは、「管理組合」が区分所有法3条の団体に当たるから、本稿ではこのような扱いをする。なお、区分所有法3条団体と「管理組合」を同一のものと扱うものもあるが（玉田弘毅編著『マンションの法律1』（一粒社、第3版、1985年）175頁以下）、理論的には両者は区別されるという考え方が通説であろう（丸山英氣『叢書民法総合判例研究65 II　区分所有法 (2)』

さらに、各区分所有者に地代等の滞納が発生した場合に、それを立替払いしてよいか、という問題を論じる。もっとも、当該問題が、そもそも問題である、ということ自体があまり広く認識されていないと思われるため、本稿では、問題状況の整理をした上で、管理組合がそれを行うことが可能であるということを論証したい。

　また、本稿は、これまでわが国であまり行われていないドイツの借地権マンションに関する紹介および検討を行う。わが国の区分所有法に相当するドイツの住居所有権法（Gesetz über das Wohnungseigentum und das Dauerwohnrecht、住居所有権及び継続的居住権に関する法律。以下では「WEG」もしくは「住居所有権法」という。）は、わが国のいわゆる借地権マンションに相当する制度として、「住居地上権（Wohnungserbbaurecht）」の制度を定めている。本稿は、この制度の概要を示したうえで、住居所有権者の団体が地上権の地代を個々の所有者から徴収し、土地所有者に支払えるか、立替払いできるか、という点についての議論を紹介し、若干の考察を行う。[8][9][10]

（一粒社、1985年）55頁以下、遠藤浩編『マンション』（青林書院、1985年）304-311頁〔稲本洋之助〕等。鎌野邦樹『マンション法案内』（勁草書房、第2版、2017年）101-108頁も両者の理論的区別を前提としながら、説明の便宜上両者を同じものと扱う）。

（8）　住居地上権について紹介する先行研究としては、藤井俊二「定期借地権付マンションの法的諸問題」マンション学54号（2016年）155頁以下がある。

（9）　イギリスの借地権マンションとわが国のそれとの比較研究としては、大野武「定期借地権マンションに関する比較法的考察」マンション学57号193頁、ハワイ及びイギリスの借地権マンションとわが国のそれを比較検討するものとして、齊藤広子「定期借地権マンションのストックの概要とこれからの課題」マンション学57号157頁がある。

（10）　ドイツの地上権に関する先行研究としては、田中英司「ドイツ地上権制度比較研究序説（一）-（二）」六甲台論集35巻3号、4号（1988-1989年）、同「ドイツにおける地上権の存続保障・保護に関する一考察」京都学園法学30・31号2・3号（2000年）378頁、同「ドイツ民法典のもとでの地上権の歴史的な展開に関する一考察」京都学園法学25号（1998年）200頁、同「ドイツにおける地上権の意義から学ぶこと―クノーテの見解を手がかりとして―」京都学園法学39・40号2・3号（2002年）109頁、大西泰博「近代ドイツにおける地上権制度の考察」早稲田社会科学研究17巻（1977年）163頁、村田博史「ドイツ地上権の譲渡性とその制限」同志社法学25巻3号197頁以下等がある。

Ⅱ　問題点の整理

1　前提——借地権マンションの分譲方式、借地契約の契約当事者、地代等の支払義務者、地代等債務の性質——

　多くの借地権マンションは、いわゆる「譲渡方式」ないし「転貸方式」といわれる形で分譲される[11]。

　「譲渡方式」は、開発時において分譲事業者が土地所有者との間で借地権設定契約を締結し、設定した借地権の準共有持分を分譲時に各区分所有者に譲渡するものである。この結果、分譲事業者は、当初設定した借地権設定契約の当事者からは離脱し、賃借人の地位は分譲事業者から各区分所有者に移転し、土地所有者と各区分所有者が契約当事者になる。

　他方、「転貸方式」は、開発時において分譲事業者が土地所有者との間で設定した借地権の準共有持分を、分譲時に各区分所有者に転貸するものである。この構成だと、分譲事業者は、転貸人として契約関係に残ることになり、土地所有者（賃貸人）—分譲事業者（賃借人・転貸人）—各区分所有者（転借人）が、契約当事者となる。

　このように、借地権マンションにおいては、各区分所有者が借地権者になるのであり、管理組合が借地権者になるわけではない。したがって、土地所有者に対して（転貸型の場合には分譲事業者に対して）（以下では、地代等支払義務の相手方つまり債権者について、土地所有者と分譲事業者を併せて「土地所有者」と示す）、地代等支払義務を負うのは、管理組合ではなく、各区分所有者である。

　各区分所有者が、土地所有者に対して地代等支払義務を負うことから、そ

---

(11)　実務上、このほかに事業受託方式（分譲事業者が土地所有者からマンション分譲の事業受託を受け、集合住宅の分譲ユーザーを募集して建物を建築し、多数ユーザーと土地所有者との集合的な敷地利用関係に関与する形態）、自己借地権方式（土地所有者が事業者と共同で事業を行う方式）があるとされるが、法的な分析としては、借地権の譲渡か転貸か、という分類が重要であるので、本稿では本文のとおり「譲渡方式」と「転貸方式」のみ取り上げた。また、これら以外にも、古い分譲マンションの場合には、借地権マンションの分譲方式が確立されていなかったことから、分譲時に、分譲事業者が専有部分に対する区分所有権を各区分所有者となる買主に譲渡し、他方で各区分所有者となる買主が別途土地所有者との間で直接借地権設定契約を締結するというものもみられる。この場合、各区分所有者が締結する借地権設定契約の契約期間が区々になるという問題点が指摘されている（大木前掲注4）143頁）。

の地代等支払義務の性質が問題になる。この点については、大きく分けて可分債務と解する見解と、不可分債務と解する見解に分かれる。不可分債務説は、賃料債務を各区分所有者の不可分債務と解するため、各区分所有者に対し、借地権全体の地代等（全区分所有者の地代等の合計額）を請求することができ、一部の区分所有者に未払いが生じた場合には、その未払分は他の区分所有者に対して請求しうると解する見解である。他方で、可分債務説は、各区分所有者の持分割合に従った地代等のみ支払義務を負い、したがって、一部の区分所有者に未払いがあったとしても、他の区分所有者に対しそれを請求することができないとする見解である。本稿では、地代等支払義務の性質については、近時有力な可分債務説に立って議論を進める。[12]

2　問題意識の展開

(1)　二つの裁判例

問題意識を明らかにするため、二つの裁判例を紹介する。

＜裁判例1＞東京地判平成21年1月29日 Westlaw 文献番号 2009WLJPCA1298010

【事案の概要】

借地権マンションの敷地を X が所有している。Y は、そのマンションの一室の区分所有権を有しており、次の内容の借地契約に基づく借地権の準共有持分110分の1を有している。

①賃貸借期間　平成5年7月1日から30年

②賃料　月額2100円を毎月末日に翌月分を支払う。

X は、東京簡易裁判所に賃料増額の調停を申立て、平成16年5月14日

---

(12)　借地権マンションの地代の法的性質については、これまで多くの議論がなされている。議論の詳細は、新田敏「敷地利用権の法的性質」丸山英氣＝折田泰宏編『これからのマンションと法』（日本評論社、2008年）210以下参照。近時、可分債務説に立つ見解としては、新田論文の他、大野武「借地上の区分所有建物における借地契約の法定解除と敷地利用権の帰趨」マンション学54号（2016年）60頁以下、山岸前掲注）5「定期借地権分譲マンションをめぐる諸問題（中）」25-26頁、拙稿「借地権付きマンションの地代等をめぐる法的諸問題」マンション学60号（2018年）54頁以下等がある。可分債務説に立つ裁判例として、東京地判平成7年6月7日判タ911号132頁がある。

に調停に代わる決定がなされ、本件借地契約に基づく平成 15 年 1 月 1 日以降の賃料は月額 8620 円に改定された。

　X は、Y に対し、平成 19 年 8 月 13 日到達の書面で、平成 15 年 1 月 1 日から平成 16 年 4 月 30 日までの賃料差額 10 万 4320 円及び平成 19 年 6 月から同年 8 月分までの賃料 2 万 5860 円について、書面到達後 7 日以内に支払うよう催告したが、Y は、到達後 7 日以内に支払わなかった。

　X は、Y に対し、同年 9 月 27 日到達の書面で本件借地契約を解除する旨の意思表示をした。

　X は、Y に対し、同年 10 月 18 日到達の書面で、区分所有権売渡請求権に基づき、Y 所有の一室を 130 万円で売り渡すことを請求する旨の通知をした。

　そして、X は、本件訴訟において、Y 所有の一室について、形成権である区分所有権売渡請求権によって成立した売買に基づき所有権移転登記手続を求めた。

【判旨】

　「相当の期間を定めて賃料の差額及び未払賃料の履行の催告をしたにもかかわらず、その期間内に履行をしなかったものであるから、X による本件借地契約の解除の意思表示は有効というべきである。」

　「X が、Y に対し、平成 17 年 3 月から平成 19 年 8 月までにかけて再三にわたり賃料の差額及び未払賃料の支払を催告してきたことは、……認定のとおりであり、それにもかかわらず、Y はその支払いをしなかったのであるから、X と Y との間の信頼関係を破壊するに足りない特段の事情があるとは認められないし、X が解除権を行使することが権利の濫用であるともいえない。」

＜裁判例 2 ＞東京地判平成 19 年 9 月 11 日 Westlaw 文献番号 2007WLJPCA 9118004

【事案の概要】

　本来の事案は複雑であるので、事案を簡略化して紹介する。

　借地権マンションの土地所有者 X1 及び X2（共有である）が、当該マンシ

ョンの9つの専有部分の区分所有権を有するYに対し、各専有部分の区分所有権に対応する敷地利用権たる賃借権の無断譲渡を理由に、借地契約（賃貸借契約）を解除し、建物収去土地明渡を求めた事案である。

本件借地契約には、「乙は、甲の事前の書面による同意なくして当該物件の全部又は一部を第三者に譲渡してはならない。」旨規定されている。

Yは、担保不動産競売によって、もと区分所有者C、D及びEから、区分所有権を取得した。これによって区分所有権を有する者はX1、X2及びYのみとなった。

Yは、不動産競売の売却代金納付後2か月以内に、本件土地の借地権につき、裁判所に対して、借地借家法20条1項に基づく賃借権の譲渡の許可を申し立てなかった。

そして、Xは、賃借権の譲渡の承諾がないとして、Yに対し、本件借地契約の解除の意思表示をし、所有権ないし賃貸借契約終了に基づき建物収去土地明渡を求めた。

【判旨】

賃借権の譲渡に対する承諾の有無が争点になっており、承諾はないとの事実認定等をした上で、「Yの本件土地に対する占有権原は認められず、Yが所有する本件各建物は、Xらの請求どおり、収去すべきことになる。」と判示した。そして、傍論ではあるものの、次のように判示する。

「なお、この区分所有建物の専有部分の収去請求を命ずることの当否について付言する。

本件においては、前判示のとおり、本件一棟の建物は、地下1階付き地上10階建ての建物であって、そのうち、1階部分の別紙物件目録2記載1の建物は、X2とYの所有にかかるものであるし、X1は3階及び4階部分の区分所有権を有するものであるから、Yが所有する本件各建物のみを収去することは物理的にほぼ不可能である。

そして、専有部分の収去は区分所有物の構造上物理的に不可能であったり、社会経済上、不適当なことが多いことを考慮して、建物区分所有法10条は、敷地利用権を有しない区分所有権があるときは、その専有部分の収去を請求する権利を有する者は、その区分所有者に対し、区分所有権を時価で

売り渡すべきことを請求することができる旨を定めている。

しかしながら、建物区分所有法 10 条は、専有部分の収去権者にその区分所有権の売渡請求権を与えるものではあるが、専有部分の収去権を否定したものではないし、本件は、X らが自身の所有する区分所有建物に及ぶ影響について十分承認をした上で、本件各建物の収去を求めているものと解されるから、X らの区分所有建物に対する配慮を理由に、その請求を排斥することはできない。

すなわち、本件において、Y の区分所有部分である本件各建物の収去を行う場合には、現実的には、原告らの区分所有建物部分を含めた本件一棟の建物全部の収去がされることになろうが、X らがそのことを甘受して、本件各建物の収去を求めることを否定する必要はないと、当裁判所は解するものである。」

(2) 二つの裁判例の考察と問題意識

区分所有者が敷地利用権を有しない場合には、その敷地の所有者は、区分所有者に対してその専有部分の収去を請求することができるが、区分所有建物においては、そのようなことは物理的にも社会通念上も不可能に近いため、区分所有法 10 条は、専有部分の収去を請求する権利を有する者が、敷地利用権を有しない区分所有者に対して、区分所有権を時価で売り渡すことを請求できるとしたものである。[13]

＜裁判例①＞は、賃料未払の債務不履行を理由に借地契約を解除し、その後、区分所有法 10 条に基づく区分所有権売渡請求権を行使したものである。

＜裁判例①＞のように、地代等未払いを理由に借地契約を解除している事案は他にもあるが、[14]本件のように土地所有者が区分所有権売渡請求権を行使すれば、敷地利用権が解除された区分所有権については、敷地利用権が所有

---

(13) 稲本洋之助＝鎌野邦樹『コンメンタールマンション区分所有法』（日本評論社、第 3 版、2015 年）73 頁。

(14) 東京地判平成 27 年 3 月 18 日 Westlaw 文献番号 WLJPCA03188033、東京地判平成 26 年 5 月 9 日 Westlaw 文献番号 2014WLCA05098007 等。なお、そもそも、持分権ごとの解除が許容されるかどうかについても借地契約の個数と関連して議論があり得るところである（財津前掲注 5）14 頁）が、本稿では、持分権ごとに解除され得ることを前提に議論を進める。また、地上権の場合には、解除ではなく、地上権消滅請求（民法 266 条 1 項、276 条）が問題になるが本稿では両者を合わせて解除として論じる。

権となって土地所有者に帰属することになる。このように区分所有法10条に基づく区分所有権売渡請求権が行使されれば、問題はない。

しかし、問題は、＜裁判例②＞の帰結と、＜裁判例①＞を組み合わせた場合に生じる。すなわち、＜裁判例②＞は、賃借権の無断譲渡による解除であるが、この解除原因を、＜裁判例①＞の解除原因である地代等未払いに置き換えても、＜裁判例②＞の結論は導けるはずである。そうすると、＜裁判例①＞のように地代等未払いによる借地契約の解除であっても、＜裁判例②＞のように専有部分の建物収去土地明渡請求が認められることになる。＜裁判例②＞は、区分所有者が、土地所有者である原告 X1・X2 と被告 Y のみであるという特殊事例ではあるものの、区分所有法10条により売渡請求権が認められていることは、専有部分の収去請求を否定するものではなく、収去請求するか、売渡請求権を行使するかは、収去請求権者の自由であるし、強制執行ができない場合でも直ちに訴えの利益が否定されることにはならない[15]から、区分所有者が原告と被告のみに限られない場合であっても建物収去土地明渡の判決が言い渡されることは否定できない。[16]

また、＜裁判例②＞のように、土地所有者が、区分所有法10条に基づく区分所有権売渡請求権を行使しない場合、敷地利用権たる借地権の準共有持分権に対応する借地契約が解除された状態のみ残ることになるから、解除された借地権の準共有持分に対応する専有部分の区分所有権は、敷地利用権が存在しない状態になる可能性がある。[17]

---

(15) 稲本＝鎌野前掲注13) 75頁、川島武宣＝川井健編『新版注釈民法 (7)』（有斐閣、2007年）644-645頁〔川島一郎・濱崎恭生・吉田徹〕。区分所有法10条の手段が認められるのにあえて収去を請求することが権利の濫用にあたることが多いとも説明される（川島＝川井編同書645頁）が、一般条項の判断によらなければならないというのは、区分所有者の敷地利用権確保の観点からは安定性を欠く。

(16) 高橋宏志『重点講義民事訴訟法（上）』（有斐閣、第2版補訂版、2013年）350頁。

(17) この点に論じるものとして、大野前掲注12) 60頁以下がある。大野教授は、借地契約の解除により、土地借地権の準共有持分が土地所有者に復帰的に変動し（復帰的土地賃借権譲渡）、土地所有者は区分所有建物の自己借地権（借地借家法15条2項）を取得すると解する。私見はこの見解に賛成であるが、このように解する最高裁判例はないため、解除後の敷地利用権の帰趨については判然とせず、本文のとおり敷地利用権がなくなるとの考え方も成り立ちうる状況である。なお、昭和37年の区分所有法制定時の立案担当者は、現行区分所有法10条の同趣旨の昭和37年区分所有法7条の適用場面の一つの解説として、「区分所有権者が建物の敷地の賃借権を準共有している場合において、区分所有者の一人が区分所有権とともにその賃借権の準共有持分を

また、地代等未払いを原因とする借地契約解除によって、敷地利用権が存在しない区分所有権が生じることは、次のような混乱ももたらしうる。すなわち、地代等を滞納する区分所有者は、通常、マンションの管理費及び修繕積立金（以下「管理費等」という）も滞納している。管理組合は、管理費等の滞納が一定程度に達したら、法的手続をとりそれを回収することになるが、多くの場合、専有部分には抵当権が設定されており、管理費等債権には区分所有法7条により先取特権が付与されているとはいえ、抵当権の被担保債権には劣後することになる。そのため、そのような事案では最終的には区分所有法59条に基づく区分所有権等競売請求によって、区分所有者を入れ替え、買受人となった特定承継人から回収することになる（区分所有法8条）。[18] しかし、滞納者の区分所有権の競売手続において、すでに借地権が解除されていて、敷地利用権が存在しないことが明らかになれば、その価値に影響を及ぼし、あるいは、競落人が現れないことも起こりうる。

管理組合としては、地代等未払いが起きた後の、敷地利用権の帰趨を、土地所有者の動向に委ねざるを得ず、土地所有者が区分所有法10条の区分所有権売渡請求権を行使してくれるのを待つしかない、ということになれば、不安定な立場に置かれることになる。そこで、この不安定な立場に陥らないように、管理組合が地代等を滞納する区分所有者に代わりそれを支払えばよい、といえればよいのだが、従来の有力な見解はこれを認めていない。そこで、次に、この点についての従来の議論を確認する。

　他人に無断譲渡し、賃貸人である土地所有者が民法612条第2項の規定による解除権を行使すると、その解除の効果は、その区分所有者に対する関係においてのみ生じ、その結果、土地所有者は、その区分所有者の有していた借地権の準共有持分を取得することになると解される。」と述べる（川島一郎「建物の区分所有等に関する法律の解説」（濱崎恭生『建物区分所有法の改正』（法曹会、1989年）所収）561～562頁（初出1962年））。大野教授の見解と同旨のようにも読めるが、当時は自己借地権が認められていなかったので、この記述をそのように読んでよいかは判然としない。

(18)　滞納管理費の回収手法に関しては、石川貴康「管理費の滞納と回収」丸山＝折田前掲注12）438頁以下参照。

3 管理組合が地代等支払いに関わることについての従来の議論

(1) ケースの設定

まず、次のようなケースを設定する。

> あるマンションでは、次のような取り扱いがなされている。
>
> （α）管理費や修繕積立金とともに地代も銀行口座引き落としで管理組合が収受し、管理組合が一括して土地所有者に対して地代を支払っている。
>
> （β）区分所有者の中には管理費や修繕積立金とともに地代の滞納をする者がいる。こうした場合、管理組合は、管理費から地代を立替払いしている。
>
> （γ）管理組合が、地代を収受し、土地所有者に対して区分所有者に代わり支払い、滞納地代に関しては立替払いするという仕組みを、管理規約に定めている。

(2) 従来の見解

ケースの問題点は、α地代等徴収・支払業務を管理組合が行うことができるか、さらにこれを超えて、β地代等の立替えまで管理組合が行い得るか、というものである。マンション管理の実態をみると、（規約を整備しているかどうかは別として）αのみを行っている場合もあるし、αもβも行っている場合もある。

従来の考え方は、大きく二つに分かれる。

まず、A説（定借マンションガイドの見解）は、αβともに許されないと解する（αができないのであればβは当然行えない）という見解である。αβが許されないので、それを規約化すること（γ）も許されない[19]。

B説（高層住宅管理業協会（現マンション管理業協会）の見解）は、βは許されないが、αの範囲であれば可能という見解である。したがって、αの範囲であれば規約に定め得る（つまりγの一部を許容）[20]。

A説は、その根拠として、①地代等徴収・支払業務は「敷地の管理」に含まれないこと、②管理組合の会計上の混乱が生じる恐れがあること、③マンションの良好な維持管理に支障が生じるおそれがあることを挙げる[21]。A

---

(19) 定借マンションガイド 109-111 頁。

(20) 社団法人高層住宅管理業協会『調査研究報告書　定期借地権マンションの管理規約、管理委託契約書等について』（2005 年）はじめに、1-2 頁。

(21) 定借マンションガイド 110-111 頁。

説は、定借マンションにおける借地契約終了時の土地の明渡しについては、「定借マンションの場合は、分譲から契約終了時の履行完了までのプロセス全般が『敷地の管理』に含まれると理解し、区分所有者の自治的規範たる管理規約や決議により円滑な土地返還を実現することが必要と解され」るとして、契約期間満了後の返還義務の履行に関する業務を管理組合の権能の範囲に含めながら、①地代等徴収・支払業務は「敷地の管理」に含まれないため管理組合の権能の範囲外であると解しているが、その根拠は判然としない。②は、管理組合が管理費等と地代を一括で徴収すると、管理組合の本来の業務のための費用である管理費等と、土地所有者の収入である地代等との区別がつかなくなり、特に、管理組合が赤字の場合には、その収支の内容が管理費等の不足によるものか、地代等の不足によるものか曖昧になるという問題意識から指摘されているものである。③は、区分所有者の共同の利益である良好なマンションの維持管理という、管理組合の本来の業務の中に、借地人である区分所有者と土地所有者の関係を持ち込むことは、一部の借地人と土地所有者との間にトラブルが生じた場合に、管理組合がそれに巻き込まれ、本来の業務であるマンションの良好な維持管理に支障を来し、区分所有者相互間の利益を損なうことになるとの問題意識から指摘されているものである。

　B説は、*a*を認める根拠として次の三点を挙げる。すなわち、第一は、地代等の徴収は、土地所有者もしくは土地所有者から委託を受けた者が行うことが望ましいと思われるが、各区分所有者と土地所有者との契約関係に委ねた場合、地代等の徴収・支払いは土地所有者及び各区分所有者にとっていかにも煩瑣・非効率である。そこで、むしろ管理組合が、借地契約上の事務をとりまとめて行うことが各区分所有者の借地契約における用益上の権利を安定させることになり、土地所有者の利益にも適うということである。第二は、実際上、管理組合がマンション管理業者にマンション管理事務と一体と

---

(22)　例えば、建物取壊し及び原状回復積立金を管理組合が徴収すること（定借マンションガイド89-90頁）、借地期間満了後の原状回復・明渡し業務を管理組合の業務とすること（同92頁）等を定めた規約の例文を提示している。

(23)　定借マンションガイド110頁。

(24)　定借マンションガイド110-111頁。

して地代等徴収・支払業務を行わせているのが一般であることである。第三は、地代等の徴収・支払いが、「広義の管理行為」といえることである。もっとも、B説は、「各組合員に対し賃料支払請求権を有するのは土地所有者であって、管理組合にはないことに留意する必要がある。組合員が賃料を滞納したときは、管理組合がこれを立て替えて支払うべきものではない」としており、管理組合が契約当事者でないことを重視して、β地代等の立替払いを否定する。B説は、αの範囲であれば管理組合の権能の範囲に含まれると解していることから、βは権能の範囲外と解しているのであろう。

　以上のとおり、従来の見解は、α地代等徴収・支払業務を許容する見解はあるものの、β地代等の立替払いまでは許容せず、したがって、αの範囲までしかγ規約で定めることを認めない。A説に至っては、α β γ全てを否定する。A説、B説に共通する問題意識は、そもそもα βが、管理組合の権能の範囲なのか、すなわち、区分所有法3条の「敷地の管理」に含まれるのか、という点である。A説はα β全てが「敷地の管理」に含まれないと解し、その規約化（γ）も認めず、B説はβとβを規約で定めること（γの一部）が「敷地の管理」に含まれないと解している。そうすると、最大の問題は、α βが、果たして区分所有法3条の「敷地の管理」に含まれないのか、という点だと言えそうである。

　また、A説は、②管理組合の会計上の混乱が生じる恐れがあること、③マンションの良好な維持管理に支障が生じるおそれがあることを、α β γを否定する根拠として挙げる。しかし、②については、地代等の会計と、管理費会計及び修繕積立金会計を区分して管理すれば問題ないし、地代等を管理組合が立て替える場合についても、他会計から繰り入れたことが明らかにされていれば問題ない。また、③については、どのようなトラブルを想定しているのか不明であるし、抽象的な危険性を指摘するにとどまるものでα β γを否定する十分な根拠になっていない。

　結局、検討されなければならない問題は、α βが、区分所有法3条の「敷

---

(25)　山岸前掲注）5「定期借地権分譲マンションをめぐる諸問題（中）」24頁は、「区分所有法の敷地の管理の概念には、区分所有建物の存立に必要な敷地利用権の管理が含まれ、そのために必要な地代の徴収を管理組合の事務に含めることは可能であろう」と述べ、B説と同様の見解に立つ。βまで許容するかは不明である。

地の管理」に含まれるのか否か、という点である。

そこで、以下では、まず、α βが同法3条の「敷地の管理」に当たるかどうかを検討する。次に、同法3条の「敷地の管理」に該当したとしても、α βについての規約の定め（γ）が許容されるためには同法30条1項の規約事項に当たることも確認される必要があるから、α βが同法30条1項の規約事項に該当するか否かを検討する。

Ⅲ　管理組合による地代等徴収・支払業務及び立替払いが許されること

1　管理組合の権能の範囲の検討
(1)　借地権マンションにおける敷地の管理とは何か
一般に借地管理には、借地自体の物理的な状態を良好に保つための維持管理と、借地契約の管理の2つの側面がある[26]。借地権の対象となる敷地そのものの物理的管理については、「敷地の管理」として区分所有法3条の目的の範囲に含まれることに問題はない。一方本稿で問題としている地代等の徴収・支払い及び立替払いは、借地契約上の債務の履行に関する問題であるので、借地契約の管理の問題である。前述のとおり借地契約の当事者は、区分所有者であって、管理組合ではないから、管理組合が、地代等支払いに関与するということは、個々の区分所有者の借地契約に関与することになる。このように個々の区分所有者の契約関係に関与することが、「敷地の管理」に当たると単純に言ってよいか疑問の余地があるため、可能か否か、区分所有法3条の解釈問題として検討する必要がある。

(2)　区分所有法3条の「敷地の管理」に含まれること
区分所有法3条は、「建物並びにその敷地及び附属施設の管理」を行うことが、管理組合の目的であり、その権能の範囲である旨定める。したがって、この目的の範囲を超える行為を管理組合は行うことはできない。同条の「管理」とは、区分所有者の団体的意思決定に服すべきものとされる対象事項を広く包摂しているものである[27]。そして、「管理」に含まれるか否かは、

(26)　稲本前掲注5) 29頁参照。

「個々の事案ごとに社会通念に照らして考える[28]」ものであり、建物の構造、取引通念その他社会通念等を考慮して、建物の使用のため区分所有者が共同して行うことの必要性、相当性に応じて判断すべきものであるとされる[29]。この解釈論が、借地権マンションにおける借地契約の管理の限界を考えるにあたって参考になる。

借地権マンションにおいては、敷地利用権が借地権であり、構造上借地権と切りはなすことができないから、一定程度の借地契約の管理が、マンション存立の前提として予定されている（区分所有法3条の「敷地」には借地権ないし借地契約が含まれると解すべきである）。そのため、借地契約の管理にも管理組合が一定程度関わり得ると解すべきである。他方で、借地契約の管理のうち、例えば地代等を増額する旨の合意を管理組合が団体的意思決定に基づいて行い得ると解することは個々の借地権者（区分所有者）の借地契約上の義務の加重を反対者の意思に反して強制することになるので妥当ではない。したがって、問題となる個々の事案に応じてその限界を判断すべきである。そこで、借地権マンションにおいては、＜建物の存立の基礎が借地権であること、その権利が準共有であること、個々の区分所有者に帰属する借地契約上の権利義務の性質、その他社会通念等を考慮して、敷地の利用、維持のための必要性、相当性に応じて「敷地の管理」に含まれるか否かを判断する＞という基準によって、借地権マンションにおける「敷地の管理」（借地契約の管理）の限界を考察すべきであると考える[30]。

(3) α βの検討

ある区分所有者が地代等を滞納した場合、前述のとおり、その区分所有者の借地権の持分権に対応する借地契約が解除され、借地権の持分権が消滅し、敷地利用権のない区分所有権が生じる可能性がある。そして、区分所有者が区分所有法10条に基づく区分所有権売渡請求権を行使しない場合には、

---

(27) 濱崎前掲注17) 114-115頁。
(28) 濱崎前掲注17) 115頁。
(29) 濱崎前掲注17) 116頁参照。
(30) なお、本稿では論じていないが、借地契約終了後の敷地の明渡業務（明渡義務の履行）も管理組合の目的の範囲に含まれうる（拙稿「定期借地権付マンションの敷地管理について」マンション学54号175-176頁参照）。

敷地利用権のない状態が継続することになる。このような事態は、区分所有者全体にとって好ましいことではないし、前述のとおり、当該区分所有権を区分所有法59条に基づいて競売した場合に、その価値に影響したり、競落人が現れないなどの恐れもある。そこで、区分所有者としては、そもそも土地所有者によって解除権を行使されないように、α地代等徴収・支払業務を行い、β地代等の滞納者がいる場合にはそれを立替える必要性がある。

そして、相当性の点については、次の点から肯定できると解する。すなわち、第一に、そもそも地代等債務の根拠となる借地権の持分は、一個の借地権の準共有持分であるから、全区分所有者に関連する問題であること。第二に、α地代等徴収・支払業務を管理組合が行っても個々の区分所有者に負担を生じさせるものではなく、むしろ個々の区分所有者が自ら地代等を支払う手間を省き負担を軽減するものであること。第三に、β地代等の立替払いを管理組合が行っても立替えてもらった区分所有者の権利を制約するものでもなく、他方で、立替払いによって他の区分所有者はその分経済的負担を被ることになるが、反面、解除による不利益を回避できる点で利益が大きいこと、である。

以上から、管理組合が、敷地の利用、維持のため、α地代等徴収・支払業務を行うこと、及びβ地代等の立替えを行うことの、必要性、相当性が認められるので、これらが「敷地の管理」として、管理組合の権能に含まれると解する。[31]

---

(31) 念のため、区分所有法7条との関係につき付言する。同条の「建物の敷地……につき他の区分所有者に対して有する債権」には、地代等の立替払いによって発生する立替金償還請求権が含まれ（稲本＝鎌野前掲注）13・60頁）、区分所有者が地代等を立て替えた場合には、それを立て替えてもらった区分所有者の有する区分所有権等に対して先取特権が認められる。そのため、同条が地代等立替払いを許容していることから、同法3条の解釈をするまでもなく、管理組合が立替払いをすることは区分所有法上当然に許容される、と解されるのではないかという疑問が生じる。しかし、同条は、あくまでも立替払いをした後の立替金償還請求権に先取特権を認めている規定に過ぎず、管理組合がそれに関わることを正面から規定したものではないから、本文のとおり同法3条の「敷地の管理」に含まれるか否かの検討が必要であると考える。なお、区分所有法7条に地代等の立替払いが含まれていることの経緯については、大山和寿「区分所有法6条の形成過程―区分所有法7条の先取特権のあり方を見直すための準備の一環として―」松久三四彦ほか編『民法学における古典と革新』（成文堂、2011年）143頁以下参照。

2 規約事項の検討

(1) 区分所有法 30 条 1 項の解釈

では、次に、αβが規約事項に含まれるかどうか、すなわちγは区分所有法 30 条の規約として定められるか、について検討する。

区分所有法 30 条 1 項は、「建物又はその敷地若しくは附属施設の管理又は使用に関する区分所有者相互間の事項」を一般的規約事項として定める。そのため、借地権マンションの敷地管理に関する具体的事項が、規約事項として許容されるためには、「敷地」の「管理」に関する「区分所有者相互の事項」であると言えなければならない。

区分所有法 30 条 1 項の趣旨は、建物、その敷地及び附属施設を維持するために必要又は有益な事項、その使用方法や費用負担などの事項、区分所有者団体の組織や運営などの事項について定めることができるというものである。[32]

専有部分に関しては、同条の「建物」に関する事項としてどこまでのことを定め得るかについて問題があるが[33]、共用部分、建物の敷地及び附属施設の管理又は使用に関する事項は、ひろく規約で定めることができる[34]。したがって、「敷地」に関しては、規約事項がひろく認められる。

「管理」に関する事項とは、建物等を維持してゆくために必要又は有益な事項をいう。[35]

「区分所有者相互の事項」とは、区分所有者と区分所有者以外の第三者との間の事項を規約に定めることができないという趣旨である。

(2) 具体的検討

α 地代等徴収・支払業務、及び β 地代等の立替えが規約事項にあたるか検

---

(32) 中村勲「規約の決定事項」塩崎勤編『裁判実務体系 19 区分所有関係訴訟法』(青林書院、1992 年) 387 頁、397 頁。

(33) 法務省民事局参事官室編『新しいマンション法一問一答による区分所有法の解説』(商事法務、1982 年) 179-180 頁。例えば、裁判例でも、専ら専有部分に係る電気料金や水道料金の徴収につき規約で定められるか否かが争点となったものがある(大阪高判平成 20 年 4 月 16 日判タ 1267 号 289 頁。特段の事情があるとして規約で定めることを肯定した事例)。

(34) 法務省民事局参事官室前掲注 33) 180 頁。

(35) 法務省民事局参事官室編注 33) 180 頁。具体例として、共用部分の清掃や補修、建物等の管理費・修繕積立金の負担割合・額・支払時期・徴収方法・共用部分に関する税金その他の諸経費の支払いを挙げる。

討すると、敷地利用権たる借地契約に関するものであるから、「敷地」に関する事項にはあたる。

次に、αβが「管理」に関する事項にあたるといえるかであるが、前述のとおり、α地代等の徴収・支払業務、及びβ地代等の立替えは、敷地利用権たる借地権の消滅を可及的に防ぐための管理組合の手段であるから、敷地を維持するために必要かつ有益である。したがって、「管理」に関する事項に当たるといえる。

最後に、αβが「区分所有者相互間の事項」といえるかという点に関しては、土地所有者に対する債務の弁済の問題であることから、第三者が関連する事項を含むものであるが、αβは、敷地利用権たる借地権が安定的に存続するように区分所有者相互間での立替えを認めるものなので、「区分所有者相互間の事項」にあたるといえる[36]。

以上から、αβを規約で定めること、すなわちγは、区分所有法30条1項の規約として許容される[37]。

3 小括

ここまでを通じて、管理組合が地代等を徴収し土地所有者に支払い、滞納者がいる場合にはその分を立て替えて支払うことが、区分所有法3条の「敷地の管理」に含まれ、これらを区分所有法30条1項の規約として定めるこ

---

(36) 稲本＝鎌野前掲注13) 182頁参照。

(37) 具体的に規約に定めるとすれば、次のような規定が想定される。

（地代等）

第●条　区分所有者は、敷地の管理のために、区分所有者が土地所有者に対して負担する地代または賃料（以下「地代等」という。）を管理組合に納入しなければならない。

2　地代等の額は、各区分所有者が、土地所有者と締結している借地権設定契約等土地所有者との間の合意によって定まる。

3　管理組合は、第1項の規定に基づき区分所有者より徴収した地代等を、土地所有者に対して支払うものとする。

4　本条第1項の地代等を区分所有者が納入しない場合、管理組合は、地代等の未納分を立て替えて土地所有者に対して支払うことができる。管理組合が立替払いを行わない場合には、土地所有者に対してその旨通知するものとする。

5　前項の規定により、管理組合が地代等を立て替えて支払った場合、管理組合は、地代等を納入しない区分所有者に対し、当該立替い金につき、立替金償還請求権を有するものとする。

とも可能であることを検討した。

　以下では、ドイツにおけるいわゆる借地権マンションの議論状況を若干ではあるが検討する。ドイツにおいても、地代等を団体が徴収・支払業務を行い、立替払いを行うことの可否が論じられている。

Ⅳ　ドイツ住居地上権における地代等支払債務と住居所有権者共同体

1　住居地上権の機能と概要

(1)　住居所有権（Wohnungseigentum）の概要

　住居地上権の説明に入る前提としてドイツのいわゆるマンションにおける所有権の制度の枠組みについて簡単に説明する。

　わが国の区分所有権に相当する権利を、ドイツでは住居所有権という。

　住居所有権とは、住居の特別所有権（Sondereigentum）であって、その属する共同財産（Gemeinschaftliches Eigentum）の共有持分（Miteigentumsanteil）と結合したものである（WEG1条2項）。特別所有権とは、建物の住居部分に対する所有権である（WEG1条1項）。共同財産とは、土地並びに特別所有権又は第三者の所有目的でない建物部分、施設及び設備をいう（WEG1条5項）。⁽³⁸⁾

　わが国では、区分所有者は、専有部分に対する所有権を区分所有権（区分所有法1条、2条1号及び3号）、共用部分（同法2条4号）に対する共有持分権、及び敷地利用権（同法2条6号）を有し、それらを分離処分禁止としている（同法15条、22条）。これに対し、住居所有権法は、住居所有権を、わが国の専有部分に対応する「建物の住居部分」について成立する権利である「特別所有権」と、わが国の共用部分と敷地を併せたものに対応する「共同財産」に対する「共有持分」とが結合した権利であると定義しており、「住居所有権」という概念が、住居所有権者が有する権利を包含する概念として位置づけられている。

---

(38)　なお、住居所有権法では、居住目的の住居に対する所有権を特別所有権と規定し、居住目的以外の住居に対する所有権を部分所有権（Teileigentum）と規定する（WEG1条3号）。

(2) 地上権（Erbbaurecht）の機能と概要

ドイツにおいて、地上権は、地上権法（Gesetz über das Erbbaurecht、地上権に関する法律。以下では ErbbauRG もしくは地上権法という。）において定められている[39]。

地上権とは、土地の地上または地下に工作物を所有することを目的として設定され、譲渡及び相続することができることを本質的な内容とする物権である（ErbbauRG1 条 1 項）。したがって、地上権を設定する目的は、工作物の所有のためでなければならない。

ドイツでは、建物は土地の本質的構成部分となり（BGB94 条 1 項 1 文）、建物は、土地所有権に吸収される。したがって、他人の土地に建物を建てると、その土地の所有権に吸収されてしまい、土地と建物の所有者は、分離しない。しかし、地上権に基づき建築された工作物は、地上権の本質的構成部分となる（ErbbaRG12 条 1 項）。

なお、わが国では、建物存立のために土地を利用する権利としては物権である地上権とともに、債権である賃借権も設定しうるが、ドイツにおいては、土地の賃借権はないため、建物を存立させる土地の利用権としては物権である地上権を用いる必要がある。

(3) 住居地上権（Wohnungserbbaurecht）の概要[40]

ドイツにおいて地上権上に、いわゆるマンションを建てる制度が住居地上権である。

住居地上権とは、地上権に基づいて既に建築され、あるいはいまだ建築さ

---

(39) ドイツの地上権は、当初 BGB1012 条から 1017 条までの 6 か条に規定されていた。その後、1919 年 1 月 15 日に地上権令（Verordnung über das Erbbaurecht）が公布され、BGB の地上権の規定は廃止された。さらに、地上権令は、2007 年地上権法に名称が改められた。地上権法成立までの沿革については、v.Oefele/winkler/Schlögel, Handbuch Erbbaurehct, 6. Aufl. 2016. Rn. 1-3, Ingenstau/Hustedt, Erbbaurechtsgesetz Kommentar, 11. Aufl. 2018. Rn. 1-11 参照。

(40) 筆者が、ドイツ地上権協会（Deutscher Erbbaurechtsverband）のマティアス・ナーゲル（Matthias Nagel）博士にメールにてヒアリングしたところによると、ドイツでは地上権や住居地上権の普及状況に関する統計資料は現在のところないので、正確な普及状況は不明であるが、建物敷地全体の 5％に地上権（マンションに限らない）が設定されていると推定されるとのことであった。借地権を設定する土地所有者の属性としては、たいていは自治体（市町村、都市）または教会または財団（多くの場合教会を背後に持つ）が借地権を付与しているが、最近は借地権を設定する個人も増えているとのことであった。

れていない【将来建築される】（noch zu errichtenden）建物内の特定の住居に
対する特別所有権であって、それが属している共有の地上権（gemeinschaftli-
chen Erbbaurecht）の持分と結合したものである（WEG30条1項1文）。すなわ
ち、住居地上権とは、特別所有権と共有の地上権の結合であり、通常の住居
所有権においては、土地の共有持分権と特別所有権とが結合するのに対し、
住居地上権においては、土地の地上権持分と特別所有権とが結合する点にお
いて違いがある。

　住居地上権の設定には、住居所有権と同様に、特別所有権の契約による付
与（WEG30条1項1文）と分割（同項2文、WEG8条）の二つの方法がある。契
約による付与は、複数の地上権の共有権者のすでに存在している持分を、地
上権に基づいて既に建築され、あるいは将来建築されるべき建物の中の、特
定の住居に対する特別所有権を付与する方法により、制限するものである
（つまり地上権持分に特別所有権を結合させ、地上権持分を制限する）（WEG30条1項）。
分割は、単独の地上権者が、登記所に対する意思表示によって、地上権を複
数の持分に分割し、既に建築され、あるいは将来建築されるべき建物の中
の、特定の住居に対する特別所有権を地上権の持分と結合させる方法である
（WEG30条2項、8条準用）。

2　住居地上権の地代（Erbbauzins）

(1)　地代の意義

　地上権は、その設定の際に、地代を設定することができる（ErbbauRG9条1
項1文）。地代には、BGBの物的負担の規定（BGB1105条〜1112条）が準用さ
れる（同条同項同文）。地代の設定は、地上権の本質的要素ではなく、地上権
の物的負担のような物権的負担であるため、地代は、地上権設定登記の登記
事項ではなく、「地代物的負担」として地上権登記簿の第2区欄用紙におい

---

(41)　*Schneider*, Bärmann, WEG Kommentar, 14. Aufl. 2018, § 30. Rn. 3.
(42)　なお、住居所有権法は、住居所有権と同様に居住目的のものを住居地上権と定義する。他方
で、居住目的ではない場合を部分地上権（Teilerbbaurecht）という（WEG30条1項、
Schneider, in Bärmann a.a.O. § 30. Rn. 3-4）。両者は基本的に同様の扱いを受けるが、本稿では、
居住目的の場合である住居地上権のみを考察の対象とする。
(43)　*Schneider*, Bärmann, a.a.O. § 30, Rn. 7ff.
(44)　*Schneider*, Bärmann, a.a.O. § 30, Rn. 13ff.

て設定登記される[45]。これらの規定については、住居地上権にも適用される。

そして、住居地上権の成立に際して、地代が設定される場合については、地上権法9条1項1文及び11条、並びにBGB1108条2項[46]によって、単一の地代（einheitlichen Erbbauzins）から、共同地代（Gesamterbbauzins）に変更されることになる[47]。すなわち、地上権法9条1項は、地代について、物的負担の規定を準用すると規定しているため、住居地上権の設定において、地上権が分割されるときには、同法11条1項によって、負担付きの地上権の分割は、物的負担（Reallast）を伴う負担付きの土地の分割として扱われる。そして、BGB1108条第2項によって、住居地上権者は、土地所有者に対する対外的な関係において、連帯債務者として責任を負う。したがって、土地所有者は、各住居地上権者に対して、地代全額を請求することができる（BGB421条）[48]。

(2)　地代支払いの団体的取り扱い

以上のとおり、ドイツでは、住居地上権者は地代について連帯債務者として責任を負うことになるが、各住居所有権者に代わって、住居所有権者の団体が地代支払いを行うことができると解されているか。この点については、住居所有権者の団体の性質から検討する必要がある。

A　住居所有権者共同体の性質

まずわが国の管理組合に相当する、住居所有権法上の、住居所有権者共同体（Wohnungseigentümergemeinschaft）の性質について確認する。

住居所有権者共同体は、かつては、権利能力を有しない団体であると解されていた。しかし、ドイツ連邦通常裁判所（以下BGHという。）が、2005年6月2日に、住居所有権者共同体が、共同財産の管理に関して法的取引に関与する範囲において、部分的権利能力（Teilrechtsfähigkeit）を有することを認め

---

(45)　石川清＝小西飛鳥『ドイツ土地登記法』304頁（三省堂、2011年）。

(46)　BGB1108条1項　所有者は、自己に所有権が帰属する間に期限が到来した給付については、人的にも責任を負う。ただし、別段の定めがあるときは、この限りでない。

　　2項　土地が分割されたときは、各部の所有者は、連帯債務者として責任を負う。

　　なお、BGBの物権法の翻訳については、大場浩之ほか訳『ドイツ物権法』（成文堂、2016年）を参考にした。

(47)　v. Oefele. a.a.O. § 3, Rn. 119.

(48)　v. Oefele. a.a.O. § 3, Rn. 119.

たのを契機として、2007年に住居所有権法が改正され、法律上、住居所有権者の共同体が部分的権利能力を有することが承認された。[49]

改正後の住居所有権法10条6項は、次のとおり規定する。すなわち、同法10条6項1文は、「住居所有権者の共同体は、共同財産のすべての管理の範囲において（Rahmen der gesamten Verwaltung gemeinschaftlichen Eigentums）、第三者及び住居所有権者に対し、独自に権利を取得し義務を負うことができる。」と規定する。同条の創設によって、住居所有権者共同体は、「共同財産のすべての管理の範囲において」対内的及び対外的に権利能力を有するに至った。[50]

B 「すべての管理の範囲」（im Rahmen der gesamten Verwaltung）の意義

「すべての管理の範囲」とは、限定的に解釈するのではなく、共同体の体制（Organisation der Gemeinschaft）に応じて定まるものと解釈されている。要は、いかなる事項を含めるかは決議を通じて、共同体の自治によって定められるとされる。[51]

C 地代支払いの団体的取り扱い

住居地上権の地代支払いについては、住居所有権法10条6項1文の「共同財産の全ての管理の範囲」に含まれ、住居所有権者共同体の業務として行い得ると解されている。では、なぜ地代支払いが、これに含まれると解されているのだろうか。

次のように説明される。

地上権の承認のための反対給付としての地代支払いを取り決める場合、地代の支払いは、地上権法9条1項及びBGB1105条によって、地代の物的負[52]

---

(49) BGHZ163, 154 = NJW2005, 2061 = NZM 2005, 543. BGH 2005年6月2日決定については、伊藤栄樹『所有法と団体法の交錯』（成文堂、2011年）103-113頁参照。

(50) 住居所有権者共同体の性質論、BGH2005年決定の意義及び2007年住居所有権法改正の経緯については、藤巻梓「区分所有者のとの団体の法的関係に関する一考察（一）（二）」早稲田法学83巻4号（2008年）141頁、84巻2号（2009年）193頁が詳しい。

(51) *Kreuzer*, Staudinger, Staudinger kommentar WEG, 2018, § 10, Rn. 258.

(52) BGB1105条1項 土地は、物的負担の目的とすることができる。物的負担権者は、土地から回帰的な給付の支払を受けることができる。合意において取り決められた条件から土地の負担の種類及び範囲を確定することができるときは、物的負担の内容として、支払われるべき給付を変動した関係に当然に適合させることも合意することができる。
　2項 物的負担は、他の土地の所有者のためにも、これを設定することができる。

担（Erbbauzinsreallast）を通じて物権的に保護される。個々の地代額について
は、地上権者は、物的のみでなく、地上権法9条1項1文及びBGB1108条
1項によって人的にも責任を負う。地代の物的負担は、地上権の設定されて
いる土地と不可分に結び付けられる。すなわち、住居地上権にかかる物的負
担は切り離すことができず、そのため、その都度共有持分を持つ持分権者に
のみ負担が帰属する。⁽⁵³⁾

　そのため、住居地上権が設定されると、地上権法9条1項1号及び
BGB1108条2項によって、各住居地上権者に対し、物的な連帯責任及び人
的な連帯債務が発生することになる。⁽⁵⁴⁾

　そして、連帯債務とされる、個々の住居地上権者の地代支払債務は、住居
所有権者共同体自体が負っている債務ではなく、個々の住居地上権あるいは
部分地上権の一般私法上の負担に関する問題であるから、住居所有権者共同
体の対外的な債務につき個々の住居所有権者の共有持分割合に応じて責任を
負う旨規定する住居所有権法10条8項は適用されない。⁽⁵⁵⁾ゆえに、住居所有
権者は、土地所有者に対して地代支払債務を共有持ち分割合に応じて負担す
ればよいわけではない。

　この物的及び人的連帯責任は、全ての住居所有権者にとっての大きなリス
クを意味する。そのため、規約によって、個々の住居地上権者の地代支払債
務を、分割し、人的連帯債務を排除することによって、リスクを排除するこ
とが望ましい。しかし、これを行うには、住居地上権者と土地所有者との間
の契約が必要である。住居地上権者によってなされる一方的な地代の分割は
無効である。⁽⁵⁶⁾なぜなら、土地所有者の負担において責任を減縮させるもので
あるからである。⁽⁵⁷⁾

　しかし、規約によって、次の内容を定めることができる。すなわち、
WEG16条2項に基づいて、地代が、共同の権限（gemeischaftlichen Berechti-

---

(53)　*Manfred Rapp*, Staudinger, Kommentar WEG, 2018, § 30. Rn. 9.

(54)　*Manfred Rapp*, Staudinger, a.a.O. § 30. Rn. 10.

(55)　*Manfred Rapp*, Staudinger, a.a.O. § 30. Rn. 10.

(56)　OLG Düsseldorf DNotZ 1977, 305.

(57)　*Manfred Rapp*, Staudinger, a.a.O. § 30. Rn. 11. なお、BGB1132条2項（債権者は、債権額を
　　各個の土地に割り付け、各土地にその割付額のみの責任を負わせることを定める権能を有する）
　　の類推適用に基づいて、地代の物的負担の分割を土地所有者に承認してもらうことはできる。

gung）にかかる負担のごとく扱われうるように定め、管理者が毎月の地代を徴収し、土地所有者に地代を支払うことができる。WEG16条2項による共同財産の負担として地代の支払義務を成立させる旨の規約を定めた場合、WEG18条1項及び2項2号[59]に基づいて住居地上権をはく奪することも可能である。

　以上のとおり、地代が住居地上権者の連帯債務になることの不都合性を回避するために、管理者が月々の地代を住居地上権者から徴収して、土地所有者に対して支払い代行することを規約に定めうるとする。そして、個々の住居所有権者に対して請求する際の根拠としてWEG16条2項を挙げる。同条は、管理費（Hausgeld）など共同財産に関する負担についての根拠規定であるところ、地代についても、地上権という共同財産（権利）の管理費用に当たることから、同条に基づいて個々の住居所有権者に請求しうる旨規定しうるとする。

　そして、住居所有権法10条6項1文の「共同財産のすべての管理の範囲」との関係については地代の支払いがこれに含まれると解し、住居所有権者共同体が地代支払いの債務者にもなれるとも解されている。すなわち、住居地上権の帰属主体は住居地上権者各人であって、住居所有権者共同体ではないが、地代支払義務については、住居所有権者共同体が帰属主体になれると解されているのである。[60]その理由としては、上記のとおり同条の「共同財産の全ての管理の範囲」が広く解されていることもあると思われるが、地代支払義務が、地上権者に共通する義務であって、地上権の持分に備わっている負

（58）　WEG16条2項　各住居所有権者は、その持分（前項第2文）に応じて、他の住居所有権者に対し、共同財産の負担に任じ、並びに共同財産の維持、修繕その他の管理及び共同使用の費用を負担する義務を負う。

（59）　WEG18条1項　住居所有権者が他の住居所有権者に対して負う義務につき重大な違反をし、そのために当該住居所有権者との共同関係の継続を以後他の住居所有権者に対して期待することができないときは、他の住居所有権者は、当該住居所有権者に対し、その住居所有権の譲渡を請求することができる。住居所有権を剥奪する権限は、住居所有権者の共同体がこれを行使する。ただし、二名の住居所有権者から構成される共同体については、この限りでない。

　2項　次の各号に掲げる場合は、特に前項の場合に該当するものとする。

　　一．住居所有権者が警告を無視し、反復して第14条の義務に者しく違反したとき。

　　二．住居所有権者が負担及び費用の分担義務（第16条第2項）の履行を三月を超えて遅滞し、その額が住居所有権の財産価格の百分の三を超えるとき。

（60）　*Heinrich Kreuzer*, a.a.O, 2018, § 10, Rn. 267.

154

担ではなく、地上権に備わっている負担であるということが指摘されている[61]。

　住居所有権者共同体が、地代支払いの債務者になれるということは、地代等を立て替えて払うことも当然に含意しているものと思われる[62]。

3　ドイツ法の考察

　ドイツにおいては、住居地上権の地代支払義務が連帯債務とされていることから、その不都合性を回避するため、管理者が住居地上権者から地代を徴収し、土地所有者に対して支払うことが模索され、これを規約によって定めることができると解されている。また、地代を共同財産の管理費用と解することで、管理費と同様に徴収することができ、地代の不履行に対しては、住居所有権のはく奪の効果さえあるとされている。

　そして、地代支払いが、住居所有権法10条6項1文の「共同財産の全ての管理の範囲」に含まれ、住居所有権者共同体が地代支払義務の帰属主体となる。「共同財産の全ての管理の範囲」に含まれるか否かにおいては、住居地上権の地代の性質、すなわち、地代支払義務が住居地上権者全員に共通する義務であり、地上権の持分の負担ではなく地上権全体にかかる負担であることが、考慮されていた。

　以上のことから、ドイツ法の議論における、地代支払いを団体的に取り扱うことの根拠づけの視点として次の点を指摘できると考える。①地代を団体的に取り扱わないことによる不都合性があるか否か（地代を団体的に取り扱うことによって個別的取り扱いの不都合性の回避に役立つか否か）という点、②共同財産の管理費用と同様に扱うための根拠規定があるか否かという点（住居所有権法においては16条2項）、③団体に義務の帰属主体性を認める契機があるか、あるいは団体に義務の履行主体性を認める契機があるかという点（住居所有権法

---

(61)　*Kreuzer*, Staudinger, a.a.O, § 10. Rn. 267.

(62)　なお、各住居地上権者から地代を徴収し、土地所有者に対して支払いを行うことを管理者の責任において行うこととするほか、支払われた地代に関する個々の帳簿を作成することや遅滞が生じないよう情報提供することも管理者の職務とすることを規約において定めることができるとされている。そして、このような取り決めは、規約のみでなく、決議によっても行い得るとされている（*Kreuzer*, Staudinger, a.a.O, § 10. Rn. 267.）。

においては10条6項1文）、④地代自体の性質が住居所有権者全体に共通する問題であるか否かという点である。

Ⅴ　おわりに

　本稿では、借地権マンションにおいて、管理組合が地代等を徴収し、土地所有者に支払い、さらに地代等を立て替えることについての、日本法の解釈論を展開し、ドイツ法の議論の若干の考察を行った。

　ドイツ法の議論では、連帯債務か可分債務かという点で日本法とは違いがあるものの、①未払いの場合に生じる不都合性や、④地代の性質が所有者全体に共通する問題であることを考慮して団体的取り扱いを認めている。ドイツ法の解釈論におけるこのような視点は、私見との共通性が見られる。

　また、ドイツ法では、③住居所有権法10条6項1文が団体に義務の帰属主体性を認めていることが、地代支払義務の原則的個別性を団体的取扱いに接続させる根拠となっていた。日本法の解釈においては、区分所有法3条の「敷地の管理」がその根拠となった。たしかに、日本法では、管理組合に権利能力を認める規定はなく、その法的性質が権利能力なき社団であるため、地代等支払義務の帰属主体となることはできずドイツ法とは状況が異なる。しかし、ドイツ法において住居所有権者共同体に地代支払義務の帰属主体性が認められるのは、地代支払いが住居所有権法10条6項1文の「すべての管理の範囲」に含まれるからであるということを考えると、日本法が地代等支払いに関する業務を区分所有法3条の「敷地の管理」に含めることで団体的取扱いを認めることと思考の共通性があると考える。

　さらに、ドイツ法では、②地代を共同財産の管理費用と同様に扱い得るとしていた。日本法では敷地について共用部分の管理の規定が準用され、共用部分の負担に関する規定も敷地に準用される（区分所有法20条、19条）。一般に、地代等支払義務が個々の区分所有者の義務とされているため、同法20条及び19条による敷地の負担であるとは解されていないことから、ドイツ法のように地代等が敷地の負担であるとして各区分所有者が持分に応じて負担をするとの解釈を主張する見解は現段階ではないと思われる。ただ、本稿

では論じなかったが、ドイツ法の議論を参考にして、区分所有法20条及び19条の解釈論を検討し、地代等が含まれないかどうか改めて検証することも有益であると思われる。

　本稿におけるドイツ法の議論については、調査、考察ともに不十分な点が多々ある。特に、住居所有権法10条の解釈論の研究を深め、団体法的処理をする根拠をより深く考察する必要があり、この点を踏まえて、地代等の団体的取扱いに関する日本法への示唆を示すことが望ましかった。この点については今後の課題としたい。

敷金より生ずる利息の帰属に関する一考察

太　田　昌　志

はじめに
Ⅰ　ドイツにおける敷金の利息に関する議論
Ⅱ　我が国における敷金の法的構成をめぐる議論
まとめ

はじめに

　敷金に関する規定は、平成29年の債権法改正によってはじめて民法典の中に規定された。新民法第622条の2によって敷金は担保の目的で供され、賃借人が債務不履行などせず、賃貸人により利用されなかったならば返還される旨が規定された。しかしながら、賃貸人に供せられたのちどのような扱いを受けるかについて一切の規定を置いていない。賃貸人は預かりし敷金を自身の金銭として利用できるのか、できたとしたらそこから生ずる様々な恩恵について自らの収入とみなしうるのか、議論すべき点がまだまだ残されている。

　今回本論稿においては、敷金を預金した場合などに生ずる利息の扱いについて論じたい。敷金をもとに生ずる利息は、微々たる問題で扱うに足る資格がないという意見もあるかと思われる。しかしながら、賃借人から担保の目的で供された金銭に利息が付いた場合、その利息を賃貸人が自らの財産として良いのであろうか。小規模な賃貸住居の敷金は少額でそれによって発生する利息はほんのわずかであることは事実である。利息が少額であるからその

帰属を無視しても構わないのであろうか。大規模な賃貸住居または業務用賃貸物件では敷金もかなりの額になる。このような場合にも敷金から生ずる利息を賃貸人の収入としてしまうのはやはり違和感を覚える。また、近時、敷金を賃貸人ではなく、賃貸住居を管理する仲介業者が預かる慣行も見受けられる。このような場合、賃貸物件を管理する仲介業者が、敷金を運用することでさまざまな利益を得ていると聞き及んでいる。しかしながら、管理を行う仲介業者がどのような理由で敷金から生ずる利益を取得するのであろうか。当事者の特約に任せ、仲介手数料の一部と考えるならば、それも契約自由の原則のもとでは否定されるものではないだろう。しかし、当事者がなにも約定せず、賃借人が知らぬ間にこのような利益をあげていることは許容されるだろうか。当事者が特段の定めをしない場合の指針となるべき民法において、この点について規定がないことは改めて議論を要するのではないか。

　この論稿では敷金から生ずる利息を賃借人に返還すべきであるという主張を展開する[1]。しかしながら、この主張が非常に難しい問題を乗り越えなければならないという事実に目を背けるわけにはいかない。まず、賃貸借契約の継続中に賃貸人のもとに預ける敷金の権利主体は、賃貸人なのかそれとも賃借人であるかという問題がある。敷金が現金によって供される場合、金銭は占有あるところに所有もあるという扱いになる。これは、そこから発生する利息も賃貸人に与えることに有力な根拠となる。このような扱いは、敷金が基本的に「支払われる」ものであって、「預託される」ものではないということにつながり、敷金の法的構成をめぐる議論に結びつく。

　利息に限らず敷金をめぐる問題の多くは、賃貸人が預託された敷金を自らの財産と混在させ、その返還が事実上も意識の上でも難しくなることが多かれ少なかれ影響しているように考えうる。利息の帰属をもとにして、敷金の所有権の問題にも重大な転換を求めたい。敷金については、先ほどの仲介業者の例を見れば、占有あるところに所有ありという金銭の扱いに例外を認め

---

(1)　藤井俊二『現代借家法制の新たな展開（借地借家法研究（1））』（成文堂、1998年）209頁以下。敷金に利息を付すような扱いをすべきであると明確に主張されている。本稿はこの考え方を発想の原点に置いている。また、藤井俊二-宮崎淳『レクチャー民法学　債権各論』（成文堂、2006年）106頁以下。こういったドイツ法の扱いについて我が国においても一定の理解が進んでいる旨の指摘がなされている。

る必要があるのではないだろうか。

　民法上の議論では、金銭所有権の特殊性といった観点から考察することになるが、仮に無利息と言いながら、賃貸人にとっての収入とされるならば、税制上はどのような扱いを受けるのか。別の観点から敷金の帰属をめぐって議論すべきであると考える。

　敷金の利息について議論するにあたって、ドイツにおける敷金の分別管理の作法を参照すべきである。ドイツにおいては、賃貸借保証金（Mietkaution、以降本稿では敷金の訳に統一する）につき、30年以上も前から、議論が提起され、精緻な分別管理制度を設けるに至った。ドイツにおいて敷金が厳密に管理されるきっかけとなったのが、利息の帰属を巡る争いであった。[2]現在我が国では、公定歩合も低く、利息といってもさほどの利益をもたらすものではない。しかし、この問題が起きた頃のドイツでは非常に利率が高く、敷金を預金するだけでかなりの収益を上げていた様子がうかがい知れる。[3]

　我が国はバブル経済崩壊後金利が非常に低く、敷金を預金するだけではさほどの利益をあげることは難しい。しかし、ここでは、利益の多寡をもって問題提起とするわけではない。そもそも、ドイツにおいて賃借人は自らが預託した敷金の命運について、非常に高い関心を有していた。一方我が国の賃借人はその点について意識が希薄ではないだろうか。預託した敷金の持ち主は誰か、そこから賃貸人や仲介業者が利益を得ることに抵抗感はないのか、こういった疑問を曖昧なままにするからこそ、敷金をめぐる紛争が起きるのではないだろうか。敷金を巡って我が国では相当数の問題が起きている。それらの多くは返還時のトラブルであるが、敷金の管理運営に関してあまりにも賃借人が関心を持っていないことが原因になっているのではないか。本稿においてはこういった敷金をめぐる扱いのなかで、当事者があえて触れなかった面を再び取り出し、敷金の扱いにもう一度関心を持つべきであるという主張をし続けていきたいと考える。

　まずは、ドイツにおいて敷金の利息を巡ってどのような議論が交わされて

（2）　藤井、前掲注（1）、148頁。また、同書204頁にも制度に関する指摘がなされている。

（3）　経済企画庁「年次世界経済報告昭和57年」https://www5.cao.go.jp/keizai3/sekaikeizaiwp/wp-we82/wp-we82-00101.html

きたかを概観し、その中でわが国と性質を同じくする局面を読み取り、その上で、敷金の法的構成を再考察しつつ、利息の帰属に関する議論を進めたい。

I　ドイツにおける敷金の利息に関する議論

1　1982 年賃貸借法改正以前の状況

　ドイツにおいては、敷金慣行が古くより見られたが、1982 年になってようやく詳細な規定が置かれた。まず、その背景や当時の議論を振り返りたい。1982 年に賃貸住居の供給増加のための特別法によって、敷金の運用方法が詳細に規定された。

　ドイツにおける敷金制度と我が国のそれを比較することにどのような意味があるか、最初に確認したい。ドイツにおいても元々は敷金の運用に関する規定が存在していなかった。当事者がそれぞれ取引の慣行に基づいて運用していた。このような背景は我が国と同じであるが、ドイツにおいては早い段階で敷金をどのように運営すべきであるかという点について、賃借人が強く問題提起した。賃借人が預託した敷金の扱いに強い関心を持っていたからである。この点が我が国と決定的に違う。そしてまたこの関心の違い、言うならば温度差というものが、現在の我が国において継続している様々な障害の理由にもなっている。賃借人が敷金の扱いに強い利害と関心を有したから、ドイツにおいては敷金の担保としての側面を強調する説が有力に唱えられた。賃借人は「敷金を預けた」と認識しており、我が国のように「敷金を支払った」と考えないという点から議論が出発している。敷金から生ずる利息が賃貸人のものであるか、それとも賃借人の手元に返還されるものであるか、裁判を通じて熱く議論が交わされた。賃借人が敷金の扱いを強く意識し、主体的に法律構成を議論していたと言いうるのではないか。そのような議論の過程を、敷金に関する規定が整備される前の裁判例から読み取りたい。

2 下級審判決における敷金の扱いに関する議論

敷金に関する運用方法が未定であり、当事者が裁判を提起する流れの中で、敷金の扱いとその法的構成を議論した結果、敷金が担保であり、収益質権に当たるという説が判例・学説において有力に唱えられることになった。以下に代表的な判例をあげて、その理論構成を観察する。

賃借人によって預託された敷金に対して、賃貸人が利息を付して返還しなければならないという義務を導く前提として、ドイツにおいては、敷金が質物であり、賃貸人がその質物から利益を得て、その利益を債権へ充当するという考え方が用いられた。これは、我が国において民法第350条が同第298条ならびに第297条を準用し、質権者が手元に留めている物を利用し、そして収益できることと事情を同じくする[4]。質物から生ずる収益を質権者が獲得し、債権に充当するということは、敷金に当てはめると、敷金から充当すべき債務不履行がなければ、それを全て賃借人に返還するという理屈で、賃借人に利息を返還する扱いを導いている。しかしながら、ドイツにおいても我が国においても、こういった扱いは、当事者による特約・合意を前提としており、当事者の意思が明確に示されていない場合に問題となる[5]。また、そもそも我が国においては、敷金を質権設定と把握していないため収益質権と理解することが難しい。これらの前提を元に、ドイツの判例における考え方の変遷を観察したい。

(1) 下級審判決での議論

敷金から生ずる利息の帰属について、当初1970年代中頃に裁判が提起された頃は、下級審で議論が進められた。1975年になると敷金から生ずる利息を賃借人に返還すべきであるという判決が見られるようになった。始めに、そのような敷金紛争黎明期の判決を観察したい。

1975年に AG Schwetzingen は次のように結論づけている。被告賃貸人は、敷金に利息を一切付さなかったことについて発生した損害を原告賃借人に賠償する義務を負う。敷金に利息を付す義務が認められないという被告賃

（4）　池田雅則＝道垣内弘人編『新注釈民法 (6) 物権 (3)』(2019年、有斐閣) 91頁以下。
（5）　Damrau, J., BGB § 1213 Nutzungspfand, Münchener Kommentar zum BGB, 7. Auflage, 2017, Rn. 1-5.

貸人の主張は妥当ではない。確かに当事者の間にはかくのごとき利息に関する特約は一切締結されていなかった。仮に特約がなくても、利息を付すべきであると判断し、利息を付すことがまさに敷金の法的本質にとって決定的であると述べている。そして、その根拠として、敷金に関する裁量権を賃貸人に預けることについて、いわゆる不規則収益質権の規定BGB第1213条の準用をあげている。この判決の中で、敷金の意義と目的は、賃貸借関係の終了後、または場合によっては賃貸借関係の期間中生じうる、賃貸人の有する諸請求権を担保するものであり、そして残余があれば賃貸借関係の終了後返還されねばならない、という我が国と同じように敷金の扱いに関する考え方を確認している。しかし裁判所は、我が国のように金銭所有権譲渡説を採用せずに、民法典はかくのごとき事例に関する法的制度を予定していない旨の指摘をした上で、もっとも近いものとして、金銭が本質的に果実を生ずる性質を有すると発想するなら、収益質権という法的制度が考慮されると判断した。収益質権ではなく、純粋な質権と考えるならば、金銭を封した状態で譲渡した場合にのみ、通常の質権とみなすことができると言うが、事実上このような場合は極限の稀有な事例であるとも指摘する。そして、それ以外の制度の運用の可能性については、不規則寄託や無利息の消費貸借を敷金に適用すべきであると議論する。しかし、このような他の法制度であると考えることは、上述の賃借人の負う債務を担保するという保護目的に照らし、明らかに不適切である。裁判所は、不規則収益質権以外の考え方では、敷金から生ずる利益を賃借人の元に与えることが難しいと言う姿勢を明示した。

　一方でこのような考え方と対照的なものとして LG Köln の判決を上げることができる。LG Köln は AG Schwetzingen の判決を引用しつつ次のように論じている。LG Köln は、敷金を無利息にて運用する可能性について、利息収入が本体の賃貸借契約に付加的な、賃貸人による委託すなわち敷金の管理の対価と考えうることを理由に可能であるとする。しかしながら、LG Köln は、賃貸人に敷金の利用権を与えることを明確に特約した場合と限定

（6）　AG Schwetzingen, Urteil vom 26. 06. 1975., NJW, 1975, S. 1746.

（7）　AG Schwetzingen, a. a. O. S. 1746.

（8）　LG Köln, MDR, 1974, S. 174.

している。この点について明確な特約がある以上異議を挟むべきではないとも指摘している。よって、LG Köln が認定した敷金を無利息にて運用するという扱いは、当然のことではなく、敷金の運用に関する特約が結ばれていないと確認されている前述の AG Schwetzingen の事例において敷金に利息を付すことを否定する根拠とはならない。しかしながら、LG Köln は、賃貸人に敷金の利用権を与え、そして賃借人に与えられていた利用の対価または責めに帰すべき理由によって得られなかった利用利益を返還することを義務付けるということも、明確に当事者に告知されなくしては強制できないとも主張した。両判決の姿勢を見ると、この年代においては議論が定着していない様子が見て取れる。LG Köln の姿勢からはやや消極的な様子が窺い知れる。

　LG Köln によって反対する見解が出されたが、その一方で、AG Schwetzingen はさらに踏み込んだ議論を進めていることを読み取ることができる。同判決によれば、BGB 第133条、第157条の枠内において、信義誠実の原則を考慮した場合、敷金は無利息で運用するという帰結は導くことができないと示している。敷金の命運に関して当事者間で合意が取り交わされていないことが明確であるからといって、敷金の利用権は利息も含めてその全てが賃貸人に与えられるべきとは言えず、また、取引上の慣行が確定されたものではないと帰結する。敷金の利用権について利息も含めて全てを賃借人が黙示で放棄しているという解釈は、信義誠実の原則にも双務契約における利害状況にも対応したものではない。信義誠実の原則を持ち出して、無利息での敷金運用は別段の定めがない場合、賃借人に対して酷な状況になることを確認している。その上で、敷金について利用質権の規定を準用するという法解釈を行なった場合、賃貸人が敷金を利息がつくように投資し、賃貸借関係の終了後にその獲得した利息を賃借人に返還する義務を負うのかということの判断について次のように述べている。敷金の運用方法を収益質権として構成し、信義誠実の原則に基づく解釈を展開する限りにおいて、被告賃貸人の抗弁である、敷金を郵便振替口座に預けてしまい、一切利息が発生しなかったゆえに返還すべき義務はないという反論は説得力がない。このような抗弁をもって被告賃貸人の損害賠償義務を否定することはできない。敷金を運用すること

---

(9)　AG Schwetzingen, a. a. O. S. 1747.

を被告賃貸人が怠った点は、少なくとも過失に基づいていると評価できる。そしてそれとともに被告賃貸人は損害賠償請求に応ずるべきである。被告賃貸人は賃貸借契約の継続中敷金を自由に処分できる地位にあって、敷金を利用できた。その利益を利息という形で返還すべきである。この利用できた期間は賃貸借契約の終了とそれに伴う原告賃借人への敷金返還によって既に経過したものとされる。敷金利用義務の履行は被告賃貸人に返還が不可能とならないようにする。被告は原告に対して敷金の利用を怠ったことによって発生した損害をBGB第280条に基づいて賠償しなくてはいけない。[10]

この判決は、賃貸人に対して敷金の利用を事実上認め、そこから生ずる利益を利息として最終的に返還すべきであると判断している。まだまだ黎明期の判決であり、この点において後に登場するような厳格な分別管理と利息の扱いに関するものと比べると、賃貸人に裁量を認めている。この判決を通じて、敷金は賃借人が預けた金銭であるという点から出発し、やがて敷金の分別管理制度につながる様々な重要な考え方を読み取ることができる。

1976年にLG Kasselは敷金の運用を不規則収益質権であるという姿勢を明確に打ち出し、そして、預託された敷金について利息を付すことなく放置した場合、BGB第812条に基づく不当利得返還請求権によって利息相当額の返還が義務付けられるのではなく、契約の解釈から利息相当額の返還請求権を導き、または積極的債権侵害にあたると明示した。[11]AG Schwetzingenが単に損害賠償義務があると示した点に加えて、さらに明確な根拠を与えた。LG Kasselによると、敷金は、担保のために現金を供するものであるが、明文で利息を排除しない限り賃貸人の側で原則として利息を付すべきとされる、と利息を付して返還することが原則である旨の確認がなされている。以下に同判決の概要をあげて論じたい。

LG Kasselは敷金について、賃貸借関係に基づいて賃貸人が得る諸請求権のために賃借人が担保を供与したと、敷金供与の目的は賃貸人の請求を担保することにあると指摘する。敷金を設定することで保証としての目的も達成されるので、BGB第1213条を準用し不規則収益質権として扱うことを前提

---

(10)　AG Schwetzingen, a. a. O. S. 1747.

(11)　LG Kassel, Urteil vom 05. 02. 1976., NJW, 1976, S. 1544.

としている。敷金の性質を担保と明確に決定し、それを出発点としている。不規則担保であるため、質目的物の所有権は質権設定者ではなく、質権者に譲渡される。これらの不規則質権はすべての質権規定の準用を受け、それらの諸規定は質権設定者の所有権とは結び付けない扱いをすることになる。このような考え方に基づき、敷金の運用は、BGB 第1213 条、第1214 条の適用範囲にあるとする。敷金の本質を担保と構成することで、質権者は質物からの利用権限を有する。しかしながら他方で質権者は BGB 第1214 条に基づいてさらに、利用から得られる利益を確保するために一定の注意を課される。そしてそれに合わせて、被担保目的が終了した場合、質物を返還しなければならない。敷金に BGB 第1213 条、第1214 条が適用される場合の扱いを丁寧に確認している。[12]

　LG Kassel は、敷金の構成を収益質権以外と構成する考えについてさらに分析している。この点、先ほどの AG Schwetzingen の議論に比べるとより具体的な理解が進められていると評価できる。LG Kassel は、不規則収益質権とは対照的に、特約によって利息を排除できる場合はどのようなものがあるか想定している。それによると、無利息による消費貸借と構成することができるのではないかと考えている。これは我が国の敷金の構成である、金銭所有権移転説に近いものである。この考え方は、敷金を、賃借人が賃貸人に対して金銭を貸し付ける消費貸借と同じであるとする。この考え方によると、利息を明示または黙示で要求しなければならない。それ以外の場合に利息を請求することはできない。貸し付けた金銭であろうとも、敷金が賃貸人の諸請求権を担保することをその貸し付けの目的とする一方で、消費貸借は賃貸借契約の締結にあたっての諸事情を顧慮して認められる。[13]そのような事情は担保というよりはむしろ賃借人から賃貸人に対する融資の手段として考慮でき、特別な譲渡の対価と構成されることになる。敷金は担保であるという点から発想している LG Kassel は、敷金を融資の一種類として考えることについて疑義を持っているように見受けられる。賃借人は敷金をもって賃

---

(12)　LG Kassel, a. a. O., S. 1544.

(13)　藤井、前掲注（1）、197 頁。敷金と貸付金の違いについて、貸付金の場合は賃借人が金銭を交付した後、賃貸人はこれを自由に使うことができ、賃料と相殺されると両者の違いについて明確に説明されている。

貸人に融資をしたと考えることはないだろうから、こういった裁判所の主張は合理的であると言える。

当事者が敷金に利息を付すこととしたのか、それとも無利息の消費貸借である旨の特約をしたのか、LG Kassel はさらに慎重に検討している。契約当事者が敷金に利息を付すか無利息とするかどちらを合意したかについては、契約の解釈に委ねられるとしている。LG Kassel は、当事者は敷金に利息を付すことが、法律規定に反する特約を結んだと評価されるわけではない点を指摘した上で、確かに当事者は約定していないが、賃借人が敷金として供した現金の将来の利用収益までも放棄しているとは判断できないとする。敷金から生ずる利益を重要視している。LG Kassel は、賃貸人と賃借人が担保の供与と並んで利息という形で当該金銭の譲渡の対価をも賃貸人に与えるという意思を有しているかという点について、賃貸借関係の終了時に利息の支払いを求めていない点と、敷金の利用について情報提供義務を賃貸人に課しているかという点から推察できると考えている。一見すると、利息についての特約がなく、情報提供も求めていないので、敷金に利息を付して返還する必要がないように見受けられる。利用対価の返還は敷金返還請求権が履行期を迎えて初めて請求することができる。質権者は確かに BGB 第 1214 条に基づいて情報提供を義務付けられている。しかしながら、質権者に対して情報提供に係る権利を主張するかどうかについては、質権設定者の裁量に任されている。質権設定者が情報提供を一切請求しない場合であっても、一切利用を主張しないという証拠にはならない。特に一般的な貯金で発生する利息を求めるのであれば、特段の情報提供は必要がなく、情報提供義務がなくても利息を賃借人に返還すべきであると帰結している。このような文脈から、原則利息を付して返還するという主張を読み取ることができる。

情報提供義務を賃貸人に課すか否かは BGB 第 1214 条の準用を考えるにあたって要素となりうる。しかし、LG Kassel が指摘するように、一般的な預貯金の類の投資まで厳格な情報提供ならびに報告の義務は求めることは少ないだろう。このような状況を見れば、情報提供義務を明確に特約しないからと言って、利息相当額の利益も放棄していると考えることは適切ではない。具体的な考察から利息の帰属を導こうと考えている様子が理解できる。

また、LG Kassel は、原告の請求額についても正当であると認める。確かに BGB 第 1214 条においては、賃貸人はどのような方法で敷金を利用するべきか、ということについて、まさに金銭の場合その利用は様々な方法で可能なので、特段の定めはしていない。賃貸人は、敷金を自由に処分する権限を有しており、どのように利用するか、賃貸人の裁量が認められている。しかしながら、他方で賃貸人は、賃借人の財産的利害に注意を払うことが義務付けられていることも指摘している。その中で、敷金を利用するということは、事実上預託を受けた範囲での利用であり、その範囲外の変動は予定していない。これは、より高い運用利益が見込まれる場合に、敷金の投資の方法を変えなければならないような非常に高い水準の注意を求めているわけではないことを意味している。その結果、通常の利用とは法律上の貯蓄利息を付すことであると考えることができる。賃貸人が敷金を預かった後、通常予想されうる利用を懈怠した場合、積極的債権侵害に基づいて損害賠償を義務付けられると結論付けた。この考え方がのちの BGB 第 550b 条、新規定 BGB 第 551 条の通常の貯蓄によって得られる利益につながっている。また、LG Kassel は、敷金の運用について、賃貸人が敷金を自身の財産と混在させ業務用口座に預託する合理的理由は一切存在しないと断言している[14]。賃貸人は、「賃借人に対する履行期の到来した請求権がいつ生じるか分からないので、すぐに充当できるように敷金を自身の業務用口座に預託した。」と反論しているが、敷金の充当の可能性は、貯蓄銀行口座に金銭を預託した場合も確保されうる。それ以外の点でも、賃貸人がビール醸造所を営む上で、敷金を常時業務用口座において保持し続けていたという主張も現実的には疑わしいように見受けられると裁判所は厳しく判断した。賃貸人が敷金を含めて金銭を利用し、それによって場合によっては貸付利息を手にしているように思われるというのである。敷金を含む金銭を誰かに融資してそこから収入を得ているであろうと考えられるのである。もし、敷金が無利息であるならば、それは封金という形で完全に保管されている状況で実現されるというのは、先ほどの AG Schwetzingen においても指摘されていたところである。利息を賃借人に与えようという解釈の積み重ねが、今現在の BGB 第 551 条につ

---

(14) LG Kassel, a. a. O., S. 1544.

ながっていく過程を読み取ることができる。情報提供義務を明文で認めていないからといって利息を放棄したわけではないとして、賃貸人の行動を具体的に検討し、当事者が特約を結んでいない場合でも、黙示の特約の存在を認め、利息が発生し、敷金を安全に運用する方策も考察している。

(2) 敷金に利息を付して返還することに反対する裁判例

しかしながら、まだ賃借人のために敷金に利息を付すことが定説化したわけではなかった。LG Kassel の一年後に LG Essen は敷金に利息を付す必要がないと判断している。LG Essen は、賃借人が賃貸人に対して供与した敷金に利息を含めて返還するための法的原則は、一切存在しないと判断した。今まで観察した下級審によって主張された見解と対照的に、LG Essen は、賃貸人は賃借人が供した敷金に利息を付す必要はなく、それゆえにうべかりし利息を BGB 第 812 条の不当利得に基づいて返還を義務付けることも、契約に反することを理由に、また利息相当額の収入について損害賠償として認めることはないと明言している[15]。

LG Essen は、賃貸人が賃借人のために敷金に利息を付すという特約を欠いている点を問題視している。そして、LG Kassel のように、諸事情に基づいて、賃貸人に供与された敷金について、利息を付して賃借人に返還する黙示の特約を認めることはできないと判断している。

LG Essen は、賃貸人が敷金に利息を付すことがなかったとしても、法律上負わされる義務違反をしているわけではないと主張する。LG Essen は、賃貸人が、敷金に利息がつくように投資する義務を賃借人に対して負うことについて、広く伝えられている判例の見解や学説に反して、BGB 第 1214 条の準用を認めるべきではないと考える。確かに LG Essen も、賃貸人への敷金の供与は、保証目的という観点に着目するのであれば、不規則寄託、消費貸借などではなく、いわゆる不規則質権の特約であるとみなすべきであり、それゆえに、不規則質権としての性質を禁じる特段の理由のない限り、BGB 第 1214 条以下の権利質権の規定が適用できると言う見解を認めている。しかしながら、BGB 第 1214 条の適用には、BGB 第 1213 条の法意に照らした収益質権としての扱いが可能であるかをまず検討し、その結果、当事

---

(15) LG Essen, Urteil vom 05. 08. 1976., NJW 1977, S. 252.

者間で約定された敷金も不規則質権としての性質のみならず、不規則収益質権として性質付けられなければならないと考える。

LG Essen は、当該事案において、BGB 第1213条の適用を受ける収益質権と性質付ける事を、両当事者の約定した敷金には適用できないと判断した。BGB 第1213条は、敷金に不規則質権の規定を準用する場合、次のような事実を前提とする。すなわち、敷金の特約に際して、保証を受ける者＝賃貸人が、所定の方法で敷金について利息の発生を前提とするような利用権限を与えられたと言う事実である。その前提事実を確認するためには、BGB 第1213条の法意に照らして、BGB 第1214条所定の計算報告義務が明文で特約されることが必要である。これは、敷金を利用する権限とその運用の義務付けに関して、当事者の間に明確な意思表示が存在していなければならないことを意味する。本件においては、この点について、当事者間で明確な合意がなされていない。また、敷金について、賃貸借関係の終了と同時にその残額について、一定の方法で計算を行うと言う当事者双方の一致した見解を確認することができないと帰結された。BGB 第1213条は、果実を生ずる性質を持つ物を担保権者に単独占有させる場合に、果実収取権を担保権者に与えるべきであると言うが、この見解を敷金関係において認めるのは疑わしいと、この判決では語られた。その理由として、敷金は金銭の授受によって行われ、金銭は、そのままの状態で果実をもたらすような本質を有さないからであると言う。金銭は法律行為を通じて当事者が投資をすることで初めて利益が発生し、収入を得ることになる。このような見解によれば、敷金はそれ自体果実を生むわけではないので、不規則収益質権と根拠づける要件は認められず、不規則な質権の設定として構成する BGB 第1214条は準用されない。よって、これらの規定の存在から、原告＝賃借人に対して敷金に利息を付さなかったことを理由とする不当利得返還請求ならびに損害賠償請求を導くことはできない。[16]

LG Essen の判決からは、次のような事情を読み取ることができる。すなわち、敷金は現金での授受であるが、そもそも現金はそれ自体、自然状態として果実を生ずるものではない。投資をすることで初めて果実＝利息が生ず

(16)　LG Essen, a. a. O., S. 252f.

る。果実＝利息を生むためには、現金を預託された者の作為が必要である。よって自然に利益を生むわけではないので、利息を付す必要はない、と言う考え方である。確かに賃貸人に利息を付すための何らかの作為を促すわけであるから、確固たる義務の根拠が必要であり、金銭はそのままで利益を生ずるものではないという反論も合理性を有しているように見受けられる。しかしながら、不動産質権などを念頭に置くと、質物を預かった者が管理することを前提にしている制度も見受けられ、特約無しには一切の義務も導くことができないという考え方はやや硬直的であると評価することができる。

3　BGH による敷金の法的構成に関する帰結

(1)　BGH の敷金に対する考え方

　このような裁判における議論を経て、BGH は態度を決定することになる。BGH は 1982 年 7 月 8 日判決において、過去の敷金の扱いをめぐる判例の動向を検討した結果、敷金の運用は不規則収益質権の規定に基づいて行うと判断した。そして BGB 第 1213 条、第 1214 条の準用が認められるとする。さらにこの前年 1981 年の ObLG Bayern の判決[17]の考察を踏襲して、賃貸人に信託類似の責任を認め、敷金に利息を付して賃借人に与えることを契約の補充的解釈に基づいて認めている。そして上述の LG Essen の考え方を否定し、取引上の慣行としても敷金に利息を付すことが認められると示している。

　この BGH の判決は、こういった判断を直ちに下しているわけではない。当事者の特約を欠いている場合にどのように扱うかを慎重に議論している。同判決によれば、金銭はそれ自体が自然状態として利益を生むものではないと確認した上で、賃貸人が利息を付すように敷金を運用する義務について、敷金を賃貸人が利用しても良い旨の約定がある場合に限るという。しかしながら、当該事案においては、敷金の利用に関する明文での特約を欠いており、その点当事者の契約を解釈して欠缺を補う必要がある。敷金のやりとりがあったからといって自動的にそれが不規則収益質権とされるわけではないと判断している点に着目すべきである。そして、当事者の特約が存在しない

---

(17)　BayObLG, Beschluß vom 09. 02. 1981., NJW, 1981, S. 994.

場合にどのように扱うかを丁寧に考察した。そこで敷金をめぐる法的安定性に寄与するように、賃貸借契約全般に行き渡る諸事情を明らかにしようと試み、信義誠実の原則を持ち出している。この点について、我が国の敷金の定義において当事者の慣習をよく参照した上で慎重な判断をすべきであるという指摘と重なる点を見て取ることができる。そして、この判決でBGHは我が国の論調とは異なり、当事者は敷金をどのような目的を持って授受するのかという点を強調する。賃借人と賃貸人は敷金を、あくまで担保のために授受しているのであって、賃貸人が敷金を収入と考えるわけではない。この確認が、我が国においては欠如しているのではないか。また、BGHは以下のように続ける。賃借人は敷金の所有権を失うが、賃貸借関係の終了時に停止条件付きの返還請求権を有しているのである。[18] 賃借人は敷金返還請求権を有するからこそ、将来の金銭の価値について利害を有し、敷金が恒常的に利息によってその価値を高めていくことを期待するという考え方も主張されている。[19] また、敷金に利息を付すように賃貸人に求めたとしても、銀行口座に預金するだけで、それ以上に労力が必要なわけでもないという客観的な事情も考慮されている。よって、敷金に利息を付すことは信義誠実の原則に照らしても肯定されると判断された。[20] このような考え方は我が国においては見受けられない。しかしながら、敷金を純粋に観察するならばこのような考え方が当然であろう。そして、敷金を単純な封金と扱うのではなく、利息を生ずるような利用に付すことが当事者の利害に適い、正当であると、BGHは判断している。また、賃貸人の立場からも、敷金を利息が付すように投資することで、その額面が増加し、ひいては担保価値を高めることにつながり、十分利益があると判断している。[21] 我が国では、賃貸人が担保としての役割以上に自身の収入として敷金を見なしているのが現状であるが、本来担保として預かっている金銭なのだから、担保価値が高まることだけで十分に利益がある

---

(18)　Staudinger-Emmerich, BGB, 12. Aufl. (2.Bearb), Vorb. §§ 535, 536 Rdnr. 138.

(19)　Sternel, F., Mietrecht, 3 neubearbeitete, S. 687, Rdnr. 229.

(20)　BGH, Rechtsentscheid vom 08. 07. 1982., NJW, 1982, S. 2186. S. 2187.

(21)　藤井、前掲注（1）、149頁以下。賃貸人は利息を自由に引き出すことはできない。賃料は値上げするが、敷金が増額され追加徴収されることはない。価値を維持するために利息を充てると、利息の意義について明確に答えられている。

と言えるのではないか。担保価値が高まれば、賃借人が支払い義務を負う賃料や諸経費の請求にあたって、それらの請求権が安全になるので、賃貸人の利害も十分満たされるという。[22] そして、このような利害状況は賃借人と賃貸人で一致しており、衝突するものではない。また、敷金を保護するという目的からも、賃貸人が利息を付すように安定的な投資をすることは矛盾しないとも言う。そして、最終的に利息をつけるような賃貸人の行動を賃借人は期待している。我が国は敷金を不透明に運用することで、賃借人に不満を押し付けていると言えるのではないか。BGH が示しているこういった運用方法とその考え方は、賃貸人と賃借人が満足する敷金の扱いの手本を示しているように思われる。以上の理由を総合的に判断して、敷金特約の中には敷金を利息がつくように投資することも含まれると BGH は判断した。

BGH は、賃借人が敷金から発生する利息を手にすることは認められないという見解は採用しなかった。先述の裁判例をはじめとして、1968 年まで敷金の利息に関する問題は判例上も学説上も争いがあった。この時期の論者の一部は、利息に関する扱いは特約無くして認められないと主張していた。[23] その後、1971 年になってようやく賃貸人は敷金に利息を付す義務があるという主張が優勢になってきた。[24] その後賃貸人の利益代弁者である所有権者連合も賃貸人としての利害を主張し、賃借人のために利息を付す義務を認めた。賃貸人側からもそういった主張に理解が示された点は注目に値する。[25] このような流れを受けて、立法者もまずは社会住宅において敷金に利息をつけることを認めた。[26] このような判例、学説、立法の沿革を観察した上で、BGH は当該契約において、明文での敷金に関する特約が存在していなかったとしても、敷金に利息を付す旨の解釈を認めた。この BGH 判決は、敷金に関する議論を仔細に観察して、流れを決しようと志していると見受けられる。

(2) 敷金の運用方法に関する議論

敷金を賃借人のために投資するとしても、どのような方法で投資をするの

---

(22) BGH, a. a. O., S. 2186.

(23) Putzo, Palandt, BGB, 29. Aufl, Vorb. § 535, Anm11b.

(24) Putzo, Palandt, BGB, 30. Aufl, Vorb. § 535, Anm11b.

(25) Mietkaution sind legitum, DWW, 1975, S. 240.

(26) § 9 V WoBindG

か、BGH により敷金の投資方法も明らかにされていった。結局は法定解約告知期間のある銀行口座に貯蓄することを一般的な投資方法と位置づけるのである[27]、そういった帰結に至るまで、丁寧な議論が進められた。敷金の利息としてどの程度のものを求めるか、民法上は法定利率が存在するので、それを採用するという考え方もある[28]。しかしながら、我が国においては、改正された民法によると同法第404条第1項で3%とされている。この当時のドイツでは BGB 第246条に基づいて4%（現規定では BGB 第247条に基づいて3.62%）であるが、何れにせよ、一般的な投資と比較するとその額が高すぎるのではないか。この利率では、賃貸借関係が長期に渡ることを考えるとかなりの高利が期待される投資を行わねばならず、今度は賃貸人に専門的な知識が求められ、酷となりかねない。そこで、BGH は敷金に付されるべき利息の額として、賃借人が期待するものは、金銭を銀行口座に預けるというものではないかと考察した。そして賃貸人に対して、最も利潤が追求できるような高利の投資方法を選択しなければならないという高度な義務は認められないと判断した。確かにある程度、敷金からの収入について合理的な範囲の限界付けを行わなければ、投資の専門家とは言えない賃貸人にとって酷な結果となってしまうであろう。そしてあまりにも長期に渡って資金が固定化されるような投資に付すことも認められない。担保としての役割はいつ何時発生するか不明だからである。賃借人が住居を毀損し、すぐに修繕が必要な場合などに、速やかに敷金を利用できるように配慮する必要があると判断している[29]。

(3)　敷金の信託的運用について

　この BGH の1982年7月8日判決は、のちに敷金の扱いを規定する旧 BGB 第550b 条に大きな影響を与えている。この BGH の判決は質権構成からさらに前進して、賃借人は敷金の所有権を失うが、賃貸借関係終了時にその返還を受けるわけであるから、利害は有している、という点をあげて、利息を賃借人に与える根拠としている。所有権は移転するが、利害は有してい

---

(27)　藤井、前掲注（1）、149頁。
(28)　Stenzel, Die Miet-und Pachtkaution in ihren alltäglichen Erscheinungsformen, Diss. Manheim, 1974, S. 101.
(29)　BGH, a. a. O., S. 2187.

るという扱いが可能なのは、信託制度によるほかないのではないか。この判決を元にドイツにおいては、敷金は信託行為として構成されることになる[30]。また、このような扱いを当事者が約定していなかったとしても、取引上の慣行として、契約を補充的に解釈して導いている。この点、学説では不規則質権としてBGB第1214条の準用をして、賃借人のために利息を付すと主張がなされていたが、先述の裁判例の他でも、明文で賃貸人が敷金から生ずる利息を手にすることを約定することが可能であると指摘されていた[31]。しかし、当該判決で利息を賃貸人に与えるという考え方が採用されなかったことで、敷金から生ずる利息は賃借人のものであるということが定着している様子が見て取れる。もっとも判例では、賃貸人が特約によって敷金を利用することができるというものもある[32]。しかしながら、利息が生ずると一旦は賃貸人が利益を手に入れることを認める考え方であっても、賃貸人が敷金を利用して良いからと言って直ちに利息を付す義務を履行しなくても良いという判断に至っているわけではない[33]。我が国においては、敷金を賃貸人が利用するということと利息の収入が同列に考察されているが、預託中の敷金と返還時の扱いを分けて考察するドイツの考え方は注目に値する。前述のように、このBGHの判決の前年のObLG Bayernの判決が敷金を信託として扱うという考え方を示しており、賃貸借契約継続中の利用と、終了時の利息の返還を分ける考え方に影響を与えている。

(4)　敷金規定の立法へ

　判例・学説において徐々に議論が高まり、当事者の約定が無くとも、賃借人のために敷金に利息を付す扱いが標準となった過程を見て取ることができた。我が国においては、このような敷金の運用に関する議論が欠如しているのではないか。敷金の所有権が「占有あるところに所有あり」と賃貸人に移っていると原則を述べて、思考停止してしまっているように思われる。ただ

---

(30)　Emmerich, V./Sonnenschein, J., Miete Handkommentar, 10., neu bearbeitet Auflage, S. 315, Rdnr. 13f.

(31)　Sonnenschein, J., Die Entwicklung des privaten Wohnraummietrechts 1980/81. NJW, 1982, S. 1249. S. 1254.

(32)　OLG Düsseldorf, Beschluß vom 18. 5. 1978., NJW, 1978, S. 2511.

(33)　Sternel, F., a. a. O., S. 688, Rdnr. 229.

し、ドイツにおいては、敷金の利息を明文で排除した場合や賃貸人に交付すると約定した場合にも、賃借人に交付するか議論があり[34]、その点も踏まえた上で、住居賃貸借契約に限って、賃借人保護を踏まえた上で、立法的な手立てがなされた。ただし、ここから反対解釈をして、業務用賃貸借関係などにおいて利息を付す義務が排除されるわけではない点には注意が必要である[35]。敷金の利息について規定する旧 BGB 第 550b 条は、敷金の利息の扱いに関する確認規定であって、同条によって敷金が担保目的で供され、賃貸人の収入ではないことなど、基本的な敷金の意義が確認された点に着目すべきである。

　敷金の規定は、1982 年の「賃貸住居の供給増大のための法律」によって初めて導入された。それまで敷金の扱いで様々な議論があった箇所について、住居賃貸借のみであるが、かなり明確な規定を導入することになった。その中でも、利息の扱いは核心的部分と考えられていた[36]。この改正で導入された BGB 第 550b 条によって、賃貸人は賃借人に対して利息を付して敷金を返還しなければならないこととなった。また、利息が付くような投資方法が明確に明示されたことで、賃貸人が破産した場合などにも分別管理がなされ、敷金が守られることになった。敷金に利息を付す議論が、敷金自体を守ることにつながったのである。

　敷金に関する規定、特に敷金から生ずる利息に関する扱いが、明示的に規定の中に導入された。判例は敷金の担保としての実質を重視して、質権の諸規定を準用することでこれを認めようと努力してきた。しかしながら、賃借人が敷金という金銭の所有権を失い、賃貸人がその権利を得ることは疑問点の一つとしてあげられ、賃借人が将来の返還請求権を踏まえた上で利害を持っているという考え方でこの批判をかわそうと試みているが、そのような扱いが本当に認められるのであろうか。また、賃貸人が金銭所有権を得るというが、それはどのような形によるものであるか、さらに考察を必要とする。

---

(34)　Schmidt-Futterer, W., Miete und Pacht, 3. Auflage, S. 73.

(35)　Sternel, F., a. a. O., S. 687, Rdnr. 228.

(36)　Köhler, W., Das neue Mietrecht 1983, S. 33f.

4 敷金の法的構成をめぐるドイツでの議論の考察

(1) 賃貸人が敷金に有する権限について

　賃貸人が担保として受領している敷金をどのように管理し、また賃借人の債務不履行そのほかの事情が生じたときにどのように利用するか、言うならば敷金についてどのような権限を有しているか、確認すべき点は多い。まして、住居賃貸借契約においてはBGB第551条が強行規定として適用され、原則について細かな議論を交わす必要性が低下したからこそ、改めて考える必要がある。

　賃貸人は敷金について、完全な物権という意味での所有権を有しているのであろうか。利息の帰属をめぐる議論が過熱する中で、基本的な賃貸人の権限が忘れられてきたのではないか。賃借人が現金を供与したという本質についてもう一度観察してみたい。質物の譲渡とはどのような状態を指すのか。

　敷金の授受は、賃借人が自らの債務を保証することを目的に行われる。であるならば、保証に関係して金銭を預託したことになる。このような形態の保証について、すなわち保証にあたって現金を供し、特に執行などの手段を経ることなく債務の弁済に充てることができる運用方法について、ドイツにおいても我が国においても民法典は多くを語っていない。賃貸人は、預託された敷金について、所有権を有するのか、占有権のみにとどまるのか、もしくは担保権のみを有するという構成が認められるのか、議論が必要である。また、このような性質決定について、恣意的な処分を許されないという点を理由に、譲渡に伴う当事者の特約に黙示の解釈を加えるのか、それとも保証特約について補充的な契約解釈を展開するのか、いくつかの選択肢を吟味することになる。

　敷金は何らかの債務を保証するために金銭を預託するので、実行する場合にも通常の担保とは扱いが異なり、当事者がどのような意思を有していたかにより、大きな影響がある。その意思を考察すると、賃借人は賃貸人に敷金を与えた、すなわち財産を譲渡したわけではない。賃貸人が自らの債権を保護するため、賃借人がこの求めに応じているに過ぎない。よって、あくまで担保であるということになる[37]。何らかの方法で担保として譲渡した扱いを考

---

(37)　Zeibig, M., Die Mietkaution, Studien zum Zivilrecht, Band 15, Nomos, 2012, S. 69.

えなければならない。敷金はあくまで担保の設定のために賃貸人に交付したのであって、その所有権を与えたわけではないという事が、当事者の意思である。この扱いを貫徹するために、判例・学説において議論が進められ1982年の立法につながった。1982年の立法化以降は、所定の方法でそれを分別管理する義務が導かれた。これらの分別管理義務の根拠としての当事者の意思を確定して、初めてこういった扱いが認められることになった。これは、よく出来た制度と評価できるが、敷金の扱いについて、既存の法制度では対応しきれずに、結果として立法的な解決によって処理することになったとも言える。

(2) BGB 第 551 条の観察

　分別管理と敷金の利息の取り決めをした BGB 第 551 条（旧 BGB 第 550b 条）の諸義務について考察を進めたい。BGB 第 551 条は、賃借人が供した敷金の扱いについて厳格に規定している。[38] まず、同条所定の投資義務は、賃貸人が敷金に対して抽象的な請求権を有するにとどまるという帰結を導きうる。すなわち、預金をした賃貸人は金融機関への預金支払請求権を有するにとどまるということである。賃貸人は敷金に対して、賃借人の債務不履行があったことを理由とする預金支払請求権を有するだけであり、当該金銭の所有権を有するわけではないと帰結される。[39] 制限された所有権という考え方に近い構成である。保証を目的とした金銭の譲渡という制度について民法は直接の規定を置いていない旨の指摘をしたが、すでに概観したように、以前は質権として構成する方法が一般的であった。質権として構成すると、完全な所有権を質権者に与えるわけではない旨を導くことができる。預金という形態と質権という側面を見ると、制限的な所有権を与えたという考え方をどうにか導くことができる。判例では敷金を不規則質権と定義したが、その考察に至るまでに、慎重な議論がなされなければならなかった。このような議論を乗り越えて初めて利息の扱いが考察の対象となる。我が国ではこの議論を、停止条件付き金銭所有権移転と考えることで、不完全な所有権という概念が出

---

(38)　藤井俊二『ドイツ借家法概説』（信山社、2015 年）67 頁以下。BGB 第 551 条の規定について詳細な説明がなされている。

(39)　Zeibig, M., a. a. O. S. 70.

現しないように配慮がなされた。しかしながら、当事者の意思とは関わりなく、賃借人が金銭を賃貸人に支払うということになり、利息をもたらすことができなくなってしまった。ドイツにおいては、敷金特有の金銭の所有のあり方を議論する中で、不規則収益質権という捉え方がもっとも適切であるという方向性が示されることになった。しかしこれは物権法定主義という重みのある原則との兼ね合いで、そう断言できるのかさらに深く考える必要がある。

(3)　利息に関する考え方

　利息の問題について、判決の水面下でどのような議論がなされていたのかさらに読み込みたい。不規則収益質権として扱われるようになった敷金は、当初は利息の扱いを当事者の特約に委ねていた。しかしBGB第1214条の準用を考察すると、敷金の返還にあたっては預かりし敷金の総額、すなわち同種・同額を返還することが求められる。よって封金にして預かりし敷金をそのままの状態で保管する必要はないということになる。賃貸人が敷金を保持している間、自身の金銭として利用することもでき、その結果利益が生ずるということになる。BGB第1214条の準用は敷金を元本として利用することを認めている。これにより、利息が生ずるという基礎が与えられた。この考え方が、先述のBGHの判決によってさらに前進した。同判決によれば、金銭は放置していたのでは利益を生ずるものではない。よって敷金の利用方法を特約によって定める必要があると語られた。しかしながら、敷金に関する細かい取り決めがなされない時、どのように考えるか。この点でBGHは、BGB第1213条を単に準用するわけではなく、同第157条に基づいて信義誠実の原則を持ち出し、契約に対して補充的な解釈を行なうことで、敷金を利用する権限の根拠を固めている。この点、敷金から利益を上げようという意思は、賃貸人の利己的な目的に通ずるので、賃借人の利益のために担保目的で利息を付すという扱いは技巧的であるという批判も考えうる。[40]この一連の議論から、不規則質権の規定によって敷金の法的構成を捉える限界が示されたと考えうる。

---

(40)　Zeibig, M., a. a. O. S. 70.

5 敷金の譲渡担保的構成

BGH が 1982 年 7 月 8 日判決で、敷金の構成に決定的な考え方を提示した。それに対して、判例で採用された考え方に様々な見解が主張された。その後、立法によりこの争いは終止符を打たれることになる。しかしながら、不規則収益質権と構成する場合に、利息の帰属については特約を必要とし、特約がないもしくは反対の特約がある場合には、賃貸借契約の補充的解釈に基づいて利息の帰属を決定する手法は、民法の解釈上はかなり苦しいのではないかと考えうる。そこで、立法者は敷金という金銭の所有権の一部を賃貸人に委譲するという構成から離れ、賃借人保護という前提を持ちつつも、金銭所有権を完全に移転する方法を導き出す考え方を模索した[41]。そこで信託的な構成が登場した[42]。敷金の投資を賃貸人に義務づけるには、敷金の所有権を担保的にではなく、全面的に賃貸人に渡さなければならない。そういった作法の中で、担保目的という当事者の意思を反映させることができるのは、信託的な構成というわけである。賃借人は、賃貸人に預託した敷金が信託的に分別され、投資され、そして賃貸人に何らかの事故があった場合にも保護されるという流れの中で、敷金を預託した意思を実現できる。我が国の停止条件付き金銭所有権移転説も信託的譲渡と謳っており、構成は同じと言えよう。しかしながら、ドイツにおける敷金の運用はより信託行為としての特徴を濃く備えている。

さらに、信託的構成の登場により、敷金を以前のような担保権として構成するのではなく、より一層保証の規定を用いてこれを構成しようという考え方も主張されている[43]。保証契約の枠組みにおいて、担保目的物の権利を考察する。保証のための譲渡担保の設定と構成し、金銭所有権を賃貸人に移転する考え方なら、不規則質権という技巧的な考察をする必要がないと主張されている[44]。不規則質権をさらに準用するという構成は、物権法定主義の面でも

---

(41) Damrau, J., a. a. O., BGB § 1214, Rn. 9. 当事者が質物の所有権を移転することを契約当初から約定していた場合、それは最早質権ではなく、消費寄託と構成されることになる。敷金にあたって収益質権というより消費寄託と考えることが近いと推察できると導きうる。

(42) Zeibig, M., a. a. O. S. 72.

(43) Serick, Eigentumsvorbehalt und Sicherungsubertragung, S. 25f.

(44) Baur, F. Zwangsvollstreckungsrecht, 13. Auf., S. 776, S. 749.

疑問が多く、原則として当事者による明確な特約を必要とする点で、敷金を
このように構成することは無理が多いと考えられた。

　敷金を保証のための譲渡担保と構成することによって、現金を担保のため
に供する方法では最も無理のない考察が可能である。そして、BGB 第 551
条の規定する信託的な譲渡という点からもこの考え方の妥当性が伺い知れ
る。敷金として供与された金銭に譲渡担保を設定するということは、信託的
に紐づけられた金銭の授受と考えることになる。これは敷金を消費貸借契約
と構成する考え方につながる。確かに消費貸借契約構成も一定の支持を得て
いる考え方である。この考え方によれば、賃貸人は敷金を借りたことにな
り、契約期間中にそれを利用する権限を有する。この消費貸借契約構成は、
議論が蒸し返されて、最初の議論に戻るが、敷金の授受として最適の考え方
であるか再反論も考えうる。また、敷金について賃貸人が破産したときに、
その返還請求権がどのように扱われるかも注意を要する。[46]

　ドイツ法において、賃貸人は敷金にどのような地位を有するのか。それは
預かりし金銭について、物権法上は完全排他的権利を有する。しかしなが
ら、その金銭の行使にあたっては、債務法上の保証によって、用途が制限さ
れることになる。[47]

6　小括

　ドイツにおいては、敷金の担保的側面を重視し、その構成を不規則収益質
権と考え、そこから利息を認めるという構成が採用された。しかし、賃貸人
はどのような権利を敷金に対して有するのか、とりわけ物権法定主義の観点
から疑義が呈された。それを回避するために、信託的な譲渡と債権的なアプ
ローチが模索された。結果として旧 BGB 第 550b 条、現行 BGB 第 551 条に
よる立法的な解決によってこの議論には終止符が打たれた。しかしながら、
利息を生じさせるためには、敷金として供された金銭の利用を認めなければ
ならず、そのためにはどのような形であれ敷金を管理している賃貸人がその

---

(45)　Freund F./Barthelmess J., Die Verzinsung der Miet-und Pachtkaution, NJW, 1979, S. 2125.

(46)　Kießling, E., Die Kaution im Miet-und Pachtrecht, JZ, 2004, S. 1146.

(47)　Zeibig, M., a. a. O. S. 78.

金銭について完全な所有権を有さねばならない。担保権として認めるにとどめるならば、敷金を封金として厳格に保管しなければならない。敷金が分別された口座において管理されるということは、賃借人が出捐した敷金を賃貸人が開設した口座に預け、その運用にあたって信託的な拘束をすることになる。敷金について、それを信託的に運用することをより詳細に議論する必要がある。

　厳格な物権法上の制約を回避しつつ、当事者が敷金にどのような意図を込めているかを汲み取り、運用方法を慎重に議論した様子をうかがい知ることができた。

Ⅱ　我が国における敷金の法的構成をめぐる議論

1　敷金の法的構成をめぐる議論

(1)　判例・学説の対応

　我が国においては、敷金の法的構成をめぐって、ドイツのように担保としての実質を重視する議論は低調であった。裁判所は、敷金に関する事案において、その法的構成などの理論を語るより、現実にどのように運用するか、取引の慣行において自然発生した様々なしきたりに配慮した判決を下しており、当事者が争わない事象を含めて、理論を追求しようという姿勢が見受けられないように思われる。

　それに引き換え学説は、多岐にわたる考え方を提示した。代表的なものをあげると、不規則質説、解除条件付消費寄託に質権としての性質を加えた無名契約説、相殺予約説、債権質説、停止条件付返還債務を伴う金銭所有権移転説などがあった。

　このような学説の中で、次第に債権質説と停止条件付返還債務を伴う金銭所有権移転説が有力となった。これは、敷金が取引上の慣行として広く普及し、賃貸人と賃借人の当事者関係も踏まえた上で独自の進化を遂げ、その内実にどのように対応するかと考えていく中で、本質である担保に着目した債権質説と、不履行がなければ返還するという扱いを円滑に行う金銭所有権移転説という二者が説得力を持つに至った。この中で、大審院は大正15年7

月12日判決において、停止条件付返還債務を伴う金銭所有権移転説に立ったと言われている。これは、滞納賃料に敷金を充当するにあたって、最も当事者の意思に近いものとして同説が採用されたように見受けられる。

(2) 敷金を担保的に再構成する議論について

このような判例・学説について、近時敷金が担保的な構成をとるべきものであるという有力な反論がなされている。確かに、このような停止条件付返還債務を伴う金銭所有権移転説はその名が示しているように、敷金返還請求権を中心に敷金関係を把握しようと努めているように見受けられる。しかしながら、敷金はその大半の時間を賃貸人のもとに預けられて過ごすわけであるから、その時どのような扱いを受けるべきか、より一層深く議論すべきである。大正15年7月12日判決が目指したものは、敷金すなわち現金を手元に置いている賃貸人は自らの債権の満足を受けるにあたって、取り立てて特別な作法を必要とすることなく、単純に自らの手元にある金銭をそのままにできるという帰属清算を説明したに過ぎないのではないだろうか[48]。

確かに金銭所有権移転説によれば、敷金として供された金銭の所有権を賃貸人が得るわけであるから、そこから生ずる利益も賃貸人に与えられると考えることができなくもない。しかしながら、同説も敷金が担保である旨を尊重している側面は有しており、その性質が贈与ではないことは明らかである。担保物権ではないと言いつつも、担保としての側面を有しているという考え方が、敷金をめぐる実際の取引上の立場として適切な表現と言えるわけであるが、やはり、法的構成を厳格に規定しない点で、具体的な扱いを解釈に委ね、まだまだ解決すべき論点が残されているという指摘がなされている[49]。滞納賃料と敷金充当の問題については、先の大審院判決は態度を明らか

---

(48)　清水恵介「担保化された金銭の担保法的考察―敷金関係を中心に」日本法学第80巻第3号316頁以下。従来の学説が敷金返還請求権を中心に敷金関係を説明してきたのに対し、譲渡担保の清算金請求権として構成する考え方が提示されている。金銭を担保とする方法が模索されている。この考え方によれば、敷金の返還はあくまで譲渡担保における清算法理の発現に過ぎないとされる。また、敷金をめぐる賃貸人の地位も敷金返還請求権の義務者ではなく、金銭上の譲渡担保権者と考える。この考え方であるならば、敷金を費消させてしまった場合に担保毀損行為となるのではないか。判例の言わんとするところも、現金を預かっている以上、売却を通じた処分清算が不要であり、いわゆる帰属清算に限定されるということを表現したと考えることができる。

(49)　幾代通「敷金」『総合判例研究叢書　民法 (1)』（有斐閣、1956年）153頁。

にしたが、それ以外の観点では、例えば敷金返還請求権がどの時点で発生し、それによって、賃貸目的物の明け渡しと同時履行関係にたつか否かなどの論点において、議論が継続している。敷金の利息の扱いについては、もう一度議論を起こし、考察・解釈しなければならないのではないか。

　我が国においては、敷金の授受をめぐる法律関係を債権的に構成し、様々な具体的な法律構成を解釈に委ねるという柔軟な扱いが認められる可能性がある。敷金について賃貸人が賃借人の金銭を担保のために預かるという側面をより強調し、他人のために金銭を管理すると考え、委任契約の規定を参考にして、運用方法を明らかにすることができるのではないか。

(3)　敷金は支払うものか預託するものか

　敷金の法的構成をめぐる議論の中で、敷金の定義づけについて、多くの場合金銭の「支払い」という表現が用いられている。敷金は、建物賃借人が賃貸借契約の終了時に、賃料不払いその他の債務不履行があれば、延滞賃料・損害賠償額を当然に相殺し、残額を返還する約束で、債務担保の目的を持って賃貸人に金銭を支払うと言われることが多い。論者によっては、身元保証金のような契約保証金の一種とも説明する。これらの考え方は、物や第三者に対する債権ではなく、返還の時期を定めて担保の目的で金銭を交付するという扱いを説明している。しかし、一般的な担保物権としては馴染まず、合意に基づく債権的効力によって担保目的を達成するとの扱いが望ましいと主張される。確かにこのような契約には、継続的契約に付従して担保を求める合理性もある。こういった考え方であるならば、敷金をめぐる特殊な事情も十分射程に収めることができよう。しかしながら、賃貸借関係における賃貸人・賃借人の力関係は、一般的な契約当事者のように平等といえるであろうか。借地借家法の前提ともいえる力関係の差が、こうした敷金の法的構成をめぐる議論でも再燃する可能性がある。

　敷金の預託においては、広義での賃料支払いと同列に考えられ、地代家賃統制令の適用範囲にあるという判断もなされていた。賃貸人・賃借人は、果たしてこのように敷金を支払うと考えているのであろうか。賃借人は担保を供したことと、金銭を支払ったことを同列に考えているのであろうか。敷金

---

(50)　三宅正男『契約法（各論）下巻（現代法律学全集）』（青林書院、1988年）836頁。

の額が比較的低く、当事者間に無言の力関係もある中で、敷金の帰属をめぐる議論が低調であったことも、このような曖昧な扱いの原因ではないだろうか。預かり金という言葉で、金銭を相手に与える、よりわかりやすく表現するならば、贈与するという意思を当事者が持つのか、もう一度考察する必要がある。

　敷金はあくまで担保として金銭を賃貸人に預けるのであって、金銭を支払うわけでも、贈与するわけでもないということを再確認すべきである。「預託」するという側面が軽視されれば、利息に関する議論がおろそかになる。その結果として金銭を管理する方法も曖昧となり、敷金を費消させてしまう事案につながりかねない。また、多くの考え方のように、返還する約束で金銭を交付することは、一般債権と同じく、返還を受ける賃借人は、これといった担保も手にできず、賃貸人の任意の返還を待つという大変弱い立場に置かれてしまう。それでも、金銭所有権が移転し、賃借人はただ返還請求権を持つだけで良いのであろうか。賃貸人は敷金を適正に管理し、賃借人のために敷金を預かり、その維持に努め、そこから生ずる利益も賃借人に最終的に返還するといった厳格な扱いをするべきではないのか。

　敷金をめぐる法的構成が、債権的なものであり、上述のように、賃借人は、担保の目的で金銭を賃貸人に供し、賃貸人は賃貸借関係の終了時に、賃料不払いやその他の債務不履行があれば当然にその額を控除して、なお残額があればこれを返還するという約束をしているとすると、賃借人が敷金の扱いに疑義を提示し、問題が発生したならば、当事者双方が協議し、さらに契約の解釈によって不明な点を明らかにできる。先に問題提起したように、預託した敷金を賃貸人が運用して利益をあげている、または不動産仲介業者が留保してやはり利益をあげている場合、これらの利益をどう分配するかは、まさに当事者の協議によって決定すべきである。かつての議論のように、敷金に利息を付すことはできないと一蹴するのではなく、その可能性を探る必要があるのではないか。敷金に利息を付すことで、敷金が敷金たるべき性質を失うことはないわけであるから、利息の帰属について賃借人に与える解釈も可能なのではないか。

(4) 利息の意義について

　そもそも、敷金に利息がつかない根拠は、判例が、敷金について、賃借人から賃貸人に一定の金額を譲渡し、賃貸借終了の際に延滞賃料そのほかの債務があるときはこれから当然に控除された残額だけに返還請求権が生じるという、停止条件付返還債務を伴う金銭所有権の移転と解していることに求められる。賃貸借が終了するまでは返還請求権が生じず、終了後も控除した残額のみが返還の対象となるため、利息を付すことができないというのである[51]。

　確かに利息が遅延賠償として機能しているならば、このような考え方は妥当である。しかしながら、利息には元本の使用料または金銭使用の対価としての意味合いもある[52]。我が国の議論において、敷金の利息というと、遅延賠償がまず取り上げられ、敷金の投資から得られる利益という観点が完全に脱落しているのではないかと考えうる。また、多くの文献では、敷金を支払うという表現が用いられており、場合によってははっきりと賃貸人の収入と断言しているものもある[53]。賃貸人は敷金の所有権を取得するので、その目的の範囲内で自由に処分できるとの指摘もある[54]。しかしながら、この目的の範囲内という制限が、単なる金銭の贈与とは違うことを示しているのではないか。

(5) 敷金をめぐる背景事情について

　敷金は担保の目的で賃借人から賃貸人に預託された金銭であって、単なる金銭の支払いではない。そのような元々の性質を離れて、賃貸人の収入と見なされてしまっているのは、我が国の賃貸住居分野に根付いている、賃貸人

---

(51)　我妻栄『新訂　担保物権法（民法講義Ⅲ）』（岩波書店、2006 年）79 頁。

(52)　我妻栄、有泉亨『コンメンタール債権総則』新版（日本評論社、1997 年）52 頁。奥田昌道『債権総論』増補版（悠々社、2004 年）50 頁以下。利息というと、資本である元本から生ずる利益と言われる。これは金銭の消費貸借、消費寄託などで、借主、受寄者が元本を資本として生産目的に供する場合は元本の使用の対価となる。不動産仲介業者が敷金をプールして投資をすることはこれに該当するのではないか。ただ、敷金の預託がこれら消費貸借や消費寄託と構成されていないことに問題があるかもしれない。しかしながら、金銭を預託し、そこからなんらかの利益が生じているならば、事情は異ならないのではないか。

(53)　乾久治「敷金（1）」民商法雑誌第 9 巻第 3 号 61 頁。

(54)　石外克喜、広中俊雄＝幾代通編『新版注釈民法（15）債権（6）§§ 587〜622』（有斐閣、1989 年）319 頁。

と賃借人の人間関係にその原因があるのではないか。古くから言われている表現ではあるが、賃貸人と賃借人には主従の温情ともいうべき前近代的な人間関係がある。また敷金制度も古くは室町時代まで起源を遡ることができるという。賃貸人と賃借人が契約関係ではない、人的なつながりによって住居を提供しているからこそ、敷金は賃借人から賃貸人に対して「迷惑をかけないように」との気持ちを込めて納めるものだったのではないか。そうであるならば、賃貸人が自由に処分するとしても不思議ではない。しかしながら、現代社会において、賃貸人と賃借人の関係は主従の温情などなく、目的物の使用収益と賃料の支払いの対価関係があるに過ぎない。ドイツにおいては、我が国より40年早くこういった状況が訪れ、敷金は誰のものであるか、シビアな議論が展開された。不動産仲介業者が敷金を運用して利益をあげることも、不動産市場において競争が激化し、仲介手数料以上の収入を得るための手段を模索しなければならない状況が生じているのではないか。その際に敷金は賃借人の関心が薄く、非常に手軽な収入確保の手段とみなされやすいのではないか。今回債権法改正において、敷金が担保として供されると定義されたわけであるから、こういった旧来の考え方から脱却し、その扱いをより厳格に改める機会が到来しているのではないかと考える。

2　敷金の税制上の扱いについて

　敷金から生じる利息を賃貸人が自身の収入とするならば、そもそも敷金も賃貸人の収入ということになる。そうであるならば、民法・借地借家法の範疇を離れるが、税制上の扱いを観察する必要がある。

　税制上、収入であるとの扱いを受けるのであれば、不動産所得の収入として計上されるべきである。そしてまた、場合によっては消費税などの課税の問題も発生しうる。これらの税制上の扱いでは、敷金は、預かり金として扱われ、収入にはならないとある。そして、敷金の中でも特約において返還を不要とするものは収入として計上する必要があるとされる。

　敷金と税制上の議論を観察すると興味深い考え方がある。たとえ無利息の金銭消費貸借であったとしても、無利息であるということは、本来支払うべき利息の支払いを免れたということで、消極的な利益があるという。また、

金銭は最も所有欲の強大なものであり、その効用も最も高いものである。そのような金銭を、対価を支払わずに利用できるということは通常では考えることができないと指摘されている[55]。誰しも利息相当額を得したと考えるわけである。税法上の議論であるとはいえ、無利息であろうとなかろうと、金銭を手にしたならば、一般的にそれ相応の利益が発生することは誰でも考えることではないか。

3 敷金慣習の沿革について

敷金は無利息であるということが、あたかも常識であるかのように語られるが、敷金は慣習に依拠しており、かつては各地域で敷金の作法も異なっていた。この辺りの事情は民法の起草者である梅謙次郎の『敷金慣習調査』に詳しい。その中でも注目に値するのは、地方によっては敷金に利息を付して返還することや、利息相当額の賃料減額を認めるというというものがあったことである。たとえば青森県では、賃貸人は賃借人から預かった敷金の利息から賃貸目的物の修繕費用を支出する慣行があった。敷金から生ずる利益を賃借人に役立てる姿勢を見て取ることができる。

確かに、賃借人に利息を付して返還するかどうかについては、東京や京都など都市部では無利息であるとされていた。大阪に至っては、無利息のみならず、敷金の1割から3割に及ぶ一定額を差し引く「敷引特約」も存在した。しかしながら、東北地方をはじめとしてその他の地方では、上述のように敷金から生ずる利益を直接賃借人に還元する慣習が見受けられた。岩手県では、敷金から生ずる利息の割合に応じて家賃を減額する慣行があった。北海道でも、家賃10円で敷金を50円納めた場合、実家賃を8円50銭に減額したという事実の指摘がある。福井県では、賃貸借期間に応じて利子を支払うことが当然とされ、ただし、契約期間が3年から5年を限度として、利息が無限に拡大することを防ぐ工夫が見て取れる。福井県ではこれ以外にも、利息を当事者の特約によって決める慣行が存在した。その場合、利息を支払

---

(55) 小山威倫「税務における経済的利益の課税上の諸問題(2)」広島経済大学研究論集第5巻第4号53頁。金銭を無償で利用できる全ての場合、観念的には利息相当額の経済利益の発生を認識しうると指摘されている。この中には敷金も含まれると考えることができる。

うときは賃料が相場の価格で、利息を払わないならば、家賃を5%から8%
減額するという扱いをしていた。敷金が多額の場合はその利息をもって家賃
とする場合もあったようである。沖縄県では、利息を付して返還することが
原則で、特約で例外的に利息を排除することもあったようである。[56]

4 「人の物を預かる」類型での利息の扱い

　金銭所有権移転説が、敷金の担保としての実質を尊重しているならば、供
された敷金の扱いについても担保としての意義を持つべきであり、担保とし
て預かりし物の扱いには注意を払うべきである。また、そもそも、人の物を
預かるという類型に対して民法がどのようなスタンスを取っているか。預か
りし物の中でも収益が把握しやすい不動産質などの扱いも参考になるのでは
ないか。預かった物から生じた利益を預かっている者が得ることに、合理性
が認められるか考察したい。

　不動産質権の設定にあたっては、質権者が預かっている不動産の果実を得
るか否かについて、民法第356条や第358条の規定から考察するに、質権者
は不動産をその用法に従い使用収益し、その代わり被担保債権の利息を回収
できない。仮に利息も回収するならば、その旨特約し、第三者と競合したと
きに利息を主張するのであれば登記が必要である。[57]利息を回収することがあ
くまで例外的な扱いを受けている。抵当権では、目的物より生ずる果実に効
力が及ばないことに対比できる。不動産質では目的物の使用収益を質権者が
把握するので、果実収取できることは当然であるが、それに加えて利息をも
手にすることは例外的な事例に限られる。その代わりに目的物の管理も質権
者に任される。ここから読み取ることができるのは、質権者に二重の利得は
認めないという姿勢である。確かに利息に比べて不動産から得られる果実は
その額が高価になりうる。しかし、それは管理費用を含むという意味合いを
有している。ここで質権者は善管注意義務を負わされるわけであるから、そ
れなりの心構えと行動が求められる。その費用としては、合理的であろう。
ただし、不動産から生ずる果実は、利息は不断に生ずるが、果実は豊凶があ

---

(56)　岡孝「明治26年の敷金慣習調査について」日本法学第80巻第3号128頁以下。

(57)　船越隆司『担保物権法』（尚学社、2003年）102頁以下。

るという指摘もされており、やや射倖的な面は否定できないが、その場合は特約において調整することが期待されている。少なくとも質権者が不動産からの収益と利息を二重取りすることが原則ではないことを読み取ることができる。[58]

5　他人の金銭を預かる際の法律的思考

(1)　信託的譲渡の可能性

　敷金関係を信託的譲渡と把握する学説もあるが、実際に敷金を信託として運用している実績は皆無であろう。敷金の所有権移転行為が信託的か否かという議論に際して、信託として把握するのであれば、敷金は信託財産ということになる。とするならば、信託目的以外に管理処分されてはならないはずである。ところが、実際には、賃貸人は預かりし敷金を信託的に管理することなく、自由に処分している。このような現状を見ると、わざわざ信託などという手続きの煩雑な制度を利用することなく、暗黙の了解で敷金を運用している方が、賃貸人は都合が良いということが窺い知れる。しかし、先に観察したように、敷金のような目的を定めて金銭を預託する制度では、信託制度の利用が最も当事者の意思に沿ったものと言いうるのではないだろうか。そもそも、金銭を、仮に信託によってその運用を決めた時に、担保目的以外に行使できないということは、債務の不履行があれば、当然に弁済充当し、債務不履行がなければこれを返還できる状態に置くことを意味する。これは、敷金を費消させて、返還が難しくなる状態にしてはならないということで、敷金の運用にあたってはむしろ当然のことを指し示しているように見受けられる。

　敷金の運用にあたって、信託的な扱いをすることが最も適切であるように思われる。しかしながら、我が国においては一般的な賃貸人・賃借人の間で敷金の管理を巡って信託制度が用いられることは少なく、そのような機運は全く醸成されていない。

(2)　信託の定義に関する考察

　そもそも、金銭の預託において信託と定義されるか否かは、どのような要

---

(58)　石田喜久夫-林良平編『注釈民法 (8) 物権 3 (旧)』(有斐閣、1965 年) 315 頁以下。

件に基づくのであろうか。近時の信託制度の研究によれば、信託を設定する
意思を有しているか否かは、委託者が受託者に課そうとしている義務内容に
よって判断されるとされ、特に、財産が委託者から離脱しており、信託と評
価できるような最小限の受託者の権利義務が認められることにかかっている
とされる。信託としての実質を備えているならば、信託と認めることができ
る。敷金を理想的に運用するならば、賃貸人に預託をするが、担保の目的以
外での費消を禁止し、適切に管理することを義務付けるべきである。そのよ
うなあるべき敷金の運用方法にとって参考となる金銭の預託方法が争われた
事例がある。裁判では、当事者の約定に加えて信託制度の認定が行われた。
やや本題から離れるが、分別管理の具体例として当該事案を観察してみよ
う。

　請負契約において注文者が請負人に前払金を支払った。その際に、請負人
の責めに帰すべき事由に基づいて請負契約が解除される場合の返還債務を保
証会社が注文者に対して保証したという事案において、次のような取り決め
がなされた。まず、請負人が預かった前払金は、保証人が業務提携している
金融機関の別口の普通預金口座に預け入れた。請負人は前払金について、保
証申込書記載の目的に従って適切に利用しなければならないことを義務付け
られた。その利用に際しては、使途に関する資料を提出し、金融機関の確認
を受けなければならなかった。そして、保証人は前払金の使途を監査するた
めに、調査権を持ち、その調査にあたって、請負人は前払金の利用に関する
報告義務と説明義務を負わされていた。さらに、前払金の使途が不適切であ
るならば、金融機関は預金払い出しの中止をすることができた。このような
約定がなされた場合に、当事者が明示的に信託という言葉を用いていなくと
も、前払金は分別管理され、特定性を持って保管されていると評価でき、信
託行為が成立していると、裁判所は判断した。

　金銭を分別管理し、その使途についてコントロールできるという実例の一
つと考えることができる。敷金の運用方法を信託によって行う場合、民法上

(59)　道垣内弘人「信託の認定または信託の存在認定」、道垣内弘人・大村敦志・滝沢昌彦＝編
　　『信託取引と民法法理』(2003 年、有斐閣) 8 頁以下。
(60)　最高裁第一小法廷平成 14 年 1 月 17 日判決、民集第 56 巻 1 号 20 頁。

の委任の規定が準用される。その場合、利息の扱いは、民法第647条により、賃借人に返還されるべきものとなる。敷金の運用こそ信託制度を用いるべきであるが、前述の通りわが国では非常に消極的である。その原因の一つが信託制度の観察によって浮かび上がってきた。

　前述の平成14年判決では信託関係が認められたが、その後最高裁は同様の金銭の分別管理の事案で信託関係を否定している。その事案は、損害保険会社とその代理店ならびに金融機関との間の保険料の保管をめぐる問題である。代理店は金融機関に保険契約者から集金した保険料を一時保管するための口座を保険会社の代理店の名義で開設し、集金したのち保険会社に支払うまで代理店の固有の財産とは分別して管理していた。当該保険代理店契約では、収受した保険料を保険会社に納付するまで代理店の固有の財産とは明確に区分して保管し、これを他に流用してはならない旨の約定がなされた。その上で、口座の通帳と届出印は代理店側で保管されていた。保険契約者からの保険料収受にあたっては保険会社名義の領収書を交付し、保険料は他の金銭と混同しないように専用の金庫や集金袋を用いて管理していた。その後代理店の資産状況が悪化し、保険会社が当該口座から保険料を引き出そうとしたところ、金融機関より代理店に対する貸付金債権と相殺したとの主張がなされた。原審は預金口座の管理方法から、分別管理を認め、保険会社に預金債権が属することを認めた。しかし、最高裁は所有＝占有の原則を認め、その原則の例外となるような占有移転に伴う価値移転が認められないと判断した。口座名義も代理店名義であり、通帳や届出印の保管も代理店の元にあることを考慮すると、原審の判断を認めないと結論づけた。信託関係が認められなかったわけである。

　両事案とも一見すると丁寧に分別管理を行なっているように見受けられるが、最高裁の判断は分かれてしまった。その理由はどのような点にあるのか。平成14年、平成15年それぞれの事案とも委託者と言うべき者と受託者と言うべき者の間で金銭の管理に関して直接の取り決めがなされていなかった。平成14年判決では、注文者と保証人との間の約定であり、平成15年判決では保険契約者が納付した保険金がどのように扱われているか把握し切れ

---

(61)　最高裁第二小法廷平成15年2月21日判決、民集第57巻2号95頁。

ていないという現状があった。平成14年判決では、注文者と保証人との間の取り決めが請負人に伝わっているという事実が重く受け止められたという指摘もある。一方で、平成15年判決では、保険代理店が保険会社に金銭を交付しなかったとしても保険契約者は不利益を受けない。従って保険代理店が一定の義務を負っていることを前提として保険契約者が財産権の処分を行ったと言えなかった。[62]

　これらの両者の事例を検討し、結局信託と言いうるか否かの分かれ目は、委託者の意思に関わるところが大きいことを読み取ることができる。受託者が信託財産についてあたかも財産権を有していない状態で当該財産を管理すべきことは、委託者の意思に基づくものでなければならず、当該財産が委託者から受託者に移転されるときの拘束として存在していなければならないと指摘されている。[63]信託行為であるか否か、信託制度を利用するか否かは金銭を預託する委託者の意思に大きく関わるという事情が理解できた。

　なぜ、敷金の運用にあたって最も適切であると思われる信託制度が使われないのか、それは金銭を預託する賃借人の意思がそこまで強く発露しないからである。その背景には賃貸借契約締結にあたって、多くの場合行われる賃貸人による審査が影響を及ぼしているのではないか。賃借人が入居したいと申し込み、賃貸人側で審査するという、契約開始にあたっての主導権を賃貸人が有している点が、賃借人による意思の発露を抑制してしまっている。賃貸借契約の申し込み時に「敷金の運用を信託制度で」と意思表示したなら、賃貸人から敬遠され契約締結に至らない。やはり借地借家法が前提としている賃貸人・賃借人の力関係が歴然と存在し、その帰結として敷金の運用が賃貸人に一任されている。結果、仲介業者が不透明な運用をしていたとしても放置されることになる。本来であるならば、敷金の運用について契約書などに明示し、利息の収入は仲介業者が得て管理費用の一部に充てるなどの説明をすべきである。そういった扱いに賃借人が理解を示し納得するのであれば仕方ない。しかしながら、現状では敷金の運用方法について他に適切な選択肢も代案もなく、ただ惰性で賃貸人と仲介業者が曖昧な運用を続けている状

---

(62)　道垣内、前掲注、17頁以下。
(63)　道垣内、前掲注、21頁以下。

況である。これは改善しなければならない。

まとめ

　敷金に利息を付して賃借人に返還すべきであるという考え方を、ドイツにおける立法過程に示唆を受けつつ、我が国の敷金の法的構成や沿革、税制上の扱いを通じて検討してきた。その結果、まず、法的構成について、ドイツにおいては敷金を不規則収益質権として構成し、その利用を認めることで利息の存在を認めようという議論が判例・学説で主張された。しかし、旧BGB 第550b 条の制定にあたっては、そのような考え方をまっすぐに認めたと断言できないことが観察できた。結局は我が国と同じく、債権的構成を採用したと考えることで、敷金の実際の運用に即した解釈が展開できるという事情を読み取ることができた。

　敷金を債権的に構成することによって、物権法定主義から解放され、様々な解釈の余地が認められると期待される。そこで、ドイツのように信託的な発想を敷金に応用する余地が生まれる。担保を目的として他者に金銭を預けるのは、譲渡担保として考察するか、もしくは信託行為と素直に認めた方がより一層明確になるのではないか。

　そして、信託行為と定義されれば、委任契約の諸規定の準用が可能となり、利息は我が国においては、民法第646条第1項に基づいて賃借人に返還しなければならなくなる。しかしながら、ドイツにおいては信託類似の行為と定義づけされており、信託行為そのものではないとも言われる。また、わが国ではそもそも信託制度を敷金に応用するような機運は全く存在しない。その理由として、入居時の賃貸人の審査が原因なのではないかと問題提起したが、信託行為そのものに内在する問題もあると思われる。紙幅の関係上今後の議論としたい。

　敷金の利息を賃貸人が手にできるならば、それは賃貸人の収入となろう。そうであるならば、税制上敷金は賃貸人の課税の対象となるはずである。しかしながら、敷金として合理的な額であれば、非課税であるという考え方があった。取引の慣行上、担保としての実質を超過するような額であれば、収

入とみなされるとも主張されていた。通常程度の敷金であれば非課税である
というが、これは敷金の慣行とりわけ不透明な慣行に引っ張られた考えであ
るように見受けられる。賃貸人が敷金を自身の金銭として扱い、そこから生
ずる利息を自由に利用できるのであれば、収入に他ならず、敷金を受領した
年度には収入として申告し、賃貸借関係が終了して敷金を返還したならば、
それを支出として計上すべきである。

　日本においては、歴史的に敷金が常に無利息であったわけではなかった。
敷金から生ずる利息を返還する地域もあれば、相当額を賃料から値引きする
慣行もあった。無利息が賃貸人に一方的に利益をもたらす慣行で、不動産仲
介業者などを通じて優勢となった歴史的経緯を見て取ることができた。これ
は敷金が無利息であることが、法律の解釈によって不可欠な帰結であるわけ
ではない有力な根拠となる。結果として、敷金をめぐる扱いが不透明なの
は、賃貸借市場における賃貸人と賃借人の力関係に大きく左右されているこ
とが見て取れる。賃貸住居市場も賃貸人がかなりの経営努力をしなければ空
室が生じてしまう、言い換えれば賃借人との力関係が対等になりつつあると
評価されるが、敷金の運用にあたっては、いまだに賃貸人優位の構造が根強
く残っていることが窺い知れる。

　利息をめぐるやりとりは当事者の特約に寄るところが大きい。敷金に利息
を付すことは法律上不可能ではない。当事者の合意によって十分に実現でき
る。その点、わが国では判例が敷金を債権的に構成しているので、当事者の
合意が認められる余地が広い。信託制度を利用して委任規定の準用を認め、
改めて、敷金は賃借人が負うべき債務の担保の目的で供され、賃貸人の収入
ではないと言う点を指摘したい。賃貸人は賃借人より敷金を預かっていると
いう敷金の本質を強調して本論稿をまとめたい。

被災者向け借上住宅における公営住宅法と借地借家法の関係
——神戸市借上住宅訴訟を素材として——

鎌 野 邦 樹

Ⅰ　被災者向け借上住宅をめぐる事件の 3 つの争点
Ⅱ　借上住宅における公営住宅法 32 条 1 項 6 号の明渡請求と 25 条 2 項の通知
Ⅲ　結びに代えて

Ⅰ　被災者向け借上住宅をめぐる事件の 3 つの争点

1　はじめに

　本稿は、神戸地方裁判所で争われた平成 28 年（ワ）第 285 号建物明渡等請求事件（以下、「第 1 事件」という。）および平成 28 年（ワ）第 284 号建物明渡等請求事件（以下、「第 2 事件」という。なお、第 1 事件と第 2 事件を合わせて「本事件」または「本件」ともいう。）において、筆者が被告らの訴訟代理人より意見を求められ、2016（平成 28）年 10 月 15 日に神戸地方裁判所に提出した鑑定意見書に基づくものである。同鑑定意見書提出後、第 2 事件の判決があり（神戸地判第 5 民事部平成 30 年 10 月 17 日判時 2411 号 65 頁・被告敗訴（控訴））、また、両事件と被告が異なるものであるが、ほぼ同一の内容について争われた事件（以下、「第 3 事件」という。）の判決が出された（神戸地判第 2 民事部平成 29 年 10 月 10 日裁判所ウェブサイト、その控訴審として大阪高判平成 30 年 10 月 12 日ウェブサイト）。さらに、その後、第 1 事件についても判決がだされ（神戸地判第 4 民事部平成 31 年 2 月 7 日判例集未登載）、また、同日に、これら事件と被告が異なるものであるが、ほぼ同一の内容について争われた事件（以下、「第 4 事件」という。）の判決が出された（神戸地判第第 4 民事部平成 31 年 2 月 7 日判例集未登載）。

以上の 4 つ事件とも原告（神戸市）の明渡請求が認められ、被告が敗訴した。

　本稿では、まず、前記第 1 事件と第 2 事件において筆者が提出した鑑定意見書をほぼそのままの形で掲げて、両事件の事実の概要および争点を挙げた上で、各争点についての筆者の見解を示すことにする（Ⅰの 2〜6）。その後に、第 3 事件の第一審・第二審判決並びに第 2 事件判決および第 1 事件・第 4 事件判決を示して、それらの判決に対する筆者の見解を示し（Ⅱの 1〜3）、最後に、結びに代えて、ごく簡単な付言をする（Ⅲ）。

　なお、第 1 事件および第 2 事件については、筆者と同じく被告らの訴訟代理人より意見を求められ鑑定意見書を提出した吉田邦彦教授による論文「復興借り上げ公営住宅にかかる強制立ち退き問題—弁護士倫理・研究者倫理も踏まえつつ—」（『現代日本の法過程　下巻』（宮澤節生先生古稀記念）501 頁、2017年、信山社）において、特に居住福祉の観点から詳細な論述がなされている。また、水野吉章教授は、第 2 事件および第 3 事件の前記 3 つの各判決について批判的に分析し（①「借上げ公営住宅に関する公営住宅法 25 条 2 項の通知不要説について—通知がなくても同法 32 条 1 項 6 号に基づく明渡しが認められた事例（神戸地裁平成 30 年 10 月 17 日判決）を契機として—」ノモス 43 号 39 頁、2018 年、②「借上げ公営住宅（復興借上げ住宅）に関する公営住宅法 25 条 2 項の事前通知について—神戸地裁平成 29 年 10 月 10 日判決の法学・政策学・法社会学的分析—」関大法学論集 67 巻 6 号74 頁、2018 年、③「［判例研究］公営住宅法 25 条 2 項の通知は、入居決定通知書ではなく入居許可書における所定事項の記載で足りるとした事例：大阪高裁平成 30 年 10 月 12日」関大法学論集 68 巻 6 号 182 頁、2019 年）、さらに、この問題について、多様な観点から詳細に論述している（④「地方分権・規制緩和時代における民法理論の役割—従前の借上げ住宅提供契約に対する改正公営住宅法の遡及的適用の問題を通じて—」『社会の変容と民法の課題　下巻』（瀬川信久先生・吉田克己先生古稀記念論文集）71頁、2018 年、成文堂、⑤「借上げ公営住宅における入居者の保護について」関大法学論集 66 巻 5 = 6 号 149 頁、2017 年、⑥「借上げ公営住宅（復興借上げ住宅）の承継時における法 25 条 2 項の通知の要否及び効力について：借上げ公営住宅及び公営住宅における定期借家（期限付き入居）の法的構造・法及び条例の沿革の観点から」関大法学論集 68巻 6 号 78 頁、2019 年）。

2 本事件の概要と争点

(1) 本事件の概要

本事件の概要は以下のとおりである。

1) 平成7年9月に、神戸市特定目的借上公共賃貸住宅制度（特目賃）が創設された。これは、建設省の「特定借上・買取賃貸住宅制度要綱」に基づく神戸市住宅条例の改正に基づくものであった。

2) 平成7年1月に発生した阪神・淡路大震災後の平成7年10月に、神戸市は、被災者向けに、URからの借上住宅を含む市営住宅の募集を行った。第1事件の被告1名および被告の被相続人1名は、UR住宅の借上住宅に応募して当選した。上記応募のあった市営住宅のうち、一般の公営住宅たる市営住宅の賃貸借契約には期限の定めがなく、入居者は、家賃不払いや収入基準オーバー等がない限り、終身居住を保障されるものであった。本件借上住宅の賃貸借契約に係る「入居許可書」には、賃貸借の期間についての記載はなかった。

なお、前記本件被告を含む借上住宅の応募の時点では、神戸市とURの間では、平成7年10月30日付けの借上げに係る協定（書）は存在したが、借上賃貸借契約（書）は存在していない。

3) 平成8年1月30日に、神戸市はURとの間で、使用開始日を翌日とする「借上げ期間20年」とする「借上住宅賃貸借契約」を締結した。ただし、同契約に係る「借上住宅賃貸借契約書」3条2項は、「借上期間満了の日の概ね3年前までに、甲又は乙の申出により、甲及び乙は協議の上、借上期間を1回に限り延長することができる。」と規定する。また、同4条は、「乙（筆者注記：神戸市）は、借上期間が満了した場合は、借上期間の満了の日（略）までに、借上住宅を空け、これを甲（筆者注記：UR）に返還しなければならない。」(1項)、「前項の規定にかかわらず、……借上住宅入居者が借上満了日以降も借上住宅に継続して居住することを希望し、かつ、甲が定める入居資格を有するときは、甲は当該者との間で甲の定める賃貸借契約を締結する。」(2項) と規定する。

4) 平成8年2月23日に、第1事件被告らは、神戸市より、同年3月1日入居予定日とする入居許可を得た。その際の入居許可証には、URと神戸市

との間の借上期間および神戸市と被告らとの間の賃貸借の期間に関する記載はなかった。

5）平成8年5月31日に、「平成8年改正公営住宅法」（以下、「平成8年改正法」という。）が成立し、平成8年8月30日に施行された。同法では、同日において「借上げ住宅」であるものについては、平成10年4月1日から、新法（平成8年改正法）の規定に基づいて供給された公営住宅とみなして新法の規定（7条〜17条を除く。）を適用するとされた（平成8年改正法附則5項）。

6）平成8年9月に、神戸市民間借上賃貸住宅制度（民借賃）＝借上市営住宅制度が創設（特目賃から移行）された。

7）第2事件の被告（1名）は、平成11年12月28日に、平成12年1月1日入居予定日とする入居許可を受けた。その際、神戸市から同被告に対して、入居期間および同期間満了後の住宅の明渡しについての通知はなかった。

8）原告神戸市は、平成28年2月16日に、第1事件および第2事件の被告（3名）に対し、公営住宅法（平成8年改正法）32条1項6号に基づき、同条5項および6項で定める通知の後に、各被告が居住する各借上住宅の明渡しを求める訴訟を提起した。

以下では、第1事件を中心に扱い、第2事件については、第1事件とは異なる点についてのみ扱う。

(2) 本事件の争点

本事件の主たる争点は、次の（ア）〜（ウ）であり、筆者はこれらの各事項について被告の訴訟代理人から意見を求められた。

（ア）公団借上市営住宅（本件訴訟において建物明渡請求の対象となっている建物で、以下では「本件借上住宅」という。）の原賃貸借（訴外「住宅・都市整備公団」（その業務は、現在は、独立行政法人都市再生機構に移管されているが、以下では、単に「UR」という。）を賃貸人、原告神戸市を賃借人とする賃貸借契約）の法律関係、特に借上げ期間（20年）の満了に係る法律関係について、どのように考えるべきか。

（イ）本件借上住宅の転貸借（原告神戸市を賃貸人、本件係属の上記2事件での各被告を各賃借人とする賃貸借契約）の法律関係、特に上記借上げ期間の満了に係

る法律関係について、どのように考えるべきか。

　（ウ）原告が本件訴訟における建物明渡請求の根拠とする公営住宅法 32 条 1 項の規定と同法 25 条 2 項に規定する「通知」とは、どのような関係にあると考えるべきか。

　なお、以下の 3〜6 の筆者の鑑定意見書に基づく部分では、以上の（ア）〜（ウ）の全ての争点について述べるが、Ⅱで掲げる裁判例に係る部分では、専ら（ウ）の争点が問題とされたので、この争点のみについて述べることにする。

3　本件借上住宅をめぐる神戸市・UR 間の原賃貸借の法律関係について【2（2）（ア）関連】

　まず、2（2）（ア）の点から述べる。なお、以下においては、訴外 UR を A、原告神戸市を B、被告を C ともいう。

　(1)　A・B 間の原賃貸借は、賃貸借の期間につきどのような内容の契約であると解するべきか。前記 2（1）3）のとおり、B は、本件借上住宅につき A との間で平成 8 年 1 月 30 日に、使用開始日を翌日とする「借上げ期間 20 年」とする「借上賃貸借契約」を締結し、前記 2（1）4）のとおり、第 1 事件被告 C らは、平成 8 年 2 月 23 日に、B より、同年 3 月 1 日入居予定日とする入居許可を得た。前述のとおり、B から C らに交付された入居許可証には、「20 年間で満了する」旨の記載はなかった。

　(2)　A・B 間の賃貸借においては、「借上げ期間 20 年」とする「借上住宅賃貸借契約」の内容が問題となるが、その 20 年間の期間の満了によって、A・B 間の賃貸借（および B・C 間の転貸借）は、当然に終了するのか。B・C 間の転貸借については後に検討することとして、A・B 間の賃貸借においては、少なくても同賃貸借の締結時においては、本件借上住宅は公営住宅ではなかったことから公営住宅法の適用はなく、また、平成 8 年改正法は A・B 間の契約締結時には制定されていないから同改正法の適用はない。したがって、建物の賃貸借に関する民事特別法たる借地借家法が適用される。本件借上住宅においては、B が、A に対し、賃貸借期間の満了（平成 28 年 1 月 30 日）の約 6 ヶ月前に「更新をしない旨の通知」が借地借家法 26 条 1 項の規定に

基づくものとしてなされていることから、まず、同法26条および28条に係る「期間の定めのある賃貸借」であることを前提とした法定更新が問題となる。

(3)　本件借上住宅の賃貸借は、ひとまず期間の定めがある場合（借地借家法26条、28条）に該当すると解することができる。

(4)　借地借家法26条〜28条の規定の下では、20年の期間の満了に際して、Bから期間の満了の1年から6ヶ月前までの間にAに対し更新をしない旨の通知等がされた場合（この場合には元来「正当事由」は不要と解される（28条参照）。）、または、Aから期間の満了の1年から6ヶ月前までの間にBに対し更新をしない旨の通知等がされた場合（この場合には、「正当事由」が必要）には、当該賃貸借は終了する（上記のいずれの通知等もなされなかった場合には、法定更新されると解される。）。

(5)　以上で述べたように本件A・B間の賃貸借契約については、借地借家法の適用があるところ、建物賃借人に不利なものではないものとして特約の効力を認めて（借地借家法30条参照）、20年間の期間の満了によって終了するものと解する余地もあるが、前記ように本件ではBがAに対して期間満了の6か月前に「更新しない旨の通知」をしていることから、20年間の期間を定める賃貸借において法定更新が問題となる場合（26条1項、28条）であると解せよう。ここにおいて、20年間の期間満了に際して、Aの側から更新拒絶等の賃貸借を終了させる旨の請求がされた場合やBの側から賃貸借を継続したい旨の請求がされた場合には、上記の解釈のうちのどれを採るかによって結論が異なるが、本件においては、BからAに対して賃貸借を終了させる旨の意思表示をしていることから、上記のいずれの解釈においても結論が異なることはなく、本件賃貸借は終了するものと解される。

以上から、Aは、Bに対しては、その終了をもって本件建物の返還を請求することができる。それでは、Aは、Cに対して、A・B間の賃貸借の終了を対抗することができるか。また、Bは、Cに対して、A・B間の賃貸借の終了を対抗することができるか。すなわち、A・B間の原賃貸借が終了した場合に、B・C間の転貸借は当然に終了するのか。

(6)　以下では、まず、広くどのような場合に、Aは、Cに対し、A・B

間の賃貸借の終了を対抗することができるかについて検討しよう。

A・B間の賃貸借の終了事由としては、借地借家法26条〜28条が適用される場面においては、①Aの更新拒絶等の正当事由が認められる場合、②Bの債務不履行を理由にAが賃貸借契約を解除する場合、③A・B間で賃貸借契約を合意解除する場合、④Bが賃借権（転貸権）を放棄する場合、⑤Bが更新を拒絶する等の場合が考えられ、さらに、⑥特約に基づき期間の満了によって賃貸借が終了する場合がある。

判例・学説によると、①および②の場合には、A・B間の原賃貸借の終了によって、B・C間の転貸借は、Aからの明渡請求によって履行不能となり終了すると解されている（②について最判平成9年2月25日民集51巻2号398頁。）。⑥の場合もこれらと同様に解されよう。

これに対して、③および④の場合は、B・C間の転貸借は終了しないと解されている（③について最判昭和37年2月1日裁判集民事58号441頁。④について星野英一・法協82巻1号143頁等）。

⑤の場合について、判例は、いわゆるサブリースの事案において、建物賃貸人が転貸借（ないし再転貸借）の締結に加功し、転貸借（ないし再転貸借）部分の占有の原因を作出したような場合には、原賃貸借が賃借人の更新拒絶の通知により期間満了で終了しても、賃貸人は、信義則上、原賃貸借の終了をもって転借人（ないし再転借人）に対抗することはできないとする（最判平成14年3月28日民集56巻3号662頁）。

以上からは、①、②の場合、および⑤の場合のうちAが転貸借の締結に（承諾はしているが）積極的に関与していないときには、Aは、Cに対し、A・B間の賃貸借の終了を対抗することができる。思うに、その理由は、これらの場合には、Aには、B・C間の転貸借につき承諾ないし認識はあるものの、①、②の場合、または⑤の上記のようなときにまで、BだけでなくCの占有を認めてそれを継続させることは、Cの利益（①および⑤の場合は、Cは既に約定に係る期間の占有に伴う利益は享受している。）に比べてAの利益を著しく害することとなろう。

これに対して、③、④の場合、および⑤の上記以外の場合においては、Aは、B・C間の転貸借につき承諾しており、Cの約定の期間までの占有を、

またはその期間満了後の更新に基づくCの占有の継続を認容している以上、Cの利益に比べてAの利益が害されるということはない。⑥の場合は、Aは、B・C間の転貸借につき承諾して基本的に所定の期間までの占有を認識しているに過ぎず、また、AにはB・C間の転貸借に対する「加功」はないことから、前者の①や②などの場合と同様に考えるべきであろう。

(7) 本件は、上記の⑤の一般的な場合、または⑥の場合であるとして、Aは、Cに対して、AB間の賃貸借が終了した旨の通知をした後、6ヶ月を経過した後に、本件建物の明渡しを請求することができると言えそうである（借地借家法34条。Aから明渡請求を受けたCのBに対する債務不履行に基づく損害賠償請求については、後に4（2）で述べる）。

しかし、本件が⑤の一般的な場合と言えるかについてはなお検討の余地がある。前述のように、判例は、サブリースの事案において、建物賃貸人AがB・C間の転貸借（ないし再転貸借）の締結に加功し、Cの転貸借（ないし再転貸借）部分の占有の原因を作出したような場合で、かつ、Aは、Bにその知識、経験等を活用して当該建物を第三者Cに転貸し収益を上げさせるとともに、A自らも安定的に賃料収入を得るためになされたような場合には、原賃貸借がBの更新拒絶の通知により期間満了で終了しても、Aは、信義則上、原賃貸借の終了をもってC（ないしCからの再転借人）に対抗することはできないとする（最判平成14年3月28日民集56巻3号662頁）。同事案のようなAとBとの共同事業的性格を有するサブリース以外の事例において、Bの更新拒絶に基づく期間満了によるA・B間の賃貸借の終了をCに対抗できるかについて、担当調査官（矢尾渉）は、「将来に残された問題である」と述べている（『最高裁判所判例解説民事篇平成14年度（上）』347頁）が、本件借上住宅のような場合はどうか。上記サブリースの事案においては、上記最高裁判決が言うように、Aが、B・C間の転貸借の締結に加功し、Cの転貸借部分の占有の原因を作出した場合であり、かつ、Aが、Bに収益を上げさせるとともに、自らも安定的に賃料収入を得るようなA・Bの共同事業であるとされているが、同事業の実質を見ると、その共同事業を実際に主導したのは、AではなくBであり、B（事業者）としては、A（元来は個人）に収益を上げさせないことには事業としてなり立たないことから、Aをして、B・C間

の転貸借の締結に加功させ、Cの転貸借部分の占有の原因を作出したのである。

　本件借上住宅のA・B間の賃貸借の場合においても、B主導の上記サブリースの場合とその実質的構造は異なるところはなく、上記サブリースの場合とは違いAおよびBの収益を主目的とするものではないものの、それぞれの目的（Aの目的は、適切な賃料で良質の住宅を広く国民に供給するものであり、Bの目的は被災者を含む住宅困窮者に低廉な賃料で住宅を供給するもの）に適った共同の事業を行うものである。そうすると、本件においても、A（UR）が、B（神戸市）とC（被告）との転貸借の締結に加功し、Cの転貸借の占有の原因を作出したといった、A・B間の共同事業性を見ることができる。このような共同事業性が認められる場合には、A・B間の賃貸借がBの更新拒絶の通知等により期間満了で終了しても、Aは、信義則上、原賃貸借の終了をもってCに対抗することはできないと解することができる。

　なお、借上住宅として賃貸するにあたっての契約において、借上期間20年の「賃貸借期間が終了した後においても、神戸市は当該住宅を借上公営住宅として借り上げるものとする。」や「将来において状況により、UR・神戸市協議の上、当該住宅をURから神戸市へ譲渡できるものとする。」としているものが見られ、このことは、A・B間の賃貸借およびB・C間の転貸借におけるA（UR）とB（神戸市）との共同事業性を示すひとつのものであると考えることができよう。

4　本件借上住宅をめぐる神戸市・入居者間の転貸借の法律関係について 【2（2）（イ）関連】

　（1）　A・B間の賃貸借が終了した場合に、Aが、Cに対して、その終了をもって対抗できるか否かとは無関係に、Bは、その終了をもって、Cに直ちに対抗することはできない。Bが、Cに対し、A・B間の原賃貸借の終了をもってB・C間の転貸借が終了したことを対抗できない、すなわち、本件建物の明渡しを請求することができないのは、以下の理由による。

　B・C間の賃貸借（転貸借）は、その入居許可書（甲第3号証）には何ら存続期間に関する記載はないところ、一方では、正にそのことから「期間の定め

のない賃貸借」と解することができるが、他方では、A・B間の借上期間に照らして「20年の期間の定めのある賃貸借」であると解される。

ただし、いずれにしろ、少なくとも、B・C間の契約の成立時においては、公営住宅法の適用はなく借地借家法の適用があることから、期間の満了に際しての法定更新等に関する同法 26 条～28 条の規定が適用される。これらの法定更新等に関する規定を排除するような特約は、A・B間の賃貸借の場合とは異なり、Cに不利なものとして認められない（借地借家法 30 条）。

したがって、B・C間の賃貸借においては、Bは、20 年の期間の満了に際し、借地借家法 28 条所定の「正当事由」を満たさない限りは、Cに対し、当該賃貸借についての更新拒絶または解約申入れをすることはできない。そして、Bは、Aとの関係においてA・B間の賃貸借の終了が認められるにしても、Cとの関係においては、A・B間の原賃貸借契約が終了したことを理由としてB・C間の賃貸借（転貸借）も終了するとして、Cに対し、当該住宅の明渡しを求めることはできない。

(2)　さて、それでは、B・C間の賃貸借において 20 年の期間の満了に際し、どのような場合に借地借家法 28 条の「正当事由」が充足されるか。同条は、「正当事由」の判断において考慮すべき事項として、①建物の賃貸人及び賃借人が建物の使用を必要とする事情のほか、②建物の賃貸借に関する従前の経過、③建物の利用状況、④建物の現況、⑤建物の賃貸人が建物の明渡しの条件として又は建物の明渡しと引換えに建物の賃借人に対して財産上の給付をする旨の申出をした場合におけるその申出を挙げている。

本件借上住宅においては、①や③のほか、特に、まずは、2（1）4）で述べたようなCの入居時の状況、すなわち、Bからの明確な説明がないことから、Cとしては、本件借上住宅に永住できる、ないしは 20 年の期間満了によって直ちに退去を迫られることはないとの認識を抱いていたことが考えられるといった②に係る事情が考慮されるべきである。それに加えて、何よりも⑤の点が考慮されるべきである。すなわち、2（1）4）で述べたように、A・B間の借上住宅賃貸借契約書の 4 条 2 項の規定は、Cの希望によってAは本件借上住宅について改めてCと契約をすることを認めているから、この点を勘案すると、⑤にいう財産上の給付として、BのCに対する従前と

同様の家賃補助を申し出ることによって、「正当事由」が充足されるものと解される。

以上のように、BからCに対する本件借上住宅の明渡請求については、上で述べた方向での「正当事由」が満たされない限りは認められない。

なお、仮にAからCに対する明渡請求が認められるとした場合には、Cはこれに応じざるを得ないが、ただ、その場合には、Cは、Bに対して、同請求を受け容れざるを得なくなった原因はBにあるので、BのCに対する債務不履行（BC間の賃貸借に係る債務の不履行）を理由に、所定の家賃補助額相当額についての損害賠償請求をすることができるものと解される。

5 平成8年改正法32条1項6号の明渡請求と同法25条2項の通知について【2（2）（ウ）関連】

（1）　さて、それでは、平成8年改正法によって、BのCに対する本件借上住宅の明渡請求が可能となるのか。

平成8年改正法32条1項6号は、公営住宅の借上げの期間が満了するときは、事業主体（本件ではB）は、入居者（本件ではC）に対して、公営住宅の明渡しを請求することができると定める。そして、同条6項は、事業主体は、公営住宅の借上げに係る契約が終了する場合には、当該公営住宅の賃貸人（本件ではA）に代わって、入居者に借地借家法34条1項の原賃貸借の終了の通知をすることができると定める。

平成8年改正法附則5項は、平成8年8月30日（同法施行日）において現に「借上住宅」であるものについては、平成10年4月1日以降は、「新法の規定に基づいて供給された公営住宅」「とみなして」新法の規定を適用すると定める。同規定によると、第1事件の被告（平成8年2月23日入居許可、平成8年3月1日入居）に係る「借上住宅」は、平成10年4月1日前は、新法における「公営住宅」とはみなされず、新法の規定が適用されることはないが、同日以降は、新法においては「公営住宅」とみなされ、新法の規定が適用される。第2事件被告（平成11年12月28日入居許可、平成12年1月1日入居）に係る「借上住宅」は、当初から、新法における「公営住宅」とみなされ、新法の規定が適用される。

それでは、平成8年改正法前の公営住宅法および平成8年改正法の適用が共にない時期に入居して、入居時に借地借家法に基づいて存続期間（期間の定め、および期間の満了に際しての更新等）その他の法的効力が生じた第1事件被告Cについても、平成8年改正法施行後（平成10年4月1日以降）は、同法32条1項6号の明渡しに係る効力が、借地借家法によって生じた法的効力を排除して、優先して生ずることになるのか。

(2) 平成8年改正法25条2項は、「事業主体の長は、借上げに係る公営住宅の入居者を決定したときは、当該入居者に対し、当該公営住宅の借上げ期間の満了時に当該公営住宅を明け渡さなければならない旨を通知しなければならない。」と規定する。そこで、平成8年改正法32条の明渡請求に係る効力が生ずるためには、同法25条2項に定める入居決定時の通知がなされていなければならないか否かが問題となる。筆者は、次の①～⑤の理由から、平成8年改正法32条1項6号の明渡請求のためには、その要件として入居者に対して入居決定時に同法25条2項に定める通知がなされていなければならないと解する。

①公営住宅に限らず広く建物の賃借人にとって、建物賃貸借の存続期間および存続保障は、家賃額の定めと同じくらい重要な契約条件である。実際の契約では、建物賃貸借の期間については明示されることが一般的であるが、期間満了後の更新等の存続保障については必ずしも明示されない。しかし、これが明示されていなくても、法的には、借地借家法26条～28条の規定するところによって、賃貸人に更新拒絶等についての「正当事由」がない限りは賃貸借の存続が認められるのが建物賃貸借法制の基本である。

賃貸借の存続が認められない場合は、ひとつは、その旨の特約が賃借人の不利にならない場合（借地借家法30条）であり、もうひとつは、借地借家法38条の定期借家に見られるように、立法による特別の定めがある場合である。

このようにわが国の建物賃貸借法制においては、期間満了後の賃貸借の存続が認められないことは例外的な場合であることから、立法により特別の定めがなされるに当たっても、定期建物賃貸借の場合に見られるように（借地借家法38条1項、2項）、賃貸借契約の締結時において、賃貸人から賃借人に

対してその旨の通知をして説明をし、賃借人にそのことを十分に認識させる必要がある（定期建物賃貸借につきこの要件を欠く場合は、更新がないこととする定めは無効である（同38条3項））。

平成8年改正法32条1項6号の明渡請求の規定と同法25条2項の規定の関係についても、このような脈絡において理解されるべきである。なお、平成8年改正法の成立時およびそれ以前のCの入居時においては、借地借家法上の定期建物賃貸借制度（平成11年創設）は存在しておらず、立法上更新の認められない建物賃貸借は皆無の状況（建物賃貸借においては、あまねく更新のないものは存在しないといった状況）にあったことから、以上のこと（入居時の賃借人に対する通知と説明）は、いっそう強調されるべきである。

②本来的に住宅困窮者の入居が予定されている公営住宅の入居者が借上住宅に入居するにあたって、平成8年改正法25条2項所定の期間満了時に当該住宅を明け渡さなければならない旨の通知が要求される必要性は、借地借家法上の定期建物賃貸借の場合（借地借家法38条）に比して、高いとは言えても、決して低いと言うことはできない。

③公営住宅において、借上住宅以外の公営住宅については前述のように基本的に終身居住が保障されるのに対し、借上住宅についてはそのような保障がない制度の下にあっては、平成8年改正法25条2項所定の通知は、必要不可欠であり、同通知がない場合には、同法32条1項6号所定の明渡請求は認められないと解するべきである。

④平成8年改正法附則5項の規定は、「借上住宅」を新法下の「公営住宅」とみなして新法の規定が適用されると定めているが、同法25条2項の規定の適用に関し、事業主体の長に対して、「入居決定時における、期間満了時の入居者の明渡し義務の通知」を義務付けていることについて、「その通知がなされた」ことまで「みなしている」わけではなく、また、平成10年4月1日において現に「借上住宅」であるものについては、25条2項で定める「通知」のなされた「公営住宅」と「みなしている」わけでもない。

⑤同法25条2項で定める通知事項は、たとえ同規定が存在していなかった被告ら（C）の入居時においても、神戸市（B）が被告ら（C）に当然に伝えるべき事項であると解され、同条項に定める通知を同法32条1項6号

に基づく明渡請求の要件とすることは、決してBに過大の義務を課すことにはならない。

(3) 以上から、本件借上住宅の被告ら（C）に対して、神戸市（B）が、平成8年改正法32条1項6号、5項および6項に基づいて当該各住宅の明渡しの請求をするためには、同法25条2項の規定に従って、被告らの入居の決定がなされたときに、当該各住宅の借上げの期間の満了時に当該各住宅を明け渡さなければならない旨の通知がなされていなければならず、同通知を欠いていた場合には、明渡しを求めることはできないと解される。

したがって、本件借上住宅について、第1事件の被告（平成8年2月23日入居許可、平成8年3月1日入居）および第2事件の被告（平成11年12月28日入居許可、平成12年1月1日入居）に対し、神戸市の長は、それぞれの入居の決定時において同法25条2項所定の通知をしていないから、神戸市（B）の被告ら（C）に対する本件各明渡請求は認められない。

6　小括

(1)　A（UR）とB（神戸市）の原賃貸借の存続期間に関しどのように理解するかについては複数の解釈が成り立つが、本件においては、20年の期間満了に際しBからAに対し「更新をしない旨の通知」があったことから、いずれの解釈をとった場合でも、A・B間の賃貸借は終了し、Aは、Bに対しては本件借上住宅の返還を請求することができる。

しかし、AがC（本件被告）に対して、A・B間の賃貸借の終了を理由に、本件借上住宅の明渡しを請求することができるかについては、最高裁判決（平成14年3月28日民集56巻3号662頁）に照らして、A・B間において本件借上住宅に係るB・C間の賃貸借について共同事業性が認められる場合には、Aは、信義則上、A・B間の賃貸借の終了をもってCに対抗することはできない。そして、本件においては、A・B間においての共同事業性があると考えることができる。

(2)　Bが、Cに対し、A・B間の原賃貸借の終了によりB・C間の転貸借も終了することを理由に、本件借上住宅の明渡しを請求するためには、借地借家法28条の規定により「正当事由」を要するところ、Bは、Cに対す

る従前の家賃補助相当額の財産上の給付の申出をすること等によって、同「正当事由」が満たされるものと考える。

(3) Bが、Cに対し、公営住宅法（平成8年改正法）32条1項6号の規定に基づいて、本件借上住宅の明渡しを請求するためには、同法25条2項所定の通知が必要であると解される。本件訴訟においては、第1事件、第2事件共に、同法25条2項所定の通知はなされていないことから、上記BのCに対する明渡請求は認められない。

したがって、付言すると、Bは、Cに対し、公営住宅法32条1項6号の規定に基づく明渡請求は認められないため、これが認められるためには、前記(2)で述べたように、借地借家法28条所定の財産上の給付の申出等により「正当事由」を満たす必要がある。

Ⅱ　借上住宅における公営住宅法32条1項6号の明渡請求と25条2項の通知

1　第3事件判決（神戸地判平成29年10月1日、大阪高判平成30年10月12日）

(1)　第3事件の争点

以上の第1事件および第2事件についての筆者の鑑定意見書提出後に、前述のように、神戸地方裁判所によって、被告が異なる第3事件について判決を出され（神戸地判平成29年10月1日裁判所ウェブページ）、敗訴した被告は、大阪高等裁判所に控訴した（同控訴審については大阪高判平成30年10月12日裁判所ウェブページ）。Ⅰ2(1)4)および同7)で示したように第1事件および第2事件では、各被告が原告の神戸市より入居許可時に得た入居許可証にURと神戸市との間の借上期間および神戸市と被告らとの間の賃貸借の期間に関する記載はなかったのに対し、第3事件においては、この記載（「本件部屋は、借上げに係るもの物であるため、借上期間の満了時には本件部屋を明け渡すこと」との記載）はあったため、同事件では、それ以前の入居決定時の段階における通知がなかったことが問題とされた。第1事件および第2事件の争点のうち、第3事件判決では、前記Ⅰ2(2)(ウ)の争点に関して、次の①および②が争

点とされた。

①「神戸市長は、本件入居許可をするに当たり、被告に対し、法 25 条 2 項所定の通知をしたか否か。より具体的には、神戸市長は、借上げの期間の満了時に本件部屋を明け渡さなければならない旨を記載した本件許可書の交付をもって、原告に対し、上記通知をしたといえるか。」

②「原告は、被告に対し、法 25 条 2 項所定の通知をしていなかったとしても、法 32 条 1 項 6 号……に基づき、本件部屋の明渡しを求めることができるか否か。すなわち、法 32 条 1 項 6 号に基づく公営住宅の明渡しを請求するためには、法 25 条 2 項所定の通知を経ていなければならないか。」

(2)　第一審判決（神戸地裁平成 29 年 10 月 1 日）の要旨

神戸地裁平成 29 年 10 月 1 日判決は、①の点に関して、以下のように判示した。

（ア）まず、①の点につき判断する前提として、公営住宅の利用に関する規律について次のように述べる。

「法及び条例の規定によれば、公営住宅の使用関係には、公の営造物の利用関係として公法的な一面があることは否定し得ないところであるが、他方、公営住宅の入居者が使用許可を受けて事業主体との間に使用関係が設定された後においては、法及び条例による規制はあっても、事業主体と入居者との間の法律関係は、基本的には私人間の家屋賃貸借関係と異なるところはない。したがって、公営住宅の使用関係については、法及びこれに基づく条例が特別法として民法及び借地借家法に優先して適用されるが、法及び条例に特別の定めがない限り、原則として一般法である民法及び借地借家法の適用があるものと解すべきである（以上につき、最高裁昭和 59 年 12 月 13 日第一小法廷・民集 38 巻 12 号 1411 頁参照）。」とし上で、借上公営住宅に関する公法の定めとして、(a) 公営住宅法の 25 条 2 項（入居決定時の期間についての通知）、(b) 32 条 1 項 6 号（期間満了による明渡請求）、(c) 同条 2 項・5 項・6 項（明渡請求を行う日の 6 月前までの通知等）および (d) 22 条 1 項（他の公営住宅への入居）等の規定を挙げつつ、ただ、法は、「正当事由があると認められる場合でなければ建物の賃貸借契約が更新される旨の借地借家法 26 条 1 項、28 条が適用されるか否かを明らかにしていない。」（(a)～(d) の付番は筆者）と述べる。

ただ、それに続けて、同判決は、借地借家法の適否について、公営住宅法の上記各規定が、借上公営住宅の所有者（一般私人）に対し確実かつ円滑に当該建物が返還されることを保障する一方で、「借上公営住宅の入居者に対し、借上げの期間が満了する前に明渡しを余儀なくされるなど、当該入居者の居住の安定が害されないよう配慮しているということもできる。（付番省略）そうであるとすれば、法は、当該住宅の所有者と事業主体が合意しない限り、借上げの期間の満了後に使用関係（所有者と事業主体との賃貸借及び事業主体と入居者の転貸借）が更新されないことを予定しているものと解するほかはない。したがって、法は、借上公営住宅の使用関係については、借地借家法26条1項、28条を排除する趣旨であると解すべきである。」（傍点は筆者）と述べる。

　ここで留意すべきは、以上の判示から、同判決は、借上公営住宅において借地借家法26条1項、28条が排除されるのは、公営住宅法に前記（a）〜（d）の規律が存在しているからであると解していることである。

　（イ）以上の前提に立って、同判決は、第3事件の前記争点①（法25条2項所定の通知をすべき時期）について、次のように判示した。

　「法25条2項は、「事業主体の長は、借上げに係る公営住宅の入居者を決定したときは、当該入居者に対し、当該公営住宅の借上げの期間の満了時に当該公営住宅を明け渡さなくてはならない旨の通知をしなければならない」と規定している。しかるところ、法令の用語法として、「とき」は時又は時点ではなく場合を意味するものとされていること（略）からすると、法25条2項の文理上は、「入居者を決定したとき」を、入居者の決定（条例18条1項参照）の時点であると限定して解すべきであるとは断じ難い。しかも、……法25条2項の趣旨は、借上公営住宅の使用関係は、民法及び借地借家法の定めにかかわらず、法の定める要件を具備している限り、借上げの期間の満了により更新されることなく当然に終了するため、入居者に対し、借上げの期間の満了時にこれを明け渡さなければならないことを事前に予告しておくことにより、当該入居者において、退去時期を予測できるよう配慮することにあると解される。そして、……借上公営住宅の入居者には、その明渡しに伴い他の公営住宅への入居が保障されていることをも併せ考慮すると、少な

くとも入居許可（条例 19 条参照）の時点で上記通知がされていれば、将来の退去時期を具体的に予測することができ、上記趣旨を達成することができるということができる。したがって、法 25 条 2 項は、事業主体の長が、借上公営住宅の入居者を決定した場合において、当該入居者に対し、当該公営住宅の借上げの期間の満了時に当該公営住宅を明け渡さなくてはならないことを定めたにとどまり、入居者の決定（条例 18 条 1 項参照）の時点で上記通知をしなければならないことまでも要求したと解することは困難といわざるを得ない。そして、法 25 条 2 項所定の通知は、少なくても入居許可（条例 19 条参照）の時点でされていれば足りるものと解される。」（傍点は筆者）

　そして、同判決は、「神戸市長は、本件入居許可をするに当たり、本件通知書の交付をもって、被告に対し、法 25 条 2 項所定の通知をしたものと認められる。」（傍点は筆者）と結論付け、前記②の争点（法 32 条 1 項 6 号に基づく公営住宅の明渡しを請求するためには、法 25 条 2 項所定の通知を経ていなければならないか）に関しては、上に続けて、「そうすると、その余の争点を判断するまでもなく、原告は、本件借上住宅の借上げの期間が満了した平成 28 年 11 月 1 日以降、被告に対し、法 32 条 1 項 6 号に基づき、本件部屋の明渡しを求めることができると解される。」（傍点は筆者）と判示した。

(3)　第一審判決（神戸地裁平成 29 年 10 月 1 日）の分析

　（ア）先に述べたように（前記 (2)（ア）末尾）、神戸地裁平成 29 年 10 月 1 日判決は、借上公営住宅において借地借家法 26 条 1 項、28 条（「正当事由」制度）が排除されるのは公営住宅法に前記 (a)～(d) の規律が存在していることによると解すると述べた上で、それに続けて、前記 (2)（イ）において、「法 25 条 2 項所定の通知の趣旨は、借上公営住宅の使用関係は、民法及び借地借家法の定めにかかわらず、法の定める要件を具備している限り、借上げの期間の満了により更新されることなく当然に終了するため、入居者に対し、借上げの期間の満了時にこれを明け渡さなければならないことを事前に予告しておくことにより、当該入居者において、退去時期を予測できるよう配慮することにあると解される。そして、……借上公営住宅の入居者には、その明渡しに伴い他の公営住宅への入居が保障されていることをも併せ考慮すると、……」と述べている。この判示部分においては、まず、借上公営住

宅の使用が「借上げの期間の満了により更新されることなく当然に終了する」のは、「法の定める要件を具備している限り」においてであり、そして、その「法の定める要件」は、前記（a）〜（d）の要件の全てであって、（a）のみがこの要件から除外されることはないとしていると思われる。次に、同判決がいう「借上げの期間の満了時にこれを明け渡さなければならないことを事前に予告しておくことにより、当該入居者において、退去時期を予測できるよう配慮する」ことについての要件は、期間の満了の直近において予告されても入居者に対する配慮にはならないから（c）ではなく、（a）であると思われる。さらに、この（a）の要件は、（d）の要件と比べて、「借上公営住宅の入居者には、その明渡しに伴い他の公営住宅への入居が保障されていることをも併せ考慮すると」と表現していることからも、その重要性は（d）の要件に劣るところはないと思われる。

　（イ）同判決は、Ⅱ1（1）で掲げた、争点①（入居決定時の通知の時期）に関して専ら判示し、争点②（原告は、被告に対し、法25条2項所定の通知をしていなかったとしても、法32条1項6号……に基づき、本件部屋の明渡しを求めることができるか否か）については、「その余の争点を判断するまでもなく」と述べて、その判断をしていない。このことから、同判決は、争点②について、文字通り何ら判断をしていないとみるべきか。

　たしかに、同判決の判示する「神戸市長は、本件入居許可をするに当たり、本件通知書の交付をもって、被告に対し、法25条2項所定の通知をしたものと認められる。そうすると、その余の争点を判断するまでもなく、原告は、本件借上住宅の借上げの期間が満了した平成28年11月1日以降、被告に対し、法32条1項6号に基づき、本件部屋の明渡しを求めることができると解される」（傍点は筆者）との部分は、本件では法25条2項所定の通知があるのだから、通知がなかったことを前提とする議論を本件において行うことは実益がなく必要はないとの意味であると捉える余地がないことはないが、しかし、前記（3）（ア）でみたように、同判決は、法25条2項所定の通知を法32条1項6号に基づく明渡請求を行うための要件としている（争点②は既に争点①において判断が尽くされている）と解されるので、原告がいう入居時点の通知でなくても本件のような許可時の通知でも法25条2項所定の通知

が認められるのであるから、通知がある以上（「そうすると」）、争点②を含むいくつかの「その余の争点を判断するまでもな」いと判示したものと解するのが自然な見方であろう。

(4) 控訴審判決（大阪高裁平成 30 年 10 月 12 日）

上記判決の控訴審である大阪高裁平成 30 年 10 月 12 日判決も、上記原審の判断をほぼそのまま支持して次のように判示した。

「借上公営住宅に入居しようとする者は、少なくとも入居許可（条例 19 条参照）の時点で法 25 条 2 項に定める事項の通知がされていれば、将来の退去時期を具体的に予測することができ、法が要請する配慮に欠けることはないといえる。したがって、法 25 条 2 項は、事業主体の長が、借上公営住宅の入居者を決定した場合において、当該入居者に対し、当該公営住宅の借上げの期間の満了時に当該公営住宅を明け渡さなければならない旨を通知しなければならないことを定めたにとどまり、入居者の決定（条例 18 条 1 項参照）の通知と同時に上記通知をしなければならないことまでも要求したと解することはできない。そして、法 25 条 2 項の通知は、少なくとも入居許可（条例 19 条参照）の時点でされていれば足りるものと解される。」

なお、控訴審判決は、前記（3）（ア）でみたような、原審の法 25 条 2 項所定の通知を法 32 条 1 項 6 号に基づく明渡請求を行うための要件とする解釈について、特に異を唱えてはいない。

2 第 2 事件判決（神戸地判第 5 民事部平成 30 年 10 月 17 日）

(1) 第 2 事件判決の要旨

法 25 条 2 項の通知（入居者決定時通知）の意義、および同条項の通知と法 32 条 1 項 6 号に基づく明渡請求との関係について、第 2 事件判決（神戸地判第 5 民事部平成 30 年 10 月 17 日）は、以下で示すように、同じ神戸地裁の判決ではあるが、上記第 3 事件判決とは異なる判断をした。

第 2 事件判決は、上記争点に関し、まず、「入居者保護規定のうち、明渡請求 6 か月前通知が法 32 条 1 項 6 号による明渡請求を行う前提とされており、その要件となることは規定上明らかである。これに比べ、他の入居者保護の規定については、その文理上、明らかではない。」としつつ、「入居者決

定通知は、……転居先住居の確保に果たす機能はなく、入居決定時、入居者にあらかじめ借上げ期間満了時に退去しなければならないことを通知し、その時に向け心積もりを持っておくようにする契機を与える機能を有する。」と述べる。そして、これに続けて、以下のように判示する（以下の付番は、判決によるもの）。

「(オ) 法は、健康で文化的な生活を営むに足りる住宅を整備し、これを住宅に困窮する低額所得者に対して低廉な家賃で賃貸し、又は転貸することにより、国民生活の安定と社会福祉の増進に寄与することを目的としている（1条）。借上住宅について、借上期間満了の際、転居を準備するための準備期間を確保し、転居先を容易にすることによって、入居者保護が図られれば、一般的には上記目的は達成され得る（なお、法が、継続居住の利益を保護しているとまではいえないことは後記のとおりである。）。(カ) そもそも、上記のとおり、法32条1項6号は、もともと期間満了により転借人に対して明渡しを求める地位にある借上公営住宅の所有者（原賃貸借契約の賃貸人）の保護を図る趣旨の規定であると解するのが相当である。他方、法25条2項は、転借人が借上げ期間満了時に退去しなければならないことについて、心積もりを持っておけるよう、事業主体に通知を義務付けた規定であると解される。このように両者の規定は、それぞれ別個の趣旨から設けられた規定である。前記のとおり、借上公営住宅の原賃貸借契約に係る賃貸人は、本来、転借人に対し、原賃貸借契約の期間満了による終了を主張することができるのであって、このことは入居者決定時通知の有無によって左右されるものではないと解するのが相当である。(キ) 以上の点を勘案すると、入居者決定時通知は、その懈怠が、債務不履行責任あるいは不法行為責任を構成し、入居者が損害賠償請求し得る可能性があることは別論として、また、個別事案において、その懈怠に起因して明渡し時に酷な結果が生じることをもって明渡請求を権利濫用とする一事情を構成するかは別論として、法32条1項6号による明渡請求の要件ではなく、法32条1項6号の請求の当否を左右しないと解するのが相当である。よって、入居者決定時通知（法25条2項所定の通知）を経ないでされた法32条1項6号の明渡請求は有効である。」

(2)　第2事件判決の分析

まず、判決のいう前記（オ）については、借上公営住宅について、所有者の利益保護（実質は行政への財政的負担配慮）の観点から継続居住の利益の保護はないとしても、そのことを入居時に入居者に認識させる必要があり、それを欠いた状況で、入居者に対し、突如、「転居先」および「そのための準備期間」を確保していると言うだけでは、法の目的を達成したことにはならないと思われる。

次に、前記（カ）については、借上住宅に係る原賃貸借契約の締結にあたっては、事業主体が入居者決定時に前記の通知をすることを前提としているものと解されるところ、特に本件のURのような借上賃貸人については、同通知が事業主体によりなされないときは、前記Ⅰ2（1）3）の「借上住宅賃貸借契約」3条2項および4条2項の趣旨からしても、借上賃貸人は、転借人に対し、原賃貸借契約の期間満了による終了を主張することができないと解されるべきである。その上で、借上賃貸人が（前記（キ）でいう入居者からの請求ではなく）、事業主体に対し、原賃貸借契約の期間満了による終了を主張することができないことによる損害の賠償をすることができるものと解される。

3　第1事件・第4事件判決（共に神戸地判第4民事部平成31年2月7日）
(1)　第1事件（・第4事件）判決の要旨

第1事件および第4事件においては両事件共に、第3事件とは異なり、第2事件と同様に、神戸市から被告らに交付された入居許可証には「20年間で満了する」旨の記載はなかった。

第1事件と第4事件とは、同じ神戸地裁第4民事部において同じ日に判決が出され、以上みてきた争点について両事件において同一の判断がなされた。したがって、以下では、法25条2項所定の通知が法32条1項6号に基づく明渡請求の要件であるかについて、第1事件の判決のみをみていこう（以下の付番の（ア）〜（ウ）は同判決によるものであるが、①〜⑤の付番は筆者によるものである）。

「（ア）①まず、法32条は、借上期間の満了による明渡請求に関し、文言

上、同条2項において、入居者が借上期間の満了による明渡請求を受けたときは、速やかに明渡しをする必要があることを定めるほか、同条5項において借上満了の6か月前までに明渡しの請求をする旨の通知をしなければならないことを定めているにすぎず、法25条2項所定の通知がなされていることが必要である旨の定めは置かれていない。

②また、附則において、法25条2項に関する経過措置の規定を設けておらず（なお、同居の承認に関する規定については、新法の規定によって承認を受けたものとみなす旨の経過措置規定が定められている〔附則9項〕。）、このことからすれば、立法者は、法25条2項所定の通知が法32条1項6号に基づく明渡請求のために必要な要件になるということを想定していなかったことがうかがわれる。

（イ）他方で、③法32条1項6号の趣旨をみても、同号の趣旨は……借上期間満了時における入居者からの建物返還の確保という建物所有者の保護にあるところ、法25条2項所定の通知の趣旨は、……入居者が、借上公営住宅への入居の段階において、その退去時期を予想できるように配慮するというものであり、法32条1項6号とは別個の趣旨で設けられたものであって、その前提要件とは解釈し難い。

④また、法25条2項所定の通知は、事業主体において実施すべきであるところ、同条項所定の通知を法32条1項6号に基づく明渡請求の要件と捉え、同義務の懈怠があった場合に、事業主体による明渡請求を一切認めないとの解釈をとることは、上記のとおりの法32条1項6号及びこれに関連する規定の趣旨に反することにもなりかねない。

⑤これらのことに加えて、法の目的は、「健康で文化的な生活を営むに足りる住宅を整備し、これを住宅に困窮する低額所得者に対して低廉な家賃で賃貸し、又は転貸することにより、国民生活の安定と社会福祉の増進に寄与すること」にある（法1条）ところ、借上期間満了における明渡しの場面においては、転居のための準備期間を確保し、転居先の確保が容易となるよう配慮すれば、上記目的の下における入居者への保護は十分に図られていると評価することができる。そして、法は、事業主体に対し、借上満了の6か月前までに入居者に対する通知をすることを義務付けて明渡しまでの準備期間

を確保するとともに（法32条5項）、借上公営住宅を明け渡した入居者に対しては、公募の方法によることなく他の公営住宅へ入居することができるようにし（法22条、24条）、転居先の確保を容易にしているところである。そうすると、上記の目的の達成という観点からは、法25条2項所定の通知にこれを借上期間満了による明渡請求の要件と解釈しなければならないような独自の役割を担わせる必要があるとまでは評価し難い。

（ウ）以上のとおり、法25条2項の規定の文理及び趣旨を斟酌しても、法32条1項6号に基づく明渡請求の要件と解することはできない。」

(2) 第1事件（・第4事件）判決の分析

以下では、第1事件の判断の妥当性について、筆者の考え方を述べることにする。

第一に、第1事件の判決は、前掲（ア）①において、法25条2項所定の通知が必要であることは、法32条5項所定の通知とは異なり、法32条において定められていないと述べるが、これは、法32条の各項は、「公営住宅一般」の「明渡請求に際しての」規定であるから、「借上公営住宅」の「入居者の決定に際しての」規定である法25条2項所定の通知については定められていないのであり、その旨の規定が置かれていないことをもって、法25条2項所定の通知が法32条1項6号の明渡請求をするための前提とならないと解することはできないと考える。

第二に、第1事件の判決は、前掲（ア）②において、附則9条により、「借上公営住宅」の同居等についての「地方公共団体の承認」を新法の「事業主体の承認」とみなす旨の規定が設けられているところ、新法25条2項に相当する「地方公共団体の通知」を新法の「事業主体の通知」とみなす旨の経過措置の規定が設けられていないことから、「立法者は、法25条2項所定の通知が法32条1項6号に基づく明渡請求のために必要な要件になるということを想定していなかったことがうかがわれる」と述べるが、このことをもって、直ちに、新法に定める法25条2項所定の通知が、法32条1項6号に基づく明渡請求のために必要な要件ではないということはできないと考える。むしろ次のように解すべきではないか。すなわち、平成10年4月1日において現存した「借上公営住宅」は公営住宅とみなされ一部の規定を除

き新法の規定が適用されるところ、新法25条2項に相当する「地方公共団体の通知」を新法の「事業主体の通知」とみなす旨の経過措置の規定が設けられていないため、上の「借上公営住宅」は公営住宅とみなされ、形式的には新法の25条2項および32条1項6号が共に適用されるものの、法32条1項6号に基づく明渡請求のためには、25条2項の（みなし）適用がないため、同規定の「事業主体の通知」に代わるものとしての「地方公共団体の通知」が必要であり、この通知により借地借家法28条の「正当事由」が満たされるとして、同請求が認められると。

第三、第1事件の判決の前掲（イ）③がいうように、「法25条2項所定の通知の趣旨は、……入居者が、借上公営住宅への入居の段階において、その退去時期を予想できるように配慮するというもの」であるとすると、同通知がなければ入居者は退去時期を予想できない可能性があり、入居者としては、借上期間満了時の6か月前に突如、明渡請求がきてもそれに応じなければならないことを、同判決は、「建物所有者の保護」の一点をもって認めるということになる。このことは、「借上公営住宅」は、一般の公営住宅と同様に低廉な賃料とはいえ、「使用貸借」ではなく「賃貸借」である以上、「賃貸借」と「使用貸借」との比較において奇妙な結果を生じさせることになる。すなわち、同判決の理解における「借上公営住宅」の存続期間を、使用貸借についての「借主は、契約に定められた時期に、借用物の返還をしなければならない」との規定（597条1項、2017年改正法597条1項も同趣旨の規定）と比べた場合に、たしかに借上住宅の場合には6か月前の明渡しに係る通知がある点では借主の保護への配慮はあるが、期間満了により当然に借用物の返還という点は同一であり、したがって、無償の恩恵的な貸借の場合と同様な扱いであり、しかも使用貸借の場合には「契約で定められた時期」ということで、これは借主が借用物の返還時期を認識していることが前提としているが、第1事件等においては、前記Ⅰ2(1)4)のとおり「借上公営住宅」の入居許可にあたり「賃貸借の期間」の明示すらされていないところ、同判決によるとこの認識すら不要としているように思われる。なお、使用貸借の場合には、「当事者が返還の時期を定めなかったときは、借主は、契約に定めた目的に従い使用及び収益を終わった時に、返還しなければならない」（597条

2項、2017年改正法597条1項も同趣旨の規定）と定め、「契約に定めた目的に従い使用及び収益を終わった時」に使用貸借が終了するとしている。同判決の上記のような解釈は、「建物」の「賃貸借」における建物の返還についてのわが国の法制の基本原則に反することだけではなく、「物」の「貸借」における返還についてのわが国の法制の基本原則（借主は、借用物の返還の時期または使用・収益の目的を認識しているので、その認識に従い返還の義務を負う）にも反するものといえよう。

　第四に、第1事件の判決の前掲3（1）（イ）④については、つぎのように考える。法25条2項所定の通知義務の懈怠があった場合でも、明渡請求を認めるとの解釈をとることの弊害は、入居者の利益に多大な影響を及ぼし得るのに対し、事業主体にとっては、通常は当該入居者の居住の継続のためには、引き続き事業主体が賃貸を業としている賃貸人に対し従前の賃料を支払えば足りるところ、たしかにその分の公的な財政負担の増大を招くことになるが、他方で、当該入居者に他の公営住宅を手当てする必要はなくなり（他の公営住宅は他の申請者のために当てられる）、また、法25条2項所定の通知は、事業主体として当該場面において当然になされるべきものと解され、そのことは何ら過度の業務を課すことでもなく、そのことを考えると、当該通知の有無が、借上公営住宅についての賃貸人からの供給に影響を及ぼすとは考え難い。

　第五に、第1事件の判決の前掲3（1）（イ）⑤については、つぎのように考える。転居先の確保が配慮されているからといって、転居を予定していない入居者に対しては、その者の人生設計やこれまで当該地域で形成してきた様々な事柄といった「法律上保護されるべき利益」を侵害することになり、転居先の確保を保証したからといって、転居を義務付けることは、「健康で文化的な生活を営むに足りる住宅」といった法の目的に反することになろう。やはり、明渡請求が認められるためには、入居時において、居住の期間およびその後の転居に関する通知をすることが求められよう。

Ⅲ　結びに代えて

　筆者は、第1事件の判決の前掲Ⅱ3（1）（ウ）で述べる「法25条2項の規定の文理及び趣旨を斟酌しても、法32条1項6号に基づく明渡請求の要件と解することはできない」との結論に反対し、むしろ、以上縷々述べてきたように、「法25条2項の規定の文理及び趣旨を斟酌した場合には、法32条1項6号に基づく明渡請求の要件と解するほかない」との結論をとる。

　わが国の法律学は、これまで契約等に係る情報の開示・公開やその内容の説明義務に関する法理を営々と築きあげてきた。それは、民事法学および民事実務における基本であると共に、行政法学および行政における実務の基本であり、この基本原則は、行政においてはより徹底され遵守されるべきであるということは言えても、より緩和されてよいということは許されないであろう。「借上公営住宅」については、入居時に、行政から入居者に対し、何らの通知がない場合でも、期間満了により直ちに入居者に明渡請求ができるとする、第2事件及び第1事件（・第4事件）の判決には、筆者は、到底承服することはできない。

物権債権峻別論の法的基礎
──ローマ法の考察を通じて──

大 場 浩 之

| I　はじめに |
| II　ローマ法 |
| III　おわりに |

I　はじめに

1　問題の所在

　日本の民法典は、物権と債権を峻別した上で、いわゆるパンデクテンシステムを採用している、とよくいわれる。たしかに、民法典においては、物権法編と債権法編が分けられている。また、物権の特徴は直接性・絶対性・排他性にあり、債権の特徴は間接性と相対性しか有しておらず、かつ、排他性がないことにあるとされる[1]。しかし、それぞれの権利を分析してみると、物権と債権の峻別が容易ではないことは、すぐにわかる。

　たとえば、不動産の所有者は所有権という物権を有する者ではあるが、対抗要件としての登記を備えなければ、第三者に対抗することができない（民法177条）。第三者が登記を先に経由した場合には、それまで所有者とされていた者が所有権を失う。つまり、物権を有していたにもかかわらず、その物権は絶対性や排他性を有していなかったことになる。

　これに対して、不動産の買主が、売主に対する特定物引渡請求権を仮登記

（1）　物権の典型である所有権（民法206条）と、債権の典型である貸金債権（民法587条）の特徴は、物権と債権それ自体の特徴とまさに一致する。

した場合（不動産登記法105条2号）には、買主はいまだ物権を取得してはいないにもかかわらず、仮登記の順位保全効（不動産登記法106条）を通じて、実質的に第三者を排除できる権利をもつ。このことは、債権に絶対性が付与された、とも評価できる[2]。

そして、ドイツの民法典も、日本法と同じく、物権債権峻別論とパンデクテンシステムを採用している、といわれている。しかし、ドイツ法にも、仮登記制度（BGB（ドイツ民法典）883条1項・888条1項）が存在している。このように、仮登記制度を一例としてとりあげてみることだけでも、日本法とドイツ法における物権債権峻別論が貫徹されていないことがよくわかる。

さらに、日本においては、物権行為の独自性を認めないとする見解が通説を形成している[3]。判例も同じく物権行為の独自性を否定する[4]。すなわち、物権行為の独自性を認めないのであれば、不動産所有権の移転は売買契約に代表される債権的法律行為によってのみ、その効果が生じる（民法176条[5]）。

しかし、債権の次元でなされる売買契約によって、なぜ直接、物権の次元である所有権の移転の効果が導かれるのか。そこには、論理の飛躍があるといわざるをえない。

たしかに、売買契約は所有権などの移転を本質的な目的としているから、売買契約と所有権の移転を直接に関連づけることは不可能ではない。しかし、たとえば、消費貸借契約と抵当権設定の間には、経済的な観点から密接な関係をみることはできるが、両者はかならずしも不可分な関係とはいえない。このため、抵当権設定の効果を、消費貸借契約から直接導き出すことはできず、すくなくともその限りにおいて、抵当権設定の効果を直接もたらすなんらかの法律行為を認めざるをえない。ここに、物権行為の独自性を完全に否定することのできない問題がある。

（2）　仮登記制度について、くわしくは、大場浩之『不動産公示制度論』（成文堂・2010）261頁以下、および、同「仮登記制度と不動産物権変動論─物権債権峻別論を基軸として─」私法76・139以下（2014）などを参照。

（3）　我妻栄著・有泉享補訂『新訂・物権法（民法講義Ⅱ）』（岩波書店・1982）56頁以下などを参照。

（4）　たとえば、大判明28・11・7民録1・4・28以下などを参照。

（5）　もっとも、所有権移転の原因と時期の問題は、別個に判断されるべきである。この点につき、川島武宜『新版・所有権法の理論』（岩波書店・1987）222頁以下を参照。

これに対して、ドイツ法は、物権行為の独自性を肯定している。[6]この点において、日本法よりも物権と債権の区別は維持されている。しかし、それ以外の法制度および法概念に目を向けてみると、ドイツ法においても、物権と債権の狭間にあるように思われるものが多く存在する。

たとえば、占有改定（BGB 930条）や返還請求権の譲渡（BGB 931条）によって動産所有権を取得した者、売主が処分制限（BGB 137条）を受けていた場合の買主、売買契約を締結したが物権をまだ取得していない買主（期待権について、BGB 160条1項・161条1項・162条2項、先買権について、463条・464条1項・2項・1094条1項・1098条2項）、そして、自らの特定物債権を侵害された債権者などの、それぞれの法的地位である。

このうち、土地所有権の二重売買がなされ、第二買主が第一買主よりも先に登記を備えたけれども、第一買主との関係における第二買主の態様が良俗違反の不法行為（BGB 826条）に該当する場合には、第一買主は債権者であるにもかかわらず、第二買主に対して直接請求する権利をもつ、とされている。[7]つまり、この買主の権利は、債権であるにもかかわらず絶対性を有しているのである。この絶対性のある債権は、法制史上、ius ad rem（物への権利）と称されてきた。[8]

---

(6) なお、土地所有権を譲渡するにあたっては、Auflassung（アウフラッスンク）という物権行為が要件とされている（BGB（ドイツ民法典）925条1項1文・925a条・311b条1項1文）。さらに、ドイツ法は、物権行為の無因性についても肯定している。これについては、*Astrid Stadler*, Gestaltungsfreiheit und Verkehrsschutz durch Abstraktion –rechtsvergleichende Studie zur abstrakten und kausalen Gestaltung rechtsgeschäftlicher Zuwendungen anhand des deutschen, schweizerischen, österreichischen, französischen und US-amerikanischen Rechts–, Tübingen 1996, S. 76 ff. を参照。また、ドイツ法は、物権変動について効力要件主義を採用している。すなわち、目的物が土地である場合には登記（BGB 873条1項）が、動産である場合には引渡し（BGB 929条）がなされなければ、所有権移転の効果は発生しない。そして、日本法とは異なり、動産占有だけではなく（BGB 932条1項）、登記にも公信力が認められている（BGB 892条1項）。

(7) たとえば、BGHZ 14, 313 ff. などを参照。

(8) ius ad rem については、好美清光「Jus ad rem とその発展的消滅―特定物債権の保護強化の一断面―」一橋大学法学研究3・179以下（1961）、同「Jus ad rem とその発展的消滅―特定物債権の保護強化の一断面―」私法23・77以下（1961）、および、小川浩三「ius ad rem 概念の起源について―中世教会法学の権利論の一断面―」中川良延・平井宜雄・野村豊弘・加藤雅信・瀬川信久・広瀬久和・内田貴編『日本民法学の形成と課題・星野英一先生古稀祝賀（上）』（有斐閣・1996）331頁以下などを参照。また、ドイツ法の観点から ius ad rem を分析するものとして、*Ralf Michaels*, Sachzuordnung durch Kaufvertrag –Traditionsprinzip, Konsensprinzip, ius ad rem in Geschichte, Theorie und geltendem Recht–, Berlin 2002 を参照。

2 課題の設定

以上のことから、日本法においてもドイツ法においても、物権債権峻別論が貫徹されていないことは明らかである。そうだとすれば、物権と債権を区別する意義はどこにあるのか。ここに、物権債権峻別論を批判的に検討すべき理由がある。

筆者は、これまで、不動産登記の観点から方式と物権の関係を考察し[9]、さらに、物権行為と ius ad rem の観点から、意思と契約、そして、物権変動の法的構造を検討してきた[10]。いずれの研究においても、物権と債権の法的性質や、両概念におさまらない制度および権利を、その対象としてきた。したがって、本稿は、これら研究の発展のかたちをとる。

そこで、これまでの研究成果をふまえて、物権債権峻別論を批判的に検討する。そのためには、まず、物権債権峻別論がどのような歴史的経緯を経て発展してきたのかについて、正確に知る必要がある。本稿の主たる目的は、ここにある。具体的には、ローマ法にまでさかのぼって検討を加える必要がある。ローマ法においても、すでに物権と債権の区別が認識されていたからである。

はたして、物権債権峻別論は現行法において厳然と存在しているのであろうか。それとも、物権と債権の概念は、あくまで一定の区別がなされているにすぎないのであろうか[11]。また、物権と債権の区別は、今後も維持されるべきなのであろうか[12]。この問いは、民法の体系論と密接に関係してくる。

そもそも、物権と債権の峻別は所与の前提ではない。法典の編纂方式にしても、周知の通り、パンデクテン方式以外に、人事、財産および財産取得な

（9） 大場・前掲注2『不動産公示制度論』を参照。

（10） 大場浩之『物権変動の法的構造』（成文堂・2019）を参照。

（11） 日本法におけるいわゆる賃借権の物権化をめぐる議論をふまえてみても、物権と債権の境界があいまいなことは、もはや異論の余地がない。この点につき、たとえば、水本浩「賃借権の物権化を巡る若干の問題」私法29・300以下（1967）などを参照。

（12） *Jens Thomas Füller*, Eigenständiges Sachenrecht?, Tübingen 2006, S. 526 ff. は、とりわけ物権概念を否定する。ドイツ法においてすら、物権行為の独自性は認めつつも、その無因性までも認めることには批判が強い。日本法においても、売買契約の成立をもって所有権の移転を認める判例の立場は、限定的とはいえ、実質的な利益に鑑みて物権と債権の区別に関する判断を異にしている、と評価できるだろう。この点につき、大判大2・10・25民録19・857以下などを参照。

どを対象としたインスティテュート方式もある。さらには、判例法主義をとる英米法圏においては、契約、不法行為、財産および家族などを中心に議論がなされている。そこでは、人と物の関係および人と人の関係を抽象化した物権と債権の概念は希薄であるか、もしくは、観念されない。

とはいえ、財産の帰属と移転の領域を区別し、かつ、人と物の関係と人と人の関係を区別して理解することには、一定の合理性もある。さらには、物権の特徴としての直接性、絶対性および排他性と、債権の特徴としての間接性、相対性および非排他性は、当該権利の内容を把握するための有益な指針となりうる。[15]

これに対して、物権であるにもかかわらず絶対性を有しない権利、たとえば日本法上の対抗要件を備えていない所有権や、債権であるにもかかわらず絶対性を有する権利、具体的には借地借家法が適用される賃借権など、当初は原則とされていた物権と債権の法的性質がそのままではかならずしも妥当しない権利も、多く存在する。

これらのことから、物権と債権の区別を批判的に検討し、両概念を解体するべきかどうかも含めて、あるいは、両概念の有用性がどこに残されているかの探求もしながら、解釈論と立法論を展開することが求められる。[16]

3 本稿の構成

以上の問題意識と課題設定をふまえて、本稿においては、ローマ法に遡って物権債権峻別論の淵源を探る。具体的には、つぎの通りである。ローマ法について、時代を分けて考察する。すなわち、共和政前期、共和政後期、古典期である。それから、ユスティニアヌス帝による法典編纂をとりあげる。

---

(13)　ドイツ法に関して、財貨帰属の問題を論じるものとして、*Alexander Peukert*, Güterzuordnung als Rechtsprinzip, Tübingen 2008 がある。とりわけ、その S. 793 ff. を参照。

(14)　物権の特徴としての物権法定主義について、ドイツ法におけるその展開については、*Christoph Alexander Kern*, Typizität als Strukturprinzip des Privatrechts, Tübingen 2013, S. 67 ff. が詳しい。

(15)　この点において、典型契約がもつ意義と比較することもできる。とりわけ、大村敦志『典型契約と性質決定』（有斐閣・1997）304 頁以下を参照。

(16)　民法関連のさまざまな改正が実現している現代において、物権債権峻別論と法典論を正面から取り扱うことは、もはや不可避であるといえる。

物権債権峻別論を分析するためには、抽象的な権利論の観点から検討を行うことが重要である。もっとも、これにとどまらず、それぞれの時代および地域において、物権あるいは債権と位置づけられていた権利が具体的にどのような法的性質を有するものと理解されていたのかについても、検討しなければならない。

その限りにおいて、債権法が一般に任意法規を多く含んでいることに鑑みると、物権法または物権に着目して分析を行った方が、物権債権峻別論の理解を深めるためには、より適切な手法であろう。今日の観点からしても、債権あるいは契約の重要性は異論のないところである。むしろ、物権の独自性の意義が、問題とされているのである。[17]

Ⅱ　ローマ法

1　序

ローマあるいはローマ法を検討するにあたって、その時代区分をどのように理解するか。本稿においては、前述した通り、共和政前期、共和政後期、古典期に分けた上で、ユスティニアヌス帝による立法にどのようにつながっていったのかを分析する。すなわち、ローマ建国からカルタゴの征服までを共和政前期、カルタゴの征服から帝国の分解までを共和政後期、帝国の分解からユスティニアヌス帝の登場までを古典期として、検討を進める。[18]

法の観点からさらに敷衍すると、共和政前期は、古代ローマ法の時代であって、最も重要なものとして十二表法がある。共和政後期においては、市民法と万民法の区別がきわめて重要である。[19] 古典期は、法学者の影響力がとても強かった時代といえる。[20] その集大成が、ユスティニアヌス帝による法典編

---

(17)　債権と物権の二重性について、*Füller*, a.a.O. 12, S. 8 ff. を参照。

(18)　ローマの時代区分については、原田慶吉『ローマ法（改訂）』（有斐閣・1955）1頁以下、および、船田享二『ローマ法入門（新版）』（有斐閣・1967）8頁以下などを参照。

(19)　もっとも、市民法はローマ市民に対してのみ適用され、万民法はローマ市民以外をも対象とするという点に、それぞれの違いはあったが、いずれもローマ法であったことに留意すべきである。

(20)　この点につき、ウルリッヒ・マンテ著・田中実＝瀧澤栄治訳『ローマ法の歴史』（ミネルヴァ書房・2008）91頁以下を参照。

纂につながっていくのである。

このように、ローマ法を時代区分にそくして検討していくが、それぞれの区分はかならずしも自明ではない。むしろ、ローマもローマ法も、浮動的な変遷過程を経ている。とはいえ、それぞれの時代に特徴が見出されることもまた事実であり、一定の分析軸に基づいた検討を時代ごとに行うことには、意義がある。とくに、物権あるいは物権法の性質に着目した上でのローマ法の分析は、本稿の問題意識にとって避けて通ることはできない。[21]

2 共和政前期

共和政前期における物権法に関連するテーマとして、なにをとりあげるか。それは、res mancipi（握手行為の物）と res nec mancipi（握手行為によらない物）にほかならない。これらの区別がどのようになされていたかを検討することが、もっとも重要な課題となる。もっとも、両概念が、目的物の譲渡の場面において、それぞれどのような方式でなされていたか、という観点から区別することはできるが、その目的物についてのそれぞれの権利がどのような法的性質をもつのか、については明らかではない。[22]

共和政前期における所有権は、不明確な概念であった。それは、家長がもつ財産に対する権力ともいうべきものであった。前述したように、物についての権利は、res mancipi と res nec mancipi に区別されていた。res mancipi は、mancipatio（握手行為）という方式行為によって、これを移転することが可能とされていた。これに対して、res nec mancipi は、財産全体に対して及び、原因行為と traditio（引渡し）によってこれを移転することが認められた。共和政前期における所有権と現代法におけるそれとを比較すると、前者はより不明瞭であり、現代法における制限物権も所有権として理解されていた。[23]したがって、物権法定主義をここに見出すことはできない。[24]

---

(21) 具体的にいうと、どのような内容をもつ物権が認められていたのか、物権変動が生じるためにはどのような要件が求められていたのか、などが対象となる。すなわち、論点は、物権法定主義、物権行為の独自性、物権変動の要件などであって、この問題意識は現代法にも受け継がれている。

(22) ただし、目的物についての権利は、所有権として把握されることがほとんどであった。すなわち、所有権が唯一の物権であって、それがあらゆる制限物権を含んでいる、という理解である。この点につき、*Kern*, a.a.O. 14, S. 36 を参照。

230

ここで所有権に限定して着目してみよう。所有権の保護は、legis actio sacramento in rem（物に対する法律訴訟）において、rei vindicatio（物の返還請求）を通じて行われた。そこで、原告と被告は目的物が自分の物であることをお互いに主張しあい、裁判官は、どちらがより強い権利をもっているかだけを判断した。このため、所有権は相対的な性質を有するものであった[25]。

つぎに、権利の移転方法について検討する。mancipatio は、目的物が財産に完全かつ永続的に加わることとのバランスとして、つまり、売買代金との交換対象として、位置づけられた。権利を移転するためには、mancipatio にくわえて、証人と秤をもつ者とが存在しなければならなかった。この点は、売買代金とのバランスをとる行為が象徴的なものとなり、mancipatio が抽象的な移転行為になってからも、変わらなかった[26]。

これに対して、方式自由の引渡しである traditio は、共和政前期において、処分行為として認められていなかった。それは、擬制的な引渡しにすぎなかった。mancipatio も in iure cessio（法廷譲渡）もなされなかった場合、処分行為としての効果が認められるかどうかは、causa（原因）の有無による

---

(23) この点については、*Max Kaser*, Das Römische Privatrecht, Erster Abschnitt, Das altrömische, das vorklassische und klassische Recht, 2. Auflage, München 1971, S. 119 ff. を参照。当時、農地の地役権は４つに分けられていた。iter（通行権）、actus（家畜通行権）、via（車両通行権）、および、aquae ductus（引水権）である。これらが res mancipi である場合には、その所有権譲渡は mancipatio によって認められた。この点につき、*Rudolf Elvers*, Die römische Servitutenlehre, Marburg 1854, S. 2 ff. を参照。

(24) このように、制限物権が現代法におけるのと同じようにそれぞれの種類に区別されたのは、たしかにさらに時代が下ってからのことである。しかし、今日でいうところの利用権と担保権の違いは早くからすでに認識されていたと考えられる。とはいえ、内容が制限された使用権も所有権と理解されていた点は、現代法と大きく異なる。この点につき、*Kern*, a.a.O. 14, S. 38 f. を参照。

(25) この点については、*Theo Mayer-Maly*, Das Eigentumsverständnis der Gegenwart und die Rechtsgeschichte, in: Gottfried Baumgärtel/Hans-Jürgen Becker/Ernst Klingmüller/Andreas Wacke（Hrsg.）, Festschrift für Heinz Hübner zum 70. Geburtstag, Berlin/New York 1984, 145 ff. を参照。もっとも、より強い所有権を有する者からすれば、より弱い所有権を有する者や、そもそも所有権を有しない者との関係においては、そのより強い所有権または所有権を主張できるのであるから、結局のところ、所有権には絶対性があるともいえる。あくまで、ここでいうところの所有権の相対性は、訴訟上の相対性にすぎない。したがって、実際には、所有権に絶対性が認められていることと、異なるところはない。もっとも、だれが権利者なのか、その権利者がもっている権利はどのような内容を有するのか、といった点が不明確になることは事実である。ここに、現代法における所有権の性質との違いがよくみられる。

(26) この点については、船田・前掲注18・111頁などを参照。

ものとされた。[27]

　このように、当時の所有権の法的性質は、現代法における所有権概念と比較して不明確であった。これにより、所有権と制限物権の境界も曖昧であったといえる。[28]また、権利の移転方法も、mancipatio による方法と traditio による方法とがあり、とくに後者の効力は確定的なものとはいえなかった。

3　共和政後期

　共和政後期における物権法の特徴は、所有権概念が厳格化されたことにある、ということができる。これにともない、所有権と制限物権の区別も厳密になされた。[29]

　まず、所有権は、物についての完全権であって絶対性をもつ権利として構成された。所有者だけが、第三者との関係で自らの所有権の保護を受けられたのである。この点において、事実上の支配にすぎない占有と区別された。[30]ここで保護を受けられる所有者は、前所有者から所有権を承継取得したか、あるいは、原始取得した所有者に限定された。[31]とはいえ、この時代の所有権にはさまざまな制限も課されていたので、現代法における原則としての所有権概念（BGB 903 条 1 文）とはかならずしも一致しない。[32]また、不動産と動産

---

(27)　mancipatio（握手行為）と traditio（引渡し）の違いについては、*Max kaser/Rolf Knütel*, Römisches Privatrecht. Ein Studienbuch, 18. Auflage, München 2005, S. 121 などを参照。

(28)　制限物権が、所有権という円満な物権をまさに制限するという意味での権利として理解されていたのかといえば、そのような思考も当時すでに存在していたのかもしれない。しかし、すくなくとも、所有権と制限物権に関する、今日における明確な区別とはかならずしも一致しない。

(29)　もっとも、共和政後期は、法概念の類型化一般については、それほど厳密になされなかった。その限りにおいて、所有権と制限物権の区別と、さまざまな制限物権ごとの区別は、この時代の特徴といえる。この点につき、*Fritz Schulz*, Prinzipien des römischen Rechts, München/Leipzig, 1934, S. 47 を参照。

(30)　期間を限定された所有権という概念は、ここでの所有権の本質に反するために、認められなかった。この点につき、*Heinrich Dernburg*, Lehrbuch des preußischen Privatrechts, Erster Band：die Allgemeinen Lehren und das Sachenrecht des Privatrechts Preußens und des Reichs, 5. Auflage, Halle a. S. 1894, S. 543 を参照。

(31)　もっとも、非所有者であっても、actio Publiciana（プーブリキウス訴権）によって相対的ではあるが保護を受けることができた。この点については、*Ernst Rabel*, Grundzüge des römischen Privatrechts, 2. Auflage, Basel 1955, S. 57 を参照。

(32)　たとえば、*Max Kaser*, Rechtsgescäftliche Verfügungsbeschränkungen im römischen Recht, in: Fritz Baur/Karl Larenz/Franz Wieacker（Hrsg.）, Beiträge zur europäischen Rechtsgeschichte und zum geltenden Zivilrecht. Festgabe für Johannes Sontis, München 1977,

232

の区別も、現代法におけるそれとは異なっていた。[33]

　所有権の移転はどのように行われていたのか。res mancipi が mancipatio や in iure cessio によって移転されたのではなく、無方式の traditio によって移転された場合にも、法務官法に基づいて所有権の成立が認められた。ここでの所有権の取得者は、目的物を時効取得する前であっても、第三者からの返還請求権に対して、exceptio doli（悪意の抗弁）や exceptio rei venditae et traditae（売却され引き渡された物の抗弁）による保護を受けることができた。さらに、このような所有者は、目的物を失ったとしても、rei vindicatio を用いることはできなかったが、actio Publiciana（プーブリキウス訴権）を通じてその物の返還を求めることができた。これらの特徴をみてみると、この時代の所有権は完全権としての性質をすでに有していたと考えられる。[35]所有権の完全性が認められることによって、所有権と異なる性質をもつ物権、すなわち、制限物権について論じることが可能になる。

　これまで行われてきた、mancipatio や in iure cessio による処分は、次第にその意義を失っていった。これらに代わって、traditio が重視されるようになった。traditio は、たんなる擬制的な引渡しではなく、占有と有効な原因行為を要素とする処分行為として理解された。[36]

　mancipatio や in iure cessio による譲渡とは異なり、traditio による譲渡がなされる場合には、占有の移転を伴わない制限物権の変動は、その対象とはならない。したがって、traditio の概念から、現代法における制限物権の類型化の基礎を見出すことは困難である。そして、traditio によってなされる処分行為は、そのための正当な原因を根拠とする必要があったため、物権行為をどのように理解するかという問題は、結局のところ、causa をどのよう

　S. 11 ff. を参照。

(33)　たとえば、*Kaser*, a.a.O. 23, S. 382 を参照。

(34)　ここでの第三者とは、ローマ人にのみ認められたローマ人である所有者を指す。

(35)　この点については、*Kaser*, a.a.O. 23, S. 439; *Rabel*, a.a.O. 31, S. 77 f. などを参照。なお、actio Publiciana は、紀元前 1 世紀頃にはすでに認められていたと思われる。

(36)　この点については、*Eduard Böcking*, Institutionen des römischen Civilrechts, 2. Auflage, Bonn 1862, S. 90 f. を参照。とくに、売買契約においては、代金が支払われるか、代金につき拘束力のある約束がなされる場合にのみ、所有権移転の効果が発生したと考えられる。

に理解するか、という点に帰着する。[37]

　結局のところ、共和政後期の物権制度はどのように理解され、そして、評価されるべきか。まず、共和政前期の所有権概念と比較すると、共和政後期の所有権は完全権により近い概念として理解されていた。そして、所有権の絶対性も認められていたといえる。これをうけて、所有権の権能を一部制限するという意味での制限物権の特徴が際立つことになり、ここに、所有権と制限物権の区別が認められるようになる。[38]

　もっとも、共和政後期においては、物権の種類を限定して、定められた物権以外の物権的な権利に対して一定の制限を加えるといった考え方は、採用されていなかった。物権法定主義が認められていたと思われる根拠は、見当たらない。体系的な観点から物権を制限するというのではなく、それぞれの具体的な事案に応じて、各権利をどのように理解し、そしてどの程度制限するかが、検討されていたものと考えられる。[39]

　とはいえ、この時代の物権法制度全体を俯瞰してみてみると、従前とは異なり、各種物権の性質決定がかなりの程度で進められたこともわかる。これは、取引の安全性と簡便性が考慮されたからである。物権概念の精密化がさらに進められた根拠は所有権概念の明確化にあった、ということができる。[40]

4　古典期

　共和政時代とは異なり、古典期に入ると、それまで厳密に区別されてきた諸概念が共通化されるようになった。このことは、とくに物権法の分野で顕著であった。たとえば所有権概念は、共和政時代にはその概念が明確に確定

---

(37)　この点につき、*Kern*, a.a.O. 14, S. 53 を参照。なお、担保権については、*Johann Jakob Bachofen*, Römisches Pfandrecht, Basel 1847, S. 9 f. を参照。これによれば、担保権は一般的な契約に基づいて設定することができ、現実の占有移転はかならずしも必要とされなかった。

(38)　所有権と制限物権の違いが明確になると、いわゆる物権法定主義がローマ法においてどの程度認識されていたのかが、問題となってくる。なぜならば、物権の絶対性の観点から、第三者への影響を考慮すると、物権の種類を限定する必要性が出てくるからである。この点につき、*Kern*, a.a.O. 14, S. 53 f. を参照。

(39)　この点につき、*Hans Wieling*, Numerus clausus der Sachenrechte?, in: Jörn Eckert（Hrsg.）, Der praktische Nutzen der Rechtsgeschichte, Festschrift für Hans Hattenhauer, Heidelberg 2003, S. 560 を参照。

(40)　これについては、*Kaser*, a.a.O. 32, S. 11 f. を参照。

されていたところ、古典期においては占有概念や他物権への接近がみられ
る。[41]

　古典期の所有権概念も、所有権が個人に帰属することが前提とされた上
で、構成された。しかし、ここでは、抽象化された法概念が重視されるだけ
ではなく、実生活における感覚と法概念との関係にも注目されるようになっ
た。すなわち、権利と外観の一致が求められたのである。これにより、所有
権と占有の区別が否定され、利用権と所有権の接近がみられるようになっ
た。[42]抽象化された所有権ではなく、それぞれの利用権が強調されるようにな
ると、物権と債権の区別や、処分行為と原因行為の区別は必要とされなくな
っていく。古典期においては、actio in rem（対物訴訟）は物を目的とした訴
えであり、債権者もこれを行使することができた。また、actio in personam
（対人訴訟）は利益を求めるための訴訟であった。[43]

　もっとも、権利と事実上の支配の区別や、完全な利用権と制限された利用
権の区別は、維持されていた。possessio（占有）という表現とともに、占有
の保護と所有権の保護は、区別されていたのである。そして、個人に所有権
の帰属を認めるということについては、従前の考え方が維持されたといえ
る。所有権それ自体の概念は、古典期においてもそれまでと変わらず認識さ
れていた。ただし、物権と債権の区別や物権行為と債権行為の分離は、明確
になされてはいなかった。[44]

　それでは、古典期における所有権の移転はどのようになされていたのか。
実生活の感覚に法理論を近づけていくという傾向があったため、in iure
cessio や mancipatio といった形式的な移転行為は失われていった。唯一残
された形式的な移転行為は、traditio であった。しかし、traditio も、分離

----

(41)　古典期における法制度の一般的な特徴については、*Wolfgang Kunkel/Martin Schermaier,*
Römische Rechtsgeschichte, 14. Auflage, Köln/Weimar/Wien 2005, S. 193 ff. を参照。

(42)　実生活における個人の利用権限が重視されることに伴い、利用権が帰属している者にその目
的物の所有権も帰属する、という理解である。このため、所有権が、その機能に応じて分解され
ることになる。この点については、*Ernst Levy,* West-östliches Vulgarrecht und Justinian, SavZ
（RA）76（1959）, 23; *Max Kaser,* Über ›relatives‹ Eigentum im altrömischen Recht, SavZ（RA）
102（1985）36 f. などを参照。

(43)　この点につき、*Max Kaser,* Das Römische Privatrecht, Zweiter Abschnitt, Die nach-
klassischen Entwicklungen, 2. Auflage, München 1975, S. 240 を参照。

(44)　これについては、*Kaser,* a.a.O. 43, S. 247 ff. を参照。

主義から一体主義への志向のもとで、所有権移転のための要件として扱われなくなった。ここでは、売買契約などの原因行為によって直接、所有権の移転が認められたのである。[45]

　もっとも、原因行為と処分行為を区別するという思考様式がいくらかは残っていたことと、取引における認識のしやすさの観点も留意されていた。このため、土地所有権の売買に際しては、譲受人による納税義務の認識と、譲渡人に所有権が帰属していることについての証人の存在が、それぞれ求められた。個人に権利が帰属するという前提は引き続き維持されていたので、債権債務関係を通じて所有権移転の効果を発生させる理論構成が採用されたのである。[46]

　このように、古典期においては、法概念や法体系の観点よりも、個人の目的物に対する利用権限を中心に権利が組み立てられた。このため、厳格な所有権概念は認められず、この結果、制限物権と所有権の区別も曖昧になる。このことは、所有権の移転方式にも影響を与えた。したがって、物権法定主義の観点からしても、古典期の法制度は共和政時代のそれと比較して、その特徴を失ったとみることができる。[47]

　ローマ法の基礎は、共和政時代に確立されたといってよい。古典期においては、その基礎に基づいて、さらなる精密化が図られた点も存在した。[48]しかし、共和政以降の元首政、専主政および帝政において、すでに築かれていたローマ法の基礎が、その根幹から揺らいでしまう事態が生じていたのである。

5　ユスティニアヌス帝による法典編纂

　ユスティニアヌス帝による法典編纂事業の目的は、共和政時代に確立されていたローマ法を再び復活させることにあった。そしてまた、これととも

---

(45)　たとえば、売買契約による所有権移転がなされる場合には、代金支払が要件とされた。この点につき、*Kaser*, a.a.O. 43, S. 274 ff. を参照。

(46)　この点については、*Kaser*, a.a.O. 43, S. 277 ff. を参照。

(47)　物権法定主義の観点から古典期の法制度を分析するものとして、*Kern*, a.a.O. 14, S. 61 f. を参照。

(48)　共和政時代と古典期それぞれにおけるローマ法の発展に関する評価として、マンテ著・田中＝瀧澤訳・前掲注 20・3 頁を参照。

に、共和政以後に培われた、法と実生活の接近をも考慮した法典化事業が目指された。このため、ユスティニアヌス帝によって編纂された法典の内容を、旧来のローマ法をたんにとりまとめただけのものと理解するのは、誤りであろう。

このような理解に基づいて検討すると、ユスティニアヌス帝による法典編纂において、所有権に関する諸問題がどのように扱われたのかが、明確になる。まず、所有権概念そのものは、他の物権と厳格に区別された。この点において、従前の厳格な所有権概念が復活したということができる。所有権と占有も区別され、権利と外観が一致しないことも認められた。しかし、所有権移転の方式については、旧来の方式を廃止することとした。このため、mancipatio の代わりに traditio によって所有権の移転を認めることができるように、法文をあらためて解釈するようになった。

このように、traditio が所有権移転のための重要な要件とされたが、traditio が常に具体的になされるわけではないことも、十分に認識されていた。すなわち、traditio の抽象化も認められたのである。たとえば、売買がなされた場合、目的物の所有権移転のためには代金支払が原則として必要とされたが、例外として、代金が支払われる前に所有権を移転させることもできるとされた。担保権が設定されるにあたっても、方式自由の担保権設定契約によって、要件は満たされるとされた。このように、実際の引渡しを回避することが多くのケースで認められていたのである。

ユスティニアヌス帝による法典編纂を通じて、所有権概念は再び厳格化されることになった。これにより、所有権とそれ以外の物権との区別も、明確

---

(49) ユスティニアヌス帝の法典編纂事業は、たったの三年間で成し遂げられている。この点については、*Wolfgang Kaiser*, Digestenentstehung und Digestenüberlieferung. Zu neueren Forschungen über die Bluhme'schen Massen und der Neuausgabe des Codex Florentinus, SavZ (RA) 108 (1991) 330 ff. を参照。

(50) この点については、*Eduard Böcking*, Institutionen des römischen Civilrechts, 2. Auflage, Bonn 1862, S. 77 ff. を参照。

(51) もっとも、贈与がなされた場合には、traditio が目的物の所有権移転のための唯一の要件であったと考えられる。この点については、*Kern*, a.a.O. 14, S. 65 を参照。

(52) たとえば、*Kaser*, a.a.O. 43, S. 282 ff. を参照。したがって、mancipatio や in iure cessio (法廷譲渡) において処分行為に求められていた典型的な法律効果は、ここではもはや必要とされなくなった。すなわち、処分行為が現実にそくして解釈されていた、ということができる。

になる。すなわち、物権法定主義の採用、あるいは、物権の種類の限定と物権の内容の厳格化が、よりいっそう可能になった。

Ⅲ　おわりに

1　結論

　物権債権峻別論は、ローマ法においてどのような展開がみられたのか。本稿の問題意識との関連では、とりわけ、物権概念がローマ法においてどのように理解されていたのかが、重要な課題となる。

　共和政前期においては、所有権と制限物権の区別はなかった。それどころか、所有権概念そのものが曖昧であった。所有権として把握されるものとして、res mancipi と res nec mancipi の存在が認められた。所有権の保護の観点からしても、当時の所有権は絶対的な効果をもっていたとはいえず、相対的な効果しか有しなかった。その移転方法はどうか。res mancipi を移転するためには、mancipatio とともに、証人と秤をもつ者の存在が求められた。これに対して、res nec mancipi を移転するためには、原因行為と traditio が要件とされていた。もっとも、traditio は処分行為とは認められておらず、その効果は causa があったかなかったかによるものとされた。このように、目的物に応じた所有権の内容がそれぞれで異なり、かつ、それぞれの所有権の移転方式も異なっていた。このため、所有権概念の曖昧さが際立つことになったのである。したがって、制限物権との境界も明らかではなかったのであるから、物権法定主義が確立することもなかった。

　共和政後期においては、共和政前期とは異なり、所有権概念の厳格化が図られた。所有権は絶対性をもつ権利として構成され、その内容も明確化された[53]。このため、制限物権との区別も明らかとなった。さらには、目的物をたんに事実上支配しているにすぎない占有との違いも、認識されていた。所有権の移転方法にも、共和政前期との違いがみられる。すなわち、res mancipi を、無方式の traditio によって移転することも認められるようにな

---

(53)　もっとも、不動産と動産の区別や、所有権の内容については、現代法におけるそれらと完全に一致するわけではない。この点につき、*Kaser*, a.a.O. 32, S. 11 ff. を参照。

238

った。そして、res mancipi の移転方法としても認められるようになった traditio は、次第にその法的効力が高められるようになっていく。また、traditio によって所有権を得た者は、第三者との関係においても保護を受けられるようになった。このため、共和政後期における所有権には絶対性が認められていたということができる。

このように、共和政の時代において、所有権概念の明確化が次第に図られていったのに対して、古典期に入ると、実生活と法理論を接合することが強調された結果、所有権と占有の区別が相対化され、所有権と制限物権の違いも緩やかに解されるようになった。このため、物権と債権の区別や、処分行為と原因行為の区別も、意識されなくなっていった。実生活における具体的な慣行を重視する傾向は、所有権の移転方法にも影響を与えた。in iure cessio や mancipatio は不要とされ、traditio の存在のみが認められた。そして、この traditio さえも所有権移転のための不可欠の要件とはとらえられなくなり、結果として、売買契約などの債権法上の行為から直接、所有権移転の効果が発生するようになった。

そして、ユスティニアス法典によって、共和政時代に培われた法理論の復活とともに、その法理論と古典期に重視された実務慣行との一体化と体系化が図られることになった。具体的には、所有権と占有の区別が厳格化され、権利と外観の不一致も承認された。もっとも、所有権の移転方法については、mancipatio ではなく traditio によるものとされ、しかも、この traditio は抽象化された。すなわち、代金の支払や目的物の引渡しがなされる前の段階においても traditio が抽象的になされることが認められ、その抽象化された traditio によって所有権移転の効果が承認されることになったのである。

以上のように、物権概念の独立性の観点から物権債権峻別論を検討するという目的にてらして、ローマ法をみてみると、所有権概念がかなりのレベルで明確に理解されていたことがわかる。さらに、所有権の移転方法についても、traditio を中心とした理論構成を通じて、売買契約と所有権移転との異

_____

(54) ただし、traditio は causa の存在を前提とする概念であった。したがって、traditio と処分行為の関係性を検討するためには、causa（原因）と処分行為との関連をも視野に入れなければならない。すなわち、traditio それ自体が単独で処分行為として把握されていたわけではないのである。

同が意識されるとともに、実務慣行との関連性も重視しつつ、柔軟な理解がなされていたのである。

2　今後の課題

　ドイツ法の検討を要する。ドイツ法における物権債権峻別論についての分析は、本研究の中心的な部分を占める。ここでも、ローマ法の分析と同じく、時代区分をどのように位置づけるかが重要となる。具体的には、中世、ローマ法の継受、自然法、法典編纂期、および、BGB の成立に時代を分けて考察する。

　中世はゲルマン法の特徴がよく表れている時代であり、当時の法制度はローマ法とは異なる内容を有していた。その後、ローマ法が継受され、ゲルマン法との融合がなされる。ここでの物権法の特徴と、これにともなう物権と債権の関係はいかなるものであったのだろうか。これは、いわゆる usus modernus pandectarum（パンデクテンの現代的慣用）につながっていく。そして、自然法の影響をも受けつつ、ドイツ法は各ラントにおける法典編纂期を迎え、さらには、BGB の成立へと発展を遂げていくのである。[55]

【備考】

　本稿は、2019 年度基盤研究（C）19K01379 に基づく研究成果の一部である。

---

(55)　なお、中世以前のゲルマン法についての史料は少ない。したがって、ゲルマン法のとりわけ初期の段階において、物権概念、あるいは、物に対する権利概念がどのように理解されていたのかについては、推測の域を出ないというのが実情である。もっとも、個人または家族が恒常的に居住している家屋や、耕作地としての土地などについては、その個人や家族が独占的に利用することが認められていたと考えられる。この利用権限が、所有権などのような物権として理解されていたかどうかはともかく、人による物の支配がなされていたことは確実であった、といえよう。しかし、ローマ法とは異なり、これら利用権限を体系的に整序し、抽象的な上位概念へと包摂することはなかった。ただし、不動産と動産の区別はなされていたようである。ゲルマン法に関する一般的な概説として、ハインリッヒ・ミッタイス＝ハインツ・リーベリッヒ著・世良晃志郎訳『ドイツ法制史概説（改訂版）』（創文社・1971）19 頁以下がある。また、*Karl Kroeschell, Deutsche Rechtsgeschichte, 11. Auflage, Opladen/Wiesbaden 1999, S. 25 ff.* も参照。さらに、ゲルマン法における不動産と動産の区別については、*Ulrich Eisenhardt, Deutsche Rechtsgeschichte, 3. Auflage, München 1999, S. 69 ff.* の記述が興味深い。

わが国物権的期待権（私見）と
物権的効力を伴わないドイツ物権的期待権

松 田 佳 久

```
I   はじめに──条件付法律行為における期待権──
II  物権的効力を伴わないドイツ物権的期待権
III わが国における物権的期待権とその研究成果
IV  検討すべき論点
V   おわりに
```

I　はじめに──条件付法律行為における期待権──

1　ドイツにおける物権的期待権（Anwartschaftsrecht）

ドイツでは物権的期待権が重要な役割を果たしている。特に、所有権留保特約付き売買における留保買主の有する物権的期待権、譲渡担保設定契約における設定者の有する物権的期待権のその役割は大きい。所有権留保特約付き売買において、留保買主は、代金完済を売買目的物の所有権取得の停止条件（Aufschiebende Bedingung）とする条件付権利を有しており、それは同時に、留保買主は、留保売主から干渉を受けることなく、代金の完済によって目的物の所有権を取得する地位にあるということである。一方、譲渡担保設定契約は、解除条件付（auflösend bedingt）の担保目的物の所有権の移転に関しての合意と捉えられており、債務者による被担保債権の完済という解除条

（1）　Manfred Wolf／Marina Wellenhofer, Sachenrecht, 32. Aufj., (2017), § 14, Rn.11, S. 160. 訳は、マンフレート・ヴォルフ＝マリーナ・ヴェレンホーファー著・大場浩之＝水津太郎＝鳥山泰志＝根本尚徳訳『ドイツ物権法』184頁〔水津太郎〕（成文堂、2016）も参照。

件の成就により、設定者に担保目的物の所有権が復帰するのである。つまり設定者は、譲渡担保権者から干渉を受けることなく、被担保債権の完済によって担保目的物の所有権を回復する地位（解除条件の成就の面から示すならば、所有権移転効果の消滅という利益を得る地位）にあるのである。これら地位を期待権という[2]。

　以上の事案以外にも次の事案において物権的期待権は存在する。すなわち、①土地登記所に登記申請をした土地譲受人、②仮登記権利者、③抵当権設定登記を備えた後、債権が発生する前または抵当証券の引渡しを受ける前における抵当権者、である[3]。

①について　不動産の譲受人が物権的合意および登記申請行為を行っている場合には、当該譲受人に物権的期待権が成立する。ドイツでは、形式主義により、登記が所有権移転の効力発生要件であるから、登記を具備するまでは譲受人には所有権移転の債権的効力しかないものの、物権的合意および登記申請行為を行っている譲受人はもはや登記申請の撤回によって権利取得を妨げられない地位を有すると解されている[4]。

─────────

（2）　なお、このような条件付権利・義務といった場合、その意味は将来確定しうべき権利・義務であり、現在確定しているものではない。これを現在の視点からみれば、将来、生ずる可能性のある権利・義務の効力に関する法律関係であり、この法律関係から生ずるものは、将来、権利・義務を取得すべき、地位であり、期待である（於保不二雄編『注釈民法（4）総則（4）』334頁〔金山正信〕（有斐閣、1967））。於保不二雄博士によれば、「ドイツにおいても、わが国の通説と同じく、期待権をもって、将来、権利を取得すべき期待または法律上の地位であって、権利にまで高められたものであり、一種の状態権である」（於保不二雄『財産管理権論序説』321頁（有信堂高文社、復刻版、1995））とし、物権でもなく、債権でもないが、財産的価値を有するときは、財産権の一種とみることができると解されている（於保・前掲335頁〔金山〕）。なぜならば、期待権者が条件付義務者に対し条件成就・期限到来前に何らの請求権も有するものではなく、条件成就・期限到来によって取得する物権の目的物に対する支配権をも有するものでもないからである。しかし、明文（民127以下）をもって法的に保護されるのであるから、期待権は単なる期待であってはならず、条件成就によって法律行為の効果の帰属を得る確固たる地位だとすべきである。

　ところで、財産権とは広い概念であるが、物権・債権を包含し、それ以外の物をも包含する概念である。物権・債権以外の財産権に期待権が含まれるが、財産権一般の規律は、排他的帰属が可能で、債務者の責任財産を構成しうるものであり、法的処分の可能な権利だということができる（森田宏樹「仮想通貨の私法上の性質について」金法2095・14以下（2018））。

（3）　Wolf／Wellenhofer, aaO. § 14, Rn. 12, S. 161. 和訳参照　ヴォルフ＝ヴェレンホーファー著・大場＝水津＝鳥山＝根本訳・前掲注（1）185頁〔水津〕

（4）　Wolf／Wellenhofer, aaO. § 17, Rn. 47, S. 261-262; Vgl. BGHZ 49, 197, 200; BGH NJW 1989, 1093. ヴォルフ＝ヴェレンホーファー著・大場＝水津＝鳥山＝根本訳・前掲注（1）302-303頁

②ついて　登記申請はなされていないが、仮登記がなされている場合であり、停止条件（あるいは解除条件）付物権的合意および仮登記を要件として、仮登記権利者に帰属する物権的期待権が成立する。[5]

③について　証券抵当権設定事案であり、以下の要件をすべて満たすと、抵当権の取得者たる債権者に帰属する物権的期待権が成立する。[6]

・被担保債権である金銭債権（ドイツ民法 1113 条 1 項・同 1115 条 1 項、以下、ド民 1113・1115 I と表示する）が存在すること。

・抵当権の設定に関する物権的合意（ド民 873 I・1113）があること。

・抵当証券の交付（ド民 1116 I）がなされていること。

・土地登記簿への登記（ド民 873 I・1115 I）がなされていること。

・設定者の設定権限が存在すること。

　抵当証券が土地所有者から債権者に引渡されると、これまで所有者抵当権であった抵当権が当該債権者のための他主抵当権に転換する。すなわち、当該債権者が抵当権を取得できるのである。なお、抵当証券の引渡しに代わりうる方法として、債権者が土地登記所に対して証券の交付を請求することができるとの合意を所有者と債権者との間で交わすという方法も認められている（ド民 1117 II）。[7]この場合は、交付の合意がなされるまで、債権者が物権的期待権を有することになる。

　以上、いずれもドイツにおける物権的期待権は、条件付法律行為における期待権を意味している。

2　本稿にいう期待権

　これら条件付権利はわが国民法では 127 条に規定されている。本稿でいう期待権は、この条件付法律行為により生ずる期待権を指す。

〔大場〕

（5）　Wolf／Wellenhofer, aaO. § 17, Rn. 47-48, S. 262. ヴォルフ＝ヴェレンホーファー著・大場＝水津＝鳥山＝根本訳・前掲注（1）303 頁〔大場〕

（6）　Wolf／Wellenhofer, aaO. § 27, Rn. 3-7 S. 449-451. ヴォルフ＝ヴェレンホーファー著・大場＝水津＝鳥山＝根本訳・前掲注（1）529-531 頁〔鳥山〕

（7）　Wolf／Wellenhofer, aaO. § 27, Rn. 6-7 S. 450-451. ヴォルフ＝ヴェレンホーファー著・大場＝水津＝鳥山＝根本訳・前掲注（1）530 頁〔鳥山〕

したがって、次の期待権は本稿にいう期待権ではない。

(1) 遺言

遺言それ自体が法律行為であって条件付法律行為ではなく、期待権が生ずるとしても本稿における期待権ではない。つまり、事実上の期待権にすぎない[8]。ちなみに停止条件付遺言の場合は、受益者に期待権が生ずることになるが、理論的には条件付法律行為であることから、遺言者死亡前においても遺言時より期待権が生ずると捉えるべきかが問題となる。これについては、遺言の性質により遺言の効果の不定未必的な生前においては、期待権は生ぜず、死亡時より期待権が発生すると捉えるのが妥当と思われる。

(2) 相続

相続は法律行為ではない。推定相続人の期待権は事実上の期待権にすぎない。

(3) 医療過誤

医療過誤における期待権も事実上の期待権にすぎない。医療過誤における期待権は、適切な医療を受けられるという患者の医療に対する期待を保護の対象とするためのものであり、生命、身体、およびその延長線上にある相当程度の可能性侵害がない場合に、これらとは別の人格権に基づく新たな保護法益として生じている期待権であり[9]、民法127条における条件付法律行為、すなわち、一定の事実が生じるとともに一定の法律効果を得る地位である本稿の期待権とは異なる[10]。また、この期待権論は、患者側の立証を容易にするための法理論に過ぎないとも指摘されている[11]。

（8） 遺言の期待権について判断のなされているものとして最一小判昭31・10・4民集10・10・1229がある。これは、確認の訴えに許される現在かつ特定の法律関係に遺言における受益者の利益が含まれるかが争点になったものであるが、遺言は元来死因行為であり、遺言者の死亡によりはじめて効果を生ずるものであるから、期待権すらなく、受益者の現在の地位はまったく不定未必的であって、その取得することあるべき権利も現在においては単に事実上の希望にすぎないとしている（長谷部茂吉「判批（最一小判昭31・10・4民集10・10・1229）」財団法人法曹会『最高裁判所判例解説民事編（昭和31年度）』175頁（財団法人法曹会、1958））。

（9） 金丸義衛「医療過誤における期待権侵害 最高裁判所平成23年2月25日第二小法廷判決を契機として」甲法53・2・85（2012）

（10） 平野哲郎「判批（最二小判平23・2・25集民236・183、判時2108・45、判タ1344・110）」龍谷44・3・319（2011）

（11） 山口斉昭「70判批（最二小判平23・2・25判時2108・45、判タ1344・10）」甲斐克則＝手嶋豊編『医療判例百選』150-151頁（有斐閣、第二版、2014）

(4) 抵当権者・譲渡担保権者

抵当権者や譲渡担保権者の有する期待権[12]は、債務者の債務不履行という条件の成就により、ただちに、抵当権者が抵当目的物の価値をおさめ、あるいは、譲渡担保権者が担保目的物の所有権を取得する、というものではない。これらの権利者が自身の期待権を実現するためには、それぞれ担保権を実行することを決め、そして、実際に実行することが必要であり、その実行によりはじめて期待権の実現が可能になる。したがって、これら期待権は、本稿にいう民法127条に基づく、条件付法律行為における期待権とは異なる[13]。また、ドイツにあってもこれら担保権者が条件付法律権利に基づく期待権を有するものとは考えられてはいない。

(5) その他

さまざまな類型の裁判で「期待権」が用いられている。しかし、それら「期待権」は、条件付法律行為により生ずる「期待権」、すなわち、条件成就とともに法律行為の効果を得る（解除条件であれば効果消滅の利益を得る）地位、ということはできない（訴願棄却裁決取消請求上告事件である最大判昭44・12・24民集23・12・2595、他人物売買での債務不履行における損害賠償請求事件である最一小判昭50・12・25金法784・34は、いずれも「期待権」との用語を用いているが、それは単なる「期待」であって、条件付法律行為に基づく「期待権」ではない。NHK番組期待権訴訟である最一小判平20・6・12民集62・6・1656でも「期待」という文言を用いているが、前二者と同様、それは単なる「期待」にすぎない）。

3 本稿の目的

ドイツ物権的期待権は、さまざまな法的場面で物権的に保護されているとされている[14]。しかし、それぞれの保護はわが国でいえば、たとえ物権ではな

---

(12) 川井健『担保物権法』13頁（青林書院新社、1975）、同『民法概論2（物権）』461頁（有斐閣、第2版、2005）。柚木馨＝高木多喜男編『新版注釈民法（9）物権（4）』675頁〔福地俊雄＝占部洋之〕（有斐閣、改訂版、2015）は「一種の条件付権利（期待権）」として、民法127条の条件付権利とは区別している。

(13) 担保権者も期待権を有すると解する見解は、担保権者の期待権と設定者のそれとを強弱で表している（川井・前掲注（12）13頁）。すなわち、担保権者の期待権は弱い期待権であり、設定者のそれは強い期待権である。

(14) Wolf／Wellenhofer, aaO. § 14, Rn. 11 S. 160. ヴォルフ＝ヴェレンホーファー著・大場＝水津

くても、その法的効果が、たとえば民法 129 条[15]等で認められているものである。

本稿では、まず、ドイツ物権的期待権におけるさまざまな物権的とされている効果は、わが国にあっては、決して物権的ではないことを示す。また、これまで筆者はドイツ物権的期待権との比較の上で、独自の見解に立って、わが国の物権的期待権を捉えたきたが、その研究成果を記し、残された論点に対する解答を示すものとする。

Ⅱ　物権的効力を伴わないドイツ物権的期待権

1　ドイツ物権的期待権の物権的効果

ドイツでは、物権的期待権に物権的効果を与えているとされている。すなわち、①売主の同意を要せず譲渡でき、または譲渡担保に供することができるのである（処分可能性[16]等）。そして、物権的期待権の取得者は条件成就とともに完全権たる売買目的物の所有権を取得する[17]。

上記以外で、物権的効力として認められているものは以下のとおりである。

②条件成就により、目的物の所有権は、留保売主から直接期待権の譲受人に移転する（BGHZ 20, 88；BGHZ 21, 52；BGHZ 28, 16.）。

③期待権取得者による第三者異議の訴え（ZPO771）ができる（BGHZ 20, 88）。

　＝鳥山＝根本訳・前掲注（1）184 頁〔水津〕）、ディーター・ライポルト原著・円谷峻訳『ドイツ民法総論―設例・設問を通じて学ぶ―』437 頁（成文堂、第二版、2015）

(15)　民法 129 条は次のとおりである、すなわち、（条文タイトル：条件の成否未定の間における権利の処分等）「条件の成否が未定である間における当事者の権利義務は、一般の規定に従い、処分し、相続し、若しくは保有し、又はそのために担保を供することができる」とあり、このような内容の規定は現行のドイツ民法には存在しない。しかし、ドイツ民法の第一草案には、相続に関してだけではあるが、1132 条として、同様の規定が存在していた（第一草案 1132 条「条件付権利・義務は、無条件の権利・義務に妥当する諸規定に従って、相続されうる」（大島和夫『期待権と条件理論』90 頁（法律文化社、2005）））。

(16)　Franz Jürgen Säcker / Roland Rixecker (Hrsg.), Müncher Kommentar zum Bürgerlichen Gesetzbuch, Bd. 3, Schuldrecht・Besonderer Teil, 6. Aufl. (2012), [H. P. Westermann], § 449, Rn. 52, S. 300-301.

(17)　この点は、BGH（BGHZ 20, 88 および同 28, 16）の確定した判断となっている（Franz / Roland (Hrsg.), [H. P. Westermann], a.a.O., S. 300-301.）。

④期待権が二重に担保に供された場合、物権における優劣判断基準に基づき、担保物権の優劣が決定される（BGHZ 35, 85.）。

⑤物権的期待権の差押え・強制執行

⑥不法行為における損害賠償請求

2　物権的効力を伴わないドイツ物権的期待権[18]

　ドイツ物権的期待権における **1** に挙げた物権的効果は、わが国にあってはいずれもいずれも物権特有の効果ではない。

（1）　処分可能性等

　わが国では、物権・債権の区別なく、民法 129 条が適用される。つまり、条件付権利者の地位である期待権は、民法 129 条に基づき処分できるのである。それはまぎれもなく民法 129 条の効力であって、物権特有の効果ではない。なお、処分にあっては、条件成就によってもたらされる権利の現権利者の同意を一切要しない。たとえば所有権留保であれば留保売主の同意は不要なのである。

（2）　条件成就による権利者から期待権者への直接移転

　期待権が譲渡された場合、期待権の譲渡人はもはや条件付権利を有していないのであるから、条件成就により取得する権利（たとえば、所有権）は権利者から直接期待権を有する譲受人に移転することになる（所有権留保特約付き

---

(18)　中間処分の扱いにあっては、ドイツとわが国とで異なっており、わが国では物権的な処理をすることになるものの、それは民法 129 条の規定に依拠しているにすぎない。ドイツにあっては、条件付法律行為後、条件成就までの中間期間における売主による中間処分の効力を、ドイツ民法 161 条 1 項および同 2 項に基づき、無効とすることができる。その結果、条件成就によって発生した法律行為の効果を保持できるようになっている（松田佳久「所有権留保における留保買主の有する物権的期待権の担保化に関する一考察」創法 45・2・109（2015））。わが国にはこのような規定はない。しかし、民法 129 条に基づき、「一般の規定に従い」、条件成就によって取得する権利と同様の規律に従うことになるから、取得する権利が所有権などの物権であれば、二重譲渡と同様に考え、対抗関係にあるものとして、対抗要件の具備の先後で判断することになる。すなわち、不動産にあっては所有権移転の仮登記が事実上の対抗要件であるといえ、中間処分の対抗要件である本登記と当該仮登記の先後（正確には、仮登記が本登記になった時点で、仮登記と本登記の設定時点の先後で決定される）、動産にあっては引渡しの先後で判断することになろうが、即時取得が成立する場合には、期待権は消滅することになる。また、取得する権利が債権の場合、債権の二重譲渡と同様に考えることになる。つまり、対抗要件の具備の先後で判断することになる。

売買であれば、留保売主から期待権の譲受人に直接移転する）。それは物権特有の効果ではない。

(3) 一般債権者からの期待権差押えに対する第三者異議の訴え

期待権に対する強制執行も可能である。また、債務者からの期待権の譲受人は民事執行法 38 条 1 項に規定する「強制執行の目的物（ここでは期待権）について所有権その他目的物の譲渡又は引渡しを妨げる権利を有する第三者」に該当することから、第三者異議の訴えを提起できる。第三者異議の訴えの提起可能は物権者だけに限られるものではない。

(4) 期待権が二重譲渡された場合の優劣判断基準

条件付権利については、民法 129 条に「一般の規定に従い」との文言がある。この意味は、「その条件の成就によって取得する権利と同一の方法によってという意味[19]」であり、条件付きで取得できる権利が、物権であれば物権と同様に目的物の性質（不動産か動産か）に応じた規律に従うという意味であり、債権であれば債権と同様の規律に従うという意味である[20]。したがって、動産の所有権留保特約付き売買であれば留保買主の有する条件付権利の場合、条件成就により取得するのは留保目的物の所有権であるから、物権における動産と同様の規律に従うことになる。つまり、動産の所有権取得の期待権であれば、それが二重譲渡されたのであれば、動産物権における優劣判断基準が適用され、先に引渡しを受けた者が優先することになる。これも民法 129 条に基づく、条文に則った効力である。

(5) 差押え・強制執行

条件付権利も財産権であるから、民法 129 条に基づき、条件成就によって取得する権利と同様の規律に従うことになる。したがって、取得する権利に対応する差押え（不動産にあっては民事執行法 43 条以下、93 条以下、動産にあっては同法 122 条以下、債権にあっては同法 143 条以下）が可能と捉えるべきであろう。差押えが可能ということであれば、強制執行も可能ということになる。ここでも、期待権の差押え・強制執行の可能であることは、物権特有の効果とは

---

(19)　我妻栄『新訂民法総則（民法講義 I）』418 頁（岩波書店、1965）

(20)　於保不二雄＝奥田昌道『新版　注釈民法（4）総則（4）』640 頁〔金山正信＝直樹〕（有斐閣、2015）

いえない。

(6) 不法行為における損害賠償請求

　譲渡担保事案における第三者による不法行為に基づく損害賠償請求で、大判大 12・7・11 新聞 2171・17 は、譲渡担保権者は被担保債権額の限度での賠償を求めることができるとしており、そうであれば設定者は目的物の価値相当額を上限とし、滅失・毀損の度合いに応じた損害額から譲渡担保権者の被担保債権額を上限とする賠償額を控除した残額を請求できると解することになる。譲渡担保権と所有権留保の構成をパラレルに捉える多数説によるならば、所有権留保においては譲渡担保の設定者に該当するであろう留保買主の損害賠償請求にあっても、留保目的物の価値相当額を上限とし、滅失・毀損の度合いに応じた損害額から留保所有権者たる留保売主の被担保債権額を上限とする賠償額を控除した残額を請求できると解することになる。前掲大判大 12・7・11 の判断は、設定者（譲渡担保設定者、留保買主）の有する条件付権利である期待権が物権であるからこそなされたというものではない。

3　わが国法制下における条件付法律行為（期待権）

　以上より、ドイツ物権的期待権は、「物権的」という用語が用いられているものの、わが国法制下にあっては、物権的効力を何ら有するものではないといえる。したがって、この「物権的」が意味するのは、わが国の法制度に基づけば、停止条件の成就によって取得される権利、あるいは解除条件の成就によって復帰する権利が、完全権である「物権」というにすぎない[22]、ということになろう。ということは、わが国でドイツ物権的期待権を示すならば、それは完全権である物権の取得を期待する権利であって地位ということになる。

　これに対し、次の 3 以下で述べるが、わが国における物権的期待権（私見）は物権的使用収益権が従属するものとそうでないものとがあり、前者におい

---

(21)　道垣内弘人『担保物権法』367 頁（有斐閣、第四版、2017）
(22)　松田佳久「所有権留保における物権的期待権概念の必要性（1）」創法 42・3・52（2013）。小林資郎「所有権留保売買における留保買主の物権的期待権（一）」北園 26・2・208-210（1990）も、「この「物権的」とは、物権もしくは物権的権利を意味するのではなく、期待権者が条件成就によって取得するのが「物権」であることを意味しているにすぎない」とする。

250

て「物権的」とは使用収益権が物権的効力を有するものであることをも示しているのである。

Ⅲ　わが国における物権的期待権とその研究成果

1　わが国における物権的期待権──従属する物権的使用収益権──

わが国でも、所有権留保特約付き売買における留保買主、譲渡担保設定者のいずれも、条件付法律行為に基づく物権の取得を期待する権利、つまり、物権的期待権を有すると解される。そして、所有権留保特約付き売買や譲渡担保にあっては、法律行為の対象目的物の所有権は留保売主および譲渡担保権者が有するが、それは債権担保の目的に応じた部分に限定され、残りの効力は留保買主および譲渡担保設定者が有するのである。すなわち、これらの者は物権たる使用収益権を有するということになる。その物権は、慣習法上の物権といってよく、条件の成就とともに消滅することになる。つまり、この慣習法上の物権は、条件成就により法律行為の効果を取得する地位である期待権に従属するのである。ただし、常に慣習法上の物権たる使用収益権が従属するとは限らず、事案によっては従属しない場合もある。したがって、物権的期待権には慣習法上の物権たる使用収益権が従属するものと従属しないものとが存するのである。このようにわが国における物権的期待権は、いわば私見に基づくものではあるが、本稿で「物権的期待権」という場合、特にことわりがなければ、私見に基づく物権的期待権をいうものとする。

2　研究成果

筆者は、これまで物権的期待権を研究してきた。これまでの物権的期待権に関する研究結果は以下のとおりである。

---

(23)　道垣内・前掲注（21）305、368頁
(24)　道垣内・前掲注（21）307頁
(25)　私見に基づく物権的期待権は、条件付法律行為に基づく期待権をいい、これには、道垣内弘人教授の示す（譲渡担保にあっては）設定者留保権、（所有権留保にあっては）物権的期待権（道垣内・前掲注（21）305、368頁）といった慣習法上の物権たる使用収益権が従属する場合とそうでない場合がある。

(1) 物権的期待権の法的性質の確認

物権的期待権は、条件付きでの物権取得を目的としており、条件成就までの中間期間において物権的効力をも有するものとされている。物権的期待権はドイツで発達した法概念であるが、近年、フランスにおいても経済的所有権としてドイツの物権的期待権を導入する機運がある。わが国でも物権的期待権は、国内法に基づく法理論としても十分に成り立つものであることを確認した。さらに、所有権留保や譲渡担保において物権的期待権が有力に主張されているが、その中でも学説として定評のある道垣内弘人教授の提唱する物権的期待権[26]と、ドイツの物権的期待権、フランスの経済的所有権とを比較検討し、物権的期待権の法的性質を確認した（以上、「所有権留保における物権的期待権概念の必要性（1）」創法42・3・47、「所有権留保における物権的期待権概念の必要性（2）」創法43・1・75、「所有権留保における物権的期待権概念の必要性（3・完）」創法43・2・233、「所有権留保における物権的期待権説の判例との整合性」法時85・7・89、いずれも刊行は2013年[27]）。

(2) 物権的使用収益権の従属する物権的期待権の効果

物権的使用収益権の従属する物権的期待権の効果としては、次のものがある。すなわち、第1に期待権（およびその経済的価値）の保護（保持）、第2に、民法上の所有権を有していなくとも、期待権者に目的物の所有権の内容のうち、主として使用収益権を獲得させることであり、これには、期待権者が物権的効力を有する使用収益権を獲得することにより、制限の多い占有訴権だけではなく、第三者からの妨害に対して妨害排除請求権などの物権的請求権を行使できるようにさせ、期待権を保護するという効果も包含される。第3に、民法上の所有権が、行政法規あるいは判例によって当事者間に分断的に

---

(26) 道垣内・前掲注（21）304-307頁、367-368頁。この時点において、筆者は、道垣内教授の示す物権的期待権を私見と同様の物権的期待権と理解していたためにこのような比較を実施した。しかし、今日にあっては道垣内教授の示す物権的期待権（譲渡担保にあっては設定者留保権）は、留保買主（譲渡担保設定者）の有する慣習法上の物権たる使用収益権を示すものであって、私見たる物権的期待権（条件付法律行為に基づく期待権）を意味するものではないと理解している。

(27) 所有権留保にあっては、目的物の占有・利用権は留保買主の有する物権的使用収益権に基づくものと考えることになるから、解除は必然的に要求されるわけではない。また、譲渡担保とパラレルに捉えるべきものであることからも、解除は不要と解すべきである（道垣内・前掲注（21）372頁も同旨）。

帰属するかのように捉えられる場合に、民法上の所有権が法構成上も分断されてしまって、物権法定主義に反する結果となることを防ぐという効果である。

これら効果のうち、第1および第2の効果を有する権利は、物権的使用収益権の従属する物権的期待権と捉えることができよう。

所有権留保や譲渡担保事案以外で、物権的使用収益権の従属する物権的期待権としては、まず、保留地予定地の使用収益権がある。また、仮換地使用収益権および竣功認可前使用権は、行政法規により与えられる権利であって、法律行為によるものではないが、第1および第2の効果を有しており、それらは、物権的使用収益権の従属する物権的期待権であるといえる。さらに、私見では、不動産の二重譲渡における登記を有しない譲受人の時効取得期待権は、いわば物権的期待権であり、第1および第2の効果を必要とすることから、当該譲受人も、登記を具備した所有権者には対抗できないが、それ以外の者に対し主張できる物権的使用収益権を有するものと捉えることができる（以上、「わが国における物権的期待権の内容とその意義」創法44・2・149 (2014)）。[28]

なお、法律行為によらない占有による時効取得の効果を享受できる占有者も物権的期待権者として同様の保護を与えられるべきであるから、上記と同様の物権的使用収益権を有するとされるべきである。

(3) フランス経済的所有権と物権的期待権との異動

信託における受託者所有権に端を発した前述のフランスにおける経済的所有権の権利内容を把握し、それをフランスにおける譲渡担保に適用した場合のわが国における物権的期待権との異同について考察した。その結果、経済的所有権とわが国における物権的期待権概念との類似性が一定程度見い出された。このことは、わが国においても物権的期待権の存在を示す一つの比較法的論拠になる（以上、「フランス信託法における受託者所有権─経済的所有権とわが国物権的期待権との関係─」信託研究奨励金論集36・124 (2015)）。

---

(28) この論考では、私見的物権的期待権の「意義」としていたが、それは「効果」に置き換えることができる。

(4)　所有権留保における留保買主の有する物権的期待権の担保化

ドイツでは、物権的期待権が金融機関からの資金借入れの担保として、譲渡担保に供されていることに注目し、わが国においてもそれが可能かどうかを検討した。その結果、物権的期待権の譲渡担保化につき、わが国でも法理論上可能であることを示すことができた（以上、「所有権留保における留保買主の有する物権的期待権の担保化に関する一考察」創法45・2・83（2015））。

さらに、抵当目的物に適する不動産や譲渡担保目的物に適する高額な機械設備等の所有がなく、高額な機械設備等を所有権留保で購入している企業に、担保として、物権的期待権に譲渡担保の設定を受けることにより、資金融資を実施するか否かにつき、銀行の融資担当者（あるいは融資経験者）にアンケート調査を実施した。その結果、物権的期待権の譲渡担保化については、実務的に、ある程度の利用可能性のあることがわかった。

そして、実務化にあたって必要とされる即時取得防護手段であるが、具体策を提案するとともに、動産及び債権の譲渡の対抗要件に関する民法の特例等に関する法律（以下、動産債権譲渡特例法という）における登記に仮登記制度を設け、事実上の公示制度を整える必要があることを示した。また、所有権留保および物権的期待権を目的とする譲渡担保につき、その法的構成を所有権的構成に立ち、特に第三者が法的に関係することとなるさまざまな場面について、問題となる点は何ら存しないことを確認した（なお、いずれも担保的構成に立つ場合、所有権留保を所有権的構成、譲渡担保を担保的構成として捉える場合、所有権留保を担保的構成、譲渡担保を所有権的構成で捉える場合についても、検討を行っている）（以上、「機械設備における所有権取得期待権（条件付権利）の譲渡担保」創法48・1・27（2018）、「機械設備等の所有権取得期待権の譲渡担保を考える」資産評価政策学17・1・22（2016）、「条件付権利の担保化を考える─機械設備における所有権取得期待権の譲渡担保化を中心として」NBL1102・76（2017））。

(5)　最高裁判例（最三小判平12・6・27民集54・5・1737）にみる物権的期待権

占有者が所有権を有するとするならば、当然に使用収益権を有するはずである。しかし、民法194条に関する判例である最三小判平12・6・27民集54・5・1737は、「弁償される代価には利息は含まれない」こととの均衡上、

所有権を有しない占有者に「使用収益を認める」として、占有者が本来有しない使用収益権を特別に認めるかのような判断をしている。占有者は当然に占有物の所有権を有するものではないが、被害者等が、盗難または遺失の時から2年内において、盗品等の回復請求権を放棄すること、または盗品等の回復請求および代価弁償をしないこと、を停止条件とする条件付権利（占有者が公の市場等でおこなった売買契約等は条件付法律行為ということになる）を有しており、その間は当該占有物の使用収益権を有するということであるから、前掲最三小判平12・6・27は、当該占有者は物権的使用収益権が従属する物権的期待権を有していることを判断しているものといえる（「民法194条に該当する善意占有者の使用収益権と物権的期待権との関係—最三小判平12・6・27民集54・5・1737判決：民法規定の欠缺を補完する物権的効力—」創法45・2・231（2015））。

IV　検討すべき論点

これまで示した研究において扱ってこなかった論点について検討を行う。検討する論点は、以下のとおりである。

①物権的使用収益権の従属する物権的期待権の成立要件
②物権的期待権と消滅時効との関係
③譲渡担保等の受戻権と物権的期待権との関係

順次検討を行う。

1　物権的使用収益権の従属する物権的期待権の成立要件
(1)　わが国物権的期待権の性質
ドイツとは異なり、わが国の物権的期待権には、物権的使用収益権が従属する場合がある。ここでは、物権的使用収益権の従属する物権的期待権の成立要件を見出すものとする。

---

(29)　なお、私見と同様、物権的期待権者は絶対的な占有権原を有するという点については、特に所有権留保において、ドイツでも主張されている（*Baur/Stürner*, Sachenrecht, 18. Aufl., 2009, §

ア．所有権留保特約付き売買における留保買主の物権的期待権

わが国では、売買契約等の法律行為に所有権移転時期を売買残代金完済時とする旨の特約を付することにより、留保買主に物権的期待権が帰属する。これは売買契約に限らない。たとえば、請負契約や製作物供給契約などにおいて所有権移転時期の特約を締結する場合にもありえることであり、注文者に完成物の所有権取得に関する物権的期待権が帰属することになる。すなわち、所有権留保特約付き売買等を一つの完成形と捉えると、その完成形の成立要件をすべて具備していることが必要となる。

なお、この成立要件の中でも、物権的使用収益権が従属することとなるために不可欠なのは、引渡し（占有の移転）の約定である。[31]

イ．譲渡担保設定者の物権的期待権

わが国では、特定された物の所有権その他の財産権を債権者に譲渡する行為と、それが債権担保の目的である旨の合意がなされると譲渡担保設定契約が成立する。[32]このときに設定者に帰属する物権的期待権が成立することになる。

譲渡担保を一つの完成形と捉えると、その完成形の成立要件をすべて具備していることが必要となる。このときに物権的使用収益権が従属することとなるための不可欠な要件としては、占有改定による引渡しの約定であろう。[33]

ウ．保留地予定地の使用収益権

保留地予定地を目的物とする売買契約を、売主たる土地区画整理事業の施行者と締結し、保留地予定地の引渡しを受けることが、保留地予定地の購入者に帰属する保留地予定地の使用収益権の従属する物権的期待権成立のための要件ということになろう。つまり、この期待権は、換地処分の公告の日の

---

59 Rn. 47; Soergel/*Henssler*, Kommentar zum Bürgerlichen Gesetzbuch, 13. Aufl., 2000, Anh. § 929 Rn. 79; Palandt/*Bassenge*, Bürgerliches Gesetzbuch, 74. Aufl., 2015, § 929 Rn. 41（ヴォルフ＝ヴェレンホーファー〔水津〕・前掲注（1）190頁））。

(30)　松岡久和『担保物権法』377頁（日本評論社、2017）

(31)　もちろん、簡易の引渡し、第三者が引渡しの前後で使用収益を継続する場合の指図による占有移転でも要件充足となろう。占有改定でも要件を充足するのかもしれないが、むしろ、その場合は、物権的な使用収益権を放棄したと解されることになろう。

(32)　淡路剛久＝鎌田薫＝原田純孝＝生熊長幸『民法Ⅱ物権』335頁（有斐閣、第四版、2017）

(33)　占有が担保権者に移転している場合には、設定者による物権的な使用収益権の放棄と捉えることになろう。

翌日に施行者が当該保留地予定地の所有権を取得することを停止条件とする条件付権利に基づくものとなる。

そして、保留地予定地の物権的使用収益権の従属する物権的期待権は、保留地予定地の購入者が条件成就によってその所有権を取得するまでの、その途中段階の権利であって、いわば、所有権を取得し、それに基づく使用収益権能を取得するまでのつなぎ的権利ということがいえる。

エ. 仮換地使用収益権および竣功認可前使用権

いずれも行政法規により与えられる権利であって、法律行為によるものではない。したがって、行政法規（仮換地使用収益権は土地区画整理法、竣功認可前使用権は公有水面埋立法）に規定する要件を具備する必要がある（仮換地使用収益権は、土地区画整理法98条に基づいて指定され、その効果は同法99条1項に規定されている。竣功認可前使用権は、埋立の免許を受けた者が、公有水面埋立法23条1項に基づき、取得することができる。）。

仮換地権利者は、法律行為によるものではないが、それに準ずる、物権的使用収益権が従属する期待権を有するが、それは換地処分によって換地所有権を取得するまでのつなぎ的権利であるといえる。埋立権者に帰属する、竣功認可前使用権の従属する期待権も同様である。

オ. 不動産の二重譲渡における登記を有しない譲受人の時効取得期待権

この時効取得期待権は、前述（Ⅲ. 2 (2) 物権的使用収益権の従属する物権的期待権の効果）したように第1の効果（期待権（およびその経済的価値）の保護（保持））、第2の効果（物権的使用収益権の獲得）を必要とする権利である。取得時効の成立要件のうち、時効完成に必要な占有期間以外が充足されており、占有期間要件についてもほぼ達成可能という場合に生ずる物権的期待権である。占有期間要件を充足すると、権利者は目的不動産の所有権を取得時効の援用とともに原始取得するのである。

なお、ドイツでは、登記具備という形式主義を採用していることから、不動産所有権の二重譲渡はありえない。しかし、売買契約後に所有権移転登記はなされなかったものの、30年間自主占有をするときは、公示催告手続において土地の所有者を失権させることができるものとされている（ド民927Ⅰ1文）。ただし、公示催告手続は、所有者が土地登記簿に登記されている場合

においては、この者が死亡または失踪し、かつ、30年間、所有者の同意を要する土地登記簿への登記がされていないときにかぎり、開始することができる（ド民927Ⅰ3文）とされており、かなりの制限がある。これに対し、動産の時効取得については、要件さえ具備すれば比較的容易に行うことができる（ド民937）ものの、ドイツでは、取得時効の完成により権利を取得する占有者に物権的期待権が帰属するものとは捉えていない。

カ．民法193条および同法194条における占有者の使用収益権

　売買契約等の取引行為により目的動産の所有権を取得したはずであった譲受人は、当該目的物が盗品または遺失物であった場合に即時取得の制限を受ける。すなわち、被害者等が、盗難または遺失の時から2年内において、盗品等の回復請求権を放棄すること、または盗品等の回復請求および代価弁償をしないこと、という停止条件成就まで即時取得の効果が生じないのである。その間、譲受人たる占有者は当該目的物の使用収益権を有することになる。すなわち、当該占有者が有するのは物権的使用収益権の従属する物権的期待権なのである。

　成立要件は、民法193条あるいは同法194条の要件を充足することが必要となる。すなわち、前者にあっては、取引行為によって、平穏に、かつ、公然と、動産の占有を始めた者が、善意かつ無過失であり、占有物が盗品または遺失物であることが要件となる。後者にあっては、さらに、占有者が、当該盗品または遺失物を競売もしくは公の市場で、またはその物と同種の物を販売する商人から、善意で買い受けることが必要になる。

　いずれも当該占有者の有する物権的使用収益権の従属する物権的期待権は、即時取得成立までの途中段階で成立する権利であり、いわば、つなぎ的権利ということになる。

(2)　事案類型ごとに成立要件の異なる物権的期待権

　以上、物権的使用収益権の従属する物権的期待権成立要件のうち、必要不可欠の要件としては、占有の移転（所有権留保の場合など）あるいは占有の継続（譲渡担保の場合など）である。占有の移転にあっては、簡易の引渡し、第三者が引渡しの前後で使用収益を継続する場合の指図による占有移転でも要

---

(34)　前掲最三小判平12・6・27

件を満たすことになろう。占有改定でも要件を充足するのかもしれないが、むしろ、その場合は、物権的な使用収益権を放棄したと解されることになろう。占有の継続にあっても、譲渡担保における担保権者への占有の移転は、設定者による物権的使用収益権の放棄ということになるであろう。

ところで、物権的期待権が生ずる事案類型ごとに成立要件は異なっており、それは大きく２つに区分できる。一つは、ある法律構成が完成すると必然的にそこには一方当事者に期待権が成立する事案類型である。これには、担保的効力を有すると解される法律構成の類型（所有権留保、譲渡担保）が該当する。他は、ある法律効果が最終的に生ずる前段階で物権的期待権が一方当事者に成立するものであり、上記以外の事案類型が該当する。

物権的期待権は、事案類型ごとに最終的に得られる法律効果の発生に従属して生ずるものであり、物権的期待権の成立を独自の法的効果の発生と位置付けて、その成立要件をあえて抽出することに意味はないし、そのように考える必要もないと思われる。

むしろ、事案類型の一連の要件充足の中で、物権的期待権を生じさせることが必要になるための要件が重要であろう。その要件としては、「Ⅲ.２(2)物権的使用収益権の従属する物権的期待権の効果」に示した効果等が挙げられる。このような効果等が必要とされる事案類型で生ずる期待権が物権的期待権ということになる。

繰り返しになるが、数ある物権的期待権のうちの所有権取得期待権の要件としては、第１に、期待権（およびその経済的価値）の保護（保持）の必要性があること、第２に、民法上の所有権等を有していなくとも、期待権者に目的物の所有権の内容のうち、主として物権的使用収益権を獲得させる必要性があること、第３に、民法上の所有権が、行政法規あるいは判例によって当事者間に分断的に帰属するかのように捉えられる場合に、民法上の所有権が法構成上も分断され、物権法定主義に反する結果になることを防ぐ必要性があること、であり、第１と第２の要件が具備されさえすれば第３の要件具備がなくとも、当該事案類型における条件付権利に基づく期待権は物権的使用収益権の従属する物権的期待権として認められることになる。

2 物権的期待権と時効との関係

ここでは、物権的使用収益権の従属する物権的期待権と時効との関係につき検討する。

(1) 物権的期待権と時効消滅

条件成就によって取得する権利（または復帰する権利）は、条件の成就によって初めて行使することができるので、改正民法でいえば、条件成就を知ったときから5年間行使しないとき（改正民法166条1項1号、以下、改民166Ⅰ①という）、または条件成就の時から10年間行使しないとき（改民166Ⅰ②）は、時効消滅するが、物権的期待権はそのままでは時効消滅に親しまないと解されている。[35]

また、物権的使用収益権が従属する物権的期待権の、その使用収益権は、所有権の権能の一部が慣習法上の物権的効力として具現化されたものである。所有権が時効消滅しない物権であることから、それと同様、物権的使用収益権が単独で時効消滅することはない。

(2) 所有権留保特約付き売買において留保買主の有する物権的期待権 ——被担保債権の時効消滅

所有権留保特約付き売買で、留保買主は売買代金を割賦弁済する場合が多いと思われるが、売買代金支払債務が時効消滅すると、代金債務が消滅することになるから、留保買主の有する売買目的物の所有権取得に関する停止条件付権利が成就し、留保買主は当該目的物の所有権を取得することになる（所有権的構成）。これに対し、担保の構成で捉えた場合は、すでに留保買主は当該目的物の所有権を取得していることから、担保的効力である留保所有権は被担保債権が時効消滅することによる付従性により消滅することになる。また、所有権的構成において生ずる物権的使用収益権の従属する物権的期待権が時効消滅することはなく、物権的使用収益権も単独で消滅時効に服することのない点は前記 (1) のとおりである。なお、所有権的構成において、留保買主による占有は、他主占有ゆえ、取得時効を導くことはない。ただし、相続等を契機として自主占有に転換する場合は別である。

---

(35) 於保不二雄＝奥田昌道編『新版　注釈民法 (4) 総則 (4)』624頁〔金山正信＝直樹〕（有斐閣、2015）

(3) 譲渡担保において設定者の有する物権的期待権——被担保債権の時効消滅

　譲渡担保を所有権的構成で捉えた場合、譲渡担保権者が譲渡担保目的物の所有権を有し、設定者には被担保債権の完済を停止条件とする条件付権利が帰属する。すなわち、物権的期待権が帰属するのである。このとき被担保債権が時効消滅すると、停止条件が成就したことになり、設定者は目的物の所有権を取得することになる。また、物権的期待権が時効消滅することはなく、従属する物権的使用収益権も単独で消滅時効に服することはない点は前記 (1) のとおりである。さらに、設定者は占有を継続したとしても、その占有は他主占有ゆえ、目的物の所有権を時効取得できない。ただし、相続等を契機として自主占有に転換する場合は別である。

　一方、担保的構成で捉えた場合、目的物の所有権は設定者が有することから、被担保債権の時効消滅により、消滅における付従性に基づき、担保物権あるいは担保的効力である譲渡担保権は消滅することになる。

(4) 民法 193 条および同法 194 条事案における占有者の物権的期待権

　民法 193 条事案にあっては、代価弁償の必要はないことから、被害者等が、盗難または遺失の時から 2 年以内において、盗品等の回復請求権の放棄をすれば、停止条件が成就したことになり、占有者は停止していた即時取得の効果として盗品等の所有権を取得することになる。[36] また、そのような放棄や回復請求をせずに 2 年を経過すると、この期間の経過は効力始期であるから、占有者は経過時に即時取得の効果として盗品等の所有権を取得する。すなわち、占有者は、2 年以内に、被害者等による回復請求権の放棄、あるいは回復請求をしないこと、を停止条件とする条件付権利、すなわち、物権的期待権を有していることになる。

　物権的期待権は前記 (1) のとおり消滅時効に服するものではないが、ここにおける物権的期待権は、盗難または遺失の時から 2 年間という除斥期間の制限に服していることから、短期に消滅することになる。

---

(36)　松田佳久「民法 194 条に該当する善意占有者の使用収益権と物権的期待権との関係—最三小判平 12・6・27 民集 54・5・1737 判決：民法規定の欠缺を補完する物権的効力」創法 45・2・242 (2015)

この点は、民法194条事案も同様である。すなわち、民法194条事案にあっては、占有者は、被害者等が、盗難または遺失の時から2年内において、盗品等の回復請求権を放棄した場合、または盗品等の回復請求および代価弁償しないことを停止条件とする条件付権利、すなわち、物権的期待権を有しているのである。民法193条事案と同様、盗難または遺失の時から2年間という短期の除斥期間の制限に服するのである。

(5) 保留地予定地の使用収益権

保留地予定地の譲受人は、換地処分の公告の日の翌日に土地区画整理事業の施行者が保留地の所有権を取得すると瞬時に当該所有権を取得することから、換地処分の公告の日の翌日に施行者が保留地の所有権を取得することを停止条件とする条件付権利、すなわち、物権的期待権を有していることになる。つまり、保留地予定地の譲受人は、当該保留地予定地の物権的支配権たる使用収益権の従属する物権的期待権を有しているのである。物権的期待権は、前記(1)のとおり消滅時効に服さない。

また、この使用収益権は、所有権の権能の一部である使用収益権と同様の効力を当該譲受人が有する必要性があるとして作出されたものであるから、その性質は所有権と同様に捉えるべきである。したがって、当該使用収益権も前記(1)のとおり、単独で消滅時効に服することはない。

さらに、当該譲受人が占有を継続したとしても他主占有であることから、所有権を時効取得することはない。ただし、換地処分に至るまで十分な時間があり、相続等を契機として他主占有が自主占有に転換した場合は、時効取得が成立することはありえる。

(6) 仮換地使用収益権

土地区画整理事業において仮換地が指定されている従前地所有者は、換地処分の公告を停止条件とする条件付権利たる換地所有権の、物権的期待権に準ずる期待権を有している。仮換地使用収益権は、従前地の所有権が分断され使用収益のみが仮換地に移転したというものではなく、所有権そのものは

---

(37)　松田・前掲注(36)243

(38)　最一小判昭50・8・6訴月21・10・2076

(39)　松田・前掲注(36)248

仮換地指定前と同様、従前地に残されているのである[40]。しかし、仮換地使用収益権は所有権ではないものの、所有権の権能の一部である使用収益権と同様の効力を持つものとして定められたのであるから、その性質は所有権と同様に捉えるべきである。すなわち、当該使用収益権は所有権と同様、消滅時効に服さないのである。

なお、最二小判昭45・12・18民集24・13・2118は、仮換地の指定後に、占有者が、当該仮換地を従前地の所有の意思を持って占有を開始した場合は、換地処分が施行され公告がなされる日までに民法162条の要件を充たせば従前地の土地所有権を時効取得するとともに、仮換地につき所有権に基づく使用収益権と同様の使用収益権能を取得するものと解している。

(7) 竣功認可前使用権

公有水面埋立権者は、竣功認可の告示の日に当該埋立地の所有権を取得する（公有水面24 I）から、当該埋立権者は、竣功認可を停止条件とする物権的期待権を有しているといえる。この期待権は、竣功認可前使用権が従属する物権的期待権であり、停止条件成就、すなわち、竣功認可がなされ、その告示の日に消滅し、条件不成就、つまり竣功認可がなされないことが確定した時にも消滅する。そして、前記（1）のとおり消滅時効に服さないのである。

また、この使用権は、所有権の権能の一部である使用収益権と同様の効力を当該埋立権者が有する必要性があるとして作出されたものであるから、その性質は所有権と同様に捉えるべきである。したがって、当該使用権も前記（1）のとおり、単独で消滅時効に服することはない。

さらに、埋立権者の占有は、他主占有ゆえに当該埋立地を時効取得することはないが、竣功認可まで十分な時間があり、相続等を契機として他主占有が自主占有に転換した場合は、時効取得が成立することはありえる。

---

(40) 松田・前掲注（36）249。この点は、仮換地を権原に基づき使用収益できる者（仮換地所有者）が仮換地につき所有権を有しながらもその使用収益が停止される点（土地区画整理法（以下、区画整理という）99Ⅲ）や換地を定めない宅地の所有者が当該宅地に所有権を有しながらも使用収益権のみが停止される点（区画整理100 I）から導くことができる（松田・前掲注（36）249）。

3 譲渡担保等の受戻権と物権的期待権との関係

譲渡担保独自の権利として受戻権が存在するか否かについては、最二小判昭 57・1・22 民集 36・1・92 は、「債務者は、債務の弁済期の到来後も、債権者による換価処分が完結するに至るまでは、債務を弁済して目的物を取り戻すことができる」と解するのが相当であるとするが、債務者による受戻の請求については、「債務の弁済により債務者の回復した所有権に基づく物権的返還請求権ないし契約に基づく債権的返還請求権、又はこれに由来する抹消ないし移転登記請求権の行使として行われるもの」であるとし、「債務の弁済と右弁済に伴う目的不動産の返還請求権等とを合体して、これを一個の形成権たる受戻権であるとの法律構成をする余地はな」いとして「受戻権」という形成権の存在自体を否定しているかの判断をしている。[41]

これに対しては、弁済受領や供託がされなくても権利が設定者に直ちに復帰するという形成権としての受戻権を観念することは可能との主張がなされている。その理由として、受戻権は、被担保債権を消滅させてからでないと、対象物の返還を請求できないとする担保権の一般的な扱いを一部変更するものであるとともに、行使時に権利が直ちに復帰する形成権であって、これにより第三者に対する関係での設定者の保護を強化することができる。すなわち、提供された弁済を債権者が受領せず、債務の弁済供託前に対象物を処分した場合、受戻権が消滅せず対抗問題とする余地が残る点で設定者の保護を強化できるのである。そして、被担保債権の消滅後に引渡請求を行うことができるのである。[42]

しかし、譲渡担保は、法律行為の対象目的物の所有権は譲渡担保権者が有するが、それは債権担保の目的に応じた部分に限定されるという制限が課されている。すなわち、担保機能に限定されているのである。そうであるならば、受戻権という独自の形成権概念を用いなくても、抵当権などの担保物権と同様、設定者は債務不履行後においても、被担保債権の完済によって抵当権が消滅するがごとき、譲渡担保権が消滅する（所有権的構成において、弁済に

---

(41) 事案の結論としては、このような権利の存在自体を否定することにより、当該権利の時効消滅そのものがありえないとしている。

(42) 松岡・前掲注（30）332 頁

よって譲渡担保権が消滅するとは、設定者の有する物権的期待権が債務の完済によって解除条件が成就するとともに、期待権が実現し、設定者に自動的に目的物の所有権が復帰す[43]ることを意味している。）という通常の担保的効力で十分に説明できるのである。よって、譲渡担保に特有の受戻権という権利は存在しないのである。[44] もちろん、前述のような提供された弁済を債権者が受領しない事案はありえるものの、そのような特殊事案にのみ対応するために受戻権概念を創設すべきではない。

そして、譲渡担保の場合には、受戻権（便宜上この概念を用いる）の行使は、帰属清算型においては、譲渡担保権者が設定者に対し、目的物の適正評価額が債務の額を上回る場合にあっては清算金の支払いまたはその提供をするまでの間、目的物の適正評価額が債務の額を上回らない場合にあってはその旨の通知をするまでの間、あるいは、第三者に売却等の処分をしたときは、その時まで、処分清算型にあっては、その処分の時までの間になすということになるであろうし、[45]受戻権行使まで設定者の有する物権的期待権は存続するのである。

さらに、時効消滅についても否定されるということになろう。[46]もちろん、譲渡担保権の実行が長年なされない中で、設定者が突如受戻権を行使することが信義に反する、あるいは権利濫用に該当し制限されることはありえるであろう。

Ⅴ　おわりに

本稿では、ドイツ物権的期待権における物権的とされているさまざまな効果は、わが国にあっては、条文に則った効果であるなど、決して物権特有の効果ではないことを示した。さらに筆者の物権的期待権に関する研究成果を

---

(43)　竹内俊雄『譲渡担保論』70-71 頁（経済法令研究会、1987）

(44)　道垣内弘人「判批（最二小判昭 57・1・22 民集 36・1・92）」法協 100・9・176 (1983)、道垣内・前掲注 (21) 325 頁、平井一雄「判批（最二小判昭 57・1・22 民集 36・1・92）」判タ 505・21 (1983)、清水誠「判批（最二小判昭 57・1・22 民集 36・1・92）」判評 285・27 (1982)

(45)　安永正昭『講義　物権・担保物権法』410 頁（有斐閣、第二版、2014）

(46)　竹内・前掲注 (43) 70-71 頁、道垣内・前掲注 (44) 176-177、道垣内・前掲注 (21) 326 頁、清水・前掲注 (44) 27

示すとともに、これまで検討してこなかった、あるいは検討が十分でなかった論点に対する解答を示してきた。このような論点は、筆者が気づかないだけであって、他にも存するとは思われるが、新たに論点が判明した場合には、その都度、検討していきたいと考えている。

　わが国における物権的期待権（私見）、特に物権的使用収益権の従属する物権的期待権は、譲渡担保や所有権留保といった法構成において見出され、筆者はその意義、特徴、効果を明らかにしてきたとともに、上記以外の事案においてもこのような物権的期待権を見出してきた。すなわち、将来の特定条件の成就により所有権を取得することになる、現所有権者とは別の者が、条件成就による所有権取得の期待権を有するとともに、その期待権に条件成就により取得するところの所有権と同様の権能の一つである使用収益権の従属する場合が、譲渡担保や所有権留保以外の場面においても存在するのである。そして物権的期待権には、物権的使用収益権の従属するものとそうでないものとがある。今後、この物権的期待権が学会において十分に周知されるよう研究を重ねていくものとする。

　また、筆者は、不動産や高額な機械設備の所有もなく、所有権留保で機械設備を購入している企業が、短期で少額の運転資金等の融資を受けることのできるようにすべく、アンケート調査等も実施するなどして、物権的期待権を譲渡担保に供するという新たな担保の活用に関する研究をこれまで重ねてきた。今後は、この担保の活用が実務においてより多くなされるよう実務界にこれまで以上に知らしめていきたいと考えている。

＊本研究は JSPS 科研費 17K03485 の助成を受けたものである。

　藤井俊二先生に初めてお会いしたのは、東京大学名誉教授であります故稲本洋之助先生が主催する都市的土地利用研究会に私が参加したときです。そのときはご挨拶程度でしたが、その後、日本不動産学会や日本私法学会の終了後の懇親会でご一緒するということがたびたびあり、現在は私も勤めております創価大学で、藤井先生は、法科大学院設立当初から今日まで学生を教育なされ、この度ご退職となりました。藤井先生は、借地借家法に関する優

れた数々の業績を持つ、優れた研究者の一人です。おそらくご退職後もさらにご研究に打ち込まれるものと思っております。藤井先生は、研究魂の塊と言っても過言ではないと思います。藤井先生には、どうかいつまでもお元気にご研究を続けていただきたいと思っております。

抵当権の法的性質に関する一考察
──平成期の判例法の変更を中心にして──

相 川 　 修

> Ⅰ　はじめに
> Ⅱ　法定地上権に関する判例法理の変遷
> Ⅲ　抵当権に基づく妨害排除請求権に関する判例法理の変遷
> Ⅳ　抵当権の物上代位に関する判例法理の変遷
> Ⅴ　結びに代えて

Ⅰ　はじめに

　筆者は、フランス法における近代的抵当権の研究、及びわが民法の担保物権を中心に金融担保についての研究を主に行ってきた。[1] 後者について言及すれば、平成 10 (2000) 年前後に集中して、実体法上の争点に関しての多くの研究がなされ、夥しい数の判例法が集積され、判例法の確立を経て、担保・執行法の改正がなされたのは記憶に新しいことである。筆者は、既に公刊した拙稿において、その争点の一つである法定地上権に関する諸問題について検討を行った。[2] また抵当権侵害を理由とする妨害排除請求権についても、筆者は前々稿において検討を行った。[3] さらに、筆者は、前稿において、抵当権

（1）　拙稿「物上代位に関する一考察」東洋ロー14号1頁以下（2018年）、以下「一考察③」と略記する。同号3頁注（3）を参照されたい。
（2）　拙稿「法定地上権に関する一考察」東洋ロー12号1頁以下（2016年）、以下「一考察①」とする。
（3）　拙稿「抵当権価値権論に関する一考察」東洋ロー13号1頁以下（2017年）、以下「一考察②」と表記する。「短期賃貸借」『現代の都市と土地私法』所収（有斐閣・2000年）160〜179頁。

に基づく物上代位権の行使について、判例・学説の推移を鳥瞰し、その争点に関する到達点を精査し、その上で残存する問題点を指摘した。[4]本稿では、これら平成期に確立された抵当権に関する3つの論点についての判例法の推移を今一度確認し、再度検討しようとするものである。

Ⅱ　法定地上権に関する判例法理の変遷

1　問題の所在

　法定地上権の諸規定は、民法典編纂の過程において、起草者の当初の草案が斥けられ、極めて短期間に起草された事実が指摘されており、民法典施行後の法律要件の解釈では、起草者の主旨に合致するよう、法律要件の緩和が試みられてきたことは周知のことである。[5]すなわち、抵当権に対する執行妨害、抵当権実行を妨げる濫用型短期賃貸借との評価が成立する事象が頻発したバブル経済崩壊後の金融機関が不良債権処理に腐心する時期に至るまでは、担保法上要請される画一的な処理と抵当権者の予測可能性という両者の調和に配慮しながら、判例法理も学説も、国民経済上の建物保護の必要性、あるいは抵当権者の合理的な意思解釈等を拠り所に、法定地上権規定の法律要件を緩和してきたのであった。本章では、この問題について一定の評価を行い、その要件緩和の問題につき、その再検討の必要性について触れること[6]

（4）　物上代位の詳細な研究としては、清原泰司『物上代位の研究』（民事法研究会・1997年）、生熊長幸「民法304条・372条（先取特権、抵当権の物上代位）」、『民法典の百年Ⅱ』（有斐閣・1998年）537頁、角紀代恵「民法370条・371条（抵当権の効力の及ぶ範囲）」同書所収593頁などを参照されたい。

（5）　民法典制定過程の議論によれば、「建物は土地の付加一体物なのであって、たとえば土地上に建物が存在する場合に土地に抵当権を設定すれば、黙って居れば寧ろ家も付く」との主旨の起草者の発言もあり、その後の「個別価値考慮説」に連なる理解、土地を抵当権の客体とする場合、底地（建物付きの土地）と評価し抵当権設定がなされたと評価しているといえる。また、更地に抵当権設定がされた後に建物の築造があった場合に不動産競売がなされたときには、土地と建物を一括して競売し、買受人の価額のうち、土地の価額、建物の価額をそれぞれ評価し、土地の分は抵当債権者に、建物の分は他の債権者に与える旨の説明もなされている。こうした評価方法がわが国のそれまでの慣行と異なるとする強固な反対論があって、起草者の見解は修正され現行規定に落ち着いたといわれている。村田博史「法定地上権」『民法講座3』（有斐閣・1984年）139頁以下等。なお、同論文によれば、民法典起草当時、土地と建物が別々の物になるとする慣習法等が存在していたか否か、起草者も明確には把握できていなかったようである。

（6）　本章では、法定地上権の4法律要件のうち、①土地とその上に存する建物が同一所有者に属

とする。

2 伝統的判例理論と新たな判例法理論

(1) 最高裁判決昭和 36 年 2 月 10 日（民集 15 巻 2 号 219 頁）[7]

（事実の概要及び争点）

　訴外 A は、X（原告、被控訴人、被上告人）の債務を担保するために、自己所

すること（以下、「同一人帰属要件」とする。）、②土地または建物の一方（または双方）に抵当権が設定されたこと、③抵当権の実行としての担保不動産競売がなされたこと、④抵当権設定当時に建物が存在することの 4 つの要件である。本稿は、法律要件緩和の価値判断の根底に存在する基礎理念との関係で①の法律要件緩和に関する判例法及び④の法律要件の緩和の問題に焦点を当て判例法理の推移を検討することとする。

（7）　主だった判例評釈として、川添利起「判批」曹時 13 巻 4 号 58 頁ほかがある。紙数の関係上、拙稿「一考察①」6 頁注（4）に譲ることとする。自己借地権については、借地家 15 条、179 条等に照らし観念することは難しい、内田貴『民法Ⅲ』（東京大学出版会・2005 年）429 頁等参照。

　法定地上権の要件権緩和との脈絡で、その判定基準時が問題となる。この点に関する判例法（最高裁判決昭和 47 年 11 月 2 日（判時 690 号 42 頁）を記しておこう。なお、本稿に直接関係がないので簡略に指摘するが、口頭弁論の初期段階において、X は、Y に対して、賃貸人の地位を承継したとして、地代の支払請求をした経緯があることを予め記しておこう。本件は、先順位の抵当権設定時には、抵当権の目的物である土地（以下、「甲土地」とする）上に建物（以下、「乙建物」とする。）が存在しなかったが、後順位の抵当権設定時には、甲土地上に乙建物が築造されており、法定地上権の法律要件の④を充足するとの評価の余地があった事案であった。この後順位の抵当権者が甲土地及び乙建物の任意競売の申立てを行い、甲土地と乙建物の買受人とが別人になったのである。その結果、甲土地の買受人 X が乙建物の買受人 Y に対し乙建物の収去及び甲土地の明渡し等を求めたのに対し、乙建物の買受人 Y が法定地上権の成立を主張したものであった。後順位の抵当権者は、先順位の抵当権者の抵当権設定時に、土地上に建物が存在しないとき、建物存在時に至ってからの抵当権者の申立てによる競売であっても法定地上権の法律要件充足に影響を与えないのかが争点となったのである。同最高裁判決は、争点について、第 1 順位の抵当権設定当時、甲土地上に乙建物がなく、後順位抵当権設定当時には、乙建物が建築されていた場合に、後順位抵当権者の申立てにより、土地の競売がなされたときであっても、甲土地は、先順位抵当権設定当時の状態において競売されるべきであるとし、第 1 順位の抵当権者の承諾についても、そのような当事者の個別的な意思によって、競売の効果をただちに左右しうるものではなく、土地の競落人に対抗しうる土地利用の権原を乙建物所有者に取得させることはできないとの判断を示した。この判決は、建物の存在は、先順位、本事案では第 1 順位の抵当権設定時を基準とすることを判示している。しかし、第 1 順位の抵当権が弁済等で消滅すれば、順位昇進の原則により、後順位の抵当権が繰り上がるのであり、その抵当権に基づいて任意競売がなされていた場合と比較すると、違った結論になった可能性も否定できないのではなかろうか。

　その後の同一人帰属要件に関する判例法を紹介しておこう（最高裁判決平成 19 年 7 月 6 日）。同判決は、後順位抵当権者は、弁済等で先順位抵当権が消滅し、順位が昇進し、自己の抵当権が第 1 順位になった場合には、法定地上権の法律要件の充足につき、予測し、順位上昇の利益と法定地上権の成立の不利益とを考慮して担保余力を把握すべきであることを承認している。仮に、この判例法理を採用すると、本件の結論には、どのような影響を及ぼす可能性があるのだろう

有の土地（以下、「甲土地」とする。）に抵当権を設定し抵当権設定登記を経由した。甲土地に抵当権が設定された当時、甲土地上には建物は存在しなかったが、建物（以下、「乙建物」とする。）の基礎コンクリートが打れ、その上に土台が据付けられ、建築材料の一部が搬入された現況であった。Xは、Aが将来甲土地上に乙建物を築造すべきことをあらかじめ承認し、かつ被担保債権の弁済期までには乙建物が完成するであろう予期してはいたが、抵当権設定当時、すでにAが前記のように乙建物の築造に着手していたことは知らずに、更地としての評価に基づき抵当権の設定を受けたものであった。その際、XはAとの間で、(1) 甲土地にXの承認する設計どおりの建物を、被担保債務の連帯保証人である訴外B会社を建築請負責任者と定めて建築し、右費建築請負責任者を変更しないこと、(2) 被担保債務完済まで、右建物を第三者に売買譲渡貸与しないこと、(3) 建物完成次第保存登記をし、これに抵当権を設定してXから金員を借り受けること、(4) 右建物の建築費用をX以外の者から融資を受けないこと、等の約定を結び、甲土地の担保価値の低下を防止する手段を講じた。ところが、Aは、Xの承認する設計どおりのものでない乙建物を築造したのみならず、右築造の費用をY（被告、控訴人、上告人）から借り受け、Yのため乙建物の上に抵当権を設定し設定登記をなした。その後、Xが抵当権の実行としての甲土地及び乙建物の競売の申立てをなした結果、Xは、甲土地を競落し、Yが甲土地上の乙建物を競落するに至ったのである。そして、XがYに対し乙建物を収去し、甲土地の明渡しを求めたのが本事案である。これに対しYは、「甲土地に抵当権が設定された当時、Aは甲土地上に乙建物を築造中であって、Xは、これを知りかつ築造を承認して抵当権の設定を受けたのであるから、民法388条の適用により、Yは法定地上権に基づき甲土地上に乙建物を所有してこれを占有できる」と反論した。第1審、第2審ともに、Xの請求を認容し、Yの抗弁を斥けたので、Yが上告した。

　本件の争点は、抵当権者が担保目的物の「甲土地」上に抵当権設定者が「乙建物」を建てることを知っていて、その承諾を与えていた場合に、法律

　か、非常に興味深いものがある。その評釈には、小沢征行・金法1813号4頁「判批」ほか多くの文献があるが、紙数の制約上、拙稿、前掲「一考察①」論文9頁注（6）を参照されたい。

要件の④の充足の当否、この要件の緩和の一判断要素となるかという争点であった。判例法理から判断すると、従来の個別価値考慮説に基礎をおき、「甲土地」の評価が底地価格評価になっている事実があれば、要件緩和の可能性があった事案といえよう。[8]

（判旨）

「民法388条により法定地上権が成立するためには、抵当権設定当時において地上に建物が存在することを要するものであって、抵当権設定後土地の上に建物を築造した場合は原則として同条の適用がないものと解するを相当とする。然るに本件建物は本件土地に対する抵当権設定当時完成していなかつたことは原審の認定するところであり、また被上告人が本件建物の築造を予め承認した事実があっても、原判決認定の事情に照し本件抵当権は本件土地を更地として評価して設定されたことが明らかであるから、民法388条の適用を認むべきではなく、この点に関する原審の判断は正当である。」

　争点であった、抵当権設定時に土地上に建物が存在することとの要件につき、判例は、「…（抵当権者が）建物の築造を予め承諾した事実があっても、（中略）本件抵当権は、本件土地を更地として評価して設定されたことが明らかである」として、要件が充足されていないとして法定地上権の成立を否定したのである。

(2)　最高裁判決昭和51年2月27日（判時809号42頁）[9]

（事実の概要及び争点）

　Aは、昭和38年1月12日、自己が所有する土地（以下、「甲土地」とする。）

（8）　新しい判例法理の確立まで、法定地上権制度の存在理由としては以下のことが指摘され検証されてきた。1. 建物だけを競落する競落人が出現しなくなり、建物だけに、抵当権を設定する債権者がいなくなり、建物の担保価値が損なわれる。同一人所有であれば、土地は、「更地」で評価されるのだから、それほど不利益はない。2.「土地」と「建物」とが同一人に帰属する場合、担保価値との関係で、いずれかに抵当権設定をするときに有用である。3. 約定利用権と法定地上権の効果の相違である。4. 居住可能な建物を収去し、土地を明け渡すことの不合理さが国民経済的には大きな損失であること。松本恒雄「民法三八八条（法定地上権）」広中俊雄ほか編『民法典の百年Ⅱ』（有斐閣・1998年）645頁以下参照。同論文は、民法制定から百年の法定地上権に関する到達点を示している。法定地上権の沿革、バブル経済崩壊期の濫用型事例については、拙稿「一考察①」1〜2頁以下、及び注（1）（2）参照。

（9）　判例評釈には、武藤節義「更地の抵当権者が後日土地に建物が築造されることを予め承諾していた場合の法定地上権の成否」不セ7巻7号がある。

につき、Bのため元本極度額500万円の根抵当権を設定し、その設定登記を
なした。その後、Bがこの根抵当権の実行として甲土地の競売の申立てを
し、この競売の結果、X（原告、被控訴人、被上告人）が甲土地を競落し、昭和
45年3月11日、競落代金を完納し、甲土地の所有権を取得し、所有権移転
登記を受けた。Aは、前記根抵当権設定後の昭和38年4月頃、甲土地上に
建物（以下、「乙建物」とする。）を築造し所有していたが、昭和46年6月10日
頃、Yに乙建物を譲渡し、Yが乙建物の所有権を取得していた。そこで、X
は、Yに対し、乙建物の収去及び甲土地の明渡しを求めたのが本件である。
このXの請求に対し、Yは、前記根抵当権が設定されるに際し、Bは、A
が後日甲土地上に乙建物を築造することをあらかじめ承認していたのである
から、Aは、乙建物のため甲土地につき適法に法定地上権を取得した旨抗
弁し争った。第1審、第2審ともに、Xの請求を認容したため、Yが上告
した。

　本件の争点も、これまで検討した事案と同じく、抵当権設定当時、甲土地
上に乙建物が築造されていない事案であったが、本件では、抵当権者が抵当
権設定者の後日の乙建物の築造を承認していたことを争ったため、仮に、こ
の承認があった場合には、法定地上権の法律要件④の緩和が認められる否か
が争点となったのである。

（判旨）

　「民法388条により法定地上権が成立するためには、抵当権設定当時にお
いて地上に建物が存在することが必要であって、抵当権設定後地上に建物を
築造した場合には原則として同条の適用がないものと解するのが、相当であ
る。したがつて、土地の抵当権設定当時、その地上に建物が存在しなかった
ときは、抵当権者が建物の築造をあらかじめ承認した事実があったとして
も、民法388条の適用を認めるべきではなく、これと同旨の原審の判断は、
正当として是認することができ、右判断に所論の違法はない。」

　本件の原審では、「土地の根抵当権設定当時、その土地に建物が存在しな
かったときは、民法388条の規定の適用がないと解すべきであって、根抵当
権設定者による建物の後日における建築を承認したというY主張の事実が
仮にあったとしても、根抵当権設定後に建築された建物のため法定地上権の

成立を認めることはできない。」との理由でYの抗弁を斥け、Xの請求を認容していた。この原則は、競落人保護の観点から、抵当権者と抵当権設定者が、後に建物が建築されたら、その建物のために、土地が地上権の制限を受けるとの特約をしても、その特約は競落人に対抗できないとするのが大審院時代からの判例法理である。[10] 公的な競売手続には、明確なルールや画一的な処理が求められるのは当然であり、法定地上権の要件④の緩和を認めることは難しいであろう。しかし、口頭弁論において提出された証拠上、抵当権者がその目的である土地の評価につき、更地評価ではなく、底地評価していることが明白な場合、また、抵当権者自らがその競売手続に参加し、土地の競落人になった場合でも、この判例法理を貫くことができるのだろうか。次節の事案はこれらが争点の一部になった事案であり、これについて検討する。

(3) 最高裁判決昭和 52 年 10 月 11 日（民集 31 巻 6 号 785 頁）[11]

（事実の概要及び争点）

X（原告・控訴人・上告人）は、抵当権の実行による土地（以下、「甲土地」とする。）の競売手続に参加し、甲土地を買受け所有権を取得した。そのうえで、Xは、甲土地上に建物（以下、「乙建物」とする。）を所有し甲土地を占有している被上告人Y（被告・被控訴人・被上告人）に対し、甲土地所有権に基づき乙建物の収去及び甲土地の明渡しを求めたのが本事案であり、1審、2審ともに、Xの請求が棄却された。Xが上告。

その上告審において、Yは、抵当権設定当時、旧建物が近い将来取り壊され再築される予定である場合も法定地上権は成立し、通常は旧建物が存在する場合と同一の範囲内の地上権が成立すると解されるが、抵当権設定当時、A（脱退原告）は、近い将来旧建物が取り壊され、堅固建物である新工場が新築されることを予定して甲土地の担保価値を算定したものであるから、抵当権者の利益を害しない特段の事情があるとして、Yが本件建物すなわち堅固の建物所有を目的とする 60 年（旧借地法 2 条）の地上権を有すること

---

(10) 大判大正 7・12・6 民録 24 輯 2302 頁、最二小判昭和 36・2・10 民集 15 巻 2 号 219 頁等。

(11) 主だった判例評釈として、小川保弘「土地及びその地上の非堅固建物の所有者が土地につき抵当権を設定したのち地上建物を取り壊して堅固建物を建築した場合に堅固建物の所有を目的とする法定地上権が成立するとされた事例」新潟 12 巻 2 号ほか多数の文献がある。紙数の制約上、拙稿「一考察論文①」16 頁注（9）を参照されたい。

の確認を求めたものである。上告審は、Yの主張を確認した原判決を支持して、上告を棄却した事例。

（判旨）

「思うに、同一の所有者に属する土地と地上建物のうち土地のみについて抵当権が設定され、その後右建物が滅失して新建物が再築された場合であっても、抵当権の実行により土地が競売されたときは、法定地上権の成立を妨げないものであり（大審院昭和一〇年（オ）第三七三号同年八月一〇日判決・民集一四巻一五四九頁参照）、右法定地上権の存続期間等の内容は、原則として、取壊し前の旧建物が残存する場合と同一の範囲にとどまるべきものである。しかし、このように、旧建物を基準として法定地上権の内容を決するのは、抵当権設定の際、旧建物の存在を前提とし、旧建物のための法定地上権が成立することを予定して土地の担保価値を算定した抵当権者に不測の損害を被らせないためであるから、右の抵当権者の利益を害しないと認められる特段の事情がある場合には、再築後の新建物を基準として法定地上権の内容を定めても妨げないものと解するのが、相当である。原審認定の前記事実によれば、本件土地の抵当権者であるBは、抵当権設定当時、近い将来旧建物が取り壊され、堅固の建物である新工場が建築されることを予定して本件土地の担保価値を算定したというのであるから、抵当権者の利益を害しない特段の事情があるものというべく、本件建物すなわち堅固の建物の所有を目的とする法定地上権の成立を認めるのが、相当である。」

　既述のように、抵当権者が建物の建築を承認している場合であっても、原則、法定地上権の成立は認めないとするのが判例法理である。しかし、本判決は、例外的に、特段の事情があり、抵当権者の期待を損なわず、競落人の利益を害さないときには、法定地上権の成立が認められることを判示したのである。しかも、本事案の場合、再築後の新建物を基準とする法定地上権の成立を肯定したのであるが、その根底には、土地と建物を別個の不動産と構成する民法典との関係で、土地と建物とが同一人に帰属していない場合の、建物所有権の基礎である土地利用権の土地所有権との関連での評価について、分析的に、土地所有権の価格を利用権の部分と所有権マイナス利用権の底地価格と評価する個別価値考慮説が存在したと評価することができるので

ある。その後のバブル経済崩壊後の執行妨害型事案の頻出により、この個別価値考慮説が機能しなくなり判例法理の変更が行われた。[13]

(4) 小括

ここまで検討してきた法定地上権の法律要件の④抵当権設定時に建物が存在することについての判例法の法形成、蓄積を時系列に従って整理しておこう。第一に、土地に抵当権が設定された後、抵当権設定者が建物を建築し、その後土地に設定された抵当権が実行された場合、この要件を充足しないとして、判例は、法定地上権の成立を認めない。[14]その根拠は、民法388条の規定は「土地及びその上に存在する建物が同一の所有者に属する場合においてその土地又は建物のみを抵当となしたるときは」としており、更地に抵当権

---

(12) 居住権を保護するとの視点からすれば、賃借権の物権化、借地借家に関する判例法の蓄積、その脈絡で評価できた平成15年の担保執行法改正で廃止された「短期賃貸借保護」の制度があったといえる。多年にわたり先達が叡智を集積してきた所産を放棄しなければならないほど、執行妨害型事案が多かったのは否めない。だが、特別法や一般法等に委ねるなど、なお慎重に対処法を検討すべきであったのではないか。さらに、演繹法に基づく思考過程を放棄し、論理の組み立てを帰納法的になしたのでは、論理が定まらないように感じられるのは筆者だけの思い過ごしではないだろう。

(13) 本件最高裁判決平成9年2月14日（民集51巻2号375頁）で争われた争点は、甲土地と乙建物に共同抵当権が設定され、乙建物が滅失した後に新建物が再築された後に、甲土地に設定された抵当権が実行されたとき、新建物のために法定地上権が成立するかという点であり、執行妨害目的で、建物の取壊しと再築の事案が増加するなか、従来の判例法の原則と例外法理の適用の有無との関係で注目された事案である。同判決は、これまでの法律要件緩和の基礎としていた土地と建物の個別の価値に立脚した「個別価値説」ではなく、土地と建物全体の価値を基礎とする「全体価値説」により法定地上権の成否を判断したのである。ここに、判例法は、バブル崩壊後の債権回収を困難にしてきた執行妨害型の事案に対処すべく、これまでの判例法理である「個別価値考慮説」ではなく「全体価値考慮説」という新たな法理を採用することをここに明示したのである。なお、従来判例法理の根底にあった居住権の保護や国民的な損失の観点からの批判にもこたえるべく、「なお、このように解すると、建物を保護するという公益的な要請に反する結果となることもあり得るが、抵当権設定当事者の合理的意思に反してまでも右公益的要請を重視すべきであるとはいえない。」として、法定地上権の成否の判断につき、その優先順位を示している。本判決に関する判例評釈としては、角紀代恵「判批」法教206号ほか夥しい数の文献があるが、紙数の関係上、拙稿「一考察①」20頁注（11）を参照されたい。その後、第一小法廷（最高裁判決平成9年6月5日（民集51巻5号2116頁）で「全体価値考慮説」を採ることが判示された。その判例評釈等としては、村田博史「判批」法教207号ほか多数あるが、拙稿「一考察①」23頁注（12）を参照されたい。さらに、第三小法廷（最高裁判決平成10年7月3日（判時1652号68頁）も同様の見解を判示し、小法廷すべての足並みが揃ったのである。その判例評釈には、滝澤孝臣「判批」金法1548号ほかがある。詳細は、拙稿「一考察①」26頁注（13）を参照されたい。

(14) 大判大正4・7・1民録21輯1313頁。この判決以降、判例法は一貫しており、通説もこれを支持する。

が設定された場合に法定地上権が成立することを予定していないことであり、更地に抵当権が設定された後、抵当権設定者が建物を建築した場合は、抵当権者は土地とともに建物を一括して競売できる（389条）と規定する以上、この場合、建物所有者のための法定地上権が成立することを民法は予定していないとするのである。また、その実質的な理由として、当事者の意思解釈により、抵当権者としては、当該土地を更地として担保評価しており、法定地上権の成立を認めるとすると、抵当権者は意外の損失を被るおそれがあることがあげられている。[15] 借地権に基づく建物の事案では、土地の価格の大部分が借地権価格に移行すると評価されるをことを考慮すれば、更地の場合と地上権の負担付きの土地との間では、その経済的な価格に大きな差が生ずることを前提とすると、判例法が採用した「意外な損失」を等閑視することはできない。なお、更地に抵当権者が抵当権の設定を受ける際に、抵当権者が抵当債務者の建物建築を承認している場合であっても、判例法は、原則として、法定地上権は成立しないとの結論は変わらないとするのがその立場である。[16]

　判例法の到達点、その原則は前述の通りであるが、例外的に、法定地上権の法律要件の④抵当権設定時に建物が存在することについて、その要件緩和を認める方向性を示してきた。すなわち、土地に抵当権を設定する当時、その土地上に抵当権設定者が所有する建物が存在していた場合であれば、建物が後に滅失し、抵当権設定者が建物を再築ないし改築した場合であっても法定地上権が成立することを認めることである。[17] この例外的な処理をする理由としては、抵当権者は、旧建物が存在していることを前提に土地の経済的な価値を算定、評価して、抵当権の設定を受けていることが挙げられていた。こうした理由付けを前提にすれば、この例外的に成立を認められる法定地上権は、旧建物のために成立する地上権と同一の範囲のものが原則となるのは

(15)　判例法に対峙する見解には、柚木馨＝高木多喜男『担保物権法［第3版］』（有斐閣法律学全集、1982年）365頁以下、加藤一郎「抵当権と利用権」谷口知平＝加藤一郎編著『新民法演習2物権』（有斐閣、1967年）247頁以下、篠塚昭次「抵当権と法定地上権」金法689号126頁以下。
(16)　最判昭和36・2・10民集15巻2号219頁、最判昭和52・10・11民集31巻6号785頁参照。
(17)　大判昭和10・8・10民集14巻1549頁、大判昭和13・5・25民集17巻1100頁、最判昭和52・10・11民集31巻6号785頁等参照。

当然のことである。また、建物の再築との関係で法定地上権の成否が争われる事案には、前述の例外処理を認めた典型的な事案である、抵当権設定者自らが旧建物を取り壊し、新建物を再築し所有する事案以外にも、いくつかの場合が存在した。第一に、抵当権設定者が旧建物を取り壊し、新建物を築造し、土地に利用権を設定しこの新建物を譲渡した場合、第二に、土地と新建物の双方を第三取得者に譲渡した場合、第三に、土地に旧建物のための利用権を設定し、旧建物を第三者に譲渡し、この第三者が旧建物を取り壊して新建物を築造し、所有する場合、第四に、土地と旧建物の双方を第三者に譲渡したが、この第三者が旧建物を取り壊し、新建物を築造し、所有する場合等があるとされている。こうした事案につき、画一的な処理の要請と抵当権者の期待との調和を前提にしつつも、抵当権者の期待や利益、すなわち抵当目的物の担保価値算定ないし予測を根拠とする以上、新建物に旧建物を基準とする法定地上権の成立を認めても、その地上権の範囲が旧建物について成立していた法定地上権の範囲を超えない限りは、抵当権者に不測の損害はないとの結論が導き出されるのである。ここまではバブル経済崩壊前の、居住権の保護や国民的経済の損失を利益衡量の際に優先させることできた時代の判例法の流れである。

　しかし、バブル経済の崩壊後、こうした判例法理の隙を突くかのように、執行妨害型の事案が頻出するに至り、判例法は、個別価値考慮説から全体価値考慮説への大転換を行ったのである。紙幅の関係で詳論はしないが、全体価値考慮説について、個別価値考慮説からの批判に堪えられるべく、主に実務家からさまざまな見地からの理由が摘示され、また担保執行法改正も相ま

---

(18)　滝澤孝臣「判批」金法 1548 号 17 頁以下の指摘を参照。

(19)　土地と建物に共同抵当権が設定された事案については、実務上、抵当権者は土地と建物を担保評価するにあたり、土地と建物を一体として、あるいは土地の価値を中心として考えているのであり、他方、抵当権設定者も更地価格以上の担保を提供する意思を有していることなどを理由として、法定地上権の成立を否定ないし限定的に解釈すべきだとの見解（井上稔「担保価値の実現と法定地上権の成否」金法 1209 号 27 頁以下、吉田光「判批」判タ 792 号 72 頁以下、同「判批」判タ 842 号 41 頁以下。）が主張されるにいたった。建物再築の類型には、通常再築型の他、執行妨害型、債務不履行再築型などがあるとされ（廣田民夫「再築建物のための法定地上権の成否」金法 1411 号 7 頁以下参照）、再築要因によって結論が変わる可能性もありうるが、バブル崩壊に伴うこのような「病理的現象」をどこまで一般理論に反映させるべきかについては意見の分かれるところであった。

って、その当否の判断は脇に置くとして、その議論も収束していったのである。

Ⅲ　抵当権に基づく妨害排除請求権に関する判例法理の変遷

1　問題の所在

わが民法典は、財産編において、物権と債権との権利概念をもとに種々の権利につき法律要件及び法律効果を規定する。物権編においては、所有権を初めとする９つの本権に、他の物権に比べかなり法的性質の異なる、その淵源に沿革的な影響を受けている占有権[20]をこれに加え、その上で物権法定主義を採用している。そして、抵当権は、講学上は、使用、収益、処分からなる完全物権の所有権に基礎をおく権利であり、その通有性に関する分類の基準により、他物権とか制限物権とか、あるいは担保物権、その中でも約定担保物権等々のような説明がなされる。

さて、上述の物権の侵害に対して、その対抗すべき法的手段として物権的請求権は存在するが、これはその法的性質からして、明文上の規定を有さず、その法律要件及び法律効果も解釈から必然的に導き出されたものである[21]。この物権的請求権、殊に、抵当権に基づく妨害排除請求権に関して、平成期に、多くの判例法が集積され、判例法が変更され、また担保・執行法改正のかたちで、担保法上の諸争点が収束したのは周知の事実である[22]。本章では、抵当権侵害を理由とする妨害排除請求権についての問題に関する判例法

---

(20)　紙幅の制限により、本稿では、本文及び注についても最少限の記載に努めることをご寛恕いただきたい。なお、占有権の沿革については、ゲルマン法とローマ法的なものが混希的な性質を有するというのが基本書的な説明になる。

(21)　内田貴『民法Ⅰ〔第4版〕』367頁以下（東京大学出版会・2006年）から引用すれば、「…そこで民法は、こうした機能を所有権を根拠に認めた。もっとも、認めたといっても民法典に規定はない。しかし、この機能の存在は当然の前提と解されている。なぜなら、これを認めないと、所有権があるといっても余り意味がなくなるからである。民法に規定がないとはいっても、手掛かりになり規定が全くないわけではない。189条2項や202条1項には「本権の訴え」という表現が出てくるし、191条には「回復者」という表現がある。ここからも民法が物権的請求権を前提としていることはわかる。」とし、本稿の対象である妨害排除請求権の法律要件は、「所有権の行使が占有喪失以外の事情によって権原なく妨害されることである。」とする。

(22)　拙稿「一考察①」1頁以下。

の変更について鳥瞰し、争点に関する到達点を精査し、その上でなお存在する若干の問題点を指摘するものである。[23]

2　伝統的判例理論と新たな判例理論

(1)　最高裁判決平成 3 年 3 月 22 日（民集 45 巻 3 号 268 頁）[24]

（事実の概要）

　A は、B からの借入金の担保として自己所有の土地・建物（以下、「本件土地・建物」とする。）に抵当権を設定し登記を経由した。A は、本件土地・建物に C 及び D のために賃貸借を設定（以下、「本件賃貸借」とする。）したが、この本件賃貸借は二重に設定されていた。C の本件賃借権は、C から Y1、Y1 から Y2 へと転貸借（以下、「本件転貸借」とする。）された。その結果、本件訴訟の時点では、Y2 が本件土地・建物を占有していた。なお、これら本件

---

(23)　拙稿「短期賃貸借」『現代の都市と土地私法』所収（有斐閣・2000 年）160～179 頁。当時の原稿のまとめの部分を引用しておこう。「ここまでの検討をもとに、本問題の今後の展望について簡単に触れておこう。最近の研究は、「詐害的賃借権」を析出し、これを「正常な賃借権」と区別し、短期賃借権保護規定の適用を排除する傾向にある。その「詐害的賃借権」の析出基準、その排除方法などについては、なお議論の余地があろう。しかし、この短期賃借権の類型化という考え方は、要するに、同規定の適用にふさわしくない賃借権を排除していく、という考え方であり、言い換えれば、いかなる類型の賃借権が同条の保護に値するか、という積極的価値判断に基づくものである必要があろう。この利益衡量に裏づけられた類型化の作業によって、今後の解釈論の方向性も定立されることになろう。また、この類型化によって、ある類型の賃借権は、同保護規定ではその保護が完全ではないとの疑念も当然生ずるかもしれない。これは立法論の領域の問題であり、本稿の射程外であるので、以下、解釈論の水準での、この類型化の問題の展望を、ごく簡単にまとめておくこととする。」
　　すでに検討したように、本課題の短期賃借権は、おおよそ、以下の 3 類型に分類されることは明確であろう。すなわち、①抵当権者がその賃貸を予測できるような建物（とくに、共同住宅）に関する居住目的の賃借権、②占有を伴わない担保目的の賃借権のような、競売開始決定時に、占有を欠いている賃借権、③①、②に含まれないその他の賃借権であり、利用目的のもの、詐害的なものなどであろう。内田貴「抵当権と短期賃借権」星野英一編『民法講座 3 物権 (2)』（有斐閣・1984 年）212 頁以下、吉田、前掲注 (1) 737 頁以下参照。平成 11 年大法廷判決直近の最近の廃止論については、阿部泰隆＝上原由起夫「短期賃貸借保護廃止の提案」NBL667 号 45 頁以下、抜本的改正論については、久米良昭＝福井秀夫「短期賃貸借保護の法と経済分析」NBL670 号 58 頁等参照。旧短期賃借権保護規定の制度趣旨については省略する。詳細については、前掲、内田 175 頁以下、同『抵当権と利用権』（有斐閣・1982 年）21 頁以下、吉田克己「13 民法 395 条（抵当権と賃借権との関係）」『民法典の百年Ⅱ』（有斐閣・1998 年）691 頁以下などを参照されたい。

(24)　主だった判例評釈として、石田喜久夫「短期賃貸借の解除と抵当権者の明渡請求の可否」ジュリ臨時増刊 1002 号 64 頁等。紙数の関係で、判例評釈の詳細は、拙稿「一考察②」白山法学 13 号 7 頁注 (6) を参照されたい。なお、紙幅の関係上、雑誌の刊行年は省略する。

賃貸借及び本件転貸借は、いずれも期間が3年、かつその旨の仮登記を経由していた。これらは、いわゆる短期賃貸借（民法の旧395条本文が規定していた。）に該当するものといえる。

ところで、X（Aの連帯保証人）は、AがC及びDのために賃貸借を設定し、これらが転貸借されるまでの間に、AのBに対する前記借入金債務を弁済し、その結果、Bのための上記抵当権を取得したとして、その旨の付記登記を経由すると共に、以下のような訴訟を提起した。その請求の趣旨は、A・C・Dを共同被告とし、AとC及びDとの間でされた本件賃貸借の解除請求（旧395条ただし書）、Y1・Y2を被告とし、A・C・Dに対する解除判決の確定を条件とする、CからY1、Y1からY2へとなされた本件転貸借を原因とする仮登記の抹消請求、Y2を被告とする本件建物の明渡請求である。

一審（大阪地裁）は、Xのこれらの請求をすべて認容した。このため、Y等が控訴したので、Xは、A・C・Dに対する解除判決の確定を条件として、AのY2に対する明渡請求権のによる代位行使請求を上記請求に選択的に追加した。原審は、Y2に対する請求を棄却したが、AのY2による代位行使請求については認容した。Y等が上告。上告審で特に取り上げられたのは、Y2を被告とする本権建物の明渡請求ないしAのY2による代位行使請求の当否である。

（判旨）

「抵当権は、設定者が占有を移さないで債権の担保に供した不動産につき、他の債権者に優先して自己の債権の弁済を受ける担保権であって、抵当不動産を占有する権原を包含するものではなく、抵当不動産の占有はその所有者にゆだねられているのである。そして、その所有者が自ら占有し又は第三者に賃貸するなどして抵当不動産を占有している場合のみならず、第三者が何ら権原なくして抵当不動産を占有している場合においても、抵当権者は、抵当不動産の占有関係について干渉し得る余地はないのであって、第三者が抵当不動産を権原により占有し又は不法に占有しているというだけでは、抵当権が侵害されるわけではない。」

「いわゆる短期賃貸借が抵当権者に損害を及ぼすものとして民法三九五条

ただし書の規定により解除された場合も、右と同様に解すべきものであって、抵当権者は、短期賃貸借ないしこれを基礎とする転貸借に基づき抵当不動産を占有する賃借人ないし転貸人（以下、「賃借人等」という。）に対し、当該不動産の明渡しを求め得るものではないと解するのが相当である。…要するに、民法三九五条ただし書の規定は、本来抵当権者に対抗し得る短期賃貸借で抵当権者に損害を及ぼすものを解除することによって抵当権者に対抗し得ない賃貸借ないしは不法占有と同様の占有権原のないものとすることに尽きるのであって、それ以上に、抵当権者に賃借人等の占有を排除する権原を付与するものではなく（もし、抵当権者に短期賃貸借の解除により占有排除の権原が認められるのであれば、均衡上抵当権者に本来対抗し得ない賃貸借又は不法占有の場合にも同様の権原が認められても然るべきであるが、その認め得ないことはいうまでもない。）、前記の引渡命令又は判決に基づく占有の排除を可能ならしめるためのものにとどまるのである。」

「したがって、抵当権者は、短期賃貸借が解除された後、賃借人等が抵当不動産の占有を継続していても、抵当権に基づく妨害排除請求として、その占有の排除を求め得るものではないことはもちろん、賃借人等の占有それ自体が抵当不動産の担保価値を減少させるものではない以上、抵当権者が、これによって担保価値が減少するものとしてその被担保債権を保全するため、債務者たる所有者の所有権に基づく返還請求権を代位行使して、その明渡しを求めることも、その前提を欠くのであって、これを是認することができない。」

本判決は、次節で扱う平成11年の大法廷判決までの判例法であり、抵当権に基づく物権的請求権を認容した第1審判決、債務者の占有者に対する物権的請求権、これに抵当権者が被担保債権を被保全権利として債権者代位権を行使することを認めた原審に対して、いずれの請求も認めない判断をしたのである。その根拠は、改正された旧395条ただし書の解除は、賃借権を消滅させるにとどまり、「更に進んで、抵当不動産の占有関係について干渉する権原を有しない抵当権者に対し、賃借人等の占有を排除し得る権原を付与するものではない」という点にあった。この判例は、抵当権者が競売前に濫用型賃借権に基づく占有を排除する手段を奪ったのである。[25]

(2)　最高裁判決平成 11 年 11 月 24 日（民集 53 巻 8 号 1899 頁[26]）

（事実の概要）

　X（原告・被控訴人・被上告人）は、Aが所有する土地・建物（以下、「本件土地・建物」とする。）に抵当権の設定を受けて、2,800 万円を貸し付けた。他方で、Yら（被告・控訴人・上告人）は、A・B間でなされた賃貸借契約に基づき、Bより本件建物を転借した旨を主張していた（A・B間の賃貸借契約は、Bが書類を偽造した無効な契約であったことが後に判明する。）。Aが債務の弁済を怠ったため、Xは、抵当権の実行を申し立てた。しかし、Yらが本件土地・建物を占有しているため、買受希望者が現れず、競売手続が進行しなかった。そこで、Xは、貸金債権を保全するため、Aが所有権に基づいてYらに対して有する妨害排除請求権を代位行使し、本件建物をXに明け渡すように求めた。1審（名古屋地判平成 7・10・17）、原審（名古屋高判平成 8・5・29）ともにXの請求を認容した。Yらが上告及び上告受理申立て[27]。

（判旨）上告棄却

　「抵当権は、競売手続において実現される抵当不動産の交換価値から他の債権者に優先して被担保債権の弁済を受けることを内容とする物権であり、不動産の占有を抵当権者に移すことなく設定され、抵当権者は、原則として、抵当不動産の所有者が行う抵当不動産の使用又は収益について干渉することはできない。」

---

(25)　この後、執行実務及び裁判所は、①利用実態の伴わない短期賃貸借には引渡命令を出し、これにより濫用型短期賃貸借権を排除すること、②平成 8 年及び平成 10 年の民事執行法改正による、保全処分によって濫用的な占有者を排除すること、③執行妨害が目的の短期賃貸借と認定されている事案で、期間満了時に賃借人が明け渡さないことが明らかであるとし、短期賃貸借の期間満了前に、期間満了時の明渡しを求める将来の給付の訴えを買受人が提起し、これを認めた最高裁判決（最判平成 3 年 9 月 13 日判時 1405 号 51 頁）、④旧 395 条ただし書の解除により、賃貸借関係が賃貸人との関係でも終了することを認め、賃貸人から賃借人に対する明渡請求を認容した最高裁判決（最判平成 6 年 3 月 25 日判時 1501 号 107 頁）、⑤抵当権実行による差押えの効力発生後に更新された短期賃貸借について、旧 395 条ただし書による解除（抵当権者に対抗できない賃貸借の解除請求は、従来、認めていなかった）を肯定した最高裁判決（最判平成 8 年 9 月 13 日民集 50 巻 8 号 2374 頁）等々のような展開をみせた。内田貴『民法Ⅲ［第 4 版]』（東京大学出版会・2006 年）436〜437 頁参照。

(26)　主な判例評釈として、渡辺達徳「判批」法セ 543 号 111 頁等夥しい文献がある。詳細は、拙稿「一考察②」11 頁注（8）を参照されたい。

(27)　なお、本件では、上告中に買受人が現れYらは本件建物を明け渡している。また、奥田昌道裁判官の詳細な意補足意見がある。

「しかしながら、第三者が抵当不動産を不法占有することにより、競売手続の進行が害され適正な価額よりも売却価額が下落するおそれがあるなど、抵当不動産の交換価値の実現が妨げられ抵当権者の優先弁済請求権の行使が困難となるような状態であるときは、これを抵当権に対する侵害と評価することを妨げるものではない。そして、抵当不動産の所有者は、抵当権に対する侵害が生じないよう抵当不動産を適切に維持管理することが予定されているものということができる。したがって、右状態があるときは、抵当権の効力として、抵当権者は、抵当不動産の所有者に対し、その所有する権利を適切に行使するなどして右状態を是正し抵当不動産を適切に維持又は保存するよう求める請求権を有するというべきである。そうすると、抵当権者は、右請求権を保全する必要があるときは、民法423条の法意に従い、所有者の不法占有者に対する妨害排除請求権を代位行使することができると解するのが相当である。」

「なお、第三者が抵当不動産を不法占有することにより抵当不動産の交換価値の実現が妨げられ抵当権者の優先弁済請求権の行使が困難になるような状態があるときは、抵当権に基づく妨害排除請求として、抵当権者が右状態の排除を求めることも許されるものというべきである。(中略) 最高裁平成元年(オ) 第1209号同3年3月22日第二小法廷判決・民集45巻3号268頁は、以上と抵触する限度において、これを変更すべきである。」

本件は、抵当権者が競売の申立てをなしたが、第三者の抵当不動産に対する不法占拠が原因で競売期日に入札する者がなく、その後競売手続が進行しないため、抵当権者が抵当不動産の所有者の不法占拠者に対する妨害排除請求権を代位行使することを求めた事例である。最高裁判決 (最大判平成11・11・24民集53巻8号1899頁) は、抵当不動産の交換価値が妨げられ、抵当権者の優先弁済請求権の行使が困難になるような状態であるときには、抵当権者は、抵当不動産の所有者に対し、その状態を是正し、抵当不動産を適切に維持または保存するよう求める請求権を有し、その保全の必要があるときは、民法423条の法意に従い、抵当権者は、所有者の不法占有者に対する妨害排除請求権を代位行使し、不法占拠者に対し、直接抵当権者に建物を明け渡すように求めることができると判示した。そのうえで、傍論ながら、抵当

権に基づく妨害排除請求として、抵当権者自らがその状態の排除を求めることも許されるとの判断も示している。[28]

(3)　最高裁判決平成17年3月10日（民集59巻2号356頁）[29]

（事実の概要）

　X（原告・控訴人・被上告人）は、平成元年9月、Aとの間で、A所有の土地上に建物（地上9階、地下1階建て、以下、「本件建物」という。）を17億余円で建築する旨の請負契約を締結し、平成3年4月には、本件建物を完成させた。しかし、Aが請負代金の大部分を支払わなかったため、Xは、本件建物の引渡しを留保した。平成4年4月、XとAは、以下のような合意に至り、その翌月、この合意に基づき、抵当権（以下、「本件抵当権」という。）の設定登記が経由され、XからAに、本件建物が引き渡された。その合意事項には、①　平成4年9月末日までに請負代金の全額を分割で支払うこと、②　本件建物と敷地に抵当権を設定すること、③　本件建物を他に賃貸する場合はXの承諾を得ること、等の特約があった。

　しかし、Aは、上記弁済を一切行わず、また、平成4年12月には、Xの承諾を得ないまま、本件建物を賃料月額500万円、期間5年、敷金5000万円の約定でBに賃貸し、引渡しをした。さらにA・B間の賃貸借契約の敷金は、平成5年3月には1億円に増額された。同年4月には、Xの承諾を得ることなく、本件建物は、賃料月額100万円、期間5年、保証金1億円で、BからY（被告・被控訴人・上告人）に転貸され、引き渡された。さらに、同年5月、A・B間で賃料を月額100万円に減額する合意もなされた。な

---

(28)　ここに、最高裁判所平成11年大法廷判決が示し、理論的構築がなお必要とされる点について触れておきたい。第一に、同判決は、債権者代位権の行使を認めたのであるが、民法第423条の法律要件である「被保全権利」の問題である。物上保証の事案に適用するために、抵当権者は、物上保証人に対し、「抵当不動産を適切に維持又は保存するように請求する請求権」を有するとした。補足意見の中で、これを書いた奥田判事は、「担保価値維持請求権」であるとする。第二に、抵当権者は、いつから不法占有者等に妨害排除請求ができるのかである。抵当権実行前までも可能とするならば、抵当権者が主張立証すべき事実とは何か、その要件に関わる問題である。第三に、抵当権者への明渡しをどのように根拠づけるかである。抵当権者の占有は、抵当不動産の所有者のために管理する目的の占有で、「管理占有」であるとするが、その法的性質について検討が必要であろう。内田、前掲『民法Ⅲ』439頁参照。

(29)　平成11年の大法廷判決にて示唆され、判示されていなかった問題点の幾つかに判断を示したこの判決に関する判例評釈には、浅井弘章「判批」銀法646号65頁等。詳細は、拙稿「一考察②」17頁注（11）を参照されたい。

お、本件建物の適正賃料額は、600万円程度とされている。また、YとA、YとBは、それぞれ役員の一部が共通する関係にあった。

Aは、平成8年8月、銀行取引停止処分を受け事実上倒産した。Xは、平成10年7月、本件建物と敷地につき設定された本件抵当権の実行として競売を申し立てたが、買受人が現れず売却できなかった。競売手続と時期を同じくして、AからXに対して、敷地上の本件抵当権を100万円と引換えに抹消せよとの要求がなされた。そこで、Xは、Yに対し、本件建物の明渡しと賃料相当の損害金の支払を求めて訴えを提起した。原審は、Xの抵当権侵害を理由とする請求をいずれも認容した。Yより上告及び上告受理申立て。

（判旨）

「所有者以外の第三者が抵当不動産を不法占有することにより、抵当権の交換価値の実現が妨げられ、抵当権の優先弁済権の行使が困難となる状態があるときは、抵当権者は、占有者に対し、抵当権に基づく妨害排除請求として、上記状態の排除を求めることができる（最大判平成11・11・24民集53巻8号1899頁）」

「そして、抵当権設定登記後に抵当不動産の所有者から占有権原の設定を受けてこれを占有する者についても、その占有権原の設定に抵当権の実行としての競売手続を妨害する目的が認められ、その占有により抵当不動産の交換価値の実現が妨げられて抵当権者の優先弁済請求権の行使が困難となるような状態があるときは、抵当権者は、当該占有者に対し、抵当権に基づく妨害排除請求として、上記状態の排除を求めることができるものというべきである。（中略）抵当不動産の所有者において抵当権に対する侵害が生じないように抵当不動産を適切に維持管理することが期待できない場合には、抵当権者は、占有者に対し、直接自己への抵当不動産の明渡しを求めることができるというべきである。」

「抵当権者は、抵当不動産に対する第三者の占有により賃料額相当の損害を被るものではないというべきである。なぜなら、抵当権者は、抵当不動産を自ら使用することはできず、民事執行法上の手続等によらずしてその使用による利益を取得することもできないし、また、抵当権者が抵当権に基づく

妨害排除請求により取得する占有は、抵当不動産の所有者に代わり抵当不動産を維持管理することを目的とするものであって、抵当不動産の使用及びその使用による利益の取得を目的とするものではないからである。」

　従来は執行妨害を目的とするいわゆる濫用型短期賃貸借に関する事案であったが、本判決の事案は、抵当権者との合意に反してなされてはいるが適法な期間5年の建物賃貸借についての事案であった。本判決は、判例法（前掲最大判平成11年11月24日）が確立した判例法上の規範に従い、その規範に該当する事情が認められるとし、抵当権に基づく妨害排除請求として、その状態の排除を求めることができることを認めた。また、抵当不動産の所有者が抵当不動産を適切に維持管理することができない場合には、抵当権者は、占有者に対し、直接自己への抵当不動産の明渡しを求めることができることも認めたのである。⁽³⁰⁾

(4)　小括

　平成期に入り、短期賃貸借に関する調査・研究により、旧短期賃借権保護規定の削除を求める声⁽³¹⁾が銀行実務等からあがっていたのは事実であるが、抵当権実行の際に問題となる賃借権は、すべてが「詐害的賃借権」ではなく、利用目的の通常の賃借権も多数みられたはずである。しかし、訴訟に係属する法的紛争には多くの濫用的な形態の事案が散見されるのは必然であり、これゆえ短期賃借権保護制度の合理性が疑問視され、その解釈論にも多くの課題が投げかけられていたのであったが、ここに、判例法は、後に立法府において処理される旧短期賃貸借の削除に連なるような法解釈ではなく、これまで唱えられてこなかった「管理占有」という概念を使用することで、困難とされた「物権的請求権」の問題として判断を示したのである。⁽³²⁾

---

(30)　本件で、賃借人に対する妨害排除を求めた抵当権者は、執行妨害目的の占有によって抵当権が侵害されたとして、占有者に対し、不法行為に基づき賃料相当額の損害賠償請求もしていた。原審は認容したが、本判決はこれを棄却した。その理由は、①抵当権者には抵当不動産の使用収益権がないこと、②「抵当権者が抵当権に基づく妨害排除により取得する占有は、抵当不動産の所有者に代わり抵当不動産を維持管理することを目的とするものであって、抵当不動産の使用及びその使用による利益の取得を目的とするものではない」ことである。これが管理占有の法的性質を示唆する判示であろう。

(31)　拙稿、注（5）「短期賃貸借」170頁参照。

(32)　前稿でも指摘したところだが、演繹法的な思考ではなく、帰納法的な思考に偏りすぎたのではないか。拙稿「一考察①」35頁注（29）。論点は異なるが、近江教授の見解が参考になる。憲

Ⅳ　抵当権の物上代位に関する判例法理の変遷

1　問題の所在

　わが民法は、先取特権の章の第304条において、「先取特権は、その目的物の売却、賃貸、滅失又は損傷によって債務者が受けるべき金銭その他の物に対しても、行使することができる。ただし、先取特権者は、その払渡し又は引渡しの前に差押えをしなければならない。」と規定する。これは、一般の先取特権や動産の先取特権の場合、公示制度が不確定なものであり、先取特権の場合、その目的物である動産が第三者に処分されたときには、先取特権の追及効が切断されることから生ずる不利益を補うものであると説明されている。そして、不動産を客体として設定される抵当権は、登記が対抗要件であり、売買の場合については、登記による追及効に加えて、代価弁済及び抵当権消滅請求（旧制度の滌除）の規定が存在するため、物上代位は積極的な意義を有さないとされてきた。さらに、賃貸の場合についても、抵当債務者

　法問題での政治的判断と同じく、金融問題に係わる判断を、ある意味、不法占有の他方当事者でもあった全国銀行協会等を含む経済界の要望に忖度したようにも理解できるのであるが…。「占有屋」に象徴される、第三者である不法占有者や旧法下における適法なる占有権原者、これらの占有者に対する問題を、塩漬け状態の担保にとった資産に苦慮する抵当権者の保護を求める要請に忖度し、問題の解決をはかったと評価できないだろうか？内田、前掲書439頁は、「こうして判例は、従来困難とされていた帰結（抵当権に基づく妨害排除請求の承認）を肯定する方向に踏み出したが、これは、伝統的抵当権観念の修正を迫る展開といえるだろう。」と評価する。これが一般的な基本書の叙述である。しかし、時限立法、特措法、執行法等の改正等々、採るべき方策、手続等々がなおあったのではないかと思慮するとき、その対応に緊急性があったのであろうか？民事訴訟の原則、弁論主義のテーゼ等からすれば当然の帰結ではあるのだが…。

(33)　近江幸治『民法講義Ⅲ〔第2版補訂〕』56頁等（成文堂・2007年）。紙幅の制約により、本稿は、本文及び注についても最小限の記載を心掛けると共に、本稿が小論となることをご寛恕いただきたい。なお、物上代位権の沿革については、実体法上のものと執行法上のものの混希的な性質を有するというのが基本書的な説明になるだろう。

(34)　内田貴『民法Ⅲ〔第3版〕』400〜401頁（東京大学出版会・2005年）から引用すれば、「…抵当権が法定果実にも当然に及ぶとすると、抵当権者が賃料収益をことごとく吸い上げてしまい、抵当不動産の使用収益を設定者にゆだねた意味がなくなる恐れがある。他方で、1980年代のバブル経済が崩壊して地価の上昇が止まって以来、抵当権者は、抵当不動産の収益から債権を回収することに大きな関心を寄せるようになった。」としたうえで、「抵当権は対抗要件を備える限り追及効があるので、売買代金への物上代位を認める実益はない。しかも、売買代金から債権回収したい抵当権者のためには、別の制度（代価弁済制度）が用意されている。したがって、物上代位は否定すべきである。」とする。

及び物上保証人の収益権能を尊重し、その収益によって債務の弁済を促進させるというのが基本的な理解で、物上代位に馴染まないとされていた。しかし、滅失又は損傷の場合には、抵当権が基礎を置く抵当目的物の所有権が消滅又は変更するため、特に滅失の場合には、抵当目的物の所有権が消滅し、これに基礎を置く抵当権も無効な抵当権となり追及効がなくなるため、抵当権者は、その価値代替物に、物上代位権を行使することができるとされてきた。これを除けば、抵当権に関しては、物上代位権行使には積極的意義はないとするのが基本的理解であった。以下、本章では、この抵当権に基づく物上代位権の行使についての、平成期の判例法の推移を鳥瞰し、その到達点を精査しても残存する問題点を指摘する。

2　伝統的判例理論と新たな判例理論

(1)　最高裁判決平成 1 年 10 月 27 日（民集 45 巻 3 号 268 頁[35]）

（事実の概要）

　X が所有する店舗兼建物（以下、「本件建物」とする。）は、1 階が A に、2 階が B に賃貸されており、また C の 1 番抵当権、及び Y の 2 番抵当権が設定されていた。C が抵当権の実行を申し立て、競売開始決定がなされたのち、Y は抵当権の物上代位権行使として、A、B が供託していた賃料の還付請求権を差し押さえ、転付命令を得た。本件は、X が Y に対して、Y が取得した金員の返還を求めた訴えであった。X は、抵当権は非占有移転型担保物権であるから、法定果実である賃料には抵当権の効力は及ばないことをその主張の根拠とした。

（判旨）

　「抵当権は、目的物に対する占有を抵当権設定者の下にとどめ、設定者が目的物を自ら使用し又は第三者に使用させることを許す性質の担保権であるが、抵当権のこのような性質は先取特権と異なるものでないし、抵当権設定者が目的物を第三者に使用させることによって対価を取得した場合に、右対価について抵当権を行使することができるものと解したとしても、抵当権設

---

(35)　主だった判例評釈等として、小林亘「判批」金法 1265 号 22 頁等があるが、紙数の関係で省略する。拙稿「一考察③」5 頁注（7）を参照されたい。

定者の目的物に対する使用を妨げることにはならないから、前記規定〔372、304条〕に反してまで目的物の賃料について抵当権を行使することができないと解すべく理由はなく、また賃料が供託された場合には、賃料債権に準ずるものとして供託金還付請求権について抵当権を行使することができる。」と判示し、目的不動産について抵当権が実行されている場合でも、抵当権が消滅するまでは、賃料債権に対する抵当権に基づく物上代位権行使は可能であるとしたのである。これまでの先例は、戦後の下級審の裁判例において、肯定・否定の裁判例に分かれていたが、本判決がこの問題に判断を示したのである。[36]

(2)　最高裁判決平成 10 年 1 月 30 日（民集 52 巻 1 号 1 頁）[37]

（事実の概要）

平成 2 年、X は、A に対して 30 億円を貸し付けたが、その担保のために、B 所有の建物（以下、「本件建物」とする。）に抵当権の設定を受けた。その後平成 4 年 12 月に、A は倒産した。B は、本件建物を複数の賃借人に賃貸しており、賃料の合計額は月に 725 万余円であった。しかし、平成 5 年 1 月 12 日、B は、本件建物の全部を、Y に対して期間を定めずに賃料月額 200 万円、敷金 1 億円、譲渡・転貸自由の約定で賃貸し、この時点で、賃借人は、Y から転貸する契約に変更された。同年 4 月 19 日、B は C から 7,000 万円の貸付を受け、翌日 20 日、本件建物についての賃料債権、その平成 5 年 5 月分から平成 8 年 4 月分までを、上記貸付債権の代物弁済として B が C に譲渡する旨の契約を締結した。同日、Y はこの譲渡を承諾し、上記の趣旨を記載した債務弁済契約書を作成し、公証人による確定日付を得た。平成 5 年 5 月 10 日、X は、抵当権の物上代位権に基づき本件建物についての B が Y に対して有する賃料債権の差押えの申立てに基づき、東京地裁はその差押命令を発し、同年 6 月 10 日、上記命令は Y に送達された。そこで、X は、上記債権差押命令に基づき取立権を取得したとして、Y に対し、9 か月

---

(36)　この判例法のくだした結論には、後順位抵当権者が先順位抵当権者に優先して物上代位権行使が可能であること、賃貸人（抵当権設定者や物上保証人）の手元には不動産の管理費用も残らないとの指摘がある（内田、前掲書 404 頁以下。）。

(37)　この最高裁判決についての判例評釈としては、野山宏「判批」曹時 50 巻 6 号等々多数の文献があるが、紙幅の関係で、拙稿「一考察③」8 頁注（9）を参照されたい。

分の賃料の支払を求めた。

　第1審は、Xの請求を認容。Yがこれを不服として控訴。原審は、民法304条1項ただし書が金銭その他の払渡し・引渡し前に差押えを要求する趣旨は、「右差押えによって物上代位の対象である債権の特定性が保持され、これによって物上代位権の効力を保全せしめるとともに、他面第三者が不測の損害を被ることを防止しようとすることにある」とした上で、この第三者保護の趣旨に照らし、債権譲渡も右「払渡し・引渡し」に該当すると述べて、差押え前に対抗要件を具備した債権譲受人があるときは、抵当権者は物上代位権を行使できないとし、Xの請求を棄却した。Xが上告。

（判旨）原判決を破棄、Xの請求を認めた第1審判決の結論を正当とした。

　「民法372条において準用する304条1項ただし書が抵当権者が物上代位権を行使するには払渡し又は引渡しの前に差押えをすることを要するとした趣旨目的は、主として、抵当権の効力が物上代位の目的となる債権にも及ぶことから、右債権の債務者（以下「第三債務者」という。）は、右債権の債権者である抵当不動産の所有者（以下「抵当権設定者」という。）に弁済をしても弁済による目的債権の消滅の効果を抵当権者に対抗できないという不安定な地位に置かれる可能性があるため、差押えを物上代位権行使の要件とし、第三債務者は、差押命令の送達を受ける前には抵当権設定者に弁済をすれば足り、右弁済による目的債権消滅の効果を抵当権者にも対抗することができることにして、二重弁済を強いられる危険から第三債務者を保護するという点にあると解される。」

　「右のような民法304条1項の趣旨目的に照らすと、同項の「払渡し又は引渡し」には債権譲渡は含まれず、抵当権者は、物上代位の目的債権が譲渡され第三者に対する対抗要件が備えられた後においても、自ら目的債権を差し押さえて物上代位権を行使することができるものと解するのが相当である。けだし、（一）民法304条1項の「払渡し又は引渡し」という言葉は当然には債権譲渡を含むものとは解されないし、物上代位の目的債権が譲渡されたことから必然的に抵当権の効力が右目的債権に及ばなくなるものと解すべき理由もないところ、（二）物上代位の目的債権が譲渡された後に抵当権者が物上代位権に基づき目的債権の差押えをした場合において、第三債務者

は、差押命令の送達を受ける前に債権譲受人に弁済した債権についてはその消滅を抵当権者に対抗することができ、弁済をしていない債権についてはこれを供託すれば免責されるのであるから、抵当権者に目的債権の譲渡後における物上代位権の行使を認めても第三債務者の利益が害されることとはならず、（三）抵当権の効力が物上代位の目的債権についても及ぶことは抵当権設定登記により公示されているとみることができ、（四）対抗要件を備えた債権譲渡が物上代位に優先するものと解するならば、抵当権設定者は、抵当権者からの差押えの前に債権譲渡をすることによって容易に物上代位権の行使を免れることができるが、このことは抵当権者の利益を不当に害するものというべきだからである。」

「そして、以上の理は、物上代位による差押えの時点において債権譲渡に係る目的債権の弁済期が到来しているかどうかにかかわりなく、当てはまるものというべきである。」と判示したのである。

本判決は、民法304条の1項の趣旨目的に照らすと、同項の「払渡し又は引渡し」には債権譲渡は含まれず、抵当権者は、物上代位の目的債権が譲渡され第三者に対する対抗要件が備えられた後においても、自ら目的債権を差し押さえて物上代位権を行使することができるものと解するのが相当であり、物上代位による差押えの時点において債権譲渡に係る目的債権の弁済期が到来しているかどうかにかかわりなく、当てはまるものというべきであるとした事例である。債権譲渡は、債権の帰属の変更であるが、判例法は、抵当権は登記により公示されているのであるから、債権譲渡が対抗要件を備えていてもこれに優先することをここに認めたのである。[38]

---

(38) 最判平成10年1月30日は第2小法廷の判決だったが、その後、第3小法廷で最判平成10年2月10日が同旨を判示し、また、第1小法廷で最判平成10年3月26日が、一般債権者による差押えと物上代位の優劣が争われた事案で、差押えと抵当権設定登記の先後を基準に判断する旨を判示している。内田、前掲書414頁参照。

　なお、物上代位の対象の法定果実が転貸賃料である場合に、この判例法理が適用されるか否かが争点となった事件がある。これは、最高裁判決平成12年4月14日（民集54巻4号1552頁）であり、最高裁判所は、「民法372条によって抵当権に準用される同法304条1項に規定する「債務者」には、原則として、抵当不動産の賃借人（転貸人）は含まれないものと解すべきである。けだし、所有者は被担保権の履行について抵当不動産をもって物的責任を負担するものであるのに対し、抵当不動産の賃借人は、このような責任を負担するものではなく、自己に属する債権を被担保権の弁済に供されるべき立場にはないからである。同項の文言に照らしても、こ

(3) 最高裁判決平成 14 年 3 月 12 日（民集 56 巻 3 号 555 頁[39]）

（事実の概要）

　X（原告・控訴人・上告人）は、訴外 A らとの間の執行力ある和解調書の正本に基づき、平成 10 年 3 月 17 日、松山地方裁判所宇和島支部において、A の訴外 B（愛媛県）に対する用地買収契約に基づく土地残代金 342 万 9263 円（以下、「甲債権」という。）の全額及び第 1 審判決別紙物権目録記載の建物（以下、「本件建物」という。）の補償残金 3044 万 2003 円（以下、「乙債権」という。）のうち 1057 万 0737 円について差押命令を得て、同命令は、同月 19 日に、第三債務者である B に、同月 23 日に A に、それぞれ送達され、同年 4 月 17 日に確定した。

　X は、同年 5 月 6 日、差押えに係る甲債権の全額及び乙債権のうち 1057 万 0737 円について転付命令を得て、同命令は、同月 7 日、B 及び A にそれ

れを「債務者」に含めることはできない。また、転貸賃料債権を物上代位の目的とすることができるとすると、正常な取引により成立した抵当不動産の転貸借関係における賃借人（転貸人）の利益を不当に害することにもなる。もっとも、所有者の取得すべき賃料を減少させ、又は抵当権の行使を妨げるために、法人格を濫用し、又は賃貸借を仮装した上で、転貸借関係を作出したものであるなど、抵当不動産の賃借人を所有者と同視することを相当とする場合には、その賃借人が取得すべき転貸賃料債権に対して抵当権に基づく物上代位権を行使することを許すべきものである。」との理由で、原判決を破棄し、原審に差し戻している。この判例評釈には、渡辺達徳「判批」法教 242 号等々があるが、詳細は、拙稿「一考察③」12 頁注 (11) を参照されたい。賃料に物上代位権行使が可能とした判例法（前掲最判平成 10・1・30）の射程との関係で、転貸賃料に対する抵当権者の物上代位権行使が認められるのか、この争点につき、執行妨害型を例外としながらも、原則、物上代位権の行使を否定したものである。バブルの崩壊による執行妨害型の事例の多発とはいえ、「抵当権の物上代位権行使に一定の歯止めをかけた（内田、前掲書 408 頁）」とみる見解もある。

　さらに、本章の問題と関連する相殺合意がある賃料債権に関する、抵当権の物上代位権行使による差押えの優劣に関しては、最高裁判決平成 13 年 3 月 13 日（民集 55 巻 2 号 363 頁）がある。同判例は、相殺合意がある場合も、反対債権が抵当権設定登記の後に取得したものであるときは、物上代位による差押え前に発生した賃料債権は相殺の合意により消滅するが、差押え後に発生する賃料債権は、相殺の合意の効力を抵当権者に対抗することができないことを明らかにした）。判例評釈としては、田高寛貴「判批」法セ 46 巻 7 号等あるが、拙稿「一考察③」14 頁注 (13) に譲る。同判決は、従来の「差押えと相殺に関する判例法によれば、差押え前に存在していた反対債権による差押えが認められるが、最高裁は、賃料に対する抵当権の効力が登記によって公示されていることを理由に、抵当権設定登記の後に取得した反対債権による相殺をもって、抵当権者に対抗できないとしたのであり、判例法理からすれば理論的に導かれるものである（内田、前掲書 409 頁等参照）。」と評価されている。

(39)　本件最高裁判決についての判例評釈としては、旬刊金融法務事情編集部「判批」金法 1641 号 12 頁等々があるが、紙幅の制約で、拙稿「一考察③」注 (15) に譲ることをご寛恕いただきたい。

ぞれ送付され、同月 20 日確定した。X が本件転付命令を取得した当時、本件建物には、訴外 C（以下、「いよぎん保証」という。）、Y（被告・被控訴人・被上告人）及び D が、この順位による抵当権又は根抵当権を有し、その旨の登記を経由していた。C は、乙債権のうち 735 万 7932 円について、Y は、乙債権のうち 1460 万 6236 円について、D は、乙債権のうち 847 万 7835 円について、それぞれ抵当権又は根抵当権に基づく物上代位権の行使として、平成 10 年 5 月 13 日、松山地方裁判所宇和島支部において、差押え命令を得て、同命令はいずれも、同月 14 日 B に送達された。その後、B は、甲債権及び乙債権の全額 3387 万 1266 円を供託した。松山地方裁判所宇和島支部は、本件供託金の配当を実施するために、同年 10 月 20 日の配当期日に、配当表を作成したが、X は、Y への配当のうち 209 万 5405 円、D への配当のうち 847 万 7835 円に対して、それぞれ異議の申出をした。

　本件は、X が Y らに対して、本件転付命令が Y ら及び C のした抵当権又は根抵当権に基づく物上代位に優先すると主張して、上記配当表の配当金のうち、X への配当額 342 万 6760 円を 1400 万円に、Y への配当額を 1460 万 6236 円を 1251 万 0831 円に、D への配当額 847 万 7835 円を 0 円にそれぞれ変更することを求めた配当異議の訴えである。

　原審は、賃料債権の譲渡につき第三者に対する対抗要件が備えられた後において、当該賃料債権に対して抵当権に基づく物上代位による差押えを認めた判例（最判平成 10 年 1 月 30 日）を引用し、Y ら及び C の抵当権又は根抵当権に基づく物上代位がこれに先立つ本件転付命令に優先すると判示し、X の請求を棄却した。X が上告受理申立てをし、最高裁判所は、これを上告審として受理する旨を決定した。

（判旨）

　「転付命令に係る金銭債権（以下、「被転付債権」という。）が抵当権の物上代位の目的となり得る場合においても、転付命令が第三債務者に送達される時までに抵当権者が被転付債権の差押えをしなかったときは、転付命令の効力を妨げることはできず、差押命令及び転付命令が確定したときには、転付命令が第三債務者に送達された時に被転付債権は差押債権者の債権及び執行費用の弁済に充当されたものとみなされ、抵当権者が被転付債権について抵当

権の効力を主張することはできないものと解すべきである。けだし、転付命令は、金銭債権の実現のために差し押さえられた債権を換価するための一方法として、被転付債権を差押債権者に移転させるという法形式を採用したものであって、転付命令が第三債務者に送達された時に他の債権者が民事執行法159条3項に規定する差押え等をしていないことを条件として、差押債権者に独占的満足を与えるものであり（民事執行法159条3項、160条）、他方、抵当権者が物上代位により被転付債権に対し抵当権の効力を及ぼすためには、自ら被転付債権を差し押さえることを要し（最高裁平成13年（受）第91号同年10月25日第一小法廷判決・民集55巻6号975頁）、この差押えは債権執行における差押えと同様の規律に服すべきものであり（同法193条1項後段、2項、194条）、同法159条3項に規定する差押えに物上代位による差押えが含まれることは文理上明らかであることに照らせば、抵当権の物上代位としての差押えについて強制執行における差押えと異なる取扱いをすべき理由はなく、これを反対に解するときは、転付命令を規定した趣旨に反することになるからである。なお、原判決に引用された当審判決は、本件とは事案を異にし、適切ではない。」とし、上告人の請求を認容し、原判決を変更し、上告審としてその判断を下したものである。

転付命令は、確定しなければ効力を生じない（民執法159条5項）はずであり、本件の事実関係において、転付命令が確定する前に、抵当権者は、抵当権に基づく物上代位の行使のための差押えをなしているのであるから、平成10年の判例法が採用した第三債務者保護説の観点からすれば、まだ支払がなされていない以上、債権譲渡の場合と同じで物上代位が優先してもおかしくない事案であった。しかし、本判決は、304条の「差押え」の意義との関係で執行法上の意義を持ち出すことで、転付命令を優先させる判断を下したのである。[40]

(4) 小括

判例法理は、これまで物上代位権行使が困難と理解されてきた法定果実に対する抵当権に基づくその物上代位を可能とする道を切り開いたことにな

---

(40) 物上代位に強力な地位を与えすぎた先の一連の判例を修正したと見るべきではないかと思うとの指摘がある。内田、前掲書415頁等。

る。また、債権譲渡、転付命令といった債権の帰属の変更の場合の、物上代位権行使との優劣について、一定の結論を示したことになる。すなわち債権譲渡との関係では、債権譲渡の対抗要件具備と抵当権設定登記の先後を基準とすること、及び転付命令との関係では、転付命令の確定日と抵当権設定登記日の先後を基準にするのではなく、転付命令の送達時と抵当権の物上代位権に基づく差押えの先後を基準とすることで物上代位権行使の可否を判断するというものである。[41] ただし、法定果実に対する物上代位権行使を認めるとしても、転貸賃料に対するその行使には消極的であることも判示した。さらには、抵当権に基づく物上代位権行使とその対象となっている債権との相殺の合意との優劣についても判断を下したことになる。こうした一連の判例法の確立ですべての争点が解決されたのであろうか。加えて、判例法が採用した論理には、実体法上の法律要件の解釈の問題に、手続法上の意義を理由として、その問題の所在をすり替えることで紛争解決をはかったとの批判があるが、この問題は依存放置されたままである。[42] こうした問題についてのさらなる検討が必要であるのは明らかなことである。

---

(41) 転付命令は債権の委付（法定譲渡）であり、債権譲渡同様、債権の帰属の変更である。異なるのは、執行裁判所が関与しているか否かだけである。したがって、同様の帰結が採用されることが予想されていたのが実情である。近江、前掲書147頁。

(42) 判例法理が確立したとの一事をもって、また担保執行法改正の際に、民法371条、372条の改正をし、判例法と法文の齟齬を埋め平仄を合わせたからといって、抵当権の解釈論からすれば、この問題は解決済みであるとは評価することに抵抗があるのは筆者だけであろうか。近江、前掲書56頁等参照。

新たな判例法が確立されたが、依然として、以下のような指摘もある。「物上代位で要求される「差押え」には、その代償物が債務者の一般財産を構成する前に特定する意義もあることは否定できない。しかし、「差押え」の実際の機能に着目するならば、請求権等に変じた目的物につき、第三債務者に対する処分の禁止・弁済の制限という形で、その優先権を保全していることも疑いのないところである。したがって、304条の「差押え」は、一面において代償物を特定し、他面において優先権を公示する機能を営んでいると考えるべきである。」というのである。そして、実体法上の物上代位が機能するためになぜ法律要件の「差押え」が必要なのか、その目的が問題であり、手続法上の差押えの法律効果としての弁済禁止効により第三債務者が保護されることが実体法上の「差押え」の要件の目的であるとするのは論理のすり替えである」とするのであるが、的を射た指摘である。近江、前掲書65頁。結論ありきの帰納法による論理であるからやむを得ないのであろうが、実体法の解釈の問題を執行法の問題にすり替える構成には馴染めないのである。筆者も同感である。

V　結びに代えて

　ここまで、平成期において確立された抵当権に関する3論点に焦点を定め、判例法の推移を確認、検討してきた。すでに各章の小括において、それぞれの論点につき確立された判例法理の問題点について提起してきたので、詳述は避けるが、まず法定地上権の要件緩和[43]については、執行妨害型の事案についての早急な対応の必要性があったことは否定しないが、法律学は碩学が築き上げてきたもののうえに、新たな論理を構築すべきであり、実務の処理や対応が変化したのであるからという理由で、結論を措定し、帰納法的に価値判断した結果の法律構成になったのは至当たっだのであろうか。[44]

---

(43)　法定地上権の法律要件の緩和の問題では、肯定または否定の価値判断があり、その理由付けとして種々の法律構成が採られているのである。後付けの理由とも表現できるかもしれない。本質論として、抵当権実行時における、わが民法典の不動産概念から生ずるひずみを緩和するために規定された法定地上権であるが、その性急な立法過程からしても十全ではなく、判例法が法形成することで、それを補完してきたのである。「まず、注意すべきは、個別価値考慮説ないし全体価値考慮説は、法定地上権の成否を決定づける理論ではなく、法定地上権を成立させようとする場合の、またはそれを否定しようとする場合の説明理論であったことである。土地利用権の「価値」が建物に付着するのか土地に吸収されるのかは、法定地上権の成否いかんでどのようにも考えられるからである。それゆえ、重要なことは、法定地上の成否をその要件から再検討する必要があるとともに、判例が培ってきた適用場面の拡大理論の意義がどこにあるかを考察しなければならない。」との指摘がある。近江幸治「バブルの爪あと（法定地上権）」銀法547号1頁。近江孝治『民法講義Ⅲ担保物権法［第2版補訂］』189～190頁、（成文堂・2007年）。

(44)　戦後、住宅問題に起因した賃借権の物権化をめぐる民法理論の形成があったことは、周知の事実である。こうした論争に関する研究の根底には、法学研究者自身の裏付け、言い換えれば、まさにこうした問題の実体験に基づく学問的関心と使命感のようなものが存在したのではないか、という主旨の発言が示唆的である。水本浩「自分史——青・壮年期における天の配剤」書斎の窓435号13～14頁（有斐閣・1994年）。敷衍すれば、本節のような事案に当事者となり実体験をする研究者は存在せず、ゆえに、研究者自身の学問的関心と使命感のようなものが希薄であるということだろうか。財産の保存，利用および改良を目的とする行為を管理行為といい、財産の現状変更を目的とする処分行為に対する概念である。これは、代理人の権限が定められていないときには、代理人は管理行為のみすることができる旨の規定である。翻って、直接占有者（不法占拠者を含む賃借人）ではない間接占有者（抵当権設定者）には、使用及び収益のため直接占有する権原がないのであり、その間接占有者の所有権に基礎を置くのが抵当権であり、占有権原は措定し得ないのである。そこで、判例法は、抵当権設定者（仮に復間接占有者とでもしておこう。）に担保価値維持義務なるものを認定し、その義務違反に関する判例法上の準則を定立したのである。価値権論に拘泥するつもりは毛頭ないが、碩学が遺した解釈論のうえに、新たな解釈論を導くべきではなかろうか。法学の存在意義が自然科学のような真実を説明・発見するという側面ではなく、あるべき社会の姿を追い求めるという側面にあり、理論的緻密さよりも妥当な結

次に、抵当権に基づく妨害排除請求については、その請求を認める根拠とした「担保価値維持請求権」という概念についての問題、また妨害排除請求が認められる時期の問題、さらには「管理占有」という概念についての問題等々、これらの諸問題について精査し、その内容を定立するという積極的な検証が尽くされてはいないと思うのは筆者の思い過ごしであろうか。碩学の研究に基づいた基礎研究の必要性がなお認識されるべきではなかろうか[45]。

最後に、法定果実等についての抵当権に基づく物上代位権行使の可否に関する問題である[46]。この問題に関して、すでに指摘したように、その請求を認める根拠とした「第三債務者保護説」という法理論の問題、また債権譲渡、転付命令といった債権の帰属変更法理との優劣の問題、さらには実体法上の「差押え」の意義の根拠を手続法に求めることの当否の問題等々について、積極的で十分な検証が尽くされたとは評価できないのではなかろうか。時流に即した現代的な研究も重要であるが、碩学の研究成果に基づく、基礎的な研究が軽視されてよいのであろうか。再度ここにそのことを指摘し本稿を結びたいと思う[47]。

論を重視するという点も重要視するとしても、もう少し丁寧な理論構成が可能であったのではなかろうか。

(45) 「法匪（ほうひ）」という言葉がある。一般的な国語辞典によると、「ホウヒ」として、ギョーザの皮の類を指す「包皮」と生理現象の「放屁」が掲載されている。「法匪」という言葉は、2015 年の安保法制をめぐる国会審議、参議院の公聴会に出席した元最高裁判事である浜田邦夫氏の発言の中にある。浜田氏は、集団的自衛権が合憲だというアクロバティックな解釈をする人々を「法匪」と呼び一刀両断にしたのである。「法匪という言葉がございますが、法文そのものの意図するところとはかけ離れたことを主張するあしき例で、とても法律専門家の検証には堪えられない（毎日新聞 2016 年 3 月 11 日付）」というものである。」篠塚昭次『不動産法の常識 上巻』（日本評論社・1970 年）2〜8 頁に「市民社会の中に根づいている慣習や良識の中にこそあるべき法の姿がある。」との指摘が筆者の問題意識の根底にある。

(46) 拙稿、本注（4）論文、「一考察③」22 頁注（22）等参照。物上代位に関する判例法の論理にも、浜田邦夫氏（元最高裁判所判事）の「法匪」という言葉が該当するのかも知れない。脳裏に浮かぶのは、近代的抵当権論の問題で、ドイツの抵当権法は、近代法の理想型ではなく、プロイセンの特殊事情が原因であったことが後に検証で明らかになったように、後世の研究者が今回の変遷を明らかにするのかも知れない。わが民法の抵当権に関するいくつかの問題の解決策となった判例法の確立は、団塊の世代の人口増、その世代の社会への参加に伴う異常とも評価できる競争社会と利益追求至上主義による経済発展、そして土地は下落しないとの土地神話の妄信に裏付けられた異常な地上げによる土地の高騰、そしてその反映としてのバブル経済の崩壊に、リーマンショックが加わり、これらを清算するための手段として、全共闘世代に代表される思想（scrap and build）のように、一般条項の適用、特措法等による問題処理ではなく、本来の演繹的思考方法を放棄し、帰納的方法による判断が採用された結果であったと評価されるのであろうか。

(47) バブル崩壊までの旧都銀（メガバンクの前身）の mof 担の言葉で表現された旧大蔵省、日銀による「護送船団方式」の金融政策も変質した。現在は、金融の自由化、ゼロ金利からマイナス金利政策による経営基盤の悪化のもと、メガバンクは、リテール（小口融資）業務の核である住宅ローン貸付からの撤退、支店網の整理及び行員のリストラ等を相次いで公表するに至った（2017年12月の全国紙参照）。平成期に、金融危機の回避のために、判例法を大幅に変更する意義はあったのであろうか。

意思表示法の現代的状況
——ドイツ契約法の実質化とその射程——

Vertragsfreiheit und Vertragsgerechtigkeit in Vertragsrecht in Deutschland
——Die "Materialisierung des Vertragsrechts" und ihre Reichweite——

内 山 敏 和

> はじめに
> I　古典的意思表示法を取り巻く状況
> II　契約自由の「実質化」
> III　契約正義の「実質化」
> IV　世界観的＝政治的な基本姿勢
> V　小括

はじめに

　現代の意思表示法が置かれている状況を確認し、一定の方向性を得ようする本稿のテーマは、土地住宅法制を中心的テーマとする本書にはそぐわないだろう。ただ、土地住宅法制は、本稿で検討する私法の19世紀的古典像の実質化としての側面を有しており、むしろその「古典的」場面であるといえる。もちろん、そこで問題となっている実質化の内容やその正当化は、ここで問題とする契約法の実質化の場面とは同一ではない。しかし、古典的私法像とその現代的展開に対してどのような学問的なアプローチが可能かという広い視野に立った場合、本稿は、一定の寄与を期待できるのではないかとも、思われる。

（1）　たとえば、森田修「〈支援と自律〉というアポリア」『契約規範の法学的構造』（商事法務、2016年、初出：1998年）17頁以下。

I　古典的意思表示法を取り巻く状況

1　古典的意思表示法の特徴と消費社会の進展

(1)　古典的意思表示法の特徴

まず議論の出発点をはっきりさせるため、本稿の検討対象であり、社会状況の変化に伴って変容を被ることになる意思表示法の古典的モデルを確認することにしたい。我々の意思表示法は、19世紀に形成されたものである。ここでは、その古典的モデルの特徴を、次の3点における形式性にあると理解したい。[2]

第一は、効果意思をその体系の中心に据え、効果意思がその形成される過程と分離して把握される点である。とりわけ、動機の錯誤の取り扱いを巡って展開されてきたものであり、[3]一方では、法律行為の拘束力の基礎づけを何に求めるのかという問題から意思主義の確立とも表裏をなしている。さらに、いわゆる個別化理論によって効果意思の対象となりうる事象は、きわめて限定されたものとして理解されていた。[4]その一方で、表示主義は、表意者の意思そのものの有意性を否定し、表意者の主観において存在する諸観念を法的効力から排除することになる。

第二は、契約においてコーズ概念を否定している点である。これは、効果意思を体系の中心に据え、法律行為の効力の基礎としている点と表裏をなしている。そして、結果として、行為の対価性の欠如や反道徳性といった効果意思に還元できない要素については、公序良俗を通じて極めて例外的に顧慮

（2）　古典期の民法が本当にここで示されるような厳格な形式性を帯びていたのかについては、実際には、一定の留保が必要である。あくまで意思表示法全体を視野に入れた上での検討を行なう際のモデルに過ぎないため、歴史的に存在した特定の理論を念頭に置いたものではない。そのため、ある時点に存在した古典的モデルがその後に一斉に変容を被っているというわけではないし、古典的モデルが支配していたと考えてよい時代においても変化はいたるところで生じていたのである。

（3）　Friedrich von Savigny, Das heutige Römische Recht, 3. Bd. Berlin 1840, § 115, 135ff. 川島武宜「意思欠缺と動機錯誤」『民法解釈学の諸問題』（弘文堂、1949年）215頁。

（4）　Zietelmann の見解については、村上淳一「ドイツ普通法学の錯誤論」『ドイツの近代法学』（東京大学出版会、1964年、初出1960年）49頁以下、磯村哲「動機錯誤と行為基礎」『錯誤論考』（有斐閣、1997年、初出1964年）12頁以下など参照。

されるにとどまっている。[5]

　第三に、意思瑕疵を錯誤[6]、詐欺及び強迫とする三分法を採用し、「閉じた体系」をなしている点である。つまり、効果意思が形成される過程を基本的に法的に有意なものとしてみていないことを意味する。しかも、例外的に顧慮されるこの３つの場面は、錯誤を除けば、強度の反道徳性が認められる場合に限られている。[7]主体の能力を抽象的に把握して、すべての取引当事者の交渉力・情報・判断能力が一定の範囲内で均衡しているという前提が採用されているという点も、この形式性の一部をなし、支えている考え方であるといえる。[8]

　この点から、意思表示法における古典的モデルの性格として次の点を挙げることができる。まず、第一の特徴及び第三の特徴から、古典的モデルは、意思形成過程における諸事情を基本的に捨象し、効果意思の平面に浮上する事象のみを、そしてその限りでは、そのような事象に対して特権的な法的有意性を付与している。しかも、個別化理論によってその範囲は、極めて限定されている。そして、この第三の特徴は、第二の特徴と相まって、法律行為法全体が道徳的ないし意思外的な要素の例外的顧慮を徹底していることを示している。これらは、権利主体を自律した規範設定者だと考える一方で、個人がその取り巻く環境から独立して意思形成を行なっており、法も最低限の

――――――――――――

（5）　我妻榮博士は、むしろ共同体主義的な立場から公序良俗の原則性を主張していた（この点については、伊藤進「法律行為論における公序良俗の展開」椿寿夫・伊藤進［編］『公序良俗違反の研究―民法における総合的検討』〔日本評論社、1995年〕371頁以下）。ただ、そこでの原則性は、理念のレヴェルにとどまっていたものであり、積極的に共同体的価値判断を取り入れて、契約内容に対する公益的コントロールを及ぼそうとするところにまでは至っていなかったといえる。

（6）　この点に関して、動機の錯誤を一切認めない立場からは三分法ではなく、二分法になってしまうだろうが、BGB119条２項のように取引上本質的な人または物の性状の錯誤については顧慮するという場合には、このように考える余地があるだろう。または、三分法という用語法自体は、フランス法のものである。ここで重要なのは、閉じた体系として構想されているかどうかである。ドイツでも故意ドグマを認めるかどうかが議論となっていたが、BGB138条２項の暴利行為を別とすれば、詐欺・強迫以上の意思瑕疵の類型は認められていなかった点で、事情は変わらない。

（7）　法源論的には、詐欺や錯誤あるいは瑕疵担保責任といった救済手段は、いわゆる名誉法上発展してきたものであり、例外的な救済手段であったといえる。

（8）　森田修「『独禁法違反行為の私法上の効力』試論」同・前掲注（1）（初出1998年）58頁参照。

介入を行なえば足りるという思想を前提にしているといえる。いわゆる抽象的な人間像と呼ばれている考え方に立っている。[9]

(2)　消費社会の進展と人間像の変容

しかし、現在では、現行民法典がその制定当時有していた社会・国家モデルは言うに及ばず、それに対応してその人間観も大きな変容を被っている。[10]この変動は、民法典制定当時からすでに進行してきたものであるが、1960年代からの消費社会の到来によってより広範に問題とされるようになっている。[12]そこでは、「その頃から始まる大量生産・大量販売の時代に企業の巧妙かつ激烈な商品宣伝により生活水準の一般的高度化を背景として欲望を煽られる大衆が他方では商品に関する十分な知識を持たないまま取引（購入）に誘導されてゆくという状況」[13]が存在する。つまり、それまでは取引法の登場人物ではなかった一般大衆＝消費者が市場に登場するようになり、人間像の抽象的把握と取引参加者の実像が大きく乖離していくことになる。「強い市民の社会」から「弱い市民もいる社会」へと変わっていった。

さらに、心理学的販売手法が発展することによって「市場が家の中まで押しかけてくる」ようになる。いわば「脅したり、騙したりする」以外に他人の意思決定を左右する方法が乏しかったところから、目に見える形のものから目に見えない形のものまで様々な手法が開発されてきたのである。

さらに、このような状況から市民社会が前提とする人間像も変化を被ることになる。つまり、それまでのように、関係から切り離されて決定を行なう

---

(9)　このような抽象的形式的な人間像の把握は、いわゆるフィクションとして語られることもあるが、19世紀の取引社会を前提した場合、それほど無理のないフィクションであったといえる。この点は、19世紀の民法典がいずれも家父長制度的家族法を有していたことからも理解できる。この点については、村上淳一『ドイツ市民法史』（東京大学出版会、1985年）5頁参照。

(10)　もちろん、この変動は単線的なものではなく、さまざまな揺り戻しも経験しつつ、落ち着くべきところを模索しているものである。

(11)　Vgl. Franz Wieacker, Das Sozialmodell der klassischen Privatrechtsgesetzbücher und die Entwicklung der modernen Gesellschaft, Karlsruhe 1952. 我が国でも我妻榮『新訂民法総則』が民法の人間像として社会人として倫理的な人格者を想定することはもはやできず、人間として捉えるべきことを指摘している。

(12)　消費社会の進展については、大村敦志『消費者法〔第3版〕』（有斐閣、2007年）1頁以下参照。それ以外にも、1960年代は社会の大きな画期となっている点については、広中俊雄『新版民法綱要　第1巻　総論』（創文社、2006年）1頁参照。

(13)　広中俊雄『債権各論講義〔第6版〕』（有斐閣、1994年）90頁。

ものと把握されてきた個人像を前提にする限りでは、現在の取引社会における人間像を的確に把握することができなくなっているのである。むしろ、多様な関係の中で生きており、その中で決定してく個人として把握する必要性が生じることになる。[14]

2 古典的モデルの変容──意思表示法の実質化

(1) 古典的モデルの変容

(a) このような状況の下で先に述べた意思表示法の特徴が緩和されていくことになる。

まず、①効果意思とその形成過程の分離については、かなり早い段階から、錯誤におけるいわゆる一元的構成が通説化していくことによって、効果意思の体系的重要性が低下していくことになる。[15] 動機の錯誤については、従来の判例が動機表示構成を採っており、意思欠缺としての錯誤と意思形成過程の瑕疵としての動機の錯誤を分ける構成を基本的に維持していたのに対して、[16] 一元的構成や合意内容化構成[17]では、効果意思の欠如と錯誤との関係が希薄になっている。[18] さらに、瑕疵担保責任における契約責任説の有力化は、その表裏として個別化理論の妥当性に大きな疑問を投げかけている。とりわ

---

(14) ただし、個人を関係的に把握するにせよ、どの程度主体的な決定の契機を重視するのかという問題が残る。大村敦志『典型契約と性質決定』(有斐閣、1997年〔初出：1993〜1995年〕) 310頁以下参照。

(15) たとえば、川島・前掲注 (3) 193頁以下は、錯誤論の史的変遷を見る中で、意思表示においての意思主義から表示主義への変遷・発展が表裏をなしつつ (204頁)、「意思欠缺」・「動機錯誤」の概念が無意味になってきていると説く。ただし、一元的構成を採用する見解も、長尾治助や伊藤進の以前においては、消費者契約における問題の対処として捉えてきていたわけではない。むしろ表示主義との関係でいえば、より形式化を図ることによって効果意思の意思づけを限定し、取引の安全を優先しようとしたものだといえる。ただし、磯村・前掲注 (4) は、19世紀から20世紀にかけてのドイツにおける性質の錯誤についてのBGB119条2項の適用領域の拡大を19世紀中期以降の取引の複雑化への対応形態であると指摘する。

(16) この構成は、いわば動機の錯誤についての規律の欠缺を95条を「借用」して補充していたとみることができる。動機の錯誤に基づく法律行為の無効を95条の類推として理解する柚木馨『売主瑕疵担保責任の研究』(有斐閣、1963年) 275頁参照。

(17) 学説状況については、山本敬三『民法講義Ⅰ総則』(有斐閣、第3版、2011年) 参照。

(18) 債権法改正後の95条をどう理解するかは、難しい。95条2項でなお法律行為の基礎としたことを表示することを要求している以上、従来の判例同様に効果意思の体系的重要性を承認しているとみることもできるし、動機の錯誤を意思欠缺による錯誤と同列に扱っている以上、効果意思の体系的重要性の相対的低下という流れに掉さすものともいえる。

け、債権法改正後の錯誤法、瑕疵責任法は、このような傾向を追認する性格のものであるといえる。錯誤法に関しても、95条の改正として「法律行為の基礎となる事情に関する動機の錯誤」も「表示に対応する効果意思が欠いている錯誤」と同様に取消しが認められている。ここでは、効果意思の理論的位置付けは等閑に付されており、95条は、取消原因の（単なる、しかし不完全な）カタログに過ぎなくなっている。

次に、コーズ論の否定に関していえば、コーズ論の再評価という流れはもちろんのこと、契約内容への積極的介入が増大しており、さらには、星野英一博士が契約正義を契約法の中心的な原理として再発見して以来、契約正義の重視といった動向も生じている。さらに、消費者公序論や新しい取締法規論も、契約内容への介入の「政策化」をもたらすものとして、これに含めることができるように思われる。今や意思表示法において個人が設定する規範としての法律行為の内容を所与の社会の様々なレヴェルの価値判断から切り離して、評価することは困難であるといえる。

最後に、意思瑕疵について三分法も、契約締結上の過失法理や不法行為に基づく損害賠償を通じて救済範囲が拡大しており、錯誤や詐欺、強迫に当たらない場合にも、実質的な契約の解消が行なわれている。さらに、消費者取引において、錯誤や詐欺・強迫に当たらないような場合についても、一定期

---

(19)　フランスにおけるコーズ論については、小粥太郎「フランス契約法におけるコーズの理論」早法70巻3号（1995年）1頁以下、竹中悟人「契約の成立とコーズ（1）～（8・完）」法協126巻12号～127巻7号（2009～2010年）。さらに、大村敦志「合意の構造化に向けて」『契約法から消費者法へ』（東京大学出版会、1999年〔初出1998年〕）92頁以下。

(20)　星野英一「契約思想・契約法の歴史と比較法」同『民法論集第6巻』（有斐閣、1986年〔初出：1983年〕）242頁以下。

(21)　大村敦志『公序良俗と契約正義』（有斐閣、1995年〔初出：1987年〕）、金山直樹『法典という近代—装置としての法』（勁草書房、2011年〔初出：2004年〕209頁以下）。

(22)　消費者公序論として取り上げられる見解としては、長尾治助「消費者取引と公序良俗則」『消費者私法の原理』（有斐閣、1992年、初出1990年）213頁以下、特に221頁以下など。さらに、潮見佳男『契約法理の現代化』（有斐閣、2004年）231頁以下の分析。

(23)　大村敦志「取引と公序」同『契約法から消費者法へ』（東京大学出版会、1999年、初出、1993年）163頁以下。

(24)　この点については、潮見佳男「規範競合の視点から見た損害論の現状と課題」同・前掲注(22)（初出：1995年）9頁、31頁。また、内山敏和「意思形成過程における損害賠償法の役割についての一考察—損害賠償法と法律行為法・その1—」早法84巻3号（2009年）283頁以下参照。

間内での契約の解除ないし申込みの意思表示の撤回を認めるいわゆるクーリング・オフの制度が広く導入されている。このように、もはや厳密な形での三分法は、維持できなくなっている。むしろ、意思瑕疵による契約の解消制度の外側にいわば継ぎはぎ的に救済の体系が広がってきているのが、現状である。

　（b）　では、我々は、このような変化をどう受け止めるべきか。

　一方では、この変化をより推し進めて、意思表示法の現代像の確立を目指すという方向が考えられる。第一の変化や第二の変化を強めることは、それにつながる。しかし、それは、「現代像」というよりは、古典的＝近代的な意思表示モデル以前のモデルへの回帰であるとみることもできる。すでにFranz Wieacker は、次のように述べて、契約法あるいは私法の実質化[25]の性格を指摘している。すなわち、「ライヒ裁判所の先導のもと、判例は、世間からほとんど省みられてはいないが、最近の半世紀において、ドイツの私法秩序の基礎となっていた形式的自由倫理を社会的責任という実質的倫理へと還帰させ（Zurückverwandeln）てきた。還帰させるというのは、判例がそのことによって、おそらく無意識に、より古いヨーロッパの普通法及び自然法の倫理的基礎へと帰っていったからである。」[26]と。この命題に拠るならば、契約法の実質化という現象は、中世的な実質的倫理に基づいたものであり、いわば近代を超克する形での回帰であることになる。

　現に、このような中世的な実質的倫理への回帰という形で現代契約法の潮流を理解しようとする試みがなされている。たとえば、我が国でも、前述のように、契約正義という観点からの契約法研究が盛んである。また、アメリカでは James Gordley が契約法の哲学的基礎としてアリストテレス哲学を

---

(25)　私法の実質化という場合には、後掲注（26）の Wieacker の挙げる例が示すように、問題は契約法にとどまらず、所有権の内容の形式的／実質的理解などにも及ぶが、ここでは検討対象とはならない。Auer, a.aO. (Fn. 31), S. 42ff は、一般条項の観点から私法の実質化の問題を検討する。

(26)　Franz Wieacker, Das Sozialmodell der klassischen Privatrechtsgesetzbücher und die Entwicklung der modernen Gesellschaft, Karlsruhe 1953, S. 18. なお、a.aO. S. 18ff. では、そのような例として次のような場合における法形成が挙げられている：①意思表示の解釈、②有機体としての債務関係、③行為基礎の理論、④所有権者義務の継続形成など。

据えている。また、フランスでは、いわゆる「契約的連帯主義」といわれる立場が有力な潮流のひとつをなしている。

では、果たして現代社会の変化に伴う契約法の変容は、そのようなものとして理解されうるのだろうか、あるいはそのように理解されなければならないのか。それとも、これらの変容はむしろ近代的な契約法理念の延長線上にあるものなのではないか。近代的理念を足場として積み上げら、継続形成された「新たな近代」と捉えられないのか。そこで、もう一つの方向として、このような変化に対応しつつも、古典像の「中核」を維持して、その思想的含意を堅持するという立場が考えられることになる。本稿では、そのような方向の可能性を検討したいと考えている。しかし、その場合、前述のようにその形式性によって特徴づけられていた古典的な意思表示法のモデルが様々な点において実質化しているという点をどう受け止めるかを考えなければならない。つまり、契約法の実質化という現象をどのように理解し、これを既存の体系との関係でどう性格付けるのかを問う必要がある。この現象が近代的なモデルの枠内に留まり得ないものであるとすれば、第二の方向は採り得ないといわざるを得ないからである。

このように現代における意思表示法のモデルを考える際には、意思表示法の実質化について一定の見通しを得ておく必要がある。しかし、契約法の実質化と呼ばれる現象には多種多様な現象が含まれており、その全体像を把握

---

(27)　James Gordley, The philosophical origins of modern contract doctrine, Clarendon Press, 1991, pp. 3.　大村敦志「本書書評」同『契約法から消費者法へ』（東京大学出版会、1999 年〔初出：1993 年〕）280 頁以下参照。

(28)　もっとも、表面的に見れば、対立しているかに見える 2 つの立場も、多くの点では同一の結論を提示している点にも注意が必要である。たとえば、フランスにおいて大きな議論を呼んだ「クロノポスト」判決は、ドイツでは単なる約款規制（免責約款）の問題に過ぎない（同判決については、小粥太郎「フランス法における『契約の本質的債務』について（一）」早法 76 巻 1 号（2000 年）、近年までの理論的影響については、金山直樹「フランス契約法の最前線—連帯主義の動向をめぐって—」判タ 1183 号〔2005 年〕99 頁以下）。だとすると、本判決の結論自体は、後に見るように、Canaris の整理によれば許容される範囲内の実質化である。

(29)　河上正二「契約の成否と同意の範囲についての序論的考察（2）」NBL470 号（1991 年）49頁、同「現代的契約についての若干の解釈論的課題」棚瀬孝雄［編］『契約法理と契約慣行』（弘文堂、1999 年）185 頁以下参照。また、山本敬三教授の私的自治論も国家による基本権保護に立脚して、このような方向を目指すものといえる。山本敬三「現代社会におけるリベラリズムと私的自治（1）—私法関係における憲法原理の衝突」論叢 133 巻 4 号（1993 年）1 頁以下、また同「民法における『合意の瑕疵』論の展開とその検討」棚瀬［編］・前掲 182 頁。

することは簡単なことではない。概念を明確にし、問題を適切に整理することが必要である。本稿では、まずその全体像についての一定の見通しを得たいと考えている。

3 契約法の実質化

このような問題関心の下で、次節以下では、ドイツにおける「契約法の実質化」という現象を、Claus-Wilhelm Canaris の論稿における整理に従いつつ紹介、検討する。契約法の実質化という現象は、ドイツのみならず我が国にも、そして他の先進資本主義諸国においても、等しく見られる現象である。しかし、「実質化」という場合にどのような現象を指しているのかは自明ではないし、考えられる現象そのものも多様である。そのような中で、これについて予めの見通しを持っておくことは、我が国の契約法の現状を理解するために、有益である。また、そのような我が国の状況と他の諸国の状況を比較する際にも、比較の枠組みを提供することになる。つまり、本稿での作業は、この問題における総論的検討および各論的検討を行う際の思考の枠組みを提示するものである。

ところで、特に、契約法の実質化の議論においては、「契約自由」と「契

---

(30) Claus-Wilhelm Canaris, Wandlungen des Schuldvertragsrechts – Tendenzen zu seiner "Materialisierung", AcP 200 (2000), 273. 本稿において単に頁数のみを示す場合には、原則として、この論文の頁数を示している。また、Canaris 論文といった場合、この論文を指す。

(31) Canaris の整理は、Caroline Meller-Hannich, Verbraucherschutz im Schuldvertragsrecht : private Freiheit und staatliche Ordnung, Tübingen 2005, S. 8ff.；Marietta Auer, Materialisierung, Flexibilisierung, Richterfreiheit : Generalklauseln im Spiegel der Antinomien des Privatrechtsdenkens, Tübingen 2005, S. 23 など多くの文献（auch Norbert Reich, *Heiniger* und das Europäische Privatrecht, in : Zivilrecht im Sozialstaat – Festschr. für Professor Dr. Peter Derleder, Baden-Baden 2005, S. 127, 128, Fn. 8 !）においても標準的見解として扱われており、近年の問題状況を把握するための座標として有益であると考える。

(32) 比較の枠組みという意味では、すでに内山敏和「オランダ民法典における法律行為法の現代化」早誌 58 巻 2 号（2008 年）128 頁以下が、このような方法を採用している。

(33) 契約法の実質化といった場合、問題を契約の有効性（≒成立）に限ったとしても考えなければならない点は多いが、契約の履行・実現過程を視野に入れるとき、問題は立体性を帯び（複合契約などの契約の構造の問題）、さらには時間軸の意義も強まる（事情変更の法理や再交渉義務、さらには履行期前の履行拒絶など）。しかし、本稿の関心は、さしあたり意思表示法の実質化にあり、検討対象とする Canaris 論文も同様である。そこで、契約の履行・実現過程の問題は、本稿の視野の外に措く。

308

約正義」という２つの理念がともに語られるのであるが、その内容や相互の関係については、正面から議論されることは少ない。契約法の実質化の意義とその射程・限界を見極めようとするとき、この両概念の相互関係について適切な理解を前提とすることが極めて重要になってくる。このような中で、Canaris は、現代契約法を特徴付けるこの「実質化」の現象には、３つの位相が存在する、と指摘する (276f.)。そして、筆者の見るところ、この位相の違いを区別することなく論じることは、議論の混乱を招くものと思われる。つまり、３つの位相を適切に区別して論じ、その上で相互の関係を明らかにすることこそ、複雑な問題に一定の見通しを提示する方法といえよう。以下では、この３つの位相にしたがって、「契約法の実質化」という問題を見ていくことにしたい。

Ⅱ　契約自由の「実質化」

1　概要

まず、契約自由の実質化が採り上げられる (277ff.)。

私的自治およびその発現形式のひとつである契約自由は、自己決定のために存在する。この自己決定は、契約法の領域においては、契約の締結によって、すなわち法を介して行われるものあるが、それが最適に実現されるのは、両当事者の意思形成がその際に原則として法的障碍から自由であるだけでなく、事実的な観点からも何らの障碍も存在しない場合である。このような契約の締結および内容形成への法的自由ならびに基礎となる決定の形成への事実的自由との間の区別は、学説において、しばしば形式的／実質的という概念の対を用いて主題化されることがある。[34]

――――――――――

(34)　形式的あるいは実質的契約自由について、同様または類似の理解に立つものとしては、Canaris, AcP 200, 273, 277, Fn. 5 が挙げる Ernst A. Kramer, Die "Krise" des liberalen Vertragsdenkens - Eine Standortbestimmung, 1974 München, S. 20f.；Franz Bydlinski, System und Prinzipien des Privatrechts, 1996, S. 158f., 753f.；Enderlein, Rechtspaternalismus und Vertragsrecht, 1996, S. 93f.；Stephan Lorenz, Der Schutz, S. 498f.；Josef Drexl, Die wirtschaftliche Selbstbestimmung des Verbrauchers：Eine Studie zum Privat- und Wirtschaftsrecht unter Berücksichtigung gemeinschaftsrechtlicher Bezüge, Tübingen 1998, S. 266ff.；Günter Hönn, Festschr. für Kraft, S. 259 及び「形式的契約自由」と「実質的契約正義」を対置する Reinhard Singer, Selbst-

しかし、法的契約自由と事実的契約自由との間は、互いに著しい緊張関係にある。その緊張関係は、"pacta sunt servanda" 原則によって生み出される。というのも、事実的な決定自由の障碍が存在するいかなる場合にも契約の法的承認が拒絶されるのは、この原則とは相容れないからである。そこで、顧慮される事実的決定自由とそうでないものとの区別が、すなわち合理的な中庸の道が必要となるが、これは難問である。このことから、「私的自治の永遠のディレンマとは、私的自治が常に繰り返し事実的な決定自由への諸侵害によって脅かされていることである」[35]ということになる。"pacta sunt servanda" 原則は、私的自治の原則それ自体から導かれる。[36]

このようにして、あらゆる契約には、ひとつの矛盾が内包されていることが分かる。すなわち、契約は、一方で自己決定の実現に、しかし他方で自己拘束によるその制限に奉仕するものなのである。しかし、後者を甘受しなければ、前者を達成することはできない。完全に自由な自己決定に基づく契約においては、その拘束力は、形式的契約自由の原理それ自体から導き出すことができるが、自由な自己決定に何らかの意味で障害がある場合には、その

---

bestimmung und Verkehrsschutz im Recht der Willenserklärungen, 1995, S. 33f., 39f. のほかに、たとえば、Christph Heinrich, Formal Freiheit und material Gerechtigkeit, Tübingen 2000, S. 53ff.；Jan Busche, Privatautonomie und Kontrahierungszwang, Tübingen 1999, S. 74ff.；Meller-Hannich, a.a.O. (Fn. 31), S. 10f. などがある（この概念対については、我が国では、すでに大村須賀男「契約自由の原則の再構成について（三）―秩序的市場経済理念の上に立って―」民商88巻4号（1983年）427頁以下が詳しく論じている。）。このような理解ほかに Thomas Barnert, Die formelle Vertragsethik des BGB im Spannungsverhältnis zum Sonderprivatrecht und zur judikativen Kompensation der Vertragsdisparität：Zugleich ein Befund judikativer Entwicklungsphasen materieller Vertragsethik im Interzessionsrecht, Heidelberg, 1999, S. 11ff. のような理解も存在する。それによれば、契約自由の形式的理解が契約締結の際の私法主体の平等とその主体が契約による社会的形成のために完全に等しい資質を有していることを前提としている一方で（S. 11）、実質的理解は、契約当事者間に現実に存在する力の不平等という前提から出発している（S. 17ff.）。Barnert によれば、実質的契約自由の顧慮は、BGB の外部にある特別法において行なわれてきたものであって（S. 56ff.）、BGB の本来の構想とは相容れない。このような区別自体は、BGB の本来の構想とその後の法展開における想定との相違を指摘するものであり、注目に値するが、Canaris が行なっているような位相の相違への十分な注意を怠っている点で、不適切な面がある。

(35)　これは、Werner Flume の定式をもじった Zöllner, AcP 196 (1996), 1, 24f., 28 の言葉である。Flume の定式から Zöllner のそれに移り行く含意については、Zöllner 自身の説明のほかに Auer, a.a.O. (Fn. 31), S. 30ff. 参照。

(36)　というのも、将来のための安定した基礎を形成するという契約の機能が立されるのは、その契約に拘束力がある場合に限られるからである。

契約の拘束力は、取引安全や信頼保護の要請から導かれることになる。この場合には、自己責任の原理がその限りにおいて架け橋となる[37]。契約という制度に内在する矛盾は、法的自由と事実的自由、あるいは形式的契約自由と実質的契約自由とが、単なる区別ではなく、対立の関係（前者―契約の拘束力、後者―契約の解消）にあることを意味する。

2　BGB における契約自由とその実質化

このように、形式的契約自由と実質的契約自由は、相対立する解決を目指す全く異なる原理である。そこで、とりわけ後者の保護がどれだけ図られるべきかという問題が、「実質化」の議論においては注目される。BGB は、この問題に対して2通りの解答を用意した[38]。

(1)　暴利行為モデル

(a)　BGB における実質化

まずは、BGB138 条 2 項（暴利行為）において採用されているモデルである[39]。このモデルは、「事実的な決定自由の侵害」、「契約の内容的不均衡」および「相手方への帰責可能性」という 3 つの要素から構成されている（280f.）。まず、暴利行為における「事実的な決定自由の侵害」は、契約が表意者の「強制状態、経験不足、判断能力の欠如又は著しい意思的脆弱性」によって締結されたことに表れている。これは、それ自体では詐欺・強迫に該るとはいえないから、これに併せて客観的あるいは内容的要素が顧慮される。暴利行為においては、契約の内容的不均衡がこれに該る。これらの要件とは別に、「相手方への帰責可能性」として、〈相手方が表意者の強制状態等に「乗じた」こと〉が顧慮されることになる。

しかし、BGB138 条 2 項の要件は、狭きに失する面があるので、これら 3

---

(37)　これは、Canaris, Vertrauenshaftung, S. 413ff. 以来の主張である。これに対して、Bydlinski, a.a.O. (Fn. 34), S. 66ff. などは、後者の場合における考え方を全体に及ぼすものである。

(38)　BGB104 条以下の行為能力の問題もこれに含まれるが、Canaris は、ここでの検討対象からはずしている。行為能力をこの観点から検討したものとして、さしあたり Meller-Hannich, a.a.O. (Fn. 31), S. 17ff. のみを挙げておく。また、この文脈における未成年者取消権の機能については、内山敏和「未成年者取消権の基礎と若年成人保護の理論」近江幸治先生古稀記念『社会の発展と民法学（上）』（成文堂、2018 年）137 頁以下。

(39)　本稿では、このモデルを便宜上「暴利行為モデル」と呼ぶことにする。

つの要素それぞれにおいて法展開が行なわれることになる。

(b) 判例による実質化

aa) まず「事実的な決定自由の侵害」の要素を緩和する形での法展開があるが、要するに、もっぱら「契約の内容的不均衡」に基づいて契約の無効を導こうというものである。したがって、これは、次に見る契約正義の実質化というべき現象である。

bb) これとは反対に、「契約の内容的不均衡」の要素を緩和する法展開がみられる。近親者による保証契約に関する判例法理が、それである。既に我が国においても豊富な紹介がなされているので[40]、ここでは概略を示すにとどめたい。

① 自営業者や中小企業が銀行から貸し付けを受ける際に、その経営者の近親者、とりわけ配偶者（大抵は妻）や子が保証人となる場合がある。そして、主債務者の支払いが困難になった場合に、これらの保証人に過大な保証債務の請求がなされることがあり、大きな問題となっていた。連邦通常裁判所（BGH）は、民法の規定を形式的に解釈して、この保証を原則として有効と解していた。このような状況のもとで、連邦憲法裁判所（BVerfG）に対して憲法異議が申し立てられ、連邦憲法裁判所は、BGB が前提とする私的自治の形式的な理解が契約を自己決定のための手段から他者決定のための道具となってしまう場合があるという認識のもと、当事者の構造的な格差が存在し、それによって相手方に一方的に不利益となる契約が押し付けられる場合に、そのような相手方を保護すべき義務が国家には課せられており、これに基づいて契約に対する介入が要請される、と判断した[41]。

② Canaris は、次のように考える。すなわち、BGH が「両契約当事者

---

(40) 以下の状況整理もこれらの文献に拠る。児玉寛「無資力近親者による共同責任をめぐる判例の展開―現代ドイツ的私的自治論の諸相・第一」法雑 41 巻 4 号（1995 年）673 頁以下、原田昌和「巨額な共同責任の反良俗性 (1)、(2)・完―ドイツ良俗則の最近の展開」論叢 147 巻 1 号（1999 年）24 頁以下、148 巻 1 号（2000 年）85 頁以下、同「極端に巨額な保証債務の反良俗性 (1)、(2)・完―ドイツ良俗則の最近の展開・その 2」論叢 148 巻 2 号（2000 年）18 頁以下、149 巻 5 号（2001 年）46 頁以下、齋藤由起「近親者保証の実質的機能と保証人の保護 (1)～(3・完)―ドイツ法の分析を中心に」北法 55 巻 1 号 113 頁以下、55 巻 2 号 657 頁以下、55 巻 3 号（2004 年）1119 頁以下、佐藤啓子「近親者による人的担保負担とドイツの良俗判例」桃山法学 7 号（2006 年）155 頁以下などがある。

(41) 前掲注 (40) の諸文献のほかに潮見・前掲注 (22)。

が契約の締結及び内容について事実上自由に決定できたか、そしてできたとしてどの程度できたかについて問題としなかった」のは、「基本権によって保障されている私的自治について誤認している」という、BVerfG の指摘において念頭にあるのは、事実的決定自由という意味での私的自治の実質的理解である。この見解は、革命的なものでないし、それどころか特に新奇なものですらない。事実的決定自由の侵害は、家族間の典型的で感情的な圧迫状況から生じるし、内容的不当性は、保証人の責任の程度とその者の支払い能力の間の甚だしい不均衡といった点に見出される。具体的には、ここでの実質的・内容的評価は、2つの観点に基づいている。すなわち、一方で、生涯差押え免除の生存最低限まで追いやられるという保証人にとって著しく重い負担が生じるのであり、他方で、利息も満足に支払えない者を保証人にすることは銀行にとっては無益であり、銀行の正当な担保利益を確保することは特約によって十分に達成しうるのであるから、このような保証契約は、保証という制度の濫用であるといえる。帰責可能性についても、銀行は保証人が主債務者の近親者であることを知っているから、その感情的圧迫状況を考慮することができ、且つその者の資産・収入状況、それによって同時にその者の金銭的過剰負担を認識できるのであるから、契約締結及び契約内容についての問題点を銀行に負担させることができる。このように、近親者保証の問題は、むしろ暴利行為モデルの枠内での実質化であるといえる。

　では、この BVerfG の決定が、契約法の世界観という点において実質化をもたらしたといえるのか。この点については、第4節2 (2) において検討して行きたい。

---

(42)　Canaris は、さらに、これが、「交渉力の構造的不均衡」という定式をめぐる轟音に沈み込んでしまっているのは、残念なことである、と述べる。

(43)　感情的な圧迫状態が保証の引受の原因となったことを証明することは困難であり、BGH は、これに推定によって対処しようとしている。Canaris は、これを正当であるとしており（Wolfgang Zöllner, WM 2000, 5, 9 が批判的）、さらにこのような推定は、このような要件が定型的に存在するが立証は困難な状況において事実的決定自由の保護を図る有効な手段であるとしている。

(44)　以上のような判断要素は、オランダ法における状況の濫用法理とかなり類似している。

(2) 意思瑕疵モデル

(a) BGB における実質化

次に、BGB119 条（錯誤）及び 123 条（詐欺）におけるモデルがある[45]。ここでは、原則として決定自由の侵害それ自体で足りる。帰責性は、間接的あるいは部分的に問題となるにせよ、必ずしも必要なものではない。ここでは、決定自由の侵害の種類と強度が決定的な役割を果たす。すなわち、BGB123 条は相手方による行為の不法内容の著しさを、BGB119 条は特定の錯誤を前提としている。ここでは BGB123 条の故意要件と結びつくことによって、特定の種類の動機の錯誤において実質的契約自由の保護が不十分なものに感じられ、その結果、保護の強化、すなわち「実質化」が行われることになる (280)。つまり、BGB においては、故意要件との結びつきによって 119 条の保護に値しない錯誤であっても、不法内容の著しさという観点から保護を必要とするに至る、とされていることになる[46]。

(b) 判例による実質化

その典型的な例として、契約締結上の過失法理を用いた実質的契約自由の保護が問題となる (304ff.)[47]。まず、判例法理の展開を、学説との絡みを交えて、簡単に要約すると次のようになる：

まず判例の基本的な見解によると、相手方による有責な誤導によって契約締結へと誘引された当事者は、相手方に対して BGB249 条 1 項（損害賠償における原状回復主義）に関連付けられた契約締結上の過失に基づいて契約の解消を請求することができる。この立場に対しては、詐欺における故意要件を潜脱するものであるとして批判が強く、BGB が同 826 条（故意の良俗違反行為に基づく不法行為責任）と併せて、情報上の故意ドグマに立脚しているものと理

---

(45)　本稿では、このモデルを便宜上「意思瑕疵モデル」と呼ぶことにする。

(46)　このように Canaris の見解を理解するならば、BGB の故意要件をいわば違法要素的に理解していることになるだろう。もっとも、この領域において不法行為法のように違法要素と責任要素を対置して考えることが現在でも妥当であるのかは、検討の余地があるし、Canaris がここでの故意を違法要素と明言していないこともそのような再考の必要性を覗わせるものといえる。

(47)　この点についての Canaris の見解の詳細は、古谷貴之「ドイツ情報提供責任論の展開―制度間競合論の視点から―」同法 59 巻 3 号（2008 年）参照。筆者自身も内山敏和「意思形成過程における損害賠償法の役割についての一考察―損害賠償法と法律行為法・その 1 ―」早法 84 巻 3 号（2009 年）で採り上げている。

解されている。判例は、取消しの効果と損害賠償の帰結との間の差異を指摘してこの批判に答えようとしてきた。しかし、Canaris は、主観的要件を劇的に削減することを正当化するには、あまりに表面的で、実際上の意義も乏しい、と批判する。[48] その後、判例は、契約締結上の過失責任は、詐欺取消しとは異なり財産的損害が要件とされるとする立場を示すに至る（305f.）──さらに、Canaris 論文の公表後に、債務法現代化がなされ、契約締結上の過失について根拠規定が設けられ、これに、伴い交渉当事者の決定自由も保護法益のひとつとして認められることになる。[49]

　従来彼は、過失による詐欺に基づく契約解消を認める判例法理を鋭く批判していた。[50] しかし、ここで彼はこの立場を改めるに至る。Canaris の見解は、あくまで故意ドグマを基本的に維持したうえで、極めて限定的に、契約自由の実質化を認める、というものである。しかし、故意ドグマの歴史的が存在したか否か、[51] あるいは存在していたとしてもそれが現在も妥当しているといえるかどうか、[52] については、議論が分かれている。現在では、この場面においても、より大胆な契約自由の実質化が可能であり、且つ要請されている、という考え方が広がりつつあると考えてもよいと思う。

(c)　立法による実質化

　次に、意思瑕疵モデルは、立法においても拡大されている。[53] Canaris は、消費者保護法規において消費者概念は、特定の人的圏域を保護の対象から外す機能を有しているものであり、そこで問題となっているのは、ある人が事業者として活動する場合により少ない要保護性しかないのはなぜか、ということであるという。その点で、消費者保護法は、内容的にも特別私法には当

---

(48)　また、Canaris は、両者について因果性の要件の扱いが異なるとする Stephan Lorenz (a.a.O. [Fn. 34], S.) の見解にも同様のことが当てはまるとする。

(49)　この点についても、古谷・前掲注（47）や内山・前掲注（47）。

(50)　この点については、潮見・前掲注（41）159 頁以下。

(51)　たとえば、Roland Schwarze は、これを否定する。

(52)　これを否定するのが、Canaris の弟子であり、且つ彼の講座の後継者でもある Hans Christoph Grigoleit である。Grigoleit の見解については、内山・前掲注（47）およびそこでの引用文献。

(53)　この点については、内山敏和「消費者保護法規による意思表示法の実質化（1）～（5）・完」北園 45 巻 1 号 29 頁以下、3 号（2009 年）521 頁以下、46 巻 1 号 33 頁以下、2 号（2010 年）419 頁以下、5 号（2011 年）761 頁以下が取り上げる。

たらない。その例が、消費者保護撤回権である。定型化された手段によって決定自由を保護することは、従来の民法の体系から逸脱したものではなく、自由主義的な情報提供モデルに立っている。また、要件と効果の関係においてもバランスが取れていることを指摘する。訪問販売取引においては、消費者が受ける不意打ちによって、消費者信用契約において、契約対象に由来する消費者のリスクの軽視等による誘惑効果によって、事実的な決定自由が損なわれている。その回復のために定型的な保護をすることによって、保護の必要のない者にまで撤回権を与えることは、「必要な定型化の避けられない付随的効果」であり、十分に甘受され得る。

　このような観点から Canaris は、消費者保護思想の行き過ぎとして消費動産売買指令 1999/44/EG 第 7 条を指摘する (362ff.)。そこでは、消費動産売買において買主の瑕疵担保請求権を放棄する条項を無効とするものであり、その条項が交渉によってもたらされた場合であっても変わらない。このような条項が交渉を通じて合意された場合には、実質的契約自由も手続的契約正義も確保される。プロとノンプロの間の交渉力の格差も、このような制限を正当化するものではない。なぜなら、交渉によって合意された場合には、そのような格差は、存在しないか、有意なものとならないからである。

Ⅲ　契約正義の「実質化」

1　概要

　契約正義においても実質化が問題となる (282ff.)。Wieacker の上記定式は、むしろ、ここに関するものである。Wieacker のいうところの「形式的な自由倫理」とは Kant 哲学を、「社会的責任の実質的倫理」とは Kant 以前の自然法哲学を、それぞれ考えている。前者に関連して、Kant が取り組んだのは、倫理的に正しい行為を成立させるうる条件、法が自らの任務を果た

---

(54)　ここで念頭に置かれているのは、いうまでもなくアリストテレス・トマス的な哲学である。このような哲学については、James Gordley, supra note 27, pp. 10 and recently *Foundations of private law : Property, tort, contract, unjust enrichment*, Oxford University Press 2006, pp. 7 参照。さらに、この文脈における正義についての基礎的な源泉となっているものとして、アリストテレス［著］朴一功［訳］『ニコマコス倫理学』（京都大学学術出版会、2007 年）。

316

す条件を提示することであり、Kant は、これにしたがって、指針となる格率を探求するための（それ自体としては内容的規定を含まない）特定の手続きを定式化したのである。このことから、形式的契約正義は、手続的な性格を有していることが分かる。つまり、その正当性を肯定する規準として、一定の手続きを経ることを要求し、内容的規準を設けない。この対比は、契約法においては、主観的・形式的均衡原理と客観的・実質的均衡原理の区別に対応する。前者においては、契約当事者が反対給付として合意したものは、原則として均衡しているものと扱われる。これに対して、後者においては、当事者の意思とは無関係に反対給付がその内容面も含めて客観的に決定される。

そして、契約自由をその基本要素としている法秩序においては、均衡原理と同様、契約正義も原則としてまず手続的性格を有している。つまり、契約正義は、何らかの内容的規準との一致に基づくのではなく、"volenti non fit iniuria"（同意した者に対しては不法をなすことはない）という命題に基づく。これは、人格、すなわち自律して道徳的決定をなす能力を持つ主体としての人間の自律を考慮したもので、最終的には人間の尊厳に根ざすものである。また、手続的見方の根本的重要性は、Schmidt-Rimpler の契約メカニズム論によっても間接的に裏付けられる。ここでも、契約交渉というプロセスを通じた契約内容の正当性が論じられているからである。もっとも、内容的基準の

(55) いわゆる定言命法（kategorischen Imperativ）、すなわち「君は、君の格率が普遍的法則となることを、当の格率によって同時に欲し得るような格率に従ってのみ行為せよ。」（訳は、インマヌエル・カント［著］篠田英雄［訳］『道徳形而上学原論』〔岩波書店、1960 年〕85 頁に基づいたうえで、若干訳語を変更している。）である。但し、Canaris は、Kant 哲学も全く実質的要請を含まないものではない点につき、注意を喚起している（Canaris, AcP 200 [2000], 273, 287）。

(56) Arthur Kaufman, Prozedurale Theorien der Gerechtigkeit, München 1989；Jan Schapp, Methodenlehre des Zivilrechts, Tübingen 1998

(57) Karl Larenz, Richtiges Recht：Grundzuge einer Rechtsethik, München 1979, S. 67ff；Karl Larenz/Manfred Wolf, Allgemeiner Teil des Bürgerlichen Rechts, 8. Aufl., München 1997, § 2, Rn. 22；Franz Bydlinski, System und Prinzipien des Privatrecht, Wien 1996, S. 159f., 182, 184, 756f.；Härle, 11ff., 18f.

(58) この格言の歴史については、たとえば私法における同意について包括的な考察を加える Ansgar Ohly, "Volenti non fit iniuria"：Die Einwilligung im Privatrecht, Tübingen 2002, S. 25ff. 参照。但し、この論文自体は、ここで扱っている命題を論じるものではないことにつき、S. 63f.

(59) 契約メカニズム論についての Canaris の立場については、以下の通り。すなわち、Canaris, Verfassungs- und europarechtliche Aspekte der Vertragsfreiheit in der Privatrechts-

顧慮が付加的に必要となることは否定されない。たとえば、iustitia commu-tativa（交換的正義[60]）、とりわけ客観的・実質的均衡原理の要請の具体化としての強行法や任意法がそのようなものとして存在する。ただ、任意法については、それが合理的当事者による推定的意思の定型化[61]という意味で、手続的特徴をなお有している。任意法の手続的性格は、実質的判断基準に基づく正義の構想の弱点をも明らかにしている。というのも、iustum pretium（正当価格）の問題からも分かるように、内容的相当性を充たした十分に納得のいく判断基準を定式化するのは、困難なのである。

　また、国家が市民に対して出来るだけ内容的規定を課さないようにし、公正な手続きのための規定を保障することに自らを限定することは、多元主義的で「開かれた」社会という基本原理に適合的である。つまり、そのような手続的性格を持つ（形式的）契約自由は、その意味で高度の正義内容を有しているのである。さらに、自由はそれ自体価値あるものであり、契約自由はそれ自体のために保障されるのである。契約正義を達成するための手段とし

---

gesellschaft, in：Festschr. für Lerche, München 1993, S. 873, 881ff. によれば、契約自由と正義の一致という問題は、多元主義との調和のため、消極的定式をもってなされることになる。なぜなら、国家システム及び社会システムは本質的に、市民に対して「正しい」目的や行為態様を命じるのではなく、特定の行為のみを放置できないものとして禁止するに過ぎないからである。そこで、契約メカニズム論が応用され、「両当事者が契約内容について合意しなければならない」という要請が、「その合意の結果は調整的正義の要請に著しく矛盾するようなことはない」ことのある種の保障を提供するのだとされる。このような構造を採るため、Schmidt-Rimpler とは異なり、契約自由が優先されることになる。そして、このような見解を採った場合にも、契約メカニズムが機能していないということが契約自由への介入の契機として働く。ここでの文脈に即してまとめると、Canaris は、「契約交渉は、それが存在する場合には、基本的な正義の基準のひとつとなる」が、「交渉の不存在が（実質的）契約自由および契約正義の侵害を徴表するという逆推論」は、適当ではないと考えているということになる（284, Fn. 29）。

(60)　この iustitia commutativa について i. distributiva（配分的正義）と対比しての Canaris 自身の説明として、Die Bedeutung der iustitia distributiva im deutschen Vertragsrecht, München 1997, S. 9ff. がある。また、ここでの均衡原理は、本来的給付だけでなく契約の義務組織全体を含む意味である。

(61)　その際、この手続様式は、討議倫理（これについては、Canaris も Fn. 34 で挙げる Jürgen Habermas, Faktizität und Geltung：Beiträge zur Diskurstheorie des Rechts und des demokratischen Rechtsstaats, Frankfurt am Main 1992, S. 151ff.〔ユルゲン・ハーバーマス［著］河上倫逸／耳野健二［訳］『事実性と妥当性（上）—法と民主的法治国家の討議理論にかんする研究』〔未来社、2002 年〕147 頁以下〕を参照。）や法の経済学的分析の手続き様式と近似しているという。後者の例として挙げているのは、Hein Kötz, in：Festschr. für Medicus, 1999, S. 283ff. である。これは、任意規定としての瑕疵担保責任の時効規定について論じている。

てのみ保障されるのではない。そこで、原則として、形式的契約自由が実質的契約正義に対して優先することが、出発点となる。その一方で、形式的・手続的契約正義と実質的契約自由との間には、分かちがたい連関が存在している。というのも、契約当事者の決定が原則として事実的観点からも自由である場合にのみ、"volenti non fit iniuria" という格言は完全な説得力を持つからである。したがって、契約自由の実質化は、通常同時に形式的・手続的契約正義に資するものである。これに対して、契約正義の実質化は一層慎重な配慮を要するということになる。

2 BGB における契約正義とその実質化

(1) BGB の立場

BGB は、以上と同じ立場に立つ。すなわち、内容的不均衡を要件とする BGB138 条 2 項は、同時に事実的な決定自由の侵害による補完を必要とする。この点に、iustum pretium（正当価格）論、とりわけ laesio enormis（莫大損害）といった法形象のような実質的正義の考えの顕れに対する BGB の拒絶が観て取れる。もっとも、給付の「著しい不均衡」という要件では、実質的均衡原理への配慮がなされているが、ここでも、市場状況がまず比較対象となることからすると、手続的要素が含まれている。

(2) 契約正義の実質化

a) 判例による契約正義の実質化は、手続的要素を排除しつつより内容的不相当性を顧慮するという方向で行われているものがある。その一例が、**暴利行為類似の消費者信用**に関する判例法である。すなわち、判例によると「与信者の給付と一方的な契約起案によって定められた借主の反対給付の間に著しい不均衡が存在し、且つ与信者が借主の経済的により脆弱な状況、その経験不足を貸付条件の決定の際に意図的に自らの利益のために悪用し、又は少なくとも、借主が専ら自らの経済的により脆弱な状況に基づいて自らに負担となる貸付条件に手を出しているという見方を無思慮に排除する場合」、与信契約は、BGB138 条 1 項に反するものとして無効となる。しかし、判例

---

(62) これに対しては、ほかならぬ Canaris 門下の Auer, a.a.O. (Fn. 31), S. 32ff. が批判する。

(63) この判例法の展開については、我が国では大村・前掲注 (21) による紹介がある。

が提示する「経済的により脆弱な状況」という基準は、あまりに漠然としており、事実的な決定自由という意味における実質的契約自由の有意な侵害の存在をこれによって適切に取り扱うことはできない。結局のところ、事実的決定自由の侵害という要件は、排除されることになり、もっぱら給付の客観的不均衡に基づいて契約の無効が判断されることになる。したがって、このような判例の立場は、は、BGB の上述の基本的価値判断および現行の経済体制に合致するものではないから、認められない[64]。

しかし、与信契約自体に問題がないわけではない。価格提示令（Preisangaben VO）における実質年利の提示の要請も通常守られることはなかった。それ故、むしろ解決として適当だったのは、価格提示令を BGB134 条の禁止法規と考えることやその違反を BGB138 条の適用に際して中心的な評価視点に据えることであった（S. 302）。

b）これに対して、是認することの出来る実質化は、**普通取引約款への内容規制**である。ここでは、事実的決定自由の侵害が問題となっており、その意味で契約自由の実質化がなされている。

しかし、約款は（実質的契約正義を顧慮して設定されている）任意法の排除という形で濫用されるのが通常であるから、実質的契約正義も害されているということになる。

この場合に、旧 AGBG9 条（現在の BGB307 条）による内容規制が行われる。これは、事実的決定自由の侵害、約款の内容的不当性およびそれらの約款使用者への帰責性という判断基準を採用している点で、BGB138 条 2 項の枠組みを踏襲している[65]。さらに、付随的条項への内容規制に限定することにより、BGB138 条 2 項より実質化された規制が許されることになる（325f.）[66]。

---

(64) 詳細は、Canaris, AcP 200 (2000), 273, 300ff. 及び法史学的観点からの Theo Mayer-Maly, Renaissance der laesio enormis?, in：Festschr. für Larenz, 1983, S. 395、法ドグマーティクの観点からの Helmut Koziol, Sonderprivatrecht für Konsumentenkredite?, AcP 188 (1988), 183.

(65) このような実質的契約正義の例外的顧慮という立場については、基本的に Manfred Wolf, Rechtsgeschäftliche Entscheidungsfreiheit und vertraglicher Interessenausgleich, Tübingen 1970, S. 101ff.

(66) この観点から、付随的条項を超える内容規制は、契約正義の不当な実質化ということになる。Canaris がその例として挙げているのは、いわゆる「価格付随条項」に対する内容規制に関する判例法である。この点に関連する議論は、桑岡和久「価格付随条項の内容規制（一）・（二・完）—ドイツにおける銀行の手数料条項をめぐる議論を手がかりとして—」民商 127 巻 3 号 355

(3) その他の関連問題──平等原則と契約自由──

Canaris 論文では触れられていないが、実質的契約正義と並んで契約自由の制約として論じられることが多いのが、平等原則（＝差別禁止原則）による契約自由の制約である。この平等原則は、契約の内容を問題とし、「等しさ」を基準とする点で、給付の均衡としての実質的正義と共通する面を持つが、実質的契約正義が個別の契約関係内部での「均しさ」を追及するものであるのに対して、平等原則は、個別的契約関係の枠を超えたところでの「等しさ」を追及する点で異なる。その意味で、実質的契約正義以上に契約を社会的存在として考え、その社会的相当性を問うており、契約自由との緊張関係は、鋭いといえる。

Ⅳ　世界観的＝政治的な基本姿勢

1　概要

ここで問題となる区別（289ff.）は、世界観的＝政治的な基本姿勢、すなわち Wieacker が「社会モデル」と呼んでいるものにおける liberal と sozial との間の区別である。そこで、主題となるのは、「自由主義的市場モデル（liberalen Marktmodell）」と「社会国家モデル（Sozialstaatsmodell）」の対比である。前者は、人間の法的自由および法的平等に特に高い重要性を認めてお

頁以下、4＝5号（以上、2002年）678頁以下が詳細である。

(67)　我が国においても、桑岡和久「契約自由と平等取扱い(1)(2・完)」民商147巻1号1頁以下、2号（2012年）29頁以下など。

(68)　また、Bydlinski, a.a.O.（Fn. 21）, S. 160f. は、生命、健康または人格の尊厳が脅かされるおそれがある場合には、人格保護の要請に基づき、"et volenti fit iniuria" が妥当し、これに反する法律行為に基づく規律が排除され、無効となる場合があることを指摘する。いわば契約に対するパターナリスティックな制約である（ドイツにおいては、Enderlein, a.a.O.（Fn. 34））。いずれも契約内在的な正義ではなく、外在的な価値による評価が問題となっている点で共通する。

(69)　もっとも、この平等原則も民法における民主的価値の現われと考えれば、（両者の緊張面の相を無視することはできないが）契約自由の原則と共通の基盤を有していると見ることもできる。

(70)　Wieacker, a.a.O.（Fn. 26）, S. 10ff.

(71)　この点については、Habermas, a.a.O.（Fn. 61）, S. 468ff.（ユルゲン・ハーバーマス［著］／河上倫逸／耳野健二［訳］『事実性と妥当性（下）─法と民主的法治国家の討議理論にかんする研究』〔未来社、2003年〕122頁以下）が引用されている。但し、Canaris は、Habermas が自由主義的法パラダイムおよび社会国家的法パラダイムを手続的法パラダイムに対置させているのは

り、手続的正義理解に対して内容的なそれに対する優先を認めている点で、形式的な性格を有している。そこでの人間像は、第一義的には強い個人、成人たる市民である。これに基づいて、自己責任の原則が高く評価される。これに対して、後者は、人間の事実的な不平等や事実的な決定自由の制限を強調する。そして、社会的な正義という旗のもとに広範な内容的基準および規律をしばしば比較的性急に行う。そこでは、「弱者」の保護が「崇高な目標」だということになる。この両者のモデルの区別は、契約法の実質化の議論において重要な役割を果たす。しかし、liberal と sozial の区別自体がそれほどはっきりしていないうえに、両陣営の内部での立場の相違——たとえば、前者におけるパレオ・リベラリズム（Paläoliberalismus）、オルドー・リベラリズムおよびネオ・リベラリズムのような——も、無視できない。さらに、前者のモ

（a.a.O. S. 493ff.）、的外れであるとして批判する。つまり、前二者はいずれも後者の側面を有しており、次元の異なるものを同一平面上に並べていると指摘する。

(72) このような見解の近時の代表例として挙げられているのが、Brigitta Lurger, Vertragliche Solidarität, Baden-Baden 1998, S. 128ff., 138f. である。ここで、Lurger は、フランスにおける契約的連帯の思想（ここでは主に Thibierge-Guelfucci）に示唆を受けつつ、拘束力を有しており規制に服しない契約の承認のための３つの要件のうちのひとつとして「契約における連帯」を挙げている。Meller-Hannich, a.a.O.（Fn. 31）, S. 13 は、私的自治においては法的に許される範囲の利己主義が前提となっており、一方当事者の自己利益の限界は、相手方の自己利益との折り合いによって決まるのが原則であるとして、この見解に批判的である。

　この見解の発想源のひとつ（このほかにフィンランドの Thomas Wilhelmsson の見解からも示唆を得ている。）であるフランスにおける契約的連帯の思想については、金山・前掲注（28）99 頁以下、特に Thibierge-Guelfucci の見解については 109 頁、さらに小林和子「契約法における理由提示義務（３・完）」一橋法学５巻１号（2006 年）259 頁以下も参照。

(73) この点は、前掲注（第２章第２節一（1））において具体的に紹介している。

(74) これは、オルドー・リベラリズムの立場からそれ以前のレッセ・フェール的リベラリズムを指した用語である。雨宮「両大戦間期ドイツにおける経済秩序・経済政策思想の革新（1）」千葉大学経済研究 10 巻３号 156 頁以下。

(75) ドイツ契約法学では、現在でも、オルドー・リベラリズムに基づく理解が、有力なようである。オルドー・リベラリズムあるいはネオ・リベラリズムの立場からの契約理論については、Fritz Rittner, Über das Verhältnis von Vertrag und Wettbewerb, AcP 188 (1988), 101, 120ff. 参照。さらには Drexl, a.a.O.（Fn. 34）, S. 91ff. が、オルドー・リベラリズムをふくむ様々な経済理論における消費者保護のあり方について論じている。オルドー・リベラリズムについて簡潔にまとめた邦語文献として、トマス・リハ［著］原田哲史／田村信一／内田博［訳］『ドイツ政治経済学：もうひとつの経済学の歴史』（ミネルヴァ書房、1992 年）337 頁以下、オルドー・リベラリズムに基づいた社会的市場経済体制については、出水宏一『戦後ドイツ経済史』（東洋経済新報社、1978 年）251 頁以下、契約法との関連で論じるものとして、大村須賀男「契約自由の原則の再構成について（四・完）——秩序的市場経済理念の上に立って——」民商 88 巻５号（1983 年）602 頁以下参照。なお、オルドー・リベラリズムについては、ナチス政権との関係に関連して、

デルの支持者も、事実的な決定自由の侵害に対して後者の論者に劣らず敏感であり、戦闘的ですらある。また、後者のモデルに立つ者も、手続的思考を軽視しているわけではなく、その重要性を認めている。

2 BGB の社会モデルとその実質化

(1) 全体的診断

この点についていえば、BGB は、自由主義の精神から生まれたといえる。もっとも、著しい変化を被っていることも否定できない。その意味で、BGB 第1草案に対して向けられた「我が私法には社会本位主義という一滴の油 (ein Tropfen sozialistischen Öls) が浸透しなければならない」という有名な Otto von Gierke の命題は、今日では批判的に転換されているという。[76] 今や、この「油」が過剰に注ぎ込まれているという指摘が見られるほどである。[77][78]

(2) 連邦憲法裁判所の保証決定に見る社会モデルの実質化

この社会モデルの実質化ということをもって我が国の民法学が真っ先に思い浮かべるのは、いわゆる消費者私法の展開であろう。もちろん、このトピ

リハ・前掲の理解に修正を迫る雨宮昭彦『競争秩序のポリティクス―ドイツ経済政策思想の源流―』(東京大学出版会、2005 年) の研究成果にも留意する必要がある。

(76) BGB が起草・制定された 19 世紀後半のドイツ民法学において、sozial な議論がどのように捉えられ、それが BGB にどのように反映されたのかについては、Tilman Repgen, Die sozial Aufgabe des Privatrechts: Eine Grundfrage in Wissenschaft und Kodifikation am Ende des 19. Jahrhunderts, Tübingen 2001 が、詳しく検討している。

(77) ここで挙げられている Josef Isensee, Vertragsfreiheit im Griff der Grundrechte: Inhaltskontrolle von Verträgen am Maßstab der Verfassung, in: Festschr. für Großfeld, 1999, S. 485, 505 は、はじめは一適だったものが今や「ポリタンクで (kanisterweise) 注がれている」と表現し、Erhard Bungeroth, Schutz vor dem Verbraucherschutz?: Merkwürdigkeiten im Verbraucherkreditgesetz, in: Festschr. für Schmansky, 1999, S. 279, 280f. は、「私法の油脂汚染」という言葉を使っている。

(78) BGB における Sozial な性格について、Larenz/Wolf, a.a.O. (Fn. 57), § 2 Rn. 20ff., S. 25f. は、「連帯的配慮」の表題の下で、倫理的に行為する個人の自由は、他者のヨリ価値の高い利益への連帯的配慮によって補完される、としており、それは、個人の自由が孤立したものではなく、社会的共同体においてのみ保護され得るからである、としている。そして、この配慮に基づく自由の制限は、内在的なものであり、より弱い法的交わりへの参加者を保護するために個人の自由を制限することも、これに当たるという。この制限の範囲は、時代によって変わるものであり、BGB においては、134 条や 138 条、226 条においてなされていたに過ぎないが、判例は、基本法28 条の社会国家原則に支えられ、242 条等に基づく信義則を通じて、これを拡大していることが指摘されている。

ックスも社会モデルの実質化を語る上では不可欠なものである。しかし、ド
イツ私法における社会モデルの実質化を語るためには、BVerfG が 1993 年
に出した保証に関する有名な決定を議論の中心に据えなければならない。上
述の“「油」が注がれ過ぎている”という批判も、この決定を標的にしたも
のである。2000 年および 2002 年における消費者法の BGB への統合も、こ
の保証決定における BGB の基本的社会モデルの変容が理論的素地になって
いるといえる(79)。以下では、この決定が、BGB の社会モデルに与えた影響に
絞って、検討を加えたい(80)(297f.)。

　まず、BVerfG の決定を見てみよう。そこでは、BGB の起草者たちが「私
法取引への参加者の形式的平等というモデルを前提としていた」とし、これ
との関連で、社会的責任の実質的倫理への還帰という Wieacker の言葉が引
かれている。また、私的自治の基本権による保障と並んで社会国家原理が引
き合いに出されている。

　連邦憲法裁判所は、連邦通常裁判所民事第 9 部が固執する BGB の古い観
念からの決別を劇的に宣言してみせているが、連邦憲法裁判所が謳い上げる
新しい観念はどこまで新しいものなのだろうか。つまり、この 2 つの観念は
どう違い、どう共通しているのか。Canaris は、BVerfG が BGH を 19 世紀
の古典的リベラリズム（パレオ・リベラリズム）に基づいていると批判する点
には同意するものの、リベラリズムの在り方の多様さから慎重な姿勢を示し
ている。

　この問題は、民法原理と消費者法原理の異同という問題に関連している。
というのも、民法典の原理と消費者保護法規の原理が本質的に一致すると考
えた場合、実は、そこで考えられている民法典の原理は、その制定当初のも
のではなく、その後に変化を蒙ったそれなのではないか、と考えられるから
である。この点についても検討が必要なのだが、ここでの問題設定からは微
妙に離れることになる。そこで、ここでは問題点の指摘にとどめておくこと

---

(79)　この点については、他の参照文献を含めて内山敏和「消費者保護法規による意思表示法の実
　　質化 (2)」北圍 45 巻 3 号（2009 年）528 頁以下参照。
(80)　この点を含めて（潮見・前掲注〔41〕）、既に優れた研究が多くなされており、且つ本稿もそ
　　れらに拠っている。本判決およびそこで問題となった近親者保証については、それらを参照され
　　たい。

とする。

V 小括

　以上、我々は、Canaris の導きにしたがって（しかし時に寄り道をしながら）、契約法の実質化という現象について見てきた。この概観によって、現象の大まかな見取り図を手に入れることができたように思う。

　まず、BGB が前提とした契約法の古典的な像については、次のようにまとめることができる。すなわち、BGB は、形式的契約正義をその正当性の基準とし、それを担保する実質的契約自由の保障も暴利行為、錯誤又は詐欺・強迫といった決定自由への重大な侵害に限定しており、大幅に形式的契約自由を優先させていた。その背後にある世界観的＝政治的な基本姿勢は、形式的性格を有する自由主義的な考え方が現在よりも一層貫徹させられていた。つまり、BGB における古典的契約像は、その形式性によって特徴付けられる。

　歴史的 BGB にこのような形式的性格が備わっていることは、明らかである。[81] そして、このような形式性は、多かれ少なかれ 19 世紀的な空気の中で醸成されてきた私法に共通するものとみることが出来る。[82] しかし、そのような形式性が次第に複雑化した社会の要請に応えきれなくなり、一連の実質化の動きが始まったわけである。ここでは、BGB というテキストの意味内容の切断面と連続面が認識されなければならない。

　また、この概観からは、契約法の実質化といっても、それぞれの位相に応じてその当否及び射程が検討されなければならないということが分かる。つまり、同じ契約法の実質化といっても、それが契約自由の実質化であるか、契約正義の実質化であるかによって、自ずとその射程は変わってくる。Canaris の見解に拠れば、契約正義の実質化は、同時に契約自由の侵害が問題になる場合に限られ、かつそのような場合において実質的契約正義を顧慮

---

(81)　Vgl. Wieacker, a.a.O. (Fn. 11), S. 5ff.

(82)　たとえば、日本民法典の起草過程にも、そのような影響は観て取れる。たとえば、民法 90 条の制定過程においては、その妥当範囲は極めて狭く解されていた。この点については、大村・前掲注（21）14 頁以下、さらに 52 頁参照。

することは自由主義的な世界観からも十分に是認せられるところなのである[83]。つまり、これらは、中世的な「実質的倫理」への還帰として理解される現象ではない。

　本稿の検討からは、意思表示法にかかる第二の変化については、契約正義の観点からの変容は限定的に解すべきであるという結論が導かれる一方で、第三の変化である意思形成過程における形式性の緩和については、意思表示法の実質化の途として肯定的に評価されるべきことになる。このように、「契約法の実質化」あるいはその意味での「契約法の現代化」は、「契約自由の実質化」という文脈のもとで整理され、正当化され得るものだということになる。もちろん、実質的契約自由といってもそれが無限定に保障されるものではない。Canaris は、形式的契約自由と実質的契約自由との間の緊張関係という形で、その限界を劃そうとする[84]。もっとも、この観点のみからでは、具体的な限界を事前に、かつ一義的に提示することは困難である[85]。ここで問題となるのは、意思表示法の体系化の軸をなしている効果意思の扱いであり、意思表示法の第一の変容をどう受け止めるのかが問われることになる。さらに、第三の変容である意思瑕疵の実質化についても、このような変化に即した理論の構築が必要となる。というのも、古典的な意思表示法にお

---

(83)　つまり、暴利行為モデルに従わなければならないことになる。しかも、実質化にあたっては、一定の付随要件が課される（約款規制の場合には、付随的条項を対象とすることが課される。）。

(84)　この点、Canaris 流の議論（たとえば、Canaris, Grundrechte und Privatrecht, AcP 184, 201ff. ; ders., Grundrechte und Privatrecht : eine Zwischenbilanz, Berlin, New York 1999 などを参照、我が国の議論としては、山本敬三「現代社会におけるリベラリズムと私的自治（1）、（2）・完—私法関係における憲法原理の衝突」論叢 133 巻 4 号 1 頁以下、5 号（以上、1993 年）1 頁以下参照）からは、過剰介入の禁止と過少保護の禁止という 2 つの要請によって限界が画されることになる。しかし、これによって（発見的な形で）基準が確定されるわけではない。この点は、Canaris 自身が、むしろ形式的契約自由と実質的契約自由とを過剰介入の禁止と過少保護の禁止の要請とに読み替えているところからも分かるだろう（AcP 200, 273, 300 ; ders., Das Recht auf Meinungsfreiheit gemäß Art. 5 Abs. 1 GG als Grundlage eines arbeitsrechtlichen Kontrahierungszwangs‐Gedanken anläßlich der Entscheidung des Bundesverfassungsgerichts im "Schülerzeitungsfall", Festschr. für Leisner, 1999, S. 423f.）。この局面では、原理的な最適化要請であるこの 2 つの要請について動的システム論によりつつ決定されるという立場に立つことになるものと思われる。

(85)　BGB 自体も、保障されるべき実質的契約自由の範囲について事前かつ一義的に決定することは放棄している。Vgl. Motive I S. 206.

いては、意思瑕疵の類型は、例外的なものであり、伝統的な法形象に即した
ものであって、具体的な中身を有する理論を必要とするものではなかった。
これに対して、現代のより実質化した意思瑕疵の類型においては、それらの
射程と構造を明らかにする理論が不可欠となる。とはいえ、そのような理論
は、伝統的な類型と無関係に得られるべきものではなく、それらの中から見
出されるべきものであろう。

　また、契約自由にせよ契約正義にせよ、価値基準としては契約内在的なも
のである。しかし、現在の契約法は、このような契約内在的な制約の外に外
在的な制約に曝される場面を増してきている。自己加害に対する制約や平等
原則の要請等は、その代表的な場面である。古典的な契約法学は、原則とし
て主体を理性的な成人として捉え、これに基づいて抽象的把握を可能として
きた。これに対し、現代の契約法においては、このような主体に関する前提
はもはや許されず、主体を尊厳ある人間として把握しなければならない社会
的・法理論的状況にある。[86] もちろん、古典像が理論的に前提としていた理性
的な成人という抽象的人間像の含意は、意思をどのように理解するのかとい
う点にも関わり、簡単に放棄されるべきものでもない。[87] これらの問題の理論
的配置に関しても今後の議論が必要であろう。世界観の実質化という問題領
域は、この点のより一層緻密な議論の必要性を要求している。

　以上の本稿の検討は、借地借家法を中心とする住居私法に直接益するよう
な示唆は、存在しない。両者は、契約を結節点とする点では共通している
が、借地借家法では、存続保護という局面の異なる問題が中心を占めている
からである。[88] しかし、ここでの検討は、消費者保護法制をいかに民法原理に
位置づけるのかという問題に対するアプローチを示すものであり、ことがら
を簡単に社会法として、その例外性の中に本質を見出すのではなく、私法秩
序における主体としての「人間」の位置を再発見する領域としての重要性を
示唆するものであろう。

---

(86)　もちろん、契約自由の実質化という現象も、このような背景のもとで理解されるべきもので
　　ある。
(87)　自由主義的な世界観を基礎に据えるということは、このことに繋がる。
(88)　ただし、内田勝一『現代借地借家法学の課題』(成文堂、1997 年) 21 頁以下。

高齢者の介護事故をめぐる安全配慮義務違反
──転倒事故事例に関するこれまでの裁判例を中心として──

太 矢 一 彦

はじめに
Ⅰ　介護現場での転倒に関する裁判例
Ⅱ　被介護者の安全に配慮する義務（安全配慮義務）
Ⅲ　改正民法における契約責任論
おわりに

はじめに

　2000年の介護保険法施行に伴い、介護サービスは、介護サービス提供者と利用者との間の介護サービス提供契約（本稿において、「介護サービス提供契約」とは、介護保険の対象となる「介護保険契約」だけではなく、介護保険制度の対象とならない介護サービスを提供する契約も含めたものを指す）によって提供されることとなった。介護サービス提供契約における法的性質は、介護サービス提供契約が役務提供契約の一つと解されることから、準委任契約あるいは無名契約と考えられることになろう。もっとも、介護サービス提供契約は、継続的に日々の生活全般にわたる広範な役務の提供を行うものであることから、個々の債務の内容を具体的に確定することは困難であり、介護者がどのような義務を負うのかは明確ではない。そのことからも、近時、急増している高齢者施設等の介護事故をめぐる訴訟においては、その多くが介護サービス提供契

（1）　大村は、「介護サービス契約」「介護契約」「介護保険契約」の位置づけを試みている。大村敦志「成年後見と介護保険」『法の支配』136号（2005年）74頁。

約に伴う安全配慮義務違反を中心的な論点として介護者の法的責任の追及がなされ、安全配慮義務違反の要件となる「注意義務違反」において、介護者の責任が判断されている。しかし、これまでの裁判例をみる限り、介護サービス提供契約における安全配慮義務として、介護者がどのような行為をどの程度まですれば義務を果たしたことになるのかについて、各判決における裁判官の判断に一定の基準を見出すのは困難である。

また、現行の介護保険制度では、利用者本人の意思（自己決定）を尊重する「自立支援介護」を目指すとされている（介護保険法1条・2条）。「自立支援介護」とは、被介護者の自主性を尊重し、被介護者ができるだけ自立した生活ができるようになるための援助をするという考え方で、平成30年の医療・介護報酬同時改正でも要介護者の自立が強く促されており、介護サービスの提供現場では、それに伴う介護事故が発生する可能性はこれまで以上に高くなっている。

介護サービス提供契約は人身損害のリスクを引き受けたともいえ、被害法益の重大性から、介護者の責任は重いといえよう。しかし、介護施設等における介護サービスの提供過程では、身体能力、精神能力の低下した高齢者を対象とするものであり、重度の認知症患者の問題行動も増えていることから、常に転倒や転落、誤飲、誤嚥等の事故の危険性を孕んでいる。また、老人ホームなどの介護施設は、被介護者の「居住の場」であり、さらに高齢者虐待防止法により要介護者の行動制限も許されないことからすれば、被介護者の安全を完全に確保するには、どれほど職員を増やしても限界があるといえるであろう。

そのような観点から、これまでの高齢者施設等における介護事故に関する裁判例をみると、介護をする側にいささか過重ともいえる義務（結果債務に近い万全の事故防止対策等）を課し、その義務違反をもって介護者に損害賠償責任を負わせていると思料される裁判例も散見される。そして、そのことは、実際の介護の現場において、介護職員が、どのような介護をすればよいのか、また施設としてどのような介護体制をとればよいのかについて少なからず混乱を生じさせており、ひいては介護することが困難な高齢者の引き受けを施設側が躊躇する事態も懸念される。

さらに、わが国では、2017 年に民法（債権法）が改正され、2020 年 4 月 1 日の施行に向けて、改正民法における契約責任をどのように理解するかについて活発な議論がされている。すなわち、現行民法では、415 条の「帰責事由」を故意・過失または信義則上これと同視すべき事由とするのが通説的見解であったが、改正民法では「契約その他の債務の発生原因及び取引上の社会通念に照らして債務者の責めに帰することができない事由」によって債務不履行責任が判断されることとなり、それにともなって、介護事故における法的責任の理論構造も変わってくることが予想される。

　介護事故において、介護者に、具体的にどのような法的責任が生じるかについては、介護事故の類型ごとに、施設の環境、個別の契約内容、損害賠償額、過失相殺等を合わせて分析しなければならないところ、本稿では、介護事故のなかでも発生頻度が最も高いとされる転倒事故に関する裁判例を対象にしながら、転倒事故に係る安全配慮義務に焦点をあてて検討を行うことにしたい。[3]

I　介護現場での転倒に関する裁判例

　先ずは、被介護者の転倒事故において、介護者の損害賠償責任が問われた裁判例について、公刊物及び裁判例データベースで判決文全文が掲載または登載されたものを取上げ、その要点を整理しておきたい。

①東京地裁平成 15 年 3 月 20 日判決（判例時報 1840 号 20 頁）

（2）　介護施設のベッド等からの転落事故の事案も共通する要因が多いが、本稿では論旨をより明確にする為転倒事故のみを対象とする。

（3）　本稿は、筆者がこれまでに、転倒事案の裁判例を個別に検討したもの（「介護老人施設でデイサービスを受けていた高齢女性が、同施設内の便所で転倒受傷した事故につき、施設職員の歩行介護に過失があるとして施設経営法人の損害賠償責任が認められた事例―横浜地判平成 17 年 3 月 22 日判決―」実践成年後見 65 号（2016 年）66 頁、「被介護者の介護拒絶に起因する介護事故における通所介護施設側の安全配慮義務違反の有無」成年後見法研究 14 号（2017 年）131 頁、「指定痴呆対応型共同生活介護施設における入居者の二度の転倒事故について、施設側の損害賠償責任が認められた事例―神戸地裁伊丹支部平成 21 年 12 月 17 日判決―」実践成年後見 75 号（2018 年）67 頁、「介護施設事業者の安全配慮義務（大阪地判平 29・2・2）現代消費者法 40 号（2018 年）74 頁等）を安全配慮義務違反という観点から他の裁判例もあわせて再考察したものである。

老人性認知症の男性（当時79歳）が、医院に併設されたデイケアから帰宅した際、当該医院の送迎バスを降りた直後に転倒して、右大腿部けい部を骨折し、死亡した事案において、デイサービス事業者は、被介護者の移動の際に常時介護士が目を離さずにいることが可能となるような態勢をとるべき契約上の義務を負っているとし、本件では、送迎バスが停車して被介護者が移動する際に同人から目を離さないように介護者を指導するか、それが困難であるならば、送迎バスに配置する職員を一名増員するなど、転倒事故を防ぐための措置をとらなかったことに義務違反があるとした。

➤介護者は、診療契約と送迎契約が一体となった無名契約に付随する信義則上の義務として、被介護者を送迎するに際し、同人の生命・身体の安全を確保すべき義務を負っているとした。

②福島地裁白河支部平成15年6月3日判決（判例時報1838号116頁）

　介護老人保健施設に入所中の要介護2の女性（当時95歳）が、自室からポータブルトイレ内の排せつ物を捨てるため汚物処理場に赴いた際、仕切りに足を引っ掛けて転倒し、傷害を負った事案において、介護サービス提供契約で定められた定時にポータブルトイレの清掃を行う債務が事業者にはあり、当該債務の懈怠と本件事故との間には相当因果関係があるとし、事業者の債務不履行責任を認めた。さらに、本件では、身体機能の劣った状態にある要介護老人の入所施設では、その性質上、入所者の移動ないし施設利用等に際して、身体上の危険が生じないような建物構造・設備構造が求められるとして、本件の施設の構造は、下肢の機能の低下している要介護老人の出入りに際して転倒等の危険を生じさせる形状の設備であり、民法717条の「土地の工作物の設置又は保存の瑕疵」に該当するとした。

➤ポータブルトイレの清掃という義務の懈怠と転倒事故との因果関係を問題として施設側の債務不履行責任を認定しており、さらに民法717条による損害賠償責任も認めた。

③福岡地裁平成15年8月27日判決（判例時報1843号133頁）

　NPO法人が営む介護サービス施設で、通所介護サービスを受けていた要介護度4の女性（当時95歳）が、昼寝から目覚めた後、歩行しようとして転倒し、右大腿部を骨折した事案において、被介護者が静養室での昼寝の最中

に尿意を催すなどして、起きあがり移動することは予見でき、また、被介護者は視力障害があり痴呆もあったのだから、静養室入口の階段から転倒するおそれがあったにもかかわらず、介護者には被介護者の動静を見守った上で、昼寝から目覚めた際に必要な介護を行うことを怠った過失があるとした。

➤通所介護契約上「利用者は、高齢等で精神的、肉体的に障害を有し、自宅で自立した生活を営むことが困難な者を予定しており、事業者は、そのような利用者の状況を把握し、自立した日常生活を営むことができるよう介護を提供するとともに、事業者が認識した利用者の障害を前提に、安全に介護を施す義務がある」とした。

④横浜地裁平成17年3月22日判決（判例時報1895号91頁）

　介護老人施設において、通所介護サービスを受けていた女性（当時82歳）が、トイレ内での介護を拒否した後に転倒し、骨折した事案において、介護者が、介護義務を免れる為には、被介護者に対して介護を受けない場合の危険性を説明し、介護を受けるよう説得すべき必要があるとし、本件ではそれがなされなかったとして安全配慮義務違反による損害賠償を認めた。

➤施設側は、通所介護契約上、介護サービスの提供を受ける者の心身の状態を的確に把握し、施設利用に伴う事故を防止する安全配慮義務を負うとした。

⑤京都地裁平成18年5月26日判決（賃金と社会保障1447号55頁）

　グループホームに入居する女性（当時79歳）が、グループホームの職員からの待機指示後、転倒による骨折・死亡した事案において、グループホームは法令上要求されている職員数の基準を満たしており、被介護者の痴ほう症老人日常生活自立度が〈3〉a（日中を中心として日常生活に支障を来たすような症状・行動や意思疎通の困難さが見られ、介護を必要とするが、一時も目を離せない状態ではない）であったことから、十数秒ないし、二、三十秒の間でも、椅子に座っている被介護者から目を離してはならないという法的義務がグループホーム運営者にあったとは認めがたいとし、安全配慮義務違反を否定した。

➤グループホームにおいて、法令上要求されている職員数の基準や被介護者の障害老人の日常生活自立度を考慮して、安全配慮義務の内容・程度を判断

している。

⑥福岡地裁小倉支部平成18年6月29日判決（判例タイムズ1247号226頁）

　特別養護老人ホームに入所していた女性（当時82歳）が、施設内で居室を出て自力で食堂まで歩いて行き、そこで転倒・負傷し死亡した事案において、本件事故当時は朝食準備で繁忙な時間帯であったことや、被介護者から目を離したのが短時間であったことから、施設職員が本件事故を予見し、かつ回避する可能性があったと認めることはできないとし、施設職員の安全配慮義務違反を否定した。

➤介護の繁忙時間帯であったことや、短時間で目を離したに過ぎなかったことなど、施設側の事情を考慮している。

⑦福岡高裁平成19年1月25日判決（⑥の控訴審、判例タイムズ1247号226頁）

　被介護者は、介護者との意思疎通は可能であって、事故前日までの食事の際には、介護職員の指示に従わないで居室を離れたことはなかったことから、介護職員が本件事故の発生を予見することは不可能であり、また施設での介護・看護体制は介護保険の配置基準を満たしており、入所者の身体拘束その他の行動制限が法令上認められないこと等の諸事情を合わせ考慮すると介護職員に安全配慮義務違反はないとした。

➤施設側が、介護・看護について、介護保険指定の職員の配置基準を満たしていたこと、被介護者の身体拘束がみとめられないことなどを考慮している。

⑧大阪高裁平成19年3月6日判決（⑤の控訴審、賃金と社会保障1447号55頁）

　グループホームの職員としては、被介護者の許を離れる際に、せめて被介護者が本件リビングに着座したまま落ち着いて待機指示を守れるか否か、仮に歩行を開始したとしてもそれが常と変わらぬ歩行態様を維持し、独歩に委ねても差し支えないか否か等の見通しだけは事前確認すべき注意義務があったとして、施設職員には被介護者の上記のような特変の有無を確認すべき注意義務を怠った安全配慮義務違反があったとした。

➤本件施設は、「家族を離れた認知症高齢者を二四時間受け入れ、介護及びその他の援助を提供する施設であるから、たとい本件契約上の本旨債務に包含されないとしても、それに付随する信義則上の義務として、転倒による受傷等から居住者の安全を守るべき基本的な安全配慮義務」があるとし、その

義務内容として、特変の有無を確認する義務まであるとした。

⑨神戸地裁平成 21 年 12 月 17 日判決（判例タイムズ 1326 号 239 頁）

　指定痴呆対策型介護施設に入居していた高齢者（当時 87 歳）が、その居室内で居室のカーテンを開ける際に転倒し、骨折した事案において、事業者は、被介護者の就寝後に、介護職員によるこまめな巡視を実施したり、被介護者居室内のタンスの配置換えにより被介護者の転倒を防止する配慮をしていたなどの対策をとっていたものの、それ以上の対策として、例えば、介護職員が把握していたカーテンの開閉などの被介護者の習慣的な行動は、介護職員の巡視や見守りの際にさせたり、被介護者が 1 人で歩く際には杖などの補助器具を与えるなどの対策をとったり、そうした対策を検討していた形跡はないとし、Y の過失を認めた。

➤不可抗力の免責条項の解釈が問題とされた事案であるが、不可抗力の免責条項にかかわらず、施設側に結果責任に近い義務を認めている。

⑩東京地裁平成 24 年 3 月 28 日判決（LEX/DB 文献番号 25482306）

　介護老人保健施設に入居していた女性（当時 79 歳）が夜間未明に転倒し、骨折した事案において、被介護者がベッドから立ち上がり転倒する危険のある何らかの行動に出た場合には、介護者は、被介護者の動静を見守る義務があり、仮に職員による見守りの空白の時間に事故が起きたとしても、空白時間帯に対応する措置を講ずる義務があったとして、施設側の安全配慮義務違反を認めた。

➤入所利用契約上の安全配慮義務の一内容として、介護者は被介護者がベッドから立ち上がる際などに転倒することのないように見守り、被介護者が転倒する危険のある行動に出た場合には、その転倒を回避する措置を講ずる義務を負っており、仮にそれが見守りの空白時間であっても、その時間帯に対応する措置を講ずる義務があるとした。

⑪福岡地裁平成 24 年 4 月 24 日判決（賃金と社会保障 1591 号 92 頁）

　介護老人福祉施設（グループホーム）に入居するレビー小体型認知症に罹患する女性（当時 82 歳）が転倒して傷害を負った事案において、グループホームでは、常時被介護者を見守り、被介護者の歩行に必ず付き添うことまでは要求されないとしても、定期的に被介護者の動静を確認し、その安全を確認

すべき義務があるとし、本件では、被介護者を放置していた50分という時間間隔は、認知症に罹患している入所者に、何らかの事故の危険が具体的に生じ、又は現に事故が起こった時に、速やかに駆けつけ対処ないし救助できる時間とは到底言えないことから、事業者には動静確認を怠った過失があるとした。

➤介護老人保健施設利用契約に基づいて、介護施設は「利用者それぞれの状況に応じて、利用者が事故を起こして怪我をすることのないよう、安全に介護をすべき安全配慮義務を負っている」とし、その義務の具体的な内容として、常時の見守り義務は否定するものの、事故が発生した場合に、速やかに駆けつけ、対処ないし救助できる体制は必要とする。

⑫東京地裁平成24年7月11日判決（LEX/DB文献番号25495924）

　介護付き老人ホームに体験入居していた高齢者（当時84歳）が、転倒し頭部を受傷した事案について、施設側は、被介護者の個室に離床センサーを取り付けて、介護職員が夜間そのセンサーが反応する都度、部屋を訪問し、被介護者を臥床させるなどの対応をしており、また、介護職員は、夜間少なくとも2時間おきに定期的に巡回して被介護者の動静を把握するなどして、転倒の可能性を踏まえて負傷を防ぐために配慮し、これを防ぐための措置を取っており、本件では、予め同意された被告の職員体制に照らし、原告への対応に当たった職員体制が不十分であったとすることはできないとした。

➤施設側は、短期入所生活介護に関する契約の付随的義務として、被介護者に対し、その生命及び健康等を危険から保護するよう配慮すべき義務を信義則上負担しているとしたうえで、施設の人員配置の適否は、介護契約において予め合意された職員体制を前提に判断されるべきとする。

⑬福岡高裁平成24年12月18日判決（⑪の控訴審、賃金と社会保障1591号92頁）

　被介護者の転倒はその性質上突発的に発生するものであり、転倒のおそれのある者に常時付き添う以外にこれを防ぐことはできないこと、また施設側から被介護者に対して転倒防止のために歩行時にシルバーカーを使用するようにとの注意がなされ、そのシルバーカーにおもりを入れてその安定性を確保するなどしていたこと、さらに、被介護者に、それまでシルバーカー使用時の転倒事故が生じた事実はなかったことなどから、事業者側に本件事故に

対する予見可能性を認めることはできないとした。

➤本件では、施設内において緩衝材の設置や、畳やカーペット地を使用するなどの床材の見直しの必要があったことなどが、被介護者側から主張されているが、いずれの主張についても退けられている。

⑭東京地裁平成25年5月20日判決（判時2208号67頁以下）

　通所介護サービスの提供を受けていた女性（当時91歳）が、通所介護施設の職員の介助の下、介護施設の付属の宿泊施設に移転するための送迎車両から自ら降車しようとして席を立った際に転倒し、骨折した事案において、介護職員が他の利用者の乗車を介助するごく短時間の隙に、被介護者が不意に動き出して車外に降りようとしたことについて、これを具体的に予見するのは困難であったとして、事業者の安全配慮義務違反を否定した。

➤通所介護契約は、「介護保険法令の趣旨に従って、利用者が可能な限り居宅においてその有する能力に応じて自立した生活を営むことができるように利用者の日常生活全般の状況及び希望を踏まえて通所介護サービスを提供することを主な目的とするものである」とし、当該契約に基づき、施設側は人員配置基準を満たす態勢の下、必要な範囲において、利用者の安全を確保すべき義務を負っているとする。

⑮東京地裁平成27年3月10日判決（自保ジャーナル1948号185頁）

　介護施設のヘルパーとともに自宅玄関内に入った高齢者（当時78歳）が転倒して、骨折した事案において、事業者が入居者との間で締結した通所介護契約に基づく事業者の債務として、事業者の職員が被介護者をその自宅に送り届ける際、被介護者の歩行に付き添って補助し、被介護者が転倒しないよう十分な注意を払うといった抽象的な義務があるということはできるものの、玄関内の靴箱の横に置いてあった椅子のところまで誘導して、その椅子に座らせて靴を脱がせるか、又は、それと類似する程度の注意深さでもって被介護者の靴を脱がせるというような具体的な義務まで生じるとは認め難いとして、事業者の債務不履行を認めなかった。

➤本件では、介護者の債務として具体的にどのような態様での介助が契約内容となっていたかが問題とされた。

⑯東京地裁平成28年8月23日判決（D1-Law 判例I D29019803）

有料老人ホームに入居していた女性（当時87歳）が施設4階のリビングで転倒して傷害を負った事案において、医師作成の居宅療養管理指導書には、転倒に留意すべき旨の記載がなされているものの、その根拠となる具体的な事実の記載はなく、施設において被介護者が転倒したことはなく、入所オリエンテーション時及びその後の連絡や面会の機会においても、被介護者の家族から転倒に対する具体的な不安は聞かれていなかった等の事情からすれば、介護者において、被介護者の転倒事故を具体的に予見することは困難であったとし、事業者の安全配慮義務違反は認められないとした。

➤本件では、被介護者の転倒事故についての施設側の予見可能性を否定し、安全配慮義務違反を否定した。

⑰福岡地裁平成28年9月12日判決（LEX/DB 文献番号 25448353）

特別養護老人ホームの利用契約を締結して介護を受けていた高齢者（当時100歳）が、入居施設の送迎により帰宅する際、玄関先の階段で転倒して負傷し、その後死亡した事案において、被介護者の身体状況、事故現場の状況等を踏まえれば、施設職員によって事故は予見可能であり、被介護者が4点杖を動かすために被介護者の身体から手を離したことがやむを得なかったとはいえず、本件事故の回避可能性もあったとして、施設側の安全配慮義務違反を認めた。

➤特別養護老人ホームの利用契約に基づき、介護者は「利用者の有する能力に応じた介護サービスを提供し、そのサービスの提供に当たって、利用者の生命、身体等の安全確保に配慮すべき義務（安全配慮義務）を負う」とし、その義務の具体的内容は利用者の能力・現場の状況等から判断すべきとした。

⑱大阪地裁平成29年2月2日判決（判時 2346号92頁）

特別養護老人ホームに入居していた男性（当時85歳）が、深夜にトイレに行こうとして転倒して負傷し、その後死亡した事案において、本件事故当時、被介護者がナースコールをせずに一人でトイレに行こうとする可能性があること、その際に転倒して頭部に傷害を負う可能性があることを具体的に予見することができたこと、また、自らナースコールを押そうとしない患者に対して離床センサーを設置することが転倒予防に効果があることについて知見を有することを期待することが相当であり、離床センサーの設置によ

り、前記危険を回避することができた可能性が高いと認められることから、事業者には、被介護者が転倒する危険を回避するために離床センサーを設置することが義務付けられていたというべきであり、離床センサーを設置しなかったことは結果回避義務違反にあたるとした。また、そのような状況を踏まえると介護の専門知識を有する介護事業者は、被介護者に対し、一人で歩いてトイレ等へ行くことの危険性とその危険を回避するために付添いをする必要性を専門的見地から意を尽くして説明し、付添い介護を受けるように説得するべきだったと認めるのが相当であるとした。

➤ユニット型指定短期入所生活介護事業の利用契約に基づき、利用者である被介護者に対して、その能力に応じて具体的に予見することが可能な危険からその生命及び健康等を保護するよう配慮すべき義務を負うとし、その義務の内容として、事業者側には、ナースコールを押すよう説得する義務まであるとする。

II　被介護者の安全に配慮する義務（安全配慮義務[(4)]）

1　法的構成

被介護者の転倒事故において、ほぼ全ての裁判例で、被介護者の安全に配慮する義務が争われているものの[(5)]、その法律構成は明確ではない。裁判例①⑧⑫では、被介護者の安全に配慮する義務を介護サービス提供契約等に付随する信義則上の義務とするが、それ以外の多くの裁判例では（③④⑤⑩⑪⑭⑰⑱）、被介護者の安全に配慮する義務を介護サービス提供契約等の基本契約から生じる義務としており、それが介護サービス提供契約における給付義務そのものであるのか、信義則上の義務（保護義務あるいは付随義務）であるのかは明白ではない。

学説上も、介護サービス提供契約において、介護者が被介護者の安全に配

（4）　判決のなかで、「安全配慮義務違反」の用語を用いているのは、④⑤⑥⑦⑧⑩⑪⑫⑯⑰⑱である。

（5）　本稿で挙げた裁判例のうち②⑮は、契約上の義務として、介護者がなすべきであった具体的な行為の不履行を問題としており、②では、ポータブルトイレの清掃、⑮では被介護者を玄関内の靴箱の横に置いてあった椅子のところまで誘導して、その椅子に座らせることが争われた。

慮する義務を有することについては異論がない。ただし、それを介護サービス提供契約における給付義務そのものと捉えるか、信義則から発生する義務と捉えるかについては見解が分かれている。笠井は、福祉サービスの提供の場面においては提供者側に利用者の安全を配慮する義務が課されるとし、特に施設サービスの場合には、利用者はまさに安全に対する配慮というサービスを求めて契約を締結し入所するということができることから、福祉契約の履行過程における安全配慮義務は、それ自体主たる給付義務としてとらえられるべき場合が多いとされる。[6]その一方で、品川は、ほとんどの介護保険サービス利用契約書は、契約の趣旨、双方の債務の概要、および特記事項等を定めているに過ぎず、債務の内容を明確にし、責任関係と規範を形作るというものではなく、権利義務関係の大枠を明らかにし、目的に向けた相互の信頼と役割を明確にするといったものであり、そのことから介護保険サービス利用契約は、当時者間が「特別な社会的接触関係」にあることを証明するには十分であろうが、その内容を確定する意義を持つことは少ないとされる。[7]また小西は、福祉契約において債務不履行に対する福祉サービス提供者への責任追及に関しては、債務の本旨にかなった履行がなされたか否か、債務者に帰責事由があるか否かを判断するための注意義務水準を設定する過程で、福祉サービスの内容・質そのものが事後的に検討されることになるとされ、契約法は、その程度でしかサービスの内容・質を担保することができないとされている。[8]

　介護サービス提供契約において、介護サービスの提供者がなすべき行為（義務）は、それを具体的に定める法令もなく、これまでの裁判例においても、共通する理解が形成されているとはいえない。またサービス提供時の利

（6）　笠井修「福祉契約論の課題—サービスの「質」の確保と契約責任」『著作権法と民法の現代的課題』（法学書院、2003 年）674-676 頁。また河上は、カウンセリング・マッサージ・介護・治療のように、もっぱら「人を対象とした役務」については、少なくとも、役務の結果として、「身体の完全性」を損なうに至ったり、悪化を早めたときには、そこに不適切なものがあったのではないかとの疑いを生じるとされている。河上正二「商品のサービス化と役務の欠陥・瑕疵（上）」NBL593 号（1996 年）10 頁。

（7）　品川充儀「福祉契約と契約当事者—介護事故における損害賠償の法理—」新井・秋元・本沢編『福祉契約と利用者の権利擁護』（日本加除出版株式会社、2006 年）168 頁。

（8）　小西知世「福祉契約の法的関係と医療契約」社会保障法 19 号（2004 年）107-108 頁。

用者の身体的状況によっても、その時々で必要とされる行為が変化することもあるといえ、その内容を、予め当事者間で確定させておくことは困難であると考えられる。さらに、安全配慮義務という概念が、債務の履行に際して債権者・債務者が相互に相手方の生命・身体・財産に関する法益を害さないよう配慮すべき義務として、一般の契約責任の予定する類型と異なるものとして判例によって認められてきたという経緯からすれば、介護サービス提供契約に伴う被介護者の安全に配慮する義務を、給付義務そのものと解するのではなく、信義則上発生する義務ととらえるのが妥当であろう。

2 安全配慮義務の内容・程度

それでは、介護サービス提供契約における安全配慮義務違反の内容・程度については、どのように考えられるであろうか。

学説上、安全配慮義務違反の内容・程度は、当該法律関係の実質に応じ確定されるべきとされるが[9]、その義務内容の確定は、不法行為と共通のものと考えられ、義務内容面においても差異はないとされている[10]。もっとも安全配慮義務違反について、近時の学説は、特に人身の保護や安全確保そのものを目的とする契約においては、被害法益の重要さから、債務者の義務の免責要件は厳格に解されるべきとする見解が有力である[11]。その立場からすれば、介護サービス提供契約は、まさに人身の保護という重大な保護法益を担うものであることから、結果責任に近い義務が問われることになろう。

しかし、その一方で、高齢者に対する介護サービスの提供においては、次のことに留意しなければならない。まず、高齢者の入居・居住を前提に介護をおこなう施設（有料老人ホーム・グループホーム等）は、被介護者の日常生活の場であり、入居者の完全な安全を確保するには 24 時間体制での見守りが必要となる。また、通所介護施設、グループホームや有料老人ホームなどは民間の施設であり、市場経済の要素を含むものであることを考慮すれば、費

（9）　奥田昌道『債権総論〔増補版〕』（悠々社、1992 年）167 頁。

（10）　奥田昌道編『新版　注釈民法（10）Ⅱ』（有斐閣、2011 年）124 頁、潮見佳男『新債権総論Ⅰ』（信山社、2017 年）176 頁。

（11）　潮見佳男『不法行為法Ⅰ〔第 2 版〕』（信山社、2009 年）415 頁、國井和郎「安全配慮義務についての覚書（中）」判例タイムズ 360 号 15 頁以下。

用との関係において、法定の人員（原則として3：1）以上に、介護スタッフを増員することは容易になし得るものではない。さらに、介護サービス提供契約では、身体能力、認知能力の低下した高齢者を対象とすることから、介護する側には常に大きなリスクがあるといえ、高齢者虐待防止法等により、要介護者の行動制限も許されない介護現場において、高齢者の安全を完全に確保するには、どんなに職員の数を増やしたとしても、限界があるといえる。そのようなことからも、⑤⑥⑦⑧⑪⑫⑬⑭⑰では、法定人員配置や契約上の人員配置に言及し、施設側の常時の見守り義務を否定している。

　もっともこの点について、内田は、安全配慮義務は、大数的には避けられない事故について、事後的にそのコストをいかに分配するかという問題としての側面が強いとされ、安全配慮義務は、労働者の労務提供の場所や、学校のような、ある程度の危険を伴わざるをえない「場」を提供している主体に、そこで生じた人身に対する事故被害についてコストを負担させ、それを保険で分散する役割を担わせるとともに、以後の安全対策のためのインセンティブを与える制度として理解することができるとされる。また、長沼は、介護事故についての賠償義務を確実・迅速に履行するために、民間保険商品等による裏づけを行う必要があるとされ、これに要するコストである保険料相当額は、公的介護保険を通じて、具体的には介護報酬の構成要素のなかに位置づける形で社会的に負担されるべきとされる。これらの見解からすれば、損害の負担は介護する側が負うことに繋がりやすいと思料する。

---

(12)　特定施設のなかでも、独自により細かなケアを実現するために「2.5：1」「2：1」など人員配置を定めているものもあり、その場合には、最低基準を上回る人員基準の分は、契約によって、介護保険費用に上乗せされた「上乗せサービス費」として、利用者に請求していることがほとんどである。このように、高額の入居費用を支払って、実質的に常時の見守りに近い義務まで負うための人員配置を備えていたり、高感度のセンサー等を導入したりと、様々な内容の契約が考えられることから、当事者間で加重された義務を負う特別の契約関係が設定されたと言える場合には、常時見守りに近い義務が施設側にあると解される場合もありうる。

(13)　内田貴『民法Ⅲ〔第3版〕債権総論・担保物権』（東京大学出版会、2005年）136頁。

(14)　内田・前掲注（13）137頁。

(15)　長沼は、とくに事業者側の事故防止努力不足に由来する、いいかえれば相対的に防止可能な事故の損害をカバーする保険商品に要するコストまで、社会的に負担することには疑問があるかもしれないが、これは一種の産業の高度化に伴うリスクとして、被害者救済を重視する観点からも、社会全体で負担することが合理的であろうとされる。長沼健一郎『介護事故の法政策と保険政策』（法律文化社、2011年）357頁。

しかし、保険に依存することついては、品川から、多くの事業者は損害保険に加入しており、直接的な損失にはつながらないという意識が蔓延することは危険であり、当該保険料は事実上介護保険から支出されていると考えれば、理論上、事業者の義務懈怠と、家族の“物（金）取り主義”による訴訟の頻発に対して、国民全部がこれを負担することとなるとの指摘もあるように、保険においてはモラルハザードの危険があるといえ、さらに、今後、認知症等などにより、事理弁識能力の低下した要介護者が急増するなかで、保険料の高騰も懸念される。

次に、自立支援介護からの要請がある。先に述べたように、2000年の介護保険法施行に伴い、新たに導入された介護保険制度のもとでは、介護サービスの提供は、民間参入による市場経済要素を一部導入することにより、介護サービス提供者と利用者との間に介護サービス提供契約が締結され、契約によって介護サービスが提供されることになっている。そして、現行の介護保険制度のもとでの高齢者介護は、措置時代のいわゆる「お世話型介護」を改め、利用者本人の意思（自己決定）を尊重する「自立支援介護」を目指すとされている（介護保険法1条・2条）。すなわち、介護は、被介護者の意思を尊重しつつ、被介護者が自宅で過ごすのと同様の生活をするための援助（日々の生活サポート）として位置づけられており、介護現場で働く者の意識も「看護」から、被介護者の「日々の生活サポート」へと変わり、要介護者の自立支援に重点が置かれている。

このことを、⑪では、判決のなかで次のように詳細に述べ、安全配慮義務違反の判断に自立支援介護を考慮している。判決では、介護老人保健施設の利用契約においては「医学的管理の下に、入所者ができるだけその能力に応じた自立した日常生活ができるように支援し、居宅での生活に復帰することを目指すこと、そのような自立した生活のためにも、できる限り入所者に対する拘束を少なくすることが基本的な方針とされていたことが認められる。そうすると、かかる基本方針から見て、原告が歩行する際に被告の職員が原告に常に付添い介助することまでは、当然には原告と被告との間の契約内容

----
(16)　品川充儀「『介護骨折事故』損害賠償訴訟判決の衝撃」月刊介護保険114号（2005年）25頁。

にはなっていなかったと解すべきである。なぜなら、なるべく入所者の自立を図ることを基本方針とする以上、まだ歩行能力が失われていない原告の歩行を制限せずに、可能な限り自立的に歩行できるようにすることが原告と被告との間の契約内容に含まれていたと解されるのであって、その際に、被告職員が常に付き添うことを要求すると、原告のための専従職員を雇っているわけではない以上、結果として、原告の歩行の機会を制限するほかはないことになってしまい、入所者の自立を図るという根本目的と齟齬する事態とならざるを得ないからである。そして、そのように自立を目指して入所者の自由な行動をある程度認めることの反射として、高齢者の特性による危険が伴いがちであることに鑑み、重要事項説明書に、高齢者には様々な事故が起こりやすいことへの理解を求める項目を明記し、それを契約内容に取り込んでいるものと解される」とする。また、長沼も、要介護高齢者と児童や障害者・児との相違点として、要介護高齢者には自立支援的観点から、「移動や食事を含めて、事業者側が利用者の生活全般に過度にかかわることは、高齢者の自立支援とは逆行することから、事後的な法的評価においても、常時監視・常時介助的なかかわり方を前提に責任を問うのは、この観点からは望ましくない」[17]とされる。

　⑪や長沼が指摘するように、自立支援介護は、被介護者の自主性を尊重し、被介護者ができるだけ自立した生活ができるようになるための援助をするという考え方で、どうしても介護者の助けが必要な部分にだけ、介護サービスを提供し、それ以外のことについては、できるだけ被介護者自身が行うということを前提としている。そして、被介護者の意思が尊重される結果、被介護者は比較的自由に行動することができることからも、介護サービスの提供現場では、それに伴う介護事故が発生する可能性はこれまで以上に高くなっているといえる。

　これらのことからすれば、介護サービス提供契約は、被介護者の生命身体の安全に関わる重大な債務を負うものであるが、それに伴う被介護者の安全に配慮する義務を結果責任と構成するのは、介護する側に過重な責任を負わせることになりかねず、発生した損害賠償により、施設全体のサービスの低

(17)　長沼・前掲注（15）232頁。

下を招く危険やあるいは介護の困難な入居者の受け入れを躊躇するなど、他の入居者等の不利益にもなりかねないと考えられる[18]。

3 説明・説得義務

安全配慮義務の内容・程度に関連して注目されるのは、裁判例④⑧で触れられている被介護者に対する介護者の説明・説得義務である。

まず、④[19]では、通所介護サービスを受ける歩行が極めて不安定であった女性が、施設内のトイレに行こうとした際、施設職員がトイレまでの歩行介助をしたが、トイレに着いた途端、被介護者が単独でトイレのスライド式の扉を半分まで開け、トイレの中に入り介護職員に対し「自分一人で大丈夫」と言って閉めたのち、トイレ内で転倒・骨折した事案であった。判決では、意思能力に問題のない被介護者から介護拒絶の意思が示された場合であっても、「介護の専門知識を有すべき介護義務者においては、被介護者に対し、介護を受けない場合の危険性とその危険を回避するための介護の必要性とを専門的見地から意を尽くして説明し、介護を受けるよう説得すべきであり、それでもなお被介護者が真摯な介護拒絶の態度を示したというような場合でなければ、介護義務を免れたことにはならない」とし、説得義務を果たさなかった介護職員に安全配慮義務違反を認めた。

また⑱では、転倒リスクが高い被介護者に対して、施設職員が介護する為

---

(18) 品川は、事業者の責任を拡大する判決は、一見事業者の安全確保策に対する認識を促し、リスク回避に向けて積極的な行動をとらせるように思われるが、事故を起こさないようにするために小さな人権違反が多発する危険が危惧され、結果的に被介護者の自立能力が向上しないことが起こりうるとする。品川・前掲注（16）25頁。

(19) 本判決の判例批評としては次のものがある。菊池馨実「高齢者介護事故をめぐる裁判例の総合的検討（一）」賃金と社会保障1427号（2006年）23頁以下、菅富美枝「本人の介護拒絶と介護施設の安全配慮義務」（本判決の批評）賃金と社会保障1420号（2006年）28頁以下、同「自立支援の理念と損害賠償法—本人による介護拒絶と介護者の損害賠償責任の問題を手がかりとして」円谷・松尾編『損害賠償法の軌跡と展望（山田卓夫先生古稀記念論文集）』（日本評論社、2008年）567頁以下、同「老人介護施設でのデイサービス中における施設トイレ内での転倒事故と施設の安全配慮義務」『別冊ジュリスト（消費者法判例百選）』（有斐閣、2010年）212頁以下、菅原好秀「利用者の介護拒絶と介護施設の安全配慮義務の裁判例に関する研究—福祉リスクマネジメントの視点から［横浜地裁平成17.3.22判決］」東北福祉大学研究紀要32号（2008年）81頁以下、矢田尚子「高齢者住宅に係る裁判例の紹介—第4回介護老人施設における転倒事故と施設の安全配慮義務」財団ニュース106号（2012年）10頁以下。

に、ナースコールで施設職員を呼ぶように再三注意を行っていたにもかかわらず、それを聴きいれず、被介護者が一人でトイレに行って転倒した事案で、介護の専門知識を有する介護事業者は、被介護者に対し、「一人で歩いてトイレ等へ行くことの危険性とその危険を回避するために付添いをする必要性を専門的見地から意を尽くして説明し、付添い介護を受けるように説得するべきだったと認めるのが相当である」とし、④と同様に介護職員の説明・説得義務を果たさなかったことによる安全配慮義務違反を認めている。

　介護者の説得義務について、菊池は、④の判例批評のなかで、専門家責任の内容として論じられることのある「説明・助言義務」を超えた「説得義務」まで認めたことは、介護職員による不適切な介護行為が被介護者の生命・身体への危険に直結するとの業務の性格に由来する（単なる説明・助言だけでは給付義務・安全義務等を尽くしたことにはならない）ものであり、介護職員に一般人よりも重い注意義務を課したものとの見解を示されており[20]、菅も同様に、④は介護職員の注意義務の加重として説得義務を課したものとする[21]。

　しかし、筆者としては、④の事案では、歩行介助という介添えの場面であったことから、介護者には、ほぼ常時の見守り義務が課されていた状況であったこと、また被介護者の歩行が極めて不安定であったことを理由として、判決ではあくまで結果回避義務の一内容として介護者に説得義務があるとされたものであり、また⑱は、介添えの場面ではないものの、④と同様に、被介護者が転倒することの予見可能性が相当高いものであったことから、それを回避するための一手段としてナースコールの利用を徹底させる必要性から説得義務を導いたものと考える。すなわち、④⑱ともに、あくまで事故発生の予見可能性から当該場面で介護側がどのような行為をすべきであったかを問題とし、結果回避義務の一内容として、被介護者に対しては、説明・説得が有効な場面があることを示したにすぎないのではないかと思料する。また

---

(20)　菊池・前掲注（19）42頁。

(21)　菅・前掲注（19）『損害賠償法の軌跡と展望』567-568頁。もっとも、菅は、同論文において、介護義務者の注意義務が加重されることになれば、現代の福祉理論における自立支援の理念に反し、かつての「パターナリズム」への逆行をもたらしうる点が懸念されるとし、自立支援の理念を貫くためには、要介護者に求めるべきは、あくまで介護の必要性及び転倒の危険性についての説明にとどめ、介護の受容を要介護者に強いるような「説得義務」までも課すべきでないとする。

介護サービスを提供する介護スタッフは、医師、看護師などと比較すると、その教育課程や法の要求からみて専門家とは認知しにくい人材である場合が少なくないとの指摘もあるように[22]、介護というサービスの性質と注意義務の加重とが医師や看護師のように直截に結びつくかは疑問である。

4　工作物（民法717条）・営造物責任（国家賠償法2条）との関連

　被介護者の転倒事故に関する裁判において、工作物責任・営造物責任が明示的に争われたのは②のみであるが、離床センサーの設置（⑫⑱）、タンスの配置換え（⑨）、手すりの設置（⑫）、緩衝材の設置や畳やカーペット地、床材（⑫⑬）、階段の昇降機の設置（⑰）など施設や用具に言及する裁判例は多数あり、また、被介護者の事理弁識能力が不十分な場合には、介護者による説明・説得だけでは安全な介護の実効性が担保できないことから、被介護者の転倒事故においては、工作物責任・営造物責任の観点からの考察も必要となろう[23]。

　特に、⑱は、工作物責任・営造物責任との関係で重要な意味をもつ裁判例であると考える。⑱では、自らナースコールを押そうとしない（事理弁識能力に問題のない）被介護者に対して、介護する施設側には、被介護者の為に離床センサーを設置することが義務付けられていたというべきであり、離床センサーを設置しなかったことは、安全配慮義務違反における結果回避義務の違反にあたるとした。離床センサーの設置の要否については、介護施設の物的設備の瑕疵とみることもでき、工作物責任・営造物責任と共通の問題ととらえることができる[24]。すなわち、工作物責任・営造物責任は、無過失の立証責任が占有者に課せられた中間責任とされている点で、安全配慮義務違反とは異なるが、占有者の責任が認められる為には、工作物等の「瑕疵」が要件とされており、工作物等の「瑕疵」の判断基準は、安全配慮義務の違反についても同様にあてはまるとみることができる[25]。

---

(22)　品川・前掲注（7）166頁。
(23)　菊池は、④の事案で、転倒しやすい被介護者の転倒防止に努めていた施設において、車椅子用に広く設計され、しかも壁に手すりすら取り付けられていないトイレについては、工作物責任も問われかねないとする。菊池・前掲注（19）43頁。
(24)　潮見・前掲注（10）176頁。

工作物責任・営造物責任における「瑕疵」について、判例は、通常備える[26]べき安全性を欠いていることを言うとし、それは、当該工作物の構造・用法・場所的利用状況等の諸般の事情を総合考慮して具体的個別的に判断されるべきものとする。そのことからすれば、高齢者の介護施設は、通常の健常者とは異なり、身体能力や判断能力が十分ではない入所者を前提に入所契約を締結していることから、その点に配慮する必要があるであるといえる。そして、通常備えるべき安全性という観点から離床センサーをみる場合、離床センサーは、被介護者の安全を守るための設備（安全設備）と考えられることから、その安全設備の設置基準が問題とされよう。

安全設備の設置基準については、最判昭61・3・25（民集40巻2号472頁）[27]が参考となる。ここでは、点字ブロック等の新たに開発された視力障害者用の安全設備が国鉄の駅のホームに敷設されていないことが、国家賠償法2条1項にいう設置又は管理の瑕疵に当たるか否かが争われた事案において、点字ブロック等のように、新たに開発された視力障害者用の安全設備を駅のホームに設置しなかったことをもって当該駅のホームが通常有すべき安全性を欠くか否かを判断するにあたっては、（ⅰ）その安全設備が事故防止に有効なものとして全国的ないし当該地域において普及しているか、（ⅱ）当該工作物の構造や、（ⅲ）その利用者から予想される事故の発生の危険度の程度、（ⅳ）当該安全設備を設置する必要性の程度、（ⅴ）設置の困難性の有無の事情等、諸般の事情を総合考慮しなければならないとしており、このような安

---

(25) 潮見・前掲注（10）176頁。

(26) 最判昭45・8・20民集24巻9号1268頁、最判昭53・7・4民集32巻5号809頁、最判平5・3・30民集47巻4号3226頁。

(27) なお、本判決の判例批評としては次のものがある。古崎慶長・ジュリスト863号42頁（1986年）、林修三・時の法令1285号83頁（1986年）、小幡純子・法学教室72号141頁（1986年）、薄津芳・都道府県展望336号34頁（1986年）、田中舘照橘・法令解説資料総覧58号98頁（1986年）、岩田好二・民事研修357号56頁（1986年）、植木哲・判例評論336号33頁（1987年）、秋山義昭・昭和61年度重要判例解説（ジュリスト臨時増刊887号）35頁（1987年）、石井彦壽・法曹時報41巻10号107頁（1989年）、橋本博之・法学協会雑誌110巻3号409頁（1993年）、安本典夫・行政判例百選〔2〕＜第3版＞（別冊ジュリスト123号）310頁（1993年）、安本典夫行政判例百選〔2〕＜第4版＞（別冊ジュリスト151号）328頁（1999年）、安本典夫・行政判例百選〔2〕＜第5版＞（別冊ジュリスト182号）488頁（2006年）、今川奈緒・行政判例百選〔2〕＜第6版＞（別冊ジュリスト212号）506頁（2012年）、石井彦壽・最高裁判所判例解説民事篇＜昭和61年度＞198頁（1989年）。

全設備の設置基準は、転倒事故発生当時に安全設備といえる離床センサーを介護施設が備えておく必要があったか否か、すなわち、当該介護施設が、通常有すべき安全性を備えていたか否かを判断する基準としても有効であると思われる。

　⑱では、判決のなかで、自らナースコールを押そうとしない患者に対して、離床センサーを設置することが転倒予防に効果があるとする学会報告があり、離床センサーを販売する会社の商品の説明にも、その旨の記載があることを挙げ、本件事故当時に、介護者には離床センサーの設置が自らナースコールを押そうとしない者の転倒予防に効果があることの知見を有することが期待されていたとして、離床センサーを設置しなかったことをもって、施設側の注意義務違反を認めた。しかし、筆者の調べたところでは、転倒予防に効果があるとする研究は、看護師の学会誌等に掲載されたものがほとんどであり、看護師間での知見はあったといえても、それが高齢者施設の介護職員においても同様に認識されていたかは改めて検討する余地があると思われる。また、離床センサーは、本来、認知症の程度が進み、意思能力及び判断能力が乏しく、ナースコールを認識できない要介護者に使用されるものであるが、⑱では被介護者の意思能力及び判断能力は何ら問題がないとされており、そのような者に対して使用するのは、あくまで例外的な場合であるといえる。そして、判断能力等がある者に離床センサーを使用する場合には、離床センサーを避けてトイレに行くことや、離床センサーのスイッチを切るこ

――――――――――――

(28)　下室たちの論文では、転倒・転落予防のための離床センサー使用基準の作成段階において、「ナースコールを押さない」という項目については、認識力のある患者であればナースコースを押すように看護師が説明することで自ら援助を求めることができることから、「ナースコールを押さない」ということは認識力に障害があるためと判断し、あえて「ナースコールを押さない」の項目を設けなかったとされている。しかし、その後、患者の遠慮・リハビリ期の患者が自分は援助がなくてもできると過信してナースコールを押さない事実もあり、「ナースコールを押さない」行動も看護師側の転倒・転落の判断として重要であると考えたとされる。下室公子ほか「離床センサーの設置基準の開発―転倒・転落アセスメント用紙と実態調査からの分析―」第 39 回日本看護学会論文集（老年看護）（2008 年）189 頁。須貝らの論文では、痴呆症のある程度進行した高齢者は、危険をみずから察知したり回避する力がないため、転ぶ確率が大きくなるとする。須貝佑一＝小林奈美「施設における痴呆高齢者の転倒・転落事故の発生状況と対策」看護学雑誌 68 巻 1 号（2004 年）16 頁。また、認知症が転倒・転落事故の原因となっているとするものとして、高橋美紀子ほか「北上病院離床センサーの適応基準の検証」第 36 回日本看護学会論文集（老年看護）（2005 年）50 頁がある。

とも十分に予想される。このようなことからすれば、自らナースコールを押そうとしない（事理弁識能力に問題のない）被介護者に対して、転倒防止のため離床センサーを設置することが全国的に相当標準化されていたとまではいえず、離床センサーを設置しなかったことをもって、介護者に注意義務違反があったとまでは言えないのではないかと考える。

Ⅲ　改正民法における契約責任論

先に述べたように、現行民法は、2017 年に改正され、改正民法が 2020 年 4 月から施行される予定となっている。そのなかで、契約責任に関する条文も改正されることから、改正民法での契約責任の判断構造について考察しておきたい。

現行民法における伝統的理論では、債務不履行における債務者の帰責事由とは、「債務者の故意・過失または信義則上これと同視すべき事由」とされ、そこでいう債務者の過失についての通説的見解は、「債務者の職業、その属する社会的・経済的な地位などにある者として一般に要求される程度の注意（善良なる管理者の注意に同じ）を欠いたために、債務不履行を生ずべきことを認識しないこと」とする。

しかし、近時の学説では、帰責事由を過失として考えることには異論が提起されており、当事者が契約の履行を怠った場合に認められる責任は、契約の拘束力から基礎づけられることを原則として、「帰責事由の不存在」を例外的に債務不履行の免責事由として考慮するという見解が有力となっている。すなわち契約責任は、債務者が契約により債務を引き受けた点に求められるべきとされ、債務者は契約に拘束されるにもかかわらず、そこでの債務を履行しなかったことが、債務者の「責めに帰すべき事由」になるとするのである。

---

(29)　我妻栄『新訂債権総論（民法講義Ⅵ）』（有斐閣、1964 年）105 頁。

(30)　我妻・前掲注（29）106 頁。

(31)　森田宏樹「結果債務・手段債務の区別の意義について―債務不履行における『帰責事由』同『契約責任の帰責「構造」』（有斐閣、2002 年［初出 1993 年］）49 頁以下。

(32)　森田・前掲注（31）50 頁、森田宏樹『債権法改正を深める―民法の基礎理論の深化のため

このように新たな契約責任論を主張する有力説では、債務不履行の「帰責事由」の判断は、過失責任の原則によるのではなく、契約上の債務の内容・射程についての解釈に帰着するとされることから、契約ないしは契約上の債務の内容を類型化し、それに応じて責任の判断構造を明らかにしようとする。その代表的な論者として森田は、債務の内容の類型化として、結果債務と手段債務による類型化を提唱されており、結果債務——債務者が結果の実現が確実であると約束した場合——では、不可抗力によらない結果の不実現があれば、債務者に「帰責事由」が認められ、手段債務——結果を実現すべく一定の慎重な注意義務を負うことしか約束してない場合——では、契約で約束した注意義務が果たされなかったと評価されるとき、債務者の帰責性が認められるとされる。

では、介護サービス提供契約は、結果債務、手段債務どちらの類型に分類されるであろうか。一般に、診療債務は「結果保証を伴わない専門的労務提供契約」とされ、これまでのところ治療を中心とした事務処理を目的とする「準委任契約」の一種と解されており、介護サービス提供契約も、多くは結果保証までを伴わないものであることからすれば、診療債務と同様に手段債務と考えられる。また、安全配慮義務は、従来より結果債務ではなく手段債務と解されてきたことからしても、介護サービス提供契約において生じる債務は、手段債務と解するのが妥当といえよう。

そのことからすれば、手段債務では、注意義務を尽くすことが債務内容となるため、債務者がどのような注意義務を引き受けていたのかが問題とされ、それが尽くされたか否かということのみで債務不履行責任が判断されることとなる。もっとも、結果債務・手段債務という概念で二分して法的処理

に』（有斐閣、2013 年）18 頁以下。
(33)　森田・前掲注（31）55 頁。
(34)　森田・前掲注（31）49 頁以下。
(35)　河上正二「診療契約と医療事故」法学教室 167 号（1994 年）66 頁。
(36)　森田は、引き受けられた債務が「手段債務」か「結果債務」かの実際上の判断は、債務者が結果の実現が確実であると約束したのか否か、という結果の確実性（射倖性）によって区別するのが有意義であるとされている。森田・前掲注（31）49 頁。そのようなことからも、介護サービス提供契約でも具体的な契約内容次第では、結果債務と解する場合もあると考えられる。
(37)　そこでは、改正民法 415 条 1 項ただし書によって、改めて「帰責事由」が問題とされることはない。平野裕之『新債権法の論点と解釈』（慶應義塾大学出版会、2019 年）102 頁、潮見・前

を 180 度変えることについて、奥田は、「現実の『債務』は、結果債務のように見えるものでも、両債務の性質の混同・融合したものが多く、単純な結果債務だけの場合は稀ではなかろうか。特定物の売買契約の場合でも、目的物の引渡しまでの間の保管については手段債務と考えられるが、この場合の『不履行』は、引渡しという『結果』が実現してないとして、結果債務における『帰責事由』の判断方式に従うのか、『帰責事由』の推定を伴う手段債務の場合の判断方式に従うことになるのか。おそらく後者であろう。[38]」と批判する。

また、改正民法において、手段債務・結果債務について、明文上、その分類は導入されておらず、『一問一答』でも「帰責事由に関してはこれまでも学説上は様々な見解が提唱されるなどしているが、改正の趣旨は、従来の実務運用を踏まえ、帰責事由についての判断枠組みを明確化したにとどまるものであり、実務のあり方が変わることは想定されていない[39]」とする。

これらのことからすれば、改正民法における「帰責事由」について、改正民法施行後、裁判所によってどのような判断がなされるかは注目されるが、少なくとも改正民法における契約責任においては、契約締結時に具体的にどのような内容の債務（行為）が約定されたのかということが、現行民法におけるのよりもさらに重要視されることになろう。

この点について、改正民法では契約の内容や債務者が負うべき債務は、契約内容（契約書の記載内容等）、契約の性質（有償か、無償かを含む）、契約の目的、契約締結に至る経緯等の債務の発生原因となった契約に関する諸事情を考慮し、併せて取引通念をも勘案して判断されるとする。[40]したがって、今後は介護サービス提供契約書の書式の見直しなどを通して、具体的ケアの内

掲注（10）381 頁。

(38) 奥田昌道「民法学のあゆみ　森田宏樹『結果債務・手段債務の区別の意義について—債務不履行における『帰責事由』—』」法律時報 67 巻 11 号（1995 年）74 頁。

(39) 『一問一答民法（債権関係）改正』（商事法務、2018 年）74 頁。

(40) 契約によって生じた債務については、要綱仮案の原案の段階では「契約の趣旨に照らして定まる」とされていたものが、「契約及び取引上の社会通念に照らして定まる」に変更されることになるが、規律の内容を変更する趣旨ではなく、「契約の内容（契約書の記載内容等）のみならず、契約の性質（有償か無償かを含む）、当事者が契約をした目的、契約の締結に至る経緯を始めとする契約をめぐる一切の事情を考慮し、取引通念をも勘案して、評価・認定される契約の趣旨に照らして」という意味であることされている。部会資料 79-3・7 頁。

容、介護サービスの対価、介護側の介護体制などについて、これまで以上に、当事者間で詳細な取決めをしておく必要があると言えよう。また、介護サービス提供契約における具体的な債務の内容やどの程度の注意義務を要するかについて、行政等が主導的にガイドライン等でサービス内容を明確にし（地方レベルでは混乱も予想されることから国レベルでの指針を示すことが望ましい）、転倒のみならず、落下、誤嚥、異食、褥瘡、徘徊等についても、介護する側の義務（具体的な行為規準）をより一層明確な形で整備していく必要もあるといえる。

おわりに

　日本は、高齢化率（65 歳以上人口が総人口に占める割合）が既に 25 パーセントを超えた世界一の超高齢社会であり、要介護高齢者の数も年々増加するなかで、介護をめぐる紛争は、今後さらに深刻になることが予想される。

　また自立支援介護からすれば、措置制度の時代よりも一層被介護者の意思が尊重されなければならないところ、平成 29 年版高齢社会白書の将来推計によれば、2012 年は 65 歳以上の認知症高齢者数が 462 万人であったものが、2025 年には約 700 万人になると予測されており、[41] 事理弁識能力の不十分な被介護者の意思決定支援をどのように行うかは重要な課題となっている。

　介護サービス提供契約では、ケアプランにおいて介護サービスの中心的な債務が構成されており、ケアプランは、そのほとんどが、介護支援専門員と利用者及びその家族との話し合いによって作成されるものである。そのことからすれば、今後は、家族の意思と要介護者・要支援者の意思との区別を明確にすることが課題となろう。すなわち、措置時代においては、事理弁識能力の低下した当事者に代わり、家族や近親者が手続きを行うこともできたが、契約制度に移行した現行制度では、要介護者・要支援者の意思によってのみ契約は締結されなければならず、判断能力の不十分な者の意思決定支援のあり方などについてさらに検討する必要がある。

(41)　平成 29 年度版高齢社会白書（内閣府、2017 年）。

そして、そのうえで、介護保険契約に基づく債務、介護保険以外に介護者と被介護者で合意された債務（いわゆる上乗せ介護・横出し介護なども含む）、さらには工作物責任・営造物責任などの観点からの考察も併せて、介護者の債務の内容を明確にするとともに、介護サービス提供契約における介護者の法的責任の判断構造を整備することは、改正民法の施行をひかえ、まさに喫緊の課題といえよう。

数量超過売買と改正民法の影響
――土地売買における面積超過事例を中心に――

大　木　　　満

> Ⅰ　はじめに
> Ⅱ　数量超過売買に関する改正前の状況
> Ⅲ　数量超過売買への改正法による影響
> Ⅳ　むすび

Ⅰ　はじめに

　2017 年 5 月に債権法の改正を中心とした「民法の一部を改正する法律」（平成 29 年法律第 44 号）が成立した。この改正法（以下、改正民法の条文は改正法○条、改正前民法の条文は改正前○条として引用）において、売主の担保責任について[1]も大幅な見直しがなされた。改正前においては権利の瑕疵と物の瑕疵を区別した上で、問題となる個々の場合（権利の全部又は一部が他人に属する場合、地上権や抵当権等、他人の権利が目的物に付着している場合、数量不足や物の原始的一部滅失の場合、目的物に隠れた瑕疵がある場合等）に応じて担保責任の規定を個々的

（1）　一般に、当事者が給付した目的物や権利に瑕疵がある場合に当事者が負うべき責任のこと（石川博康「売買」潮見佳男・千葉恵美子・片山直也・山野目章夫編『詳解改正民法』（商事法務、2018 年）426 頁）。担保責任の用語は改正法 566 条等の見出し等で残ったが、債務不履行の一元化により意味がないとするもの（潮見佳男『民法 (債権関係) 改正法の概要』（きんざい、2017 年）259 頁。以下、潮見『概要』で引用）と各典型契約の特質に結びついた一定の債務不履行類型に関するデフォルト・ルールの意味があるとするもの（中田裕康『契約法』（有斐閣、2017 年）292 頁。以下、中田『契約法』で引用）がある。後者に対しては、債務不履行に対しどんな特則があるかを注意すればよいのでこの概念は不要でよいとの見解がある（平野裕之『新債権法の論点と解釈』（慶應義塾大学出版会、2019 年）336 頁。以下、平野『論点と解釈』で引用）。

に設けていたところ（改正前561条から570条）、改正法においては、瑕疵という用語に代えて物の不適合と権利の不適合とした上で、これらの場合については特定物・不特定物を問わず契約不適合を理由とする売主の債務不履行責任として一元的に扱い、統一的規律化を図ることとした。すなわち、物の契約不適合責任の規定（改正法562条から564条）を権利の契約不適合責任の場合に準用することとした（改正法565条）。

また、数量不足又は物の原始的一部滅失の場合の担保責任については、改正前では、その565条で権利の一部が他人に属する場合の規定を準用していたが(2)、改正法ではこれらの場合は当事者の合意や契約の趣旨・性質に照らして備えるべき状態を実現していない場合であるとする近時の見解を採用して(3)、条文上物の瑕疵と位置づけた（改正前565条削除)(4)。その結果、数量指示売買における数量不足の場合の責任は、改正法562条以下で、引き渡された目的物が種類、品質又は数量に関して契約の内容に適合しない場合の責任として統合されることとなった。

他方、売主が引き渡した目的物の数量が契約において予定されていた数量を超過していた場合（いわゆる数量超過売買）の規定を設けることについては、最終的に、規定の新設は見送られた。契約解釈で対応できることや、数量超過売買についてどのような規律が適当であるかについて学説の議論が成熟していないこと等が主な理由である(5)。

こうした状況の中で、本稿では、売主の担保責任等に大きな改正があったため、数量超過ケースの扱い方の議論に改正法がどう影響するか、改正後の

（2）　したがって形式上は権利の瑕疵に位置づけられていたため、中田・前掲注（1）『契約法』292頁は、物の瑕疵が権利の瑕疵か微妙であるが、権利の瑕疵に準じて説明するのが便利という。

（3）　松岡久和「数量不足の担保責任」龍法24巻3＝4号331頁（注2）（1992年）等参照。

（4）　民法（債権関係）部会資料15-2「民法（債権関係）の改正に関する検討事項（10）詳細版」38頁以下参照。

（5）　民法（債権関係）部会資料43「民法（債権関係）の改正に関する論点の検討（15）」45頁以下参照。なお、規定の新設を必要とする立場からは、例えば、①売主による錯誤無効の主張に対して買主が超過部分に相当する代金を提供することにより錯誤無効の主張を阻止することを認める規律、②代金増額請求権、③超過部分の現物返還を認めること等が提案されていた。とくに①については超過分の代金提供で常に錯誤無効を封じてよいか、②については買主が超過分を不要とする場合もある、③については規定がなくても所有権に基づく返還請求権や不当利得返還請求権によって解決できる、との批判があった。

数量超過給付の法的扱いの可能性について検討することを目的とする。数量超過事案においては、とりわけ土地売買の面積超過ケース[6]の扱いが問題であるので、主としてこの問題を中心に検討することとする。まず比較検討の前提として改正前の状況を簡単に概観することとする。

Ⅱ　数量超過売買に関する改正前の状況

　上述のように、改正前においても売買契約における数量超過ケースについては規定が設けられていなかったが、ボアソナード草案や旧民法にはフランス民法（1618条、1619条、1620条、1622条）[7]を参考・修正して不動産取引における面積超過ケースについて規定を設けていた[8]。概略、その内容としては、全面積を表示し坪単価を示して代価を計算する不動産売買（いわゆる数量指示売買）の数量超過ケースでは買主はその超過分の代価を支払うものとし、全面積を表示し合一（唯一）の代価で売る不動産売買（以下、数量指示売買に対比して仮に数量包括売買という）の数量超過ケースではその超過が20分の1を超えたときでなければ買主は代価を補足する必要はないとするものであった（ボアソナード草案688条、687条、旧民法49条、50条）[9]。なお、後者の数量包括売買の場合には、買主は代価の補足の代わりに契約の解除が認められていた（ボアソナード草案689条、旧民法52条）。その後、法典調査会で数量超過ケースの扱いについて意見が分かれていたが、土地売買においては売主がその面積を調査して売るべきであり面積が多かった場合は売主の過失である等とし

（6）　土地の売買においては、公簿面積（登記簿記載の面積）で契約することも多く、その際に実測面積と異なることがしばしばあるため数量不足や数量超過がとくに問題となる。中田・前掲注（1）『契約法』299頁ほか参照。

（7）　星野英一、ボワソナード民法典研究会編『ボアソナード氏起稿再閲民法草案　財産編　第2巻』（雄松堂、2000年）419頁以下参照。

（8）　フランス民法は、数量指示売買や特定の限定された1個の不動産の売買等の場合にその超過が表示面積の20分の1以上に及ぶときは代金増額又は契約の解除ができると定める。またイタリア民法（1537条から1539条）も代金増額等を認めている。それに対して、ドイツ民法やスイス債務法にはこれに関する規定がない。なお、ドイツでもヘッセン草案、バイエルン草案、ザクセン草案、ドレスデン草案では一定の場合に代金増額請求を認めていた（中野万葉子「数量指示売買における数量超過に関する基礎的考察」法学政治学論究104号75頁以下（2015年）参照）。

（9）　数量指示売買の場合にフランス民法と異なり、ボアソナード草案や旧民法は数量超過が20分の1以上でなくてもよい。

て、最終的に数量超過の場合の規定は削除されることとなった。[10]したがっ
て、完成した民法には数量不足の場合の売主の担保責任の規定（改正前565
条）しか設けられなかった。

こうした中で、従来の判例[11]及び学説の通説的な見解等[12]は、土地の面積超過
売買の場合に追加代金を支払う旨の合意や錯誤に該当する場合を除き、原則
として代金増額請求を否定した。主な理由としては、①売主が調査して売る
べきであり超過給付は売主の過失である[13]、②改正前565条（数量不足の場合の
売主の担保責任の規定：買主の代金減額請求等）を類推適用して売主に代金増額請
求を認めることはできない[14]、③従来、公簿面積より実測面積の多い縄延地が
少なくない（通常そのことを考慮して契約している）、土地の同一性を示す目的で
公簿面積を表示することも我が国では多い[15]、等々が一般に挙げられる[16]。

それに対して、徐々に、公平の見地等から、代金増額ないしは一定の場合
には何らかの調整をすべきとの見解が再び有力に主張されるようになってき
た。対価的調整の方向性としては、代金増額の合意の認定による調整[17]（した
がって判例等に必ずしも抵触するものではない）と不当利得による調整[18]に大別され

---

(10)　結局、委員の梅謙次郎博士の意見が通った。また立法に際して数量超過の規定のないドイツ
　　民法第1草案等も参照された。法務大臣官房司法法制調査部監修『日本近代立法資料叢書4　法
　　典調査会民法議事速記録4』（商事法務、1984年）24頁、48頁以下、松岡久和「数量不足の担保
　　責任に関する立法者意思」龍法19巻4号112頁、115頁以下参照。
(11)　最判平成13・11・27民集55巻6号1380頁、大判明治41・3・18民録14輯295頁等。な
　　お、抵当権実行による土地競売の事案で、公告の記載より実測面積が35％以上超過していた場
　　合に競落は許されないとした大決昭和7・9・10民集11巻1756頁がある。
(12)　我妻栄『民法講義Ｖ2　債権各論（中）1』（岩波書店、1957年）282頁（以下、我妻『債権
　　各論（中）』で引用）、末川博『契約法（下）各論』（岩波書店、1975年）46頁、柚木馨編『注釈
　　民法（14）』（有斐閣、1966年）154頁〔柚木馨〕、川井健『民法教室　債権法Ⅳ　契約各論
　　（上）』（日本評論社、1993年）66頁ほか。
(13)　起草段階から主張された売主の自己責任論。前掲注（10）参照。
(14)　最判平成13・11・27民集55巻6号1380頁等。
(15)　例えば、我妻・前掲注（12）『債権各論（中）』280頁ほか。
(16)　柚木馨・高木多喜男編『新版注釈民法（14）』（有斐閣、1993年）240頁〔松岡久和〕参照
　　（以下、柚木＝高木編『新版注民』で引用）。
(17)　契約の趣旨（数量に比例した代金支払）（三宅正男『現代法律学全集9　契約法（各論）上
　　巻』（青林書院、1983年）305頁以下）や数量指示売買の代金減額の効果が合意を基礎とする以
　　上その当事者の意思（柚木＝高木編・前掲注（16）『新版注民』240頁〔松岡〕）に原則として代
　　金補正の根拠があるとする。なお、合意との関係で、その前提の行為基礎の喪失から代金増額等
　　の契約改訂を認める潮見佳男『契約各論Ⅰ』（信山社、2002年）142頁以下がある。
(18)　笠井修「判批」NBL738号67頁（2002年）、平野裕之「判批」リマークス26号46頁

る。前者は、代金増額についての明示の合意がなくても数量指示売買の趣旨や合意に代金補正（増額）の根拠を見出そうとするものである。それに対して、後者には、特定物である土地の売買であっても合意した数量の引渡義務を肯定することで、当該引渡義務を超えて給付された部分を不当利得として処理しようとするもの、数量と代金とのアンバランスを不当利得の考えで処理しようとするもの等がある。

Ⅲ　数量超過売買への改正法による影響

1　特定物・不特定物を問わず合意した数量に適合する物の引渡義務の承認

改正法562条1項は、「引き渡された目的物が種類、品質又は数量に関して契約の内容に適合しないものであるときは、買主は、売主に対し、目的物の修補、代替物の引渡し又は不足分の引渡しによる履行の追完を請求することができる。」と規定する。これは、売買の目的物が特定物か不特定物か、代替物か不代替物かを問わず（条文で目的物について何ら限定していない）、種類、品質又は数量に関して契約内容に適合した物を引き渡す義務を売主が負うことを前提としている。というのは、売主には合意した内容に適合した目的物を引き渡す義務があるので、買主が履行の追完を請求できることになるから

（2003年）、今西康人「判批」判評523号17頁（判時1788号179頁）（2002年）、円谷峻「判批」判タ1099号70頁（2002年）、大木満「債務過履行について―土地売買における数量超過ケースを中心として―」大阪経大論集54巻5号365頁以下（2004年）（以下、大木「債務過履行」で引用）。

(19)　前掲注（18）の笠井、平野説。両者とも一定の場合に不当利得的処理を肯定するが、売主と買主の調整の仕方の組合せ（価格返還、現物返還、解除、錯誤無効等）には違いがある。

(20)　前掲注（18）の今西説。また改正前565条との均衡から信義則により不当利得の規定を類推適用する前掲注（18）の円谷説も数量と代金のアンバランスを是正するものである。なお、不当利得構成ではないが、公平の見地から改正前565条の趣旨の類推適用により代金増額を認める見解（山下末人「売主の担保責任」『新版判例演習民法4債権各論』（有斐閣、1984年）56頁）も広い意味では同じ方向性を指向するものといえよう。

(21)　当初、法制審議会民法部会では、契約責任説の立場から、売主は性状及び数量に関してその売買契約の趣旨に適合するものを引き渡す義務を負うとの規定案であったが、「3 売主の追完義務」において、特定物売買だとしても、引き渡された目的物が種類、品質又は数量に関して契約の内容に適合しないものであるときは、売主には修補義務があること等を明記していることから、上記規定はこれと重複するので削除された（民法（債権関係）部会資料83-2「民法（債権関係）の改正に関する要綱仮案（案）補充説明」42頁）。また中田・前掲注（1）『契約法』316頁。

である。また改正法483条が、「債権の目的が特定物の引渡しである場合において、契約その他の債権の発生原因及び取引通念に照らしてその引渡しをすべき時の品質を定めることができないときは」と規定することで、特定物についてはその性質は契約内容とはならないとの考えを否定し、契約等に照らして品質を定めうることが明らかとなった（特定物ドグマの放棄）。しかも原始的不能な給付を内容とする契約も有効と解されうること（改正法412条の2第2項）や錯誤が取消し可能性となったこと（改正法95条1項）で、当該特定物の品質や数量等について誤った認識があった場合でも、錯誤が成立しその取消しがなされるまでは有効にそうした品質等に適合する物を引き渡す義務が成立していることとなる。したがって、改正前においては特定物売買においてこのような引渡義務を承認できるかどうかで争いがあったところ（法定責任と契約責任説）、改正法において特定物であっても合意した品質や数量等に適合する目的物を引き渡す義務が承認されることとなった点は、本稿の問題との関係ではとくに大きな意味がある。

　すなわち、本稿で問題としている土地の面積超過事案との関係では、仮に当該契約において一定数量の引渡義務が肯定された場合にはその数量を可分的に超えた物の給付は、――場合によると具体的には特定物の場合に超えたかどうかの判断が問題となる場合もありうるが――不特定物の場合と同様（例えば、ビール50本の売買で80本引き渡した場合等）、一般に法律上引き渡す義務のないもの（義務のない部分）と考えやすい。利息制限法上の上限利率を超えた利息の支払の場合、残存元本が存在しなければ超過利息を不当利得として返還請求できるのと同様に考えることも可能である[22]。したがって、改正前の民法と比べて、超過給付部分は買主の不当利得と捉えやすいこととなる[23]。

---

(22)　最大判昭和43・11・13民集22巻12号2526頁（元本への当然充当による元本完済後に支払われた制限超過利息の事案）や最判昭和44・11・25民集23巻11号2137頁（元利一括払のケースで制限超過利息が元本に充当されて元本が完済した状態の場合の残りの超過して支払った部分の返還が争われた事案）等。

(23)　平野・前掲注(1)『論点と解釈』336頁は、約束した数量のみを引き渡す義務、買主からいうと約束の数量しか引渡しを受ける権利を有しないので、数量が超過していた場合にどの部分か特定はできないものの不当利得となるとする。その際、買主の方から超過部分の返還を主張することで契約改訂権（追認権）の可能性を述べる。また平野裕之『債権各論Ⅰ契約法』（日本評論社、2018年）188頁参照。

改正前では、とくに法定責任説の立場では、特定物の場合には、引き渡された数量が超過していても、売主の義務はその物の引渡しに尽きるので、引き渡された当該特定物の保持について買主には超過部分を含めて法律上の原因があることになる（不当利得の否定）。そのため、改正前565条の類推適用を認めない判例・通説等の立場では、上述のように、錯誤のほか、対価的調整をするには当事者間の合意以外になかったわけである。

2　具体的契約における数量の意味と一定数量の引渡義務

　改正法において、不特定物、特定物を問わず、合意した数量の引渡義務が承認されるとしても、具体的に一定数量の引渡義務が認められるかどうかは、具体的な個々の契約における数量の意味によって左右されることになる。

　売買契約における数量の位置づけは、例えば、①一定数量があることを契約の中で保証や条件としていた場合（以下、①ケースという）、②一定数量を確保するために数量を表示し、かつこの数量を基礎に代金額を算定する場合（以下、②ケースという）、③売買の目的物が有する数量について説明ないし表示していた場合（以下、③ケースという）、④売買の目的物の特定のために数量を単に表示していた場合（例えば、目的物がどの土地か、その同一性を示すために登記簿記載の面積を表示していた場合。以下、④ケースという）等々があろう。

　まず①ケースは、一定数量の引渡しが保証や条件という形で明確に契約内容に取り込まれているのであれば、保証又は条件とした一定数量の引渡義務は当然肯定されることとなる。[24]②ケースは、数量指示売買のケースである。数量指示売買とは、「当事者において目的物の実際に有する数量を確保するため、その一定の面積、容積、重量、員数または尺度あることを売主が契約において表示し、かつ、この数量を基礎として代金額が定められた売買を指称するもの」（最判昭和43・8・20民集22巻8号1692頁）とされている。この場合、特定の土地を買うに当たって坪数のうちこの数量（坪数）を買うこと、

---

(24)　数量保証と数量指示売買等の関係について、柚木＝高木編・前掲注（16）『新版注民』227頁〔松岡〕は、数量保証と数量指示は別個の存在という。その他、武川幸嗣「土地の売買と数量指示売買」澤野順彦編『不動産法論点体系』（民事法研究会、2018年）27頁以下参照（以下、武川「数量指示売買」で引用）。なお、数量保証には品質保証に相当する場合があるとする。

つまり一定量を目的としているので、全体数量の代金額は、分量との関係で計算されることとなる。したがって、数量指示売買とは、典型的には、1単位（1坪）あたりの単価をもとに全体の数量の代金額を決定している場合（単価×全体の数量＝代金額の場合）とされる。このように、数量指示売買の場合には、数量（分量）と代金額との間に密接な関係があるので、所定の代金額の支払義務に対応した指示数量の引渡義務が契約の内容として肯定されることとなる。ここでは、引渡義務の内容は目的物につき指示された分量を引き渡すことに限定される。また③ケース（状況次第〔とりわけ量に着目している場合〕では②ケースとも捉えうる場合もあろうが）では、改正法で、数量に関する担保責任が物に関する契約不適合責任に位置づけられることとなったことで、②ケースの数量指示売買の場合と異なり、必ずしも目的物の分量のみに比例して代金額が客観的に決定されているとはいえなくても（もっとも大きさ等は通常代金額には影響はするが）、一定数量あること（ここでの意味は一定の広さ、大きさがあること。例えば50坪の広さ）が当該目的物の性状として契約内容に取り込まれていれば（広さは契約の重要事項）、当該数量（広さ）を有する当該目的物（例では50坪の広さのある当該土地）を引き渡す義務があることになろう（数量包括売買。上記2参照）。とくに買主が消費者の場合には、一定数量であることが示されれば当該数量があるもの（当該広さの土地）として契約をするのが通常であろう。ここでは、引渡義務の内容は一定の包括的な広さをもった当該土地の引渡しである。④ケースでは、一定数量があることや一定数量を引き渡すことは前提とされていない。ここでは一定数量があることは契約内容の中に取り込まれておらず、売主の引渡義務としては現にある当該目的物を引き渡すことであり、一定数量の目的物を引き渡す義務はない。

　なお、以上のように、契約における数量の意味の2面性に注意を払う必要があるであろう。すなわち、具体的な契約において引き渡すべき数量の意味

---

(25)　潮見佳男『基本講義　債権各論 I 契約法・事務管理・不当利得（第3版）』（サイエンス社、2017年）92頁（以下、潮見『基本講義』で引用）、同・前掲注（1）『概要』259頁等参照。また中舎寛樹『債権法　債権総論・契約』（日本評論社、2018年）182頁以下は、判例の基準では分かりにくいので当該売買にとってその数量がなければ意味がないかどうかで判断すべきという。北川善太郎『債権総論（民法講要 III）（第3版）』（有斐閣、2004年）129頁は、今日では測量が厳密になされているので、その面積に基づいて代金が決定されていれば原則数量指示売買に該当するとする。

については、目的物の量的側面の意味と目的物の広さ・大きさ（サイズ）といった目的物の質的側面の意味との2通りの意味がありうるからである。

3 契約不適合責任との関係

それでは、上記の引渡義務と改正法における契約不適合責任の関係、とくに数量超過売買の場合はどうなるであろうか。

(1) 数量超過給付の事案に契約不適合責任の適用があるか

まず数量超過給付の事案について、買主は契約不適合責任を追及できるかである。改正前では、上述のように、売買の目的物の数量に問題がある場合については、数量不足の場合についてしか規定していなかったが（改正前565条「数量を指示して売買をした物に不足がある場合」の担保責任）、改正法では引き渡された数量が契約内容に適合するかどうかを問題とすることとなったため（引き渡された数量が少なくても多くても契約不適合と解されうる[26]）、条文上、数量超過給付の事案でも契約内容に適合しない場合には買主は売主の責任を追及しうる余地がある。もっとも数量超過の場合には買主に不利益とならない場合（大は小を兼ねる）が多いので、一般に契約不適合責任は問題とならない（主張しない）であろうが、例外的に買主に不利益となる場合（例えば数量が多いために保管場所がない場合）等には、買主の保護にとって売主の契約不適合責任は重要な機能を果たすことになろう。

他方、売主の救済として、売主の契約不適合責任の規定を類推適用ができるかが問題となる。改正前の最判平成13・11・27民集55巻6号1380頁等と同様、改正法においても、この責任は買主を保護するための規定であり、この規定を類推適用して売主を保護するのは一般に難しいように思われる[27]。これを否定した最判平成13年判決を支持する根拠は、一般に改正法においても妥当しよう[28]。

---

(26) 国際物品売買契約に関する国際連合条約（CISG）35条1項では、売主は契約で定める数量・品質・種類に適合した物品を引き渡す義務を負うと定める。例えば、ドイツの注釈書では、量的超過給付や質的超過給付も契約適合性を欠き、契約違反となりうるとする。Vgl. Schwenzer, Art. 35 Rn. 8, 9 in: Schlechtriem/ Schwenzer (Hrsg.), Kommentar zum Einheitlichen UN-Kaufrecht, 6. völlig neubearb. Aufl., 2013. S. 580.

(27) 潮見・前掲注（25）『基本講義』98頁、中田・前掲注（1）『契約法』317頁等。

(28) 規範目的の射程を超えている（円谷・前掲注（18）「判批」72頁）、類推適用において法規

(2)　各引渡義務と契約不適合との関係

まず上記Ⅲ2の①ケース（数量が保証や条件となっている場合）は、契約の中で数量が重要な意味をなしている場合なので、数量不足・超過があれば基本的に契約不適合と考えられよう（もっとも、通常保証違反や条件不成就の問題として扱うことになろう）。②ケース（数量指示売買の場合）は、指示数量の確保を目的としているので指示数量不足であれば契約不適合（数量についての契約不適合）であり、指示数量超過の場合も指示数量との関係で代金を算定しているので原則として指示数量が基準となり、一般に契約不適合と考えられよう（もっとも買主には利益となることが多いので通常売主の契約不適合責任は問題とならないであろう）。また③ケース（目的物の性状としての一定数量〔広さ・大きさ〕の土地売買〔数量包括売買〕の場合）では、引き渡された目的物が一定数量なければ（面積が狭ければ）合意した目的物の性状との関係で契約不適合（品質についての契約不適合）であり、一定数量より多ければ（面積が広ければ）個々の契約の趣旨から不適合かどうかを判断することとなろう。④ケース（一定数量があることが契約内容になっていない場合）では、引き渡した目的物に数量の不足や超過があっても一定数量の引渡義務がない以上、基本的に契約内容に適合していることになろう。

なお、今見たように、売主が契約不適合責任を負う、土地の面積が契約内容に適合しない場合とは、改正前565条のように数量指示売買の場合に限定されないことになろう。[29] 量的な不適合も当該目的物の質的不適合も改正法に

の定める権利者と義務者を逆転し、義務者に一定の権利を付与する解釈論は成立しない（今西・前掲注（18）「判批」182頁）、数量確保に対する売主の責任を数量超過事例に類推するのは無理である（潮見佳男「判批」法教263号194頁）等。

(29)　中田・前掲注（1）『契約法』317頁は、数量指示売買に限定されず、目的物の実際に有する数量を確保する義務を負っている場合であればよいという。また単価と全体量の表示は数量確保義務が認められるための重要な評価要素だが、それだけではないという（同299頁）。また、筒井健夫・村松秀樹編著『一問一答 民法（債権関係）改正（一問一答シリーズ）』（商事法務、2018年）275頁は、数量指示売買の場合はもちろん、単純に一定の数量の目的物を引き渡すとの売買契約がされた場合に、契約に適合しない数量しか引き渡さなかったときもこの責任を負うとする。武川・前掲注（24）「数量指示売買」21頁も、数量指示売買に限定されず、一定数量を有する旨がいかなる意味においてどのような契約内容として取り込まれているかの解釈に応じて目的物の性質や不適合の程度を斟酌して追完や代金減額等を判断されるとする。それに対して、平野・前掲注（1）『論点と解釈』324頁以下は、改正法においても要件の内容面に変更はなく、数量指示売買という用語を残すのもあながち不当ではないという。潮見・前掲注（25）『基本講義』

おいては契約不適合として一元化されたためである。契約上、一定の分量を売ることを目的に可分的に——そのためいわば切り売り的ないしは量り売り（計り売り）的に代金が計算される——指示分量を引き渡す義務を負う場合も、売買の目的物の性状として一定の大きさ・広さをもった当該目的物を包括的に引き渡す義務を負う場合も、その違反があった場合には区別なく契約不適合責任に統合されることとなったからである。

　以上、いずれにしても、数量超過の給付をしてしまった売主の救済としては、一般に買主保護のための契約不適合責任は機能せず、買主にとっては例外的ではあるが、数量超過による不利益がある場合等に売主の契約不適合責任を主張できる点は重要である。

4　不当利得との関係

　それでは、数量超過給付をしてしまった土地の売主の救済は、どうしたらよいであろうか。上記Ⅲ1で指摘したように、一定数量の引渡義務が承認されたことによって不当利得による救済が認めやすくなった。

　土地の売買契約の場合は、数量（面積）の意味の2面性（量的意味と質的意味。上記Ⅲ2）から、契約内容によって可分的な給付と類似して考えられるものと不可分的な給付として考えられるものがありうる。そこで、可分的な給付と類似して捉えられる場合と不可分的な給付の場合に分けて、不当利得との関係を以下に検討する。

(1)　可分的な給付と類似して捉えられる場合

　例えば、ビール50本の売買契約が個数売りの場合、ビール50本は個々の1本・1本という可分的な給付である。したがって引き渡されたビールが80本であれば、50本の引渡義務を数量的に可分的に超えた30本が通常買主の不当利得となる。同様にコメ1トンの売買契約が量り売り（計り売り）の場合に引き渡されたコメが500キログラム多ければ、また生地3メートルの売買契約が切り売りの場合に引き渡された生地が80センチメートル長ければ、それぞれ数量的に可分的に超過した部分は通常買主の不当利得と考えられよう。[30]

　92頁も基本的に同旨。いずれにせよ主に量的不適合の面から論じられてきた。

(30)　種類売買における数量超過ケースでは、超過部分とそうでない部分が物理的に分割可能であ

これと類似して、売主から買主が当該土地を買う契約が坪数のうち 50 坪の面積を確保することを目的とした数量指示売買である場合には、土地の性状ではなく土地の坪数のうち 50 坪という分量を買うことを目的としていることから代価は基本的にその分量に比例して（1 坪の単価×50 坪で）算定されるため、1 筆（1 個）の特定された土地の売買契約ではあるが、上述のような切り売り的ないし量り売り的要素（可分的な給付の側面）を伴うといえよう。したがって、引き渡された土地が実際には 60 坪であれば 50 坪を分量的に超えた 10 坪部分は法律上の原因はなく、通常買主の不当利得と捉えうることとなろう。なお、個々の契約の趣旨や取引慣行等から分量の僅かな多寡は許容範囲とされることはありえよう。なお、上記①ケース（数量が保証や条件となっている場合）も数量を保証や条件とした以上、通常、土地のうち保証や条件とした量の引渡しを重要な問題としているので、数量指示売買の場合と同様に考えることになろう。

(2) 不可分的な給付の場合

それに対して、数量指示売買とまではいえないが、当該土地の性状として50 坪の広さがある土地ということで売買契約がなされた場合（数量包括売買）、合意した性状（広さ）の土地を引き渡す義務は肯定されうるが、ここでの引渡しの内容は可分的な給付の要素というよりも、50 坪という広さをもった包括的な 1 筆の当該土地そのものの給付（不可分的な給付）にその特徴がある（例えば、中古テレビの売買で引き渡された当該テレビのサイズが予定していたサイズより大きかった場合を想起！）。また 1 個の建物や分譲マンションの売買契約の多くの場合（通常、一定の広さをもった当該建物等を引き渡すという不可分的な給付である）と同様である。したがって、引き渡された土地の面積が 60 坪の広さがあった場合には、不可分的な給付ということから多様な理解が可能であり、議論が分かれるところであろう。すなわち、錯誤取消しの可能性は別にして、あるいは、土地の面積が合意した面積よりも広くても不可分的な給付なので必ずしも不完全な履行ではなく直ちに買主の不当利得とはいえな

り、超過していない部分の給付で完全な履行がなされているので、一般に超過部分について不当利得返還が認められる。民法（債権法）改正検討委員会編『詳解・債権法改正の基本方針Ⅳ―各種の契約 (1)』（商事法務、2010 年）109 頁ほか参照。

い、あるいは、不完全な履行といえども、とりあえず目的物である当該土地を引き渡しているので、法律上の原因がないとまでは言い切れない、あるいは、不可分的な給付とはいえ、ここでは、結局は土地の面積の問題（多いか少ないか）なので分量的に 50 坪の広さを超えた 10 坪部分は単純に不当利得である、あるいは、不可分的給付なので、そもそも分量的な超過ではなく、いわば土地のサイズが大きかったという質的・価値的な超過に関わる問題をどう考えるのかの問題である、等々が考えられよう。

　この問題については、今後のさらなる検討が必要であるが、以下のように考えることもできよう。すなわち、改正前においては、引き渡された特定物について質的・価値的超過があった場合（例えば、普通の花瓶として安値で売買したが高価な花瓶であった場合）には、物の瑕疵とは捉えにくかったことから瑕疵担保責任の問題には馴染まなかった。また法定責任説からは当該花瓶の引渡しがあれば債務不履行とはならないこと等から、質的な超過部分を観念しづらかった。したがってこの問題を目的物の性状等についての錯誤の問題からアプローチするのが主流であった[31]（なお、量的超過の場合も同様であった）。改正法においては、合意した性状に適合する物の引渡義務が承認されたことにより、その性状を基準にして具体的な契約の内容や趣旨から質的に超える物の給付があった（当該性状に適合しない）と判断できる場合には不可分的ではあるが質的・価値的超過部分（代金とのアンバランス）を観念でき、不当利得として捉える可能性があろう[32]。この場合には旧民法の場合のように許容範囲が認められることになろうか。もっとも、例えば目的物（例では花瓶）について当事者に鑑識眼が要求されるような場合については、仮に合意したものより上質・高価なものが引き渡されても、契約の趣旨から質的に超えた給付と

---

(31)　例えば、四宮和夫・能見善久『民法総則（第 9 版）』（弘文堂、2018 年）264 頁参照。

(32)　契約締結過程の過誤から履行過程の過誤の問題として考えることが可能となった。なお、このように量的側面だけでなく広さという質的側面も考慮する必要がある。例えば、マンションの賃貸借において一定の広さがあると表示されて賃料額も計算されたが、実際の面積が狭かった場合に、少なくとも数量指示賃貸借に該当しないと賃料額の減額ができないとなると、著しく不公平であろう。マンションの賃料額の算定の 1 要素として坪数（量）も重要であるが、賃料額には様々な要素が影響しているものである。したがって、数量指示賃貸借に該当しない場合であっても、広さがマンションの品質として合意された場合にも、対価的調整が必要であろう。数量指示賃貸借とされなかったものとして、東京地判昭和 58・3・25 判タ 500 号 183 頁がある。

は考えれられないことも多いであろう（その場合は不当利得否定）。

5 売主と買主の利益状況の調整

上述のように、数量超過給付をしてしまった売主の救済として不当利得的処理が考えられるが、この売主の救済と、そのことによる対応困難から買主の保護をどう図るか、その調整が問題となる。もちろん、面積超過ケースに備えて処理の仕方（代金増額の可否等）について当事者間で取り決めをしていれば、それによることになる。そのような合意がない場合がここでの問題である。

まず売主の救済としては、少なくとも数量指示売買に該当するときには超過部分の不当利得返還請求が考えられるが、売主が数量超過を知って給付した場合は、債務の不存在を知ってした弁済として超過部分の返還を請求できない（改正705条）。不当利得返還請求が認められる場合に、超過部分の返還はどの部分を返還するのかが一般に困難であるので、基本的に超過部分の価格返還がなされることになろう。結果として、価格返還がなされれば、代金増額と同じ意味を有することとなる。また錯誤取消しが認められれば売主は土地全体の回復を図ることができる。他方、買主の方としては、①不当利得の返還として価格返還すれば超過部分を受領でき、②価格返還が買主に対応困難ないしは買取りの押し付けを強いる場合には、買主にとって不利益をもたらすこととなるので、契約不適合責任による救済が考えられよう。したがって、買主に対応困難な場合には、売主に対して契約不適合責任を追及して、買主は目的物の修補の一環として超過部分の引取りを請求できよう（改正562条1項）。修補としての引取りがなされない、あるいはそもそも契約を

---

(33) 不動産実務では、契約書記載の面積と実測面積が異なった場合等に備えて、契約書で、実測による清算方式（実測面積に合わせて代金の増減の清算を行うもの）か公簿取引による方式（公簿面積に依り代金の増減を行わないもの）かを定めておくことも多い。

(34) 我妻榮・有泉亨・川井健『民法2 債権法（第3版）』（勁草書房、2009年）413頁以下。添付の効果として所有権を失った者が公平の見地から不当利得の規定によって償金を請求できるとする規定（248条）と同じ考えに依る。武川・前掲注（24）「数量指示売買」36頁以下は、第一次的には代金増額の合意の有無の認定を柔軟に行い、不当利得返還による調整は二次的なものとした上で、不当利得返還の場合は、多くの場合、価格償還又は持分償還すべきことになろうと述べる。

解消したい場合には、売主に帰責事由がなくても買主は契約の解除ができよう（改正564条、541条、稀に542条）。価格返還が対応困難な場合なので、この場合の数量超過による契約不適合は軽微ではないと考えられよう（改正541条ただし書）。仮に軽微で契約の解除ができない場合には許容範囲ということである。なお、別途損害があった場合には売主に免責事由がなければ損害賠償が買主に認められることとなる（改正564条）。したがって、売主側の測量ミスであれば一般に売主はそのミスを買主に転嫁できないことになろう。このような形で、改正法では売主には価格返還（代金増額に相当）を認めつつ、それが買主にとって酷であれば超過部分の引取り又は契約の解除による保護を買主に与えることができる。

このような調整は、わが国が2008年7月に加入した国際物品売買契約に関する国際連合条約（2009年8月発効。以下、CISGという）の考え[35]にも、大筋では沿うものである。すなわち、CISG52条2項は、数量超過給付の場合に、買主に超過部分の受領を拒絶するか追加代金の支払で超過部分を受領するかの選択権を与えている[36]。国際動産売買においては、一定の範囲でCISGの適用を受けうること（CISG1条1項〔適用基準〕、6条〔任意法規性〕等）、本稿の対象は土地の売買であるが、数量指示売買の場合には指示分量の売買なので（可分的な給付の要素を伴うため動産売買の個数売り・量り売り・切り売りの数量超過ケースに類似する）、ある程度平仄を合わせることも必要であろう。

なお、一定数量を保証や条件とした売買の場合や、また仮に数量包括売買について買主の不当利得を認める立場に立ち具体的な個々の契約の趣旨から不当利得として評価される場合には、売主と買主との利益調整の仕方は基本的に上記の数量指示売買の場合と同じに考えることができよう。

---

(35)　大木・前掲注（18）「債務過履行」377頁以下参照。

(36)　なお、質的超過の場合についても、合意した物より高価な物品が引き渡された場合に、買主がそのことを通知しなかったときは、売主が錯誤していたことを要件に、CISG52条2項を類推適用する見解がドイツでは有力である（国内法の適用を回避するため）。Vgl. Schwenzer, Art. 52 Rn. 11 in: aaO（Anm. 26）, S. 783.

Ⅳ　むすび

　以上、土地売買の面積超過事例を中心に数量超過売買の法的処理への改正法の影響を探ってきた。とくに大きな点は以下の点である。

　改正法において不特定物のみならず特定物の売買においても、特定物ドグマの放棄とともに、種類、品質又は数量について契約内容に適合した目的物を引き渡す義務を売主が負うことが承認された。

　したがって、数量超過給付をした売主の救済としては、改正前から認められていた錯誤や合意による救済方法以外に、実際の目的物の数量が約定よりも多ければ、当該引渡義務を超えた給付であるので、不当利得による救済がより説得的に基礎づけられることとなった。その際、合意した数量よりも実際の数量が多かったといった分量に関する契約不適合（主に数量指示売買の数量超過の場合）以外に、合意した性状よりも実際の目的物が広かった（大きかった）といった目的物の性状に関して具体的な契約内容から契約不適合と判断される場合（数量包括売買の質的超過の場合）にも不当利得的処理の可能性がある。

　買主の保護としては、売主は数量についても契約に適合した数量を引き渡す責任を負うこととなったため、一つの考え方としては、具体的な契約内容や趣旨によっては数量不足の場合だけではなく数量超過の場合も契約不適合と評価されうることとなった。したがってこれを前提とすれば数量超過の場合等にも売主の契約不適合責任を追及することによって一定の場合（売主からの不当利得返還請求について売主が対応困難なとき等）に買主の保護を図る方策が認められることとなったといえよう。

　また数量不足の売主の担保責任も瑕疵担保責任も目的物の契約不適合責任に統一化されたことによって、数量指示売買における量的多寡（合意したものより分量が多かった・少なかった）も数量包括売買における質的多寡（合意したものより広かった・狭かった）も目的物の契約不適合責任のもとで統一的処理がなされ、買主の保護が図れることとなった。

　売買契約は双務有償契約の代表であり、契約適合物引渡義務と代金支払義

務との間に密接な牽連関係があることから、多くの諸外国の法制で明らかなように、原則として数量不足の場合だけでなく数量超過売買の場合にも代金と数量や質とのアンバランスがあるときには対価的調整をすべきであろう。量的不足や質的不足の場合には買主からの売主に対する契約不適合責任の追求で、他方、量的過多や質的過多の場合は責任のない買主に不利益にならないように配慮をしつつ売主からの買主に対する不当利得返還請求で、調整するのが公平であろう。法制審議会民法部会の審議においても、数量超過売買の法的処理について不当利得の可能性は否定されていない。[37]論者による具体的な調整の差異の問題は、結局のところ対価的均衡関係に立つ売買契約において、数量超過売買については売主の自己責任である以上仕方ないとして、「笑う買主[38]」を広く認めるかどうかに依ることになろう。なお、今日的には土地の面積超過給付は、売主が業者の場合だけではなく、売主が消費者の場合にも起こりうる点にも注意を払う必要があろう。

---

(37) 前掲注 (5) 参照。
(38) 円谷・前掲注 (18)「判批」72 頁参照。

不動産使用貸借の終了原因と要件事実

田 村 伸 子

> Ⅰ　はじめに
> Ⅱ　平成 29 年改正における議論
> Ⅲ　判例の検討
> Ⅳ　要件事実について（平成 29 年改正を前提として）

Ⅰ　はじめに

　債権法を中心とする民法改正が行われ（平成 29 年法第 44 号改正、以下「平成 29 年改正」という。）、使用貸借については、要物性の廃止、貸主からの損害賠償・費用償還請求などについて改正が行われたが、使用貸借契約の終了については、新たに規定が整備され（改正 597 条）、解除制度が新たに導入された（改正 598 条、改正 593 条の 2 も参照）。

　また、賃貸借と異なり、人的要素の濃い使用貸借においては、特有の終了原因が認められており、今回の改正において使用貸借契約の終了について規定が整理された。そのため、使用貸借の終了について民事裁判における判断構造を検討し、要件事実としてなぜそのように考えるべきかを、判例を中心に分析して再考したい。我が国においては、超高齢化社会を迎え、例えば高

（1）　本稿では、平成 29 年改正により 2020 年 4 月 1 日から施行される民法を「改正〇条〇項」、それより前に適用される民法を「現行〇条〇項」と表記することとする。

（2）　使用貸借の終了原因について判例の分析を論じたものに、笹村將文「不動産使用貸借の終了事由について」判タ 906 号（1996 年 7 月 1 日号）4 頁以下、安井龍明「民法 597 条に基づく使用貸借契約の終了〜親族間の不動産の使用貸借契約を念頭に〜」判タ 1449 号（2018 年 8 月）49 頁

372

齢の親の所有する土地に、その子どもや孫が建物を建築して居住するという
ような使用貸借契約の利用がより増加することが予測される。のみならず、
ビジネスの場における使用貸借契約の利用も増加していると言われている。
社会の変化や実情に応じた、適切な使用貸借契約のあり方を深く新たに模索
すべき時代が到来してきたと言ってもよい[3]。

　なお、使用貸借については、終了原因以外に成立要件等についても問題が
あるが、本稿では使用貸借の終了および解除に絞って検討することとする。

　また、使用貸借の目的物については動産も考えられるが、実務で問題とな
るのは不動産の使用貸借がほとんどであるため、目的物が不動産である場合
に限り検討したい。

　検討の順序としては、まずは、今回の改正の経緯について検討し、次に実
務における裁判例を検討し、使用貸借についての要件事実を検討したい。

Ⅱ　平成 29 年改正における議論

1　平成 29 年改正に至るまでの議論

　使用貸借については、当初、①要物契約の見直し、②貸主の担保責任、③
契約の終了、④損害賠償請求権・費用償還請求権についての期間制限の 4 点
について問題点が提起された[4]。

　第 1 の要物性の見直しについては、大きな異論は出されず、諾成契約と変
更された[5][6]。それに関連して、対抗力を具備した使用貸借を認めるべきとの意

がある。
（3）　使用貸借の規定の沿革については、後藤泰一「使用貸借の解約─使用貸主の『必要性』に関
　　する基礎的考察─」信州大学教養部紀要第 23 号（1989 年）1 頁以下、岡本詔治『不動産無償利
　　用権の理論と裁判』（信山社、2001 年）21 頁以下、岸上晴志「使用貸借関係の解消について」中
　　京法学 38 巻 3・4 号（2004 年）372 頁以下。
（4）　民法（債権関係）部会資料 16-2「民法（債権関係）の改正に関する検討事項（11）詳細版」
　　71 頁以下。
（5）　第 56 回議事録 2 頁～4 頁。書面による使用貸借契約の解除については、若干の議論が行わ
　　れている。
（6）　谷口聡「要物契約としての使用貸借契約の終焉」『産業研究』高崎経済大学地域科学研究所
　　紀要）』第 53 巻第 1・2 号（年）76 頁以下。

見も出されたが、規定は新設されないこととされた。[8]

　第2の貸主の担保責任については、売主担保責任における法定責任説から契約責任説への転換の議論に伴い、無償契約における担保責任のあり方を、贈与契約における贈与者の担保責任と平仄を合わせる形で慎重に議論が行われている。結論としては、贈与契約における改正551条を準用する形とした（改正596条）。[9]

　第4の損害賠償請求権・費用償還請求権についての期間制限については、主として賃貸借において議論され、使用貸借の規定が整備された。

　第3の契約の終了については、第1点として、現行法の規定では目的物の返還に焦点が当てられているが、これに対して、目的物を返還しなければならないのは使用貸借契約が終了した時であるという観点から整理すべきであるとして、使用貸借の存続期間と貸主の解除権を定める規定に改めるべきとの考え方が提案された。これについては、規定の分かりやすさという観点が重視されている。[10]

　契約終了の第2点として、貸主にとっての目的物の必要性を理由とする解除権、当事者間の信頼関係が失われたことを理由とする解除権を新たに認めるべきとの提案がなされた。[11]これに加えて、上記2つの解除権のみならず、著しい長期間の使用貸借の終了についても新設の必要性が提唱され、それに対する慎重意見も出された。[12]

（7）　第16回議事録17頁岡本委員発言、20頁鹿野幹事発言。反対意見として、21頁道垣内幹事発言。

（8）　第56回議事録4～5頁。

（9）　第16回議事録19～20頁、第56回議事録4頁など。

（10）　民法（債権関係）の改正に関する中間的な論点整理の補足説明346頁「借用物の返還時期について定める民法第597条については、専ら分かりやすく規定を整理する観点から、使用貸借の存続期間を定める規定と貸主の解除権を定める規定とに条文表現を改める方向で、更に検討してはどうか。」

（11）　部会資料16-2「民法（債権関係）の改正に関する検討事項（11）詳細版」76頁。

（12）　第16回議事録17頁～19頁、21頁。なお、民法（債権関係）の改正に関する中間的な論点整理の補足説明346頁には、以下のように整理されている。「（議事の概況等）第16回会議においては、貸主と借主との間の信頼関係が失われた場合における貸主の解除権を新たに規定するかどうかとの論点に対して、一時的に信頼関係が失われたとしても将来に向けて永続的に関係が絶たれることが想定されないような場合（例えば、労働組合の事務所の使用貸借）においては妥当性を欠くため、より厳格な要件とすべきであるとの意見や、借主の立場を保護する観点から貸主に新たな解除権を創設することに慎重な意見が示された。他方で、信頼関係が失われた場合や契

信頼関係破壊を理由とする解除については、特に労働組合が使用者から事務所を使用貸借しているようなケースでは、安易に解除を認める方向性は認めるべきでないとの意見が出された。[13]

貸主にとっての目的物の必要性を理由とする解除権を認めるべきかという点では、借主保護の要請、特にビジネスでの使用貸借においては借主の保護の必要性とのバランスを図るべきとの意見が出された。[14]

長期間の使用貸借のケースにおいては、判例法理の妥当する範囲について濫用の危険や、親族間におけるケースにおける解除の法理の構築といった問題が指摘された。[15]

これらの貸主にとっての目的物の必要性を理由とする解除権、当事者間の信頼関係が失われたことを理由とする解除権、著しい長期間の使用貸借の終了といった新たな終了事由に関する規定の新設については、中間試案のたたき台では削除され、現行597条の規定を実質的に維持しつつも、目的物の返還時期という点に着目した規定ぶりではなく、存続期間の満了や貸主による解除という点に着目した規定ぶりに改められた。[16]審議会においても、新設を積極的に評価する意見も出たが、規定を新設することはしないという方向に落ち着いた。[17]

約が著しく長期にわたった場合における契約終了の方策を検討すべきではないかとの意見も示された。また、使用貸借の解除は将来に向かって契約を終了させる点で、目的物を返還させる贈与の解除とは異なるのではないかとの指摘があった。また、貸主に予期できなかった目的物を必要とする事由が生じた場合における貸主の解除権を新たに規定するかどうかとの論点に対しては、解除される借主の利益を考慮する必要もあり、貸主側に解除が認められないために妥当な解決ができない事例がどの程度存在するのか、実態を調べる必要があるとの指摘があった。」

(13) 第56回議事録7頁安永委員発言。
(14) 第56回議事録7頁佐成委員発言。
(15) 第56回議事録8頁高須幹事発言。
(16) 部会資料57「民法（債権関係）の改正に関する中間試案のたたき台（5）（概要付き）」19〜20頁。
(17) 第68回議事録23〜25頁。特に25頁の山野目幹事発言に「判例上形成されている使用貸借についての、著しく信頼関係が損なわれた場合の終了を考えるという議論は、これも今回この論点を落としたからといって否定されたものではないであろうというふうに理解しております。ただし、あの判例上形成されている考え方は、余りにも一般条項ないし規範的要件によってのみ組み立てられているものであって、法制化になじまないという色彩が非常に強いものでありますから、そのようなことを考慮して今回、この取り上げる論点から外されているのではないかというふうに感じますが、そのような考え方による裁判所による解釈運用は今後も続けられていく、そのことは毫も否定されていないと理解しておりました。」とあり、立法されなかったことで新た

以上のような議論を経て、中間試案では、使用貸借の終了（民法第597条関係）については、(1) 当事者が返還の時期を定めたときは、使用貸借は、その時期が到来した時に終了するものとする。(2) 当事者が返還の時期を定めず、使用及び収益の目的を定めたときは、使用貸借は、借主がその目的に従い使用及び収益を終わった時に終了するものとする。(3) 当事者が返還の時期を定めず、使用及び収益の目的を定めた場合において、借主がその目的に従い使用及び収益をするのに足りる期間を経過したときは、貸主は、契約の解除をすることができるものとする。(4) 当事者が返還の時期並びに使用及び収益の目的を定めなかったときは、貸主は、いつでも契約の解除をすることができるものとする。(5) 借主は、借用物を受け取った後であっても、いつでも契約の解除をすることができるものとする、と整理された[18]。その後は、ほとんど大きな議論はなく要綱仮案、要綱案を経て改正法のとおりとされた。

2 平成29年改正のまとめ

現行597条1項（期間を定めた時期の借主の目的物返還義務）は、改正597条1項として、期間満了によって終了する旨の規定とされた。

現行597条2項本文は、改正597条2項の期限を定めなかったときで、使用収益の目的を定めたときは、借主がその目的に従い使用収益を終えることによって終了する旨の規定とされた。

現行597条2項但書の使用収益を終わる前でも使用収益をするのに足りる期間を経過したときの貸主の返還請求権の規定は、改正598条1項の貸主の

な終了事由が否定されたと解すべきではない。

(18) 民法（債権関係）の改正に関する中間試案（概要付き）168頁。なお、概要では、「本文 (1) から (4) までは、民法第597条の規律の内容を維持しつつ、同条のように目的物の返還時期という点に着目した規定ぶりではなく、存続期間の満了（本文 (1)(2)）や貸主による解除（本文 (3)(4)）という点に着目した規定ぶりに改めることによって、同条の規律の内容をより明確にすることを意図するものである。存続期間の満了や貸主による解除によって使用貸借が終了すると、これによって借主の目的物返還債務が生ずることになる。本文 (5) は、借主による解除について定めるものである。現行法では明文の規定はないが、一般に、使用貸借の借主はいつでも目的物の返還をすることができると解されており、この理解を借主による解除という点に着目した規定ぶりによって明文化するものである。」とされている。前掲注12部会資料57にも同様の記載がある。

解除権を認める規定とされた。現行597条3項の返還時期も使用収益の目的
も定めなかったときの貸主の返還請求権の規定は、改正598条2項の貸主が
いつでも解除できるとの解除権の規定とされた。

また、借主の解除の規定は現行法にはなかったが、改正598条3項で新設
された。なお、現行599条の借主の死亡の規定は、改正597条3項に使用貸
借契約の終了事由として規定された。

改正法（平成29年法第44号）

597条（期間満了等による使用貸借の終了）

1項　当事者が使用貸借の期間を定めたときは、使用貸借は、その期間が満
了することによって終了する。

2項　当事者が使用貸借の期間を定めなかった場合において、使用及び収益
の目的を定めたときは、使用貸借は、借主がその目的に従い使用及び収益
を終えることによって終了する。

3項　使用貸借は、借主の死亡によって終了する。

598条（使用貸借の解除）

1項　貸主は、前条第2項に規定する場合において、同項の目的に従い借主
が使用及び収益をするのに足りる期間を経過したときは、契約の解除をす
ることができる。
　（現行597条2但書に対応）

2項　当事者が使用貸借の期間並びに使用及び収益の目的を定めなかったと
きは、貸主は、いつでも契約の解除をすることができる。
　（現行597条2項に対応）

3項　借主は、いつでも契約の解除をすることができる。

現行法

597条（借用物の返還の時期）

1項　借主は、契約に定めた時期に、借用物の返還をしなければならない。

2項　当事者が返還の時期を定めなかったときは、借主は、契約に定めた目
的に従い使用及び収益を終わった時に、返還をしなければならない。ただ
し、その使用及び収益を終わる前であっても、使用及び収益をするのに足
りる期間を経過したときは、貸主は、直ちに返還を請求することができる。

3項　当事者が返還の時期並びに使用及び収益の目的を定めなかったときは、

> 貸主は、いつでも返還を請求することができる。

3　平成 29 年改正後も残る問題点

(1)　第 1 に、改正 597 条 1 項は、「当事者が使用貸借の期間を定めたときは、使用貸借は、その期間が満了することによって終了する。」と規定する（現行 597 条 1 項に対応）。使用貸借契約において、明示的に期間を定める場合もあるだろうが、明示的に期間を定めていなくても黙示的に期間を定める場合も多くあると想定される。また確定期限ではなく、不確定期限や条件（終期）が合意される場合も多く想定される。そのような場合に実際「期間を定めたとき」の判断はどのようにされるのであろうか。不確定期限の場合や黙示的に期間を定めたときに、それは改正 597 条 2 項の当事者が「使用及び収益の目的を定めたとき」と類似性が認められる[19]。すなわち、終了原因が改正 597 条の 1 項によるものか、2 項によるものか、その区別をどのように行うかという問題である[20][21]。

　この点は、期限の合意とともに使用収益の目的を当事者が合意する場合もあるので、いずれも認定できるのであれば当事者の主張により契約終了を認めるべきであろう。なお 2 項による場合は、その判断は評価性がより高いことから当事者の主張立証責任という点で、よりハードルが高くなるように思

---

(19)　幾代通・広中俊雄編『新版注釈民法（15）債権（6）増補版』（有斐閣、平成 8 年）116 頁〔山中康雄〕では、両者の区別があいまいな事案として「建物使用貸借によって老齢の独身者甲が、自己の世話をさせるべく、乙をその居住建物に同居させた場合には、乙が甲の身辺を世話しなくなった時には、乙は建物を明け渡すという暗黙の合意、又は、少なくとも甲が身辺の世話をさせる目的で乙を同居させるという合意が成立したものと認めるべきもの」とした判例（東京高判昭和 23・4・5 新判例体系民法 8・230 の 5）を挙げるが、負担付使用貸借の事案を考えるべきではないかとしている。

(20)　前掲笹村「不動産使用貸借の終了事由について」8 頁では、597 条 1 項については、「返還時期の定めと使用有益目的の定めとは類似性があり、使用収益目的は黙示の返還時期に準ずるものということもできよう。」との指摘がある。

(21)　東京高判平成 10 年 11 月 30 日判タ 1020 号 191 頁は、建物建替えのため、建て替え中の住居として使用するため新たな建物の完成時を返済時期と定めて契約されたものであり、その期限が到来しているかが争点となった。判決では、本件売買契約により取得する新たな建物が通常予想される建築工事期間を相当程度超えてもなお完成しない場合には、その時点で本件建物を返還する旨の合意が黙示的にされていたものと認めるのが相当とし、本件使用貸借契約締結時から本件口頭弁論終結日までに五年近くが経過していることに照らすと、本件建物の返還時期は既に到来したというべきであるとして、明渡を認めた。

われる。

(2) 第2に、改正597条2項は、「当事者が使用貸借の期間を定めなかった場合において、使用及び収益の目的を定めたときは、使用貸借は、借主がその目的に従い使用及び収益を終えることによって終了する。」と規定する（現行597条2項本文に対応）。この判断構造・考慮事由が問題となる。

まず従来は、「使用及び収益の目的を定めたとき」の判断について、改正598条1項（現行597条2項但書に対応）と共通する問題として、その判断の構造や考慮すべき事情が論じられてきた。すなわち、後述する判例（最判昭和45年10月16日集民101号77頁）の挙げる基準を、現行597条2項本文の判断基準としても同じように用いられてきた。[22][23]

従来の特に下級審判決においては、現行597条2項本文か同条項但書かいずれの条文が適用されたものか判然としないものもあり、[24]両者を区別せず目的判断がなされてきたことにやむを得ない側面はある。[25]

---

(22) 前掲『新版注釈民法(15)債権(6)増補版』〔山中康雄〕117頁は、上記最判昭和45年10月16日の基準を挙げ、現行597条2項本文は、「目的物を無償で『相当期間』貸した場合の規定だと解したい。そして契約締結後の事情により、2項本文の『相当期間』よりも早く、使用貸借を終了させるべきだと考えられる場合は2項但書が規定しているのであり、ただ但書は、その一場合である『但しそれ以前といえども使用及び収益をなすに足るべき期間を経過したとき』の場合だけを明文に表現したものと解する。」としている。

(23) 前掲笹村「不動産使用貸借の終了事由について」9頁は、現行597条2項本文の検討において、「使用収益目的の意味については判例上の定説をみるに至っていないといわれている。」としたうえで、判例の分類としては、以下の3つに分けられるとしている。第1に土地使用貸借における建物所有の目的、建物使用貸借における居住の目的で足りるとするもの、第2に建物所有の目的又は居住目的のような一般的抽象的なものを指すのではなく、当事者が使用貸借によって実現しようとしたある特定の個別具体的な動機ないし目的とするもの、第3にその中間的な折衷的なものである。笹村判事は、第3の見解を妥当として、判例は「目的に従った使用収益を終えたか否かについて、契約締結（貸借当時）の事情、目的物（種類、性質）、契約がなされた動機目的、契約後の経過期間、借主側の事情の変化、その他諸般の事情を総合考慮して認定を行ってきている。」としている。

(24) 前掲『新版注釈民法(15)債権(6)増補版』〔山中康雄〕119頁では、「具体的な事案では、2項本文の場合か、それとも同項但書の場合か、区別に困難な事件が多い。」として、具体的な裁判例が検討されている。前掲笹村「不動産使用貸借の終了事由について」4頁以下では、大審院から平成5年までの過去の不動産使用貸借の終了に関する裁判例を分析してまとめられている。後藤泰一「使用貸主の予見しなかった必要性と使用貸借の解約」信州大学教養部紀要第24号（1990年）25頁以下では、昭和20年代から昭和50年代の下級審判決が検討されている。

(25) 前掲後藤「使用貸主の予見しなかった必要性と使用貸借の解約」27頁も、現行597条2項本文と但書をまとめて、貸主からの返還請求および解約申入が認められるかの「実質的判断に際して、貸主の必要性・事情（同時に借主の必要性・事情、さらに使用貸借契約成立に至った経

しかし、近年の下級審判決を検討すると、果たして改正597条2項と改正598条1項の棲み分けがより明確になっている傾向が見られ、各条項にいう「目的」は同列に論じないほうが良いように思われる[26]。近年の裁判例を検討する限り、現行597条2項本文による終了と但書による終了とはかなり判断構造や考慮すべき事情がかなり異なるように思われる。改正によって、改正597条2項の「借主がその目的に従い使用及び収益を終えることによって終了する」場合は、使用貸借契約の終了として規定され、改正598条1項の「目的に従い借主が使用及び収益をするのに足りる期間を経過したとき」は、貸主からの解除として、法律構成が分けられ、条項も別個に規定された趣旨は、こうした裁判例の傾向を踏まえたものではないかと推測される。

次に、目的を定めたときに、借主がその目的に従い使用および収益を終えることによって終了するのは、具体的にどのような場合かである。これを明らかにすることによって、改正598条1項（現行597条2項但書に対応）との違いをより明らかにすることができるように思われる。

(3)　第3に、改正598条1項は「貸主は、前条第2項に規定する場合において、同項の目的に従い借主が使用及び収益をするのに足りる期間を経過したときは、契約の解除をすることができる。」と規定する（現行597条2項但書に対応）。第2の改正597条2項のところでも触れたが、「目的」についての改正597条2項との区別、「使用及び収益をするのに足りる期間」が経過したかは、どのように判断されるかが問題となる。

後に検討する判例では、現行597条2項但書「目的に従い借主が使用及び収益をするのに足りる期間を経過したとき」の判断基準および考慮事情を挙げているが、これは評価的要件・規範的要件である[27]。判決における評価根拠

緯）が考慮されている裁判例がある」とされている。挙げられている裁判例は現行597条2項本文を適用したと解されるものもあるが、ほとんど現行597条2項但書の適用あるいは類推適用が問題となったもののようである。

(26)　前掲安井「民法597条に基づく使用貸借契約の終了」56頁以下では、「使用目的」の意義及び機能について各条項ごとに分けて検討されている。

(27)　評価的要件については伊藤滋夫『要件事実の基礎―裁判官による法的判断の構造（新版）』（有斐閣、2015年）291頁以下、難波孝一「規範的要件・評価的要件」伊藤滋夫総括編集『民事要件事実講座第1巻』（青林書院、2005年）197頁以下、河村浩「民事裁判の基礎理論・法的判断の構造分析（2）―要件事実論の基礎的な概念・知識の検討（下）（完）」判時2149号（2012年）21頁～34頁、拙稿「評価的要件の判断構造―110条の表見代理における正当理由の判断」

事実・評価障害事実を具体的に検討し、その中で、長期間の経過、人的関係の変化、当事者の目的不動産使用収益の必要性、当事者間の信頼関係の破壊といった様々な事情がどのように位置づけられ考慮されているかを明らかにすることが重要であろう。

さらには、改正に至る途中でも議論されたように、現行597条2項但書類推適用により契約終了を認めた最判昭和42年11月24日民集21巻9号2460頁の射程範囲はどのような場合に及ぶか。当事者間の信頼関係が破壊された場合の終了である。信頼関係破壊による解除が認められるとされた場合に、賃貸借契約と比較してその程度はどのようなものか。無償契約における特徴を踏まえた検討が必要とされるであろう。

(4) 第4に、改正598条2項は「当事者が使用貸借の期間並びに使用及び収益の目的を定めなかったときは、貸主は、いつでも契約の解除をすることができる。」と規定する（現行法597条3項に対応）。現行597条3項が適用される場面は、従来からほとんどなかったようではある。[28]

その他、貸主の解除が権利濫用として制限される場合があるか、立退料支払との引換を条件として認められる場合がありうるか[29]なども問題となる。

(5) 本稿においては、上記（2）および（3）の改正597条2項および598条1項（現行597条2項本文および同条項但書）に絞って、最高裁判例および平成5年以降の下級審裁判例を中心に、契約終了の判断構造を検討したい。これらの終了原因は、いずれも一義的に明確ではない評価的要件・規範的要件であり、その評価性は高いため判断構造や考慮事実が一見して分かりにくいものとなっている。使用貸借終了に基づく明渡請求を行う場合に、当事者が具体的にどのような事実を主張立証すべきかの指針となるよう評価根拠事実および評価障害事実を具体的に検討したい。

伊藤滋夫総括編集『民事要件事実講座第6巻』（青林書院、2010年）81頁以下。

(28) 前掲笹村論文19頁においては、過去の裁判例の分析において「597条3項は滅多に適用されない。」とし、また同条項の適用否定例は多い、ともされる。裁判に表れた事実によって、何らかの期間や使用収益の目的の合意を認定できる場合が多いといえよう。平成5年以前の判例については、同論文別表1を参照。

(29) 後藤泰一「民法597条2項但書の類推適用による使用貸借の解約と金銭（立退料）の提供」信州大学教養部紀要社会科学第27号（1993年）、190頁以下。

Ⅲ　判例の検討

1　改正597条2項「使用及び収益の目的を定めたときは、使用貸借は、借主がその目的に従い使用及び収益を終えることによって終了する。」（現行597条2項本文に対応）について

現行597条2項本文による契約終了が直接問題となった判例は、それほど多くはない。

東京地判平成16年1月21日判タ1155号226頁は、貸主が大学、借主が教職員の労働組合であり、建物の明渡を求めた事案である。原告は、本件契約は、本件建物部分貸与後34年間も経過し、貸与の使用目的は達していると主張したが、裁判所は、本件契約の使用目的は、「被告の組合事務所」、換言すれば、「被告の組合活動の本拠として組合の維持・運営」のためにされたものと認めるのが相当であるとして、使用目的は達していないとして明渡を否定した。原告はおそらく現行法597条2項本文による終了を主張していると解されるが、使用貸借における目的を明確に認定したが、終了を否定した判決である。

大津地判平成10年5月25日判タ1013号154頁は、貸主が本山寺院、借主は子院ないし塔頭寺院の土地使用貸借契約を認めた事案で、被告寺院らが、寺中として本山寺院に奉仕することを目的とするものであり、子院、塔頭寺院あるいは本山関係が消滅すれば、使用貸借契約も当然消滅するものと認められるとした。適用条項は必ずしも判文から明らかではないが、現行法597条2項本文の適用により、契約終了を認めたものと解される。

東京地判平成9年10月23日判タ995号234頁は、貸主を義父、借主を長男の嫁および子との建物使用貸借契約を認めて、長男とその家族が共同生活を営むための住居として使用するという目的を認定し、長男夫婦の婚姻関係は破綻し、長男は本件建物から出てしまい、他で居住するようになったものであるから右目的に従った使用収益はすでに終了している旨を判示した。これも適用条項は必ずしも判文から明らかではないが、現行法597条2項本文の適用により、契約終了を認めたものと解される。

このように「目的に従い使用及び収益を終える」場合は、目的の認定およびそれに従った使用収益が終わったことの判断がある程度明確である場合、具体的には親族間の扶養義務や将来の相続に伴う暗黙の了解などを除く場合[30]に限られるのではないだろうか。

2　改正 598 条 1 項「目的に従い借主が使用及び収益をするのに足りる期間を経過したとき」（現行法 597 条 2 項但書に対応）について

(1)　まずは主な最高裁判例を検討する。

最判昭和 45 年 10 月 16 日集民 101 号 77 頁

【事案】

本件は、会社を貸主、教会を借主として、礼拝堂建築のために土地を使用貸借契約した事案である。契約成立から約 9 年後に借主が牧師館の建築をしたが、貸主はそれに特に異議を述べることはなく、かえって承諾していたとも認められ、その後、契約成立から 15 年 8 か月経過した時点で貸主から返還請求をした。

【検討】

原審は、「右使用貸借は返還の時期を定めないものの、本件礼拝堂を建築所有することを目的として成立したものであるが、貸主たる被上告人としては、上告人が右礼拝堂所有のための使用を終つたときか、または、そのような使用をなすに足るべき期間を経過したときでなければ、本件土地の返還を請求することができないと解すべきではなく、当事者双方の事情を考慮したうえ、契約の時より相当の期間を経過したと認められる場合には、目的に従つた使用収益をなすに足るべき期間を経過したものとして、貸主は目的物の返還を請求することができると解するのが相当である」と判示し、使用貸借の契約を肯定した。

これに対し、本最高裁判決はまず契約目的および使用貸借契約の終了について以下のとおり判示した。「本件土地の使用貸借は、上告人教会の事業目

---

(30)　前掲安井「民法 597 条に基づく使用貸借契約の終了」51 頁の表には現行 597 条 2 項本文の一類型（B‐1）として「明確な使用目的の定めがある又は個別具体的な使用目的を認定できる」場合が挙げられる。

的である伝道、礼拝等のための礼拝堂を建築所有することを目的として成立したものであるが、本来使用貸借は、賃貸借と異なり無償の法律関係であることにかんがみると、右礼拝堂が朽廃するか、礼拝堂の事業目的が終了しないかぎり当然に使用貸借が終了しないと解すべきではなく、契約成立の時より相当の期間が経過した場合には貸主に返還請求権を認めるべきこと、原判決の説示するとおりである。しかしながら、その期間の経過が相当であるか否かは、単に経過した年月のみにとらわれて判断することなく、これと合わせて、本件土地が無償で貸借されるに至つた特殊な事情、その後の当事者間の人的つながり、上告人教会の本件土地使用の目的、方法、程度、被上告人の本件土地の使用を必要とする緊要度など双方の諸事情をも比較衡量して判断すべきものといわなければならない。」

　これは、目的自体の判断基準・考慮事情というよりは、現行法597条2項但書の、契約に定めた目的に従い「使用及び収益を終わる前であっても、使用及び収益をするのに足りる期間を経過したとき」の解釈および判断基準・考慮事情を示したものと理解できる。最高裁判決自体には、現行法597条2項但書の適用を問題としたものであるとの明確な記載はない。しかし、原審判決においては、「契約の時より相当の期間を経過したと認められる場合には、目的に従つた使用収益をなすに足るべき期間を経過したものとして」契約終了を認めており、それを最高裁も是認しているため、現行法597条2項但書の解釈を問題としたものと理解するのが正当であろう。

　次に、原審のいう「目的に従つた使用収益をなすに足るべき期間を経過した」かについて、最高裁判決の具体的な判断を検討する。本最高裁判決は「被上告人会社が上告人教会に対して本件土地の返還を請求した当時、使用貸借成立のときである昭和二四年初頃からすでに一五年八ヶ月を経過していたというのであるから、年月の経過としては、一応相当な期間と解しえないことはない。」として、原則として、長期間の経過があれば、一応契約終了が認められる方向に働くと判断している。原審においても、契約成立から相当の期間が経過した場合には、目的に従った使用収益をなすに足るべき期間を経過したものと解しているし、最高裁判決もそれ自体は認めていることから、まずは契約成立からの相当程度の長期間の経過を考慮するということで

あろう。

　その上で、附属する建物である「牧師館の建築にあたり被上告人会社において異議を述べるなどその建築を阻止する態度を示していなかったとすれば（第一審における証人大和源三郎の証言によれば、かえつて被上告人会社の常務取締役であつた訴外大和源三郎が、その建築を承諾していた事実が窺われる。）、被上告人会社と上告人教会との間で昭和三三年一二月頃本件土地を上告人教会の事業目的である礼拝等のため本件礼拝堂所有の目的でなお使用継続することを相互に了解し合つたものとみることもできないわけではなく（中略）右時期における使用継続についての相互了解が肯定されるときは、さらにその後に使用継続を否定しうる特別な事情の生じたことが認められないかぎり、本件土地の使用貸借を解約しうる程度に相当期間が経過したとは、たやすく断定しえないからである。」とした。すなわち、例外として、使用継続についての相互了解があつたことが、契約終了を否定する方向に働く事実といえる。そのような場合にはさらに使用継続を否定しうる特別の事情がないかぎり、終了が認められないという判断である。

　本判決では、使用貸借契約の終了原因として、借主である協会の事業目的である礼拝等のための礼拝堂所有の目的であることを認定しつつ、契約成立から長期間経過したことを終了の評価根拠事実としていると理解される。これに対しては、使用継続についての相互了解が評価障害事実となり、さらに使用継続を否定する特別の事情が評価障害事実をさらに障害すべき事実（あるいは終了を認める評価根拠事実）であると理解される。

　本判決では、特別の事情について以下のように判示する。「まず原判決は、被上告人会社がその経営するモータープール拡張のため、その地形上本件土地を自ら使用することを是非必要とするようになつたというのであるが、それが昭和三三年一二月頃予見しえない事情であつたのか、本件土地の明渡しを得なければ、地形上所有土地の利用に重大な支障を生ずる状況にあるのかについては、原判示によつてはいまだ窺うことができないのであり、また被上告人会社において代替地の提供斡旋にも尽力したというのであるけれども、上告人教会の側においてこれに応じなかつたことに合理的理由がなく、むげにこれを拒否したものであるかどうか、すなわち使用貸借の当事者間に

要請されるべき信義にもとるような忘恩的行為があつたのかについても明確ではなく、叙上の特別な事情が生じたとはいいがたいのである。要するに、本件牧師館の建築にあたっての被上告人会社の承諾の有無、その当時における本件使用貸借の継続についての相互了解の程度、内容いかんが本件返還請求の許否の判断に重大な影響があるものと解すべきところ、原判決は、この点に十分なる思いをいたさず、右事情について何ら判示することなく、本件解約の意思表示による使用貸借の終了を肯認したのであつて、審理不尽、理由不備の違法があるものといわなければならない。したがつて、原判決を破棄し、右の点についてさらに審理をつくさせるため、本件を原審に差し戻すを相当とする。」

　上記判示によれば、具体的な事実としては、牧師館建築についての相互了解の有無、程度、内容といった終了を否定する事実が評価障害事実と考えられ、貸主の必要性やそれが予見しえなかったこと、貸主からの代替地の提供斡旋、借主が合理的理由なく拒否したなどの信義則に反するような忘恩行為などの事実が特別の事情にあたりうると理解されていると考えられる。

最判平成 11 年 2 月 25 日集民 191 号 391 頁 [31]

【事案】

　原告貸主は会社、被告借主は原告会社の代表取締役 A の次男であった。A は次男のために建物を建築して取得させ、本件土地を無償で使用させた（38 年余）。A 夫婦は Y と本件建物において同居していた。A が死亡後、原告会社の経営をめぐり長男と次男の利害が対立し、実質的には長男が経営を行ってきて、次男は取締役の地位も喪失した。

【検討】

　原審は、本件使用貸借は、いまだ民法 597 条 2 項ただし書所定の使用収益をするのに足りるべき期間を経過したものとはいえないと判断した。

　しかし本最高裁判決は、破棄差戻した。まずは、前記最判昭和 45 年 10 月 16 日を引用して現行法 597 条 2 項但書の使用収益をするのに足りるべき期

---

(31)　本判決の評釈としては、後藤泰一「使用貸借の機能的・性質的類型と使用収益をなすに足るべき期間の経過―最高裁平成 11 年 2 月 25 日判決を素材にして―」信州大学法学論集第 2 巻 2003 年 3 月、65 頁以下、岡本岳「平成 11 年度主要民事判例解説」判タ No. 1036（2000. 9. 25）86 頁がある。

間が経過したかの判断基準・考慮事情を述べる。「土地の使用貸借において、民法五九七条二項ただし書所定の使用収益をするのに足りるべき期間が経過したかどうかは、経過した年月、土地が無償で貸借されるに至った特殊な事情、その後の当事者間の人的つながり、土地使用の目的、方法、程度、貸主の土地使用を必要とする緊要度など双方の諸事情を比較衡量して判断すべきものである（最高裁昭和四四年（オ）第三七五号同四五年一〇月一六日第二小法廷判決・裁判集民事一〇一号七七頁参照）。」

その上で、具体的な事情として、以下のとおり判示した。「本件使用貸借の目的は本件建物の所有にあるが、被上告人が昭和三三年一二月ころ本件使用貸借に基づいて本件土地の使用を始めてから原審口頭弁論終結の日である平成九年九月一二日までに約三八年八箇月の長年月を経過し、この間に、本件建物で被上告人と同居していた太郎は死亡し、その後、上告人の経営をめぐって一郎と被上告人の利害が対立し、被上告人は、上告人の取締役の地位を失い、本件使用貸借成立時と比べて貸主である上告人と借主である被上告人の間の人的つながりの状況は著しく変化しており、これらは、使用収益をするのに足りるべき期間の終過を肯定するのに役立つ事情というべきである。他方、原判決が挙げる事情のうち、本件建物がいまだ朽廃していないことは考慮すべき事情であるとはいえない。そして、前記長年月の経過等の事情が認められる本件においては、被上告人には本件建物以外に居住するところがなく、また、上告人には本件土地を使用する必要等特別の事情が生じていないというだけでは使用収益をするのに足りるべき期間の経過を否定する事情としては不十分であるといわざるを得ない。」

すなわち、目的は建物所有にあるとした上で、契約終了を肯定する事情としては、38年余の長期間の経過に加え、同居の状況や人的つながりが希薄な方向へ変化したことを挙げている。他方、契約終了を否定する事実として、建物が朽廃していないことは考慮されない。すなわち評価障害事実とはならないことを明らかにした。その他、借主に居住の必要性があり、貸主に使用の必要性がないという事実は、これだけでは契約終了を否定する事情としては不十分であるとしている。これらの事実は評価障害事実とはなりうるが、それだけでは38年余のかなりの長期間経過という事実が認められる本

件では、契約終了という法的効果を覆す評価障害事実としては、十分ではないということであろう。

　本最高裁判決は、「その他の事情を認定することなく、本件使用貸借において使用収益をするのに足りるべき期間の経過を否定した原審の判断は、民法五九七条一項ただし書の解釈適用を誤ったものというべき」としている。

　その他の最高裁判決としては、**最判昭和 59 年 11 月 22 日集民 143 号 177頁**がある。この判決は、建物使用貸借の事案である。使用貸借の目的を「被上告人及びその家族の長期間の居住」としつつも、「被上告人が本件使用貸借に基づき本件建物の占有使用を始めてから本件解約当時まで約三二年四か月の長年月を経過していることが明らかであるから、他に特段の事情のない限り、本件解約当時においては、前示の本件使用貸借の目的に従い使用収益をなすに足るべき期間は、既に経過していたものと解するのが相当であるところ、右特段の事情があることについては被上告人が主張・立証していないから、本件使用貸借は本件解約によつて終了したものというべきである。」と判示し、原判決を破棄し、貸主側の請求を認容した。

　32 年余の長期間の経過により、原則として契約終了を認めている。これに対し、契約終了を否定すべき事実については、特段の事情として、借主側に主張立証責任があることを明らかにしている。原則として、相当程度にわたる長期間の経過により、使用貸借契約が終了することを認めるに足りる必要最小限度を充足するとした判例といえる。

　(2)　続いて近年（平成 6 年以降）の下級審判決がいくつか出されているので、公刊物掲載判決の中から主なものを検討する。

東京地裁判決平成 28 年 7 月 14 日判タ 1436 号 196 頁

【事案】

　姉が貸主、弟が借主で、姉が弟に対し、建物収去土地明渡を求めた事案である。原告である姉は国から本件土地の払い下げを受けて所有し、被告である弟は、本件土地上に獣医師である父親の経営する獣医院および自宅建物を所有し、獣医院経営および父親夫婦と同居して居住するため使用してきた。その期間は 43 年間もの長期間にわたり、その間、父親は死亡してその遺産のほとんどを弟が取得し、母親の遺産も弟に取得させる旨の遺言が作成され

た。姉は不公平感を募らせ、本件土地の明渡の調停を提起したが不調に終わり、その後弟側から姉に対し本件土地の所有権を否定して所有権移転登記訴訟を提起するなど、貸主である姉と借主である弟の関係が悪化していった。

【検討】

まず本判決において、597条2項但書所定の使用収益をするのに足りるべき期間が経過したかの判断において、前記最判昭和45年10月16日、最判平成11年2月25日を引用して、判断基準・考慮事情を示した上で「使用貸借に基づく使用開始から長年月が経過し、その後に当事者間の人的つながりが著しく変化したなどの事情が認められる場合、借主に他に居住するところがなく、貸主に土地を使用する必要等特別の事情が生じていないというだけでは、使用収益をするのに足りるべき期間の経過を否定する事情としては不十分というべきである。」とした。

終了を肯定すべき評価根拠事実として、長期間の経過およびその後の当事者間の人的つながりの著しい変化などが認められる場合は、原則として終了が認められるとした。他方、借主が他に居住するところがないという事実、貸主の土地使用の必要性がないという事実は評価障害事実となりうるが、それだけでは終了を覆すに不十分であるとしたものである。

本判決は43年もの長期間の経過により、借主が目的物である土地を十分に有効活用し相応の利益を得てきたことを認定したことに加え、人的つながりの変化については、貸主である姉は結婚を機に建物から退去して以降も土地の無償使用について異議をさしはさむことは想定されていなかったこと、医院の本店を置く際に貸主である姉の承諾を得ることは予定されていなかったこと、父親の死後、遺産分割協議によって弟がほとんどの遺産を取得したことなど詳細に認定している。原則として契約終了を認めている。

他方、それを否定する事情として、借主の自宅兼仕事場であり必要性が高いこと、貸主の使用についての必要性・緊急性はないことなどの事情が挙げられているが、契約終了を覆すほど十分ではないとしている。他にどのような事実があれば契約終了が否定されるかまでは不明であるが、他に終了を否定すべき方向に働く事実が認められない限り、長期間の経過、人的つながりの変化が認められれば、契約終了が認められるものと理解されよう。

東京地判平成 9 年 1 月 30 日判時 1612 号 92 頁

　本判決は、土地の使用貸借の事案であり、母親が子供に対し明渡を求めた事案である。使用貸借の目的を「被告が（父親の）遺産土地等の使用収益により生活費を得ること」とした上で（被告は本件土地上の建物を第三者に賃貸して賃料収入を得ていた。）、約 21 年もの長期にわたり使用収益を継続していること、被告は本件土地の公租公課を全く支払っていないこと、本件建物の建築について費用を負担していないこと、父親が死亡して遺産分割も終わり被告以外の他の共同相続人に帰属するに至ったこと、被告には相当の資産を有していることなどから、上記目的にしたがってその使用収益をなすに足るべき期間がすでに経過したものとして、契約終了を認めた。

　本件は、目的が少し特殊であり、借主が目的物上に居住するということではないので、上記のような評価根拠事実によって契約終了を認めやすい事案であったといえる。評価障害事実も特に見当たらない。

東京地判平成 7 年 10 月 27 日判タ 910 号 167 頁

　本件は土地の使用貸借において、貸主を姉、借主を妹およびその子とし、明渡を求めた事案である。もともと借主は妹の夫であったが、その夫はすでに死亡しているが、妹がいたため無償使用を認めていた事情があったため、現行法 599 条（改正 597 条 3 項）による終了は認めず、現行法 597 条 2 項但書による終了が主張された。

　判決では、約 30 年間使用収益してきたこと、借主であった夫が既に死亡していること、原告が老後の生活設計とあわせて相続税の対策を講じる必要から、原告所有地全体を更地とし、その跡に五階建程度の自家用住宅、賃貸用共同住宅、店舗を建築し、その賃料収入をもって建築資金の返済をなしつつ自らの生計を維持していく計画を立て、被告に協力を求め代償としての金銭の支払や他の住居の提供なども行ったが、被告に容れられなかったことなどから、建物が存在し、被告が居住しているとしても、すでに使用収益をなすに足るべき期間は経過したものと解することができるとした。

　この判決も長期間の経過と人的関係の変化などにより、原則として終了を認め、現在も建物が存在し借主が居住していても、それでは終了を否定するに足りないことを示したものといえよう。

一方、相当期間の経過によっても、契約終了を否定した判決も存在する。

東京地裁判決平成 28 年 1 月 27 日（LLI 判例秘書登載、公刊物非掲載）

本件は、本件土地を持分各 4 分の 1 で共有する原告ら 3 名が、持分 4 分の 1 の共有者である被告に対し、使用貸借の終了あるいは共有物分割の一内容として、本件建物を収去して本件土地を明け渡すことを求めると共に、民法 258 条に基づき、本件土地の共有物分割を求めた事案である。使用貸借契約の目的は、建物所有という目的とし、現行 597 条 2 項本文に基づく契約の終了は否定した。

現行 597 条 2 項但書に基づく終了については、前記最高裁判決を引用した上で、33 年間以上の期間が経過していること、父母の面倒を見るため父母の自宅敷地内に本件建物を建築したこと、その後父母が死亡し、原告らおよび被告が土地を相続し固定資産税を負担していることといった人的関係の変化を認定している他、被告は本件建物を所有して本件土地を使用していること、原告らは他に住所を有しており本件土地を使用する緊急の必要性はないこと、契約終了を認めるべき方向に働く事実を認定している。

これに対し、終了を否定する事実としては、人的つながりの変化は通常想定される相続によるものであること、相続後の貸主において無償使用を受け入れていたといえる事実が認められること、その後の期間が 18 年と長期間とまではいえないこと、貸主の使用の必要性・緊急性は高くないこと、などを挙げる。

本判決は、こうした評価障害事実から、使用継続を否定しうる特別な事情の生じたことが認められるとして、契約の終了を否定したものといえよう。

(3)　現行 597 条 2 項但書についての判例の検討まとめ

まず目的については、従前の学説は、現行 597 条 2 項本文と但書とを区別せず、「土地使用貸借における「建物所有の目的」又は建物使用貸借における「居住の目的」というような一般的抽象的なものではなく、契約成立当時における当事者の意思から推測されるより個別的具体的なものをいうと解すべきと理解しているようである。[32][33] 確かに、東京地判昭和 31 年 10 月 22 日下

---

(32)　前掲『新版注釈民法 (15) 債権 (6) 増補版』〔山中康雄〕119 頁は、東京地判昭和 31 年 10 月 22 日下民集 7 巻 10 号 2947 頁を挙げて「傾聴すべき理論と考える。」とする。

民集 7 巻 10 号 2947 頁では、同様の判示がされているが、貸主が使用収益の目的の定めがないことを理由に解約申入れによる終了を主張した事案であり、借主が「その財産として本件建物を朽廃するまで保存し、これを貸家にして賃料を収得することにより、生活の一助とし、または被控訴人が将来事業に失敗したようなときでも、本件建物を一家の住宅として事業の再建を図ることができるようにという目的で、被控訴人に本件建物を贈与し、かつ本件土地の無償使用を認めたものであることが認められ」るとしつつ、「右目的に従つた使用及び収益が終つたことまたは使用及び収益をするに足りる期間を経過したことを認めるに足りる証拠はない」として契約終了を認めなかった事案である。目的の判断基準を示したにすぎないものと理解すべきであろう。[34]

　これまでの判決の検討によれば、現行 597 条 2 項但書による終了判断においては、目的の認定にウエイトは置かれておらず、不動産の場合は、「建物所有の目的」又は「居住の目的」といった一般的抽象的な目的を基本とした上で、その目的に従った使用収益をするに足りる期間を経過したことの判断に重点が置かれているように考えられる。

　次に、目的に従った使用収益をするに足りる期間を経過したことの判断構

---

(33)　前掲岡本岳「平成 11 年度主要民事判例解説」86 頁で「土地使用貸借における「建物所有の目的」又は建物使用貸借における「居住の目的」というような一般的・抽象的なもので足りるとすると、返還時期の定めのない場合、借主がその目的に従い使用収益を継続している限り、貸主はいつまでも返還請求できないこととなる（2 項但書の場合も同様に返還請求が困難と考えられる。）。しかし、それでは無償契約である使用貸借の借主が、有償契約である賃貸借の借主よりも手厚く保護されることとなり、著しく不公平な結果となる。したがって、同項の使用収益の目的は、例えば土地使用貸借における「建物所有の目的」又は建物使用貸借における「居住の目的」というような一般的・抽象的なものではなく、契約成立当時における当事者の意思から推測されるより個別的具体的なものをいうと解すべきであろう。」としているが、最高裁判例の検討を踏まえ、「これら最高裁の判決を見ると、最高裁は、必ずしも民法 597 条 2 項の使用収益の目的を、「建物所有の目的」又は「居住の目的」というような一般的抽象的な目的では足りず、より個別的具体的な目的でなければならないと解しているわけではないと考えられる（本判決は、単に「本件使用貸借の目的は本件建物の所有にある」と判示している。）が、使用貸借が締結された特殊な事情、その後の当事者間の人的なつながり等の個別的な諸事情を考慮して、使用収益の期間の経過を弾力的に解釈することにより、妥当な結論を導き出しているものと考えられよう。」としている。判例が個別的具体的な目的でなければならないと解しているわけではないと考えられるという点は、まさにそのとおりであろう。
(34)　適用条文を判決で明示していないが、おそらくは現行 597 条 3 項による終了を主張したと解される。

造が問題となる。裁判例を見る限り、土地上に建物所有をする場合、又は建物に居住している場合は、相当程度の長期間が経過した場合は、原則として契約終了が認められるべきである。期間については、民法上の存続期間20年（現行604条）から借地借家法の存続期間30年（借地借家法3条）が一応の目安のように思われ、借主自らは直接居住せず、賃料収入を得て生活の基盤とすべきような場合は、比較的短い期間でも良いように思われる。これが認められれば、他に評価障害事実が認められない限り、評価根拠事実として十分である。目的は、相当程度長期間が経過したと認められるかを判断する一要素とはなりうると解すべきである。

評価的要件については、過剰主張が認められるため、それ以外の評価根拠⁽³⁵⁾事実としては、まずは家族・親族としての人的つながりの状況の変化が挙げられる。その程度が著しいほど、評価障害事実が量的に多くなければ覆すことはできないといえよう。その他、貸主に目的不動産の使用収益の必要性があること、貸主が代替地の提供斡旋をしたこと、それを合理的理由なく借主が拒否したことなどが挙げられる。

他方、評価障害事実としては、貸主が契約締結後に無償使用を承認する旨の意思表示をしたことが挙げられる。これが認められる場合はさらに覆す特別の事情として、承認からさらに長期間の経過、貸主が後に必要性が生じることを予見しえない事情、明渡を得なければ重大な支障が生じる事情等が必要であるといえよう。これらの事情が評価根拠事実か、あるいは、評価障害事実を前提としたいわば評価障害障害事実ともいうべき事実かは一考を要するであろう。

評価障害事実として注意すべき点としては、現に建物が朽廃していないという事情は考慮されない。すなわち評価障害事実として主張自体失当といえる。借主が他に居住するところがないという事実や、貸主が目的物を使用する差し迫った必要性がないことは、評価障害事実として考慮されうるが、それだけでは不十分である場合が多いといえる。使用貸借の無償性から考えると、貸主の必要性の事実は、評価根拠事実とはなりえても、必要性がないことは評価障害事実としては結果的に主張自体失当といえよう。

---

(35) 前掲伊藤『要件事実の基礎（新版）』307頁

このように判例は、双方の諸事情をも比較衡量して判断すべきとして、様々な考慮事情を挙げるが、やみくもに総合判断しているわけではないといえる。

なお、現行597条2項但書が問題となった事案では、貸主からの解約の申入れが行われたものがほとんどである。改正598条において契約解除を規定されたことに通じる。

3　現行597条2項但書（改正598条1項に対応）類推適用について

（1）　次に、貸主と借主との信頼関係が破壊されたことを理由に、現行597条2項但書類推適用により、契約終了を問題とした判決を検討する。まず最高裁判決を検討する。

最判昭和42年11月24日民集21巻9号2460頁

【事案】

土地の使用貸借の事案であり、貸主であった兄弟が、借主である兄弟の一人およびその経営する会社に対し明渡を求めた事案である。原審の認定した事実によるとおよそ以下のとおりである。もともと、兄弟らの両親が本件土地を所有していた。父親は本件土地上に建物を所有していたが、その後借主が家屋を建築し居住していた。当初は借主と親兄弟との関係も円満であったため、本件土地の使用有益に異議を唱える者もいなかった。父親の行っていた事業を借主が承継して行うようになった後、兄弟間であつれきが生じてきた。借主は両親に仕送りをしていたが、仕送りできないような経済状態でないにもかかわらず、両親に対する仕送りを止め、妻子とともに裕福な生活を送ることとなった。その後、父親は借主以外の兄弟に本件土地を贈与した。使用貸借契約が成立したのは、昭和26年ころであり、それから昭和31、2年ころから借主と親兄弟との関係が悪化し、昭和34年に他の兄弟に本件土地を贈与したものである。

【検討】

第1審の大阪地判昭和39年10月3日は占有権原を主張立証しないとして原告の請求を認容した。

これに対し、原審である大阪高判昭和昭和42年3月31日は控訴人主張の

黙示の使用貸借を認め、目的の一部が、「他の兄弟と協力して控訴会社を主宰し、その経営によつて生じた収益から老年に達したＡ、被控訴人 X1 ら父母を扶養し、なお余力があれば、経済的自活能力なき兄弟をもその恩恵に浴せしめることを眼目としていたものである」とし、「控訴人 Y1 がさしたる理由もなく老父母に対する扶養を廃し被控訴人ら兄弟（妹）とも往来を断ち、相互に仇敵として対立すること現状のごとくになつた以上、契約当事者間における信頼関係は地を払うにいたつたものであり、被控訴人らとしても、控訴人 Y1 およびその私有物と化した控訴会社に本件土地を無償使用せしめておく理由はなくなつたものということができる。かかる場合においては、民法第五九七条第二項但書の規定を類推し、貸主は借主に対し使用貸借を告知し得るものと解するのが相当である。」と判示した。

　本最高裁判決は、原審の判断をほぼそのまま受け入れたものである。すなわち、黙示の使用貸借を認め、その目的を、「本件土地の使用貸借の目的は、上告人Ａに本件土地使用による利益を与えることに尽きるものではなく、一方において、上告人Ａが他の兄弟と協力して上告会社を主宰して父業を継承し、その経営によつて生じた収益から老年に達した父Ｂ、母被上告人Ｃを扶養し、なお余力があれば経済的自活能力なき兄弟をもその恩恵に浴せしめることを眼目としていたものであること、ところが、昭和三一、二年頃Ｂが退隠し、上告人Ａが名実共に父業を継承し采配を振ることとなつた頃から兄弟間にあつれきが生じ、上告人Ａは、原判決判示のいきさつで、さしたる理由もなく老父母に対する扶養を廃し、被上告人ら兄弟（妹）とも往来を断ち、三、四年に亘りしかるべき第三者も介入してなされた和解の努力もすべて徒労に終つて、相互に仇敵のごとく対立する状態となり、使用貸借契約当事者間における信頼関係は地を払うにいたり、本件使用貸借の貸主は借主たる上告人Ａ並びに上告会社に本件土地を無償使用させておく理由がなくなつてしまつたこと等の事実関係のもとにおいては、民法第五九七条第二項但書の規定を類推し、使用貸主は使用借主に対し、使用貸借を解約することができる」とした。

　使用貸借契約成立から長期の期間が経過したとはいいがたい事案であったため、目的に従った使用収益をするのに足りる期間が経過した（現行法597条

2項但書）とは言いがたいものと理解される。しかし、人的関係の変化が著しく当事者間の信頼関係が破壊されている事案であったため、使用貸借の継続を認めがたい。597条2項但書の趣旨は、借主にこれ以上無償での使用収益を認める必要性がない場合には、使用貸借の終了を認めて、貸主からの返還請求を肯定するものであることから、借主によって信頼関係が破壊された場合には、これ以上借主に無償での使用収益を認める必要性がないのであるから、現行法597条2項但書の類推適用により、貸主からの返還請求を認めたものといえる。

(2)　現行597条2項但書類推適用が問題となった下級審判決を検討する。

大阪高判平成9年5月29日判時1618号77頁

詳細な事案は不明であるが、裁判所は以下のとおり判示した。

「右使用貸借契約の目的は、被控訴人甲野に本件土地使用の利益を与えることのみに尽きるものではなく、むしろ被控訴人甲野が得た収益から、控訴人を扶養、監護し、本件土地の固定資産税等の費用に充てることにあったものである。ところで、《証拠略》を総合すると、本件訴訟提起当時以前の時期において、被控訴人甲野は、従前控訴人に対して行ってきた扶養、監護を打切り、これを放棄した。その後、被控訴人甲野は、控訴人に対する仕送りなども一切していない。このため、控訴人は、他の子供の世話になるなどしているものの、その生活は著しく困窮している。本件土地の固定資産税の支払も滞納している。一方、被控訴人甲野はその経済状態からみて、控訴人に対する仕送りが困難な事情にあるとは到底いえない。そうであるとすると、本件土地使用貸借契約の当事者である控訴人と被控訴人甲野との間の信頼関係は、被控訴人甲野によって完全に破壊されたものというべきである。」

597条2項但書を類推適用し、解約申入れを認めた。[36]

東京地判平成23年5月26日判時2119号54頁 [37]

事案は、親が所有していた土地をその子が相続し貸主となり、土地上に建

---

(36)　池田恒夫「民法判例レビュー不動産今期の主な裁判例」判タ973号71頁以下（1998年8月1日）「事実上の有償関係（建物所有のための土地の無償使用と扶養・看護）にある親子間の土地の使用貸借の有償「的」関係をどう法律構成するかという難題がなお課題として残されたように思われる。」

(37)　後藤泰一「契約締結時における信頼関係の不存在と使用貸借の解約」信州大学法学論集19

物を建築して居住していた義兄に対し明渡を求めた事案である。もともと高齢であった親夫婦の生活を姉夫婦（被告）が援助することおよび、親夫婦死亡後には、姉夫婦に本件土地を相続させ、円満な生活を送ることが予定されていた。その後姉が死亡し義兄のみが建物に居住するに至った。借主である義兄は、姉の生前から不貞行為により婚外子をもうけ、姉死亡後は認知するに至り、両親や貸主である妹には子を交換留学生であるなどと嘘をついていた。そうした事実が発覚したため、本件土地の明渡を求めたものである。裁判所は、姉夫婦が円満であることを前提としたため、不貞を続け子を認知した以上、契約の前提となる信頼関係が存在しないとして、597条2項但書を類推適用し、契約終了を認めた。

　平成元年に被告が建物を建築し、平成12年に姉が死亡し、被告の不貞が発覚したのが平成18年ころであったため、信頼関係が破壊するまでの期間は18年程度と思われる。長期間の経過とまでは言いにくい事案であるため、597条2項但書類推適用により明渡を認めたものと理解される。

　(3)　現行597条2項但書類推適用についての判例の検討まとめ

　597条2項但書類推適用については、使用貸借契約成立から長期間の経過は認定しがたいが、人的関係の変化等により当事者間の信頼関係が破壊された場合（特に借主からの破壊が認められる場合）において、裁判所は契約の終了（貸主からの解約申入れ）が認められるという法理を形成してきたと理解してよい。

　この場合は、現行597条2項直接適用に比べて、目的にウエイトが置かれると解される。単なる建物所有目的、居住目的だけでなく、親族の扶養、生活基盤を与えるといった目的も考慮される。これは信頼関係の破壊の程度に直結するからといえよう。すなわち、直接適用に比べて、類推適用は長期間の経過が認定しがたいものであるため、信頼関係破壊の程度はより重いものであることが必要と解される。裁判例を見ても、直接適用事案は、貸主から代替手段の提案がなされていたり、交渉も見られるが、類推適用事案は、対立が決定的なものが多いといえよう。貸主側においては、決定的な対立状態にあるといえる信頼関係破壊を基礎づける事実を主張立証すべきといえる。

号（2012年）151頁以下。

貸主側の主張立証の負担が大きいため、評価障害事実となりうる事実は実際にはあまりないといえよう。

また、貸主にとっては、長期間の経過および人的関係の変化が認められるのであれば直接適用による終了を選択して主張する方が主張立証責任の負担が軽いため、あえて類推適用を選択するメリットはほぼないといえる。

Ⅳ 要件事実について（平成29年改正を前提として）

1 要件事実

使用貸借契約終了に基づいて建物明渡請求または建物収去土地明渡請求をする場合の要件事実について検討する。終了原因については、前記三までの検討を踏まえて、改正597条1項ないし3項、598条1項2項のみとする。

請求原因
　XY使用貸借契約締結（目的物、無償、一定期間の使用収益）
　基づく引渡
　終了原因

終了原因1　期間満了（597条1項）
　返還時期の合意およびその到来[38]
終了原因2　目的達成（597条2項）
　使用収益の目的の合意
　目的に従った使用収益が終了したこと
終了原因3　借主の死亡（597条3項）
　借主死亡
　被告は借主の子である

---

(38)　返還時期を定めなかった場合でも、貸主が催告（解除）したときに返還するとの合意があると解すべきである。司法研修所編『増補民事訴訟における要件事実第一巻』（法曹会、昭和61年）277頁、279頁。

終了原因4　解除（598条1項）
　貸主から借主に対する解除の意思表示[39][40]
抗弁1　　使用収益の目的の合意
再抗弁1　目的に従い使用及び収益をなすのに足りる期間の経過の評価根拠
　　　　　事実

終了原因5　借主からの解除（598条2項）
　借主から貸主に対する解除の意思表示[41]

2　要件事実についての説明

(1)　請求原因について

　まずは使用貸借契約の締結が必要である。明示または黙示の合意が必要で
あるが、合意の内容として何が必要かについては、使用貸借契約の本質が何
かが問題となる。賃貸借との区別は、借主の使用収益が有償か無償かによ
る。したがって、当事者間における合意の内容として、無償で使用収益をさ
せる旨の合意が必要である。

　次に、期間の合意である。賃貸借契約の成立要件として返還時期の合意が
必要かについて争いがあり、貸借型の契約の本質をいかに考えるかという重
要な問題がある。賃貸借において主に議論されるが、使用貸借においても同
様の議論が妥当すると言えよう[42][43]。いわゆる貸借型を採用する結果、使用貸借

---

(39)　催告は不要であろう。541条による解除ではなく、使用貸借における特則を定めた598条に
　　よるものと解すべきであろう。

(40)　解除は貸主からのみ主張しうる。その他の終了原因は貸主借主いずれ側からも主張しうる。

(41)　これに対しては、返還時期の合意およびその到来、使用収益の目的の合意は抗弁とはなりえ
　　ない。主張自体失当である。

(42)　司法研修所編『民事訴訟における要件事実第二巻』（法曹会、平成4年）4頁。なお、反対
　　説は売買型の契約と貸借型の契約とを区別せず、附款についての抗弁説を前提として（前掲司研
　　『要件事実第一巻』48頁）、返還時期の合意は契約の要素ではなく法律行為の附款に過ぎないと
　　する。

(43)　司法研修所編『新問題研究　要件事実』（法曹会、平成23年）38頁、46頁、124〜125頁で
　　は、冒頭規定の文言を根拠として、返還の合意と返還時期の合意とを分けて、返還の合意は貸借
　　型の成立要件であるが、期限の定めは成立要件ではないとする見解が示されている。しかし、こ
　　の考え方に対しては、返還合意の中には、必ず何らかの意味で返還時期の合意が含まれていると
　　考えるのが社会の実態に即しているため、適切ではないと考える。伊藤『要件事実の基礎新版』

契約の成立を主張立証するためには、返還時期の合意があれば、その合意を、返還時期の合意がない場合は、貸主が返還請求をしたときに返還するとの合意があると解すべきであるから、その趣旨で返還時期の定めがあることを主張立証する必要がある。

　問題は使用貸借契約の場合は、その合意が黙示である場合が多いことである。黙示の意思表示については、表示価値が低いため、黙示の意思表示がされたことを基礎づける事実を具体的に主張立証する必要がある[44]。使用貸借契約の場合には、具体的には事実上目的物である不動産の使用収益が対価の支払いがなく開始されたこと、それに対し、特に異議が述べられなかったこと、当事者間（あるいはその親族等も含む）において親族関係をはじめとするの密接な関係があることなどが挙げられる。返還およびその時期の合意についても、目的物の所有権移転登記が将来行うなどの合意が行われない限り、上記のような使用収益が認められれば（返還の時期はともかく）いつかは返還すべき合意のある使用貸借であると考えられる[45]。

　契約終了に基づく返還請求の前提として、使用貸借に基づく引渡しが必要である[46]。

(2)　終了原因1　期間満了（597条1項）

　返還時期について合意がある場合は、その旨の合意がなされたこと及びその到来が必要である。確定期限の場合は、その合意と到来、不確定期限の場合は、その合意と到来及び到来した後に履行の請求を受けた時、又はその到来したことを知った時のいずれか早い時（412条2項）に返還しなければならない。

(3)　終了原因2　目的達成（597条2項）

　返還時期の合意について、明確な合意がない場合であっても、使用収益の

368頁、伊藤「『新問題研究　要件事実』について・下」法律時報84巻4号75頁以下（2012年）79〜85頁。本稿でもこの考えに従うこととする。

(44)　前掲司研『要件事実第一巻』39頁。なお、前掲伊藤『要件事実の基礎（新版）』329頁では黙示の意思表示は評価的要件と解している。

(45)　甲斐哲彦「使用貸借」伊藤滋夫総括編集『民事要件事実講座第3巻』（青林書院、2005年）325頁以下に黙示の意思表示ついて論じられている。

(46)　前掲司研『要件事実第二巻』10頁に賃貸借における基づく引渡の説明があり、使用貸借も同様に解される。

目的が定められている場合には、その目的に従った使用収益を終えたときに返還するとの当事者間の意思があるとするのが合理的である。

　返還時期の合意について、それがないことを主張立証する必要はなく、返還することの合意さえあれば、その時期について主張立証する必要はない。時期について合意がなくとも、上記の趣旨で合意があったものと解し、使用収益の目的及びその目的に従った使用収益が終了したことを主張立証すれば足りると解すべきである。

　改正597条2項の目的達成による終了は、その判断が明確にできるものであり、単なる建物所有目的や居住目的ではないことが特徴であることは、すでに現行597条2項本文の判例の検討で述べた。

(4)　終了原因3　借主の死亡（597条3項）

　借主の死亡は終了原因となる。通常は借主の相続人を被告として契約の終了に基づく返還請求を提起するため、被告が借主の相続人であることを主張立証すべきこととなる。相続の要件事実については、被告のみが相続人であることを主張立証する必要はなく、他に相続人がいることは抗弁と解する。[47]

(5)　終了原因4　解除（598条）

　改正598条1項は、「前条第2項に規定する場合において、同項の目的に従い借主が使用及び収益をするのに足りる期間を経過したときは」（598条1項）とあり、597条2項に「当事者が使用貸借の期間を定めなかった場合において、使用及び収益の目的を定めたときは」とあることから、条文の規定からすれば、解除を主張する貸主が「使用貸借の期間を定めなかったこと」、「使用及び収益の目的を定めたこと」を主張立証した上で「その目的に従い借主が使用及び収益をするのに足りる期間を経過したこと」を主張立証しなければならないようにも解される。

　しかし、改正598条2項には、当事者が期間並びに使用及び収益の目的を定めなかったときは、貸主はいつでも解除をすることができ、同3項で借主はいつでも解除をすることができることから、これらの規定を統一的に解するためには、使用貸借契約においては、当事者が望めばいつでも契約を解除

---

(47)　いわゆる「非のみ説」である。司法研修所編『9訂民事判決起案の手引』（法曹会、2001年）事実摘示記載例集5頁。

して終了させることができるのがまずは原則と解すべきである。412条の文言にも合致する。[(48)]

　例外として、貸主からの解除は一定の場合に限り制限される。当事者が期間を定めた場合には、貸主は、その期間の満了までは借主に使用収益させる義務を負う（改正597条1項）。また、期間を定めなくても、使用収益の目的を定めたときは、貸主はその使用収益の目的に従って借主が使用収益を終えるまでは使用収益させる義務を負う（改正597条2項）。さらにそれに準じて、実際に使用収益を終えていなくても、目的に従い使用収益をするのに足りる期間を経過したときまでは、借主に使用収益をさせる義務を負う（改正598条1項）。使用収益をするのに足りる期間を経過したときに終了を認めるのは、使用貸借契約の無償性という特徴から、契約の拘束力は賃貸借などに比べて弱いものであることを認めるものであろう。

　当事者が使用収益の目的を定めた場合には、返還時期の合意そのものではないが、返還時期の合意に準じるものとして、解除の意思表示があったとしても、目的に従った使用収益をするのに足りる期間を経過するまでは、返還が猶予されることとなる。したがって、上記のとおり、目的の合意が抗弁、抗弁の目的に従った使用収益をするのに足りる期間が経過したことが再抗弁となると解すべきである。目的の合意において、建物所有目的や建物に居住目的とする合意がなされたことが主張立証されれば、解除の意思表示をしたとしても、直ちに返還する必要はない。

　なお、目的に関しては、改正597条2項とは異なり、単に建物所有目的や居住目的で足りる（それ以外の目的も合わせ有することを排除すべきという意味ではない）とすべきことは判例の検討まとめにおいてすでに述べた。

　ところで、目的の合意については、請求原因で使用貸借契約の目的物が土地であり、その土地上に建物が建築されていれば、特段の事情のない限り、

---

(48)　法務大臣官房司法法制調査部監修『日本近代立法資料叢書4法典調査会民法議事速記録四』（社団法人商事法務研究会、昭和59年）286頁、富井正章は、目的を定めていれば、その目的に従って使用を終わったときに返還をすることを要し、使用を終わらずとも使用をなすに足るべき期間を過ぎたときは、貸主は返還を請求することができ、当事者が返還の時期も使用の目的も定めなかったときは、一般の原則によって（現行412条）、貸主はいつでも返還を請求することができる旨を述べている。

建物所有目的であるといえる。また建物が目的物であれば、特段の事情のない限り、居住目的であるといえよう。使用貸借の場合は、ほとんどが黙示に合意されることから一層そのように言えよう。このような場合、いわゆる請求原因事実として契約の目的物を明らかにすることにより抗弁事実である目的が現れてしまい、いわゆるせり上がり[49]が生じる。貸主は、請求原因が主張自体失当とならないようにするため、本来再抗弁である目的に従い使用及び収益をなすのに足りる期間の経過の評価根拠事実をも合わせて主張立証すべきこととなる。この場合評価障害事実は抗弁となろう。具体的な評価根拠事実・評価障害事実は、すでに判例の検討まとめで述べたとおりである。

　類推適用においても判断構造は原則として直接適用の場合と同様であろうが、いわゆるせり上がりが生じるので、やはり貸主が建物所有目的・居住目的以外の扶養などの目的の合意（黙示の合意の場合がほとんどであろうから、それを基礎づける事実）および信頼関係破壊の評価根拠事実を主張立証すべきこととなろう。

---

(49)　前掲司研『要件事実第一巻』62頁、291頁。

建築瑕疵の民事責任と自然災害

松 本 克 美

Ⅰ　はじめに——事例の設定と問題の所在——
Ⅱ　因果関係
Ⅲ　契約責任における帰責性
Ⅳ　不法行為責任における帰責性
Ⅴ　参考裁判例
Ⅵ　おわりに

Ⅰ　はじめに——事例の設定と問題の所在——

　日本は災害列島と言われるように、地震、台風、豪雨による水害などの自然災害が多い。特に家屋の倒壊などを引き起こす大地震は、ここ20数年の間に、最大震度7に達する地震だけでも、1995年の阪神・淡路大震災、2004年の新潟県中越地震、2011年の東日本大震災、2016年の熊本地震、2018年の北海道胆振東部地震などがあり、それぞれ建物の全壊、半壊等の大きな被害を引き起こしている。

　本稿は、地震などの自然災害を契機に明らかになった建築瑕疵の民事責任[1]について考察を加えるものである。本稿では「建築瑕疵」という概念を、建物及びその敷地の地盤において通常の品質を欠くこと（客観的瑕疵）及び契約

（1）　例えば阪神淡路大震災では多くの建物被害が発生した（全壊10万4906棟、半壊14万4274棟、一部損傷39万棟余り）が、全壊や半壊した建物の中にはその建物が建築された当時の建築基準法令等の構造安全性基準を満たさない欠陥住宅が多く含まれていたことが指摘されている（日本弁護士連合会消費者問題対策委員会編『まだまだ危ない！日本の住宅』（民事法研究会、2009年）6頁）。

で特に定めた品質を欠くこと（主観的瑕疵）と定義しておきたい。後述するように2020年4月1日から施行される「民法の一部を改正する法律」（平成29年法律第44号）により、改正前民法が規定していた瑕疵担保責任の規定が改正され、瑕疵担保責任に代えて契約内容不適合責任の規定が定められた。しかし、筆者は改正前民法の「瑕疵」概念と改正民法の「契約内容不適合」概念は実質的には同じものと捉えている。[2]

　以下の叙述を分かりやすくするために、典型的な事例をいくつか設定しておこう。

　事例1　　Aが自己所有地に木造2階建ての自宅（甲）の建築をB建設会社に依頼した。Bが甲を完成させ、Aに引き渡した。その6年後に震度5の地震が発生し、周囲の建物に大きな被害はなかったにもかかわらず、甲が倒壊した（以下、本件事故という）。本件事故の原因はBの施工ミスで建築基準法上の耐震基準を満たさない重大な構造上の瑕疵があり、部分的な補修では足りず、そもそも建て替えが必要であったことが判明した。

　事例2　　事例1で発生した地震が震度7の地震で、甲以外に、周囲の瑕疵のない建物にも倒壊ないし半壊した建物が多くあった。

　事例3　　事例1でB建設会社が建築施工し完成させた甲をAが購入した場合。

　問題を複雑化させないために損害賠償請求に焦点を絞って検討したい。

　事例1、2では、AB間に請負契約が成立している。そこで、注文者Aから請負人Bに対して請負契約上の瑕疵担保責任（改正前民法634条。改正民法では契約内容不適合責任―改正民法559条、562条、564条、415条）に基づく損害賠償を請求することが考えられる。また、AはBに不法行為責任（民法709条）に基づく損害賠償請求をすることも可能である。

　事例3では、AB間に売買契約が成立しているので、買主Aが売主Bに

（2）「瑕疵」概念と「契約内容不適合」概念の関係についての私見の詳細は、松本克美「民法改正と建築瑕疵責任」立命館法学375・376号（2018年）2196頁以下、同「契約内容不適合責任と消費者―建築瑕疵責任事例を中心に―」現代消費者法39号（2018年）55頁以下。なお「瑕疵」概念につき主観的瑕疵概念が基準となるとしつつも、契約の具体的な目的が明示されていない場合は、「『その種類の物として通常有すべき品質・性能』という客観的基準が意味を持つ」とする見解として、中田裕康『契約法』（有斐閣、2017年）302頁。

瑕疵担保責任（に基づく損害賠償請求（改正前民法570条。契約内容不適合責任—改正民法562条、564条、415条）、あるいはAから建築施工者としてのBへの不法行為責任（民法709条）に基づく損害賠償請求が考えられる。

　上記のいずれの事例においても建築施工者Bからは「Aの損害は自然災害から生じたものであってBには責任はない」とか、「そのような自然災害は不可抗力であり、予見できなかったから責任はない」などと主張することが予想される。前者の主張は当該損害と建築瑕疵の間に因果関係がないという主張、後者は帰責事由がないという主張として捉えることができよう。本稿は、こうした自然災害を契機に発見された建築瑕疵の民事責任の問題を、因果関係、帰責事由との関係で検討するものである。

Ⅱ　因果関係

1　建築瑕疵の民事責任と因果関係

　瑕疵担保責任や契約内容不適合責任を追及する場合でも、不法行為責任を追及する場合でも、責任を発生させる原因（「瑕疵」「契約内容不適合」「不法行為」）と損害の発生の間に因果関係があることが必要である。

　このように責任の成立の次元で必要とされる因果関係（いわゆる責任設定的因果関係）は、「あれなければこれなし」（conditio sine qua non）という条件関係を表す公式（不可欠条件公式）により判断されるものと解されている。[3]

2　複数の加害行為が重合的に競合した場合

　ところで、それ自体で結果の全部を発生させる行為が複数競合した場合、すなわち重合的競合の場合には、各行為は当該行為がなくても他に結果の全部を発生させる行為があるために、「あれなければこれなし」の不可欠条件

（3）　この点を詳細に分析した日本における初期の文献として、平井宜雄『損害賠償法の理論』（東京大学出版会、1971年）136頁。それ以降、この公式が現在に至るまで事実的因果関係の判断基準と解されている（吉村良一『不法行為法［第5版］』（有斐閣、2017年）101頁）。ただしその例外も本文で後述するように早くから認められてきた。なお事実的因果関係と損害賠償の範囲の問題を截然と区別できるかという問題を提起するものとして、水野謙『因果関係概念の意義と限界』（有斐閣、2000年）があるが、ここではこの問題に立ち入らない。

公式を充足しない。しかし、この場合でも各行為者は全部責任を免れないものと解されてきた。例えば、AとBとがそれぞれお互いに知ることなく、それぞれがCを殺害するために、単独で致死量に達する毒薬をCの水筒に別々の時間に入れたところ、その水筒の水を飲んだCが死亡したとしよう。この場合、AとBは、それぞれ、自分が毒を入れなくても他方が入れた毒だけでもCは死亡したのだから、自分の行為については、「あれなければこれなし」の不可欠条件公式が当てはまらない、だから、自己の行為とCの死亡という損害発生との間に因果関係がないと主張して免責されるかといえば、免責されないと解されてきたのである。その理由として挙げられるのは次のことである。すなわち、各自は単独で結果の全部を発生させる行為をしたのであるから、競合する他の原因行為を捨象して、この公式を当てはめれば因果関係は肯定される[4]、あるいは、「因果関係の不存在の立証のために他の者の不法行為を援用することは認めない」というルールを付加して解すべきである[5]などと説明されてきたのである。

3 建築瑕疵と自然災害の重合的競合の場合

　以上の例は、他の者の不法行為が重合的に競合した場合であるが、建築瑕疵と自然災害が重合的に競合した場合も同様に解すべきであろう。例えば、事例2における震度7の巨大地震や猛烈な超大型台風により、瑕疵がある建物だけでなく、瑕疵のない建物も倒壊したとしよう。この場合は、瑕疵がなくても建物の倒壊という損害が発生したのであるから、「あれなければこれなし」の不可欠条件公式が当てはまらない。しかし、例えば建築基準法上の耐震基準を満たさない瑕疵が建物にあり、震度7の地震でなく、例えば、事例1や3のように震度5の地震でも倒壊してしまうような瑕疵があったとしたら、建物の倒壊という結果発生に対する瑕疵作出者の損害賠償責任は免れないと解すべきである。

　なぜなら、発生したのが震度5の地震であった場合、当該建物の周囲の建

（4）　平井・前掲注（3）136頁、四宮和夫『事務管理・不当利得・不法行為・中巻』（青林書院新社、1983年）420頁。

（5）　窪田充見『不法行為法　民法を学ぶ・第2版』（有斐閣、2018年）354頁。

物にはほとんど大きな被害がなかったのに、その建物は瑕疵が原因で倒壊したとしたら、「あれなければこれなし」の必要不可欠条件は充足され、建物の瑕疵と建物倒壊の損害についての因果関係は認められるはずである。それなのに、事例2のように、たまたま発生した地震が震度7の巨大地震であったために瑕疵がない建物も倒壊した場合には、瑕疵がある建物の倒壊についての因果関係が否定され、瑕疵作出者が免責されるのは不公平だからである。この場合も、他の者の不法行為が重合的に競合した場合と同様に、他の競合原因（自然災害）がなかったとしたら、「あれなければこれなし」の公式を充足する場合には、たまたま生じた自然災害を理由に自己の免責を主張することは許されないと解すべきである。

Ⅲ　契約責任における帰責性

1　瑕疵担保責任と帰責性

　改正前民法のもとでは、売買契約ないし請負契約の目的物である建物に瑕疵があり、それによって損害が発生した場合は、結果発生の予見可能性がなく、したがって過失はないから責任はないというような無過失の抗弁による免責は認められない。なぜなら、条文上も瑕疵担保責任に基づく損害賠償責任には過失が要件とされておらず、過失がなくても損害賠償責任が発生する無過失責任であると解されてきたからである。[6]

　もっとも、売買目的物が特定物の場合、その特定物に隠れた瑕疵があったとしても、それを引き渡せば引渡債務は履行したことになり債務不履行責任は問えないが（いわゆる「特定物ドグマ」）、それだけでは不公平なので法が特別に定めた責任として瑕疵担保責任を把握する法定責任説の立場に立ち、損害賠償の範囲は瑕疵がないものと信頼して出費して無駄になった契約費用などの信頼利益の賠償に限られるとする見解もある。[7]　この説に立てば、例えば、

（6）　過失責任である債務不履行責任に対して、瑕疵担保責任は無過失責任であると説明するものとして、山本敬三『民法講義Ⅳ-1契約』（有斐閣、2005年）263頁、内田貴『民法Ⅱ［第3版］』（東京大学出版会、2011年）125頁、後藤巻則『契約法講義・第3版』（弘文堂、2013年）192頁など。

（7）　円谷峻は、日本における瑕疵担保責任をめぐる学説史を詳細に分析する中で、瑕疵担保責任

瑕疵が重大なための建替費用相当額の賠償は認められないことになりそうだが、購入した建物の瑕疵担保責任めぐる下級審の裁判例では、賠償範囲は信頼利益に限定されるとしつつも、瑕疵が重大な場合は、建物価格相当額と当該建物の解体費用を認める裁判例（大阪地判平成10・12・18欠陥住宅判例1集82頁）や、重大な瑕疵がある場合の建物の価値はゼロであるとして、建物価格相当額を賠償範囲とするもの（大阪地判平成12・6・30欠陥住宅判例2集170頁等）もある。これに対して仕事の完成自体が債務の内容になっている請負契約の瑕疵担保責任については、このような信頼利益の賠償に限定することなく、損害賠償が認められてきた。なお特定物の場合も瑕疵なき目的物の給付義務があるとする契約責任説の立場では、瑕疵担保責任は債務不履行責任の特則であり、損害賠償の範囲の基準は民法416条によるものとされ、従って履行利益の賠償も請求できるとされてきた。なお請負契約の瑕疵担保責任を無過失責任と理解する場合、拡大損害（瑕疵ある目的物が引き渡されたことにより生じた生命、身体、健康侵害や、休業損害等）も賠償範囲に含まれるかについては学説上、肯定説と否定説（請負人に過失がある場合に限定）がある。裁判例では、請負人の瑕疵担保責任ないし不法行為責任に基づく損害賠償が請求された場合に、瑕疵担保責任とともに、そのような瑕疵ある施工をしたことの不法行為責任も認め、瑕疵ある建物の建て替えの間の休業損害などを認める例がある。

    に基づく損害賠償範囲を法定責任説の立場から信頼利益に限定する考え方は、戦前の石田文次郎の見解（石田文次郎『財産法に於ける動的理論』（厳松堂書店、1928年））により完成したとする（円谷峻「瑕疵担保責任」星野英一編集代表『民法講座5契約』（有斐閣、1985年）211頁以下）。

(8)　この点については、松本克美・斎藤隆・小久保孝雄編『専門訴訟講座2建築訴訟・第2版・第2刷』（民事法研究会、2018年）29頁（松本執筆部分）参照。

(9)　松本・前掲注（8）12頁以下。

(10)　松本・前掲注（8）15頁以下。

(11)　潮見佳男『契約規範の構造と展開』（有斐閣、1991年）246頁以下、同『基本講義・債権各論Ⅰ・契約法・事務管理・不当利得・第2版』（新世社、2009年）236頁。潮見は拡大損害は瑕疵担保責任ではなく、請負契約に基づく保護義務違反の問題として捉えるべきとする。

(12)　仙台地判平成27・3・30欠陥住宅判例・第7集360頁など。

2 契約内容不適合責任と帰責性

(1) 問題の所在

　改正民法は、民法典の条文から瑕疵担保責任の規定を削除し、新たに契約内容不適合責任を定めた。契約内容不適合責任の場合の法的効果として、改正民法は、修補や不足ないし代替物の引渡しなどの追完請求権（562条）や、一定の要件のもとでの代金減額請求権（563条）を定めている。また、改正民法は、契約内容不適合の場合に、415条の規定による損害賠償の請求並びに541条及び542条の規定による解除権の行使は妨げられないものと規定している（564条）。

　前述したように、従来の瑕疵担保責任における損害賠償責任は瑕疵担保責任の法的効果として発生する無過失責任と解されてきた。ところが改正民法のもとでは、契約内容不適合責任の固有の法的効果としては、上述のように、追完請求権と代金減額請求権が定められているのみで、損害賠償責任と解除については、契約内容不適合責任の固有の効果としてではなく、債務不履行責任の効果として認められている損害賠償、解除がそれらの要件を満たした場合に認められるに過ぎない[(13)]。それでは、改正民法のもとでは、巨大地震や超大型地震や超大型台風が競合して被害が発生した場合は、そのような巨大地震や超大型台風の発生は予見できなかったとして、無過失の抗弁を主張すれば瑕疵作出者は免責されるのであろうか。

(2) 債務不履行による損害賠償の要件

　改正民法は「債務者がその債務の本旨に従った履行をしないとき又は債務の履行が不能であるときは、債権者はこれによって生じた損害の賠償を請求することができる」と規定する（415条1項）。他方で上述したように、引き渡された目的物が品質等に関して契約の内容に適合しないものであるときは、買主は売主に追完請求できるのであるから（562条1項）、このように契約の内容に適合しない目的物の給付が、415条1項の規定する「債務の本旨に従った履行をしないとき」に当たることは明らかである。要するに、給付された目的物の品質等が契約内容不適合であった場合には、「債務の本旨に

---

(13)　民法改正との関係で建築瑕疵責任がどう変わるのかを論じたものとして、松本・前掲注（2）に引用した二つの論稿を参照されたい。

従った履行をしない」ものとして債務不履行にあたり、追完請求などと別に、債権者に損害が生じれば損害賠償請求ができるわけである。売主の瑕疵担保責任の法的性質について、特定物である目的物に瑕疵があっても引き渡し時の現状で目的物を引き渡せば債務を履行したことになるという特定物ドグマに立つ法定責任説は、瑕疵ある特定物の引渡しは債務不履行にならないという立場であった。今回の改正民法は、目的物の瑕疵についての法定責任説的な考えを否定し、瑕疵ある特定物の引渡しは、契約内容不適合として債務不履行となるとするものである。[14]

(3) 債務不履行による損害賠償責任の免責要件

改正民法は、債務不履行によって損害が生じた場合でも、「その債務の不履行が契約その他の債務の発生原因及び取引上の社会通念に照らして債務者の責めに帰することができない事由による者であるときは、この限りでない」と規定する（415条1項但し書き）。

それでは、自然災害が競合した場合、そのような自然災害の発生は予見できなかったという主張は、目的物の品質が契約内容不適合という債務不履行の帰責事由に当たるのであろうか。ここで重要なことは、帰責事由の有無は当該債務不履行について判断される点である。冒頭の各事例で問題となっている債務不履行＝契約内容不適合とは、売買契約ないし請負契約の目的物である甲建物が建築基準法上の耐震基準等を満たしていなかったことであって、このことは地震発生の具体的予見可能性とは直接には関係しない。そもそも建築基準法上の耐震基準とは震度7の地震発生を想定して、その際に倒壊しないことを求めているのであるから、それとは別に、具体的な地震の発生の予見が可能であったか否かは債務不履行の帰責事由の判断にとっては関係がない。従って、地震発生の予見可能性がなかったことは、耐震基準を満たさなかったという目的物の契約内容不適合の帰責事由の有無の判断基準にそもそもならないと解される。

---

(14) この点を指摘するものとして、潮見佳男『民法（債権関係）改正法の概要』（金融財政事情研究会、2017年）258頁。

Ⅳ　不法行為責任における帰責性

　建築瑕疵に関する建築施工者等の不法行為責任に関する重要な判決がいわゆる別府マンション事件に関する最判平成 19・7・6 民集 61 巻 5 号 1769 頁である（以下、本判決と略す）。この事件は、賃貸用マンション甲を建物ごと A が B から購入したところ、多数の瑕疵があったとして、甲を建築施工した C に A が民法 709 条に基づく不法行為責任を追及した事件である。1 審は、修補が必要な多数の瑕疵が C の過失によって生じたとして修補費用等の損害賠償を C に認めた。これに対して、2 審は契約関係にない建築施工者が建物の買主に不法行為責任を負うのは違法性が著しい場合に限られるとして、A の請求を棄却した。これを不服として A が上告したところ、最高裁は、次のように判示して、原審を破棄差し戻しした。

　「建物は、そこに居住する者、そこで働く者、そこを訪問する者等の様々な者によって利用されるとともに、当該建物の周辺には他の建物や道路等が存在しているから、建物は、<u>これらの建物利用者や隣人、通行人等（以下、併せて「居住者等」という。）の生命、身体又は財産を危険にさらすことがないような安全性を備えていなければならず、このような安全性は、建物としての基本的な安全性</u>というべきである。そうすると、建物の建築に携わる設計者、施工者及び工事監理者（以下、併せて「設計・施工者等」という。）は、建物の建築に当たり、<u>契約関係にない居住者等に対する関係でも、当該建物に建物としての基本的な安全性が欠けることがないように配慮すべき注意義務を負う</u>と解するのが相当である。そして、<u>設計・施工者等がこの義務を怠ったために建築された建物に建物としての基本的な安全性を損なう瑕疵があり、それにより居住者等の生命、身体又は財産が侵害された場合には</u>、設計・施

---

(15)　本判決についての詳細と参考文献については、松本克美「建物の瑕疵と建築施工者等の不法行為責任――最高裁 2007（平 19）・7・6 判決の意義と課題――」立命館法学 313 号（2007 年）774 頁以下に譲る。なお、本判決の差戻控訴審判決の検討として、同「建築瑕疵に対する設計・施工者等の不法行為責任と損害論―最判 2007（平成 19）・7・6 判決の差戻審判決・福岡高判 2009（平成 21）・2・6 を契機に―」立命館法学 324 号（2009 年）1 頁以下、再上告判決の分析として、同「建物の安全性確保義務と不法行為責任―別府マンション事件・再上告判決（最判 2011（平 23）・7・21）の意義と課題―」立命館法学 337 号（2011 年）1373 頁以下。

工者等は、不法行為の成立を主張する者が上記瑕疵の存在を知りながらこれ
を前提として当該建物を買受けていたなど特段の事情がない限り、<u>これによ
って生じた損害について不法行為による賠償責任を負う</u>というべきである。」
（下線は引用者。以下、同様）。

　以上と異なる原審の判断には民法709条の解釈を誤った違法があり、「原
判決のうち上告人らの不法行為に基づく損害賠償請求に関する部分は破棄を
免れない。そして、本件建物に建物としての基本的な安全性を損なう瑕疵が
あるか否か、ある場合にはそれにより上告人らの被った損害があるか等被上
告人らの不法行為責任の有無について更に審理を尽くさせるため、本件を原
審に差し戻すこととする。」

(2)　建物の安全性瑕疵と安全性配慮義務違反の過失との関係

　民法709条の不法行為責任の成立には、加害者の故意ないし過失が必要で
ある。過失とは結果回避義務違反（損害回避義務違反）を言うと解されている。[16]
本判決は、上記判示の中で、建築施工者等は「建物の建築に当たり、契約関
係にない居住者等に対する関係でも、当該建物に建物としての基本的な安全
性が欠けることが内容に配慮すべき注意義務を負う」としている。これを建
物の安全性配慮義務と呼ぼう。本判決がいう「建物としての基本的な安全性
を損なう瑕疵」（以下、安全性瑕疵と呼ぶことにする）が、このような建物の安全
性配慮義務違反によって生じ、それによって居住者等の生命、身体、財産が
侵害された場合には、建築施工者等はこれによる損害の賠償責任を民法709
条によって負うことになる。

　ところで一般に過失とは、結果発生の予見可能性を前提とした結果回避義
務違反と言われる。[17]ここで重要なのは、建築瑕疵によって損害が生じた場合
に問題となっているのは、建物の安全性瑕疵という結果を回避する義務なの
であって、地震による建物倒壊という結果を回避する注意義務ではないとい
う点である。従って、ここで問題となる予見可能性の対象は、地震の発生そ
れ自体ではなく、自らの行為（不作為を含む）により安全性瑕疵が生じること

---

(16)　吉村・前掲注（3）71頁、潮見佳男『基本講義・債権各論Ⅱ不法行為法・第3版』（新世社、
　　2017年）27頁等。
(17)　前注（16）の引用文献参照。

への予見可能性である。例えば、建築基準法上、要求されている柱の強度が足りないとか、施工の仕方にミスがあって安全性瑕疵が生じ、そのことが原因で地震により建物が倒壊した場合の、建築施工者の過失の前提となる結果発生の予見可能性は、地震の発生に関する予見可能性ではなく、自らの建築施工により安全性瑕疵が生ずることの予見可能性なのであるから、地震の発生を予見できなかったという主張は、そもそも過失がないことの主張として失当と解すべきである。

Ｖ　参考裁判例

　以下に、地震を契機に発生した建物の被害の原因が建築瑕疵にあった場合に関する裁判例を紹介しておこう。

　①神戸地裁平成9・8・26 欠陥住宅判例・第1集・38頁　購入住宅
　阪神淡路大震災の際に倒壊した建物に瑕疵があったとして、建物の買主が売主の瑕疵担保責任、建築施工者の民法709上の不法行為責任に基づく損害賠償を請求した事案である。被告は「阪神大震災は震度7という未曾有の大地震であり、本件建物はその被害の最も大きかった地区に存したもので、本件建物の倒壊は建築工事の不備に起因するものでない」と主張した。しかし、判決は、「本件建物の倒壊の原因は、1階部分の柱、筋交いの仕口の結合の性能不足と、本件建物の1階の東西の間仕切り壁（耐力壁）が不足し、配置のバランスが悪かったことに起因する」として、売主の瑕疵担保責任と建築施工者の不法行為責任をそれぞれ認め、建物の売買代金相当額に加え、家具や器具の損壊、仮住まい費用、弁護士費用など合計4466万円の賠償請求を認容している（建物の売買価格は4100万円）。妥当な判断である。

　②大阪地判平成10・7・29 金融・商事判例1052号40頁　購入住宅
　購入した新築住宅に瑕疵があったとして、売主であり、建築施工者でもある被告の不法行為による損害賠償を請求した事案である。被告は原告主張の瑕疵の多くは兵庫県南部地震の影響でできたもので建築施工当時にはなかっ

たとして責任はないと主張した。しかし、判決は、一部の瑕疵は兵庫県南部地震と無関係に生じていたし、残りの瑕疵も「兵庫県南部地震における本件土地周辺の震度が四（中震）に止まっていたことや、本件建物において既に平成元年ころから壁に亀裂が入ったり扉の開閉が困難になるなどの故障が頻発していたことからすれば、右地震によって生じたものであるとはいえず、仮にそうであったとしても、わずか震度四程度の揺れによって建物の軸組構造に影響が生じたのであれば、被告Ｎ建設による本件建物の設計・工事・監督自体に問題があったことを示しているというべきである」として、被告の免責の主張を排斥している。瑕疵が地震と無関係に生じたという事実認定や、地震によって被害が生じてもそれが震度４程度の揺れで生じたものであれば、本件建物の設計・工事・監督上の過失を推定できるとする判断は参考になろう。

③仙台高判平成 12・1・5 判時 1764 号 82 頁　購入住宅

　宅地造成地上の住宅を購入した買主が地震の際に受けた被害の原因は宅地に瑕疵があったからだとして、売主に瑕疵担保責任を追及した事案である。売主は「本件造成工事当初、本件地震のような大きさの地震に対する耐震性について、如何なる調査をし、如何なる工法を採るべきかについて明確な基準ないし経験則が存在しなかったから、本件各宅地は通常有すべき品質、性能を有していなかったとはいえない」と主張した。これに対し判決は、本件各宅地は震度５程度の地震動に耐えうる耐震性を有していなければならないのに、それを欠いたために地盤の亀裂及び沈下が生じたもので、「本件各宅地は、耐震性において、通常有すべき品質、性能を欠いていたもの、すなわち『隠れたる瑕疵』が存在するものといわざるを得ない」とした。また、「本件造成工事においては、地山部分の伐開、除根、雑草等の除去や傾斜部分の段切りを十分に行い、締め固め専門機械による転圧や転厚回数の増加などにより、締め固め度合いなどを高めて造成宅地の地盤をより強固にして耐震性を高めることは、物理的には可能であったと見るべきである。」として、「そうであれば、被控訴人が主張する明確な基準ないし経験則が存在しなかったことをもって、本件地震に対する耐震性に関し、本件各宅地が通常有す

べき品質、性能を有していなかったとはいえないとする論理は、売主の過失は問わない瑕疵担保責任の性質上、採用することができない」とした。

本判決は、瑕疵担保責任が無過失責任であることを強調しているが、本判決が指摘するような耐震性を高める方法を実施することが本件宅地造成時点でも可能であったならば、そのような地盤固めの作業をせずに宅地造成を終えた場合は、改正民法後の契約内容不適合責任の損害賠償責任を否定する帰責事由も肯定できるではないだろうか。

④神戸地判平成14・11・29 欠陥住宅判例・第3集296頁　注文住宅
　阪神淡路大震災により注文住宅が不同沈下を起こす被害が生じたことに関して、注文者が建築設計・施工者に請負契約上の瑕疵担保責任、債務不履行責任、不法行為責任に基づく損害賠償を請求した事案である。被告は、不同沈下の原因は大震災にあるから、責任はないと主張したが、判決は次のように設計・施工の瑕疵と不同沈下の間の相当因果関係を詳細に認定し、被告の瑕疵担保責任、債務不履行責任、不法行為責任を認めた。

　まず、本件不同沈下の原因は、「阪神・淡路大震災の地震動によって、本件建物の東側の高さ6メートルの鉄筋コンクリート製の擁壁が揺らされて、本件建物を支えている敷地地盤に剪断破壊が生じ、塑性状態となった地盤の沈下により生じたものである。」とする。

　そして、本判決は、本件の不同沈下による建物被害と設計・施工上の瑕疵の因果関係について次のような詳細な認定を行っている。

　「(1)　本件建物のように、二重に跨る基礎の上に1つの建物が建築されている場合、基礎地盤の強弱が一様ではないので、不同沈下を起こしやすく、また、地震が発生した場合には、地盤の強弱によって各基礎地盤の振動周期が異なるので、異なる振動が1つの建物に伝わり、当該建物に挙動変位が発生しやすくなる。

　したがって、被告が、本件建物の設計に際して、例えば、造成地盤の基礎をベタ基礎とし、基礎立ち上がり部分を地中梁として施工し、これを車庫外壁とケミカルアンカーで接合させる等、造成地盤と車庫部分の基礎を一体化させ、地震動の伝達を均一にするか、逆に、造成地盤上の建物と車庫上の建

物とを別の建物として建築し、これをエキスパンションジョイントで緊結し、異なる地震動が相互の建物に干渉しないように配慮しておれば、本件建物の現状のような大きな被害（不同沈下による被害）は生じておらず、被害を最小限でくい止めることができた。

さらに、被告が本件建物敷地の地盤改良工事を行い、本件建物の基礎を杭基礎としておけば、これ又、杭基礎によっているE邸建物のように、本件建物の被害（不同沈下による被害）を最小限で食い止めることができたものと思われる。

（2）ところが、被告は、本件建物敷地の地盤改良工事をしなかったし、本件建物の基礎を構造耐力上弱い布基礎とし、布基礎とガレージ躯体の間に、アンカー筋等による緊結も施さなかった（本件設計上の瑕疵）。

そのため、本件建物は、完成間もなくから、基礎が二重に跨っている部分（車庫と本件建物の接合部分及びその上部、車庫の天井スラブ上のピロティ周辺部）に目立った被害が発生し、阪神・淡路大震災でも上記部分の被害が最も酷かった。

以上によると、本件建物の上記のような設計上の瑕疵により、本件建物の不同沈下による被害が、現状のように発生又は拡大したことが認められる。

（3）さらに、本件建物には、釘打ちの違反、垂木繋ぎの欠落、根太繋ぎの欠落、垂木繋ぎの揺れ止めの欠落、妻側壁の上枠ランバーの頭繋ぎの継ぎ手位置の間違い、コンクリートのかぶり厚さの不足等、6つの施工上の瑕疵が存在する。本件建物は、上記6つの施工上の瑕疵のため、瑕疵がない場合に比べて、当然、構造用弱いものになっていた。

以上によると、本件建物の上記施工上の瑕疵により、本件建物の不同沈下による被害が、現状のように拡大したことを否定できない。」

本判決は、以上のように、設計・施工上の瑕疵を詳細に認定し、被告が主張する本件不同沈下は「予想を上回る阪神・淡路大震災の地震動」によるもので被告に責任はないとの主張を退けており、参考になる。但し、本判決は、原告が主張する建替えの必要性は認めず、アンダーピニング工法による基礎補修費用のみを認めた（請求額7590万円余に対して、認容額は2855万円）。

⑤仙台地判平成27・3・30 欠陥住宅判例・第7集360頁　注文住宅

　引き渡された賃貸用マンションの建物にコンクリートの設計圧縮強度が設計強度を満たさない建築基準法施行令違反があり、建物としての基本的な安全性を損なう瑕疵があるとして、その解体・新築費用、工事期間中の賃貸収入の逸失利益、賃借人の立ち退き料、慰謝料等を請求した事案で、請負人の不法行為責任に基づくこれらの請求がほぼ認容された事案である（請求額5億4057万円に対して、認容額5億1900万円）。被告は本件建物施工時にコンクリート圧縮強度不足はなく、その後の平成15年、平成17年、平成20年に震度5以上の地震を3回経験したこと、平成23年には震度6強の地震を経験したことにより、コンクリートに微細なひび割れが生じ設計基準を下回ることとなったと主張し、責任を否定した。しかし、判決は、「本件鑑定嘱託結果で採用された手続きでは、ひび割れなどが生じていないことが確認された箇所から供試体が採取されている」として、地震の影響でコンクリートの圧縮強度が低下したのではなく、建築施工時から圧縮強度が足りなかったとして、本件建物には安全性瑕疵があり、被告の不法行為責任は免れないとした。建築施工時には瑕疵がなく、後から地震によりコンクリート強度不足が生じたのか、それとも既に建築施工時に瑕疵があったのかが争われた事案で、その原因究明手続きとともに参考になる。

Ⅵ　おわりに

　本稿では、建築瑕疵が自然災害を契機に被害が発生することによって発見された場合の、民事責任について検討した。ここでは問題の所在を明確化するために、冒頭の事例設定にもあるように、建築瑕疵があることが判明したことを前提としている。実際には、地震を契機に建物の被害が生じた場合に、そもそも建築瑕疵があったのかが争われ、瑕疵や過失が否定される裁判例もある。[18]しかし、冒頭で述べたように、日本列島はそもそも災害列島と呼

---

(18)　特に地震を契機にした液状化による建物被害に関して、瑕疵や過失が否定されることが多い（東京地判平成26・10・8判時2247号44頁、東京地判平成26・10・31判時2247号69頁、東京地判平成27・12・25判タ1428号237頁など）。

ばれ、いつ地震が起きてもおかしくないのであるから、建物としての基本的
な安全性を損なう瑕疵がないように建築基準法令等の最低基準を満たす設
計、施工、監理をすることはもとより、当該地盤での建物の建築にあたって
は特別な対策を取らないと被害の発生が予見できるような場合には、それに
対応した万全の対策をしておく必要があろう。この点で前述の裁判例④が参
考となる。

　なお、瑕疵担保責任と債務不履行責任の帰責性を巡っては、本文で述べた
ような法定責任説と契約責任説（債務不履行責任説）の対立の問題以外に、そ
もそも瑕疵担保責任＝無過失責任、債務不履行責任＝過失責任という図式的
把握自体を再検討し、両責任を＜契約で約束したことを履行しない＞という
帰責性で統一しようとする見解も登場している。今回の改正民法は従来の瑕
疵担保責任を契約内容不適合責任として構成しており、こうした考え方に親
和性があるとも言える。また、債務不履行の帰責事由を過失責任主義的に理
解するのではなく、債務者が契約で約束したことを履行しなかった点、すな
わち債務者の過失ではなく、契約の拘束力を根拠に、「債務者は契約に拘束
されているところ、契約を守らなかったから損害賠償責任を負う」というこ
とが債務不履行の帰責事由であると理解すべきとの見解も有力に主張されて
いる。

　ところで債権者が債務者に債務不履行責任に基づく損害賠償請求を行う場
合には、債権者が債務不履行の事実を主張証明し、債務者が帰責事由がない
ことの主張証明責任を負うものと解されている。従って、債権者に損害が発
生しているのに、債務者が債務不履行を負わないのは、そのような損害発生
を回避・防止する具体的な債務を債務者が負っていない場合（債務不履行自体
の不成立）や、債務の不履行の結果が債務者自信の行為（不作為）の結果でな
い場合（瑕疵なく完成して、引渡すだけになっていた建物に第三者が放火して焼失して
しまった、たまたま落雷で焼失したなど）であろう。過失責任主義は後者の場合、
債務者に過失がなかったとして免責を認めるが、契約の拘束力を根拠に債務

---

(19)　森田宏樹『契約責任の帰責構造』（有斐閣、2002 年）299 頁以下。

(20)　潮見佳男『新債権総論Ⅰ』（信山社、2017 年）313 頁、山本敬三『契約法の現代化Ⅱ―民法
　　　の現代化』（商事法務、2018 年）339 頁以下など。

不履行の帰責事由を捉える見解では、後者の場合は、そのような場合にも債務者が損害賠償責任を負うとまでは合意していなかったと説明することになろうか。何れにしても、どのような場合に免責されるのかの範囲が同じであるならば、説明の違いに過ぎないようにも思われる。

　また、改正民法 415 条は債務者に帰責事由がないことの判断基準に「債務の発生原因」とともに「取引上の社会通念」を挙げている。このことは債務者がそのような行為を履行することまで約束していないから帰責事由がないと主張しても、その約束自体が「取引上の社会通念」を前提にして解釈され得ることを示していると言えよう。だとするならば、債務者が履行すべきであり、履行可能であった債務を履行しなかったことに帰責事由を求める過失責任主義による帰責性の把握との差異は、ますますなくなると解されるのではなかろうか。

民事法上の「まちづくり権」について

牛 尾 洋 也

Ⅰ　はじめに
Ⅱ　民事法上の公共的権利利益の法的構成
Ⅲ　民事法上の「まちづくり権」の法的根拠
Ⅳ　「まちづくり権」の具体的内容

Ⅰ　はじめに

　平成 29 年 6 月 23 日に、神戸地裁尼崎支部において、民事法上の「まちづくり権」侵害に基づいた訴えがなされた。本件訴訟は、西宮市にある高塚山を中心とする土地にかかわって、西宮市議会において「緑に配慮した開発をするよう」求める請願の採択、西宮市の都市計画マスタープランにおける「文教住宅都市宣言」、「まちづくり基本理念」における「生物多様性」に配慮したまちづくりなど、地方公共団体のまちづくり方針に反し、被告業者が本件土地の開発を行うことに対して、近隣住民が民事上の「まちづくり権」の侵害を主張したものである。

　これまでの土地開発をめぐる住民の業者や行政に対する訴えは、騒音や振動、日照や眺望を含む一連の環境訴訟や景観訴訟という形で行われてきたが、所有権絶対の原則の下で土地所有権の自由の貫徹と行政による適切な規制の不作為などにより、司法判断は、住民の権利利益の保全やまちづくりに対する積極的な取り組みを支援する方向に結びついてこなかった。

　しかし、他方で、まちづくりに関する地方自治や住民自治を推進する傾向

は、生物多様性や SDGs などの国際的な機運のなかで益々強まり、これまで
の環境や景観をめぐる争いは、次世代に続く地域の住民のまちの将来像をめ
ぐる利益にかかわるものとして、新たに把握されるべき段階に至ったと思わ
れる。

そこで、本稿では、民事法の立場から、「まちづくり権」の法律構成の可
能性について検討をおこなう。

まず、「まちづくり」という言葉自体、多義的であり、論者によって用い
られ方や定義は様々であるが、一般的には、「まちづくりとは、地域社会に
存在する資源を基礎として、多様な主体が連携・協力して、身近な居住環境
を漸進的に改善し、まちの活力と魅力を高め、『生活の質の向上』を実現す
るための一連の持続的な活動である。」といわれており、定義における変数
の値として、「主体」「空間」「方法」「分野」の４つがあることが指摘されて
いる。

法律の分野では、「まちづくり」は、「一定の地域空間を（住民の意思に基づ
き）一体として整備・管理・運営すること」、すなわち、「私的空間と公的空
間とが混在するものとして『まち』を捉えるということ」とされ、「まちづ
くりは公益であるが、公益は権利（私益）を基礎にしたものでなければなら
ない」といわれる。

つぎに、まちづくり権についてであるが、大分県日田市で起こった別府競

（1） 生物多様性条約（Convention on Biological Diversity）は、将来世代が生物資源の持続的利
　　用を可能とする生物多様性の保全を目的とするもので、1992 年にリオ・デ・ジャネイロの地球
　　サミットを受けて翌年発行した。日本は、締約国として 1993 年に環境基本法第 14 条で生物多様
　　性を掲げ、1995 年には生物多様性国家戦略を策定し、2008 年には「生物多様性基本法」を成立
　　させた。
　　http://www.biodic.go.jp/biolaw/jo_hon.html、https://www.mofa.go.jp/mofaj/gaiko/kankyo/
　　jyoyaku/bio.html
（2） 2015 年 9 月の国連サミットで採択された「持続可能な開発のための 2030 アジェンダ」にて
　　記載された 2016 年から 2030 年までの国際目標。
　　https://www.mofa.go.jp/mofaj/gaiko/oda/sdgs/pdf/about_sdgs_summary.pdf
（3） 日本建築学会編『まちづくりの方法』（丸善　2004 年）3 頁。
（4） 渡辺俊一「『まちづくり定義』の論理構造」『都市計画論文集』46 巻 3 号（2011 年）677 頁。
（5） 曽和俊文「まちづくりと行政の関与」芝池義一・見上崇洋・曽和俊文編『まちづくり・環境
　　行政の法的課題』（日本評論社　2007 年）21-22 頁。
（6） 芝池義一「まちづくり・環境行政の法的課題」芝池ほか・前掲書注（5）4 頁。

輪場外車券売場の設置に対して、日田市が国に対して訴えた事件を契機とし
て、木佐教授は、自治体の憲法上の権利として「まちづくり権」を主張し
た。

それによれば、「住民は、基本的人権として、快適な環境で生活する権利
を有している。その実現のため、より暮らしやすいまちをつくる権利がある
といえる。それは、『まちづくり権』ということができ、幸福追求権（憲法
13条）の一つとして位置づけられる。」。さらに、「住民のまちづくり権も、
個人の権利から集団の権利、身近な自治組織の権利から基礎自治体の権利へ
と、個人の権利が統合された集団として自治体が有する一個の権利として位
置づけられ、そうして、まちづくり権は、住民のまちづくり権の統合体であ
る『自治体のまちづくり権』として、自治権の一部として捉えられることに
なる」と述べる。また、その具体的な権利内容として、「①まちづくりに関
する自主決定、②自治体のまちづくりに影響を与える法令・施策への手続的
参加、③重大な侵害に対する司法的救済を受けることである。[8]」とする。

以上のように、「まちづくり権」は、学説上、憲法上の幸福追求権（憲法
13条）という基本的人権に由来し、「地方自治の本旨」（憲法92条）の一つと
される「住民自治」の原理に基づく「自治権」の一部として主張されてい
る。

ここでいう「まちづくり権」が、「地域社会に存在する資源を基礎として、
多様な主体が連携・協力して、身近な居住環境を漸進的に改善し、まちの活
力と魅力を高め、『生活の質の向上』を実現するため」、「一定の地域空間を
（住民の意思に基づき）一体として整備・管理・運営する」権利であるとするな
らば、それは公的な権利にとどまらず、さらに民事上の権利として構想する
ことも可能である。

既に、まちづくり権とは、住民自治の原理（憲法92条、93条）も根拠する
が、自らの住む地域のあり方を自らが決定する権利であり、憲法13条の幸

（7）　人見剛「『まちづくり権』侵害を理由とする抗告訴訟における地方自治体の原告適格」『都
　　法』43巻1号（2002年）159頁、白藤博行「日田市『まちづくり権』侵害訴訟」法セミ48巻8
　　号（2003年）36頁、塩浜克也「日田市場外車券場訴訟と『まちづくり権』」法セミ57巻2号
　　（2012年）128頁、参照。
（8）　木佐茂男『《まちづくり権》への挑戦』（信山社　2002年）75頁、97頁。

福追求権から導き出される人格権が具体化されたものであり、人格権の中には、生活環境に対する自己のあり方に関わるもの（環境的人格権）があり、これを具体化したものが「まちづくり権」であって、行政決定への手続参加だけでなく、直接に民事上の差止め請求・損害賠償請求の根拠となるものである主張されているが、本稿は、その権利構成をさらに検討するものである。

　以下では、「まちづくり権」という公共的な権利利益の検討にあたり、まず、所有権絶対の原則の下にある物の全面的支配権能の具体的・現実的場面における土地所有権の自由のあり様と、その対抗原理としての新たな権利利益の可能性と実定性、つぎに、公法・私法のすみわけ論の克服の視座、さらに、効果論としての具体的な差止めのあり方について、試論を述べる。

Ⅱ　民事法上の公共的権利利益の法的構成

1　土地所有権の内容と制限

　物権の性質として、物に対する直接的支配、絶対性、排他性という性質が論議され、所有権について、物の全面的支配の形態として、物の自由な使用・収益・処分の全てに亘ってこれをなしうる権利という意味で、封建制下の分割所有権との対抗の原理として、自由な所有権が語られる。

　もっとも、所有権における絶対性、全面的支配、自由などの性質について、その個々の意味と議論の射程を区別し、その性質と手法の違いに応じて公法的制限と私法的制限の差異を明確にさせようとする見解や、支配権の制限の直接性と間接性を指摘する見解も見られる一方で、単にニュアンスの差に過ぎないとする見解もあり、明確な区別を前提に議論することは困難であるが、本稿では、土地の空間利用の場面で、土地所有権に関する所有者の自由な行使の制限を主として念頭に議論を進める。

（9）　針原祥次「住民の『まちづくり権』―西宮市高塚山開発差止め訴訟について」（特集 文化財と法律・裁判）『明日への文化財』80号（2019年）34頁。

（10）　水本浩『土地問題と所有権』（有斐閣　1973年）135頁以下。

（11）　甲斐道太郎『不動産法の現代的課題』（法律文化社　1986年）101-102頁。

（12）　土地所有権の性質の再検討につき、大西泰博「土地所有権論の再検討―土地法学の原点に戻って―」早稲田法学91巻3号（2016年）23頁、参照。

（13）　広中俊雄『物権法　第2版』（青林書院新社　1982年）375頁。

わが国の民法は、所有権一般について、「所有者は、法令の制限内におい
て、自由にその所有物の使用、収益及び処分する権利を有する」（民法206条）
と規定し、「法令の制限内」における「自由な使用、収益、処分権」を認め、
さらに土地所有権については、「法令の制限内」において、所有権の効力が
「土地の上下に及ぶ」（民法207条）ことを認めている。

したがって、所有権一般は、その自由が「法令の制限内」に止まること、
所有権の一形態である「土地」所有権は、さらに「法令の制限内」でその土
地の地表面の上下に「効力が及ぶ」とされ、及ぼされるべき効力の内容・範
囲について詳細な規定はなされていない。

その内容・範囲については、従来から議論のあるところであるが、大別す
ると、①無制限説、②制限説Ⅰ（消極的制限説）、③制限説Ⅱ（積極的制限説）
に分かれるとされる。この③の積極的制限説は、スイス民法典（ZGB）667
条1項（「土地の所有権は、所有権の行使にとって利益の存する限度で、その上下の空中
及び地中に拡がる」）の規定の意義について、「第一に、この規定は、土地所有
権の上下の制限を消極的内容についてのみならず、積極的内容についても、
すなわち所有権の内容全般について制限を認めるもので、利益の存する限度
外は全く所有権の効力を否定するもの」であり、「第二に、所有権者は第三
者による妨害を阻止するためには、利益の存在を挙証しなければならない」
ものと理解し、この理解が「土地所有権の今世紀的な姿」であり、通説的見
解であるとされる。

このように、土地所有権は、物（土地）の客体＝物自体の所有権の一般的
な自由とは異なり、土地所有権の効力がその上下の空間、地中へ及ぶ範囲に
つき、「利益の存する限り」という限度が存し、その「利益」は「法令の制
限」、さらに公共の福祉等の制限の下にあり、近時の様々な法令の制定によ
り制限の範囲は増大していることから、所有権の本質としても、全面的支配

---

(14) 　伊藤進「大深度地下空間に対する土地所有権の限界」法律論叢61巻4-5号（1989年）590
　　頁以下。

(15) 　柚木馨「上下に対する土地所有権の濫用」『末川博士古樹記念・権利の濫用（中）』（有斐閣
　　1962年）39頁、伊藤・前掲注（1）592頁。

(16) 　徳本鎮「土地所有権と鉱業権との牴触をめぐる序論的考察」法政研究28巻3号（1962年）
　　53頁、我妻栄『新訂物権法』（岩波書店1983年）279頁、舟橋諄一『物権法』（法律学全集）
　　（有斐閣　1960年）345頁。

という性質は次第に失われ、客体の種類に応じて一定の制限された範囲における支配という考え方に移行しつつあるといわれる。[17]

2　土地所有権の制限論の展開

　土地所有権の制限に関する近時の議論として、民法第206条、第207条の「法令の制限内」という文言を深化させ、土地所有権の制限につき手法と内容を一貫させる見解がある。

　すなわち、吉田教授は、「法律」による規制と「令」による規制の二元的規制体系の規制対象の区別を手掛かりに、①公共的利益実現を目的とする土地所有権制限と、②土地利用の外部的悪影響を阻止するための土地所有権規制とを区別し、①は、土地の外部にある要請に基づく土地所有権の外在的制約であるため法律の基礎が必要であり、利害関係者の参加を含めた民主的手続きの確保と社会的コンセンサスの獲得が求められ、さらに補償が必要であるとする。他方、②は、相隣関係的な制約を含め多様なものを含む土地所有権の内在的制約と性格付けされ、「何人も、外部に悪影響を与え、他者の権利利益を不当に侵害する自由は認められない」という要請から正当化されるが、内在的制約という性格からは、必ずしも法律による制約は必要なく、「地域住民の公共的利益代表としての地方自治体を想定した条例等による土地所有権規制の原理的可能性が導かれる」とする。[18]

　さらに吉田教授は、土地の過少利用の外部性に対処するために、利用促進を内容とする土地所有権への介入に際しては、「利用規制とは異なる困難性がある」として、さまざまなソフトな介入手法、契約的手法などが要請されるとする。その際、＜土地所有権に内在する社会的・公共的制約＞という命題が語られる具体的コンテキストとして、「近隣住民の生活環境の確保に関わるもの」という文脈の下で、土地所有権の権利利益の侵害にならないよう十分配慮されたソフトな社会的義務を、「スタンダード」として機能させる方向を示唆する。[19]

---

(17)　我妻栄・有泉亨・川井健『民法1　総則・物権』（勁草書房　2003年）340頁。

(18)　吉田克己「人口減少社会と都市法の課題」吉田克己・角松生史編著『都市空間のガバナンスと法』（信山社　2016年）43頁。

吉田教授の見解によれば、今日問題となっている土地所有権の制限は、「公共的利益実現」による土地所有権の法律による外在的制限と、「土地利用の外部的悪影響を阻止するため」の条例等による内在的制約の二つの柱立てを基本とし、後者にはさらに「スタンダード」としての「ソフトな社会的義務」という手法を提案し、法令の制限の深化を図るものと思われる。

　この社会的義務論に連なるものとして、土地所有権の制限規定である「法令の制限」の限界を超える議論をする見解がある。すなわち、張教授は、「歴史的、社会的背景が変化し、社会における価値観も変動しているにもかかわらず、土地所有者は変わらず『法令の制限内』であれば全くの自由に権利行使することが許容されるのだろうか。」という問題意識に基づき、「民主主義的な議論を通じて形成された土地利用秩序内における土地所有者間での自由と責任のあり方」が重要であり、「その地域においては同じ『法令の制限』に服する土地所有者の関係において、土地利用の自由の範囲はほぼ同条件となるはずである。そのような同条件のもとで、一方の自由な土地利用を原因として、他方の土地利用に重大な影響を及ぼした場合にどのように解決すべきかを問題として検討」し、「いわば『違法ではないが妥当でもない』土地利用が問題の原因なのであり、したがって、土地所有権論としても、そのような土地利用を調整する論理が必要であろう」と述べ、その一つの解決方法として、「土地所有者間において、同一条件である『法令の制限内』での土地利用をする際には、他の土地所有者の利用を害さないよう土地利用を行う信義則上の顧慮義務があり、この義務違反に対しては、その利用を害された土地所有者からの土地所有権に基づく妨害排除・妨害予防請求権を認めることが挙げられる」と述べる[20]。

　張教授は、不法行為法学における被侵害利益や違法論からのアプローチではなく、「土地所有権のあり方の方向性」として「土地所有権の自由を前提としながらも、同じ土地所有者間では他者を害することなく土地利用を行う責任が措定できないか」を追及する姿勢を示し、信義則上の顧慮義務を導く[21]が、この見解は、土地所有権の自由を等しくコントロールする配慮義務の根

（19）　吉田・前掲注（18）48頁。

（20）　張洋介「土地所有者の自由と責任」法と政治67巻1号（2016年）235-237頁。

拠として相隣的、地域的秩序を措定するものと思われる。

こうした土地所有権の自由をコントロールする社会的義務論の展開は極めて注目すべき傾向であり、のちにあらためて触れる。

3 新たな公共的な権利利益の承認
(1) 土地所有権と不法行為における被侵害利益

土地の空間利用に関する他人の権利利益の侵害をめぐり、土地所有権のあり方自体を制限する議論だけでなく、土地所有者の権利行使を不法行為として構成するなかで、対立する権利利益を新たに構成する議論が行われてきた。

すなわち、土地所有権の自由が語りうるのは、第一に、土地の上下の空間円柱の範囲内に限定され、その範囲外への積極的な権利行使があれば、イミシオン、あるいは相手方の受忍限度を超える場合、不法行為の成否が問題となる。第二に、範囲内であっても、その影響が他人に害を与える消極的侵害がある場合、権利濫用として不法行為の成否が問題となる。前者は、公害や騒音・振動などの積極的な生活妨害として、後者は、日照被害や眺望被害などの消極的生活妨害として論じられてきた。

しかし、いずれの場合も、土地所有権の権利行使の影響が、やがて、他人の権利・利益を侵害するものとして構成され、それは他人の絶対権としての財産権に限定されることなく、広義の人格権あるいはより広く他人の利益（法益）侵害による不法行為の問題として扱われてきており、そこには法的議論の大きな転換が認められる。すなわち、土地所有権の権利行使は、権利濫用、あるいは面的な他人の土地所有権や財産権の侵害、あるいは相隣関係という土地の面的・空間的な調整の可否として理解するだけでなく、生命・身体などの直接的人格権を超え、人を中心とする生活世界の在り方、人格の自由な発展と抵触するという側面が法的に明確にされ、さらに、従来不法行為

---

(21)　張・前掲注（20）235頁。

(22)　この点、不法行為あるいは受忍限度等の法律構成のあり方の問題とは異なり、所有権に対抗する公共的権利利益が実定的なものとして発見・承認され、次第に内容が明確にされているという社会的な事実が重要であり、救済の効果と結びついた所有ルールあるいは責任ルールの振り分けは、かかる法益の救済がいかにあるべきかという現代的課題の中で議論されるべき問題であろ

法上保護されてきた人格的利益とは異なる利益の侵害が認められ、「権利利益要件の再生」と評価されている。[23]以下、若干の裁判例を検討する。

(2) 日照等の生活利益

かかる議論展開を示す一つの場面である日照被害等について、最小三判昭和47年6月27日民集26巻5号1067頁は、「居宅の日照、通風は、快適で健康な生活に必要な生活利益であり、それが他人の土地の上方空間を横切ってもたらされるものであっても、法的な保護の対象にならないものではなく、加害者が権利の濫用にわたる行為により日照、通風を妨害したような場合には、被害者のために、不法行為に基づく損害賠償の請求を認めるのが相当である。もとより、所論のように、日照、通風の妨害は、従来与えられていた日光や風を妨害者の土地利用の結果さえぎったという消極的な性質のものであるから、騒音、煤煙、臭気等の放散、流入による積極的な生活妨害とはその性質を異にするものである。しかし、日照、通風の妨害も、土地の利用権者がその利用地に建物を建築してみずから日照、通風を享受する反面において、従来、隣人が享受していた日照、通風をさえぎるものであつて、土地利用権の行使が隣人に生活妨害を与えるという点においては、騒音の放散等と大差がなく、被害者の保護に差異を認める理由はないというべきである」と述べ、従来の権利濫用的法律構成から大きく一歩前進し、日照・通風の積極的な生活利益性を肯定し、その後の日照・通風利益の一般的な承認に連なっていった。

さらに、大阪地判平成21年9月17日判自330号58頁は、「良好な日照や通風、一定の静かさが確保されていること、周囲の建築物から著しい圧迫感を受けないことは、快適で健康な生活に必要な生活利益であって、人格権ないし所有権の一内容として法的に保護されるべきである」と述べ、同様に、良好な風環境についても、大阪高判平成15年10月28日判時1856号108頁は、「個人がその居住する居宅の内外において良好な風環境等の利益を享受することは、安全かつ平穏な日常生活を送るために不可欠なものであり、法

う。責任ルールの振り分けにつき、松尾弘「財の多様化と救済論」吉田克己＝片岡直也『財の多様化と民法学』（商事法務　2014年）152、178頁、参照。

(23)　大塚直「環境訴訟における保護法益の主観性と公共性・序説」法時82巻11号（2010年）116頁。

430

的に保護される人格的利益として十分に尊重されなければならない」と述べるなど[24]、今日では、財産権とは異なる人格権または人格的利益の一つとして日照等の生活利益が位置づけられ、土地所有者の建築行為がこうした人格的利益と衝突・侵害するという法律構成が矛盾なく受け止められるに至っている。

(3) 景観利益

地域の将来像に関わる「まちづくり権」と密接な関連をもつ「景観権（利益）」をめぐり、同じく人格権としての把握に向けた法発展がみられた。

国立の景観訴訟において、東京地判平成14年12月18日民集60巻3号1079頁は、「地域地権者の自己規制によってもたらされた都市景観の由来と特殊性に鑑みると、いわゆる抽象的な環境権や景観権といったものが直ちに法律上の権利として認められないとしても、前記のように、特定の地域内において、当該地域内の地権者らによる土地利用の自己規制の継続により、相当の期間、ある特定の人工的な景観が保持され、社会通念上もその特定の景観が良好なものと認められ、地権者らの所有する土地に付加価値を生み出した場合には、地権者らは、その土地所有権から派生するものとして、形成された良好な景観を自ら維持する義務を負うとともにその維持を相互に求める利益（景観利益）を有するに至ったと解すべきであり、この景観利益は法的保護に値し、これを侵害する行為は、一定の場合には不法行為に該当すると解するべきである」として、景観利益を互恵的法律関係に基づき土地所有権から派生するものと把握した。

また、その具体的保護の成否は、「被害の内容及び程度、地域性、被告明和地所の対応、法令違反の有無、被害回復可能性など、諸般の事情を総合考慮して検討すべきである」と述べ、行政の都市景観形成政策の場面での一体的な配慮の必要性や、周辺の土地の利用状況から、「高層建築物が許容ないし推奨されている土地でないことは明らかである」と述べ、都市計画法上の用途地区指定が異なっても、周辺地域と一体的な「地域的公序」に基づいて同様の規制を受けることを明らかにした。これは、不法行為における受忍限

---

(24) 木村和成「近時の裁判例にみる『人格権』概念の諸相」立命館法学363＝364号（2015年）136頁以下、参照。

度判断における「地域性」要素を重視した通常の判断枠組みに基づくものであり、行政法令を勘案しつつも民法上の独自の判断が認められた適用である[25]。

　これに対して、控訴審の東京高判平成16年10月27日民集60巻3号1177頁は、景観利益の法律上の明文規定の欠如、景観利益の多様性・主観性による私権性・私的利益性の否定と、景観利益が土地所有権・人格権の属性からの積極的排除をしたうえで、景観保護・形成についての行政による排他的独占的管理の権限に基づいて、1審判決を取り消した。

　しかし、上告審の最判平成18年3月30日民集60巻3号948頁は、「都市の景観は、良好な風景として、人々の歴史的又は文化的環境を形作り、豊かな生活環境を構成する場合には、客観的価値を有するものというべきである。」と述べたうえで、直接的に当該地区の高さ等の制限を行うものではないものの、当時、既に国立市の景観条例や東京都景観条例、景観法が制定されていた状況に基づいて、「良好な景観に近接する地域内に居住し、その恵沢を日常的に享受している者は、良好な景観が有する客観的な価値の侵害に対して密接な利害関係を有するものというべきであり、これらの者が有する良好な景観の恵沢を享受する利益（以下「景観利益」という。）は、法律上保護に値するものと解するのが相当である。」として、広く景観利益の法律上の保護の必要性を肯定した。

　もっとも、景観利益の保護および財産権等の規制のあり方については、「景観利益は、これが侵害された場合に被侵害者の生活妨害や健康被害を生じさせるという性質のものではないこと、景観利益の保護は、一方において当該地域における土地・建物の財産権に制限を加えることとなり、その範囲・内容等をめぐって周辺の住民相互間や財産権者との間で意見の対立が生ずることも予想されるのであるから、景観利益の保護とこれに伴う財産権等の規制は、第一次的には、民主的手続により定められた行政法規や当該地域の条例等によってなされることが予定されているものということができる」と述べ、再び、相関関係論に基づいた違法判断に服せしめ、差止請求を棄却した[26]。

─────────────

(25)　牛尾洋也「都市的景観利益の法的保護と『地域性』」龍谷法学35巻2号（2003年）1頁。

本判決の重要性は、第1に、景観に関する私法上の権利利益の承認と差止請求権の不承認という法律構成の課題が浮上したこと、第2に、行政法令による第一次的コントロールの正当化は、控訴審判決のような行政による景観利益の排他的・独占的な管理権限の主張と異なり、第二次的な民事法的コントロールを前提としていることである。

(4) 平穏生活権

さらに、判例は、問題に則して、人格権の具体的形態と内容を一層深化させた。

すなわち、生活利益のより多様な理解と法的保護の必要性の一層の高まりを受け、人格権のより具体的な展開として、「平穏生活権」が実定法上の権利として認められた。

横浜地横須賀支判平成20年5月12日 訟月55巻5号2003頁は、平穏生活権が差止請求権の根拠となるかについて検討し、「人格権は、人が人格を有し、これに基づいて生存しかつ生活をして行く上で有する様々な人格的利益の帰属を内容とする権利として理解されているところ、その実定法上の根拠は、民法709条、710条の中に見出すことができる（東京高裁昭和62年7月15日判決。判例タイムズ641号232頁）。そして、平穏安全な生活を営むことは、人格的利益というべきであって、その侵害は、危惧感などの主観的かつ抽象的な形ではなく、騒音、振動、悪臭などによって生ずる生活妨害という客観的かつ具体的な形で表れるものであるから、人格権の一種として平穏安全な生活を営む権利（以下、「平穏生活権」という。）が実定法上の権利として認められると解するのが相当である。」とした。

つぎに、前橋地判平成29年3月17日判時2339号4頁は、「人は、いかなる人生を歩むか、いかに自己実現をはかるかについての自己決定権を有している（憲法13条）。そして、日々の生活が、人間一人ひとりの自己決定権の行使により形成され、自らの個性を発揮して築き上げてきた成果であると同時に、将来において自己決定権を行使する際の基盤となるものであることからすると、個人の尊厳に最高の価値を置く我が国の憲法下において、民事上

---

(26) 牛尾洋也「景観保護における違法性論の展望—ドイツ不法行為法823条2項を手がかりとして—」高橋眞・池田恒男編『現代市民法学と民法典』（日本評論社　2012年）295頁。

も、平穏な生活が権利又は法的保護に値する利益であることに疑いはない。」と述べる。続けて、憲法22条の定める居住移転の自由、憲法23条および26条の地域に密着し家庭の特色を生かし、教育を授け、受ける権利（人格発達権）を指摘したうえで、「人は社会的な生き物であり、上記平穏な生活は、私生活と社会生活の双方から捉えることができる。私生活は、家庭生活（婚姻関係及び親子関係等）を中核とし、家庭生活にとどまらない身分関係（その他の親戚関係等）により形成されていて、社会生活には、学校生活、職業生活及び地域生活等があって、それらの多くは複合的かつ継続的に関連している。」と判示し、平穏生活権は、権利利益の性質と多様性があり、人それぞれの属性や生活の在り方の多様性を反映したものとして、多くの権利利益を包摂するものであることを示した。

　さらに、福島地判平成29年10月10日判時2356号3頁は、平穏生活権の内実について、「人は、その選択した生活の本拠において平穏な生活を営む権利を有し、社会通念上受忍すべき限度を超えた大気汚染、水質汚濁、土壌汚染、騒音、振動、地盤沈下、悪臭によってその平穏な生活を妨げられないのと同様、社会通念上受忍すべき限度を超えた放射性物質による居住地の汚染によってその平穏な生活を妨げられない利益を有しているというべきである。ここで故なく妨げられない平穏な生活には、生活の本拠において生まれ、育ち、職業を選択して生業（なりわい）を営み、家族、生活環境、地域コミュニティとの関わりにおいて人格を形成し、幸福を追求してゆくという、人の全人格的な生活（原告らのいう「日常の幸福追求による自己実現」）が広く含まれる。」と述べた。

　以上のように、「平穏生活権」は、私法上の実定法上の人格権の一つの権利として認められただけでなく、その憲法上の幸福追求権（憲法13条）や居住移転の自由（憲法22条）、教育を受ける権利（憲法23条）など、私生活、社会生活を含め人の属性や生活の在り方の多様性を反映した多くの権利利益を包摂する権利として位置づけられることで、これまでの人格権の枠を超え、人の生活全般に関わる公共的利益の主観的反映としての権利性が承認されてきたことがわかる。

4 権利論と法秩序論

　公共的な権利利益との関係で土地所有権が制限される主要な場面は、上述のように、通常、所有権の「外在的制限」の一つとして、第一次的には、「公共性」や「公共の福祉」、あるいは行政法令による制限など都市法等の行政法および諸計画の下で行われているが、民法がこの公共的利益の実現・確保にどのように寄与しうるかが、ここでは問題となる。

　そこで、従来の「内在的」または「外在的」な2元論的な制限論の枠組みを新たにする見解として、法秩序論がある。すなわち、古典的な権利論では把握することが困難な公共的利益や集合的利益について、割当的な権利・利益論とは異なる視角を有する議論の枠組みである。

　法秩序論をいち早く提唱した原島教授によれば、「環境も法人や自然人に帰属するものではない。私的所有の対象にはならない。いわば、社会的共通資産である。環境を利用するにはおのずからルールがあり、秩序があり、規範がある。……環境破壊によって直接侵害を受けた、もしくは受けるおそれのある市民が、差止請求・損害賠償請求をすることによって、環境利用秩序の回復を促すことは、実体法上の請求権として、当然に認めねばならない。それは、不正競業などによって営業上の損失を受けた者が、差止請求・損害賠償請求する場合と同じだ、と考えられる。このように、市民個々の請求は、環境利用秩序を回復するためのひきがねであり、きっかけであって、またそれで足りる。[27]」と述べる。

　つぎに、広中教授は、市民社会の法体系の構造に基づいて、人格秩序の外郭秩序として「環境からの生活利益の享受―『生活利益秩序』」を位置づけ、この生活利益は、「享受」をするものであって利益の「帰属」が問題となるのではないと述べる。[28]

　吉田教授は、現代市民社会の法構造を「財貨秩序と人格秩序からなる中核的秩序と競争秩序および生活利益秩序から構成される外郭秩序の二元的構造で理解」され、「公共的利益の問題は、この外郭秩序において現れ」、「公共

---

(27)　原島重義「開発と差止請求」『市民法の理論』（創文社　2011年）519頁（初出『法政研究』46巻2-4合併号〔1980年〕）。

(28)　広中俊雄『民法綱要第一総論　上』（創文社　1989年）19頁。

的利益の確保をその任務とし、公共的利益を確保することは、とりもなおさず外郭秩序の維持確保につながる。両者は密接不可分の関係にある」とする。そのうえで、公共的利益の一例として、景観など都市環境の確保の利益を挙げ、「これらの利益の確保は、個々の市民の個別的利益から超然としてそれと別個独立に存在するものではなく、個別的利益と対立するものでもない。場合によっては、これらの利益確保のために個々の市民の権利利益が制約されることはありうるが、それは権利利益に内在する性格のものと捉えるべき」であり、「公共的利益は、開放性を備えており、……市民総体の公共的利益と私的・個別的利益とが、分離・対立するものではなく、オーバーラップするもの、二重性を備えたものとして現れ、……このような公共的利益が侵害された場合のエンフォースメントは、第一義的には国家を初めとする公共団体の責任でなされるべきである」が、「公共団体による法実現が不十分である場合には、市民が法実現の主体として登場することを否定する理由はないと考える。民法は、そのための役割を果たすことができるし、果たすべきである」と述べ、人格的利益侵害として損害賠償と差止請求を認める。[29]

　以上のように、法秩序論は、都市環境や自然環境に関わる公共的利益において、市民総体の公共的利益と私的・個別的利益とは対立しない二重性があることを指摘し、個人に帰属しない公共的利益の保護を法秩序違反に求める。

　これに対して、あくまでも民事法上の権利・利益の問題として把握すべきとする見解として、富井教授は、「人は、社会共同生活においても個人生活においても、環境からの生活利益を自己におのずと割り当てられた自由領域を介して享受しているのであるから、その利益は終局的には個々人に『帰属』していると解してよ」く、その帰属は、「所有権のような絶対的・排他的帰属を観念することはできないとしても、景観の権利性をより一層強固なものにするためには、利益が帰属すると考えるのが妥当」と述べる。[30]

　また、中山教授は、「われわれは環境権を、一般的には『他の多数の人々

――――――――――――
(29)　吉田克己「保護法益としての利益と民法学―個別的利益・集合的利益・公共的利益―」民商 148 巻 6 号（2013 年）576-577 頁。
(30)　富井利安『景観利益の保護法理と裁判』（法律文化社　2014 年）49 頁、153 頁。

による同一の利用と共存できる内容をもって、かつ共存できる方法で、各個人が特定の環境を利用することができる権利』と定義すべき」[31]と述べ、権利論を採用しつつ「帰属」から離れる見解を主張する。あくまでも権利構成に留まる理由ついては、「保護されるべき環境利用の内容を明確にし、かつ保護を受けるべき主体を明確にするため」であり、「環境利用に関する法秩序の違反に求める見解にとどめずに、権利の形にする必要がある」[32]からであるとする。

以上のように、権利論および法秩序論は、公共的利益のなかに私的利益の存在を把握しつつ、ともに純粋の私的利益の帰属から距離を置く点で共通し、また、帰属を認める権利論の場合でも絶対的・排他的帰属ではないとするなど、権利のあり方において多くの共通点がみられる。

5 公法上の議論

こうした公共的利益の侵害に対し、公法上の議論においても次第に近接する見解が主張されてきた。

これまで、行政事件訴訟法上の抗告訴訟の原告適格につき、関連法規等の根拠法規等が保護・実現しようとする公益と当該第三者の具体的利益との関係で、当該第三者の利益が公益に吸収解消されることなく、個々人の個別的利益としても保護されると解されるか否かが争われてきた。

亘教授によれば、「一般公益への吸収」型思考は、国民の多様な法的地位を、一般公益に吸収解消される利益と、生命・身体等の個々人の個別的利益とに両極化して捉えているため、「国民の法的地位の多様性」という実態に即した柔軟な法的地位保障の途を閉ざしており、この思考の解消のための理論的条件として、景観、緑、歴史遺産を享受する利益、公共サービス分野などの社会実体として存在する共同利益を、公益と個々人の個別的利益と並ぶ第三の利益類型としてとらえるべきとする。[33]

また、見上教授によれば、「地域空間における、個々の権利・利益に分解

---

(31) 中山充「環境権—環境の共同利用権 (1)」香川法学 10 巻 2 号 (1990 年) 226 頁。

(32) 中山・前掲注 (31)「(4)」香川法学 13 巻 (1993 年) 65 頁。

(33) 亘理格「公私機能分担の変容と行政法理論」公法研究 65 巻 (2003 年) 189-190 頁。

して捉えることのできない諸利益を『共通利益』として法的に捕捉すること
が重要な位置を占めて」おり、「地域空間を検討対象とした場合、土地に関
わって生じる利益を底地支配権としての財産権のみに収斂させることは、地
域空間に関連する関係者の権利・利益を捕捉するためには適当ではない。こ
のことは、土地の特性に性格づけられた土地の公共性に起因」し、「土地の
位置固定性、非生産性、連担性、それに由来する相互影響性、開発ないし改
変行為の準永久性ないしは継続的な状況確定性、(準)不可逆性など」は、
「個人の権利に対して制約的に機能する公共性の重要な要素」として捉える
ことができると述べる。[34]

　このように、公法上の議論においても、純粋の公益と個々人の利益との中
間に共通利益の存在を見出し、こうした公共性に基づいて、土地所有権の制
限を行うべきことが主張されている。公法及び私法における法体系や原理、
救済制度の違いを前提としつつも、保護すべき公共的利益の性質の把握にお
いて極めて近接しており、景観をめぐる司法判断においては、国立の景観利
益の承認の過程[35]においても、鞆の浦の景観訴訟[36]においても、その共通性が見
いだされる。

Ⅲ　民事法上の「まちづくり権」の法的根拠

1　地方自治の本旨についての学説

　つぎに、公法上の「まちづくり権」に関わる議論を基礎として、民事法上
の「まちづくり権」の法的根拠づけについて検討する。

　日本国憲法は、地方公共団体の組織と運営について、「地方自治の本旨」

---

(34)　見上崇洋『地域空間をめぐる住民の利益と法』(有斐閣　2006年) 11-12頁。

(35)　行政訴訟である除却命令を発しないことの違法確認および撤去命令を求める義務付け訴訟
　　(東京地判平成13年12月4日判時1791号3頁) において、景観利益が、建築基準法及び条例に
　　おいて個々人の個別的利益としても保護すべき趣旨を含み、法律上保護された利益に該当すると
　　判断したが、この判断は、における国立の民事法上の景観利益の保護の承認 (東京地判平成14
　　年12月18日民集60巻3号1079頁) に結びついた。

(36)　民事法上の景観利益を認めた国立景観民事訴訟 (最判平成18年3月30日民集60巻3号
　　948頁) の法的判断は、行政訴訟である鞆の浦公有水面埋立免許差止請求事件 (広島地判平成21
　　年10月1日判時2060号3頁) における原告適格を認める判断に用いられた。

に基づいて法律で定めるとするが（憲法92条）、「地方自治の本旨」について
は、学説上、「住民自治」と「団体自治」の二つの要素からなり、「住民自
治」は、地方自治が住民の意思に基づいて行われるという民主主義的要素、
「団体自治」は、地方自治が国から独立した団体にゆだねられ、団体自らの
意思と責任の下でなされるという自由主義的・地方分権的要素であると言わ
れている。[37]

　ここで言われる「地方自治権」の法的性格については、次の諸説が対立し
ている。[38]

　固有権説によれば、地方公共団体の自治権は、国家から与えられたもので
はなく、地方公共団体が本来有している前国家的権利であるとする。伝来説
（承認説）によれば、近代国家の統治権はすべて国家に帰属し、地方公共団体
も国家の統治機構の一環をなし、その自治権も国家統治権に由来するという
考えから、地方公共団体の自治権は、国家から与えられたものであって、前
国家的なものではないと解する。さらに、戦後の有力説である制度的保障説
によれば、憲法が地方自治という制度を保障していると解するが、地方自治
の本質的内容は明確ではなく、ただ２つの重要な機能として、個別の法律の
授権がなくても、地方公共団体が具体的な検討を行使することが憲法上認め
られる場合があるという権限付与機能と、制度的保障が与えられている部分
については、法律によってもこれを侵すことができないとする防御的機能が
あるとする。[39]

　さらに、通説の制度的保障論に対し、1960年代後半から70年代にかけ
て、公害、環境破壊の現実を前に、地方自治の復権と地方自治の本旨を提起
し、「地方自治権の前国家性・前憲法性を日本国憲法の全体構造なかんずく
人権体系の中で確認しようとする」新固有権説や、日本国憲法の人権保障の[40]
規定から、地方公共団体の政治も、「人権保障のためのものであり、人権の

---

(37)　芦部信喜（高橋和之補訂）『憲法 第３版』（岩波書店　2002年）337頁、宇賀克也『地方自
　　治法概説〔第６版〕』（有斐閣　2015年）2-3頁。
(38)　宇賀・前掲注（37）3-4頁、衆議院憲法審査会事務局「『国と地方の在り方（地方自治等）』
　　に関する資料」（衆憲資第93号）（2017年〔平成29年〕4月）3頁以下、等参照。
(39)　宇賀・前掲注（37）4-6頁、樋口陽一ほか『注解法律学全集4　憲法Ⅳ〔第76条〜第103
　　条〕』（青林書院　2004年）239頁、他参照。
(40)　手島孝『憲法学の開拓線―政党＝行政国家の法理を求めて―』（三省堂　1985年）260-264頁。

最大限の尊重を義務付けられ」「『地方自治の本旨』も、当然にその意味を含んでいる」とする人民主権論などが提起され、1970 年代後半から 90 年代にかけて、地方自治の危機克服と地方分権化のなかで、「地方自治の本旨」の再検討をする論稿が現れた。

その後、制度的保障説と新たな新固有権説や人民主権説の間で議論がなされたが、地方分権化の促進や地方自治法の改正をうけ、各説の議論が深まるなかで、「現代の地方自治保障論は、制度枠保障に加えて補完性原理や政府形態選択権までも導き出すことが求められ、また民主主義の論理に依拠する傾向も強い」とされ、「社会契約」説や「国民主権を直接民主制あるいは市民に身近でその法的拘束力を受ける受任者の決定の原理と解する人民主権説」を発展させた修正人民主権説などが主張された。

2 まちづくり権の法的根拠づけ

それでは、地方自治体の自治権の保障について人民主権的理解が可能であるとして、具体的な「まちづくり権」はどのような法律根拠に基づくものと理解すべきであろうか。

まず、自治体の実定的な司法上の構成の比較法的な検討から、自治体の出訴権ないし原告適格については、「傾向的に言うならば、行政裁判所制度をとっているフランスやドイツでは地方公共団体の自治権あるいは固有利益を強調するのに対して、イギリスやアメリカでは、むしろ住民利益の代表という側面を強調しているようであ」り、「わが国は地方自治制度の基本をドイツから受継ぎながら、戦後アメリカ流の司法国家になったとされるから、……この問題の分析においても複合的な検討を要する」とされるように、各国の法制度の在り方による法的構成の違いがあることが示された。

こうした議論を通じ、地方公共団体の自治権が肯定される根拠として、住

---

(41) 杉原泰雄『地方自治の憲法論 [補訂版]—「充実した地方自治」を求めて』（勁草書房 2008 年）153 頁。

(42) 吉田善明『地方自治と日本国憲法』（三省堂 2004 年）12-14 頁。

(43) 大津浩「地方自治の本旨」大石眞・石川健治編『ジュリ増刊 憲法の争点』（有斐閣 2008 年）309 頁。

(44) 曽和俊文「地方公共団体の訴訟」杉村敏正編『行政救済法 2』（有斐閣 1991 年）273-274 頁。

民の主権あるいは市民の権利主体性を強調することがより強調されてきた。すなわち、薄井教授は、「近年、我が国の裁判例においても、市民は、生命・身体の安全や財産上の利益等、いくつかの利益についてその重大性に鑑みて、幾分抽象的な根拠規定から、比較的柔軟に個別的に保護された法的利益を見出されるようになってきた。……社会的・政治的な動物としての人間が、社会関係を通して『身の回りの秩序』すなわち『地域像』を形成する機会を欠くことができないとするならば、その中心的な舞台となる市町村は、これを形成する権利に『重大な侵害』の無きように、法律上個別的に保護された利益をもつと解されることも、一定の手がかりのある限り、難しくないはずであろう。」と述べ、市民の「地域像」形成の権利を認めることを通じて、市町村にその法的利益の帰属を肯定する。

こうして、地方自治体の「まちづくり権」の承認をめぐる議論は、次第に、市民、住民自身の「まちづくり権」の承認へと重心が移る。野呂教授は、「公権力主体によるマクロ的な決定というニュアンスを有する『都市計画』という概念を離れることによって、公的主体が直接関与しない地域住民による自主的な『まちづくり』活動をも含めて考えることが可能になる」とし、「まちづくり権は、その対象が、ソフト面を含む総合的な地域づくりに拡大され、かつ、自治体が介在しない住民の自主的な地域づくりにも及びうるため、権利の主体は、公権力主体としての自治体のみならず、住民にも拡大されることになる。」とする。

以上から、「まちづくり権」は、憲法の保障する基本的人権である幸福追求権（憲法13条）に基づく「より暮らしやすいまちをつくる権利」であり、「地域像」を形成する権利であり、通常は、地方公共団体の自治権として発露し保障された住民、市民の権利であるが、自治権から流出するものではなく、「社会契約」論や人民主権論（国民主権論）にあるように、あくまでも市民、住民の権利に由来するものといえる。

そこで、民事法上の「まちづくり権」は、幸福追求権（憲法13条）に基づく「より暮らしやすいまちをつくる権利」であり、「地域像」を形成する権

---

(45) 薄井一成『分権時代の地方自治』（有斐閣　2006年）212頁。
(46) 野呂充「地方分権とまちづくり」芝池ほか・前掲書注（5）44頁。

利であり、景観利益や平穏生活権などの人格的利益の一種として位置づけることができる。そして、地域住民は、自らの住む地域の都市環境や自然環境のあり方、地域像の一定の維持・存続または改善等について、純粋の私的利益でも公的利益でもない共通利益を有し、行政または第三者がかかる利益を不可逆的に破壊または改変する場合、「まちづくり権」の侵害として差止請求または損害賠償請求を認めることができると考える。

3 「まちづくり権」の民事法上の権利利益性の肯定

ところで、国立の景観訴訟で認められた民事法上の「景観利益」について、ドイツの法学者による批判的見解が示されている。民事法上の「まちづくり権」の権利性に関する重要な論点として検討する。

ポイケルト教授は、国立の景観訴訟で認められた民事上の「景観利益」について、「ドイツの民事法の観点からは、説得力を持ちえない」と述べる。その理由として、第一に、「特に景観のような集合財の保護は、ドイツでは民事法にとって馴染みのある領土ではなく、公法の領土」であること、第二に、環境上の利害は、「純粋な公法と純粋な私法の中間に属している。国家のみが環境保護を管轄しているのではなく、また、個々の市民のみが管轄しているのでもない」ため、「国家機関と並んで市民社会のアクターをも取り込むような解決が適当である」として、2002年以来のドイツ連邦自然保護法において承認された自然保護団体や、2006年の環境・法的救済法による団体訴訟の可能性を指摘する。第三に、「種の保存および景観保護は、集合的な関心事」であるため、「利害対立を個別的利害を巡る二面的紛争に縮減する」私法では、不適切であることなどを挙げ、その保護は、「主には景観計画および建設管理計画」を通じて行われることを正当とし、「将来の地区像に関する決定を行う、この集合的権限は、ゲマインデ議会議員の選挙において行使され、それに引き続きゲマインデの機関により行使される」ものであり、その例外は、「団体やそれどころかすべての近隣住民は、計画が策定されていない市街地での事業許可に対する延期効を伴う不服申し立てを提起しうる」などの立法論に委ねるべきとする。[47]

----

(47) アレクサンダー・ポイケルト、秋山靖浩/野田崇（訳）「価値ある都市景観の民事法による保

ポイケルト教授によるドイツ法の典型的な議論が示すのは、景観計画や建設計画、Bプランなど、住民に開かれた地区の将来像の設計に関与する権限が十分に保障されたドイツの法体系と行政裁判所の存在と密接に関わる公法と私法との役割分離からする帰結である。

日本においても同様の議論は、上述の国立景観訴訟の控訴審判決に典型的に見られたが、最高裁では賢明にもこれを否定し、行政法令による第一次的コントロールの正当性を述べるにとどまり、第二次的な民事的コントロールを肯定した。

また、上述の「まちづくり権の根拠づけ」で示したように、自治権の在り方は国によって異なる法律構成がなされており、日本においては複合的な検討が必要である。

その点で、近時の日本における地方自治法上の住民の権利は、より多様な展開を見せている。すなわち、選挙権（地方自治法11条）や直接請求（地方自治法5章）に止まらず、住民監査請求・住民訴訟、住民投票を含む住民参加の様々なメニューが加えられ、とりわけ、住民訴訟において、請求の対象となる事項は、当該地方公共団体の財務会計上の行為に限られるとしても、「住民全体の利益のために、いわば公益の代表者として」、住民であれば誰でも、自己の個人的権利利益とはかかわりなく単独で行うことができるのであり、「そこで問題になっているのは、政治への参画というよりも、適法性確保のための司法統制」であり、「広義の直接民主主義制度と位置づけることも、理論的にあり得ないわけではない」と言われている。[48]

このように、司法的統制は、個人が訴えた場合であっても可能であり、問題はいかなる権利救済を想定するかにかかっているといえよう。

そこで、こうした見解にみられる私法上の権利利益性への批判理由を十分踏まえた具体的権利利益の内容が検討されなければならない。

護？―個別的法益・集合的法益の保護について―」吉田・角松・前掲注（18）459-467頁。

（48）　宇賀・前掲注（37）317-360頁。

Ⅳ 「まちづくり権」の具体的内容

1 権利の性質と内容

「まちづくり」が公益に関わる以上、それを民事法上の権利として把握する場合、適切な性質を具有するものとして内容を把握しなければならない。

まず、権利の内容として、第一に、利益の「公益性」と「共通性」を有し、かつ、憲法上の基本的人権および個人の人格的利益の一つであることから、多くの住民の各人の人格の発展に資するまちの居住環境や生活環境の向上に向けた権利であることが挙げられる。こうした権利内容については、利益の排他的「帰属」と離れた「新たな権利」の在り方が問題となる[49]。

近時、所有権の絶対性と所有権の排他性・排他的効力という権利と効果との直結の試行枠組みに対し、見直しの傾向が現れてきた。例えば、権利あるいは所有権を権能から捉えることから一旦離れ、所有権を利益の帰属の観点、すなわち財の帰属から再構成しようとする場合[50]、排他性という所有権の属性の理解も変容しうる可能性が指摘されている[51][52]。

この点で、上記の平穏生活権や景観権と並び、一層まちづくりに重心を置いた権利を把握する場合、近時の一連の土地の管理に関する法律が参考になる。すなわち、農地法（2009年改正）は、「農地について所有権又は賃借権その他の使用及び収益を目的とする権利を有する者は、当該農地の農業上の適正かつ効率的な利用を確保するようにしなければならない。」（同法第2条の2）と定め、空き家対策特別措置法（2014年制定）は、「空家等の所有者又は管理者（以下「所有者等」という。）は、周辺の生活環境に悪影響を及ぼさないよ

---

(49)　吉田克己「環境秩序と民法」北法56巻4号（2005年）1809頁は、「『権利のパラダイム』を超えてゆくことが必要」であり、中核的秩序においても「主観的権利の複合」ではない法律関係が現れうるとして、とくに「人格あるいは人格権」において問題となると述べる。

(50)　森田宏樹「財の無体化と財の法」吉田＝片山・前掲書注（22）107頁以下、参照。

(51)　横山美夏「フランス法の所有（propriété）概念」法時91巻2号（2019）67頁は、法主体と財との関係性としての所有という側面に光を当て、所有の排他性もまた所有の欠くべからざる本質的要素ではないことが示唆されていると述べる。

(52)　牛尾洋也「公衆の水への権利に向けて」牛尾洋也ほか編『琵琶湖水域圏の可能性』（晃洋書房　2018年）55頁以下では、排他的ではない「水への権利」構成の課題を提示した。

う、空家等の適切な管理に努めるものとする。」（同法第3条）とし、森林経営管理法（2018年制定）は、「森林所有者は、その権原に属する森林について、適時に伐採、造林及び保育を実施することにより、経営管理を行わなければならない。」（同法第3条）と規定するなど、土地所有者に土地の利用目的に応じた適切な管理義務を課した。

こうした所有権をめぐる新しい動向は、先に見た社会的義務論の問題意識と共通しているが、さらに、この土地の適切な管理義務に対応する市民、住民の権利として「まちづくり権」を想定することができよう。

第二に、地域の「まちづくり」に関する住民の共有された客観的な一定の「地域像」や「将来像」が存在すること、すなわち、単に個人が思い描く主観的な「地域像」ではなく、当該「まちの地域像」や「将来像」が都市計画マスタープラン、まちづくりや自然環境保全に関する条例等で示されていることが望ましい。もっとも、環境利用秩序、人格秩序などの大きな秩序論の下位に、生物多様性や持続可能性、さらには、地域的ルールとして一定の地域像が存在し、それが維持・継承されてきたことが明らかであるなど、さまざまなレベルで下位秩序が存在していることに鑑み、市民・住民が共有する地域の客観的な「まちの地域像」や「将来像」を把握することが求められる。

第三に、公的なまちづくりの第一次的な権限行使の主体は地方公共団体に位置づけられることからすれば、その権限の不行使または不十分な行使、あるいは住民のまちづくり権を不可逆的に侵害する行政の権限の行使があるなど、住民のまちづくり権を一次的に受託された自治体が、その権利を適切に行使しないことによって、自治体自身または第三者により住民のまちづくり権が侵害されるという、行政の善管注意義務違反あるいは信頼の喪失と認められる事情が要件となろう。すなわち、本来、上記の都市計画や条例で示された「まちの地域像」を保全または形成をするため、自治体には事前の具体的かつ実効的な諸規定およびその実施が求められるが、その権限の不行使により、自治体自身あるいは第三者がかかる「地域像」を不可逆的に破壊するなど、住民のまちづくり権を侵害することが要件となろう。

もっとも、私人間の紛争においては、その権限不行使は、取消訴訟や義務

付訴訟において要求される行政の裁量権の逸脱・濫用の基準ではなく、人格権の一つである住民の「まちづくり権」の侵害について、行政が適切な行使をしていれば回避しえたか否かを基準とすべきである。

第四に、訴訟を提起できる主体であるが、上述のように、住民訴訟においては、住民であれば誰でも単独で提起できる。主要には「適法性確保のための司法統制」を問題にしていることからすれば、当該まちづくりの客観的な地域像を共有する住民であれば誰でも可能であるが、とりわけ当該行為によりかかる地域像の重要な構成要素の近隣住民は、まちづくり権の侵害により直接的な利益侵害が及ぶことから、この点は権利侵害の効果において一層考慮すべきである。

公権としての住民の参加権・参政権は、上述のように、近年、ますます多様な展開を見せている。民主的ルールによる参加手続き（選挙権、参政権、都市計画等の公告・縦覧・パブコメ等）のみならず、地域的計画策定権（地区計画策定、建築協定など）、地域的団体組織（地縁団体、自治会、指定管理者制度〔矢作川沿岸水質保全対策協議会など〕や地域自治区制度（平成16年地方自治法改正）および地域協議会制度、あるいは、例えば、京都市地域景観づくり協議会制度（京都市市街地景観整備条例）では、事業者に地域住民との意見交換をすることを建築許可の要件とするなど、実質的な住民参加の機会がますます拡大されてきた。

こうした公権としての住民のまちづくり権の実質化は、自治体の制度やその実施に全面的に委ねられるものではなく、本来、住民自身が住民としての資格において有する市民的権利であるといえる。また、私権は、私法上も団体を構成する場合、団体内部の構成員の権限として、自益権とならび共益権（団体の意思決定への参加権など）が認められており、情報アクセス権（情報の記録・保存、適切な時期・期間、提供、公開）を含め、私権としての「まちづくり」に関する意思決定を行う権利はますます肯定される傾向にあるといえる。

民事法上の「まちづくり権」は、地方自治における地域のまちづくりに積極的に参加する公法上の「まちづくり権」の根源にある、個々の住民の「まちづくり権」であり、参政権的性質をもつ公共的な個人の権利であるといえる。

2 権利侵害の効果

(1) 権利侵害と差止

つぎに、権利侵害の効果としての差止請求権の要件や効果において、古典的理論から離れることが可能かどうか、離れる場合、何を発生根拠として位置づけるべきかが問われることになる。

従来の理解によれば、差止めを認めるには物権侵害が必要であるとされたが、やがて人格権に拡大されつつ絶対権侵害が要件であるとする説に対し、絶対権侵害に至らない利益侵害に対しても不法行為の一般的効果として差止めを認める説が主張され、やがて利益衡量を全体の差止めの前提とする後者の不法行為における相関関係説が有力となっていった。[53]

しかし、「権利」および「権利侵害」という要件と差止請求権の発生という効果を直結して理解する従来の枠組みを前提として、権利・権利侵害の要件と、法的に保護された利益・利益侵害の要件とを連続して把握し、対立する利害関係間でより柔軟な衡量を行うことにより、損害賠償と差止めとの違法段階を区別し、これに対応させる見解が主張された。

環境侵害や公共的利益の侵害の場面で、吉田教授は、「公共的利益侵害に対する民事救済として」の差止めは、「絶対権侵害の場合と異なり、侵害行為の態様や被侵害利益の重大性など相関関係的総合衡量を経てその可否について判断すべき」であり、「要件レベルでの差異を設ける必要性がある。」と述べる。[54] さらに、権利構成に代えて利益構成を採用するメリットとしては、個人あるいは集団への当該権利の帰属の法律構成上の当否の問題（公益・私益の区別や賠償問題、さらには団体構成など）を回避しつつ、実態面の利益の帰属という側面から、主体との結びつきの正当化が容易となり、その結果、環境利益侵害に基づく差止請求権や不当条項の使用差止における消費者団体の差止請求権根拠も導きやすくなるとされる。[55]

---

(53) 牛尾洋也「土地所有権論再考」鈴木龍也・富野暉一郎編『コモンズ論再考』（晃洋書房 2006 年）59 頁以下。

(54) 吉田克己「財の多様化と民法学の課題─鳥瞰的整理の試み」吉田＝片山・前掲書注（22）60頁。

(55) 森田修「差止請求と民法─団体訴訟の実体法的構成」総合研究開発機構・高橋宏志『差止請求権の基本構造』（商事法務 2001 年）115 頁以下、参照。

しかし、集合的利益あるいは公共的利益の侵害における差止めの救済を追求しつつ、現実的に要請される公共的利益侵害における救済のあり方の多様性を考慮し、権利侵害における排他的効力のあり方についても再検討する見解がある。

角松教授は、一般的に「民事差止訴訟の類型では、権利的構成（人格権・環境権）に差止めの根拠を求めた場合、確定判決によるその認容あるいは棄却によって、当該空間に関わる当事者間の『権利配分』の線引きが最終的に確定する。その境界線を超えた行為は原則として直ちに違法と評価され、その後当事者間の交渉が行われることは難しい」として、「それ（権利の防衛線を前進させること）をさらに進めて、調査検討義務・協議義務の不履行を理由として差止を認め、適切な情報を産出した上で『権利配分』自体についての利害調整を促す機能を司法過程に期待することはできないだろうか。」と述べる。[(56)]

また、川嶋教授は、「日本では、『差止め』という用語のもつ狭隘さと激烈さ等に妨げられてか、公共性をもった大規模な差止的救済は、民事訴訟法学の世界ではその受容も認知も遅れており、いわば最後の手段として補充的にしか機能していないようにさえみえる」が、「差止的救済は、要するに非金銭的救済であり、将来思考の結果是正的救済・将来関係再形成的救済である。それは、『対話的救済』でもあり、かけがえのないものを（金銭化することなく）そのままの状態で保護し実現する本来的かつ原則的な救済方法なのである。」と述べ、権利と救済の分離可能性を前提として、「違憲/違法確認判決過程」と「救済命令判決過程」の区別を行い、事案即応的な具体的救済の積極的な創出を主張し、権利とその内容の段階的な具体化を考える際、有益な示唆を与えるものとして「消費者裁判手続特例法」（2016年10月1日施行）における集団的消費者被害の回復手続における基本構造の類似性を指摘する。[(57)]

このように、権利救済の段階性を導入し、「まちづくり権」の侵害があれ

---

(56)　角松生史「地域空間形成における行政過程と私法過程の協働—司法過程のフィードバック機能をめぐって—」磯野弥生ほか編『現代行政訴訟の到達点と展望』（日本評論社　2014年）3頁。

(57)　川嶋四郎『公共訴訟の救済法理』（有斐閣　2016年）287、300頁、同『差止救済過程の近未来展望』（日本評論社　2006年）12頁。

ば、直ちに、開発者には住民との間で「調査検討義務・協議義務」が課され、その不履行があれば差止めを認めるなど、占有の訴えにおける「占有保持の訴え」（民法第198条）、「占有保全の訴え」（同第199条）に準じた救済を構想しうる。

(2) 鞆の浦公有水面埋立免許訴訟が示唆するもの[58]

2009（平成21）年10月1日に、広島地裁において、広島県に対する公有水面埋立免許差止訴訟の原告勝訴判決が出され（広島地判平成21年10月1日判時2060号3頁）、同月15日に広島高裁への控訴が行われたのち、広島高裁により、2010（平成22）年3月31日に、公有水面埋立免許差止訴訟の第1回「控訴審進行協議」が行われ、同年5月15日には、広島県により、埋立て架橋推進派と反対派による第1回の「鞆地区地域振興住民協議会」が開催された。

控訴審の審理と並行して行われた当該住民協議会は、二人の弁護士が仲介人となり、埋め立て架橋計画の賛成派、反対派双方6名ずつ、県知事、副知事および県職員らで構成され、鞆地区が抱える道路交通や生活環境など様々な問題について、住民間の共通認識や相違点、課題などを集約し、2010年5月から2012年1月29日の第19回の最終日まで約1年8か月の間議論を行い、知事に報告文書を提出した。

他方、並行して行われた進行協議期日は、住民協議会の推移、県知事と市長、住民との会談の推移などをにらみつつ、約6年間の間、約3か月ごと行われ、2016（平成28）年2月15日の第17回進行協議期日において、県側の埋立免許申請と反対派住民の訴訟を双方同時取り下げることで双方が合意し、協議後に開かれた口頭弁論で訴えが取り下げられ、訴訟が終結した。

鞆の浦公有水面埋立免許差止訴訟は、行政訴訟上の景観訴訟として取り上げられているが、協議会で話し合われた内容からは、その内実として、鞆の浦のまちづくりを今後どのように進めるべきかをめぐる「まちづくり権訴訟」の一形態としても把握可能である。また、広島地裁で住民の景観利益と差止請求が一旦認められたのちの控訴審で、進行協議期日が約6年間継続さ

---

(58) 福山市HP「鞆地区道路港湾整備事業を巡る経緯」（https://www.city.fukuyama.hiroshima.jp/soshiki/toshikeikaku/908.html〔2019年5月4日参照〕）

れたことは、権利利益の確定だけでなく、まちづくりにおける具体的な効果のあり方の多様性と関係者による粘り強い継続的努力の必要性を示すものであり、民事訴訟における差止訴訟においても参考になるものと思われる。

　進行協議期日は、口頭弁論の審理を円滑に進行させるために、口頭弁論の期日外において、裁判所の内外を問わず、口頭弁論における証拠調べと争点との関係の確認を行い、その他訴訟の進行に関する必要な事項について協議を行うために現行規則で創設された特別の期日であるが（民事訴訟規則95条1項）、訴訟の進行だけでなく、訴えの取り下げ等もこの進行協議期日においてすることができるとされている（同条2、3項）。この点については、訴訟の進行について協議しているうちに、訴えの取り下げ等の決断に至ることも少なくなく、期日における取り下げ等を認めるとしても特段の弊害のおそれがあるわけでではなく、かえって当事者にとって便宜であること、さらに、今後の社会経済の変動に伴い、様々な場面で訴訟の円滑な進行に向けての協議が必要になる事件がますます増大し、進行協議期日の効果的利用が有益であることなどが指摘されている。裁判所の訴訟指揮権発動の場面における制度であるが、多数当事者による大規模訴訟のなかで現れた公共的利益をめぐる判決と差止の効果との関係を吟味する重要な訴訟であったといえよう。

　以上、民事法上の「まちづくり権」の法律構成の可能性につき、その権利利益性、法的根拠、具体的内容をそれぞれ検討してきた。「まちづくり」は、本来、地域住民と事業者、行政が一体になって、次世代に受け継がれるべきまちの将来像を決定し行われるべきものである。一片の土地所有権の行使の自由により、住民の生活環境利益を不可逆的に破壊するような改変が行われようとする場合、まちづくり権の行使により、改変行為を一旦ストップし、関係者が一体となってまちの将来像を検討し決定する機会を法的に保障することが必要である。

　もっとも、実定法上、新たな権利利益が承認されるには、市民の広範な運動や訴訟活動の支え、判例・学説の展開、立法化などが必要となるが、今日

---

(59)　新堂幸司『新民事訴訟法』（弘文堂　2011年）552頁。
(60)　菅野雅之「進行協議期日」ジュリ1108号（1997年）31、32頁。

の日本におけるまちの将来像をめぐる様々な紛争を想うとき、それはもはや一刻の猶予もないのではないかと考える。

集合住宅等における民事名誉毀損に関する
近時の裁判例の動向

土　平　英　俊

```
Ⅰ　はじめに
Ⅱ　集合住宅事案に関する近時の裁判例
Ⅲ　検討
```

Ⅰ　はじめに

1　集合住宅等における紛争

　戸建て住宅の密集する地域や自治会・町内会など一定のコミュニティが形成されている場所、マンションや団地等の集合住宅（以下、「集合住宅等」という）においては、生活音・騒音、ペットの飼育、ごみの出し方などの生活環境に関する事柄や管理組合の運営方針の違いなどをきっかけにして紛争が生じることがままある。そして、こうした紛争が長期化・深刻化し、時に名誉毀損事件に発展することがある。名誉毀損事件というと、週刊誌や雑誌、テレビなどのマスメディアが主体となった事件を想定しがちである。しかし、実際に訴訟に至る事案は必ずしもそのようなケースばかりでなく、集合住宅等における名誉毀損の損害賠償請求事件が一定数存在している（以下、このような名誉毀損事件を「集合住宅事案」という）。また、名誉毀損行為が、区分所有

（1）　東京地方裁判所プラクティス委員会第一小委員会「名誉毀損訴訟解説・発信者情報開示請求訴訟解説」（判タ 1360 号 4 頁〔2012〕）は、名誉毀損事件を「マスメディア型」と、「非マスメディア型」とに分類し、若手法曹向けに各類型ごとに"モデル訴状"を紹介し、その作成上のポイントを示している。ここで「非マスメディア型」の例として挙げられているのは、ウェブサイトによる名誉毀損事案と、マンションの区分所有者間におけるビラを媒体とした名誉毀損事案であ

法 57 条に基づく差止め等の請求の対象となることもある。[(2)]

2 問題の所在

名誉毀損の不法行為については、免責要件を中心に今日まで数多くの判例法理が形成されており、実務上、専らこれらの法理による解決がなされている。

しかし、近時、こうした判例法理、特に、真実性・相当性の抗弁を中心とする免責要件に関する法理は、専ら新聞・出版・放送などの媒体（マスメディア）による名誉毀損を念頭において形成されてきたものであって、それら以外の媒体（非マスメディア）が被告となる事案の場合には妥当しないのではないかという問題意識が示されている。判例タイムズ「名誉毀損関係訴訟について―非マスメディア型事件を中心として―」[(3)]（以下、「判タ特集」という）はその1つであり、上記のような問題意識に立って、1994年から2006年までの、マスメディア型・非マスメディア型あわせて約120件[(4)]の名誉毀損訴訟を収集し、裁判所の判断内容を検討した研究である。判タ特集では、収集裁判例の多くはマスメディア型事件における判例法理を非マスメディア事件にも適用していたものの、わずかながら、違法性の判断においてそうした判例法

　る。マンションにおけるビラによる名誉毀損事案が訴状モデルとして紹介されていることは、共同住宅など密接な居住空間が形成されている場面における名誉毀損事件が一定数存在することをうかがわせる。

(2) マンションの区分所有者が、業務執行に当たっている管理組合の役員らを誹謗中傷する内容の文書を配布したり、マンションの防音工事等を受注した業者の業務を妨害するなどした行為について、差止めが求められた事案で、東京高裁平成22年7月28日判決は、当該行為が「騒音、振動、悪臭の発散などのように建物の管理又は使用に関して行っているものではない」ことを理由に区分所有法6条1項の共同利益背反行為とはいえない旨を判示したが、その上告審である最高裁平成24年1月17日第三小法廷判決（集民239号621頁、判時2142号26頁、判タ1366号99頁）は、「それが単なる特定の個人に対するひぼう中傷等の域を超えるもので、それにより管理組合の業務の遂行や運営に支障が生ずるなどしてマンションの正常な管理又は使用が阻害される場合には、法6条1項所定の『区分所有者の共同の利益に反する行為』に当たるとみる余地があるというべきである」と判示して、原判決を破棄した。なお、差戻後の控訴審判決（東京高裁平成24年3月28日判決）は、当該行為は同法6条1項所定の共同利益背反行為に当たると判示して、請求を棄却した原判決を取り消し、請求を認容した。

(3) 和久一彦ほか「名誉毀損関係訴訟について―非マスメディア型事件を中心として―」判タ1223号49頁（2007）

(4) 同文献では、「一般市民や諸団体が、市民生活、社会活動、組織運営等に関連して行った表現が問題とされる事件」を「非マスメディア型事件」としている。

理とは異なる手法を採るものも存在した、等の報告がなされていた。

判タ特集が 2007 年 1 月に発表されてからすでに 10 年以上が経過したが、この研究発表後、裁判所の判断に変化は生じているであろうか。真実性・相当性の抗弁や公正な論評の法理などの、マスメディア型事件の判例法理を適用している例が依然として多いのか、それとも、発表当時は「わずか」であった、異なる手法を採る裁判例がさらに増加しているのであろうか。本稿では、非マスメディア型の典型事例といえる集合住宅事案に絞り、判タ特集発表以降に、この種の事案で裁判例が名誉毀損の不法行為の成否についてどのような判断をしているか、その動向を考察する。真実性・相当性の抗弁などの判例法理が非マスメディア型事案にそのまま妥当するのか否かという点に関しては、判タ特集以降の文献においても、あまりはっきりと述べられていないため、集合住宅事案における不法行為の成否の判断基準に関する近時の裁判例の動向を調査することには一定の意義があるものと考える。

Ⅱ　集合住宅事案に関する近時の裁判例

2007 年 1 月以降現在までに、集合住宅事案で不法行為の成否が争われて判決に至った事件は、93 件見つかった。

以下では、名誉毀損の不法行為の成立要件（請求原因）、責任阻却要件（抗

（5）　名誉毀損を理由とする裁判上の請求には、損害賠償請求（709・710 条）、名誉回復措置請求（723 条）のほか、人格権としての名誉権侵害に基づく差止請求がある。差止請求は、民法上の根拠規定の有無や要件の点で、損害賠償請求等と異なるなど（たとえば、損害賠償請求と異なり、差止請求の場合は被告の故意・過失が不要と解されている）、別途検討を要するところが少なくなく、それは本稿の主眼とも異なるので、本稿では検討対象外とする。

（6）　2012 年に出された前掲注（1）の文献では、雑誌記事や新聞記事による名誉毀損事件については「真実性、相当性の抗弁が出されることが多い」類型であると紹介された上で答弁書例が掲げられているのに対して、非マスメディア型の類型においてどのような抗弁があり得るかについての言及はなく、これらの類型の答弁書例も掲げられていない。また、名誉が表現の自由との比較衡量にさらされ、絶対的保護になじまないから、非絶対権侵害型に区分されるという指摘（窪田充見編『新注釈民法（15）債権（8）』323 頁〔橋本佳幸〕有斐閣、2017）など、真実性・相当性の抗弁以外にも責任成立ないし免責の枠組みがあり得ることをうかがわせる指摘はあるが、真実性・相当性の抗弁などの判例法理が非マスメディア型事案にそのまま妥当するのか否かに関しては、論じられているものは寡聞にして見当たらない。

（7）　判例検索エンジン「Westlaw Japan」を用いて判例検索を実施した 2019 年 6 月時点の数字。なお、発信者情報開示請求事件は除いている。

弁）ごとに、まず当該要件に関するこれまでの判例法理や一般的な理解を簡潔に紹介した上で、次いで、今回収集した裁判例のうち判断に特徴的なところがあったものについて紹介する。なお、裁判例の引用中、ゴシックは、筆者によるものである。

1 不法行為責任の成立要件（請求原因）

(1) 一般読者基準について

ア 一般的な理解

名誉毀損の不法行為が成立するには、被告の加害行為（名誉毀損行為）によって「名誉（権）」が「侵害（毀損)」されたことが必要である。

民法上の「名誉」（民法710条、723条）の概念について判例は、人の「社会的評価」を意味するものと判示している[8]。そして判例は、新聞記事による名誉毀損が問題となった事案において、人の社会的評価を「毀損」したかどうかは、当該表現についての「一般読者の普通の注意と読み方」を基準として判断すべきであると判示している[9]（いわゆる「一般読者基準」)。この判断方法は、テレビ放送や、ウェブサイト上の記事における表現が人の名誉を毀損するかが問題となった事案においても同様に妥当するものと解されている[10]。

次に、「一般の読者」をどのように理解するかについて、裁判例は、(ア)「当該文書を一般人が読んだ場合」といった趣旨で理解する立場と、(イ)「当該記事等の具体的な読者」を基準とする立場との、大きく2つの立場に

---

(8) 民法723条の「名誉」の意義について、最高裁昭和45年12月18日第二小法廷判決［城戸芳彦裁判長］民集24巻13号2151頁）は、「人がその品性、徳行、名声、信用等の人格的価値について社会から受ける客観的な評価、すなわち社会的名誉を指すものであって、人が自己自身の人格的価値について有する主観的な評価、すなわち名誉感情は含まないものと解するのが相当である」と述べ、同条の「名誉」には、「名誉感情」は含まないと判示した。この判断は、723条の「名誉」に関してのものであるが、民法710条の「名誉」についても同様に解釈されている。

(9) 最高裁昭和31年7月20日第二小法廷判決［栗山茂裁判長］民集10巻8号1059頁

(10) テレビ放送につき、最高裁平成15年10月16日第一小法廷判決［横尾和子裁判長］（民集57巻9号1075頁）及び最高裁平成28年1月21日第一小法廷判決［大谷直人裁判長］（集民252号1頁、判時2305号13頁、判タ1422号68頁）が、「一般視聴者の普通の注意と視聴の仕方」を基準とすべきと判示した。ウェブサイト上の記事については、最高裁平成24年3月23日第二小法廷判決［古田佑紀裁判長］（集民240号149頁、判時2147号61頁、判タ1369号121頁）が、前記最判昭和31年判決を引用して「一般の読者の普通の注意と読み方」を基準とすべきと判示した。

分かれている、との指摘がある。[11]

イ　集合住宅事案の場合

（ア）　一般読者基準の採否

今回収集した裁判例においては、社会的評価の低下をいかなる基準で判断するかについて、何も明言していない例も一部見られたが、基準を挙げている裁判例はいずれも、一般読者基準を用いていた。

（イ）　一般読者をどのように解するか

「一般の読者」をどのように解するかに関しては、今回収集した裁判例においても、上記同様に、（ア）「当該文書を一般人が読んだ場合」という趣旨に理解する裁判例（**東京地裁平成28年11月9日判決・平成27年（ワ）第1724号**（吉川昌寛裁判官））もあったが、（イ）同様の理解に立つ裁判例、すなわち、マンションの管理組合の組合員や、集合住宅の居住者などを読者と解するものが比較的多く見られた。

たとえば、管理組合の組合員である被告らが、理事である原告らの理事としての活動を非難する内容の文書を配布したことなどが名誉毀損となるかが問題となった事案である**東京地裁平成24年4月13日判決・平成23年（ワ）17219号**（青木裕史裁判官）では、被告らが配布した8種の文書のうちの1点（原告らが被告らの求めにもかかわらず臨時総会の開催に同意しないことなどを指摘しつつ、被告らがマンションの区分所有者に対して臨時総会開催の賛否を問うことを主たる目的とした文書）について、判決は、「一般的にマンション管理組合の理事はその業務に精通しているわけでも、これに専念できるものではなく、限られた時間の範囲内で業務を行うことが一般的であることから、対応の遅れや区分

---

(11)　大橋正春「名誉棄損の成否―『一般の読者の普通の注意と読み方』について」『新しい時代の民事司法』（商事法務、2011）所収500頁によると、（ア）の例として、①大学の教授ら40名が出席した会議での発言について「一般聴衆」（東京地裁平成21年1月8日判決）、②学会の理事14名に送られた電子メールについて「一般の読者」（東京地裁平成17年9月7日判決）、③マンションの30世帯に配布された文書について「一般人」（東京地裁平成16年11月5日判決）などを基準とする例があるとする。また、（イ）の例として、①女性週刊誌について「主として女性の読者」（東京地裁平成20年6月17日判決）、マンション内のビラについて「当該マンションの区分所有者」を基準とする例があるとする。そして、多くの裁判例は、（イ）の具体的な読者一般を基準とするとしながら、具体的読者に適用される基準を明示的に論じている裁判例は多くなく、大部分の裁判例は、具体的読者に適用される基準を特段明示せずに結論を述べている、と指摘している。

所有者の要望に十分応えられないことも多い。そうすると、その体裁からしても、本件管理組合に対立する当事者が発行していることは明らかである本件文書を受領した者としては、原告らと被告らの言い分のいずれが正しいのか慎重に吟味するのが通常であり、原告らに落ち度があり、また、その活動内容が不当、不十分、不透明であると即断することはない」と判示して、当該文書の具体的な読者がどう受け止めるかという観点で社会的評価の低下の有無を判断している。

そのほか、同様に、**東京地裁平成 26 年 7 月 11 日判決**・平成 25 年（ワ）第 27483 号（五十嵐章裕裁判官）は「本件組合員」の「本件マンション内における社会的評価」を、**東京地裁平成 26 年 12 月 19 日判決**・平成 26 年（ワ）第 10224 号（五十嵐章裕裁判官）は「総会出席者」を、**札幌地裁平成 28 年 10 月 7 日判決**・平成 27 年（ワ）第 536 号（劔持亮裁判官）は「本件各文書が配布された本件マンションの区分所有者」を、**東京地裁平成 30 年 3 月 12 日判決**・平成 29 年（ワ）第 2649 号（川﨑学裁判官）は「本件マンションの一般居住者」を、それぞれ、当該文書の読者と解していた。

（ウ）　集合住宅事案における特徴

集合住宅事案では、管理組合や理事会の運営方針をめぐって当事者間ですでに紛争が生じており、その結果として名誉毀損に至っている例が多いという特徴がある。したがって、社会的評価の低下の有無の判断にあたって、発言等に至るまでにどのような経緯が存在したかや、当該紛争に対し周辺住民がどのように受け止めていたかを考慮するものが少なくない（**東京地裁平成 25 年 11 月 1 日判決**・平成 24 年（ワ）第 26243 号（吉田純一郎裁判官）、**東京地裁平成 26 年 3 月 6 日判決**・平成 24 年（ワ）第 36110 号（今井和桂子裁判官）、前掲・**東京地裁平成 26 年 12 月 19 日判決**など）。

また、管理組合の総会や理事会などは、もともと意見交換がなされることが予定された場であり、議論が紛糾しがちであるという特徴もある。そのため、こうした会議の場でなされた発言について名誉毀損が問題とされる事案では、名誉毀損が認められにくい。

たとえば、前掲・**東京地裁平成 26 年 12 月 19 日判決**は、「本件各発言が、マンション管理組合の総会という、マンションの管理等に関する意見の交換

が行われることが想定される場において行われたものであることや、本件各発言の内容も、原告による具体的な不正行為等の存在を摘示するものとはいえないことに照らすと、本件各発言を聞いた総会出席者の普通の注意と受け取り方を基準とすれば、本件各発言は、原告と対立関係にある一方当事者からの本件組合の運営に関する意見であると受け取るものと認められ、本件各発言が原告の本件マンション内などにおける**社会的評価を低下させる程度のもの**ということはできない」と判示した。

東京地裁平成26年3月7日判決・平成25年（ワ）第23037号（高谷英司裁判官）も同様である。判決は、発言の一部分「だけを取り出せば、原告らを犯罪者や、本件マンションの共同生活の秩序を乱す者との印象を抱かせ、原告らの社会的評価を低下させることもありうる」が、本件は「定例理事会において、本件理事会の職務として行ってきた契約交渉に関する本件質問状に対する対応を議論する場面において、本件理事会の構成員である理事長により表明されたところ、これに対しその場で他の理事から反対意見が表明されるなどして議論になった結果、本件理事会の意思として決議されなかったのであり、この点で、本件の事案は、時宜を得た反駁が加えられないまま一方的な表現が社会に流布したような典型的な名誉毀損の事案とは異なる。…そうすると、本件定例理事会の出席者及び原告らを除く傍聴者は、本件意見部分が議論の過程で出た賛否両論ある法的見解の一つにすぎないことを認識しているから、原告らが本件質問状を送付したとの客観的事実により原告らに対し自ら何らかの評価を加えることはあるとしても、本件意見部分自体を無批判に鵜呑みにして原告らに対する評価を低下させるとは考えがたい」と判示した。[12]

東京地裁平成24年4月13日判決・平成23年（ワ）17219号（青木裕史裁

---

(12) 本判決は、この判示のあと、本件意見部分に関し、いわゆる「公正な論評の法理」に関する長崎通知表事件及びロス疑惑事件を引用した上で、公共性・公益目的・前提事実の真実性・論評としての域を逸脱しないこと等の要件該当性を検討し、いずれもこれを肯定して、「仮に、本件意見部分が原告らの名誉を毀損したとしても、違法性がない」と判示している。社会的評価の低下が認められない以上、本来はこの判示部分は不要であるのに、公正な論評の法理に関する判断を示した理由について、筆者の想像になるが、社会的評価の低下の判断においてマスメディア型事件とは異なる観点での判示をなしたことから、判例法理に則った判断を念のために示しておいたものではないかと考えられる。

判官）も同様である。判決は、「一般的にマンション管理組合の理事はその業務に精通しているわけでも、これに専念できるものではなく、限られた時間の範囲内で業務を行うことが一般的であることから、対応の遅れや区分所有者の要望に十分応えられないことも多い。そうすると、その体裁からしても、本件管理組合に対立する当事者が発行していることは明らかである本件文書8を受領した者としては、原告らと被告らの言い分のいずれが正しいのか慎重に吟味するのが通常であり、原告らに落ち度があり、また、その活動内容が不当、不十分、不透明であると即断することはないというべきであるから、本件文書8の配布により、原告らの社会的評価が低下したと認めることはできない」と判示した。

　なお、これらの裁判例はいずれも、マンション管理組合における議論の性質を、「社会的評価を低下させるか」という文脈で考慮した裁判例であるが、同様の性質を、こうした文脈ではなく、「不法行為としての違法性があるかどうか」という文脈で考慮している裁判例（後述⑥の**東京地裁平成27年8月26日判決**・平成27年（レ）第106号）もあった。

(2)　権利侵害ないし違法性

ア　マスメディア型事件の場合

　マスメディア型事件では、問題となった表現が一般読者の普通の注意と読み方に照らして原告の社会的評価を低下させるものであると判断されれば、その表現行為は原則として権利侵害（もしくは違法性。以下、単に「違法性」という）があり、被告において違法性阻却事由等を主張立証する責任がある、という判断がなされることが多い。すなわち、被告の行為が違法性を有するか（請求原因レベル）ではなく、被告に違法性阻却事由等が認められるか（抗弁レベル）が争点となることが多い。

イ　集合住宅事案の場合

　集合住宅事案においては、そもそも当該表現が違法かどうかが争点化しているケースが多くみられた。これは、要件事実の整理でいえば、請求原因を満たすかのレベルの問題である。そして、その際には、以下（ア）（イ）で挙げたように「社会的に容認される」か否か、あるいは、「不法行為を構成するだけの違法性」を備えているかなどの判断枠組みによって、被告の表現

行為が不法行為上違法となるかが検討されている。また、（ウ）で挙げたように、不法行為の成否の判断枠組みがマスメディア型と非マスメディア型とでは異なり得ることを正面から判示する裁判例も現れている。

（ア）　社会的相当性や社会通念に照らして違法かどうかを検討するもの

① **東京地裁平成 21 年 12 月 25 日判決**・平成 21 年（ワ）第 33054 号（上田哲裁判官）

　　被告（原告の次に理事長となった者）が管理組合法人の構成員らに書面を配布（総戸数は不明）したことが原告の名誉を毀損するかが問題となった事案である。書面には、もと理事長であった原告が事務の引き継ぎをせず管理組合の通帳等を持ったままにいたために電気代の引き落とし手続が間に合わなかった、などという記載があった。

　　判決は、本件書面の作成・配布された先が、原告と被告ら現役員とが役員の地位をめぐり激しく対立している状況を既に十分に承知している本件マンションの区分所有者らであったこと、本件書面が配布される約半月前に開催された総会では、このような原告に対し預金通帳等引渡請求訴訟を提起する旨の議案の承認までされていたこと、本件記載がされたのは、電気料金の引き落としが予定の日にできないという事態に至った経緯を区分所有者らに説明するという必要性が認められることなどの事情を指摘し、「本件の事実関係に照らせば、そもそも本件記載が原告の客観的な社会的評価を民事訴訟の**損害賠償の対象となるほどに低下**させたといえるかどうかも疑問であるし、本件記載の存する本件書面を作成・配布した行為が、**社会通念に照らして相当性を欠き受忍限度を超えて原告の名誉権を侵害する、不法行為法上違法と評価されるもの**であったとまでは、到底いうことができない」と判示して原告の請求を棄却した。

② **大阪地裁平成 22 年 5 月 28 日判決**・判時 2089 号 112 頁（窪田俊秀裁判官）

　　鉄筋コンクリート造スレート葺 8 階建マンション（総戸数は不明）の 2 階の一室を賃借し、家賃を滞納していた原告に関し、家賃の支払債務を保証していた家賃保証会社である被告の従業員が、「督促状」という表題だけを見えるようにした書面を、原告の居室の玄関ドアに貼り付けたことなどが名誉毀損であるとして損害賠償請求がなされた事案である。2 階には本

件居室を含め四戸の居室が並んで位置していた。

　上記行為が債権の行使の側面を有することから、判決は、「債権の取立行為の態様が、債務者の名誉を毀損したり、脅迫を伴うものであるなど、**社会通念上相当とされる限度**を超える場合には、有効な債権の取立行為であっても不法行為を構成する場合がある」との判断枠組みを示したうえで、表題が、原告が家賃等を滞納し、その取立てを受けていることを容易に推知しうる「督促状」という表題であること、郵便受けに差し入れれば足りるはずで、玄関ドアに貼り付けるまでの必要性を裏付ける証拠はないこと、などの事実を挙げて、「社会通念上相当とされる限度を超える違法な取立行為である」などとして、請求を一部認容した。

③　**東京地裁平成 23 年 2 月 17 日判決**・平成 21 年（ワ）第 14611 号（本間健裕裁判官）

　管理組合がマンション（総戸数は不明）のエレベーター内等に掲示した「火災警報器取付工事のお知らせ」と題する文書に対して、被告が、「理事長と管理人はいくら業者からバックリベートを受け取ったか、本工事は不正工事だ」などと記載したり、管理人に対して「馬鹿野郎」などと述べたり、「十分な仕事をしていない。居眠りが多い。」などと記載した文書を管理組合専用掲示板に掲示したりなどしたことから、管理組合法人及び上記管理人（個人）が原告となって損害賠償請求をした事案である。

　判決は、管理人に対する請求に関する判示部分で、「社会的評価を低下させる行為であり、**社会的相当性**を逸脱するものである。被告は、馬鹿野郎と述べたのは、口論の際のことであり、お互いに非難の言辞を述べた旨の主張をするが、口論があったとしても、馬鹿野郎という言葉を発することが容認されるものではない」などと判示して原告の請求を一部認容した。

④　**東京地裁平成 24 年 11 月 30 日判決**・東京地裁平成 24 年（ワ）第 12657 号（太田晃詳裁判官、武藤真紀子裁判官、竹内幸伸裁判官）は、マンションの区分所有者（個人）である原告が、管理組合（組合員総数 115）の理事長において、原告の名誉を毀損する事項を記載した書面（「これまで、総会において暴言や議題に無関係な主張を繰り返し、議事を妨害する者がおり、出席者の精神的苦痛の

みならず、管理組合運営に大きな支障をきたしてきた。今後の円滑な運営に向けて、一部の暴徒を排除する条項を設けることとした」などとして、管理規約を「暴言や暴力および総会議題に関連の無い発言を繰り返すことなどにより議事進行を妨害する者に対しては、議長は退席を命じることができる」という条項に改定する案を記載した書面等）を作成し、管理組合の組合員に配布したなどと主張して、損害賠償の支払及びマンション内への謝罪文の掲示を求めた事案である。

判決は、本件記載は「やや穏当を欠く表現であるものの、管理組合の規約改正という局面において**社会通念上許される枠内**にあるものといえ、原告の名誉を侵害する違法行為とまでいうことはできない」と判示して原告の請求を棄却した。

この裁判例は、上記結論を導くにあたり、裁判所は、当該書面は、総会の円滑な議事の進行や運営を図るといった正当な目的を持って業務として作成・配布したものであり、原告を個人的に糾弾する目的を持って作成、配布したものとは認められないこと、原告個人を具体的に特定するような記載はなく、「暴徒」が原告を指すものとは認識しない組合員も少なからずいたこと、臨時総会等の場で原告に十分な反論の機会が与えられていたこと、管理組合の総会の議事の進行や運営の在り方等の当否は本来、管理組合という限られた組織の内部における問題であり、その性質上、基本的には管理組合の自治に属する事柄であることなどの点を指摘しており、後述の⑥**東京地裁平成 27 年 8 月 26 日判決**同様、マンションの管理組合における議論の性質に着目している。

⑤ **東京地裁平成 24 年 11 月 30 日判決**・平成 23 年（ワ）第 39035 号（太田晃詳裁判官、武藤真紀子裁判官、竹内幸伸裁判官）は、上記④の東京地裁平成 24 年（ワ）第 12657 号と同じ原告が、同様の事実関係について、別の被告（上記事件の被告が理事長を務めていた次期の役員で、理事会の監事を務めていた者）を提訴したものである。

判決は、上記判決同様に、「やや穏当を欠く表現であるものの、管理組合の規約改正という局面において**社会通念上許される枠内**にあるものといえ、原告の名誉を侵害する違法行為とまでいうことはできないと」と判示して原告の請求を棄却した。

なお、この平成 24 年（ワ）12657 号と同様の事実関係に関して、原告が別の役員を被告として提訴した事案（**東京地裁平成 24 年 11 月 30 日判決**・平成 24 年（ワ）13013 号（本多知成裁判官））もある。こちらの訴訟では、被告から、問題となった文書を配布したのは「正当な目的を行ったもの」で「原告を個人的に糾弾する目的をもって配布されたものでな」い、との反論がなされていたところ、判決は、「その記載にやや穏当を欠くところがあるものの、これは**正当な目的を持って業務として配布したもの**であって、原告を個人的に糾弾する目的で配布したものでない」から「違法と認めることはできない」と結論付けている。

⑥　**東京地裁平成 27 年 8 月 26 日判決**・平成 27 年（レ）第 106 号（原審：東京簡裁平成 26 年（ハ）第 11611 号）（岩井伸晃裁判官、髙橋祐喜裁判官、周藤崇久裁判官）は、マンション（総戸数は不明）管理組合の副理事長 X（原告・控訴人）が、同組合の役員 Y（被告・被控訴人）の、組合の総会や委員会等の場における言動（組合から管理会社への諸経費の支払額が高額になっていたことや、組合の理事長が辞職したり管理人が交替したりしたことについて、Y が X を非難する発言をしたなど）が名誉毀損であると主張して損害賠償請求をした事案である。

判決は、「マンションの管理組合の総会や管理業務検討委員会が、適正なマンションの管理や組織の運営を確保するためにその在り方や具体的運用について管理組合や管理業者の役員ら相互の議論や検証等を行う機関であることに鑑みれば、これらの会議における議論の内容に対立的な意見の応酬及び批判的な検証や追及が一定程度含まれ得ることは、事柄の性質上当然に予定されているものということができ」る、と判示した上で、「本件組合の総会等における被控訴人の控訴人に対する上記発言等が、上記のような管理組合や会議の性質等を考慮してもなお**社会通念上許容され得る範囲**を逸脱して控訴人の名誉又は名誉感情等を著しく不当に害するものであったとまでは認め難いといわざるを得ず、被控訴人の上記発言等をもって、控訴人に対する名誉毀損ないし嫌がらせとして不法行為を構成するには至らないものというべきである」と判示した。

なお、この裁判例は、マンションの管理組合における議論の性質を、前記Ⅱ 1（1）イで挙げた裁判例と異なって、「社会通念に照らして当該行為

が許容され得るものかどうか」という文脈で考慮している。

⑦ **福岡地裁久留米支部平成 28 年 3 月 29 日判決**・平成 26 年（ワ）第 318 号・同第 345 号（太田雅也裁判官）は、「前理事長（原告）からの文書配布、自身が未だ理事長と主張される等で管理組合運営の妨げが生じており、被告 Y2 が監事として総会を開催して再度理事の役職を決定し、明確にすること及び総会において長期にわたり管理組合に混乱を生じさせている前理事長に理事自体を退任していただくべく決議を取る必要がある」などと記載された書面を管理組合の組合員 150 名に送付したことなどが名誉毀損であると主張された事案である。

判決は、紛争に至る経緯を認定した上で、「原告にも相当程度の責任があること…は否定しがたいところであるから、本件文書…の表現は、**社会通念上許容される範囲**内にあるというべき」であるとして、名誉毀損の不法行為の成立を否定している。

⑧ **東京地裁平成 28 年 11 月 9 日判決**・平成 27 年（ワ）第 1724 号（吉川昌寛裁判官）は、マンションの耐震・改修に関する紛争に関し、被告が理事長兼防火防災管理者である原告について記載した手紙をマンション居住者約 5 名やマンション管理士等に配布した行為が名誉毀損になるかが問題となった事案で、判決は、当該手紙の記載内容、送付の宛先などの事実を総合考慮して、被告の行為は「**社会的に容認された行為としての相当性**」を超えた違法な行為である、と判断している。本判決は、損害の算定の判示部分で、「本件手紙の送付行為の範囲は、**本件はいわゆる非マスメディア型の名誉毀損行為であって**、本件マンションの区分所有者全 17 名のうち数名と、F 管理士、b 社という程度であり、広範囲であるとは言い難い」と判示しており、非マスメディア型事件であることが損害の認定に影響を及ぼす事実であることを示している点で、参考になる。

（イ）「不法行為を構成するだけの違法性」があるかを検討するもの

「社会的に容認される」、「社会通念」といった表現とは異なるものの、「不法行為を構成するだけの違法性」があるかどうかを検討する裁判例も散見された。これらは、表現こそ異なるものの、「社会的に」「社会通念上」許容されるかどうかと言うのと実質的には異ならないといえる。

① **東京地裁平成22年12月21日判決**・平成22年（ワ）第617号（垣内正裁判官）

　マンションに係る管理委託契約の更新を議題とする臨時理事会の場で、理事であり訴外Bが原告に対して暴力を振るった後、原告と、理事長である訴外A、B、同じく理事である訴外C、同理事会のオブザーバーであった被告らとの間で口論となった。その過程で、原告がAに対して「紳士的じゃない」と述べたことに対して、訴外C及び被告が、原告に対し「あなたの方が紳士的ではないじゃないですか」（Cの発言）、「Xさん（原告）も私に暴力を振るったじゃないですか、過去に。」（被告の発言）と発言した。そこで原告が、被告の発言は、虚偽の事実を摘示した名誉毀損であるとして損害賠償請求がされた事案である。

　判決は、発言に至る経緯を認定し、本件発言は、真実ではなく穏当を欠く面を否定できないが、紛糾した状況下でとっさに出た一言というべきであるから、「**金銭の支払をもって償うべきほどの違法性**までは有していないと解するのが相当である」と判示した。

② **東京地裁平成22年8月30日判決**・平成22年（ワ）第993号（生野考司裁判官）

　本件は、上記**東京地裁平成22年12月21日判決**の原告が、上記訴外Cに対して、上記発言を始めとするCの言動が原告の名誉を毀損するものであるなどとして損害賠償を求めた事案である。

　判決は、「一般に、会議において、意見対立のある事項につき議論が続く場合、発言としての品格や冷静さを欠いた感情的で不適切な非難、批判の発言が飛び交う状況になる場合もときおりあり得ることに照らすと、被告の前記言動は、議論の場における言論活動として許容される批判、非難、反論であるとみるのが相当であって、**議論として許容される限度**を超え、発言自体が原告に対する違法行為になるものとまではいえない」、「被告の上記発言は違法性を欠くものであり、原告に対する不法行為は成立しない」と判示した。

③ **東京地裁平成23年4月25日判決**・平成20年（ワ）第14427号（志田博文裁判官）は、住民同士である原告らと被告らとの間で、原告らにおいて、

マンションの共用部分からの漏水が原因で居宅等にカビが発生したなどとして保険会社から保険金を受領した原告に関し、被告らが、保険金の不正請求である旨記載する等の文書をマンションの区分所有者全18戸作成・配布したことが名誉毀損となるかが争われた事案である。

判決は、文書全体の趣旨は漏水事故についての保険会社への保険金請求に関する手続及び請求内容に関する説明ないし質問・回答であること、当該文言を記載した理由等について、被告らにおいて原告らの部屋と漏水事故との関わりが薄いのではないかと考えることに一応の合理性があること、文書の配布は理事会として保険会社との協議等の内容を組合員に周知させるためのものであったこと、当事者が本件マンションの組合員同士であること、原告らにおいて管理組合総会や理事会での反論の機会は与えられていたことなどの「諸事情を総合勘案すると、…当該文言はいささか穏当を欠いていたことは否めないものの、民法709条の不法行為責任を生ずるものとまではいい難く、その余の部分についても**名誉毀損など不法行為を構成するものとまでは認められない**ものである」と判示した。

この事件では、被告らは、問題となった文書の趣旨や配布の経緯からして原告らの名誉を毀損する表現とは言えない（不法行為が成立しない）として争ったほか、真実性・相当性の抗弁を主張して争っていたが、裁判所は、真実性・相当性の抗弁に入る前の段階で原告の主張を排斥したものである。

④ **東京地裁平成30年6月14日判決**・平成29年（ワ）第17044号（下和弘裁判官）は、肩書地に居住する原告が、被告管理組合がマンションの全戸（64戸）を対象に配布した書面に関し、管理組合と管理会社に対して慰謝料や名誉回復措置の請求をした事案である。原告が専用庭において野菜や草花の栽培をしていたことから、管理組合は、原告に対し、「貴殿は、専用庭を全面露地化、その一部を畑地化、野菜の露地栽培、樹木の植栽などを行ってきております。理事会は、この実状を検討した結果、貴殿の使用実態は当マンション全体の環境保全に悪影響を与える懸念があり、専用庭の使用細則…ほかのルールからも逸脱しており、使用実態を是正していただきたいとの結論に至りました」、「専用庭は専用部分にあたりますが、専

用部分というのはバルコニーやポーチなどと同じように、使用者が特定の住戸に限定されている共用部分の意味で、個人で所有している一戸建ての庭とは自ずと違いがあります」などと記載した書面を送付し、当該行為をやめるよう求めていた。全戸配布したのは、この書面から、宛先である原告の氏名と部屋番号を抹消したものである。

裁判所は、本件書面の記載内容が、原告による本件専用庭の使用方法に関し、被告管理組合として是正を求めるもので、原告を誹謗又は中傷するものではないこと、配布が1回限りのものであったこと、書面の性質上、同書面が本件マンション外に流通することは予定されておらず、現に流通した事実もないこと、被告管理組合は、本件配布行為に先立ち、原告に対し、本件専用庭の使用方法の是正を口頭で申し入れたが、原告がこれに応じなかった経緯があること、原告居室以外の各戸に本件書面が配布されるに当たり、同書面から原告の氏名及び部屋番号を抹消する配慮がなされていることなどの事情が認められることに照らすと、「本件配布行為は、原告に対する名誉棄損による**不法行為を構成するだけの違法性**を備えたものと評価することはできない」として原告の請求を棄却した。

（ウ）　マスメディア型事件との違いを明言する裁判例

非マスメディア型事件においてはマスメディア型事件と異なる考慮が必要である旨を明言した裁判例も存在する。

① **東京地裁平成 25 年 2 月 22 日判決**・平成 21 年（ワ）第 26855 号（日景聡裁判官）

管理組合の組合員であり、かつ組合の監事を務めていた原告に関して、組合の理事長である被告が、140 名以上に及ぶ組合員全員に配布した文書が、名誉を毀損するかが問題となった事案である。被告は、真実性・相当性の抗弁自体は主張しておらず、「不法行為を構成するだけの違法性」がない、として争っていた。

判決は、「本件配布行為のような**いわゆる非マスメディア型の名誉毀損事件**においては、いわゆる真実性・相当性の抗弁（最高裁昭和 41 年 6 月 23 日第一小法廷判決・民集 20 巻 5 号 1118 頁）ないし公正な論評の法理（最高裁平成 9 年 9 月 9 日第三小法廷判決・民集 51 巻 8 号 3804 頁）のみによって直ちに違法性

ないし故意、過失の有無を判断するのではなく、表現の方法ないし態様（表現の伝播性、表現の相手方の属性、文書による場合の体裁等）、表現の目的ないし表現に至る経緯（目的の公益性の有無、表現の対象者との関係、その者による先行行為の有無ないし内容等）、表現の内容（事実摘示の具体性、その重要部分についての真実性・相当性の有無ないし程度、意見ないし論評としての相当性等）などを総合考慮し、当該表現行為が**名誉毀損としての不法行為を構成するに足りる違法性**を有するか否かを検討することにより、不法行為の成否を判断するのが相当と解される。本件における被告の主張も同旨であり、原告もかかる判断の枠組みについては特段争っていない」と判示して、異なる枠組みを用いるべきことを明言した（結論として、本件各記載の一部は原告の社会的評価を低下させるもので、かつ、その中の一部は不法行為を構成するに足りる違法性があるとして、賠償請求を一部認めた）。

② **東京地裁平成 30 年 2 月 16 日判決**・平成 28 年（ワ）第 2113 号（上田哲裁判官）

　　本件は、マンションの区分所有者である原告が、自己が居住するマンションの管理組合理事長である被告に対し、同人が組合の総会で行った発言と、これを総会議事録に記載し配布した行為により名誉を毀損されたなどと主張して、損害賠償と謝罪文の配布等を求めた事案である。議事録には、原告が前年に理事長あてに裁判を起こしたが、具体的な証拠提出がされず、結局、訴訟取下げになったとか、訴訟費用として管理組合に実害が発生している、原告が理事長宅に脅迫とも取れる内容証明を繰り返し送付した、などの総会における被告の発言が記載されており、議事録が送付された管理組合員の総数は 63 名であった。被告は、「真実性・相当性の抗弁」は主張しておらず、実質的な違法性はない、との趣旨の主張をしていた。
(13)

---

(13)　被告は「原告は、最近数年間にわたり、独自かつ一方的な意見・見解に基づき本件管理組合の理事長である被告を含む理事会（以下「被告ら理事会」ともいう。）を非難・批判する多数のはがき大等の書面を本件管理組合員に継続して配布している者であり、原告と被告ら理事会及び管理会社が激しく対立し、非難・批判の応酬が繰り返されていることは本件管理組合員間においては周知の事実である。かかる状況においては、本件表現行為の受け手である本件管理組合員は本件表現行為を原告と被告ら理事会との非難や批判の応酬の一環と理解するだけであるから、本件表現行為により原告に対する社会的評価は低下しないか、仮に低下があったとしてもそれはご

判決は、本訴に至る経緯を詳細に判示した上で、「**本件は、マスメディアの報道による名誉毀損が問題となっている事案ではなく、マンションの管理組合総会での理事長の発言等が名誉毀損に当たると主張されている事案である**ところ、この種の事案で表現行為に係る不法行為の成否を決するに当たっては、当該行為により原告の社会的評価が低下して金銭賠償を相当とするほどの精神的損害が生じた事実が認められることが要件となることは当然であるが、その判断あるいは不法行為法上の違法性の有無等の判断に当たっては、表現行為の目的、表現内容の真実性・真実相当性、表現が流布された範囲（ひいては社会的評価の低下の程度）、表現に至る経緯、原・被告間の関係等の諸般の事情が考慮されるべきであると解される」と判示した。そして、「本件各表現行為は、…原告と被告ら理事会との対立関係を背景として、原告の問題点について本件総会で議長から報告すべきであるとの理事会での意見を受けて行われたものである…上、その受け手である本件管理組合員は、従前から、原告らによる被告ら理事会に対するおびただしい非難・批判の表現に繰り返し接し、被告ら理事会が原告らを非難・批判する表現にも接して…、原告と被告ら理事会とが激しく対立していることを認識していたと認められることが、不法行為の成否の判断に当たり考慮されるべきである」としたうえで問題となった各表現について検討を加え、結論として、「本件各表現行為によって、**原告の社会的評価が不法行為を構成するほどに低下したとは認められないか**、あるいは仮に社会的評価の低下が認められるとしても、それにより**金銭賠償を相当とするほどの精神的損害が生じたとは認められない**（要するに、単に自分について事実と異なることを言われて不快に感じたという程度のものにとどまる。）というべきであり、また、上述してきた本件各表現行為の目的、表現内容の真実性・真実相当性、表現が流布された範囲、表現に至る経緯、原・被告間の関係等の諸般の事情に照らせば、本件各表現行為が社会生活上の受忍限度を超える不法行為法上違法なものであったともいえないというべきである」と判示した。

く僅かであって、原告に精神的損害が生じることはなく、損害賠償や名誉を回復するに適当な処分を求める程の違法性を有するものではない。」と主張していた。

2　不法行為の成立を否定するための要件（抗弁）の判断における特徴

集合住宅事案の中にも、マスメディア型事件と同じ判例法理（真実性・相当性の抗弁や公正な論評の法理）を用いる裁判例も少なからずあったが、これを修正した基準を用いたり、あるいは、それとは別の基準を用いている裁判例も見られた。

(1)　真実性・相当性の抗弁を修正した裁判例

東京地裁平成 25 年 3 月 26 日判決・平成 24 年（ワ）第 3169 号の 1（日景聡裁判官）は、非マスメディア型の名誉毀損事件においては、公益目的がなくても違法性が阻却される場合がある、ということを明言している点で注目できる。

本件は、東京都住宅供給公社が供給した、東京都世田谷区所在の総戸数約 1,000 世帯の集合住宅群の住人である原告・被告が、それぞれに対し、他の住人に文書を配布したり住宅の掲示板に文書を貼付したりしたことで名誉を毀損されたと主張して、相互に不法行為に基づく損害賠償を求めた事案である。

判決は、被告の原告に対する請求を判示するにあたって、原告による文書の作成、配布は、公共性の要件は満たすと判断したが、公益目的については、本件各文書その内容などが、「自治会運営そのものに対する批判にとどまらず、被告の人間性を問題とするかのような表現や、被告に対する直接的かつ感情的な表現が散見されるところであり」、「専ら公益を図る目的に出たものと評価することは困難である」と認定した。しかし、判決は、「本件のような**いわゆる非マスメディア型の名誉毀損事件**においては、上記のとおり、専ら公益を図る目的に出たものとはいえない場合であっても、これにより直ちに当該表現行為の違法性を認めるべきではなく、その重要部分についての真実性・真実相当性の有無ないし程度等と併せて、当該表現行為の違法性ないし故意、過失の有無を判断するのが相当と解される」と判示したうえで、真実性ないし相当性の認められる記載について、不法行為の成立を否定した。

(2) その他の抗弁

ア 正当行為の抗弁

① **東京地裁平成23年10月13日判決**・平成21年（ワ）第12255号（村上正敏裁判官、加本牧子裁判官、林優香子裁判官）も、被告から「正当な行為として違法性が阻却されるというべきである」との反論がなされていたところ、判決は、この主張を受けて、被告の行為が正当行為かどうかを検討している（但し、結論としては、違法性阻却事由があるとは認められなかった）。

② **東京地裁平成24年12月17日判決**・平成23年（ワ）第3782号（野村武範裁判官）は、理事である原告が、管理組合の臨時理事会において、他の組合員Aの首を手で絞めるという事件（本件事件）が発生したことに関連してAが提起した民事事件（本件事件があったにもかかわらず、理事長である被告が原告を制止するとか、同人を理事から解任するといった措置を執らないことが職務を行うに適しない事情であるとして、被告の区分所有法上の管理者からの解任を求めるなどしたもの。以下「別件訴訟」という）の訴状を、理事長である被告がマンション組合員の回覧に供したこと（本件送付行為）などが原告の名誉を毀損するなどとして争われた事件である。判決は、別件訴訟訴状中の本件事件に関する記載は、原告がAの首を絞めるという犯罪行為を行ったことなどを摘示しているのでその名誉を毀損する内容であるが、「当該記載自体はAがしたものであって、被告が、当該記載の内容と同じ認識をもって、それを多数人に示すために本件送付行為をしたわけではなく、別件訴訟の費用負担について審議するために、資料として当該記載のある訴状を送付したに過ぎない」ものであり、「別件訴訟の内容を説明し、その訴訟遂行に当たり必要な費用について本件管理組合で負担することを審議するために、本件送付行為をすることはやむを得ない措置であった」から、被告には「過失がないか、あるいは違法性を阻却する正当事由があった」として、本件送付行為にかかる原告の請求を棄却した。

③ **東京地裁平成25年7月19日判決**・平成24年（ワ）第5774号（宮坂昌利裁判官）は、管理組合の理事から原告に関して問い合わせを受けたマンション管理会社の担当者（被告）が理事に報告した内容（本件報告）が原告の名誉を毀損するかが問題となった事案であるが、被告らが名誉毀損を争

うとともに、「本件報告は、管理委託上の報告義務にもとづいておこなわれたものであるから違法性を有しない」との抗弁が主張されていたところ、裁判所は、摘示事実は原告の社会的評価を低下させるものの、本件報告は管理委託契約の義務の履行として行われたものであり受託義務を執行する責務を負うから「本件報告は、原則として、正当業務行為として違法性を欠くものであり、これが例外的に違法性を帯びるのは、受任者として行うべき委任者に対する報告の域を逸脱し、原告を誹謗中傷する目的で殊更に虚偽の事実を述べたような場合に限られる」との基準を示し、本件では殊更に虚偽を述べたものと認めることはできないとして違法性を阻却する旨判断した。

④　**東京地裁平成 27 年 9 月 17 日判決**・平成 27 年（ワ）第 3649 号（関根規夫裁判官）

　　アパートに居住する原告が、アパート各棟の入居者らで構成する自治会に対して、アパートの掲示板に自治会費を支払わない者がいる旨掲示したこと等が自治会費を支払わない原告に対する名誉毀損に該当すると主張して損害賠償請求がなされた事案で、裁判所は、「そもそも、自治会費滞納者に対して支払を求める掲示をアパート内の掲示板に掲示すること自体は、その対象者を殊更非難する等の特段の事情のない限りは、自治会の公平で円滑な運営を図る上で必要やむを得ない行動であり、これをもって不法行為とは認められない[14]」と判示して、原告の請求を棄却した。

　　なお、上記 4 件の裁判例では、被告から、真実性・相当性の抗弁は主張されていない。

イ　**「社会的に相当な範囲内の行為」として「違法性が阻却」されるかを検討するもの**

東京地裁平成 22 年 9 月 27 日判決・平成 21 年（ワ）第 29070 号（齊木敏文裁判官）

　　原告が転居先を見つけるまでの 2 か月の間、被告が管理するマンション

---

(14)　本件で被告が掲示した文書は、記載内容の判読が困難であるものや、原告本人と特定できる記載がないものなどであったために、不法行為の成立が否定された。したがって、この部分は傍論といえる。

（なお、所有者は被告ではない）の一室を原告に無償使用させていたところ、期間経過後も原告が退室しなかったため、被告が「不法占有につき、速やかに109号室から退去せよ」などと記載された紙を同室の扉にガムテープで貼り付けた上、同マンションの入居者向け掲示板にピンで貼り付けた行為が問題となった事案である。

裁判所は、「被告が本件ビラ貼り行為をしたこと及び本件貼紙の内容…が原告…の社会的評価を低下させるものであることは明らかである」とした上で、「本件ビラ貼り行為は社会的にみて相当な範囲内にあるとして違法性を阻却されるかを検討する」と判示し、本件においては、上記期間以降は法律上は原告の占有は不法占有となるとしても、109号室の所有者自身は直ちにそれを問題としない意向を示していたにもかかわらず、被告は期限の翌日に本件行為に及んだものである点で、「あまりにも性急なものというほかな」く、「原告…に上記の問題があったこと、本件貼紙を見た者がわずかであることを考慮しても、本件ビラ貼り行為は社会通念上許容できる範囲内の行為であるとはいえない」と判示して損害賠償（慰謝料として10万円）を認める旨の判断をした。

この裁判例は、「社会通念上許容できる」か否かが基準となっている点ではⅡ1（2）で挙げた裁判例と共通しているが、これを違法性阻却事由（抗弁）として検討している点が異なる。

3　折衷的な見解

違法性を備えているかどうかの判断では、マスメディア型とは異なる手法を用いているものの、違法性阻却事由は真実性・相当性の抗弁の枠組みや公正な論評の法理などのマスメディア型事件と同じ基準を用いるという、いわば折衷的な例もある。

東京地裁平成24年3月22日判決・平成22年（ワ）第7447号（中島崇裁判官）は、総戸数450戸、3棟のマンションからなる団地の管理組合の理事であった被告が、組合の理事長や理事であった原告らを誹謗中傷する文書を団地住民に配布した行為が、原告らの名誉を毀損するとして原告らが慰謝料等の支払及び団地内の掲示板への謝罪文の掲載を求めた事案である。判決

は、被告が配布した文書のうちの一部について、「**不法行為が成立するに足りる程度**に原告らの社会的評価を低下させるとまでは認められない」、「仮に原告らの信用が低下するとしてもわずかなものにすぎず、不法行為が成立するに足りる程度の違法性を具備するものとは認められない」などとして、原告らの「社会的名誉」を低下させる、と判示した。「不法行為が成立するに足りる程度」の違法性を備えているか否かを検討している点では、前記Ⅱ1(2)記載の裁判例と共通性がある。しかし、この裁判例は、社会的評価を低下すると判断した文書に関しては、真実性・相当性の抗弁の枠組みで違法性阻却事由を判断している（結論としては、真実性・相当性を否定して不法行為の成立を認めた）。

Ⅲ　検討

1　総括

(1)　異なる枠組みを採用している裁判例の増加

　マスメディア型事件の判断枠組みとは異なる手法で不法行為の成否を検討している例（以下、「集合住宅事案型の枠組み」という）が少なからず見受けられること自体は「判タ特集」でも指摘されていたことではある。

　しかし、その数は、「判タ特集」では7件程度であり[15]、この中には、集合住宅事案でないもの（この中には、取引先への文書の提出に関する事案、ホームページ上の文書の掲載に関する事案、大学内での発言に関する事案など）も含まれていた。これに対し、今般は、集合住宅事案だけでも上記のように多数見つかっており、顕著な増加傾向が見られる。

　また、「判タ特集」では、「当該表現行為が社会的に容認されるべき行為であるか否かといった観点から、諸般の要素を総合的に考慮して違法な権利侵害といえるか否かを判断することが、事案に応じた妥当な結論を導くための一つの有効な手法となり得るのではないか」との試案が紹介されていたところ、今回収集した集合住宅事案には、これと同じ「社会的に容認される」かという表現を用いている例があった。

---

(15)　判タ1223号59頁及び同60頁注31で紹介されている7件。

(2)　マスメディア型との違いに明言する裁判例の登場

しかも、マスメディア型事件と非マスメディア型事件との違いを明言する裁判例が出ている。非マスメディア型事件においてはマスメディア型事件と異なる考慮が必要であることを明言している点は、従前の裁判例にはあまり見られなかったと思われる点であり、注目すべきである。

但し判決は、なぜ非マスメディア型事件の場合にマスメディア型事件と異なる判断基準を採用すべきなのか、その理由について述べていない。

また、前掲・**東京地裁平成 25 年 2 月 22 日判決**は、真実性・相当性の抗弁や公正な論評の法理「のみによって」直ちに違法性ないし故意、過失の有無を判断するのではないと判示しており、非マスメディア型事件の中にも、マスメディア型事件と同様の違法性阻却事由等が適用される事案はある、との考えが読み取れる。

2　不法行為の成立段階における要件判断についての検討——権利侵害ないし違法性の審査

(1)　権利侵害ないし違法性が検討されていること

集合住宅事案でしばしば採用されている法律構成は、「判タ特集」で紹介されていた試案と同じ法律構成が数例認められたほか、社会的相当性、受忍限度論などの表現を用いているものがあった。

これらは表現こそ異なるものの、いずれも、違法性があるかどうかを判断するものである。

前述のとおり、マスメディア型事件の場合、まず当該表現が人の社会的評価を低下させたかどうかを当該表現についての「一般読者の普通の注意と読み方」を基準として「社会的評価の低下」があるかを判断し、当該表現が社会的評価の低下をもたらすものと認められれば、次いで真実性・相当性の抗弁等の抗弁事由の存否の検討に移るという裁判例が多い。そして、社会的評価の低下の判断は専ら、当該表現に接した読者がそこからどのような情報を受領するかに着目した判断であり、その表現に至る経緯や目的表現者の行為態様など諸般の事情は通常加味されていない（これらの事情は専ら、公益目的や、公正な論評の法理における論評としての域を逸脱したかの判断で考慮されていると思われ

る）。

しかし、集合住宅事案においては、上記のように、そもそも当該表現が違法かどうかが争点化するケースが多く、そこで行為態様も考慮されている。ここには、前記Ⅱ1（1）のように、「社会的評価の低下」の有無のレベルで表現行為の違法性を検討しているタイプのものと、前記Ⅱ1（2）のように、「社会的評価の低下」のレベルは特に言及せず、端的に、不法行為としての違法性が備わっているかどうかのレベルで検討しているタイプのものとがある（いずれにせよ、請求原因レベルでの違法性が問題となっている点では共通している）。

(2)　判断枠組みが異なるのはなぜか

マスメディア型においては、違法性は請求原因レベルで争点化されるよりも抗弁レベルで（違法性阻却事由として）争点化されることが多いのに対して、集合住宅事案においては、請求原因レベルの違法性が争点化するのはなぜか。この点については今後さらなる検討を要するが、以下の理由が考えられる。

マスメディア型の場合は、通常、当該表現は相当程度の広範囲に拡散する特性があり（拡散性がある）、かつ、記載内容も、ある程度の規模の読者が興味を持つような内容（ニュースバリューのあるもの）であることが多いため、当該表現は原告の社会的評価を低下させる危険性ないし可能性を類型的に有している。したがって、当該表現の公表は通常、違法性があるものと評価される。

これに対して、集合住宅事案の場合は、上記のような拡散性もニュースバリューもない、あるいは、あったとしても限定的であるため、当該表現が原告の社会的評価を低下させる危険性ないし可能性を類型的に有しているとまでは言えない。したがって、当該表現の公表がそもそも違法なのかが検討されているものと思われる。

これを被侵害利益の観点から見ると、マスメディア型事案で侵害される「名誉」と、集合住宅事案で侵害される「名誉」とでは、質の違いがあり、後者は、名誉と隣接する被侵害利益である、名誉感情に類似する面があると言えるのではないかと思われる（名誉感情侵害（侮辱）の事案では、加害行為が受

忍限度を超えたものである場合、あるいは、社会通念上相当といえる限度を超える場合にはじめて不法行為となると解されている）。

3 不法行為の責任阻却段階における要件判断についての検討
(1) 真実性・相当性の抗弁を修正する裁判例の存在

前掲・**東京地裁平成 25 年 3 月 26 日判決**は、非マスメディア型の名誉毀損事件においては、「専ら公益を図る目的に出たものとはいえない場合であっても、これにより直ちに当該表現行為の違法性を認めるべきではなく、その重要部分についての真実性・真実相当性の有無ないし程度等と併せて、当該表現行為の違法性ないし故意、過失の有無を判断するのが相当」と判示している。

集合住宅事案では、当事者間における感情的な対立から名誉毀損に至ることも多いため、厳密な意味で考えると、公益目的が欠けることがある（いわば、マスメディア型におけるニュースバリューは大衆向けの価値であることが多いと言えるのに対し、集合住宅事案におけるニュースバリューは、当事者本人にとっての価値しか持たない場合が少なくないともいえる）。また、専らマンション内で配布される点で、拡散性がなく、原告の受ける被害もマスメディア型に比べ小さい。こうした場合に、真実性・相当性の抗弁のように、高い立証のハードルをクリアしない限り免責されないとするのが妥当でないとの価値判断が働いているものと考えられる。

(2) 正当行為について

名誉毀損も不法行為である以上、一般不法行為の違法性阻却事由が妥当する[16]。したがって、上記の例もその一例に過ぎず、非マスメディア型事件特有の抗弁事由というわけではない。但し、管理組合や理事会の運営方針等をめぐって事件化する場合、原告が問題とする名誉毀損行為は管理組合や理事会などの組織体の業務活動としてなされていえる場合が多いと思われるから、正当行為である旨の抗弁が主張されやすい事件類型であるということはできるであろう。

---

(16) 升田純「現代型取引をめぐる裁判例（445）」判時 2411 号 136 頁

4 マスメディア型事件の判例法理を適用する事案の傾向

今般収集した裁判例には、上記のように、集合住宅事案型の枠組みを採る裁判例も散見されたが、これとは逆に、違法性阻却事由等について、マスメディア型事件の場合と同様に、真実性・相当性の抗弁や、公正な論評の法理などの枠組みを用いている事案も少なくなかった。その数は全34件で、全体の約3分の1程度を占めている。冒頭で述べた問題意識——真実性・相当性の抗弁や、公正な論評の法理などの判断枠組みは、専ら新聞・出版・放送などの媒体（マスメディア）による名誉毀損を念頭において形成されてきたものであって、それら以外の媒体（非マスメディア）が被告となる事案の場合に果たして妥当するのか——との関係で、これらの裁判例は果たしてどのように理解すればよいであろうか。判決の法律構成は当事者の主張に依る面も大きいので、一概には言えない[17]が、今回収集した裁判例を概観すると、次のようなことが指摘できるように思われる。

(1) マンションの規模

まず指摘できるのは、数百戸を超える、比較的大きな規模の集合住宅を舞台とする事案では、マスメディア型事件と同様、違法性阻却事由を採用する裁判例が多い傾向にある、という点である。

マスメディア型事件とは異なる枠組みを採用している前記裁判例（前記Ⅱ(2)）のうち拡散範囲が判明しているものに関しては、中には、百数十戸に配布された事案もあるものの（**東京地裁平成24年11月30日判決、福岡地裁久留米支部平成28年3月29日判決**）、その他の事案は、口頭による名誉毀損が問題となった事案（**東京地裁平成22年12月21日判決、東京地裁平成22年8月30日判決**）か、あるいは、100戸未満の事案（18戸：**東京地裁平成23年4月25日判決**、5名：**東京地裁平成28年11月9日判決**、64戸：**東京地裁平成30年6月14日判決**）であ

---

(17) 当事者（被告）が、特段当事者がいかなる主張をするかによって判決も異なり得るので、この34件の中には、訴訟代理人が、特に上記のような問題意識を持つことなく、真実性・相当性の抗弁や公正な論評の法理などの判例法理が、名誉毀損訴訟においては確定したものであるとの理解に立って、単純にこれを抗弁として主張し、裁判所もそれに沿って判断を下したに過ぎない、という例も少なくないと思われる。現に、34件の裁判例中の、東京地裁平成25年6月21日判決・平成22年（ワ）第31398号・平成24年（ワ）第15585号（相澤哲裁判官）は、筆者自身が被告代理人として関与した事件であるが、当時は本稿のような問題意識を持っていなかったため、これらの抗弁とは異なる観点の反論を主張しなかった。

る。

これに対して、以下に挙げた、数百戸を超える集合住宅における名誉毀損事案では、いずれも、真実性・相当性の抗弁や公正な論評の法理による判断がなされている。また、1,000 世帯を超える住宅での名誉毀損が問題となった前掲・**東京地裁平成 25 年 3 月 26 日判決**は、やや修正したものの、真実性・相当性の抗弁を基礎とした判断をしている。

【数百個規模の集合住宅における名誉毀損事案】
①**東京地裁平成 21 年 11 月 25 日判決**・平成 20 年（ワ）第 3769 号（端二三彦裁判官）「400 世帯を超えるアパート」の事案。
②**東京地裁平成 22 年 4 月 21 日**・平成 21 年（ワ）第 24523 号（松並重雄裁判官、荻原弘子裁判官、國原徳太郎裁判官）管理組合の総会員数が 211 のリゾートマンションの事案。
③**東京地裁平成 22 年 11 月 5 日**・平成 21 年（ワ）第 40278 号（野村武範裁判官）②と同じリゾートマンションの事案。
④**東京地裁平成 22 年 12 月 2 日判決**・平成 22 年（ワ）第 11225 号（田口治美裁判官）3 棟、合計 450 戸からなる団地の事案。
⑤**東京地裁平成 23 年 4 月 20 日判決**・平成 22 年（レ）第 2017 号（畠山稔裁判官、児島章朋裁判官、熊谷光喜裁判官）「総戸数 450 戸の大規模マンション」の事案。
⑥**東京地裁平成 24 年 3 月 22 日判決**・平成 22 年（ワ）第 7447 号（中島崇裁判官）450 戸、3 棟のマンションからなる団地の事案。
⑦**東京地裁平成 24 年 4 月 13 日判決**・平成 23 年（ワ）第 17219 号（青木裕史裁判官）区分所有者 200 名のリゾートマンションの事案。
⑧**東京地裁平成 24 年 11 月 29 日**・平成 22 年（ワ）第 38704 号（舘内比佐志裁判官、杉本宏之裁判官、後藤隆大裁判官）及び**東京地裁平成 25 年 1 月 18 日判決**・平成 23 年（ワ）第 37448 号（矢尾渉裁判官、前澤功裁判官、仲田憲史裁判官）ともに、同じ全 499 戸のリゾートマンションを舞台とする事案（前者と後者では原告が異なる）。
⑨**東京地裁平成 27 年 6 月 24 日判決**・平成 27 年（ワ）第 124 号（永谷典雄裁判官）184 戸の集合住宅事案。
⑩**東京地裁平成 29 年 2 月 14 日判決**・平成 26 年（ワ）第 17801 号（澁谷輝一裁判官）644 戸の集合住宅事案。

⑪東京地裁平成 30 年 2 月 16 日判決・平成 28 年（ワ）第 22677 号（鈴木秀孝裁判官）「373 戸からなる大型リゾートマンション」の事案。

　これらの事案において、集合住宅事案型の枠組みが用いられなかったのは、単に、当事者がそうした主張しなかったためである可能性も否定できない。しかし、上記⑩東京地裁平成 29 年 2 月 14 日判決のように、被告が「不法行為を構成するに足りる違法性」がないと反論したのに対して、裁判所はこれを採用せず（採用しない理由は述べていない）、真実性・相当性の基準で判断した裁判例もある。

　規模の大きい集合住宅で名誉毀損がなされた場合、小規模のマンションに比べて、原告の評価に与える影響が大きく、原告の受ける権利侵害の程度、損害の程度の点でマスメディア型に近づく側面がある。したがって、規模の大きさが、不法行為の成否の判断基準に影響を及ぼしているものと思われる。

　規模が大きい場合に、マスメディア型の判断枠組みが用いられることになると仮定した場合、どの程度の戸数が大規模かが問題となるが、この点参考になると思われるものとして、⑫東京地裁平成 19 年 3 月 26 日判決・平成 16 年（ワ）第 27180 号（佐久間健吉裁判官。正確な数は不明だが少なくとも 50 戸以上はあることが判決文から伺われる）、⑬東京地裁平成 19 年 8 月 29 日判決・平成 18 年（ワ）第 20898 号（坂田大吾裁判官。判決文では戸数は指摘されていないが、判決文記載のマンション名から、都内の 43 戸の分譲マンションであることが判明した）、⑭東京地裁平成 19 年 9 月 6 日判決・平成 17 年（ワ）第 26042 号（安部勝裁判官。正確な戸数は不明であるが、36 階建てマンションの事案である）、⑮東京地裁平成 25 年 8 月 23 日判決・平成 24 年（ワ）第 8933 号（相澤哲裁判官。全 68 戸の事案）などが、真実性・相当性の抗弁や公正な論評の法理を用いた事例として存在する。

　また、被告が、管理組合の理事長である原告について、組合員に暴行を働いた等の記載をした文書を全組合員に配布したり、管理組合（総数 32）の臨時総会の場で原告が偽名を使っているなどと発言したことが名誉毀損であるとして争われた事案である⑯東京地裁 23 年 3 月 4 日判決・平成 21 年（ワ）

第 18282 号（畠山稔裁判官）も規模の大小を考える上で参考となる判決である。被告は、上記文書については、記載内容は真実であると主張し、総会での発言については伝播性がないので名誉毀損とならない、と反論した。これに対し裁判所は、文書の記載内容について真実と認めるに足りる証拠はないと判断し、総会での発言については、「32 名というのはそれ自体多数である上、管理組合の臨時総会での発言であることからみて、上位発言が本件マンションの関係者に伝播する可能性があることは容易に推認することができ、公然性があることは明らか」であるとして被告の主張を排斥した。

(2) 会社が原告の場合

次に指摘できるのは、前記 II 1 (2) で挙げた裁判例で、集合住宅事案型の枠組みを採用しているものはいずれも、個人が原告の事案であり、会社が原告の事案は見当たらなかったが、会社が原告となっている事案はいずれも、マスメディア型事件と同じ枠組みが用いられている、という点である。

会社が原告となっている、①**東京地裁平成 21 年 8 月 27 日判決**・平成 20 年（ワ）6959 号（秋吉仁美裁判官、田代雅彦裁判官、黒田吉人裁判官）、②**東京地裁平成 25 年 9 月 26 日判決**・平成 23 年（ワ）第 41015 号（館内比佐志裁判官、小川弘持裁判官、中田萌々裁判官）、③**東京地裁平成 28 年 4 月 28 日判決**・平成 27 年（ワ）第 34903 号（原克也裁判官）は、いずれも、真実性・相当性の抗弁ないし公正な論評の法理を用いている。

(3) 小括

マスメディア型と集合住宅事案とでは、表現の拡散性・ニュースバリューの点で類型的な違いがあるため、不法行為の成否の判断枠組みが異なっているのではないか。大規模の集合住宅で名誉毀損が行われた場合や会社が原告となっている場合に、マスメディア型と同じ判断枠組みを採用している例が多いのは、これらの事件では、名誉毀損のなされる舞台が広く、あるいは、原告の信用の低下による影響が大きいために、拡散性・ニュースバリューの点でマスメディア型に近づく側面があるからではないかと思われる。

5 むすびに

判タ特集において、非マスメディア型事件では不法行為が成立するだけの

違法性が備わっているかを検討する裁判例がいくつか存在したことが明らか
とされたが、同特集以降、少なくとも集合住宅事案に関しては、そのような
裁判例が顕著に増加していた。非マスメディア型とマスメディア型との違い
に言及する裁判例も登場している。今後同様の指摘をする裁判例も増加する
ものと思われる。

　また、集合住宅事案においては、真実性・相当性の抗弁や公正な論評の法
理などの判例法理を用いることが事案の解決にとって適切である場合と、そ
うでない場合とがあるということが伺われる。既存の判例法理を用いるのが
適切でないとすればその理由はなにかという点や、両者をどのように区別す
るかという点は、今後の検討課題としたい。

国家賠償法1条1項が適用される
教員の個人責任について

山　田　創　一

Ⅰ　はじめに
Ⅱ　公務員一般の個人責任について
Ⅲ　国公立学校の教員の個人責任否定の論理
Ⅳ　私見

Ⅰ　はじめに

　国家賠償法1条1項が適用される公務員については、国又は地方公共団体が損害賠償責任を負い、対内的に故意又は重過失がある公務員については損害賠償責任を負った国又は地方公共団体から求償を受けることはあるが（同法1条2項）、公務員個人が個人責任を対外的に負うことはないとするのが確立した判例法理となっている。しかし、民間企業については、使用者が使用者責任（民法715条1項）を負うことになっても、被用者個人は、対内的に使用者から求償権を行使されるのみならず（同法715条3項）、対外的に個人責任（同法709条）を負うことになっており、使用者の損害賠償責任と被用者の損害賠償責任は、不真正連帯債務の関係に立つと解するのが判例の立場である。

（1）　最判昭和30年4月19日民集9巻5号534頁、最判昭和40年3月5日集民78号19頁、最判昭和40年9月28日集民80号553頁、最判昭和46年9月3日集民103号491頁、最判昭和47年3月21日集民105号309頁、最判昭和53年10月20日民集32巻7号1367頁。
（2）　大判昭和12年6月30日民集16巻1285頁。なお、平成29年改正法は連帯債務の絶対効を大幅に縮小したので（438条〜440条）、使用者及び被用者の損害賠償責任は連帯債務の関係とみ

同様の議論が、国公立の学校と私立の学校の教員の責任についてもなされており、私立の学校については、私立学校が損害賠償責任を負うとともに教員個人も損害賠償責任を負うのに対し、国公立の学校については、国家賠償法1条1項が適用されて国又は地方公共団体が損害賠償責任を負い、教員個人は、対内的に故意又は重過失がある教員については損害賠償責任を負った国又は地方公共団体から求償を受けることはあるが（同法1条2項）、教員個人が個人責任を対外的に負うことはないと解されている[3]。

教員の対外的な個人責任をめぐって、国公立の学校では個人責任が否定されるのに対し、私立学校では個人責任が肯定される不均衡は合理性を有するといえるか、例えば、学生に体罰を行って怪我を負わせた教員がいたときに、学生との関係で対外的に、国公立の教員は個人責任が否定され、私立学校の教員は個人責任が肯定されるのは、一貫性を欠くばかりでなく均衡を失し、著しく不合理ではないかと思われる。

本稿では、公務員一般の個人責任ではなく、教員の個人責任に関しては、私立学校の教員と同様に、国公立の学校の教員も対外的に個人責任を負うべきであるとの立場から、この問題を論ずることとする。

II　公務員一般の個人責任について

国公立の教員の個人責任を考えるに際し、公務員一般の個人責任の議論が用いられているので、公務員一般の個人責任に関する判例・学説を整理する。

判例は、公務員個人の対外的な責任を否定している[4]。通説は、その理由として以下の理由をあげている[5]。すなわち、①国家賠償法1条1項は、「国又

てよいであろう。

（3）　例えば、大分地判平成 25 年 3 月 21 日判時 2197 号 89 頁、福岡高判平成 26 年 6 月 16 日 D1-Law.com 判例体系〔判例 ID 28222855〕、最決平成 27 年 7 月 28 日 D1-Law.com 判例体系〔判例 ID 28273765〕。

（4）　前掲注（1）最判昭和 30 年 4 月 19 日（県知事個人、農地部長個人の個人責任を否定）、前掲注（1）最判昭和 40 年 9 月 28 日（裁判官の個人責任を否定）、前掲注（1）最判昭和 46 年 9 月 3 日（高等検察庁検事長の個人責任を否定）、前掲注（1）最判昭和 53 年 10 月 20 日（検察官・警察官の個人責任を否定）。

（5）　雄川一郎「行政救済制度の基本原理」国家学会雑誌 63 巻 6 号 63 頁以下（昭 24）、有倉遼吉「逐条　国家賠償法解説」法時 25 巻 9 号 21 頁（昭 28）、古崎慶長『国家賠償法』199 頁（有斐

は公共団体が、これを賠償する責に任ずる」と規定していること、②国又は公共団体という支払能力の完全にあるものが代位責任を負担する以上、公務員個人の責任を追及させる必要はないこと、③国家賠償法1条1項に基づく責任を免責的代位責任と解する結果、公務員個人は対被害者との関係で一切責任を負わないこと、④公務員の個人責任が肯定され、過失の場合まで責任追及を受けるとなると、公務員を委縮させ公務の適正な執行まで抑制されるおそれがあること、⑤故意・過失のときにも公務員が個人責任を負うことになると、国家賠償法1条2項の求償は故意・重過失であることと権衡を失すること、⑥国家賠償法1条2項に求償権の規定のあることは、公務員の個人責任を否定する趣旨であること、⑦公務員の個人責任を認めることは、被害者の「報復感情」を満足させるだけのもので、国家賠償制度の趣旨に反すること、⑧附則によって、公証人戸籍史等に個人責任を負わしていた公証人法6条、旧戸籍法4条等の規定が廃止されたことがあげられている。

　これに対し、こうした判例・通説に反対する見解としては、折衷説（故意・重過失がある場合に限り、公務員の個人責任を肯定する見解[6]）と、肯定説（故意・過失がある場合に、公務員の個人責任を肯定する見解[7]）がある。

閣、昭46）、田中二郎『新版　行政法　上巻』209頁（弘文堂、全訂第2版、昭49）、小高剛「公務員個人の責任」有泉亨監修・乾昭三編『現代損害賠償法講座6　使用者責任・工作物責任・国家賠償』303頁（日本評論社、昭49）、貝田守「公務員の不法行為責任」法時49巻1号16頁（昭52）、宇賀克也「国家賠償法の改革」ジュリ875号22頁以下（昭62）、宇賀克也『国家補償法』95頁（有斐閣、平9）、四宮和夫＝能見善久『民法総則』161頁（弘文堂、第9版、平30）、また、宇賀『国家補償法』89頁以下は、司法制度審議会での議論やGHQとの折衝や国会での審議を分析した上で、「立法者意思は必ずしも統一されていたわけではないにしても、否定説にかなり傾斜していたといってよい」と指摘する。なお、立案者は、否定説に立っていた（国家賠償法研究会「我国及び諸外国の国家賠償制度の概観」法令解説資料総覧12号120頁〔小沢発言〕）。

（6）　今村成和『国家補償法』122頁（有斐閣、昭32）、杉村敏正『行政法講義　総論（中）』120頁（有斐閣、昭38）、広中俊雄「権力の不法とその抑制―序論的考察―」『ジュリスト増刊　現代の法理論（基礎法学シリーズⅡ）』107頁（有斐閣、昭45）、森島昭夫「判批」判時630号144頁〔判評149号30頁〕（昭46）、室井力「国家賠償法と公務員の個人責任―芦別国家賠償請求第一審判決を契機に―」判時664号111頁（判評160号5頁）（昭47）、東京地判昭和26年5月29日国家賠償例集192頁、東京地判昭和37年3月10日下民13巻3号378頁、東京地判昭和40年3月24日判時409号14頁、東京地判昭和46年10月11日下民22巻9＝10号994頁、札幌地判昭和46年12月24日訟月18巻2号207頁。なお、少なくとも故意に基づく場合に公務員の責任を肯定するものとして、大阪高判昭和37年5月17日高民集15巻6号403頁。

（7）　宗宮信次『国家賠償法』法学新報55巻7号19頁（昭23）、乾昭三『注釈民法（19）』415・416頁〔加藤一郎編〕（有斐閣、昭40）、下山瑛二『国家補償法』258頁（筑摩書房、昭48）。

折衷説の立場に立つ今村教授は、以下の理由を挙げている。すなわち、「国家賠償法1条に基く責任は、国の自己責任であり、もともと、公務員の責任とは無関係なものと解するならば、国が責任を負担することと、公務員個人の責任とは、もとより、別個の問題であり、従って、原則論としては、国が責任を負担することによって、公務員の責任が排除せらるべき根拠は存しないというべきであろう。けれども、国家賠償法1条2項が、国の求償権の範囲を、公務員に故意又は重過失ある場合に限った趣旨からみて、少くとも軽過失の場合に公務員が免責されることは、肯定しなくてはならぬ。そうでなければ、この規定は無意味に帰するからである。しかし、故意又は重過失ある場合については、その免責を認むべき理由に乏しいように思われる。けだし、故意又は重過失によって他人に損害を生ぜしめた者は、国から求償権の行使を受けることとなっているのであるから、被害者に対し免責を認めるということは、必要以上に公務員を保護し、被害者の権利を剥奪する結果となるように思われる。とくに、国が責任を負担すべき範囲については、判例も外形説をとり、公務員が私利私欲により職権を濫用した場合にも国の責任を認めている。そこでこのような場合にも、加害者個人の責任を認めないとすれば、被害者の加害者に対する損害賠償請求は、その故に排斥されることとならざるを得ない。しかしこれは明かに行過ぎであって、かかる場合に加害者を保護すべき理由は何等存しないのである………。」[8]

他方、肯定説に立つ乾教授は、以下の理由を挙げている。すなわち、「第1に、民法では機関個人または被用者自身の被害者に対する直接責任を認めているのに、ひとり公務員に限って違った取扱をすべき必要性がないことである。特に多数説のように公権力の行使を狭く解する立場をとると、同じ公務員でも本法の適用を受ける者と民法の適用を受ける者との間に差異を生ずることになり、不均衡が生まれる。第2に、国家賠償法は公務員の職権濫用に対して民衆による個別的な監督的作用を営むという側面を有しているので、民衆の公務員個人に対する直接の賠償請求は、その具体的なあらわれとして尊重されねばならないということである。第3に、職権濫用は、加害公務員の被害者に対する私的な害意に基づいて行われる場合が少くないが、

――――――――――――――――
(8) 今村・前掲注 (6) 122頁。

これに対して、被害者が私的に個人賠償を求めようとするのはもっともであり、このような場合に、被告を誤ったという理由で請求を棄却することには、民衆の権利感情をそこなうことになる。第4に、公務員の過失が軽過失の場合にも直接責任を課することは、求償権の制限との対比において均衡を失するようにみえるかも知れないが、求償権は、そもそも国または公共団体と公務員との内部関係の問題であり、その制限は内部関係における自粛であって、対外関係を拘束することはできないのである。[9]」

Ⅲ　国公立学校の教員の個人責任否定の論理

　判例は、公務員一般の個人責任否定と同様の論理で、国公立学校の教員の個人責任を否定している。この点に関し、前掲注 (3) 福岡高判平成 26 年 6 月 16 日が、公立高校の教員の個人責任を否定するにあたって考えられる詳細な理由を展開し、以下の理由を述べていて[10]、参考になるので引用する。

　「1　本件の控訴人らの被控訴人らに対する請求は、大分県の設置にかかる C 高校の剣道部の練習中、部員として練習に参加していた A が熱射病（ないしⅢ度熱中症）を発症し、病院に搬送されたが死亡した本件事故について、本件事故当日に剣道部の練習を指導していた教員である被控訴人らに対し、民法 709 条に基づいて、損害賠償を求めるものである。
　当裁判所は、本件事故につき被控訴人らに過失があり、その結果 A が死亡したものであるが、この場合、大分県が控訴人らに対し国賠法 1 条 1 項に基づく損害賠償責任を負うことについて、原判決の認定・診断をもって相当とし………、公務員である被控訴人らに対する責任については、大分県が国賠法 1 条 1 項に基づく損害賠償の責に任ずる以上、被控訴人らには損害賠償責任は問えないものと判断する（昭和 30 年判決、最高裁判所昭和 53 年 10 月 20 日第 2 小法廷判決・民集 32 巻 7 号 1367 頁）。

（9）　乾・前掲注（7）415・416 頁。
（10）　判決の事案は、大分県設置の公立高校の剣道部の練習中に、部員として練習に参加していた生徒が熱射病（ないしⅢ度熱中症）を発症し、病院に搬送されたが死亡した事故について、事故当日に剣道部の練習を指導していた教員の個人責任が問題となった事案である。

2 以下、当裁判所の判断を示すこととする。

　国賠法1条は、同条1項において、公務員の故意又は過失により違法に他人に損害を与えたときは、国又は公共団体が、これを賠償する責に任ずると規定しており、また、同条2項は、公務員に故意又は重過失があったときは、国又は公共団体はその公務員に求償権を有すると規定している。この規定は、公務員が職務に関して行った行為が不法行為に該当する場合に、当該公務員に代わって、国又は公共団体がこれを賠償する責に任ずるとの免責的代位責任を定めたものと理解される。そうすると、国賠法1条は、その文言どおり、公務員による不法行為については責任主体を国又は公共団体と限定したものと解するのが相当である。このように理解することが、他の不法行為法と同じく、被害者の損害の填補を目的とするものであり、国又は公共団体が賠償責任を負えば被害者救済に欠けることはないこと、公務員の個人責任を認めていた公証人法6条、旧戸籍法4条等の規定が国家賠償法の附則で排除されていること、公務員個人の責任を認めることによって公務員個人を委縮させ、公務の適正円滑な執行まで抑制させるおそれを回避し得るものとして相当というべきである。

　以上によれば、本件において、被控訴人らは、公立学校の部活動という教育活動中の行為に関する損害賠償責任を問われているところ、国公立学校における教師の教育活動も公権力の行使に含まれると解されるので（最高裁判所昭和62年2月6日第2小法廷判決・集民150号75頁）、本件事故に関する被控訴人らの不法行為に関する請求については、公権力の主体である大分県が国賠法1条1項に基づく責任を負い、公務員個人は民法上の不法行為責任を負わないということになる。

3 控訴人らは公務員個人の責任を問えるとの立場から以下の主張をするところ、以下のとおり当裁判所としては採用の限りではない。

　(1) 国賠法と民法との適用関係について

　控訴人らは、国賠法1条1項は、公務員個人の責任について何ら規定をしておらず、同法4条では、同法に規定がない場合には民法の規定が適用されることを指摘して、公務員個人には民法709条による責任追及が認められ、国賠法によりそれを剥奪することが許されるのかという観点から検討すべき

であると主張する。

　しかしながら、国賠法4条は、同法1条又は2条に基づく国又は公共団体の損害賠償責任について、同法1条ないし3条が適用される他、民法上の不法行為の諸規定（同法710条、711条、719条、722条、724条等）が適用されることを明らかにするとともに、国賠法の適用がない損害賠償責任については、民法上の不法行為法の諸規定が適用されることを注意的に定めたものである。国賠法4条の規定によっては、国又は公共団体が国賠法上の責任を負う場合に、当該行為をした公務員個人に対しても不法行為に基づく損害賠償を請求しうるかということについては、何ら明らかになるものではなく、公務員の個人責任を否定することに支障となるものではない。

　(2)　使用者責任との均衡について

　ア　控訴人らは、求償の規定を有する民法715条の使用者責任が問われる場合にも行為者個人が同法709条により責任を問われることとの均衡を指摘し、国賠法1条2項の求償権規定は、あくまで内部における責任分担の問題であると主張する。

　しかしながら、国賠法1条2項を内部における責任分担を規定したものと解することは、同条の文理上困難と思われること、また、民法715条の使用者責任については、被用者の選任監督に過失がない場合には免責される旨の規定があり、被用者に対する求償については故意又は重過失による制限が明記されていないのに対し、国賠法上の賠償責任には免責規定はなく、公務員個人に対する求償を故意又は重過失に限定している点で異なっており、国賠法1条による賠償責任は民法715条の特別法に当たると解されることから、民法715条との均衡を理由に、公務員個人に対する責任追及を認めなければならないとはいえない。さらに、民法709条によって公務員に過失がある場合にも損害賠償責任を負うとなると、国賠法1条2項が、国又は公共団体による求償を公務員の故意又は重過失がある場合に限定していることと均衡を失することになる。これらのことからすれば、公務員個人に民法709条の損害賠償請求を認める控訴人らの見解は採用できない。

　イ　また、控訴人らは、故意又は重過失のある場合に限り公務員個人の民法上の損害賠償責任の追及を認めるべきであるとの見解も示しているが、国

賠法1条1項について、当該公務員に代わって国又は公共団体が責任を負うとの免責的代位責任を認めたものと解することを前提とした場合、当該公務員の行為が故意又は重過失によるか否かは問わず、国又は公共団体のみが責任主体となるというべきである。

そして、故意又は重過失のある場合に限るとする見解によっても、実際の提訴にあたっては、故意又は重過失が無い場合にも公務員個人が責任追及されないとは限らず、故意又は重過失の不存在を明らかにするための負担を強いることになり、国賠法1条2項の求償権規定との関係で不均衡を生じる可能性が払拭されるとはいえない。

(3) 支払能力について

控訴人らは、国又は公共団体に支払能力があることについては、公務員個人が損害賠償責任を負わないとする積極的な根拠にはならないと主張する。

しかしながら、上記のとおり、国家賠償制度が被害者の被った損害を填補することを目的としていることは明らかであるところ、国又は公共団体を損害賠償責任の主体とし、これらに責任を認めれば被害者救済として十分といえるから、公務員個人に損害賠償を請求する必要はないというべきである。

なお、控訴人らは、国公立の医療機関に勤務する医師については、医療過誤について民法上の損害賠償責任を問われることを指摘するが、医療過誤については、特段の事由がない限り、医療行為が公権力の行使に当たらないと解されることにより医師に民法上の責任が問われるのであり、これとの均衡をいうのは適切とはいえない。

(4) 被害者の被害回復について

控訴人らは、国賠法に基づく損害賠償には、制裁機能・違法行為抑制機能・違法状態排除機能があること、また、被害者の「被害からの回復・再生」という視点からは、加害者に対して直接的に責任を追及する手段を与えることが重要であると主張する。

この点、国賠法上の損害賠償制度について、公務員の職務の適正に対する監視的機能（控訴人らの主張する違法行為抑制機能・違法状態排除機能も監視的機能に含まれるものと考える。）があるとしても、そのことが直ちに公務員の個人責任の追及を肯定する根拠にはならず、国又は公共団体に対して国賠法に基づく

損害賠償を負わせたり、行為者である公務員に故意又は重過失がある場合に求償権が行使されることにより、監視的機能を働かせることができると考えられる。さらに、公務員個人に対する刑事責任の追及や懲戒も、公務員の職務執行の適正を担保するものといえる。この点に関連し、国又は公共団体の公務員個人に対する求償権の行使、刑事責任の追及、懲戒等が不十分であるとすれば、その制度・運用の問題として検討すべきであり、これらの制度では不十分であるとして、公務員個人に民法上の不法行為責任を追及する根拠とすることは相当ではない。

　また、控訴人らは、被害者の「被害からの回復・再生」という視点からも、公務員個人に対する責任追及の必要性を主張するが、被害者が公務員個人に対し民法上の不法行為責任を直接追及すべき合理的な理由というには未だ不十分な議論であり、採用することはできない。

　(5)　いわゆる委縮効果排除論について

　控訴人らは、社会的有用な行為をする私人は個人的に民法上の不法行為責任を追及されるのに対し、公務員はその責を負わないということの不合理性や、公務の中には、委縮効果を排除することが優先されないものもあるとして、委縮効果の排除は公務員個人の責任追及を否定する根拠にならないと主張する。

　しかしながら、委縮効果を排除することにより、公務員の公権力の行使に当たり、積極的かつ円滑な公務遂行を妨げないことがひいては国民全体の利益となること、公務員の職務の適正に対する監視的機能を怠らせないという点については、前述のとおり、国又は公共団体に対する損害賠償責任の追及等により実行すべきであり、結果として私人の不法行為責任と差異は生じても公務員が個人責任を負わないことが不合理とまではいえないのであり、控訴人らの主張は採用できない。

　(6)　いわゆる訴訟の矢面論について

　控訴人らは、いわゆる訴訟の矢面論に合理性はないと主張する。

　しかしながら、前述の国賠法の解釈等から公務員個人に対する民法上の損害賠償請求は否定されるところであるが、公務員個人が被告として訴訟に関わることは証人として訴訟に関与することとは質的に異なることは明らか

で、訴訟の矢面論が不合理とはいえない。

（7）　以上からすれば、公務員個人に対する民法上の不法行為責任を否定することは、国賠法の規定の解釈に適い、これを覆すべきものとは認められない。

4　公権力の行使に関する控訴人らの主張について

（1）　教育活動を公権力の行使とすることについて

本件は、公立学校の部活動における被控訴人らの教育活動が問題となっているところ、国賠法1条1項にいう『公権力の行使』については、教育活動も含まれると解される（前述の最高裁判所昭和62年2月6日第2小法廷判決)。

これに対し、控訴人らは、教育作用は公権力の行使ではあり得ないとして、教育作用の権力性を否定する立場から、国公立学校の教師の教育活動について国家賠償の対象とすることを否定するが、『公権力の行使』について、国又は公共団体の非権力的作用も含めて広く解することについては、被害者の損害填補を目的とする国賠法の趣旨に適うものであり、これを広義に解した上で、教育作用も公権力の行使に含まれるというべきであり、控訴人らの主張は採用できない。

（2）　国立大学法人等との均衡について

控訴人らは、国立大学法人や私立学校の教職員との対比からも、判例を批判するが、国立大学法人に関しては、当該法人の公共団体性の有無及び問題とされる行為の内容や性質等との関係で国賠法の適用について検討されるべき問題であること、また、国又は公共団体とは独立した私法人の活動について一律に論じなければならない必然性、合理性は認められないことから、控訴人らの主張は採用できない。

また、国公立の医療機関に勤務する医師の医療過誤については、医師の患者に対する診療・治療行為が、もっぱらその専門的技術及び知識経験を用いて行う行為であり、私立病院に勤務する医師の一般的診療行為と異ならないことから、特段の事由がない限り、医療行為が公権力の行使に当たらないと解されることにより医師に民法上の責任が問われるのであり、国公立学校の教師の職務と同一に論じる必要性はないと解する。

（3）　以上のとおり、国公立学校における教育活動を公権力の行使に含め

ることは相当であり、これを覆すべき合理的な理由は見い出せない。

5　制限的肯定説の適用について

　控訴人らは、判例の解釈によれば、公務員に故意又は重過失があり、国賠法の公務員への求償権が認められるような場合にまで公務員の個人責任を否定するものではないとして、いわゆる制限的肯定説を採用した場合の控訴人らの責任について主張する。

　しかしながら、前述のとおり、国賠法1条1項は公務員による損害賠償の責任主体を国又は公共団体に限定していると解されるのであり（最高裁判所昭和53年10月20日第2小法廷判決・民集32巻7号1367頁等参照）、公務員個人に対する責任は問えないと解するものである。また、行為者である公務員に故意又は重過失がある場合に限って直接賠償を求めることが可能であるとすると、重過失がない場合、あるいは過失がない場合であっても、故意又は重過失を理由として提訴されれば、被告となってその不存在を明らかにするための負担を余儀なくされるもので、結果として公務員個人が矢面に立たざるを得ないことになることからも、公務員個人に対する責任追及を否定することが不相当とはいえない。

　よって、制限的肯定説を採用すべきとする控訴人らの主張は採用できない。

6　最後に、控訴人らは、本件事故の態様やその後の被控訴人らの対応に照らし、被控訴人らが公務員であることを理由に個人として損害賠償責任を負わないとする結論は到底許されないとして、最高裁判所の判例は変更されるべきであると主張するが、以上述べてきたとおり、判例の妥当性は失われておらず、これを変更すべきものと認めることはできない。

　そうすると、控訴人らは、被控訴人らに対し、民法上の損害賠償請求をすることはできないから、その余について検討するまでもなく、控訴人らの控訴には理由がないことになる。」

　詳細な論理で公立学校の教員が、私立学校の教員と異なり、直接被害者に個人責任を負わないとしているが、上記理由は、結局は公立学校の教員は公務員であるから、公務員が直接被害者に個人責任を負わないという理由を公

立学校の教員に及ぼしているに過ぎないといえる。

Ⅳ 私見

　確かに、公務員については、公務員の個人責任が肯定され過失の場合まで責任追及を受けるとなると、公務員を委縮させ公務の適正な執行まで抑制されるおそれがあること（委縮効果排除論）と、訴訟の矢面に立たせないこと（訴訟の矢面論）という点は、配慮する必要があり、典型的な公務員の場合には、個人責任を否定する判例・通説も合理性があるといえる。

　しかし、私立学校であろうと国公立学校であろうと、学校は「公の性質を有するもの」であり（教育基本法6条1項）、私立学校の教員は被害者に対し直接個人責任を負うのであれば、同じ教育活動を行う国公立の教員も被害者に対し直接個人責任を負うのでなければ、一貫性を欠くばかりでなく、均衡を失し、著しく不合理な区別といえる。前掲福岡高判平成26年6月16日は、「国公立の医療機関に勤務する医師の医療過誤については、医師の患者に対する診療・治療行為が、もっぱらその専門的技術及び知識経験を用いて行う行為であり、私立病院に勤務する医師の一般的診療行為と異ならない」ことから、国公立の病院の医師と私立病院の医師が同様に扱われることに関しては肯定しているが、国公立学校の教員の場合も、教員の学生に対する教育行為が専らその専門的技術及び知識経験を用いて行う行為である以上、私立学校に勤務する教員の一般的教育行為と異ならないというべきである。前掲福岡高判平成26年6月16日が、国公立の医療機関に勤務する医師には個人責任を肯定しながら、「国公立学校の教師の職務と同一に論じる必要性はない」として国公立学校の教師の個人責任を否定しているのは、不当といえよう。

　ところで、最判昭和62年2月6日集民150号75頁は、「国家賠償法1条1項にいう『公権力の行使』には、公立学校における教師の教育活動も含まれるもの」と解しており、国公立の教員に関する学校事故に関し、国又は地方公共団体の損害賠償責任を肯定するに際し、国家賠償法1条が適用されることは確立した判例になっている。

　そして、教員の被害者に対する対外的な個人責任については、私立学校の

教員に対し民法709条による個人責任の追及が肯定されていることとの均衡に鑑み、国公立学校の教員も被害者に対し個人責任の追及を肯定すべきと考える。もっとも、国又は地方公共団体の損害賠償責任を肯定するに際し国家賠償法1条が適用され、求償権が加害教員に故意・重過失がある場合に限定されていることから、被害者が国公立の学校の加害教員に直接損害賠償責任を追及する場合には、国家賠償法1条2項の趣旨に鑑み民法709条の要件が修正され、故意又は重過失がある場合に責任を肯定すべきと解する。すなわち、教員の被害者に対する個人責任については、折衷説（制限的肯定説）に立つべきと解する。このように一方の法律を他方の法律の趣旨に鑑みて修正する解釈を行うことについては、民法714条を失火ノ責任ニ関スル法律の趣旨に鑑み修正して、「責任を弁識する能力のない未成年者の行為により火災が発生した場合においては、民法714条1項に基づき、未成年者の監督義務者が右火災による損害を賠償すべき義務を負うが、右監督義務者に未成年者の監督について重大な過失がなかったときは、これを免れるものと解するのが相当」とした最高裁判決があり、(11) こうした修正解釈は是認できると考える。そして、私立学校の教員に個人責任が認められる以上、国公立の学校の教員に個人責任を肯定しても、公務の適正な執行が委縮すると主張すべきでないし、私立学校の教員と同様、訴訟の矢面に立つことを否定する合理性はないというべきである。その意味で、委縮効果排除論と訴訟の矢面論は、私立学校の教員に個人責任を認める以上、国公立学校の教員の個人責任を否定する論拠としては成り立たない議論というべきである。

　その結果、私立学校の教員が加害者の場合には、①民法715条1項の使用者責任が適用され、使用者である学校が被用者の選任監督に過失がない場合には免責されること、②求償については、民法715条3項により、使用者である学校が故意又は過失がある加害教員（被用者）に求償できること、③被害者は直接、故意又は過失がある加害教員に民法709条により損害賠償を請求できることという点が認められるのに対し、国公立学校の教員が加害者の場合には、①国家賠償法1条1項が適用されるため、民法715条1項ただし書のような免責規定はないこと、②求償については、国家賠償法1条2項に

(11)　最判平成7年1月24日民集49巻1号25頁。

より、故意又は重過失がある加害教員に求償されること、③被害者は直接、故意又は重過失がある加害教員に、国家賠償法1条2項の趣旨から民法709条を修正解釈して、損害賠償を請求できることになる。私立学校の教員と国公立学校の教員にこうした差異が残るのは、「国家賠償法1条1項にいう『公権力の行使』には、公立学校における教師の教育活動も含まれるもの」と解する前掲最判昭和62年2月6日を肯定する以上、やむをえないというべきである。むしろ、③の加害教員の個人責任につき、私立学校の教員は肯定し、国公立学校の教員は否定するという著しい不均衡を回避すべきであり、②の求償権と③の加害教員の個人責任との均衡から、私立学校の加害教員の個人責任は故意又は過失がある場合に責任を負うのに対し、国公立学校の加害教員の個人責任は故意又は重過失がある場合に責任を負うというのが、均衡のとれた合理的な解釈というべきである。

　また、教員以外の典型的な公務員（警察官や消防士や一般職の地方公務員・国家公務員など）の場合には、被害者は直接加害公務員に損害賠償を請求することはできないという点で、国公立学校の教員が加害者となった場合と「公務員」という身分は同じでありながら差異が生じることになるが、前者は委縮効果排除論や訴訟の矢面論が妥当する公務員の場合であるので、こうした差異が生ずるのは許容される合理的な区別というべきである。[12]

　ところで、近時の判例で、国立大学法人に国家賠償法1条1項に基づく損害賠償責任を肯定しながら、教員個人のアカデミックハラスメント行為に対する対外的な個人責任を肯定した神戸地姫路支判平成29年11月27日判タ1449号205頁がある。その判決理由は、「国立大学法人法は、独立行政法人通則法51条を準用しておらず、国立大学法人法19条の適用のある場合を除

(12)　宇賀教授は、典型的な公務員の場合においても、「公務員に職務執行の意思がなかったにもかかわらず、外形標準説により、国又は公共団体の責任が認められるような場合」や「組織的な違法行為の場合」に「限定してであれば、公務員個人責任を認めても、誠実に職務を執行している公務員を訴訟の矢面に立たせ、結果として、公務員を委縮させ、公務の適正な執行を阻害する可能性は皆無とまではいえなくても、ほとんどないと考えられる」として、その場合に限定して制限的肯定説（折衷説）に立つことを肯定されるが（宇賀・前掲注（5）『国家補償法』96・97頁）、そうであるなら、私立学校の教員と同様に国公立学校の教員が加害者となった場合も、委縮効果排除論や訴訟の矢面論が妥当しないと考えられるので、この場合にも例外的に制限的肯定説（折衷説）に立つことを肯定することは許されるといえよう。

けば、国立大学法人の教職員は、みなし公務員ではないとされていることに加え、国立大学の設置主体が国から国立大学法人に変更されたことにより、私立大学と学生との間の在学契約と、国立大学法人と学生との間の在学契約には何らの差異を見出すこともできないということができる。そして、大学教授が大学において、教育、研究活動を行うこと自体は、公権力の作用ではなく、警察官や消防士のように公権力を行使するに当たっての委縮効果といったリスクを考慮する必要もない。そうすると、このような関係においては、国家賠償法1条1項の損害賠償責任は使用者責任と同様に考えることができるから、公務員個人の不法行為責任を否定する理由はなく、被告Y1個人も、民法709条に基づく不法行為責任を負うと解すべきである。」としている。しかし、「私立大学と学生との間の在学契約と、国立大学法人と学生との間の在学契約には何らの差異を見出すこともできない」ことから、教員の個人責任を肯定した点は高く評価できるが、「被告Y1による国立大学法人の教育、研究活動は、国家賠償法1条1項の『公権力の行使』に当たるもの」として、国家賠償法1条1項の適用を肯定していることから、加害教員に対する求償権は、国家賠償法1条2項が適用され加害教員に故意又は重過失がある場合に認められることになり、故意又は過失により被害者に責任を負うことになる民法709条の個人責任と不均衡になるという問題が残ることになる。⁽¹³⁾故意又は重過失によって他人に損害を生ぜしめた教員は、求償権の行使を受けることとなっているのであるから、被害者に対し免責を認めるということは、必要以上に教員を保護し、被害者の権利を剥奪することになるというべきであり、国家賠償法1条1項の責任を認める以上、被害者に対する直接責任も、国家賠償法1条2項の求償権との均衡を考慮して国家賠償法1条2項と同様に、故意又は重過失があるときに教員は個人責任を対外的に負うと民法709条を修正して解釈すべきである。

---

(13)　田中博士が、「公務員の軽過失の場合に、公務員個人に対する損害賠償請求権のないことは、恐らく異論のないところであろう」と述べていることからも（田中・前掲注（5）『新版　行政法上巻』208頁）、国家賠償法1条2項があるにもかかわらず、軽過失の場合にまで個人責任を肯定するのは、解釈論としてかなり無理があると思われる。宇賀教授が、「国家賠償法1条2項が、求償権を故意重過失の場合に制限していることからして、肯定説を採ることは、困難であろう。」として、制限的肯定説と否定説のいずれが妥当か検討するのも（宇賀・前掲注（5）『国家補償法』89頁）、こうした趣旨といえよう。

前掲福岡高判平成26年6月16日は、「国又は公共団体に対して国賠法に基づく損害賠償を負わせたり、行為者である公務員に故意又は重過失がある場合に求償権が行使されることにより、監視的機能を働かせることができると考えられる。さらに、公務員個人に対する刑事責任の追及や懲戒も、公務員の職務執行の適正を担保するものといえる。」と指摘しているが、体罰やアカデミックハラスメント（セクシャルハラスメントを含む）を行った国公立の教員に対し、故意又は重過失があるにもかかわらず、被害者は加害教員に直接損害賠償の責任追及をすることができず、国家賠償法1条2項の求償権の行使や刑事責任の追及や懲戒処分がなされることを、他力本願で期待することをもって被害者は満足すべきであるとの指摘は、過大に加害者を擁護し、被害者の権利を踏みにじる議論というべきである。損害填補的機能を主目的とする不法行為制度において、加害教員に直接個人責任を追及することで、加害者の将来における加害行為を予防し（予防的機能）、加害教員に制裁を科す機能（制裁的機能）も、副次的ではあるが重要な機能として肯定することができる。国公立学校の教員の学生に対する教育行為は、もっぱらその専門的技術及び知識経験を用いて行う行為で、私立学校に勤務する教員の一般的教育行為と本質的に異ならないにもかかわらず、私立学校の教員に対しては、直接個人責任を追及することで予防的機能や制裁的機能を果たすことが可能となるのに、国公立学校の教員には直接個人責任を追及することを認めず、予防的機能や制裁的機能を果たさせないとする合理性は、全く存在しないというべきである。むしろ、体罰やアカデミックハラスメントを行った国公立学校の教員に対し、故意又は重過失があるならば、直接個人責任を認めて予防的機能や制裁的機能を果たさせる必要性は大きいというべきである。そして、個人責任が直接追及される限りにおいて、違法行為を抑止し、被害者の報復感情の満足が図られることになる。公務員は、危険嫌忌的であることか

---

(14) 四宮和夫『不法行為（事務管理・不当利得・不法行為中・下巻）』263〜267頁（青林書院、昭62）、平井宜雄『債権各論Ⅱ不法行為』4〜6頁（弘文堂、平4）。なお、森島教授も、被害者の経済的満足が「第一次的な機能であることは疑いないとしても、被害者の心理的満足を全く無視するのは、当事者が納得するような裁判をする試み、いいかえれば裁判の緊張解消機能を放棄することになりはしないだろうか。この点については、民事裁判の制裁的機能と関連してもう少し検討する必要があるように思われる。」と指摘する（森島・前掲注（6）144頁）。

ら否定説に立つのがよいと指摘されるが、典型的な公務員の場合には否定説に立つとしても、国公立学校の教員については私立学校の教員と同様に考えるべきであり、私立学校の教員が危険嫌忌的であるとされない以上国公立学校の教員も危険嫌忌的であるとすることはできず、否定説は妥当しないといえる。英米では、公務員の個人責任に関し国家賠償請求と並んで、公務員個人への損害賠償請求をなしうることが多いとされているので、国公立学校や国立大学法人の教員の場合について折衷説（制限的肯定説）に立つことを肯定したとしても、比較法的に突出した無理な解釈とはいえないであろう。

　以上より、国公立学校の教員が加害者の場合には、被害者は直接、故意又は重過失がある加害教員に、国家賠償法1条2項の趣旨から民法709条を修正解釈して、損害賠償を請求できると解すべきである。

　私見をまとめると、被害者に対し直接個人責任を負うかという問題に関し、典型的な公務員の場合には否定説に立つが、国公立学校や国立大学法人の教員の場合には折衷説（制限的肯定説）に立つべきと考える。後者につき否定説に立つ判例は変更されるべきである。

---

(15)　宇賀・前掲注（5）「国家賠償法の改革」23頁。なお、宇賀克也「アメリカ国家責任法の分析」法協103巻9号49頁以下（昭61）において、「公務員は、一般の私人に比べて、より危険嫌忌的な傾向にある。」という点に関し、「民間部門においては、積極果敢に行動することにより、個人的に利益を得られることが少なくないが、公務員の場合には、危険を冒しても、それによって生じるかもしれない利益が個人に帰属するということは殆どない。」こと、「公務員が積極果敢に行動し、それにより公益が促進されても、これは当然視されがちであり、逆に、自己の行動が国民に損害を惹起すると、社会の強い関心を集め、批判を浴びがちな風潮の下では、公務員の危険嫌忌的傾向は促進されることになる。」こと、「不作為による被害者は、作為による被害者より可視的でないことが多く、作為による加害により訴えられる可能性の方が、不作為による加害により訴えられる可能性よりはるかに大きいのである。この作為と不作為の非対称性は、公務員を委縮させ、公務の適正果敢な執行を阻害する傾向を生む。」ことを指摘している。

(16)　宇賀・前掲注（5）「国家賠償法の改革」22頁。なお、フランスにおいても、公務員の個人責任および公法人の責任のそれぞれにつき、別個の法の体系が存在し、①個人的不法にもとづく個人責任、②個人的不法の役務関連性にもとづく法人責任、③個人的不法を合体させた役務の不法による法人責任、④純然たる役務の不法にもとづく法人責任が認められていることを紹介するものとして、小早川光郎「公務員の不法行為と責任の帰属―フランス行政賠償責任法の一側面―」『国家学会百年記念　国家と市民　第一巻』325頁以下（昭62）。

(17)　前掲注（10）の事案に関し、県の教員に対する求償権行使が問題になった別件訴訟の福岡高判平成29年10月2日判自434号60頁において、顧問の体育教諭に重過失が認められ、副顧問の理科教諭の重過失は否定されている。私見によれば、遺族の顧問に対する損害賠償請求は肯定されることになる。

区分所有法制定前史
──市街地改造法のための立法ではなく、
借地借家法改正の一環としての立法──

大 山 和 寿

```
Ⅰ  はじめに
Ⅱ  借地借家法改正の立案が本格化するまでの流れ
   ──主権回復後の財産法に関する法改正の動向の概観──
Ⅲ  借地借家法改正の一環としての検討・準備
Ⅳ  市街地改造法のための立法とする見解への疑問
Ⅴ  おわりに
```

Ⅰ　はじめに

　本稿では、区分所有法の原始規定が制定されるまでの過程のうち、本格的な検討が始まる前の経緯を取り上げる。このようにした理由は、紙数の制約の関係が大きいけれども、本稿の目的である、区分所有法が市街地改造法のための立法ではないことを示すのには、十分であると判断したからでもある。区分所有法の本格的な立案過程については、紙数の関係から別の機会に公表したい。[1]

　最初に、本稿の叙述の順序を示しておこう。まずどのような経緯で区分所有の問題が検討されたかを示すために、財産法に関する法改正についてⅡで概観する。区分所有について立法することは、当初は借地借家法の改正作業の中で検討されたので、何故借地借家法の改正作業が行われたのかも、明ら

（1）　この別稿（青法 61 巻 3 号掲載）においては、柚木馨博士を原始規定の立法者として位置づける見解に対する疑問を述べる予定である。

かにする。そして、Ⅲにおいて借地借家法の改正が検討されている間に、区分所有についての立法をする準備が、どのようにされているかを述べる。その後Ⅳにおいて、市街地改造法のための立法とする見解に対し疑問を示す。Ⅴにおいて、本稿をまとめるとともに、残された課題に触れる。

本稿で用いる用語については、部会とは法制審議会民法部会のことをいい、小委員会とは、同財産法小委員会のことである。原始規定とは昭和37年に制定された当初の区分所有法のことをいう。

本稿において主に用いる資料は、立案に関係した者の著作の他に、東京大学法学部附属近代日本法政史料センター原資料部所蔵の我妻栄関係文書に所収されている諸資料である。これらの諸資料は、我妻博士が立案に関与された際に用いられた資料である。

Ⅱ　借地借家法改正の立案が本格化するまでの流れ
──主権回復後の財産法に関する法改正の動向の概観──

財産法に関する法改正の動きを概観すると、小委員会はまず抵当権から検討を開始した。ところが、建物に抵当権を設定する場合に、土地の使用権との関係が問題となった。そこで、借地法の改正をこの際検討すべきではないかとのことになった。すなわち、昭和30年10月25日開催の小委員会では、建物抵当権の効力が敷地の地上権・賃借権に及ぶことには、異論がなかった。ところが、法定地上権について異論が多かった。すなわち、この回の記録には、「五　次の場合も、法定地上権を認めてはどうか（異論多し。）。／1.更地に抵当権を設定した後、建物を建築した場合／2.　抵当権実行当時土地

（2）この目録として、東京大学法学部附属近代日本法政史料センター原資料部『我妻栄関係文書目録』（東京大学法学部附属近代日本法政史料センター原資料部、2003年）がある。以下において、この文書に収録されている資料を用いる際には、「我妻【4】/13/1.」のように、この目録における資料番号を示す。

（3）「法制審議会民法部会財産法小委員会について」〔法務大臣官房調査課長位野木益雄から法制審議会民法部会長我妻栄宛の書面（昭和30年9月1日付）、『財産法小委員会』綴（我妻【4】/4/1.）〕に添付されている同日付の別紙案内状によると、第2回の部会〔昭和30年7月5日開催〕の決定により、小委員会が設けられた。

（4）　法務省民事局参事官室『法制審議会民法部会財産法小委員会第二十四回会議議事速記録』3〜4頁（平賀委員）（我妻【5】/2/1.）。

と建物とが同一所有者に属した場合」と記載されている。さらには、建物の所有を目的とする地上権と賃借権とを統合するのが相当である、とも記録されている[5]。この様に法定地上権の問題を議論している時に、借地問題を根本的に改正する必要があるとの議論が出た[6]。そのためか、次の回には、「建物所有権と敷地使用権の関係については、一般的な問題として検討することとし、借地借家法の改正を審議する際にゆずる[7]」ことにされた。

　この様にして借地法を改正する必要があるとの議論が出されただけでなく、借地法を改正するならば、借家法の改正も検討すべきだとされた。罹災都市借地借家臨時処理法についても以前国会で問題となっていたので、借地法・借家法と併せて検討することになった[8][9]。

（5）　「財産法小委第二回会議（三〇、一〇、二五）メモ」（昭三〇、一一、一五民参印）『「財産法〔小委員会第1～11回会議〕審議結果のメモ」ファイル』（我妻【4】/4/2.）所収。本文で引用したほかにも、この資料には敷地利用権についての記載がされている。すなわち、「別案として、建物と地上権、賃借権を共同抵当とする方法を考慮してはどうか」（二/5）。建物所有権とともに敷地の賃借権が移転される場合には、民法612条を排除するのが相当である（三）。建物所有目的の地上権を設定できないのは、建築後は差し支えないが、建築前は不便である。将来の建物にあらかじめ抵当権を設定するような方法を考慮してはどうか（四）——などの記載である。

（6）　加藤一郎ほか「借地借家法改正の動向」法時29巻3号304～305頁（1957年）（加藤一郎発言）。

（7）　「財産法小委第三回会議（三〇、一二、二〇）メモ」（作成日時等は記載されていない）前掲注（5）『「財産法〔小委員会第1～11回会議〕審議結果のメモ」ファイル』所収。

（8）　法務省民事局参事官室・前掲注（4）3～4頁（平賀委員）。
　　さらに、後の借地借家法案協議会において、「借地権に譲渡性を認めることは、借地上の建物に担保を規定する必要その他から、どうしても認めたいし、この問題は、そもそも、借地借家法改正の動機をなすものである」との発言がされている（「借地借家法案協議会第四十回会議経過（三一）」（昭三四、五、四民一印））。この発言のうち、「この問題」が借地権の譲渡性を指しているのか、借地上の建物に担保を規定する必要を指しているのか、はっきりしないけれども、担保のために借地借家法改正が検討されていたのではないか。そうだとすると、この発言は、本文の記述を裏付けていると評価できる。
　　なお、借地借家法案協議会の存在については、小柳教授が既に紹介されている（小柳・前掲注（26）224頁）。私も、法務省から情報公開を受けて、参照している。

（9）　もっとも、前掲注（5）『「財産法〔小委員会第1～11回会議〕審議結果のメモ」ファイル』の冒頭には「民法部会財産法小委員会における抵当権に関する従来の審議（三〇・九－三二・四の結果）」（昭和四一、六、一五民参印）も、綴じられている。そうすると、昭和32年4月まで——後述する借地借家法改正準備会が借地借家法の改正を検討している——、小委員会は抵当権について審議していたようである（この時に抵当権の審議が中断したのは、おそらく、昭和32年に法務省が「企業担保法案要綱」を法制審議会に諮った〔香川保一「企業担保法の逐条解説」金法172号280頁（1958年）〕からであろう。また、我妻博士が、諸外国へ立法調査に行ったためもあるかもしれない（我妻栄「法案作成の過程について」『民法研究XII補巻2』（有斐閣、2001年）335頁参照〔我妻博士は、企業担保法の審議には参加していない〕）。

そこで、法務省民事局は、昭和31年頃から小委員会と関係なく借地借家法改正の準備に取りかかった。問題は重要かつ複雑であり、法制審議会の審議を経るにしても、事前に相当の準備が必要なため、準備の一環として、準備会（借地借家法改正準備会）を設けて、改正すべき点を検討し、一応の改正案を作成した。

Ⅲ　借地借家法改正の一環としての検討・準備

1　はじめに

まず、最初に区分所有の問題が検討されたのは、借地借家法を改正する作業においてであった。この章では、この作業において検討されていた案を紹介する。この紹介においては、最初に検討を行っていた準備会（借地借家法改正準備会）がどのような組織だったかに言及する。次いで、この当時に検討されていた、区分所有に関する案を紹介する。

2　検討の舞台──借地借家法改正準備会──

法務省民事局は、昭和31年8月以降、事務当局の者に我妻博士を始め東京にいる（部会の）一部の委員・幹事の協力を得て、借地借家法改正の検討を始めた。その結果、昭和34年暮れに借地借家法改正要綱試案が発表され、昭和35年7月に借地借家法改正要綱案が作成された。

この検討をした会議が、「借地借家法改正準備会」である。この準備会は、正式の名称ではないし、法制審議会に諮問された際の「審議を容易にするために準備作業に従事した半公的存在」である。言い換えれば、「準備会は、法制審議会の正式な小委員会ではない」。

---

(10)　小柳教授は、昭和31年5月であると推測される（小柳春一郎「昭和41年借地法・借家法改正の再検討」獨協64号441頁（2004年））。

(11)　川島一郎「借地借家法改正準備会のこと」法律時報資料版4号5頁（1961年）。

(12)　「借地借家法改正要綱について」（昭三四、一〇、五民参印）『借地借家発表要綱』ファイル』〔我妻【5】／3／10．〕所収。

(13)　小柳・前掲注（10）441頁参照。

(14)　我妻栄「改正関係資料について」法律時報資料版4号4頁（1961年）。

(15)　法務省民事局参事官室・前掲注（8）6頁（我妻小委員長）。

準備会の構成員は、我妻、有泉、加藤、星野各博士、法務省民事局の係官、最高裁判所事務総局民事局の係官であったようである。そして、舟橋博士が加わることもあったという。このように推測したのは、後に作成された「借地借家法改正要綱について」[16]では、「法務省民事局では、右のような見地から借地借家法の改正を企図し、昭和三十一年八月以降、同省の我妻特別顧問をはじめ、<u>東京大学の有泉・加藤両教授、星野助教授、最高裁判所事務総局民事局等</u>の協力のもとに、立案を進めて来た」（下線は引用者）と原文で書かれている[17]。また、川島一郎氏は、準備会の会合にほとんど毎回出席していたのが、我妻、有泉、加藤、星野各博士、最高裁判所事務総局民事局、法務省民事局の係官であり、舟橋博士もときどき出席していたとも説明されているからである[18]。

3　区分所有の問題が検討された理由

借地借家法改正の一環として、区分所有の問題がなぜ検討され始めたのか、その理由を述べよう。借地借家法の改正を必要とする理由として、借地借家法改正準備会が検討を始める前の昭和31年7月の段階で作成された文書では、「三、　高層建築の区分所有関係が増加する現状に鑑み、その法律関係を規制する必要があること。（資料三）」との記述がある[19]。この文書で言及されている資料（三）1昭和31年度住宅金融公庫事業計画（昭和31年1月20日付のもの）では、一般住宅のうち分譲住宅の欄の備考に「30年より急増」「その前はほとんどなし」と書き込まれている。資料（三）2日本住宅公団

---

(16)　（昭三四、一〇、五民参印）、前掲注（12）『「借地借家発表要綱」ファイル』所収。

(17)　下線部が手書きで「法制審議会民法部会の一部の委員及び幹事」に修正されている。

(18)　川島・前掲注（11）5～6頁。なお、舟橋博士は、小委員会の委員ではあるものの、予算の関係から、第2回以降の小委員会の会議には特にお願いする場合に限り出席していただくことにされていた（前掲注（3）・「法制審議会民法部会財産法小委員会について」〔法務大臣官房調査課長位野木益雄から法制審議会民法部会部会長我妻栄宛の書面（昭和30年9月1日付）〕に所収）。

(19)　「借地法・借家法等の改正を必要とする理由」（昭三一、七、一六民参印）（『「借地借家法立案資料」綴』〔我妻【5】／3／3〕に所収）。この内容については、小柳・前掲注（10）434頁が既に紹介している。もっとも、小柳教授は、マンションのための区分所有法も都市不燃化が重要な狙いであると述べられる（同・434頁注4）けれども、それだけでなく、本文で後述するように鉄筋アパートやビルの一室が所有権の対象として扱われることが多くなってきている現状から、区分所有法の検討が求められたのではないか（加藤ほか・前掲注（6）303頁（川島一郎発言）も参照）。

「公団住宅建設計画表」（昭和31年5月28日付け）によると、昭和30年度に住宅公団は全国で分譲住宅として5,497戸を分譲したところ、翌昭和31年度の分譲住宅戸数については二つの案があるものの、第1案では全国で5,300戸の分譲を予定していた。[20]さらに、この資料には「分譲はすべて区分所有」と書き込みがされている。また、資料（三）3「公営住宅年度別建設戸数」についても、「現在は貸してい□（る？）が将来は分譲する」と書き込みがされている。[21]分譲されれば、同様に区分所有がされることになろう。

さらに、建物の立体的区分所有についての法規を整備するよう要望する意見が、東京高裁、東京地裁および大阪地裁から述べられている。その理由として次のことが述べられている。すなわち、「近来、鉄筋アパートの一室や、ビルの一室が、所有権の対象として、取り扱われる傾向にある。したがって、従来の平面的区分所有の理論だけでは、立体的区分所有を十分規律できない。ことにその敷地の利用関係について調整することが必要である」[22]、と。

また、後に区分所有法を取り扱うことの諒承を小委員会で求める際（昭和36年2月28日）にも、「借地借家目的に関連して区分所有権の問題を取り上げることについて諒承を得たい」ことが、会議の目的の一つとして我妻博士から述べられたようである。[23]そうだとすると、あくまでも借地借家問題に関連して区分所有法の制定に取りかかったと判断できる。

もっとも、都市の近代化により土地建物の高度化を図るためにも、立法が必要であることは、法務省民事局の関係者も意識していた。立案担当官であった川島一郎氏も、借地借家法を改正すべき理由の一つとして、都市の近代化、土地や建物の利用形態が非常に複雑になったことを挙げており、その一例として高層建築物を大勢の人が区分して所有するようなことが起こってき

---

(20) 昭和31年度の分譲戸数についての第2案では、1,368戸を分譲する予定であった。

(21) 「各年度別貸付計画表（住宅金融公庫融資分）／公営住宅年度別建設戸数」〔前掲注（19）『借地借家法立案資料』綴〕に所収。もっとも、この書き込みは、この資料の下部、すなわち「各年度別貸付計画表（住宅金融公庫融資分）」の下に書き込まれている。しかし、書き込みの内容から、この資料の上部、すなわち「公営住宅年度別建設戸数」に関する書き込みだと判断した。

(22) 最高裁判所事務総局『借地借家関係諸法律の改正に関する各裁判所の意見』（昭和31年7月）41頁〔前掲注（19）『借地借家法立案資料』綴〕に所収）。

(23) 「『民法部会財産法小委員会 区分所有権』綴」〔我妻【4】／11／1.／1〕の第20回財産法小委員会の開催通知の後に綴じこまれている用紙に書かれているメモ。

たことを指摘する。そして、同氏は、人口の膨張した都市における土地建物の利用の高度化を図り、これに適合した体制を整備する面からも、借地借家法に検討を加える必要があることを述べている[24]。さらに、区分所有に関係する事項についても、同氏は次のような発言をしている。すなわち、土地区画整理法にも、狭い土地の所有者や借地権者に対して換地（やその上の権利）を与える代わりに、建物の区分所有権と共用部分の共有持分、土地の共有持分を与えることができるという規定がある。その形はドイツの特別法で認められた特別の所有権と非常によく似たものになってくる、と[25]。

4　当初の構想

（1）　最初の借地法案（昭三一、五、二民参印）には、「第三節　建物の区分所有による借地権の準共有」との節が置かれていた。すなわち、建物の区分所有権を譲渡する場合には、原則として、敷地の借地権の準共有持分とともに譲渡しなければならない。この場合の準共有持分は、（後に制定された区分所有法の用語でいえば）専有部分の床面積の割合によるものと推定される（同18条）[26]。

区分所有について独立の案としては、「建物の区分所有に関する法律（仮称）試案」（昭和三一、七、二六民参二印）（以下、「試案」という）が、この時期に作成されている。「建物の区分所有に関する法律案に関する問題点」（昭和三一、七、三〇民参二印）（以下「問題点」という）では、立法上の問題点が列挙されていた[27]。

---

(24)　加藤ほか・前掲注（6）303頁（川島一郎発言）。
(25)　加藤ほか・前掲注（6）342頁（川島一郎発言）。
(26)　借地法案（昭三一、五、二民参印）16条（土地所有者がその土地上の建物を区分して一部の区分所有権を譲渡する場合〔原則として、土地所有者が予め自己借地権を設定して、その借地権の準共有持分を譲渡する（同条1項本文）〕）、17条（借地権者が区分所有建物を譲渡する場合に、16条を準用）。以上については、法務省民事局参事官室『借地借家法案起草資料（一）』7～9頁（この資料については、小柳春一郎「昭和30年代の借地借家法改正法案における『正当事由』条項（1）」獨協60号221～220頁注6（2003年）を参照。私は、早稲田大学高田早苗記念研究図書館に所蔵されているものを利用した）によった。小柳・前掲注（26）10頁が、既に、「第三節　建物の区分所有による借地権の準共有」の節のあることを指摘していた。ただし、同頁で「区分所有規定が設けられ」と記載されているのは、後の区分所有法のような規定があるかのような誤解を招く表現ではある。
(27)　これらについては、前掲注（19）「『借地借家法案資料』綴」に所収されている。

ほぼ同時に作成された「借地借家事件等審判法要綱案（試案）」（昭和三一、七、三〇民参二印）⁽²⁸⁾には、審判や調停の事項として、「建物の区分所有に関する法律関係」が掲げられていた（もっとも、この法律に関する事件のうち審判や調停の対象となるものは、未定とされている）。この様に借地借家事件を処理するための手続法においても、区分所有につき独立の法律が制定されることが、予定されていた。

　(2)　このようにして作成された区分所有関係の資料についても、借地借家法改正準備会が昭和31年8月に軽井沢で議論したようである。というのは、「建物の区分所有に関する法律（仮称）試案」（昭和三一、七、二六民参二印）及び「建物の区分所有に関する法律案に関する問題点」（昭和三一、七、三〇民参二印）については、我妻文書の「『借地借家　軽井沢原案』ファイル」⁽²⁹⁾にも収録されている。そして、「『借地借家　軽井沢原案』ファイル」に収録されているものの方にのみ、書き込みがなされている。さらには、このファイル所収の資料には、昭和31年8月の日付けと「軽井沢印」と書かれている資料（「三一、八、二軽井沢印」のように）が、複数存在している。これらの資料には、「我妻案」のような書き込みがされていることから、我妻博士らが、自分の案を軽井沢で刷らせたのであろう。また、星野博士の回想録に、昭和31年の夏に軽井沢で借地借家法の改正試案の検討会が行われた旨が、記されているし⁽³⁰⁾、我妻博士の文章にもこの時のことと推測される叙述がある⁽³¹⁾。このような次第で、借地借家法改正準備会が区分所有の検討もあわせて昭和31年8月に軽井沢で行ったと推測した。

　(3)　このような区分所有関係の規定の内容については、一言で言えば、「試案は民法の区分所有と共有の不都合を補修する立場」であり、「積極面を含まず」、「推定や持分割合 etc 民法を前提する」⁽³²⁾。つまり、民法旧208条や⁽³³⁾

---

(28)　「借地借家法立案資料（一）（参考資料）」（我妻【5】／3／2.）所収。この点は、小柳・前掲注（26）201頁が紹介している。

(29)　我妻【5】／3／4。

(30)　星野英一『ときの流れを超えて』（有斐閣、2006年）92〜93頁。但し、同92頁の写真の説明では、「借地借家法改正研究会」と記されている。

(31)　我妻栄「『区分所有権』の法律」『民法と五十年その2』（有斐閣、オンデマンド版、2001年）116頁（初出1961年）。

(32)　「『区分所有』ルースリーフノート〔我妻自筆〕」〔我妻【4】／11／2.／1)〕。ほぼ同旨の内容

共有の規定を前提にするものであった。もっとも、我妻博士は、後述するように、試案4条や「問題点」の五から組合の成立を擬制する積極面もあるとも記されている。[34]

　試案1条では、区分所有権の定義をしている。すなわち、一棟の建物のうちの区分した一部を所有する権利を区分所有権としている。区分所有権者が土地または共用部分を共有している場合には、その持分は、区分所有権の目的たる建物の部分——すなわち、専有部分——の価格の割合によると推定される（2条）。この場合には、区分所有権と分離して土地または共用部分の持分を処分・放棄できない（3条）。

　区分所有者が、土地または共用部分の共有者である場合に、管理費用を支払わないときには、他の共有者はこれらの持分を競売できる（4条。民法253条の特則）。この様に起草された理由だと推測される書き込みがある。すなわち、試案の4条の上には、「民法だと値段はわからぬ」「むしろ競売で」と書き込まれている。つまり、民法253条2項によれば、共有者が1年以内に管理費用を支払う義務を履行しないときには、他の共有者は相当の償金を支払ってその者の持分を取得できる。ところが、他の共有者が支払う額がいくらならば相当なのかはっきりしない。そこで、他の共有者に競売申立権を認めることにしたようである。

　持分を区分所有権とともに放棄したり、区分所有者が死亡して相続人がいない場合には、区分所有権を取得した者がその持分を取得する（5条）。6条では、民法256条を排除し、共用部分の分割請求を禁止している。[35]　以上の規定については、区分所有権者が借地権を準共有する場合に準用される（7条）。

　「問題点」では、次のような問題が挙げられている。すなわち、1）ドイツ法のような特別所有権を認めるべきか（一）が、まず問われている。すなわわ

が、前掲注（29）「『借地借家　軽井沢原案』ファイル」所収の試案にも書き込まれている。

（33）　民法旧208条　数人ニテ一棟ノ建物ヲ区分シ各其一部ヲ所有スルトキハ建物及ヒ其附属物ノ共用部分ハ其共有ニ属スルモノト推定ス
共用部分ノ修繕費其他ノ負担ハ各自ノ所有部分ノ価格ニ応シテ之ヲ分ツ。

（34）　前掲注（32）・「『区分所有』ルースリーフノート〔我妻自筆〕」。

（35）　「共用部分そのものは民法で」との書き込みがある。つまり、民法旧208条の共用部分の規定を前提とするのであろう。

ち、建物の一部、共用部分の共有持分及び敷地の共有持分（または借地権の準共有持分）を包含し、これらのものを目的とする一個の権利を認めるべきか、認めるとすればその設定・公示方法をどうすべきか、について問題提起されている。1）区分所有者が借地権を準共有する旨の推定規定を設けるべきか（二）、2）区分所有建物の共用部分の特殊なものにつき、民法旧208条1項の特則を設けるべきか（三）、3）建物・敷地の所有者が建物の一部を処分するときには、共用部分の共有持分及び敷地の共有持分（または借地権の準共有持分）とともにしなければならない旨を規定すべきか（四）、4）各区分所有者の共有に属する共用部分及び建物敷地（または借地権）の管理について、特別の規定を設けるべきか（五）も、問題提起されている。その他に、i）（専有部分の価格の割合で共有持分が決定される場合に）共有持分の決定、及び、ii）共有持分の管理方法の是正について、審判事項とすべきかも、指摘されている（六）。

　(4)　このような案について、まず、特別法として規律する対象を建物のすべてにするか、堅固のものに限るか、検討されたようである。我妻文書に残されているルースリーフには、「独立性あるものといっただけでは、既に生じた□（慣？）行で制限がつかなくなる　しかし、制限すると　それ以外の建物について事実区分して譲渡された場合の処置が問題となる――これは所有権の客体とならずと　今更いい切ることも不可能か[36]」との記述がされている。

　共用部分の持分割合の推定に関する試案2条については、共用部分の共有の推定は民法によるから、敷地・借地権だけの規定が必要か、疑問視されたようである[37]。二つの室の境の壁や柱についてはその両人だけの共有とする[38]。

　また、建物の価格に応じるのが良いかどうかも、疑問を持たれたようである。少なくとも、管理費用と管理決定権と消滅のとき（例えば火災保険金の分配標準、借地権の割合など）は異なるのが至当か[39]、票決権は価格か頭数か、管理

（36）　前掲（32）「『区分所有』ルースリーフノート〔我妻自筆〕」。
（37）　前掲（32）「『区分所有』ルースリーフノート〔我妻自筆〕」。
（38）　「建物の区分所有に関する法律案に関する問題点」（昭和三一、七、三〇民参二印）への書き込み。前掲（32）「『区分所有』ルースリーフノート〔我妻自筆〕」にも、境界については二つだけの共有推定とするかとの記述がある。

費用は物理的な大きさか、価格かも、問題となったようである。ドイツ法は費用については持分の価格、管理票決権は頭数となっていることが記された上で、滅失のときは価格がものをいう。管理費用はむしろ利用度——床面積とか——に比例した方が、合理的か？と書き込みがされている。

試案３条については、区分所有権自体の処分も（共有持分と）分離してできないかが、問題となったようである。もっとも、建物と敷地との関係は、借地法で分かるとの立場のようである。すなわち、借地上に自己借地権または自己転借地権を設定し、準共有としてから処分する（特に抵当権の〔設定の〕とき）。

試案４条に関連して、組合設立とみなす積極面も（試案に）ある旨が、ルースリーフに記述されている。組合契約の成立を擬制するか、それとも、特約を許す補充規定としたときは特約の公示方法も、問題として意識されたようである。問題点への書き込みによれば、組合を設立させて当然加入するものとするかも、議論されたようである。

「問題点」のうち特別所有権を認めるかについては、我妻博士は、ルースリーフに、「結合させるためには区分所有の本体の wesentlicher Bestandteil とすることも考えられる　但／ドイツの特別法は全体の一部の単独所有と共

---

(39)　前掲（32）「『区分所有』ルースリーフノート〔我妻自筆〕」。

(40)　前掲（32）「『区分所有』ルースリーフノート〔我妻自筆〕」。処分についての記述もあるけれども、少数者の買取請求を認めるべきかどうかの他には、肝心なところが判読できなかった。

(41)　前掲注（29）「『借地借家　軽井沢原案』ファイル」所収の「建物の区分所有に関する法律案に関する問題点」への書き込み。

(42)　前掲注（29）「『借地借家　軽井沢原案』ファイル」所収の「建物の区分所有に関する法律案に関する問題点」への書き込み。

(43)　前掲（32）「『区分所有』ルースリーフノート〔我妻自筆〕」。もっとも、「処分の一体性の規定を除いた以上、この□（種？）のものについてだけは不可分——強制とする必要があるのではないか」との記述の意味が、理解できなかった。
　　その後には、土地所有者と建物所有者が同一な場合に、建物の一部だけを譲渡すると自己の分についても（所有権の他に）借地権の準共有となるのか、との記述も、見られる。

(44)　前掲（32）「『区分所有』ルースリーフノート〔我妻自筆〕」。本文に記載したほかに、試案について「積極面は組合成立を擬制して特別の約□を作らないときはこれによるとの□□内容を定める——これも民法組合の規定を前提として作り得るかもしれぬ」との記載も、ルースリーフに残されている。

(45)　前掲注（29）「『借地借家　軽井沢原案』ファイル」所収の「建物の区分所有に関する法律案に関する問題点」への書き込み。

用部分の gemeinschaftlichesE の Anteil とを結びつけるゆき方らしい」旨、記載をされている。「登記の関係は各単独所有につき別筆、共用部分（階段、ロー下 etc）などはまた別筆、これについて共有の登記をする。一体となるという主義のときは、両登記の結びつきが問題――一歩進んでかような建物は一つの登記にすることも考え得る」。

さらには、アパートで上に増築するときに誰がどれだけ決定権を持つかについても、問題点には書き込まれており、借地借家法改正準備会で議論になったようである。

(5) このような軽井沢での検討を受けて、我妻博士は、同年 10 月 30 日に開かれた私法学会のシンポジウムの報告を準備したようである。もっとも、我妻文書に残された日本私法学会会報 31 号に書き込みがされた内容――おそらく我妻博士が報告の準備としてメモしたもの――と、私法 17 号に掲載されている報告内容とは、少し差異がある。

まず、権利の構成について、私法では、区分所有権を室の単独所有、壁や床など共通部分の共有、敷地に対する権利の 3 つから構成するべきか、問うている。これに対して、我妻文書の書き込みでは、「その室の単独所有権と、これを支える上下左右の部分の相隣者間の共有と、さらに建物全体の支柱や敷地利用権の全員の共有とが結合しているように考えられるが、いかなる法律構成を与えるべきか」と書かれている。つまり、書き込みの方では、軽井

---

(46) 前掲 (32)「『区分所有』ルースリーフノート〔我妻自筆〕」。なお、E は Eigentum（所有権）の略であろう。

(47) 前掲注 (29)「『借地借家 軽井沢原案』ファイル」所収の「建物の区分所有に関する法律案に関する問題点」への書き込み。ルースリーフにも同旨（「各別箇 E のために一筆、共有部分につき一箇にせずに一箇の建物としてその内容という登記方法はないか」）の記載がある。

(48) 前掲注 (29)「『借地借家 軽井沢原案』ファイル」所収の「建物の区分所有に関する法律案に関する問題点」への書き込み。

(49) 「借地借家法の改正問題」私法 17 号 2 頁（1957 年）による。

(50) もっとも、前掲注 (29)「『借地借家 軽井沢原案』ファイル」には「借地借家法改正の主要問題点」（昭三一、一〇、三民参印）（「軽井沢」と書き込みがある）が残されている。そして、この書類には、「第三 その他」「三 建物（特に高層建物）の区分所有に基く法律関係につき、特別の立法の必要はないか。」との記載がある。そうすると、私法学会の報告の内容の準備に法務省民事局も助力していたのかもしれない。

(51) この書き込みの内容と、「借地借家法改正の主要問題点」ジュリ 117 号 3 頁（1956 年）の内容とは一致している。

(52) 我妻栄「借地借家関係法改正についての主要問題点」私法 17 号 6 頁（1957 年）。

沢での議論のように、相隣者間の共有と（敷地利用権を含む）全員の共有の部分とを区別しているだけでなく、これらを結合したものと考えている。

建物・敷地・共同利用地の管理については、我妻文書の書き込みでは組合の成立を認めるかとのみ書かれているところ、軽井沢での議論を反映してか、私法では、「当然に組合の成立を認めて管理方法などにつき組合規約を作らせ作らないときに法律の規定を補充的に適用するのはどうか」と問題提起をされている。

5 法務省民事局による調査

この後、昭和32年から34年にかけて、法務省民事局は、企業担保法の立法や借地借家法の改正作業と並行して、区分所有法についての調査や資料収集を行っていたようである。

すなわち、まず、（区分所有法の立案担当官である）川島一郎氏が、ドイツ・スイス・イタリー・オーストリー・フランス・イギリス・アメリカなどについて、借地借家法だけでなく、階層所有権に関しても、調査をしてきている。[53]この調査が行われた時期については、昭和32年の後半（5月末か6月初め）から昭和33年初頭（または昭和32年末）にかけてであろう。というのは、この調査の期間は、約7ヶ月であった。[54]そして、昭和32年5月15日に開催された借地借家法案協議会の記録に、「■■■■および■■■■が欧州諸国の借地借家制度調査の目的をもかねて、近日、六月ないし八月間の予定で渡欧する」と記載がされている。さらに、昭和33年2月22日に開催された同協議会の記録には、「■■■■から、スイス、ドイツ、フランス、イギリスの各国借地借家制度の視察結果に基いて帰朝報告をきいた」との記述がある。[56]からである。

---

(53) 鈴木重信ほか「借地借家法改正要綱試案をめぐって」ジュリ196号31頁（1960年）（水田耕一発言）。

(54) 鈴木ほか・前掲注（53）31頁（水田耕一発言）。

(55) 「借地借家法案協議会第二十二回会議経過（十七）」（昭三二、五、一六民印）。本文で■にした部分は、開示決定において一部非開示とされた部分である。

(56) 「借地借家法案協議会第二十六回会議経過（二十）」（昭三三、二、二七民印）。これらの記載を総合すると、昭和32年の後半（5月末か6月初め）から昭和33年初頭にかけて調査が行われたと推測すると、約7ヶ月という調査期間と帳尻が合うからである。この様に、昭和32年には

この様にして川島氏が収集してきた資料を基に、昭和33年の後半から、法務省民事局は、借地借家法の改正作業と平行しつつ、区分所有権について立法するための準備として資料を作成し始めたようである。というのは、「建物の区分所有関係を規律する法律立案上の基本問題」[57]——別稿で述べる「法制審議会民法部会財産法小委員会準備会」で検討された案——が同年10月1日付で作成されただけでなく、外国法の翻訳等がなされたのも、資料に付せられた日付けから判断すると、同月から昭和34年にかけてだからである。

　もっとも、この時期に作成された資料について借地借家法準備会が検討したかは、疑問である。というのは、これらの資料は別稿で述べる、区分所有法を検討する準備会（法制審議会民法部会財産法小委員会準備会）の資料として昭和35年10月24日に構成員に送付されたものであるからである[59]。さらには、我妻博士は、時系列ごとに分類して書類を綴やファイルに綴じたうえで、目次をつけている——後に別のファイルなどに移した場合には、目次にその旨を記載されている——にもかかわらず、借地借家法改正準備会に関係する綴やファイルに、これらの資料が収められていないし、これらの綴りやファイルの目次にも記載がない。そうだとすると、法務省民事局でこれらの資料は作成されたものの、作成された時点では我妻博士をはじめとする借地借家法

階層所有権の調査が必要だと考えられていた。

　なお、星野博士は、昭和31年9月からフランスに留学された（「星野英一先生略歴」星野英一追悼『日本民法学の新たな時代』（有斐閣、2015年）1047頁）際に「当時日本でも問題になり始めていた区分所有権をやろうと思いました」（星野・前掲注（30）99〜100頁）と回想されている。

(57)　「建物の区分所有関係を規律する法律立案上の基本問題」（昭和三三、一〇、一民参印）「『民法部会　財産法小委員会資料　区分所有権』ファイル」（我妻【4】／11／1.／1））所収。

(58)　「区分所有権に関するアルヘンティナの法律」（昭三四、一一、二〇民参印）、「数個の部屋に分割された不動産の共有規定を規整することを目的とする一九三八年六月二十八日付法律（仮訳）」（昭三三、一〇、一民参印）、「区分所有権に関するメキシイコの法律」（昭三四、一一、二〇民参印）、「住居所有権及び継続的居住権に関する法律（住居所有権法）」（昭三三、一〇、一五民参印）、「オーストリア『住居所有権法』」（手書きで「（昭和三三、一〇、一民参印）」と書かれている）、「区分所有権に関するイタリア法律」（昭三四、一一、二〇民参印）、「〔註〕一九三八年六月二十八日付法律について。（Colin et Capitant, Traité de Droit Civil による）」（昭三三、一〇、一民参印）。以上の資料のすべては、前掲注（57）「『民法部会　財産法小委員会資料　区分所有権』ファイル」に収録されている。

(59)　法務省民事局参事官室「資料の送付について」（昭和35年10月24日付）——前掲注（57）「『民法部会　財産法小委員会資料　区分所有権』ファイル」に挟み込まれていたもの——を参照。

改正準備会の構成員には配布されていなかったのではないか。

Ⅳ　市街地改造法のための立法とする見解への疑問

　市街地改造法を実施するために区分所有法の立案が求められたと従来いわれている。確かに、前述したように、民事局の関係者も、都市計画を実現する体制を整備するためにも借地借家法等の改正が必要なことを意識していた。さらに、我妻博士も、「公共用地取得特別措置法」が成立し、道路を広げて、いわゆる下駄ばき住宅を作ることを規定したことに言及し、だからこそ「区分所有権」の法律を作らねばならない、と述べている。

　しかし、前述の発言は推測にすぎない。前述したように、借地借家法の改正の当初——市街地改造法の制定される5年近く前——から、区分所有について立法する必要があることが、認識されていた。

　また、先に引用した我妻博士の文章についても、我妻博士は、アパートが増えているので、新しい法律を作る必要がある旨をまず述べている。そして、アパートが分譲された場合に骨格やエレベーターをどの範囲の人の共有とすべきかを、規定する新しい法律が必要になった、と述べる。そして、この文章の末尾で、「区分所有権」の法律を早く作る必要がある理由として、日本人は共同生活が下手で問題が起きやすいことをまず挙げた上で、最後に前述した「公共用地取得特別措置法」について言及しているにすぎない。つまり、我妻博士は、区分所有法の立法作業を急ぐ理由を述べる際に、アパートが増加し問題が生じていることだけでなく、だめ押しのように、市街地改造法も成立したからなおのこと区分所有法の立法が必要なことを述べているにすぎない。

---

(60)　例えば、石田喜久夫ほか「『建物の区分所有等に関する法律』をめぐつて」民商46巻2号271～272頁（特に271頁の柚木馨博士の発言）（1962年）参照。

(61)　我妻・前掲注（31）118頁。

(62)　紙数の関係から詳細については別稿で述べるけれども、区分所有法の制定では法制審議会民法部会財産法小委員会準備会が、中心的な役割を果たしたところ、この座談会の出席者は、この準備会の構成員ではない。

(63)　我妻・前掲注（31）117頁。

(64)　我妻・前掲注（31）118頁。

さらに、決定的な証拠ではないけれども、法制審議会民法部会財産法小委員会準備会で市街地改造法の内容が書かれた書類が配布されたのは、昭和36年6月であろう。というのは、この法律及び施行令（案）について書かれた書面は、同準備会関係のファイルに、「参考案修正」（「昭三六・五・三〇」と書き込みがされている）と「管理規則に関する検討項目（参考案五の参考）」（昭三六、六、一〇民参二印）との間に挟まれている。さらに、前述の書類に「三六・六・一法一〇九として公布」と書かれているからである。

　なお、玉田教授は、市街地改造法が昭和36年に国会で審議された際の答弁を根拠として述べている。しかし、この答弁が述べていることは、あくまでも共同建築物の共有部分の管理について法務省民事局が区分所有について特別の立法措置を検討していることでしかない。前述したように、法務省民事局では昭和33年の秋から本格的に資料を準備していた。さらに、この答弁がされたのは、昭和36年4月18日であり、別稿で既に述べたように、既にこの時には、小委員会は、準備会で区分所有法の要綱を作成することを承認していた。そうすると、この発言は、市街地改造法を実施するために区分所有法の立案が求められた根拠とはならないのではないか。

　そうだとすると、玉田教授ご自身が既に指摘されているように、市街地改造・再開発とは距離を置いて区分所有法の立法作業がされたのであり、審議経過・立案参考資料などを通して推測しうる限りでは、市街地改造のための必要性はほとんど参考にされなかった、と言ってよい。

---

(65)　「『建物区分所有権準備会』ファイル」〔我妻【4】／11／1.／2)〕。

(66)　玉田弘毅「区分所有法の基本問題」『建物区分所有法の現代的課題』（商事法務研究会、1981年）47頁および51頁注12（初出1966年）。

(67)　第38回国会参議院建設委員会会議録21号1頁（關盛吉雄発言）。同2頁（同発言）についても、前年（昭和35年）の段階で、法務省民事局も区分所有について検討すべき事項として了解していたことを述べているにすぎない。これについても、前述の通り、法務省民事局はそれ以前から資料を収集したりしていたので、この答弁も、市街地改造法のために区分所有の問題が取り上げられた根拠にはならない。

(68)　大山和寿「区分所有法旧六条の形成過程」藤岡康宏古稀『民法学における古典と革新』（成文堂、2011年）146頁。

(69)　玉田・前掲注（66）52〜53頁および54頁。但し、玉田教授は、同論文の全体においては、市街地改造・再開発施策立法を補完する法律として区分所有法の立法化を推進する圧力が加えられたと評価している（同55頁参照）。

V おわりに

　本稿においては、主に我妻栄関係文書所収の原資料に基づいて、区分所有法が本格的に検討される以前の経緯を紹介してきた。この経緯からは、区分所有の問題が、借地借家法改正の問題として当初から一貫して取り上げられていたことであり、市街地改造法のために急遽取り上げられるに至ったわけではないことを示した。

　本稿に残された課題は大きい。区分所有法の検討が本格化してからの経緯については、別稿に譲らざるをえない。本稿に関する限りでも、借地借家法改正準備会と借地借家法案協議会との関係や、借地借家法案協議会の構成員については、解明することができなかった。これらについては他日を期したい。

マンション区分所有者団体の法的性質に関する一考察
──区分所有関係の法解釈基準として──

野　口　大　作

```
┌──────────────────────────────┐
│ Ⅰ　はじめに                                      │
│ Ⅱ　判例の動向と分析                              │
│ Ⅲ　立法担当者の見解                              │
│ Ⅳ　代表的な学説                                  │
│ Ⅴ　考察                                          │
│ Ⅵ　おわりに                                      │
└──────────────────────────────┘
```

Ⅰ　はじめに

　建物の区分所有等に関する法律（以下、「区分所有法」または「法」という）は、「区分所有者は、全員で、建物並びにその敷地及び附属施設の管理を行うための団体を構成し、この法律の定めるところにより、集会を開き、規約を定め、及び管理者を置くことができる。」（3条）と規定し、マンションの管理については、区分所有者が全員で構成する「区分所有者の団体」（管理団体）によって行うことを法定している。この規定は、1962年の制定時には条文がなく、1983年の改正によって明文化されたものであり、この団体は、条文上「管理組合」という表現は用いられていないが、一般的には、「管理組合」とよばれている。マンションの管理の適正化の推進に関する法律（以下、「管理適正化法」という）は、この「管理組合」を「マンションの管理を行う法3条若しくは65条に規定する団体または法47条1項に規定する法人をいう」と定義づけ（2条3号）、各条文にも用い（3~5条、72条）、また、国交省によるマンション標準管理規約も、区分所有者は、全員をもって「管理組

合」を構成する（6条）としている。

この区分所有者の団体については、法3条でその法的性質を明確にしていないこともあり、その法的性質は、管理組合という名のとおり「民法上の組合」であって、区分所有法に規定のある事項以外については、民法の667条以下の組合規定が適用されるか、それとも、この団体は、組織化された団体であり、法人となるに適した実体を持ちながら法人格を得ていない「権利能力なき社団」として法人規定が適用されるかが争われてきた。また、立法担当者においても、後述のように、1962年の制定当時の担当者は、「民法上の組合」、1983年の改正当時の担当者は、「権利能力なき社団」とし、解釈の違いがあった。さらに、近時、区分所有者の団体の法的性質に関するいくつかの注目すべき判決も下されている。

本論文では、区分所有者の団体の法的性質に関して、近時の判例を概観するとともに、立法者の見解及び学説について確認したうえで、権利能力なき社団一般に関する学説（伝統的な峻別論、それに対峙する類型論及び機能論）も踏まえながら、区分所有者団体の法的性質について、考察するものである。

なお、結論を先取りすれば、区分所有法の条文が欠缺する部分の解釈において、伝統的な通説である峻別論を解釈のバックボーンとして用いることに一定の意義がないわけではないが、区分所有関係における特殊性を踏まえると、権利能力なき社団一般に関する類型論及び機能論は説得的であり、私見は、解釈の参考として一応伝統的峻別論に立って、区分所有者団体の法的性質は、今日においては、一般的に、権利能力なき社団として解釈し、法の欠缺部分については、区分所有法における管理組合法人に規定があればそれを類推適用し、管理組合法人に規定がない場合には、一般社団法人及び一般財団法人に関する法律（以下、「一般法人法」という）の規定を類推適用できないかを検討する。他方、特に、区分所有者の団体に、団体としての財産上の独立性（財産管理も含めて）がないまたは疑わしい場合には、例外として民法上の組合と解釈し、効果の側面を十分に考慮した上で、民法上の組合規定を類推適用できないかを検討する。ただし、これらの手法を安易に用いるのではなく、基本的には、区分所有の特殊性を念頭において、独自に解釈することが必要であると考えている。また、今後の立法論としては、マンション区分

所有における実務の現実と将来を見据えて、民法上の組合や権利能力なき社団の解釈に頼ることなく、既存条文における理論的に不都合な部分を改正するとともに、各種条文の欠缺を補充しながら、区分所有の特殊性及び今後の活用性を踏まえた独自の法制度を構築していくべきであると考える。以下、検討を加えていく⁽¹⁾。

Ⅱ　判例の動向と分析

1　判例の動向

　区分所有者の団体（管理団体）が、権利能力なき社団か民法上の組合かが争われた代表的な判例として、以下の判例があり、【1】は、区分所有者の団体の訴訟当事者能力に関して権利能力なき社団性が争われ、【4】は、一部の区分所有者が当該区分所有者団体は民法上の組合にあたるとして、自らが当事者適格を有することを前提に訴えを提起した事案である。【2】は、区分所有者団体が、総会が開催されていなかった当時の団体は民法上の組合であり、前理事長は組合の業務執行者として管理費等の受取物引渡義務を負うとして、前理事長の相続人に管理費等の不足分を請求した事案であり、【3】は、総会等を長年開催せず、管理費等も徴収・管理していなかった形式上の区分所有者団体が、管理費等を滞納している区分所有者に対して、権利能力なき社団として支払いを求めた事案である。

【1】大阪地判昭和 57 年 10 月 22 日「中之島ロイヤルハイツ事件（管理費等請求事件）」判時 1068 号 85 頁、判タ 487 号 106 頁

①事実の概要

　X1 は、大阪の都心にある 11 階建総戸数 66 戸（うち約 30 戸弱は未売却）の管理組合であるが、建築分譲業者である Y 社が、未売建物部分が生じ区分所有者の地位にとどまっていたところ、管理費等の一部を支払ったものの、

（1）　なお、法 3 条における区分所有建物等の管理を行うための団体の名称については、後述のように、その法的性質から管理組合と呼ぶことは本来不適切であり、「区分所有者の団体」や「（マンション）管理団体」と呼ぶべきであるが、「管理組合」という名称は、長年の慣行及び一般用語として定着し、区分所有法における「管理組合法人」の名称、管理適正化法等でも明文で用いられていることから、本論文でも、必要に応じて使用することとする。

約202万円の残額を滞納していたため、X1代表者理事長Aが、Yに対して
その支払いを請求した事案である。Yは、X1による権利能力なき社団の主
張を認めず、X1の当事者能力を争った。なお、X2株式会社は、Yとの間
で締結した本件建物の管理を目的とする請負契約に基づく、請負代金140万
円の支払いを訴求している。

②判旨：請求認容

X1管理組合は、1962年法23条に基づく規約により建物等の維持管理及
び環境の安全性・快適性を確保することを目的として本件区分所有者によっ
て結成され、規約によれば、本件区分所有者は区分所有権を取得すると同時
に当然に管理組合の組合員となり、全員で集会が構成され、定期集会、臨時
集会が招集されること、区分所有者は共有持分に応じた議決権を有し、集会
の議事は2分の1以上の議決権を有する区分所有者の出席の下に議決権の過
半数で決すること等が定められていること、X1管理組合の代表理事にはA
が就任し、Yから管理業務を引き継いでおり、Yもその実態を承認してい
たことから、「X1は、団体としての組織を持ち、代表者の定め、各区分所
有者の意思決定機関である集会の運営等団体としての主要な点は確定してお
り、かつ現実に管理業務を行っていたものであるから、権利能力なき社団と
して、当事者能力を有する（民訴法46条）ものと解するのが相当である」と
した。なお、本件規約は、代表者の選任方法等の規定を欠いていたが、A
が各区分所有者の総意の下に理事長なる名称で代表業務に従事している実態
を否定しえないから、規約文言の欠落は本認定を左右しないとしている。

【2】東京地判平成25年3月12日「東京大田区マンション事件（受取物引
渡請求事件）」LEX/DB文献番号25511451

①事実の概要

Xマンション（総戸数不明）は、Eが昭和51年頃に建設して管理業務を行
っていたところ、同人が昭和61年に死亡後、Dが管理業務を引き継ぎ、平
成元年に本件口座を開設し、各区分所有者はDに管理費等を支払い、Dは、
管理組合を代表して工事等の調整や回覧を回すなどのとりまとめを行ってい
た。平成21年にDが死亡した後、平成22年3月に総会が開催され、Fが
理事長に選任され、本件口座が引き継がれたところ、口座開設からD死亡

までの間の計算上の管理費等合計額から、滞納分と管理等の支払費用と口座残額を差し引くと不足分約659万円が生じた。X管理組合は、本件では、組合契約が締結されDが業務執行者に選任され、その後、本件組合の債権債務関係の全てを含む財産がXに引き継がれたため，Dは、民法671条の準用する民法646条1項の受取物返還義務を負うと主張し、Dの相続人Y1Y2に対して受取物返還義務があるとして訴求した。これに対して、Yらは、DはXの理事長に選任されておらず、委任ないし準委任契約が成立しないから、その相続もないなどと主張した。なお、管理規約は、昭和51年から施行され、規約には、組合員の資格や役員の選任、理事長が区分所有法上の管理者となる旨、役員として理事長・会計各1名を置く旨、役員は総会で選任することが定められていたが、平成22年頃までに総会が開催された証拠はない。

②判旨：一部認容、一部棄却

東京地裁は、「Xには本件規約が存在していたために、団体としての組織を備え、構成員の変更にもかかわらず団体そのものが存続するということができるが、少なくとも、平成22年3月14日に、Xにおいて総会が開催され、Fが理事長に選任されるまでは、Xにおいて総会が開催されたことを認めるに足る証拠はないのであるから、多数決の原則が行われていたということはできない。したがって、Xが社団としての実態を備えていたものということはできないというべきであって、同日以前のXがいわゆる権利能力なき社団に該当するということはできない。そうすると、平成22年3月14日にXにおいて総会が開催され、Fが理事長に選任されるまで、Xは、社団としての実態を備えていない以上、民法上の組合としての法的性質を有していたものと解される」（傍点は筆者）とし、DがEから管理業務を引き継ぎ、各区分所有者は管理費等をDに支払っていた等の事情に照らすと、本件管理組合の構成員は、Dが本件管理組合のために業務執行していたことを認識し認容していたから、本件管理組合の構成員は，訴外Dに、業務執行を委任していたというべきであり、Dは、本件管理組合の業務執行組合員の地位にあったとした。しかし、先の総会の開催、Fの理事長選任により、「本件規約の存在とあいまって、Xは、団体としての組織を備え、多数

決の原則が行われ、構成員の変更にかかわらず団体そのものが存続し、その組織において代表の方法、総会の運営、財産の管理その他団体としての主要な点が確定することとなったものというべきであり、これにより、Xは、社団としての実態を備えたこととなる。しかし、Xが社団としての実態を備えたとしても、権利能力を有するものではなく（いわゆる権利能力なき社団）、Xに係る権利義務は、Xの構成員に総有的に帰属すると解される」（傍点は筆者）とした。他方、「民法上の組合の組合財産も、総組合員の共有に属するのであるから（民法668条）、その財産が本件マンションの管理組合の構成員に帰属するという意味において異なるものではなく、Xが社団としての実態を備えたとしても、従前の権利義務はなおXとの関係で存続するものというべきである」とし、したがって、Dが業務執行組合員として本件管理組合との間で存在した権利義務は、本件管理組合そのものであるXとの関係でも存続するとし、Dは、Xに対し、民法671条の準用する同法646条1項の受取物返還義務を負うとして、Xの請求額からDの収受すべき管理料を差し引いた約527万円のみの受取物返還請求を認容した。

【3】 東京地判平成 27 年 2 月 18 日 「八王子マンション事件（未払管理費等請求事件）」判時 2288 号 70 頁

①事実の概要

　Xは、本件商業ビルの管理組合、Aは代表者理事長、Yは区分所有者である。本件建物は、物件1〜5の5つの専有部分と共用部分からなる建物であり、Yは、平成元年に物件5を取得し、Aは、平成2年に物件2〜4を取得し、平成13年9月にその登記名義をC社（代表取締役は、平成17〜26年まではAの妻B、それ以降はA）に移転した。Cは、平成13年までに、ビルの敷地も単独所有とした後、平成16年には物件1を購入し、本件ビルの区分所有者は、CとYの2名のみとなった。Cは、平成21年に物件1の構造を変更し、ここから物件6及び物件7を区分し、物件6をBに、物件7をD社に売却し、登記を各々に移転した（結局、区分所有者は、C、B、D、Yの4名となった）。なお、C社とD社は、いずれも本店を同一の場所に置き、夫婦であるA及びBのみが取締役を務める会社である。

　Aは、平成21年、本件総会を開催したところ、B、C社からA、D社か

ら従業員のEが出席し（Yは欠席）、Xの設立等の議案が承認（一部議案は修正）され、役員は理事2名（うち1名は理事長A、副理事長B）監事1名Fで任期は2年、管理者をCとすること、管理費及び修繕積立金の徴収月額等が決定されたが、管理規約として書面化されないまま5年近く放置された。また、本件総会後、X名義の預貯金口座は開設されず、定期総会の開催もなく、年度ごとの決算及び会計報告、役員の改選も一切行われないままであった。Cは、平成22年頃、B及びDとの間で、物件6、7について、管理委託契約を締結し、C名義で他に賃貸し賃料を収受したうえで、B・Dに引き渡すべき賃料と、B・DがCに支払うべき地代、管理委託費用、管理費及び修繕積立金とを相殺する会計処理を行い、計算上、管理者CがXの管理費及び修繕積立金を収受したことにしていた。

　Xは、平成25年に臨時総会を開催し、理事長をAとする件、地下1階の耐震補強工事を実施しその費用を持分割合に応じて請求する件などについて、欠席したY以外の区分所有者全員の賛成により承認した。さらに、平成26年に、臨時総会を開催し、それまでの会計報告及び書面化した管理規約について、欠席したYを除いた区分所有者全員の賛成により承認し、その後、自己名義の銀行預金口座を開設した。この口座には、C、D、B名義で平成21年10月〜26年10月までの管理費及び修繕積立金合計約1,000万円が振り込まれたが、Xは、Cに対する債務の弁済を理由に、900万円をCに支払ったが、Cが行ったとされる機械警備消防点検及びビル総合管理料の約287万円の債務は、前記会計報告には記載のないものであった。

　X管理組合は、自らは権利能力のない社団であり、法3条所定の区分所有者の団体であると主張し、Xは、設立当初より管理費等を滞納していたYに対して、規約に基づく管理費及び修繕積立金約184万円と総会決議及び法19条に基づく耐震補強工事費用負担金約225万円を訴求したところ、Yは、Xが本件総会により管理組合として設立されたことを否認し、Cは、過半数の議決要件を充たすために、平成21年に物件1を恣意的に構造変更し、これを関連会社に譲渡することによって、脱法的にYが反対しても4分の3の賛成により、あらゆる内容の決議をできるようにし、Xを設立したのであり、その実態はCと同一であり、その会計もCと区分されないま

まで財政基盤を持たないものであったとして、Xは権利能力なき社団ではないと争った。

②判旨：請求棄却

東京地裁は、Xが権利能力なき社団として認められるためには、最判昭和39年における要件⁽²⁾を充足する必要があるとし、「ただし、これらのうち財産的側面については、固定資産ないし基本的財産を有していなくても、団体として、内部的に運営し、対外的に活動するのに必要な収入を得る仕組みが確保され、かつその収支を管理する体制が備わっているなど、他の事情と併せて総合的に観察した結果、権利能力のない社団に当たるというべき場合もある」（最判平成14年6月7日民集56巻5号899頁）としたが、Xは、「権利能力のない社団として存立していると評価するに足りる団体としての実体を備えたとはいえず、その構成員に総有的に権利義務が帰属するという法的効果を受けることはできない」と判示し、Xの請求はすべて理由がないとして棄却した。

その理由として、Xは、(1) 組織運営に関する諸事項を本件総会で決議したものの、これを書面化しなかったため、法30条5項違反の状態が約5年間放置されたほか、その内容についてもCが区分所有者でなくなった場合にはXの団体としての存続が著しく困難となること、(2) 本件総会後約5年間も定時総会が未開催で、そのため役員も改選がなされず、Xの組織は当初から全く形骸化し、自律的な運営は期待できない状況にあり、多数決も臨時総会でのみ機能しているに過ぎないこと、(3) X固有の管理費等の入金預金口座が約5年間開設されず、管理者Cは、この間全区分所有者から管理費等を現実に収受せず、口座が開設されて入金があっても、その大半は、Cに不透明に支払われているから、Xにおいて透明性の低い会計処理が行われ、説明責任の果たされた収支管理体制は確立されていなかったことを挙げている。

（2） 最判昭和39年10月15日民集18巻8号1671頁による、①団体としての組織を備えること、②多数決の原則によって団体の意思決定が行われること、③構成員の変更にかかわらず団体が存続すること、④その組織によって代表の方法・総会の運営・財産の管理その他団体としての主要な点が確定していることの4つの要件である。

【4】 東京地判平成 27 年 6 月 25 日「勝どき中央ロードス事件（管理費等請求事件）」LEX/DB 文献番号 25511451

①事実の概要

本件マンションは、地下 2 階地上 11 階建て、低層階を駐車場・店舗・事務所部分として建築された総戸数 46 戸の区分所有建物であり、X ら（区分所有者 10 名）は、本件マンションにおける持分割合合計 1 万分の 1289 の区分所有者であり、Y1 社は、地下 1・2 階の駐車場、1〜3 階の事務所・居宅部分のほか、4〜11 階における 16 戸の居宅部分を所有し、持分割合合計 1 万分の 6545 の区分所有者であり、Y2 は Y1 の代表取締役である。

X らは、Y らに対して、本件マンションの管理組合である A が Y らに対して有する、月額約 17 万円の駐車場の管理費等の支払義務確認請求権、管理費等の滞納金約 5,952 万円の支払請求権、Y らの外壁への看板設置等を共同不法行為として使用料相当額の支払請求権などを、主位的に法 18 条 1 項但書の保存行為として、予備的に債権者代位権の行使、または、民法上の組合である A の常務（民法 670 条 3 項）として、個々の区分所有者が単独で行使できるなどと主張したほか、Y1 に対して、理事長であったのに管理費等の請求を怠り時効消滅させたことが善管注意義務違反にあたるとして損害賠償を請求した。これに対して、Y らは、X らに当事者適格がない、本件各請求権は保存行為に当たらず、管理費等の不払いは共同利益背反行為としてその是正を請求すれば足り債権者代位権を行使する必要はない、本件管理組合 A は、民法上の組合ではなく、A が有する管理費等の支払請求権の行使も組合の常務にあたらないなどと抗弁した。

②判旨：却下

「本件管理組合は、本件旧規約及び本件規約に基づき議決機関である総会、業務執行及び代表機関である理事長等が設置され、総会における議案の可決には議決権を有する組合員の過半数の賛成を必要とする多数決の原則が行われ、団体自治に関する主要な点が確定されているとともに、管理費等やそれ以外の費用の負担に関する定めや収入及び支出に関する定めにより財産の管理に関する主要な点が確定されており、かつ、団体の構成員である区分所有者の変更があっても区分所有関係が存続する限り、団体として存続するもの

であることが認められるから、権利能力なき社団であるというべきである。」

「そうすると、Xらが本件管理組合に帰属すると主張する本件各請求権は、いずれも本件管理組合の構成員全員に総有的に帰属することになり、訴訟をもってかかる請求権を行使する場合には、本件管理組合が本件規約に定められた方法によって訴えを提起するか、管理者を選任してこれを通じて訴えを提起する方法によるべきであり、組合員である個々の区分所有者に当該訴訟を追行し得る地位を認めることはできない（なお、区分所有者が共用部分に係る共有持分権を侵害されたとして訴えを提起するのであれば当事者適格が肯定される余地があるが、XらはXらの共有持分に応じた金額を請求するものではないと主張した）。」

「本件管理組合は権利能力なき社団であると認められるのであり、本件旧規約及び本件規約上、本件管理組合が民法上の組合であることをうかがわせる条項は見当たらず、他に本件管理組合を民法上の組合であると認めるに足りる証拠もないから、Xらの上記主張は採用できない。」

「以上検討したところによれば、Xらには本件各請求について当事者適格がなく、その余の点を判断するまでもなく、本件各訴えは不適法である。」

2　判例の分析

いずれの判決も、最判昭和39年における権利能力なき社団の4つの成立要件をあてはめながら、管理組合の実体を重視して判断している[3]。上記のいずれの事案も管理規約は存在していた（ただし、【3】では、5年間書面化されなかった）が、【2】及び【3】では、総会が長期開催されなかったため、多数決原則は全く実践されず、【2】については、Dが分譲業者Eのワンマン的管理を引き継いで行っていたのみで、それは規約や総会決議に基づいたものではなく、管理組合は総会開催までは社団としての実体を備えてはいなかったとして社団性が否定され、いわゆる団体二分論によって、総会開催までのX管理組合は、権利能力なき社団ではない以上、民法上の組合とされた。

（3）　最判昭和39年は、事案のあてはめのところで、「それ自体の組織を有し、そこには多数決の原則が行なわれ構成員の変更に拘らず存続をつづけ、前記の本部とは異なる独立の存在を有する権利能力のない社団としての実体をそなえていたものと認められるのである。」（傍点は筆者）としていること、権利能力なき社団は、法人と同様の実体を有することから、法人の規定を類推しようとする理論である以上、組織の実体の存在が重視されることになるのは当然である。

また、【3】については、X管理組合は、当初から全く形骸化し、自律的な運営が行われていなかったのみならず、特に財産的側面に着目し、長期間の管理費等の口座の未開設、不透明な会計処理等から、財産管理体制は全く確立していなかったことから、Xは、権利能力なき社団として評価できる実体がなかったと認定された（ただし、【2】のように、権利能力なき社団ではないからといって、民法上の組合であるとは述べていない）。

　ただし、【2】においては、たとえ総会開催までの管理組合が権利能力なき社団と認定されたとしても、一般法人法64条を類推適用すれば、委任規定が準用されるから、判決と同じ結論となったと考えられる。他方、【3】においては、X管理組合の権利能力なき社団性が否定され、Xは、Yに対して総会決議の決議事項を有効として対抗できないことになるが、Yは当初から管理費等を支払っていないことから、共用部分の負担がすでに生じていた場合には、Yには、法19条により持分に応じた負担義務が生じ、そのまま滞納を続ければ、共同利益背反行為（法6条1項、57条以下）としてその責任を追及される可能性がある。権利能力なき社団が否定されて、Xが民法上の組合であるとすれば、当初からの管理費不払いを民法669条の金銭出資の不履行とみて、これを類推適用しYに損害賠償請求を認めることもできそうであるが、前述のとおり、区分所有法の規定を適用するだけで事足りるのであり、判決による権利能力なき社団性の否定は、X管理組合の不適切な運営・決定を否定する機能だけ有しているといえよう。

　これに対して、【1】【4】では、規約の存在とともに、集会の開催、議決権の過半数による議決、代表者の定めとその設置が認定され、【4】については、財産管理についても触れられている。なお、【1】においては、規約に代表者の選任方法の規定がなかったが、理事長Aは、区分所有者の総意の下に代表者となり、管理業務をYから引き継ぎ、代表業務に従事している実態が重視され、結論を左右するものではないとされて、権利能力なき社団として認容されている。

　ただし、【1】については、たとえ管理組合が権利の能力なき社団ではなく、民法上の組合とされても、判例によれば、代表者が定められている組合には当事者能力が認められているから、結論は異ならないであろう。これに

対して、【4】については、管理組合が権利能力なき社団ではなく、民法上の組合とすると、組合契約に基づいて、業務執行組合員に自己の名で組合を管理し、組合財産に関する訴訟を追行する権限が授与されている場合には、民訴法30条（旧47条）による選定手続によらなくても、特段の事情のない限り、許容されるから、Xらの中にそのような業務執行組合員がいれば、当事者適格は認められることになり、結論は異なってくるであろう。

Ⅲ　立法担当者の見解

1　1962年法の立法担当者川島一郎の見解（「民法上の組合」）

　1962年制定法における法務省立法担当者の川島一郎は、区分所有法の制定にあたり、「区分所有者の団体を一種の管理組合的なものとして規定することの可否、これに法人格を与える方法等も検討されたが、管理組合的な制度は規約によっても定め得るし、これに法人格まで与える必要はないという理由で、これに関する規定を置くことも、一応見送られることとなった」としながらも、旧18条の管理者に関する解説のところでは、「実質的に見ると、各区分所有者は、一種の組合的結合関係にあり」（傍点は筆者）、「この法律による規約で、区分所有者を組合員とする組合契約のようなものを定め、その業務執行者を管理者として選任することは、もとよりさしつかえない」（傍点は筆者）としている。また、後述のように、1962年の制定に深く関わったとみられる我妻博士が区分所有者の団体を「民法上の組合」としていたことからも、立法担当者である川島一郎は、立法当時、区分所有者の団体を「民法上の組合」と考えていたようである。

　ただし、川島一郎は、「管理者は、その業務の執行者であるから、この代

（4）　最判昭和37年12月18日民集16巻12号2422頁。これは、組合が社団と質的差異こそあれ団体性を有することから、代表者の定めがある組合についてだけ訴訟の便宜―訴訟行為の統一化―のために技術的見地より処理したものであるとされている（鈴木禄彌編『新版　注釈民法（17）　債権（8）』（有斐閣、1993年）115頁〔森泉章執筆部分〕）。

（5）　最判昭和45年11月11日民集24巻12号1854頁。

（6）　川島一郎「建物の区分所有等に関する法律の解説（上）」曹時14巻6号842頁。

（7）　川島一郎「建物の区分所有等に関する法律の解説（下）」曹時14巻8号1240頁。

（8）　川島一郎・前掲注（7）1240頁の注（1）。

理権は、管理者にその対外的な代表資格を与えたもののようにも考えられる
であろう。しかし、この法律は、区分所有者の団体なるものを規定上明確に
していないので、本条第2項の解釈としては、右の管理者の代理権は、個々
の区分所有者を代理する権限であると解するほかはない。」（傍点は筆者）[9] とし
ている。また、立法後に書いた注釈民法における旧18条に関する解説では、[10]
「区分所有者は、管理者を選任するような場合には、一種の団体的結合関係
にあるとみられるから、管理者は区分所有者の業務執行者であり、管理者の
代理権はその団体の代表権のように考えられないではない。しかし、本法は
規定上から団体を認めていないので、管理者の代理権は、個個の区分所有者
を代理する権限であると解するほかはない。」（傍点は筆者）として、その表現
は、若干揺れているが、川島一郎は、基本的に区分所有者の団体を「民法上
の組合」とみていたといってよい。

　なお、川島一郎は、注釈民法における旧8条「共用部分の共有」に関する
解説において、共用部分の共有は、建物の区分所有という共同の目的のため
に認められたものであって、その趣旨を活かすためには、分割請求や持分譲
渡を禁止する必要があるから、個人主義的構成の下に、分割の自由と持分譲
渡の自由とを認めることをその特質とする民法物権編の共有とは、その法的
性質が異なるとし、したがって、「共用部分の共有は、一種の合有たる性質
を有するものとみるべきである」としている。[11]

2　1983年改正法の立法担当者濱崎恭生の見解（「権利能力なき社団」ただし、一部は、「民法上の組合」）

　1983年の区分所有法改正における立法担当者である濱崎は、法3条の規
定について、管理組合の社団性を極めて明確にしていた改正要綱試案に比し
て、改正法律では「管理組合」いう用語は用いられず、[12] 法65条とともに、

（9）　川島一郎・前掲注（7）1240頁。

（10）　川島武宜編『注釈民法（7）　物権（2）』（有斐閣、1968年）387頁〔川島一郎執筆部分〕。

（11）　川島一郎・前掲注（10）377頁。

（12）　改正要綱試案では、「第三 管理組合」において、管理組合の成立として、「区分所有者は、
　　建物……並びにその敷地及び附属施設の管理に関する事業を行うことを目的とする団体（以下
　　「管理組合」という。）の構成員であるものとすること。」と規定し（濱崎恭生「建物の区分所有
　　等に関する法律の改正について（一）」曹時37巻2号348頁）、改正要綱案も、「区分所有者は、

間接的に団体の存在を明らかにする形にとどめられ、「管理組合の債務」等の表現も姿を消し、団体の社団性の表現が後退・抽象化されたものの、「集会、規約、管理者、団体の内部関係、対外関係等についての社団法的理解の基礎を与えるものである」(傍点は筆者)[14]とし、実質において改正要綱試案と変わるところはないとしている。そして、本条の団体は、特段の法的な性格づけはなされていないが、最判昭和39年10月15日における「権利能力なき社団」の要件は、ほぼ本法自体によって充足していると考えられるから、「この団体が本法の定める集会、規約、管理者等に関する規定に従って機能する限りにおいては、社団に該当するものと解すべき」とし、「本法に明文の規定のないところは、いわゆる権利能力なき社団に関する解釈理論が妥当する」としている(いずれも傍点は筆者)[15]。なお、棟割長屋、タウンハウスその他小規模区分所有建物であっても、管理者を定め、定時に集会を開くなど、本法の規定による団体的管理を恒常的に遂行している場合には、一般的に社団と解して差し支えないとする(ただし、団体的管理を恒常的に遂行していない場合には、本条の団体が存するとしても、社団たる実体を有するものとは言い難いとしている[16])。また、法29条1項本文「管理者がその職務の範囲内において第三者との間にした行為につき区分所有者がその責に任ずべき割合は、第14条に定める割合と同一の割合とする。」の解説において、「この団体を民法上の組合に準ずるものとみれば、構成員たる区分所有者は原則として平等の割合で分割責任を負うことになり(民法675条)、その団体が権利能力なき社団に該当するときは、その解釈論によることになる」(傍点は筆者)とし、後者については、通説・判例は、構成員各自は個人的な債務ないし責任は負わないとするが、団体の実質ないし解釈論により結論が左右されることは適当ではな

建物並びにその敷地及び附属施設の管理並びに区分所有関係の調整を行うことを目的とする団体(以下「管理組合」という。)を構成するものとすること。」(同「建物の区分所有等に関する法律の改正について(二)」曹時37巻3号658頁)と規定し、管理組合の名称を明文で表記していた。

(13) 濱崎恭生「建物の区分所有等に関する法律の改正について(三)」曹時37巻4号946・947頁。

(14) 濱崎恭生「建物の区分所有等に関する法律の改正について(二)」曹時37巻3号684頁。

(15) 濱崎恭生「建物の区分所有等に関する法律の改正について(四)」曹時37巻4号953頁。

(16) 濱崎恭生「建物の区分所有等に関する法律の改正について(三)」曹時37巻4号954頁の注(8)。

く、団体の実質いかんにかかわらず統一的にこれを規定するのが適当である
から、本条項を規定したとする。[17]

　以上からすると、1983年立法担当者の濱崎は、区分所有者団体の法的性
質については、解釈問題であるとし、区分所有者の団体が本法の集会・規
約・管理者等に関する規定に従って機能する限りにおいては、社団に該当
し、管理者の地位、団体の債権・債務その他の財産の帰属、団体の内部関
係、外部関係等について、区分所有法に明文の規定のないところは、権利能
力なき社団に関する解釈理論が妥当するとしている。[18]濱崎は、改正要綱試案
段階から、区分所有者団体を社団として強く意識しており、社団としての明
確化に反対した意見（区分所有者団体は、管理組合法人にならない限り法人格がない
存在なのに、この団体が権利義務の帰属主体であることを認めるかの如き規定を設けるこ
とは法制上矛盾があるとの意見等）によって、改正要綱試案や要綱案における
「管理組合」や「管理組合の債務」という表現を明文から削除したにもかか
わらず、改正法律について、解釈上、改正要綱試案と同様の社団性を有する
ことを論じ続けていることから、濱崎は、区分所有者団体の法的性質につい
て、一部の区分所有建物の場合（本法に基づく団体的管理を遂行していない場合）
を除き、「権利能力なき社団」と考えていたといえる。[19]ただし、1962年制定
法の立法担当者である川島一郎の「民法上の組合」の考えを改めて「権利能
力なき社団」という見解になぜ変更したのかについては、改正立法者の見解
からは明確ではない。

　なお、共用部分の共有については、法11条、12条の改正がなかったこと

---

(17)　濱崎恭生「建物の区分所有等に関する法律の改正について（二）」曹時37巻7号1723頁。

(18)　川島武宜・川井健編『新版　注釈民法（7）　物権（2）』（有斐閣、2007年）616頁〔濱崎恭
　　生・吉田徹執筆部分〕も同様。

(19)　青山正明『改正区分所有関係法の解説―新しいマンションの管理と登記―』（金融財政事情
　　研究会、1983年）36・37頁も、管理組合法人の解説において、管理組合法人が法人格を取得す
　　ると、法人である管理組合が権利義務の帰属点になり、法律関係が簡明になるが、「法人格がな
　　い場合でも、権利能力のない社団の法理なり、民法上の組合の法理なりを適用して、管理組合の
　　役員が対外的な行為をした場合の法律関係を規律することができますから、法律的にいえば法人
　　格がないからといって管理組合が対外的な行為をすることができないということになるわけでは
　　ないのです」とし、区分所有者の団体について、権利能力なき社団と民法上の組合が併存するこ
　　とを前提にしている。また、法務省民事局参事官室編『新しいマンション法――一問一答による改
　　正区分所有法の解説―』（商事法務研究会、1983年）42・43頁、63頁も同様である。

534

もあり、川島一郎と同様に、一種の合有の性質を有するものとみるべきとしており、その見解に変化はないようである。

Ⅳ　代表的な学説

1　「民法上の組合」と解する説

　この説の代表的な学者は、1962年法立法時の法務省特別顧問であり、法制審議会民法部会部会長、財産法小委員会委員長として、1962年の制定法に大きく影響を与えたであろう我妻榮博士である。我妻博士は、財産権の共同所有者間の関係が単にその目的物の維持・管理にすぎないときは、単なる共有として民法249条以下の共有規定が適用されるだけだが、共同所有当事者間の目的が共同所有財産を経済的手段として継続的な事業を経営することである場合には、組合関係が成立するとし、区分所有建物の共用部分の共有者は、鉱業法における鉱業権の共有者や商行為目的の船舶の共有者と同様に、共用部分の管理についてだけでなく、共同生活の秩序と便宜のために、規約の作成、管理者の選任を必要とし、そのために、「組合関係が成立するのが常である」（傍点は筆者）とする。そして、日本の区分所有法も、当然に組合の成立を認めるフランス、特殊の組合関係の成立を前提としているとみるべきドイツ・イタリアと同様の趣旨とし[21]、区分所有者間には、社団に至らない団体組織として広い意味の組合関係が成立するとし、広く組合規定の趣旨を類推することに努めるべきであるとしている[22]。そして、区分所有者団体が広義での民法上の組合である以上、「共用部分は、区分所有者全員の合有に属する」（傍点は筆者）としている（ただし、合有であるが、分離処分の禁止という制限があるとしている）[23]。

---

(20)　川島武宜・川井健編『新版 注釈民法（7）　物権（2）』（有斐閣、2007年）649頁〔川島一郎・濱崎恭生・吉田徹執筆部分〕。

(21)　我妻榮『債権各論中巻二（民法講義Ⅴ2）』（岩波書店、1962年）751・752頁。

(22)　我妻・前掲注（21）777頁。

(23)　なお、石田喜久夫教授も民法上の組合と解する説とされているが、石田喜久夫「区分所有権」金沢良雄＝西山夘三＝福武直＝柴田徳衛編『住宅問題講座 第三巻 住宅関係法Ⅱ』（有斐閣、1970年）160頁では、大規模な分譲区分所有建物において、経営者（分譲者）が管理人となり、自己に関係の深い管理会社に管理を委ねているのとは異なり、「小規模の場合に多いのであるが、

2 「権利能力なき社団」と解する説

稲本洋之助教授は、既存の管理組合は多様であるが、1983年改正法施行後は、従前からの管理組合の有無・態様・名称にかかわらず、それと別の次元で以下に述べる多数決定のメカニズムが当然に働くことを団体の呼称のもとに示したものとみられるのであり、団体の法的性格については、改正法は直接に規定してないが、旧法下に置いて、任意設立の管理組合がよく組織されている場合に、それに権利能力なき社団の性質を認めて可能な限り団体的処理を行うことに問題は存在しなかったこと、管理組合法人の制度が別に定められていることから、新法化の団体も引き続き権利能力なき社団として取り扱われてよく、またそれ以外にないとし、むしろ、「管理を行うための団体」が構成されることを新法が認めたことから当然に権利能力なき社団の地位を認められたというべきとする。[(24)]

山田誠一教授は、区分所有者の団体には、区分所有法上、管理者を置くことができ（25条）、管理者は区分所有者を代理して業務を執行し（26条2項）、団体の意思決定は集会によって行われ（34条以下）、建物等の管理・使用に関する事項は規約で定めることができ（30条1項）、区分所有者の団体は、団体としての主要な点が確定しているとともに、集会決議における多数決原則が存在し（39条1項）、規約・集会決議等の効力が特定承継人にも及び（46条1項）、区分所有者の変更があっても団体の法律関係が継続することから、権利能力なき社団を認めた最判昭和39年10月15日の4つの要件を全て充た

区分所有者の自己管理が行なわれているときは、区分所有者全員が管理組合（民法上の組合と解される）をつくり、理事・理事長・監事などを選任し、これらの者が管理の衝にあたりつつ、具体的な管理業務は管理会社に委託しているのが通例である」とするが、「ここでいう理事長・理事は、『権利能力なき社団』の代表機関ともみられようが、現実の区分所有者の意識からすれば、業務執行組合員とみるべく、17条にいう管理人にあたる。」とし、権利能力なき社団をも意識した記述となっている。また、右近健男教授は、石田喜久夫教授の見解に対して、右近健男「区分所有と管理（続）」法時43巻11号121頁において、むしろ権利能力なき社団と解すべきとし、「権利能力なき社団はその名で登記できないが、現実に不動産を取得することはないであろう。組合が管理所有権を取得することはありえない。組合費などを預金する場合には、組合の名義でなしうる。組合に対して債権を取得した者は組合財産しか執行できないが、相手方は組合員の個人財産まであてにしていないであろうし、組合が債務を負う場合には、それなりの財産があるのが普通ではなかろうか。」としているが、いずれの見解も不明確な記述となっている。

(24) 稲本洋之助「区分所有の法理—法構造の変化」法時55巻9号10頁、同「区分所有における管理と規約」不動産鑑定8巻4号59頁。

すとして、管理組合は、権利能力なき社団とする。したがって、「管理組合の財産は、区分所有者に総有的に帰属し、管理組合の代表者は、管理組合の名において、区分所有者全員のために権利を取得し、義務を負担」し、契約（預金契約、損害保険契約、修繕工事請負契約など）においては、「管理組合が当事者となり、第三者との間で、区分所有建物の管理に関する契約をすることができ」、すなわち、管理組合と第三者との間で契約が成立（銀行・損害保険会社・建設会社との間で、預金契約・損害保険契約・修繕工事請負契約が成立）し、預金債権・仕事の完成を求める債権、保険料債務・請負代金債務は、管理組合に、すなわち区分所有者全員に総有的に帰属することになるとする（傍点はいずれも筆者）。ただし、損害保険契約の目的である共用部分は、管理組合に帰属するのではなく、区分所有者の共有であるため、その損害保険金請求権については、区分所有者全員に総有的ではなく帰属するのであり、第三者のためにする損害保険契約としての性格を有し、修繕工事請負契約においても、経済的効用が生じる共用部分は、区分所有者の共有部分であって、管理組合の財産ではなく、区分所有者に総有的に帰属するものではないとする。

　西澤宗英教授は、区分所有者の団体の法的性格について、区分所有法は、何ら明言していないが、確かに一見するところ、区分所有者が管理者の行為の責任を負う規定（29条）、管理法人の財産不足分を負担する責任（53条）、は、民法の組合に関する規定（民法671条、650条、649条）を想起させ、管理者は区分所有者を代理するとの表現（法26条2項）や「管理組合法人」という用語（法47条以下）は、本法における組合的外観（傍点は筆者）を如実に表わしているが、他方で、区分所有法が区分所有者の団体を明認し（法3条）、その法人化の途を設け（法47条1項）、区分所有内の共同利益を保護する諸規

---

(25)　山田誠一「区分所有建物の管理組合の法的性格」伊藤眞＝山本克己＝白石忠志＝松尾眞＝中川丈久編『石川正先生古稀記念論文集 経済社会と法の役割』（商事法務、2013年）688・689頁。

(26)　山田・前掲注（25）689〜691頁。山田教授は、権利能力なき社団一般に関して権利主体性を認める見解であり、管理組合にも明確な権利主体性を認めている。なお、山田教授は、区分所有建物の管理には、①管理者による代理の方法と、②管理組合を当事者とする方法の二つがあり、②については、権利能力なき社団の理論を適用し、①については、基本的に代理理論を適用するようである。これに対して、鎌野邦樹「マンションにおける消費者問題と消費者法—第三者との契約における管理組合の法的地位と『消費者』性を中心に—」現代消費者法44号65頁は、両者を区別すべきではないとされる。

定を新設して（特に法57条～60条）、区分所有建物の団体的永続的利用を重視
しているのを看過することはできないとし、区分所有法は基本的には、区分
所有者の団体を社団的なものとみていると解してよく、この団体に権利能力
なき社団の法理を適用して妨げないとする。[27]

3 「民法上の組合」または「権利能力なき社団」と解する説

玉田弘毅教授は、管理組合が、物管理的団体として、管理にあたる限り、
その管理のなかみは、建物等の物理的施設（所有物）管理に限られ、この場
合の管理組合の性質は組合と見るべきであるが、これに対して、物理的施設
管理とともに、居住者団体として居住管理（コミュニティ管理）にあたるので
あれば、管理組合は、まさに区分所有の建物を場とする地域社会そのもので
あり、その性質は社団（権利能力なき社団）とみるべきとする。[28] また、森泉章
教授は、玉田教授の見解を踏まえ、区分所有者の団体が組合型団体か社団型
団体かは、その組織形態に照らした解釈論に委ねられるとし、最判昭和39
年の権利能力なき社団の要件に該当すれば、権利能力なき社団として、管理
者の地位・職務権限、団体財産の帰属、構成員の責任等に関して権利能力な
き社団の解釈理論が適用され、民訴法29条の訴訟当事者能力も認められる
とする。他方、管理組合が結成されても代表者や管理者を定めず、規約を作
っていない場合には、権利能力なき社団ということはできないとする。これ
は、法3条が管理組合につき団体としての性格づけをしなかったことと、管
理者は管理組合の業務を執行する代表機関であるものの、法26条2項が
「区分所有者を代理する」とのみ規定し、法7条が団体の債権・債務という
表現を用いていないことと整合性があるとしている。[29]

丸山英気教授は、管理組合は、実態上、法律上、社団と組合の混血児とみ
ざるをえないとする。すなわち、人の結合性という点からは社団であり、組
織の根本法規としての規約、総会、理事・監事などの役員、事務所の存在な

---

(27) 丸山英気編『改訂版 区分所有法』（大成出版社、2007年）274頁〔西澤宗英執筆部分〕。
(28) 玉田弘毅『建物区分所有法の現代的課題』（商事法務研究会、1981年）84頁。同「建物の区
　　 分所有における管理の基本問題」時の法令824号20頁。
(29) 水本浩＝遠藤浩＝丸山英気編『基本法コンメンタール〔第3版〕マンション法』（日本評論
　　 社、2006年）14・15頁〔森泉章執筆部分〕。

どが備わっていれば社団的性格を否定できないが、他方、構成員から独立して存在する管理組合の責任財産に欠けるところがあり、その面で組合的側面を残さざるをえないのであり、旧6条、7条、14条、法人でない管理組合にもあてはまる現行53条などの条文は、最終的には構成員である区分所有者個人の責任として解決される仕組みになっているとする。そして、最終的には、管理組合の性格を一般的に論じてみてもそれ自体意味があるわけではなく、具体的紛争の判断基準設定の前提としての意味があるにすぎないとする。[30]

　鎌野邦樹教授は、一般に人の集団である団体については、個々の構成員の人格が団体に埋没し団体のみが人格を有する社団型団体（社団法人または権利能力なき社団）と、個々の構成員の人格が団体に埋没されることのない組合型団体とに分けることができ、区分所有者の団体がいずれであるかは、具体的に設立される組織（管理組合等の組織）の実体に応じて個別に決定するほかないとし、当該組織が区分所有法の定める集会、規約、管理者等に関する規定に従って運営されている限りにおいては、社団（権利能力なき社団）に該当し、小規模のマンション等において、管理者が定められず、規約も作られていない場合には、区分所有者の団体が当然に存在するとしても、社団（権利能力なき社団）が存在するとみることはできず、組合型団体とする。[31]

V　考察

1　権利能力なき社団をめぐる学説の対立

　権利能力なき社団をめぐる学説については、周知の如く、団体を社団と組合に峻別し、その実体が社団であるにもかかわらず、法人格をもたないもの[32]

---

(30)　丸山英気『叢書 民法総合判例研究 第12巻 65 II 区分所有法（2）』（一粒社、1987年）62・63頁、同『区分所有建物の法律問題』（三省堂、1980年）266〜268頁。

(31)　鎌野邦樹『マンション法案内〔第2版〕』（勁草書房、2017年）106・107頁、稲本洋之助＝鎌野邦樹『コンメンタール マンション区分所有法〔第3版〕』（日本評論社、2015年）29頁。

(32)　我妻榮『新訂 民法総則（民法講義 I）』（岩波書店、1965年）128頁は、社団は、団体が全一体として現われ、構成員が全く重要性を失っているもので、構成員は、総会を通じて多数決原理によって団体の運営に参画するにすぎず、団体の行動は、その機関によってなされ、その法律効果は、団体自体に帰属して構成員には帰属しないとともに、団体の資産・負債も、団体自体に

を、判例のような一定の要件のもとで権利能力なき社団と位置づけ、権利能力なき社団には、民法上の組合の規定ではなく、社団法人の規定を類推適用する伝統的通説[33]に対して、そもそも社団の実体と組合の実体の違い（単一性など）が明らかでない、権利能力なき社団の要件があいまいであると批判した上で、問題ごとに団体の性格を明らかにし、社団法人と組合のそれぞれの法的効果を団体の性格に適した形で個別・具体的に及ぼすことで足りるとする類型論が唱えられ[34]、さらに、近時では、多様な団体法制の整備（合同会社や有限責任事業組合など）[35]を踏まえて、団体制度を機能的にとらえ、権利能力なき社団についても、問題の基礎にある価値観や原理、政策目標に照らし、関連規定を適用または類推しようとする機能論が唱えられている[36]。

　確かに、通説における社団と組合の区別における社会科学的概念（全一体、構成員の個性の濃淡、人的結合関係など）の曖昧さに対する批判はもっともであり、民法上の組合と社団の効果の類似性、権利能力なき社団の成立要件の不明確性などの指摘も一応理解できる。しかし、類型論は、組合と社団の内部関係において共通点が多く、権利能力なき社団の理論がこの見地からはあまり意味がないとしながらも[37]、民法上の組合においては各組合員が業務執行権を有するのに対して、社団においては理事のみが業務執行権を有する点につ

　　帰属し、構成員は、団体の債務について責任を負わないとされ、組合は、構成員個人の色彩が強く、団体の行動は、構成員全員または全員から代理権を与えられ者によってなされ、その法律効果は全員に帰属し、団体の資産は、全員が共同所有し、団体の負債は、全員が共同に負担すると説く。

(33)　我妻・前掲注（32）132・133頁、川島武宜『民法総則』（有斐閣、1965年）99頁、138頁。

(34)　星野英一「いわゆる『権利能力なき社団』について」民法論集（一）（有斐閣、1970年）227頁以下。なお、星野教授は、1983年の法改正に際して、区分所有者は法律上当然に組合を構成すると規定すべきかと題して、区分所有者の団体を組合として法人格を認めるフランスの制度等と比較検討し、民法上の組合規定を準用することの長所・短所を検討している（星野英一「管理組合」民法論集6巻（有斐閣、1986年）160〜164頁）。また、管理組合への法人格の付与に関しては、「組合を権利能力なき社団と考えることによって実現できるところでは、あえて法律上特に法人としないですますことがほとんどです」（同166頁）とし、立法に否定的であったようである。

(35)　山本敬三『民法講義Ⅳ-1 契約』（有斐閣、2005年）756頁、内田貴『民法Ⅰ〔第4版〕』（東京大学出版会、2008年）219頁。

(36)　佐久間毅『民法の基礎1 総則〔第3版〕』（有斐閣、2008年）383頁、山本敬三『民法講義Ⅰ 総則〔第3版〕』（有斐閣、2011年）518頁。

(37)　星野・前掲注（34）262頁。

いては、かなりの差異があるとし[38]、また、必ずしも権利能力なき社団論自体を否定するのではなく、特に団体の財産面を重視して、団体の財産は構成員の債権者から執行を免れるか（団体財産の独立性）[39]、団体の債権者は団体財産だけではなく構成員の財産にも責任追及できるか（構成員の有限責任・無限責任）の問題について、類型的考察を行っているのであって[40]、実は、伝統的通説と共通した考え方に立っているとみることもできるのであり[41]、従来の通説における民法上の組合と社団の二分論の曖昧さはあるとしても、理論的バックボーンとしての意義（特に、法の欠缺がある場合）が失われたわけではなく、両者の一応の区別をした上で、各団体の特性を十分に踏まえながら、法の適用・解釈を考える方がよいのではないか。その際、類型論が指摘する財産的側面や業務執行の側面の違いを特に重視しながら、両者の効果面での違いも踏まえた解釈が有用であると考える。

2　区分所有者の団体の特殊性

(1)　団体設立における特殊性——法による当然設立加入団体——

　区分所有者の団体は、法３条によって当然に設立され、各区分所有者はその意思にかかわらず団体の構成員となる点で、自らの意思で出資して出資者が結合する民法上の組合、自らの意思で団体に加入する入会団体や自治会とは異なる。つまり、たとえ区分所有者の団体設立及びその加入の意思表示が不明確であっても、法３条によって区分所有者の団体は自動的に設立されるのであり、各区分所有者の意思を法が擬制しているとも解釈できそうである。しかし、実際には、各区分所有者は分譲業者が用意した売買契約書とともに管理組合の設立同意書に署名する場合には、各区分所有者は団体の設立に合意し団体加入の意思を書面で表示しているといえるし、または、設立総会を開催した場合には、各区分所有者がその場で意思を表示しているといえる。ただし、そういった場合でも、民法上の組合の設立及び加入の意思か、

---

(38)　星野・前掲注（34）258頁。

(39)　星野・前掲注（34）291頁。星野英一「法人論—権利能力なき社団・財団論を兼ねて—」民法論集第1巻143頁も参照。

(40)　星野・前掲注（34）294頁以下。

(41)　山本・前掲注（36）517頁

権利能力なき社団の設立及び加入の意思かは問われないのであり、意思解釈から正確に区別することはできないといえる。すなわち、区分所有者の団体の当然の設立及び加入が法定されていることが、区分所有者の団体を民法上の組合か権利能力なき社団かに区別することを一層困難にしているようである。

(2) 解散事由と残余財産の帰属

　法人格のない区分所有者の団体の解散については、区分所有法に明文規定がないが、標準管理規約には解散事由の規定がないものの、団体消滅時の残余財産の帰属に関しては、共用部分の共有持分割合とする規定がある（65条）。管理組合法人の解散については、建物の全部滅失、専有部分の消滅、集会の4分の3の特別決議という3つの解散事由が明記され（法55条）、残余財産の帰属に関しては、規約に規定がなければ、各区分所有者の持分割合と規定されている（法56条）。民法上の組合において、解散事由は、事業の成功、成功が不能となった場合（民法682条）、やむを得ない事由があるとき（民法683条）であり、残余財産の帰属については、出資価額に応じた分割が規定されている（民法688条3項）のに対して、一般社団法人において、解散事由は、期間の満了、解散事由の発生、社員総会の決議、社員が欠けたこと、合併等（一般法人法148条）であり、残余財産の帰属は、定款または総会決議、それでも決まらない場合には国庫帰属となる（一般法人法239条）。

　管理組合法人には、法人格が認められながら、一般社団法人とは異なり、解散時の残余財産が構成員の持分によって分配されることについて、1983年改正法の担当者の濱崎は、管理組合法人の財産は区分所有者の持分割合による出捐によって形成されているからとするのみで、区分所有者の団体を権[42]利能力なき社団として、その財産は総有であるといいながら、解散時の残余財産を持分に応じて分配することは、民法上の組合と同様に、持分が潜在的に存続していると認めざるを得ないのではないか。類型論からは、区分所有者の団体を権利能力なき社団として位置付けた意味自体が問われてくることになろう。私見からすると、その結論は、否定されるべきではなく、区分所有者の団体の実体が民法上の組合か権利能力なき社団かにかかわらず、区分

---

(42)　濱崎恭生「建物の区分所有等に関する法律の改正について（七）」曹時37巻10号2684頁。

所有の特殊性を考慮すれば、法人格のない区分所有者団体に関する解散事由と残余財産の帰属（持分に基づく分配）についても、法の欠缺として、規約に規定がなければ、区分所有の特殊性を考慮して、管理組合法人の規定を類推適用すべきと考える。⁽⁴³⁾

(3) 脱退自由の制限 （専有部分の譲渡以外に脱退は不可）

区分所有者の団体が法定の当然設立加入団体であることに伴って、各区分所有者は、専有部分を譲渡する以外に、団体から脱退することはできない。また、脱退による持分の払戻しも認められない。区分所有者団体の管理及びその財産確保の必要性から、前述のように、解散時に顕在化する各区分所有者の潜在的持分は認めつつも、各区分所有者に規約を遵守させ団体秩序を維持するため団体の拘束力を強めかつ団体管理の財産的基盤を確保するため団体財産の独立性を認めているのである。これに対して、民法上の組合では、団体的拘束は緩く、構成員の自由な脱退を認め、その際持分の払戻も認めており（民法681条1項）、一般社団法人においても、同じく自由な脱退を認め（一般法人法28条1項）ているが、団体財産の独立性は強く、構成員の脱退による持分の払戻しを認めていない。

(4) 団体設立の目的は建物等の管理

区分所有者の団体の目的は、建物等の管理であり（法3条）、これは法定されているが、その管理の範囲については、広義の管理といわれ、かなり広範囲にわたって認められている。⁽⁴⁴⁾この点、民法上の組合がその目的については、かなり限定的であるのに対して、権利能力なき社団は、社団法人に準じて定款によってその目的を広範囲に定めることは可能であるから、この点

---

(43) 近時マンションの高経年化及び区分所有者の高齢化等に伴って、区分所有関係の解消について活発に議論されており（小林秀樹ほか「区分所有関係の解消制度の課題と提言内容」マンション学60号106頁以下など）、区分所有法の制定時には想定されていなかった区分所有関係の解消と団体の解散に関する規律が必要となろう。それまで当面は管理組合法人の規定を類推適用するとしても、将来的には立法が必要であると考える。

(44) 鎌野邦樹「区分所有建物における管理費の充当の範囲について―管理組合理事の応訴費用の管理費からの支出をめぐる裁判事例を中心に―」早法89巻3号49頁以下。伊藤栄寿「管理組合の法的権限とその限界―管理組合によるコミュニティ形成活動についての法的検討枠組み―」マンション学48号21頁以下、なお、野口大作「マンションにおける財産上の権利義務帰属主体と管理行為主体との相互関係および管理行為主体の権限の範囲」マンション学58号29頁以下も参照。

は、権利能力なき社団に近いといえるかもしれない。先述のように、玉田教授は、この点に着目して、区分所有者の団体の目的である「管理」が物的管理にとどまらず、人的コミュニティに及ぶ場合については、権利能力なき社団と解釈しているようである。ただし、区分所有法上の管理は、あくまで建物等の維持・保全（ソフト面も含む）を基本とするものでなければならないから、その範囲は自ずと限定されるのであり、非営利目的であれば基本的に目的の制限がない一般社団法人とはやはり異なるのである。

(5) 管理行為（業務執行）の方法

　管理者を選任した場合には、管理者はその職務に関し、区分所有者を代理し（法26条2項）、管理者の権利義務は、区分所有法及び規約に定める以外は、委任に関する規定に従う（法28条）。これは、民法上の組合において、組合の業務を決定し又は執行する組合員には、委任の規定（民法644条〜650条）が準用される（民法671条）ことと類似する（なお、新民法670条の2第1項は、業務執行者は組合員を代理することを明記した）。一方、標準管理規約によれば、理事長は、管理組合を代表し、その業務を統括する（38条1項）とあり、これは、管理組合法人において、理事は、管理組合法人を代表し（法49条2項）、一般社団法人において、理事は社団法人を代表する（一般法人法77条1項）ことと類似する。ただし、標準管理規約において、理事長は、区分所有法に定める管理者とする（38条2項）としており、民法上の組合か社団のいずれに近いか断じがたい。なお、管理組合法人の場合は、管理組合法人は、その事務に関し、区分所有者を代理するとの規定がある（法47条6項）が、区分所有法の第4節「管理者」の規定が適用されない（法47条11項）ので、法28条による委任規定の準用がなされないことになる。しかし、一般法人法には、一般社団法人と役員との関係は、委任に関する規定に従う（一般法

---

(45)　野口・前掲注（44）31頁。
(46)　なお、鎌野邦樹「区分所有法上の『管理者』と規約上の『理事長』―理事会での理事長解任決議の有効性をめぐる裁判を中心に―」マンション学58号64・65頁は、標準管理規約上の理事長は、理事会設置一般社団法人における代表理事、取締設置会社における代表取締役に類似する地位・権限を有する者、区分所有法上の管理者は、理事会の設置がない一般社団法人の理事ないし代表理事、取締役会の設置がない会社の取締役ないし代表取締役に相当し、理事長は管理者とは異なり、理事会の決議または承認を経てはじめて業務執行が認められる点でその地位・権限が異なると解している。

人法64条）という規定があるから、区分所有者の団体が管理組合法人または権利能力なき社団に該当する場合にはこの規定を類推適用すればよい。管理行為に関する実際の問題の処理については、前述の判例の分析でも指摘したように、区分所有者の団体を、民法上の組合と解しても、権利能力なき社団と解しても、同じような結論になると考えられる。ただし、理事長も管理者も何ら選任しなかった場合には、民法上の組合規定（民法670条）を類推適用するしかなく、団体の常務（日常の軽微な事務）については、各区分所有者が単独で行うことができる（同条3項）が、それ以外の業務執行は、区分所有者の過半数で決して全員で行う（同条1項）と解するほかないであろう。

(6) 区分所有者団体の債権者と区分所有者の関係（団体の債権者から構成員への責任追及）

区分所有者団体の債権者が各区分所有者に責任を追及できるかという問題に関しては、管理者を選任した場合には、管理者がその職務の範囲内において第三者との間にした行為の責任については、第三者は、各区分所有者に対して法14条に定める共用部分の持分割合に応じて責任を追及できる（法29条1項）から、各区分所有者は各持分に応じて債務を負うことになる。また、管理組合法人においても、法人でありながら、法人の財産をもってその債務を完済できないときは、区分所有者は、法14条の共用部分の持分割合によって弁済の責任を負う（法53条1項）ことから、各区分所有者は、持分に応じた債務を負うことになる。これは、第三者保護の観点、建物等の修繕費に既存の管理費・修繕積立金ではまかなえない場合の融資の必要性などから、認められているのであろうが、民法上の組合において、組合の債権者が各組合員に対して等しい割合でその権利を行使でき、各組合員が組合の債権者に対して等しい割合で責任を負う（民法675条）ことと類似している（ただし、持分か等分かの違いがある）。管理者が選任された場合の法29条1項の責任は、直接的一次的責任、管理組合法人の場合の法53条1項の責任は、同条2項3項からして、補充的二次的責任と解釈されている[47]が、区分所有者としては、まずは管理組合の管理費や修繕積立金等が管理上の債権の引き当てにされるとの意識であろうし、管理費等は将来必要な経費を前提に積立され、支

---

(47) 稲本＝鎌野・前掲注（31）175頁。

出も一定の範囲に限定されているから、各区分所有者の責任は、本来的にいずれも補充的二次的責任と解すべきである。また、管理者を選任していない場合には、区分所有法に明文規定がなく、法の欠缺といえるが、第三者保護、融資の必要性は同様であって、区分所有の特殊性から、管理者を選任した場合及び管理組合法人となった場合と異なる解釈をすべきではない。その法的根拠は、区分所有者の団体が権利能力なき社団に該当する場合には、管理組合法人の規定（法53条1項）を類推適用するといってもよいが[48]、民法上の組合と解される場合でも、区分所有の特殊性から、各区分所有者は、等分割合ではなく、補充的二次的責任として各持分に応じた割合で責任を負うと統一的に解すべきである[49]（あえていえば、法29条1項または53条1項における法の趣旨に照らしてというべきか）。

(7) 区分所有者の債権者と区分所有者団体の関係（構成員の債権者から団体財産への責任追及）

　逆に、各区分所有者の債権者は区分所有者団体の財産に責任追及できるかについては、前述のように、区分所有者団体の財産に各区分所有者の潜在的持分は存在すると考えられるものの、その顕在化は解散による残余財産分配時のみであり、団体財産が建物等の共用部分の維持・保全のために不可欠な財産的基盤としての管理費・修繕積立金であることに鑑みて、区分所有法に明文規定はないものの、管理費等の持分の分割請求や処分については、共用部分の持分の分割請求や処分と同様に、認めるべきではないから、各区分所有者の債権者は団体財産に対して責任を追及できないと考えるべきである。民法上の組合においては、組合員は持分の処分を行っても組合に対抗できず、持分の分割請求もできないとともに（民法676条）、組合の債務者は、組合員に対する債権を相殺できない（民法677条）ことから、組合財産は、潜在

---

(48)　鎌野・前掲注（26）65頁は、管理組合が権利能力なき社団に該当する場合でも、管理組合の債権者の各区分所有者への責任追及においては、権利能力なき社団の判例法理は排除され、管理組合の債務についての最終的な責任は、区分所有者が持分に応じて負うとしている。

(49)　区分所有者の団体が負う債務は、管理費用や修繕費用に関する債務であり、それは各区分所有者の有する共用部分の共有持分権の維持のためであるから、法19条が共用部分の負担割合を持分割合としているのと同様に、各区分所有者の責任は、持分割合とすべきである。なお、法19条の趣旨に関しては、野口大作「マンション区分所有建物における管理費等の負担割合」名城法学66巻4号68・69頁。

的持分は存在しながら、各組合員から独立している。一般社団法人においては、社員の持分は観念できず、法人財産は各社員から独立しており、権利能力なき社団では、団体財産は総有であり、構成員の持分は観念できない以上、その差押も認められていないとされている。[50] 区分所有者の団体を、民法上の組合と解しても、権利能力なき社団と解しても、すべて団体財産の独立性を認め、構成員の債権者からの執行を否定することになり、民法上の組合の合有、権利能力なき社団の総有の考え方を借りて来れば容易に結論が得られるが、そうでなくても区分所有者の団体ゆえの理由づけで十分であるように考えられる。

3　結語

　1983年改正法の担当者が、区分所有者の団体を権利能力なき社団として位置づけたといっても、1962年制定法が区分所有者の団体を民法上の組合と解したうえで規定した条文がその後の改正でも訂正されることなく存在していること（法26条2項等）、また、1983年改正法自体の中に、区分所有の特殊性を考慮した民法上の組合的な要素が入り込んでいること（法56条、29条1項・53条等）、特に、星野教授の注目する団体財産の独立性と団体財産の債権者の構成員への責任追及に関しては、区分所有者団体の財産は各区分所有者から独立してはいるが、平等割合か持分割合かという違いはあっても、民法上の組合と同様に各区分所有者は団体の債権者に対して責任を負うことから、区分所有者の団体が最判昭和39年の4つの要件を充たすとしても、果たして権利能力なき社団として、純粋に割り切って考えられるであろうか。そうはいっても、判例の分析のところで述べたように、区分所有者の団体を最判昭和39年の要件充足によって区別し、要件を充足する場合は、権利能力なき社団の理論を適用し、要件を充足しない場合には、権利能力なき社団性を否定し、規約や総会決定の効力等を否定することによって、実体のない不適正な団体を適正ならしめる効果はあるほか、さらに、民法上の組合と認定した場合には、一部構成員に訴訟能力を与えるなどの契機を含んでいるとともに、法の欠缺が存在する場合に、解釈のバックボーンとして、民法

---

(50)　山本・前掲注（36）527頁。

上の組合か権利能力なき社団かを判定・区別し、各々の条文や解釈論を借用し、区分所有の特性を踏まえながら、その効果面をも考慮して妥当な結論を得ることは、類型論の視点からも、否定すべきでないと考える（ただし、区分所有の特殊性を離れて、安易に、民法上の組合または権利能力なき社団の一般理論に依拠することは慎まなければならないであろう）。結局、区分所有者の団体は、民法上の組合から出発し、1983年改正法及び標準管理規約の設定を契機にして組織化が進んだ結果、団体の発展形として社団化したのであるから、実態に合わせた解釈、団体の財産基盤の確保と独立性を重視すると、ごく一部を除いて、原則として、権利能力なき社団として扱うべきであるが、区分所有の特殊性からすると、民法上の組合的要素を含んだ社団といってもよいのであり、民法上の組合規定、権利能力なき社団の解釈論を参考にしながらも、区分所有の特殊性を十分に考慮した解釈を行いつつ、法の欠缺が存在する部分については、その立法化が必要であろう。

Ⅵ　おわりに

　マンション区分所有を取り巻く状況は、常に変化している。すなわち、1962年制定時においては、区分所有の形態は、縦割長屋（少数区分所有者）でコミュニケーションが親密・容易で意見の不一致が少なく、意見の対立があっても解決できる状況であったが、1983年改正時には、都市における階層区分所有建物の急激な増加（多数区分所有者）で、コミュニケーションが疎遠・困難かつ専有部分の所有意識の高揚によって、区分所有者同士の意見対立と調整の必要性が生じ、規律・調整機関としての集会、多数決の導入が必然となった。2002年改正法を経た現在の状況は、超高層マンションなど、外国人を含む多数で多種多様な区分所有者が出現し、区分所有者の管理意識の低さや欠如も伴って、その合意形成が困難となり、建物高経年・老朽化・区分所有者の高齢化によって、荒廃建物、理事等のなり手不足・自主管理の困難性が問題となっており、これまでの理事会方式による管理機能に対する疑義が指摘され、第三者管理方式、管理の専門家である「管理者」の活用の

---

(51)　齊藤広子「超高層マンションの管理をめぐる課題」都市問題109巻10号22頁以下。

必要性が唱えられてきている。さらには、空住戸の買取り及びその活用など、新たなニーズが出てきており、管理の範囲を超えた事業の可能性も見出す管理組合も出現し、最近では立法の必要性も主張されはじめた。[52]

このような状況を鑑みると、これまでの解釈論を見直すとともに、加えて時代のニーズに合わせた区分所有法の立法が必要となってきたように思われる。我々の多くは、従来の団体二分論に依拠しながら、区分所有の特殊性を踏まえながら立法・解釈してきたのであるが、もはやその枠内に収まるべきではなく、区分所有者の団体に選択を設け、従来の団体のほかに、より発展形の団体の枠をも構築すべきときかもしれない。

区分所有法は、これまで約20年ごとに改正されてきており、2002年の改正から20年後は、2022年である。1962年制定法は、将来を先取りした立法であったし、1983年の改正は、実務からの強い要請を汲み取った大改正であり、2002年の改正は、大改正ではなかったが、阪神淡路大震災以後の復興ニーズ等に合わせた改正であった。区分所有法は、いつも時代に合わせて、実務の要請を受けて立法・改正してきたのである。近年の急激な少子高齢化と建物等の老朽化、外国人区分所有者の増加、災害の多発などを踏まえると、そろそろ区分所有法の持続可能な再構築に向けて、立法・改正に関する議論を開始すべき時が来ているのではないか。

---

(52) 鎌野邦樹「区分所有制度の持続可能性と管理組合の役割」住総研「マンションの持続可能性を問う」研究委員会編『壊さないマンションの未来を考える』(プログレス、2019年)153頁以下、同「マンションの長寿命化と解消をめぐる法律問題」浅見泰司＝齊藤広子編『マンションの終活を考える』198頁以下。

区分所有者の集会の決議と定足数を考える
——オーストラリア法の考察——

岡　田　康　夫

```
Ⅰ　区分所有者の団体の集会
Ⅱ　ニューサウスウェールズ州の区分所有法における集会の定足数と決議要件
Ⅲ　他の法域の規定
Ⅳ　日本法への導入可能性
```

Ⅰ　区分所有者の団体の集会

　建物の区分所有に関する法律（以下、本稿では「区分所有法」と呼ぶ。本法の条文は、条数のみで示す。）第3条は、区分所有者が全員で当然に団体を構成して、建物並びにその敷地及び付属施設の管理を行うこと、そしてこの管理を行うために集会を開き、規約を定め、管理者を置くことができることを定める。集会は区分所有者団体の意思決定機関であり、区分所有建物等の管理に関する重要事項は、集会の決議で決することになる。集会の議事は、いわゆる普通決議事項については、規約に別段の定めのない限り区分所有者及び議決権の各過半数で決し（第39条）、特別決議事項は区分所有者及び議決権の各5分の4以上の多数（第62条1項など）、あるいは各4分の3以上の多数（第31条1項など）によって決する。

　このように区分所有建物の管理は団体的拘束に服する仕組みがとられているところ、マンションの管理組合の大多数が準拠しているとされる、国土交[1]

（1）　平成30年度マンション総合調査結果報告書（国土交通省、2019年4月）によると、マンション標準管理規約への準拠状況は、「改正後の標準管理規約に概ね準拠」が45.9%、「改正前の標

通省の作成した標準管理規約（単棟型）の第47条では、普通決議の決議要件が緩和されている。すなわち、議決権総数の半数以上を有する組合員が出席した総会の会議において、出席組合員の議決権の過半数で決するとしているのである（同1項・2項[2]）。この規定に見られる、定足数を定めた上で出席者の多数によって決するという決議方法は、日本国憲法における両議院に関する定めや会社法における株主総会の定めと同じような内容となっており、団体的意思決定の一つの標準的な形と考えることができる[3]。もっとも、区分所有法の定める普通決議には全区分所有者及び全議決権の過半数が必要となるところ、標準管理規約の定めでは、区分所有者数は要件から除外され、最小限では総組合員の議決権総数の4分の1の賛成があれば、可決されることになる。ここまで決議要件を緩和するともはや「住民の総意」とはいえないのではないかという懸念も示されているが、このように緩和した理由は、総会出席者が少ない管理組合の実状から、決議がされやすいように配慮したものといわれている[4]。

普通決議については規約で別段の定めが許されるため、このように決議要件の緩和がなされている。これに対し、特別決議は、基本的に法文どおりに行わざるを得ない。特別決議事項にあたるものとして、共用部分の変更（第17条1項。その形状または効用の著しい変更を伴わないものを除く。なお、区分所有者の定数は規約でその過半数まで減ずることができる。）、区分所有者の共有に属する敷地または附属施設の変更（第21条）、規約の設定・変更または廃止（第31条1項）、などを挙げることができるが、建物の高経年化や区分所有者の高齢

準管理規約に概ね準拠」が28.6％、「改正後の標準管理規約に一部準拠」が7.9％、「改正前の標準管理規約に一部準拠」が5.0％で、合計87.4％が何らかの形で標準管理規約に準拠している（管22④）。

（2） 最初の標準管理規約である「中高層共同住宅標準管理規約（単棟型）」（1983年10月）第45条からその内容は変わっていない。

（3） 日本国憲法第56条は、両議院の定足数を「その総議員の3分の1以上の出席」と定めた上で（1項）、「両議院の議事は、この憲法に特別の定のある場合を除いては、出席議員の過半数でこれを決」する（2項）と定める。また、会社法第309条1項は、株主総会の決議について、「定款に別段の定めがある場合を除き、議決権を行使することができる株主の議決権の過半数を有する株主が出席し、出席した当該株主の議決権の過半数をもって行う」と定める。中高層共同住宅標準管理規約のコメントでも「会議運営の一般原則である多数決によるものとした。」とされている。

（4） 稲葉洋之助＝鎌野邦樹編著『コンメンタールマンション標準管理規約』（日本評論社、2012年）155頁。

化に対応する措置が特別決議事項に該当するときは、その実現に困難を来す場合もある。多額の費用などを要する重要な事項の意思決定を厳格にすることは正当であるが、決議を成立させることができないと事態が行き詰まる可能性もある。また、大規模一部滅失の場合の復旧も特別決議事項であるが（第61条5項）、災害からの復旧に時間を要してしまうこともあるだろう。集会の決議要件について、現行法を見直す必要はあるのではないか。

　区分所有者の団体の集会を機能させるという要請と、集会における意思決定に正当性を与えるという要請はどのような調整の仕方があるのだろうか。本稿では、筆者がこれまで研究対象としてきたニューサウスウェールズ州の規律を中心に、オーストラリアの区分所有法が区分所有者団体の集会運営について用意している定めを考察し、日本法における集会決議のルールを再考するきっかけとしたい。

Ⅱ　ニューサウスウェールズ州の区分所有法における集会の定足数と決議要件

1　ニューサウスウェールズ州の現行規定

　ニューサウスウェールズ州で、区分所有の管理など、区分所有に係るソフト面を規律するのが2015年区分所有管理法 Strata Schemes Management Act 2015（以下では「管理法」と呼ぶ。）である。同法は2015年に大改正がなされ、その際に管理組合の集会決議に関わる部分も改正された。同法に基づく区分所有管理の仕組みは、次のとおりである。[5]

　区分所有の設立に伴い、区分所有者全員で構成される管理組合 Owners Corporation が自動的に設立される[6]（管理法第8条1項。法人格を有する。）。管理組合は、区分所有全体の管理について主たる責任を負い、区分所有者のため

（5）　オーストラリアは連邦制のため各州・準州で独自に区分所有法が定められているが、基本構造はみな同じである。ニューサウスウェールズ州の区分所有管理制度については、拙稿「オーストラリア（ニューサウスウェールズ州）の区分所有管理の現状」マンション学第61号（2018年）88頁以下を参照。

（6）　字義通りの訳語は所有者法人であるが、理解の便宜のため、本稿では管理組合という訳語を用いる。オーストラリア内の各区分所有法では、該当する機関の名称は様々であるが、いずれも本稿では管理組合という訳語で統一する。

に共用部分の使用に関する管理及びコントロール、並びに区分所有の運営を行う（管理法第9条）。年1回以上開く管理組合の集会が、区分所有における最高意思決定機関となる。そして集会で選任された理事が理事会 Strata Committee⁽⁷⁾ を構成し、業務執行を担う仕組みとなっている（管理法第29条、第36条）。日本の標準管理規約が定める、いわゆる理事会方式に類似した形式である。

・集会の決議要件

集会は、理事会の書記によって招集される。招集通知は会日の7日以上前に各区分所有者に対して発せられなければならない。集会の決議には、次の3種類がある。

①通常決議 ordinary resolution

法律で別段の定めがないときは、集会の議事は通常決議によって決する。区分所有者は、専有部分1戸につき1票を有し（管理法付則1第23条1項）、議事について賛成票が反対票を上回ると可決される（同第14条1項）。管理組合の役員若しくは理事の選出、または区分所有管理業者を任命する場合に、原始所有者（通常は分譲業者）の所有する専有部分の議決権割合の合計が議決権割合総数の半分以上であるときは、原始所有者の票の価値は3分の1に縮減される（同2項。端数は切り捨て。）。議決権割合 unit entitlement とは、区分所有が設立される際に各専有部分に割り振られる数値のことで、専有部分の市場価値に基づいて任意の数値が定められ（101〜105号室は10、106号室は15など）、各専有部分に割り振られた数値を記載した一覧表が登記される（2015年区分所有開発法第10条3項、同法付則2）。

ただし、出席し議決権を有する区分所有者によって票決 poll が提案された場合には、区分所有者の数ではなく議決権割合で票が計算され、賛成票の価値が反対票の価値を上回ると議事は可決される。この場合も、所有する専有部分の議決権割合の合計が議決権割合総数の半分以上である原始所有者の票の価値は、3分の1に縮減される（管理法付則1第14条3項）。

（7）　字義通りの訳語は区分所有委員会であるが、理解の便宜のため、本稿では理事会という訳語を用いる。オーストラリア内の各区分所有法で該当する機関の名称は、理事会の場合と同様に様々であるが、本稿では理事会という訳語で統一する。

②特別決議 special resolution

　適切に開催された集会（定足数を満たし招集手続に瑕疵がないこと）で可決され（つまり賛成票が反対票を上回ること）、かつ、反対票の議決権割合の合計が議決権割合総数の25％以下に留まったときは、特別決議が成立する（管理法第5条1項）。票の計算は議決権割合によってなされる。なおこの場合にも、所有する専有部分の議決権割合の合計が議決権割合総数の半分以上である原始所有者の票の価値は、3分の1に縮減される（同2項）。特別決議を要する事項は、法文で明示されている（例えば第108条〔共用部分の変更〕や第141条〔規約の変更〕など）。

③全員一致決 unanimous resolution

　適切に開催された集会で、反対票が1票もないときは、全員一致決が成立する（管理法第5条3項）。全員一致決を要する事項も、法文で明示されている（例えば第77条1項〔不要となった管理費または修繕積立金の区分所有者への分配〕など）。

・集会の定足数

　次に、集会の定足数については次のように定められている。

　定足数を満たさないと、集会で議事を開き決議をすることはできない（管理法付則1第17条1項）。定足数を満たすのは、①議決権を有する区分所有者のうち4分の1以上の者が、直接にまたは適法な委任状によって出席した場合、あるいは②議決権を有し直接にまたは適法な委任状によって出席した区分所有者の議決権割合の合計が議決権割合総数の4分の1以上である場合である（同2項）。

　それでは、定足数を満たさなかった集会はどうなるのだろうか。管理法付則1第17条4項は、次のように定める。

　　議事を開いてから30分を経過しても定足数を満たさないときは、議長（理事長）は次のいずれかを選択しなければならない：

（8）　集会開催時点で管理費や修繕積立金等の負担金が未納の場合は、区分所有者は議決権を行使することができない（管理法付則1第23条8項。全員一致決を要する議事についてはこの限りでない。）

（9）　なお、小規模の区分所有では定足数が2名未満となるものが出てくるが、その場合の定足数は2名となる（同2項c号）。

（a）　集会を7日以上休止する。

（b）　議決権を有し直接にまたは委任状によって出席する区分所有者によって、以後の議事について定足数が満たされる旨を宣言する。

　集会を休止した場合は、1週間以上後に再開することになるが、再開後30分を経過しても定足数を満たさないときは、直接のまたは委任状による出席者をもって定足数に満たしたものとみなされる（同5項）。

・考察

　ニューサウスウェールズ州の規定は、決議要件についても定足数についても非常に興味深い内容となっている。まず、決議要件についてであるが、第一に、区分所有者数と議決権の用い方が日本法とは異なる。通常の決議方式は、区分所有者数によって決せられる。これに対し、票決が要求されると、議決権割合によって計算がなされることになる。議決権割合は各専有部分の市場価値に基づいて割り振られるから、各自の区分所有における所有価値の大きさを、より明確に、意思決定に反映させる形で行えることになる。区分所有者数と議決権とは同等の立場ではなく、区分所有者数はいわば簡易に議事を決する方式であり、議決権による決定の方がより本質的な決定にあたるという考え方である。第二に、決議要件の内容が独特である。普通決議は、定足数を満たした集会で出席者の過半数をもって決するという、日本の標準管理規約の定めに類似した要件となっている。しかし、特別決議は、一見したところ4分の3以上の特別多数決のようにみえるが、そうではない。あくまで反対票の数に重きが置かれ、反対票が全体の4分の1を超えない限り、賛成票が反対票を1票でも上回っていれば、特別決議は成立するのである。そして、全員一致決は、反対者が一人もいないという点では全員賛成ということになるのだが、集会を欠席した者や棄権した者は、反対票にはあたらないため、結果として議事に賛成したのと同様の扱いになる。このように、ニューサウスウェールズ州の決議要件においては、どの程度明確に反対されたかが重要であり、議事にあるいはそもそも区分所有の管理に関心のない者が相当数いたとしても、日本法の特別決議に比べると、決議が成立しやすいシステムになっている。日本の区分所有法上の決議要件が、過半数あるいは特

別多数の者の賛成を必要とする仕組みになっているのとは対照的である。

決議要件以上に大胆な仕組みとなっているのが、定足数である。第一に、必要な数は区分所有者数あるいは議決権割合総数の4分の1であり、日本の標準管理規約が2分の1としているのと比べそのハードルは非常に低い。そして第二に、定足数を満たさなかった場合の措置が斬新である。管理法付則1第17条4項（a）号によると、定足数を満たさないため休止した集会が、1週間後に再開してもなお定足数を満たさなかったときは、その時点での出席者をもって定足数を満たしたものとされ、議決を行えることになる。しかも、（b）号によると、集会を休止する必要すらなく、議長の宣言によって、議事を開いて決議することができる。つまり、定足数は最終的に意味を持たなくなるのである。ここでは、区分所有の管理・運営に関心があるならば集会へ出席して意思を表明すべきであり、集会に出席しない者は意思決定の場面で尊重する必要はない、という非常に大胆な考え方が表れている。

この規定はどのような変遷を経てできあがったのだろうか。次に、ニューサウスウェールズ州における集会の決議要件と定足数について、その改正の歴史を見てみよう。

2　ニューサウスウェールズ州の規定の変遷
（1）　1961年法[10]

ニューサウスウェールズ州最初の区分所有立法は、1961年不動産譲渡（区分所有）法である。同法では、全員一致決について第2条〔定義規定〕で定め、普通決議、特別決議及び定足数は付則1で定めている。付則1は標準管理規約にあたる規定であり、区分所有設立時に全部または一部依拠する形で規約が登記される。全員一致決によってのみ、その内容を追加・変更・廃止することができる（第13条）。

・集会の決議要件

①普通決議

　付則1第23条　集会では、直接のまたは委任状による出席者から票決pollが

---

(10)　Conveyancing (Strata Titles) Act 1961 No. 17.

要求された場合を除き、挙手によって議事を決しなければならない。票決が要求された場合を除き、挙手によって決した旨の議長の宣言は、当該議事についての賛成または反対の票数を証明する必要なしに、事実の決定的な証拠とみなされる。票決の要求は撤回することができる。

　普通決議は、原則として挙手によって決し、賛成多数であれば可決される。区分所有者1人につき1票を有するが（付則1第26条）、ユニークなのは、挙手によって決した旨を議長が宣言すればよく、実際の票数を証明する必要はないとされている点である。簡単に決められる議事は簡単に終わらせるという思想が、すでに現れている。これに対し、見解が分かれそうな議題については、票決を求めればよいということになる。票決においては、各権利者の議決権の大きさはそれぞれの専有部分に割り振られた議決権割合に応じた大きさとなり（同26条）、賛成票が反対票を上回れば可決となる。

②特別決議

　　付則1第35条　特別決議とは、特別決議による旨を明記した通知を少なくとも14日前に発した集会において、専有部分の議決権割合及び区分所有者数の各4分の3の賛成によって可決された決議のことである。

　当初の特別決議は、議決権割合と区分所有者数の各々で4分の3の賛成が必要という、文字通り4分の3以上の特別多数決の仕組みとなっている。

③全員一致決

　　第2条　「全員一致決 unanimous resolution」とは、適切に開催され、本法に基づいて議決権を有するすべての者が直接にまたは委任状によって議決時に出席した管理組合の集会で、全員一致で可決された決議のことをいう。

　全員一致決は、このように当初はまさに全ての権利者の合意によって成立する決議とされていた。

・集会の定足数

　　付則1第20条　本規約に別段の定めがある場合を除き、集会開始時に議決権を有する者によって定足数が満たされていない限り、いかなる案件も取り扱うことはできない。議決権を有する者の半数が直接にまたは委任状によって出席

したときに、定足数は満たされる。

第21条　集会の開始時刻から30分を経過しても定足数を満たさないときは、集会は休止されて1週間後の同じ曜日に同じ場所で同じ時刻から再開され、再開から30分を経過しても定足数を満たさないときは、その時点で出席している議決権者をもって定足数を満たしたものとみなす。

定足数は区分所有者数の2分の1である。しかし、すでに、定足数を満たさず集会が延期された場合に、再開後の集会では最終的に出席者のみによって集会を続行できるという定めが置かれている。区分所有法制定の当初から、区分所有者が意思表明する機会を確保することよりも、意思決定を成立させることの方が重視されている。

(2)　1973 年法[11]

1961 年法は不動産譲渡法の一部という形になっていたが、1973 年の改正によって、区分所有法は独立の法律となった。1973 年法では、特別決議と全員一致決については第5条1項〔定義規定〕で定められており、普通決議と定足数は、付則2の中で定められている。もっとも、付則2は規約ではなく、その内容は強行規定である。

・集会の決議要件

①普通決議

付則2第11条〔議事に関する議決の計算〕　本条に従い、管理組合の通常集会で提起された議事は、直接にまたは委任状による、議事に対する賛成及び反対の票数に従って決せられ、各権利者は各専有部分について1票を有する。

2 (a)　第1項に従って議決がなされたかどうかにかかわらず、管理組合の通常集会における議事について、集会の出席者によって直接にまたは投票用紙によって票決の要求がなされたとき、または、

　(b)　当該集会で提起された議事が、本法によって特別決議を要するとされるものであったときは、

議事は、直接にまたは委任状によって議事に対して投じられた、賛成及び反対の票の、第3項及び第4項に従って確定した価値に従って決せられなければならない。

---

(11)　Strata Titles Act 1973 No. 68.

3 第4項に服しつつ、第2項に関する限り、管理組合の通常集会で提起された議事に対して専有部分の所有者によって行使された票の価値は、当該専有部分の議決権割合の大きさに等しい。

4 第2項に関する限りで、集会開催時点でその所有する専有部分の議決権割合の合計が議決権割合総数の半分以上である原始所有者によってなされた票の価値は、第3項に基づいて有する価値の3分の1とみなす。端数は切り捨てる。

（5項・6項は省略）

普通決議の方式が、明確な形に整備され、議事に対する賛成及び反対の票数によって決することが明記された。また、専有部分または議決権割合総数の半分以上を所有する原始所有者について、その議決権を3分の1に縮減する規定が新設された。

②特別決議

第5条1項 「特別決議 special resolution」とは、適切に開催された集会で可決され、かつ、反対票が付則2第11条3項及び4項に従って確認された議決権価値で4分の1以下であった決議のことをいう。

特別決議の内容が変更され、4分の3の賛成を必要とするという特別多数決から、反対票が4分の1以下に留まれば可決されるという、視点の変化が生じた。

③全員一致決

第5条1項 「全員一致決 unanimous resolution」とは、適切に開催された集会で可決され、かつ、反対票が1票もなかった決議のことをいう

全員一致決についても、全区分所有者の賛成ではなく、出席者から反対の声が上がらなければ全員一致として扱うという構成に、この時点で変わった。

・集会の定足数

定足数及び定足数を満たさなかった場合の措置については、変更はない（付則2第3条2項・3項）。

(3)　1996 年法[12]

　1996 年に区分所有法が改正され、このときから区分所有開発法と区分所有管理法の 2 つの法律に分かれて規制されるようになった。

・集会の決議要件

　1996 年管理法では、特別決議と全員一致決が末尾の定義集で規定される形になったが、決議要件の内容そのものには変更がない（付則 2 第 10 条 1 項、第 18 条、定義集）。

・集会の定足数

　　付則 2 第 12 条〔定足数〕　管理組合の通常集会で提起された議事の進行または理事会構成員の選出は、当該議事及び選出に関して定足数を満たすまでは、行うことはできない。
　　2　議事及び議決または選出については、以下の場合にのみ、定足数が満たされる：
　　　（a）　直接にまたは委任状によって出席した議決権者が少なくとも 4 分の 1 以上出席していること
　　　（b）　直接にまたは委任状によって出席した議決権者の有する議決権割合の合計が、議決権割合総数の 4 分の 1 以上にあたること
　　4　集会で当該の議事または案件の検討が始まってから 30 分以内に、第 2 項に定める定足数を満たさないときは、集会は 7 日以上休止する。
　　5　集会の再開から 30 分以内に、第 2 項に定める定足数を満たさないときは、直接にまたは委任状によって出席する議決権者をもって当該議事または案件に関して定足数を構成する。
　　（3 項は省略）

　決議要件に変更がなかった一方、定足数の要件が 4 分の 1 に半減された。さらに、集会が定足数を満たさなかった場合の再開については、7 日以上の休止と改められた（4 項）。旧規定はきっかり 1 週間後に再開するとしていたところ、厳密にこの要件を守るのが困難であることから、1 週間以上猶予期間を設けた上で任意の日時・場所で再開することとしたものである。集会の再開について、柔軟性を持たせる内容になった。

---

(12)　Strata Schemes Management Act 1996 No. 138.

(4) 2015年法改正の経緯

最新の 2015 年改正[13]の経緯は、以下のとおりである。

①オンライン・コンサルテーション

ニューサウスウェールズ州政府は、2011 年末から約 3 ヶ月の間、現行法の問題点や改善点などについてインターネット上で広く意見を集めるオンライン・コンサルテーションを行い、その結果を『区分所有法オンライン・コンサルテーション最終報告書』[14]にまとめて 2012 年 4 月に公表した。

報告書の中では、区分所有の管理運営に関する従来からの継続的な課題として、管理組合の集会への出席者が少なく定足数を満たすのが難しいことが挙げられた (20 頁)。そして、定足数を満たさなかった場合に集会を 7 日以上休止しなければならないというルールについて、集会の出席者、特に住居が別の場所にある区分所有者に不利益をもたらし、集会への参加意欲を失わせること、再開後の集会に出席できない者は委任状によって意思を表明することになるが、最初の集会の時点ですでに大勢が決まっていると再開後に議論をする意味がなくなってしまうことなどが指摘された。

②ディスカッション・ペーパー

州政府は、オンライン・コンサルテーションの結果を参考にして、区分所有法改正を議論するための叩き台として『NSW を再びナンバーワンに：未来のコミュニティを造る』[15]と題するディスカッション・ペーパーを 2012 年 9 月に公表し、パブリックコメントを募集した。

この報告書では、「定足数」について、定足数要件は出席の努力をした人にとって不利益を生じさせるとした上で、「一つのオプションとして、定足数を満たさなくても 30 分経過後は全ての集会を進行できようにするという方法がある。」と、現在の規定に繋がる提案を示した。また、ヴィクトリア州と首都特別地域の、定足数を満たさないままでも議事を開くことができ、

---

(13) 2015 年改正の概要については、岡田康夫・鎌野邦樹「オーストラリアのマンション法—ニューサウスウェールズ州の事例—」マンション管理センター通信 2016 年 6 月号 18 頁以下を参照。

(14) Strata Laws Online Consultation Final Report, Global Access Partners Pty Ltd (2012/04)

(15) Making NSW No. 1 Again：Shaping Future Communities Strata & Community Title Law Reform Discussion Paper (2012/09/15)

なされた集会の議決に暫定的効力を認める仕組みが紹介された（12頁。暫定的効力については、Ⅲ　他の法域の規定を参照。）。

③ポジション・ペーパー

パブリックコメントで寄せられた意見を吟味した上で、州政府は区分所有法改正の提案をとりまとめ、『区分所有法改正』と題するポジション・ペーパーを2013年11月に公表した。この報告書では、区分所有の管理における不要な事務手続を簡素化して、区分所有の運営を円滑にし、できるかぎり柔軟な仕組みを導入すべきとしていくつかの改正案が示された。その中で、定足数について、

> 1.21.　30分経過後も定足数を満たさない場合に、議長に定足数を満たした旨の宣言を認める。

という提案がなされた。現行法における、2度目の集会を開いた後でなければ定足数を満たす旨の宣言をできないという障害を除去できることを提案理由としている（12頁）。もともと、定足数を満たすことは必須の要件ではなかったといえるところ、2度目の集会を開くことに、意義が認められず、不要な手続となっているという判断であった。そして、この提案が入れられるところとなり、現行2015年法の管理法付則1第17条4項となったのである。

(5)　まとめ

以上見てきたように、ニューサウスウェールズ州における集会の決議要件は1971年法によって緩和され、定足数と集会の再開条件は1996年法によって緩和された。そして、2015年改正によって、集会の再開すら不要となった。それにしても、4分の1という定足数は低すぎないだろうか。かかる定足数を満たせないときに集会を強行できてしまうという2015年改正には、必要性について疑問が生じる。

しかしながら、実態調査によると、集会の定足数を満たすのは決して簡単なことではないようである。ニューサウスウェールズ大学都市未来研究所が

---

(16)　Strata Title Law Reform : Strata & Community Title Law Reform Position Paper（201311）

州政府等の協力の下に行った、大規模なアンケート・インタビュー調査の結果が2012年5月に公表されているが[17]、そこでは、理事会構成員へのアンケート調査の結果として、通常集会で定足数を満たすのは大変だったという回答が25％に上っている[18]。

Ⅲ　他の法域の規定

　ニューサウスウェールズ州の仕組みが、集会を運営しやすくなる方向にどんどん緩和されていったことを確認した。それでは、オーストラリア全体の中で、ニューサウスウェールズ州の規律はどのような位置づけになるのだろうか。そして、他にはどのような独自の規制が見られるだろうか。次に、オーストラリアにおける他の法域の現行規定を見てみよう。

1　クイーンズランド州

　クイーンズランド州で区分所有の管理を規律する法律は、1997年区分所有管理法 Body Corporate and Community Management Act 1997 である。同法の本文中に、決議要件が4種類定められており、定足数は区分所有管理規則の中に定められている。管理規則は区分所有の形態ごとに5つ定められているが、ここでは、通常の区分所有を対象とする2008年区分所有管理（標準モジュール）規則 Body Corporate and Community Management（Standard Module）Regulation 2008 の内容を紹介する。

(1)　決議要件

①普通決議 ordinary resolution

　区分所有者は各専有部分について1票を有し、議事に対する賛成票の数が反対票の数を上回るときに、普通決議は可決される（法第108条2項・3項）。

---

(17)　Governing the Compact City ; The role and effectiveness of strata management Final Report, University of New South Wales City Future Centre（2012/05）. オーストラリアにおけるおそらく初めての大規模なマンション実態調査といわれている。

(18)　Ibid., P51. 理事会構成員の13％からは、理事会の定足数（1/2）を満たすのが大変だったという回答もあった。その他、委任状集めの発生、無責任な理事会運営など、この報告書では区分所有の運営におけるさまざまな苦労が見られる。

普通決議については票決を要求することができ、票決の要求があったとき
は、議事に対する賛成票の議決権割合の合計が反対票の議決権割合の合計を
上回ると、普通決議は可決される（法第 109 条、法第 110 条 3 項）。

②過半数決議 majority resolution

　日本法の普通決議に相当する内容となっているのが、この過半数決議であ
る。議事に賛成する票の数が全議決権者数の過半数となる場合に、過半数決
議は可決される（法第 107 条 2 項・4 項）

③特別決議

　議事に対して 3 分の 2 以上の賛成票が投じられ、かつ、反対票が、票数に
おいても議決権割合の合計においても 25％以下に留まるときに、特別決議
は可決される（法第 106 条 3 項）。なお、1997 年の制定時は、賛成票が反対票
を上回っていればよいとされていたが、2003 年の改正により 3 分の 2 の賛
成票が必要となった。

④無反対決議 resolution without dissent

　クイーンズランド州法では全員一致決はなく、代わりにこの無反対決議が
ある。議事に対する反対票が 1 票もなかったときに、無反対決議は可決され
る（法第 105 条 3 項）。

（2）　定足数

　集会の定足数は、議決権者の 25％の出席である（2008 年区分所有管理規則
（標準モジュール）第 82 条 2 項。ただし最低でも 2 名が出席しなければならない。）。

　集会開始時刻から 30 分を経過しても定足数を満たさなかったときは、翌
週の同じ曜日に同じ場所で同じ時間から再開することとし、それまでは集会
を休止する。そして、再開後 30 分を経過してもなお定足数を満たさなかっ
たときは、理事長または理事長権限を受任した管理者が出席していれば、そ
の時点での出席者（委任状を含む）をもって定足数を満たしたものとする（同
3 項・4 項）。なお集会の再開場所については、同じ場所で開催できないよう
であれば事前の通知により別の場所での開催も許されるとしており（同 5
項）、集会の再開について若干の要件緩和がなされている。

2 西オーストラリア州

西オーストラリア州で区分所有を規律する法律は、1985年区分所有法 Strata Titles Act 1985である。2018年に大規模な改正がなされ、2019年中に施行される予定である。ここでは、現行の1985年法に従って記述した上で、定足数に関してなされた改正点の説明を加える。

(1) 決議要件

①普通決議

普通決議は、集会の出席者による単純多数決によって決せられる（付則1〔規約〕第12条6項）。権利者1人につき1票を有し、挙手によって行われる（同第14条1項、同第12条7項）。賛成または反対の票数を明確に記録し証明する必要はない（同第12条8項）。票決が要求されると、各権利者の有する議決権の大きさは議決権割合に応じた大きさとなる（同第14条2項）。

②特別決議

適切に開催された集会で、議事に対する賛成票が、区分所有における全専有部分数及び議決権割合総数の50％以上にあたり、かつ、反対票が全専有部分数及び議決権割合総数のいずれも25％未満に留まるときは、特別決議が可決される（第3B条。なお5戸以下からなる区分所有については別に規定されている。同3項。）。必要な賛成票の数が、出席者の過半数ではなく全票数の半数以上とされ、反対票も全体の25％未満に留まることとされている点は、ニューサウスウェールズ州ともクイーンズランド州とも異なる。なお、集会欠席者は集会後28日以内に書面によって議決権を行使することができる（第3B条5項）。

③無反対決議

適切に開催された集会で、反対票が1票もなかったときは、無反対決議が可決される（第3AC条。集会欠席者は28日以内に議決権を行使できる。同5項。）。ニューサウスウェールズ州の全員一致決にあたる決議は、西オーストラリア州ではこの無反対決議である。

④全員一致決

14日以上前に各構成員に開催通知が発せられた集会で、各専有部分に割り当てられた全ての票が賛成票として投じられたときは、全員一致決が可決

される（第3条。なお、集会の出席者全員が賛成し、かつ、欠席者全員が集会後28日以内に書面によって同意した場合でもよい。）。このように、全員一致決と無反対決議が区別されている。

⑤全員一致決または無反対決議を得られなかった場合の救済方法

　全員一致決または無反対決議は、可決するためのハードルが非常に高い。このため、裁判所の宣言によって決議としての効力を認める仕組みが存在する。

　全員一致決または無反対決議を要する議事について、可決はされなかったが、特別決議の要件を満たす内容であったときは、議事に賛成票を投じた権利者は、地方裁判所に対して当該決議に効力を与える旨の宣言を求める申請をすることができる。この申請が認められると、当該決議は全員一致決あるいは無反対決議として効力を有するようになる（第51条1項）。申請がなされた旨の通知は、賛成票を投じなかった全ての権利者及び裁判所が利害関係を有すると判断した者に送付され、裁判所は、これらの者に手続の当事者として加わるよう命じることができる（同2項）。

(2)　定足数

　普通決議については、議決権を有する者の半数の出席である（付則1〔規約〕第12条3項）。特別決議及び無反対決議については、半数を超える権利者が出席し、かつ、出席者の議決権割合の合計が50％を超えるときは、定足数が満たされる（第3C条1項（b）号）。定足数を満たさなかった場合、現行の規定では、集会開始時刻から30分を経過しても定足数を満たすことができなかったときは、集会は翌週の同じ曜日に同じ場所で同じ時間から再開されるまで休止し、集会の再開時刻から30分を経過しても定足数を満たさなかったときは、出席した議決権者をもって定足数を構成すると定めていた（付則1〔規約〕第12条4項）。しかし、2018年の改正により、集会を休止する必要はなくなった。改正法第130条4項によると、「集会の開始時刻から30分を経過しても定足数を満たさなかったときは、集会に出席した議決権を有する区分所有者をもって当該集会の定足数を満たしたものとみなす。」

　2014年に公表された改正諮問書では、次のように記されている。利害関

---

(19)　Strata Titles Amendment Act 2018（No. 30 of 2018）.

(20)　Strata Titles Act Reform：Consultation Paper, Landgate（2014/10）

係者からのフィードバックによると、現行法の仕組みはうまく機能していない。最初の集会が定足数を満たさなかったときに、再開後の集会の出席者が最初の時よりも少ないことはしばしば起きる。このような場合、より少ない人数で、区分所有者を代表した意思決定がなされることになってしまう。さらに、管理業者と契約している場合、出席の度に報酬を支払うので、報酬を倍額支払うことになってしまう、と（68頁）。諮問書では、①「通常集会の予定時刻から30分を過ぎて出席していた区分所有者をもって定足数を満たしたとみなす」②「出席者が適切と判断した場合には、一週間以内に集会を再び開催することができる」という2つの提案をしていたが、①が採用された。ニューサウスウェールズ州の2015年改正が影響したと考えられる。

3　南オーストラリア州

　南オーストラリア州で区分所有を規律する法律は、1988年区分所有法 Strata Titles Act 1988 である。

(1)　決議要件

①普通決議

　適切に開催された集会において、集会に出席して議決権を行使した区分所有者の単純多数によって可決される（第3条1項）。南オーストラリア州のみ、票決制度がない。そして、区分所有者は各専有部分について1票を有するが、全ての専有部分が非居住用であり、かつ、管理組合の集会で全員一致決によって決議したときは、票の価値を議決権割合の大きさによって計算することができる（第34条1項・2項）。

②特別決議

　14日以上前に適切な内容の書面で開催通知が発された集会で可決され、かつ、反対票が全議決権数の25％以下に留まるときは、特別決議が可決される（第3条1項）。

③全員一致決

　集会で反対票が1票もない形で可決された特別決議が、全員一致決である（第3条1項）。

④全員一致決を要する場合の救済方法

西オーストラリア州と同様に、全員一致決が可決されなかった場合に裁判所に救済を求めることができる。

全員一致決を要する議事について、全員一致決は得られなかったが、特別決議の要件を満たす内容であったときは、議事に賛成票を投じた権利者は、裁判所に対して当該決議に効力を与える旨の宣言を求める申請をすることができる。この申請が認められると、当該決議は全員一致決として効力を有するようになる（第46条1項）。申請がなされた旨の通知は、賛成票を投じなかった全ての権利者及び裁判所が利害関係を有すると判断した者に送付され、裁判所は、これらの者に手続の当事者として加わるよう命じることができる（同2項）。

(2) 定足数

集会の定足数は、全専有部分数の2分の1以上にあたる議決権者の出席である（第33条5項）。集会開始から30分を経過しても定足数を満たさなかったときは、出席者が指定した7日以上14日以内の会日まで集会は延期され、同じ場所で同じ時間から集会は再開される。再開から30分を経過しても定足数を満たさなかったときは、出席した議決権者をもって定足数を構成する（同6項）。集会の開催期日について、若干の柔軟性を持たせている。

4 ヴィクトリア州

ヴィクトリア州の区分所有の管理を規律する法律は、2006年管理組合法 Owners Corporations Act 2006 である。

(1) 決議要件

①普通決議

集会出席者による単純多数決で決せられる（第92条2項）。この場合、各専有部分につき1票を投じることになるが（第91条）、票決が要求されたときは、議決権割合に基づいて票が計算される（第92条3項）。

②特別決議

全専有部分数の75％にあたる賛成票または総議決権割合の75％にあたる賛成票（無記名投票または票決の場合）が得られたときは、特別決議は可決される（第96条）。

③全員一致決

全専有部分数にあたる賛成票または議決権割合総数にあたる賛成票（無記名投票または票決の場合）が得られたときは、全員一致決が可決される（第95条）。

④暫定特別決議 interim special resolution

ヴィクトリア州では、特別決議に暫定的効力を認める制度が存在する。特別決議を要する議事において、全専有部分数の50％以上にあたる賛成票が得られ、かつ、反対票が全専有部分数の25％以下に留まったときは、暫定特別決議が可決されたものとみなされる（第97条1項）。この場合、集会後14日以内に暫定特別決議がなされた旨の通知と議事録を全ての区分所有者へ送付しなければならない（2項）。そして、集会後29日以内に全専有部分数の25％を超える者によって異議が出されなければ、暫定特別決議は特別決議としてその効力を生じる（5項）。

(2) 定足数

集会の定足数は、全専有部分数の50％以上または議決権割合の50％以上にあたる者の出席である（第77条）。定足数を満たさない場合であっても、集会を行うことはできるが、その集会でなされた決議は、暫定的な決議 interim resolution となる（第78条1項）。ただし、全員一致決または特別決議を要する議事については、暫定的決議は認められない（5項）。集会後14日以内に、暫定的決議がなされた旨の通知と集会の議事録を全ての区分所有者に送付しなければならない（2項）、暫定的決議は、次のいずれかに該当する場合に正式の決議として効力を持つことになる（4項）。①暫定的決議がなされてから29日を経過したとき、②暫定的決議がなされてから29日以内に特別集会の招集通知が発せられ、当該通知から28日以内に集会が開かれたが、その集会で追認されたとき、③暫定的決議がなされてから29日以内に特別集会の招集通知が発せられたが、当該通知から28日経過しても集会が開かれなかったとき。

5 首都特別地域

首都特別地域の区分所有の管理を規律する法律は、2011年区分所有（管

理）法 Unit Titles（Management）Act 2011 である。

(1) 決議要件

①普通決議

　議事に賛成する票の数が反対する票の数より多いときは、普通決議が可決される。票決が要求された場合は、議決権の価値を議決権割合によって計算し、賛成票の価値が反対票の価値より多いときは、普通決議が可決される（付則3第3.15条1項、同第3.28条）。

②特別決議

　賛成票の数が反対票の数を上回り、かつ、反対票が出席した議決権者（委任状を含む）の総数の3分の1未満であるときは、特別決議が可決される。票決が要求されたときは、議決権割合によって票が計算される（付則3第3.16条）。

③不反対決議 unopposed resolution

　議事に対する反対票が1票もなく、かつ、最低1票の賛成票があったときは、不反対決議が可決される（付則3第3.17条）。

④全員一致決

　議決権者全員が出席し（委任状、不在者投票を含む）、議事に対する反対票が1票もなく、かつ、最低1票の賛成票があったときは、全員一致決が可決される（付則3第3.18条）。

(2) 定足数

　標準定足数 standard quorum と、縮減定足数 reduced quorum がある。標準定足数は、全専有部分数の2分の1にあたる議決権者の3名以上出席によって満たされる（付則3第3.9条1項）。議事が開かれてから30分を経過しても標準定足数を満たさなかったときは、当該議事について議決権を有する2名以上の集会出席者の数をもって、当該議事及び以後の議事についての縮減定足数とする。議事が開かれてから30分を経過しても縮減定足数を満たさなかったときは、集会は休止され、翌週の同じ曜日に同じ場所で同じ時間から再開される（3項）。再開後の集会で議事が開かれてから30分を経過しても標準定足数を満たさなかったときは、議決権を有するその時点での出席者の数をもって、再開後の集会における当該議事及び以後の議事についての

縮減定足数とする（6項）。

　縮減定足数が満たされて決議がなされたときは、集会後7日以内に全議決権者に対して縮減定足数決議 reduced quorum decision がなされた旨の通知を発しなければならない（付則3第3.10条1項）。この決議は、次の場合に正式の決議としての効力が生じる。①縮減定足数決議がなされてから28日を経過したとき、または②縮減定足数決議がなされてから28日以内に、標準定足数を満たした通常集会で追認されたとき（同3.11条1項、4項）。これに対し、縮減定足数決議がなされてから28日以内に、全議決権者の過半数によって署名された異議申立てが管理組合に対してなされたときは、縮減定足数決議はその効力を失う。

　定足数を2段階に分け、決議に暫定的な効力を認めるという工夫がなされている。

6　北部準州

　北部準州の区分所有を規律する法律は、2009年区分所有法 Unit Titles Schemes Act 2009 である。集会の定足数は2009年区分所有（管理モジュール）規則 Unit Titles (Management Modules) Regulations 2009 で定められている。

(1)　決議要件

①普通決議

　議事に対する賛成票の数が反対票の数より多いときは、普通決議が可決される。票決が要求されたときは、議決権割合によって計算される（法第79条7項）。

②過半数決議 majority resolution

　議事に対する賛成票が全専有部分数の50％を超えたときは、過半数決議が可決される（法第79条6項）。

③特別決議

　投じられた票の3分の2以上が議事への賛成票で、かつ、反対票の議決権割合の合計が議決権割合総数の25％以下に留まるときは、特別決議が可決される（法第79条8項）。

④無反対決議

議事に対して反対票が1票もないときは、無反対決議が可決される（法第79条5項）。

⑤全員一致決

議事への賛成票の数が全専有部分数に等しいときは、全員一致決が可決される（法第79条4項）。

(2) 定足数

議決権割合総数の50％以上にあたる議決権者が出席したときは、定足数が満たされる（規則第31条）。集会が定足数を満たさない場合については、ヴィクトリア州と同じ内容の暫定決議制度が定められている（同第32条）。

7 タスマニア州

タスマニア州の区分所有を規律する法律は、1988年区分所有法Strata Titles Act 1988である。

(1) 決議要件

①普通決議

適切に開催された集会で出席し議決権を行使した者の過半数が議事に賛成したときは、普通決議が可決される（第3条）。票決が要求されたときは、議決権割合によって票が計算される（第76条）。

②全員一致決

適切に開催された集会で反対票がまったく投じられなかったときは、全員一致決が可決される（第3条）。

(2) 定足数

定足数については、付則1の標準管理規約の中で定められており、管理組合構成員の過半数が定足数である（付則1〔標準規約〕第10条）。

8 オーストラリア法全体の概括

(1) 決議要件

・決議の種類

ほぼ共通するのは、普通決議、特別決議及び全員一致決という3通りの決

議が用意されている点である。そして、普通決議をやや厳格化したものとして過半数決議を置く州があり（クイーンズランド州、北部準州）、全員一致決は文字通り区分所有者全員の合意を要するとする州（ヴィクトリア州、タスマニア州）、議事に対する反対者がいなければ全員一致とみなす州（ニューサウスウェールズ州、クイーンズランド州、南オーストラリア州）、全員合意と反対者なしを区別して定める州がある（西オーストラリア州、首都特別地域、北部準州）。

・決議要件の内容

　普通決議が出席者の多数決で決せられる点、票決が要求されると議決権割合によって票を計算する点は、ほぼ共通する。これに対し、特別決議については少しずつ異なる。成立しやすそうな順に並べると、次のようになる。

①出席者の賛成票が多数で反対票が全体の4分の1に留まる（ニューサウスウェールズ州と南オーストラリア州）

②出席者の賛成票が多数で反対票が全体の3分の1に留まる（首都特別地域）

③出席者の賛成票が3分の2で反対票が全体の4分の1に留まる（クイーンズランド州、北部準州）

④賛成票が全議決権数の過半数で反対票が全体の4分の1に留まる（西オーストラリア州）

⑤賛成票が全議決権数の4分の3必要（ヴィクトリア州）

・特別決議等が成立しない場合の救済措置

　特別決議や全員一致決という、成立のハードルが高い決議については、救済方法を用意する州がある。全員一致決に対して、議事に賛成する者が裁判所の命令を求めるという方法と（西オーストラリア州、南オーストラリア州）、特別決議に対して暫定的な効力を認める方法がある（ヴィクトリア州）。

(2)　定足数

・定足数の要件

　定足数を2分の1とする州は多い（西オーストラリア州、南オーストラリア州、ヴィクトリア州、北部準州、タスマニア州）。ニューサウスウェールズ州とクイーンズランド州が、4分の1としている。なお、首都特別地域は、標準定足数は2分の1であるが、標準定足数を満たさない場合に縮減定足数を設定し、決議の暫定的効力を認めている。

・定足数を満たさない集会の扱い

　タスマニア州以外は、集会が定足数を満たさなかった場合に何らかの措置を用意している。措置は３通りに分けられる。

①１週間後に集会を再開し、再開後は出席者で集会を強行できる（ニューサウスウェールズ州、クイーンズランド州、南オーストラリア州）

②議長の宣言により、集会を強行できる（ニューサウスウェールズ州、西オーストラリア州）

③議事を開いて決議できるが、決議の効力は暫定的となる（ヴィクトリア州、首都特別地域、北部準州）

(3)　ニューサウスウェールズ州法の位置づけ

　他の法域の規定と比較してみると、ニューサウスウェールズ州は、決議要件・定足数ともかなり緩い部類に属するといえる。西オーストラリア州が宣言により集会を強行できる仕組みを踏襲するなど、ニューサウスウェールズ州の動向はオーストラリアの動きを先取りしているように見える面もある。しかし、議事運営の円滑化へかなり傾斜しているのは事実であり、議事に反対する少数者の保護が適切になされているかどうか（日本法におけるような、一部の区分所有者に特別の影響を及ぼすべき決議について区分所有者本人の承諾を要するという規定（区分所有法第31条１項後段など）が見られない）など、より慎重に考察するべき点が見受けられる。

Ⅳ　日本法への導入可能性

　ここまで見てきた、ニューサウスウェールズ州法を中心とするオーストラリアの仕組みは、日本法に対してどのような可能性を示しているであろうか。

1　現行法の下での活用可能性

　区分所有法を変えないままで行えるのは、規約に取り入れるという方法である。普通決議については、議決権による決定をより重要な決定方法として扱うという可能性が考えられるが、すでに標準管理規約（単棟型）第48条２

項は「総会の議事は、出席組合員の議決権の過半数で決する」としており、変更の必要がない。また、定足数を、同1項における「半数以上」の出席からさらに引き下げるのは、非常に少数の区分所有者による集会で意思決定がなされるのを認めることとなり、その正当性に疑問が生じる。最終的に出席者によって集会を強行するという方法についても、慎重に必要性を判断すべきであろう。特別決議については、決議要件を規約で緩和することは許されないと考えられている。このように、オーストラリア法に見られる仕組みを活用するとしたら、立法の提案ということになる。

2　区分所有法改正による活用の可能性

①特別決議の要件の緩和

　ニューサウスウェールズ州に見られるように、特別決議の要件を、反対者に着目した仕組みに変えるというのは、意味があると考えられる。区分所有法における普通決議要件が全区分所有者数及び全議決権の過半数とされていることに鑑み、過半数の賛成＋反対する区分所有者数及びその議決権が4分の1未満に留まること、という規定に変えるのはどうだろうか。あるいは、必要な賛成票を3分の2に下げた上で反対者が4分の1未満に留まること、という規定にするのはいかがだろうか。このように変更すると、賛成票を4分の3集める必要がなくなる。もちろん、団体における多数意思を明確に反映させるためには、議事に対してどの程度の賛成が得られたかは重要である。しかし、例えば不在あるいは連絡の取れない区分所有者の所在を調べて連絡を取る労力が不要となるのは、状況の改善に繋がるのではないだろうか。区分所有の管理に無関心な区分所有者を説得し、集会に出席させ、議決権を行使させるのは、民主的なあるべき姿ではあるが、区分所有の運営に携わる者に過大な負担をかけているようにも思われる。

②裁判所による宣言

　次に、西オーストラリア州と南オーストラリア州に見られるように、特別

---

(21)　もっとも、区分所有者の議決権を平等と定めて、区分所有者の数と一致させることは可能であるが。

(22)　稲本＝鎌野・前掲注3、230頁。

決議を可決できなかったが相当数の賛成票が得られた場合に、裁判所に救済を求め、裁判所が議事に十分な合理性・必要性があると判断すれば議事の可決を認めるという制度の導入が考えられる。区分所有の管理は区分所有者の自治に委ねられ、私的自治を発揮することが要請されるところではあるが、自己統治が窮地に陥った場合に救済の仕組みがないのは問題であると考えられる。このため、一定の場合に裁判所が介入するという仕組みを導入することには意味がある。ただし、すべての特別決議について裁判所の救済を認める必要があるかどうかは、疑問がある。西オーストラリア州と南オーストラリア州の制度は、全員一致決あるいは無反対決議という、反対者が1人でも出たら成立しない決議に対する救済方法である。私的自治への裁判所の介入は、認めるとしても慎重であるべきであろう。

③決議の暫定的効力

　それでは、決議に暫定的効力を認めるという制度はどうだろうか。特別決議に暫定的効力を認める州と、定足数を満たさないまま行われた集会の普通決議に暫定的効力を認める州がある。

（a）　特別決議の暫定的効力

　ヴィクトリア州では、特別決議が可決されなかった場合であっても、ある程度十分な数の賛成票が得られれば、決議に暫定的効力を認める。そして、29日間の猶予を与え、異議の申立を認めるのである。特別多数決に一歩及ばなかったような場合に、全てが無に返るのではなく、反対者による異議申立の機会を与えた上で、一定期間の経過によって議決の効力を認めるという仕組みは、区分所有運営を前に進める一つの方法として、検討に値するのではないだろうか。

（b）　定足数を満たさない集会における（普通）決議の暫定的効力

　ヴィクトリア州及び北部準州では、定足数を満たさなかった集会でも議事を開いて決議を行うことができるとし、その代わりに決議の効力を暫定的なものに留める。そして、（a）と同様に議事に反対する者に異議を申し立てる機会を与えた上で、一定期間の経過の後に議決の効力を生じさせる。首都特別地域で、縮減定足数を満たした集会で行われた決議の効力についても、同様の仕組みとなっている。このように、定足数を満たさない集会を無意味な

ものにするのではなく、議事を開くことや決議を行うことを認めるのは、少なくとも時間的制限の関わるような議事については有効ではないだろうか。将来の区分所有法改正の機会に、決議要件や決議の効力について、このような新たな方法を提案し、その是非について検討することによって、よりよい改正案が生み出されるはずであると期待している。

　本稿は、オーストラリア法の規定を表面的になぞった程度のものにとどまる。さらに研究を進め、区分所有者の集会運営の改善に繋がるものを引き出すことが、これからの課題である。

区分所有法 6 条 1 項及び 57 条 1 項の
権利義務についての一考察

本　間　佳　子

Ⅰ　はじめに
Ⅱ　区分所有法 57 条 1 項の権利義務の法的性質
Ⅲ　区分所有法 6 条 1 項の権利義務の法的性質
Ⅳ　実務的観点からの問題提起
Ⅴ　結びに代えて

Ⅰ　はじめに

　本稿は、建物の区分所有等に関する法律（以下、「区分所有法」という。）6 条 1 項の権利義務及び 57 条 1 項の権利、とりわけ「行為の結果を除去」する措置とこれに対応する義務の法的性質について検討を試みるものである。

　区分所有法 6 条 1 項の「区分所有者の共同の利益に反する行為」（以下、「共同利益背反行為」という。）とこれに対する同法 57 条 1 項の措置については、最判平成 24 年 1 月 17 日判時 2142 号 26 頁で理事会役員に対する誹謗中傷行為が共同利益背反行為にあたる余地があるとされたことから議論が活発化し、特に建物の保存・維持と直接関係のない行為類型について議論が深められた。また、2017 年 6 月に住宅宿泊事業法（いわゆる民泊新法）が成立したことに伴い、用途外利用行為に着目した研究も深められた。

（1）　花房博文「判批」マンション学 45 号 80 頁（2013）、野口大作「区分所有者等の共同利益に反する行為に関する一考察」マンション学 53 号 67 頁（2015）など。

（2）　土井俊平「規約違反と共同利益背反行為―用途外利用を中心として―」マンション学 58 号 59 頁（2017）など。

しかし、区分所有法 57 条 1 項の措置の法的性質については、未だ不明な点が多く、特に、建物に物理的な改変が加えられた場合にその行為の結果の除去を求める権利は、債権的請求権なのか、物権的請求権なのかは判然としない。また、これと関連して、この権利に対応する義務が相続人等の包括承継人や区分所有権の特定承継人に承継されるのかどうかについて論じたものは少ない。

　これについて直接判断した下級審裁判例がある。東京地判平成 24 年 2 月 29 日（LLI/DB 判例秘書　文献番号 L06730146）（平成 19 年（ワ）第 34475 号）は、区分所有法 57 条 1 項の請求権に対応する当該区分所有者の義務は、「所定の要件を満たす現在（口頭弁論終結時）の区分所有者であることに基づくものであって、債務ではなく、区分所有権の移転に伴って承継されたり、履行不能により填補賠償義務が生じたりすることはない」として、共同利益背反行為者の相続人に対する損害賠償請求を退けた。また、この事件の関連事件である東京地判平成 24 年 2 月 29 日（Westlaw Japan 文献番号 2012WLJPCA02298004）（平成 22 年（ワ）第 29939 号）も、同様の理由で、共同利益背反行為者の区分所有権の承継人（相続人からの特定承継人）は、区分所有法 57 条 1 項に基づく行為の結果を除去すべき義務を承継することはないと判断した。いずれも東京高等裁判所に控訴されたが、控訴棄却で確定している[3]。この判断は一般的に妥当するものと考えてよいか。

　本稿では、議論の拡散を避けてできるだけ具体的に考察するため、管理規約に違反して専用使用権のある共用部分たるバルコニーに増改築を施した事案を想定してこれを中心に検討する[4]。

─────────

（3）　両事件は原告代理人から併合申請がなされたが、併合されず、控訴審は別々の裁判体に係属した。控訴棄却の理由は二つの事件で異なっており、相続人に対する損害賠償請求の事件は、共同利益背反行為と主張される行為が他の全ての区分所有者によって承諾ないし承認されたとする抗弁を認めてその他の争点を判断しなかった。他方、区分所有権の譲受人に対する事件では、控訴審は原審の判断を全面的に支持して控訴棄却した。これら控訴審は判例集未搭載であり、筆者が判決文を閲覧して確認した。

（4）　国土交通省作成のマンション標準管理規約（単棟型）（以下、「標準管理規約」という。）では、バルコニーは共用部分であることを前提に、専用使用権を有することを区分所有者が承認するという規定になっている（標準管理規約 14 条）。そして、その用法については、「通常の用法に従って使用しなければならない」（同 13 条）と規定するに止め、工作物設置の禁止や外観変更の禁止等は使用細則で物件ごとに言及することが予定されている（国土交通省の標準管理規約に

Ⅱ　区分所有法 57 条 1 項の権利義務の法的性質

1　問題の所在

区分所有法 57 条 1 項は、「区分所有者が第 6 条 1 項に規定する行為をした場合又はその行為をするおそれがある場合には、他の区分所有者の全員又は管理組合法人は、区分所有者の共同の利益のため、その行為を停止し、その行為の結果を除去し、又はその行為を予防するため必要な措置を執ることを請求することができる」と規定する。

この趣旨は、区分所有法第 6 条で禁止する共同利益背反行為に対して、他の区分所有者の全員又は管理組合法人がその行為の停止等を請求することができることを定め、同法 2 項以下でその場合の要件及び手続を定めるものであるとされる。[5]

区分所有法 57 条は、昭和 58 年の改正によって新設されたものであり、それ以前は、同法 6 条 1 項に規定する共同利益背反行為に対し、被害を受けた各区分所有者が、民法上の物権的請求権等の行使として差止請求ができるほか、旧法第 5 条 1 項の規定を根拠として差止請求ができるものと解されていた。しかし、その場合、直接の被害を受けない区分所有者が差止などの請求ができるかについては疑問があり、管理組合ないし管理組合法人が差止請求の主体となることはできず、その費用も個々の区分所有者が個人として負担するほかないと解されていた。[6] この不都合を解消するために、同法 57 条の規定が新設され、その権利行使の主体は、他の区分所有者全員又は管理組合法人とされ、訴訟においては、他の区分所有者全員のために管理者が当事者となることができる旨規定された。[7] このことから、同法の権利は、直接被害

関するコメント）。そして、多くのマンションでは、使用細則において、バルコニー等に物置やサンルームなど工作物を設置することを禁止している。

（5）　稲垣洋之助＝鎌野邦樹『コンメンタール　マンション区分所有法（第 3 版）』322 頁（日本評論社、2015）、川島武宜＝川合健編『新版　注釈民法（7）　物権（2）』771 頁〔濱崎恭生＝富澤賢一郎〕（2007）など。

（6）　青木正明編『区分所有法（注釈不動産法第 5 巻）』287 頁〔山口純夫〕（青林書院、1997）。

（7）　法律上の任意的訴訟担当と解されている。法務省民事局参事官室編『新しいマンション法——問一答による改正区分所有法の解説—』法事法務研究会 291 頁、167 頁（1983）。

を受けた区分所有者の権利とは別個の団体的な権利であると解されている。[(8)]

では、区分所有法57条1項で定める請求権の法的性質はいかなるものか。差止ないし原状回復を求める権利について民事実体法上一般的に考えられる法的構成は、①所有権・共有権・占有権に基づく物権的請求権、②人格権に基づく差止請求権、③不作為債務の違反に対する救済としての債権的請求権（改正前の民法414条3項参照）の3つである。[(9)] しかし、区分所有法57条の権利は、被害を直接受けた区分所有者が個別に持つ差止ないし原状回復請求権とは別個の団体的権利であると解されていること、そして、その要件となっている同法6条1項の共同利益背反行為にはさまざまな態様があること、さらに、民法上の解釈論としても差止請求権・原状回復請求権の法的性質や根拠について必ずしも明らかにはされていないことから、区分所有法57条の権利義務の法的性質を明瞭にすることは容易ではない。[(10)]

2 裁判例

(1) 東京地判平成24年2月29日（平成19年（ワ）第34475号）原状回復等請求事件及び東京地判平成24年2月29日（平成22年（ワ）第29939号）原状回復請求事件

東京地判平成24年2月29日（LLI/DB判例秘書 文献番号L06730146）（平成19年（ワ）第34475号）は、管理組合法人が、バルコニーを規約に反して増改築し居室にしてしまった区分所有者の相続人に対して、損害賠償を請求した事

---

(8) 青木編・前掲注6）288頁〔山口純夫〕、塩崎勤編『裁判実務体系19 区分所有関係訴訟法』282頁〔山田隆夫〕参照（青林書院、1992）。

(9) 民法414条3項の意味について従前より議論があったが、平成29年の法改正（平成29年法45、平成32年4月1日施行）において、民法414条2項及び3項は削除され、その内容は民事執行法第171条1項2号に移された。これは、民法414条は実体規定ではなく一種の代替執行を認めたものであるとの従来からの通説的民法学説に依ったものである。我妻栄『新訂 債権総論（民法講義Ⅳ）』96頁（岩波書店、1979）、奥田昌道編『新版 注釈民法（10）Ⅰ 債権（1）債権の目的・効力（1）』573頁〔奥田昌道＝坂田宏〕（有斐閣、2003）。なお、学説には債権としての差止請求権の存在を認めない説がある。他方、差止請求権を不法行為に基づく債権的権利として明文化しようという提案もある。根本尚徳「差止請求権制度の機能・体系的位置について―近時の民放改正提案を契機とする若干の考察―」藤岡康宏古稀『民法学における古典と革新』101頁、101-102頁、122頁、138-139頁（成文堂、2011）。

(10) 根本尚徳『差止請求権の理論』1頁（有斐閣、2011）。

案である。同判決は、区分所有法57条1項の請求権に対応する当該区分所有者の義務は、「所定の要件を満たす現在（口頭弁論終結時）の区分所有者であることに基づくものであって、債務ではなく、区分所有権の移転に伴って承継されたり、履行不能により填補賠償義務が生じたりすることはない」とし、原告の請求を棄却した。控訴審である東京高判は、同バルコニー増改築について他の全区分所有者の承諾ないし承認があったと認定し、これを理由に控訴を棄却し、確定した。

　関連事件である東京地判平成24年2月29日（Westlaw Japan文献番号2012WLJPCA02298004）（平成22年（ワ）第29939号）は、同じ事案で、管理組合法人が、バルコニーを増改築した元区分所有者の相続人から当該区分所有権を特定承継した現在の区分所有者に対して原状回復を求めたものである。この判決も、相続人に対する上記判決と同様の判断を示し、さらに、現在の状態は区分所有者の共同の利益に反するとは認められないと認定して、請求を棄却した。なお、その控訴審である東京高判平成平成24年8月27日公刊物未登載（平成24年（ネ）第2472号）は、地裁判断を全面的に支持し、これが確定した。

　ここで注目されるのは、区分所有法57条1項の請求権に対応する当該区分所有者の義務は「債務ではない」とされたことである。つまり、同法57条1項の請求権は、「債権ではない」ということになる。これは、同請求権は物権的請求権であると解する趣旨であろうか。同判決は、その点を明示してはいない。

　この事件は、バルコニーに増改築を施した元区分所有者が、同マンションの敷地及び隣接土地の元所有者であって、マンション建築時に最上階を取得し、そのルーフバルコニーに増改築を施したという特別な関係があった。また、バルコニー増改築の際に他の区分所有者との間で隣接地の利用許諾と引き換えに承諾を得た可能性があること、約20年の長期にわたって当該増改築について異議が述べられたり撤去を求められたりした形跡がないことなど、結論の妥当性において請求を棄却すべき特殊な事情があったものと認め

（11）　本件の事件名は「原状回復等請求事件」とされているが、訴訟の途中で訴えの変更及び一部取下げがあり、口頭弁論終結時の訴えの実態は損害賠償請求事件であった。

られる。ある種の事例判決的な性質があるためか、主要な判例集に登載されておらず、学術的な判例評釈も見当たらない。

区分所有法57条1項の権利義務が債権債務ではなく、相続や区分所有権の移転により承継されず、債務不履行に基づいて填補賠償義務が生ずるものでもないとの判断は、きわめて示唆に富み、これまで光が当てられていなかった問題を提示した意味がある。そして、後述するとおり、筆者はこの結論に賛同する。

(2) 東京地判平成21年1月29日（平成20年（ワ）第8735号）バルコニー増築部分撤去請求事件

東京地判平成21年1月29日判タ1334号213頁（平成20年（ワ）第8735号）は、前主がバルコニー上に増築部分を設置した状態でマンション居室を購入取得した被告らに対し、管理組合法人が、区分所有法57条1項等に基づき増築部分の撤去を求めたものである。同判決は、管理組合（法人）は、バルコニー上への構造物の設置を禁止する規約に基づき、バルコニー上に本件各増築部分を設置している被告らに対し、増築部分の撤去を請求することができると判示し、原告の請求を認容した。

この事件は、差戻後の第1審であり、差戻前の第1審は、管理組合法人の当事者適格を否定して却下したが、控訴審は当事者適格を肯定し、差し戻したものである。控訴審は差戻しにあたって、「少なくとも管理規約の定めを根拠にすれば、管理組合法人である控訴人が、被控訴人らに対し、およそ義務の履行（バルコニーの増築部分の撤去）を求める権利を有しないということはできないものである」として、管理規約違反を理由とする請求が認められる余地があることを示唆した。そして、差戻後の上記地裁判決は、「原告は、旧規約第9条及び新規約第23条2項1号に基づき、バルコニー上に本件各増築部分を設置している被告らに対し、本件各増築部分の撤去を請求することができるものというべきである。なお、本件各増築部分は改正後区分所有法の施行（昭和59年1月1日）前に設置されたものであるが、本件附則10条によっても、本件管理組合が法人成りした原告が、区分所有者を相手に、管理規約に基づき、改正後区分所有法の施行前にされた行為の結果の除去等の義務の履行を求めることができると解することは妨げられない」として請求

を認容した。そして、この判決の中で、被告から撤去請求権の失効の抗弁の主張がなされたのに対し、裁判所は、「(前省略)、本件各増築部分の存在が他の区分所有者の共同の利益を害している状況及び被告らが本件各増築部分を維持する必要性を総合考慮すると、原告の本件各増築部分の撤去請求権は未だ失効しているとは到底言え(ない)」と判断した。

原告は、請求の根拠として、①区分所有法57条1項、②個々の区分所有者の妨害排除請求権(任意的訴訟担当)、③管理規約の3つを主張していたところ、判決は明示的に③を取り上げて認容し、①については判断しなかった。従って、厳密にいうと本判決は区分所有法57条1項に基づく請求を認容したものではなく、同法57条1項に基づく請求の法的性質を裁判所がどのように扱ったかを考える上での直接の資料とはならない。

なお、この事件は、区分所有法改正後新法施行前に管理規約違反行為がなされ、規約も新規約が制定され、さらに管理組合は法人格なき社団だったものが法人成りしたうえで原告となって現在の区分所有者に対して増築部分の撤去を求めた事件である。判例評釈においては、法、規約、管理組合の法人格の変化に拘らず撤去請求を認めた裁判例として注目された。しかし、本稿において、本裁判例は、規約違反の共同利益背反行為をした区分所有者の区分所有権が譲渡されたにもかかわらず、当該区分所有権の承継人に対して行為の結果の除去の請求が肯定された裁判例である点に注目したい。

3 法務省見解

法務省民事局参事官室は、区分所有法57条の趣旨について、「新法6条1項(旧法5条1項)に定める義務は、その文言からみると、むしろ区分所有者が相互に負う義務というよりも、区分所有者の共同の利益を守るため、各区分所有者が団体としての区分所有者に対して負う義務のように思われます。裏返していえば、違反行為の影響を受けたかどうかを問わず区分所有者が共同して行使すべき権利のように考えられます。」と解説する。さらに、「新法6条の趣旨が被害を受けた者の差止請求を容易にするため、物権的請求権以外に差止請求権を与えることにあるというよりも、むしろ区分所有者全体の

---

(12) 法務省民事局参事官室・前掲注7) 285頁。

円満な共同生活の維持のためであると解するときは、同条に基づく権利は、違反行為により直接被害を受けた個々の区分所有者ではなく、区分所有者全員が共同で行使すべき権利と構成するほうが相当である」と述べ、「新法6条1項に対応する権利は、まず区分所有者全員の共同利益のために、区分所有者全員が団体的ないし集団的に有し、かつ、行使すべき権利と構成するのが相当と考えられます」としている。[(13)]

　なお、法務省民事局参事官室は、区分所有法57条の性質について、「新法57条は、新法6条が区分所有者の共同の利益を守るための団体的権利を定めたものであることを前提としたうえで、その権利の行使の方法を定めているのです」とする。区分所有法57条1項の規定ぶりは民法414条3項（平成29年改正前）に似ており、法務省民事局参事官室のこの説明は、民法414条について、同条は実体的権利の存在を前提として、その行使方法ないし手続を定めたものであるという通説的な解釈と平仄の合うものであると思われる。つまり、区分所有法57条は、この条文で新たな実体法上の権利を創設するものではなく、実体権は同法6条1項に定める権利、すなわち区分所有者全体が団体として各区分所有者に対して有する共同利益背反行為をしないように求める権利であり、同法57条はその権利の行使方法を定めたものであるというのである。先に述べた東京地判平成24年2月29日の二つの裁判例が、区分所有法57条1項の権利に対応する義務は、「債務ではなく、区分所有権の移転に伴って承継されたり、履行不能により填補賠償義務が生じたりすることはない」としたのは、この法務省見解に沿うものと考えられる。

　さらに、法務省民事局参事官室は、「物権的請求権等との関係」と題して、「新法6条1項の権利は、区分所有者がその専有部分又は共用部分、敷地、附属施設に対して有する権利に基づき行使する権利とは別個の権利であり、新法57条は、新法6条1項の権利の行使方法を定めたものにすぎません」とし、「ニューサンス等に対して、一般の民法理論により認められる差止請求権や損害賠償請求権は、被害を受ける個々の区分所有者が格別に行使することができることは、従前と変わりません。」と述べている。

　さらに、法務省民事局参事官室は、「新法6条1項の規定に基づき、共同

(13)　法務省民事局参事官室・前掲注7) 285-286頁。

の利益に反する区分所有者の行為によって被害を受ける区分所有者もまた、個々にその差止めを請求することができるか」との問題提起をしたうえで、「この規定を設けた趣旨が、建物全体の生活秩序を維持するという区分所有者全員の共同の利益を図る点にあるということを強調するときは、新法の下では個々の被害の救済、特に違法行為による損害の賠償を求めるには、各区分所有者の有する物権的請求権等に基づいてするほかないという考え方も十分に成り立ちます」としつつ、区分所有法6条1項（旧法5条1項）に基づいて被害者である区分所有者は損害賠償を請求することができるという従前の考え方をあえて否定する必要がないという理由に加えて、「新法57条1項の規定に基づく差止訴訟を提起するべき旨の議案が集会において否定されたときは、個々の区分所有者が救済を受けるためには物権的請求権に基づいて差止訴訟を提起すれば足りるといい切れるか問題なしとはしませんので、個々の区分所有者も、特段の事情があるときは、新法6条1項の規定に基づいて差止め等を請求することができるという解釈の余地を残しておいた方が無難なようにも思われます」と結論づけている。

　つまり、法務省は、区分所有法6条1項の権利を、第一義的には「区分所有者全員が団体的ないし集団的に有し、かつ、行使すべき権利」とし、同法57条はその権利の行使方法を定めたものとしつつ、各区分所有者が他の区分所有者に対して有する権利という側面も否定しない立場をとっているといえる。

　そして、法務省民事局参事官室は、区分所有者の管理規約違反行為に対して執りうる措置として、規約で禁止された行為が、区分所有者の共同の利益に反する場合（絶対的禁止事項違反）は、管理者ないし管理組合は、区分所有法6条1項に基づく同法57条等の請求ができるが、むしろ、規約違反を主張して同法26条4項の規定によって差止訴訟を提起する方が容易だと述べている。区分所有法57条2項で提訴には集会決議が必要とされ、同条3項で管理者や指定区分所有者が訴訟当事者となるためには集会決議が必要とされるのに対し、同法26条4項は、「規約又は集会の決議により」としてお

---

(14)　法務省民事局参事官室・前掲注7）270頁参照。

(15)　法務省民事局参事官室・前掲注7）300頁。

り、規約の定めがあれば、例えば理事会決議によって規約違反に対する差止や結果除去を求める訴えを提起することができるからである。他方、規約違反事項が、共同利益背反行為とまでは言えない軽微なものである場合（相対的禁止事項違反）は、区分所有法57条ないし60条の救済を求めることはできないが、規約違反に基づく民法上の請求として、原状回復のために必要な勧告をしたり、規約に規定された違約金の支払いを求めたり、違反行為の停止、行為の結果の除去又は行為を予防するために必要な措置を裁判で請求することはできると解されている。[16]

　以上の法務省民事局参事官室の立場を総合すると、個々の区分所有者は、その有する物権たる区分所有権（専有部分に対する所有権及び共用部分に対する共有持分権）に基づいて妨害の排除を求める物権的請求権や、ニューサンスに対して人格権等に基づく差止請求権や損害賠償請求権を有しているが、それとは別個の権利として、区分所有法6条1項の権利が観念され、その行使方法として同法57条1項で差止請求等が可能なことを規定しているとする。つまり、マンション管理に関する紛争に対する対処方法として、従前より認められる個々の区分所有者の民法に基づく権利の行使のほか、区分所有者全員（あるいはその団体たる管理組合）の有する団体的権利として区分所有法6条1項の権利があり、その行使方法として同法57条ないし60条があるとする。また、規約違反に対する是正を求める権利も団体的な権利であってその行使方法は同法26条でより簡便になっているとする。法務省は、区分所有法6条1項、同法57条ないし60条、同法26条が予定する団体的権利が物権的権利なのか債権的権利なのかは明らかにしていないが、少なくとも各区分所有者が持つ区分所有権に基づく物権的権利とは異なる権利と構成していることは読み取れる。

4　私見

(1)　救済権としての区分所有法57条1項の権利

　区分所有法57条1項の権利義務の法的性質は、民事訴訟における訴権論や英米法において認知されている実質権（primary right）と救済権（remedial

---

(16)　法務省民事局参事官室・前掲注7) 296頁。

right）の関係、差止請求の根拠論を探求することによって、はじめて明らか
になる問題であると考えられる。[17]

　現在の民事訴訟実務においては、民事訴訟の審判の対象は、実体法上の権
利又は法律関係たる訴訟物であり、原告が選択した訴訟物について、その発
生原因事実たる請求を理由づける事実、その消滅・障害・阻止の原因事実た
る抗弁事実等の主張立証により権利の存否が判断されると考えられている。
そして、訴訟物とされる権利は、例えば、所有権に基づく物権的請求権とし
ての建物収去土地明渡請求権など、特定の実体法上の権利（この場合所有権と
いう primary right）と不可分の関係にあってそれから派生する救済権（remedial
right）が観念されている。原告が被告に対して行為の差止を求める場合や不
作為義務に違反して生じてしまった結果の除去を求める場合、原告は、訴訟
物として、「○○に基づく差止請求権」や「○○に基づく撤去請求権」また
は「○○に基づく原状回復請求権」を選択して申し立て、その発生原因事実
を主張立証する必要がある。ここで、「○○」に当たる部分が実質権
（primary right）であり、「差止請求権」や「撤去請求権」はその背後にある実
質権と別個のものではなくその実現方法たる手段的権利である。そして、原
告が求める救済を基礎づける権利（remedial right）は、所有権そのものでは
なく所有権に基づく物権的請求権であり、これが訴訟物であるとされる。

　この考え方に立つと、実質権（primary right）のみならずこれを実現する手
段たる救済権（remedial right）である差止請求権や撤去請求権も、単なる権
利の行使方法あるいは手続上の権利ではなく、訴訟上の救済を基礎づける実
体権であるということになる。[18]ただし、あくまでも実質権（primary right）を
前提としこれと不可分の関係にある派生的手段的権利であるということがで
きる。

　区分所有法6条1項の権利（区分所有者に対して共同利益背反行為を禁止する不
作為請求権）に基づいて差止や行為の結果の除去を求める訴訟では、同法6
条1項に基づく権利がその根拠の実質をなすが、同権利そのものが訴訟物と

---

(17)　竹下守夫「民事訴訟の目的と司法の役割」民事訴訟雑誌 40 号 1 頁、17-21 頁（1994）、奥田
　　編・前掲注 9）575 頁〔奥田昌道＝坂田宏〕など参照。*See* JOHN NORTON POMEROY, REMEDIES AND
　　REMEDIAL RIGHTS BY THE CIVIL ACTION, 494-504（2d ed. 1883）.
(18)　その意味で、民法 414 条 2 項 3 項は削除する必要はなかったのではないかとも思われる。

なるのではなく、これを実現するための救済権（remedial right）たる区分所有法57条1項が定める差止請求権や行為の結果除去請求権が訴訟物になると考えられる。

(2)　差止請求権、行為の結果除去請求権に対応する義務の承継性等

　共同利益背反行為をした区分所有者が死亡して包括承継が生じた場合や、行為の結果をそのままにして区分所有権が譲渡されるなどして特定承継が生じた場合に、その義務は承継されるのか。また、履行不能によりこれが填補賠償義務に変わるのか。

　結論としては、区分所有法57条1項に基づく権利に対応する義務は、それ自体としては承継されず、その履行不能により填補賠償義務に変化するものでもないと考える。東京地判平成24年2月29日（平成19年（ワ）第34475号）原状回復等請求事件及び東京地判平成24年2月29日（平成22年（ワ）第29939号）原状回復請求事件の結論に賛同するものである。

　根拠となる実質権（primary right）が債権であれ物権であれ、そこから派生する差止請求権、権利の結果除去請求権、妨害排除請求権といった権利（remedial rightであり不作為義務に違反する状態の除去を求める権利）に対応する義務は、「債務」ではなく、履行不能になったときに填補賠償義務に転化せず、相続や譲渡によって承継されないと考えるものである。

　このことは、物権的請求権について考えるとわかりやすい。すなわち、他人の物権を自己の所有物によって妨害していた者がその妨害物の所有権を失うなどして物権的請求権に対応する義務を履行できない状態になった場合に、履行不能による填補賠償義務が生じることはない。また、所有権に対する侵害が不法行為の要件を満たすときは、不法行為に基づく損害賠償債務が発生し、一旦発生した損害賠償債務は独立に譲渡・承継の対象になるが、この損害賠償債務は、物権的請求権に対応する義務とはまったく別個のものであって物権的請求権に対応する義務が履行不能になったことによる填補賠償でないことは言うまでもない。そして、物権的請求権の元になる実質権たる物権（多くの場合は所有権）は承継されるがその行使を妨げられたときにこれを排除する救済権（remedial right）としての妨害排除請求権とそれに対応する義務はそれ自体単独で承継されることはない。他人の物権を妨害している

物の所有権を承継した場合、妨害を除去する義務を承継するのではなく、その物の所有者として新たに独立に妨害排除請求を受け妨害を排除する義務を負うというべきである。

では、債権的な差止ないし行為の結果除去請求権はどうか。改正前民法414条3項及び改正後民事執行法171条1項2号にあるとおり、不作為債務が履行されずその不履行の結果として有形的な状態が継続して存在する場合、その除去を求める権利が認められてきた。この状態がある場合に、債務者が行為の結果を除去する前に死亡したら、当該行為の結果を除去する義務が相続人に承継されるのだろうか。答えは否である。この場合、相続されるのは、元になる実質的権利（primary right）に対応する義務たる不作為債務そのものであり、行為の結果を除去する義務（remedial right に対応する義務）ではないと考えられる。不作為義務不履行による損害賠償債務が発生していれば、その債務は相続され承継されるが、行為の結果除去請求権が履行不能になって填補賠償債務が発生するのではない。

区分所有法57条1項の差止請求権や行為の結果を除去する請求権の法的性質が債権的であるか物権的であるかについては、結局のところ、その元となる区分所有法6条1項の権利義務の法的性質によると考えられる（第3において検討する）が、いずれにせよ、義務者がこれを履行できなくなった場合に填補賠償義務が生じるものではなく、これに対応する義務が区分所有権と離れて単独で承継されるものではないと考えるべきであろう。

但し、後に検討するとおり、区分所有法57条1項の権利（remedial right）の元になる実質権（primary right）である同法6条1項の権利の侵害による損害賠償債務が発生した場合、既発生の損害賠償債務は相続による承継の対象になるし、区分所有者の管理規約違反行為については、規約に基づく債務（債権的義務）不履行による損害賠償債務が発生し、これは承継の対象になる。また、区分所有権が譲渡された場合に、その対象物が区分所有者の共同の利益に反する状態を継続していれば、新たにその時点での区分所有法6条1項の義務違反が認められる。つまり、区分所有法57条1項の権利に対応する義務は、承継されなくとも、元になる実質権（primary right）たる物権又は債権の承継により、承継者に対して独自に損害賠償請求や共同の利益に反する

状態を除去することを求めることができると考えられる。マンション管理者やマンション管理関係訴訟に携わる実務家は、何を訴訟物として選択するのかを誤らないようにしなければならない。

Ⅲ　区分所有法6条1項の権利義務の法的性質

1　区分所有法6条1項の権利義務は物権的か債権的か

区分所有法57条1項の権利の背後にある実質権たる区分所有法6条1項の権利義務は物権的なものか債権的なものかを考えてみたい。それは、すなわち、区分所有法57条1項の権利義務が物権的な性質を有するか債権的な性質を有するかを考えることになる。

まず、法務省民事局参事官室が示した通り、個々の区分所有者が有する物権は専有部分に対する排他的な権利である所有権と共用部分に対する共有持分権であり、これらは「団体的な権利」ではないから、区分所有法6条1項の権利は、各区分所有者が有する物権から派生する物権的請求権とは異なる別個の権利であると言わざるを得ない。このことは、区分所有法57条1項及び3項が権利の帰属主体を「区分所有者の全員又は管理組合法人」としていることからも明らかである。区分所有者が有する物権は、総有的に全区分所有者に帰属するのではなく、あくまで個々の区分所有者に帰属し単独で処分可能な固有の権利であるからである。

しかし、このことから直ちに区分所有法6条1項の権利が物権的でないと断定することもできないと考える。なぜなら、同権利が純粋に債権的権利であるとは言い難いからである。

区分所有法6条1項の権利は、どこから発生するどのような権利かを振り返ってみたい。区分所有法6条1項の趣旨は、以下の通りに理解されている。すなわち、各区分所有者は専有部分についてはそれぞれ所有権を有し、形式上はこれを独占的に支配する権能を有しているが、専有部分といえども、物理的には一棟の建物の一部分にすぎないから、その建物を良好な状態に維持するにつき、区分所有者全員の有する共同の利益に反する行為、すなわち建物の正常な管理や使用に障害となるような行為は、たとえ専有部分に

対する区分所有者の権利の範囲内の行為と見られるようなものであってもすることができないこと、いわば区分所有者の権利は内在的制約を受けることを明らかにしたものであると理解されている。そして、区分所有者の権利が内在的制約を受けるということは、裏返していうと、区分所有者の一人がその義務に違背する行為をし、又はそのおそれがあるときは、他の区分所有者は、その行為を停止し、その行為の結果を除去し、又はその行為を予防するため必要な措置をとるよう求める権利を有するということになるとされる[19]。

　このような区分所有法6条1項の趣旨に鑑みて、同条項に基づく権利義務の発生根拠を考えると、その権利義務は、まず、当該マンションが建築され、区分所有者がその区分所有権を取得し、その建物の共同所有関係に入ることから生ずるということができる。但し、それだけで自然発生的に団体が形成されるわけではない。マンション等区分所有建物は、その特殊性から団体的な管理が必要であり、区分所有法3条によって区分所有者全員によって建物並びに敷地及び附属施設の管理のための団体を構成することが義務づけられている。各区分所有者がこの義務を履行できるようにするため、通常、建物の新築時にその区分所有権を取得する原始メンバーが、団体形成とその内部的規範の制定を目的とした意思表示を要素とする一種の合同行為をもって規約を定める。これにより、原始区分所有者は全員で、集団的意思決定や管理が可能な内実を備えた団体を形成することになる。すなわち、マンション区分所有者の団体的権利義務は、区分所有権の取得という物権的行為と規約の制定という意思表示を要素とする債権的行為の二つによって発生すると考えられる。従って、全区分所有者が団体として有する総有的な権利とそれに対応する義務も、建物の共同所有関係に基く広い意味での物権的な側面と、規約に基づく建物及び共同生活関係の良好な維持管理という債権的な側面があるというべきであろう[20]。よって、区分所有法6条1項に基づく権利義務は、物権的側面と債権的側面の両性を有するというべきである。

---

(19)　法務省民事局参事官室・前掲注7) 270頁、川島＝川井編・前掲注5) 631頁〔川島一郎ほか〕など。

(20)　野口・前掲注1) 68-69頁（「共同利益背反行為禁止の根拠」）も同趣旨であると思われる。

2　区分所有法6条1項の義務の承継性

物権的及び債権的な両性を有する区分所有法6条1項に基づく権利に対応する義務は、包括承継人又は特定承継人に承継されるというべきだろうか。

これは、共同利益背反行為の類型毎に個別具体的に考えるべきであろう。共同利益背反行為の類型化には議論があるが、代表的な類型として、①建物の不当毀損行為、②建物などの不当使用行為、③プライバシーの侵害ないしニューサンスなどがあるとされている。[21]

(1)　建物の不当毀損行為の場合

建物の物理的な毀損という結果は、全区分所有者の物権的な利益を害するものであり、その結果が修復という形で除去されない限り、侵害状態は継続する。そして、区分所有者による建物の不当毀損行為は、不法行為と構成することもできるし、規約違反ないし区分所有法6条1項の義務違反と構成することもできると考えられる。建物の物理的な毀損が共用部分になされた場合は、個々の区分所有者の共有権の侵害として個々の区分所有者に帰属する損害賠償請求権が観念できるが、それとは別に、建物全体に対する侵害として総有的な損害賠償請求権も観念できるのではないか。毀損した対象が当該行為者の専有部分であった場合は、自己の財物に対する侵害なので、他の区分所有者の固有の権利としての損害賠償請求権は観念できないが、その毀損が建物全体の安定を害する場合は、区分所有者全体に総有的に帰属する物権的権利の侵害として損害賠償請求権が発生すると考えられる。この場合、権利（金銭債権）は総有的に全区分所有者に帰属するとしても、これに対応する義務は、当該行為者個人に帰属する債務であるから、この行為者が死亡した場合はその包括承継人に承継されるというべきであるし、行為者が区分所有権を譲渡して当該団体から離脱した場合でも、自己の違法行為によってすでに発生した債務が消滅することはないというべきである。

この場合、区分所有者全員または管理組合は、区分所有法57条1項により、当該毀損行為を行った区分所有者に対し、行為の結果を除去する、すなわち毀損部分を修繕することを請求する権利が認められると解されるが、すでに述べたとおり、これに対応する義務は包括承継・特定承継になじま

---

(21)　法務省民事局参事官室・前掲注7) 271-273頁、野口・前掲注1) 70頁参照。

い。但し、その毀損部分が専用使用権の無い共用部分であれば、その管理権と管理義務は管理組合にあり、マンション等の建物の修繕は通常建築業者であれば誰でもできるものであるから、管理組合が発注して修繕したうえで毀損した者に損害賠償として修繕代金を請求したほうが簡便である。こうした場合、その損害賠償義務（不法行為に基づく損害賠償債務）は既発生の債務として包括承継の対象となる。

　では、毀損部分が当該行為者の専有部分で、行為者が当該毀損部分を修補しないまま当該専有部分を第三者に譲渡した場合、区分所有者全員または管理組合は、区分所有権の特定承継人に修繕を求めることができるだろうか。区分所有法57条1項の義務を承継したとして特定承継人に修繕を求めることはできない。しかし、区分所有権を取得する者は、同時に区分所有法6条1項に定める義務を負い、自己の専有部分を建物全体の安定的維持保存に資するように維持管理する義務を負うと考えられる。そうすると、区分所有権の承継人は、当該区分所有権の専有部分に瑕疵がありこれが建物全体の安定的維持を害する状態であれば、区分所有法6条1項に基づきこれを修繕する義務を負うというべきであろう。これは、前主の義務を承継したのではなく、区分所有権を取得したことにより負担する、区分所有権に内在・付着する団体的義務（区分所有法6条1項の義務）であると解する。なお、承継人がこの義務を履行して修繕し費用を出損した場合、承継人は当該区分所有権の譲渡人に対し、売買契約等に基づく担保責任を追及しうることになろう。

(2)　バルコニーに増改築を施した場合

　次に、本稿が想定する事態として検討してきた、区分所有者が管理規約に違反して専用使用権を有する共有部分たるバルコニーに増改築を施した場合を考えてみたい。この場合は、上記①と②の両方にまたがる共同利益背反行為と考えられる。①の場合と同様、その行為は、不法行為であるとともに債務不履行であるということができ、区分所有者全員ないし管理組合に総有的に帰属する損害賠償請求権が発生する。そして、一旦発生した金銭債務である損害賠償債務は、義務者が区分所有権を譲渡するなどして団体から離脱しても消滅することはなく、義務者が死亡した場合はその包括承継人に承継されると解する。さらに、当該増改築部分を撤去して原状に復する義務は、当

該専用使用権を有する区分所有者が負担する、区分所有権に内在・付着する団体的義務と捉えるべきである。従って、この義務は、債務ではなく、義務者が区分所有権を失って団体から離脱した場合は義務も消滅し、包括承継人や特定承継人に承継されるものではなく、新たな区分所有権者がその権利に内在する義務として負担する団体的義務であると考える。この場合、新たな区分所有者が当該増改築部分を撤去し原状に復する義務を負うかどうかは、その時点での状態が建物全体の安定的維持管理の障害となっているかどうかによって判断される。なお、管理規約ないし使用細則において、建物の共用部分たるバルコニーに増改築を施したり、物置等の構造物を設置してはならない旨の規定が置かれている場合、すでに施された増改築部分や既に設置された構造物をそのまま維持することも、同様に建物全体の安定的維持管理を害する行為であるから、「増改築を施したり、構造物を設置する」行為に当然に含まれるものと解すべきである。

(3) プライバシー侵害ないしニューサンスの場合

最後に、プライバシーの侵害ないしニューサンスの場合について検討する。この場合は、建物の物権的権利とは無関係な属人的侵害である場合がほとんどであると考えられる。従って、侵害者が死亡したりその区分所有権を譲渡したりして区分所有関係から離脱すれば、問題は解決し、行為の結果を除去する義務を承継させる必要もない。但し、侵害行為によって損害が生じた場合（例えば、行為の差止を求めるために管理組合が弁護士に依頼して報酬を支払った場合など）は、既発生の金銭債務たる損害賠償債務は、区分所有関係からの離脱に拘らず消滅しないし、行為者が死亡した場合は、包括承継人がその債務を承継するというべきである。なお、この場合の損害としては、通常、精神的損害に対する慰謝料が想定されるが、精神的損害は個々の区分所有者の心の問題であるから、団体的な権利としては観念しにくい。区分所有者全員ないし管理組合に総有的に帰属する損害賠償債権としては、管理組合が管理行為として出捐した場合に限られるだろう。[22]

---

(22) 類似の問題意識を持つ最近の論考として、日比野泰久「形成訴訟における係争物の譲渡―競売請求訴訟（区分所有法59条）と区分所有権の譲渡―」徳田和幸古稀『民事手続法の現代的課題と理論的解明』683頁、693頁（弘文堂、2017）がある。

Ⅳ　実務的観点からの問題提起

　本稿で取り上げた問題は、民事実体法と民事手続法とが交錯する問題であり、改正前民法414条3項の解釈及び差止請求権一般と通底する未解決問題がマンション管理関係訴訟の現場で実務上浮上したものであると捉えることができる。しかも、現代社会において、特に都市部においては、マンション居住者は多く、本稿で取り上げたようなマンション管理に関する紛争は、多くのマンション居住者や管理組合が抱える身近な問題である。ところが、いざ問題に対処しようとすると、①誰が主体となるべきか、②法的根拠は何か、③権利義務の法的性質は何かについて、今一つ明瞭な指針がなく、複雑で、大変分かりにくい。そのことがマンション管理の障害になっている側面は否めない。

　問題の原因はいくつかある。一つは、区分所有法57条が現場のニーズ（管理組合が主体となって訴訟提起できるようにする必要）に応える形で法改正によって制定されたことはよいが、その結果、民事実体法・手続法との論理的整合性が不明瞭になっていることである。そして、研究者・実務家の間で、マンション管理関係訴訟の訴訟物とその法的性質、当事者たるべき者、総会又は理事会決議等の手続について共通理解が形成されているとも言い難く、実務的な解説書などにおいても今一つ明快にされていないことである。もう一つは、国土交通省から出されている標準管理規約とその解説（コメント）の中に、区分所有法や民事実体法・手続法との整合性に疑問が残る部分があり、とくに紛争解決の主体につき、規約に規定された主体と訴訟提起時の主体とが一致せず、管理組合（あるいはその理事会ないし理事長）がその職務として訴訟外で交渉している段階と訴訟を提起する段階とで連続性に問題が生じる場合があることである。

　例えば、標準管理規約（単棟型）67条3項は、「区分所有者等がこの規約若しくは使用細則等に違反したとき、又は区分所有者等若しくは区分所有者等以外の第三者が敷地及び共用部分等において不法行為を行ったときは、理事長は、理事会の決議を経て、次の措置を講じることができる。一　行為の差

止め、排除又は原状回復のための必要な措置の請求に関し、管理組合を代表して、訴訟その他法的措置を追行すること」等と定めている。区分所有者以外の第三者が共用部分を違法に占拠した場合、標準管理規約と同じ管理規約を持つマンションでは、管理組合の理事長は、規約67条3項に従って、理事会の決議を経て管理組合の代表者・理事長名で当該第三者に対して明渡しを求めることになる。そして、当該第三者が任意に応じない場合は、同規約67条3項に基づき、理事長が「管理組合を代表して」訴訟を提起することができると考えるだろう。すなわち、権利能力なき社団たる管理組合が主体となり、理事長はその代表者（機関）として共用部分の不法占拠者（第三者）に対し、明渡しを請求し、訴訟を追行できると読める。ところが、一般的な学説の理解は、このような場合、訴訟物たる権利の帰属主体は共有部分の共有権の帰属主体たる個々の区分所有者であって、管理組合が主体にはなれないとしている。⁽²³⁾

また、標準管理規約67条1項は、区分所有者等が「法令、規約又は使用細則等に違反したとき、又は対象物件内における共同生活の秩序を乱す行為を行ったときは、理事長は、理事会の決議を経てその区分所有者等に対し、その是正等のため必要な勧告又は指示若しくは警告を行うことができる」としている。そこで、本稿で検討したような問題が生じた場合、すなわち、区分所有者が規約ないし使用細則に違反してバルコニーに増改築を施した場合は、標準管理規約と同じ規約を持つ管理組合の理事長は、規約67条1項により、理事会の決議を経て、当該区分所有者に対して、理事長名で（管理組合が主体となるのではなく理事長が主体となり）、増改築部分の撤去・原状回復を求め、勧告することが考えられる。そして、これが任意に履行されない場合は、規約67条3項に基づき、理事会の決議を経て、訴訟を提起する必要があるが、その場合、規約に基づくなら、請求の主体は理事長ではなく管理組合であり、理事長はその機関として職務を追行することになる。規約違反に基づく原状回復請求権は、第三者に対する請求とは異なり、その権利は区分所有者全体に総有的に帰属すると考えられ、管理組合が訴訟主体となること

---

(23)　東京地方裁判所プラクティス委員会第一小委員会「マンションの管理に関する訴訟をめぐる諸問題（1）」判タ1383号29頁、30頁（2013）。

ができると解されているので問題はない。しかし、厳密にいうと、訴訟外で交渉する際には理事長が主体となって交渉しながら、訴訟になると管理組合（団体）が主体となるという非連続が生じる可能性がある。また、訴訟提起に際して、選択肢として、①規約どおり管理組合が原告になり、理事長はその機関として訴訟追行する方法のほか、②区分所有法26条1項2項に基づいて、管理者（標準管理規約38条2項は、理事長を区分所有法に定める管理者とする。）が原告になって訴訟提起する方法、③区分所有法57条1項3項に基づいて訴訟を提起する方法（この場合の主体は、他の区分所有者全員、管理者、集会において指定された区分所有者のいずれかによることができる）を採る方法等複数の選択肢がある。どれを選択するべきかあるいは念のため複数の請求を選択的に併合するべきか（その場合、主体はどうするのか）は、現状、専門家の間でも一般化された共通理解はなく、弁護士も判断に迷うところである。そして、その場合、どの訴訟物ないし法律構成を選択するかにより、訴訟提起のための手続（理事会の決議でよいのか、総会の決議が必要なのか）が変わってくる。

　このような紛争ないし訴訟は、決して珍しいものではないはずだが、法律家ではないマンション管理組合の理事長はもとより、マンション管理を委託されている管理業者にとっても、また、そのような訴訟を依頼される弁護士にとっても、本稿で示した問題は、非常に複雑で難解である。

　平成23年に、法人でないマンション管理組合が原告となって規約に違反して共用部分を毀損した区分所有者に対し原状回復及び損害賠償を請求した事件で、1審・2審は訴訟物が本来個々の区分所有者に属するものであることを理由に管理組合の原告適格を否定し訴えを却下したのに対し、最高裁は、「給付の訴えにおいては，自らがその給付を請求する権利を有すると主張する者に原告適格があるというべきである」として管理組合の原告適格を肯定した。この裁判を契機に、マンションの管理に関する訴訟について、東京地方裁判所プラクティス委員会第一小委員会が、訴訟の主体、訴訟物たる権利、訴訟提起に際して採るべき手続等を整理したものを判例タイムスに連

――――――――――――

(24)　東京地方裁判所プラクティス委員会第一小委員会・前掲注21) 30頁。

(25)　最判平成23年2月15日民集236号45頁。

載・発表した。この判タの連載は、マンション管理を巡る訴訟の実務に大きな影響を与え、混乱が少なからず収束されたと思われる。しかしながら、本稿で指摘した通り、問題の奥は深く、未だ十分な指針が示され関係当事者や実務家の間で共通認識が形成されているとは言い難い。

近時、マンションの区分所有者が高齢化して管理組合の理事の引き受け手がおらず管理に支障をきたすマンションも少なくない。また、多くのマンションでは、管理組合の役員を1年程度の短期の任期で持ち回りとしており、担当理事の資質によって、区分所有者や第三者の問題行動に対して、迅速かつ適切な対処をすることが必ずしも容易ではない場合がある。そして、日本人は一般に訴訟を好まないので、自らが訴訟の当事者となることは避けたいと思う場合が多く、問題に対して迅速に訴訟が提起されないことを非難できない状況にある。

そのようなマンション管理の実情に鑑みると、マンション管理関係紛争・訴訟に関し、国土交通省、裁判所、弁護士、研究者が協力して、法律実務家はもとより法律の専門家ではないマンション管理に携わる人々にとって分かり易い指針を提示し、標準管理規約及びそのコメントを使い勝手の良いものに改善・改訂するべきである。このことは実務上喫緊の課題であることを強調しておきたい。

V　結びに代えて

本稿は、筆者が弁護士として実際に担当した訴訟事件(和解によって解決済み)において疑問に感じた問題を掘り下げて研究しようとしたものであるが、当初予測していたよりも奥の深い森に迷い込んだ感がある。

藤井俊二先生には、創価大学法科大学院における民事法担当教員として、また、藤井先生が主宰してこられた民事法研究会のメンバーとして、大変にお世話になった。先生の学恩に対する感謝の気持ちを表したいと思い、本稿

---

(26)　東京地方裁判所プラクティス委員会第一小委員会「マンションの管理に関する訴訟をめぐる諸問題(1)(2)」判タ1383号、1385号(2013)。

(27)　筆者は、2006年4月から創価大学法科大学院非常勤講師として民法演習などを担当し、2009年4月から2018年3月まで同大学院の教授(実務家教員)として主に民事訴訟法の演習な

を執筆した。

　本稿に取り上げたテーマについて十分に掘り下げきれたとは言えないが、不足している部分については、今後、研究を継続し精進することをお誓いして、尊敬する藤井先生に対する古稀のお祝いとしたい。

　どを担当した。

マンション管理組合の保管文書の閲覧・謄写請求

大 野 　 武

> ┃ Ⅰ　問題の所在
> ┃ Ⅱ　裁判例および学説の検討
> ┃ Ⅲ　閲覧・謄写請求の法的根拠
> ┃ Ⅳ　むすびに代えて

Ⅰ　問題の所在

　マンションの管理組合においては、その理事長による管理費等の私的流用
や不正経理など不適切な職務執行が行われることもある。そのような場合に
対しては、理事会において適切な監督がなされ、場合によっては理事長を解
任するなど必要な是正措置が講じられることが期待される。[1]しかし、実際に
は、理事会の監督責任が十分に機能しない管理組合もあり得る。そのような
管理組合においては、個々の組合員の方でその実態を調査せざるを得ないこ
とになる。その際、個々の組合員は、管理組合が保管する総会や理事会の議
事録、会計帳簿、什器備品台帳、その他の帳票類を確認することが必要とな
るので、まずはそれらの文書の閲覧（また必要に応じて謄写）[2]を管理組合に請

（1）　役員の選任および解任について総会の決議を経なければならない旨の定めがある規約を有す
　　るマンション管理組合において、理事の過半数の一致により、理事の互選により選任された理事
　　長を解任することもできるとされた最高裁判決がある（最判平 29・12・18 民集 71 巻 10 号 2546
　　頁）。なお、理事会決議によって理事長の地位が解任されたとしても、理事の地位までが解任さ
　　れるわけではない。

（2）　総会や理事会の議事録については、書面による議事録以外に、電磁的記録による議事録もあ
　　るが、後者は前者に準ずるものであるので、本稿では前者のみについて言及するものとする。

求できなければならない。そして、その調査の結果、理事長による不適切な職務執行が認定された場合、次には個々の組合員で理事長を解任することも問題となり得る。その際にも、個々の組合員は、理事長を総会の決議で解任しようとする場合には、そのための総会を招集することが必要となるので、管理組合が保管する組合員名簿の閲覧を管理組合に請求できなければならない。[3]

　このような場合に対して、建物の区分所有等に関する法（以下「区分所有法」ないし「法」という）やマンション標準管理規約（単棟型）（以下「標準管理機約」ないし「規約」という）は、次のような規定を設けている。まず、区分所有法では、管理者は、利害関係人の請求があったときは、正当な理由がある場合を除いて、集会の議事録の閲覧を拒んではならないと規定するのみである（法42条5項、33条1項2項）。これに対して、標準管理規約では、理事長（管理者）[4]は、組合員（区分所有者）[5]または利害関係人の書面による請求があったときは、総会や理事会の議事録を閲覧させなければならないと規定し（規約49条3項前段、53条4項本文）、組合員または利害関係人の理由を付した書面による請求があったときは、会計帳簿、什器備品台帳、組合員名簿およびその他の帳票類を閲覧させなければならないと規定している（規約64条1項前段）。そして、その他の帳票類については、領収書や請求書、管理委託契約書、修繕工事請負契約書、駐車場使用契約書、保険証券などがあるとされている

（3）　区分所有者が管理者を解任する方法として、区部所有法上2つの規定が設けられている。1つは、区分所有者が集会の決議において管理者を解任する方法であり（法25条1項）、もう1つは、管理者に不正な行為その他その職務を行うに適しない事情があるときにおいて、各区分所有者が管理者の解任を裁判所に請求する方法である（同条2項）。前者の方法による場合には、いかにして集会を招集するかが課題となる。すなわち、集会は原則として管理者が招集するものとされているが（法34条1項）、管理者の解任を会議の目的とする集会の収集の通知を発することをその管理者に期待することは一般的に困難である。そのため、区分所有者の5分の1以上で議決権の5分の1以上を有するものが、管理者に集会の招集を請求し（同条3項本文）、それにもかかわらずその通知が発せられなかったときに、その請求をした区分所有者が集会を招集するという方法によらざるを得ないことになる。このとき、当該区分所有者が集会の招集の通知を発するためには、区分所有者の名簿が必要となるので、管理組合にその閲覧の請求ができなければならないことになる。

（4）　標準管理規約では、「理事長は、区分所有法に定める管理者とする」と規定されているので（規約38条2項）、本稿でも、理事長を区分所有法上の管理者と同一のものとして扱う。

（5）　標準管理規約では、組合員の資格は区分所有者であることが条件とされているので（規約30条）、本稿でも、組合員を区分所有者と同一のものとして扱う。

（規約コメント第64条関係②）。

このように、標準管理規約に規定されているような定めが存する場合には、組合員は管理組合が保管する文書の閲覧をその理事長に請求することができることになるが、それでは、そのような定めがない場合には、どのように取り扱われることになるであろうか。すなわち、この場合、規約に定めがない以上、組合員の閲覧・謄写請求は当然に認められないのか、それとも、規約に定めがなくても、組合員の閲覧・謄写請求は認められるべきであるのか、仮に後者の立場によるならば、それが認められる法的根拠は何かが問題となる。そこで、本稿では、まずこの問題に関する裁判例や学説を概観し、その上でこの問題はどのように解されるべきであるのかについて検討することとする。

Ⅱ　裁判例および学説の検討

1　裁判例の検討

マンション管理組合が保管する文書の閲覧・謄写が争われた裁判例は多くなく、判例集に登載されているものとしては次の4件の下級審裁判例が存するのみである。

①東京高判平14・8・28判時1812号91頁は、理事長は、会計帳簿、什器備品台帳、組合員名簿およびその他の帳票類を作成して保管し、組合員または利害関係人の理由を付した書面による請求があったときは、これらを閲覧させなければならない旨を定める規約は存するが、その規約に謄写も認める旨の定めはない場合において、組合員が管理組合の会計帳簿等の閲覧および謄写を請求したという事案である。本判決は、その傍論で、「会計帳簿等の謄写の請求を組合員なり利害関係人なりに許す旨の明文の規定は、管理規約の中に見当たらないが、書類の閲覧が許される場合には、通常電子複写等の機械的複写が実務的に可能であるときは、そのような機械的謄写も許されるものと解されるから、会計帳簿等の閲覧の請求に関する同条の規定は、このような謄写の請求についても準用ないし類推適用されるものと解される」とする。

②東京地判平 23・3・3 判タ 1375 号 225 頁は、理事長は、会計帳簿、什器備品台帳、組合員名簿およびその他の帳票類を作成・保管して、組合員または利害関係人の理由を付した書面による請求があったときは閲覧させなければならない旨を定める規約は存するが、その規約に謄写も認める旨の定めはない場合において、組合員が管理組合法人の会計帳簿類一切（総勘定元帳、現金出納帳、預金通帳およびそれらを裏付ける領収証、請求書等すべての関係帳票類）の閲覧および謄写を請求したという事案である。本判決は、「そもそも、管理組合の財産は組合員の拠出した金銭によって成立し、管理組合の会計は組合員の拠出した管理費等の金銭によって運営されているのであるから、組合員は管理組合の財産の実質的な所有者である…以上、自ら拠出した金銭が役員らによって適切に使用されているのかを監督し、問題があれば、これを是正する権利を有している。」そのため、「組合員がこの権利を行使するための前提として、…本件規約 70 条は、組合員に『会計帳簿、什器備品台帳、組合員名簿及びその他の帳票類』について閲覧請求権を認めている」とする。そして、「帳簿の正確性や支出の正当性を確認することができるようにするためには、閲覧の対象となる文書は、理事長が自ら作成した上で保管している書類に限定されるべきではなく、…また、ここには、会計帳簿のほかにその記録の基礎となった書類も含まれる」とする。さらに、「特に会計帳簿等にあっては、多年度にわたり、相当の量があると思われる場合には、数字の検討、対比を要し、閲覧のみでは十分に目的を達成できない場面が容易に想定されるから、閲覧請求権を認める前記趣旨に鑑み、閲覧請求権の対象となる文書については、閲覧に加えて謄写も求めることができる」。ただし、「会計帳簿等をその備え付け場所から持ち出して謄写することまで認めるのは相当でなく、…謄写の請求は、これらの書類の備え付け場所で謄写を求める限度で理由がある」とする。

③東京高判平 23・9・15 判タ 1375 号 223 頁は、②の控訴審判決である。本判決は、「謄写をするに当たっては、謄写作業を要し、謄写に伴う費用の負担が生じるといった点で閲覧とは異なる問題が生ずるのであるから、閲覧が許される場合に当然に謄写も許されるということはできないのであり、謄写請求権が認められるか否かは、当該規約が謄写請求権を認めているか否か

による」。そして、「本件規約で閲覧請求権について明文で定めている一方で、謄写請求権について何らの規定がないことからすると、本件規約においては、謄写請求権を認めないこととしたものと認められる」とする。

④大阪高判平28・12・9判時2336号32頁、判タ1439号103頁は、理事長は、総会および理事会の議事録、会計帳簿、什器備品台帳および組合員名簿を保管し、組合員の請求があったときはこれを閲覧させなければならない旨を定める規約が存する場合において、組合員が管理組合の総会および理事会の議事録、会計帳簿、工事関係見積書等の閲覧と謄写を請求したところ、管理組会が総会および理事会の議事録、会計帳簿の閲覧には応じること、複写は認めないこと、組合員名簿の閲覧には応じないこと等を回答したため、組合員が会計帳簿の裏付けとなる原資料（裏付資料）の閲覧および（閲覧に含まれると解されるものとしての）写真撮影を請求したという事案である。本判決は、まず被控訴人（管理組合）を権利能力なき社団と認定した上で、管理組合と組合員の法律関係について、「被控訴人は社団ではあるものの、自身が管理する本件マンションの敷地と共用部分を保有しているわけではない。それらは、組合員が保有（共有）する財産である。また、被控訴人は、…区分所有者が拠出する金銭や敷地（駐車場区画）使用料を必要経費に充てているものである。法的にみれば、被控訴人は、他人の費用負担の下に、当該他人の財産を管理する団体である。」「そうすると、被控訴人と組合員との間には、前者を敷地及び共用部分の管理に関する受任者とし、後者をその委任者とする準委任契約が締結された場合と類似の法律関係、すなわち、民法の委任に関する規定を類推適用すべき実質があるということができる」とする。このように、「管理組合と組合員との間の法律関係が準委任の実質を有することに加え、マンション管理適正化指針が管理組合の運営の透明化を求めていること、一般法人法が法人の社員に対する広範な情報開示義務を定めていることを視野に入れるならば、管理組合と組合員との間の法律関係には、これを排除すべき特段の理由のない限り、民法645条の規定が類推適用されると解するのが相当である。」「したがって、管理組合は、個々の組合員からの求めがあれば、その者に対する当該マンション管理業務の遂行状況に関する報告義務の履行として、業務時間内において、その保管する総会議事録、理事会議

事録、会計帳簿及び裏付資料並びに什器備品台帳を、その保管場所又は適切な場所において、閲覧に供する義務を負う」とする。そして、「民法645条の報告義務の履行として、謄写又は写しの交付をどの範囲で認めることができるかについて問題となるところであるが、少なくとも、閲覧対象文書を閲覧するに当たり、閲覧を求めた組合員が閲覧対象文書の写真撮影を行うことに特段の支障があるとは考えられず、管理組合は、上記報告義務の履行として、写真撮影を許容する義務を負う」とする。

　以上の裁判例を見る限り、マンション管理組合が保管する文書の閲覧・謄写請求の可否を判断する理論的根拠については様々であり、現時点において確立した見解が存在しているわけではない。このうち、肯定例である①は、規約で閲覧が許されている場合には機械的謄写も許されることを根拠に、閲覧の請求に関する規定が謄写の請求についても準用ないし類推適用されるとする。また、②は、組合員が管理組合に対して監督是正権を有していることを根拠に、規約に規定のない書類も閲覧の対象となり、また謄写も求めることができるとする。そして、④は、管理組合と組合員との間の法律関係が準委任の実質を有していることから、民法645条の規定が類推適用されることを根拠に、規約に規定のない裏付資料も閲覧の対象となり、また写真撮影も許容されるとする。これに対して、否定例である③は、規約に謄写請求権について規定がないことを根拠に、謄写請求は認められないとする。この考え方は、いわゆる規約自治論・団体自治論に依拠した見解であり[6]、権利能力なき社団における会計帳簿等の閲覧・謄写請求に関する裁判例においても比較的多く採用されている見解である[7]。

2　学説の検討

　この問題に関する学説も多くなく、主として③と④の裁判例に対する判例評釈がある程度であり、またその見解も様々であり、現時点において確立した見解が存在しているわけではない。

（6）　土居俊平「判批」判評713号20頁（判時2368号166頁）。
（7）　権利能力なき社団における会計帳簿等の閲覧・謄写請求に関する裁判例について網羅的に整理して検討したものとして、南部あゆみ「判批」マンション学45号101-103頁参照。

まず、③の裁判例に対する判例評釈において、次の２つの見解が提示されている。１つは、組合員が管理組合に対して監督是正権を有していることを根拠に、組合員は管理組合に対し原則として閲覧および謄写を請求し得るとする見解である。すなわち、一般に、構成員に団体に対する監督是正権が存在するか否かは、構成員が団体の構成分子であり、また経済的基盤を担っていることにより、団体との間に重大な利害関係を有していることが要件となるところ、マンションにおいては、構成員である区分所有者には自動的に管理組合の拘束力が及ぶこと、管理組合の経済的基盤は区分所有者の拠出する管理費等であること、管理組合の会計業務が区分所有者自身の資産価値に直結することを理由に、「区分所有者は管理組合との間で重大な利害関係を有しており、管理組合に対する監督是正権をもつもの」であり、「さらに、会計帳簿等は組合の会計業務を監督是正するための重要な資料となる」ので、区分所有者は、「規約等で明確に排除されていない限りは、閲覧および謄写を請求しうる」とする。[8]

　２つは、個々の組合員と管理組合の理事長の関係は民法の委任に関する規定が適用される（法28条）から、管理組合は、組合員から閲覧請求があれば、これに応じる契約上の義務はあるが、謄写請求については規約に規定がなければ認められないとする見解である。すなわち、「受任者である管理組合の理事長は、委任の本旨に従い、善良な管理者の注意をもって委任事務を処理する義務を負い（民644条）、委任者の請求があるときは、いつでも委任事務の処理の状況を報告する義務を負う（民645条）」ので、「管理組合においては、組合員から閲覧請求があれば、総会議事録のみならず、会計帳簿、財産目録、区分所有者名簿その他区分所有建物の管理に関する一切の書類についてこれに応じる契約上の義務がある」が、「謄写請求については、…謄写作業や謄写費用といった単なる閲覧の場合とは別の問題が生じる」ので、「規約に規定がない限りは謄写については認めないとする判断もあり得よう」とする。[9]

（8）　南部・前掲判批（注7）103頁。
（9）　小西飛鳥＝藤巻梓「閲覧・謄写請求」鎌野邦樹＝花房博文＝山野目章夫編『マンション法の判例解説』（勁草書房、2017年）99頁。

次に、④の裁判例に対する判例評釈において、次の3つの見解が提示されている。1つは、規約に規定がない場合には、閲覧または謄写の請求は認められないとする見解である。すなわち、「会計帳簿やその他の原資料等の閲覧権は、法律上の権利としては認められておらず、規約によって定められている場合に初めて認められるものであり、その他の議事録等、法律上閲覧請求を認めているものについても、謄写請求権までは認められず、規約で定めることが必要」であり、「閲覧または謄写の請求について定められていない場合は、認めないものとして規定していると考えるべきである」とする。[10]

2つは、理事長の委任契約上の報告義務は、管理組合の総会において履行されれば足り、原則として個々の区分所有者に対しては負わないが、区分所有者が理事長に不信感を抱くような場合に限り、例外的に会計帳簿の閲覧や書類全般の写真撮影が認められるとする見解である。すなわち、管理者である管理組合の理事長は、委任契約に基づく権利・義務を有しており（法28条）、善管注意義務や報告義務を負うが、実際には理事数名の中から互選されたものにすぎず、個々の区分所有者から直接に管理者（＝理事長）になることを委任されたものではないので、「管理者（＝理事長）は個々の区分所有者ではなく全区分所有者（＝管理組合）に対して義務を負っており、その義務内容は、管理組合の総会において報告すれば足り、個々の区分所有者の請求に対して直接報告する義務を負うものではない」。したがって、「原則的には、管理者（＝理事長）は個々の区分所有者に対して報告義務を負わない」が、「区分所有者が理事長に不信感を抱く…ような場合にあっては単なる総会での報告では報告義務を履行したことにはならず、更に会計帳簿における裏付資料や書類全般の写真撮影を例外的に認めるべき必要性がある」とする。[11]

3つは、理事会の議事録や会計帳簿については当然に閲覧が認められ、会計帳簿の原資料については一般法人法121条1項・2項を類推適用して原則として閲覧が認められ、組合員名簿については例外的に閲覧が認められ、そ

---

(10)　荒木哲郎「判批」日本不動産学会誌31巻3号132頁。なお、第一東京弁護士会司法研究委員会編『Q&Aマンション管理紛争解決の手引き』（新日本法規、2015年）165頁〔本多芳樹〕も同旨。

(11)　土居・前掲判批（注6）24-25頁（170-171頁）。

してこれらの文書の謄写については原則として認められるとする見解である。すなわち、各区分所有者は、管理組合の監督権限の実効性担保と強化のための手段を認められるべきであり、特に管理組合の業務執行・会計管理については、これを団体の自治に任せておくべきではないとの立場から、理事会の議事録については、理事会の業務執行の監督という観点から、会計帳簿については、会計経理の適正なチェックという観点から「閲覧が認められて当然である」とする。また、「会計帳簿の原資料についても、複数の見積に基づく適正価格での業務発注の確認、利益相反行為の発見・防止の観点からも、一般法人法121条1項・2項を類推適用して、同条2項の1〜5号に該当しない限り、閲覧に関する規約の有無にかかわらず、管理組合は、…区分所有者及び利害関係人に対して開示する義務…を負うと解すべきである」とする。これに対して、組合員名簿については、個人情報流出防止、プライバシー保護の観点から、「組合員名簿の閲覧によらなければ、他に有効な是正手段がないことが認められる場合に限って、閲覧が認められるべきである」とする。そして、これらの文書の謄写については、閲覧では不十分な場合が容易に想定できるため、原則として認められると解すべきであるとする[12]。

　以上、マンション管理組合が保管する文書の閲覧・謄写請求に関する学説について概観してきたが、いずれの学説も異なる見解に立っており、現時点においては通説といえる見解は存していない。そして、本稿においてもまた、これらの学説とは異なる根拠に基づく見解を提示するものであるが、ここで予め私見を提示するならば、組合員による閲覧・謄写請求は、理事長の善管注意義務の履行を確保するための監督是正権に基づいてなされるものであり、その具体的な行使は、原則として区分所有法や規約の定めに基づいてなされるが、区分所有法や規約に定めがない場合には一般法人法の規定を類推適用することによってなされるべきであると考えている。そこで、以下では、この見解に対する法的根拠をどこに見出すことができるかについて検討していくこととする。

---

(12)　野口大作「判批」名城法学67巻4号61-64頁。

III　閲覧・謄写請求の法的根拠

1　管理組合の組合員と理事長の法律関係

　区分所有法 28 条は、「この法律及び規約に定めるもののほか、管理者の権利義務は、委任に関する規定に従う」と定めていることから、区分所有者と管理者との法律関係は、委任または準委任の関係となると考えられている。[13]したがって、管理組合の理事長は、組合員に対して、委任または準委任に基づく善管注意義務（民法 644 条）や報告義務（民法 645 条）を負うことになる。そして、このうちの善管注意義務については、「委任契約の信任関係から特に期待される誠実な受任者のなす注意義務」であると解されている。[14]

　この場合における理事長の義務は、個々の組合員ではなく、すべての組合員に対して負うものであると解されるので、理事長の報告義務に関しては、前記の学説のように、管理組合の総会において履行されれば足りるといえるであろう。しかし、組合員が管理組合に保管文書の閲覧・謄写請求をする場面では、理事長の報告義務違反の有無が問われているというよりは、むしろ善管注意義務違反の有無が問われているとみるべきであろう。組合員があえて管理組合に保管文書の閲覧や謄写を請求するのは、通常、理事長による管理費等の私的流用や不正経理など不適切な職務執行が疑われているからであり、まさに信任関係から期待される誠実な受任者としての注意義務の違反の有無が問われているからである。そうすると、組合員による閲覧・謄写請求は、理事長の職務執行を組合員が監督し、必要に応じて是正手段を講ずるために行われるものであるといえ、法的には、理事長の善管注意義務の履行を確保するために行われるものであるといえる。

　このように、組合員による閲覧・謄写請求の法的根拠が、理事長の善管注意義務の履行を確保するための監督是正権に求められるとしても、区分所有法に明文の規定が存しないため、その権利行使を具体的にどのように行うこ

---

(13)　稲本洋之助＝鎌野邦樹『コンメンタール／マンション区分所有法〔第 3 版〕』（日本評論社、2015 年）170 頁。

(14)　広中俊雄＝幾代通『新版注釈民法 (16)』（有斐閣、1989 年）226 頁〔中川高男〕。

とができるのかが問題となる。この問題については、まず管理組合の法的性格を確認した上で検討することとする。

2 管理組合の法的性格

区分所有法は、区分所有者全員で建物ならびにその敷地および附属施設の管理を行うための団体（区分所有者の団体）を構成すると規定している（法3条）、そして、原則として集会の決議によって選任された管理者が、共用部分ならびに敷地および附属施設を保存し、集会の決議を実行し、ならびに規約で定めた行為をする権利を有し、義務を負うとし（法26条1項）、管理者は、その職務に関し、区分所有者を代理すると規定している（法26条2項）。このように、区分所有法は、共用部分等の管理に関する職務は管理者が行うとするいわゆる「管理者方式」を採用している。

これに対して、実際のマンションでは、法3条の区分所有者の団体を管理組合として設立するのが一般的である。標準管理規約では、総会で理事および監事を選任するとし（規約35条2項）、理事をもって構成される理事会が理事のうちから理事長を選任すると規定している（規約35条3項）。そして、理事長は管理組合を代表すると規定しているが（規約38条）、管理に関する職務は理事会が行うと規定している（規約51条）。このように、実際のマンションでは、区分所有法の規定を修正して、管理に関する職務は理事会が行うとするいわゆる「理事会方式」が採用されている。

こうして、管理組合が設立されると、その管理組合は、権利能力なき社団としての性格も帯びてくることになる。すなわち、「団体としての組織をそなえ、そこには多数決の原則が行なわれ、構成員の変更にもかかわらず団体そのものが存続し、しかしてその組織によって代表の方法、総会の運営、財産の管理その他団体としての主要な点が確定しているもの」が権利能力なき社団に該当すると解されている（最判昭39・10・15民集18巻8号1671頁）。そして、標準管理規約に準拠する管理組合は、その要件は充足されることになるので、権利能力なき社団としての性格をも帯びることになる。

このように、管理組合は、区分所有者の団体としての性格と権利能力なき社団としての性格という二重の性格を併せ持つものであるといえる。それゆ

え、区分所有法に明文の規定のあるところは、区分所有者の団体に関する規定が適用されるが、区分所有法に明文の規定のないところは、いわゆる権利能力なき社団に関する解釈理論が妥当することになると解されている[15]。そして、「権利能力なき社団の内部関係については、当該社団の規則に定めのない事項については原則として社団法人に関する規定を類推適用すべきである」と解されているので[16]、この解釈によれば、民法の規定に代わる一般法人法の規定も類推適用されることになると解される。そうすると、管理組合については、区分所有法や規約に定めがあるところについては区分所有法や規約の定めが優先して適用され、区分所有法や規約に定めがないところについては一般法人法の規定が補充的に類推適用されることになると解される（すなわち、前者と後者の関係は、特別法と一般法の関係になるということができる）。

3　管理組合保管文書の閲覧・謄写請求の可否

　以上のような理解に基づくならば、理事長は、理事会の議事録、会計帳簿、什器備品台帳、組合員名簿およびその他の帳票類について、標準管理規約のような定めがある場合には、その規約の定めに基づいて組合員の閲覧請求に応じなければならないが（規約53条4項本文、64条1項前段）、これらの文書について、規約に閲覧や謄写に関する定めがない場合には、一般法人法の規定の類推適用に基づいて組合員の閲覧・謄写請求に応じなければならないということになる。

　そして、区分所有法や規約に定めがない場合に類推適用される一般法人法の規定は次のとおりである。

　まず、理事会の議事録については、社員は、その権利を行使するため必要があるときは、裁判所の許可を得て、当該書面の閲覧または謄写の請求をすることができると規定する（97条2項1号）。ただし、裁判所は、その請求に係る閲覧または謄写をすることにより、当該理事会設置一般社団法人に著しい損害を及ぼすおそれがあると認めるときは、許可をすることができないと規定する（同条4項）。

---

(15)　濱崎恭生『建物区分所有法の改正』（法曹会、1989年）113頁。
(16)　林良平＝前田達明『新版注釈民法（2）』（有斐閣、1991年）83頁〔森泉章〕。

次に、会計帳簿またはこれに関する資料については、総社員の議決権の[17]10分の1以上の議決権を有する社員は、一般社団法人の業務時間内は、いつでも、請求の理由を明らかにして、当該書面の閲覧または謄写の請求をすることができると規定する（121条1項1号）。ただし、①当該請求を行う社員（請求者）がその権利の確保または行使に関する調査以外の目的で請求を行ったとき、②請求者が当該一般社団法人の業務の遂行を妨げ、または社員の共同の利益を害する目的で請求を行ったとき、③請求者が当該一般社団法人の業務と実質的に競争関係にある事業を営み、またはこれに従事するものであるとき、④請求者が会計帳簿またはこれに関する資料の閲覧または謄写によって知り得た事実を利益を得て第三者に通報するため請求を行ったとき、⑤請求者が、過去2年以内において、会計帳簿またはこれに関する資料の閲覧または謄写によって知り得た事実を利益を得て第三者に通報したことがあるものであるときのいずれかに該当する場合、一般社団法人は、請求を拒むことができると規定する（同条2項反対解釈）。このように、一般社団法人の社員に会計帳簿等の閲覧・謄写請求が認められるのは、社員は一般社団法人の業務執行等を是正する権限を有しており、その権利を適切に行使するために、社員が一般社団法人の経理状況についての情報を把握できるようにする必要があるためであるとされている。また、この請求権が総社員の10分の1以上の議決権を有する社員にのみ認められているのは、濫用的に帳簿の閲覧請求がなされることを防止する趣旨であるとされている。なお、大阪高裁[18]平成28年判決は、「管理組合は、通常、当該マンション管理業務以外に独自の事業を行うわけではないから、各区分所有者との関係で、会計帳簿及び裏付資料に関する何らかの機密情報を有するとも考えられず、一般法人法121条1項のような『議決権の10分の1』といった閲覧謄写の制限をする必要は見あたらない」と判示するが、同項の趣旨が濫用的な請求の防止にあるこ

---

(17) ここでの「会計帳簿」とは、一般社団法人の事業によって生ずる一切の取引を継続的かつ組織的に記録する帳簿である主要簿（日記帳、仕訳帳、元帳など）と補助簿（現金出納帳、仕入帳、売上帳など）を意味し、「これに関する資料」とは、会計帳簿の記録材料となった資料、その他会計帳簿を実質的に補充する資料（伝票、受取証、契約書、信書など）と解すべきであるとされている（熊谷則一『逐条解説／一般社団・財団法人法』（全国公益法人協会、2016年）377頁）。

(18) 熊谷・前掲書（注17）375頁。

とを考慮すれば、この制限を排除すべき理由はないものと思われる。

さらに、社員名簿のついては、社員は、一般社団法人の業務時間内は、いつでも、請求の理由を明らかにして、当該書面の閲覧または謄写の請求をすることができると規定する（32条2項1号）。ただし、前記の121条2項で掲げる事由と同様の事由のいずれかに該当する場合、一般社団法人は、請求を拒むことができると規定する（32条3項反対解釈）。

Ⅳ　むすびに代えて

以上のように、マンション管理組合が保管する文書に対する組合員による閲覧・謄写請求は、理事長の善管注意義務の履行を確保するための監督是正権に基づいてなされるものであり、その具体的な行使は、区分所有法や規約に定めがあれば、その定めに基づいてなされるが、区分所有法や規約に定めがなくても、一般法人法の規定の類推適用によってなされるべきであると考える。この見解では、結果として、組合員による閲覧・謄写請求があれば、理事長は、区分所有法や規約の定めの有無にかかわらず、原則としてその請求に応じなければならないことになる。しかし、理事長は、委任の本旨に従い、善良な管理者の注意をもって、その職務を執行する義務を負うものである以上、閲覧や請求を拒む正当な理由がない限りは、理事長が組合員からの閲覧・謄写請求に広く応じなければならないことは、受任者としての当然の責務であると考える。

マンション高圧一括受電方式の法的問題
──最高裁平成 31 年 3 月 5 日判決を契機として──

土　居　俊　平

```
I   問題の所在
II  マンション高圧一括受電方式
III 電力供給契約の解除拒否は法的に許容されるのか
IV  最高裁平成 31 年 3 月 5 日判決・判例タイムズ 1462 号 20 頁の紹介・検討
V   結語
```

I　問題の所在

　マンション居住者が専有部分で電気を利用するには、個々の居住者が一般電気事業者（＝大手電力会社、詳細は後述する）と電気供給契約を締結し電力の供給を得るとの形式が主流であった。最近になり共用部分又は専有部分の電気料金を削減すべくマンション一棟全体につき高圧一括受電事業者（詳細は後述する）とマンション管理組合との間で契約を締結することにより電力供給を得るという方式、即ち、マンション高圧一括受電方式を採用するマンションが登場するに至っている。現段階におけるマンション高圧一括受電方式の特徴は、個々の居住者全員が一般電気事業者と締結していた既存の電気供給契約を解除し、あらたに高圧一括受電方式の契約を締結するという点にある。高圧一括受電方式には、電気代が低額化する等のメリットはある一方で、定期的に全館停電の必要があるなどデメリットもあり、一部居住者が高圧一括受電方式への移行に反対し、既存の電気供給契約の解除を拒否することもあり得る。最近になり、このような既存の電力供給契約の解除を拒否す

る行為は法的に許されるものなのか否かが法的問題になるに至っている。この点、平成31年3月に最高裁判所が注目すべき判断を下すに至り、かつ、同判決を契機に学説サイドにおいても議論されるに至った。とりわけ有力学者による分析[2]が公にされるなど注目される。結局、この問題は、電気のみならず同じくライフラインの一つであるガス及びインターネット・ケーブルテレビ[3]のみならず年月の経過・社会経済環境の変化・技術の進歩等に応じて必要となるマンションにおけるライフライン全般に対する修繕・改善にも影響を及ぼす[4]ことになる。かくして、当該問題の検討は極めて重要である。

そこで本稿では、最高裁平成31年判決により意識されるに至ったマンション高圧一括受電方式に関する法的問題について考察する。具体的には、マンション高圧一括受電方式とはいかなるものであり、いかなる背景のもとに登場した技術なのか、詳細に紹介・検討する。その上で、マンション高圧一括受電方式が抱えるいくつかの法的問題について考察する。最後に、最高裁平成31年判決について紹介・検討していく。

Ⅱ　マンション高圧一括受電方式

1　概要

(1)　前提知識

電気事業には、大きく分けて発電・送配電・小売の三事業が存在する。即ち、発電事業者とは発電した電気を小売電気事業者等に供給する者であり、(送配電事業は更に3つに細分化される[5]が、その中で代表的な) 一般送配電事業者と

---

(1)　最高裁平成31年3月5日判決である。後で詳述する。また、本判決以前に横浜地裁平成22年11月29日判決・判例タイムズ1379号132頁でも若干言及されている。

(2)　鎌野邦樹「マンションの一括高圧受電方式導入決議に基づく各戸の個別電力供給契約の解約の認否」TKCローライブラリー新・判例解説Watch◆民法（財産法）NO. 167、2頁（TKC、令和元年）。

(3)　日本経済新聞平成31年3月11日掲載（同記事中に、最高裁判決に対する土居俊平コメントあり）。

(4)　同旨、鎌野邦樹「マンションの一括高圧受電方式導入決議に基づく各戸の個別電力供給契約の解約の認否」TKCローライブラリー新・判例解説Watch◆民法（財産法）NO. 167、2頁（TKC、令和元年）。

(5)　送配電事業は、一般送配電事業、送電事業、特定送配電事業の三類型に細分化される。

は発電事業者から受けた電気を小売電気事業者等に供給する者であり、小売電気事業者とは一般の需要（一般家庭、企業、商店等）に応じ電気を小売する者である。上記の発電・送配電・小売のいずれかを担う者を電気事業者と称し、特に、発電・送配電・小売を一貫して行う事業者のことを一般電気事業者と称する（具体的には、北海道電力、東北電力、東京電力、北陸電力、中部電力、関西電力、中国電力、四国電力、九州電力、沖縄電力の10社を指す。本稿では、上記10社を「電力会社」又は「大手電力会社」、上記10社以外の電気事業者を「新電力」と称する、なお、平成28年4月の電力小売完全自由化に伴い「一般電気事業者」の名称は電気事業法から削除されたので正式には「旧一般電気事業者」と表記すべきだが、本稿では従前の名称である「一般電気事業者」を使用する）。一般電気事業者はこれまで地域独占的な地位を与えられてきた公共性の高い企業であるが、最近の電力自由化（後述する）により競争に晒されるようになった点は特筆される。なお、本稿で扱う高圧一括受電事業は、小売に分類される。

(2)　マンション高圧一括受電方式とは

　マンション高圧一括受電方式とは、電力会社の契約上の業務用の高圧電気料金と住戸用の低圧電気料金の料金差を利用して電気料金を下げる方法であり、具体的には、マンションの個々の住戸が電力会社と結んでいる低圧契約につき、マンション全体を1つの高圧契約に切替えることにより、全体の電気料金を従前より安価にするものである。即ち、通常のマンションでは、マンション入居者が低圧電力（100V又は200V）を電力会社と個別で契約することにより電力供給を受けるが、高圧一括受電を導入するマンションでは、高圧一括受電事業者が仲介者となり、マンションを大口需要家として電力会社等から高圧電力（6,600V）を一括購入して、マンション内で家庭用の低圧電

（6）　経済産業省資源エネルギー庁編『電気事業便覧　2018年版』3頁（一般財団法人経済産業調査会、平成31年）。

（7）　東京電力の場合、平成28年から持株会社に移行したので、発電・送配電・小売それぞれで別会社となる。

（8）　資源エネルギー庁「共同住宅等に対する電気の一括供給の在り方について」2頁（資源エネルギー庁、平成30年）では、共同住宅等の管理組合や事業者等が、需要家として電気を一括で調達し、マンション各戸に入居する電気の最終使用者へ受け渡すという方式である、と定義している。内容的には本文で示したものと大きく異なるものではない。

（9）　村越章「既存マンションにおける高圧一括受電の導入」マンション管理センター通信2015年2月号24頁（マンション管理センター、平成27年）。

力に変圧して各住戸に低圧電力を提供することで安価な電気料金での提供を実現するものである。端的に言えば、一括仕入により低価格を実現している。また、使用する電気供給源は（高圧一括受電事業者が新電力から仕入れない限り）これまでと同様に大手電力会社であることが多く、この場合、電気の質にかわりない。このような手法は、高圧電力から低圧電力に変換する受変電設備や電力使用量を計測するメータなどを自ら設置する設備コストや運用コストを、高圧電力と低圧電力との電気料金の値段差から回収するビジネスモデルであるともいえる。なお、各住戸の電気使用量の計量・請求・徴収は、電力会社に代わり高圧一括受電事業者が行う。高圧一括受電事業には大手電力会社本体・関連会社が参入しているほか、現状、様々なタイプの会社が見受けられる（例：独立系、電力会社系、不動産会社系、商社系等）。

(3) 契約関係

過去においては、電気事業者（大半は大手電力会社）と管理組合が契約を締結するという事例もみられたが最近は変容している。即ち、電気事業者と高圧一括受電事業者との間で電気供給契約が締結され、高圧一括受電事業者と管理組合との間で高圧一括受電サービス契約が締結されている。料金支払に関しては、共用部分については管理組合が高圧一括受電事業者に支払い、専有部分については各居住者が高圧一括受電事業者に支払うことになる。高圧

---

(10)　安達博「集合住宅における高圧一括受電がもたらすメリット」電気設備学会誌 35 巻 6 号 369 頁（一般社団法人電気設備学会、平成 27 年）。

(11)　羽山広文「マンション共用部の省エネルギーと高圧一括受電」日本マンション学会誌・マンション学 44 号 51 頁によると、受変電設備の建設費・維持管理費が必要になるという留保をつけながらも、高圧一括受電方式にすると既存の方式と比較すると電力料金が 45〜55％ も割安になると指摘している。

(12)　安達博「集合住宅における高圧一括受電がもたらすメリット」電気設備学会誌 35 巻 6 号 369 頁（一般社団法人電気設備学会、平成 27 年）。

(13)　村越章「既存マンションにおける高圧一括受電の導入」マンション管理センター通信 2015 年 2 月号 24 頁（マンション管理センター、平成 27 年）。

(14)　関西電力が 10％出資しているが、独立系としては中央電力が有名である。

(15)　東京電力 100％出資のファミリーネット・ジャパン、関西電力 100％出資の NextPower、中部電力 51.9％出資のトーエネック等を指摘することができる。

(16)　東急不動産ホールディングス 100％出資の東急コミュニティー等を指摘することができる。

(17)　住友商事、KDDI 共同出資のジュピターテレコム等を指摘することができる。

(18)　契約の名称としては、高圧一括受電サービス契約、業務委託契約、システム利用契約といった名称が用いられている。

一括受電事業者は電気事業者に電気料金を支払うことになる。このように居住者と電気事業者及び高圧一括受電事業者との間に直接の契約関係はない。更に、電気事業者と管理組合との間にも直接の契約関係は存在しない。要するに、契約関係があるのは電気事業者と高圧一括受電事業者、高圧一括受電事業者と管理組合、管理組合と居住者である。

2　現状

(1)　既築マンションと新築マンション

現段階において高圧一括受電方式の現状はどうなのか。まず、本方式を導入するのは新築マンション・既築マンションのいずれでも可能である。新築マンションの場合には、竣工当初から高圧一括受電事業者の電気設備（自家用電気工作物）を設置してサービスを提供することになる。一方、既築マンションの場合には、竣工後に一般電気事業者の電気設備を高圧一括受電事業者の電気設備に切り替えることになるという違いがある。また、既築マンションにあっては全戸同意が必要となる。そのため、一般的には新築マンションの方が既築マンションより導入が容易である。また最近の数十戸以上の規模の新築マンションでは高圧一括受電が標準装備になっているとの指摘もある。

(2)　契約数

平成 26 年度に公表された資料によれば、平成 25 年度末には、既築マンション 202,900 戸、新築マンション 107,400 戸、合計 310,300 戸であり、平成 26 年度末（2014 年度末）には既築マンション 289,700 戸、新築マンション 149,500 戸、合計 439,200 戸に到達する見込みであると報告されている。今後の予想としては、令和 2 年度には総契約戸数 100 万戸に到達するのではな

---

(19)　株式会社富士経済「平成 26 年度電源立地推進調整等事業（マンション高圧一括受電サービスに係る実態調査）調査報告書」14 頁（富士経済、平成 27 年）。

(20)　島津翔「自由化に冷めた目、不動産の腹の中」日経エネルギーNEXT2015 年 7 月号 10 頁（日経 BP 社、平成 27 年）。もっとも、島津氏は、マンション購入にあっては月額 500 円～600 円程度の電気代が安くなることより不動産価格や間取りが重要で、隣のマンションは付いているのにという顧客の声を販売現場が気にするから高圧一括受電方式が新築マンションにおいて広まっているに過ぎない旨指摘している。

いかとみられている。[21]

3 背景事情

(1) 電力自由化

本技術が導入された背景事情として、電力自由化を指摘し得る。

電力自由化とは、①（電力の）安定供給確保、②電気料金の最大限抑制、③需要家の選択肢・事業者の事業機会の拡大を目的に、平成7年以降なされた改革のことである。また、発電・送配電・小売を一貫して担っていた一般電気事業者（＝大手電力会社）の事業を段階的に自由化していくものである。とりわけ、平成12年3月から実施された特別高圧需要家を対象にした小売自由化（例：大規模工場、原則として契約電力2000KW以上）、平成16年4月から実施された高圧需要家（例：中規模工場等、原則として契約電力500KW以上）を対象にした小売自由化、平成17年4月から実施された小売部分自由化（例：小規模工場、スーパー、中小ビル、原則として契約電力50KW以上）、平成28年4月から実施された小売完全自由化（例：一般家庭・町工場・コンビニ、50KW未満も含む）は重要である。現在、小売完全自由化がなされたため一般家庭を含むすべての需要家が電力会社や料金メニューを自由に選択できる。[22]

(2) マンション高圧一括受電との関係

マンションの建物全体（専有部分＋共用部分）の電力量（≒契約電力）は小規模マンションでは50KW未満である。中規模・大規模マンションでは50KW以上である。それ故、平成17年4月から実施された小売部分自由化（50KW以上）により、中規模・大規模マンションは、電気供給契約の相手方を自由に選択することが可能になった。[23]この小売部分自由化こそがマンション高圧一括受電方式というビジネスモデルが登場する契機となった。即ち、小売部分自由化以降、新電力からマンションに一括して電力を供給したいと

---

(21) 株式会社富士経済「平成26年度電源立地推進調整等事業（マンション高圧一括受電サービスに係る実態調査）調査報告書」3、7頁（富士経済、平成27年）。

(22) 経済産業省資源エネルギー庁編『電気事業便覧　2018年版』4〜6、9頁（一般財団法人経済産業調査会、平成31年）。

(23) 鎌野邦樹「マンションの一括高圧受電方式導入決議に基づく各戸の個別電力供給契約の解約の認否」TKCローライブラリー新・判例解説Watch◆民法（財産法）NO. 167、2頁（TKC、令和元年）。

いうニーズが出現[24]したのである。更に、平成28年4月以降、小売完全自由化がなされ、一般電気事業者（大手電力会社）にしか認められていない一般家庭への電気供給について、登録を受けた小売電気事業者においても可能となった。

4　留意点

どのような方式・技術であっても、メリット・デメリットがある。では、マンション高圧一括受電の場合はどうであろうか。

まず、以下のようなメリットがある。第一に、電気料金を現状より安くすることが可能であるという点である[25]。この点が最大のメリットである。料金プランとしては、専有部分削減タイプと共用部分削減タイプに大別される（通常、上記2タイプの内から1タイプを選択することになる。場合によれば専有部分・共用部分双方の割引を提案されることもある）が、おおよその削減幅としては、専有部分削減タイプの場合5〜10％の削減、共用部分削減タイプだと20％〜50％の削減とされている、前者を導入するのは新築マンションが主流で、後者を導入するのは既築マンションが主流である[26]。第二に、本方式を採用すれば専有部分向けの電力供給及び共用部分の電力供給双方に必要となる受変電設備を共有することができるため、共用部分向けの受変電設備が不要となり、その結果としてマンション新築時における建設コストが削減されるという点である[27]。第三に、事業者の判断によるがスマートメータ（＝通信機能を備えており顧客の電気使用量のデータ提供や遠隔での検診が可能な電力メータのことを指す。従来のアナログ式誘導型電力量計とは異なる。）を設置することができるため、電力使用状況の見える化（具体的には、居住者が所有しているパソコン、タブレット、スマートフォン等の汎用機器で電力使用量を確認できる[28]）や節電を促す独自料金

---

(24)　資源エネルギー庁「共同住宅等に対する電気の一括供給の在り方について」3頁（資源エネルギー庁、平成30年）。

(25)　安達博「集合住宅における高圧一括受電がもたらすメリット」電気設備学会誌35巻6号370頁（一般社団法人電気設備学会、平成27年）。

(26)　株式会社富士経済「平成26年度電源立地推進調整等事業（マンション高圧一括受電サービスに係る実態調査）調査報告書」10頁（富士経済、平成27年）。

(27)　安達博「集合住宅における高圧一括受電がもたらすメリット」電気設備学会誌35巻6号370頁（一般社団法人電気設備学会、平成27年）。

(28)　株式会社富士経済「平成26年度電源立地推進調整等事業（マンション高圧一括受電サービスに係る実態調査）調査報告書」13頁（富士経済、平成27年）。

などのスマートサービスを利用できるのみならず、スマートメーターを設置することにより、電気使用量の計量が極めて容易になる点である。即ち、これまでのように検針員が各戸の電力量計の表示を確認し電気使用量を計測する必要はなく、スマートメーターの通信機能により遠隔での自動検針が可能になる。

　他方、以下のようなデメリットがある。第一に、一建物一引込（＝一需要場所一引込）という電気事業の原則があるので全居住者の同意が必要である点である。即ち、全居住者が既存の大手電力会社からの電気供給契約を解除しなければ導入できない。第二に、既築マンションにおいて本方式を導入するには一定の制限があるという点である。即ち、①50〜100戸以上の規模であること、②電気室（借室）があること、③オール電化ではないこと、④ファミリータイプマンションであること、⑤築年数が古くないこと（築年数25年以下）という要素をすべてクリアーする必要がある。第三に、1時間程度ではあるものの、原則1年1回少なくとも3年に1回の周期で専有部の停電を伴う高圧受変電設備の点検が必要となる点である。そのため、高圧一括受電マンションでは、定期的に全館停電が必要となる。この点については、高圧一括受電事業者から当該サービス普及に向けての最大の障害になるとの意見が寄せられているほどである。第四に、契約期間が10年もしくは15年に

---

(29)　安達博「集合住宅における高圧一括受電がもたらすメリット」電気設備学会誌35巻6号370頁（一般社団法人電気設備学会、平成27年）。

(30)　村越章「既存マンションにおける高圧一括受電の導入」マンション管理センター通信2015年2月号25頁（マンション管理センター、平成27年）。

(31)　松田昌也「電力自由化とマンションの電気料金について」31頁（NPO日本住宅管理組合協議会、平成27年）。

(32)　松田昌也「電力自由化とマンションの電気料金について」31頁（NPO日本住宅管理組合協議会、平成27年）。

(33)　村越章「既存マンションにおける高圧一括受電の導入」マンション管理センター通信2015年2月号25頁（マンション管理センター、平成27年）。

(34)　株式会社富士経済「平成26年度電源立地推進調整等事業（マンション高圧一括受電サービスに係る実態調査）調査報告書」12頁（富士経済、平成27年）。

(35)　株式会社富士経済「平成26年度電源立地推進調整等事業（マンション高圧一括受電サービスに係る実態調査）調査報告書」23頁（富士経済、平成27年）。

(36)　安達博「集合住宅における高圧一括受電がもたらすメリット」電気設備学会誌35巻6巻369頁（一般社団法人電気設備学会、平成27年）。

(37)　株式会社富士経済「平成26年度電源立地推進調整等事業（マンション高圧一括受電サービ

設定され、その後は３年ごとの自動更新とされている場合が多い点である。[38]その理由としては、高圧一括供給に必要となる受変電設備や建物内の配電設備等のコスト回収を行うためと推測される。ただ、このような長期の契約期間であると他業者への乗り換えが抑制されることとなり好ましくはない。第五に、電気代の滞納者が当該マンションから出た場合、管理組合が負担する点である。[39]第六に、受変電設備の維持管理・更新が必要になる点、[40]第七に、電力小売完全自由化がなされた現在、個々の居住者が自由に電力会社・多様なメニューの選択できない点、[41]を指摘しうる。

5　小括

　マンション高圧一括受電方式は、電力自由化を契機として登場した方式であり、極めて単純化していうと電気の一括仕入れにより電気料金の低額化を図るものである。一括仕入れをすることに伴う種々の面倒なこと、例えば、既存の電気供給契約ではあり得なかった定期的な停電が存在すること、契約期間が長期化している場合が多いなど、問題点もある。とりわけ、一建物一引込の原則により建物全体として導入する必要がありマンション内に反対者が一人でも存在すれば導入できない。また、平成28年4月以降、電力小売完全自由化が実施され（戸建・マンション居住者の別を問わず）すべての需要家が電力会社・料金メニューを自由に選択できるようになったことから、従前以上に高圧一括受電導入にあたる居住者の意思（賛否）は十分に尊重されるべきである。かくして、既築マンションへの導入は一建物一引込の原則を緩和しない限り難しい。[42]

　　スに係る実態調査）調査報告書」23頁（富士経済、平成27年）。

(38)　株式会社富士経済「平成26年度電源立地推進調整等事業（マンション高圧一括受電サービスに係る実態調査）調査報告書」10頁（富士経済、平成27年）。もっとも、業者に寄れば長期の契約期間とせず1年ごとにしている場合もある。

(39)　羽山広文「マンション共用部の省エネルギーと高圧一括受電」日本マンション学会誌・マンション学44号53頁（民事法研究会、平成24年）。

(40)　羽山広文「マンション共用部の省エネルギーと高圧一括受電」日本マンション学会誌・マンション学44号53頁（民事法研究会、平成24年）。

(41)　松田昌也「電力自由化とマンションの電気労金について」31頁（NPO日本住宅管理組合協議会、平成27年）。

(42)　マンション高圧一括受電に関する興味深い先行業績としては以下のものがある。①電気料金

Ⅲ　電力供給契約の解除拒否は法的に許容されるのか

1　導入

　マンション高圧一括受電方式を導入するには、居住者全員が既存の電気供給契約を解除し新たな契約を締結する必要がある。居住者の一人でも既存の電気供給契約の解除を拒否すれば、高圧一括受電方式は導入できない。もし超少数者が合理的理由なく解除を拒否すれば高圧一括受電方式につき議論し、形成された区分所有者の総意をひっくり返すことになるので、法的制裁を加えることもやむをえないとも思われる。他方、既存の電気供給契約は合法であり、合法的契約の解除拒否を理由に法的制裁を加えるのは行き過ぎであるともいえる。そこで、解除拒否が法的に許容されるのか否かについて多面的に検討する必要が生ずる。具体的には、第一に、解除拒否という行為が区分所有法 6 条所定の共同利益背反行為に該当するのか、第二に、規約（規約の下位規範である細則等の規則を含む）において、既存の電気供給契約の解除を義務付けることが可能なのか、第三に、解除拒否という行為が不法行為を構成するのか、が問題になろう。

2　解除拒否は共同利益背反行為に該当するのか

(1)　共同利益背反行為とは

　昭和 58 年区分所有法改正により義務違反者に対する制裁措置として、差

削減の観点からの研究として、羽山広文「マンション共用部の省エネルギーと高圧一括受電」日本マンション学会誌・マンション学 42 号［北海道大会特集号］161 頁（民事法研究会、平成 24 年）、羽山広文「マンション共用部の省エネルギーと高圧一括受電」日本マンション学会誌・マンション学 44 号 49 頁（民事法研究会、平成 24 年）、②スマートメーターを用いた節電に関する実証的研究として、向井登志広＝西尾健一郎＝小松秀徳＝内田鉄平＝石田恭子「高圧一括受電マンションにおける電力ピーク抑制策の実証研究（その 2）：2013 年冬のピーク抑制・意識変容効果の検証」エネルギー・資源学会論文誌 35 巻 4 号 7 頁（一般財団法人エネルギー・資源学会、平成 26 年）、向井登志広＝西尾健一郎＝小松秀徳＝内田鉄平＝石田恭子「高圧一括受電マンションにおける電力ピーク抑制策の実証研究：2013 年夏のピーク抑制・意識変容効果の検証」エネルギー・資源学会論文誌 36 巻 4 号 1 頁（一般財団法人エネルギー・資源学会、平成 26 年）、向井登志広＝西尾健一郎＝小松秀徳＝内田鉄平＝石田恭子『電力中央研究所報告　スマートメータデータを活用した情報提供と行動変容—集合住宅におけるピーク抑制・省エネ実証事例—』1 頁（電力中央研究所、平成 27 年）等がある。

止・使用禁止・競売の請求（57〜59条）が新設されることになった。これらいずれの制裁措置を講ずるにしても、当該行為が区分所有法6条所定の「共同の利益に反する行為」（＝共同利益背反行為）に該当しなければならない。即ち、当該行為が共同利益背反行為に該当しなければ、制裁措置を講ずることはできない。このように共同利益背反行為の解釈は理論的・実務的に重要である。東京高裁は、共同利益背反行為の存否につき、当該行為の必要性の程度、これによって他の区分所有者が被る不利益の態様、程度などの諸事情を比較衡量して決すべきであるとの一般的基準を提示している。それを受け、①不当使用、②不当毀損、③ニューサンスの三類型で考察していこうとする見解が通説的見解であるといえる。近年では更に議論が深化している。注意すべきなのは、上記の類型化の前提になっているのは積極的加害行為即ち作為に基づく行為であるという点である。では、契約の解除拒否のような不作為に基づく行為についてはどう考えるべきであろうか。

(2) 不作為に基づく共同利益背反行為

不作為に基づく共同利益背反行為として、まず管理費等滞納行為を指摘することができる。その他にも、管理組合への不協力・故障部分（例えば電気、水道、ガス）を修理せずそのまま放置しておくこと等が考えられる。そもそ

---

(43) 現行区分所有法6条1項の内容は、旧区分所有法5条1項と同じである。即ち、共同の利益に反する行為をしてはいけないという内容は、昭和37年の区分所有法制定当時から存在した。ただ、制定当時は、義務違反者に対する制裁措置が立法化されなかった。

(44) 東京高裁昭和53年2月27日判決・下民集31巻5＝8号658頁。

(45) 青山正明編『注解不動産法5 区分所有法』55〜57頁［青山正明執筆部分］（青林書院、平成9年）など。

(46) 区分所有法6条「共同の利益に反する行為」に関して論ぜられた主要な文献は以下の通りである。土居俊平＝月岡利男「共同の利益に反する行為と差止・使用禁止・競売の請求」マンション法研究班編『マンションの法と管理（関西大学法学研究所研究叢書28冊）』121頁（関西大学法学研究所、平成16年）、伊藤栄寿『所有法と団体法の交錯』162、170頁（成文堂、平成23年）、横山美夏「区分所有法59条による所有権の剥奪」吉田克己＝片山直也編『財の多様化と民法学』688頁（商事法務、平成26年）、野口大作「区分所有者等の共同利益に反する行為に関する一考察」マンション学53号67頁（民事法研究会、平成27年）など。

(47) 管理費等滞納行為が共同利益背反行為になるとされた裁判例として、東京地裁平成22年11月17日判決・判例時報2107号127頁、東京地裁平成19年11月14日判決・判例タイムズ1288号286頁、東京地裁平成18年6月27日判決・判例時報1961号65頁（但し、本判決では管理費等滞納行為が共同利益背反行為であることを認めたものの、原告が求めた区分所有法59条所定の競売請求は否定した）、東京地裁平成17年5月13日判決・判例タイムズ1218号311頁、大阪高裁平成14年5月16日判決・判例タイムズ1109号253頁など多数を指摘し得る。

も戸建住宅と比較すれば他人と接触することの多いマンションでは共同生活を行う上で守るべき義務が存在するであろうことは争いないところであろう。とはいえ、不作為というのは往々にして範囲が広範になるおそれもある。そのため、どのような不作為が共同利益背反行為に該当するのかにつき一般的な基準を提示する必要があろう。この点、①法令・契約（規約・決議含む）・慣習・条理から考えて、当該区分所有者に作為義務があるにもかかわらず何もしないこと（作為義務）、②当該不作為が、不当使用・不当毀損・ニューサンスで想定されている作為の形態での共同利益背反行為と比較して行為態様・悪質性の観点から見て同価値であること（同価値性）、の二要件をクリアーする不作為のみが共同利益背反行為に該当するものと考えられる。[48]

(3) 電気供給契約の解除拒否は共同利益背反行為になるのか

では、電気供給契約の解除拒否は共同利益背反行為になるのであろうか。この点、裁判例である横浜地裁平成22年11月29日判決・判例タイムズ1379号132頁は、区分所有者の一人が高圧一括受電に反対し必要な書面を提出せず高圧一括受電方式の採用が見送られた事案につき、当該行為が共同利益背反行為に該当すると判断した（もっとも、本判決はさまざまな迷惑行為を含んでいるので一般化は難しい）。学説サイドは、電気料金の低減化や各戸の電流容量の選択肢を広げ利便性を高めるという点に合理性がある一方で、反対する側が総会や説明会に出席して意見を述べず専ら自己の見解に固執し、他の住民と協力して住環境の保全と向上を図ることに目を向けない姿勢と評価し共同利益背反行為に該当するとしている。[49] このように、学説・裁判例は、電気供給契約の解除拒否行為が共同利益背反行為に該当するとみている。

この点、規約改正又は決議という正当な手続によりマンション高圧一括受電方式採用に伴う既存の電気供給契約の解除が求められたのなら、解除拒否行為は前述の①作為義務の要件に該当する余地はあるかもしれない。しかし

---

(48) 土居俊平＝月岡利男「共同の利益に反する行為と差止・使用禁止・競売の請求」マンション法研究班編『マンションの法と管理（関西大学法学研究所研究叢書28冊）』127〜128頁（関西大学法学研究所、平成16年）。

(49) 東京第一弁護士会司法研究委員会編『Q&A　マンション管理紛争解決の手引』244頁［鈴木仁史執筆部分］（新日本法規、平成27年）。鎌野邦樹＝花房博文＝山野目章夫編『マンション法の判例解説』137頁［南部あゆみ執筆部分］（勁草書房、平成29年）も同旨とみられる。

ながら、現段階において電力小売完全自由化がなされすべての需要家が電力会社や料金メニューを自由に選択できる環境にある限り、いかなる電気会社と契約しようがしまいが、解除しようがしまいが居住者の自由である。解除拒否行為が行為態様・悪質性の観点からみて②同価値性の要件を充足するとは到底評価できない。それ故、解除拒否行為は共同利益背反行為には該当しないと考える。

3　規約により既存の電気供給契約解除を強制しうるのか

　そもそも規約とは、区分所有者の団体たる管理組合の根本規範である。規約の下位規範である細則・規則などの規定も同様である。そして、区分所有法は、区分所有者相互の事項について広く規約で定めることを認め、管理組合の私的自治を認めている。一般に、規約自治・団体自治と称されるものである。しかしながら、規約自治・団体自治を前提としたとしても規約は無制限に何でも規定できるものではなく一定の限界がある。即ち、強行法規に反する規約の規定や法が規約で別段の定めができないとしていることについて法と異なった定めをしているときは無効となる。例えば、外国人への専有部分の賃貸を制限するような規定は公序良俗に反し無効であると考えられてきた。また、強行法規である民法90条に反するような管理費等負担に関する規定についても同様である。

　では、既存の電気供給契約の解約を強制する規約（及びその下位規範たる規則）は有効なのであろうか。規約自治・団体自治を強力に推進する観点からすれば肯定的に考えられよう。他方、専有部分に住む区分所有者等の居住者の契約関係を重視する観点からすれば、否定的に考えることになろう。とりわけ、合法的な契約関係に介入することを正当化する根拠はない点を見逃してはならない。要するに、この問題は団体自治・規約自治と個々の居住者の

---

(50)　青山正明編『注解不動産法5　区分所有法』166頁［西村捷三執筆部分］（青林書院、平成9年）。

(51)　鎌野邦樹「区分所有法改正とマンションの管理」都市住宅学38号31頁（都市住宅学会、平成14年）。

(52)　鎌野邦樹＝花房博文＝山野目章夫編『マンション法の判例解説』87頁［土居俊平執筆部分］（勁草書房、平成29年）。

権利・利益が鋭く対立する一局面である。現段階において電力小売完全自由化が実現しすべての需要家が電力会社や料金メニューを自由に選択できる環境にあるので、契約の自由を制約するような既存の電気供給契約の解約を強制する規約は有効ではないと考える。但し、電力小売完全自由化が実現する以前（平成17年4月～平成28年3月）であれば、個々の居住者に契約の自由を観念し得ないので有効とみる余地がある。[53]

4　解除拒否は不法行為を構成するのか

この点については、最高裁平成31年判決の紹介・検討の中でみていく。

5　小括

かくして、電力小売自由化が実現した現在において、既存の電力供給契約の解除を拒否することは共同利益背反行為に該当せず、かつ、規約により既存の電力供給契約の解除を強制することもできないことが分かった。

Ⅳ　最高裁平成31年3月5日判決・判例タイムズ1462号20頁[54]の紹介・検討

1　導入

マンション高圧一括受電方式の採用が決議・規約で決まったにもかかわら

---

(53)　契約電力が50KW以上の中～大規模マンションでは平成17年以降小売自由化の対象となった（小売部分自由化）。ここで注意すべきは、この段階で自由化の対象となっているのは個々の居住者ではなく大量に電力を消費するマンション全体である。小売部分自由化の段階では、個々の居住者には契約の自由を観念できず、管理組合でマンション全体として高圧一括受電の採用及びそれに伴う既存の電気供給契約の解除を強制する規約に服さざるを得ないと考えられる。

(54)　本判決の主要な判例評釈として、以下を指摘することができる。鎌野邦樹「マンションの一括高圧受電方式導入決議に基づく各戸の個別電力供給契約の解約の認否」TKCローライブラリー新・判例解説Watch◆民法（財産法）NO. 167、1頁（TKC、令和元年）、伊藤栄寿「マンション管理をめぐる判例の現状―最高裁平成31年3月5日判決を中心に」ジュリスト2019年5月号20頁（有斐閣、令和元年）、岡田愛「総会決議及び規約変更によっても、団地の一括受電契約に必要となる個別の受電契約の解約申し入れを義務付けることはできないとされた事案～最高裁平成31年3月5日第三小法廷判決～」WLJ判例コラム第163号1頁（Westlaw Japan、令和元年）、佐藤貴美「平成31年3月5日最高裁判決の解説」マンション管理センター通信2019年5月号2頁（公益財団法人マンション管理センター、令和元年）、高岡信男「一括受電方式の採用

ず、既存の電気供給契約の解除を拒否するという行為が不法行為を構成するのであろうか。この点が問題になった最高裁平成31年判決を紹介・検討する。

2 事実の概要

原告（X）及び被告（Yら・2名）は、札幌市厚別区に存在する全5棟（総戸数544戸）の各区分所有建物からなる団地であるA（以下、本件マンション、と記述する）の区分所有者である。本件マンションの管理は5棟の区分所有者全員を構成員とする本件団地管理組合により行われていた。平成26年8月、本件団地管理組合法人の通常総会において、平成24年以降の専門委員会での検討をふまえた上で、専有部分の電気料金を削減するため、本件マンションの受電方式を現状の個々の居住者が北海道電力と電気供給契約を締結し低圧受電方式で電気供給を受ける方式から高圧一括受電方式に変更すること、即ち、本件団地管理組合法人が一括して北海道電力との間で高圧電力の供給契約を締結し、区分所有者等が本件団地管理組合法人との間で専有部分において使用する電力の供給契約を締結して電力の供給を受ける方式（＝高圧一括受電方式）に変更をすることにつき、区分所有者及び議決権総数の各4分の3以上の多数で決議された。平成27年1月、本件団地管理組合法人の臨時総会において、本件高圧一括受電方式へ変更をするため、規約を変更し、かつ、上記規約の細則として電気供給規則を設定する旨、区分所有者及び議決権総数の各4分の3以上の多数で決議された。本件細則は、高圧一括受電方式以外の方法で電力の供給を受けてはならないことなどを定めており、本件決議は、本件細則を設定することなどにより区分所有者等に北海道電力と締結されていた既存の電気供給契約の解除を義務づけるものであった。平成27年2月、本件マンションの各区分所有者等に対して、北海道電力との間

を否定した最高裁判決と区分所有者の共同の利益」マンション管理センター通信2019年5月号24頁（公益財団法人マンション管理センター、令和元年）、升田純「電気の受電に関する最高裁判決の概要とマンションのライフライン管理への影響」市民と法2019年6月号66頁（民事法研究会、令和元年）、丸山英氣「団地管理組合法人の集会決議、団地規約によって高圧一括受電方式の採用が決められた場合、団地建物所有者は個別電力供給契約の解約義務を負うか」Evaluation 69号18頁（プログレス、令和元年）等がある。

の電気供給契約を解除し、高圧一括受電を導入するための書面を3月10日までに提出することを求めた。Yらを除く本件マンションの各区分所有者等は上記書面を提出したが、Yらは、これを提出することなく、北海道電力との間で既存の電気供給契約を継続している。本件は、Xが、Yらがその専有部分についての個別契約の解約申入れをすべきという本件決議又は本件細則に基づく義務に反して上記解除をしないことにより、高圧一括受電方式への変更はなされず、Xの専有部分の電気料金が削減されないという損害を被ったと主張して、Yらに対し、不法行為に基づく損害賠償を求めるものである。

　なお、本事例にあっては以下の無視し難い事実がある。第一に、Xは上記専門委員会委員であり、かつ、高圧一括受電導入に積極的であった管理組合法人の元理事であること、第二に、平成28年8月の総会決議により高圧一括受電方式の導入は一旦保留となっていること、第三に、一旦保留となった後、電力自由化の加速・居住者の意識変化等を理由として平成29年8月の総会決議により高圧一括受電方式の導入を撤回したこと、第四に、Xが主導的に（高圧一括受電に反対していることを理由として）Yらに対して区分所有法59条に基づく競売請求を提起し当該マンションからの追い出しを図ったが総会決議で否決されたこと、といった事実である。

　地裁（札幌地裁平成29年5月24日判決⁽⁵⁵⁾）は次のように判示してXの主張を認容した。即ち、「共用部分の変更及び管理に関して集会の決議で決した以上、当該決議に反対した区分所有者であっても、この決議に従うのが共同利用関係にある区分建物において当然の理であって、本件規約6条1項⁽⁵⁶⁾は、このことを確認するものである。しかして、高圧受電の導入は、全区分所有者等が北海道電力との間の低圧受電に関する電気供給契約を解除しなければ実現することができないものであり、Yらも、本件各総会決議に至るまでの本件団地管理組合の会報等を通じてこのことを知っていたものと推認される。しかるに、Yらは、本件各総会決議に従うことなく、専有部分の電力の供給

(55)　事件番号は、平成28年（ワ）第993号、である。
(56)　規約6条1項「組合員は、良好な住環境の保持と、資産価値の保全に努め、共同の利益を増進するため、この規約及び使用細則等（以下『規約等』という。）並びに団地総会の決議事項を遵守しなければならない。」

元は自由に選択することができるなどの意見に固執して、本件団地管理組合に期限までに……書面等を提出せず、このため、本件マンションの専有部分における高圧受電の導入を実現することができなかったものと認められる。……とすれば、Yらが……書面等を期限までに提出しないために専有部分における高圧受電の導入ができず、このため区分所有者又は居住者が高圧受電導入による低廉な電気料金の利益を享受することができなかったとすれば、Yらは、区分所有者又は居住者の権利又は利益を侵害したものとして、不法行為による損害賠償請求権に基づいて、差額の電気料金を賠償すべきである……区分建物にあっては、電力会社から受ける電力は全体共用部分、各棟共用部分を通じて専有部分に供給されるのであるから、電力の供給元の選択においても、共同利用関係による制約を当然受けるものである」。Y控訴。

　高裁（札幌高裁平成29年11月9日判決[57]）は地裁判決を引用しつつ、「高圧受電の導入を妨げたことにより……低廉な電気料金の利益の享受を妨げ、侵害したと認めることができる……低廉な電気料金の利益は『法律上保護される利益』（民法709条）に該当するといえるから……不法行為による損害賠償請求権に基づいて、差額の電気料金の賠償を求めることができる」「Yらは……専有部の電気供給契約を選択する権利等は本件各総会決議によって一方的に奪われるべきものではなく、解約を強制することはできない……と主張する。しかし、……契約の自由も、区分所有者の共同の利益の実現のための制約を免れない」という内容を追加した上で控訴棄却した。Y上告。Yは、①決議に従わないことが区分所有者の「法律上保護される利益」侵害にはならない、②既存の電気供給契約を解除しないことが共同の利益を侵害することにはならない、③総会決議の効力の解釈に誤りがある、等と主張した。地裁・高裁とは異なり、最高裁はXの請求を認めなかった（破棄自判）。

3　判旨（破棄自判）

(1)　前記事実関係等によれば、本件高圧受電方式への変更をすることとした本件決議には、団地共用部分の変更又はその管理に関する事項を決する部

---

(57)　事件番号は、平成29年（ネ）第228号である。

分があるものの、本件決議のうち、団地建物所有者等に個別契約の解約申入れを義務付ける部分は、専有部分の使用に関する事項を決するものであって、団地共用部分の変更又はその管理に関する事項を決するものではない。したがって、本件決議の上記部分は、法66条において準用する法17条1項又は18条1項の決議として効力を有するものとはいえない。このことは、本件高圧受電方式への変更をするために個別契約の解約が必要であるとしても異なるものではない。

(2) そして、本件細則が、本件高圧受電方式への変更をするために団地建物所有者等に個別契約の解約申入れを義務付ける部分を含むとしても、その部分は、法66条において準用する法30条1項の「団地建物所有者相互間の事項」を定めたものではなく、同項の規約として効力を有するものとはいえない。なぜなら、団地建物所有者等がその専有部分において使用する電力の供給契約を解約するか否かは、それのみでは直ちに他の団地建物所有者等による専有部分の使用又は団地共用部分等の管理に影響を及ぼすものではないし、また、本件高圧受電方式への変更は専有部分の電気料金を削減しようとするものにすぎず、この変更がされないことにより、専有部分の使用に支障が生じ、又は団地共用部分等の適正な管理が妨げられることとなる事情はうかがわれないからである。

また、その他Yらにその専有部分についての個別契約の解約申入れをする義務が本件決議又は本件細則に基づき生ずるような事情はうかがわれない。

(3) 以上によれば、Yらは、本件決議又は本件細則に基づき上記義務を負うものではなく、Yらが上記解約申入れをしないことは、Xに対する不法行為を構成するものとはいえない。」

［コメント］

最高裁は、マンションへの高圧一括受電方式導入につき否定的な態度をとる区分所有者の行為が不法行為を構成しないと判断した。地裁・高裁の判断を覆した点が特に注目される。

4　本判決の評価

　本判決は端的に2つのことを判示している。第一は、高圧受電方式への変更を決めた決議のうち個別契約たる電気供給契約の解約申入れを義務付ける部分は、専有部分の使用に関する事項を決するものであることを理由に、効力を有しないこと、第二は、決議とは別に細則（規約の下位規範）で電気供給契約の解約申入れを義務付ける部分は、同契約を解約するか否かが直ちに専有部分の使用や共用部分等の管理に影響を及ぼさないし、また、専有部分の使用や共用部分等の適正な管理を妨げることにはならないことを理由に、規約としての効力を有さないこと、の2点である。このような本判決への学説サイドの評価としては、契約自由の原則から契約当事者でない管理組合が専有部分に関する電気供給契約につき介入する理論的正当化根拠はないことから、本判決を肯定的に評価する見解がみられる。[58]

　他方、本判決に対して否定的・懐疑的に捉える有力学者も存在する。鎌野教授は、本件で高圧一括受電方式を決議した時点では電力の完全自由化がなされておらず契約の相手方は形式的には変更されるが電力供給元には実質的に変更はなく、かつ、一時的停電が生じることを除けば種類・品質・数量等にも変わるところがない、即ち、分譲時に北電と契約するしかなかったのと同様に決議以降は北電にかわり管理組合と契約するほかないと説く。[59]その他、本判決によれば少数区分所有者の反対により高圧受電方式切り替えのメリットを享受できなくなることに懸念を表明した上で、本判決でも例外的に電気供給契約の解約申し入れが有効となる余地があること、また本件では不

---

(58)　伊藤栄寿「マンション管理をめぐる判例の現状─最高裁平成31年3月5日判決を中心に」ジュリスト2019年5月号20頁（有斐閣、令和元年）。また、同教授は本判決につき近時の団体法的な処理の流れに一定の歯止めをかけたものと評価している。同様に、丸山英氣「団地管理組合法人の集会決議、団地規約によって高圧一括受電方式の採用が決められた場合、団地建物所有者は個別電力供給契約の解約義務を負うか」Evaluation 69号20、22頁（プログレス、令和元年）は、決議・規約により団体的制約を課してきた下級審裁判に対して、専有部分の使用に関して一定の歯止めをかけたものであり、かつ、専有部分の使用につき決議・規約により制約を課すことに限界があると説き、概ね本判決を肯定的に評価している。

(59)　鎌野邦樹「マンションの一括高圧受電方式導入決議に基づく各戸の個別電力供給契約の解約の認否」TKCローライブラリー新・判例解説Watch◆民法（財産法）NO. 167、3〜4頁（TKC、令和元年）。なお、鎌野教授は電力完全自由化が実現した平成28年4月以降にあっては契約自由が問題になり得ると説いている。

法行為責任の成否が問われたのであり、共同利益背反行為と評価できる余地は残っていると主張する見解[60]、同様に、本判決に違和感を表明した上で、区分所有法31条1項に基づき特別の影響を及ぼす際の少数者保護制度を活用すべきであると示唆する見解[61]、更に、原告の不法行為請求を否定した本判決の結論には賛同しつつも理論構成を批判し、ライフラインに関する事項につき専有部分の使用に関する事項であっても区分所有法30条1項所定の規約事項と解すべきと主張する見解[62]もある。

かくして契約自由の一般論からすれば本判決を肯定的に評価することも可能であるが、本件当時、電力については小売部分自由化しかなされず個々の居住者に契約自由など実質的には存在しなかったことに鑑みれば本判決を否定的に評価することも可能であること、また、本判決はあくまで不法行為責任を否定したものであることにすぎないこと、ライフラインに関する事項につき専有部分の使用に関する事項であれば区分所有法30条1項所定の規約事項である等、多様な主張が展開されている。

5　私見

まず本件には特殊事情がある点に留意すべきである。第一は、高圧一括受電方式の賛成者（原告）が反対者（被告）に対して不法行為訴訟を提起している点、第二は、本件が訴訟提起された段階では未だに電力小売完全自由化はなされておらず、小売部分自由化がなされたにすぎなかった時期、即ち、過渡期の紛争であるという点である。

第一の点に関して、そもそも本件不法行為訴訟の勝訴が高圧一括受電方式採用に直結しないし、本件マンションの総会決議（平成28年8月）では高圧一括受電方式の採用を保留し、その後、総会決議（平成29年8月）で撤回していること並びに本件原告が被告の解除拒否行為を理由に競売請求（区分所

---

(60)　佐藤貴美「平成31年3月5日最高裁判決の解説」マンション管理センター通信2019年5月号2頁、4〜5頁（公益財団法人マンション管理センター、令和元年）。

(61)　高岡信男「一括受電方式の採用を否定した最高裁判決と区分所有者の共同の利益」マンション管理センター通信2019年5月号25頁（公益財団法人マンション管理センター、令和元年）。

(62)　升田純「電気の受電に関する最高裁判決の概要とマンションのライフライン管理への影響」市民と法2019年6月号72〜73頁（民事法研究会、令和元年）。

有法59条）を主張し、被告の当該マンションからの排除を求めたものの総会決議で競売請求が否決されているという事実がある（要するに、区分所有者の大多数は高圧一括受電方式の採用を積極的に求めておらず、かつ、被告に対し制裁を課すことにも謙抑的である）。また、理論的にも被告（反対者）が原告（賛成者）に対してどのような注意義務を負うのか[63]、つまり、本件について、不法行為の成立要件の一つである「故意又は過失」（民法709条）を充足するのか甚だ怪しい。かくして本件はかなり無理筋の訴訟提起であると評価できる。不法行為を否定した本判決の結論は妥当である。もっとも、本件で管理組合が導入に反対する居住者に対して訴えを提起している、又は、契約解除を拒絶することが共同利益背反行為になることを主張しているのなら別途の判断も有り得たかもしれない。第二の点に関して、平成28年4月に電力小売完全自由化がなされたが、本件はその前の部分自由化がなされた時期（過渡期・平成17年4月～平成28年3月）の紛争である。つまり、判決の前提となる社会情勢・背景事情が相当異なる点に留意すべきである[64]。そもそも電力小売完全自由化とは、すべての需要家が電力会社や料金メニューを自由に選択できる環境になったことを意味し、これまで以上に需要家の契約の自由（内容の自由・相手方選択の自由・締結の自由、民法521条〔平成29年改正〕参照）を意識すべきである。もはやこの段階に至っては、決議・規約に基づいて既存の電気供給契約の解除を強制することは電力自由化の趣旨に反するものであり許されることではない。従って、本判決の射程は限定的なものであると考える。結論的には、電力小売完全自由化以降でも本件のような不法行為請求を否定することになるが、本判決の理論構成全てが電力小売完全自由化以降においても当然に妥当すると考えるべきではなかろう。

　なお、本判決が不法行為の要件へのあてはめで結論（否定）を導けたにも

────────────────

(63)　升田純「電気の受電に関する最高裁判決の概要とマンションのライフライン管理への影響」市民と法2019年6月号71～72頁（民事法研究会、令和元年）。その他、升田教授は本件において不法行為の成立要件である「損害」（709条）を充足するのかについても疑義を呈している。極めて正当な指摘である。

(64)　それ故、電力小売完全自由化の前後の違いを捨象する議論には与することができない。この点、鎌野邦樹「マンションの一括高圧受電方式導入決議に基づく各戸の個別電力供給契約の解約の認否」TKCローライブラリー新・判例解説Watch◆民法（財産法）NO. 167、4頁（TKC、令和元年）に鋭い指摘がある。

かかわらず、わざわざ専有部分の使用に関する事項の決議は効力を有しない、規約細則により契約の解約申入れを義務付けても区分所有法30条1項には該当せず規約として効力を有さないと判示した点は、不要である。また、このような一般論が一人歩きすると超少数者による合理的理由のない反対によりマンション管理、とくにライフラインの管理全般に悪影響を及ぼしかねない。この点、上記判示はあくまで「本件高圧受電方式への変更」に限定して妥当するものと解すべきである。結論的には（地裁の判断は）批判されるべきであるが、基本的には地裁が判示する「区分建物にあっては、電力会社から受ける電力は全体共用部分、各棟共用部分を通じて専有部分に供給されるのであるから……共同利用関係による制約を当然受ける」という点は、マンション生活の特質を十分にふまえていることから、電力に限らずマンション居住に伴うライフライン全般に妥当する基本的理解として正当であると考える。それ故、本判決とは異なりライフラインに関する事項に関しては区分所有法30条1項所定の法定規約事項と考える[65]のが妥当であろう。

V　結語

　本稿で解明できた点並びに解明できなかった点につき指摘し、本稿を終えることとしたい。

　第一に、マンション高圧一括受電方式の技術的側面について以下のことが分かった。即ち、本方式は電力自由化を契機として登場し、電気の一括仕入により電気料金の低額化を図るものである。一括仕入に伴う種々の面倒なこと、例えば、既存の電気供給契約ではあり得なかった定期的な停電が存在すること、契約期間が長期化している場合が多いなど、問題点もある。とりわけ、一建物一引込の原則により建物全体として導入する必要がありマンションで導入するにあっては反対者が一人でも存在すれば導入できないという点は留意すべきであり、この点をクリアーするには一建物一引込の原則を緩和するしかない。第二に、マンション高圧一括受電方式の法的側面について、

---

(65)　升田純「電気の受電に関する最高裁判決の概要とマンションのライフライン管理への影響」市民と法2019年6月号73頁（民事法研究会、令和元年）。

既存の電力供給契約の解除を拒否することは共同利益背反行為に該当せず、かつ、規約により既存の電力供給契約の解除を強制することもできないことが分かった。結局、電力自由化によりもたらされた電力小売完全自由化により、すべての需要家が電力会社及び料金メニューを選択できる現在において、解除拒否に制裁を加えることも、また、解除を強制することにも無理がある。第三に、電力小売完全自由化前の紛争であることから最高裁平成31年判決の射程は広くないこと、及び、不法行為責任は要件を充足せず否定されたのは当然ではあること、本判決の一般論は不要であり、特に、ライフラインに関する事項が規約事項ではないとすることは正当ではないことが解明された。

　他方、一建物一引込という電気事業の原則を緩和できないものなのか（緩和できれば本件は紛争にさえならない）、マンション高圧一括受電は今後どのように展開していくのか、ライフライン全般に妥当する区分所有法30条1項の解明については不十分であった。これらについては今後の課題としたい。[66]

---

(66)　本稿執筆にあたり、早稲田大学教授・鎌野邦樹先生からご教示を賜った。ここに感謝申し上げる次第である。

「社会的賃借権」は事業者にも認められるか？
──ドイツ法における事業用空間の賃借人の保護について──

マーティン・ホイブライン[*]

（訳）藤巻　梓

I	はじめに
II	ドイツ法における「社会的賃借権」の性格
III	ドイツの現行法に基づく事業用空間の賃借人の保護
IV	旧法における事業用空間の賃借人の保護
V	オーストリアの賃借人保護法に基づく事業用空間の賃借人の保護
VI	結論

　藤井俊二教授は、多年にわたり、eid（Evangelischer Immobilienverband、プロテスタント不動産協会）の招待により、ベルヒテスガーデンの賃貸借法学会に参加され、そこで私も藤井教授と出会いました。藤井教授からは、日本の賃貸借法はオーストリア法と同様に、事業用空間（Geschäftsräume）の賃借人もまた、動産の賃借人と比べてより厚い保護を受けているとお聞きしました。これに対してドイツ法は、賃借人の保護のために私的自治を強く制限する、いわゆる「社会的賃借権」の適用を、原則として、居住用空間の賃貸借についてのみ認めています。しかし、今日においてこれを変える試みがなされています。

---

[*]筆者はインスブルック大学の教授で、eid（Evangelischer Immobilienverband Deutschland, Berlin）の副会長である。

I　はじめに

　都市化は我々の時代の大きな潮流の一つである。より多くの人々が、地方
の生活よりも都市の生活を好む。ドイツもその例外ではない。その結果、ド
イツの多くの都市で、ここ数年において賃料が高騰した。ドイツの不動産業
界で「Ａ都市」と表記される七大都市（ベルリン、ハンブルク、ミュンヘン、ケル
ン、フランクフルト・アム・マイン、ステュットガルト、デュッセルドルフ）と並ん
で、他の比較的小さな都市、特に大学の所在地も同様のことがいえる。賃料
の上昇がみられるのは住居だけではない。事業者もまた、賃料を払えるよう
な事業用空間を見つけるのが困難な状態にある(1)。地元出身の事業者は、もは(2)
や賃料を払うことができず、店舗を手放さなければならなくなる。小規模な
店舗を構えた小売商人、職人やサービス業者のほか、特に社会的・文化的機
関は、多くの場合に、高額な賃料を支払える状態にない。店舗がその営業者
にとって存在根拠を意味する場合に、社会的紛争が生じる。しばしばこれら
は地域に根差した存在であり、その所在地、いわば「地元（Kiez）」に長い伝
統を有している。若手の事業者であっても、最近は、賃貸借契約を受容可能
な条件で締結することが困難であり、これは他の措置により政策上促進され
る起業およびイノベーション事業モデルの展開を阻害することにもなりう
る。

　この展開は、ドイツにおいて「社会的賃借権」の標語で統括される賃借人
の保護に資する規定の適用領域が事業用空間の賃貸借にも拡大されるべき
か、そして拡大されるべき場合にはいかなる範囲においてであるかという議
論を新たに呼び起こした。これについて、ベルリン州が連邦参議院において
攻勢をかけ、連邦参議院は 2018 年 10 月に、連邦政府に対し、中小企業、自
営業者および手工業者並びに社会的機関に対する抑圧に対する対応措置を吟

（1）　ここでいう「事業用空間」の定義は、店舗（Läden）、事務所（Büros）、営業所（Gewerbe-
　　　räume）その他の空間であって、事業活動に必要とされるものについて用いられる。BGB578 条
　　　2 項は、「居住用空間」に当たらない空間について規定する。
（2）　2009 年から 2018 年にかけての賃料の発展についての概観は、BT-Drucks. 19/7410 v.
　　　28.1.2019 を参照。

味するよう依頼した。[3]

　そこで、上記の展開を背景として、本稿ではまず、ドイツにおける賃借人の保護の主要な要素を素描する（これは、ドイツ民法典（以下BGBと表記）に基づき、居住用空間にのみ適用される）。その後、事業用空間の賃貸借について述べる。

Ⅱ　ドイツ法における「社会的賃借権」の性格

　「社会的賃借権」の定義は「社会市場経済」と類似しており、——我々の社会において様々な理由から不均等に分配された——力を自由競争のみに委ねず、弱者をも保護するための努力を意味する。

　賃借人保護に社会的平穏（der soziale Frieden）の維持のための重要な構成要素を見出すすべての法秩序において、賃借権の主要な保護手段に当たるものが、特に*存続保障*（解除・存続期間の保護および所有者の交替または賃借人等の死亡の際の契約の維持）および*賃料額の規制*（契約締結の際、および一部には契約期間中におけるもの）である。

　三本目の柱を構成するもう一つの規律は公法に属する。これに当たるのが、居住用空間を実際にも居住目的に利用することの要請（いわゆる、目的外使用の禁止）ならびに高権的な借家人割当ての決定権（Belegungsrechte）である。後者は、居住用空間の統制経済の時期、例えば戦後またはその他の大災害の時期に現れる。これに伴う市民の自由権の重度の侵害を理由に、法治国家は、このような強制手段を「平常時」においては放棄するよう試みた。土地所有者が公的な請求権を行使し、その代わりに、自由市場において住居を賃借することができない者に住居を提供する義務を負う場合を除き、住居の強制的な決定権は、今日においても——個々の連邦州により——住居の目的外利用に厳格な姿勢がとられている場合には、意義を有する。例えば、ハンブルク[4]またはベルリン[5]においては、受託者に不動産の処分権を移転すること

――――――――――――
（3）　2018年10月19日の連邦参議院の決議、BR-Drucks. 414/18を参照。
（4）　2013年5月21日付法GVBl. 2013, 244.により最近改正された、1982年3月8日の「居住用空間の保護及び維持に関する法律」（ハンブルク居住用空間保護法）（GVBl. 1982, 47）12b条を参照。
（5）　2018年4月9日付法GVBl. 2018, 211.により最近改正された、2013年11月29日の「居住用空間の目的外使用の禁止に関するベルリン州法」（目的外使用禁止法—ZwVbG）（GVBl. 2013,

ができ、受託者が住居を探している者との間で締結した契約は、当該不動産の所有者を拘束する（法定代理）。もっとも、この場合も憲法上の権限踰越を理由とする制限は認められる。[6]

　これらの社会的賃借権の三本柱と並んで、一般に賃借人の不利益には変更することができないことを特徴とする規定がある。そもそも、賃貸借法の「総則」（BGB535条から548条まで）において、BGB536条4項がこれに相当する指示をしている。この規定に従い、賃貸借の目的物に瑕疵がある場合について法が定める賃料減額権は、住居の賃借人の利益のために強行規定であるとされ、それによって賃借人の対価的利益が保護される。

　敷金（Mietsicherheit）の額の制限およびその履行期に関する規定、BGB551条の破産の際に保護される預託は、居住用空間の賃借人を経済的に過剰な要求および担保の喪失から保護している。

　BGB553条は、賃借人の利益のために、BGB540条の基本的規律を修正し、利用権の第三者への（一部）譲渡に対する関係において賃借人の利益を保護する。むろん、法は、必要な場合には賃借人に対して経済的補償を要求している（BGB553条2項）。

　結局のところ、広い意味において、存続保障および高額な賃料からの保護の範疇に帰すべき多様な規律が存在している。同様に、BGB577条の定める賃借人の先買権は、住居所有権が設定される際に、賃借人の借りている住居が住居所有権の目的として売却されたときには、当該賃借人に生活の本拠（Lebensmittelpunkt）を保障するものである。同じくBGB554a条も、バリアフリー化に資する措置に対する同意請求権により、不動産の建築上の状態により、居住用空間の利用が賃借人またはその同居人にとって難しいものになった場合でも、賃借人が住居に居住し続けられることを保障するものである。制限的にのみ許容されるBGB556条の*付帯費用*の負担に関する規定は、賃借人を、しばしば予見し得ない追加的な経済的負担から保護しうる。

　上記の概要は完全なものではなく、「中心的賃貸借法（Kernmietrecht）」、すなわちBGB535条以下に規定される条文に限定される。これらと並んで、

626）4a条及び4b条を参照。

（6）　S. dazu etwa *Hinrichs* NZM 2018, 185（188）.

例えば事業令（Betriebsverordnung）、暖房費令（Heizkostenverordnung）、住居斡旋法（Wohnungsvermittlungsgesetz）等、様々な付属法がある。また、民法の一般規定もまた、結果的に賃借人保護の機能を果たす。実務上意義を持つのは、特にBGB305条以下（普通取引約款の適用における法的基準、AGBと略す）である。なぜなら、居住用空間の賃貸借契約は、賃貸人の普通取引約款が問題となる典型的な場面だからである。修繕条項についての判例は最も著名な事例である。(7) この判例は、同時に、このような保護の構造の有する問題を具体的に摘示した。すなわち、一般私法の規定には、特別かつ具体的な法的素材（ここでは賃借法）を示す、立法者の側からの利益評価が欠けている点である。これは、賃借人の保護の範囲を、判例において変動する見解により強く依存させることになり、法的不安定を増大させる。(8) 実務は判例を信頼して行動することができないのである。

　この脈絡において興味深いのは、オーストリアの最高裁判所が10年ほど前から、賃借人の保護のために、賃貸借法の特別規定とは別に、一般的な約款規制(9)を開始したことである。(10) 関連する条文——とくに消費者保護法（KScG）——は、ドイツと同様にすでに1970年代には存在していたのであるが。ここでは明らかに相互作用があり、これは我々のテーマにとって極めて有意義である。すなわち、特別な賃借人保護の網が綿密に張り巡らされるほど、一般的な保護規定に立ち戻るための端緒が減るのである。しかし他方では同時に、一般私法が賃借人保護のために機能している場面においては、立法者は、賃貸借法上の特別な保護規定を設けるための十分な端緒を認めないとも言える。ドイツにおける事業用空間の賃貸借は、多数派の理解によれば、このようになっているのである。

（7）　Dazu BGH, Urt. v. 18.3.2015 – VIII ZR 185/14, BGHZ 204, 302; Urt. v. 18. 3. 2015 – VIII ZR 242/13, BGHZ 204, 316; Urt. v. 18.3.2015 – VIII ZR 21/13 NJW 2015, 1874; この見通しのほとんどきかない「戦場」の詳細については、*Häublein*, in: Münchener Kommentar BGB, 8. Aufl. 2020, § 535 Rn. 134 ff.

（8）　BGHZ 204, 302 および 316 の両判決はそれぞれ、BGH の従前の判断を破棄した。

（9）　これにより、私法の規制は、より厳格で、良俗違反の合意の禁止を超える内容規制を予定する。なぜなら、一方で、契約条項は普通取引約款として設定され、および／または消費者と契約を締結する事業者の側から用意されたものだからである。

（10）　いわゆる第1条項決定については、基本的に、OGH v. 11.10.2006 – 7 Ob 78/06f を参照（https://www.ris.bka.gv.at/Judikatur/ から検索できる）。

III ドイツの現行法に基づく事業用空間の賃借人の保護

上述のように、賃貸借法上の保護と、一般規定における保護とを区別して検討する必要がある。

1 保護の仕組み

(1) BGB535条以下は、居住用空間の賃貸の外側では、賃貸借契約の形成について当事者に広範な私的自治を認めている。BGB578条は、事業用空間が賃貸された場合にも、居住用空間の賃貸借に関する款の条項が適用されうる旨を規定する。しかしながら、その場合に、賃借人保護は一部には全く問題となっておらず、また、関連する規定が賃借人保護を目的としている場面においても、これらの規定は（片面的）強行規定としての性格を具えず、つまり任意規定である。具体的には次の通りである。

BGB587条1項は、土地（またはその一部）が住居目的外の目的で賃貸された場合にも、BGB566条以下が準用される旨を規定する。「売買は賃貸借を破らない」の原則により、賃借人は、土地が売却されまたは負担が設定された（BGB567条）場合にその使用可能性を喪失することから保護される[11]。これはしかし、長期的には、取得者の通常解除権が排除される場合に限って、賃借人を、取得者による解約告知に対する関係で保護する。実務においては、契約の期間制限（BGB542条2項を参照）が頻繁になされる。

期間制限の保護機能はしばしば、BGB550条により効力を否定される。この——法政策的には不適切な[12]——規定に基づいて、居住用空間または事業用空間およびその他の土地の賃貸借契約は、それが*1年を超える期間*を設けて締結された場合には、書面によること（BGB126条）が必要である。契約の内容は証書において確認され、両当事者により署名がなされなければならない。書面が最初から、または事後の契約の内容の変更の際に作成されなかっ

---

(11) BGH, Urt. v. 24.3.1999 - XII ZR 124/97, BGHZ 141, 160 (167); Urt. v. 15.10.2014 - XII ZR 163/12, BGHZ 202, 354 Rn. 25.

(12) この点に関する詳細は、*Häublein* JZ 2018, 755.

た場合には、契約は期限のないものとなり、1年が経過した時から双方の当事者は通常解除をすることができる。結果として、期間に関する合意は無意味になる。BGB550条は、BGBの起草者により、長期間賃貸された土地の取得者を保護する目的で採用された。すなわち、取得者は、契約内容を証書から認識するか、自身に移転した賃貸借契約を解除により解消することができることとなる。この規定はすなわち、BGB566条以下により指示された契約の譲渡の脈絡に属する。これは結果的に、長期の賃貸借契約を締結した賃借人でさえも、しばしば通常解除から保護され得ないという帰結に至る（この点は後述2. a も参照）。

　BGB578条2項は、事業用空間の賃貸借について、この著しく不十分な賃借人保護を補完しており、同項は、維持措置および近代化措置についてBGB555a条以下を指示している。むろん、当事者は、住居用空間の賃貸借と異なり、法律の規定を合意により変更することができる。例えば、BGB555e条に基づく特別の解除権の排除や、BGB555c条第1項の措置の実施に関する賃貸人による通告の具体的要請の放棄が一般的に行われているのである。また、熱供給費用の分担額に関するBGB556c条の基準も任意規定である（BGB578条2項2文を参照）。

　特にBGB578条2項によって引用されているBGB569条の両項は、特定の重大な解除事由を具体的に列挙するが、これは賃借人保護をせいぜい付随的に高めるにすぎない。なぜなら、これはBGB543条の具体化を意味するにとどまるところ、BGB543条は一般的な権利概念（BGB314条）を表現したものであり、特に賃借人保護に帰すべきものではないからである。重大事由による解除権は、予め排除することができないことは明白である。

　立法者は、ついに2019年1月1日から施行された[13]BGB578条3項において、空間が、逼迫した居住の必要性がある者に貸すために、公法人もしくは福祉事業の私的な担い手により賃借される場合には、「社会的賃借権」の殆どの条項が適用される旨を明確にした。この規定を理解するためには、ドイ

---

(13)　2018年12月18日の「賃貸借の開始時における、許される賃料額の規制の補完及び賃貸目的物の現代化の規制の適合化に関する法律」（賃借権の適合化法—MietAnpG）BGBl. I, 2648による。

ツ法によれば、中間賃借人（Zwischenmieter）による転貸（Weitervermietung）を目的とする契約は、居住用空間の賃貸借に当たらないのであり（なぜなら、賃借人は住居目的を追求していないからである）、この契約には賃借人保護の規定が適用されないことを知る必要がある。「逼迫した居住の必要性」を有するべき住居の利用者の保護のために、法は、賃貸人（ふつうは所有者）による中間賃借人との間の契約解除をより厳格にしている。しかし、事業用空間の賃貸借については、法は保護していない。

(2)　賃貸人が、賃貸借契約の書式、つまり普通取引約款を用いている場合には、賃借人保護について、実務上 BGB578 条よりもはるかに大きな効果を有するのは BGB305 条以下である。賃借人が小規模な事業者であるときは、賃借人はふつう、自身の「賃借条件」を準備しておらず、したがって賃貸人の様式が使われる。

BGB310 条 1 項は、約款利用者の相手方が事業者である場合についても同様に、普通取引約款の組込（Einbeziehung）規制および内容規制を定めている。したがって、事業用空間の賃貸借の中心的事例においては、通常はこの場合に当たる。賃借人が、賃貸借契約の締結時においてなお会社設立中の段階にあった場合でも、賃借人は事業者である[14]。事業用空間の賃料は、客観的事情に即して、営業上の活動に合わせられる。この場合は、消費者取引が問題となってはいない。

上記の制限にもかかわらず、BGB307 条は事業者間取引（B2B-Geschäfte）にも適用を認めるべきである。BGH の判断を一瞥すれば、事業用賃貸借の賃借人を不適切な普通取引約款から保護する法が大きな意義を有していることが明白である。ここでは、内容規制だけではなく、BGB307 条 1 項 2 文に基礎を置く*透明性の要請*（*Transparenzgebot*）[15]もまた問題となっており、これは BGH が最近になって広告面の賃貸の関連において集中的に扱っている[16]。透明性が欠如している場合には無効とされるほか、ショッピングセンターの

---

(14)　S. etwa BGH, Beschl. v. 24.2.2005 - III ZB 36/04, BGHZ 162, 253 (256); Beschl. v. 24.2.2011 - 5 StR 514/09, NJW 2011, 1236 Rn. 24.

(15)　賃貸借法における透明性の要請の意義について、詳細は、*Häublein* WuM 2016, 468.

(16)　BGH, Urt. v. 28.3.2018 - XII ZR 18/17, NZM 2018, 125; Urt. v. 14.3.2018 - XII ZR 31/17, NJW 2018, 1811.

賃借人に対して、管理費用のほかにセンター運営の費用の負担の義務を課す条項もまた、無効である。[17]

任意規定は、BGB307条を超えて、賃借人保護について重大な機能を果たしている。すなわち、賃貸人が自己に利益になるように法律の規定を変更する場合には、賃借人はBGB307条1項1文の意味における不利益を受けることとなる。大まかにいえば、法律の規定を変更して定められた賃貸人に有利な規律は、その背後に法律の内容を変更して契約内容を形成することを根拠づける正当な事由が存在しなければ、信義則に反することになる。ドイツ連邦通常裁判（以下BGHと表記）は、定式による契約（Formularvertrag）に基づく賃借人の権利の縮小について、賃貸人が規定について十分な利益を欠いていることを理由にこれを無効とした。[18]例えば、相殺禁止条項、転貸借に対する承諾が拒絶された場合の解除権の排除[19]、さらにはその出発点をBGB535条の一連の法定の義務に有する、美的修繕条項の内容規制[20]もまた、ここで掲げられる。

BGHの見解によれば、定式に従って共用部分または共用施設の維持・修繕費用を賃借人に転嫁することは、それが賃借人の義務の限度額が定められていない場合には、BGB307条1項に違反する。[21]これに対して、BGHは、「管理費用」を賃貸人に一括して負担させることを容認している。[22]しかし、これは妥当ではない。管理の概念は、それに結びつくリスクの賃借人への転嫁が明らかに不適切な不利益を与える程度に広い。賃借人にとっては制御可能性を欠き、賃貸人は、その費用をあらかじめ計算する責務を明白な根拠なく免除されることになる。

---

(17)　BGH, Urt. v. 10.9.2014 - XII ZR 56/11, NJW 2014, 3722.

(18)　Dazu etwa BGH, Urt. v. 27.6.2007 - XII ZR 54/05, NJW 2007, 3421; Urt. v. 6.4.2016 - XII ZR 30/15, ZMR 2016, 609 Rn. 18; Beschl. v. 27.9.2017 - XII ZR 54/16, ZMR 2018, 208 Rn. 11.

(19)　BGH, Urt. v. 24.5.1995 - XII ZR 172/94, BGHZ 130, 50.

(20)　BGH, Urt. v. 6.4.2005 - XII ZR 308/02, NJW 2005, 2006.

(21)　BGH, Urt. v. 10.9.2014 - XII ZR 56/11, NJW 2014, 3722 Rn. 21 im Anschluss an BGH, Urt. v. 6.4.2005 - XII ZR 158/01, NJW-RR 2006, 84.

(22)　BGH, Urt. v. 9.12.2009 - XII ZR 109/08, BGHZ 183, 299 Rn. 8 ff.; Urt. v. 24.2.2010 - XII ZR 69/08, NJW-RR 2010, 739 Rn. 7 ff.; Urt. v. 4.5.2011 - XII ZR 112/09, NZM 2012, 83 Rn. 8 ff.; Urt. v. 3.8.2011 - XII ZR 205/09, NJW 2012, 54 Rn. 11 ff.; Urt. v. 26.9.2012 - XII ZR 112/10, NJW 2013, 41 Rn. 23 f.; Urt. v. 10.9.2014 - XII ZR 56/11, NJW 2014, 3722 Rn. 11.

BGH はさらに、契約に基づいて設定された賃借人の付随義務も規制している。とくにショッピングセンターにおいては、賃借人の広告共同体（Werbegemeinschaft）への加入を約款に従い義務づけることが重要な役割を果たしている[23]。

内容規制に加えて、BGH はさらなる規制手段を用いており、例えば、個別的合意（BGB305b 条）の優位がある[24]。また、賃借人は不意打ち条項から保護される（BGB305c 条 1 項）ほか、BGB305c 条 2 項もまた、顧客に最も敵対的な解釈の原則（Kundenfeindlichste Auslegung）の適用がある。これは、顧客敵対的解釈の結果が賃借人にとって不当に不利益を与え、契約上の合意の廃止に至る場合には、賃借人にとって利益である。

(3) これらに加えて、民法の一般規定、特に BGB134 条、138 条が適用される。暴利行為（BGB138 条 2 項）またはそれに類似する行為（BGB138 条 1 項）の場合は、賃貸借契約の全部が無効とされるが[25]、この規定が本来は賃借人保護を構想したものではないことは明らかである。また、実務においてもこれらの規定が果たす役割は小さい。

2 詳論

(1) 上述の保護制度は、賃借人の観点からすると、契約の存続が保護されないという欠陥を内包する。賃貸人と賃借人は、BGB580a 条─事業用空間には同条 2 項が妥当し、す解約告知期間は 6 か月である─の定める期間の保証の下で、いつでも通常の解除をすることができる。賃借物をその事業のため利用可能な状態にするために、しばしば賃借物に対して多大な資本を投下しなければならない賃借人にとっては、かかる状況下では大きなリスクを抱えることになる。

そのため、通常は、しばしば賃借人の利益のために、延長の選択肢が付さ

---

(23) BGH, Urt. v. 12.7.2006 - XII ZR 39/04, NJW 2006, 3057; Urt. v. 11.5.2016 - XII ZR 147/14, NJW 2016, 2492; しかし、具体的な形成を根拠とする異論は認められない。BGH, Urt. v. 13.4.2016 - XII ZR 146/14, NJW 2016, 2489.

(24) いわゆる二重の書式条項について、BGH, Beschl. v. 25.1.2017 - XII ZR 69/16, NJW 2017, 1017.

(25) BGH, Beschl. v. 21.9.2005 - XII ZR 256/03, NZM 2005, 944 (946).

れた期限のある契約が締結されている。賃借人が交渉の場でこのような長期の拘束を貫徹することができたとしても、賃借人にとっては、その事業の成果が芳しくない場合にも何年間にもわたって契約に拘束されるという危険を孕んでいる。代替賃借人（Ersatzmieter）を置くことで、賃貸借契約からの解放を賃借人に対して求める請求権を基礎づける賃借人の試みが成功するかどうかは個々の具体的事情による。裁判所は、一部には賃借人の転貸を指摘し、それにより代替賃借人の破産リスクを賃借人に負わせる。転貸の場合には、賃借人は賃貸人に対して継続して義務を負うからである。賃借人の単なる経済的な危機は、支配的見解によれば、賃貸借契約からの解放を求める請求権を基礎づけず、BGH は、代替賃借人を探すことにおける協力義務から賃貸人を広く免除した。

　現行法のさらなる弱点は、長期の契約期間により意図された賃借人の利益のための存続保護が、しばしば BGB550 条、126 条の違反を理由に挫折することである（この点については、後述Ⅲ. 1.（1））。この規定について示された判決は非常に広範にわたり、立論においては相矛盾する部分もあり、方式違反があるか否かについては専門家でさえ予測することは困難である。賃貸人の、方式の瑕疵を理由に賃貸借関係を通常解除する旨の脅しのみが、賃借人を例えば賃料額に関して譲歩する気にさせるに適当となりうる。このような根拠のない状態は、BGB550 条の削除により除去すべきである。

　(2)　現行法が自由主義的な態度を際立たせているのは、存続保護の場面にとどまらない。BGB138 条の広範な限界を度外視すれば、他に賃料額に対する規制はない。一部には、許容される賃料増額の限界づけが求められる。このような要請を正確に整理するために、事業用空間の賃貸借の場合には、BGB518 条以下の居住用空間の賃貸借と異なり、賃貸人の賃料増額に関する法が全く存在しないことを認識する必要がある。したがって事業用空間の賃貸借において、賃貸人は、賃借人との間の交渉において賃料増額を貫徹するために、変更解約告示（Änderungskundigung）をしなければならない。もしく

---

(26)　S. etwa OLG Naumburg, Urt. v. 18.6.2002 – 9 U 8/02, WuM 2002, 537; OLG Düsseldorf, Urt. v. 21.1.1992 – 24 U 46/91, OLGR Düsseldorf 1992, 100.

(27)　BGH, Urt. v. 7.10.2015 – VIII ZR 247/14, NJW 2015, 3780.

(28)　詳細は、*Häublein* JZ 2018, 755.

は、賃貸人は、例えば長期間の賃貸借契約においては実務上一般的である指数調整条項または物価調整条項等を通じて、賃料の調整を契約上合意することになる。

　居住用空間の賃貸借のメカニズムを一瞥したとき、明確に認識できるのは、存続保護と賃料額の規制との間に相互作用が存在することである。BGB558条による賃料増額の可能性は、賃貸人の契約解消の権利（Loesungsrecht）の制限との均衡を保つ意味を持つ。事業用空間の賃貸借において、契約解消の権利を制限しつつ、当該地域の賃料が上昇している場合にも、賃貸人に賃料を増額する可能性を与えないことに、納得のゆく理由がなかろう。他方で、賃借人が、賃貸人の解除を合意による賃料増額のみによって回避しうる場合には、賃借人はこの増額を承諾しなければならないから、賃借人が存続保護を享受しえない限りにおいては、「許容される賃料増額の可能性の制限」は賃借人を保護するものではない。

　(3)　上での指摘に加え、現行法の重大な欠陥として、賃借人が、その事業の譲渡に明白な利益を有しており、それにより賃貸借関係を移転する際には、賃貸人の好意に頼らざるを得ないという点を指摘しなければならない。賃借人が契約において相当な賃借人たる地位の移転の権利（Weitergaberecht）を交渉しうる場合を除き、賃借人は賃貸人の承諾を求めなくてはならない。それにより、賃借人の作り出した事業価値の活用が事実上困難になり、または阻害されることになる。

Ⅳ　旧法における事業用空間の賃借人の保護

　「社会的賃借権」が今日有する姿は、1900年のBGBにおいては存在していなかった。「社会的賃借権」はその端緒を、20世紀前半に戦争によって生じた不動産市場への影響に求めることができ、これは居住用空間のみならず事業用空間の欠乏をももたらした。ここで、第二次世界大戦の終了時を区切りとして、2段階にわけて振り返ることにする。[29]

---

(29)　S. dazu auch *Lehmann-Richter* Festschrift für Peter Derleder (2015), S. 325.

1 1917年から1945年

　第一次世界大戦の間も、破壊や避難の結果、多くの場所で住居が不足し、賃借人保護のために1917／18年命令が発せられ、これが賃貸人による解除に対するいわゆる賃貸借関係仲裁所（Mieteinigungsamt）の効果的な闘いの基礎を築いた[30]。1919年には、保護の対象が*店舗および作業所*に拡張された[31]。

　1922年3月2日のライヒ賃料法（RMG）は、原則として、賃料額を「平時の賃料額」（Friedenmiete）に制限する旨を規定した（基準日は1914年7月1日）。とはいえ、RMG10条によれば、事業用空間については賃料の割増を定めることが可能であり、その要件は、事業運営の性質上、特に高額な運営コストおよび維持コストを必要とすることであった。なお、不動産市場に緊急に必要な投資を滞らせないよう、RMGは新築住宅には適されなかった。

　賃借人保護法は、1923年に賃借人保護令（MieterschutzVO）にとってかわった[32]。賃貸人の側からの契約の終了は、賃借人保護法2条以下が正当な利益の存在を要件としており、これは事業用空間の賃貸借にも妥当する。これに対して、今日では、BGB573条1項1文は、かかる利益を居住用空間の賃貸借の場合にのみ要求している。賃借人保護法4条は、例えば「賃貸空間の取得に対する切迫した利益」を理由とする契約の終了を規定していた[33]。住居と並んで事業用空間についても存続保護を受けることの理由付けは、*極めて今日的な性格*を有するものであり、空間の著しく不足する場面においては、これは事業用空間について今日でも存在しているが、事業の運営者は営業活動をするその場所について、〔訳者注：居住用空間と〕同じように法律上の保護を必要としているというのである[34]。さらに、賃貸人は、契約を終了するた

---

(30)　1917年7月26日の第一次賃借人保護令（RGBl. I 1917, 659）; 1918年9月23日の第二次賃借人保護令（RGBl. I 1918, 1135）.

(31)　S. RGBl. 1919 I, 591.

(32)　1923年6月1日の「賃借人保護及び賃貸借関係仲裁所に関する法律」（RGBl. 1923 I, 353）による。

(33)　賃貸人が空間の自己使用を希望することは、解約の申出を正当化しなかった。1926年に一定の緩和がなされ、3年以上前に取得した土地の所有者が、自己の営業目的のために空間を緊急に必要としている場合には、自己使用の必要性は契約の終了を許すものとされた。RGBl. 1926 I, 317. オーストリアの賃借人保護法も緊急の必要性を要件としている。s.u. V.1.

(34)　Begründung Entwurf Gesetz über Mieterschutz und Mieteinigungsämter, Verhandlungen des Reichstags, I. Wahlperiode 1920, Band 372, Nr. 4185, S. 4535（www.reichstagsprotokolle.de）;

めには訴えを提起しなければならなかった（賃借人保護法1条1項参照、オース
トリアにおける類似の法的状況については後述V.1参照）。裁判発見の際に要請さ
れた利益衡量の範囲において、その事業が一般的に周知され、顧客に普及し
ている場合には、賃借人の利益においてそれが考慮されなければならなかっ
たのである[35]。当該空間でその唯一の営業場所を運営している賃借人は、特別
な存続保護を受けることができた（賃借人保護法4条1項3文）。賃借人保護法
6条2項は、強制執行を適当な代替事業空間が保証されていることの証明に
かからしめることによって、執行からの保護を強制的に命じていた[36]。レーマ
ン・リヒター氏はその研究のなかで、これらの事業用空間の賃借人のための
存続保護に関する規定が、今日における居住用空間の賃借人のための保護規
定をはるかに凌駕していると断言する。

　歴史上の比較はオーストリアの法状況との比較（後述Vを参照）と同様に、
今日のドイツの賃貸借法が――賃貸人間のみならず拡大する見解とは異な
り、居住用空間に関しては――決して、特別に厳格な規制を特徴としている
わけではないことを裏付ける。

　ラントの命令は1924年以降、事業用空間を様々な度合いで賃借人保護法
の適用から除外した。しかし、1939年に、あらゆる事業用空間が、再び存
続保護の下に置かれることとなった[37]。戦争によって再びその関係が悪化する
なかで、賃借人保護はより範囲を広げた。すなわち、1942年の賃借人保護
法4条3項4文によれば、裁判所は、賃貸借契約の解消の際に、事業用空間
の賃借人に対する損害の塡補を認めることができた。これに加え、事業用空
間の賃借人に対しては、従前は居住用空間についてのみ認められていた、重
大な事由に基づく転貸の権利が認められた（1942年の賃借人保護法29条）。

　　ここでは *Lehmann-Richter*（Fn. 29）S. 325（327）に基づいて引用する。

(35)　S. die Begründung des Entwurfs für ein Gesetz über Mieterschutz und Mieteinigungs-
　　ämter, Verhandlungen des Reichstags, I. Wahlperiode 1920, Band 372, Nr. 4185, S. 4538（www.
　　reichstagsprotokolle.de）; ここで再度 *Lehmann-Richter*（Fn. 29）S. 325（327）から引用する。

(36)　1926年以降の緩和については、*Lehmann-Richter*（Fn. 29）S. 325（328）in Fn. 11. を参照。

(37)　Zunächst durch VO über Maßnahmen der Preisbehörden bei Kündigung von Miet- und
　　Pachtverhältnissen v. 19.4.1939（RGBl. I 1939, 799）. MSchG の適用領域が賃貸借契約全体に拡大
　　されたことについては、s. sodann die am 5.9.1939 erlassene Dritte VO zur Ausführung der VO
　　über Kündigungsschutz bei Miet- und Pachträumen（RGBl. I 1939, 1670）. 賃借人保護法の新条
　　文は、RGBl. 1942 I, 712. によって初めて成立した。

2　1945年以降

1951年12月1日に、事業用空間は、賃借人保護法の価格拘束からも、また存続保護からも除外された。[38]「経済復興の奇跡」が、政治的視点から、特に1960年の住宅統制経済廃止法[39]を通じた居住用空間に関する賃貸借法の自由化を許容したのである。しかし、その直後に、より厳格な規制の必要性が確認されたのであるが、その際、これらの措置は居住用空間の賃貸借に限定された。[40]

1989～90年のドイツの再統一の第一段階において、「事業用空間に関する賃貸借法」の要素が法に再び採用された。賃貸借法の旧DDR地域への適用拡大の範囲において、立法者は、民法施行法232条§2第5項において、各州の旧DDRの地域における事業用空間の賃借人のために以下の規定を追加した。

(1)　賃借人は、1994年12月31日までに表明された、事業用空間または営業用に利用された空き地に関する賃貸借関係の解除に対して異議を唱えることができ、また、解除が賃借人にとってその経済的な生活基盤に著しい危険をもたらす場合には、賃貸人に対して賃貸借関係の継続を求めることができる。

(2)　ただし、以下の場合はこの限りでない。

*　1.　賃貸人が、解除の予告期間を経過することなく解除することについて権利を有するべき事由が存在する場合、または*

*　2.　賃貸人が、他の方法での賃貸により、従前の賃料よりも高い賃料を得ることができる場合で、かつ、賃借人が、解除が有効であった時点で賃料の適切な増額に対する承諾を拒絶するとき、または*

*　3.　賃借人が、運営費の分担に対する承諾を拒絶する場合、または*

*　4.　賃貸人にとって、別の理由から賃貸借関係の継続が耐え難い場合。*

(3)　賃料の増額は、要求された賃料が当該地域で一般的な額であり、金額の合意の廃止後、同質かつ同様の立地にある事業用空間または土地について生じ

---

(38)　1951年11月29日の賃料法の分野における措置に関する命令（PR Nr. 71/51）13条（BGBl. I 1951, 920）および1951年11月27日の賃借人保護の除外に関する命令（BGBl. 1951 I, 926）を参照。

(39)　1960年6月23日の住宅統制経済の廃止並びに社会的賃借権及び社会的居住権に関する法律（BGBl. 1960 I, 389）。

(40)　Vgl. *Häublein*, in: Münchener Kommentar BGB, 8. Aufl. 2020, Vor § 535 Rn. 54 ff.

た額を超えない限り、2文第2号の意味において適切である。賃借人が賃料の適切な増額に同意した場合は、賃貸人は、他の方法での賃貸により、当該地域の一般的な額よりも高い賃料を得ることができる旨の主張をすることができない。

この規定は、旧DDRの各州における企業を保護するため、事業用空間賃貸借法（GRMG、旧規定）8条および9条に倣って規定された。[41][42]

1994年12月31日を過ぎた後にも、この規律をなお維持するために、連邦参議院は、ベルリン州及びブランデンブルク州における事業用空間の賃借人の保護のための法律を連邦議会の審議に付した。この法律は、適切な条件の付された事業用空間の供給が不足しており、それにより公共の福祉が危険にさらされていた地域において、解除権からの保護および賃料の適正化について、居住用空間に関する賃貸借法に比肩しうる規律を導入することを規定するものであった。[43]ベルリンおよびブランデンブルクは、各州政府の法規命令により、移行期間における具体的内容について次のように定めることができるものとされた。

・賃貸借関係の解除については、居住用空間の賃借人のための保護規定に倣い、賃貸人の正当な利益を要求する、
・賃料の増額は、居住用空間について法が定める手続（今日ではBGB558条以下）と同様の手続によってのみすることができる、
・新たな賃貸に際しては100分の30の賃料増額限度（Kappungsgrenze）が適用される。

事業空間の作出に対する投資態勢を促進するために、新たに築造され、または全体的な近代化が施された事業用空間については、賃料は自由に取り決められるものとされた。

法務委員会は、その当時、多数決によりこの法案を否決したのであるが、その理由は、事業用空間に関する賃貸釈放への介入は必要性がなく、また法

---

(41)　1952年6月25日の「事業空間及び営業目的に利用される更地についての賃貸借関係及び用益賃貸借関係の規制に関する法律」（BGBl. 1952 I, 388）（GRMG）。

(42)　S. BT-Drucks. 11/7817, 39.

(43)　BT-Drucks. 13/206.

政策的にも耐えられないであろうというものであった。[44]したがって、提案は法律にはならなかったのであるが、このことはまた、賃料が 1990 年代半ばにおいて再統一により大きく上昇した後、再び下降したこととも関係がある。

V　オーストリアの賃借人保護法に基づく 事業用空間の賃借人の保護

　保護の必要性があるのは居住用空間の賃借人だけではないという所見に対して、立法者は「社会的賃借権」の拡張をもって対応したのであるが、その正当性は比較法的にも証明できる。ヨーロッパの多くの法規制が同様の保護規定を有している。[45]これは、オーストリアを例にとると明らかであろう。

　オーストリアにおいて、賃借人保護の規定の殆どが、特別法である賃借人保護法に置かれ、同法はオーストリア民法典（以下 ABGB と表記）1090 条以下を補充して適用される。賃借人保護法の適用範囲は、同法１条１項により次のように規定される。「*この連邦法は、住居、個々の住戸単位又はあらゆる種類の事業用空間（特に店舗、倉庫、作業場、事務所、官庁または弁護士事務所等）、例えば共同で賃借する（ABGB1091 条）建物敷地もしくは土地（特に家の庭、駐輪場や駐車場等）および同様の客体に対する組合的利用契約……の賃料に対して適用される*」。

　まず、オーストリアの「社会的賃借権」は、居住用空間と事業用空間を区別しない。確かに、賃借人保護法１条２項ないし５項に基づいて、若干の制約が生じる。したがって、例えば期間の経過により解約告知なく解消された事業用空間の賃貸借契約については、当初の、または延長された契約上の存続期間を*半年を上回って*超えていない限り、賃借人保護法の適用はないし、また、*2 つ以上の独立した事業用空間が存在しない*１棟の建物に賃借物が存

---

(44)　S. BT-Drucks. 13/4913.

(45)　これに関する欧州諸国の報告書は *Oberhammer/Kletečka/Wall* (Hrsg.), Soziales Mietrecht in Europa (2011); 特にデンマークについて、S. 1 ff. (12 f., 14 f. und 25 f.), S. 117 ff. (132 f.), オランダについて、S. 141 ff. (146 f., 162 f., 168 f. und 173 f.), スウェーデンは S. 181 ff. (183 f., 187 ff., 190 f. und 193 f) また、スイスについて、S. 203 ff. (208 und 211f.).

在する場合にも、賃借人保護法の適用はない。とりわけ、賃借人保護法1条は、法の全部適用と部分適用を区別している。部分適用の範疇に属する契約は、契約解除からの保護を享受する（賃借人保護法29条以下）が、賃料額の規制を受けない。賃借人保護法の部分適用の範疇に属するのは、公的資金の助力なく、1953年6月30日以降に得られた建築許可に基づき新たに建築された建物内に存在する賃借物に関する契約か（賃借人保護法1条4項1号）、もしくは住居所有権の設定された、1945年5月8日以降に得られた建築許可に基づき新たに建築された建物内に存在する賃借物に関する契約（賃借人保護法1条4項3号）である。結局、賃借人保護法の個々の規定は、明確に居住用空間の賃貸に関係づけられており、つまり、事業用空間の賃貸借には適用がない（「賃借権の譲渡」を認容する賃借人保護法12条および当事者が死亡した際の継続を定める賃借人保護法14条を参照）。一般化していえば、オーストリアにおいても、規制の徹底の度合いは契約の目的によって異なり、居住用空間の賃借人はより厚く保護されている。

1 存続保護

賃借人保護法30条1項によれば、賃貸人は、重大な事由に基づいてのみ賃貸借契約を解除することができる。どのような場合に重大な事由の存在が認められうるかについて、賃借人保護法30条2項は詳細に例示している。

これは、BGB573条の規制技術に対応しているが、オーストリア法の契約解除の構成要件は明らかにより厳格である。賃借人保護法30条2項9号は、事業用空間の賃貸人に、自己の必要性を理由とする解除を認めるが、それは賃貸人が賃貸借の目的物を自己もしくは直系の親族のために緊急に必要としており、かつ、賃借人に対して補償がされる場合に限られる。これに加えて、賃借人保護法30条3項3文により、共有者が自己の必要性を理由に解除するためには、当該共有者が少なくとも持分割合の半分を有している必要がある。

賃借人は書面により解除することができるのに対し、賃借人保護法33条1項は、賃貸による解除は裁判上する必要があるとしており、このこともまた賃借人の保護に資する。さらに、賃借人保護法33条2項は、賃料支払い

の履行遅滞を理由とする解除について、支払の完全な補填による治癒の可能性を認めているところ、ドイツ法はこれを BGB569 条 3 項 2 号において居住用空間の賃借人に対してのみ認めている。賃借人が、履行遅滞を理由に賃借人保護法 30 条 2 項 1 号により、契約を解除されたが、支払の遅滞について賃借人に重過失がない場合に、第一審裁判所の判断の前に、賃借人が直接の交渉により遅滞している債務を弁済したときは、裁判所は解除を取り消す。負担する債務金額に争いがある場合には、裁判所は、交渉の結論を出す前に、金額について判断をくださなければならない。

　ところで、――ここに賃借人保護の見地から極めて重要な制限があるのだが――オーストリアでは、賃借人保護法 29 条 1 項 3 号 a の形式要件を除けば、賃貸借契約の期間を制限する権利に対する制限はない。したがってオーストリアでは、賃貸人が、確定した賃貸借期間の取決めをすることが多く、この場合には、賃貸人側に解約事由がなくても、期間の満了により契約は終了する。契約期間が満了すると、賃料に関する交渉が新たになされるのが一般的である。なぜなら、オーストリアでは、賃借人保護法 30 条で存続保護が図られているにもかかわらず、BGB558 条のような種類の調整を求める権利（Anpassungsrecht）が存在しないからである。つまり、賃借人保護法 16 条 7 項は、契約に期間が付されていた場合の、賃料の 25％の引下げを規定する。しかし、この規定は、賃借人保護法の全部適用の範囲においてのみ適用される。つまり、その範囲においてのみ賃料額が規制され、1953 年 6 月 30 日より後に建築許可が下りた建物については規制はない（賃借人保護法 1 条 4 項 1 号参照）。とりわけ事業用空間を賃借している企業が、賃借人保護法 16 条 1 項 1 号に基づき許容される賃料を超えた額である旨を主張するためには、それについて遅滞なく、遅くとも賃借空間の引渡しの際に異議を唱える必要がある。

　結局のところ実際には、オーストリア法は、賃料債務の履行遅滞を理由とする解除を、その後の支払いによって回避しうる可能性を認めていることを除けば、事業用空間の賃借人のために、何ら厚い存続保護を用意しているわけではない。

---

(46)　これは 3 年以上の契約の最短期間を定めた居住用空間の賃貸借にも適用がある。

2 事業の売却／用益賃貸

ドイツ法における欠陥として挙げられるのは、賃借人が、その事業の成果を営業の売却または用益賃貸を通じて換価しようとする場合に、法律上は賃貸人の好意によらざるを得ないという点である。すなわち、賃貸人の承諾がなければ、賃貸借契約は営業の譲受人に移転しない。強い交渉力をもつ賃借人にとっては、このような場合について契約で定めておくことが唯一の対応策である。

これに対して、賃借人保護法 12a 条 1 項は、従前の賃借人がその営業を賃借空間において継続されるものとして売却した場合には、取得者が賃貸借関係に入ってくることを定める。売主および取得者の双方は、事業の譲渡を賃貸人に遅滞なく告知する義務を負う。

賃借人保護法 12a 条 1 項により、賃貸人は、従前の賃料が低かった場合には、告知から遅くとも 6 か月までに、賃借人保護法 16 条 1 項の許容する適正額への賃料の増額を求めることができる。この場合に、賃借物において営まれていた営業行為の態様が斟酌されなければならない。詳細を述べることはここでは範囲外であるが、ドイツ民法施行法（以下 EGBGB と表記）（旧規定）232 条 §2 第 5 項（上述Ⅳ 2 を参照）に基礎を置き、賃貸人の利益が市場における賃料の獲得により十分に保障されているという認識に依拠する端緒が知られている。

大まかにいえば、賃借人保護法の意味における適切な賃料は、同等の対象についての市場における賃料の平均に相当する（価格比較手法[47]）。基準となるのは、営業の譲渡の時点である（賃借人保護法 12a 条 7 項）。空間の大きさ、種類、性質、立地、設備品および管理状態が、法律上考慮すべき要素とされている。賃借空間で営まれてきた営業を売却しようとする事業用空間の賃借人の申出により、裁判所は、許容される賃料額を定めなければならない。裁判所の判断は営業の取得者をも拘束する。しかし、賃貸人に対しては、営業がその判断が効力を生じてから 1 年以内に譲渡された場合にのみ、効力を有する。

---

(47) S. dazu *T. Hausmann* in Hausmann/Vonkilch, Österr. Wohnrecht - MRG, 3. Aufl. 2013, § 16 Rn. 18 f.

賃料増額の可能性は、賃借人保護法 12a 条 3 項に基づき、賃借人が組合であり、組合の持分の過半が売却される（Change of Contorol）ことなどによって、法的および経済的な影響可能性が決定的に変化する場合にも存在する。

結局のところ、賃借人保護法 12a 条 5 項は、賃料増額の可能性に加えて、契約関係の移転を事業の用益賃貸借まで拡大している。賃借空間において営まれている事業が、病気等の賃借人個人について生じた重大な事由により、全部で 5 年を超えない期間において用益賃貸されている場合には、賃料の増額は、当該期間中は実施されない（賃借人保護法 12a 条 6 項）。

3　その他

賃借人保護法によって保障される賃借人保護のさらなる場面については、ここでは少しだけ触れるにとどまる。これらは賃借人保護法の全部適用の範囲に当たるため、多くの事業用空間の賃貸借契約が対象外とされるからである。例えば、賃借人保護法 2 条 3 項において、中間賃借人（Zwischenmieter）を介在させることによる脱法行為から「社会的賃借権」を保護しようとする姿勢を看取できるのであり、これは BGB565 条に似ている。また、賃借人保護法 3 条は家屋の共通部分に関する賃貸人の維持義務を強行規定として定めており、賃貸借の目的物に対するこれらの作業は、「家の初期的な欠陥」または健康への危険の除去に資する。転貸の禁止は、オーストリアにおいては契約によって合意しなければならないが、法律上は転貸は承諾を要するものとされているわけではないから、重大な事由がある場合にのみ許容される（賃借人保護法 11 条）。

VI　結論

これまでの検討から、「社会的賃借権」の要素の、事業用空間の賃貸借への拡張が特殊な途であるとか、あるいはタブーを破るものではないことが明らかとなった。とりわけ、存続保護は、他の多くの法規命令において是認されており、ドイツにおいても、特別な事象により事業用空間の（一時的）な欠乏がもたらされた場面において存在していた。今日の状況がすでに受忍し

うる程度を超えているかどうかは、政治が判断すべき問いである。それでも
なお、ドイツにおいては長い間、ショッピングセンター、営業用駐車場等が
都市部の外縁に移転することで、「都心の荒廃」をめぐる議論がほとんどな
されてこなかった。このような状況は根本的に変化した。それ以降、事業用
空間の賃料は多くの都市において大きく上昇したのであり[48]、それが変わるこ
とを看過すべきではない。

　「小規模」の事業者の保護に関する特別法が提案されることがあるが、私
の見解からはそれは説得的な解決策ではない。例えば HGB26 が選択的な基
準（資本金、売上高、従業員数）に即してするように、事業規模を基準とするこ
とは、賃貸借法との乖離を生む。さらに、事業規模を基準とすることは（裁
判上の）分割（「複合的な事案」）の場合に吟味に時間を必要とするのであり、こ
れは特に、存続保護が問題となる時点までに、事業規模に変更が生じた場合
にあてはまる。結局、存続保護の不利益を補填するために、賃貸人が小規模
の企業に全く貸さない、もしくは不利な条件で貸すというリスクが誘発され
る。

　必要であり、かつ利益衡量からも適切であると思われるのは、賃貸借関係
の終了に際してその存在が脅かされている企業のための、EGBGB（旧規定）
232 条 §2 第 5 項を参考にした存続保護と、BGB569 条 3 項 2 号の追完可能
性の拡張（賃料債務の履行遅滞を理由とする解除を、遅くとも明渡しの段階における未
払金の支払によって排除する）である。

　この脈絡において、私が必要であると考えるのは、事業の譲渡があった場
合における賃貸借契約上の地位の移転（Weitergabe）である。というのも、
賃借人はそれによってのみ、何十年もの間継続してきた活動のもたらす果実
を賃貸人の好意によることなしに確保することができるのである。賃貸人の
利益は、賃料の支払いや賃料の適正化、ならびに新たな賃借人の受け入れが
過当である場合の拒絶権によって十分に保障される。

　これに対して、賃料の統制は拒否するべきである。これは、結果として単

────────────────────

(48)　ベルリンでは 2008 年から 2016 年の間に上昇幅が最大となった。出典：Untersuchung des
　　Instituts der deutschen Wirtschaft Köln auf Basis von ImmobilienScout24-Daten in den
　　Segmenten Büro und Einzelhandel, s. https://www.iwd.de/artikel/bueromieten-steigen-
　　344597/#full（2019 年 6 月 6 日の検索結果）.

に、賃貸人の財産の賃借人の財産への再分配に至るにとどまる。賃料の減額は、直接に賃借人の収入の増加に結び付く。これについての根拠は存在しない。賃貸人が請求できる、「当該地域に普遍的な賃料」は、賃借人が法定の延長請求権を EGBGB（旧規定）232 §2 第 5 項の方法で行使した場合には、市場賃料の平均値となるであろう。賃借人による、従前の条件の延長を求める法定の請求権は、これを求める見解もあるが、適切ではなかろう。当初の契約が価値補償条項を置いていない場合でも、少なくとも、物価指数への適合化について、法定の権利が規定されなければならない。これは、賃貸人が賃料額をまさに比較的短期の期間について算定していたからである。賃料の適正化の可能性を伴わない存続保護は不均衡であるといえよう。

　以上の検討は、居住用空間の賃貸借にのみ「社会的賃借権」の焦点を当てることが、ドイツにおいて考えられているほど説得的ではないことを示すものである。賃貸借関係の継続は、居住用空間の賃借人のみにとって死活問題であるわけではない。この結果にもかかわらず、現在において、ドイツの賃貸借法の改正に現実に至るのか、予測のつかない状況にある。[49]居住用空間に関する賃貸借法が—法の適用者にとり残念なことには—立法府のすべての任期において細かい変更を経ているのに対し、事業用空間の賃貸借の場合には、その基礎に関しては少なくとも、変更はむしろまれである。

---

(49)　現在の連邦政府はこのような試みに対してこれまで慎重な態度をとっており、事業用空間の賃貸借に関する法改正の要請について、当面はこれをさらに吟味したいとしている。s. hierzu die Stellungnahme in BT-Drucks. 19/7410 v. 28.1.2019.

農地取引規制をめぐる近年の動向
──ドイツ農林地取引法を中心として──

髙　橋　寿　一

```
Ⅰ　はじめに
Ⅱ　農地と農地制度をめぐる状況
Ⅲ　農林地取引法の構造と特徴
Ⅳ　農地取引をめぐる近年の動向
Ⅴ　制度的対応の必要性
Ⅵ　むすびに代えて──わが国との若干の対比──
```

Ⅰ　はじめに

1　農地取引、農地価格および小作料の動向

　近年の先進諸国を中心とした金融緩和によって、大量の資金が世界の様々な市場に供給されている。それらの資金は、たとえば、発展途上国に流入してその国の金融・経済を不安定化する要因ともなり、また日本やアメリカそしてヨーロッパでは余剰資金が不動産市場に流入し、わが国においては大都市圏での地価上昇が続き、今日ではそれが地方圏に波及しつつある。[1]

　かかる土地価格の上昇は、当該土地から得られる収益を資本還元した地価水準であるならば何ら問題のない地価上昇なのであるが、単に転売利益を目的とした土地取引によって引き起こされるようになると、そこでの地価水準はもはや収益還元価格を場合によっては大きく上回ることになる。このような投機的土地取引は、1980 年代後半から始まったわが国のいわゆるバブル

──────────
（1）　2019 年 3 月 20 日の地価公示結果は、地価上昇が地方圏に波及していることを示している
　　（「地方圏の住宅地上昇 27 年ぶり」朝日新聞 2019 年 3 月 20 日）。

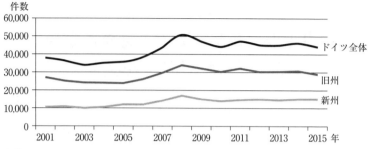

資料）Statistisches Bundesamt, Fachserie 3, Reihe 2.4, 2015.

図 1-1　農地取引件数の推移

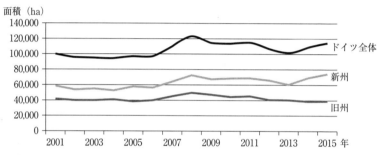

資料）Statistisches Bundesamt, Fachserie 3, Reihe 2.4, 2015.

図 1-2　農地取引面積の推移

期において典型的に見られたところである。

　さて、EU においても金融緩和措置がとられた結果、余剰資金が不動産市場に流れ、土地価格は上昇している。今回の土地価格の上昇がとりわけ問題とされているのが、ドイツの農地取引市場である。まず、各種の統計を見てみよう。

　図 1-1 および図 1-2 は、農地取引の件数と面積を旧西ドイツ地域の州（旧州）と旧東ドイツ地域の州（新州）に分けて各年毎に示したものである。件数・面積とも、全国的に見て 2008 年にかけて増加していき、その後は多少減少はしたもののなだらかな横ばい傾向にあることがわかる。旧州と新州では、件数は旧州の方が多いが、面積は新州の方が大きい。

　次に、農地価格の推移を見てみよう。図 1-3 によると、2008 年から農地

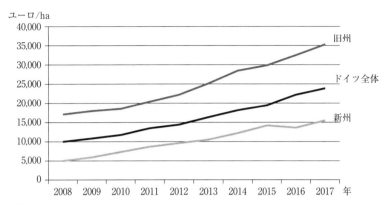

資料）Bundesverband der gemeinnützigen Landgesellschaften, Landwirtschaftliche Grundstückspreise und Bodenmarkt 2017, S. 3.

図1-3 農地価格の推移

表1-1 農地価格の州別推移（旧州）

	2008	2017	2008：2017
	ユーロ/ha	ユーロ/ha	上昇率
シュレスヴィッヒ・ホルシュタイン	13,700	26,875	96.2
ニーダーザクセン	14,281	33,497	134.6
ノルトライン・ヴェストファーレン	26,279	48,085	83.0
ヘッセン	13,188	15,330	16.8
ラインラント・プファルツ	10,108	13,504	33.6
ザールラント	8,000	9,676	21.0
バイエルン	25,379	60,864	139.1
バーデン・ビュルテンベルク	18,682	26,821	43.6
旧州全体	17,175	35,394	106.1
ドイツ全体	9,955	24,064	141.7

資料）図1-3と同じ。

価格が徐々に上昇しているのが分かる。この傾向は、2017年もまだ続いている。このような上昇傾向はわが国の農地価格の場合には見られない。ちなみに、2017年の農地価格を2008年と比較した結果を旧州と新州に分けて州毎に示してみると、表1-1と表1-2の通りとなる。

表1-2　農地価格の州別推移（新州）

	2008	2017	2008：2017
	ユーロ/ha	ユーロ/ha	上昇率
メクレンブルク・フォアポンメルン	5,471	21,822	322.4
ブランデンブルク	3,707	11,372	206.8
ザクセン・アンハルト	6,456	17,903	177.3
ザクセン	5,037	11,742	133.1
チューリンゲン	4,755	10,522	121.3
新州全体	4,973	15,626	214.2
ドイツ全体	9,955	24,064	141.7

資料）図1-3と同じ。

　これによると、旧州の場合は2008年の17,175ユーロ/haが2017年には35,394ユーロ/haへと2倍を超えて上昇しており（表1-1）、新州に至っては、2008年の4,973ユーロ/haが2017年には15,626ユーロ/haへと実に3倍を超える上昇率となっている（表1-2）。これを州毎に見ると、旧州では、ニーダーザクセンとバイエルンが2倍を超えている一方で上昇率が20％前後にとどまっている州（ヘッセン、ザールランド）もある。他方で、新州では、すべての州で2倍を超えており、とりわけ、3倍を超える州は、メクレンブルク・フォアポンメルン（3.8倍）とブランデンブルク（3.1倍）である。ちなみに、紙幅の関係で掲出はしていないが、州毎の農地取引件数と面積を各年毎に見てみると、旧州で農地取引面積が最も多い州はニーダーザクセンとバイエルンであり、新州ではブランデンブルクとメクレンブルク・フォアポンメルンである。表1-1および表1-2と併せると、農地取引の活発な州ほど農地価格の上昇率も高いことがわかる。

　さらに、小作料の推移について見てみよう。やや古いが1999年から2010年までの旧州と新州の小作料の推移が図1-4と表1-3に示されている。まず、図1-4は、その年に新たに賃貸に付された農地の小作料の動向であるが、それによると、1999年以降しばらくは横ばいであったが、2005年（旧州）ないし2007年（新州）辺りから明確な上昇傾向を見て取ることができる。また、表1-3は、既に賃貸されていた農地と新たに賃貸された農地のそ

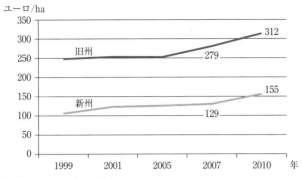

資料）BLG, a.a.O.（Anm. 3), S. 37.

図 1-4　小作料（新規賃貸借のみ）の推移

表 1-3　小作料の州別推移　　　　　　　　　　　　　　　　　　（ユーロ/ha）

	1999 既存賃貸借	1999 新規賃貸借	2007 既存賃貸借	2007 新規賃貸借	2010 既存賃貸借	2007：2010 既存賃貸借の上昇値 ユーロ/ha	2007：2010 既存賃貸借の上昇率 %
シュレスヴィッヒ・ホルシュタイン	254	268	261	282	294	33	12.6
ニーダーザクセン	255	279	279	319	307	28	10.0
ヘッセン	133	148	140	170	151	11	7.9
ラインラント・プファルツ	178	227	192	302	199	7	3.6
バーデン・ビュルテンベルク	172	192	189	231	197	8	4.2
バイエルン	227	248	235	265	257	22	9.4
メクレンブルク・フォアポンメルン	93	96	125	136	152	27	21.6
ブランデンブルク	63	78	80	93	98	18	22.5
ザクセン・アンハルト	140	151	172	173	198	26	15.1
チューリンゲン	100	109	120	139	130	10	8.3

資料）図 1-4 と同じ。

れぞれの小作料を州毎に見たものである。それによると、既に賃貸されている農地の小作料で見ると、2007 年から 2010 年にかけて小作料の上昇率が 20％を超える州は、メクレンブルク・フォアポンメルンとブランデンブルクであり、以下、ザクセン・アンハルト（15％）、シュレスビッヒ・ホルシュタ

イン（12%）、ニーダーザクセン（10%）、バイエルン（9%）と続く。これらの州は、先に挙げた農地価格の上昇率に関する表でもいずれも数値が高い州ばかりであって、ここにも相関関係を見て取ることができる。すなわち、農地取引件数・面積が多い州ほど農地価格と小作料の上昇率も高くなる、という相関関係である。

　このような現象は、今日ドイツの農業関係者の間では深刻な問題として認識されている。すなわち、農地所有権の取得をめぐる競争が激化したため、農業収益の上昇を上回る農地価格や小作料が形成されてしまい、このことが農業収益を圧迫することになっているという認識である[2]。

2　背景

　それでは、近年のドイツでなぜこのような現象が生じているのであろうか。論者によると、総じて以下の指摘がなされている[3]。

　第一に、2008年のリーマンショックを契機とする金融危機はヨーロッパをも巻き込むことになり、ドイツでは資金を安全資産としての土地に移す傾向が顕著に見られた。かかる傾向は、農地のみならず都市においても同様であり、両者の土地価格がこの時期以降上昇し始めた。

　第二に、中国、インドやブラジルなどの新興国の経済成長に伴う中間層・富裕層の増加に伴って、今後世界的に食糧需要が高まることを見越して経営農地を拡大しようとする農業者が増加していることである。

　第三に、エネルギー政策との関連が挙げられる。すなわち、ドイツでは自動車などの燃料を石油からバイオ燃料などに移行させつつあり、また電力もバイオマス発電などの再生可能エネルギーに重心を移行しつつある。そのため、これらの原料となる作物（トウモロコシや甜菜など）への需要が著増している。これらの需要の増加は、農産物が単に食料としてのみならずエネルギー

（2）　A. Tietz/ B. Forstner, Spekulative Blasen auf dem Markt für landwirtschaftlichen Boden, Berichte über Landwirtschaft, Bd. 92, Heft 3（2014）, S. 1ff.

（3）　Bundesverband der gemeinnützigen Landgesellschaften（本稿では "BLG" と称する）, Gutachten "Landwirtschaftlicher Bodenmarkt, Perspektiven und Grenzen der Weiterentwicklung des bodenpolitischen Ordnungsrahmens beim Grundstücksverkehr", 2012, Abschnitt II-1ff. また、この点については、筆者も以前検討したことがある。高橋寿一「ドイツにおける農地利用・取引をめぐる近年の動向」『農業と経済』79巻11号（2013年）134-139頁参照。

の原料としても利用され始めていることを意味しており、農地利用の競合度が高まり、農地の獲得競争が生じている⁽⁴⁾。

第四に、旧東独地域においては、東西ドイツの統一以降農地の民間への売却が進められつつある。具体的には、統一後に所有者となった信託公社が、入札制度によって土地を民間に売却しているのであるが（土地私有化政策）、その入札制度によって、土地価格が吊り上げられている。

第五に、さらに農地の転用需要も高まっている。すなわち、戦後の高度成長期のような商業地、工業団地や住宅団地などの開発需要ではなく、上述した再生可能エネルギー設備を建設するための施設用地や環境保全のための調整・代替措置のための用地に対する需要が近年高まっている⁽⁵⁾。また、インフラ施設のための用地需要はドイツでは今日においてもなお高い。

第六に、とりわけ、上記の第二と第三で指摘した事情を背景として、農業者のみならず非農業者が農地取得を希望していることである。とりわけ、非農業者の中には自然人のみならず農業とは無関係な農外企業も多いと言われており、これらの企業が場合によっては投機目的で農地を取得しようとしている。

近年における農地需要の高まりは、以上のような様々な事情を背景としている。これらの事情は、たとえば、農地が食糧生産のために必要とされているばかりではなく（第二）、エネルギー生産のための原料としても需要が高まっており（第三）、さらには農業外の需要（転用需要）の存在（第五）などにも起因しており、さらには、世界的な金融緩和（第一）や旧東独固有の事情（第四）にも由来している。そして、これだけ農地に対する需要が高まれば、地価上昇益を目指して農地を取得しようとする者（個人・法人）が出てくるのも十分に予想しうるところである（第六）。

3 本稿の課題と構成

各種統計を用いて示した今日の農地をめぐる前述した動向は、これらの需

（4） ドイツでは、三つの "T"（Teller（皿＝食料）–Trog（飼料槽＝バイオマス発電）–Tank（給油槽＝燃料））" をめぐる競争であると言われることがある。

（5） 調整・代替措置については、髙橋寿一『地域資源の管理と都市法制』（日本評論社、2010年）第5章を参照されたい。

要が重畳・錯綜する中で生じたものであるといえよう。

　それでは、このような農地需要の高まりに対して、法制度側の対応状況はどのようであろうか。ドイツにおいては、農林地取引法によって、農地の取引に際しては行政庁の認可が必要とされている。この法律は、わが国の農地法に相当するものであって、農地取引において中心的な意義を担っている。[6]そこで、本稿では農林地取引法を素材としてその構造とそれをめぐる近年の動向について紹介・分析をしたい。具体的には、まずドイツの農地をめぐる現状と法制度の概要を概説する（Ⅱ）。そして、農林地取引法の構造を検討した後（Ⅲ）、農林地取引法を巡って今日生じている現象を摘出する（Ⅳ）。それらを受けてⅤではそこで生じている問題に対する州・連邦政府・EU側の対応状況について分析・検討したい。

Ⅱ　農地と農地制度をめぐる状況

1　国土利用の概況

　まず、ドイツの国土利用の内訳を見てみよう。[7]2016年における国土利用の内訳は、農地（わが国でいう農用地を指す。以下では、「農地」と表記する）が最も多く約1,843万ha、次に、森林が1,095万ha、市街地・インフラ施設用地等が491万haである。それぞれの比率は、農地：51.6％、森林：30.6％、市街地・インフラ施設用地等：13.7％であって、農地が国土の過半を占めている。

　もっとも、農地は、わが国と同様に戦後の経済成長と共に減少し続けてきた。ちなみに、1991年以降の農地の総減少面積は、124.7万haであって、減少分の主な内訳は、都市施設用地が100.5万ha、次に、植林が163,000ha、水面（Gewässer）が38,200haと続く。都市・インフラ開発に伴う減少分が最も多い。なお、農地は今日でも1日当たり平均63ha減少し続けている。

　次に、農地賃貸借市場についてである。2016年現在、自作地が562万ha、賃借地（小作地）が858.8万haであって、賃貸に付されている土地の方

（6）　本法については、以前検討したことがある。詳細は、髙橋寿一『農地転用論』（東京大学出版会、2001年）およびその後の状況を踏まえた同「ドイツにおける農地政策と農地取引規制」『日本不動産学会誌』24巻3号（2010年）127-135頁を参照されたい。

（7）　Statistisches Bundesamt, Statistisches Jahrbuch Deutschland 2017, S. 481ff.

がはるかに多い。小作地率は、旧州が 55.8％ であるのに対して、新州は 67.2％（連邦平均：60.5％）と、旧東独地域での賃貸借が多い。

2 農地をめぐる法制度

農地をめぐる法制度には多様なものがあるが、都市法サイドの立法として は、建設法典が最も重要である。この意義については、以前分析したところ が今日でも基本的にはそのまま当てはまるが[8]、今日においても「建築（開発） 不自由の原則」が前提とされており、転用期待はかなりの程度抑制されてい る[9]。

本稿の検討対象である農地取引について最も重要な制度は、1961 年の農林 地取引法（Grundstückverkehrsgesetz）である。本法は、その起源を 20 世紀初 頭にまで遡ることができ、所有権の移転や用益物権の設定・移転に際して行 政庁の認可を要件とするなど、わが国の農地法と類似の機能を営んでいる。

次に、1952 年に制定された小作地法（Landpachtgesetz）がある。本法も第 二次世界大戦以前から端緒的立法がなされてきており、戦後その内容が整備 され、1985 年に小作地取引法（Landpachtverkehrsgesetz）となった。そこで は、賃借権の設定や賃貸借契約内容（たとえば小作料）の変更に際して、行政 庁への届出を必要とするなど賃借権の保護が図られている。

最後に、1919 年のライヒ植民法（Reichssiedlungsgesetz）がある。本法は、 20 世紀初頭のワイーマール期に東方地域に植民をし農地開拓を進めること を目的としていたが、今日では、農業構造を改善するために、主業農業者な どに農地を優先的に取得させることが主たる目的となっている。この点との 関係では、公益植民会社の組織や先買権（Vorkaufsrecht）に関する規定が重 要である。公益植民会社（以下、「農村開発公社」ともいうことがある）とは、農 地の取得―売却を通じて、経営規模の拡大等の農業構造の改善や農村環境の 改善を行うことを主要な任務の一つとして設立された州の第三セクターであ って、フランスの SAFER やわが国の農地保有合理化法人に相当する組織で

（8）　髙橋・前掲（注 6）『農地転用論』第 3 章および第 4 章参照。

（9）　近年では、太陽光や風力発電などの再生可能エネルギー設備の立地をめぐって問題が生じて きたが、太陽光についてはほぼ制度上の手当てが済んでいる。この点については、髙橋寿一『再 生可能エネルギーと国土利用』（勁草書房、2016 年）第 5 章を参照されたい。

ある。本稿との関係で特徴的な点は、農村開発公社は、農林地取引において
先買権を有しており、その内容および機能については、本法において詳細に
定められていることである（4条から11a条）。先買権は、後述のように近年注
目されている。

3　連邦制度改革（Föderalismusreform）

連邦制度改革とは、連邦制をとるドイツにおいて意思決定プロセスが長期
化・複雑化して重要な立法に際しての障害となっていた状況に対して、その
原因を連邦と州の権限と責任の重複化・不明確化に求め、基本法の諸規定を
改正することによって意思決定プロセスの透明化・効率化を図ろうとするも
のである。2006年に成立した基本法改正法においては、従来連邦と州が立
法権限を有していた（競合的立法権限）法律のいくつかが、州独自で連邦法と
は異なる立法をする権限が与えられている（基本法72条3項1文）。

農林地取引法・小作地取引法・ライヒ植民法については、従来は連邦と州
が競合的立法権限を有していたが、これらの法律が連邦法として先に制定さ
れていたため、州が独自に立法することはできなかった。連邦制度改革に伴
う基本法改正では、これらの法律については今後は各州が立法権限を有する
こととされた。ただし、これらの法律は、州法で代替されない限りは、当該
州では連邦法が適用され続けることとされた。

そこで、州によっては、これら三つの法律を念頭におき、独自で単独の法
律として立法化を図る動きがみられる（たとえば、バーデン・ビュルテンベルク、
バイエルン、ニーダーザクセン、メクレンブルク・フォアポンメルン、ザクセン、ザクセ
ン・アンハルト等々）。そして、後述するように、いずれの立法案も従来の規
制を強化する方向で連邦法を代替しようとしている。

Ⅲ　農林地取引法の構造と特徴

1　基本的特徴

さて、本法の中で取引規制として重要な条文は、9条である。本条は全部

（10）　その活動の一端につき、髙橋・前掲（注6）『農地転用論』241頁以下参照。

で7項から成るが、下記の3つの規定のみ訳出しておこう。

　　「第1項　次に掲げる要件が存する場合にのみ、認可は拒否されるかまたは
　負担もしくは条件を付して与えられる、
　　1　譲渡が土地の不適正な配分を意味すること
　　2　（省略）
　　3　売買価格が土地価格と著しい不均衡にあること。
　第2項　1項1号に定める土地の不適正な配分は、通常は、農業構造改善に関
　する諸措置に反するときに存する。
　第4項　土地が農林業以外の目的で譲渡されるときは、認可は1項3号を理由
　として拒否されてはならない。」

　わが国の農地法との対比で重要な点は、認可が拒否される場合として、
（イ）当該譲渡が土地の不適正な配分を意味する場合（9条1項1号・2項）や、
（ロ）当該売買価格が従来の農業上の取引価格と著しい不均衡にある場合（9
条1項3号）が定められている点である。また、1項1号において認可が拒否
される場合には、売買当事者に拒否の通知をする前に、認可官庁が公益植民
会社に先買権を行使する機会を与え、公益植民会社が、売買契約に記載され
ている価格（以下、「合意価格」と称する）で先買権を行使し（ライヒ植民法4条）、
これを自ら取得して規模拡大農業者等に売却することができる。

　農業構造政策との関係では、上記の（イ）（ロ）の要件とも経営規模の拡
大に支障をきたす農地取得を抑制することを目的としており、（イ）は、た
とえば売主が非農業者との間で農地の売買契約を締結したが、合意価格で当
該農地の取得を希望している主業農業者[11]がいる場合等であり、他方、（ロ）
は、買主が当該地域の農地としての取引価格をはるかに上回る対価を提供し
て農地を取得しようとする場合が主として念頭に置かれており、買主が兼業
農業者の場合でも適用される。（ロ）は、買主である農業者が過度の土地負
担を負うことを防止し、また、売主による代替地取得等を通じて当該地域の
農地価格水準が上昇し、地域の主業農業者による規模拡大に支障が生じるの

---

(11)　主業農業者（Haupterwerbslandwirt）は、概ね従来の専業農業者と第一種兼業農業者を包
　　含する概念である。これに対して、兼業農業者（Nebenerwerbslandwirt）は、従来の第二種兼
　　業農業者に近い。

を防止することを目的としている。なお、「著しい不均衡」の基準であるが、1968年の連邦裁判所（以下、"BGH" と称することもある）の判決で、売買価格が農業上の取引価格の 1.5 倍を超える場合を指すとされて以降、今日までこの基準が適用されている。50％の区間評価は広すぎるとも批判されているが、かかる価格規制を有していないわが国の農地法とは対照的である。なお、小作料水準については、小作地取引法で規制され、農林地取引法の上記の〈対価の著しい不均衡〉に相当する規定は、小作地取引法で〈小作料が、通常の経営で継続的に得られる収益と適切な関係に立たない場合には行政庁が当該契約に対して異議を申し立てることができる〉とされている（4条1項3号）。〈農業収益と適切な関係に立つ小作料〉とは、〈賃借人には諸費用の控除後適切な労賃が保障され、賃貸人は公租公課を填補できる資本利子収入を得られる水準の小作料〉である。

　以下では、農林地取引法の（イ）の要件（「土地の不適正な配分」）についてわが国と比較しながら論じていく。

2　「土地の不適正な配分」について

(1)　買主が主業農業者である場合

　わが国の農地法においても、権利移動許可を受けるに際して買主の農業経営の状態に関する要件が定められているが（3条2項1ないし7号）、これに類似する要件が農林地取引法においても判例上承認されている。たとえば、通作距離については、取得希望農業者の従前からの農地と取得対象農地との距離が「非経済的」である場合には、「土地の不適正な配分」に該当し認可が拒否される。〈非経済性〉の基準は、アクセス道路の状態、取得地の規模・耕種等の個別的事情によって異なるが、裁判例では「10km」を基準とする場合が多い。

　また、取得農業者の取得適性についても問題となる。すなわち、取得農業者は、取得農地を適正に（sachgerecht）耕作することができることが要求さ

---

(12)　BGH, Beschluß vom 2. 7. 1968, RdL 1968, S. 205.

(13)　BGH, Beschluß vom 23. 9. 1952, RdL 1952, S. 288；OLG Oldenburg, Beschluß vom 20. 7. 1989, AgrarR 1990, S. 142.

(14)　J. Netz, Grundstückverkehrsgesetz, 3. Aufl., 2006, S. 429.

れる。ここでは、取得者の能力や個人的性格も問題とされるが、わが国で言う「農作業常時従事義務」も含まれている。この要件については、わが国の農地法では耕作者主義の是非をめぐって、その意味ないし必要性が争われたが、ケルンの上級地方裁判所は、この点について下記のように言う。[15]

　　「農業に従事するということは、収穫に向けられた人間的行為（menschliche Tätigkeit）を前提とする。かかる行為は、法人によってではなく、社員（従業員ではない……筆者注）によってのみ初めてなされうるのである。」（傍点は筆者）

　本件は、買主が株式会社の事案である。本決定では、たとえ会社の目的が農業経営にあるとしても、そのことだけでは会社を主業農業者と同視することはできず、上記の要件を満たさなければならないと判旨された。

(2)　買主が兼業農業者（Nebenerwerbslandwirt）または非農業者（Nicht-landwirt）である場合

（a）　原則

　非農業者や兼業農業者が農地を取得しようとする場合は、ドイツにおいても従来から多くの議論がなされてきた。たとえば、非農業者が投資目的で農地を取得しようとする現象はドイツでも存在した。農林地取引法では、判例・学説とも当初は、非農業者の取得の動機を問題とし、非農業者による取得は、原則として「不適正な土地配分」に該当するとしていた。しかし、連邦憲法裁判所は、1967 年に〈取得の動機を問題とするのではなく、非農業者による取得が農業構造改善措置に及ぼす影響を問題とすべきである〉という見解を採用して以降、"農業構造改善措置" の具体的内容が論ぜられるようになった。[16]そして、連邦裁判所は、〈非農業者や兼業農業者への農地売却に際して、同一の農地について、売買契約における合意価格で取得を希望す

─────────────

(15)　OLG Köln, Beschluß vom 29. 5. 1980, RdL 1980, S. 273. 学説も同旨である（Netz, a.a.O. (Anm. 14), S. 477.）。ちなみに、本決定が引用する連邦裁判所の 1979 年の決定（BGH, Beschluß vom 4. 7. 1979, RdL 1979, S. 267）においては、下記の通り述べられている。
　　「農業に従事するということ（Berufsausübung）は、収穫に向けられた行為を前提とする。かかる行為に従事することなく収入を得た者（賃貸等）は、（農業という……筆者注）職業に従事しているとはいえない。」

(16)　BVerfG, Beschluß vom 12. 1. 1967, BVerGE 21, S. 73ff.

る主業農業者が（当該地域に）存在する場合には、非農業者や兼業農業者による農地取得は、農業構造改善措置に有害な影響を及ぼす〉という判例法を形成するに至り、この基準は今日も維持されている。

そして、合意価格で当該農地の取得を希望している主業農業者がいる場合には認可が拒否されることとなるが、この場合には、認可官庁は、売買当事者に認可拒否の通知をする前に、農村開発会社に当該の売買契約を知らせて、先買権を行使する機会を与えなければならない（ライヒ植民法4条）。農村開発公社が先買権を行使する場合には、売買契約に記載されている価格で自ら取得して、これを規模拡大農業者等に売却していくことになる（前述）。

(b) 例外その1——非農業者について

非農業者による農地取得については、上記で検討した経緯を経てきたが、1980年代以降ドイツも含めたEUレベルでの環境重視の動向（たとえば、EU理事会規則797/85）は、この問題に対しても影響を及ぼすようになった。すなわち、自然・景観保全団体が、自然・景観保全目的で農地を取得する場合には、従来であれば、非農業者による農地取得となり、(a)で述べた原則によって処理されてきたが、1985年5月9日の連邦裁判所の決定によって、当該農地の取得を希望する主業農業者が他にいたとしても、自然・景観保全団体による農地取得に対して認可が付与されることとされた。本決定においては、自然保護団体による農地取得が連邦政府の農業白書に記載されている農業構造改善措置の趣旨に合致しており、かつ、買主は連邦レヴェルでの助成を受けている事案であるから、本決定の射程範囲は自ずと限られたものであったが、その後1996年11月29日の連邦裁判所の決定では、環境・景観保全目的での非農業者による農地取得の認められる範囲がさらに拡大され、州レヴェルでの助成を受けている場合も含まれることとなった。[17]

(c) 例外その2——兼業農業者について

次に、買主が兼業農業者の場合である。この場合には、買主が非農業者である場合のように取得の動機を問われることはなかったが、当該農地の取得を欲する主業農業者が他にいる場合には、認可は付与されない、という原則

---

(17) BGH, Beschluß vom 29. 11. 1996, RdL 1997, S. 47. なお、その詳細については、髙橋・前掲（注5）167頁以下参照。

で従来は処理されてきた。しかし、前述（b）の動向に加え、農村を単なる食料の生産拠点と見るのではなく、生活空間としての農村を維持することが、食料生産のみならず自然的生存の基礎や景観を維持・保全することに繋がるという認識が連邦政府レヴェルでも徐々に浸透していった。そこで、1980年代半ば以降は、〈適正規模の農民的家族経営を可能な限り多く育成し維持すること〉がドイツ農業の主要な政策課題の一つとなり、このことは、農林地取引法の解釈を、〈一定の要件を満たす兼業農業者が買主の場合には、取得希望の主業農業者が他に存在したとしても、認可が付与される〉という方向に修正することになった。一定の要件とは、買主である兼業農業者が、（イ）農業者老齢保障法1条2項に定める「農業経営者」であること、および（ロ）当該土地取得による農業所得の増加によって、取得者およびその世帯構成員の生存の基礎が改善されること、である。この両者の要件が備わった者は、「能力ある兼業農業者」（leistugsfähiger Nebenlandwirt）と称され、農地取得の局面において、主業農業者と同等の地位に置かれることになった。[18]

　以上のように、農林地取引法においては、主業農業者による農地取得に対してプライオリティーが与えられていた構造が徐々に変化し、環境保護団体等の非農業者や兼業農業者にも、一定の要件の下に主業農業者と同等の地位が認められるようになっていき、かかる傾向は現在まで基本的には続いている。かかる変化は、戦後ドイツの農業構造政策・農地政策の上述した位相の変化を背景としたものであった。

Ⅳ　農地取引をめぐる近年の動向

　農林地取引法は上記のような構造を有しているが、Ⅰで検討した農地市場における様々な動向を背景として、本法をめぐって下記のような新たな動向が見られる。

---

(18)　BGH, Beschluß vom 6. 7. 1990, BGHZ 112, S. 86 ; BGH, Beschluß vom 13. 12. 1991, BGHZ 116, S. 348.

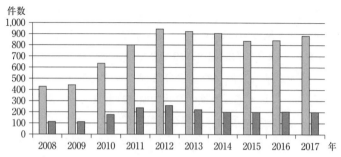

＊各年とも左が審査件数、右が実際に行使された件数
資料）BLG, Entwicklung und Tätigkeit der gemeinnützigen Landgesellschaften, 2018, S. 17.

図4-1　農村開発公社による先買権行使の推移＊

表4-1　農地取引件数と先買権行使

	2008	2009	2010	2011	2012	2013	2014	2015	2016	2017
取引件数（a）	43,310	40,794	38,389	40,524	39,859	39,561	40,263	38,820	36,917	
先買権行使の審査件数（b）	430	443	635	801	912	924	907	837	844	884
b/a×100（％）	1.00	1.09	1.66	1.98	2.29	2.33	2.26	2.15	2.28	
先買権行使件数（c）	116	114	179	241	244	225	204	194	207	203
c/b×100（％）	27.0	25.7	28.2	30.1	26.7	24.4	22.5	23.2	24.5	23.0

資料）図4-1と同じ。

1　先買権行使の増加

まず農村開発公社が先買権を積極的に行使するようになった。図4-1と表4-1を見てみよう。

これらは、農村開発公社が先買権行使を審査した件数と実際に行使した件数の逐年毎の変化を見たものである。図4-1と表4-1からは、先買権行使に関する審査件数が2010年以降著増していることがわかる。また、先買権の実際の行使件数は、審査件数の増加ほどではないが2012年にかけて増加しその後若干下がったが、2017年においても200件を超え、2008年の116件の2倍近くになっている。なお、農地取引件数に対する比率も同様に上昇し

ている。そして、実際の行使件数は審査件数の 22-30％の間にあり、審査した件数の内およそ４件に１件について先買権が実際に行使されている。また、紙幅の関係で掲出はしていないが、州毎の先買権の行使状況を各年毎に見てみると、行使件数が多い州は、ニーダーザクセン、チューリンゲン、バイエルン、ヘッセン、メクレンブルク・フォアポンメルン、バーデン・ビュルテンベルクである。本稿のⅠで検討した農地価格の上昇率や農地取引面積が多い州と先買権が審査・行使された州とは多少の例外はあるものの概ね合致する。このことから、農地取引が活発であり農地価格の上昇率が高い州ほど、先買権が審査・行使されているということができよう。Ⅲで述べたように、先買権は、当該取引が「土地の不適正な配分」に該当する場合に行使されるのであって、先買権の審査・行使件数が多いということは、「土地の不適正な配分」に該当する農地取引案件が多いということを示すものである。

2 持分の取引と農林地取引法

(1) 問題の所在

ところで、近年では農業経営主体が法人の場合、農林地取引法をめぐって看過しえない問題が生じている。それは、株式譲渡など会社の持分を譲渡することによって、経営主体が変わり実質的に農業外の法人や自然人が会社および農地を支配してしまうという現象である。かかる持分譲渡はドイツではシェア・ディール（Share-Deal）と言われており、農林地取引法の認可手続を実質的に潜脱するための手法として利用されている。すなわち、農林地取引法は、農地の所有権の譲渡については、前述した認可手続を通じて非農業者が農地を取得するのを阻止しているのであるが、農外の投資家は、会社持分

---

(19)　先買権審査件数の農地取引件数に占める比率は 2％程度であって、フランスの SAFER などと比較すると非常に少ない数値であるが、たとえ行使されなくても先買権制度の存在自体が、取引当事者に与えるプレッシャーも相当大きい。たとえば、バイエルン州では 2010 年に先買権行使について審査された 55 件のうち実際に行使された事例は 7 件であるが、売主と最初の買主との間で自主的に合意解約され同一売主から購入希望農業者に売却された事例が 27 件ある。このことは、先買権の実効性は、実際の行使件数だけで判断することはできないことを意味している。BLG, a.a.O.（Anm. 3）, Abs. II-27ff.

(20)　ちなみに、これらの図からは明らかではないが、旧州と新州では、旧州の方が先買権の審査・行使に積極的である。

680

を譲り受けることによって会社を支配し、所有権を実質的に取得する方法が近年目立つようになってきた。

(2)　実態の一端

このような持分譲渡がどの程度行われているか、という点については、連邦農村開発公社連盟執行役員の Goetz によると、この手法で年間で 10,000-15,000ha の農地所有権が実質的に非農業者の手に渡っているのではないかと推測されているが[21]、公式の統計資料等は存在しない。ただ、この問題に関する調査が、連邦政府系のシンクタンクであるチューネン研究所（Thünen Institut）によってなされており、それによって実態の一端を窺い知ることができる[22]。その報告書は、農業分野における会社形態の分析やこの問題に関する専門家へのインタビューなどと並んで、2007 年から 2012 年までに社員の変更があった農業分野の有限会社に関する調査結果を収録している。その結果は、次の通りである。

（ⅰ）調査対象 83 法人の内、社員の変更があったのは、新州 30 法人、旧州 6 法人、新規設立が 9 法人[23]、計 45 法人である。

（ⅱ）新規設立法人を除く 36 法人の内で、社員（持分権者）が減少した会社は 19 法人であって、社員の減少数は併せて 130 人であった。これらの法人の多くは、地域密着型複数家族経営（mehrere ortsansässige Personen/Familien）である。

（ⅲ）社員の変更によって、会社の経営主体が変更した法人については、表 4-2 がある。本表は、法人が、社員の変更に伴ってどのようにその性格を変化させたかを示した表である。母数が多くはないものの、その一般的な傾向を読み取ることは可能である。それによると、その性質を変化させた法人は、上記の地域密着型の複数家族経営の類型で最も多く（22 法人）、それらが、社員の変更によって、地域を越えて活動する農業者（überregional aktiver Landwirt）（2 法人）、1/2 以上の持分を有する非農業者（Nichtlandwirt）（2 法人）、

---

(21)　Karl-Heinz Goetz, Situation auf dem Bodenmarkt, Handlungsbedarf und Handlungsmöglichkeiten, AgrarBündnis-Workshop vom 11. 12. 2017.

(22)　Thünen Institut, Kapitalbeteiligung nichtlandwirtschaftlicher und überregional ausgerichteter Investoren an landwirtschaftlichen Unternehmen in Deutschland, 2013.

(23)　ただし、新規設立法人も、設立以前にはすでに人的会社（Personengesellschaft）であった。

表4-2　2007年以降社員が変更した有限会社と変更の前後の類型

変更後 ＼ 変更前	家族経営	複数家族経営	超地域的農業者	農業関連事業者	非農業者（持分½未満）	非農業者（持分½以上）	超地域的非農業的投資家	新規設立	変更後の有限会社数	調査対象数
家族経営	-	1	-	-	-	-	-	3	4	13
複数家族経営	-	15	-	-	-	-	-	1	16	30
超地域的農業者	-	2	3	-	-	-	-	-	5	8
農業関連事業者	-	-	-	5	-	-	-	-	5	6
非農業者（持分½未満）	-	-	-	-	2	-	-	-	2	2
非農業者（持分½以上）	-	2	-	-	-	1	-	4	7	8
超地域的非農業的投資家	-	2	-	-	-	-	3	1	6	16
変更前の有限会社数	-	22	3	5	2	1	3	9	45	83

資料）Thünen Institut, a.a.O.（Anm. 22), S. 64.

地域を越えて活動する非農業的投資家（nichtlandwirtschaftlicher und überregionaler Investor）（2法人）へとその性格を変化させていったことが分かる[24]。すなわち、調査対象となった有限会社については、地域に根差した複数家族経営が、会社持分の譲渡を通じてその性質を変化させ、地域とのつながりの希薄なこれら3つの類型へと分解していったと言うことができる。

　有限会社の場合、持分の譲渡については、有限会社法（Gesetz betreffend die Gesellschaften mit beschränkter Haftung（GmbHG））によって要件が定められており、たとえば、（イ）持分の譲渡には公正証書が必要であるし（15条3項）、（ロ）定款において持分の譲渡を会社の認可に係らしめる旨を定めることができる（同条5項）。通常の有限会社は、上記（ロ）の定めを定款に定めていると推測されるので、有限会社の持分権を譲渡する場合には、多くの場合他の社員がそれを認識しかつ認容しているものと思われる。

　それでは、なぜ他の社員は、自己の会社の性格を大きく変容させるような

---

(24)　なお、表4-2によれば、残りの16法人の内、15法人は同一類型、1法人は単独家族経営である。

持分の譲渡を認容するのであろうか。先の報告書によれば、（α）農業者側に資本調達の必要性があり、また、（β）後継者不在などの理由で農業経営が不安定な場合が多いこと、（γ）取得側には補助金（直接支払い）の取得という目的があること、が挙げられている。すなわち、調査対象となった有限会社について、持分譲渡に関しては、譲渡する農業者側にも、取得する（農外も含めた）側にもメリットがあったからであって、ここに会社持分の譲渡が行われるようになった背景があると考えられる。

Ⅴ　制度的対応の必要性

前章までの検討によって、農林地取引法の構造とそれをめぐる近年の農地市場の特徴を描出できたと思う。ドイツの中央政府、地方政府さらにはEUも、これらの状況を深刻なものとして受け止めている。そこで以下では、各政府レヴェルでの対応状況を、州、連邦、EU毎に見ていこう。

1　州レヴェルの動向

(1)　州法の制定

前述した連邦制度改革以降、いくつかの州が、農林地取引法、小作地取引法およびライヒ植民法の規定を併せた独自の州法を制定しようとしてきた。その嚆矢を成したのが、2009年のバーデン・ビュルテンベルク（BW）州の「農業構造改善法」（Agrarstrukturverbesserungsgesetz）である。その後、2016年にバイエルン（Bay）の「バイエルン農業構造法」（Bayerisches Agrarstrukturgesetz）が成立し、その他にも、ニーダーザクセン（NS）（Entwurf eines Gesetzes zur Sicherung der bäuerlichen Agrarstruktur in Niedersachsen（NASG））、ザクセン（SN）（Gesetzentwurf zur Einführung eines Sächsischen Agrarstrukturverbesserungsgesetzes und zur Änderung weiterer Vorschriften）、ザクセン・アンハルト

---

(25)　Thünen Institut, a.a.O.（Anm. 22）, S. 71-75. ちなみに、（γ）の点について、報告書の調査実例では、16,700haを会社を通じて支配するに至った企業は、1ha当り300ユーロの補助金（直接支払い）を取得したため、補助金の合計額は、500万ユーロ（約6.5億円）という巨額な数字に達したそうである。

(26)　Niedersächsischer Landtag, Drucksache 16/3801.

（SA）（法案策定中）、メクレンブルク・フォアポンメルン（MV）（Entwurf eines Gesetzes zur Sicherung und Verbesserung der Agrarstruktur in Mecklenburg-Vorpommern）[28] などで立法の動きが見られる。これらの立法の多くは、政治的な障害や農業団体の反対、またシェア・ディールについては会社法の改正も関係してくるために、現在までの所成立していない。しかし、それらの法案を下記に紹介・検討することで、農林地取引法に関する州の現在の問題意識を読み取ることができる。

(2) 改正の方向性

これまでに議会に提案された各州の法案に関する共通の特徴は、上記の3つの連邦法の基本的構造を維持した上で、とくに下記の点について従来の規制を強化しようとしている点にある。

（ⅰ）土地の譲渡規制に関する適用下限面積の引き下げ

農林地取引法は、その適用対象となる農林地の規模に関する規定を置かず、すべての農林地に適用されることになっているが、適用下限面積についての規定を州法で設けることを明文で認容している（2条3項2号）。そこで、多くの州は、州法によって本法の適用下限面積を 2ha に引き上げていた。そのため、2ha 未満の農地売買には本法は適用されなくなり、本法の適用を免れるために売買を形式上は 2ha 未満にする場合も見られた。そこで、今回の州法では、適用下限面積が、たとえば、BW では 10a（2条1項、ただしスイスとの国境沿いの地域の農地。それ以外は 1ha）、SN 法案では 50a（2条1項2号）、NS 法案では 1ha（2条1項b）などとされ、大幅に引き下げられている。

（ⅱ）会社の持分譲渡について、

会社の持分譲渡についても、農地の譲渡と並んで、州行政庁の認可・同意を要するとする州が出てきている。たとえば、SN 法案（4条2項4号）、NS 法案（2条3項および25条）、MV 法案（26条）などである。

（ⅲ）価格規制の厳格化

農林地取引法9条1項3号の価格規制に関して、従来 BGH では、前述した通り地域の農業上の取引価格の 50％ 増まで許容されてきたが、その幅を

---

(27)　Sächsischer Landtag, Drucksache 5/10554.

(28)　Landtag Mecklenburg-Vorpommern, Drucksache 6/5309.

明文によって縮小しようとする州もある。たとえば、BW では 20％（13条2項、ただしスイスとの国境沿いの地域の農地）、SN 法案では 20％（7条2項、州全土）、NS 法案では 30％（9条4項、州全土）、MV 法案では 20％（8条6項、州全土）などである。

（iv）先買権の行使要件の緩和

先買権については、近年の農地市場の状況を前にして、これを積極的に行使しようとする動向が見られたが、州法においては先買権をより積極的に行使しうる環境を整えようとするものもある。たとえば、下記の通りである。

（イ）先買権は、取得希望農業者がいない場合には行使できなかったが、取得希望農業者がいない場合にも行使できるようにした（BW17条1項2文、SN 法案17条1項2文、MV 法案12条2項）。

（ロ）先買権を各州に一つしかない農村開発公社だけではなく、地域の農業者や市町村にも付与しようとする州もある（NS 法案11条）。

（v）土地集中の回避

Ⅳに示したように、近時の農地市場においては、農地が非農業的企業などの少数の者に集中する傾向が見られたが、州の側はこのような動向に対しても警戒をしている。たとえば、NS 法案においては、Ⅲで検討した農林地取引法9条で認可が拒否される事由に、新たな規定を付加している。すなわち、当該取得によって、買主に「市場支配的地位」（marktbeherrschende Stellung）が生じる場合には、認可を拒否し得ることとした。「市場支配的地位」が生じる場合とは、当該地域において 25％以上の面積の農地が特定の取得者に集積される場合を指すものとして明文の規定が置かれている（9条1項1号bおよび同条2項）。MV 法案にも同趣旨の規定が設けられている（8条1項4号および同条3項[29]）。

以上のように、各州ともⅠおよびⅣで述べた近年の動向を踏まえて、総じて農林地取引法を中心として連邦法上の規制を大幅に強化する方向で、連邦法に代わる州の代替法を準備しつつあるといえよう。

---

(29) もっとも、MV 法案の場合には、「25％」ではなく「50％」である。

2 連邦レヴェルの動向

連邦レヴェルでは、政府ではなく農村開発公社の全国組織（連邦農村開発公社連盟（Bundesverband der gemeinnützigen Landgesellshaften, 本稿では "BLG" と称している））が、上記の問題にいち早く取り組み始め、鑑定意見書を2回作成している。最初（2012年）のもの（「農業の土地市場—土地取引における土地政策上の枠組みの更なる発展のための展望と限界」）は、現状分析から始まり、個別の事例を収集し、専門家の鑑定意見書も付した本格的なものである。ただ、この鑑定意見には連邦政府は関与しておらず、政府というよりも一団体の意見という性格が強い。連邦政府の見解としては、たとえば、下記のものがある。

(a) 2013年秋に開催された農業大臣会議において当時の連邦食糧・農業・消費者保護大臣アイグナー（Ils Aigner）は、下記の演説をしている。

> 「私の理想像は、過去も現在もそしてこれからも、<u>土地と結合した農業者に
> よる農業経営</u>である。…（中略）…私は、巨大な投資家達によって特徴づけら
> れた農業構造を望まない。」（下線部は筆者）

演説のこの部分は、ⅠやⅣで述べた近時の農地市場の状況を明らかに意識したものであって、近年の状況に対して批判的である。

(b) 2015年3月連邦・州作業グループ『土地市場政策』による報告書：「農業上の土地市場政策：一般的状況と行動の選択肢」

本報告書は、連邦政府と州が、近年の農地市場が農地価格や小作料の劇的な高騰、農外投資家の農地取得、転用需要の増大などの諸特徴を帯びていることを憂慮し、連邦と州の間で問題意識を共有するとともに、今後の政策展開のための提案を行うことを目的として作成されたものである。本報告書の問題意識は、上に述べたBLGの報告書とほぼ共通である。報告書の中身は

---

(30) BLG, a.a.O. (Anm. 3). もう一つは、Lehmann 教授と Schmidt-De Calwe 教授による、シェア・ディールに焦点を当てた「農業法人の持分取得、および農地所有権の不適切な集中プロセスの阻止に関する法的コントロールの可能性」と題する 2015 年に出された鑑定意見書である。M. Lehmann/R. Schmidt-De Calwe, Gutachten "Möglichkeiten einer gesetzlichen Steuerung im Hinblick auf den Rechtserwerb von Anteilen an landwirtschaftlichen Gesellschaften sowie zur Verhinderung unerwünschter Konzentrationsprozesse beim landwirtschaftlichen Bodeneigentum", 2015.

(31) Bericht der Bund-Länder-Arbeitsgruppe "Bodenmarktpolitik", Landwirtschaftliche Bodenmarktpolitik：Allgemeine Situation und Handlungsoptionen, 2015.

多岐にわたるが、以下では、「土地政策の目標」と「具体的提言」について
その一部を紹介しよう。

（ⅰ）土地政策の目標

土地政策上の目標としては、下記の点が挙げられている[32]。

（イ）土地所有権の分散の維持・促進

土地所有権を有することは、土地を責任をもって扱い、持続的に農地を管
理し、地域との結合を確保するための最良の手段である。

（ロ）地域の土地市場における市場支配の回避

上述したニーダーザクセン州などの法案に対応する目標である。少数者へ
の土地集中は、市場メカニズムを機能不全にし、生存能力のある農業経営の
維持・創出を危機に陥らせ、更なる集中を招来する。

（ハ）農地取得の際の農業者の非農業者に対する優位性の確保

非農業者が農地取得に関心を示している今日においては、農地取得に際し
て農業者を優先させる措置を講じるべきである。

（ニ）農地価格・小作料の上昇の阻止

農地価格と小作料は、今日では多くの農業経営が賃貸借ないしは購入によ
る経営規模の拡大をしても採算がとれなくなるほどの水準にまで上昇してし
まった。農地市場の投機化は、農業に深刻な結果をもたらす。

（ホ）農地転用の抑制

（ヘ）土地市場への情報アクセスおよび透明性の改善

（ⅱ）具体的提言の例

具体的な提言については、その実施が作業グループ内で支持を得られなか
ったものと支持を得られたものが挙げられている。以下では、支持を得られ
た提言を挙げる[33]。

（イ）所有権の集中を阻止するための農林地取引法への認可拒否事由の新設

土地所有権の集中を防止するために、農林地取引法9条の認可要件を厳格
化すべきである。たとえば、認可の拒否事由の一つとして、「農林地の不健
全な蓄積」等の文言を連邦法および州法に導入すべきである。

---

(32)　Bericht der Bund-Länder-Arbeitsgruppe "Bodenmarktpolitik", a.a.O.（Anm. 31）, S. 37ff.

(33)　Bericht der Bund-Länder-Arbeitsgruppe "Bodenmarktpolitik", a.a.O.（Anm. 31）, S. 56ff.

（ロ）農地を所有している会社の持分を取得する際の認可義務の付加

　農地を所有している会社の持分を取得する際に、農林地取引法上の認可を受ける必要のある旨の法改正を行うとともに、会社法についても関連の改正を行う。

（ハ）価格規制の充実

　農地価格の上昇は、農業経営にとって土地の調達コストを上昇させ経営の存続を危うくする。農林地取引法9条1項3号の価格規制をより独立性・実効性を持たせるように運用すべきである。

（ニ）農村開発公社のための先買権の拡大

　取得希望農業者のいない場合でも、農村開発公社が先買権（特別先買権（ein gesondertes Vorkaufsrecht））を行使できるようにすべきである。この場合、農村開発公社が取得した後再譲渡先が見つかるまでは時間的間隔が空くことになるが、そのための規定を整備すべきである。

　以上、報告書の内容の一部のみを紹介した。上述の所からわかるように、本報告書は、本稿ⅠやⅣで紹介・検討した諸問題に対して法制度的な整備を要求している。そして、その解決に向けての方向性は、Ⅴ・1で紹介・検討した州レヴェルでの諸々の提案や方向性と概ね一致している。この問題に関する連邦と州の姿勢は同一の方向を向いていると言えよう。

3　EU レヴェルでの対応

　ドイツにおける上記の動向に対して、EU はどのような姿勢を示しているのであろうか。2016 年に EU の「農業および農村発展のための委員会」に対して、ある報告書が提出された。その報告書は、「EU における農地の集中に関する現在の見解：農業者はいかにすれば農地へのアクセス（高橋注：売買・賃貸借）が容易になるか？」という課題に対して、委員であるノイヒル（Maria Noichl）がまとめた報告書である。[34] タイトルから推測されるように、本報告書は、ドイツが抱えている前述した問題が、ドイツのみならず EU 諸

---

(34)　Ausschuss für Landwirtschaft und ländliche Entwicklung, Bericht zu dem Thema "Aktueller Stand der Konzentration von Agrarland in der EU：Wie kann Landwirten der Zugang zu Land erleichtert werden?"（2016/2141（INI））.

国でも共通の問題となっており、とりわけイタリア、スペイン、ルーマニア、ハンガリーおよびブルガリアではこの問題が顕在化・深刻化していることと指摘し、詳細な提言を行っている。本稿との関連では、たとえば、下記の提言が注目される。

「12. 加盟国に対しては、GAP の目標の実現を考慮しながら下記の措置を取ることが要請される、すなわち、地域の中小規模の生産者、新規参入者、若年農業者の土地の購入および賃借に際して優先権を付与すること（たとえば先買権の付与）である。なぜならば、…（中略）…今日では単に投機目的のために農地の取得に関心を持つ非農業者が多いからである。」

「14. 農村の生活にとって小規模の家族経営がいかに重要であるかを指摘することができる。なぜならば、彼らは、農村文化の継承者であり農村生活の保全者であり、農村空間において社会生活を支え、地域資源を持続的に利用し、健康的で価値のある生産物を供給し、所有権の地域における分散に寄与することによって、農村空間の経済組織の中で積極的役割を果たしていると言えるからである。」

「22. 加盟国に対しては、すでに一部の加盟国で…実施されているように、土地市場を規制するための手法を講じることが推奨される、たとえば、農地の取得と賃借に際しての国の認可制度の導入、先買権の導入、賃借人に対する農作業への従事の義務付け、法人による農地取得の制限、農地取得の上限規制、農業者への優先権の付与、土地貯蔵、農業収入を考慮した（農地価格・小作料などの…筆者注）価格の指数化など」

本報告書は、上記委員会での採決の結果、42 票中 34 票を獲得して委員会決議として採用された[35]。その後、EU 議会においても同年 4 月 27 日に議決されるに至っている（P8_TA-PROV（2017）0197）。

上述したところから明らかなように、本報告書の骨子は、ドイツにおける問題意識と共通しており、本報告書は、ドイツにおいてはノイヒル・レポート（Noichl Report）として好意的に受け止められた。

周知のように、EU は「資本移動の自由」（der freie Kapitalverkehr）を認めている（EU 運営条約（Vertrag über die Arbeitsweise der Europäischen Union

---

(35) ちなみに、この投票の残りの票の内訳は、棄権が 6 票で、反対票は 2 票に過ぎなかった。

（AEUV））63条以下）。本報告書の諸提案は、その自由と抵触することにもなりうるが、採択された委員会報告書の理由書によると、農地取引においてはこの基本的自由は制限されるべきである旨述べられている[(36)]。EUの基本原則に例外を設ける提案がEU議会で可決されたことの意義には非常に大きいものがある。ドイツについてこれまで述べてきた諸提案は、その基本的骨格においてEUにおいても支持されているといえる。

Ⅵ　むすびに代えて──わが国との若干の対比──

　ドイツの農地市場および農地取引をめぐる近年の状況およびそれに関連する法制度の動向は上記の通りである。Ⅰで検討した各種統計においても示されているように、ドイツではこの問題は深刻化しているにも拘わらず、法制度が追いついていない。

　金融緩和や食糧不足はドイツのみならず世界規模で生じている現象であるから、ドイツのような現象が日本においても起こり得る可能性はもちろんある。そこで、最後に、日本の場合には、ドイツで見られるような農地市場への農外セクターの進出について、法制度上どのような対応が取られているのかを見ておこう。

　わが国において、この問題は農地法の規制と関係する。分説すれば下記のようになる。

　まず第一に、ドイツの農林地取引法9条に相当する規定は農地法3条である。本条は、農地の所有権、賃借権など権利の設定・移転について農業委員会の許可を要求している。本条は農地の権利移転には適用されるが、農地を所有する法人の会社持分の移転・譲渡には適用されるのかどうか。文理解釈上は適用が難しいようにも思われるが、仮に適用されないとすればドイツと同様な問題が生じうる。

　第二に、第3条が適用されないとすると日本においても、ドイツと同様な事態が起こりうることになるが、ドイツとは異なり、わが国の農地法においては、農地の所有権を取得しうる法人について厳格な規制が設けられてい

---

(36)　Ausschuss für Landwirtschaft und ländliche Entwicklung, a.a.O.（Anm. 34), S. 18-19.

る。すなわち、農地に関する権利を取得しうる法人は農地所有適格法人に限られる（2条3項）。農地所有適格法人は、株式会社、農事組合法人、合名会社、合資会社、合同会社がなり得るが、その際の要件が、事業要件、議決権要件、役員要件の各々につき詳細に定められている。たとえば、議決権要件については、農業関係者が総議決権の過半を保持していなければならず、非農業関係者の議決権は総議決権の1/2未満に抑制されている（2条3項2号）。この点だけをとっても、ドイツの農林地取引法にはない規制であって、これらの要件を満たさない法人は、農地所有適格法人ではないので、農地を取得することができない。⁽³⁷⁾

　第三に、それでは、農地所有権を取得する時点では農地所有適格法人であったが、その後会社の持分の譲渡を通じて、当該法人が非農業者によって所有されるおそれはないのであろうか。農地法は、農地を所有している農地所有適格法人は、毎年、農業委員会に対して、法人が有する農地の面積、構成員数など、農地所有適格法人としての要件を充足していることを報告しなければならないこととしている（6条）。そして、農地所有適格法人がその後農地所有適格法人としての要件を欠いたにも拘わらず農地を所有していることが明らかになった場合には、当該農地は国によって買収される（7条）。仮に会社の持分譲渡が農地法3条では許可の対象にはならないとしても、上記の2条、6条および7条の規定によって、会社持分譲渡を通じての農外セクターによる農地支配の事態が発生する可能性は、制度上はドイツの場合よりも低いととりあえずはいうことができよう。⁽³⁸⁾

　農地法のこれらの規定は、財界サイドからはしばしば参入障壁として批判

---

(37)　ただ、近年の規制緩和の動向の中で、事業要件、議決権要件、役員要件とも徐々に緩和されてきており、この点には注意が必要である。たとえば、議決権要件については、2016年農地法改正前は、非農業者の議決権は総議決権の1/4以下に抑制されていた。この「1/4」という数値は、たとえば株式会社の通常決議が総議決権の過半数の株主が出席し、出席した株主の議決権の過半数（すなわち、総議決権の1/4超）で行われることを考慮して決められた数値である。すなわち、この「1/4」規制によって、非農業者による会社の支配は制度上排除されていた。しかし、2016年改正法ではこの縛りがなくなったため、たとえば、農業者の出席が少ない総会の場合には、非農業者の意向が通常決議で通ってしまう可能性も出てくることになる。

(38)　もっとも、最も重要な点は、その制度が実際に機能しているかである。農地法には、無断転用に対する原状回復命令など規定はあっても実際に使われていない規定がいくつかあり、6条、7条に関してもその運用の仕方は当然に問われることになる。

されてきたのであるが、今日のドイツのような状況を眼のあたりにすると、今日においてもその意義にはなお看過しえないものがあるというべく、規制緩和には慎重でなければならない。金融緩和や世界的食糧需給の逼迫などは、わが国においても同様な状況であって、ドイツのように農地市場が農業外の要因によって攪乱される可能性がないとは全く言えない。仮にそのような事態に立ち至ったときに農地法の上記の規定で十分に対応できるか、今の時点で改めて検討・確認してみる必要がありそうである。

フランスのマンションの管理の正常化にあたる
法律専門職の働き
——裁判所選任支配人（administrateur judiciaire）に
焦点を当てて——

寺　尾　　仁

はじめに
Ⅰ　荒廃区分所有から正常化へ——私法が果たす最近の役割——
Ⅱ　荒廃区分所有の立直しを担う者
Ⅲ　裁判所選任支配人
Ⅳ　まとめ

はじめに

　フランスでは1994年に「荒廃区分所有（copropriétés en difficulté）」という術語を含む標題を、区分所有法第2章第2節として設けて、マンションの荒廃を法的課題として取り扱うこととした。しかしその扱い方は日本とは異なる。日本ではマンションの荒廃を物的な劣化と捉えるのに対して、フランスでは管理の劣化、とりわけ管理組合（syndicat des copropriétaire）の機能不全および財務破綻と捉える。したがって、荒廃を克服する対策として、日本では建替えそして区分所有の解消が想定されるのに対して、フランスでは機能が低下した管理組合の意思決定を代替したり、財務状況を改善することが荒廃対策として取り上げられる。この違いの背景には、地震による建物被災の可能性の有無や鉄筋コンクリート造か石造かという建築材料の違いなど日本と

（1）「荒廃区分所有に特有の事項（Dispositions particulières aux copropriétés en difficulté）」
（2）　この点については、すでに繰り返し述べているので、本稿では改めて詳述しない。寺尾
　（2018）、寺尾（2019）、寺尾・阿部（2018）などを参照。

フランスの建築物を巡る状況のさまざまな違いがあるとはいえ、日本でも、一方では建替えが可能なマンションが限られ、他方ではマンションを長く使い続けることが求められるようになって、いったん劣化したマンションの管理をその後に回復させる道筋へ改めて関心が高まっている。

本稿は、主たる住宅としてマンションが多く使われ、マンション内の住戸が一般的な居住形式であるフランスで、マンション管理がいったん乱れた後の正常化のための制度、とりわけ私法の制度の運用を担う法律専門職の制度と役割を検討することを目的とする。

I 荒廃区分所有から正常化へ──私法が果たす最近の役割──

2014 年に区分所有の荒廃対策を体系化した「住宅へのアクセスと都市計画の改革に関する 2014 年 3 月 2 日の法律第 2014-366 号 (LOI n° 2014-366 du 24 mars 2014 pour l'Accès au logement et un urbanisme rénové：以下「ALUR 法」と略)」は、区分所有を巡る法制について、私法の区分所有法 (「建物区分所有の地位を定める 1965 年 7 月 10 日の法律第 65-557 号 (LOI n° 65-557 du 10 juillet 1965 fixant le statut de la copropriété des immeubles bâtis)：以下「65 年法」と略)」と公法の「建設住居法典 (Code de la Construction et de l'Habitation：以下「CCH」と略)」の双方を改正した。

前述のとおり、フランスでは「荒廃区分所有」という術語を 65 年法に挿入して以来、区分所有の荒廃を管理組合の機能不全および財務破綻と捉えている。ALUR 法を所管した省の 1 つである国土均衡・住宅省 (Ministère de l'Egalité des territoires et du Logement) は、管理組合の健全度を「健全」「不安定」「荒廃」「破綻」「深刻な破綻」「修復不能」の 6 段階に分けて、各々の段階で機能する対策を定めている。管理組合が「破綻」「深刻な破綻」している段階に対する対策を列挙すると「区分所有向け不動産修復事業」「保護プラン」「共用設備および／または住宅への警察権行使」「破綻区分所有再生事業」「臨時支配人」「債務弁済プラン策定」「裁判所による区分所有権分割」「事業者─支配人の介入」である。このうち私法である区分所有法の 65 年法を根拠としているのは「臨時支配人 (administrateur provisoire)」「債務弁済プ

ラン（plan d'apurement des dettes）策定」「区分所有権分割（division de la copropriété）」である。この 3 者は密接に関連しているので合わせてその概要を説明する。

臨時支配人とは、管理組合が深刻な財務上の問題に陥った場合または不動産の保全ができなくなった場合、裁判官の任命により区分所有の正常な機能を回復させるために必要な措置を取る者である（65 年法第 29-1 条）。65 年法を 1994 年に改正して第 2 章第 2 節「荒廃区分所有」という術語を挿入した際に、その具体的な制度として機能不全あるいは財務困難に陥っている管理組合の立直しのために設けられたものである（「住居に関する 1994 年 7 月 21 日の法律第 94-624 号（LOI n° 94-624 du 21 juillet 1994 relarive à l'habitat）」35 条Ⅲ）。

臨時支配人が区分所有の正常な機能の回復という目的を達成するために行使できる主要な手段が、債務弁済プランである。これは、管理組合の債務の支払い工程表である（65 年法第 29-5 条（65 年法の条文番号は、2019 年 8 月 31 日現在：以下注記がない限り同じ））。

区分所有がそのままの構成では正常な機能を回復できない場合に、臨時支配人が行使できる手段が区分所有権分割である。制度自体は、既存の区分所有を分割して複数の区分所有を設立することであり、この制度は 65 年法の制定当初から存在していたが、ALUR 法は「区分所有権の立体分割（division de la copropriété en volume）」という制度を加えた。区分所有権の立体分割とは、複合団地（ensemble immobilier complexe）を分割することである。複合団地には、人口地盤上に複数の建物が建つタイプと異なる用途に当てられている複数の同質な物（entités homogènes）で各物が独立して管理できる物であるタイプの 2 種類がある。（65 年法第 28 条Ⅳ）

Ⅱ　荒廃区分所有の立直しを担う者

本節では、区分所有の深刻な荒廃に対して取組む私法の制度を運用する立場にある者を検討する。

現行の 65 年法は、荒廃区分所有の手続きを荒廃前（Pré-Difficulté）段階と荒廃段階の 2 つに分けている（「住宅および排除対策のための動員に関する 2009 年 3

月25日の法律第2009-323号（LOI n° 2009-323 du 25 mars 2009 de mobilisation pour le logement et la lutte contre l'exclusion）」第19条[3]。この2つの段階で荒廃区分所有対策制度を運用する立場を検討する。

1　荒廃前段階

(1)　定義

65年法が荒廃前段階の手続きが始動させるのは、会計年度終了時に、管理組合が請求可能な金額のうち25％が未収となっている場合である。区分所有がこの状態に陥ると、管理者（syndic）は管理理事会へ通知する（65年法第29-1A条第1項）。なお、この数字は、区分所有が200戸以上の場合では15％となる。

(2)　特別受任者

1)　任命

①管理者は（1）で記した管理理事会への通知に加えて特別受任者の任命を裁判官へ申請する。管理者が申請しない場合、次の者が申請することができる。②議決権を合計して15％に達する区分所有者、③水およびエネルギーの定期供給契約あるいは区分所有者の集会で議決され施工された工事契約の債権者で6ヵ月未払いで、管理者へ請求書を送ったものの未払いのままの者、④次に掲げる官の立場の者、すなわち県における国務代理官（représentant de l'Etat dans le département）、大審裁判所検事正（procureur de la République）、当該区分所有建物が立地する市町村長（maire）、住宅政策の権限を有する市町村間協力公施設法人の理事長（président de l'organe délibérant de l'établissement public de l'établissement public de coopération intercommunale compétent en matière d'habitat）のいずれかの者である（65年法第29-1A条第2項）。

特別受任者は、裁判所選任支配人または特別受任者の仕事の性質および政令で定める条件に照らして経験もしくは資格をもつと認められる自然人もしくは法人の中から任命される。（65年法第29-1C条）

（3）「荒廃前」という術語は法文上にはなく、講学上の用語である。例えばCAPOULADE et TOMASIN（2018）, n° 325.11, 325.21

2）任務

特別受任者は、管理組合の財務状況および建物の状態の分析、管理組合の財務の均衡の回復および不動産の安全の確保およびのための勧告ならびに当事者とともに行う調停（mediation）あるいは交渉（négociation）を行う者である（65年法第29-1B条）。そして報告書を作成して裁判官へ提出する。

2　荒廃段階

（1）　定義

65年法は、「荒廃区分所有」の定義は定めていないものの区分所有が荒廃段階に入る状態を、管理組合が正常機能を、ⅰ）深刻な財務上の問題に陥った場合、またはⅱ）または不動産の保全ができなくなった場合のいずれかによって遂行できなくなった状態と定めている（第29-1条）。深刻な財務上の問題に陥ったとは、管理組合が負債に苦しんで、通常の必要な支出を行うことができなくなったこと、組合の財務が破綻して、収支の均衡が回復できなくなったことなどを指す。不動産の保全ができなくなったとは、次の3つの次元に分かれる。まずは経済面で工事に必要な支払ができなくなっていること、次は法律面で工事実施に向けて区分所有者の中に反対あるいは無関心があること、そして技術面で修復不能なほどに不動産が傷んでいることである。

（2）　臨時支配人

1）任命

区分所有管理組合が前記（1）の状態に陥ると、臨時支配人が任命され得る。任命は、裁判官、この場合では大審裁判所長あるいは所長から委任された裁判官が行う。

裁判所へ臨時支配人の任命を申し立てることができる者は、次のいずれかの者である。すなわち①議決権を合計して15％に達する区分所有者、②委任契約が有効な管理者、③次に掲げる官の立場の者、すなわち当該区分所有建物が立地する市町村長、住宅政策の権限を有する市町村間協力公施設法人の理事長、県における国務代理官、大審裁判所検事正、さらに④当該管理組合が特別受任者の調査の対象となっている場合はその特別受任者のいずれか

の者である。

臨時支配人という制度自体は、65 年法制定時から存在する。何らかの理由で管理者に差障りがある場合あるいは管理組合の権利および事業を管理者が実施しない場合に、区分所有規則の定めに代わって裁判所の決定によって任命されるものとされていた（65 年法第 18 条（当時））。管理者の不履行がある状態、区分所有者の集会が適法な手続きに則って開催できない状態、管理者の死亡・辞任・契約期間満了等の状態などを想定して定められた条文である。1994 年の住居に関する法律は、荒廃区分所有の解決のために第 3 の類型を臨時支配人制度を定めたのである。

臨時支配人は、特別受任者と同じく裁判所選任支配人または臨時支配人の仕事の性質および政令で定める条件に照らして経験もしくは資格をもつと認められる自然人もしくは法人の中から任命される（65 年法第 29-1 条）。ただし、管理者を任命することはできない。

2）任務

臨時支配人の任務は、管理組合の正常な機能を回復させることである。この目的を達成するために、裁判官は、①管理者のすべての権限、②区分所有者の集会の権限のうち 65 年法第 26 条 a および b で定める権限除く権限の全部または一部、③管理理事会の権限の全部または一部を委譲する（65 年法第 29-1 条 I 第 2 項）。管理者の権限の委譲は、2000 年[(4)]と 2014 年[(5)]の 2 度にわたって強化され、臨時支配人の任命により管理者の権限はすべて臨時支配人へ委譲され管理者と管理組合の委任契約は当然かつ無補償で終了する。区分所有者の集会の権限は、65 年法第 26 条 a および b で定める権限以外の権限の全部または一部が臨時支配人へ委譲される。第 26 条 a で定める権限とは不

（4） 市街地の連帯と更新に関する 2000 年 12 月 13 日の法律第 200-1208 号（LOI 2000-1208 du 13 décembre 2000 relative à la solidarité et au renouvellement urbains）第 81 条 11°

　　臨時支配人の権限拡大の理由は、①臨時支配人の適切で効率的な職務執行の差し障りとなっていた、管理者との権限の混乱を防ぐことで、管理組合の正常な状態への復帰を促すこと、②財務が悪化した管理組合に対して、管理者と臨時支配人に 2 重に報酬を支払うという負担を無くすことの 2 点とした。そのうえ、管理者が臨時支配人の任命を申し立てることがほとんどないことから申請権者を増やした。（Rapport fait au nom de la Commission de la production et des échanges sur le projet de la LOI (n° 2131), relatif à la solidarité et au renouvellement urbains, par M. Patrick RIMBERT, p. 228 et s.）

（5） ALUR 法第 64 条 I

動産の取得を議決する権限および共用部分あるいは法令上の義務の結果とし
て付属する権利を処分する行為以外の処分行為を議決する決定、同bとは
共用部分の享受・利用および管理に関する区分所有管理規則を修正あるいは
制定する決定である。法文上、委譲されるのは権限の全部または一部だが、
実務上は委譲可能な権限すべてが委譲される。[6] 管理理事会の権限も全部また
は一部委譲される。

　報告書を作成して裁判官に提出する。

　3）債務整理

　臨時支配人が区分所有の機能の回復を目指すためにすることは、まず管理
組合の債務の整理である。臨時支配人を任命する裁判官の命令は、それ以前
に発生した、管理組合に対する債権者に対して債権の請求、またはそれに基
づく訴訟等を中断または禁止する。(65年法第29-3条)管理組合に対する債権
者は、自らの債権を申出て、臨時支配人は申し出された債権の一覧表を作
成・公表する。適法に申し出されなかった債権は、この手続きに対抗できな
い。(65年法第29-4条)

　臨時支配人は、債務弁済プランを立案する。このプランの期間は最長5年
で、プランには管理組合が債権者に対して支払う工程表を含む。臨時支配人
はプランの案を債権者に通知し、各債権者は修正案を作成することができ
る。臨時支配人はプランを債権者および管理組合理事会へ通知する。債権者
は異議がある場合は裁判官へ異議を提起する。異議がない場合、裁判官はプ
ランを承認し、承認の命令は債権者および管理組合理事会に通知される。承
認の命令の通知または債権者からの異議に対する判決の通知によって、債務
弁済プランが守られている間は、第29-3条による債権の請求または訴訟等
の中断は維持される。プランは、臨時支配人の任務の終了後に、管理者が実
行する。(65年法第29-5条)

　管理組合が譲渡可能な積極財産、とりわけ建物の区画あるいは更地を所有
している場合、臨時支配人は65年法26条および第29-1条I第2項の適用
を除外してこれらを譲渡し、結果として区分所有規約（règlement de
copropriété）および分割明細書（état descriptif de division）を修正することを裁

（6）　CAPOULADE et TOMASIN (2018), n° 325.135 (rédigé par TOMASIN)

判官に請求できる。この譲渡が実現する場合、債務弁済プランが定める管理組合の債務支払工程表は修正される。(65年法第29-6条) 臨時支配人は、債務弁済プランの立案にあたり、管理組合から回収することができない債権額を算定する。管理組合が譲渡可能な積極財産を所有していない場合あるいは譲受人が見つからない場合、臨時支配人は管理組合から回収不能な金額に相当する額を、管理組合の債務から免除するよう裁判官へ請求することができ、裁判官は債務の一部または全部を免除することができる。免除された債務額は、管理組合に対する債権者間で債権額に比例して分割され、臨時支配人が債務弁済プランの中に組込み、裁判官が承認する。裁判官の決定により、免除される債務を担保するために管理組合が所有する建物の区画に付された抵当権がある場合、それも抹消される。(65年法第29-7条)

4) 区分所有の分割

区分所有の正常な機能を回復できない場合、臨時支配人の請求に基づいて、裁判官は管理組合の中に1または複数の2次組合を設立するかまたは管理組合を分割することを申し渡すことができる。臨時支配人が区分所有不動産の立体分割を請求する場合、裁判官は、分割しない共用部分がなく自立して運営できるように不動産を分割できることを明らかにする、専門家の報告書に基づいて、区分所有が立地する市町村および住宅政策の権限を有する市町村間協力公施設法人の理事長の意見判断をする。(65年法第29-8条、28条Ⅳ)

裁判官は、臨時支配人の請求に基づいて、区分所有の立直しに役立ち管理費を分割する工事、とりわけ暖房の戸別化工事を考慮に入れる区分所有規約の改正を許可することができる。暖房の戸別化工事については、合わせて工事も許可する。また裁判官は、臨時支配人の請求に基づいて、維持管理あるいは回復にかかる費用が管理組合の収支の均衡を修復不能なほどに犯す場合には、更地、建物の区画、共用部分の設備を、市町村または住宅政策の権限を有する市町村間協力公施設法人に無償で譲渡することとその結果として区分所有規約を修正することを許可できる。(65年法第29-9条)

(3) 強化臨時管理

強化臨時管理 (administration provisoire renforcée) は、当該区分所有の財政状況では、建物の安全性の確保、占有者の安全、占有者の健康の保全および

区分所有の財政再建をするための費用の削減に必要な工事をすることができない場合に発動される。このような状況に陥ると、裁判官は、市町村長、住宅政策の権限を有する市町村間協力公施設法人の理事長または県における国務代理官もしくは臨時支配人に、当該区分所有不動産の強化臨時管理を付託する。強化臨時管理の下に置かれると、裁判官は、臨時支配人に対して管理組合に代わって、工事発注（maîtrise d'ouvrage de travaux）および事業資金調達について能力のある事業者と協定を締結することを許可する。臨時支配人は、この協定によって、区分所有の立直しのためのすべての任務、とりわけ工事発注および事業資金調達を事業者に委ねることができる。（65年法第29-11条）

(4) 公法への接続

以上の手続きを執行しても、正常な管理を回復できない管理組合には、公法による荒廃区分所有対策制度の適用が検討される。例えば、臨時支配人は、区分所有の社会的・技術的・財政的に深刻な荒廃を解決するための「保護プラン（plan de sauvegarde）」（建設・住居法典法615-1条）の実施を、県における国務代理官に対して提案することができる。（65年法第29-10条）この他にも破綻区分所有再生事業（Opération de requalification des copropriétés dégradées：ORCD）、区分所有向け不動産修復事業（Opération Restauration Immobilière Copropriété）など荒廃区分所有を立直すあるいは清算する事業制度は多い。

Ⅲ　裁判所選任支配人

それでは、私法の観点から荒廃区分所有の立直しを担う特別受任者あるいは臨時支配人となる「裁判所選任支配人[7]」を検討する。

裁判所選任支配人とは、第三者の財産を管理し、もしくはその管理の中で支援あるいは監視機能を行使する者である。保護または裁判上の更生手続きにおいて、企業の困難を解決し、再建を準備することを目的として、経営者を支援する任務にあたる。つまり経営の存続のために働くのである。[8]

（7）　この職業について日本語での紹介した文献には山本（1995）がある。
（8）　裁判所選任支配人・裁判所選任受任者全国評議会（Conseil National des Adminstrateurs

この職業は、「企業の裁判上の更正および清算に関する 1985 年 1 月 25 日の法律第 85-98 号（Loi n° 85-98 du 25 janvier 1985 relative au redressement et à la liquidation judiciaire des entreprises）：以下「85-98 法」と略」および「裁判所選任支配人、受任＝清算人および企業診断専門家に関する 1985 年 1 月 25 日の法律第 85-99 号（Loi n° 85-99 du 25 janvier 1985 relative aux administrateurs judiciaires, aux mandataires-liquidateurs et experts en diagnostic des entreprises）：以下「85-99 法」と略」によって制度化された。「85-98 法」は、「企業の保護、営業および雇用の維持ならびに負債の履行を可能とするための裁判上の更正手続きを制定すること」を目的としている（同法 1 条）。そして、「更正開始決定の中で、裁判所は受任裁判官（juge-commissaire）ならびに支配人（administrateur）および債権者の代理人（représentant des créanciers）という 2 名の裁判上の受任者（mandataires de justice）を任命する」（同法 10 条）と定めた。これを受けて裁判上の受任者について詳しく定めたのが 85-99 法である[9]。

(1) 制度の推移

　裁判所選任支配人が果たしている役割は、フランスでは当初は債権者自身が行っていた。その後、実務慣行で「管理者（syndic）[10]」という職種が発達してきた。現在の日本法で言う破産管財人に相当するこの職種が法律上の統制を受ける職業となるのは「倒産および破産会社の管理者および支配人に関し、会社の管理および運営する権利の禁止および失権を定める 1935 年 8 月 8 日のデクレ法（Décret-loi du 8 août 1935 portant application aux gérants et administrateurs de sociétés de la législation de la faillite et de la banqueroute et instituant l'interdiction et la déchéance du droit de gérer et d'administrer une société)」である。この管理者の職務は、フランスにおける破産法の発展に伴い徐々に分割されてきた。現在の形に分割したのが 1985 年の 2 つの法律である[11]。

　85-99 法は、85-98 法が定めた 2 種の裁判上の受任者を「裁判所選任支配

　　Judiciaires et des Mandataires Judiciaires：CNAJMJ）のウェブサイト https://www.cnajmj.fr/fr/presentation/profession/administrateur-judiciaire

（ 9 ）　本節以下の記述は、JurisClasseur Commercial Fasc. 2225 に拠るところが多い。

（10）　区分所有法で言う「管理者（syndic）」とは別の職種。

（11）　この経緯については、竹下（2014）、240 頁以下（西澤宗英執筆）に詳しい。

人」と「受任＝清算人」と定めた。前者すなわち「裁判所選任支配人」を「裁判所の決定により、第3者の財産を管理し、もしくはその財産の管理において支援あるいは監視する機能を行使する者」（同法第1条）、「受任＝清算人」を「裁判所の決定により、85-98法が定める条件の中で、債権者を代理し、必要があれば（中略）企業の清算を進める受任者」（同法第19条）と定義している。この2つの職業は、明確に区分されているものの、一つの手続きの中で機能している。

この改革の理由は、次の3点とされる。第1は企業内の継続性。すなわち、債務の履行はもとより、それ以上に経営の更正と雇用の維持が制度の基本的な目標であった。第2は、慎重さ。2つの職業の相互の監督を通じて、誤り、懈怠および濫用のリスクを減らすことを目指している。第3は技術的な理由で、支配人という職務が管理者は持っていなかった権限を必要としたということである。

なお、職業の定義から明らかなように、裁判所選任支配人は、第3者の財産の管理であれば、商法の案件だけでなく民法の案件、例えば本稿の主題である区分所有管理組合の再建あるいは未成年者の後見、成年後見についても任命される。受任＝清算人は企業の裁判上の更正および清算手続きにおいてのみ任命される。

1985年に整えられた「裁判所選任支配人」「受任＝清算人」の仕組みは、その後商法典に組み込まれて何回かの改革を経る。まず、2003年には2つの職業をより詳細に定める商法典の改正が行われた（商法典第8編を改正する

---

(12) 「受任＝清算人」という名称は、「裁判および司法に関する職業の改革に関する1990年12月31日の法律第90-1259号（LOI n° 90-1259 du 31 décembre 1990 portant réforme de certaines professions judiciaires et juridiques）」により「企業清算裁判所選任受任者（mandataire judiciaire à la liquidation des entreprises）」（第59条）に、「商法典第8編を改正する2003年1月3日の法律第2003-7号（LOI n° 2003-7 du 3 janvier 2003 modifiant le livre VIII du code de commerce）により「企業再建・清算裁判所選任受任者（mandataires judiciaires au redressement et à la liquidation des entreprises）」（第2条ほか、商法典法第811-2条ほか）、さらに「企業保護の2005年7月26日の法律第2005-845号（LOI n° 2005-845 du 26 juillet 2005 de sauvegarde des entreprises）」により「裁判所選任受任者（mandataire judiciaire）」（第17条ほか、商法典法第621-4条および法第621-5条ほか）にと改められた。

(13) JurisClasseur Commercial Fasc. 2225が引用するCAGNOLI (Pierre), Entreprise en difficulté- redressement judiciaire (prodédure et organes), Répertoire commercial Dalloz, n° 69に拠る。

2003年1月3日の法律第2003-7号）。この改正は、2つの職業への就任資格（裁判所選任支配人：第5条、商法典法第811-5条／裁判所選任受任者：第17条、商法典法第812-3条）、裁判所による任命方法（裁判所選任支配人：第2条、商法典法第811-2条／裁判所選任受任者：第15条、商法典法第812-2条）、職業倫理（同前条）、監督（裁判所選任支配人：第6条、商法典法第811-6条／裁判所選任受任者：第18条、商法典法第812-4条）を詳細に定めた。[14]

(2) 任命

次に現在の裁判所選任支配人制度の概要を、任命の条件、職務遂行の条件の順に述べる。

裁判所選任支配人に任命されるためには、法令で定める条件を満たさなければならない。まず裁判所は、原則として裁判所選任支配人および裁判所選任受任者全国リストの中から、当該案件の担当者を選ぶ。このリストは、裁判所選任支配人および裁判所選任受任者登録監督全国委員会（Commission nationale d'inscription et de discipline des administrateurs judiciaires et des mandataires judiciaires）が作成する（商法典法第811-2条）。これは、荒廃区分所有の臨時支配人の選任についても同様である。

このリストに登載されるためには、3つの条件を満たさなければならない。個人については①国籍、②倫理性、③能力である。（商法典法第811-5条）国籍は、フランス、ヨーロッパ連合（European Union：EU）あるいはヨーロッパ経済領域（European Economic Area：EEA）の加盟国いずれかの国籍を有することが求められる。倫理性については、不名誉あるいは不誠実な行為により刑事罰を受けていないこと、同様の行為により職業上の懲罰あるいは行政罰などを受けていないこと、破産等を受けていないことである。能力については、困難企業経営清算修士号をもちおよび実務経験もしくは研修に就いたこと、もしくは研修従事資格試験に合格して研修に就き能力検定試験に合格することである。

なお、荒廃区分所有対策を含む民事の案件については、裁判所はこのリストに登載されていない専門家を任命できる。

---

(14) この後、破産法の改正に伴う改革が実施されるが、本稿の主題と離れるので省略する。

(3) 職務遂行

　裁判所選任支配人は、職務の遂行についても法令で条件が定められている。独立性が求められる。すなわち、弁護士以外の他の職業を兼ねてはならないとされる（商法典第811-1条）。

Ⅳ　まとめ

　私法による荒廃区分所有の立直し制度を以上のように検討すると、その次の4点の特徴および課題が浮かび上がる。

　第1は、この制度は、営利会社の更正・生産手続きに着想を得ているという特徴を持っている。この特徴は、1994年に「荒廃区分所有」という術語を65年法に挿入し、臨時支配人を制度化して以来着実に強まっている。例えば、フランスの区分所有法研究の第1人者の1人であるダニエル・トマザン（Daniel TOMASIN）は、1994年の時点で「この法律は、民間企業が服する法律と異なるが、それに着想を得ている[15]」と指摘している。他方、実務家のフロランス・トゥリエ＝ポルジュ（Florence TULIER-POLGE）裁判所選任支配人は、荒廃区分所有対策制度は、1994年の時点では営利会社の更正・清算手続きとはまったく異なるもので、2000年になって営利会社の更正・清算手続きとの相似性が認められるとする[16]。いずれにしろ、65年法は荒廃区分所有対策で改正されるたびに、この特徴を強めていることは間違いない。

　第2は、前述の特徴の裏返しとして、特別受任者も臨時支配人も日本で言うところのマンション管理には携わらない。その役割は管理組合を、マンション管理を担うに足る者とすることである。管理者を特別受任者にも臨時支配人にも任命しない理由はここにあると思う。フランスでは管理組合と管理会社（管理者）の関係を消費者保護として把握するので、管理者をして管理組合の立直しに任に当てると利益相反になる恐れがある。

　第3は、荒廃区分所有対策の全体像の中で、私法分野ではまかないきれないものは個々の区分所有者対策、および区分所有建物の居住者対策である。

---

(15)　TOMASIN（2002）, p. 1

(16)　2018年9月23日の開取り。

荒廃区分所有建物の中には価格が異常に下がって通常の不動産市場では持家所有者になることができないような区分所有者あるいは貧困ビジネスを営む区分所有者がいることもある。前者は改修工事の費用および改修後に値上げされる管理費あるいは修繕積立金を支払うことが難しく、後者はそもそも管理費も修繕積立金はもとより専有部分の水光熱費すら支払わない。前者については当人の住居費負担能力に見合った住宅への転居、それも円滑な転居をしてもらうことが望まれ、後者については区分所有者から排除しなければならない。さらに賃貸されている住戸については、賃借人が管理費および修繕積立金の新たな金額に見合う賃料を支払う能力と意思を有していなければならない。これを欠く賃借人についても当人の住居費負担能力に見合う住宅への転居を進めなければならない。ところが、現在までのところ区分所有法による荒廃区分所有対策は、管理組合という区分所有者全体を立て直す手段を備えるようになったが、個々の区分所有者・占有者を立て直す手段はなく、それは公法に委ねられている。

　第4に、今後の研究課題を示すと、荒廃区分所有を立て直す公法による事業制度、例えば保護プランが施行される場合に臨時支配人がどのような活動をするのか、そこでは管理組合の債務整理はどのように行われるのか、それを通じて区分所有の立直しに向けて私法と公法がどのように役割分担をしながら機能しているのか、機能すべきと考えられているのかということが上ってくる。

参考文献

・CAPOULADE, Pierre et TOMASIN, Daniel dir., (2018) La Copropriété, 9è éd. 2018|2019, Dalloz
・小梁吉章（2005）『フランス倒産法』信山社
・竹下守夫（2014）『破産法比較条文の研究』信山社
・寺尾仁（2018）「不良マンション対策と『住宅への権利』—フランスの経験」『現代都市法の課題と展望　原田純孝先生古稀記念論集』日本評論社、289-307頁
・寺尾仁（2019）「区分所有はどこへ向かうか—フランス区分所有法の2014

年改正から」『市民生活関係法の新たな展開―大西泰博先生古稀記念論文集』敬文堂、65-84 頁

・寺尾仁・阿部順子（2018）「フランスにおける新たな『不適切住宅』の実態と対策の研究―日本の空家・管理不全マンションを考える示唆」『住総研研究論文集・実践研究報告集』No. 44、49-60 頁

・TOMASIN, Daniel（2002）, Plan de Sauvegarde des Copropriétés en Difficulté, Rapport présenté le 30 avril 2002 au Groupement de recherche sur les institutions, le droit de l'aménagement de l'urbanisme et de l'habitat, https://static.mediapart.fr/files/Ouafia%20Kheniche/3f054fce 139ab.pdf

・山本和彦（1995）『フランスの司法』有斐閣

・吉井啓子（2018）「フランス区分所有法の新展開― 2014 年 ALUR 法による改正」『社会の変容と民法の課題―瀬川信久先生・吉田克己先生古稀記念論文集』上、成文堂、265-286 頁

・JurisClasseur Commercial Fasc. 2225 : Sauvegarde, redressement et liquidation judiciaires.- Organes.- Administrateur judiciaire : statut, par PERRUCHOT, Isabelle, actualisé par SALGADO, Maria Beatriz

謝辞　本研究は、2016 年度一般財団法人住総研研究助成「フランスにおける新たな『不適切住宅』の実態と対策の研究」（研究代表者：寺尾）、平成 29 年度一般財団法人司法協会研究助成「フランスにおける荒廃区分所有建物管理組合の再生過程への司法の関与に関する研究」（研究代表者：寺尾）、2018-2020 年度科学研究費基盤研究（C）「フランスにおける荒廃区分所有の回復と居住者の住生活の回復の関連に関する研究」（研究代表者：寺尾、研究課題/領域番号 18K01294）、同「マンション区分所有法制の再構築-マンション法制の国際比較研究の成果を踏まえて」（研究代表者：鎌野邦樹 早稲田大学教授、研究課題/領域番号 18K01347）の成果の一部である。助成してくださった団体に感謝の意を表します。

　さらに、内田千秋・新潟大学法学部准教授にフランス商法の基本文献を教えていただいた。深く感謝します。

韓国における「土地公概念」についての一考察
──憲法裁判所の決定例と2018年憲法改正案を中心に──

尹　　龍　澤

> Ⅰ　はじめに──土地公概念の意義と導入経緯──
> Ⅱ　土地公概念を支える憲法規定
> Ⅲ　土地公概念に対する憲法裁判所の見解
> Ⅳ　土地公概念と憲法改正論議
> Ⅴ　結びにかえて

Ⅰ　はじめに──土地公概念の意義と導入経緯──

　1945年の解放以後の韓国の憲政史は、1948年の制憲憲法の制定から現行第6共和国憲法の制定までの期間はクーデターのたびに行われた憲法改正によって特徴づけられ、そして、現行憲法が制定された1987年以降は、5年ごとの大統領選挙による政権交代のたびに沸き起こる、巨大すぎる大統領権限の縮小と1期に限られる大統領任期の変更を求める憲法改正議論の興隆とその挫折によって特徴づけられる。事実、朴槿恵大統領の弾劾を契機として成立した現在の文在寅大統領も、昨年（2018年）の3月26日、現在の1期5年の大統領任期を連続2期8年まで可能にする再任制の導入を柱とした改憲案を国会に発議した。もっとも、国会在籍議員の3分の2の賛成を得ることができずに否決されたが、実はその改憲案には、これまでの改憲議論では見られなかった、土地の公共性と合理的使用のために特別な制限又は義務を課すことができるとする、いわゆる「土地公概念」関連規定も盛り込まれていた。

　ところで、韓国で用いられる「土地公概念」という言葉は、決して厳密な

法的意味を有するものではなく、「土地公概念とは、土地が他の財貨とは異なり公的な性格を有しているために、そのような公共性を強調して、土地の利用及び取引において発生する社会的な問題を解決するために、土地財産権は他の財産権とは異なって幅広い社会的拘束を受けるということを総合的に表現したものである」とか、また、「土地公概念とは、土地が有する機能・適正・位置等に従い公共の福祉のために最も価値的で効率的な利用を企図するために適正な規制、公権的な規制を加えざるを得ないという思想であって、すなわち、土地公概念は土地を資源に昇華させて理解することでもって土地の公的性格を強調して、土地に対する私法的規制を超えて公法的規制を強化しようとする思想である」と言われている。要するに、「土地公概念は、土地に対する公法的規律を表現する代表的な言葉である」と言えよう。

　韓国において土地公概念という言葉が最初に用いられたのは、あの「漢江の奇跡」と謳われた高度経済成長のときである。1960年代の工業化による経済成長によって不動産に投機資金が流入し始め、特に1960年代後半に入って京釜高速道路の建設、ソウル江南の開発などにより、不動産投機が急増した。そこで、朴正熙政府は投機を抑制するために、1967年、「不動産投機抑制に関する特別措置法」を制定した。しかし、1970年代半ばのオイルマネーで生じた中東の建設特需によって手にした流動資金が不動産市場に流れ込み、ソウルの不動産市場が過熱した。そのようななか、1977年8月の韓国経済人連合会で、申泂植建設部長官が「我々のように土地が狭い国で土地の絶対的私有化は存在するのが難しく、住宅用土地、一般農民の農耕地を除く土地に対して公概念の導入が必要である」と述べたのである。これが、「土地公概念」という言葉が用いられるようになる嚆矢と言われる。この申泂植長官の土地の所有と利用の分離に対する言及に続き、1978年には崔圭夏国務総理の不動産利益の社会還元に対する内容と申泂植長官の土地所有上限制を示唆する追加発言が続き、1978年に不動産投機抑制と地価の安定のための総合対策である「8・8措置」を通じて「土地公概念委員会」が構成

（1）　최정희·이윤환「헌법상 토지공개념에 대한 고찰」『법학연구』제18권제3호（통권71호、2018年）372頁。

（2）　강현호「토지 공개념에 대한 단상」『토지공법연구』제85집（2019年）4頁。

（3）　김광수「헌법 개정과 토지공개념」『토지법학』제34권제1호（2018年）34頁。

され、ここに土地公概念の「理論的土台が構築されたと知られているが、実際の政策にはつながらなかった。当時、（高度経済成長に伴う……引用者注）公共事業のための土地取得過程での事業費の増加及び土地取得の困難のために、このような発言をしたものと推測される[(4)]」のである。

　その後、土地価格は1986年まで安定傾向を示したこともあって、土地公概念は議論の表舞台から去ったかに見えた。しかし、1987年になると、経常収支が初めて黒字になって好景気を迎えるとともに、翌年のオリンピックの開催、住宅200万戸の建設公約などによって土地が急騰し始め、国民の間に社会的不公平が引き起こされた。例えば、1980年から1987年の土地価格上昇率は年平均10.5％であったが、1987年の土地価格上昇率は前年の2倍を記録し、1988年には27.5％、翌年は32.0％に上昇したのである[(5)]。

　そこで、政府は、1988年9月に、土地公概念の原理を政策的に具体化する検討を開始するために、国土研究院長を委員長として、研究機関、大学教授等の専門家で構成された「土地公概念研究委員会」を設置した。その結果、政府は、「宅地所有上限に関する法律」「開発利益還収に関する法律」「土地超過利得税法」[(6)]「公示地価制」[(7)]「総合土地税」の5つの制度を新設した[(8)]。このうち、前の3つが土地公概念3法と呼ばれている[(9)]。「宅地所有上限に関

（4）　유기현「토지공개념 3법에 대한 저항 및 지속성의 한계」『도시행정학보』제31집제3호（2018年）111頁。

（5）　김학환「토지공개념에　관한　소고」『부동산경영』제17집（2018年）154頁、参照。

（6）　1989年の「地価公示及び土地等の評価に関する法律」によって、それまで同一の土地の価格が担当部門ごとに異なっていた公的地価を、建設部（当時）による公示地価に統一した。

（7）　総合土地税制は、1989年の地方税法の改正で導入された。土地所有者が保有している土地を総合して累進的な土地税を課すことで、土地を多く保有している者ほど、多くの税金を負担させることで、投機目的の土地過多保有を抑制し、公共財としての土地の利用を円滑にするものである。今日の総合不動産税の前身である。

（8）　김남근弁護士は、土地公概念3法が制定された背景として、いわゆる1979年の12.12粛軍クーデターを全斗煥とともに主導した過去を持つ盧泰愚大統領としては、政権の正当性を確保するために、住宅難と家賃の上昇などの民生問題の解決に果敢に取り組まざるを得なかったと解している。김남근「토지공개념과 재건축초과이익 환수」http://www.pressian.com/news/article/?no=192211#09T0

（9）　「宅地所有上限に関する法律」と「開発利益還収に関する法律」は土地公概念委員会の調査結果によるものであり、「土地超過利得税法」は財務部が独自に構想したものといわれている。조명래「토지공개념의 역사」『한국일보』2018年3月27日　https://www.hankookilbo.com/News/Read/201803271552274640

する法律」は、一定規模以上の宅地の所有を制限するために宅地所有の上限を決め、それを超える部分については超過所有負担金を賦課するものであり、「開発利益還収に関する法律」は開発区域内で発生した開発利益に開発負担金を賦課することで開発利益の一部を国家が還収するものであり、「土地超過利得税法」は遊休土地や非業務用土地のような主として地価上昇を期待して保有している土地の地価が周辺の開発事業などの社会経済的要因によって正常地価を超過して上昇した場合に、その地価上昇利益に対して土地超過利得税という租税を賦課するものである。

このような土地公概念3法の制定の最大の障害物は、当時の与党・民正党の議員たちによる、土地公概念の推進勢力を社会主義者であると非難する声であった。しかし、このような声も、土地公概念研究委員会の報告書が、1989年現在の土地所有は上位5％の所得層が全体の土地の65.2％を、上位10％が76.9％を、上位25％が90.8％を所有していて、全所帯の基準で見た土地所有偏重度（ジニ係数）は釜山 0.946、大邱 0.944、仁川 0.937、ソウル0.911 に達するとの集計を公表したことで、社会的不平等の要因の解消を求めて土地公概念を圧倒的に支持する世論によって封鎖された。[11]

このようにして制定された土地公概念3法であったが、その後、憲法裁判所によって憲法違反又は憲法不合致と判断されたり、景気の循環に伴う地価の下落によって廃止されたり、或いはその根幹部分の実施が延長されたりした。

本稿は、いわゆる土地公概念3法の内容、それに対する韓国憲法裁判所の対応、そして今回の憲法改正案に土地公概念が盛られた意図とそれに対する公法学界の反応などを通じて、土地財産権に対する公法的規制の理論的限界を考察するとともに、日本における土地財産権の公法的規制の在り方を考える一つの資料を提供しようとするものである。

---

(10)　토지공개념영구위원회『토지공개념영구위원회　보고서』(1989 年) 34〜35 頁。ここでは、鄭永和「토지공개념의 헌법적 쟁점과 전망」『토지법학』제 34 권제 1 호 (2018 年) 62〜63 頁から引用。なお、一般的にジニ係数 0.4 が社会騒乱多発の警戒ラインとされるが、それをはるかに超える異常事態であったことが分かる。

(11)　当時実施した土地公概念関連世論調査によれば、不動産投機防止のための土地公概念の実施に 70.3％が賛成（積極的賛成 33.0％、賛成 37.3％）したのに対して、反対は 12.4％（反対 9.2％、積極的反対 3.2％）であったという（鄭永和、前掲論文、62 頁）。

Ⅱ　土地公概念を支える憲法規定

　土地公概念の導入に踏み切った社会的根拠について、政府は公式に次のように説明している。すなわち、「第一に、都市化、産業化によって土地の需要が急増するのに比して土地の供給が制限されているので、住宅などの建築可能な一人当たりの平均敷地が漸次減っている。第二に、地価が過度に上昇しているので、これによる所得不均衡が深刻化し、公共事業費も増加して、物価不安も大きくなる。第三に、土地開発に伴う地価の急激な上昇によって開発利益が発生するが、これが土地所有主個人の私益に変質している。第四に、法人が過度に土地を所有して、個人の土地が少なく、それも少数の者に集中している。土地は私有財であると同時に、公共的な特性を有するので、公益を優先して土地所有を制限して、土地所有を適正化し、土地取引を規制して実需要者の土地所有を支援して、開発利益を不労所得として還収して、企業の過多な土地保有を抑制して土地利用の効率性を高めようとすることが、土地公概念導入の趣旨であった[12]」と述べる。

　確かに、政府の挙げた必要性の根拠は、前述した当時の状況に照らし合わせるとき、説得力のあるものではあるが、これほどまでに強力な土地所有権に対する社会的制約が私有財産制を採用する自由民主主義国の憲法下において可能であるのかについては、当然に議論になった。そこで、韓国における土地公概念の憲法的位置づけを考察する前提として、まずは、韓国憲法における土地公概念を支える根拠となる規定を概観することにする。

1　「経済」の章

　韓国の憲法は、1947年に制定された制憲憲法から現行憲法まで、一貫して「経済」という独立した章を設けている。制憲憲法では、その第6章「経済」に84条から89条までの6か条を配しているが、その84条で「大韓民国の経済秩序は、すべての国民に生活の基本的需要を充足できるようにする社会正義の実現と均衡ある国民経済の発展を期することを基本とする。各人

---

(12)　国家記録院 http://www.archives.go.kr/next/search/listSubjectDescription.do?id=006153

の経済上の自由は、この限度内で保障される」と規定し、85条では「鉱物その他の重要な地下資源、水産資源、水力と経済上利用することができる自然力は、国有とする。公共の必要により一定の期間、その開発若しくは利用を特許し、又は特許を取り消すことは、法律の定めるところにより行う」と規定し、更に86条では「農地は、農民に分配し、その分配の方法、所有の限度、所有権の内容と限界は、法律で定める[13]」と規定していた。当時の世界的な潮流でもあった社会国家への発展を強く意識しており、経済秩序に対する国家の積極的な介入を認める根拠規定を置いていたのである。

　その後、例えば、1962年に新たに制定された第三共和国憲法では、その「経済」の章の冒頭の条文に「大韓民国の経済秩序は、個人の経済上の自由と創意を尊重することを基本とする」との新しい1項を加えたり、鉱物等の資源について定めた条項から「国有とする」という語を削除するなど、解放後の韓国経済の低迷の原因の一つが社会国家的色彩を余りに強く有していた制憲憲法の規定にあるとする声に押されて、より自由主義市場経済を鮮明にする方向への改正がなされた[14]。しかし、その一方で、土地については、「国は、農地と山地その他国土の効率的な利用・開発と保全のために、法律が定めるところにより、これに関する必要な制限と義務を課すことができる」（114条）との条文を新設した。そして、「この憲法規定こそは、現在の土地公概念条項の形式的枠組みを提示したという点で、土地公概念の原形である[15]」といわれている。

　この憲法規定は、1972年の第4共和国憲法（維新憲法）でも、1980年の第五共和国憲法でもそのまま維持されたが、1987年制定の現行第6共和国憲法の122条は、「国は、国民すべての生産及び生活の基盤となる国土の効率的で均衡ある利用・開発と保全のために、法律の定めるところにより、それに関する必要な制限と義務を課すことができる」と改正した。すなわち、

(13)　韓国においては、李承晩政府が断行した農地改革法が土地公平性の原則を初めて適用した制度であるという評価を受けている。制憲憲法86条の「耕者有田の原則」に基づいて、政府は、小作制度を認めず、所有者が直接耕作していない農地を買収して農民に有償で分配した。

(14)　この点について詳しくは、拙稿「韓国憲法の経済条項の変遷に関する一考察」『現代企業法の諸問題（小室金之助教授還暦記念）』（成文堂、1996年）所収を参照されたい。

(15)　여경수「2018년 헌법 개정안에 담긴 토지공개념 분석」『不動産法学』第22輯第2号（2018年）98頁。

「農地と山地その他国土」が「国民すべての生産及び生活の基盤となる国土」に改正することで、国土の概念を拡大するとともに、土地は商品としては私的財貨であるが、資源としては公的財貨であるという特殊性を明確にし、また、国土に必要な制限と義務を課す目的を単なる「効率的」な観点からだけでなく、「効率的で均衡ある」利用・開発・保全に拡大した。このような改正は、高度経済成長と急速な都市化による深刻な土地問題を反映したものである。

　また、現行第6共和国憲法の「経済」の章の冒頭の条文も、「①大韓民国の経済秩序は、個人と企業の経済上の自由と創意を尊重することを基本とする。②国は、均衡ある国民経済の成長と安定と適正な所得の分配を維持し、市場の支配と経済力の濫用を防止し、経済主体間の調和を通じた経済の民主化のために、経済に関する規制と調整をすることができる」（119条）と改正して、韓国の経済秩序が原則的に個人の自由と創意を尊重する市場経済であることを前提にしながらも、「適正な所得の分配」「経済力の濫用」「経済の民主化」などのためには国家が経済秩序に積極的に介入できる、いわば社会的市場経済秩序を採用していることを明らかにしているのである。[16]

2　土地公概念を支えるその他の憲法規定

　現行韓国憲法において、直接的に土地公概念の根拠となる規定は、「経済」の章に定められた122条であるが、それ以外にも、土地公概念を支える規定が存在する。

(1)　憲法上の福祉国家理念

　韓国憲法は、その前文で、「政治・経済・社会・文化のすべての領域において各人の機会を均等にし、……内には国民生活の均等な向上を期して」と定めるとともに、社会権（31条～36条）、財産権の社会的制約（23条2項）、経済民主化（119条2項）を規定しているが、これらはすべて韓国の国家形態の

---

(16)　ちなみに、それ以前の第5共和国憲法では、経済の章の冒頭の条文は、「①大韓民国の経済秩序は、個人の経済上の自由と創意を尊重することを基本とする。②国は、すべての国民に生活の基本的需要を充足させる社会正義の実現と均衡ある国民経済の発展のために必要な範囲内で、経済に関する規制と調整をする。③独占の弊害は、適切に規制・調整する」（120条）と定めていた。

一つが福祉国家、社会国家であることを明らかにしたものであるといえる。

(2)　社会権・環境権

「すべての国民は、人間らしい生活をする権利を有する」（34条1項）、「すべての国民は、健康で快適な環境で生活する権利を有し、国と国民は、環境保全のために努めなければならない」（35条1項）、「国は、住宅開発政策等を通じて、すべての国民が、快適な住居生活をすることができるように努めなければならない」（同条3項）と、社会権、環境権を明記している。

(3)　私有財産制度

韓国憲法にも、他国の自由民主主義憲法と同様、財産権の保障と制約についての規定が存在する。すなわち、「①すべての国民の財産権は、保障される。その内容と限界は、法律で定める。②財産権の行使は、公共の福祉に適合しなければならない。③公共の必要による財産権の収用、使用又は制限及びそれに対する補償は、法律でもって行うが、正当な補償を支給しなければならない」（23条）と定める。もっとも、「国民のすべての自由と権利は、国家安全保障、秩序維持又は公共の福祉のために必要な場合に限り、法律でもって制限することができ、制限する場合にも、自由と権利の本質的な内容を侵害することはできない」（37条2項）との規定により、土地所有権に対する必要な制限と義務であっても、私有財産制の本質を侵害しない範囲内にとどめなければならないという限界を有する。

このような憲法の規定に基づいて、韓国においても土地財産権を制限する多くの法律が制定、施行されている。例えば、不動産登記法によって不動産については登記制度が施行されている。また、「不動産実名制」が施行されていて、土地を名義信託すれば課徴金が課される。公認仲介法（宅地建物取引業法に相当）では不動産取引申告制を施行して、不動産売買の実取引価格を申告しなければならない。農地法上、農地は原則として耕作者のみが所有することができる。「国土の計画及び利用に関する法律」では、用途地域制度を通じて土地の使用に一定の制限を設けている。都市計画法では、特定土地を開発制限区域に指定している。また、土地を含む不動産に関しては税法において、取得税、財産税、総合土地税、譲渡所得税などを課しているし、総合不動産税法では、高額の不動産を所有する者に対して総合不動産税を課し

ている。⁽¹⁷⁾

Ⅲ 土地公概念に対する憲法裁判所の見解

1 土地公概念3法の内容と憲法裁判所の決定

土地公概念3法と呼ばれる「宅地所有上限に関する法律」（法律4174号）、「開発利益還収に関する法律」（法律4175号）、「土地超過利得税法」（法律4177号）は、いずれも、盧泰愚政府の時代である1989年12月30日に制定された。

(1) 「宅地所有上限に関する法律」

1）「宅地所有上限に関する法律」の内容

「宅地所有上限に関する法律」は、低所得層の住居の安定を図るために、1世帯が所有できる宅地の総面積の限界を地域別に設定して、この法律の施行当時に所有上限を超えて保有している宅地には、この法律の規定による許可を受けたもの、或いは申告・通知をした宅地と見なすというものであった。法の趣旨は、土地の処分や利用、開発を促進して、宅地の供給を円滑にすることで、国民の住居生活の安定を企図することにあった。具体的には、1世帯当たり宅地所有上限をソウルなど6大都市は200坪、市級都市は300坪、町村（邑・面）地域は400坪に設定し、法人については、宅地使用計画については許可を受けるようにした。そして、法施行2年後からは空き地については年6％（2回目の賦課時からは年11％）、住宅付属土地は年4％の超過所有負担金を課すようにした。ただし、新しく住宅を購入して引っ越していく人が一時的に1世帯2住宅を所有している場合には、6ヶ月の適用猶予期間を設定し、また、企業が従業員用の住宅を建設するために取得する宅地については、同法を適用しないことにした。

争点となったのは、このような宅地所有の上限を設定することが財産権を過度に侵害しないか、この法律の施行前から宅地を所有している者にも画一的に本法による宅地所有上限制を適用することは信頼保護原則又は平等原則に反しないかというものであった。

---

(17) 여경수、前掲論文、102頁、参照。

2)「宅地所有上限に関する法律」に対する憲法裁判所の判断——違憲決定[18]

　まず、ⅰ）ソウル特別市などで宅地の所有上限を200坪に制限したことに対して、財産権は、個人が各自の人生観と能力に応じて、自身の生活を形成するように物質的・経済的条件を保障してくれる機能をするものであり、財産権の保障は自由の実現の物質的土台を意味し、特に宅地は人間の尊厳と価値を有する個人の住居であって、その幸福を追求する権利と快適な住居生活をする権利を実現する場所として使用されるものであるという点を考慮するとき、所有上限を過度に低く策定することは、個人の自由実現の範囲を過度に制限するものだと言えるところ、所有目的や宅地の機能に応じた例外を全く認めないまま一律に200坪に所有上限を制限することによって、どのような場合であっても、誰であっても、200坪を超える宅地を取得することができなくなったことは、適正な宅地供給という立法目的を達成するために必要な程度を超える過度な制限であって、憲法上の財産権を過度に侵害する違憲的な規定である。

　続いて、ⅱ）本法の施行前から宅地を所有している者にも一律に宅地所有上限制を適用することについては、立法目的を実現するために不可避の措置であったとみられるものの、宅地所有者の住居の場所として、その幸福追求権及び人間の尊厳の実現に不可欠で重大な意味を有する場合には、単に不動産投機の対象となる場合とは、憲法的に異なって評価されなければならず、信頼保護の機能を実行する財産権保障の原則によってより強い保護を必要とするものであるから、宅地を所有するようになった経緯や、その目的の如何にかかわらず、法施行以前から宅地を所有している個人に対しても一律に所有上限を適用するようにしたことは、立法目的を達成するために必要な程度を超える過度の侵害であり、信頼の保護の原則及び平等原則に違反する。

　また、ⅲ）経過規定において、「法施行以前から、個人の住居用として宅地を所有している場合」を、「法施行後に宅地を取得した場合」や「法施行以前に取得したとしても、投機目的で取得した宅地の場合」と同一に扱うこ

---

(18)　헌법재판소 1999. 4. 29. 선고 94 헌바 37 외 66 건 （병합）전원재판부 ［택지소유상한에 관한 법률제 2 조제 1 호 나목등 위헌소원］［헌공제 34 호］http://search.ccourt.go.kr/ths/pr/ths_pr0101_P1.do?seq=0&cname=&eventNum=5916&eventNo=94%ED%97%8C%EB%B0%9437&pubFlag=0&cId=010200&selectFont=

とは平等原則に違反する。

　さらに、iv）その負担金においても、10年が過ぎるとその賦課率が100％に達するほどに、何らの期間の制限もなく、毎年宅地価格の4％から11％に該当する負担金を継続的に課すことができるようにするのは、短い期間内に土地財産権を無償で没収する効果をもたらすことになり、財産権に内在する社会的制約によって許容される範囲を超えるものである。

　ｖ）負担金納付義務者が、建設交通部長官に買収するよう請求をした以後、実際に買収が行われるまでの期間も負担金を納付しなければならないことは、立法目的を達成するために必要な手段の範囲を超える過剰な措置であって、最小侵害性の原則に違反して財産権を過度に侵害するものである。

　以上の理由から、憲法裁判所は本法律の全部に対して違憲決定を下した。特に、「憲法裁判所は、租税を通じた間接的規制ではない直接的な規制は市場機能を歪曲する側面が強いこと、また、所有上限面積を超えた宅地の分割処分が困難であることなどの事情も考慮しなかった盲点を有している[19]」ことを考慮したと考えられる。

3）「宅地所有上限に関する法律」のその後

　「宅地所有上限に関する法律」は、既に、違憲決定が下される1年前の1998年9月19日に廃止されていた。国会に提出された廃止理由では、「宅地所有上限に関する法律は、宅地の円滑な供給と国民の公平な宅地所有を誘導する目的で、一定規模以上の宅地所有制限と宅地超過所有者に対する負担金の賦課等を主な内容として、1989年12月に制定され、1990年3月から施行されたが、その間、市場経済原理の制限と経済主体の自律性阻害等の問題が提起されており、特に最近の困難な経済与件（1997年の、いわゆるIMF通貨危機……引用者注）の下で、宅地の超過所有負担金は、個人・企業等の宅地所有者の経済的負担を加重させているのが実情であるところ、このような問題点を解消し、宅地取引を活性化させることでもって、経済的困難の克服に役立つようにするために宅地所有上限に関する法律を廃止するが、宅地の超過所有負担金は、個人・企業等の負担緩和のために、その賦課基準日が1998年1月1日以後の負担金からこれを免除するものである[20]」と述べている。

───────────────
(19)　유기현、前掲論文、112頁。

720

(2) 土地超過利得税法

1）土地超過利得税法の内容

　1989年の「土地超過利得税法」は、遊休土地又は非業務用土地等、地価上昇による利得を得るための目的で保有した土地の価格が、各種の開発事業や社会・経済的要因によって正常な上昇率を超えて上昇した場合には、所有者が得た超過利益を土地超過利得税として還収することを目的としたものである（ただし、後述する開発負担金が課される土地を除く）。個人が所有した土地のうちの遊休土地と、法人が所有した土地のうち法人の固有業務に正当な理由なく直接使用しない土地を対象として、土地超過利得税の税率は課税標準の30～50％であった。

　争点となったのは、土地超過利得税はいまだ実現していない未実現利益・仮想利得に対して課税するものであって国民の財産権を侵害するのではないか、また、基準時価の算定方法を大統領令に委任した規定は租税法律主義又は委任立法の範囲と限界を定めた憲法規定に違反するのではないかなどであった。

2）土地超過利得税法に対する憲法裁判所の判断――憲法不合致決定[21]

　まず i）課税対象である資本利得の範囲を、実現した所得に限るか、或いは未実現利得を含むかは、課税目的と課税所得の特性・課税技術上の問題等を考慮して判断すべき立法政策の問題であるとした。しかし、ii）基準時価は国民の納税義務の成否と範囲に直接的な関係を有する重要な事項であるから、これを下位法規に白紙委任せずに、その大綱であっても法律自体に直接規定しなければならないにも拘わらず、土地超過利得税法はその基準時価を全的に大統領令に委ねているので、憲法上の租税法律主義或いは委任立法の範囲を具体的に定めるようにした憲法に違反する。しかしながら、ほとんどの税法規定がその基準時価を施行令に委任している韓国の立法慣例をも考慮するとき、本法の条文を無効化する場合に税法全般に関する一大混乱が生ず

---

(20)　「국가법령정보센터」http://www.law.go.kr/LSW/lsInfoP.do?lsiSeq=1981&ancYd=19980919
　　　&ancNo=05571&efYd=19980919&nwJoYnInfo=N&efGubun=Y&chrClsCd=010202#0000

(21)　헌재 1994. 7. 29. 92헌바49 등, 공보 제7호, 505 [헌법불합치] http://search.ccourt.go.kr/
　　　ths/pr/ths_pr0101_P1.do?seq=0&cname=&eventNum=5808&eventNo=92%ED%97%8C%EB%B
　　　0%9449&pubFlag=0&cId=010200&selectFont=

るであろうから、本条項に対しては違憲宣言決定をする代わりに、これを速やかに改正するように促すにとどめる。

また、ⅲ）土地超過利得税の課税期間は３年で、その開始日と終了日の地価を単純に比較して超過した利得があると認定されたときに課税される構造であるが、土地所有者が売買する意思がなく長期間（すなわち複数の課税期間）、土地を保有する場合において、もしも特定の課税期間では土地超過利得が発生したが、その後は土地取得当時よりもむしろ地価が下落した場合であっても、その課税期間の土地超過利得税を負担することになる。これに対する何らの補充規定も置いていないが、これでは土地超過利得課税によって元本自体が蚕食されるのであるから、取得税である土地超過利得税の本質にも反するものであって、憲法の定める私有財産権の保障の趣旨に違反する。

さらにⅳ）税率は立法政策の問題ではあるが、土地の資本利得に対する課税という点を考慮するとき、譲渡所得税とその方向性を同じくする租税であるにも拘わらず、累進税率を取っている譲渡所得税と異なり、あえて土地超過利得税において高率の単一比例税率としたことは、所得の多い納税者と所得の低い納税者との間の実質的な平等を阻害するものである。

ⅴ）土地超過利得税は譲渡所得税と同じ収得税の一種として、その課税対象もまた譲渡所得税の課税対象の一部と完全に重複して両税の目的もまた類似しているから、ある意味では、土地超過利得税が譲渡所得税の予納的な性格を有していると見るのが相当であるにも拘わらず、土地超過利得税26条１項及び４項が土地超過利得税額全額を譲渡所得税から控除しないように規定したのは、二重課税に該当するものであって、租税法律主義上の実質課税の原則に反する。

ⅵ）したがって、土地超過利得税法のうち一部は憲法に違反し、また、一部は憲法に合致せずに改正立法を促す対象となるが、しかし、土地超過利得税法に対して違憲判決を宣告する場合に発生する国政上の混乱を考慮して、「立法者が土地超過利得税法を少なくともこの決定で明らかにした違憲理由に合わせて新たに改正又は廃止するまで、法院、行政庁その他のすべての国家機関は、現行の土地超過利得税法をもはや適用・施行できないように停止するが、その形式的存続のみを暫定的に維持させるために、本件では土地超

過利得税法の単純違憲無効の決定を宣告せず、憲法裁判所法 47 条 2 項本文の『効力喪失』を限定的に適用する変形決定としての憲法不合致決定を選択せざるを得ない」と結論した。

　本件の最も大きな争点であった未実現利得に対する課税自体が違憲か否かについては、「課税対象である資本利得の範囲を実現した所得に限定するのか、或いは未実現利得を含めるかどうかは、課税目的、課税所得の特性、課税技術上の問題等を考慮して判断すべき立法政策の問題であるだけであって、憲法上の租税概念に抵触し、又は、それと両立できない矛盾があるものとは見られない」として、明確に違憲ではないと判断した。しかし、その後に続いて、「ただし、未実現利得に対する課税制度が理論上では租税の基本原理に背馳するものではないとしても、未実現利得は、用語のとおり、その利得がいまだ資本と分離されずに、現実的に支配・管理・処分することができる状態にあるものではないという特性によって、収得税の形態で、これを租税として還収するにおいては、課税対象利得の公正かつ正確な計測の問題、税法上の応能負担原則と矛盾しないように納税者の現実担税力を考慮する問題、地価変動循環期を考慮した適正な課税期間の設定の問題、地価下落に備えた適切な補充規定の設定の問題等の先決されなければならない多くの課題がある。実際、世界の多くの国で不労所得の還収と地価安定を理由に、不動産上の未実現利得に対する課税の正当性と必要性が久しき前から主張されてきたにも拘らず、今日そのような課税制度が成功的に定着している立法例を見つけることが容易でないということは、まさに未実現利得に対する課税制度のこのような難点を実証的に反映しているものということができる。特に土地超過利得税は、土地財産、すなわち元本に対する課税ではなく、元本から派生した利得に対して課税する収得税の一種であるので、万一、遊休土地等の所有者が架空利得に対する土地超過利得税を負担する場合が生じるならば、これは元本である土地自体を無償で没収されることになって、収得税の本質にも反する結果になるだけではなく、結果的に憲法上の財産権保障の原則に背馳して租税原理上の実質課税、公平課税の理念にも反すると言わざるを得ない。したがって、未実現利得に対する課税制度は、以上の諸問題が合理的に解決されることを前提とする極めて制限的・例外的な制度と見ざ

るを得ず、そのために未実現利得に対する課税制度である土地超過利得税の憲法適合性を論じるにおいては何よりもまず、その課税対象利得の公平かつ正確な計測如何が第一の課題とならざるを得ないであろうし、さらに先に見た多くの問題点に対する適切な解決策が用意されて、税制自体が体系的に矛盾なく調和しているかという点を特に念頭に置かざるを得ない」と判示している。

3）土地超過利得税法のその後

　土地超過利得税法は、憲法不合致決定という変形決定であったこともあり、その決定で指摘された事項を是正するために1994年に改正された。国会に対する改正理由では、「憲法裁判所の指摘事項を反映して、国民の財産権の保護を強化し、適正な税負担を期すことができるよう超過累進税率体系を導入し、地価下落時の補完規定を設け、一定期間内の譲渡時には土地超過利得税を譲渡所得税から全額控除できるようにする一方、徴税費用を削減して租税摩擦の措置を解消するために、定期課税の場合、地価が安定した時期には全国単位課税を停止して、地価急騰地域にのみ課税し、その他施行上に現れた不備を補完するものである[22]」としている。この法律はその後5年間存続したのち、1998年12月28日に廃止された。廃止理由には、「土地超過利得税法は、不動産投機の抑制のために、1989年12月31日制定され、1990年1月1日から施行されたところ、その間、不動産実名制の実施、土地総合電算網の稼働などの不動産投機を防止するための制度的装置が設けられたし、また、全国の土地価格も引き続き下降・安定を維持していて、同法を存置させる必要がなくなったので、同法を廃止しようとするものである[23]」と述べられている。

(3)　「開発利益還収に関する法律」

1）「開発利益還収に関する法律」の内容

　「開発利益還収に関する法律」は、宅地開発や産業団地の造成等30の対象事業の施行業者が国又は地方公共団体から認可等を受けて開発事業を施行し

---

(22)　「국가법령정보센터」http://www.law.go.kr/lsInfoP.do?lsiSeq=5504&ancYd=19941222&ancNo=04807&efYd=19941222&nwJoYnInfo=N&efGubun=Y&chrClsCd=010202#0000

(23)　「국가법령정보센터」http://www.law.go.kr/lsInfoP.do?lsiSeq=5506&ancYd=19981228&ancNo=05586&efYd=19981228&nwJoYnInfo=N&efGubun=Y&chrClsCd=010202#0000

た結果、開発事業対象土地の地価が上昇して、正常な地価上昇分を超える不労所得的な開発利益が生じた場合に、これを事業施行者に独占させないで、国家がその一部を開発負担金として還収して、その土地が属する地方公共団体等に配分することでもって、経済正義を実現して、土地に対する投機の防止と土地の効率的利用を促進しようとするものである。

ところで、本法8条は、開発負担金は賦課終了時点の土地の価格から賦課開始時点の土地の価格と賦課期間の間の正常な上昇分及び法11条所定の開発費用を控除した金額を基準として賦課するようにしていた。賦課終了時点及び賦課開始時点のそれぞれの地価の算定と関連して、法10条1項及び10条3項本文は、それぞれの時点の地価を「地価公示及び土地等の評価に関する法律」所定の公示地価を基準として算定するように規定する一方、本件法律条項（10条3項ただし書）は、開発負担金納付義務者が開発負担金を算定するにおいて個別公示地価によらないで実際の買入価格で賦課開始時点の地価を算定できる場合を、大統領令で定める競売・収用などの場合に限定していた。そこで、実際の買入価格を基準として開始時点地価を算定できる場合を大統領令に委任している本件法律条項（10条3項ただし書）の違憲の可否が争われた。

2)「開発利益還収に関する法律」に対する憲法裁判所の判断——10条3項ただし書違憲[24]

　憲法裁判所は、ⅰ)「開発利益還収に関する法律」所定の開発負担金は、その納付義務者にとって国等に対して金銭給付義務を負担させるものであるから納付義務者の財産権を制約する面があり、賦課開始時点の地価は、開発負担金の算定基準である開発利益の存否と範囲を決定する重要な要素となるので、その算定基準に関する委任立法時に要求される具体性、明確性の程度は、租税法規の場合に準じて、その要件と範囲が厳格に制限的に規定されなければならないと述べた。

　そのうえで、ⅱ) 本法10条3項ただし書を受けた大統領令では、実際の

---

(24)　헌법재판소 1998. 6. 25. 선고 95 헌바 35,97 헌바 81,98 헌바 5·10 (병합) 전원재판부 [개발이익환수에 관한 법률제 10 조제 3 항단서 위헌소원] https://casenote.kr/%ED%97%8C%EB%B2%95%EC%9E%AC%ED%8C%90%EC%86%8C/95%ED%97%8C%EB%B0%9435

買入価格の客観的真実性が担保されている場合に限って実際の買入価格を基準として開始時点の地価を算定するように規定するであろうことが予測されるにしても、大統領令がそのような場合を例示的に定めるか、或いは限定的・列挙的に定めるか、さらには限定的・列挙的に定める場合であっても、如何なる範囲内で定めるかを到底予測することはできないのであり、iii）どのような場合に、実際の買入価格によって開始時点の地価を算定できるかどうかを法律の規定によっては予測できないようにしながら、実際の買入価格によって開始時点を算定できる場合を行政庁の恣意によって限定的・列挙的に定められるように規定したことは、国民の財産権を制約する開発負担金納付義務の存否と範囲を決定する要素となる開始時点地価の算定方法を具体的な基準や原則を定めずに包括的に大統領令に委任したものであって、憲法の定める委任立法の限界を逸脱したものである。

　また、iv）10条3項ただし書は、仮に個別公示地価を上回る実際の買入価格がその客観的真実性があり、これによって適正かつ現実的な開発の利益を計測することができる場合であっても、この道を封鎖することによって、架空の未実現利益について開発負担金を賦課して元本を蚕食する結果を招く危険性を抱えているのであり、これは開発事業対象土地の地価が上昇して、正常な地価上昇分を超える不労所得的な開発利益が生じた場合に、国家がその一部を還収しようとする立法目的の達成に必要な政策手段の範囲を超えて事業施行者等に過度の金銭納付義務を課すものであって、基本権である財産権の制限時に要求される被害の最小性の要請を充足し得ていないと判断した。

　そして、v）賦課対象土地を買い入れる場合に、取引の主体及び取引の方式によって買入価格の信憑性に差異があることは事実であるが、それらの差異は取引当事者が行政庁に提出する疎明資料や負担金賦課処分の取消しを求める行政訴訟の過程での主張立証を通じて真実を明らかにすることで克服できる問題であるにも拘わらず、大統領令が限定的に定める場合にのみ、実際の買入価額に基づいて開始時点地価を算定して、他の場合には、実際の買入価額による算定方式を一切否定して個別公示地価に基づいてのみ、開発利益を算定することは、納付義務者が真実に合致する買入価額を正直に申告した

場合であっても、大統領令に列挙されていなかったという理由だけで、他の納付義務者と異なって、実際の買入価額を控除される機会を基本的に封鎖するものであり、差別的取扱いの合理性を認めることができないとして、平等原則に反すると判断した。

3)「開発利益還収に関する法律」のその後

　憲法裁判所は、主文で「開発利益還収に関する法律10条3項ただし書（1993. 6. 11. 法律第4563号で改正されたもの）のうち、大統領令が定める場合にのみ、実際の買入価額を基準に賦課開始時点の賦課対象土地の価額を算定することとした部分は、憲法に違反する」としたが、本件法律そのものについての違憲可否の判断はしなかった。そこで、この決定に従って、1998年9月19日に、違憲と判断された10条3項を、開発負担金の算定において、個別公示地価によらずに実際の買入価格でもって賦課開始時点の地価を算定できる場合の具体的な基準を法律で明確に規定する改正がなされたが、法律そのものは存続させた。しかし、このときの法改正で、1999年12月31日までに認可等を受けて実施するすべての開発事業について開発負担金を免除し、2000年1月1日からは、その負担率を開発利益の100分の50から100分の25に引き下げることと、開発負担金の納付義務者が開発負担金を納付することが困難であると認める場合、従来は、1年の範囲内で納付期日を延期することができたが、今後は3年の範囲内で、これを延期できるようにする改正も同時に行われたのである。このような改正について、国会での提案理由で「経済の困難によって企業の資金難が深刻化して開発事業が萎縮しているので、……企業の開発負担金の負担を軽減して停滞した建設景気の活性化を図り、その他現行制度の運営で現れた一部の不備点を改善・補完しようとするものである」と説明している。

　確かに、この当時は、IMF（国際通貨基金）通貨危機によって不動産景気が大きく萎縮した時期である。「開発利益還収に関する法律」が導入した開発負担金については1999年まで免除されただけでなく、その後も「負担金基本法」によって非首都圏は2002年から、首都圏は2004年から開発負担金が

---

(25)　「국가법령정보센터」http://www.law.go.kr/lsInfoP.do?lsiSeq=56898&ancYd=19980919&ancNo=05572&efYd=19980919&nwJoYnInfo=N&efGubun=Y&chrClsCd=010202#0000

一時停止され、2006年1月1日以後に認可を受けた事業から再度賦課されたが、2014年に低迷する不動産景気を刺激するために1年間に限って首都圏は半分、非首都圏は全額を免除し、その後、2018年6月30日まで3年間延長された。

「開発利益還収に関する法律」に対する憲法訴願はその後も提起されたが、憲法裁判所の決定はすべて「憲法に違背しない」というものである。[26]

2　憲法裁判所決定に見る土地公概念の位置づけ

　土地公概念について、憲法裁判所は、その歴史的意義と憲法体系における位置づけを、つぎのように論じている。すなわち、「近代初期資本主義の下での土地の所有権の概念は、個人的財産権として他の制約を受けない絶対的私権として尊重されるようになり、土地所有権の不可侵性、自由性、優位性を意味する土地の所有権の絶対性は、1789年8月27日のフランス人権宣言17条の『所有権は神聖不可侵』という規定に克明に表現されたのである。しかし、このような個人主義・自由主義に基づく資本主義も初期の期待、すなわち、すべての人を平等な人格者と見て、その自由契約の活動と所有権の絶対性のみを保障さえすれば、個人的にも社会的にもさらなる発展を約束することができるという理想が、労働を商品として売るほかない都市の労働者や小作民には何らの意味もなく、契約自由の美名のもとに"ある者、持てる者"から搾取されて結局は貧富の格差が激しくなり、社会階層間の分化と対立葛藤等が先鋭化する事態に至るに従い、大幅に修正されるに至ったのであり、すべての人に、人間としての生存権を保障するためには、土地の所有権は、もはやこれ以上の絶対的なものであり得なくなったのであり、公共の利益ないし公共の福祉の増進のために義務を負担し、又は制約を伴うものへと変化したし、土地の所有権は、神聖不可侵のものではなく、実定法上の多くの義務と制約を我慢しなければならないものになったのであり、これが、いわゆる"土地公概念理論"である」と論じた。[27]

---

(26)　後述するように、この法律の基本的枠組みは、再建築事業を通じて組合員平均3,000万ウォン以上の開発利益を得ると予想されるときには、予想開発利益の最高50％を管理処分認可の段階で開発負担金として還収する「再建築超過利益還収に関する法律」にも引き継がれている。

(27)　헌법재판소 1989. 12. 22. 선고 88 헌가 13 전원재판부〔합헌・위헌〕［국토리용관리법 제 21

また、土地公概念の理論的・憲法的根拠に対しても、憲法裁判所は「憲法 23条1項本文は、"すべての国民の財産権は、保障される"と規定して、財産権を基本権として保障しているが、同項ただし書は、"その内容と制限は、法律で定める"として法律でもって財産を規制できることを明らかにしているだけでなく、同条2項は、"財産権の行使は、公共の福祉に適合しなければならない"と規定して、財産権行使の社会的義務性も強調している。このような財産権行使の社会的義務性の程度は財産の種類、性質等によって異なるであろうが、特に土地は子孫万代に共に生きていくべき生活の場であって、その公共性等の特性に照らして市場経済の原理をそのまま適用することはできなく/他の財産権の場合よりもより強く社会共同体全体の利益を貫徹することが要求される。したがって、土地に対しては、憲法122条が明文で"国は、国民すべての生産及び生活の基盤となる国土の効率的で均衡のある利用・開発と保全のために、法律の定めるところにより、それに関する必要な制限と義務を課すことができる"と、別途規定しているが、これが、'土地公概念'の基礎となるもので、土地に関する各種規制の法律がこれを根拠にして、土地所有者等に多くの義務と負担を課している。しかし、これらの土地所有者等に対する多くの義務の賦課と制裁も憲法37条2項により、その限界があることはもちろん、財産権の本質的な内容を侵害することもできないのである(28)」と述べる。

このような土地公概念に対する憲法裁判所の見解は、先に見た韓国憲法の規定から導かれる合理的な解釈であり、土地公概念3法に対しても、このような基本的な立場に基づいてそれぞれ判断したのである。

すなわち、「宅地所有上限に関する法律」については、第一に、使用目的や宅地の機能による例外を全く認めないまま一律に所有の上限を設定することは立法目的を達成するために必要な程度を超える過度な制限であるから、財産権を過度に侵害する違憲的な規定であり、第二に、法律施行前から宅地

条の3 第1項, 第31条の2の 위헌심판] [헌판집제1권] https://casenote.kr/%ED%97%8C%EB%B2%95%EC%9E%AC%ED%8C%90%EC%86%8C/88%ED%97%8C%EA%B0%8013

(28) 헌법재판소 1998. 6. 25. 선고 95 헌바 35,97 헌바 81,98 헌바 5·10 (병합) 전원재판부 [개발이익환수에 관한 법률제10조제3항단서 위헌소원] https://casenote.kr/%ED%97%8C%EB%B2%95%EC%9E%AC%ED%8C%90%EC%86%8C/95%ED%97%8C%EB%B0%9435

を所有している者に対しても一律に適用することは信頼利益に違背し、また、そのような者を法律施行以後に宅地を取得した者と同一に取り扱うことは平等原則にも違反し、第三に、期間の制限なしに高率の負担金を継続的に賦課することは財産権に内在する社会的制約によって許される範囲を超えており、第四に、買収の請求をした以後にも負担金を賦課することは過剰禁止の原則に違反すると判示した。このうち、何よりも決定的であったのは、第一の理由であろう。土地という特殊な財産権ではあっても、基本的人権の一つを公共の福祉のために制約するときの立法としては、余りにも粗雑な内容であったと言わざるを得ない。事実、この法律は違憲決定が出される1年前に廃止されたが、その廃止理由には前述のとおり、「その間、市場経済原理の制限と経済主体の自律性阻害等の問題が提起されており」と明記されていた。

　また、土地超過利得税法については、憲法裁判所は土地超過利得税法の立法目的である開発段階での未実現利得に対する課税は立法裁量の問題であって合憲であるとしながらも、いくつかの問題の改善を要求して憲法不合致決定を下した。その後、政府は憲法裁判所の指摘を受け入れて法律を改正した。この改正した法律に対しても、憲法裁判所に憲法訴願が提起された。しかし、憲法裁判所は、土地超過利得税の課税対象となる遊休土地等の価額を算定する土地超過利得税法の規定は、憲法裁判所が1994年に下した決定で違憲として指摘した部分を是正して、法律で明文化したものであり、さらに基本控除制度を作り、税率も緩和したし、また、土地の地価上昇額である課税標準の算定方法に関しては、標準地公示地価と個別公示地価の適正性が「地価公示及び土地等の評価に関する法律」の改正を通じて客観的・実質的に著しく補完されたとして、「土地公概念の一環である遊休土地の保有段階で発生する地価上昇額を租税として還収して租税負担の公平と地価の安定及び土地の効率的な利用を図るのに資するようにした本件規定の立法目的の正当性は首肯され、ひいては立法手段の適切性、法益の均衡性、被害の最小性も備えていると言えよう。したがって、改正された（土地超過利得税）法と地価公示法は架空の土地超過利得の発生余地を排除しているので、本件規定が請求人らの財産権を侵害したり、実質的租税法律主義の違反及び包括委任禁

止原則を逸脱する違法があると言うことはできない⁽²⁹⁾」と判示したのである。

　そして、「開発利益還収に関する法律」についても、開発負担金制度自体に対してはその立法目的の正当性を認めて、ただ、その立法形式だけを違憲と判断したのである。事実、実際の買入価格によって開始時点を算定できる場合の具体的な基準を法律で明確に規定する改正を行った後は、憲法裁判所は一貫して合憲決定を下しているのである。

　このような憲法裁判所の判断を総合するとき、憲法裁判所は、第一に、他の資本主義国の憲法以上に土地財産権に対する公的規制の根拠規定を有する韓国憲法の特性と土地財産権の特性を十分に考慮して、土地公概念を憲法の要求する概念として認識していることが分かる。しかし、第二に、土地公概念を実践するための法律であっても、過剰禁止の原則、財産権の本質的内容侵害の禁止、平等の原則、遡及立法による財産権剥奪禁止の原則、租税法律主義、包括的委任立法禁止の原則などの憲法原則を順守しなければならないことを知るのである。もっとも、土地公概念に関連した法律に対する審査においては、立法府が著しく不合理な立法をしない限り、憲法裁判所は立法府の権限を最大限に尊重すべきであって、「土地公概念に基づく法令に対する司法審査の場合には、合憲性推定、緩和された司法審査基準、明白性統制基準を適用しなければならない⁽³⁰⁾」ことを考慮するとき、違憲と判断した決定に対して、「憲法裁判所は土地公概念に基づいた法律の‘形式法論理の完璧な体系’を余りに求めすぎであるとか、また、憲法裁判所は土地財産権者の財産権に対する過度な保障をしているという主張も提起されている⁽³¹⁾」との指摘も、あながち否定できない。

---

(29)　헌법재판소 1999. 4. 29. 선고 96 헌바 10・82(병합) 전원재판부 [토지초과이득세법 제 8 조 제 4 항 등 위헌소원] http://search.ccourt.go.kr/ths/pr/ths_pr0101_P1.do?seq=0&cname=&eventNum=6002&eventNo=96%ED%97%8C%EB%B0%9410&pubFlag=0&cId=010200&selectFont=

(30)　여경수、前掲論文、112 頁。

(31)　여경수、前掲論文、111 頁。

IV 土地公概念と憲法改正論議

1 憲法改正案に土地公概念強化規定を導入した背景

　土地公概念3法に対する違憲決定と保守的な李明博、朴槿恵政権の不動産市場親和的政策によって、土地公概念は世論の関心から消えたかに見えたが、2017年ころから、マンションの再建築に対する規制緩和によるソウル特別市の江南圏の再建築団地を中心とした再建築市場が過熱するとともに、その開発利益に対する還収が社会的な関心を集めることになった。そこで、2006年に住宅再建築事業で発生した一定水準以上の超過利益を開発負担金として還収することで、投機的需要による副作用を緩和することを目的として制定された「再建築超過利益還収に関する法律」の再施行（復活）が議論されることになったのである。実は、この法律による超過利益還収制が適用される再建築団地は2008年から発生したが、その年に発生したリーマン・ショックなどで不動産市場が低迷したことで、再建築事業自体が取り消されたり、無期限延期された場合が多かったために、実際に適用されることはほとんどなかった。その後、2012年に超過利益還収制を一時中断する法改正が行われ、2013年から2017年までの5年間その施行が猶予されていたが、2018年1月1日から再試行されることになった。

　やはりというべきか、この法律に対しても、憲法訴願がなされたが、憲法裁判所は、2018年4月12日に、再建築負担金の賦課対象になるか否かは、竣工認可以後に決定されるから、現時点では、基本権侵害の自己関連性ないし現在性を満たしておらず、本件審判請求は不適法であるとして却下決定を下した。[(32)]

　この事件は、「再建築利益還収に関する法律」の復活に伴い、11の再建築組合が憲法裁判所に憲法訴願を提起したものである。憲法裁判所は「再建築事業を施行するために、組合は、『再建築利益還収に関する法律』が定める

---

(32)　헌법재판소 2018. 4. 12. 선고 2018 헌마 314 결정 ［재건축초과이익 환수에 관한 법률 위헌확인］ https://casenote.kr/%ED%97%8C%EB%B2%95%EC%9E%AC%ED%8C%90%EC%86%8C/2018%ED%97%8C%EB%A7%88314

ところにより、再建築負担金を納付する義務があり（6条1項本文）、再建築
負担金は‘終了時点賦課対象住宅の価格の総額’から‘開始時点賦課対象住
宅価格の総額、賦課期間の間の開始時点賦課対象住宅の正常な住宅価格上昇
分の総額、11条の規定による開発費用等’を控除した再建築超過利益が組
合員1人当たり平均3,000万ウォンを超過するときに賦課される（7条、12
条）。このように、請求人らに対する再建築負担金は、再建築事業の竣工認
可がなされた後にはじめて決定される。請求人らはいまだ『再建築利益還収
に関する法律』上、管理処分計画認可も申請していなかったので、審判対象
条項により、現に自己の基本権を侵害されていると見ることはできない。本
件の審判請求は、基本権侵害の自己関連性ないし現在性を満たしていなかっ
た」として、本件審判請求を却下した。

　この「再建築利益還収に関する法律」の制定にあたっては、土地公概念3
法についての憲法裁判所の判断が既に出ていたこともあって、違憲との判断
を避けるために、①委任立法の忠実性と合憲性の担保、②効率的で公平性の
ある開発負担金の活用、③善意の被害者救済方案の制度化、④「都市及び住
居環境整備法」との整合性の確保、⑤比例原則違反の可否に関して注意深い
点検がなされたと言われている。憲法に反するか否かの実体判断は、憲法訴
願の要件を充たした憲法訴願がなされるときまで待つほかないが、少なくと
も、このような慎重な検討を経たものである限り、憲法裁判所が、この法律
に対して、違憲の判断を下す可能性は、それほど大きくないものと思われる。

　また、土地の所有が一部の者に偏重している状況も、一向に改善されない
ままである。2013年の土地所有現況統計によれば、土地所有者1,532万人の
うち50万人が55.2％の面積を所有しているが、これは2006年12月末の
56.7％に比べて1.5％減少しているのみである。

　そのような中、5年単任制による巨大な権限を有する韓国大統領制度の欠
陥が極端に表れた朴槿恵大統領の弾劾に伴う選挙で政権についた文在寅大統
領は、大統領権限の縮小と大統領任期を4年2期とする統治機構の変革とと
もに、土地公概念の強化を規定した内容なども含む憲法改正案を、2018年3

---

(33)　여경수、前掲論文、105頁、参照。
(34)　김학환、前掲論文、157頁

月26日に国会に発議したが、5月24日、国会在籍議員2/3に達せずに否決された。[(35)]

2 土地公概念強化のための憲法改正案と評価

　政府の改憲案では、現行の「国は、国民すべての生産及び（및）生活の基盤となる国土の効率的で均衡ある利用・開発と保全のために、法律の定めるところにより（의하여）、これに関する必要な制限と（과）義務を課す（과할）ことができる。」（122条。下線は筆者）の規定を、「①国は、国民すべての生産と（과）生活の土台（바탕）となる国土の効率的で均衡ある利用・開発と保全のために法律で定めるところに従い（따라）、必要な制限をし（을 하거나）、又は義務を賦課する（부과할）ことができる。②国は、土地の公共性と合理的使用のために必要な場合にのみ、法律でもって特別な制限をし、又は義務を賦課することができる。」（改憲案128条。下線は筆者）に変更することが提案されていた。すなわち、現行の1項は若干の語句を修正しただけでそのまま残し、新たに2項を追加して土地公概念を強化したのである。

　政府は、土地公概念を強化した改正案128条2項の内容について、「1）土地公概念は解釈で認められているが、開発利益還収等の土地公概念と関連した政策に対して絶えず議論があった。2）社会的不平等の深刻化問題を解消するために、土地の公共性と合理的使用のために必要な場合にのみ、法律でもって特別な制限や義務を賦課することができるように、土地公概念の内容を明示する」と説明している。[(36)]

　「開発利益還収等の土地公概念と関連した政策に対して絶えず議論があった」とは、土地公概念3法等に対する憲法裁判所の違憲決定等を指しているようである。しかし、既に見たように、第一に、憲法裁判所は、土地公概念の正当性を一貫して認めているだけでなく、現行憲法23条2項、122条などを土地公概念の憲法的根拠として認定している。第二に、憲法裁判所が違憲性を認定したのは土地公概念自体ではなく、その実現のための具体的な手

---

(35)　韓国における憲法改正の発議は、1987年の現行憲法制定のための第9次憲法改正以後、30年ぶりのことであり、また、大統領の改憲発議は、李承晩、朴正煕、全斗煥元大統領に続く38年ぶりのことであり、改憲案を発議した4人目の大統領になった。

(36)　「大韓民國憲法개정안」https://www1.president.go.kr/dn/5ab3794c3da8d

段に関するものである。すなわち、財産権制限の要件と限界を遵守すること、包括委任立法禁止原則や過剰禁止原則などの憲法原則を順守することを要求しただけである[(37)]。

事実、土地超過利得税法と「開発利益還収に関する法律」は、いずれも一部改正の後、合憲とされたし、「宅地所有上限に関する法律」も憲法の一般原理に反しないように配慮するならば同趣旨の法律の制定が許されないわけではない。現在、議論されている「再建築利益還収に関する法律」も、3,000万ウォンまでの超過利益に対しては負担金を免除し、これを超過する超過利益に対してのみ10%〜50%までの税率を累進的に適用しており、譲渡所得税賦課時に先立って課した再建築負担金を控除するようにして、二重課税の問題も解決している。憲法裁判所の決定の指摘によって組み込まれた仕組みによって、「再建築利益還収に関する法律」は、より憲法適合的な法律になったと考えられる。もし、今回の土地公概念強化の改憲案が、このような仕組みのない類似の法律までも合憲とすることを目的としているとすれば、それは現行憲法の全体の性格を根本から変える改正、すなわち新憲法の制定が必要とされよう。したがって、たとえ今回の改憲案が成立したとしても、憲法裁判所はこれまでと同じ判断を下すほかないと考えられる。

また、「社会的不平等の深刻化問題を解消するために、土地の公共性と合理的使用のために必要な場合にのみ、法律でもって特別な制限や義務を賦課することができる」という文言が土地投機の防止を憲法に明記することを意図するものであるならば、これまた、次のような問題がある。すなわち、第一に、土地投機の根絶のような個別具体的事項の類までも憲法に規定することになると、憲法の体系的統一性を危うくするおそれが大きくなる。第二

---

(37)　차진아「사회국가의 실현구조와 토지공개념의 헌법상 의미」『公法学研究』第19巻第1号（2018年）29〜30頁、参照。차진아教授は、さらに、「第三に、憲法裁判所の違憲決定の素地ないし違憲是非自体を事前に遮断するために当該内容を改憲を通じて憲法に明記しなければならないという主張は、大法院が軍人等に対して国家賠償請求権を制限した旧国家賠償法2条1項ただし書規定について平等権等の侵害を理由に違憲判決を下すや、違憲の素地をなくすために1972年の維新憲法（第7次改正憲法）26条2項に、この法律規定をほとんどそのまま移して規定したのと同じ行為をしようとの主張と異ならない。……このような歴史の教訓を思い起こすべきであるし、違憲である内容を無理に憲法に盛ったときは、それに対する歴史の峻厳な評価が下されるであろうことを決して軽く考えてはならない」（同論文、30〜31頁）と論じて、立憲主義そのものが消え去った朴正熙政権後期の維新憲法の制定にまで言及している。

に、憲法は最高法規として優越性と安定性を有している反面、現実の変化に弾力的に適応できないという短所を有しているが、このような個別的事項を憲法に規定することで立法の弾力性が阻害されることになる。土地公概念は土地財産権に対する強化された社会的拘束性を意味する広く開放的な概念であるが、土地公概念を土地投機の根絶に焦点を置いて規定するとき、憲法の性格に適応しないだけでなく、将来の状況の変化に伴う弾力的対応をも困難にする可能性がある。

憲法裁判所さえも現行憲法規定を根拠として土地公概念の存在を認めていることを考慮するとき、「第10次改憲を通じて土地公概念を導入することは、出発点から誤っているということができるし、あえて土地公概念を強化するために‘土地投機’防止を追加して規定することで実質的に得るものよりも失うものの方がもっと大きいであろう。これまで土地投機（ないし不動産投機）及びそれによる社会・経済的問題がなかなか解消されずにいる根本原因は、憲法規定でも、憲法裁判所の決定でもなく、政府の不動産政策の失敗に求めなければならないであろう[38]」との指摘に同意せざるを得ない。

V　結びにかえて

1980年代後半から1990年代前半の土地公概念は、土地の不足と所有の偏重、その結果として土地が財産増殖のための投機の手段・対象となって土地本来の活用を阻害しているとの社会的・経済的背景をもとに、土地本来の用途である生産的な目的に活用しなければならないとの主張を受けて、その解決の方案として登場したものである。そして、この概念の具体的実践方法として、土地取引申告・許可制、開発利益還収制、譲渡所得税、総合不動産税などが現在、機能しているが、宅地所有上限制と土地超過利得税は違憲決定

---

(38)　차진아、前掲論文、33～34頁。차진아教授は、この引用部分に続けて、「このような観点から土地公概念と関連しては、現行憲法規定を維持することで十分であると考えるが、万一、土地公概念強化のために追加して明文化しなければならないのであれば、経済の章よりは財産権条項である23条2項で併せて規律することがより適切であると考える。それが、土地財産権に対する強化された社会的拘束性という土地公概念の趣旨と体系により符合するだけでなく、経済の章にあるときとは異なり、土地財産権制限の基準と限界に関する不必要な誤解と論難も相当部分解消されるためである」と論じているが、傾聴に値する意見と言えよう。

又は憲法不合致決定を受けるとともに、その後の経済危機も加わって制度自体が廃止された。

しかし、土地公概念それ自体は、憲法裁判所によって認められているだけでなく、土地の不足と所有の偏重という社会的・経済的与件は今なお基本的に同じである。また、その間、政府による各種の具体的実践がなされてきたこともあって、国民の間には土地公概念についての共感帯が形成されつつあるように思える。このような状況にあって、今なすべきことは、土地公概念の強化又は導入のための憲法改正ではなく、現行憲法の理念と体系により適合的な関連立法の制定である。

先に見た憲法裁判所の決定は、土地公概念という価値の実現が、憲法的原理と原則の枠内で具現されるべきで、公益のために制限される利益に対する合憲的考慮が必要であることを、我々に教えてくれるものである。そして、そのためには、少なくとも、土地公概念関連法の制定において、第一に憲法上の基本権の価値を尊重しなければならないこと、第二に、土地財産権の内容と限界を規定するにおいては個人の財産権と公共の福祉が社会国家的見地から調和・合致できるようにすべきであること、第三に、土地財産権の一般原則、例えば本質的内容の侵害禁止原則などを遵守しなければならないこと、そして第四に、土地財産権に対する社会的規制の程度は土地の種類や土地が位置する客観的状況によって異なるので、土地の地域的特性を考慮しなければならないことを知ることができた。[39] このような条件を備えて、憲法裁判所によって合憲との判断を得た韓国における既存の土地公概念関連法律は勿論、今後も制定されるであろう、さらに革新的で合憲的な土地公概念関連法律の内容は、東京などの大都市で今再びのバブルが囁かれている日本においても参考になるものと思われる。

---

(39) 강현호、前掲論文、15頁。

不動産契約における相手方選択の
自由に関する比較法的考察

周　藤　利　一

Ⅰ　はじめに
Ⅱ　日本の状況
Ⅲ　米国の状況
Ⅳ　フランスの状況
Ⅴ　ドイツの状況
Ⅵ　韓国の状況
Ⅶ　比較検討

Ⅰ　はじめに

　藤井俊二先生は、日本とドイツを中心に不動産に関する契約（以下、本稿では「不動産契約」と称する。）に関する多くの論文や著作を世に問われている。そして、その視点は私見によれば、契約における弱者に対する暖かい配慮に満ちたものである。

　不動産契約においていわゆる契約弱者を保護すべき必要性は、様々な局面で存在するが、特に、居住系の賃貸借契約における存続保護に関しては、現行の借地借家法及び判例法理の体系に至るまでの長い立法の歴史的展開があり、研究面でも膨大な蓄積がなされてきていることは周知のとおりであり、本書で紹介されているように、藤井俊二先生もこの分野に関する論考を多く出されている。

　そうした状況を踏まえ、本稿では、不動産契約の入口である契約締結の段階に着目し、相手方選択の自由と契約弱者保護との関係について比較法的考

察を試みるものである。[1]

II　日本の状況

1　障害者差別解消法

　日本の不動産契約における相手方選択の自由に関しては、小柳春一郎教授による論文があるほか[2]、拙稿でも論じたことがあるので[3]、ここではその後の状況を考察する。

　日本では、障害者権利条約の国連採択（2006年）及び署名（2007年）を受けて、障害者基本法（1970年法律84号）の2001年改正など、これに対応した国内法の整備を順次実施してきた。障害を理由とする差別の解消の推進に関する法律（2013年法律65号。以下「障害差別解消法」という。）は、障害者基本法の差別禁止の基本原則を具体化するものであり、全ての国民が、障害の有無によって分け隔てられることなく、相互に人格と個性を尊重し合いながら共生する社会の実現に向け、障害者差別の解消を推進することを目的とする。

　障害差別解消法が対象とする事業者は、商業その他の事業を行う者（地方公共団体の経営する企業及び公営企業型地方独立行政法人を含み、国、独立行政法人等、地方公共団体及び公営企業型以外の地方独立行政法人を除く。）であり、目的の営利・非営利、個人・法人の別を問わず、同種の行為を反復継続する意思をもって行う者としている（2条7号）。したがって、例えば、個人事業者や対価を得ない無報酬の事業を行う者、非営利事業を行う特定非営利活動法人も対象となる。[4]

　また、同法は、日常生活及び社会生活全般に係る分野を広く対象とすると

（1）　借地借家法における差別禁止法理に関しては、吉田克己「住宅法学の過去・現在・未来」『早稲田民法学の現在―浦川道太郎先生・内田勝一先生・鎌田薫先生古稀記念論文集』（成文堂、2017年）ほか参照。

（2）　小柳春一郎「フランスにおける居住用賃貸借における差別禁止法理と独立行政機関（AAI）：権利擁護官による賃貸差別防止（1）（2）」獨協法学103号（2017年）における「1.（2）日本における問題状況」。

（3）　拙稿「不動産契約における相手方選択の自由―ドイツと日本の事例―」明海大学不動産学部論集第24巻（2016年）。

（4）　この点で消費者契約法より対象範囲が広いことに留意する必要があろう。

ともに（2条2号）、障害者に対する不当な差別的取扱い及び合理的配慮の不提供を差別と規定し、事業者事業者は、その事業を行うに当たり、障害を理由として障害者でない者と不当な差別的取扱いをすることにより、障害者の権利利益を侵害してはならないこと（8条1項）、事業者は、その事業を行うに当たり、障害者から現に社会的障壁の除去を必要としている旨の意思の表明があった場合において、その実施に伴う負担が過重でないときは、障害者の権利利益を侵害することとならないよう、当該障害者の性別、年齢及び障害の状態に応じて、社会的障壁の除去の実施について必要かつ合理的な配慮をするように努めなければならないことを規定している（8条2項）。

　さらに、この事業者における障害を理由とする差別の禁止に関し、11条1項は主務大臣が所管分野の事業者が適切に対応するために必要な指針を定めることを規定しており、この規定に基づき国土交通省が所管する事業の事業者が差別の解消に向けた具体的取組を適切に行うために必要な事項について、「国土交通省所管事業における障害を理由とする差別の解消の推進に関する対応指針」（2015年11月）が策定された。

　この対応指針は、事業者における差別の解消に向けた具体的取組に資するための一般的な考え方を記載したものであり、この対応指針に盛り込まれた不当な差別的取扱いや合理的配慮の具体例は、事業者に強制する性格のものではなく、また、あくまで例示であって記載された具体例に限定されるものでもないことが明記されている。

　同指針の内容中、不動産契約に関する部分は次のとおりである。

【不動産業関係】
1　対象事業
　宅地建物取引業（宅地建物取引業法（1952年法律176号）2条2号に規定する宅地建物取引業をいう。）を対象とする。
2　具体例
（1）　差別的取扱いの具体例

（5）　ただし、事業者が事業主としての立場で労働者に対して行う障害を理由とする差別を解消するための措置は、同法第13条において、障害者の雇用の促進等に関する法律（1960年法律123号）の定めによることとされている。

①正当な理由がなく、不当な差別的取扱いにあたると想定される事例

・物件一覧表に「障害者不可」と記載する。

・物件広告に「障害者お断り」として入居者募集を行う。

・宅地建物取引業者（以下「宅建業者」という。）が、障害者に対して、「当社は障害者向け物件は取り扱っていない」として話も聞かずに門前払いする。

・宅建業者が、賃貸物件への入居を希望する障害者に対して、障害（身体障害、知的障害、精神障害（発達障害及び高次脳機能障害を含む。）その他の心身の機能の障害（難病に起因する障害を含む。））があることを理由に、賃貸人や家賃債務保証会社への交渉等、必要な調整を行うことなく仲介を断る。

・宅建業者が、障害者に対して、「火災を起こす恐れがある」等の懸念を理由に、仲介を断る。

・宅建業者が、一人暮らしを希望する障害者に対して、一方的に一人暮らしは無理であると判断して、仲介を断る。

・宅建業者が、車いすで物件の内覧を希望する障害者に対して、車いすでの入室が可能かどうか等、賃貸人との調整を行わずに内覧を断る。

・宅建業者が、障害者に対し、障害を理由とした誓約書の提出を求める。

②障害を理由としない、又は、正当な理由があるため、不当な差別的取扱いにあたらないと考えられる事例

・合理的配慮を提供等するために必要な範囲で、プライバシーに配慮しつつ、障害者に障害の状況等を確認する。

2　住宅セーフティネット法

　住生活基本法（2006年法律61号）は、住宅の確保に特に配慮を要する者の居住の安定の確保を住宅政策の基本理念の一つとして位置付けているが、現状は狭小な賃貸住宅に居住する子育て世帯が数多く存在し、バリアフリー化された良質な賃貸住宅ストックの割合が低く、民間賃貸住宅において入居制限が少なからず行われていることなど多くの課題が依然として存在している。このため、公営住宅の供給のみならず、民間事業者等による良質な賃貸住宅の整備への助成、民間賃貸住宅への円滑な入居を促進するための措置等

（6）　2007年6月28日第166回国会衆議院国土交通委員会における住宅セーフティネット法案提出者塩谷立議員の趣旨説明による。

を講ずることにより、重層的かつ柔軟な住宅セーフティネットを構築し、高齢者、障害者、子育て世帯等の住宅の確保に特に配慮を要する者の居住の安定の確保を図るため、議員立法により住宅確保要配慮者に対する賃貸住宅の供給の促進に関する法律（2007年法律112号。住宅セーフティネット法）が制定された。

そして、2017年改正により空き家等を住宅確保要配慮者の入居を拒まない賃貸住宅として賃貸人が都道府県等に登録する制度が創設された。都道府県等は、国が運用するセーフティネット住宅情報提供システムを通じて登録住宅の情報開示を行うとともに、要配慮者の入居に関し、賃貸人を指導監督する。また、登録住宅の改修費に対し、国・地方公共団体が補助するとともに、住宅金融支援機構の融資対象とする。さらに、要配慮者の家賃債務保証料や家賃低廉化に国・地方公共団体が補助する。

また、住宅確保要配慮者の入居円滑化に関する措置として地方公共団体、不動産関係団体、家主、居住に係る支援を行う団体が構成する居住支援協議会の活動の中核となる居住支援法人（NPO等）を都道府県が指定して援助するとともに、適正に家賃債務保証を行う業者について、情報提供を行うとともに、住宅金融支援機構の保険引受けの対象に追加する。さらに、生活保護受給者の住宅扶助費等について代理納付を推進する。[7]

3　暴排条項

不動産契約において暴力団等の反社会的勢力が契約当事者となることを予防ないし排除するための特約（暴排条項）の背景と内容については拙稿で論じたので、[8] 詳細はそれによることとし、ここでは契約締結の自由をめぐる問題における暴排条項の位置付けあるいは意義について指摘しておきたい。

すなわち、日本における暴排条項以外の問題状況や次節以下で考察する各国の問題状況とは、もっぱら契約締結の自由の原則により不動産契約にアクセスできない者に対する処遇（平等処遇）を如何に解決すべきかというもの

（7）　代理納付とは、本来、生活保護受給者が賃貸人に支払うべき家賃等を、保護の実施機関が賃貸人に直接支払うことである。

（8）　前掲注3拙稿。

である。

　これに対し、暴排条項は反社会的勢力を不動産契約にアクセスできないようにすべきという社会的要請を実現するための私法レベルの実務的対応策として導入されたものであり、差別処遇が問題になっている。

　ここにおいて、契約の自由の法理のうち契約締結の自由は、契約弱者を発生させるという社会的にネガティブな側面と、反社会的勢力のアクセスを阻止するという社会的にポジティブな側面を併せ持つ両義的な機能を有する法理であると言える[9]。

Ⅲ　米国の状況

1　公正住居政策の背景

　米国における不動産取引に関する差別禁止のための法制の歴史は古く、最初は1866年の公民権法（Civil Right Act）にまで遡ることができる。南北戦争直後に制定された同法は、住宅取引における人種に基づく差別の禁止を初めて規定した。

　その後、公民権運動の成果として1968年、マーチン・ルーサー・キング牧師の暗殺のわずか1週間後に公正住居法（Fair Housing Act）が公民権法のタイトルⅧとして制定され[10]、連邦住宅都市開発省（Department of Housing and Urban Development：HUD）が施行することとなった。そして、HUDは、同法に加え、住宅の賃貸借、売買、モーゲージ（担保貸出）の提供をはじめとするあらゆる住宅取引において差別と威嚇を禁止する連邦法を執行している。

　賃貸住宅の居住及び住宅所有の均等な機会は、米国の住宅政策の基本であると考えられている[11]。人種、皮膚の色、国籍、宗教、性別、家族状況、障害を理由として住宅の賃貸借や売買を拒否することは、連邦法に違反するものであり、そうした住居差別は不法であるだけでなく、あらゆる側面で米国人

（9）　この両義性が契約締結の法理を実態的に掘り下げて考察する上で論点を複雑にしており、今回の債権法改正において立法化の議論が尽くされなかった一因であるとも思料される。

（10）　CIVIL RIGHTS ACT OF 1968（Public Law 90-284, 82 Stat. 73）. 同法 Sec. 800 は、本タイトルは"Fair Housing Act"として位置づけられる旨を規定する。

（11）　同法 Sec. 801.

として重要視されるべき自由と機会の原則に背くものと観念される。HUD
は、全ての米国人が居住地を探すことができる時同等な待遇を受けるように
するために政策を講じている[12]。

2 公正住居法の内容

(1) 目的と対象

人種又は皮膚の色、国籍、宗教、性別、家族状況（両親又は法的保護者と生計
を共にする 18 歳未満の未成年者、妊婦又は 18 歳未満の未成年者を保護している保護者を
含む。）、障害を理由とする差別は、この法により禁止される[13]。

(2) 法適用住居類型

公正住居法は、多様な住居形態に適用される。ただし、所有主が居住して
おり世帯数が 4 世帯以下である建物、仲介業者を通さずに売買又は賃貸され
る戸建て住宅、公的又は民間団体が運営する住宅であって所属会員に限り居
住を許容する住宅は、この法の適用を受けない[14]。

(3) 禁止事項

①住宅の売買及び賃貸の場合

何人も、人種、皮膚の色、宗教、性別、障害、家族状況や国籍を理由に次
に掲げる差別的行為をしてはならない[15]。

・住宅の賃貸又は売買を拒否すること

・住宅に関連する交渉を拒否すること

・住宅の売却手続を撤回すること

・居住を拒否すること

・本来と異なる住宅の売買又は賃貸条件・特典を設定すること

・本来と異なる住宅サービス又は設備の提供

・住宅の点検、売買又は賃貸が不可能だと虚偽に述べること

---

(12) HUD が講じている具体的な政策の内容については、HUD 公正住居及び機会均等事務局
（Office of Fair Housing and Equal Opportunity）の資料「公正住居政策」（Fair Housing Policy）
に示されている。www.hud.gov/fairhousing。本節の記述に当たっては同資料も参照した。

(13) 同法 Sec. 804.

(14) 同法 Sec. 803.

(15) 同法 Sec. 805.

・利益を得るために、特定人種等の人が隣に引っ越してきたこと又は引っ越してくる予定であることを明示せずに、家主に家を売ったり賃貸するように説得し、又は説得しようと試みること（ブロックバースティング）

・他人が住宅売買や賃貸に関する団体、施設又はサービス（複数待機者名簿サービス等）を利用すること、会員に加入又は参加することができないようにすること、これらの利用、会員加入又は参加条件において差別すること。

②住宅担保貸出（住宅モーゲージ）の場合

　何人も、人種、皮膚の色、宗教、性別、障害、家族状況や国籍を理由に次に掲げる差別的行為もしてはならない。

・住宅担保貸出を拒否すること

・貸出に関する情報の提供を拒否すること

・他の利子率、ポイント、手数料等、本来と異なる貸出条件を設定すること

・資産評価における差別

・債権買取りを拒否すること

・債権買取りの際に本来と異なる条件を説明すること

③住宅所在地の近隣住民のうち多数を占める人種、皮膚の色、宗教、性別、障害、家族状況や国籍を理由に家主の保険加入を拒否したり、不利な加入条件を適用する行為（特定境界地域の指定）も公正住居法違反に該当する。[16]

(4)　障害者に適用される追加的保護策

①禁止事項

・一つ以上の主な日常的活動を大きく制限する身体又は精神障害があること

（聴覚、運動及び視覚障害、癌、慢性精神疾患、AIDS、AIDS関連症候群又は精神障害を含む。）

・これらの障害を持った記録があること

・これらの障害を持つとみなされること

　本人又はその関係者が上記のいずれかに該当する場合には、賃貸人による

---

(16)　このような行為はsteeringとして禁止される。後述するドイツの「一般平等処遇法」（AGG）第19条第3項が住宅の賃貸借に関し、社会的に安定した住民構成及び均衡のとれた住宅構成並びに調和のとれた経済的、社会的及び文化的環境の創出及び維持を考慮して異なる待遇を与えることを許容しているのと対照的である。

次の行為が禁止される。[17]

・障害を持つ賃借人が住宅を適切に利用するために必要な措置として、賃借人が自費で住宅や共用部分を適切に改造しなければならない場合に、これを許諾しないこと。ただし、賃貸人は、賃借人が退去する時に住宅を原状復旧することに同意した時に限り、住宅改造を許容することができる。

・障害者が非障害者と同等に住宅を使えるように、関連規則、政策、慣行やサービスの側面で適切な便宜を図る必要がある場合にもかかわらず、これを拒否すること

(5) 子育て世帯の住居機会

①対象者

1人以上の18才未満の未成年の子が含まれる世帯を差別することは不法行為に該当し（家族状況保護条項）、次に掲げる者と居住を共にする1人以上の未成年の子が含まれる世帯に対しては、家族状況保護条項が適用される。

・両親のうち1人

・未成年の子の法的保護者（後見人を含む。）

・両親又は法的保護者から書面による許可を受けた代理人

家族状況保護条項はまた、妊婦と未成年の子の法的保護権（養子縁組した父母や委託養父母）を取得中にある全ての者についてまで拡大適用される。

②追加的家族状況保護条項

次に掲げる事項を理由として報復された場合又は財政的損失（雇用、住居又は不動産仲介手数料）を被った場合にも、家族状況保護条項が適用される。

・未成年の子が含まれる世帯に対し、住宅を売買若しくは賃貸したこと又は売買若しくは賃貸を提案したこと

・未成年の子が含まれる世帯と売買又は賃貸の交渉をしたこと又は交渉を試みたこと

---

(17) ペット禁止の建物にあっては、視覚障害がある賃借人の場合、盲導犬を育てられるように必ず許容しなければならない。また、駐車空間に余裕があり、指定駐車区域が決まっていない集合住宅団地において、移動が自由でない障害賃借人が自己の居住する住戸から近い場所に専用駐車空間を指定することを要請した場合、障害賃借人の住宅出入を容易にするために必要なときは、必ず受諾しなければならない。ただし、他人の健康や安全に直接的な危険を及ぼす場合や、現在不法麻薬類を使用している者に対しては、住宅を提供する義務はない。

③高齢者住宅の例外事項

　一部の高齢者住居施設とコミュニティは家族状況保護条項による損害賠償責任が免除される。責任が免除された高齢者住居施設やコミュニティは、未成年の子が含まれる世帯に対する住宅の売買や賃貸を合法的に拒否したり、別途の居住条件を適用することができる。高齢者住宅例外要件を充足しようとする施設やコミュニティは、次に掲げる事実を証明しなければならない。[18]

・HUD から高齢者（州又は連邦のプログラムで定義される。）支援用として特に企画及び運営することが認められた州又は連邦プログラムに基づき提供されるものであること

・62 才以上の高齢者を対象としていること又は 62 才以上の高齢者のみが居住していること

・55 才以上の高齢者を対象としていること又は 55 才以上の高齢者のみの居住を目的として運営されていること[19]

　高齢者用住居施設やコミュニティであると称していても、高齢者用住宅例外規定を口実にして人種、皮膚の色、宗教、性別、障害又は国籍に基づく住居差別による責任の免除を受けることはできない。さらに、未成年の子が含まれる世帯の入居を許容する 55 才以上用住居施設やコミュニティにおいては、そうした世帯を特定区域、特定建物又は建物内の一部の場所に合法的に隔離させることはできない。

(6)　権利侵害時の対処措置

①不当差別申告処理手続

　住居差別により自己の権利が侵害されたと考える者は、近隣の HUD 事務局に書面や電話で申告することができる。[20]申告期限は、申告人が主張する差

---

(18)　同法 Sec. 807.

(19)　55 才以上居住住宅として例外資格を認められようする施設やコミュニティは、当該住宅について次の要件を充足しなければならない。

　　・施設を占有している世帯のうち 55 才以上の者が含まれる世帯が少なくとも 80％以上であること

　　・55 才以上のための住宅として運営するための意図を明示した方針と手続を当該施設やコミュニティが必ず公表及び遵守していること

　　・信頼に値する調査と陳述書を通じて施設やコミュニティが居住民の年齢を検証するように規定した HUD 規定要件を必ず遵守しなければならないこと

(20)　同法 Sec. 810.（a）Complaints and Answers.

別発生又は終了時点から1年以内であり、申告書の提出先は最寄りのHUD事務局である。[(21)]

申告書が正式に受理された場合には、次の手続を経る。

・提出された申告書において違反者として指定された者（被申告人）に通知し、被申告人に対し、申告事項に対する答弁書を提出できる時間を認める。

・申告内容を調査して、被申告人が公正住居法に違反したと認めるに足る理由があるか否かを判断する。

・もし、HUDが申告人の申告書提出日から100日以内に調査を完了できない場合、その理由と共に、その旨を申告人と被申告人に通知する。

②調停

HUDは申告人と被申告人に対しHUD調停合意書に従い当事者同士が自発的に問題を解決できる機会を提供しなければならない。[(22)]HUD調停合意書は、申告人に対しては個別的な救済を提供して、今後、被申告人によるこのような差別が再び発生しないように抑制することにより、公共の利益を保護する。申告人と被申告人がいったんHUD調停合意書に署名して、HUDがこの合意書を承認した場合には、HUDは申告に対する調査を終結する。仮に、被申告人が調停合意書に違反（破棄）したと判断されれば、申告人は、自己の事件を担当したHUD事務局にその旨を直ちに知らせなければならない。もし、被申告人が合意書に違反したと判断するに足る十分な理由があるとの結論が出れば、HUDは合意書執行のために連邦司法省に対し、被申告人を連邦地方裁判所に告訴するように要請することができる。[(23)]

③該当事由決定・差別嫌疑書・選択

申告された案件に関する調査が完了すると、HUDは最終調査報告書を作成する。[(24)]被申告人が申告人を差別したと認めるに足る充分な理由があると判

---

(21)　希望すれば当該事務局に直接電話連絡することができる。HUD事務局のTTY（聴覚障害者用文字電話）番号は先方払いではない。先方払い電話を希望する者は、全国TTYホットライン、1-800-927-9275番を利用することができる。

(22)　同法 Sec. 810.（b）Investigative Report and Conciliation.

(23)　同法 Sec. 810.（c）Failure to Comply with Conciliation Agreement.

(24)　同法 Sec. 810.（b）（5）.

断されれば、HUD は被申告人に対し、該当事由決定及び差別嫌疑書を発行する。申告人と被申告人は、嫌疑書を受領した日から 20 日以内に、当該事件に対して HUD 行政法審判官室（ALJ）が主管する公聴会を開催するか、連邦地方裁判所で民事訴訟を進めるかを決定（選択）しなければならない。

④ HUD 行政法審判官室公聴会（HUD Administrative Law Judge Hearing）

申告人と被申告人の双方が連邦裁判所の民事裁判を選択しない場合には、HUD は速やかに当該事件について HUD 行政法審判官（ALJ）による公聴会の日程を定める。[25] 公聴会が終了すると、ALJ は、事実確認結果と法令に基づき審決文を発表する。公正住居法違反審決が下されれば、被申告人には次のような命令が下される。[26]

・申告人の実際の被害に対する補償

・恒久的な強制命令救済策提供

・法的に有効かつ適切な救済策（例えば、申告人が当該住宅を利用できるようにすること）の提供

・申告人の弁護士費用の負担

・今後このような差別的住居慣行を抑制することにより、公共の利益を保護するために HUD に過料を納付すること。[27]

⑤連邦地方裁判所での民事裁判

申告人又は被申告人の 1 人が申告事件について連邦裁判所での民事訴訟を選択する場合には、HUD は当該事件を連邦司法省に移管しなければならない。[28] 連邦司法省は、差別が発生したと主張される地域の連邦地方裁判所巡回法廷に申告人を代理して民事訴訟を提起する。そして、申告人の勝訴判決を下した場合には、判事は被申告人に対し、次の事項を命じることができる。

・申告人の実際の被害に対する補償

・恒久的な強制命令救済策の提供

・法的に有効かつ適切な救済策（例えば、申告人が当該住宅を利用できるようにす

---

(25)　同法 Sec. 812.（b）.

(26)　同法 Sec. 812.（g）.

(27)　過料の最大金額は公正住居法に初めて違反した時は $16,000.00、最初の違反から 5 年以内に再び同一違反行為を犯した時は $37,500.00、7 年間に 3 回以上違反行為を犯した時は $65,000.00。

(28)　同法 Sec. 813.

ること）の提供

・申告人の弁護士費用の負担

・申告人に対する懲罰的被害補償

・公正住居法に初めて違反した時は最大 $55,000.00、2 回目以降の違反に対
しては最大 $110,000.00 の過料を連邦財務省に納付させて、公共の利益を
保護する。

(7)　連邦司法省の役割

深刻な問題を中止又は予防するために速やかな支援が必要な場合[29]、HUD
は、連邦司法省が被申告人を相手方として 10 日間の臨時制限命令
（Temporary Restriction Order：TRO）を出すよう、連邦地方裁判所に提出する
発議書を要請することができる[30]。

Ⅳ　フランスの状況

1　契約の自由の基本的考え方

フランスにおける契約の自由の歴史は、大きく二つの時期に分けて論じら
れる[31]。すわなち、17 世紀の啓蒙哲学に期限を持ち、21 世紀初頭まで支配的
な考え方であった「債務能力を有するすべての者は、あらゆる種類の合意に
随意に拘束される自由、並びに、合意案件の性質上のいろいろな相違および
経済状況や周辺事情がもたらす合意案件の限りなく多様な組み合わせに応じ
てその合意を変容させる自由を有する[32]。」という自由主義的な考え方に基づ
く時期と、権利の濫用、信義則、情報提供義務及び安全義務、不当条項の統
制のような諸法理は、意思の全能を制約し、そのことを通じて契約の自由に

---

(29)　HUD の介入がなければ住居権の回復が不可能なほど（原状復旧不可）に被害を被ったり、
権利を侵害される可能性がある場合や被申告人の公正住居法違反を立証するに足る十分な証拠が
ある場合。

(30)　同法 Sec. 810.（e）(1). 具体的事例として、家主は家を売却することに同意したが、購入者
が黒人であるという事実を知って、売却手続をいったん撤回し、改めて再度、売り物件として出
した。当初の購入希望者は HUD に申告書を提出した。HUD は、調査が完了する時まで家主が
他人に家を売り渡すことができないように、連邦司法省に対し、連邦地方裁判所が臨時制限命令
を出すよう要請した。

(31)　ジョナス・クネチュ、成嶋隆（訳）「契約の自由」獨協法学 104 号（2017 年）。

(32)　前掲注 2 論文で引用する Domat, *Traité des lois*, 1689, chap. V, 9ᵉ règle.

制限をもたらすという、より平等主義的な契約観（vision plus égalitariste du contrat）に基づく現在の時期である。

2　不動産契約の自由

　フランスにおける不動産契約の自由について取り上げた論考は多いが[33]、それらのうち居住用賃貸に関しては、小柳春一郎教授による一連の優れた研究がある[34]。

　小柳教授によれば、フランス法は、第一に、差別禁止法理に関して、賃貸借法規のみならず、刑法典でも差別禁止を規定し、差別してはならない事項が法律上明確であり、差別行為証明の手段を法律において規定している。第二に、差別禁止法理の実現に関して、独立行政機関が差別禁止法理の実現に役割を果たし、訴訟に拠らない救済を設けている。

　すなわち、差別禁止の法理は、フランスの居住用賃貸借法制に関する基本法規である 1989 年賃貸借法 1 条に示されており、1 項は、住宅への権利は、一の基本権であること、2 項は、この権利はすべての人にとってその居住形態を選択する事由を意味すること、3 項は、何人も刑法典に規定されている差別的動機により、集宅の賃貸借を拒否されえないこと、4 項は、これに関する争訟においては、住宅の賃貸借を拒否された者が、直接又は間接の差別の存在を推定させる事実上の諸要素を提示すれば、被告側に拒否が正当であることの証明が課せられることを規定する。

　そして、差別禁止法理の実現に関しては、独立行政機関としての差別防止機構（HALDE）が 2004 年に創設され、2008 年に権利擁護官の業務に統合された。権利擁護官の活動には、差別実態調査と差別救済があり、後者は申立

---

(33)　例えば、吉田克己「フランス民法と基本権保障―契約法を素材として―」辻村みよ子編集代表『社会変動と人権の現代的保障　講座政治・社会の変動と憲法―フランス憲法からの展望第Ⅱ巻』（信山社、2017 年）、同「フランス新借家法上の『住居への権利』の意義―破棄院民事第 3 部 1983 年 11 月 29 日判決（フランス判例研究 28）」判例タイムズ 600 号（1986 年）など。

(34)　小柳春一郎「フランス法における賃貸住宅募集段階の差別禁止―差別事項・差別の証明・独立行政機関―」『社会の変容と民法の課題・瀬川信久先生吉田克己先生古希記念論文集下巻』（成文堂、2018 年）、同「フランスにおける居住用賃貸借における差別禁止法理と独立行政機関（AAI）：権利擁護官による賃貸差別防止（1）（2）」獨協法学 103 号（2017 年）・104 号（2018 年）。

て又は職権により発動する。差別救済の手法は、差別が重大なものでないと認められる場合の非刑事的措置と重大な場合の刑事的措置とがある。そして、非刑事的措置（教育的措置）の内容には、和解の仲介、差別防止措置提案等があり、刑事的措置の内容は、刑事的和解の提案と検察官への移送である。刑事的和解の場合には、和解的罰金が課され、また、被害者への損害賠償が支払われうる。

V　ドイツの状況

1　一般平等処遇法（AGG）

ドイツにおける不動産契約の自由については、藤井俊二先生をはじめ、既に多くの研究者による論考があり[(35)]、筆者も触れたことがある[(36)]。

これらの内容を要約すると、次のとおりである。

EUは、2000/43/EC、2002/73/EC、2004/113/EC といった一連の指令を発して、公に向けて提供される財及びサービスに関する契約の際の人種、出身民族及び性別に基づく差別の禁止を各国に対し要請した。

これに対する各国の具体的な対応は一様ではないが、当時点描的な保護の態様をとっていたドイツは、労働関係及びそれを超えた一般的な平等処遇を契約法に絡めて新たに規定する必要を認識していたことから、Allgemeines Gleichbehandleungsgesetz（一般平等処遇法。以下、「AGG」と略称する。）を制定した[(37)]。ただし、AGG は EU 指令の単純な国内への置換ではなく、独自の内容を規定している。

不動産に関する契約は、一般的な契約関係に含まれるので、非住宅につい

---

(35)　茂木明奈「契約法における平等処遇序論―EU の状況から考える契約自由と差別禁止・平等処遇―」法学政治学論究 91 号（2011 年）、同「ドイツ法にみる契約法における平等処遇の要請」法学政治学研究 93 号（2012 年）、同「住宅の賃貸借契約における平等処遇の意義と課題（上）（下）」法律時報 90 巻 4 号・5 号（2018 年）、齋藤純子訳「2006 年 8 月 14 日の平等待遇原則の実現のための欧州指令を実施するための法律」外国の立法 230（2006 年）、佐藤岩夫「住居賃借人保護と民法典　ドイツ住居賃貸借法の近時の展開」『現代都市法の課題と展望　原田純孝先生古稀記念論集』（日本評論社、2018 年）など。

(36)　前掲注 3 拙稿。

(37)　藤井俊二先生が翻訳されたペーター・デァレーダー「住居使用賃貸借契約の契約交渉開始と契約締結および一般平等処遇法」土地総合研究 17 巻 3 号（2009 年）を参照。

ては、上述した契約一般に関する規定がそのまま適用されることとなる。

しかしながら、住宅については、いくつかの規定が別に置かれているので、整理してみると次のとおりである。

①住宅の分譲及び賃貸に関しては、戸数の大小にかかわらず、人種又は民族的出自を理由とする不利益的処遇は、契約の締結、履行及び終了の際に許されない（19条2項）。

②しかし、住宅の賃貸借に関しては、社会的に安定した住民構成及び均衡のとれた住宅構成並びに調和のとれた経済的、社会的及び文化的環境の創出及び維持を考慮して異なる待遇を与えることは許される（19条3項）。

③また、当事者若しくはその身内の者の間の特別な近親関係又は信頼関係が成立している場合、特に住宅の賃貸借において、当事者若しくはその身内の者が同一の土地にある住居を使用する場合は、不利益待遇の禁止の適用除外とされる（19条5項第2文）。

④一時的目的以外の住宅の賃貸借であって、50戸を超えない場合も、不利益待遇の禁止の適用除外とされる（19条5項第3文）。

このように、住宅の賃貸借に関しては、別異処遇の正当化事由及び不利益待遇禁止の適用除外事由が比較的広く認められている。特に、「経済的、社会的及び文化的環境」という文言は、文理上は相当広範囲な事情が含まれうる。

AGGの規定を見る限りは、住宅の賃貸借契約において、平等処遇の要請が一般の契約関係ほど強く求められていないような印象を受けるのは何故であろうか。筆者が参照した文献では、その理由は明らかではないが、ドイツの住宅事情の特色に求めることができるかもしれない。

即ち、ドイツは日本を含む他の先進諸国とは異なり、持家率が低い（約4割）、つまり、借家大国である。そして、住宅の賃貸借に関する法令が高い規律密度をもって整備され、[38] また、判例の蓄積も進んでいる。[39] さらに、賃料

---

(38) その内容には、賃借人保護も含まれる。

(39) 藤井俊二教授のご教示によれば、判例が生み出した住宅賃貸借法理の代表的なものとして、居住の継続性を保護する「郷里概念」がある。

表に基づく賃料のコントロールを通じて市場の安定が確保されている。このように、ドイツでは国民の多数が借家に居住していることから、法律的・経済的に安定的な住宅賃貸借関係を保障する仕組みが既に成立しており、そこにAGGが新たな規制を導入することは、法制及び市場の持続性・安定性の観点から好ましくないと考えられたのではないだろうか。AGGの条文の規定ぶりだけを見て、ドイツでは住宅の賃貸借契約において、平等処遇の要請が一般の契約関係ほど強く求められていないと解するのは誤りであろう。

2 AGG に対する批判と評価

　AGGは、人権、民族的出自及び性別に基づく別異処遇に関する規律を導入したという点では、EU指令を国内法化したものである。ただし、EU指令の趣旨を先取りして、宗教、障害、年齢も、禁止される不当な別異処遇の根拠に加えたことから、基本法の保障する私的自治に対する過度の侵害であるとの批判が向けられている。

　批判論者は、AGGのような平等処遇に関する一般的規律は、私的自治を不当に制限することとなるものであり、こうした一般的規律は必要なく、社会の維持に必要な程度、即ち、AGG制定前の個別の差別保護で十分であると言う。言い換えれば、私的自治との関係において平等処遇の要請は非常に限定的でなければならず、個人の生活の維持に密接に関連する電気やガスなどの取引において差別からの保護が徹底されれば、法的な保護としてはそれで十分であるというのである。

　また、AGGの具体的な問題点としては、次のような諸点が指摘されている。

①一時的目的以外の住宅の賃貸借であって、50戸を超えない場合は、不利益待遇の禁止の適用除外としていることの理論的根拠が不明であること（19条5項第3文）。

②契約締結を不当に拒否する者に対し締結を強制することができるのか不明であること。救済に関し第21条第2項に基づく金銭賠償による解決が想定されていることは前述したとおりであるが、金銭賠償しか認めないので

あれば、従前の不法行為法による対応が可能であり、あえて AGG で規定する必要性は乏しい。
③逆に、AGG の規定が濫用される場合の対処方法が規定されていないこと。
④取引の委縮に代表される AGG の経済的効果に関する検討が不足していること。

　AGG の制定に伴い、こうした議論が展開されるようになる前は、消費者保護などの理論により締結可能な契約内容が制限されてきたに過ぎず、締結自由、特に契約の相手方を選択する自由は制限されてこなかった。しかし、AGG の枠組みでは、人種・民族的出自に関しては、ほぼ絶対的と言ってよいほどの平等処遇の要請が働く結果、これらを根拠として契約の相手方を選択する自由は極めて限定される。そして、人種・民族的出自以外の根拠に基づき契約の相手方を選択する自由は、大量取引等、特定の個人が問題とならない取引に限られるものの、従前より狭くなるのは明らかである。
　こうした制限についての批判論者に対する反論としては、不当な別異処遇をする者の契約自由・私的自治は確かに制限されるが、不当な別異処遇を受ける者の契約自由・私的自治を十全に保障するために、一定の事由に基づく差別を受けない権利が私法上存在すると考えることも可能であると説明される。
　そうすると、この考え方を AGG に当てはめれば、同法は人種・民族的出自に基づき不当な別異処遇を受けない権利をかなり広範囲に認める一方で、それら以外の根拠に基づき不当な別異処遇を受けない権利はそれほど強い権利ではないものの、禁止される不利益処遇の根拠ごとに異なるレベルで認めていると解することができよう。
　以上のように、AGG は EU 指令を踏まえつつも、それより一歩進んだ立法を実現したが、その内容を見ると、不当な別異処遇を受けない権利につき、人種・民族的出自とそれら以外の根拠とで権利の強度を異にしていること、別異処遇の正当化事由及び不利益待遇禁止の適用除外事由が契約の性質に応じて認められること、特に住宅賃貸者については別異処遇の正当化事由及び不利益待遇禁止の適用除外事由比較的広く認められていることといった

点を指摘することができ、かなり複雑な法構造を形成している。こうした複雑性もあって、契約自由・私的自治との関係がきちんと整理されているとは言えず、批判論者・擁護論者の議論は当面続くものと考えられる。

VI　韓国の状況

1　障害者・高齢者等住居弱者支援に関する法律

(1)　法の目的

障害者・高齢者等住居弱者支援に関する法律 (略称：住居弱者法。2012年法律11370号) は、国土交通部住居福祉企画課が所管する法律であり、障害者・高齢者等住居弱者の安全で便利な住居生活を支援するために必要な事項を定めることにより、住居弱者の住居安定と住居水準向上に資することを目的とする (1条)[40]。

住居弱者とは、65才以上の者、障害者、朝鮮戦争等による傷病者をいう (2条)。

(2)　住居支援計画

国土交通部長官は、住居弱者に対する住居支援計画を策定しなければならない (5条)。また、特別市長、広域市長、特別自治市長、道知事又は特別自治道知事 (以下「市・道知事」という。)[41] は、国の計画に従い住居弱者に対する市・道住居支援計画を策定しなければならない (6条)。

(3)　住宅弱者用住宅の建設

国、地方自治体、韓国土地住宅公社及び地方住宅公社は、賃貸住宅を建設する場合、100分の3以上を住居弱者用住宅として建設しなければならない (10条)。

(4)　住宅弱者住居支援センター

国、市・道知事又は市長・郡守・区庁長[42] は、次の業務を遂行するために住

---

(40)　本節で紹介する韓国の法律の原文は、法制処国家法令情報センターのHPによる。
https://www.law.go.kr/

(41)　韓国の地方制度は、日本と同様、広域自治体と基礎自治体の二層構造を採用しており、ここに掲げられているのは広域自治体の首長である。

(42)　市長・郡守・区庁長は、基礎自治体の首長である。

居弱者住居支援センターを置くことができる（17条）。

一　住宅改造費用支援のための対象住宅の確認、改造工事の適正性確認等
　　住宅改造支援に関する業務

二　住居弱者の住居問題相談及び生活管理等に対する支援業務

三　住居弱者が居住する住宅及び住居環境に対する実態調査

四　その他住居弱者用住宅に関する情報提供等大統領令で定める事項

2　障害者差別禁止及び権利救済等に関する法律

(1)　目的

障害者差別禁止及び権利救済等に関する法律（略称：障害者差別禁止法。2007
年法律8341号）は、保健福祉部障害者権益支援課が所管する法律であり、全
ての生活領域において障害を事由とする差別を禁止して、障害を事由に差別
を受けた者の権益を効果的に救済することにより、障害者の完全な社会参加
と平等権実現を通じて、人間としての尊厳と価値を実現することを目的とす
る（1条）。

(2)　不動産に関するルール

土地及び建物の所有者及び管理者は、当該土地及び建物の売買、賃貸、入
居、使用等において正当な事由なく障害者を制限、分離、排除及び拒否して
はならない（16条）。

(3)　救済措置

この法で禁止する差別行為により被害を受けた者又はその事実を知ってい
る者若しくは団体は、国家人権委員会に対し、その内容を陳情することができ
き（38条）、委員会は、陳情がない場合であっても、この法で禁止する差別
行為があると信じるに足る相当の根拠があり、その内容が重大であると認め
るときは、職権調査することができる（39条）。

法務部長官は、国家人権委員会の勧告を受けた者が正当な事由なく勧告を
履行しない場合には、被害者の申請により又は職権により是正命令をするこ
とができる（43条）。

3 事例研究：聴覚障害を理由に住宅賃貸借を拒否した建物主に対する特別人権教育勧告

国家人権委員会（委員長イ・ソンホ）は、2016年4月12日、住宅賃貸を営む者が聴覚障害を理由に賃借希望者に対し賃貸を拒否したことは、正当な事由なく、障害を理由に差別したものであり、障害者差別禁止法に違反したと判断した。[43]

同委員会は、住宅賃貸借を拒否することがやむを得ないことに関するいかなる説明や主張もなく、聴覚障害者が入居すればコミュニケーションに困難があるという理由だけで住宅賃貸借を拒否した賃貸人に対し、特別人権教育を受講するよう勧告した。

特別人権教育は、国家人権委員会法44条1項1号により被申請人の人権侵害及び差別行為の再発防止を目的とするものであり、人権教育専門講師によって実施される。

賃貸人である被申請人の住宅賃貸拒否行為に正当な事由が認められるためには、被害者に住宅を賃貸することが被申請人にとって「過度な負担」又は「著しく困難な事情」があったり、賃貸借を拒否する行為が、「事業遂行の性質上避けられない場合」に該当するという客観的かつ合理的な根拠がなければならないとされているところ、本件においては、このような正当な事由が存在すると判断し難いとされたものである。

国家人権委員会

障害者差別是正委員会

決　定

事　件　15申請0890200　住宅賃貸時障害者差別

申請人　チョー・○○（1985年生まれ）

被害者　ピョン・○○（1958年生まれ）

被申請人　ウム・○○

---

(43)　国家人権委員会HP。https://www.humanrights.go.kr/site/main/index001

主　文

　被申請人に対し、国家人権委員会が主管する特別人権教育を受講する
ことを勧告する。

理　由

1.　申請要旨

　申請人は、○○市○○区○○洞に所在する被申請人所有の建物○○○
号に賃借人として居住している間、賃貸借契約満了以前に移転しなけれ
ばならない状況が発生した。そこで、不動産直取引モバイル・アプリケ
ーションを通じて賃貸借広告をして、聴覚障害者である被害者から賃借
を希望するという連絡を受けた。その後、申請人は、被申請人と協議し
て、2015 年 9 月 17 日、○○不動産株式会社の事務所で被害者を賃借人
とする賃貸借契約書を作成することを約し、上記不動産会社で被害者及
び被申請人と会った。

　ところが、不動産会社の社長が契約書を作成する間、不満げな表情を
示していた被申請人が契約手続を完了しないまま不動産会社から出て行
き、申請人に対し、「契約は難しいです。明日、別の人が見に来ると言
っています。言語障害者であることを知らなかったんですか？私は、借
家人と意思疎通する時が多いのですが、言語障害者は、今まで一人もい
なかったです。」という文字メッセージを送って、被害者との賃貸借契
約締結を拒否したところ、これは障害者に対する差別行為である。

2.　当事者主張要旨

ア．申請人

　申請要旨と同じ。

イ．被申請人

　本人は 19 ○○年生まれで、40 戸余りの賃貸住宅を管理しているとこ
ろ、本人が各住戸を訪問することができず、賃借人らとの間ではほとん
ど電話で意思疎通をしている。2015 年 9 月 17 日に被害者の娘という若
い女性が不動産会社に来て話をして、契約書を作成する間に被害者と手
話で対話するのを見て、被害者が聴覚障害者であることが分かった。初

めから聴覚障害者だと知っていたら、契約を進めなかっただろう。聴覚障害がある被害者のような場合は、住戸数が少ない住宅を探して契約をすれば、大家と筆談や手ぶりなどで意思疎通が可能になるだろう。

3. 関連規定

別紙記載のとおり（本稿では略）。

4. 認定事実

各当事者の陳述と携帯電話文字メッセージ内容、その他関連資料によれば、以下のような事実が認められる。

ア．被申請人は、住宅賃貸業を営んでおり、2015年9月17日、被申請人所有の住宅に対する賃貸借契約のため、○○市○○区○○洞に所在している○○不動産株式会社の事務所で申請人と被害者に会った。

イ．被申請人は不動産会社の社長が契約書を作成する間、被害者と被害者の娘が手話で対話するのを見て、被害者が聴覚障害者であることを知り、その後、契約手続を完了せずに不動産会社から退出した。その後、被申請人は申請人に対し、「契約は難しいです。明日、別の人が見に来ると言っています。言語障害者であることを知らなかったんですか？私は、借家人と意思疎通する時が多いのですが、言語障害者は、今までひとりもいなかったです。」旨の携帯電話文字メッセージを電送した。当委員会の調査過程において、被害者が聴覚障害者であるということを初めから分かったとすれば契約を進めなかっただろうと陳述した。

5. 判断

ア．判断基準

憲法11条1項は、「何人も、政治的、経済的、社会的、文化的な生活の全ての領域において差別を受けない。」と規定している。また、障害者差別禁止法4条1項1号は、障害を理由に障害者を正当な事由なく制限、排除、分離、拒否等により不利にする行為を差別行為と規定しており、同法16条は、土地及び建物の所有者及び管理者は、当該土地及び建物の売買、賃貸、入居、使用等において正当な事由なく障害者を制限、排除、分離、拒否してはならないと規定している。

イ．被申請人の住宅賃貸拒否行為が障害を理由にしたものであるか否か

認定事実によれば、被申請人は契約書を作成中に不動産会社を退出し、申請人に対し、「契約は難しいです。明日、別の人が見に来ると言っています。言語障害者であることを知らなかったんですか？私は、借家人と意思疎通する時が多いのですが、言語障害者は、今までひとりもいなかったです。」旨の携帯電話文字メッセージを送付したところである。また、当委員会の調査過程でも、「被害者が聴覚障害者であることが分かったならば契約を進めなかっただろう。」と陳述したことからすると、被害者に対する被申請人の住宅賃貸拒否行為は、障害を理由としたものであると判断される。

ウ．障害を理由とした被申請人の住宅賃貸拒否行為に正当な事由があるか否か

障害者差別禁止法16条は、正当な事由なく障害を理由とした建物等の賃貸拒否を禁止しており、同法4条3項は、正当な事由について、「禁止された差別行為をしないことにおいて過度な負担や著しく困難な事情等がある場合」及び「禁止された差別行為が特定の職務又は事業遂行の性質上避けられない場合」と規定している。

したがって、この事件の被申請人の住宅賃貸拒否行為に正当な事由があることが認められるためには、被申請人が被害者に住宅を賃貸することが被申請人に「過度な負担」になったり、「著しく困難な事情」があるという点、あるいは、その拒否行為が「事業遂行の性質上避けられない場合」に該当するという点が客観的かつ合理的な根拠を通じて立証されなければならない。

しかしながら、被申請人は、単に聴覚障害者が入居すれば、意思疎通に困難があるということのみを主張するにとどまり、その他の事情や住宅賃貸拒否の不可避性に対し主張するところがなく、その他の正当な事由が存在すると認めることも困難である。

したがって、本件被申請人の住宅賃貸拒否行為は、正当な事由なく障

害を理由として被害者を差別したものであり、障害者差別禁止法16条に違反する行為であるところ、今後、同様なことが再発しないよう、被申請人に対し特別人権教育受講を勧告する必要があると判断される。

6. 結論

　以上のような理由で、本件被申請人の行為は、障害者差別禁止法16条に違反した障害者差別行為に該当するので、国家人権委員会法44条1項1号の規定により主文のとおり決定する。

2016年2月17日

委員長　イ・キョンスク

委　員　ハン・ウォンス

委　員　イ・ウンギョン

Ⅶ　比較検討

1　各国の特徴

　各国の法理及び運用の内容は、相互に相当の距離があり、単純かつ直接的に比較して論ずることが相当ではないのは当然ではあるが、各国の背景と実情を十分に踏まえた上で、その考え方と経験を理解することは、日本の法制や行政実務のあり方を検討するに当たり、有益であると考えられる。[44]

　そこで、こうした基本的視点に立ち、本稿では以下のとおり比較検討する。

　まず、前節までに紹介した各国の大きな特徴を整理すると、次表のとおりである。

平等処遇ないし差別禁止との関係で契約自由の原則が問題とされる国	米国、フランス、ドイツ、韓国、日本
両義的な効果が問題とされる国	日本
刑事法上も差別禁止法理を明定している国	フランス
訴訟に拠らない救済を設けている国	米国、フランス、韓国

---

(44)　前掲注34 小柳論文（2018）119頁参照。

2　平等処遇・差別禁止との関係

本稿で紹介した国はいずれも、平等処遇ないし差別禁止との関係で契約自由の原則が問題とされる。

そのうち、米国においては、移民国家であるという国家の成立に関する固有の事情に加え、公民権運動という国家全体を巻き込んだ政治的・社会的な大きな流れの中で、Public Law 体系の一環として不動産契約における平等処遇・差別禁止のルールが立法化されている。

EU にあっては、契約法に差別禁止・平等処遇を要求する規定を置くという動きが見られる。EU はこれまで、政治的な動機からではあるが、諸指令を通じて経済法、労働法分野に限らず、一般的な財やサービスに関する契約の局面に関し、契約法における平等処遇を実現しようとしてきた。そして、人種差別に始まり、禁止される差別の根拠は拡大傾向にあるとされる。一般的な財やサービスに関する契約に際しての差別被害に対して、債務不履行責任という契約法独自の救済を与えるという解決は、基本的に損害賠償を通じて行われるが、場合によっては、契約締結の強制までも含意する。こうした解決は、契約の自由を従前よりも制限することとなるため、適用領域、禁止される差別の根拠、救済のあり方といった問題が議論されているという。これは、EU による立法の試みの背後で、契約法理論に関する検討が十分になされなかったため、契約法と平等処遇要請の問題が未だ十分明らかにされないまま残されていることを示しているのである。[45]

3　救済手続

訴訟以外の救済手続は、その具体的内容において各国それぞれ特徴があるものの、広く採用されていると言える。

ここで、民事法の原理に由来する問題を解決する手続として訴訟以外の手続、とりわけ公法的な手法を導入するという論点に関し、ドイツの住居賃貸借法における近年の展開は、賃貸人及び賃借人の双方の利益の適切な調整のバランスに苦慮する姿を示しており、それは「賃貸人の経済的利益と賃借人の居住利益の相克という住居賃貸借法の古典的なジレンマの現代的バージョ

---

(45)　前掲注33茂木論文（2011）、同論文（2018）参照。

ンの繰り返し」であって「このジレンマは、住居賃貸借法単独では解決できず、公的資金による良質・低廉な賃貸住宅供給や賃借人の賃料負担を軽減する住宅手当等の積極的な住宅政策との連絡・調整が不可欠」との指摘がある。[46]

この指摘の視点を契約締結の自由の問題に当てはめると、契約の自由原則の修正という民事法の次元内でのみ解決を図るのではなく、行政法規による関与や税財政金融手法という政策資源の投入を通じた住宅政策全体としての取組の中で問題の解決を図っていくということと解されよう。

こうした解釈に立つと、本稿で取り上げた各国の救済手続の仕組みは具体的・個別的な内容は異なるものの、単一の法体系の枠組みの中で解決を図るスタンスではなく、複眼的なアプローチを採用していると言えよう。

4　両義性

「反社会的」という用語の概念は国によって同一ではないが、契約社会の正当な構成員として認めることが客観的に相応しくない一定範囲のグループはどの国においても存在するのが事実である。そして、こうしたグループの契約に対するアクセスを予防する法理として契約締結の自由を用いることもまた各国において可能である。

したがって、契約締結の自由に内在する両義性問題は、現時点では日本においてのみ表面化しているものの、理論的には各国共通のものとして捉える必要があると考えられる。

5　日本におけるあり方

小柳教授は、近時の行政レベルでの対応を踏まえ、借地借家法又は居住用借地借家法のような個別的契約法レベルでの対応が必要であるとされる。[47]

筆者も、基本的な構想としてこれに賛同するものであるが、具体的な立法の仕組みとしては、借地借家法の改正という私法レベルの対応と住宅セーフティネット法の改正という公法レベルの対応の組合せが効果的であると考え

（46）　前掲注 33 佐藤論文（2018）280 頁。

（47）　前掲注 34 小柳論文（2017）188 頁。

る。

　すなわち、借地借家法に契約締結時における平等処遇・差別禁止条項を新設する。そして、賃貸人がこの条項に違背した場合の措置としては、契約締結後の賃貸人からの一方的な解約条項や免責特約のような、この条項の趣旨を没却する特約の無効を合わせて規定する。ただし、契約締結前の段階での拒絶行為への対処として、契約締結を義務付けるという立法論には無理があるので、契約締結上の過失として賠償責任を負わせるのにとどまらざるを得ず、借主希望者としては金銭的救済しか得られない。

　そこで、次善的・補完的対応として、住宅セーフティネット法を改正し、高齢者等の契約弱者の入居を拒まない賃貸住宅の登録制度を拡充する。具体的には、建築物ごとに都道府県知事の登録を受けるという現行の仕組み（同法8条）に加え、NPO、SPC 等の事業者の登録制度を創設する。この事業者は、あらかじめ対象建築物を保有している必要はなく、登録後に対象建築物を取得したり、その所有者を公募する等の方法によりサブリース方式によっても賃貸住宅を確保することが可能な仕組みにすれば、供給の一層の促進が期待できる。この場合、高齢者等の入居に伴う賃貸人側のリスクの存在を無視することはできないので、その緩和策として NPO 等第三者による保証機能や生活支援機能の強化とそれに対する公的支援も拡充することが考えられる。

［追記］本稿は、科研費基盤研究 C15K03089（研究代表者成嶋隆）による成果である。

---

(48)　低所得者の場合は家賃不払リスクがあり、高齢者の場合は火災の発生リスクや死亡リスクがあり、障害者の場合はバリアフリー化負担があり、子育て世帯の場合は騒音など近隣トラブルのリスクがあり、外国人の場合はゴミ出しなど生活マナーのリスクがある。

不動産を利用する権利の存続期間と
価格に関する一考察

中 城 康 彦

I　はじめに
II　不動産を利用する権利の存続期間と価格
III　不動産利用の今日的な課題と期間利用権の展開
IV　まとめ

I　はじめに

　藤井俊二先生は借地借家法制の研究の進展に大きな足跡を残された。わけても借地権や借家権の存続保護を重視する観点から多くの研究成果を残された。

　本稿では、不動産を利用する権利の存続と価格との関係について、土地や建物が抱える今日的な課題を踏まえた考察をおこなう。

II　不動産を利用する権利の存続期間と価格

1　不動産を利用する権利

　土地や建物（以下、「不動産」という。）は所有権、借地権、借家権ほかの利用権にもとづいて利用する。

　もっとも基本となるのは、土地所有者が自ら土地を利用して建物を所有し、建物を自ら利用する方法であるが、土地の所有と利用、建物の所有と利用について、所有者と利用者が一致する場合と分離する場合の別で区分する

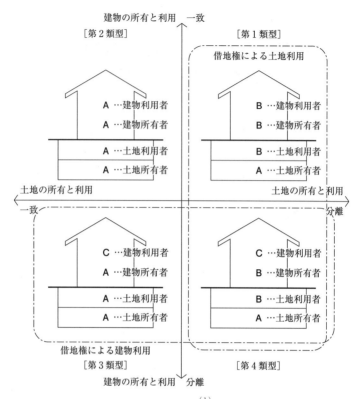

図-1 不動産の所有と利用の組み合わせ(1)

と図-1のとおりである。

2 不動産の権利の価格と評価

利用によって価値が生じ、価値を有償で譲渡すると価格となる。不動産の権利に生じる価値のすべてが価格になるわけではなく、価値があっても譲渡できない場合もある。また、社会経済の状況によって価格は変動する一方、利用可能な時間（以下、「存続期間」という。）によって価格が低減する（以下、「減衰」という。）こともある。

（1） 図中、土地所有者と土地利用者が異なる場合の利用権は借地権、建物所有者と建物利用者が異なる場合の利用権は借家権とする。

不動産鑑定評価では、不動産のもつ原価性、収益性、および、市場性に即応して、原価法、収益還元法、および、取引事例比較法を規定するが、本稿では、存続期間による価格減衰を評価過程に内包する原価法と収益還元法を用いて考察を行う。

原価法は新規に調達することを想定した金額（再調達原価）から、利用することや時間が経過することによって失われる価値（減価修正額）を控除して価格（積算価格）を求める（式-1）。減価修正額は一般に、耐用年数にわたって毎年一定額で減価すると考えるから、積算価格は経過年数に比例して低下する。

$$○積算価格\ P＝再調達原価－減価修正額 \qquad …式-1$$

収益還元法は、不動産が将来生み出すであろうと期待される純収益の現在価値の合計額を求める（式-2）。存続期間 n は評価する権利が将来のどれだけの期間にわたって存続するかに対応して設定する。日本の土地所有権の評価では一般に n を無限大にし、契約期間 50 年の定期借地権を評価する場合は n を 50 年とする。

$$○収益価格\ P＝\sum_{i=1}^{n}\left\{ B_i \times \frac{1}{(1+r)^i} \right\} \qquad …式-2$$

$$B_i：i\ 年目の純収益 \quad \frac{1}{(1+r)^i}：複利現価率 \quad i：割引率 \quad n：存続期間$$

3　期間利用権の価格の減衰

存続期間が規定されるために価格が減衰する権利には所有権も含まれる。例えば建物は耐用年数があり、時間の経過によって存続期間が少なくなり、それに伴って価格は減衰する。本稿では、利用可能な存続期間が規定され、それによって価格が減衰する可能性がある権利を期間利用権という。

期間利用権の価格について式-1、式-2 をグラフ化したものが図-2 である。価格指数は、価格が減衰しない場合の価値を 100 として、存続期間が有する価値の割合を示している。

図中、減衰直線は式-1 に対応し、耐用年数が 120 年、90 年、60 年、および、30 年の期間利用権の価格指数の推移を示している。日本では一般に建

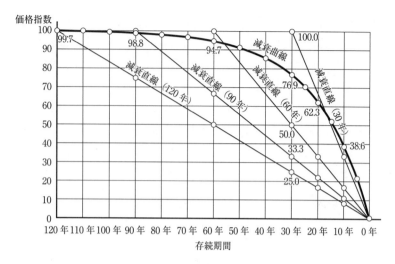

図-2 期間利用権の存続期間と価格指数

物価格をこの方法で把握する。この方法によれば、存続期間が30年の時点での価格指数は、120年耐用建物で25.0、90年耐用建物で33.3、60年耐用建物で50.0、30年耐用建物で100.0と4倍の開きがある。

不動産の価値はその不動産が将来にわたってどれ程の効用を発揮し、利用者がそれをどれ程享受しうるかによって決定される。この意味で時間は不動産価値の源泉である。図中、減衰曲線は式-2に対応し、n（期間）が永久の場合を分母にし、存続期間（120年〜0年）を分子にした価格指数を示している[2]。すなわち、減衰曲線は、単位時間あたりの効用を一定とし、残存の存続期間が永久の場合の価値を100として、存続期間が有期の場合の価値をみたものである。この方法によれば、120年＝99.7、90年＝98.8、60年＝94.7、30年＝76.9である。30年を切ると急激に減少し20年＝62.3、10年＝38.6となる。

減衰曲線によれば、建物の耐用年数や新築後の経過年数によらず、存続期間30年の価格指数は76.9で同一である。

（2） 純収益Biを一定とし、割引率rを5%とした場合の数値である。

4 定期借地権の流通と価格

第1類型⁽³⁾にかかる期間利用権として、定期借地権を取り上げる。

借地借家法が新たに規律した定期借地権（借地借家法第22条）を利用した住宅で初期のものは、契約締結後25年余が経過している。最短期間を50年とする規律にもとづいて期間50年で契約している場合は、すでに半分程度の期間が経過している。その後の社会経済の変容や雇用情勢の傾向を考量すると、50年間自ら利用することを想定して取得した定期借地権を利用した住宅について、想定に反して手放す事案が増えることも考えられる。存続期間が確実に短くなる期間利用権の存続や流通に備える課題がある。

(1) 借地権と定期借地権の価格評価

借地権の契約期間は借地借家法が規律する最低期間以上で契約し、更新する。また、法定更新の制度がある⁽⁴⁾。更新期間中に建物が耐用年数を迎えた場合、借地の目的は達成できたと考えることもできるが、借地権者が建替えを希望すれば、多くの場合、建替えが認められる。結果として借地権は借地権者が希望し、かつ、更新や建替えに必要な経済的負担が可能であれば、いつまでも存続しうる。さらに、借地権が不要になった場合、賃借権の場合は借地権設定者の同意がなければ譲渡できないことが基本となるが、借地非訟の手続きにより、譲渡が認められることも少なくない。

以上の結果、借地権は契約期間に定めがあるものの、いつまでも存続しうる。また、不要になった場合は有償で譲渡することも可能で、借地権には相応の資産価値が認められて取引市場が成立し、価格が存在する⁽⁵⁾。

不動産鑑定評価では借地権の価格は式-2のnを無限大として評価する⁽⁶⁾。この際、式-2の各年の純収益 Bi を一定のBとすると、式-2は式-3のとおり変形できる。この式を永久還元式といい、この方法を永久還元法という。

---

(3) 図-1に示す類型をさす。以下、同様である。

(4) 更新のある借地権を便宜上、普通借地権ということもあるが、本稿では借地権と表記する。

(5) 借地権の取引慣行がない地域もあるが、本稿では取引慣行がある地域について述べる。

(6) 不動産鑑定評価基準が規定する借地権の鑑定評価手法のうち、収益価格の評価方法。

$$\bigcirc 収益価格\ P = B \times \frac{1}{r} \qquad\qquad \cdots 式\text{-}3$$

$$B：1年間の純収益\quad r：還元利回り$$

同じ土地上に建っている同じ建物を賃貸する場合、建物所有者が土地所有者の場合（図-1　第3類型）でも、借地権者の場合（図-1　第4類型）でも、建物から得られる総収益と建物に必要となる総費用は同等である一方、土地にかかる費用として、第3類型では土地保有税、第4類型では地代を支払う。この費用の差が純収益の差となり、収益価格の違いとなる。これを考量すると、式-3によって求める借地権の価格は土地所有権の価格に対しても相応の額となり、土地所有権価格に対する借地権価格の割合を示す借地権割合は、相当に高くなることが一般的である。

これに対して、存続期間が規定される場合の収益価格は式-4で求める。式-4は式-3と同様に各年の純収益を一定のBとし、これがn年間続くとして、式-2を変形したものである。この式を有期還元式といい、この方法を有期還元法という。

$$\bigcirc 収益価格\ P = B \times \frac{(1+r)^n - 1}{r(1+r)^n} \qquad\qquad \cdots 式\text{-}4$$

$$B：1年間の純収益\quad r：還元利回り\quad n：存続期間$$

図-2では50年の価格は永続する価格の90％程度で十分な利用価値が認められる。一方、存続期間が30年を切ると急激に価値が減衰する。

借地権と定期借地権を比較すると、永続する存続利用が期待できる借地権は資産価値が認められる一方、定期借地権には存続期間に対応する利用価値がある。不要となった権利について、借地権は資産価値が価格として顕在化し、一定の価格で譲渡可能であることに対し、定期借地権は毎年減衰する利用価値に対応する価格もしくはそれ以下とならざるを得ない。けだし、急激に価値が下落することが明らかな不動産の売買価格は、下落を見込んだ価格になるからである。土地賃借権にもとづく借地権はもとより、借地権者が所有する借地上の建物はいかに頑強であったとしても定期借地権の満了ととも

に解体することが予定されることより、抵当権を設定できない、もしくは、設定が困難で、金融機関から購入資金を調達することがむずかしい点も、取引価格の低下に拍車をかける。

(2) 期間利用権の価格減衰を解決する施策

英国では不動産を保有する権利に、期限の定めのないフリーホールドと期限の定めのあるリースホールドがある。期間が21年超のリースホールドは設定や売買の登記が必要で、権利の保護が強化される。

リースホールドのうち、リースホールダーが建物を建築する義務を負う建築リース（building lease）では、建築費は実質的にリースホールダーが費用負担するものの、建物に独立の保有権がない英国では建物は土地の一部として、フリーホールダーの保有に帰す。期間満了時に建物に残存価値があったとしても、リースホールダーには権限がなく、土地を無償返還して立ち退く[7]こととなる。

建築リースは19世紀後半からみられる方式で、当初99年のものが多く用いられたが、残存期間が50年を切る頃から購入者に融資がつきにくく、流通が困難になることから資産価値を失うことが認識され、125年、250年、999年など、より長期のものが用いられるようになった。[8]

19世紀後半に設定された期間99年の建築リース契約に期間が後半を迎えた20世紀中葉、労働党政権は、期間満了時に建物を無償でフリーホールダーに返還して立ち退かざるを得ないことは、リースホールダーに不利益とし、一定の要件を満たす居住用のリースホールダーにフリーホールドの買取り、または、リースホールドの50年延長を認める1967年法を定めた（The Leasehold Reform Act 1967）。[9]

制度適用の対象となる住宅は漸次拡大し、1993年法（Leasehold Reform, Housing and Urban Development Act 1993）は、より評価額が高い住宅にも買取

（7）　この場合の土地には建物を含んでいる。

（8）　中城康彦、齊藤広子「英国居住用リースホールダーによるフリーホールドの買取り価格―時間軸を導入した不動産の資産価値評価に関する研究」都市住宅学　第55号　都市住宅学会　2006年10月　pp46-48。

（9）　期間が21年超の長期であること、建築リースであること、低額の賃料であること、評価額が一定以下であること、住宅タイプが一戸建て、2戸建て、長屋建てであることなど。

り権を与え、共同建てのフラット（flat）でも条件が整えば買取りを認めたほか90年の期間延長を認めた。2002年法（Commonhold and Leasehold Reform Act 2002）は、フラットの買取り条件を緩和し、強い権利への変更や存続期間の確保を図っている。

　フリーホールドの買取り価格とリースホールドの延長費用は評価基準が規定されており、これに従って評価する。

　買取り価格と延長費用を評価する際の基本的な考え方は、フリーホールドの収益性にもとづく収益価格である。その内訳は、大きく、1）契約期間中の賃料収入がもたらす利益、および、2）期間満了後に完全なフリーホールドを回復する利益で構成される。

　買取り制度が当初対象とした建築リースでは建物費用をリースホールダーが負担することより賃料は低額（ground rent）となる。低額の賃料をもとにして求める収益価格が低額となることより、当初の評価方法がリースホールダーに有利として、1993年法では期間満了時にリースホールドが消滅して不完全なフリーホールドが完全なフリーホールドを回復することによって生ずる併合利益（marriage value）[10]を考慮してその一部を買取り価格に上乗せすることとし、2002年法はその割合を50％と規定した。[11]

　英国では、新築時の建築費をリースホールダーが負担する一方、土地保有権の一部となった建物について、リースホールダーは残存価値のいかんに関わらず、無償で立ち退かざるを得ない法制度のもと、フリーホールダーが不当に利得するとして、リースホールダーの意思によってフリーホールドを買取る、もしくは、リースホールドの期間を延長して存続することが可能となった。法的な権利の強化に対して経済的な対価の評価基準を規定し、存続期間の確保と経済的な負担のバランスを図っている。

---

(10)　不完全フリーホールドの価格とリースホールドの価格の合計は、完全フリーホールドの価格より少ない。このため、リースホールドが消滅して、不完全フリーホールドが完全フリーホールドを回復すると価値が増加する。同様の事象は日本の借地権と底地の併合でも認められる。

(11)　中城康彦、齊藤広子「英国におけるリースホールド制度を用いた住宅地開発と管理の実態と課題　―レッチワースガーデンシティにおけるビルディングリースの役割―」都市計画論文集 Vol.43 No.3 日本都市計画学会　2008年10月 pp367-372。

5　中古住宅の流通と価格

　第２類型にかかる期間利用権として中古住宅の建物所有権を取り上げる。

　超高齢社会が到来し、高齢期の暮らしの安寧が重要となっている。その方策のひとつは、形成した住宅資産の価値を高齢期の生活に充てる、広義のリバースモーゲージの環境を整えることである。米国の住宅市場では投資額（フロー）を上回る時価総額（ストック）が蓄積されていることに対して、日本では時価総額が投資額を 500 兆円下回っている[12]。投資が無駄になる問題を解消するために、中古住宅流通時の住宅価格を適切に評価することが課題になっている。

(1)　過去の経過時間と将来の存続時間

　住宅のうち、建物部分は減衰直線で評価される。上記４で記述の定期借地権と同様、確実に下落することが明らかな不動産の売買価格は、下落を見込んだ価格にならざるを得ず、実際の取引では理論値以上に安い取引価格となる。加えて、確実、かつ、大幅に下落した時点で競売にかける可能性のある期間利用権への融資は金融機関にとってリスクが高く、金融がつきにくい。これがさらなる価格の下方修正圧力となる。

　前述のとおり、図-2 の減衰曲線によると、存続期間が 30 年の期間利用権の価値は耐用年数によらず 76.9 である。不動産の価値が残存の存続期間で規定されると考えれば、これは当然の帰結である。これに対して減衰直線では、120 年耐用住宅と 30 年耐用住宅で、4 倍の開きがある。

　減衰直線と減衰曲線を比較すると、120 年住宅では後者が一貫して前者を上回る。残存の存続期間 30 年の時点で比較すると、前者 25.0、後者 76.9 で、効用曲線で 3.1 倍となる。90 年住宅でもほぼ同様で、残存の存続期間 30 年時点の倍率は 2.3 である。60 年住宅は 90 年住宅に近いが、残存の存続期間 30 年時点での倍率は 1.5 と 2 倍を下まわり、乖離の程度は縮小する。30 年住宅では新築当初は前者が上回り、後半にかけて逆転する。30 年住宅は、残存利用期間が 30 年の時点（すなわち、新築時点）で 0.8 倍（0.769 倍）であり、コストは効用に完全には反映されない。

　耐用年数の異なる 4 つの住宅について、減衰直線と減衰曲線の関係を概観

---

(12)　国土交通省「中古住宅の流通促進・活用に関する研究会報告書」2013 年 6 月。

すれば、30年住宅において近似する。つまり、減衰直線は30年住宅等の短期耐用住宅において一定の妥当性をもつということができる。[13]

(2) 減衰曲線による評価で国富を回復する

利用する価値があるにもかかわらず、建物価格は定額で減価するとの価値規範が支配的である日本では、価格が減衰直線で決定される。住宅の耐用年数が短いことと、市場価格が減衰曲線で決まらないことが相乗して、上記研究会報告書で問題とした日米の住宅時価総額の差異が生まれている。減衰曲線と減衰直線の差が失われた国富を示していると指摘でき、過去の経過時間を重視して評価する減衰直線による評価を改め、将来の存続時間を重視して評価する減衰曲線によって評価するよう、評価の規範を改めることが求められている。

減衰曲線は、不動産の利用によって得られる効用にもとづくもので、買主側の立場に近い。買主側（減衰曲線）が売主側（減衰直線）より高く評価する市場は活性化が相対的に容易である。期間利用権の価値と価格を減衰曲線で発想する意識改革が求められている。

Ⅲ　不動産利用の今日的な課題と期間利用権の展開

1　遊休化した建築ストックの活性に資する期間利用権

平成30年の住宅・土地統計調査によれば日本の空き家は846万戸で、空き家率は13.6％である。平成25年と比較して、それぞれ26万戸、0.1％増加した。空き家の増加がもたらす地域の安全や活力、さらには資産価値の低下を防ぐために空き家を有効に活用することが課題となっている。

企業をとり巻く環境も変化が著しい。土地の含み益に期待する企業経営から資本の効率を重視する、持たない経営へ、さらにはESG（環境・社会・統治）の配慮など、企業経営理念の変容があり、それに伴って企業活動に不可欠の土地や建物の所有や利用も変化する。企業用不動産の状況は社会経済の変化と経営理念の変容が相乗して顕著に表れる特徴があり、物理的には利用

---

(13)　中城康彦「中古住宅流通市場の活性化の取り組み課題」不動産研究第57巻第3号　日本不動産研究所　2015年7月　pp6-7。

可能な建物が経営戦略の見直しによって遊休化する。企業用の用途に供するために建設された既存建物を含む遊休不動産の利用が課題となっている。

　所有者による利用の必要性や可能性がなくなった空き家を活用する具体的な方策は、利用が可能な者へ所有者が交代することや、利用者が必要な者へ利用者が交代することである。所有者の交代は住宅を売買する方法に、利用者の交代は住宅を貸借する方法につながる。

　そこでは、住宅不足を背景とする受給の逼迫が住宅困窮者の発生につながらないよう、借地権や借家権の存続に重きを置いてきた、これまでの借地借家の考え方とは異なる、期間利用権の多面的な展開を通じた課題解決の期待がある。

2　空き家利用を進める借家権の展開

　空き家の利用を進めるための借家権は第3類型にかかる期間利用権として期待される。

(1)　借家権の権利の保護

　賃貸借期間の定めがある場合において、解約の申入れ、更新拒絶の通知は正当事由がある場合に限定される（更新拒絶等の要件、借地借家法28条）。賃貸人は、賃貸物の使用及び収益に必要な修繕をする義務を負い（民法606条）、賃借物を契約に定める用法にしたがって利用できる状態を保持する義務は賃貸人にある。賃借人は特段の資本投下を要せず、経済的に軽い負担で賃借物を利用できる。

　家賃が土地・建物に対する租税その他の負担の増減、土地・建物の価格変動その他の経済事情の変動、周辺の家賃に比較しての不相当があるときは、当事者は契約の条件にかかわらず、家賃の増減を請求することができ、一定期間家賃を増額しない旨の特約がある場合は特約を優先する（借賃増減請求権、借地借家法32条）。

　家賃不払いや用法違反は賃借人の債務不履行であり、契約解除事由となるところ、これらの事実が明白であっても直ちに契約解除が認められるのではなく、信頼関係が破壊されるほどの契約違反と裁判所が判断する場合に、初めて契約解除が可能となる（債務不履行による契約解除）。賃借権の対抗力は登

記によることが基本であるが（民法605条）、借家権については引渡しによって対抗力が認められる（建物賃貸借の対抗力、借地借家法31条）。

(2) 借家権者の経済的利益

借家権の存続はこれまで同様、保護されるべきであることは勿論である。一方で、高齢等による所有者（賃貸人）の活力の低下等も明白である。社会全体の活力維持のために、今後は建物賃借人の経済的な活力をも引き出す方策についても検討することが期待される。

建物賃借人の経済的負担の償還については、以下の定めがある。賃借人は賃貸人が負担すべき必要費を支出したときは、直ちに償還を請求でき（必要費償還請求権、民法608条）、有益費を支出したときは、退去時に価値の増加が現存する場合について、支出した金額又は増価額のいずれかを賃貸人が選択して支払う（有益費償還請求権、民法608条）。賃貸人の同意を得て建物に附加した畳、建具等の造作がある場合、賃借人は退去時に、造作を時価で買い取ることを請求できる（造作買取請求権、借地借家法33条）。

このように建物賃借人が費用を投じた場合、それを取り戻す規定があるが、契約実務ではそのような必要が生じた場合は直ちに賃貸人に連絡することを求めるとともに、建物賃借人の費用投入を無断改造・模様替えとして禁ずることが一般である。造作買取請求権は平成3年の法改正により強行規定から任意規定になったこともあり、契約で排除することが通常である。

賃借人は、賃貸借契約終了に際し原状回復義務を負うとされる（民法598条準用、616条）。退去時の原状回復に関するトラブルが多いことより国土交通省がガイドランを定めるなど、原状回復は不動産賃貸市場で一般的な慣行となっている。一方で、賃借人に原状回復義務を課すことは以下のような結果につながる。1）賃借人が賃借物に対して行った追加投資について、利用価値があるとしても退去時には撤去を余儀なくされる（利用価値の消除）。2）賃借人は撤去費用を負担する（撤去費用の負担）。3）契約時の仕様への復元工事が必要となる（復元費用の負担）。

このように原状回復には三重の負担が発生する。加えて、新しい賃借人が

---

(14) 国土交通省住宅局「原状回復をめぐるトラブルとガイドライン」（再改訂版）平成23年8月。

希望する利用に合わせて改装する場合は、4）前賃借人の3）の工事を撤去することとなり四重の無駄となる。

原状回復の慣行は、社会的な無駄であるばかりでなく、賃貸人、賃借人の体力を削ぎ、両当事者をして現況を変更することを臆病にさせ、追加投資を封印する。結果として、空き家化を促進する側面がある。

建物賃借人による追加投資が建物賃借人個人の、そして、賃貸借期間中に限定された利用価値にとどまり、社会的価値として顕在化しないことが空き家の利用の進展の隘路となる側面を修正することが考えられる。

賃借人の権利の保護に重きをおく借家法制は一方で、賃借人の経済的利益[15]を認めないことで賃貸借当事者の均衡を図るが、期間利用権の効用を増加させるために投資する「賃借人の投資活力」を引き出す仕組みが必要である。

中古住宅の流通の１形態として、国土交通省は、DIY型賃貸借の活用を提唱している[16]。民法が規定する賃貸借契約の原則とは異なる形態の建物賃貸借契約を設定することで既存住宅の賃貸流通を促進する狙いである。この考えを発展させ、建物賃借人が追加投資した造作等を当該建物賃借人の資産とみなし、これに譲渡可能性や換価性をもたせることで、建物賃借人の資産形成を可能とする方法が考えられる。

一般に日本では建物賃借人が資産形成することはできないが、譲渡可能な借家権を設定することで、その可能性をもたせる。借家権が相対的に安価に利用できることに加え、借家人であっても創造力や活力を発揮することで資産形成が可能な枠組みが準備されれば、若者や高齢者、主婦など、期間や資力にかかわらず、多様な活力の受け皿となることが可能となる。権利の保護に併せて、借家権の新しい展開が待たれる。

3　遊休不動産の活用を進める借地・借家の展開

企業用不動産の利用を進めるための借地権と借家権の組み合せは第４類型にかかる期間利用権の展開として期待される。

---

(15)　キャピタルゲインにより資産形成するなど。

(16)　国土交通省住宅局「入居者がリフォームする、新しい賃貸住宅　DIY賃貸借のすすめ」

(1) 企業用不動産の活用

　土地神話が支配的であった時期、含み益をもたらす土地を多く持つほど優良な企業と考えられた。土地を担保に事業資金の融資を得るにも便宜で、企業は競って土地を取得し保有したが、地価が反転し、長期下落傾向が顕著になると一転して含み損をもたらすリスク資産と認識されるようになった。また、企業経営で資本利益率が重視されるようになると、収益に直接貢献しない不動産を所有することは経営の稚拙さを示すことに通じると認識されることとなった。[17]

(2) 多様な主体による役割の分担

　稼働中の企業用不動産の権利態様は、図-2の第2類型であることが多い。遊休化に伴い土地建物を売却する方法（上記5. 中古住宅の流通と価格で記述）もあるが、売却せずに有効活用する場合は、残る3類型のどれかに移行することになる。この際、企業戦略の見直しによって遊休化した不動産の活用のために、多くの資源を投入できないことが通常である。

　そのままの状態で建物賃貸（第3類型）できればよいが、新築後経年している企業用建物をそのままの状態で賃貸できるケースは多くない。また、建物賃貸事業には相応のノウハウが必要で、リスクも伴う。第1類型は建物をそのままの状態で自用することを希望し、借地権付き建物を購入する需要者がいる場合に成立するが、その蓋然性は高いとは言えない。

　第4類型は、単独では困難な遊休不動産の利用について、多様な主体が参加して役割を分担する方法である。まず、遊休不動産の所有企業は借地権設定者として地代収入を得る。借地経営はローリスクリーリターンのうえ特段のノウハウは必要としない点で、所有企業には好都合である。また、定期借地権にすれば将来は更地の状態を回復できる。定期借地権者は土地を購入せずに建物賃貸経営を行うことができることから、事業成立性の見込みが立てやすい。建物賃貸に必要なノウハウとリスク回避が課題となるが、建物賃貸

---

(17) このような背景から、国土交通省は2008年4月に、「CRE戦略を実践するためのガイドライン」と「CRE戦略を実践するための手引き」を発行し、企業用不動産の有効活用を契機とする企業経営の健全と国土の有効利用の両立を目指した。CRE戦略によって見直される不動産の代表的なものは企業収益に直接貢献するわけではない、体育館や山の家など福利厚生施設であったが、雇用や働き方に関する考え方の変容もあって、社宅も見直しの対象となっている。

借契約について転貸を認めるサブリース契約とすることが考えられる。サブリース会社は建物賃貸経営の専門家として、既存建物の改修、建物内外の使い方の工夫、情報発信による認知度の向上などを図り、既存建物を改修した建物ゆえの魅力を演出し、賃貸経営の成立を担う。[18]

　企業用不動産の活用では、新築後年数が経過して存続期間が短い、建物用途の転用を伴う、需要の掘り起こしのためには複数用途の混合になるなどの特徴がある。住宅が有望な利用用途となることも多く、20年程度の借地権設定が望ましいケースが考えられるが、事業用定期借地権（借地借家法第23条）は住宅で用いることはできない。

Ⅳ　まとめ

　所有権を含む期間利用権の存続期間と価格の減衰について考察した。時間は価値の源泉であることより、存続期間の減少によって価格が減衰することは避けられない半面、慣行的な価格評価が国富の喪失につながることを示した。また、二次流通のためには50年の存続期間は十分な長さとはいえないことを示した。

　日本では権利の保護を規律する一方、権利の得喪にかかる経済的対価は任意とするが、英国では権利得喪の対価についても規律し、法的側面と経済的側面の両面で社会に規範を示している。

　日本の状況からは、人口減少や企業戦略の見直しで遊休化する既存ストックの活用が求められ、所有権と期間利用権の自在な連携が期待される。関係者の活力を具現化する方法として用いるなど、確実な存続を前提とした借地・借家の新たな展開とそれを裏打ちする理念の提示も必要となっている。

---

(18)　中城康彦「マネジメント会社による企業用不動産の再生」建築のリ・スタート　日本建築学会　2019年9月　pp61-64。

マンション管理の現状と課題
──ハーフ古稀マンションの現状と法への期待──

齊 藤 広 子

```
Ⅰ  はじめに
Ⅱ  ハーフ古稀マンションの管理上の課題
Ⅲ  どう対応すればよいのか
Ⅳ  管理組合のマネジメント能力の強化と行政による私権の制限の強化の可能性
Ⅴ  さいごに
```

Ⅰ はじめに

　人間は古稀といえば70歳、その半分の35歳はまだまだ若いが、マンションでは築35年が一つのターニングポイントとなり、老いを感じる時期になる。そこで、ハーフ古稀、築35年に注目し、マンションの管理の実態を踏まえ、法への期待を考えていきたい。

　マンションにとっての35歳とは単なる70歳の半分というだけではない。

　1つめには、マンションで建替えなどの検討を始める時期になっているからである。建物の寿命は物理的な劣化だけでなく、建物の現状の水準と社会的な水準とのギャップから生まれる陳腐化によっても決まる。大学の建築学の授業ではマンションは物理的には「100年は保つ（もつ）」と教えている。[（1）]

（1）　根拠として、「期待耐用年数の導出及び内外装・設備の更新による価値向上について」（平成25年8月、国土交通省土地・建設産業局不動産業課　住宅局住宅政策課）で示されているように、「実際の建物の減耗度調査のうえ、建物の減耗度と実際の使用年数との関係から、鉄筋コンクリート造建物の物理的寿命を117年と推定（飯塚裕（1979）「建築の維持管理」鹿島出版会）」や、「鉄骨鉄筋コンクリート造及び鉄筋コンクリート造の構造体の耐用年数は、鉄筋を被覆する

しかし、建替えをしたマンションの平均寿命は42.8年となっている[2]。また、建替えを検討しはじめてから建替え決議までが平均7.4年である[3]。ゆえに、これらのマンションでは概ね築35年から建替えの検討を始めたことになる。この時期がマンションの高経年化を認識し始める時期と言えよう。また、築35年とはマンション購入第一世代が住宅購入のためのローンの返済を終える時期でもある[4]。住宅ローンの返済を終えた人たちは心に余裕ができ、将来を危惧する余裕も生まれる。さらに、当初に設定される長期修繕計画策定期間を超え、3回目の大規模修繕を迎え、給水管、排水管、ガス管、エレベーターなどの設備の取り換えなどが必要となり、その費用の高さに驚く時期でもある。

　2つめには、建築学的な視点からの一つの区切りとなる。築35年を超える1983年以前につくられたマンションは[5]、旧耐震基準のマンションが多く含まれている可能性が高い。1981年に建築基準法施行令が改正されたが、改正前の駆け込み申請などもあり[6]、竣工1983年は実質的な新耐震基準と旧耐震基準を分ける一つの目安となる。ゆえに、築35年を超えるマンションには、耐震補強などのハード面で抜本的な体質改善が求められるマンションが多くある。

　　コンクリートの中性化速度から算定し中性化が終わったときをもって効用持続年数が尽きるものと考える。その結果、鉄筋コンクリート部材の効用持続年数として、一般建物（住宅も含まれる。）の耐用年数は120年である（大蔵省主税局（1951）「固定資産の耐用年数の算定方式」）」がある。

（2）　建替えたマンションの平均寿命は、マンション建替え円滑化法による建替え事例のうち、被災マンションや道路拡幅に伴う建替え等を除いた数字である（http://m-saisei.info/tatekae/enkatsukajirei_index.html　2019年5月17日検索）。建替えをしたマンションの合意形成期間は旭化成不動産レジデンス株式会社　データーで見るマンション建替え12頁を参考にした。

（3）　建替えをしたマンションの合意形成期間は旭化成不動産レジデンス株式会社「データーで見るマンション建替え」12頁を参考にした。

（4）　住宅金融支援機構のフラット35では借入期間の最長が通常35年であるため、35年としている。

（5）　執筆時は2019年であることから35年を超えるマンションは1983年以前となる。

（6）　建築基準法施行令改正により新しい耐震基準（いわゆる新耐震基準）が施行されたのは、1981年6月1日である。この日以降に建築確認を受けた建物に対して新耐震基準が適用されるが、それ以前のものは旧耐震基準でよい。マンションの建設には、規模や高さによるが、大きくない場合でも通常は1年～1年半程度の工事期間となるため、旧耐震基準のものが多いだろうという基準を1983年以前と設定した。

3つめには、法学的な視点から一つの区切りとなる。マンション管理を進める上で基本となる区分所有法（建物の区分所有等に関する法律、昭和三十七年法律第六十九号）が 1983 年に大幅に改正されている。区分所有者の団体いわゆる管理組合の当然成立、専有部分と敷地利用権の一体化、共用部分や規約の変更などが全員同意から多数決合意へ、悪質な区分所有者の排除や特別多数決で建替えが可能となる規定が位置付けられた。また、実際に管理組合の運営のモデルとなる標準管理規約が示されたのも 1983 年であり、それまでは分譲事業者ごとに個性のある原始規約が設定されており、個性のある管理方法の設定であったものが、1983 年以降は全国均一的に標準版に沿って進められるようになる。ゆえに、1983 年以前につくられたマンションではその後供給されたマンションで当然と考えられる体制がない場合があり、ソフト面でも体質改善が求められるものが多くある。

II　ハーフ古稀マンションの管理上の課題

　ハーフ古稀マンションでは、人の老い、建物の老い、そして組織運営の老いが課題となっている。

1　ハーフ古稀マンション管理上の課題

　まずは築年数にかかわらず、一般的にマンションではどんなことが問題になっているのか。マンションの管理問題、ワースト 3 として従来から変わらず不動の位置を築いているのは、3 つの P、Pet、Person、Perking である。[7]つまり、マンション管理には大きく 3 つの側面、生活管理の側面、維持管理の側面、運営管理の側面があるが、日常的に問題が多いのは、生活管理に関する問題が多く、[8]人々が集まって暮らすことから近隣間の音の問題

（7）　平成 30 年度マンション総合調査結果でも最も多いトラブルが居住者間のマナーに関してであり、その中での生活音、違法駐車・違法駐輪、ペット飼育に関する問題が多くなっている（平成 30 年度マンション総合調査結果、335 頁、337 頁）。
（8）　国土交通省によるマンション総合調査は、1980 年から全国を対象に行われているが、居住者間のマナーに関するトラブルが過去 1 年間に起こったトラブルとして最も多くなっている。平成 30 年度調査でも 55.9％と最も多いトラブルである。

（Person）、ペット飼育の問題（Pet）、駐車場の問題（Perking）である。

　マンションで築年数が経つと、どんな問題が深刻になっていくのか。平成30年度マンション総合調査（2018 年実施、国土交通省）の結果から全国の概要をみていきたい。

　過去１年間に「トラブルなし」というマンションは全体の23.2％であり、築50 年、築45 年マンションでは「トラブルなし」は、約１割と少ない（表-1）。つまり、築年数が経てばトラブルが多いということである。人間と同じ、あっちこっちにガタが来るということである。その内容は、「居住者間の行為、マナーをめぐるもの」「建物の不具合」「管理組合の運営」「費用負担」など、生活管理、運営管理、維持管理の全般にわたっている。「居住者間の行為、マナーをめぐるもの」以外は、築年数が経つほど問題発生が高まる傾向がある。「建物の老い」、そして「人の老い」、それに伴う「組織運営

表-1　供給年別トラブルの発生状況（複数回答％）

供給年	築年	マナー等	建物の不具合	管理組合運営	費用負担	トラブルなし
～昭和 44 年	50～	76.2	71.4	38.1	52.4	9.5
～昭和 49 年	45～	67.8	61.1	36.7	46.7	12.2
～昭和 54 年	40～	57.9	51.8	31.6	40.4	17.5
～昭和 59 年	35～	59.8	40.2	28.0	27.1	21.5
～平成元年	30～	56.7	34.6	18.1	38.6	19.7
～平成 6 年	25～	51.4	33.5	12.3	32.5	23.1
～平成 11 年	20～	52.7	25.2	5.3	27.9	23.9
～平成 16 年	15～	51.7	20.4	6.4	19.6	27.2
～平成 21 年	10～	59.9	22.2	5.6	18.3	25.0
～平成 26 年	5～	58.5	23.6	3.3	6.5	29.3
平成 27 年以降	～4	65.4	25.6	2.6	5.1	23.1
全体	－	55.9	31.1	12.6	25.5	23.2

＊築年数は調査時点からすると正確には49、44、39…になるが、分かりやすく50、45、40…と表記した。以下、同様である。

＊網掛けは平均値よりも高い比率を示している

（9）　国土交通省：平成30 年度マンション総合調査335 頁より作成。

の老い」であり、維持管理面や運営管理面は築年数が経つほど問題になる。概ね、問題は築30年以上、つまりハーフ古稀を迎えるあたりから多くなる。

　こうした状況で、管理組合運営における将来への不安として、「区分所有者の高齢化」と「居住者の高齢化」、そして「理事の選出が困難」は築年数が経つほど、管理組合運営における将来への不安材料になりやすい（表-2）。[10] 築35年を過ぎたあたりから、「区分所有者の高齢化」が約8割、「居住者の高齢化」が約7割、「理事の選出が困難」が約5割、「無関心な所有者」が約4割で、不安材料となっている。

　こうした傾向は日本では一度住まいを購入するとあまり転居せず、永住意識が高いことがある。マンション購入当初から永住するつもりだった人が全体の54.0％であり、現在も永住するつもりである人が62.8％である。[11] よって、築年数が経ったマンションではその比率が益々あがる傾向にある。ゆえに、人が高齢化し、人の老いが課題となる。

表-2　築年数別管理組合運営における将来への不安（複数回答％）

築年	所有者 高齢化	居住者 高齢化	修繕積立金 不足	大規模 修繕	理事選出 困難	無関心 所有者
50～	81.0	47.6	19.0	19.0	57.1	33.3
45～	78.9	68.9	25.6	18.9	57.8	41.1
40～	85.1	64.9	29.8	22.8	48.2	38.6
35～	75.7	66.4	27.1	30.8	50.5	39.3
30～	72.4	55.9	29.1	26.0	38.6	31.5
25～	63.7	57.1	36.8	27.8	32.1	31.1
20～	54.4	43.4	35.0	27.4	22.1	27.9
15～	46.8	41.9	37.0	27.2	17.7	21.1
10～	33.3	28.6	30.6	40.1	11.5	16.7
5～	17.1	15.4	26.8	26.8	8.9	21.1
～4	19.2	17.9	23.1	20.5	11.5	21.8
全体	53.1	44.3	31.2	27.8	27.1	27.0

＊網掛けは平均値よりも高い比率を示している。

---

(10)　国土交通省：平成30年度マンション総合調査343頁より作成。
(11)　国土交通省：平成30年度マンション総合調査348頁、350頁より作成。

また、築年数が経てば賃貸にされる住戸や空き家が増える傾向がある（表-3）。このように区分所有者の不在化が進む。そして、中には所有者不明住戸も存在している。また、築年数が経ったマンションでは管理費等が3か月以上滞納している住戸がある率が高まり、滞納が1年以上滞納している住戸がある率でみてもその比率が高まっている。

2 築年数が経ったマンションの管理の状態

(1) 管理の基本体制

築年数のたったマンションの管理の基本体制の実態についても平成30年度のマンション総合調査結果からみてみよう。マンション管理の基本3本柱ともいえる、集会（総会）、規約、管理者についてである。「総会を開催したことがない」「ほとんど開催していない」マンションは全体の0.3％である[13]

表-3 築年数別賃貸率・空き家率

築年	平均賃貸率%	平均空家率%	空き家のうち所有者不明率	管理費等3か月以上滞納有率%	管理費等1年以上滞納有率%
50〜	14.0	10.9	4.6	42.9	33.3
45〜	22.1	8.4	9.5	46.7	37.8
40〜	14.7	4.4	4.6	28.1	26.3
35〜	17.2	3.8	2.3	30.8	20.6
30〜	21.3	4.4	5.8	32.3	22.8
25〜	16.3	2.7	5.3	26.4	21.7
20〜	10.2	1.7	5.3	19.9	17.3
15〜	10.1	0.8	5.6	22.6	11.3
10〜	9.8	0.9	2.0	24.6	9.9
5〜	8.9	0.8	—	11.4	3.3
〜4	9.0	3.6	—	15.4	2.6
全体	13.2	2.7	4.7	24.8	16.4

＊網掛けは平均値よりも高い比率を示している。

---

(12) 国土交通省：平成30年度マンション総合調査54. 56. 58. 238. 242頁より作成。

(13) 国土交通省：平成30年度マンション総合調査71頁より。「開催したことがない」「ほとんど開催していない」をあわせた比率である。

が、必ずしも築年数の経ったマンションに多いわけではない。「管理規約が
ない」マンションも 0.2%ある(14)が、これも必ずしも築年数の経ったマンショ
ンではない。しかし、管理者を選定していないマンションは築 50 年以上マ
ンションで 2 割近くある(表-4)(15)。そして、日本では、多くのマンションで総
会で理事が選出され、理事会を構成し、理事会で大事な管理組合の運営の方
針案を作る「理事会方式」がとられているが、理事会が「年 1 回程度」ある
いは「ほとんど開催されていない」マンションがある。しかし、築年数がた
つほど多いわけではないが、築 50 年以上のマンションでは 1 割近くが理事
会を「年 1 回程度」あるいは「ほとんど開催されていない」。また、築 35 年
以上マンションでも約 1 割ある。これには 2 つの理由が考えられる。1 つめ
には、初期に供給されたマンションでは管理者や理事会の設定が行われてい
なかったからである。2 つめには築年数が経ち、理事の選出、理事会の運

表-4 築年数別マンション管理の基本的な体制

築年	管理者選任 無率%	理事会開催 無率%	長期修繕計 画無%	修繕積立金 制度無率%
50〜	18.8	9.6	28.6	9.5
45〜	—	1.1	21.1	1.1
40〜	1.1	3.5	14.0	1.8
35〜	1.1	10.3	15.0	—
30〜	2.7	7.9	8.7	0.8
25〜	2.3	3.8	7.5	
20〜	1.0	4.0	3.1	
15〜	0.8	2.7	2.3	
10〜	0.4	4.8	2.4	0.4
5〜	—	5.8	4.1	
〜4	—	5.1	6.4	
全体	1.2	4.7	7.0	0.4

＊網掛けは平均値よりも高い比率を示している
＊理事会の開催が年 1 回あるいはほとんど開催していない等の率

(14) 国土交通省：平成 30 年度マンション総合調査 149 頁より。
(15) 国土交通省：平成 30 年度マンション総合調査 69, 105, 246, 191 頁より作成。

営、管理者の選定が円滑に行えない状態となっているからである。

　維持管理の体制についても平成30年度のマンション総合調査結果から見ていこう。マンションでは多くの区分所有者で共用部分を計画的に修繕するために、長期修繕計画を策定し、それに基づいて修繕積立金を積み立てる体制が多く取られる。長期修繕計画の策定状況をみると、築年数の経ったマンションでは策定率が低い。策定していないのは、築35年を超えると2割近く、築50年を超えると約3割である。その理由は、「分譲当初からなかった」「必要だが作成の仕方がわからない」等である。そして、築年数の経ったマンションでは修繕積立金制度がない場合もあり、築50年以上マンションでは約1割である。このように築年数の経ったマンションでは計画的に修繕を進める体制の不備が多く、その原因は当初から長期修繕計画が策定されていなかったこと等が原因となっている。

表-5　老朽化問題の議論と現在の建物の問題

築年	老朽化問題対策議論%	建物の問題（主なもの）%					
		外壁剥離	ひび割れ	鉄筋露出	漏水	雨漏	配管漏水
50〜	61.9	14.3	42.9	14.3	47.6	33.3	33.3
45〜	75.6	26.7	37.8	16.7	50.0	24.4	36.7
40〜	71.9	12.3	22.8	12.3	29.8	12.3	34.2
35〜	62.6	15.0	33.6	11.2	25.2	8.4	36.4
30〜	52.0	12.6	32.3	9.4	29.1	12.6	25.2
25〜	50.0	15.6	31.6	11.8	22.6	10.4	17.0
20〜	31.0	8.0	21.7	8.0	13.7	5.3	8.4
15〜	26.8	7.5	21.5	4.5	10.9	2.6	4.9
10〜	25.0	13.9	38.9	5.2	12.7	4.8	3.2
5〜	6.5	5.7	15.4	3.3	3.3	0.8	0.8
〜4	3.8	1.3	14.1	1.3	1.3	1.3	—
全体	38.6	11.6	27.3	8.0	18.3	7.6	14.1

＊網掛けは平均値よりも高い比率を示している

――――――――――――

(16)　国土交通省：平成30年度マンション総合調査316頁、322頁より作成。

(2) 建物の状態

　建物の劣化の状態をみていこう（表-5）[16]。老朽化問題について管理組合内で議論をしているのは築25年を超えたマンションに多く、築35年を超えると6割以上のマンションで老朽化問題を管理組合で議論している。実際にどのような劣化状態にあるのか。外壁等の剥離、外壁や共用廊下のひび割れ、鉄筋の露出・腐食、漏水、雨漏り、給排水管の老朽化による漏水などがあり、例えば、雨漏りは築35年以上で8.4％と1割近くになる。築40年以上で12.3％、築45年以上で24.4％、築50年以上で33.3％と、築年数の経ったマンションでは多くなる。建物の老いである。

　築年数の経ったマンションは旧耐震基準のマンションが多い。そこで、旧耐震基準のマンションで耐震診断・耐震補強工事をしたことがあるかをみる（表-6）[17]。築年数が古いほど、耐震診断をした比率が高くなる。しかし、旧耐震基準のマンション全体のうち63.7％が診断すらしていないという実態がある。診断をしていない理由は、「予算がないため、耐震診断をしていない」などである。耐震診断結果をみると、必ずしも古いほど、耐震性が低いとは限らない。また、結果を踏まえて耐震改修工事を既に行っているのは、耐震性がないと判断されたマンションのうち38.1％であり、残りのうち38.1％は改修の工事実施の予定はないとしている[18]。

表-6　旧耐震基準マンションの耐震診断・耐震改修

	築年	耐震診断していない%	耐震診断した%		
			耐震性なし	さらに診断要	耐震性あり
～昭和44年	50～	38.9	22.2	11.1	27.8
～昭和49年	45～	59.6	16.9	7.9	12.4
～昭和54年	40～	61.8	15.5	8.2	13.6
～昭和59年	35～	82.5	7.9	1.6	7.9

＊不明あり

---

(17)　国土交通省：平成30年度マンション総合調査310頁より作成。
(18)　国土交通省：平成30年度マンション総合調査312頁より。

3 管理不全マンションの存在

築年数が経つほど、空き家や賃貸住戸の増加、高齢化も進み、理事の選出や管理者の選出も難しいという管理組合の運営や、長期修繕計画がなく、積立金も十分でない、耐震改修ができない、という維持管理が課題となるが、すべてのマンションで同様に管理困難に陥るわけではない。マンション内で、長年の管理組合運営の経験を活かし、管理の情報・問題・課題を共有し、より自分たちに合った方法を確立し、管理を進めているマンションもあり、築年数の経ったマンションでは管理状態が2極化している。いわゆる頑張るマンションと頑張れないマンションである。

その実態を横浜市をとりあげてみてみよう。建物の維持管理状態、管理組合の自治能力の状態、社会的水準への適合の状態、流通面への取り組み等、単純に建物が綺麗で掃除され整理整頓がされているかだけではなく、「老い」の防止のため、若い世代を呼び入れよう、あるいは実際にそうした取り組みの結果、成果があることが目で見てわかる努力をしているのかを観察調査から把握した。[19]

結果、建物の外壁の劣化や鉄部に錆が目立つなど、明らかに物理的な劣化がみられる管理不全及び管理不全の兆候がある場合（Dランク：不全）が4.0％、将来的に管理不全に陥るおそれのあるマンション（Cランク：不良）が15.2％で、あわせると約2割となる。一方では、建物や植栽の手入れが行き届き、共用施設が整理整頓され、若い世代を呼び入れようとする対応がみられるAランク（良好）が45.4％、Bランク（普通）が35.4％である。

なぜ、管理不全になってしまったのか。リゾート地では異なるメカニズムもみられるが、都市部では概ね5つのパターン見られた。[20] 1つめはマンション内の住戸を買占めし、地上げをしていた業者の倒産である。抵当権者等の

---

(19) 横浜市金沢区の築30年以上の全マンション（119マンション）を対象に調査項目として25項目を設定し、各項目について判定し、「良好」な状態の項目が6割未満でかつ、建物の劣化など明らかに物理的に問題があるもの（「鉄部の錆び、壁の汚れ、その他の劣化」）をD（不全）、「良好」な状態の項目が6割以上7割未満をC（不良）、「良好」な状態の項目が7割以上8割未満をB（普通）、「良好」な状態の項目が8割以上をA（良好）とした。調査方法の詳細は参考文献11を参考にしていただきたい。

(20) 横浜市全体の築30年以上マンションを対象に管理不全マンション調査を実施した。実施方法は文献11を参考にしていただきたい。

関係者が多く、方針が決定できない。ゆえにそのまま放置されている。2つ
めは等価交換型マンションのように元地主所有の住戸が多いマンションであ
る。元地主所有の賃貸住戸があり、所有者不在率が高い。元地主ががんばっ
て管理をしてきたため、当初より管理組合や管理規約、長期修繕計画、修繕
積立金のような基本的な管理体制はない。それでもなんとか人もマンション
も若いうちはやってこられたが、元地主が亡くなり、管理のリーダーシップ
を取る人も体制もなく、管理が適正に行えない。3つめは長屋型のマンショ
ンである。エレベーターもなく、低層少住戸であるため、なんとかその場そ
の場の対応でやってきたが、さすがに大規模修繕に対応できるだけの体制が
ない。4つめは小規模自主管理のマンションである。区分所有者が住み、若
いうちはみんなで手わけして管理をしていたが、賃貸化、空き家化、そして
高齢化が進み、理事のなり手もなく、管理の実行部隊がいない。5つめは小
規模雑居型のマンションである。店舗区画と住居区画で管理の合意形成が難
しく管理が行われていない。これらのマンションでは、当初から長期修繕計
画の策定、それに基づく修繕積立金がないため、大規模修繕が実施できず、
物理的に管理不全が進行しているという点が共通している。また、日常的に
管理組合を適正にサポートする管理会社の支援体制がないことも共通している。

　さらに、見ているだけではわからないので、マンションの運営などの状態
を教えてもらおうとアンケート票を送ったが、問題のあるマンションほど、
アンケート調査票が届かないし、届いても回答してもらえない。管理不全の
Dランクのマンションにはアンケート票が100％不達である。まさに、困っ
ているマンションに手が届かない状態である。

4　空き家等が及ぼす管理への影響

　マンションでも空き家が進んでおり、平成30年度のマンション総合調査
によると、空き家率は全国平均2.7％である。築45年を過ぎると、空き家が
約1割、空き家率が20％を超えるマンションも存在している (表-3)。

　横浜市のマンションを例にとり、空き家化の進行と管理への影響をみてみ
よう[21]。空き家の状態がステージⅠ (空き家率〜10％未満) では、管理組合の対

---

(21)　参考文献7を参考にしていただきたい。

応の仕方で問題を対処できている。しかし、空き家化がステージⅡ（10％～20％未満）になると、日常的な管理組合への対応がやや困難となり、かつ長期的な展望をもちにくくなっている。総会への出席率が低下し、理事会の開催にも影響が出る。また、長期修繕計画の策定も滞り、積立金不足になりがちである。さらにステージⅢ（20％～）では、理事会の開催や総会への出席という運営管理がより困難となり、当然長期的な展望も取り組みも難しくなり、長期修繕計画を見直す体制が不十分となり、修繕積立金が足りるかどうかすら把握できない状態になりがちである。こうして管理の負のスパイラルに陥りやすくなる。さらに空き家化が大幅に進み、ステージⅣ（50％～）となると、エレベーターが止まり、ガス・電気・水道も止まり、居住が困難な例が登場している。[22]

　さらに築年数の経ったマンションでは新たな課題も生まれている。所有者死亡により相続した人の所有権の放棄、所有者不明住戸の存在、居住者の認知症による近隣住戸などへの迷惑行為、さらに外国人の所有者・居住者の存在による生活面や運営面でのトラブルなどである。[23]つまり、快適にマンションで居住するため、あるいは適正な維持管理や円滑な運営に、従来の建物管理を主とするマンション管理だけでは到底対応できない状態になっている。

Ⅲ　どう対応すればよいのか

1　いままでのハーフ古稀とこれからのハーフ古稀

　上記の問題は、ハーフ古稀マンションで「築年数が経つほど起こりやすいもの」と、「1983年以前だから生じやすいもの」という2局面がある。後者

---

(22)　ステージⅣの対応策については、齊藤広子（2014）「マンションにおける空き家予防と活用、計画的解消のために」『都市の空閑地・空き家を考える』（浅見泰司編著、プログレス）で検討している。

(23)　築年数が経ち不動産価格が下がり、外国人労働者による中古住宅の購入が増加したマンション等がある。私の研究室で実施した「2018年度マンションにおける外国人の所有と居住の調査」では、外国人所有率100％のマンションもみられた。築年数の経ったマンションで外国人所有・居住率が上がる場合もあるが、最近供給されたマンションでは分譲時から一定の外国人所有者を含むケースも増えている。外国人が居住する場合には生活文化による違い、日本語が通じない問題など、外国人が所有する場合には資料送付が困難、連絡が付きにくい、管理費滞納催促が困難、理事のなり手が減る、委任状を集めにくいなどの問題がみられる。

の例として耐震性の問題、住宅の性能の問題、また管理の初期設定の問題がある。高経年マンションの一般的な問題として考えるのであれば、「1983年以前マンション」ではなく、「築35年以上マンション」で生じるであろう問題をどのように予防・解消するのかが重要になる。つまり、築年数の経ったマンションで、空き家化が進み、賃貸化も進み、所有者の不在化、高齢化が進む。そのなかで理事や管理者の選定が難しくなる。また、大規模修繕、耐震改修工事が円滑に実施できない。ひどい場合は管理不全になる。この問題の予防や解消をどのように進めればよいのかが課題となる。マンションの建物の老い、人の老い、そして組織の老いである。

2 必要な行政対応

そこで、マンションがハーフ古稀で管理不全に陥らないための施策を考えていこう。

(1) 初期から適正な管理体制の設定を

第一に、マンションの供給時から管理組合、管理体制が整備されないマンションが存在し、管理不全になりやすいことから、小規模マンションも含め、供給段階から管理適正化のためにハードだけでなく、管理組合や長期修繕計画等の管理の基礎的な体制を整えることが必要である。現在は、管理方法の設定は分譲会社の任意行為となっていることから、強制行為とするにはなんらかの法的根拠が必要となる。

しかし、現在、わが国ではマンションの分譲会社に適正な管理の初期設定を義務付けるあるいは指導するツールは存在しておらず、行政による供給時からの管理適正化推進のための対応を推し進める体制はほとんどない。地方自治体の対応としては集合住宅建設指導要綱等で管理人室および管理人の設置等が規定されている程度と、国ではマンション管理適正化法（マンションの管理の適正化の推進に関する法律、平成十二年法律第百四十九号）で分譲会社から管理者に設計図書等の引き渡しが義務付けられている程度である。

アメリカではカリフォルニア州やハワイ州等で州政府による消費者向けのパブリックレポートが発行されており、誰でも見ることができる。そこには管理に関する重要な情報が記載されているだけでなく、供給時に適正な管理

システム設定を事業者に義務づけるツールとなっている。なお、カリフォルニア州では、パブリックレポートの発行は消費者保護の視点から州法で位置づけられている[24]。

(2)　管理不全予防のための指導、管理不全におちいった場合の指導・監督

　管理不全にならないように、また、なった場合の行政指導が必要である。現在は、マンション管理の施策の対象は、自発的に支援を求めるだけの力量がある管理組合のマンション（A．Bランクのマンション）が主である。管理不全に陥らないように問題のあるマンション（Cランクのマンション）への具体的支援、管理不全におちいったマンション（Dランクのマンション）に対する施策が必要である。しかし、ほとんどの行政指導は建設時の指導であり、管理段階の指導となっている場合は少ない[25]。

　そこで、管理不全マンションの予防や解消のために、高経年や小規模のマンションの存在や管理状態の把握、管理の支援体制の整備が必要である。具体的には、行政によるすべての管理組合の把握が難しいことから、管理組合が自ら登録する制度、その情報により行政が管理を支援する体制の整備が必要で、東京都等のように、それを可能とする条例の整備等が求められる[26]。また、ハワイ州のように新規供給時からマンション及び管理組合が州政府に登録され、定期的に管理組合によって更新する制度である[27]。この点については、あとでさらに検討したい。

---

(24)　参考文献14。なお、パブリックレポートは不動産委員会規則、分譲（敷地分割）に関する法律（Subdivision Map Act）、ビジネス・職業規約（Business and Professions Code）で規定されており、敷地分割規制（Subdivision Control）として行われている。

(25)　例えば、中野区の「集合住宅の建築及び管理に関する条例」では、「第16条　建築主等は、建築及び管理に関する基準について、既存の特定集合住宅及び小規模特定集合住宅についても適合させるように努めなければならない。区長は、前項に規定する内容を区民及び建築主等に対して周知するものとする。」とあるが、勧告や公表などの対象とはなっていない（参考文献16等）。

(26)　任意の登録制度では、管理不全や不良のC・Dランクのマンションの把握が難しいことから、豊島区、板橋区、墨田区、東京都のように、マンションの登録の義務化が必要と考える。任意の登録制度では登録率が低く、ランクの高いマンションの登録が多くなっている。

(27)　ハワイ州では、登録内容は、理事長・副理事長、書記、会計、管理形態・管理業者、管理費、滞納額、過去2年及び将来の一時金の徴収、過去2年の組合の紛争や調停の内容、パブリックレポート等である。なお、登録を更新していない場合は裁判ができないため、管理費滞納等に対応できなくなる。

マンション管理の現状と課題（齊藤）　795

（3）　第3者管理方式の確立へ

所有者の高齢化や不在化、賃貸化に対応した管理方法の検討が必要である。

小規模自主管理型による管理不全は、今後区分所有者の高齢化、不在化から増加すると考えられる。第3者による管理者を派遣するなど、管理組合の運営を組合以外の人・組織が支援する体制が必要である。なお、その場合の費用負担を区分所有者自身で行えるようにリバースモーゲージ制度の利用などの可能性の検討が必要である。現在、管理者に管理会社がなる場合、管理者にマンション管理士がなる場合、それぞれの場合に理事会の有無、管理会社への業務の委託の有無など、多様な形態は生まれつつある。管理不全マンションには特定管理者[28]を任命し、管理執行ができる体制づくりなどが今後必要である。なお、管理会社が管理者となる場合に、利益相反をどう排除するのかなどの課題はある。

（4）　耐震診断・耐震補強の推進──さらなる情報開示を

なかなか進まない旧耐震基準のマンションの耐震診断と耐震補強を推進するには、適正な情報提供と相談体制の充実、専門家による支援体制ともに、市場でのより積極的な情報開示が必要である。マンション管理の適正化の推進を行政負担を少なくして実現するには、市場をより活用することが必要で、頑張るマンションが市場で評価される仕組みが必要である。実際に耐震補強をしたマンションの内、積極的に情報開示をしているマンションでは、市場で評価されていることが確認できている[29]。また、管理の質を A. B. C. D ランク別にして中古での流通価格の違いを見たところ、中古売買の平均価格が A ランクは C ランクの1.2倍、B ランクは C ランクの1.1倍になっている。今後はより一層、明確な基準、消費者にとってわかりやすい管理水準の

---

(28)　参考文献1で示しているが、マンション管理適正化法整備の際には、管理不全マンションに管理者を派遣し、管理適正化を目指す検討が行われていた。その際には、どのような人材をどのような費用をもって派遣するのか、その費用の回収をどのようにするのか等が検討課題となり、マンション管理士の活用は後日の検討課題となった。

(29)　2018年度に首都圏のマンションの耐震診断及び耐震改修工事促進要因を把握する調査を実施した結果、耐震診断をし、耐震改修工事をしたマンションのうち消費者がアクセスできる不動産情報サイト SUUMO 等で「耐震補強済」が表示されている場合には、他の同時期に供給されたマンションよりも価格が高くなっていることが確認できた。

設定により、市場で管理が評価される体制を推進する必要がある。現在、わが国では、消費者が住宅購入の意思決定をするための必要な情報は宅地建物取引業に基づき、契約より前に宅地建物取引士によって説明がされることになっている。しかし情報として提供される項目は限定的である。また、消費者がほしい情報を入手するため、マンションに直接アクセスできる仕組みにはなっていない。[30] ゆえに、ハワイ州の管理組合の登録とその情報の公開制度や、フランスでの「都市連帯及び都市再生に関する 2000 年 12 月 13 日法（SRU 法）」に基づく修繕カルネ制度のように中古でマンションを購入しようとする買主希望者が自分の意思でマンション管理に関する詳細な情報を入手できる体制の構築が必要である。[32]

(5) 期限を決めた利用を前提にした長期マネジメント計画の整備

マンションの高経年期の大きな課題に再生がある。建替え等の再生の難しさは合意形成の困難さが基本にある。その根本には、マンションがいつまで使えるのかの期待値が区分所有者にとって異なることがある。ゆえに、マンションがいつまで使えるのかの利用期限の設定が必要である。例えば、わが国で 600 件ほどある定期借地権マンションでは利用期限が決まっているといいながらも、建物を解体し、更地にして敷地を返却するプロセスプランニングが設定されているところはほとんどない。[33] 借地期間が 50 年であるが、実際にはいつまで使え、いつから解体工事をだれがどのように行うのか。定期

---

(30) マンション管理センターが運営するマンションみらいねっとは、マンションの管理情報を公開しているため、消費者だれもが管理情報を把握できるが、情報閲覧が可能な登録マンション数は 2019 年 8 月現在で 244 と限定的である。

(31) 2001 年 6 月 1 日より「都市連帯及び都市再生に関する 2000 年 12 月 13 日法（SRU 法）」に基づき、マンション購入予定者は管理者（Syndic）が作成・更新する建物修繕カルネ（Carnet d'Entretien）と、建設・住宅法第 111. 6. 2 条に定めるディアグノスティック（Diagnostic；不動産売買に必要な法定測量及び鑑定）の提出を求めることができることになっている。修繕カルネには、①建物の住所、②管理者の概要、③組合加入の建物の保険契約番号及び契約期日を明記する。さらに任意情報として、④外壁の美観回復（ravalement）、屋根修繕、エレベーター・ボイラー・配管の交換等の大規模工事の実施年及び工事担当業者、⑤組合を受取人とする欠陥住宅保険の保証期間内であればその契約番号、⑥共用設備の管理・保全契約の契約番号と期日、⑦区分所有者総会が採択した数ヵ年の工事計画と日程、⑧他に区分所有者総会の決定に基づき、建物の建設や技術調査に関する情報などの追加情報を含むことができる。ディアグノスティックの内容を含めた詳細は参考文献 17 を参考にしていただきたい。

(32) 参考文献 6 を参考にしていただきたい。

(33) 参考文献 8 を参考にしていただきたい。

借地権マンション以外でも、終焉までの修繕の計画、それを支える経営・運営計画として、長期マネジメント計画を設定する必要がある。

　では、決めた計画の実行の責任者はだれか。だれが責任をもって計画を執行するのか。終焉までのプロセスを管理組合の役割として位置づけ、反対者や協力しない区分所有者への何らかの強制権が求められる。ゆえに、管理組合の新たな権限の根拠となる法的な位置づけが必要となる。

(6)　賃借人による日常管理と生活管理の運営

　我が国のマンション管理方法は長年、所有＝居住一体型の自治を想定していたが、所有者の不在化、賃貸化が進んだ場合の管理方法の設定が必要である。マンション管理には大きく分けて所有の側面と居住の側面がある。居住の側面は、賃借人も含めた居住者が日常的に行い、所有の側面は区分所有者で決議をする。例えば、ペット飼育が可能かどうかは所有者組織で決議し、その方針に従い、居住者組織で使用細則や詳細なルールの下で運営をするなど、できるだけ居住をベースにした管理運営を行う。区分所有法は所有関係を調整する法であるため、集まって住むことを調整する機能は持ち合わせていない。ゆえに、マンション居住に関する管理を進める新たな枠組みが必要である。なお、この仕組みは、現行法のなかで可能であることから、1つのモデルを構築することが実践では有効であろう。

(7)　管理組合による空き家の経営

　管理組合は所有者の不在化の進行、空き住戸の増加から、限られた資金での効率的な運営がより求められる。そのなかで、空き住戸をゲストルーム、

---

(34)　2016年のマンション標準管理規約改定までは、区分所有者自らがマンションに住み、理事などを担うことが想定されていた。そのため、理事は「現に居住する区分所有者」となっていた。

(35)　こうした取り組みとして、所有者組織と居住者組織の合同組織・運営を行っている事例もある。また、実際に管理組合の役員に賃借人に就任の権利を認めているのは全体で3.0％であるが、築50年以上で19.0％、45年以上で14.4％、40年以上で9.6％、35年以上で6.6％、30年以上で3.1％と、築年数を経ている場合に多くあり（平成30年度マンション総合調査結果87頁より）、それだけ必要性があることがうかがえる。

(36)　1990年代にはマンション問題研究会代表 先田政弘氏らによる具体的な所有者と居住者の役割分担が示されていた。なお、参考文献15では私の試案を示している。

(37)　越後湯沢のリゾートマンションでは、管理費等の滞納が続く、住戸を管理組合で借り上げ、ゲストルームとして運営する、あるいは競売された住戸を管理組合で所有するなどの取り組みが実際に見られている。

集会室、シェアハウス、民泊利用等に活用する例もみられ、シェアオフィイスや店舗として利用することへの要求などもある。[38] 管理組合が住戸を競売で手に入れ、販売した事例やさらには将来の建替えに備えての隣接敷地の購入、借地権マンションでの底地の買い取りなど、管理組合による不動産の所有と経営の実態がみられる。この点についてもあとで検討を行いたい。

(8) マンションの地域資源化

上記のような行政施策をなぜマンションにしなければならないのか。マンションはあくまで私有財産であり、個人の責任、個人の集合体の責任の下で管理を行うべきであるという意見もあろう。しかし、特定空家は空家対策特別措置法の下で指導・助言、勧告、命令さらには最終的には代執行も行われるが、そこに到るまでに行政は多くの手間暇をかけ、かつ代執行費用も住宅所有者から回収できないケースもある。こうした状況を鑑みると、マンションの管理不全を予防することは将来起こりうる外部不経済を事前に予防し、行政のコスト削減にも寄与することにもなる。また、マンションは免震性や耐震性に優れている、あるいは液状化や津波に強いということから、東日本大震災では地域の人々の避難場所になった。災害時の避難待機住宅になっている、あるいはその体制をとっている例も多い。[39] ゆえに、マンションを、災害時を含めた地域拠点として維持する、つまり管理するかしないかはマンションの勝手ではなく、地域として適正に維持することが社会的に必要であるという考え方を広めていく必要があるのではないかと考える。

また、小規模マンションでは、管理会社への委託も少なく、管理組合運営のマンパワーも不足することから、集積と規模の効果が発揮できる地域ネットワーク化による運営体制など、新たな管理方式の検討も含め、管理適正化の推進を取り組みやすくする体制が必要である。

(9) 耐震性が低いマンション以外にも多数決による解消制度を

管理不全の場合（Dランクのマンション）には必要に応じて、建物解体・敷地売却等による区分所有関係の解消・清算制度が必要である。現在、耐震性

---

(38) 横浜市団地再生モデル事業として実施された左近山団地中央地区でのコンペでの実際の提案内容である（再生モデル事業　平成26年）。

(39) 参考文献9を参考にしていただきたい。

が低いマンション以外は民法に基づき区分所有者全員の合意が必要となる。管理不全マンションでは所有者不明住戸の存在などがあり、全員同意は現実にはかなり困難性が高い。ゆえに、居住権や財産権の観点から慎重な議論が必要であるが、一定の条件が備わった場合の多数決決議で解消を可能にする制度の検討が必要である。

IV　管理組合のマネジメント能力の強化と行政による私権の制限の強化の可能性

　管理不全マンションを根本的に改善する方法として、2つの方向について検討する。一つは、私権を制限し、公権力の強化から、管理不全マンションの予防や改善に勤める方法である。その前提として現行法ではどのように対応できるのか。もう一方は、管理組合力を高め、管理組合自らが力を発揮し、再生を行う方法である。いわば、管理組合自身が経営能力を持つことである。2つの方向から考えていこう。

1　現行法におけるマンション管理不全対応

　管理不全マンションが存在しているが、現行法での管理不全の予防、解消のための対応をみた上で今後必要な法制度について考察する。

(1)　区分所有法での対応

　区分所有法は、共用部分を中核とする区分所有建物とその敷地の管理を法律上どのように組織すべきかに答えるため、区分所有した建物の所有及び管理に関する区分所有者間の権利関係の調整機能をもつ法である。ゆえに管理組合そのものやその役割についての直接的な規定はない。区分所有法第3条で、「区分所有者は、全員で、建物並びにその敷地及び附属施設の管理を行うための団体を構成し」とあり、これは実質的な管理組合と呼ばれるものの

---

(40)　区分所有法については、「稲本洋之助＝鎌野邦樹『コンメンタール マンション区分所有法』（日本評論社・2015年）はじめに」では、「区分所有建物とその敷地の管理を法律上どのように組織すべきかについて理論上も実務上も蓄積がない段階で、区分所有法はいわば将来に備えての立法」とあり、玉田（2002）は、「建物を区分所有する場合の法律関係」としている（玉田弘毅、区分所有法入門―マンションビジネス必須知識　東京法令出版；改訂新版2002）。

根拠となる。では、この団体は何をもって管理をしていくのかについては、3条で「この法律の定めるところにより、集会を開き、規約を定め、及び管理者を置くことができる」とある。つまり、管理を進める上で、規約、集会、管理者を置くことが想定されている。法では管理組合の役割を規定するものはなく、管理者が重要な役割となっている。管理者は共用部分、当該建物の敷地及び附属施設を保存し、集会で決議されたことを実行し、規約で定められた行為を行う権利と義務を負う。そして、年に1回集会を招集し、規約や集会の議事録を保管し、利害関係者から請求があれば、閲覧させることになっている。さらに、区分所有法では、義務違反者への措置として、共同の利益に反する行為停止等の請求、使用禁止の請求、区分所有権の競売の請求、占有者に対する引き渡し請求、復旧や建替えなどの合意形成や売渡請求などの規定もあることから、これらの行為も実質的に区分所有者で構成される管理組合の役割と解することができよう。区分所有法では、以上のように人と人との権利関係の調節と、団体の管理者の役割等を位置付けており、保存や管理、変更行為は区分所有者や管理組合の役割と解されるが、管理不全やその予防や解消への対応についての根拠となる条文は用意されていない。よって、民法に従い、全員同意が必要となることが想定される。

---

(41) 関連する区分所有法条文は以下のとおりである。

第二十五条 区分所有者は、規約に別段の定めがない限り集会の決議によつて、管理者を選任し、又は解任することができる。

第二十六条 管理者は、共用部分並びに第二十一条に規定する場合における当該建物の敷地及び附属施設（次項及び第四十七条第六項において「共用部分等」という。）を保存し、集会の決議を実行し、並びに規約で定めた行為をする権利を有し、義務を負う。

2 管理者は、その職務に関し、区分所有者を代理する。

第三十条 建物又はその敷地若しくは附属施設の管理又は使用に関する区分所有者相互間の事項は、この法律に定めるもののほか、規約で定めることができる。

第三十四条 集会は、管理者が招集する。

2 管理者は、少なくとも毎年一回集会を招集しなければならない。

第三十三条 規約は、管理者が保管しなければならない。ただし、管理者がないときは、建物を使用している区分所有者又はその代理人で規約又は集会の決議で定めるものが保管しなければならない。

2 前項の規定により規約を保管する者は、利害関係人の請求があつたときは、正当な理由がある場合を除いて、規約の閲覧（規約が電磁的記録で作成されているときは、当該電磁的記録に記録された情報の内容を法務省令で定める方法により表示したものの当該規約の保管場所における閲覧）を拒んではならない。

(2) マンション管理適正化法での対応

マンション管理適正化法（マンションの管理の適正化の推進に関する法律、平成十二年法律第百四十九号）は、「マンションの管理の適正化を推進するための措置を講ずることにより、マンションにおける良好な居住環境の確保を図り、もって国民生活の安定向上と国民経済の健全な発展に寄与することを目的と」（第1条　目的）し、2000年に公布された。「管理組合は、マンション管理適正化指針の定めるところに留意して、マンションを適正に管理するよう努めなければならない（4条1項）。また、「マンションの区分所有者等は、マンションの管理に関し、管理組合の一員としての役割を適切に果たすよう努めなければならない（4条2項）。」そのため、「国及び地方公共団体は、マンションの管理の適正化に資するため、管理組合又はマンションの区分所有者等の求めに応じ、必要な情報及び資料の提供その他の措置を講ずるよう努めなければならない（5条)。」とある。

こうして、管理組合や区分所有者の努力義務が位置づけられ、それを支えるための体制として、マンション管理士資格の創設、管理会社の国への登録、マンション管理適正化推進センターの役割、マンション管理業者の団体の役割、分譲会社による設計図書の引き渡し、そして問題がある場合の罰則規定がある。しかし、管理組合や区分所有者に対する罰則規定はない。このように管理適正化の推進ではあるが、問題があるからといって財産権や私権の制限を加えることは規定されていない。

(3) マンション建替え円滑化法での対応

マンション建替え円滑化法（マンションの建替え等の円滑化に関する法律、平成十四年法律第七十八号）は、マンションの建替えの円滑化等に関する法律として2002年に公布された。目的は「マンション建替事業、除却する必要のあるマンションに係る特別の措置及びマンション敷地売却事業について定めることにより、マンションにおける良好な居住環境の確保並びに地震によるマンションの倒壊その他の被害からの国民の生命に関する措置を講ずることにより、マンションにおける良好な居住環境の確保を図り、もって国民生活の安定向上と国民経済の健全な発展に寄与すること（第1条）」である。この目的は2014年の改正時に、「マンション建替組合の設立、権利変換手続による

関係権利の変換、危険又は有害な状況にあるマンションの建替えの促進のための特別の措置等マンションの建替えの円滑化等、身体及び財産の保護を図り、もって国民生活の安定向上と国民経済の健全な発展に寄与すること」から変更されている。よって、2014年改正前は、危険又は有害な状況にあるマンションの建替えの勧告制度（第102・第103条）が規定されていた[42]が、実際には執行されていない等から削除され、新たに耐震性の低いマンションにおいて5分の4以上の多数で解消ができる制度、それに先立って「除却する必要のあるマンション認定制度」が新たに加わっている（第102〜115条）。

　なお、危険又は有害な状況にあるマンションとは、マンション内に8割以上の住戸又は50戸以上が地震に対する安全性、構造の劣化又は破損の程度、防火上または避難上の構造が著しく不良であるため居住の用に供することが著しく不適正な状態のものである[43]。法律の条文から、危険又は有害な状況にあるマンションに関する規定が削除されたため、現状を鑑みると施策が後退

---

(42)　（危険又は有害な状況にあるマンションの建替えの勧告）
　　第百二条　市町村長は、構造又は設備が著しく不良であるため居住の用に供することが著しく不適当なものとして国土交通省令で定める基準に該当する住戸が相当数あり、保安上危険又は衛生上有害な状況にあるマンションで国土交通省令で定める基準に該当するものの区分所有者に対し、当該マンションの建替えを行うべきことを勧告することができる。
　　2　前項に規定するマンションの一部の区分所有者は、市町村長に対し、当該マンションの他の区分所有者に対し、同項の規定による勧告をするよう要請することができる。
　　3　第一項の規定による勧告をした市町村長は、速やかに、都道府県知事にその旨を通知しなければならない。
　　4　第一項の規定による勧告をした市町村長は、当該勧告に係るマンション（以下「勧告マンション」という。）又はその敷地について質権、借家権、使用貸借による権利若しくはその他の使用及び収益を目的とする権利又は担保権等の登記に係る権利を有する者があるときは、速やかに、これらの者にその旨を通知しなければならない。ただし、過失がなくてこれらの者を確知することができないときは、この限りでない。
　　5　市町村長は、第一項の規定の施行に必要な限度において、マンションの区分所有者に対し、当該マンションの保安上の危険性又は衛生上の有害性に係る事項に関する報告を求め、又はその職員に、マンション若しくはその敷地に立ち入り、当該マンション、その敷地、建築設備、建築材料、書類その他の物件を検査させることができる。ただし、住居に立ち入る場合においては、あらかじめ、その居住者の承諾を得なければならない。
　　6　前項の規定による立入検査をする職員は、その身分を示す証明書を携帯し、関係人に提示しなければならない。
　　7　第五項の規定による立入検査の権限は、犯罪捜査のために認められたものと解釈してはならない。
(43)　マンションの建替えの円滑化等に関する基本的な方針　平成十四年十二月十九日国土交通省告示第千百八号および法第百二条第一項の国土交通省令で定めるマンションの基準より。

した感があるが、そもそも問題のあるマンションに建替え勧告する前に、適正な管理、修繕の勧告が必要である。

(4) 建築基準法等での対応

適正に管理されていない場合にはマンションに限らず、建築物に対して建築基準法などではどのような対応ができ、実施しているのか。建築基準法8条1項では、「建築物の所有者、管理者又は占有者は、その建築物の敷地、構造及び建築設備を常時適法な状態に維持するよう努めなければならない」とされており、適法な状態にする維持保全は建築物の所有者等による努力義務となっている。違反建築物については、除却・移転・改築、使用禁止・制限等を命令でき（建築基準法第9条第1項）、措置を講じない場合は代執行ができる（建築基準法第9条第12項）。しかし、特定行政庁の裁量行為であるため、違反事実を確認する必要があり、同法12条5項による建築物の所有者等への報告聴取をきっかけに、強制力のない行政指導（口頭や文書による指導、勧告など）を実施することが多い。[44] 既存不適格建物の場合には、著しく保安上危険であり、または著しく有害な場合には、除去・移転・改築などを命令でき（建築基準法第10条第3項）、措置を講じない場合は代執行ができる（建築基準法第10条第4項）。また、一定の規模の管理不全マンションであれば、同法12条1項による建築物の所有者等による3年おきの定期報告義務（例えば東京都では5階建て以上かつ延べ1,000m²以上の「共同住宅」も届出義務対象）の不履行をもって違反取り締まりの対象とする場合もありえる。しかし、小規模マンション（4階以下のマンション等）は対象外となる。

他には、道路法（第44条）や消防法（第5条）、景観法（第70条）による命令も可能であるかもしれないが、現実には自治体の条例等による対応が求められる。

(5) 空家対策特別措置法での対応

マンションで空き家化が進み、管理不全になった場合に、空家対策特別措置法（空家等対策の推進に関する特別措置法、平成26年法律第百二十七号）で対応が可能か。空家対策特別措置法はマンションの建物全体が空き家でないと対象にならない。本法律では、近隣や地域に大変な悪影響を及ぼす空家を特定空

---

(44) 東京都等への聞き取りに基づく。

家と認定し、市町村が立入調査、除却、修繕、立木竹の伐採等の措置の助言又は指導、勧告、命令を、さらに行政代執行により強制執行を可能としている。実際に本法律を根拠に、滋賀県野洲市のマンション（1972年竣工）に、2019年3月に解体命令が出されている。マンションの場合に、全住戸空き家になる前に何らかの適正な管理を促す対策が必要である。

(6) 立法的措置への期待——マンション管理不全対策——

上記のように現行法では、マンションの管理不全に関する具体的な予防や対応に関する規定はない。もちろん、自治体ごとの条例等で位置づけることも可能であるが、管理不全マンションが全国的に見て一定存在していることから、その根拠となる法整備が必要と考える。

2 管理組合の経営能力を高める対応

管理不全に行政の対応は一定必要であるが、管理組合が管理不全予防能力・管理不良に陥った際の再生能力を高めることも重要になる。図-1 の示したように、管理組合力が高いと、Ⅰの位置にある。しかし、何もしないまま落ち込んでしまった場合、Ⅳの位置になり、このままでは困ると、公権力を入れてⅣからⅢへ、ⅢからⅡへと導き、自立したらⅠとなる方法がある。

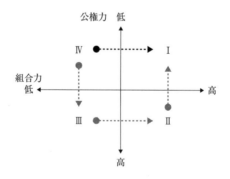

図-1 管理不全からの再生パターン

---

(45) 特定空家とは、①そのまま放置すれば倒壊等著しく保安上危険となるおそれのある状態、②著しく衛生上有害となるおそれのある状態、③適切な管理が行われていないことにより著しく景観を損なっている状態、④その他周辺の生活環境の保全を図るために放置することが不適切である状態にある。

しかし、それでは必ず公権力が必要となるため、ⅣからⅠへの移動できる方法はないのかを考えていきたい。

(1)　管理不全マンション再生の市場を使った取組み

ⅣからⅠに公権力を使わずに実際に再生された事例がある。民間の不動産会社の取り組みとして、空き家化が進んだマンションの空き住戸をまとめて買い取り、共用部分をきれいにし、販売・賃貸にしている。売れない・貸せない住戸の所有者は管理費や修繕積立金を滞納がちになる。そうなると、修繕もましてや改修などは行えない。他の区分所有者も修繕や改修をしようという気持ちにはなりにくい。そこに、現れた民間不動産会社が共用部分の見た目をきれいにし、みんなの気持ちを上向きにし、組合運営も正常化させている。

こうした事例は、管理組合からみれば第3者による取組みであり、管理組合の金銭的負担なく勧められ、ありがたい話となる。先の事例は民間不動産会社（大口区分所有者）の費用負担で共用部分の改修を行っているが、区分所有法では「共用部分の変更は区分所有者及び議決権の各4分の3以上の多数による集会の決議で決する（区分所有法17条）」とある。ゆえに、改修の実施には総会での承認が必要となる。つまり、いくら管理不全に陥っていても陥りそうになっても特別多数決議として4分の3以上の多数の同意または、工事内容によっては過半数決議が必要である。改修費の負担は、「各共有者は規約に別段の定めがない限りその持ち分に応じて共用部分の負担に任じ、共用部分から生ずる利益を取得する（区分所有法19条）」とあるため、原則共用部分の改修は皆で費用負担することになる。しかし、別段の定めがあれば、それに従うことにあるため、改修工事とその費用負担について総会での承認が得られれば可能となるが、総会が実質機能しなくなった場合には別の手順が必要となる。

(2)　管理組合が住戸を経営

上記のような民間企業による取り組みもみられるが、こうした企業が現れない場合、管理の主体である管理組合の取組みに期待することになる。そこで、管理組合が空き家を活用し、住戸を保有し賃貸住宅経営することへの期待が高まっている。管理組合が空き住戸を買い取り、それを賃貸住宅として

経営し、その費用を管理や修繕の費用に充てるなどができるのであろうかについては鎌野（2019）[46]が検討をしているため、ここでは別の視点から考えたい。

第一の視点は、管理組合として行なえる行為の範囲は、将来を考慮して行為の必要性及び経済性を鑑み、より総合的に判断することである。マンションの管理組合は、区分所有法第3条による管理を行うための団体である[47]。ゆえにこの「管理」に不動産の所有・経営まで含まれないという考え方がある[48]。では、管理組合が専有部分を買い取るのはどうかという疑問に対しては目的等によるという考え方が示されている。従来の判例等からは、住戸を購入し集会所に使うという管理行為の延長である場合や、管理費等の滞納住戸が競売に係り、落札者がいない場合などと、管理からみて既に生じている問題に対して問題解消のための「必然性」あるいは「必要性」から判断されて

---

(46) 築年数の経ったマンションでは、「建物の物理的な手当てだけでなく、建物および敷地について、分譲時とは社会状況も居住者も異なるため、分譲時の状態をそのまま維持するのではなく、社会の変化及び居住者の年齢等の状況に応じた対応が必要となる。・（省略）分譲時に存在する建物や敷地等の「管理」に限定されない。むしろ居住者たる区分所有者の状況に適合するような建物や敷地等の「管理」をさらに推し進めていく必要があろう」としている（鎌野邦樹「マンションの長寿命化と解消をめぐる法的課題」198-199頁、浅見泰司＝齊藤広子編『マンションの終活を考える』（2016・プログレス））。

(47) 区分所有法（区分所有者の団体）第3条 区分所有者は、全員で、建物並びにその敷地及び附属施設の管理を行うための団体を構成し、この法律の定めるところにより、集会を開き、規約を定め、及び管理者を置くことができる。一部の区分所有者のみの共用に供されるべきことが明らかな共用部分（以下「一部共用部分」という。）をそれらの区分所有者が管理するときも、同様とする。

(48) 例えば法務省の見解としては、「建物等の管理に関する事項とは、共用部分の清掃や補修、建物の管理費・修繕積立金の負担割合・額・支払い時期・徴収方法・共用部分に関する税金その他の諸経費の支払いなど、建物等を維持してゆくために必要又は有益な事項をいいます。そのほか、区分所有者の団体（管理組合）の組織運営などに関する事項も、法律の強行規定に反しない限り、規約で定めることができます」とある（法務省民事局参事官室編『新しいマンション法：一問一答による改正区分所有法の解説』（商事法務研究会・1984年）180頁）。）。立法担当者は、「「管理」自体でなくても、それに付随し又は附帯する事項は、その目的の範囲内である。また、各専有部分の使用に関する事項であっても、区分所有者の共同の利益に関する事項や建物の構造上あるいは社会通念上区分所有者が共同して行うことが相当であると認められる事項は、その目的に含まれると解するべきである」「これらの限界は難しい問題であり、個々の事案ごとに社会通念に照らして考えるほかないが、例えば、（省略）……区分所有者の共有所有の財産を通常の用法で収益してこれを管理費用に充てるようなことは、目的の範囲内であるが、管理費用に充てるためであっても、独自の収益事業を行うことは、一般に目的の範囲を超えるものというべきであろう」とある（濱崎恭生『建物区分所有法の改正』（法曹会・1989年）114-116頁。）。

いる。しかし、マンションの管理問題は発生すれば解消は困難である。その
ため、既に生じている問題のみを考慮するのではなく、将来起こりうる問題
を予防するという視点も含めた「必要性」から考慮する必要がある。また、
管理組合の不動産の購入に対して「リスクを冒したくない」という区分所有
者に対して多数決をもってリスクを押し付けることができるのかということ
になるが、その判断に考慮すべきこととして、必要性に合わせて、買い取る
住戸の位置と利用目的からみた外部不経済性と区分所有者全体の共同の利
益、購入のための費用の出所（会計）と金額、それを運営し続ける上での費
用リスク、収益・損出の会計（収益の会計、損出の場合の補填会計）と、経済的
側面も含めて総合的に判断をする必要がある。こうした考え方を構築し、時
代の変化に対応した管理組合の機能が果たせるようにすることが必要であ
る。

　第二の視点は、管理組合が経営コントロール権を持つことである。住戸を
買い上げなくても借り上げる方法がある。経営リスクをより小さくするため
に、借り手が決まってから管理組合が所有者から借り上げるのであれば、リ
スクは小さくなる。あるいは管理組合が借り上げなくても、管理組合で経営
権を取得し、空き住戸を一括して賃貸住宅や民泊として経営する方法もあり
得る。空き住戸の4.7％がすでに所有者不明住戸になっている（表-3）。こう
した所有者不明を未然に防ぎ、管理費や修繕積立金の滞納も防ぐ方法とし
て、実際にリゾートマンションでは管理費等を滞納していた住戸を、管理組
合が借り、ゲストルームとして経営し住戸の賃貸料と滞納管理費を相殺した
事例がある。また、空き住戸を個別に民泊として利用されると、外部不経済
を起こしやすい。そこで、管理組合が全体として統括し、運営することには
合理性があるとともに、規模の効果も期待できる。そうした仕組みとして、
例えば、アメリカ・ハワイ州では、マンションを週単位で所有し、日単位で
利用者が変わるタイムシェアのマンションでは全住戸のホテル経営をマンシ
ョン内は同じ専門家に依頼するプランマネージャー制度がある。こうして、
専門家に依頼することも可能であるが、管理組合自らが行うことにも経済的
合理性がある。しかしその場合に、管理組合は住戸の所有者の集合体という
側面と、住戸の経営者の側面があり、利益相反にならないようにすることが

必要となる。そのために、所有者団体としての管理者と、経営主体としての管理者を別に選任するなど、あらたな管理方法の検討も必要である。[49]

(3) 管理組合による不動産の所有

管理組合が空き住戸を保有し、経営するなどが望まれているが、住戸だけでなく、管理不全予防の為に土地の所有に対しても管理組合による保有が求められている。その例として、借地権マンションで、区分所有者は土地を所有していないため築年数の経った建物には担保力がないと考えられ、築35年を経過したあたりから住宅購入のために住宅ローンが使えず、そのため中古価格が大幅に低下し、管理が困難になっていた例がある。[50]そこで所有権型マンションになることを目指し、底地を買取ることにしたが、購入費用が出せない区分所有者には、その費用を管理組合法人がローンを組んで用意し、管理組合法人がその持ち分を購入し、登記をしている。このように、マンションで敷地利用権である借地権を買い取る際に、借地人かつ区分所有者の全員が足並みをそろえて底地を買い取ることが難しい場合には管理組合法人が底地を買取り所有することが実際に行われており、求められている。[51]

しかし借地権マンション、定期借地権マンションで管理組合法人が底地を買い取り主体となること、また管理組合法人での登記も望ましくないという指摘がある。[52]区分所有法では底地の買い取りに関する規定がなく、民法にもとづき借地人が全員で決議して買取ることが必要と解され、借地人組合を組成し、全員合意によるべきとある。[53]しかし実態は管理組合法人が管理規約で

---

(49) 高齢者用マンションで、区分所有者のなかから管理者を選出し、かつ分譲会社でかつ管理会社が管理者となり、管理者2名体制でかつ、利益相反にならないように、項目により管理者の権限に制限をかけている事例がある。

(50) 借地権マンションでの底地の買い取りの事例は参考文献19で示している。

(51) 借地権マンション、定期借地権マンション共に、相続税の支払のため等、地主からの底地の買取の依頼などがあり、検討課題となっている。

(52) 周藤(2016)は、敷地の買取に関して、管理組合の業務として積極的にかかわるべきではなく、一部の者のために管理組合が一時金を立て替えることは例えすべての区分所有者が同意しても望ましくない。また、管理組合法人での登記も望ましくないとしている。こうした状況の中で、今後管理組合が底地権の取得に関与するには、立法的対応が必要であるとし、原状回復や土地返還のような借地契約終了時点の業務を定期借地マンションの管理組合の本来業務とすることも考えられるとしている(周藤利一「定期借地権付マンションの実務上の課題と対応」マンション学54号 162-167頁 2016年)。

(53) 借地は地主と各借地人(区分所有者)の契約で、これら行為への管理組合・管理業者の関与

管理組合の業務に土地の取得を位置づけ、区分所有者を代表して交渉したうえで、総会において区分所有者全員合意で決議している事例や、管理組合総会で土地の取得を反対者がいたものの特別多数決議（3/4 以上の賛成）で決議し、土地の買い取りに関しては管理組合法人の理事会に一任する形に管理組合法人で対応している事例がある。こうした対応を問題とする考え方もあるが、既に問題が発生し、管理組合が土地を保有することが必要となっている。

　なお、イギリスでは、わが国の借地人にあたるリースホルダーが望み、リースホルダーの 1/2 以上の合意があれば土地・建物の買い取りが可能である。この場合は、地主側は原則拒絶できない。一方、ハワイ州では、借地人の 2/3 以上の合意で、底地の任意の買い取り制度があり、地主は買取を拒否することができる。ともに買い取った敷地を管理組合法人が所有することが可能である。わが国でも、任意の買い取りを可能とする体制を整備する必要がある。任意である理由は、わが国では、イギリスやハワイのように地主がある特定層に限られているわけではなく、かつ強制的に買い取りを認める方法を導入すれば、借地の供給が減り、定期借地権を生み出してまで求めた借地供給の増加に反する結果となるからである。買い取りに参加できない借地人もいることから、管理組合法人で買い取り、管理組合法人名義での敷地の保有を可能とすることである。

（4）　立法的措置への期待

　時代とともに、管理組合の課題が変わってきている。そのなかで、空き家

は、管理組合の業務外で、管理規約で位置づけても法的に問題があるとの見方もあるが（周藤利一「定期借地権付マンションの実務上の課題と対応」マンション学 54 号　162-167 頁　2016年）、管理組合の関与は連絡調整業務まで妥当とし、総会特別決議事項とする考え方もある（佐藤元「定期借地権付きマンションの敷地管理について」マンション学 54 号　175-182 頁　2016年）。法的な見解が明確になっておらず、現実には管理組合・管理業者の関与が困難になっている。

(54)　法学者の見解の相違として日本マンション学会名古屋大会「借地権付マンションの現状と課題」での議論がある（2017 年 4 月 23 日椙山女学園大学にて実施）。なお、管理組合法人が土地を所有することは可能と考えるとの発言があったが、その一方で不可能と考えるなど、異なる見解がある。

(55)　日本で管理組合の法人化率は全体で 13.2％であるが、築 50 年以上で 23.8％、40 年以上で28.9％、30 年以上で 13.2％と多くなっている（平成 30 年度マンション総合調査結果 67 頁より）。このことは、マンションが築年数が経てば不動産を所有する等の必要性が高くなることが推測される。

の増加から空き家の利活用や借地権マンションや定期借地権マンションでの底地の買取、さらには将来に備えての隣接敷地の買取りなどが管理組合に求められてきている。よって、管理組合が不動産を持ち、経営できる体制づくりとしての立法的措置が望まれる。

V さいごに

人間であれば人生100年時代。そして、幼年期・児童期・青年期・壮年期・老年期とライフステージごとに課題が変わり、それに対応した社会システムが整備されている。しかし、マンションは新築マンションと中古マンションの2分と、築35年すぎれば高齢者扱いを受ける。マンションでもどのライフステージでも元気でいられるように、ステージにあったマンションの管理方法、さらに時代の変化にあったマンション管理を実践していかねばならない。それを法が困難するのではなく、支援する形で整備されることを望む。

参考文献

1. 齊藤広子（2000）『入門マンション管理』大成出版
2. 齊藤広子（2003）『ステップアップマンション管理』彰国社
3. 齊藤広子（2005）『不動産学部で学ぶマンション管理』鹿島出版
4. 齊藤広子・篠原みち子・鎌野邦樹（2013）『新・マンション管理の実務と法律』日本加除出版
5. 齊藤広子（2016a）「マンションにおける区分所有者・居住者の高齢化による管理上の課題と今後の方針」『不動産学会誌』29巻4号 pp. 125-134
6. 齊藤広子（2016b）「マンション管理が市場で評価されるための課題と制度設計に向けて」『都市住宅学』93号 pp. 131-138
7. 齊藤広子（2016c）「マンションの空き家の管理上の課題と対応」『マンション学』55号 pp. 17-26
8. 齊藤広子・中城康彦（2016d）「定期借地権マンションのストックの状態と管理上の課題と対応」『都市計画論文集』51巻3号 pp. 820-826

9. 齊藤広子（2016e）「地域と連携したマンションによるまちづくり」『不動産学会誌』年 29 巻 4 号 pp. 66-72

10. 齊藤広子（2017）「マンション需要低下に対する用途転換による利用の実態と可能性の検討」『マンション学』56 号 pp. 50-57

11. 齊藤広子（2018）「管理不全マンションの実態と予防・解消のための施策の検討」『都市計画』53（3）pp. 1169-1175

12. 齊藤広子（2019）「まちの魅力を作りこむのは誰か」『住宅の世代間循環システム』萌文社　pp. 68-72

13. 齊藤広子（2019）「高経年化した分譲マンションの管理上の課題と対応」『不動産学会誌』Vol. 33 No. 1（128）pp. 35-39

14. 齊藤広子・梶浦恒男（1995）「アメリカカリフォルニア州におけるマンションの開発・分譲・管理への行政対応」『マンション学』第 4 回大会（横浜）研究報告集（別冊 3 号）、pp. 197-205

15. 齊藤広子（1992）：『共同住宅管理への居住者参加に関する研究』大阪市立大学学位請求論文

16. 齊藤広子・中城康彦（2015）：「マンションにおける現地管理員の役割と課題」『都市住宅学 91 号』pp. P106-111

17. 齊藤広子・中城康彦（2009）：「フランスの中古住宅取引における情報と専門家の役割」『都市住宅学 67 号』pp. 62-67

18. 齊藤広子・中城康彦（2010）：「フランスの修繕カルネの制度と課題：住宅履歴情報を社会的に整備する方策検討のために」『日本建築学会大会梗概集計画系』pp. 1401-1402

19. 齊藤広子（2018）：「借地権マンションの底地買取と借地期間延長の課題」『マンション学 60 号』pp. 63-66

20. 齊藤広子（2014）「高齢者用マンションの管理上の課題」『都市住宅学 87 号』p. 121-126

不動産の賃貸借契約における障害者差別解消法の適用及び高齢者・障害者リスクの救済措置について

角 田 光 隆

```
Ⅰ   序言
Ⅱ   車椅子利用者に対する目的物提供義務及び説明義務と障害者差別解消法
Ⅲ   不動産の賃貸借契約と高齢者・障害者リスク
Ⅳ   結び
```

Ⅰ   序言

　障害を理由とする差別の解消の推進に関する法律（以下において、障害者差別解消法と言う）は、第7条において行政機関等における不当な差別的取扱いの禁止と合理的配慮の提供を定め、第8条において事業者における不当な差別的取扱いの禁止と合理的配慮の提供を定めている。

　これらの規定は、不動産契約の中に入るマンションの賃貸借契約に対して適用されると考える。したがって、賃貸人である行政機関等または事業者は、身体障害、知的障害、精神障害（発達障害を含む。）その他の心身の機能の障害がある者であって、障害及び社会的障壁により継続的に日常生活又は社会生活に相当な制限を受ける状態にある賃借人に対して不当な差別の取扱いをしてはならず、合理的配慮を提供しなければならないか、合理的配慮を提供するように努めなければならないのである。

　マンションの賃貸借契約に関する参考事例として東京地判平成23年2月18日（賃金・社会保障1543＝1544号106頁）がある。障害者差別解消法の施行前の判例であるが、この参考事例を参照しながら不動産契約に対する障害者差

別解消法の適用のあり方について論ずることにしたい。この検討において焦点となるのは、マンションの賃貸借契約における車椅子利用者に対する目的物提供義務及び説明義務に対してどのように障害者差別解消法が適用されるのかである。

高齢者・障害者リスクに関連して、品川区高齢者住宅生活支援サービス事業と中野区あんしんすまいパックを採り上げる。建物及び部屋の賃貸借契約を締結した高齢者・障害者の見守りなどの生活支援や死亡後の事後措置などについて論ずることにする。

Ⅱ　車椅子利用者に対する目的物提供義務及び説明義務と障害者差別解消法

1　参考事例の課題と評価

(1)　参考事例の事実的特徴

原告Ⅹは、身体障害を有するとして東京都から身体障害者手帳の交付を受けている。Ⅹは障害により歩行が困難であるため車椅子を常時利用しているが、株式会社Ａの代表取締役として主に民間企業を対象としてバリアフリー・ユニバーサルデザインを普及させるためのコンサルティング業務を行っている。

被告Ｙは、市街地の整備改善、賃貸住宅の供給支援、賃貸住宅の管理等を目的として独立行政法人都市再生機構法に基づいて設立された独立行政法人である。

Ⅹは平成18年12月18日にＹとの間で鉄筋コンクリート造28階建ての賃貸マンションであるアートヴィレッジ大崎ビュータワー（以下において、本件建物と言う）の1305号室を期間の定めなく賃借する賃貸借契約（以下において、本件契約と言う）を締結し、平成19年2月4日に本件建物に入居した。

(2)　参考事例の課題

本件建物に関連する課題は、三つある。第一は、大崎駅から目黒川にかかる山本橋付近まで約300m続くペデストリアンデッキ（以下において、本件通路と言う）は立体型の屋根付き歩行者専用通路であるが、環状六号線と交錯

する箇所（以下において、本件箇所と言う）にエレベーターがないため、Xは本件通路を通行したまま本件建物から大崎駅まで行くことができず、本件建物と本件箇所の途中にある施設エレベーターを利用して一旦地上に降りてから地区幹線道路歩道を通行しなければならないこと、第二は、本件建物には、屋上庭園（スカイリビング、以下において、本件庭園と言う）があるが、本件建物の地上28階と屋上階を結ぶ部分にエレベーターがないために階段を利用しなければならず、Xにとっては利用困難であること、第三は、本件建物には平成20年6月頃まで身体障害者用のエレベーターとして9人乗りのエレベーターが一台（以下において、本件エレベーターと言う）があったが、本件エレベーターは構造的にXが車椅子の向きを変更したり、操作ボタンを押すことが困難であったことであるとする。

(3) 参考事例の評価

(a) 目的物提供義務

Xは、「本件契約に基づく被告機構の目的物提供義務には、当然に、あるいは、信義則上、車椅子利用者である原告が他の賃借人と同様に利用可能な建物を提供すること、具体的には、〔1〕原告が本件通路を通行したまま本件建物から大崎駅まで行けるようにすること、〔2〕原告が本件庭園を利用できるようにすること、〔3〕原告が身体障害者用エレベーターを容易に利用することができるようにすることが含まれているというべきである。

しかるに、被告機構は、本件箇所にエレベーターを設置せず、また、本件建物の地上二八階と屋上階を結ぶ部分にもエレベーターを設置せず、さらに、本件建物に原告が車椅子の方向を変更したり、操作ボタンを押すことが容易な身体障害者用エレベーターを本件建物に設置せず、これら〔1〕ないし〔3〕の義務を怠った。」と主張した。

Xの主張に対し、Yは、Xが言う目的物提供に関する合意をしていない。「特定物を目的とする賃貸借契約においては、その物を現状で引き渡せば足りるから、原告が主張するような目的物提供義務は、本件契約から当然に生じるものではない」と反論した。

本判決は、「本件契約は、本件建物という特定物を目的とする賃貸借契約であるから、被告機構が原告に賃貸する対象物は、本件契約締結当時予定さ

れていた形状、仕様の本件建物であるというべきであって、原告が主張する
ような目的物提供義務が本件契約から生じるということはできない。被告機
構のホームページや連絡会が発行した『大崎駅周辺地域　都市再生ビジョ
ン』、本件建物のパンフレットの記載は、被告機構において上記目的物提供
義務を負う意思を示したものということはできないから、この判断を左右す
るものではない。」として、Ｙの主張に沿う判断を下した。

　本判決における法律上の課題は、本件契約に基づくＹの目的物提供義務
の中に、当然にあるいは信義則上、車椅子利用者であるＸが他の賃借人と
同様に利用可能な建物を提供することが含まれるのか否かである。

　Ｘが本件通路を通行したまま本件建物から大崎駅まで行けるようにする
こと、Ｘが本件庭園を利用できるようにすること、Ｘが身体障害者用エレ
ベーターを容易に利用することができるようにすることが当事者間で合意さ
れていれば、この内容の目的物提供義務がＹに発生する。したがって、こ
の合意がなければ、この内容の目的物提供義務が発生しないのである。

　Ｙのホームページ、連絡会が発行した『大崎駅周辺地域　都市再生ビジ
ョン』、本件建物のパンフレットの記載から直ちに、この内容の目的物提供
義務がＹに発生すると判断することができない。

　本件契約が本件建物という特定物を目的とする賃貸借契約であることか
ら、Ｘが主張するような目的物提供義務が生ずるのかは、本件契約の解釈
に依存することになる。本判決は契約解釈をして、Ｘが主張するような目
的物提供義務が本件契約から生じないとしたのである。

　本判決の目的物提供義務に関する立場は、正当であったと評価できる。

　(b)　説明義務

　Ｘは、「被告機構は、遅くとも平成一八年一一月一二日までには、車椅子
利用者は、本件建物の二階からから大崎駅まで行くには、本件道路のほかに
地区幹線道路歩道を通行しなければならないこと、本件庭園へ行くには階段
を利用しなければならないため、車椅子利用者は、共益費を負担するにもか
かわらず、本件庭園を利用するのは困難であることを認識していた。また、
上記（1）で主張したとおり、被告機構は、車椅子利用者に、他の賃借人と
同じように、本件通路及び本件庭園を利用することができるものと誤解させ

る内容の記述を被告機構のホームページ及び本件建物の賃貸借促進を目的としたパンフレットに掲載し、本件建物の宣伝、広告をしていた。したがって、被告機構には、本件契約を締結するにあたり、本件契約に付随する義務として、原告に対し、本件通路の利用及び本件庭園の利用に関する情報を正確に説明する義務があったというべきである。

　また、上記（1）で主張したとおり、被告機構は、自らのホームページにおいて、ユニバーサルデザインに取り組むことを表明しているところ、車椅子利用者が身体障害者用エレベーターを容易に操作して利用できることは、ユニバーサルデザインの内容に含まれているから、被告機構には、本件契約を締結するにあたり、本件契約に付随する義務として、原告に対し、共益費の対象となる身体障害者用エレベーターの利用に関する情報を正確に説明すべき義務があったというべきである。」として、本件契約に付随する義務として、まず本件通路の利用及び本件庭園の利用に関する情報を正確に説明する義務と共益費の対象となる身体障害者用エレベーターの利用に関する情報を正確に説明すべき義務を導き出した。

　Ｘは、これらの付随義務とＹの行為の食い違いについて、「被告機構は、本件契約を締結するまでに、原告が車椅子利用者であることを認識していたにもかかわらず、原告に対し、車椅子利用者は、本件建物から大崎駅まで行くには、本件通路を通行したままでは行くことはできず、地区幹線道路歩道を通行しなければならないこと、本件庭園へ行くためには階段を利用しなければならないため、車椅子利用者は、本件庭園を利用することが困難であること、本件建物に、原告が容易に車椅子の向きを変更したり、操作ボタンを押すことができる身体障害者用エレベーターが設置されていないことを正確に説明しなかった。

　また、原告は、平成一八年一一月二日及び同月七日、本件建物のモデルルームの公開見学会に行った際、被告機構に対し、当時工事中であった本件通路は、車椅子利用者であっても身体に障害のない者と同様に利用できるかどうか質問したが、被告機構は、本件建物から大崎駅まで行くには、本件通路のほかに地区幹線道路歩道を通行しなければならないことを説明しなかった。」と主張した。

このようなＸの主張に対して、Ｙは、「原告は、本件建物から大崎駅まで行くには、本件通路のほかに地区幹線道路歩道を通行しなければならないこと、本件庭園に行くには階段を利用しなければならないこと、本件エレベーターが原告にとって使い勝手が必ずしも良くないことを理解していた」ことを主張し、Ｙのホームページ・連絡会の大崎駅周辺都市再生ビジョン・本件建物のパンフレットの性格や、Ｘがバリアフリーあるいはユニバーサルデザインの専門家であることからする認識可能性に言及した。

Ｙはまた、「原告は、本件契約締結当時、本件建物から大崎駅まで行くには、本件通路を通行するだけでよいこと、本件庭園を利用できること、身体障害者用エレベーターを容易に操作して利用できることを本件契約の動機あるいは前提としていなかった」としてＸの動機に言及し、たとえそうであったとしても、その「動機あるいは前提として本件契約を締結したことを知らなかったし、知り得なかった」と主張した。

Ｙはさらに、「本件通路は、本件建物の一部ではなく、本件建物の居住者以外の者も通行することができる道路であり、また、車椅子利用者が介添えなしに本件建物から大崎駅へ行く経路は確保されている。車椅子利用者が本件通路を通行できないのは、施設エレベーターのある地点から本件箇所までの一部の区間にすぎない」こと、「本件庭園は、居住者が常時利用する設備ではない」こと、「本件エレベーターは、東京都福祉のまちづくり条例のエレベーターに関する整備基準のすべてを満たしており、誘導基準についても、いくつかの点で満たしている」ことを追加した。

本判決は、「原告は、車椅子利用者である自身も本件通路を通行したまま本件建物から大崎駅まで行くことができ、本件庭園を利用することができると考えて本件契約を締結したものであり、被告機構も、本件建物の賃貸借促進を目的としたパンフレットにおいて、本件通路及び本件庭園を本件建物の特徴として宣伝、広告していた以上、本件契約を締結するにあたり、原告がこのようなことを前提として本件契約を締結したことを容易に知り得たものと認められる。また、上記認定事実及び証拠（《証拠略》、証人Ｃ、原告）によれば、被告機構は、本件契約を締結するまでに、本件箇所にエレベーターが設置されていないため、車椅子利用者は、本件通路を通行したまま本件建物か

ら大崎駅まで行くことができないこと、本件庭園に行くには階段しかないため、車椅子利用者が本件庭園を利用することが困難であることを認識し、また、本件建物のモデルルームの公開見学会を通じて、原告が、車椅子利用者であることを認識していたものと認められる。

イ　以上の認定事実によれば、被告機構は、本件契約を締結するにあたり、本件契約に付随する義務として、原告に対し、車椅子利用者は、本件通路を通行したままでは本件建物から大崎駅まで行くことはできず、地区幹線道路歩道を通行しなければならないこと、本件庭園に行くためには階段を利用しなければならないため、車椅子利用者は、本件庭園を利用することが困難であることを説明する義務があったというべきである。

　しかるに、上記認定事実によれば、被告機構は、本件契約を締結するにあたり、原告に対し、これらの事実を説明しなかったことが認められる」として、Ｘの主張に沿う判断を下した。

　その他に、「原告は、公開見学会に参加した際、本件エレベーターを利用し、本件建物に設置されていた一七人乗りのエレベーターは身体障害者用のものではないことに気付いたことが認められるから、被告機構に、この点について、原告に説明すべき義務があったとは認められない」こと、「本件建物の賃貸借促進を目的としたパンフレットにおいて、本件通路及び本件庭園を、本件建物の特徴として宣伝、広告していたことに照らすと、被告機構において、原告が、本件通路及び本件庭園が利用できることを前提に本件契約を締結したことを容易に知り得なかったとは認め難く、上記陳述書は採用することができない」こと、「被告機構は、本件建物の賃貸借促進を目的としたパンフレットにおいて、本件通路及び本件庭園を、本件建物の特徴として、宣伝、広告していたのであり、これらの設備が本件契約において重要な位置付けではなかったとはいえない」こと、「原告が、公開見学会において、モデルルームの展示などにより、車椅子利用者は、本件建物から大崎駅まで行くには、本件通路のほかに地区幹線道路歩道を通行しなければならないことや本件庭園を単独では利用できないことを実際に認識したとは認められないし、本件建物のパンフレットにも、車椅子利用者が本件通路及び本件庭園を身体に障害のない者と同じようには利用できないことについての記載はな

く、被告が主張するような事実をもって、原告に対し説明を尽くしたと認めることはできない」ことを判断した。

本判決における法律上の課題は、本件契約に付随する義務として、Yが本件通路の利用及び本件庭園の利用に関する情報を正確に説明する義務を負担していたのか否か、共益費の対象となる身体障害者用エレベーターの利用に関する情報を正確に説明すべき義務を負担していたのか否かである。

これらの法律上の課題に関する本判決の態度は、本判決が認定した事実関係から支持できると考える。この事実関係とは、「原告は、上記のような認識のもとに、平成一八年一一月上旬、本件建物のモデルルームの公開見学会に参加した。その際、原告は、被告機構の担当者に対し、本件庭園と当時工事中であった本件通路について、車椅子利用者であっても利用できるかどうかを改めて確認はしなかったが、被告機構の担当者からも、原告に対し、車椅子利用者には本件通路及び本件庭園の利用にあたり制約があることについての説明はなかった。また、原告は、公開見学会に参加した際、本件エレベーターを利用し、本件建物に設置されていた一七人乗りのエレベーターは身体障害者用のものではないと気付いたが、その時点ではこれを問題にはしなかった。

カ　原告は、上記経緯から、車椅子利用者であっても本件通路及び本件庭園を利用できるとの認識のもとに、平成一八年一二月一八日、被告機構との間で本件契約を締結した。しかし、実際には、本件通路は本件箇所にエレベーターが設置されていないため、車椅子利用者は、本件通路を通行したまま本件建物から大崎駅まで行くことができず、また、本件庭園に行くには階段しかないため、車椅子利用者が本件庭園を利用することは困難であった。しかるに、本件契約締結の際にも、被告機構の担当者は、原告に対し、これらの事実を説明しなかった」という部分である。

（c）損害賠償の範囲及び損害額

Ｘは、債務不履行による損害について「ア　原告は、被告機構の上記各債務不履行により、精神的、肉体的に多大な苦痛を被った。これに対する慰謝料は五〇〇万円が相当である。

イ　原告は、被告機構の上記各債務不履行により、被告機構に対する本件訴

訟の提起及び遂行を弁護士に委任せざるを得なくなった。これによる損害と認めるべき弁護士費用は五〇万円が相当である。」と主張した。

しかし、YはXの主張を否定した。

本判決は、説明義務違反による損害について「被告機構は、本件建物の賃貸借促進を目的としたパンフレットにおいて、本件通路及び本件庭園を本件建物の特徴として宣伝、広告していたことは上記一で認定したとおりであるが、他方、証拠（《証拠略》、証人Ｃ）及び弁論の全趣旨によれば、被告機構は、原告からの要望を受け、本件通路と本件庭園の改善に向けて検討を重ねたことが認められ、これらの事実のほか本件に現れた諸事情にかんがみると、原告が上記債務不履行によって被った精神的損害に対する慰謝料は二〇万円が相当と認められる。」と判断した。

しかし、弁護士費用について「被告機構が、車椅子利用者が本件通路及び本件庭園を利用できないことを説明する義務を怠ったとして、原告が、被告機構に対し、債務不履行に基づき、損害賠償及びこれについての遅延損害金の支払を求めるものであり、その内容に照らし、原告が本件訴訟のうちの上記債務不履行に係る請求のために負担した弁護士費用は、損害賠償の発生原因となった事実との間に相当因果関係のある損害であるとはいえない。」として否定した。

本判決における法律上の課題は、債務不履行の成否の問題であるが、この問題が肯定されたとして慰謝料20万円が適切な金額か、弁護士費用が損害賠償の範囲に入るのか否かである。

本判決が説明義務違反による慰謝料20万円を承認した理由は、Yが本件建物の賃貸借促進を目的としたパンフレットにおいて本件通路及び本件庭園を本件建物の特徴として宣伝・広告していたこと、YがXからの要望を受けて本件通路と本件庭園の改善に向けて検討を重ねたことである。

Xの慰謝料を認めたことは支持できるが、しかし認容された金額が低いのではないかと思う。本判決が指摘する「本件通路と本件庭園の改善に向けて検討を重ねたことが認められ、これらの事実のほか本件に現れた諸事情」における本判決に現れた諸事情はXの慰謝料を低くする要素となるので、明示すべきであったと思う。

本判決は、Xが負担した弁護士費用が損害賠償の発生原因となった事実との間に相当因果関係のある損害であるとはいえないとして否定した。しかし、訴訟で損害賠償を請求する場合には、弁護士に依頼せざるを得ないので損害賠償の発生原因となった事実との間に相当因果関係のある損害であると考えるべきである。

2　障害者差別解消法・対応要領と目的物提供義務・説明義務

序言で指摘したように、契約理論の中においてどのようにXに対するYの目的物提供義務と説明義務を根拠づけるのかという理論的な課題がある。この課題は、障害者差別解消法などとの関連性の視点からも検討する必要がある。

(1)　障害者差別解消法・対応要領

障害者差別解消法第7条は、行政機関等における障害を理由とする差別の禁止に関する規定である。

「第七条　行政機関等は、その事務又は事業を行うに当たり、障害を理由として障害者でない者と不当な差別的取扱いをすることにより、障害者の権利利益を侵害してはならない。

2　行政機関等は、その事務又は事業を行うに当たり、障害者から現に社会的障壁の除去を必要としている旨の意思の表明があった場合において、その実施に伴う負担が過重でないときは、障害者の権利利益を侵害することとならないよう、当該障害者の性別、年齢及び障害の状態に応じて、社会的障壁の除去の実施について必要かつ合理的な配慮をしなければならない。」と定める。

本判決の被告である独立行政法人都市再生機構は独立行政法人都市再生機構法に基づく組織であり、障害者差別解消法第2条5号に定義されている独立行政法人等に該当する。したがって、障害者差別解消法第7条が独立行政法人都市再生機構に適用される。

その結果として、独立行政法人都市再生機構は、障害者に対して不当な差別的取扱いをしてはならず、障害者のために合理的配慮を提供しなければならない。

独立行政法人都市再生機構は、障害者差別解消法第9条に基づき第7条に規定する事項に関し対応要領を定めることを規定している。[(1)]

対応要領第2条は、「職員は、その事務又は事業を行うに当たり、障害（身体障害、知的障害、精神障害（発達障害を含む。）その他の心身の機能の障害をいう。以下同じ。）を理由として、障害者（障害がある者であって、障害及び社会的障壁により継続的に日常生活又は社会生活に相当な制限を受ける状態にあるもの。以下同じ。）でない者と不当な差別的取扱いをすることにより、障害者の権利利益を侵害してはならない。

2 職員は、前項の規定の実施にあたっては、別紙の第1から第3に示す事項に留意するものとする。」と定める。

対応要領第3条は、「職員は、その事務又は事業を行うに当たり、障害者から現に社会的障壁の除去を必要としている旨の意思の表明があった場合において、その実施に伴う負担が過重でないときは、障害者の権利利益を侵害することとならないよう、当該障害者の性別、年齢及び障害の状態に応じて、社会的障壁の除去の実施について必要かつ合理的な配慮（以下「合理的配慮」という。）の提供をしなければならない。

2 職員は、前項の規定の実施にあたっては、別紙の第4から第6に示す事項に留意するものとする。」と定める。

障害者差別解消法及び対応要領が本判決のYにどのように適用されるのかを確認しておくことにする。

(2)　障害者差別解消法・対応要領と目的物提供義務

本判決は、前述したように「本件契約に基づく被告機構の目的物提供義務には、当然に、あるいは、信義則上、車椅子利用者である原告が他の賃借人と同様に利用可能な建物を提供すること、具体的には、〔1〕原告が本件通路を通行したまま本件建物から大崎駅まで行けるようにすること、〔2〕原告が本件庭園を利用できるようにすること、〔3〕原告が身体障害者用エレベーターを容易に利用することができるようにすることが含まれているというべき

（1）　独立行政法人都市再生機構における障害を理由とする差別の解消の推進に関する対応要領 平成28年3月29日訓令第7号
（https://www.ur-net.go.jp/aboutus/action/customersatisfaction/bjdv9d0000001akk-att/taiou_rubinashi.pdf）

824

である」とする X の主張を否定した。

　対応要領第 3 条における合理的配慮の提供に関する具体例は、段差がある場合に車椅子利用者にキャスター上げ等の補助をすることである。物理的環境への配慮の具体例以外のものは本判決とは異なるので割愛する。

　段差がある場合に車椅子利用者にキャスター上げ等の補助をすることが挙げられているが、例示であるのでこの具体例に類似した事例も物理的環境への配慮の具体例の中に入る。

　しかし、本判決の目的物提供義務の対象事例である〔1〕〔2〕〔3〕が類似事例に入るのかは直ちに明らかでないが、たとえ類似事例に入るとしても、本判決の場合は本件契約の趣旨から合理的配慮の提供の対象外となると考えて良い。

　しかし、X と Y の間で改めて当事者間の合意により〔1〕〔2〕〔3〕に対する適切な措置を決めることはできると思う。

　内閣府の合理的配慮の提供等事例集⁽²⁾から車椅子利用者のための物理的環境への配慮が問われた具体例を参考までに挙げておくことにする。これらの具体例は、当事者間の個別の事例に即して判断しなければならないが、〔1〕〔2〕〔3〕のような場合に対する適切な措置に対する判断材料になる。

　庁舎の玄関に大きな段差があって通れなかった場合、歴史的建造物の見学イベントに参加したが段差が多かった場合、乗車予定のバス路線が車椅子に対応していない場合、子供の運動会を車椅子のまま見学を希望する場合、職場の机が車椅子利用者に低すぎる場合、仕事中も休憩中も車椅子に座っているので床ずれができた場合、車椅子利用者がタクシーを乗るときにリフト式タクシーの台数が少ない場合、旅客船のタラップが階段状になっている場合、飲食店で車椅子のまま利用できる入口付近のテーブルを希望した場合、飲食店で車椅子のまま着席したい場合、飲食店で車椅子から備付けの椅子に移動して着席したい場合、大型の車椅子を使用していて、貧血防止のためフットレストを上げたりリクライニングを倒したりすることがあるので飲食店

（2）　内閣府障害者施策担当　障害者差別解消法【合理的配慮の提供等事例集】平成 29 年 11 月 17 頁以下、55 頁以下。

　　（http://www8.cao.go.jp/shougai/suishin/jirei/pdf/gouriteki_jirei.pdf）

での配席時に配慮を希望した場合、自動精算機の順番待ちで行列が折れ曲がるように配置されていて車椅子で並べない場合、店舗の駐車場が小さくて車椅子を降ろして店舗内へ入れるスペースがない場合、マンションの駐車場の場所替えで車椅子の乗降に適さない場所がある場合、庁舎の玄関にスロープが設置されているが傾斜が急すぎる場合、車椅子の先端が交差する廊下の陰から出てくる学生とぶつかってしまう場合、排水溝に網状の蓋の網目が大きくて車椅子のタイヤがはまってしまう場合、入学予定の学校の最寄りは無人駅であるが携帯スロープによる移動支援が必要な場合、外回りの業務のための社用車が車椅子対応でない場合、バスの運転手が車椅子の固定方法を知らなかった場合、電車予定駅の駅員と連絡が取れるまで乗車させてもらえないので到着している電車を見送ることになる場合、空港まで電車や車イス対応バスが乗り入れていないためタクシーで行くと高額料金になる場合、店舗の入口が乗り越えられない段差になっている場合、スロープがタイル貼りになって滑りやすい場合、休日専用のATMコーナーの出入口が階段で車椅子では使用できない場合、車椅子に座ったまま申込手続を行えることを希望した場合、飲食店のカウンター席が固定椅子であるので車椅子のままでは着席できない場合、既存の駐車場で隣のスペースに他の自動車が止まっていると幅が狭くて乗り降りできない場合である。

(3) 障害者差別解消法・対応要領と説明義務

　本判決は、前述したように「原告は、車椅子利用者である自身も本件通路を通行したまま本件建物から大崎駅まで行くことができ、本件庭園を利用することができると考えて本件契約を締結したものであり、被告機構も、本件建物の賃貸借促進を目的としたパンフレットにおいて、本件通路及び本件庭園を本件建物の特徴として宣伝、広告していた以上、本件契約を締結するにあたり、原告がこのようなことを前提として本件契約を締結したことを容易に知り得たものと認められる。また、上記認定事実及び証拠《証拠略》、証人C、原告）によれば、被告機構は、本件契約を締結するまでに、本件箇所にエレベーターが設置されていないため、車椅子利用者は、本件通路を通行したまま本件建物から大崎駅まで行くことができないこと、本件庭園に行くには階段しかないため、車椅子利用者が本件庭園を利用することが困難であるこ

とを認識し、また、本件建物のモデルルームの公開見学会を通じて、原告が、車椅子利用者であることを認識していたものと認められる。

イ　以上の認定事実によれば、被告機構は、本件契約を締結するにあたり、本件契約に付随する義務として、原告に対し、車椅子利用者は、本件通路を通行したままでは本件建物から大崎駅まで行くことはできず、地区幹線道路歩道を通行しなければならないこと、本件庭園に行くためには階段を利用しなければならないため、車椅子利用者は、本件庭園を利用することが困難であることを説明する義務があったというべきである。」として、Ｙが本件通路の利用及び本件庭園の利用に関する情報を正確に説明する義務を負担していることを肯定した。

しかし、本判決は、「原告は、公開見学会に参加した際、本件エレベーターを利用し、本件建物に設置されていた一七人乗りのエレベーターは身体障害者用のものではないことに気付いたことが認められるから、被告機構に、この点について、原告に説明すべき義務があったとは認められない。」として、共益費の対象となる身体障害者用エレベーターの利用に関する情報を正確に説明すべき義務を負担していることを否定した。

Ｘが本件建物に設置されていた一七人乗りのエレベーターが身体障害者用のものではないことに気付いていたとすれば、Ｙが共益費の対象となる身体障害者用エレベーターの利用に関する情報を正確に説明すべき義務を負担していないと考えて良い。

しかし、Ｙは本件通路の利用及び本件庭園の利用に関する情報を正確に説明する義務を負担していると思う。

対応要領第２条における不当な差別的取扱いの禁止に関する具体例は、障害を理由に窓口対応を拒否すること、障害を理由に対応の順序を後回しにすること、障害を理由に書面の交付、資料の送付、パンフレットの提供等を拒むこと、障害を理由に説明会、シンポジウム等への出席を拒むこと、障害を理由に契約の締結及び更新を拒否すること、事務・事業の遂行上、特に必要ではないにもかかわらず、障害を理由に、来訪の際に付き添い者の同行を求めるなどの条件を付けたり、特に支障がないにもかかわらず、付き添い者の同行を拒んだりすることである。

前述した「被告機構は、本件契約を締結するにあたり、本件契約に付随する義務として、原告に対し、車椅子利用者は、本件通路を通行したままでは本件建物から大崎駅まで行くことはできず、地区幹線道路歩道を通行しなければならないこと、本件庭園に行くためには階段を利用しなければならないため、車椅子利用者は、本件庭園を利用することが困難であることを説明する義務があった」にもかかわらず、この義務を履行しないことは、不当な差別的取扱いの禁止に関する具体例に完全に当てはまるものはないが、同趣旨のものであると思う。したがって、この義務を履行しないことは、不当な差別的取扱いになると考える。

不当な差別的取扱いをしないことを当事者間の信義則上の義務として位置づけ、契約上の付随義務違反として債務不履行責任を生じさせることは可能であると思う。

(4) 障害者差別解消法・対応要領と損害額

障害者差別解消法・対応要領と損害額とは直接的な関連性はない。しかし、損害額の算定において障害者差別解消法・対応要領の趣旨が考慮されるべきであると考える。

障害者差別解消法第7条は、行政機関等における障害を理由とする差別の禁止を規定している。したがって、独立行政法人都市再生機構は、障害者に対して不当な差別的取扱いをしてはならず、障害者のために合理的配慮を提供しなければならない。

また、独立行政法人都市再生機構は、障害者差別解消法第9条に基づき第7条に規定する事項に関し対応要領を定めなければならない。対応要領第2条は不当な差別的取扱いを禁止し、対応要領第3条は合理的配慮の提供を定めている。

本判決が障害者差別解消法・対応要領と関連する部分は、Xに対するYの説明義務違反の部分である。この説明義務違反の部分は、すなわち、Yが本件通路の利用及び本件庭園の利用に関する情報を正確に説明する義務に違反した部分は、障害者差別解消法第7条1項と対応要領第2条が言う不当な差別的取扱いの禁止に関連する部分である。

したがって、本判決の「被告機構は、本件契約を締結するにあたり、本件

契約に付随する義務として、原告に対し、車椅子利用者は、本件通路を通行したままでは本件建物から大崎駅まで行くことはできず、地区幹線道路歩道を通行しなければならないこと、本件庭園に行くためには階段を利用しなければならないため、車椅子利用者は、本件庭園を利用することが困難であることを説明する義務があったというべきである。

しかるに、上記認定事実によれば、被告機構は、本件契約を締結するにあたり、原告に対し、これらの事実を説明しなかったことが認められる」と認定する部分は、不当な差別的取扱いになると考える。

本判決が説明義務違反に対する損害について「原告は、被告機構の上記債務不履行により、本件通路を通行したまま本件建物から大崎駅まで行くことができず、また、本件庭園を利用することができないにもかかわらず、これらができると考えて本件契約を締結したため、精神的苦痛を被ったことが認められる」と認定していることは、不当な差別的取扱いの結果として精神的苦痛を被ったことを意味する。

障害者差別解消法第7条及び対応要領第2条が要求することに違反した場合は、通常より違法性が高いと考えざるを得ない。「被告機構は、原告からの要望を受け、本件通路と本件庭園の改善に向けて検討を重ねたことが認められ、これらの事実のほか本件に現れた諸事情」があるとしても、債務不履行によって被った精神的損害に対する慰謝料が20万円では低い金額であると評価せざるを得ない。

(5) 東京都障害者への理解促進及び差別解消の推進に関する条例

東京都障害者への理解促進及び差別解消の推進に関する条例第7条[3]は、「都及び事業者は、その事務又は事業を行うに当たり、障害を理由として障害者でない者と不当な差別的取扱いをすることにより、障害者の権利利益を侵害してはならない。

2 都及び事業者は、その事務又は事業を行うに当たり、障害者から現に社会的障壁の除去を必要としている旨の意思の表明（知的障害、発達障害を含む精

（3） 東京都障害者への理解促進及び差別解消の推進に関する条例　平成30年10月1日施行
　（http://www.fukushihoken.metro.tokyo.jp/shougai/shougai_shisaku/sabetsukaisho_yougo/
　kaisyoujourei/sabetsu_kaisho_jourei.files/01zyourei0610.pdf）

神障害等により本人による意思の表明が困難な場合には、障害者の家族、介助者等コミュニケーションを支援する者が本人を補佐して行う意思の表明を含む。）があった場合において、当該障害者と建設的な対話を行い、その実施に伴う負担が過重でないときは、障害者の権利利益を侵害することとならないよう、当該障害者の性別、年齢、障害の状態等に応じて、社会的障壁の除去の実施について必要かつ合理的な配慮をしなければならない。」と定める。

　本判決の事例は、東京都の条例が適用される地域的範囲内にある。しかし、東京都障害者への理解促進及び差別解消の推進に関する条例は、東京都と、障害者差別解消法第2条第7号に規定する事業者のうち都の区域内において商業その他の事業を行う者に対し、障害者に対する不当な差別的取扱いの禁止と合理的配慮の提供を求めている。

　したがって、独立行政法人都市再生機構に対しては、東京都障害者への理解促進及び差別解消の推進に関する条例が適用されない。前述した障害者差別解消法と対応要領によって規律されることになる。

Ⅲ　不動産の賃貸借契約と高齢者・障害者リスク

　不動産の賃貸借契約と高齢者・障害者リスクに関連して、品川区の取組みについて論じたことがある。品川区の取組みの具体的内容を再論し、新たに中野区の取組みを追加しておくことにする。これらの取組みは、住宅確保要配慮者に対する賃貸住宅の供給の促進に関する法律による新たな住宅セーフティーネット制度がまだ十分に機能していないことを考えれば意義のある取組みである。また、高齢者・障害者が賃貸住宅の入居を拒否されることを回避するために全国的な組織が作られつつある現状において、品川区と中野区の取組みは重要である。

（4）　拙稿「建物・部屋の賃貸借と高齢者・障害者に関する一考察」神奈川大学法学会『神奈川法学』第51巻第1号　2018年9月30日　199頁以下。
（5）　NHK NEWS WEB　2019年3月7日　「住宅借りにくい高齢者や障害者など支援　全国組織発足へ」
　　（https://www3.nhk.or.jp/news/html/20190307/k10011839361000.html）

1　品川区高齢者住宅生活支援サービス事業

　品川区は、品川区社会福祉協議会への委託により「高齢者も、家主さんも安心　品川区高齢者住宅生活支援サービス事業（以下、サービス事業と言う）」を開始した。⁽⁶⁾

　サービス事業の対象者は、「高齢者住宅あっ旋事業決定者のうち、生活保護受給者以外で特に生活支援が必要と思われる高齢者」であるとする。高齢者住宅あっ旋事業決定者になりうるのは、「1　65歳以上のひとり暮らしの方、または全員が65歳以上の世帯　2　立ち退き要求を受けているか、保安上危険または保健衛生上劣悪な住宅に居住していることで住宅に困窮していること　3　品川区内に引き続き2年以上居住していること（申請者が契約している民間賃貸住宅）　4　健康で独立して日常生活を営むことができ自炊できること　5　区内の民間賃貸住宅へ転居を希望していること　6　前年所得が基準額以内であること」とする。家賃等債務保証の利用者は、連帯保証人が立てられないことと、緊急連絡先があることを条件としている。したがって、これらの条件を満たした者だけがサービスを受けられることになる。

　サービス事業の基本サービスは、定期連絡、緊急対応、生活相談、家財処分である。これらは低廉な費用で行ってもらえる。住宅あっ旋事業決定者には、礼金等の助成、仲介手数料の助成、初回保証委託料の助成があるとする。選択サービスは、葬儀等である。これは、品川区社会福祉協議会の独自のサービスである。たとえば、生活支援サービスとお別れサポートである。これらも比較的低廉な費用で行ってもらえる。

　サービス事業の対象物件は、「(1) 日照、通風が良好　(2) 原則として4.5畳ないし6畳とし、押入、台所付でガス、水道、電気設備が室内に設置されている。(3) 倒壊等の危険のない建物」であるとする。

　サービス事業は、家主側の不安を払拭する意義を持っている。たとえば、認知症による近隣トラブルについて、品川区と品川区社会福祉協議会が介護サービスに繋げることによって対処するとする。高齢や認知症による火災や

（6）　品川区　高齢者も、家主さんも安心　品川区高齢者住宅生活支援サービス事業
（http://www.city.shinagawa.tokyo.jp/PC/kankyo/kankyo-kenchiku/kankyo-kenchiku-koureisya/20180719201522.html）

部屋で倒れていた場合について、緊急対応により24時間センサーによる見守りと警備会社の駆け付けを行うとする。孤立死の場合の家財処分も挙げている。

これらの事例から分かるように、認知症や孤立死の場合が大きな課題として意識されている。

2 中野区あんしんすまいパック

中野区は、「中野区あんしんすまいパック（以下、すまいパックと言う）」を開始した。すまいパックは、サービス事業と類似の制度である。

すまいパックの対象者は、「1. 区内の民間賃貸住宅に居住している単身者か区内の民間賃貸住宅に居住しようとしている単身者　2. 固定電話か携帯電話、スマートフォンをお持ちの方（ダイヤル式電話を除く）　3. 指定連絡先が確保できる方」であるとする。これらの条件は、サービス事業よりも緩やかであると評価できる。しかし、電話に頼っている点で聴覚障害者には不便である。

すまいパックの内容は、見守りサービス、利用者の死亡時の葬儀、利用者の死亡後の残存家財の片付けであるとする。

見守りサービスの内容は、「利用者に週2回の安否確認電話（音声ガイダンス）固定電話のほか、携帯電話やスマートフォンにも対応可能　安否確認の結果を利用者が指定する連絡先にメール送信（最大5名まで）」であるとする。サービス事業は、定期連絡の中に電話の他に訪問も含んでいる。しかし、すまいパックには、指定連絡先へのメール送信が入っているのが特徴である。また、サービス事業には、生活相談や緊急対応があるが、すまいパックにはこれらがない。

利用者の死亡時の葬儀の内容は、「葬儀に係る手配の実施　葬儀実施に要する費用の補償（上限50万円）」であるとする。これは、サービス事業では選択サービスである。

利用者の死亡後の残存家財の片付けの内容は、「残存家財片付け及び原状

（7）　中野区　中野区あんしんすまいパック
　（http://www.city.tokyo-nakano.lg.jp/dept/505700/d026714.html）

回復にかかる手配の実施　残存家財片付け及び原状回復に要する費用の補償（葬儀費用との合計で100万円以内）」であるとする。これは費用計算が異なるが、サービス事業と類似の制度である。

　すまいパックは低廉な費用で行ってもらえる。すまいパックの場合は、所得が一定水準以下の場合に最初の登録料が免除される。

3　品川区の高齢者のための関連する制度

　品川区には、サービス事業とは別に、緊急通報システムがある。[8]胸にかけた緊急ペンダントの通報ボタンを押す方法や室内に設置した動作確認センサーや火災センサーが作動する方法を採用している。これらの方法がサービス事業に入っている。

　区立高齢者住宅[9]には、65歳以上の高齢者を対象とした手すりや緊急通報システムの付いた住宅がある。

　高齢者住宅あっ旋[10]には、65歳以上の一人暮らしや全員が65歳以上の世帯を対象に民間アパートのあっ旋や、家賃等債務保証制度がある。

　その他に、入居者が費用を負担してゆとりある住まいと食事等の生活サービスや介護サービスの提供をうけることができるケアハウス[11]、サービス付き高齢者向け住宅[12]、軽費老人ホーム[13]がある。

（8）　品川区　緊急通報システム
　（http://www.city.shinagawa.tokyo.jp/PC/kenkou/kenkou-koureisya/kenkou-koureisya-anshinkurashi/hpg000008061.html）
（9）　品川区　区立高齢者住宅
　（http://www.city.shinagawa.tokyo.jp/PC/kankyo/kankyo-kenchiku/kankyo-kenchiku-koureisya/hpg000001408.html）
（10）　品川区　高齢者住宅あっ旋
　（http://www.city.shinagawa.tokyo.jp/PC/kankyo/kankyo-kenchiku/kankyo-kenchiku-koureisya/hpg000001410.html）
（11）　品川区　高齢者の安心の住まい
　（http://www.city.shinagawa.tokyo.jp/PC/kankyo/kankyo-kenchiku/kankyo-kenchiku-koureisya/hpg000001417.html）
（12）　品川区　サービス付き高齢者向け住宅
　（http://www.city.shinagawa.tokyo.jp/PC/kankyo/kankyo-kenchiku/kankyo-kenchiku-koureisya/hpg000020786.html）
（13）　品川区　軽費老人ホーム
　（http://www.city.shinagawa.tokyo.jp/PC/kenkou/kenkou-kaigo/kenkou-kaigo-rozinhome/

地域福祉の中の高齢者見守りネットワークにおいて、町会・自治会による見守り活動や民間企業と連携した見守りネットワークが実施されている。前者は、見守りが必要と思われる高齢者を把握して定期的に自宅を訪問（安否確認）する場合と、見守りが必要と思われる高齢者に対してサロン（茶話会・イベントなど）を開催する場合があるとする。町会・自治会に助成金が支給される。後者は、異変を察知した場合に、すぐに区に通報することを取り決めた協定を事業者、たとえば、信用金庫、水道局、清掃事業所、新聞販売店、訪問・宅配事業者と締結しているとする。

これらの住宅や見守り活動を補充しながら、新たなサービスを追加したのがサービス事業であると言ってよい。

4　中野区の高齢者のための関連する制度

中野区は、緊急時の安心サポートを行っている。たとえば、まず、緊急通報システムは、急病などの緊急時に胸にかけたペンダントを押した場合、自宅内に設置する感知器（見守りセンサー）の前を一定時間通過しない場合、自宅内に設置する火災センサーが煙を感知した場合に、民間受信センターに通報される仕組みであるとする。これは、品川区の緊急通報システムと類似の制度である。しかし、これは、すまいパックとは別の仕組みで、すまいパックには導入されていなかった。

次は、地域での支え合い活動である。これは、地域支え合い活動の推進に関する条例に基づく仕組みである。支え合い活動とは、「(1) 地域において日常的に生活の状況を見守る活動　(2) 前号の活動に付随して行われる日常生活を支援するための活動　(3) 区等が実施する保健医療サービス、福祉サービスその他の支援を必要とする者が必要とするサービスを円滑かつ適切に利用することができるようにするための活動　(4) 支援を必要とする者の生

---

hpg000001832.html）
(14)　品川区　高齢者見守りネットワーク
（http://www.city.shinagawa.tokyo.jp/PC/kenkou/kenkou-chiikifukushi/kenkou-chiikifukushi-mimamorinet/index.html）
(15)　中野区　緊急時の安心サポート
（http://www.city.tokyo-nakano.lg.jp/dept/nakano/d020084.html）

命、身体又は財産に危険が生じ、又は生ずるおそれがある場合に、当該支援を必要とする者の生命、身体又は財産を円滑かつ迅速に保護することができるようにするための活動」であるとする。

　中野区は、住まいに関するサポートとして、緊急通報システムやバリアフリー構造を備えた高齢者向け優良賃貸住宅やサービス付き高齢者向け住宅などを紹介している。[16]

　また、中野区は、高齢者用の福祉住宅として、管理人や生活援助員がいて、緊急呼び出しボタンと日常生活異常感知装置を備えた住宅を紹介している。[17]

　中野区は、住み替え物件の情報提供や家賃債務保証サービスなどを紹介している。[18]

　品川区と同様に、これらの住宅や見守り活動を補充しながら、新たなサービスを追加したのがすまいパックであると言ってよい。

5　新たな提案

　サービス事業とすまいパックの対象者の要件が異なる。サービス事業は、「1　65歳以上のひとり暮らしの方、または全員が65歳以上の世帯　2　立ち退き要求を受けているか、保安上危険または保健衛生上劣悪な住宅に居住していることで住宅に困窮していること　3　品川区内に引き続き2年以上居住していること（申請者が契約している民間賃貸住宅）　4　健康で独立して日常生活を営むことができ自炊できること　5　区内の民間賃貸住宅へ転居を希望していること　6　前年所得が基準額以内であること」であるが、すまいパックは、「1.　区内の民間賃貸住宅に居住している単身者か区内の民間賃貸住宅に居住しようとしている単身者　2.　固定電話か携帯電話、スマートフォンをお持ちの方（ダイヤル式電話を除く）　3.　指定連絡先が確保できる方」

---

(16)　中野区　高齢者向け住宅等のご案内
　　（http://www.city.tokyo-nakano.lg.jp/dept/505700/d014696.html）
(17)　中野区　福祉住宅（高齢者用）
　　（http://www.city.tokyo-nakano.lg.jp/dept/505700/d002236.html）
(18)　中野区　民間賃貸住宅にお住まいの方の住み替え支援
　　（http://www.city.tokyo-nakano.lg.jp/dept/505700/d002243.html）

である。

　これらの条件において、サービス事業の1と5の条件は、すまいパックの1の条件と重なる。すまいパックの1の条件は、サービス事業の1の65歳以上のひとり暮らしの者を含んでいる。すまいパックは単身者だけに限定され、サービス事業における全員が65歳以上の世帯を含んでいない。これらを比較すると、すまいパックのような単身者とサービス事業が言う全員が65歳以上の世帯という緩やかな条件を設けるのがよいのではないかと思う。

　サービス事業の2、3、4、6の条件は、すまいパックにはない。したがって、2、3、4、6の条件が必ず必要なものではない。これらの条件があると非常に制限されてしまう可能性があるので、不要であると考える。

　逆に、すまいパックの2の条件は、サービス事業にはない。したがって、2の条件は必ず必要なものではない。この条件があると音声の聞こえる者だけに限定されてします恐れがあるので、不要であると思う。サービス事業の定期連絡にあるように、電話だけでなく訪問もある方がよいと思う。

　すまいパックの3の条件は、サービス事業の定期連絡における電話と訪問の結果を家主や管理会社等に連絡することと類似している。家主や管理会社に電話と訪問の結果を連絡することと、その他の親族等へ連絡をすることの両方があるとよいと思う。

　サービス事業における生活相談と緊急対応は、すまいパックにはない。生活相談と緊急対応は必要であると思う。

　サービス事業が設ける対象物件の中で「原則として4.5畳ないし6畳」という限定を設ける必要はないと思う。

　家財処分は、サービス事業とすまいパックに共通する事項である。しかし、サービス事業は、利用者から預託金を初期費用として支払う必要がある。すまいパックは、葬儀費用と併せて100万円までの費用補償を受けられる。すまいパックのような制度がよいと思う。品川区社会福祉協議会が設けている独自のサービスとして、生活支援サービス、お別れサポート（火葬等支援、納骨・埋葬支援）がある。

　サービス事業は品川区高齢者あっ旋事業の決定を受けた人を対象としており、サービス事業の対象者の条件を満たした者に礼金等助成、仲介手数料助

成、初回保証料助成を行っている。すまいパックには、このような制度はない。すまいパックとは別の債務保証サービスの利用料助成がある。初回保証料の二分の一の助成が受けられる。助成の内容から判断すると、サービス事業の方がよいと思う。

Ⅳ　結び

不動産の賃貸借契約における障害者差別解消法の適用のあり方と、高齢者・障害者リスクの救済措置について論じてきた。

障害者差別解消法第7条及び第8条は、不動産契約の中に入るマンションの賃貸借契約に対して適用される。したがって、賃貸人である行政機関等または事業者は、身体障害、知的障害、精神障害（発達障害を含む。）その他の心身の機能の障害がある者であって、障害及び社会的障壁により継続的に日常生活又は社会生活に相当な制限を受ける状態にある賃借人に対して不当な差別的取扱いをしてはならず、合理的配慮を提供しなければならないか、合理的配慮を提供するように努めなければならない。

マンションの賃貸借契約に関する参考事例においては、車椅子利用者に対する説明義務と損害額の算定に対して障害者差別解消法・対応要領が意義を持っている。

高齢者・障害者リスクに関連して、品川区高齢者住宅生活支援サービス事業と中野区あんしんすまいパックを採り上げた。高齢者・障害者は建物及び部屋の賃貸借契約において不利な立場に置かれている。いわゆる高齢者・障害者リスクを回避するためには、行政の介入は不可欠である。財政事情を考慮しなければならないとはいえ、新たな提案をしておいた。

土壌汚染対策法における
地下水汚染対策の現状と課題
──土壌汚染に起因する地下水汚染の対策を中心に──

宮 﨑 　 淳


```
Ⅰ  はじめに
Ⅱ  土壌汚染対策法におけるリスク管理と汚染除去等の措置
Ⅲ  条例による汚染対策とその法改正への影響
Ⅳ  土壌汚染に起因する地下水汚染の対策
Ⅴ  むすびにかえて
```


Ⅰ　はじめに

　土壌汚染と地下水汚染は、密接不可分な関係にある。土壌汚染が地下水汚染を原因としたり、地下水汚染が土壌汚染に起因するものであったり、両者は切り離すことができない関係にあるからである。また、両者の一方が単独で問題になっている場合であったとしても、その放置によって汚染が拡大し他方に影響を及ぼすことも容易に推測できる。そのため、土壌汚染と地下水汚染の相互関係を踏まえたうえで、汚染対策を講じる必要がある。

　市街地の土壌汚染の対策を定めた土壌汚染対策法（以下、「土対法」という。）の制定過程を見ても、土壌と地下水の汚染対策は関連性を有するのとして認識されてきたといってよい。土壌保全に関する法制に論及した最も重要な報告書と評価される、土壌環境保全対策懇談会による 1995 年の中間報告「市街地土壌汚染の課題と当面の対応」は、対策が強化されるべき事項のひとつとして、地下水等の水を経由した健康影響の防止を挙げる。この地下水等経由の健康影響の防止は、水質汚濁防止法（以下、「水濁法」という。）の 1996 年

改正につながったと指摘されている⁽¹⁾。

　また、第136回国会参議院環境特別委員会における水濁法の一部を改正する法律案に対する附帯決議には、「地下水汚染と密接に関連する土壌の汚染についても、総合的な浄化対策制度の確立に向けて引き続き検討を進めること」⁽²⁾との事項が定められている⁽³⁾。以上のような見解は、土壌と地下水の汚染対策が極めて近接するものとの理解を表している。

　ところが、2002年に制定された土対法の法文には、地下水の文言は見当たらない。そのため、土壌の汚染対策は土対法に、地下水のそれは水濁法に委ねられたかのように捉えられ、両者の汚染対策は法律上、分離されたかにも見える⁽⁴⁾。しかし、土壌汚染対策に関する制度の構造は、土対法がその枠組みを定め、その具体は同法の施行令および施行規則に負うところが大きい⁽⁵⁾。

　一方、土対法の制定前から地方公共団体によって実施されてきた土壌汚染対策は、公害防止条例や生活環境保全条例等において地下水の汚染対策と一体的に定められているものも少なくない。

　そこで、本稿は土壌と地下水の汚染対策の関係に着目し、土対法の施行令および施行規則を通して同法における土壌汚染に起因する地下水汚染の対策について、現状を把握しその課題について考察する。具体的には、土対法における特定有害物質の摂取リスクに対応した汚染対策に言及した後で、同法の制定およびその改正に先導的な役割を果たしてきた条例の特色ならびに条例による土壌と地下水の汚染対策について分析するとともに、土壌汚染に起因する地下水汚染につき本法の施行令および施行規則を通して現状を把握し

（1）　大塚直「市街地土壌汚染浄化をめぐる新たな動向と法的論点（1）」自治研究75巻10号（1999年）19頁。本報告書では土壌環境の保全を中心に論じられたにもかかわらず、土対法が制定されたのは、水濁法改正後の2002年であった。

（2）　第136回国会参議院環境特別委員会議録6号16頁（平成8年4月10日）。同衆議院環境委員会の附帯決議にも同旨の事項がある（同委員会議録7号20頁（平成8年5月24日））。

（3）　さらに、大塚直「市街地土壌汚染浄化をめぐる新たな動向と法的論点（3・完）」自治研究76巻4号（2000年）33頁は、1996年水濁法改正の残された問題として、地下水以外の土壌汚染の浄化制度を設けなかった点を指摘する。

（4）　畑明郎『拡大する土壌・地下水汚染—土壌汚染対策法と汚染の現実』（世界思想社、2004年）36頁は、土対法につき「地下水汚染防止の視点がほとんどない」と批判する。

（5）　柳憲一郎「土壌汚染対策法の改正のポイント—現行法との比較検討から」環境管理45巻7号（2009年）7頁。

その課題について検討する。このような研究が、土壌と地下水の関係を踏まえた汚染対策のあり方に少なからず示唆を与えることになると考えるからである。

Ⅱ　土壌汚染対策法におけるリスク管理と汚染除去等の措置

1　土壌汚染関連法における土対法の位置づけ

土壌汚染に関連する法律には、1970 年に制定された農用地の土壌の汚染防止等に関する法律（以下、「農用地土壌汚染法」という。）、1999 年制定のダイオキシン類対策特別措置法および 2002 年制定の土対法がある[6]。農用地土壌汚染法は農用地の土壌汚染を、ダイオキシン類対策特別措置法は公共的な土地の土壌汚染を、土対法はこれら以外の市街地の土壌汚染を対象とした制定法である[7]。したがって、土対法は土壌汚染に関する一般法として、農用地土壌汚染法およびダイオキシン類対策特別措置法はその特別法として位置づけられる。

これらの土壌汚染関連法は、汚染除去のための費用負担に関する考え方が相違する点に留意する必要がある。その費用負担の仕組みは、国または地方公共団体が汚染を除去し、その費用を汚染原因者に求償する公害防止事業費事業者負担法の手法（公共事業型）と、私人が汚染を除去し費用も負担する方法（規制型）に区分される。農用地土壌汚染法は農作物が食品として直接人体に摂取されることから、またダイオキシン類対策特別措置法は制定当初とくに緊急対策が要請されていたことから[8]、前者を採用する一方で、土対法は

（6）　土壌汚染に関連して、汚染された土壌の処理の場合や汚染土壌中に廃棄物が存在する場合に、廃棄物の処理及び清掃に関する法律（以下、「廃掃法」という。）の適用が問題となるが、本稿では廃掃法は取り扱わない。土対法と廃掃法の適用範囲については、町野静「土壌汚染対策法と廃棄物処理法及び水質汚濁防止法の相互関係―汚染土壌の排出及び地下水規制に関する法律の適用関係の検討」環境管理 53 巻 6 号（2017 年）24 頁以下参照。

（7）　ダイオキシン類対策特別措置法は私有地には適用されない。そのため、細見正明「土壌汚染対策の経緯と今後の課題」環境情報科学 46 巻 2 号（2017 年）4 頁は、私有地におけるダイオキシン類汚染についても、特定有害物質と同様に土対法で対策を定めるべきではないかと指摘する。

（8）　大塚直「土壌汚染対策に関する法的課題」論究ジュリスト 15 号（2015 年）53 頁は、現在でも緊急性の理由が維持されているかについて疑問を呈する。すなわち、他の特定有害物質と異な

840

後者の立場に立つ。⁽⁹⁾

　土壌と密接な関係にあり汚染の対象ともなる地下水については、その法的性質につき前者の公共事業型は、汚染された土壌とともに土壌中の水も公共団体が汚染除去の費用を負うから、公共団体が地下水を管理すると捉える学説（公水説）と馴染みやすく、他方、後者の規制型は、私人がその費用を負担するので、土地所有者等が地下水を利用できるとする見解（私水説）と親和性があると解される。⁽¹⁰⁾

2　特定有害物質の摂取リスクと汚染除去等の措置の要否

　土対法の目的は、土壌の特定有害物質による汚染状況の把握措置および汚染による人の健康被害の防止措置を定めることにより、土壌汚染対策の実施を図り、国民の健康を保護することである（1条）。本法が他の公害対策法とは異なり、生活環境に関する被害の防止をその目的から外しているのは、同法の制定当時、油汚染を規制対象から排除することが企図されたためであるといわれている。⁽¹¹⁾油汚染は基本的には臭気の問題であり、健康被害ではなく生活環境に関する被害と捉えられたからである。

　人の健康に影響を及ぼすおそれのある土壌汚染は、地表下に存在するので、発見が容易ではない。そのため土対法では、契機をとらえて土地の所有者等に土壌汚染の実態を調査させ、⁽¹²⁾もし指定基準を超えた土壌汚染があった場合には、その情報を公開したうえで健康被害が生じないように、それを適切に管理させる仕組みを定めている。

　土対法において土地の所有者等は、つぎの場合に土壌汚染について指定調査機関に調査させ、その結果を都道府県知事に報告しなければならない。第

　　る取り扱いをする必要性がなくなってきており、実際に大阪府等の条例でも他の特定有害物質と
　　同様に規制型で処理する自治体も出現していると論及するのである。
（9）　大塚・前掲注（8）53頁は、土対法につき当初は公共事業型が検討されたが、最終的には規
　　制型が採用されたことについて、適切な選択であったと評価する。
（10）　一般法としての土対法が規制型を採用し、特別法としての農用地土壌汚染法およびダイオキ
　　シン類対策特別措置法が公共事業型を採る構造は、土地所有者等が地下水を利用できるとの考え
　　方をベースに、地下水採取を規制する必要がある地域では地方公共団体が条例で地下水利用を制
　　限できると捉える見解と構図が相似する点が示唆に富む。
（11）　大塚・前掲注（8）54頁。
（12）　土地の所有者等とは、土地の所有者、管理者または占有者をいう（土対法3条1項）。

1に有害物質使用特定施設の使用の廃止時（3条1-6項）ならびに操業中および調査の一時免除中の同施設で土地の形質変更をする場合（同条7、8項）であり、第2に一定規模（3000m²）以上の土地の形質変更の届出の際に土壌汚染のおそれがあると知事が認めるとき（4条）であり、第3に土壌汚染により健康被害が生ずるおそれがあると知事が認めるとき（5条）である。これらの調査のほか、自主的な土壌汚染状況調査等に基づき、知事に区域指定を申請することができる（14条）。

　都道府県知事は、土壌汚染状況調査の結果報告を受けたときには、健康被害のおそれがあるか否かに応じて、対策が必要な区域（「要措置区域」）と土地の形質変更時に届出が必要な区域（「形質変更時要届出区域」）に分けて指定する。要措置区域（6条以下）は、土壌汚染状況調査の結果、当該土地の汚染状態が環境省令で定める基準（施行規則31条で定める「濃度基準」）に適合しないだけでなく（法6条1項1号）、土壌汚染により人の健康被害が生じ、または生ずるおそれがあるものとして政令で定める基準（施行令5条で定める「要措置区域の指定に係る基準」）に該当する場合（法6条1項2号）に指定される。土対法6条1項1号は濃度基準を超える土壌汚染があることを、同条項2号は摂取経路が遮断されていないことを示している[14]。これら両号の要件を充足すれば、健康被害が生ずるおそれがある土地と解され、汚染除去等の対策を講じる必要がある土地として要措置区域に指定されるのである。

　都道府県知事は、土壌汚染による健康被害を防止するために必要な限度において、要措置区域内の土地の所有者等に対して講ずべき汚染の除去等の措置その他環境省令で定める事項を示して、指示措置および実施措置等を記載した計画（「汚染除去等計画」）を作成し、これを知事に提出すべきことを指示する（7条1項）。そして、汚染除去等計画を提出した者は、当該計画にしたがって実施措置を講じなければならない（同条7項）。この提出者が同計画にしたがって実施措置を講じていないと認められるときは、知事はその実施措

---

(13)　有害物質使用特定施設とは、水濁法2条2項に規定する特定施設であって、特定有害物質をその施設において製造し、使用し、または処理するものをいう（土対法3条1項）。このように水濁法で定める規制対象の施設と土対法で規定するそれが同一であることは、地下水の汚染対策と土壌のそれに密接な関係があることの証左であるといえる。

(14)　小澤英明『土壌汚染対策法と民事責任』（白揚社、2011年）98頁。

置を講ずべきことを命ずることができる（同条8項）。

　さらに要措置区域内では、土地の形質変更は原則として禁止される（9条）。これは、同区域内では土壌汚染により健康被害が生ずるおそれがあり、速やかに汚染の除去等の措置を講じ、汚染土壌による健康被害を防止する必要があるからである[15]。

　形質変更時要届出区域（11条以下）は、土壌汚染状況調査の結果、当該土地の汚染状態が環境省令で定める基準（濃度基準）に適合しないが、土壌汚染により人の健康被害が生じ、または生ずるおそれがあるものとして政令で定める基準に該当しない場合に指定される。同区域では汚染状態が濃度基準に適合していないが、特定有害物質の摂取経路が遮断され健康被害が生ずるおそれがないため、汚染の除去等の措置は不要と判断されるのである。ただし、土地の形質を変更しようとする者は、知事に土地の形質変更に関する事項を届け出なければならない（12条1項）。当該区域では土壌汚染の状況に応じて、基準に適合する範囲内で適切な形質変更の実施方法および汚染土壌に対する措置を選択することができる。この点で、同区域と要措置区域は相違する[16]。

　このように2類型の区域指定によって汚染除去等の措置の要否が分かれるのは、土壌汚染による健康リスクの場合には水質汚濁や大気汚染とは異なり、特定有害物質の摂取経路の遮断が可能であるからである。摂取経路を遮断するためには汚染土壌の除去以外にも被覆や封じ込め等の方法があり、それらによって人の健康に影響が及ぶおそれのないようにリスク管理ができる点にも、土壌汚染対策の特徴がある。如上のような仕組みは、汚染土壌が除去されていない場合でも特定有害物質の摂取経路が遮断されていれば土地の利用において支障がないということを制度上示すことによって[17]、制度的管理（institutional control）を明確にしている[18]。

---

(15)　今野憲太郎「土壌汚染対策法の改正点」環境技術39巻6号（2010年）4頁。

(16)　橋本正憲「改正土壌汚染対策法で望まれるこれからの土壌・地下水汚染対策」環境技術39巻6号（2010年）18頁。

(17)　従来は省令で規定していたにすぎないが、2009年の法改正ではそれを法律上明確に定めた点が重要である（大塚直「土壌汚染対策法の改正について」環境法研究34号（2009年）64頁）。

(18)　高浜伸昭＝川瀬晃弘「法律に基づく土壌汚染地の制度的管理のあり方に関する考察―東京都における土壌汚染対策法の施行状況をもとに」環境法政策学会編『転機を迎える温暖化対策と環

要措置区域では、特定有害物質を含む土壌を口や肌等から直接摂取するリスク（直接摂取リスク）と、土壌に含まれる特定有害物質が地下水に溶け出してその有害物質を含んだ地下水を飲用することによるリスク（地下水等経由の摂取リスク）の2種類の健康リスクが管理される。地下水等経由の摂取リスクの観点からすべての特定有害物質について土壌溶出量基準が、直接摂取リスクの観点から特定有害物質のうち9物質について土壌含有量基準が設定されている（施行規則31条）。特定有害物質が人の体内に摂取される経路を明らかにし、この摂取経路を遮断することにより健康リスクを低減させるために、摂取経路ごとに濃度基準を設けているのである。

　本法は地下水汚染について、特定有害物質が地下水等経由で摂取される健康リスクの判断の際に考慮する仕組みになっている。地下水等経由の摂取リスクにおいては汚染状態が土壌溶出量基準に適合していなくても、汚染が存在する土地の周辺で人が飲用するための地下水の取水口等がない場合には、特定有害物質の摂取経路がないため健康被害が生ずるおそれがないとして、形質変更時要届出区域に指定されるだけで汚染除去等の措置は要求されない。このような場面では、土対法が人の健康被害を防止する措置を定めた法律であることの限界が顕在化している。環境基本法2条3項が土壌汚染を公害と規定しているにもかかわらず、同法の目的が健康被害の防止に限定されているため、生活環境に関する利益が保護の対象とされていないのである。

　この点は、今後検討されるべき最も重要な課題である[19]。保護法益の視点から土対法における土壌保全のあり方を見直すとともに[20]、水濁法における地下水汚染対策との接合を明らかにし、両法が連動する規制によって土壌と地下水の包括的な汚染対策への方途が開かれる必要があろう。

境法』（商事法務、2018年）154頁以下は、制度的管理の明確化が掘削除去を抑制するための情報手段として一定の機能を果たしたことについて検証する。

(19)　大塚直「新法解説 土壌汚染対策法2017年改正」法学教室446号（2017年）65頁等。

(20)　この見直しにあたっては、土壌汚染対策の目的に生活環境保全を付加することに伴い指定区域が大幅に増加するため、これによるブラウンフィールド問題の深刻化をいかに克服するかが重要な論点となる（大坂恵里「土壌汚染対策の現状と課題―市街地土壌汚染を中心に」大久保規子ほか編『環境規制の現代的展開―大塚直先生還暦記念論文集』（法律文化社、2019年）273頁参照）。

Ⅲ 条例による汚染対策とその法改正への影響

1 条例による汚染対策の特色とその法改正への影響

　先進的な地方公共団体は、土対法の制定以前より、条例や要綱等によって土壌汚染の対策に取り組んできた。これらの条例等は、土壌汚染対策のみを対象にするのではなく、生活環境保全の一部としてそれを規定するものがほとんどである[21]。条例における土壌汚染の調査および対策に関する制度の特色は、土対法と比較して、つぎのように把握される[22]。

　第1に、大規模な土地の改変時において改変者に対し調査義務を負わせるものがある。たとえば、東京都が2000年に制定した都民の健康と安全を確保する環境に関する条例（以下、「環境確保条例」という。）は、当初より3000m²以上の土地の改変を行う者に対し過去の有害物質取扱事業場の設置状況等の土地の利用履歴に関する調査について定めていた（旧117条）。大阪府生活環境の保全等に関する条例も、同様の規定を設けている（81条の5）[23]。

　第2に、有害物質取扱事業場の操業中の工場等の敷地における土地の形質変更時に調査を義務づけるものがある。2017年改正前の土対法3条は、使用が廃止された有害物質使用特定施設に係る工場等の敷地であった土地の調査義務を定めていたが、神奈川県生活環境の保全等に関する条例では廃止時のみならず、工場等が操業中の特定有害物質使用地に対しても土地の区画形質の変更時に調査を実施し、知事に報告しなければならないとする（60条2項）。大阪府条例も、稼働中の有害物質使用特定施設または有害物質使用届出施設等に係る工場等において土地の形質を変更しようとする場合には、調査の実施と知事への報告を義務づける（81条の6）。

　第3に、土対法では対象とはならない施設の敷地に対し調査義務を課すも

---

(21)　熊本県は、有害物質の地下浸透禁止等について地下水保全条例で定める。

(22)　牛嶋仁「土壌汚染対策条例の意義と課題」寺田友子ほか編『現代の行政紛争―小高剛先生古稀祝賀』（成文堂、2004年）120頁以下参照。

(23)　大塚直「米国スーパーファンド法の現状と我が国の土壌汚染対策法の改正への提言」自由と正義59巻11号（2008年）23頁は、この他にも埼玉県、愛知県、三重県、広島県および名古屋市を挙げる。

のがある。たとえば、神奈川県条例 63 条の 2 および同条の 3 は、ダイオキシン類管理対象事業所の設置者に対しダイオキシン類管理対象地につき特定有害物質使用地と同一の調査等を義務づける。

第 4 に、汚染状況調査の結果、条例で定める基準を超え健康被害が生ずるおそれがある場合には、知事が定めた対策指針に基づく計画書を作成させ、それにしたがった土壌汚染の除去等の措置を有害物質取扱事業者に求めるものがある。2018 年改正前の東京都環境確保条例は、知事が土壌汚染の調査および対策に係る方法等を示した指針を定め、それに基づき有害物質取扱事業者が汚染処理の計画書を作成し、これにしたがった措置を命ずることができるとしていた（旧 113 条、旧 114 条）。また、埼玉県生活環境保全条例も同様の制度を置いている（76 条、78 条 1 項）[(24)]。

以上のような条例に見られる特色は、土対法の 2009 年および 2017 年の改正によって取り込まれたものも少なくない。第 1 の点については、2009 年改正法で法律上の調査の契機を増やすため、3000m^2 以上の土地を形質変更しようとする者は知事に届け出なければならないとし、知事が届出を受けた場合において当該土地が土壌汚染のおそれのあるものとして環境省令で定める基準に該当すると認めるときは、汚染状況を調査させその結果を報告すべきことを命ずることができるとされた（4 条 1、3 項）[(25)]。

第 2 の点に関しては、2017 年の法改正において事業場の操業中および調査の一時免除中の段階から調査義務が導入された。すなわち、調査の一時免除中の事業場において土地所有者等が当該土地の形質変更をする場合には、形質変更に関する事項を知事に届け出なければならないとするとともに、知事は汚染状況について土地所有者等に対し指定調査機関に調査させて報告するよう命ずるものとすることが規定された（3 条 7、8 項）。この改正は、汚染の拡散を防止し汚染土壌の搬出の契機となりうる土地の形質変更時に着目し

---

(24) 大塚・前掲注（23）25、26 頁は、土壌汚染対策計画の提出を義務づける地方公共団体として、この他にも神奈川県、愛知県、広島県、川崎市、横浜市および名古屋市を列記する。

(25) 3000m^2 というスソ切りについては、土壌調査や拡散防止の措置等には相当な費用を要するとともに、土地改変者が汚染原因者であるとは限らないため、小規模な土地改変者に調査義務を負わせることは難しいと考えたからであると説述される（小澤英明「土壌汚染対策法の概要と今後の立法的課題—懇談会報告と先進的条例を手がかりに」自由と正義 59 巻 11 号（2008 年）32 頁）。

て調査・報告義務を課すものである。ただし、知事が調査の範囲を確定することから、直ちに汚染状況の調査義務を課すのではなく、一旦形質変更の届出をさせてから調査・報告を命ずる仕組みとしている。

また、操業中の事業場については土地の形質変更の際に届出が義務づけられているが、その対象となる土地の規模につき 2009 年改正では 3000m^2 以上とされていたが、2019 年の施行規則改正により 900m^2 以上とされた（施行規則 22 条ただし書）。この結果、操業中の事業場および調査の一時免除中のそれも形質変更時要届出区域または要措置区域に指定されうることになった。[26]

第 4 の点については、2017 年の法改正で要措置区域における指示措置等の実施枠組みとして、汚染除去等計画の作成、提出および完了報告等の手続きが導入された。改正前は都道府県知事が汚染除去等の措置を講ずべきことを指示することになっていたが、改正法では要措置区域内の土地の所有者等に対し、講ずべき汚染除去等の措置その他環境省令で定める事項を示して、汚染除去等計画を作成しこれを知事に提出すべきことを指示することに改められた（7 条 1 項）。また、同計画が環境省令で定める技術的基準に適合していないときは、知事は計画変更命令を発出することができ（同条 4 項）、同計画にしたがって実施措置を講じていないときには、当該実施措置を講ずべきことを命ずることができるとされた（同条 8 項）。さらに、同計画に記載された実施措置を講じたときは、知事にその旨を報告しなければならないとして、完了報告の手続きも取り入れられた（同条 9 項）。

このような措置に関する仕組みについては、要措置区域内の土地の所有者等が汚染対策の内容を自身で計画することになるから、個別事案に応じて柔軟に実施できる対策が可能になるとともに、この計画の提出と完了報告を義務づけることにより、真に適切な対策とその実施につき知事が監視できるようになったことは、実施措置の実効性を高める点で必要不可欠な改正と評価されている。[28]

---

(26) 大塚・前掲注 (19) 66 頁。

(27) 牛嶋・前掲注 (22) 121、122 頁は、条例の特色である計画による措置について、措置命令によって計画の作成とそれに基づく措置を講じることを義務づけ、その計画の内容や実施を監督する仕組みと捉えたうえで、これによると義務者が対策の内容を決めることができるため、かかる制度は事案に応じたより柔軟な手法であると分析する。

市街地の土壌汚染に関する対策は、他の環境保全対策と同様、地方公共団体の条例や要綱が先鞭を着けてきた[(29)]。土対法はこれらの条例等を参考にして2002年に制定されるとともに、現状の課題対応のために2009年および2017年に法改正されている[(31)]。また、土対法の改正に伴い法律との整合を図るため、条例を改正する地方公共団体も少なくない[(32)]。

とくに、先進的な内容を有する東京都等の条例は法改正に影響を与えるとともに[(33)]、法制度と整合を図る条例改正によって法律と条例が相互に進化してきた経緯がある。つまり、土壌汚染対策は条例と法律の協働によって法規範が形成され改善されてきたといえるのである。そのため、充実した条例をもつ地方公共団体では、土対法と条例の一体的な運用によって法の規制と条例による独自の取組みを促進し、土壌汚染対策をより効果的に推進することを目指していると解される[(34)]。

2 東京都環境確保条例における土壌と地下水の汚染対策

本節では、土壌汚染の対策について地下水汚染との関係を意識して、先進的な制度を設けてきた東京都の環境確保条例を中心に検討する[(35)]。

2000年に制定された環境確保条例は、2002年制定の土壌汚染対策法を先取りするとともに、2009年および2017年の法改正の一部も盛り込んだ先駆的な条例であった。

本条例は、制定当初から有害物質取扱施設における有害物質の地下浸透防

---

(28)　大塚・前掲注（19）68頁。

(29)　土対法の制定以前における地方公共団体の条例および要綱の特色については、大塚・前掲注(1) 16頁以下、大塚直「市街地土壌汚染浄化をめぐる新たな動向と法的論点 (2)」自治研究75巻11号（1999年）22頁以下および牛嶋・前掲注 (22) 111頁以下等が詳細である。

(30)　土壌汚染対策に先駆的に取り組んできた神奈川県の法律制定過程への参画については、梶野忠「神奈川県の土壌汚染対策の取組について」環境研究127号（2002年）66頁以下参照。

(31)　大塚・前掲注（23）17頁以下は、法改正の参考となる先進条例を具体的に示して提言する。

(32)　たとえば、2009年土対法改正に整合させるための大阪府条例の改正については、奥田孝史「大阪府における土壌汚染対策制度改正の取組み」環境技術39巻6号（2010年）8頁以下参照。

(33)　環境確保条例は、2009年の土対法改正で参考にされたといわれている（杉本裕明「土壌汚染対策法改正と自治体の動き」都市問題2010年8月号78頁）。

(34)　たとえば、梶野・前掲注（30）71頁。

(35)　東京都の環境確保条例における土壌汚染対策については、金見拓「東京都の土壌・地下水汚染対策の条例化とその後の現状」産業と環境2002年9月号33頁以下参照。

止について定めるとともに、土壌汚染とそれに起因する地下水汚染に対する
汚染処理を規定していた点に特徴がある。すなわち、有害物質取扱施設の設
置者は、規制基準を超える汚水に含まれる有害物質の地下への浸透を防止す
るために、当該施設の構造を規則で定める基準に適合させるとともに、同施
設の使用および管理の方法につき規則で定める基準を遵守しなければならな
いと定めた（旧75条）。また、有害物質取扱事業者が土壌を汚染したことに
より大気または地下水を汚染し、人の健康被害が生じ、または生じるおそれ
がある場合には、知事が同事業者に対して汚染処理を命じることができると
した（旧114条）。さらに、有害物質による地下水汚染が認められる地域があ
るときは、知事が当該地域内の有害物質取扱事業者に対し土壌の汚染状況の
調査を求めることができ、調査の結果、汚染土壌処理基準を超えた場合に
は、汚染処理計画書の作成とこれに基づく汚染処理を命じることができると
規定したのである（旧115条）[36]。

　東京都は、土対法の2017年改正を受けて、法と条例の重複解消および両
者の整合を図るとともに、それらと自主取組みのベストミックスを基本方針
とした今後の土壌汚染対策を検討し、2018年に条例を改正した。

　2018年の改正環境確保条例は、土壌汚染およびこれに起因する地下水汚
染が人の健康に支障を及ぼすことを防止するため、知事が土壌汚染対策指針
を定め、それに基づき土壌地下水汚染対策計画書等を作成・提出させ、これ
にしたがった土壌汚染の除去等の措置をその提出者に求める構造をとってい
る。

　同条例114条は有害物質取扱事業者による土壌汚染が健康被害をもたらす
おそれがある場合について、115条は地下水汚染が認められる地域内の同事
業者に土壌や地下水の汚染状況を調査させその汚染濃度が汚染土壌処理基準
を超える場合について、116条は工場等の廃止または施設等の除却の時に敷
地の汚染状況を調査しその汚染が健康被害をもたらすおそれがある場合等に
ついて規定する。これらの場合に該当するときは、知事は調査結果の報告者
等に対し土壌汚染対策指針に基づき土壌地下水汚染対策計画書を作成し、こ
れを提出すべきことを指示することができる（114条1項、115条2項、116条4

(36)　加藤寛久「東京都における土壌汚染対策」産業と環境2003年9月号21頁。

項)。

　本条例114条、115条および116条にいう土壌地下水汚染対策計画書の提出者は、当該計画書にしたがって土壌汚染の除去等の措置を講じなければならず、この措置を講じない場合には、知事はその者に対し当該措置を講ずべきことを命ずることができる。また、同計画書の提出者は、土壌汚染の除去等の措置が完了したときはその旨を知事に届け出なければならない（114条3-5項、115条4-6項、116条6-8項）。

　工場等廃止者や施設等除却者が、汚染状況調査の実施・報告、116条計画書の作成・提出または土壌汚染の除去等の措置等を行わずに当該土地の譲渡をしたときは、当該譲渡を受けた者もこれらの事項を行わなければならない（116条9項）。このような義務を譲受人に負わせる規定は、一種の土地所有者責任を定めたものであると解されている[(37)]。また、有害物質取扱事業者が汚染状況調査を自主的に実施した場合についても、これらの措置に関する規定が準用される（116条の2第2項）。

　改正環境確保条例116条の3は工場等の敷地または工場等が存在し汚染濃度が汚染土壌処理基準を超えている土地を改変しようとする場合について、117条は大規模な土地を改変する者が過去の取扱事業場の設置状況等を調査し土壌汚染のおそれがあるときに当該土地の汚染状況を調査し汚染濃度が汚染土壌処理基準を超えていることが判明した場合について定める。かかる場合には当該土地の改変に伴う汚染の拡散等を防止するため、土地改変者は土壌汚染対策指針に基づき汚染拡散防止計画書を作成し知事に提出しなければならず、当該計画書の提出者は同計画書にしたがって汚染拡散防止の措置を講じなければならない。また、同計画書の提出者は汚染拡散防止の措置が完了したときは、その旨を知事に届け出なければならない（116条の3第1-3項、117条1-3項、同条5、6項）。

　以上のように、改正環境確保条例は、知事が土壌汚染等による健康被害を防止するため土壌汚染対策指針を定め、それに基づき土壌地下水汚染対策計画書または汚染拡散防止計画書を作成・提出させ、これにしたがった土壌汚染の除去または汚染拡散防止の措置を提出者に求めている。すなわち、土壌

(37)　小澤・前掲注（14）31頁。

汚染対策指針に基づいて計画を立てさせ、それにしたがった措置を講じさせるのである。このような仕組みのもとでは、同指針が土壌汚染対策の実施にあたり中核的な役割を果たしているといえる。

土壌汚染対策指針には、土壌汚染とこれに起因する地下水汚染に係る調査および対策の方法が定められているが、ここでは土壌汚染と地下水汚染の相関が認識され両者の対策は一体的に取り扱われている[38]。それゆえ、汚染対策に関する計画書を土壌地下水汚染対策計画書と称し、この提出者に対して計画書にしたがった措置を要求しているのである。

東京都の土壌汚染対策は、環境確保条例の「第4章工場公害対策等」において「土壌及び地下水の汚染の防止」と題された第3節のなかに規定されていることから見ても、土壌の汚染と地下水のそれにつき包括的に対応する姿勢が前面に表れている。また、東京都が土壌汚染対策指針を定め、これに基づき土壌地下水汚染対策計画書等を作成・提出させるとともに、同計画書等にしたがい土壌汚染の除去等の措置を講じさせるというシステムは、条例制定当初の仕組みを基礎にして、土対法の2017年改正に整合するように再構築されたものと捉えられる。

Ⅳ　土壌汚染に起因する地下水汚染の対策

1　調査対象となる土地の基準および要措置区域の指定基準

土対法の法文には、地下水の文言は見当たらない。しかし、同法の施行令および施行規則には、地下水の用語が散見される[39]。たとえば、施行令3条は本法5条で定める土壌汚染状況調査の対象となる土地の基準につき、土壌汚染に起因する地下水汚染の状態に関する基準を採用している。同調査の対象となる土地の基準は、つぎのような2つの基準に集約することができる。

第1の基準は、土地の土壌汚染状態が環境省令で定める基準（土壌溶出量基準）に適合しないおそれがあり、当該土壌汚染に起因して現に環境省令で定

---

(38)　東京都は土壌汚染対策指針において、土壌調査の際に土壌ガスが検出された場合や土壌溶出量基準を超過した場合は、原則として地下水調査を必要としている。

(39)　土対法の施行令および施行規則の問題点については、畑・前掲注（4）43頁以下が詳細である。

める限度（地下水基準）を超える地下水の水質汚濁が生じ、または生ずること
が確実であると認められ、かつ、当該土地またはその周辺の土地にある地下
水の利用状況その他の状況が環境省令で定める要件に該当することである。
ここでいう地下水の利用状況等に係る要件とは、地下水流動の状況等からみ
て、地下水汚染が生じているとすれば地下水汚染が拡大するおそれがあると
認められる区域に、人の飲用に供するために用いる地下水の取水口、地下水
を水道事業等のための原水として取り入れるために用いる取水施設の取水
口、災害時において人の飲用に供するために用いる地下水の取水口等のいず
れかの地点があることである（施行規則30条）。

　第2の基準は、土地の土壌汚染状態が環境省令で定める基準（土壌含有量基
準）に適合せず、または適合しないおそれがあると認められ、かつ、当該土
地に人が立ち入ることができることである。

　土壌汚染に起因する地下水汚染の状態に関する基準は、要措置区域の指定
に係る基準でも採用されている。要措置区域に指定されるためには、汚染状
態に係る基準と健康被害が生ずるおそれに係る基準（健康基準）の双方を充
足する必要がある。すなわち、前者は土対法6条1項1号で「土壌汚染状況
調査の結果、当該土地の土壌の特定有害物質による汚染状態が環境省令で定
める基準に適合しないこと」と定められ、後者は同条項2号で「土壌の特定
有害物質による汚染により、人の健康に係る被害が生じ、又は生ずるおそれ
があるものとして政令で定める基準に該当すること」と規定され、「両号の
いずれにも該当すると認める場合には」、要措置区域として指定するものと
されるのである。

　汚染状態に係る基準は、施行規則31条で定めるそれを指し、本条1項が
土壌溶出量基準を、2項が土壌含有量基準を定める。健康基準に関しては、
以下のような2つの基準が施行令5条1項で定められ、これらいずれかの基
準に該当するとともに、同条2項では環境省令で定める「技術的基準に適合
する汚染の除去等の措置が講じられていないこと」と規定されている。[40]

---

(40)　土対法における規制基準の相互関係およびそれらと関連法規の規制基準との関係について
　　は、小澤英明「日本における土壌汚染と法規制―過去および現在」都市問題2010年8月号44頁
　　以下が詳細である。

健康基準における第1の基準は、土壌汚染状態が土壌溶出量基準に適合しない土地にあっては、当該土地またはその周辺の土地にある地下水の利用状況その他の状況が環境省令で定める要件に該当することである。ここでいう地下水の利用状況等に係る要件とは、前述した施行規則30条のそれを指す。当該要件に関しては、地下水経由の健康被害のおそれの有無について、特定有害物質を含む地下水が到達しうる範囲を都道府県等が特定し、その範囲内に飲用井戸等が存在するか否かによって判断される。[41]

そこで、この範囲をいかに判定するかが問題となる。すなわち、施行規則30条で定める「地下水汚染が拡大するおそれがあると認められる区域」をめぐって問題となるのである。この範囲については、特定有害物質の種類、地層等の条件により土壌中の吸着や地下水中の拡散が大きく異なるため、都道府県等が個々の事案ごとに地下水の流向、流速、水質の測定結果に基づき設定することが望ましいとされている。[42]そのため、個別の土地ごとの地下水の流向、流速、水質の測定結果、地質等に関するデータを用い、客観的かつ合理的に汚染の到達範囲の設定を行うための方法について技術的に検討する必要があると指摘されている。[43]

また第2の基準は、土壌汚染状態が土壌含有量基準に適合しない土地にあっては、当該土地に人が立ち入ることができることである。[44]この基準は、汚染土壌に対する人の曝露の可能性があることを要件としている。

健康基準の第1基準は、土壌溶出量基準を超える汚染が生じていると認められても、当該土地の周辺に人の飲用に供するための地下水の取水口等が存在していなければならないことを示している。[45]また健康基準の第2基準によ

----

(41) 青竹寛子「これまでの土壌汚染対策と今後のあり方」環境情報科学46巻2号（2017年）10頁。

(42) 大塚直「土壌汚染対策法と基準値等の現状と課題」環境情報科学46巻2号（2017年）15頁は、実際には環境省が通知で示している地下水汚染が到達しうる一定の距離の目安が参考として用いられていると説述する。

(43) 中央環境審議会「今後の土壌汚染対策の在り方について（第1次答申）」（2016年）9頁。

(44) 大塚・前掲注（42）13頁は、汚染状態基準および健康基準が厳しすぎるとの批判もあるが、基準自体はこのような考え方のもとで設定されており、一応堅固な基礎を有していると論及する。

(45) 上水道が整備された地域では、地下水汚染があってもそれだけでは要措置区域には指定されないことになる（佐藤克春「改正土壌汚染対策法の批判的検討」畑明郎編『深刻化する土壌汚

ると、土壌含有量基準を超える汚染があると認められても、当該土地に立ち入ることができなければ、要措置区域に指定されることはない。すなわち、濃度基準を超える汚染が存在しても、汚染された土地に立ち入ることができなかったり、あるいは当該土地周辺に人の飲用に供するための地下水の取水口等がなかったりしたならば、汚染除去等の措置が要請されることはなく、土地の形質変更時に届出をすればよいというのである。

　このような基準が規定されているのは、土対法が土壌汚染の事前防止を重視する立法ではなく、健康被害を防ぐ観点から土壌汚染の事後的な対策を実施する法律であるからである。[46]要するに、生活環境の保全が同法の射程に入っていないため、健康被害が生じるおそれの有無によってリスク管理の仕方が区分されているのである。

2　要措置区域における講ずべき汚染除去等の措置

　土対法7条は、都道府県知事が要措置区域の指定をしたときは、当該汚染による健康被害を防止するため必要な限度において、要措置区域内の土地の所有者等に対し講ずべき汚染の除去等の措置その他環境省令で定める事項を示して、指示措置および実施措置等を記載した汚染除去等計画を作成し、その提出を指示するものとし（1項）、当該計画を提出した者は同計画にしたがって実施措置を講じなければならないと規定する（7項）。

　土地の所有者等が実施措置を講じた場合は、指示措置に要する費用の額の限度において、当該実施措置に要した費用を汚染原因者に請求することができるが、実施措置に係る汚染除去等計画の作成および変更に要した費用も、指示措置に係るそれらの費用の額の限度で請求することができる（8条1項）。[47]

　汚染された土地において講ずべき汚染の除去等の措置は、環境省令で定める技術的基準に適合していなければならないが、この汚染除去等の措置は施

　染』（世界思想社、2011年）44、45頁）。

(46)　この点は、同法の制定当時より多くの論者から批判されてきた。たとえば、畑明郎「土壌汚染対策法の問題点」環境と公害32巻1号（2002年）53頁、小澤英明『土壌汚染対策法』（白揚社、2003年）42頁等。

(47)　汚染除去等のために実際に出捐した費用ではなく、指示措置（都道府県知事により示された汚染除去等の措置）の範囲で求償できるとした点については批判がある（佐藤・前掲注（45）48頁等）。

行規則 39 条に定められるとともに、措置の実施方法は施行規則 40 条に規定される。講ずべき汚染の除去等の措置とは、地下水の水質の測定、原位置封じ込め、遮水工封じ込め、地下水汚染の拡大の防止、土壌汚染の除去、遮断工封じ込め、不溶化、舗装、立入禁止、土壌入換えおよび盛土である。

このような汚染除去等の措置は、土壌の汚染状態によってその内容が異なる。たとえば、土壌の特定有害物質による汚染状態が土壌溶出量基準に適合せず、当該土壌汚染に起因する地下水汚染が生じていない土地については、地下水の水質の測定で足りる。しかし、汚染状態が土壌溶出量基準に適合せず、当該土壌汚染に起因する地下水汚染が生じている土地については、原位置封じ込めまたは遮水工封じ込めの措置が要求される。これらは、地下水等経由の摂取リスクに対する講ずべき措置である。

これに対し直接摂取リスクに対する講ずべき措置は、土壌の汚染状態が土壌含有量基準に適合しない土地については原則的に盛土でよいが、盛土で支障がある場合には土壌入換えを、乳幼児が遊ぶような土地にあっては土壌汚染の除去が求められる。

このような講ずべき汚染除去等の措置は、土壌の汚染状態、特定有害物質の摂取経路および土地の利用状況に応じて相違する。なかでも、土壌汚染に起因する地下水汚染が拡大する可能性がある場合には、各種の封じ込めの措置を講じることにより汚染拡大の防止を図っている点が特徴的である。

Ⅴ　むすびにかえて

土対法で取り扱われる地下水汚染は、土壌汚染に起因する地下水汚染である。このような汚染に関しては、土壌汚染状況調査の対象となる土地および要措置区域の指定を判断する際に、かかる地下水汚染の状態が判断基準のひとつとして用いられている。すなわち、土地が同調査の対象となるために

---

(48)　土対法施行規則別表第 5、1 参照。
(49)　土対法施行規則別表第 5、2-6 参照。ただし、第 3 種特定有害物質（農薬等）による汚染状態が第 2 溶出量基準に適合せず、当該土壌汚染に起因する地下水汚染が生じている土地については、遮断工封じ込めが要求される（土対法施行規則別表第 5、5 参照）。
(50)　土対法施行規則別表第 5、7-9 参照。

は、土地の土壌汚染状態が土壌溶出量基準に適合しないおそれがあり、当該土壌汚染に起因して地下水基準を超える水質汚濁の発生が確実であることが必要とされる。また要措置区域の指定を受けるためには、土壌汚染状況調査の結果、当該土地の土壌汚染状態が土壌溶出量基準に適合しないことが要件となっている。これらの場面では、地下水基準を超える水質汚濁の発生および土壌溶出量基準の不適合という要件が、土壌汚染に起因する地下水汚染に係る汚染状態を示している[51]。

　濃度基準を超える汚染があったとしても、法律上、それだけでは汚染除去等の措置は要求されない。かかる措置が求められるには、汚染のある土地が要措置区域に指定される必要があるからである。要措置区域に指定されるためには、汚染状態が土壌溶出量基準に適合しないこと（汚染状態に係る基準）と健康被害が生ずるおそれに係る基準（健康基準）の双方を充足する必要がある。健康基準について施行令５条１号は、土壌の汚染状態が土壌溶出量基準に適合しない土地にあっては、当該土地またはその周辺の土地にある地下水の利用状況その他の状況が環境省令で定める要件に該当すること、という土壌汚染に起因する地下水汚染に係る汚染状態および地下水の利用状況に係る要件を定立している。ここでいう地下水の利用状況等に係る要件とは、地下水流動の状況等からみて、地下水汚染が生じているとすれば地下水汚染が拡大するおそれがあると認められる区域に、人の飲用に供するために用いる地下水の取水口等があることである。

　土壌溶出量基準を超える汚染が生じていると認められても、要措置区域に指定されるには、当該土地の周辺に人の飲用に供するための地下水の取水口等が存在していなければならない。かかる地下水の取水口等が存しない場合には、現況において特定有害物質の摂取経路がないことから健康被害が生ずるおそれがないと判断され、直ちに汚染除去等の措置を講ずる必要はないとされるのである。

　ここでは、汚染された土地の周辺において将来にわたって飲用のための地

――――――――――

(51)　土対法は土壌溶出量基準に適合しない汚染状態を土壌汚染の状態と捉えている。土壌溶出量基準は、地下水等経由の摂取リスクの観点から土壌汚染に起因する地下水汚染の対策のために定められたものであるから、本稿では当該基準に適合しない状態を土壌汚染に起因する地下水汚染に係る汚染状態としても位置づけた。

下水利用がないことが前提とされている。したがって、土対法は特定有害物質の摂取リスクを低減させるために、汚染された土地を人の利用から隔離させることを政策的に容認していると解される。このようなリスク管理制度には、有害物質等が存在する可能性があるためにその利用や開発がなされず放置される、いわゆるブラウンフィールド問題と通底するものがあるといえよう。[52]

---

(52) 土対法改正がブラウンフィールド問題に与える影響については、大野眞里＝藤﨑豊「改正土壌汚染対策法とブラウンフィールド問題」都市問題 2010 年 8 月号 66 頁以下が分析を試みる。

藤井俊二先生　略　歴

【略　歴】

1949 年 1 月 23 日生
1971 年 3 月　神奈川大学法学部法律学科卒業
1985 年 3 月　早稲田大学大学院法学研究科博士課程満期退学

【職　歴】

1973 年 4 月　早稲田大学法学部副手（1975 年まで）
1986 年 4 月　山梨学院大学法学部専任講師
1990 年 4 月　山梨学院大学法学部助教授
1996 年 4 月から 1997 年 3 月まで　ポツダム大学に留学
1997 年 3 月　山梨学院大学法学部教授
2000 年 4 月　創価大学法学部教授
2004 年 4 月　創価大学大学院法務研究科教授
2019 年 4 月　創価大学名誉教授

＊この間、立正大学、静岡大学、国学院大学、都留文科大学、早稲田大学、山梨大学、神奈川大学、西南学院大学、南山大学、青山学院大学にて非常勤講師を勤めた。

【学　位】

2007 年 9 月　博士（法学、早稲田大学）

【学会等の活動】

一般社団法人日本マンション学会　理事、副会長監事を歴任
日本土地法学会　監事、関東支部長
一般社団法人山梨県不動産鑑定士協会　前理事　現在　顧問
都市的土地利用研究会　前代表、　現在　顧問
地籍問題研究会　幹事
私法学会、比較法学会、居住福祉学会、日本不動産学会、都市住宅学会、日本農業法学会に所属

藤井俊二先生　主要業績目録

Ⅰ　著　書

A．単著

1．『現代借家法制の新たな展開』成文堂　1997 年 4 月
2．『事例でわかる民法総則』敬文堂　2005 年 11 月
3．『借地権・借家権の存続保護』成文堂　2006 年 11 月
4．『クルツレーアブーフ　民法総則』成文堂　2011 年 10 月
5．『ドイツ借家法概説』信山社　2015 年 3 月

B．共編著・共著

1．『条解民法Ⅰ［総則・物権］』三省堂　1980 年 9 月
2．『講義債権各論』青林書院新社　1981 年 12 月
3．『条解民法Ⅱ（1）［債権総論］』三省堂　1982 年 6 月
4．『条解民法Ⅱ（2）［債権各論］』三省堂　1982 年 6 月
5．『借地・借家の変貌と法理』金融財政事情研究会　1986 年 1 月
6．『営業用建物の賃貸借に関する比較法的研究』東京ビルヂング協会　1986 年 4 月
7．『借地・借家制度の比較研究』東京大学出版会　1987 年 4 月
8．『条解民法Ⅰ総則・物権（改訂版）』三省堂　1987 年 8 月
9．『条解民法Ⅱ債権法（改訂版）』三省堂　1987 年 9 月
10．『新版　借家の法律相談』有斐閣　1987 年 9 月
11．『借地トラブル Q&A』有斐閣　1989 年 6 月
12．『注解不動産法　第 3 巻　不動産担保』青林書院　1990 年 2 月
13．『借家トラブル Q&A』有斐閣　1991 年 2 月
14．『新版　借家の法律相談』有斐閣　1991 年 2 月
15．『どう変わる借地・借家』有斐閣　1992 年 1 月
16．『スリーステップ民法ゼミナール［問題とヒント］』一粒社　1992 年 5 月
17．『不動産取引　第 9 版』有斐閣　1992 年 7 月
18．『詳解新借地借家法』大成出版社　1993 年 1 月
19．『不動産法概説』青林書院　1993 年 6 月
20．『コンメンタール借地借家法』日本評論社　1993 年 7 月
21．『ドイツの民間賃貸住宅』日本住宅総合センター　1993 年 7 月

22. 『別冊法学セミナー基本法コンメンタール新借地借家法』日本評論社 1993 年
8 月
23. 『はじめて学ぶ 民法 1』成文堂 1994 年 6 月
24. 『不動産取引の基礎知識 上巻』青林書院 1994 年 7 月
25. 『不動産取引の基礎知識 下巻』青林書院 1994 年 7 月
26. 『阪神・淡路大震災復興 マンションの復旧・建替え・再建 法律相談ハンド
ブック』都市的土地利用研究会 1995 年 6 月
27. 『借地借家法の基礎知識上巻』青林書院 1995 年 11 月
28. 『民法注解財産法 2 物権』青林書院 1997 年 5 月
29. 『借地の法律相談 第 3 版』有斐閣 1998 年 4 月
30. 『現代民法Ⅳ【債権各論】』八千代出版社 1999 年 4 月
31. 『民法学説百年史』三省堂 1999 年 12 月
32. 『別冊法学セミナー基本法コンメンタール新借地借家法［第二版］』日本評論社
2000 年 11 月
33. 『居住福祉学と人間』三五館 2002 年 3 月
34. 『不動産学事典』住宅新報社 2002 年 4 月
35. 『基本法コンメンタール 物権［第 5 版］』別冊法学セミナー 日本評論社
2002 年 10 月
36. 『コンメンタール借地借家法［第 2 版］』日本評論社 2003 年 10 月
37. 『判例民法 30 講〔債権法〕』（共編著）成文堂 2004 年 9 月
38. 『確認民法用語 300』（共編著）成文堂 2004 年 10 月
39. 『レクチャー民法学 債権各論』成文堂 2006 年 10 月
40. 『別冊法学セミナー基本法コンメンタール マンション法［第 3 版］』日本評論
社 2006 年 10 月
41. 『マルシェ債権各論』嵯峨野書院 2007 年 3 月
42. 『マンション学事典』民事法研究会 2008 年 4 月
43. 『現代民法用語辞典』税務経理協会 2008 年 8 月
44. 『実務解説 借地借家法』青林書院 2008 年 10 月
45. 『マンション学の構築と都市法の新展開』プログレス 2009 年 1 月
46. 『別冊法学セミナー基本法コンメンタール借地借家法［第 2 版補訂版］』日本評
論社 2009 年 6 月
47. 『コンメンタール借地借家法［第 3 版］』日本評論社 2010 年 3 月
48. 『民法改正と要件事実』（法科大学院要件事実教育研究所所報第 8 号）日本評論
社 2010 年 4 月

49. 『専門訴訟講座⑤　不動産関係訴訟』民事法研究会　2010 年 7 月

50. 『借地・借家法の裁判例〔第 3 版〕』有斐閣　2010 年 12 月

51. 『基本講座　民法 2（債権法）』信山社　2012 年 2 月

52. 『実務解説　借地借家法［改訂版］』青林書院　2013 年 4 月

53. 『不動産法と要件事実』（法科大学院要件事実教育研究所報第 12 号）日本評論社　2014 年 3 月

54. 『別冊法学セミナー　新基本法コンメンタール　借地借家法』日本評論社　2014 年 5 月

55. 『債権法改正案と要件事実』（法科大学院要件事実教育研究所報第 15 号）日本評論社　2017 年 3 月

56. 『コンメンタール借地借家法〔第 4 版〕』日本評論社　2019 年 6 月

57. 『新基法コンメンタール借地借家法〔第 2 版〕』日本評論社　2019 年 6 月

58. 『レクチャー民法学債権各論〔第 2 版〕』成文堂　2019 年 10 月

Ⅱ　論　文

1. 「ドイツにおける農地賃貸借法の展開」早稲田大学大学院法研論集 16 号　1976 年 11 月

2. 「ドイツにおける用益賃貸借保護法について」早稲田法学会誌 30 巻　1980 年 3 月

3. 「西ドイツの農地賃貸借法の現代的展開」早稲田法学会誌 34 巻　1984 年 3 月

4. 「西ドイツの住居賃貸借法の改正」民商法雑誌 90 巻 5 号　1984 年 8 月

5. 「西ドイツの住居賃貸借法の改革」日本不動産学会昭和 60 年度秋季全国大会梗概集 1 号　1985 年 10 月

6. 「西ドイツ賃貸借法の最近の動向」（共著）ジュリスト 851 号　1985 年 12 月

7. 「地下空間の法律問題」（共著）ジュリスト 856 号　1986 年 3 月

8. 「用方違反」『現代借地借家法講座 2』日本評論社　1986 年 3 月

9. 「借家権の譲渡と借家の転貸」（共著）『現代借地借家法講座 2』日本評論社　1986 年 3 月

10. 「営業用建物賃貸借に関する比較法的研究―ドイツ法―」NBL373 号 1987 年 3 月、NBL375 号 1987 年 4 月

11. 「西ドイツにおける営業用建物賃貸借の研究（1）」山梨学院大学法学論集 11 号　1987 年 3 月

12. 「地下空間利用にかかわる法制度―基本法制―」土木学会誌 1987 年 3 月号

13. 「時効の中断」『民法演習Ⅰ［民法総則］』1987 年 3 月

14. 「不動産賃借権の譲渡性」土地住宅問題 158 号 1987 年 10 月

15. 「都市再開発における私権の調整―不動産所有権の処理―」ジュリスト897号 1987年11月
16. 「西ドイツにおける営業用建物賃貸借の研究（2）」山梨学院大学法学論集13号 1988年3月
17. 「弁済の提供」『基本問題セミナー民法2債権法』一粒社 1988年
18. 「地上権か賃借権かの認定」別冊法学セミナー90号 1988年7月
19. 「永久の地上権の存否」別冊法学セミナー90号 1988年7月
20. 「法定地役権」別冊法学セミナー90号 1988年7月
21. 「地役権の取得時効」別冊法学セミナー90号 1988年7月
22. 「東京地域の意向調査に見る居住用借地・借家と業務用借地・借家の区分」『借地・借家制度の研究 第1編』（日本住宅総合センター）1989年6月
23. 「試案の既存借地に対する影響」ジュリスト939号 1989年8月
24. 「借地借家法の改正」『不動産政務・実務情報ファイル』第一法規出版 1989年9月
25. 「ハワイの借地事情」日本不動産学会平成元年度秋季全国大会梗概集5号 1989年11月
26. 「西ドイツにおける営業用建物賃貸借終了時における利害調整―西ドイツにおける営業用建物賃貸借の研究（3）―」山梨学院大学法学論集16号 1989年12月
27. 「西ドイツにおける有料老人ホーム利用契約」ジュリスト949号 1990年2月
28. 「借地法・借家法と商事賃貸借」（共著）社会科学研究〔東京大学〕42巻1号 1990年7月
29. 「欧米諸国の定期型土地利用権」社会科学研究〔東京大学〕42巻2号 1990年9月
30. 「土地の有効利用と借家法の正当事由」日本不動産学会平成2年度秋季全国大会梗概集 1990年11月
31. 「土地の有効利用と借家権の存続保護（一）」社会科学研究〔山梨学院大学〕7号 1991年3月
32. 「無効・取消しうべき行為と即時取得」『民法演習II［物権法］』成文堂 1991年6月
33. 「譲渡担保」『民法演習II［物権法］』成文堂 1991年6月
34. 「借地・借家制度―ドイツ―」住宅金融月報474号 1991年7月
35. 「土地の有効利用と借家権の存続保護（二）」社会科学研究〔山梨学院大学〕8号 1991年8月

36.「借地権の存続期間」法律時報 64 巻 5 号　1992 年 5 月

37.「新借地借家法における存続期間と普通借地権の性格の変化」不動産研究 34 巻 3 号　1992 年 7 月

38.「定期借地権および事業用借地権」『定期借地権の法律・鑑定評価・税務』清文社　1992 年 7 月

39.「借地借家法改正と新借地借家法」『不動産の政務・実務情報第 2 期版』第一法規出版　1992 年 8 月

40.「ドイツの住居賃貸借における金銭の一回的給付について」山梨学院大学法学論集 24 号 1992 年 12 月

41.「期限付き借家に関する一考察」高島平蔵先生古希記念論文集「民法学の新たな展開」成文堂　1993 年 3 月

42.「定期借地権の物権化」不動産受験新報　平成 5 年 5 月号　1993 年 5 月

43.「ドイツにおける営業用建物賃貸借」比較法研究 55 号　1993 年 12 月

44.「建物の種類・利用目的と借地借家法の適用」『現代借地・借家の法律実務　第 1 巻』ぎょうせい　1994 年 2 月

45.「借地借家法の既存借地権に及ぼす影響」裁判実務大系第 23 巻『借地借家訴訟法』青林書院 1995 年 3 月

46.「定期借地権の権利金、保証金をめぐる諸問題」法律のひろば 48 巻 4 号　1995 年 4 月

47.「マンションと定期借地権―借地借家法を中心として―」日本マンション学会第 4 回大会研究報告集　1995 年 4 月

48.「定期借地権をめぐる諸問題」「都市的土地利用研究会 1985～1995　最終年度公開集会」都市的土地利用研究会　1996 年 2 月

49.「賃借権に基づく妨害排除請求権」『民法演習Ⅲ』成文堂　1996 年 3 月

50.「インドネシアの土地法の概要」『アジアの不動産法制 2』日本住宅総合センター　1996 年 12 月

51.「ドイツにおける有料老人ホーム契約とホーム法の規則」社会科学研究［山梨学院大学］20 号　1996 年 12 月

52.「定期借地権等の機能とその実際」『借地借家法の理論と実務』有斐閣　1997 年 4 月

53.「ドイツの借家法制」住まいとまち 91 号　1997 年 11 月

54.「定期借家権論について―ドイツの定期賃貸借との比較において―」ジュリスト 1124 号　1997 年 12 月

55.「『借家制度等に関する論点』に対する回答」山梨学院大学法学論集 39 号

1998 年 2 月

56.「敷地優先賃借権の及ぶ範囲」裁判実務大系第 28 巻『震災関係訴訟法』青林書院　1998 年 7 月

57.「一筆の土地の一部の借地権譲受」裁判実務大系第 28 巻『震災関係訴訟法』青林書院　1998 年 7 月

58.「ドイツの標準賃料 Mietspiegel」不動産鑑定 35 巻 11 号　1998 年 11 月

59.「ドイツにおける住居賃料法に関する最近の動向（1）（2 完）」土地総合研究 6 巻 4 号、7 巻 1 号　1998 年 11 月、1999 年 1 月

60.「不動産の二重売買」現代裁判法体系『不動産売買』新日本法規　1998 年 11 月

61.「ドイツにおける住居賃借権の存続保護に関する近時の動向」山梨学院大学法学論集 41 号　1999 年 2 月

62.「ドイツにおける住居所有権住宅（マンション）の復旧・建替え制度」早稲田法学 74 巻 3 号　1999 年 3 月

63. "Der Bestandsschutz des Raummietrechts in Japan" in Festschrift für Werner Merle zum 60. Geburtstag. Springer-Verlag, Februar 2000.

64.「地価下落と賃貸借契約のスライド条項の法的拘束力」判例タイムズ 1050 号　2001 年 3 月

65.「定期借家制度の批判的検討」『現代の都市と土地私法』有斐閣　2001 年 6 月

66.「ドイツにおける借家法制の大改正」土地総合研究 9 巻 4 号　2001 年秋

67.「ドイツにおける賃貸借法改正概説」龍谷法学 34 巻 4 号　2002 年 3 月

68.「造作買取りの価格」新・裁判実務大系 15『不動産鑑定訴訟法［Ⅱ］』青林書院　2002 年 3 月

69.「定期借家権の終了に伴う法律関係」日本不動産学会誌 60 号　2002 年 5 月

70.「定期借家関係の終了に伴う法律問題と残された問題」『現代民法学の理論と課題』第一法規出版　2002 年 9 月

71.「短期賃貸借保護制度の廃止と残された問題」判例タイムズ 1128 号　2003 年 10 月

72.「物権的建物利用権は可能か」マンション学 17 号　2003 年 12 月

73.「日韓商事用建物賃貸借法の比較」『現代の韓国法』有信堂高文社　2004 年 3 月

74.「ドイツにおける定期賃貸借 Zeitmiete 制度の展開」『借地借家法の新展開』信山社　2004 年 8 月

75.「ドイツにおける賃料データバンク」不動産鑑定 41 巻 9 号頁　2004 年 9 月

76.「日本の借地借家法」日本土地法学会編『転機に立つアジアの土地法』土地問題双書 36 巻　2005 年 6 月

77.「管理費の滞納が許容される期間」マンション学 24 号　2006 年 3 月

78.「定期借家制度の見直し問題」日本土地法学会編『借地借家法の改正・新景観法』土地問題双書 37 巻　2006 年 4 月

79.「不動産賃貸借の対抗—ドイツ法を参考として—」稲本洋之助先生古稀記念論文集『都市と土地利用』　日本評論社　2006 年 4 月

80.「ドイツの借家における水をめぐる諸問題」板橋郁夫先生傘寿記念『水資源・環境研究の現在』　成文堂　2006 年 8 月

81.「敷地利用権の処分」『これからのマンション法』　日本評論社　2008 年 9 月

82.「土地の共同利用関係」土地法学 26 巻 2 号　韓国土地法学会　2009 年 12 月

83.「居住の権利—日本とドイツ—」居住福祉研究 9 号　2010 年 5 月

84.「ドイツの賃貸住宅管理に関する法制度」日本不動産学会誌 93 号　2010 年 9 月

85.「マンション管理規約と賃借人」マンション学 41 号　2011 年 12 月

86.「賃貸借関係の存続の期間的保障［紹介：マルティン・ホイブライン Martin Häublein 著 Die zeitliche Sicherung des Bestandes des Mietverhältnisses］」『財産法の新動向　平井一雄先生喜寿記念論文集』　信山社　2012 年 3 月

87.「正当事由制度の実態と課題」『不動産賃貸借の課題と展望』　商事法務　2012 年 10 月

88.「マンション建替えと借家人の権利—建替え決議と正当事由—」マンション学 43 号　2012 年 10 月

89.「定期建物賃貸借期間満了後の法律関係「再論」」『田山輝明先生古稀記念論文集「民事法学の歴史と未来」』所収　成文堂、2014 年 3 月

90.「定期建物賃貸借における賃料改定特約」創価ロージャーナル 8 号　2015 年 3 月

91.「賃料増減請求の法理」市民と法 95 号　2015 年 10 月

92.「借地権付マンションの法的諸問題」マンション学 53 号　2015 年 12 月

93.「コミュニティとマンション管理」日本不動産学会誌 115 号　2016 年 3 月

94.「定期借地権付マンションの現状と課題」マンション学 54 号　2016 年 4 月

95.「賃貸人たる地位の移転」日本不動産学会誌 116 号　2016 年 6 月

96.「借地権付きマンションの現状と課題—趣旨説明—」マンション学 57 号　2017 年 4 月

97.「定期借家制度と人間」『浦川道太郎先生・内田勝一先生・鎌田薫先生古稀記念

論文集　早稲田民法学の現在』成文堂　2017 年 7 月

98.「私的自治 Prinzip der Privatautonomie の意義とその制限—借地借家関係の判例を通して考察する—」マンション学 58 号　2017 年 11 月

99.「定期建物賃貸借をめぐる法的諸問題」『不動産法論点大系』民事法研究会　2018 年 4 月

100.「借地権付きマンションの法的諸問題—地代をめぐる諸問題と底地の買取」マンション学 60 号　2018 年 4 月

101.「経済学と借地借家法」『近江幸治先生古稀記念論文集　社会の発展と民法学　下巻』成文堂　2019 年 1 月

Ⅲ　翻　訳

1.「西ドイツにおける住居建設 1976」（共訳）住宅産業開発協会　1978 年 7 月

2.「西ドイツの第 2 次住居建設法」（共訳）住宅産業開発協会　1978 年 7 月

3.「西ドイツ農地賃貸借制度改革に関する資料」（共訳）農林水産省　1979 年 6 月

4.「西ドイツにおける農地相続関係資料」（共訳）農林水産省　1979 年 6 月

5.「フリッツ・シュルツ「古典期ローマ法」」（共訳）早稲田法学 55 巻 1 号〜58 巻 2 号

6.「都市建設的措置の準備および実施における都市建設促進法の施行にかかる市町村の経験」（共訳）国土庁　1980 年 4 月

7.「西ドイツにおける農用地買収のための損失補償に関する資料」（共訳）農林水産省　1982 年 3 月

8.「地価決定要因（西ドイツ）」（共訳）農林水産省　1983 年 3 月

9.「ゲルハルト・ケプラー『法史学』（2 版）」（共訳）比較法学 17 巻 1 号　1983 年 7 月

10.「K．クレッシェル、W．ヴィンクラー『西ドイツの農家相続』」（共訳）成文堂　1984 年 11 月

11.『欧米諸国の牧野関係法』（共訳）㈳日本草地協会　1985 年 10 月

12.「ギュンター・ベトガー『ドイツにおけるリースの諸問題』」（共訳）金融財政事情 1110 号　1986 年 1 月

13.「欧米諸国の借地・借家制度（法令資料編）」（共訳）日本住宅総合センター　1986 年 2 月

14.『西ドイツの新用益賃貸借法制』（共訳）早稲田大学比較法研究所叢書 15 号　1986 年 10 月

15.「ドイツの新ホーム法」社会科学研究〔山梨学院大学〕9 号　1992 年 3 月

16.「インドネシアの土地法」（共訳）山梨学院大学法学論集 27 号　1994 年 1 月

17.「ヴェルナール・メルレ『住居所有権の設定および住居所有権共同体の成立』」マンション学 5 号　1997 年 4 月

18.「ヴェルナール・メルレ『住居所有権の管理に関する法原則』」『マンションは生き残れるか―ドイツと日本のマンション法―』㈶アーバンハウジング　1997 年 7 月

19.「ヴェルナール・メルレ『ドイツ住居所有権法の 50 年』」マンション学 12 号　2001 年 11 月

20.「ヴェルナール・メルレ『ドイツ所有権論の 50 年―解決された問題と未解決の問題』」創価法学 31 巻 1・2 号　2001 年 11 月

21.「ヴェルナール・メルレ『住居所有権法の改正について』」創価法学 35 巻 3 号　2006 年 3 月　21～32 頁

22.「ウルフ・ベルシュティンクハウス『ドイツにおける賃料法の展開』」『マンション学の構築と都市法の新展開』プログレス所収　2009 年 1 月

23.「ペーター・ダァレーダー「住居使用賃貸借契約の契約交渉開始と契約締結および一般平等処遇法」」土地総合研究 17 巻 3 号　2009 年 8 月

Ⅳ　判例研究

1.「抵当建物の第三者への譲渡と法定地上権（大連判大正 12 年 12 月 14 日民集 2 巻 12 号 676 頁）」（共著）法学セミナー1981 年 5 月号別冊付録　1981 年 5 月

2.「土地所有権の登記なき場合と法定地上権（最判昭和 53 年 9 月 29 日民集 32 巻 6 号 1210 頁）」（共著）法学セミナー1981 年 5 月号別冊付録　1981 年 5 月

3.「期間の定めのない建物賃貸借と短期賃貸借（最判昭和 43 年 9 月 27 日民集 22 巻 9 号 2074 頁）」（共著）法学セミナー1981 年 5 月号別冊付録　1981 年 5 月

4.「民法 602 条の期間を超える土地賃貸借と短期賃貸借（最判昭和 38 年 9 月 17 日民集 17 巻 8 号 955 頁）」（共著）法学セミナー1981 年 5 月号別冊付録　1981 年 5 月

5.「交通事故の被害者は損害賠償額が確定する以前に保険金代位請求をなしうるか（最判昭和 57 年 9 月 28 日判例時報 1055 号 3 頁）」法学セミナー1983 年 3 月号　1983 年 3 月

6.「通行地役権の継続性（最判昭和 33 年 2 月 14 日民集 12 巻 2 号 268 頁）」別冊法学セミナー90 号　1988 年 7 月

7.「準禁治産者黙秘事件―無能力者の詐術（最判昭和 44 年 2 月 13 日民集 23 巻 2 号 291 頁）」『判例演習民法 1〔民法総則〕』成文堂　1988 年 9 月

8.「再開発計画に基づく解約申入れと借家法の正当事由（東京地判平成元年 6 月

19 日判例タイムズ 713 号 192 頁）」ジュリスト 966 号　1990 年 11 月

9.「自動車衝突事故損害賠償債権相殺事件—不法行為債権と相殺—（最判昭和 49 年 6 月 28 日民集 28 巻 5 号 666 頁）」『判例演習民法 3〔債権総論〕』成文堂 1996 年 7 月

10.「朽廃の意義（東京高判昭和 52 年 8 月 29 日判時 869 号 50 頁）」『借地・借家の裁判例』有斐閣　1996 年 10 月

11.「特約違反を理由とする解除と信頼関係（大阪地判昭和 60 年 2 月 8 日判タ 611 号 75 頁）」『借地・借家の裁判例』有斐閣　1996 年 10 月

12.「解除権についての消滅時効（最判昭和 62 年 10 月 8 日民集 41 巻 7 号 1445 頁）」『借地・借家の裁判例』有斐閣　1996 年 10 月

13.「停止条件つき合意解約による借地権の終了（東京地判昭和 50 年 6 月 26 日判時 798 号 61 頁）」『借地・借家の裁判例』有斐閣　1996 年 10 月

14.「借地人の破産と土地賃貸借の解約申入れ（京都地判昭和 58 年 9 月 30 日判タ 511 号 61 号）」『借地・借家の裁判例』有斐閣　1996 年 10 月

15.「債務不履行による借地契約解除と建物買取請求権（最判昭和 58 年 3 月 24 日判時 1095 号 102 頁）」『借地・借家の裁判例』有斐閣　1996 年 10 月

16.「借地上建物賃借人による建物買取請求権の代位行使の可否（最判昭和 55 年 10 月 28 日判時 986 号 36 頁）」『借地・借家の裁判例』有斐閣　1996 年 10 月

17.「建物買取請求権はいつまで行使することができるか（最判昭和 52 年 6 月 20 日金法 846 号 34 頁）」『借地・借家の裁判例』有斐閣　1996 年 10 月

18.「建物買取請求権の行使があった場合における建物の時価の算定（神戸地判昭和 51 年 5 月 27 日下民集 27 巻 5〜8 号 333 頁）」『借地・借家の裁判例』有斐閣 1996 年 10 月

19.「慣習上の物権—温泉権（大判昭和 15 年 9 月 18 日民集 19 巻 1611 頁）」『民法判例 30 講〔民法総則・物権法〕』成文堂　2000 年 5 月

20.「不動産二重売買と留置権の成否（最判昭和 43 年 11 月 21 日民集 22 巻 12 号 2765 頁）」『民法判例 30 講〔民法総則・物権法〕』成文堂　2000 年 5 月

21.「物上代位と差押（大連判大正 12 年 4 月 7 日民集 2 巻 5 号 209 頁）」『民法判例 30 講〔民法総則・物権法〕』成文堂　2000 年 5 月

22.「一　区分所有法 62 条 1 項所定の建替え決議要件である過分の費用の意義。二　上記過分の費用の判断に当たっては、多数の区分所有者の主観的な価値判断を尊重すべきである。三　区分所有法 63 条 4 項所定の売渡請求にかかる区分所有者等の意義。四　上記売渡請求にかかる代金の支払と専有部分の明渡し、所有権移転登記の関係（神戸地裁平成 11 年 6 月 21 日判決判時 1705 号 112 頁）」マンショ

ン学 10 号　2000 年 10 月

23. 「区分所有建物建替え決議の要件である費用の過分性の意義に関する判例（大阪高裁平成 12 年 9 月 28 日判タ 1073 号 216 頁）」マンション学 14 号　2002 年 11 月

24. 「一筆の共有土地上に分譲される計画の下で数棟の区分所有建物が建築され、一部は完成し分譲されたが、その他の区分所有建物は建築工事完了後、内装未完成のために未だ分譲されていない場合における区分所有法 65 条に定める団地関係の成否（消極）（福岡高裁判決平成 15 年 2 月 13 日）」判例評論 543 号　2004 年 5 月

25. 「債権に基づく妨害排除請求権（最高裁判決昭和 28 年 12 月 28 日民集 7 巻 12 号 1515 頁）」『民法判例 30 講〔債権法〕』成文堂　2004 年 9 月

26. 「賃借土地の無断転貸と解除（最高裁判決昭和 28 年 9 月 25 日民集 7 巻 9 号 979 頁）」『民法判例 30 講〔債権法〕』成文堂　2004 年 9 月

27. 「建物表示登記と対抗力（最判昭 50 年 2 月 13 日民集 29 巻 2 号 83 頁）」別冊ジュリスト　不動産取引判例百選　2008 年 7 月

28. 「庭として使用することを目的とした土地賃借権の対抗力（最判昭 40 年 6 月 29 日民集 19 巻 4 号 1027 頁）」別冊ジュリスト　不動産取引判例百選　2008 年 7 月

29. 「財産分与としての転借地権の無断譲渡行為等の背信性（最判平 21 年 11 月 27 日判時 2066 号 45 頁）」民商法雑誌 142 巻 2 号　2010 年 8 月

30. 「定期建物賃貸借契約の締結に先立つ説明書面の証明（最判平 22 年 7 月 16 日判時 2094 号 58 頁）」民商法雑誌 144 号 2 巻　2011 年 8 月

31. 「土地賃貸人の借地上建物に対する根抵当権者への通知義務（最判平 22 年 9 月 9 日判時 2096 号 66 頁）」法学セミナー増刊速報判例解説 vol.9　2011 年 10 月

32. 「借家契約における更新料支払特約の効力（最判平 23 年 7 月 15 日民集 65 巻 5 号 2269 頁）」マンション学 42 号　2012 年 5 月

33. 「建物区分所有法 59 条 1 項に基づく訴訟の口頭弁論終結後の区分所有権および敷地利用権の譲受人に対して同訴訟の判決に基づいて競売を申し立てることができないとされた事例（最判平 23 年 10 月 11 日判時 2136 号 36 頁）」判例評論 643 号 7 頁（判例時報 2154 号 153 頁）2012 年 9 月

34. 「借地借家法 38 条 2 項所定の書面の意義（最判平 24 年 9 月 13 日民集 66 巻 9 号 3263 頁）」法学セミナー増刊速報判例解説 vol.13 新・判例解説 Watch　2013 年 10 月

V　学会報告・シンポジウム・座談会

1．「西ドイツの住宅賃貸借法の改革」日本不動産学会昭和60年秋季全国大会　1985年10月

2．「〈座談会〉市街地再開発における私権調整をどう進めるか」土地住宅問題154号　1987年6月

3．「ハワイの借地事情」日本不動産学会平成元年秋季全国大会　1989年11月

4．「欧米諸国の定期型土地利用権」都市的土地利用研究会「借地・借家法改正に関するシンポジウム」1990年4月報告要旨は、法律時報62巻9号掲載　1990年8月

5．「土地の有効利用と借家法の正当事由」日本不動産学会平成2年秋季全国大会　1990年11月

6．「ドイツにおける営業用建物賃貸借」比較法学会第56回大会　1993年6月

7．「〈座談会〉新借地借家法上における経済的諸問題」不動産鑑定29巻2号　1992年2月

8．「定期借地権をめぐる法的諸問題」日本不動産学会＝都市的土地利用研究会共催シンポジウム「定期借地制度」1994年10月

9．「〈シンポジウム〉マンションと定期借地権—借地借家法を中心として—」日本マンション学会　1995年4月

10．「〈座談会〉定期借家権構想の法的論点」判例タイムズ959号　1998年3月

11．「地価下落と賃貸借契約のスライド条項の法的拘束力」日本土地法学会関東支部大会　2000年11月

12．講演 "Grundrisse des Raummietrechts in Japan" ポツダム大学法学部民法ゼミナールにおいて　2002年4月29日

13．「短期賃貸借保護制度の廃止と残された問題」日本土地法学会関東支部大会　2003年6月

14．「日本の不動産賃貸借法と中国法への関心」日本土地法学会全国大会　2004年11月

15．「土地と建物の法律関係—土地と建物は一体の不動産か、別個独立の不動産か—」シンポジウム「日中韓民法制定の統一化の道径に対する探求」中国・青島大學　2004年11月

16．「定期借家の日記念〈シンポジウム〉—定期借家の今後の展望を探る—」パネラー定期借家推進協議会　2005年3月

17．「定期借家制度の見直し」日本土地法学会全国大会　2005年10月

18．「管理費の滞納が許容される期間」日本マンション学会全国大会　2006年5月

19. 「居住の権利と借家」日本土地法学会全国大会　2009 年 10 月

20. 「土地の共同利用関係」日韓土地法学術大会　2009 年 11 月　韓国・全北大学

21. メインシンポジウム「マンション管理制度の再検討」コメンテーター　日本マンション学会第 20 回大会　2011 年 11 月

22. 「借家契約における更新料支払特約の効力」日本マンション学会第 21 回大会　2012 年 5 月

23. 「震災と居住の権利」日本土地法学会全国大会　2012 年 9 月

24. ワークショップ「みなし仮設住宅の現状と課題　これからの制度設計のために」日本不動産学会秋季学術大会　2013 年 11 月（記録は、不動産学会誌 27 巻 4 号に掲載）

25. 「不動産賃貸借に対する債権法改正の影響」日本土地法学会 2014 年大会　2014 年 10 月

26. 「定期借地権付マンションの現状と課題」日本マンション学会第 25 回大会　2016 年 4 月

27. 「定期借家契約をめぐる法的諸課題」日本土地法学会 2017 年大会　2017 年 9 月

28. 「篠塚土地法学・民法学を語る─借地借家法学─」日本土地法学会特別講演会　2017 年 12 月

29. 「借地権付きマンションの法的諸問題─趣旨説明」日本マンション学会　2018 年 5 月

Ⅵ　調査研究・書評・その他

1. 「西ドイツの土地利用制度と運用の実態」（共著）日本不動産研究所　1980 年 2 月

2. 「借地による宅地利用促進方策に関する調査報告書」（共著）国土庁　1984 年 3 月

3. 「借地・借家関係における紛争処理方式に関する調査研究」（共著）日本住宅総合センター＝借地借家制度調査会　1988 年 3 月

4. 「昭和 62 年度　開拓未処分地実態調査報告書」（共著）全国開拓振興協会　1988 年 3 月

5. 「昭和 63 年度　開拓未処分地実態調査報告書」（共著）全国開拓振興協会　1989 年 3 月

6. 「米国ハワイ州における借地制度の実態調査」（共著）日本不動産研究所　1989 年 3 月

7. 「〈学会探訪〉私法学会─民法部会─」（共著）受験新報 1990 年 1 月号

8．「ハワイ州における借地制度—その実態と問題点—」社会科学研究〔東京大学〕
41巻6号　1990年3月

10．「〈学会探訪〉私法学会（民法）」（共著）受験新報1991年1月号

11．「書評　澤野順彦著『借地借家法の現代的展開』」日本不動産学会誌6巻4号
1991年12月

12．「〈学界回顧〉土地法」法律時報63巻13号　1991年12月

13．「〈学界回顧〉土地法」法律時報64巻13号　1992年12月

14．「〈学界回顧〉土地法」法律時報65巻13号　1993年12月

15．「賃借権（3）」別冊法学セミナー127号　1994年3月

16．「賃借権（4）」別冊法学セミナー127号　1994年3月

17．「新しい住宅供給方式に関する研究」（共著）住宅・都市整備公団　1994年2
月

18．「新しい住宅供給方式に関する研究（2）」（共著）住宅・都市整備公団　1995
年2月

19．「新しい住宅供給方式に関する研究（3）」（共著）住宅・都市整備公団　1996
年2月

20．「市町村のための地理情報システム整備マニュアル—地図情報システムによる
市町村土地情報整備研究会報告—」（共著）国土庁土地局

21．「正当事由は信義則」住宅新報1997年10月10日号

22．「定期所有権活用マニュアル」建設省建設経済局　1998年3月

23．「借家制度に関する研究会報告書」土地総合研究所　1998年9月

24．「書評　吉田克己著『フランス住宅法の形成』」法の科学　28号　1999年7月

25．「書評　田山輝明著『特別講義民法［債権各論]』」受験新報　2001年10月号

26．「巻頭言 法典編纂について考えさせられたこと」受験新報　2002年2月号

27．「売買は賃貸借を破らずとは」土地家屋調査士　610号　2007年11月

28．「土地の管理を主とした土地利用に係る制度等とその運用実態に関する調査報
告書」国土交通省　土地・水資源局　2009年3月

29．「人口・世帯減少、少子高齢化時代の民間賃貸住宅の管理の現状と課題」民間
賃貸住宅の管理のあり方研究会　2012年3月

30．「東日本大震災による民間賃貸住宅の被害と課題と対応策」民間賃貸住宅管理
のあり方研究会　2012年11月

編者・執筆者・翻訳者一覧（五十音順）

相 川　　修（あいかわ　おさむ）	東洋大学法学部教授
尹　　龍 澤（いん　りゅうたく）	創価大学法科大学院教授
牛 尾 洋 也（うしお　ひろや）	龍谷大学法学部教授
内 山 敏 和（うちやま　としかず）	北海学園大学法学部教授
大 木　　満（おおき　みちる）	明治学院大学法学部教授
太 田 昌 志（おおた　まさし）	千葉商科大学国際教養学部准教授
大 野　　武（おおの　たけし）	明治学院大学法学部教授
大 場 浩 之（おおば　ひろゆき）	早稲田大学法学学術院教授
大 山 和 寿（おおやま　かずとし）	青山学院大学法学部准教授
岡 田 康 夫（おかだ　やすお）	東北学院大学法学部教授
鎌 野 邦 樹（かまの　くにき）	早稲田大学法学学術院教授
小 西 飛 鳥（こにし　あすか）	平成国際大学法学部教授
小柳春一郎（こやなぎ　しゅんいちろう）	獨協大学法学部教授
齊 藤 広 子（さいとう　ひろこ）	横浜市立大学国際教養学部教授
佐 藤　　元（さとう　げん）	横浜マリン法律事務所弁護士
周 藤 利 一（すとう　としかず）	明海大学不動産学部教授
髙 橋 寿 一（たかはし　じゅいち）	専修大学法学部教授
田 中 英 司（たなか　えいし）	西南学院大学法学部教授
田 村 伸 子（たむら　のぶこ）	創価大学法科大学院教授
太 矢 一 彦（たや　かずひこ）	東洋大学法学部教授
土 平 英 俊（つちひら　ひでとし）	創価大学法科大学院准教授
角 田 光 隆（つのだ　みつたか）	神奈川大学法学部教授
寺 尾　　仁（てらお　ひとし）	新潟大学人文社会科学系（工学部）准教授
土 居 俊 平（どい　しゅんぺい）	駒澤大学法科大学院准教授
鳥 谷 部 茂（とりやべ　しげる）	広島大学名誉教授
中 城 康 彦（なかじょう　やすひこ）	明海大学不動産学部教授
野 口 大 作（のぐち　だいさく）	名城大学法学部教授
花 房 博 文（はなふさ　ひろふみ）	創価大学法科大学院教授
藤 巻　　梓（ふじまき　あずさ）	国士舘大学法学部教授
本 間 佳 子（ほんま　よしこ）	本間法律事務所弁護士
Martin Häublein（マーティン・ホイプライン）	インスブルック大学法学部教授
松 田 佳 久（まつだ　よしひさ）	創価大学法学部教授
松 本 克 美（まつもと　かつみ）	立命館大学大学院法務研究科教授
宮 﨑　　淳（みやざき　あつし）	創価大学法学部教授
山 田 創 一（やまだ　そういち）	専修大学大学院法務研究科教授
湯 川 益 英（ゆかわ　ますひで）	獨協大学経済学部教授

土地住宅の法理論と展開
──藤井俊二先生古稀祝賀論文集──

2019年12月21日　初版第1刷発行

編　者	花	房	博	文	
	宮	﨑		淳	
	大	野		武	

発 行 者　阿　部　成　一

〒162-0041　東京都新宿区早稲田鶴巻町514
発 行 所　株式会社　成 文 堂
電話03(3203)9201㈹　FAX03(3203)9206
http://www.seibundoh.co.jp

製版・印刷　シナノ印刷　　　　　　　　　製本　弘伸製本
©2019　花房・宮﨑・大野
☆乱丁・落丁本はおとりかえいたします☆　Printed in Japan
ISBN978-4-7923-2747-7 C3032　　　検印省略
定価（本体20,000円＋税）